北京大學《儒藏》編纂與研究中心 編

春秋左氏傳舊注疏證（一）

〔清〕劉文淇等 撰
李君龍 王振華
班龍門 李曉明 校點

U0420532

北京大學出版社
PEKING UNIVERSITY PRESS

圖書在版編目(CIP)數據

春秋左氏傳舊注疏證：全四册 /（清）劉文淇等撰；北京大學《儒藏》編纂與研究中心編. —北京：北京大學出版社，2024.1

（《儒藏》精華編選刊）

ISBN 978-7-301-34405-7

Ⅰ. ①春… Ⅱ. ①劉…②北… Ⅲ. ①《左傳》－研究 Ⅳ. ①K225.04

中國國家版本館CIP數據核字（2023）第174758號

書　　名	春秋左氏傳舊注疏證 CHUNQIU ZUOSHIZHUAN JIUZHU SHUZHENG
著作責任者	（清）劉文淇等撰 李君龍、王振華、班龍門、李曉明 校點 北京大學《儒藏》編纂與研究中心 編
策劃統籌	馬辛民
責任編輯	王　應
標準書號	ISBN 978-7-301-34405-7
出版發行	北京大學出版社
地　　址	北京市海淀區成府路205號　100871
網　　址	http://www.pup.cn　新浪微博：@北京大學出版社
電子郵箱	編輯部 dj@pup.cn　總編室 zpup@pup.cn
電　　話	郵購部 010-62752015　發行部 010-62750672 編輯部 010-62756449
印 刷 者	三河市北燕印裝有限公司
經 銷 者	新華書店
	650毫米×980毫米　16開本　123.25印張　1391千字 2024年1月第1版　2024年1月第1次印刷
定　　價	400.00元（全四册）

未經許可，不得以任何方式複製或抄襲本書之部分或全部内容。

版權所有，侵權必究

舉報電話：010-62752024　電子郵箱：fd@pup.cn

圖書如有印裝質量問題，請與出版部聯繫，電話：010-62756370

目録

第一册

第二册

第三册

校點説明

劉文淇（一七八九—一八五四），字孟瞻，江蘇儀徵人，乾隆五十四年生於揚州。父錫瑜，業醫，母凌氏。八歲就外傅，舅氏凌曙曾親教之。嘉慶九年（一八〇四），入學梅花書院，師從洪梧。與薛傳均、包世榮、姚配中、柳興恩、沈欽韓、包世臣諸師友切磋問學。嘉慶十九年揚州歲試擢一等第一，補廩膳生。嘉慶二十四年拔己卯科優貢生，候選訓導。其後十四次應秋闈皆不售，於道光十七年（一八三七）四十九歲時絶意科場，定居揚州，專以研經治學、校書坐館爲業。咸豐四年卒，年六十有六。著有《春秋左氏傳舊疏考正》八卷、《春秋左氏傳舊注疏證》不分卷、《揚州水道記》四卷、《楚漢諸侯疆域志》三卷等，另有《青溪舊屋文集》十卷附《詩集》一卷行於世，《讀書隨筆》二十卷今不存。《清史稿》有傳。

劉氏一生最重要的學術成就在《左傳》學。道光二年（一八二二），先完成《春秋左氏傳舊疏考正》，並不斷加以修訂，於十八年定稿刊刻。而緊承其後的《春秋左氏傳舊注疏證》的編撰經劉氏三代，歷百年之久，仍未竟其功。據有關文獻記載，道光八年秋，劉文淇與劉寶楠、梅植之、包慎言、柳興恩、陳立同赴金陵應鄉試，諸人因病十三經舊疏多踳駁，遂相約各治一經，加以疏證。劉文淇自任《左傳》，草創四十年，先成長編數十巨册，晚年編輯成疏，甫得一卷而歿。其子毓崧思卒其業未果，毓崧長子壽曾乃發憤以繼志述事爲任，嚴立課程，惜止於襄公五年而卒。而據科學出版社一九五九年排印本「整理後記」所分析，本書除第一卷外，實壽曾一人之筆，也有次子貴曾、三子富曾參與過的痕跡。

關於此書體例與主旨，劉文淇在與沈欽韓的信中説：「取《左氏》原文，依次排比。先取賈、服、鄭君之注，疏通證明。凡杜氏所排擊者糾正之，所剿襲者表明之，其襲用韋氏者亦一一疏記。他如《五經異義》所載杜氏説，皆本左氏先師。《説文》所引《左傳》，亦是古文家説。《漢書・五行志》所載劉子駿説，皆左氏一家之學。又如《周禮》《禮記》疏所引《左傳》注不載姓名而與杜注異者，亦是賈、服舊説。凡若此者，皆以爲注，而爲之申明。」（《青溪舊屋文集》卷三《與沈小宛先生書》）其所引用清人《左傳》學專著，除沈欽韓外，還有顧炎武、惠棟、錢大昕、洪亮吉、焦循之作，其他學者如段玉裁、王念孫、王引之、臧壽恭等之説，若有可采，「咸與登列，皆顯其姓氏，以矯元凱、沖遠襲取之失。末下己意，定其從違」（同前）。即先列經傳原文，後列賈、服注及舊注，注下爲疏證，旨在探明經義，正杜注、孔疏之失。

《疏證》的編撰止於襄公五年，長編迄今下落不明，只有原稿七册和謄清稿本（題爲副稿）七册（含部分提綱稿）藏於上海圖書館，皆不分卷，且各有殘缺。原稿缺隱公元年至四年、莊公、閔公、僖公二十三年至三十三年，謄清稿本缺僖公十六年傳至二十二年、成公、襄公元年至五年。原稿卷首有注例，正文經傳爲楷書，注文和疏證爲行、草書，文字多有不易辨識者，行與行常散落錯亂，極不便檢閲。謄清稿本文字忠實於原稿而略有修訂，對原稿前後文字重出之處有所裁剪，稿面相對整潔，且皆用楷體書寫，便於閲讀，但在對原稿的謄抄中，脱訛衍倒等疏漏亦復不少。二者共存的部分，文字上亦互有優劣。二十世紀五十年代中科院歷史研究所第一、二所資料室整理此書，施之校勘，不定底本，對原稿和謄清稿本（中科院稱「清抄本」）擇善而從，並加斷句，一九五九年五月由科學出版社出版。

本次校點，以《續修四庫全書》影印謄清稿本爲底本，以原稿本（簡稱「原稿」）爲校本，適當參校他書。底本所缺的注例、僖公十六年傳至二十二年、成公、襄公元年至五年，據原稿補。同時，參考科學出版社整理本（簡稱「整理本」）。原稿及謄清稿本文字時有用空格或三角或圓圈表示暫缺待補者，尤以引書篇名居多，整理時儘量查對添補，並出校記（此類情況，校記中統一以「原缺」稱之）。原稿及謄清稿本皆有眉批，或查添內容，或糾正錯謬，或補説經義等，性質不一而足，若正文有誤或有空缺待補，可據眉批修改或添補者，則逕自改補，不再出校；其他眉批，擇取重要且可辨認者以校記形式出之（底本眉批漫漶不清據整理本補者，校記中稱「整理本眉批」）。原稿有幾處籤條，校記亦統稱爲「原稿眉批」）。謄清稿本中有僖公元年至二十二年提綱，僅列經傳原文和點明將要書寫的内容，因原稿和謄清稿本内容完備，此提綱稿不再整理。底本及原稿用字前後不一，多用俗體字、異體字，今適當改作通行字。部分避諱字也適當改回本字。校點者才疏學淺，整理失誤在所難免，祈請方家不吝賜正。

校點者　李君龍　王振華
班龍門　李曉明

附他校主要引書及版本：

十三經注疏　中華書局影印清嘉慶刊本

二十四史　中華書局點校本

《竹書紀年》、《管子》、《荀子》、《韓非子》、《重廣補註黄帝内經素問》、《孔子家語》、《爾雅》、《吕氏春秋》、《淮南鴻烈解》、《大戴禮記》、《韓詩外傳》、《劉向古列女傳》、《潛夫論》、《晏子春秋》、《文心雕龍》、《六臣註文選》、《史通》、《太平御覽》、《楚辭》、《論衡》、《大清一統志》　以上《四部叢刊》本

顧炎武《左傳杜解補正》、沈欽韓《春秋左氏傳地名補注》、馬宗璉《春秋左傳補注》、惠棟《春秋左傳補註》、孫星衍《尚書今古文注疏》、梁履繩《左通補釋》、江永《春秋地理考實》、閻若璩《四書釋地》、李富孫《春秋左傳異文釋》、胡渭《禹貢錐指》　以上《皇清經解》本

《太平寰宇記》、惠棟《九經古義》　以上影印文淵閣《四庫全書》本

沈欽韓《春秋左氏傳補注》、陳樹華《春秋經傳集解考正》、嚴蔚《春秋内傳古注輯存》、陸粲《左傳附注》　以上《續修四庫全書》影印本

《荀子》　《抱經堂叢書》本

《戰國策》　《士禮居叢書》本

《方言》　李孟傳潯陽郡齋刻本

許慎《説文解字》　陳昌治刻本

張揖《廣雅》　北京大學圖書館藏明刻本

酈道元注，李長庚訂，孫汝登、朱謀㙔箋《水經注箋》　明萬曆四十三年李長庚刻本

陸德明《經典釋文》　上海古籍出版社影印宋刻元明遞修本

洪亮吉《春秋左傳詁》　清光緒四年授經堂刻本

丁晏《左傳杜解集正》　民國二至六年烏程張氏刻《適園叢書》本

李貽德《春秋左氏傳賈服註輯述》　清同治五年朱蘭刻本

邵瑛《劉炫規杜持平》　《南菁書院叢書》本

俞樾《群經平議》　清光緒《春在堂全書》本

董增齡《國語正義》　清光緒章氏式訓堂刻本

陳奂《詩毛氏傳疏》　清道光二十七年陳氏掃葉山莊刻本

臧壽恭《春秋左氏古義》《滂喜齋叢書》本
焦循《春秋左傳補疏》　清道光刻本
顧祖禹《讀史方輿紀要》　清稿本
顧棟高《春秋大事表》　萬卷樓刻本
俞正燮《癸巳類稿》　清道光十三年求日益齋刻本
王念孫《廣雅疏證》《畿輔叢書》本
王引之《經義述聞》　清道光七年王氏京師刻本
唐文治輯《春秋左傳讀本》　民國十三年吴江施氏醒園刊本

注例❶

服虔　賈逵　賈服以爲　賈服云　賈服以　舊注諸君引《左傳》注不載姓名而確非杜注

謚法

隱　惠　聲　武　桓　莊　穆　殤　宣　僖

一，釋《春秋》必以周禮明之。周禮者，文王基之，武王作之，周公成之。周禮明，而後亂臣賊子乃始知懼。若不用周禮，而專欲從殷，《公羊》家言《春秋》變周之文，從殷之質，殊誤。則亂臣賊子皆「具曰予聖」，而藉口於《春秋》之改制矣。《鄭志》曰：「《春秋經》所譏所善，皆於禮難明者也。其事著明，但如事書之，當按禮以正之。」所謂禮，即指周禮。❷

一，《春秋》有事有文有義，義雖孔子所竊取，然必依文與事言之。左氏親見策書，所紀事文多可依據。若公、穀之作當戰國時，其所述事文未能盡確，則其義雖優，亦恐有郢書燕説之患。

❶ 底本無此注例，今據原稿補。

❷ 原稿眉批：哀十四年疏稱「賈逵、服虔、潁容等皆以爲孔子修《春秋》，約以周禮」。

一，褒諱抑損之義，三傳所傳《春秋》皆有之。注《左氏》者，惟賈君尚存梗概。後人議其雜入《公》、《穀》之説爲自淆家法，實則《左氏》本有其義而賈君傳之，非賈君好爲合併也。

春秋左氏傳舊注疏證

儀徵劉文淇學

隱公【疏證】《世本》：「隱公，名息姑。」《謚法》：「隱拂不成曰隱。」

惠公元妃孟子。【疏證】《世本》：「惠公，名弗皇。」《逸周書・謚法解》：「愛人好與曰惠。」《春秋元命包》云：「元，首也。」《爾雅・釋詁》云：「孟，長也。」《世本》：「宋，子姓。」則孟子亦宋女也。《北史・張普惠傳》：「兼善《春秋》、百家之説。任城王澄遭太妃憂，臣僚爲立碑頌，題碑欲云『康王元妃之碑』。澄訪於普惠，答曰：『謹案朝典，但有王妃，而無元字。魯夫人孟子稱元妃者，欲下與繼室聲子相對。今烈懿太妃作配先王，更無聲子、仲子之嫌，竊謂不假元字以别名位。』」案：張説是也。《爾雅・釋詁》：「妃，媲也。」《説文》：「妃，匹也。」《國語・齊語》「九妃六嬪」，韋昭注：「正嫡稱妃，言九者，尊之如一，明其淫侈非禮制。」《禮記・曲禮》：「天子之妃曰后，諸侯曰夫人。」則正適稱妃之説，信矣。杜注：「言『元妃』，明始適夫人。」意猶未誤。正義謂：「妃者，名通嫡妾。」則誤矣。陳哀公元妃、二妃、下妃，正如齊之九妃非禮制，不當引爲適妾通稱之證。

孟子卒。【注】服虔云：「嫌與惠公俱卒，故重言之。」本疏。

繼室以聲子，生隱公。【注】服虔云：「聲子之謚，非禮也。」《通典》一百四引。**【疏證】**《逸周書・謚法解》：「不生其國曰聲。」《晉書・禮儀志》：「永和十一年，彭城國爲李太妃求謚。博士曹耽之議：『夫婦行不必同，不得以夫謚謚婦。《春秋》婦人有謚甚多，經無譏文，知禮得謚也。』胡訥云：『禮，婦人生以夫爵，死以夫謚。《春秋》夫人有謚，不復依禮耳。』王彪之云：『婦人有謚，禮壞故耳。聲子爲謚，服虔諸儒以爲非，杜預亦云：「禮，婦人無謚。」《春秋》無譏之文，所謂不待貶絶自明者也。』」據王彪之所説，則聲子之謚非禮，非僅服虔一人之説矣。杜注「聲子」云：「蓋孟子之姪娣也。諸侯始娶，則同姓之國以姪娣媵。」正義謂：「聲子，或是孟子姪娣，或是同姓之國媵者姪娣，以其難明，故杜兩解之。」案：《國語・周語》「王御不參一族」注：「御，婦官也。參，三也。一族，一父子也。故取姪娣以備三，不參一族之女。」《詩・小星》疏云：「妾之貴者，夫人姪娣也，即《喪服》所言『貴臣貴妾』。《左氏》皆言以夫人之姪娣爲繼室，明其貴也。」《禮記・曲禮》疏云：「《左氏》亦夫人姪娣貴於二媵。何休云：『夫人無子，立右媵之子。右媵無子，立左媵之子。』以二媵爲貴，與禮不合，故《韓奕》箋獨言娣，舉其貴者，是姪娣貴於媵之義。」杜氏既以聲子爲夫人之姪娣，不當更疑爲二媵之姪娣也。《晉書・禮儀志》：「王愆期議曰：『案，禮不二嫡，故惠公元妃孟子，孟子卒，繼室以聲子。諸侯猶爾，况庶人乎？《士喪禮》曰：繼母如母。本實繼室，故稱繼母，事之如嫡，故曰如母也。』」沈欽韓《左傳補注》云：「繼室，即《雜記》所謂攝女君也。《史記・年表》：『魯隱公息姑母聲子。』《白虎通》後説曰：『嫡死不復更立，明嫡無二，防簒殺也。祭宗廟，攝而已。』大夫而下，繼室有爲嫡者，故《儀禮・喪服》經云『繼母如母』。《曾子問》：『宗子雖年七十，無無主婦。』天子諸侯不再娶，故繼室而非嫡。昭三年傳：『少姜有寵而死，齊侯使晏嬰請繼室于晉。』是妾死繼往者猶謂之繼室，知繼室不得爲嫡也。」

宋武公生仲子，仲子生而有文在其手，曰「爲魯夫人」，故仲子歸于我。【疏證】《逸周書・謚法解》：「剛强直理曰武，威强敵德曰武，克定禍亂曰武，刑民克服曰武，夸志多窮曰武。」《詩》毛傳：「婦人謂嫁曰歸。」陳樹華云：「《論衡·雷虚篇》《紀妖篇》並作『文在其掌』，❶唯《自然篇》仍作『手』。」正義謂：「此傳言『爲魯夫人』者，以宋女而作他國之妻，故特加『爲』以示異耳。非爲手文有『爲』字，故『魯夫人』之上有『爲』字也。」文淇案：傳文「爲魯夫人」上有「曰」字，則「爲魯夫人」四字皆指手文。《史記·年表》：「魯桓公允母宋武公女，生手文『爲魯夫人』。」與《左傳》同，正義之説非也。

生桓公，而惠公薨。【疏證】《逸周書·謚法解》：「辟土服遠曰桓，克敬勤民曰桓，辟土兼國曰桓。」杜注：「言歸魯而生男，惠公不以桓生之年薨。」正義謂：「元年傳曰：『惠公之薨也，有宋師，太子少，葬故有闕。』少者，未成人之辭，非新始生之稱。又改葬惠公，而隱公不臨，使桓爲主。若薨年生，則纔二歲，未堪爲喪主。又羽父弑隱，與桓同謀。若年始十二，亦未堪定弑君之謀。以此知桓公之生，非惠公薨之年也。年之長幼，理無所異，杜言此者，欲明慶父爲莊公庶兄，故顯言此以張本也。」文淇案：文六年傳云：「晉襄公卒，靈公少。」七年傳云：「穆嬴日抱大子以啼于朝，出朝則抱以適趙氏。」則少者，幼小之稱。且隱元年傳云「太子少」，十一年傳亦云「爲其少故也」，相距十年而年尚少，則所謂少者，非僅未成人之解。傳稱「改葬惠公」，但云「公弗臨」，不言使桓爲主，羽父反譖，正欺桓之幼小。況傳明言生桓公而惠公薨，則桓之生即在惠公薨年，杜注顯與傳背。先儒以慶父爲莊公母弟，而杜必云庶兄，故於此傳先爲此鑿空之説，以爲桓公應有長庶張本。正義曲爲解釋，非也。

❶ 「衡」下，原衍「篇」字，今據《春秋經傳集解考正》卷一删。

是以隱公立而奉之。【注】賈逵云：「隱立桓爲大子，奉以爲君。」鄭衆云：「隱公攝立爲君，奉桓爲大子。」本疏。【疏證】杜注：「隱公，繼室之子，當嗣世，以禎祥之故，追成父志。爲桓尚少，是以立爲大子，帥國人奉之。」正義引鄭、賈二説而駁之，其駁鄭云：「傳言『立而奉之』，是先立後奉之。若隱公先立乃後奉桓，則隱立之時未有大子，隱之爲君復何所攝？若先奉大子乃後攝立，不得云『立而奉之』，是鄭之謬也。」其駁賈云：「隱雖不即位，稱公改元，號令于臣子，朝正于宗廟，言立桓爲君可矣，❶安在其奉以爲君乎？是賈之妄也。」正義既駁鄭、賈之説，而云「立而奉之」謂「立爲大子，帥國人奉之」，正謂奉之以爲大子。語意重複，殊爲不辭。洪亮吉云：「杜注亦本賈義，正義以『奉以爲君』爲賈之妄，不知賈實依經爲訓。使國人知桓有君道而奉之，非隱以君禮奉桓也。」文淇案：隱之攝位，傳於元年發之，見隱之「不書即位」，由於攝位。此傳先經起義，見隱之攝位，由於立桓爲大子。鄭衆以此傳「立」字即爲攝立，義有未安。洪氏亮吉《左傳詁》謂杜注亦本賈義，是也。惟謂「使國人知桓有君道而奉之，非隱以君禮奉桓」，語涉含混。案：《禮記·曾子問》云：「君薨而世子生，如之何？孔子曰：『卿、大夫、士從攝主，北面於西階南。大祝裨冕，執束帛，升自西階，盡等不升堂，命毋哭。祝聲三，告曰：「某之子生，敢告。」三日，衆主人、卿、大夫、士如初位，北面。大宰、大宗、大祝皆裨冕，少師奉子以衰，祝先，子從，宰、宗人從，入門，哭者止。子升自西階，殯前北面。』」鄭注：「攝主，上卿代君聽國政。」疏云：「《士喪禮》：『朝夕哭，大夫即位于門外，西面北上。外兄弟在其南，南上。賓繼之，北上。若其門内位，主人堂下直東序

❶「君」，《春秋左傳正義》卷一作「大子」。

西面。兄弟皆即位，如外位，卿大夫在主人之南。』是朝夕内外哭位，皆在東方也。今乃從攝主北面于西階南，故注云『變于朝夕哭位也』。三日之朝，自衆主人以下，悉到西階下，列位如初日子生之儀也。以子自爲主，故不云攝主也。」案：隱之攝位，雖異于上卿之攝主，然立桓爲大子，必告殯宫。是時隱未即位，其告殯之禮，桓自爲主，當與子生三日告殯禮同。隱當與衆主人北面，立于西階南。桓公升自西階，北面告殯。是隱以君道奉桓，故賈云隱立桓爲大子奉以爲君也。

【經】元年，春，王正月。【注】服虔云：「孔子作《春秋》，於春每月書『王』，以統三王之正。」本疏。

【疏證】《漢書·律曆志》引劉歆説：「元典曆始曰元。傳曰：『元者，善之長也。』共養三德爲善。又曰：『元，體之長也。』合三體而爲之元，❶故曰元。於春每月書『王』，元之三統也。三統合於一元，故因元一而九三之以爲法，十一三之以爲實。」又曰：「經元一以統始，《易》大極之首也。春秋二以目歲，《易》兩儀之道也。❷于春每月書王，《易》三極之統也。于四時雖亡事必書時月，《易》四象之節也。時月以建分至啟閉之分，《易》八卦之位也。象事成敗，《易》吉凶之効也。朝聘會盟，《易》大業之本也。故《易》與《春秋》，天人之道也。」服虔謂「於春每月書王，以統三王之正」，即用劉歆三統之説。正義以服虔之意「謂周室之臣民尊夏、殷之舊主，敬奉前代」，細尋服説，本無此意。正義譏之，非也。《宋書·禮志》：「青龍五年詔曰：『仲尼以大聖之才，祖述堯舜，範章文武，制作

❶「元」，《漢書·律曆志》作「原」。
❷「道」，《漢書·律曆志》作「中」。

《春秋》，論究人事，以貫百王之則。❶故於三微之月，每月稱王，以明三正迭相爲首。』」是亦用劉歆之説也。《隋書·李德林傳》：「魏收與陽休之論《齊書》起元事，敕集百司會議。收與德林書，德林復書曰：『即位之元，《春秋》常義。謹案魯君不稱即位，亦有元年，非獨即位得稱元年也。議云受終之元，《尚書》之古典。謹案《大傳》，周公攝政，一年救亂，二年伐殷，三年踐奄，四年建侯衛，五年營成周，六年制禮作樂，七年致政成王。論者或以舜、禹受終，是爲天子。然則周公以臣禮而死，此亦稱元，非獨受終稱帝也。』」據德林之議，周公攝政得稱元年，則隱公即位亦得稱元年矣。又案《南齊書·陸澄傳》：「尋領國子博士。時國學置鄭、王《易》，杜、服《春秋》，何氏《公羊》，麋氏《穀梁》，鄭玄《孝經》。❷澄謂尚書令王儉曰：『《左氏》泰元取服虔，而兼取賈逵經，服傳無經，雖在注中，而有無經者也。❸今留服置賈，則經有所闕。』」據澄所説，則服氏不注經文，即有經之傳，即于傳中釋經。今既依賈氏之例，疏證經文，凡賈氏所不説者，即取服注列于經文之下；其有賈、服連言，亦俱于經中釋之。後皆倣此。

三月，公及邾儀父盟于蔑。【疏證】《曲禮》「涖牲曰盟」疏引《五經異義》：❹「《左氏》説《周禮》有司盟之官，殺牲歃血，所以盟事神明。『凡國有疑，盟詛其不信者』，是知於禮得盟也。」許慎所載《左氏》説皆賈逵、鄭衆

❶「則」，原作「列」，今據《宋書·禮志》改。

❷「玄」，原作「元」，因避諱而改，今回改，下同。

❸「有」上，《南齊書·陸澄傳》有「傳又」二字。「者」下，《南齊書·陸澄傳》有「故」字。

❹「曲禮涖牲曰盟疏」，原缺，今據文義及《禮記正義》卷十五補。

之舊説也。《釋名》云：「盟，明也，告其事於神明也。」《公羊》昭三十一年傳疏：「服虔《成長義》云：『邾婁本附庸，三十里耳。』」惠棟《左傳補注》云：「蔑本姑蔑，定十二年傳『費人北，國人追之，敗諸姑蔑』是也。隱公名息姑，而當時史官爲之諱。」案：劉昭《郡國志》云：「魯國卞縣南有姑城。」「姑」下脱去「蔑」字。沈欽韓云：「《一統志》：『姑蔑城在兗州府泗水縣東。』《括地志》云『縣東四十五里』。」

夏，五月，鄭伯克段于鄢。【疏證】馬融《尚書・洪範》篇注云：❶「克，勝也。」應劭《漢書》注云：「鄢，一作傿，漢陳留郡有傿，即此是。」趙匡《集傳》：「鄢當作鄔，鄭地，在緱氏縣西南，至十一年乃屬周。《左氏》云『王取鄔、劉、蔿、邘之田于鄭』是也。」杜注：「鄢，今潁川鄢陵縣。」洪亮吉云：「今考杜注既非，趙匡以爲作鄔，一無確據，惟應劭之説最足依據。傿縣，前漢屬陳留，後漢屬梁國，作隔。陳留郡在春秋時大半屬鄭，且傳上云『至于廩延』，杜注：『陳留酸棗縣北有延津。』廩延至隔，既屬順道，又渡河至共亦便，明克段之地爲陳留隔縣無疑。」案：《寰宇記》：「鄢城在宋州柘城縣北二十九里。」

秋，七月，天王使宰咺來歸惠公、仲子之賵。【注】賈逵云：「畿内稱王，諸夏稱天王，夷狄稱天子。」《穀梁》成九年疏。❷服虔云：「咺，天子宰夫。」《周禮・大行人》疏。賵，覆也，天王所以覆被臣子。」本疏。【疏證】《禮記・曲禮》「君天下曰天子」，疏云：「《異義》：『古《周禮》説：天子無爵，同號于天，何爵之

❶「洪範」，原缺，今據《尚書正義》卷十二補。

❷「九」，當作「八」。

有？許慎謹案：《春秋左氏》云：「施于夷狄稱天子，施于諸夏稱天王，施于京師稱王。」知天子非爵稱，同古《周禮》義。』鄭駁：『案《士冠禮》云：「古者生無爵，死無謚。」自周及漢，天子有謚，此有爵甚明。云無爵，失之矣。』若杜預之義，天子，王者之通稱，故成公八年，『天子使召伯來錫公命』，魯非夷狄，稱『天子』；莊元年冬，『王使榮叔來錫公命』，魯非京師，而單稱『王』，是無義例。其許慎、服虔等依京師曰『王』、夷狄曰『天子』，與此不同。」文淇案：許慎所稱《左氏》，即賈氏之説。《春秋》所載，凡伯、南季、家父、仍叔之子來聘，及求金、求車、歸脤之類，皆稱「天王」。若榮叔、召伯之使，不稱天王。賈氏謂榮叔歸含且賵，以恩深加禮妾母，恩同畿内，故稱「王」。成公八年，乃得賜命，與夷狄同，故稱「天子」。《周禮》疏以杜義難《左氏》古義，非也。服知咺爲宰夫者，《宰夫職》曰：「凡邦之弔事，掌其戒令，與其幣器財用。」既掌弔事，或即充使，故服以宰爲宰夫也。《御覽》卷五百五十引《春秋説題辭》云：❶「賵之爲言覆也。」是服氏之所本。《大行人》「致禬以補諸侯之裁」，疏：「彼宗伯凶禮有五，此唯言弔禮，餘四者不言者，行人唯主弔法，餘禮蓋自有人主之，故此不言也。隱元年『宰咺來歸惠公、仲子之賵』，服氏云：『咺，天子宰夫。』是宰夫主賻賵之事，是其别主之類也。」正義駁服説云：「《士喪》《既夕禮》兄弟所知悉皆致賵，非獨君之賵臣。以賵爲覆可矣，其言『覆被臣子』則非也。」案：服氏謂「覆被臣子」，即據此經歸賵而言，正義駁之，誤矣。杜注以「歸」爲「不反之辭」。案：《廣雅・釋詁》：「歸，遺也。」《國語・晉語》：「敢歸之下執政。」韋注：「歸，饋也。」《儀禮・聘禮》「君使卿韋弁，歸饔餼五牢」，鄭注：「今文『歸』作『饋』。」歸賵、歸脤皆當訓爲餽遺。杜謂「歸」爲「不反之辭」，非也。沈欽韓云：「《雜記》：『上介賵，執圭將命，曰：「寡君使某賵。」相者入告，反命

❶「五百五十」，原缺，今據《太平御覽》卷五百五十補。

曰：「孤某須矣。」陳乘黃、大路于中庭。』此諸侯相賵之制，天子賵諸侯亦如是也。」

九月，及宋人盟于宿。【**疏證**】司馬彪《續漢志》云：「東平國無鹽，本宿國，任姓。」杜注同此。沈欽韓云：「《一統志》無鹽故城在東平州東二十里，❶春秋宿國。」杜又云：「客主無名，皆微者也。」正義云：「《公羊傳》曰：『孰及之？內之微者也。』《穀梁傳》曰：『及者何？內卑者也。宋人，外卑者也。』卑微，言非卿也。」文淇案：《禮記·王制》「其有中士、下士者，數各居其上之三分」，注：「謂其爲介，若特行而並會也。」疏言：「謂其爲介者，若《聘禮》『上介四人』是也。若特行，則隱元年『及宋人盟于宿』是也。本國出使，其行至他國，與諸國並會也。」據《禮疏》之說，則所謂微者，蓋謂士也。

冬，十有二月，祭伯來。【**疏證**】《國語·周語》「祭公謀父諫曰」，韋注：「祭，畿內之國，周公之後，爲王卿士。」杜注：「祭伯，諸侯爲王卿士者。」蓋用韋說。

公子益師卒。【**疏證**】《禮記·曲禮》：「天子死曰崩，諸侯曰薨，大夫曰卒。」《爾雅·釋詁》：「卒，終也。」孫炎注云：「卒，病之終也。」《釋名》云：「大夫曰卒，言卒竟也。」《說文》云：「大夫死曰𣨛，从歺卒聲。」洪亮吉云：「經典皆作『卒』，蓋古文省。」

【傳】元年，春，王周正月，不書即位，攝也。【**注**】賈、服云：「公實即位，孔子修經乃有不書。不書即位，所以惡桓之篡。」本疏。【**疏證**】《漢書·律曆志》引劉歆說云：「經曰『春王正月』，傳曰『周正月』，『火

❶ 「故」，原作「城」，今據《春秋左氏傳地名補注》卷一改。

出，于夏爲三月，商爲四月，周爲五月。夏數得天』，得四時之正也。」《公羊》隱元年疏引賈逵《長義》云：「《公羊》以魯隱公爲受命王，黜周爲二王後。名不正則言不順，言不順則事不成。今隱公人臣而虚稱以王，周天子見在而黜公侯，是非正名而言順也。如此，何以笑子路率爾，何以爲忠信，何以爲法，何以全身？」按：《春秋》用周正，《左氏》云「周正月」，所以明《春秋》用周正也。王謂周王，《公羊》以隱公爲受命王，❶故賈氏駁之。《説文》：「攝，引持也。」《禮記・明堂位》鄭注：「周公攝王位。」疏：「攝訓爲代。」隱、桓、莊、閔四公不書即位，正義云：「舊説賈、服之徒以爲四公皆實即位，孔子修經乃有不書。」又引潁氏説：「以爲魯十二公國史盡書即位，仲尼修之，乃有所不書。」是先儒皆以隱公實即位，孔子修經不書也。杜預云：「假攝君政，不修即位之禮，故史不書于策。」杜意傳言攝，謂攝政，非攝位。按《明堂位》疏引鄭《發墨守》云：「隱公攝位，周公攝政，雖俱相幼君，攝政與攝位異也。」是隱公攝位非攝政，况傳明云「公攝位而欲修好于邾」，攝位則行即位之禮，杜預之説非也。正義既知隱公之攝爲攝位，而又謂攝位不行即位之禮，曲護杜氏，謬矣。或疑鄭《發墨守》謂「隱公攝位，周公攝政」，而鄭注《明堂位》云「周公攝王位」，疏云：「成王年幼，周公代之居位，故云攝王位。」又以周公爲攝位，二説不同。按：鄭《箴膏肓》云：「周公歸政就臣位乃死，何得記『崩』？隱公見死於君位，不稱『薨』云何？」蓋據其初而言之，周公實亦攝位，其後歸政，復就臣位，故鄭以攝政言之。

三月，公及邾儀父盟于蔑，邾子克也。未王命，故不書爵。曰儀父，貴之也。公攝位而欲求好

❶ 下「公」，原作「爲」，今據上文改。

於邾，故爲蔑之盟。【注】賈、服以爲：「儀父嘉隱公有至孝謙讓之義，而與結好，故貴而字之，善其慕賢説讓。」經疏。服又云：「爵者，醮也，所以醮盡其材也。」傳疏。【疏證】釋文：「一本無『故』字。」杜注：「附庸之君，未王命，例書名。能自通于大國，繼好息民，故書字貴之。」正義云：「傳文唯言『貴之』，不説可貴之狀。」又駁賈、服云：「傳言『公攝位而欲好于邾』，是公先求邾，非邾先慕公，復何足貴？且書曰『儀父』乃是新意，仲尼以事有可善，乃得書字善之，不是緣魯之意以爲褒貶，安得以其慕賢便足貴之？又桓十七年『公及邾儀父盟于趡』，桓公不賢不讓，彼經亦書『儀父』，故知『貴之』之言不爲慕賢説讓也。」文淇案：蔑之盟，雖公先求邾，而邾與公結好，即是慕賢説讓。孔子所以貴之，非緣魯意以爲褒貶。桓十七年經書「儀父」，亦君子與人有終之意，不得以彼難此。《禮記·禮器》疏引《異義》：「爵，盡也，足也。」《白虎通》：「爵者，盡也。各盡其職，盡其才也。」

夏，四月，費伯帥師城郎。不書，非公命也。【疏證】杜注：「費伯，魯大夫。郎，魯邑。高平方與縣東南有郁郎亭。」洪亮吉云：「《説文》：『郎，魯亭也。』杜本此。」沈欽韓云：「《方輿紀要》：『費亭在魚臺縣西南。』《一統志》：『郎城在兗州府魚臺縣東北八十里。』」

初，鄭武公娶於申，曰武姜。【注】賈云：「凡言初者，隔其年後有禍福將終之，乃言初也。」本疏。

【疏證】杜以爲「凡倒本其事者皆言初」，亦用賈説。《史記·年表》：「武公十年娶于申。」《漢書·地理志》：「南陽郡宛，故申伯國。」沈欽韓云：「《方輿紀要》：『申城在南陽府北二十里。』《括地志》：『南陽縣北二十里。』」按《一統志》，鄭都今新鄭縣。

生莊公及共叔段。【注】賈、服以「共」爲謚。本疏。【疏證】《史記·年表》：「武公十四年生寤生，十七年生大叔段。」《逸周書·謚法解》：「叡通克服曰莊，兵甲亟作曰莊，勝敵志彊曰莊。」杜注：「段出奔共，故曰共叔，猶晉侯在鄂，謂之鄂侯。」正義駁賈、服説云：「作亂而出，非有其德可稱。餬口四方，無人與之爲謚。」洪亮吉云：「今考魯之穆伯，晉之欒懷子，皆出奔見殺，得有謚。叔段，莊公母弟，雖出奔，得有謚可知。」文淇案：洪説是也。大叔出奔共，杜注以共爲國名，則不得以他人之國爲段號矣。

莊公寤生，驚姜氏，故名曰「寤生」，遂惡之。【疏證】杜注謂：「寤寐而莊公已生。」《風俗通》：「不舉寤生子。俗説兒墮地，未可開目便能視者，謂寤生。舉寤生子，妨父母。」劭引此傳謂：「武公考終，姜氏亦然，安有妨其父母乎？」然生而能視，世亦多有，何至于驚？《南燕録·慕容德傳》：「德母晝寢而生德，父皝曰：『此兒易生如鄭莊公。』」蓋用杜説。然易生亦何可惡之有？沈欽韓云：「如杜解，則寤寐中便已生子，較后稷之先生如達、文王之溲于豕牢，殆又易之。姜氏當鍾愛，何爲惡之乎？『寤』與『啎』同。《説文》：『啎，逆也。』今生子有足先出者，難産，謂之逆生。」黄生《義府》云：「『寤』與『牾』通，牾，逆也。凡生子首出爲順，足出爲逆，至有手及臂先出者，此等皆不利于父母，或其子不祥，故世俗惡之。莊公寤生，是逆生也。逆生則産必難，其母之驚且寤也宜矣。」❶文淇案：《史記·鄭世家》：「生太子寤生，生之難，及生，夫人弗愛。後生少子段，生易，夫人愛之。」則寤生爲難産也信矣。

---

❶「寤」，《義府》卷上作「惡」。

愛共叔段，欲立之，亟請於武公，公弗許。及莊公即位，爲之請制，公曰：「制，巖邑也，【疏證】《爾雅・釋言》：「婁、暱，亟也。」注：「亟亦數也。」《禮記・少儀》「亟見曰朝夕」，鄭注：「亟，數也。」《史記・年表》：「母欲立段，公不聽。」《漢書・地理志》：「河南郡成皋，故虎牢，或曰制。」師古注：「《穆天子傳》：『七萃之士生捕獸，即獻天子，天子畜之東虢，號曰獸牢。』」《説文》：「巖，岸也。從山嚴聲。」《廣雅・釋詁》：「巖，高也。」《水經・河水》注：「成皋之故城在伾上，縈帶伾阜，絶岸峻周，高四十許丈，城張翕險，崎而不平，即東虢也。」然則制邑倚山爲城，險崎不平，故公以爲巖邑。沈欽韓云：「《一統志》：『在開封府汜水縣西北。』《元和志》：『汜水縣，古東虢國。』」

虢叔死焉。佗邑唯命。」【疏證】《説文》：「命，使也。」《禮記・内則》「不敢並命」，鄭注：「命謂使令。」《吕氏春秋・貴生》篇「又況于他物乎」，高注：「他，猶異也。」《竹書》：「平王四年，❶鄭人滅虢。」《檜譜》：「此與檜鄰者，謂東虢耳，猶自別于西虢。」洪亮吉云：「《鄭語》：『史伯云：「虢叔恃險。」』此即虢叔恃巖邑之證。」

請京，使居之，謂之京城大叔。【注】賈云：「京，鄭都邑。」《史記・鄭世家》集解。【疏證】《漢志》：「河南縣有京縣。」沈欽韓云：「《方輿紀要》：『京城在鄭州滎陽縣東南三十里。』」按：謂之京城大叔者，莊公謂之也。《鄭世家》：「鄭莊公元年，封弟段於京，號之爲大叔也。」《詩・叔于田》毛傳：「叔，大叔段也。」疏云：「《左傳》及下篇皆謂之大叔，故傳辨之，以明叔與太叔一人。其字曰叔，以寵禄過度，時呼爲大叔。《左傳》『謂之京城

---

❶ 「平王」，原缺，今據《竹書紀年》卷下補。

大叔』，是由寵而異其號也。」杜注：「謂之『京城大叔』，言寵異於衆臣。」

祭仲曰：「都城過百雉，國之害也。【注】賈云：「雉長三丈。」本疏。服云：「天子城高九雉，❶隅高七雉；侯伯之城高三雉，隅高五雉。都城之高，皆如子男之城高。」《周禮·考工記·匠人》疏。【疏證】《史記·鄭世家》：「祭仲曰：『京大於國，非所以封庶也。』莊公曰：『武姜欲之，我弗敢奪也。』」杜注：「祭仲，鄭大夫。」正義云：「注諸言『大夫』者，以其名氏顯見於傳，更無卑賤之驗者，皆以大夫言之。其實是大夫以否，亦不可委知也。」按：賈、服及杜氏注春秋時大夫，大約皆據《世本》。賈、服有注者，則載賈、服，無者則直載杜說，後做此。其有異同須辨論者，隨條解之。正義又云：「許慎《五經異義》、《戴禮》及《韓詩》說，八尺爲板，五板爲堵，五堵爲雉。板廣二尺，積高五板爲一丈。五堵爲雉，雉長四丈。古《周禮》及《左氏》說，一丈爲板，板廣二尺。五板爲堵，一堵之牆長丈、高丈。三堵爲雉，一雉之牆長三丈、高一丈。以度其長者用其長，以度其高者用其高也。諸說不同，必以雉長三丈爲正者。以鄭是伯爵，城方五里，大都三國之一，其城不過百雉，則百雉是大都定制。因而三之，則侯伯之城當三百雉，計五里，積千五百步，步長六尺，是九百丈也。以九百丈而爲三百雉，則雉長三丈，故杜依用之。」此疏詳釋《左氏》雉長三丈之舊說也。《周禮·典命》「其國家、宮室、車旗、衣服、禮儀，皆以九爲節」，注云：「公之城，蓋方九里，宮方九百步。侯伯之城，蓋方七里，宮方七百步。子男之城，蓋方五里，宮方五百步。」疏云：「案《書·無逸》傳注云：『古者百里之國，九里之城。』玄或疑焉。《周禮·匠人》『營國方九里』，謂

---

❶「天子城高九雉，隅高七雉」，《周禮注疏》卷四十一作「天子城高七雉，隅高九雉；公之城高五雉，隅高七雉」。

天子之城，今大國與之同，非也。然大國七里、次國五里、小國三里之城，爲近可也。或者天子實十二里之城，諸侯大國九里，次國七里，小國五里。如是，鄭自兩釋不定。鄭必兩釋者，若案《匠人》營國方九里，據周天子而言，則公宜七里，侯伯宜五里，子男宜三里爲差也。若據此文，九命者以九爲節，七命者以七爲節，五命者以五爲節。又案《文王有聲》箋云：『築城伊洫，適與成方十里等，小于天子，大于諸侯。』以其雖改殷制，仍服事殷，未敢十二里。據此二文而言，則周之天子城方十二里，公宜九里，侯伯宜七里，子男宜五里也。若周天子十二里，則《匠人》九里，或據異代法，以其匠人有夏殷法故也。鄭不言異代者，以其無正文，不敢斥言也。是以隱公元年祭仲云『都城不過百雉』，雉長三丈，百雉五百步，大都三之一，則鄭是伯爵，城方千五百步，爲五里，是公七里，侯伯五里，子男三里矣。此賈、服、杜君等義，與鄭玄一解也。鄭又云：『鄭伯之城方七里，大都三之一，方七百步，實過百雉矣。而云都城不過百雉，舉子男小國之大都，以駁京城之大，其實鄭之大都過百雉矣。』又是天子城十二里而言也。」此疏備載鄭氏兩説，而以大國七里、次國五里、小國三里爲主，明鄭伯之城方五里也。《匠人》：「王宫門阿之制五雉，宫隅之制七雉，城隅之制九雉。門阿之制以爲都城之制，宫隅之制以爲諸侯之城制。」❶注：「諸侯，畿以外也，其城隅制高七丈。」疏云：「按《異義》：『古《周禮》説云：「天子城高九雉，❷隅高七雉；❸公之城高五雉，隅高七雉；侯伯之城高三雉，隅高五雉；都城之高，皆如子男之城高。」』隱元年服注云與古《周禮》説同。其

❶ 下「制」，原作「雉」，今據《周禮注疏》卷四十一改。

❷ 「九」，《周禮注疏》卷四十一作「七」。

❸ 「七」，《周禮注疏》卷四十一作「九」。

天子及公城與此《匠人》同，其侯伯以下與此《匠人》説異者，此《匠人》『門阿之制以爲都城之制』，高五雉亦謂城隅也。其城高三雉，與侯伯等，是以《周禮》説不云子男及都城之高，直云『都城之高皆如子男之城高』。有此《匠人》相參，以知子男皆爲本耳，亦互相曉，明子男之城不止高一丈、隅二丈而已。如是，王宫隅之制以爲諸侯城制者，惟謂上公耳。以此計之，王城隅高九雉，城高七雉；上公之城隅高七雉，城高五雉；侯伯已下城隅高五雉，城高三雉。」此疏言城隅與城身差降之數也。沈欽韓云：「《管子·霸言》『國小而都大』，故云國之害。」

「先王之制，大都不過參國之一，中五之一，小九之一。今京不度，非制也。君將不堪。」【疏證】《廣雅·釋言》：「參，三也。」惠棟《補注》云：「《周書》云：『大縣城方王城三之一，小縣立城方王城九之一。』不言中者，從可知。」正義云：「定以王城方九里，依此數計之，則王城長五百四十雉，其大都方三里，長一百八十雉；中都方一里又二百四十步，長一百八雉也；小都方一里，長六十雉也。公城方七里，長四百二十雉。其大都方二里又一百步，長一百四十雉也；中都方一里又一百二十步，長八十四雉也；小都方二百三十三步二尺，長四十六雉又二丈也。侯伯城方五里，長三百雉。其大都方一里又二百步，長百雉也；中都比王之小都；其小都方一百六十六步四尺，長三十三雉又一丈也。子男城比王之大都，其大都比侯伯之中都，其中都方一百八十步，長三十六雉也。」《匠人》「宫隅之制以爲都城之制」，❶疏云：「都城據大都而言，其小都及家之城，都當中五之一，家當小九之一，爲差降之數未聞。」彼疏據王有大都、小都、家邑而言，《左傳》就諸侯之都而言，故不同也。《説文》：「度，法也。」《國語·周語》「念前之非度」，韋注：「度，法也。」《爾雅·釋詁》：「堪，勝也。」

❶「宫」，原作「門」，今據《周禮注疏》卷四十一改。

公曰：「姜氏欲之，焉辟害？」對曰：「姜氏何厭之有？不如早爲之所，無使滋蔓。蔓，難圖也。蔓草猶不可除，况君之寵弟乎？」【注】服云：「滋，益也。蔓，延也。謂無使其益延長也。」❶《群經音義》。❷【疏證】《廣雅・釋詁》：「焉，安也。」《吕氏春秋・懷寵》「求索無厭」，高注：「厭，足也。」《一切經音義》二引《三蒼》：「所，處也。」杜注「不如早爲之所」云「使得其所宜」，殆爲不辭。顧炎武《補注》云「言及今制之」，是也。《説文》：「滋，益也。曼，引也。」《詩・閟宫》「孔曼且碩」，傳：「曼，延也。」❸是正字。服注「蔓，延」，及《野有蔓草》傳「蔓，延也」，是假借字。《説文》：「蔓，葛屬。」《常棣》「是究是圖」，傳：「圖，謀也。」《説文》：「圖，畫計難也。從啚。❹啚，難意也。」《曲禮》「馳道不除」，注：「除，治也。」《斯干》「風雨攸除」，釋文：「除，去也。」

公曰：「多行不義必自斃，子姑待之。」【疏證】釋文：「斃，本作弊。」襄二十七年「以誣道蔽諸侯」，服注本作「弊」，云：「弊，踣也。」韋昭《國語・晉語》注：❺「斃，踣也。」《説文》：「弊，❻頓仆也。」《卷耳》「我姑酌彼兕

---

❶「其」下，《一切經音義》卷二有「惡」字。

❷「義」下，原有一字漫漶不清，今刪。

❸「延」，《毛詩正義》卷二十作「長」。

❹「從」上，《説文解字》卷六下有「從口」二字。

❺「晉」，原缺，今據《國語正義》卷十四補。

❻「弊」，《説文解字》卷十上作「獘」。

觥」傳：❶「姑，且也。」

既而大叔命西鄙、北鄙貳於己。公子吕曰：「國不堪貳，君將若之何？欲與大叔，臣請事之。若弗與，則請除之，無生民心。」公曰：「無庸，將自及。」大叔又收貳以爲己邑，至于廩延。【疏證】杜注：「公子吕，鄭大夫。」《説文》：「貳，副益也。從貝弍聲。弍，古文二。」《説文》又云：「二，地之數也。從偶一。」經典「貳」字作「副益」解者，多引伸之爲「疑貳」之「貳」。《爾雅·釋詁》：「貳，疑也。」洪亮吉云：「《周語》『百姓携貳』，韋昭注：『貳，二心也。』此『貳於己』，義亦當然。杜注云『兩屬』，蓋望文生義。」文淇按：《禮記·坊記》：「孝以事君，弟以事長，示民不貳也。唯卜之日稱二君。」鄭注：「不貳，不自貳於尊者也。自貳，謂若鄭共叔者也。『二』當爲『貳』，唯卜之時，辭得曰『君之貳某』爾。晉惠公獲于秦，命其大夫歸立君，曰『其卜貳圉也』。」疏云：「公子吕曰『國不堪貳』，謂除君身之外，國中不堪更有副貳之君，是段之自貳於君也。」如鄭氏之説，則「貳」當爲「副益」之「貳」。「使西鄙、北鄙貳于己」者，謂使西鄙、北鄙之人以己爲副貳之君。故子封云「國不堪貳」，謂不堪更有副貳之君。又「收貳以爲己邑」者，前此但令尊之爲君，邑猶不屬，至是乃以爲己之屬邑也。《詩·瞻卬》「女反收之」，傳：「收，拘收也。」《廣雅·釋詁》：「收，取也。」沈欽韓云：「按：二五尊卑，大《易》之明文；別嫌明疑，《春秋》之大法。故公子吕云『國不堪貳』，疏謂『兩屬則賦役倍而國人不堪』，以長慮爲淺見矣。《一統志》：『酸棗故城在衛輝府延津縣北十五里。』按《水經·河水》注：❷『河水又東，逕滑臺城北，城即故鄭廩延也。』據文，廩延即

---

❶「兕觥」，當作「金罍」。

❷「河」，原缺，今據《水經注箋》卷五補。

今滑縣，唐之滑州，漢晉爲白馬縣。杜預謂酸棗縣之延津，遠矣。《元和志》：『滑州西南至鄭州三百里。』大叔段所侵之界如此。」

子封曰：「可矣，厚將得衆。」公曰：「不義不暱，厚將崩。」【疏證】杜注：「子封，公子呂也。不義於君，不親於兄，非衆所附，雖厚必崩。」《周禮·考工記·弓人》「凡昵之類不能方」，注：「故書『昵』或作『樴』。杜子春云：『樴讀爲不義不昵之昵，或作䵑，黏也。』」疏云：「案隱元年，鄭太叔爲不義，莊公曰：『不義不昵，厚將崩。』彼不昵爲不親兄，則昵爲親近不相捨離。」沈欽韓云：「此言所爲不義，則無人肯親附，與下京叛叔段相應。杜注非是。」《爾雅·釋言》：「䵑，膠也。」邵晉涵《正義》云：「《釋詁》：『膠，固也。』言不義者不能堅固，故下云『厚將崩』。」洪亮吉云：「今考『不䵒』之義，正與『將崩』相屬，自當以䵒黏爲長。」文淇按：上文「多行不義」，此就不義而申言之，見不義則不䵒，四字不平列，自當以邵氏諸説爲長。杜注謂「不義於君，不親於兄」，强爲分配，殊失傳義。林堯叟謂：「不義之人，不爲衆所親暱。」則已不從杜説。又案：《説文》「䵒，黏也」，引傳作「不義不䵒」，是《左傳》古本作「䵒」。杜子春引作「昵」字，雖假借，猶用「黏」義。杜預改作「暱」，解爲親暱，遂失古訓。《宋書·檀道濟傳》「不義不暱之心，附下罔上之事」，《竟陵王誕傳》「不義不暱，人道將盡」，《梁元帝紀》「不義不暱，❶若斯之甚」，《隋書·柳彧傳》「不義不暱，《春秋》載其將亡；無禮無儀，詩人欲其速死」，辭皆對舉，則沿杜預之謬也。

大叔完聚，繕甲兵，具卒乘，將襲鄭。夫人將啓之。【注】服云：「聚禾黍也。」❷**【疏證】**《史記·鄭

❶「元」，當作「敬」。

❷「也」下，當有「本疏」二字。

世家》：「段至京，繕治甲兵，與其母武姜謀襲鄭。」杜注：「完城郭，聚人民。」正義曰：「服虔以聚爲聚禾黍也。段欲輕行襲鄭，不作固守之資，故知聚爲聚人，非聚糧也。完城者，謂聚人而完之，非欲守城也。」案：正義第駁服氏「聚」字之訓，而不駁服氏「完」字之訓，則服注「完」字必以爲完城郭。杜於「完」字即用服説，「聚」字自爲一解，故正義但駁服氏「禾黍」之説，而不及「完」字之解也。疏中凡似此者，皆當以此意求之。洪亮吉云：「按：『完聚』以服説爲長，杜云『城郭人民』，失之。」則又不知服氏「禾黍」之訓止解「聚」字，不連「完」字解也。《説文》：「完，全也。」趙岐《孟子》注云：「完，治也。」《一切經音義》七引《三蒼》：「繕，治也。」《曲禮》「獻甲者執冑」，鄭注：「甲，鎧也。」《説文》：「兵，械。」高誘《吕氏春秋》注云：「步曰卒，載曰乘。」《晉語》「楚令尹子木欲襲晉軍」，注：「襲，掩也。」又「則啟戎心」，注云：「啟，開也。」

公聞其期，曰：「可矣。」命子封帥車二百乘以伐京。京叛大叔段，段入于鄢，公伐諸鄢。五月，辛丑，大叔出奔共。【注】賈云：「共，國名。」《鄭世家》集解。【疏證】《鄭世家》：「莊公二十二年，段果襲鄭，武姜爲内應。莊公發兵伐段，段走。伐京，京人畔段，段出走鄢。鄢潰，段出奔共。」《説文》：「期，會也。」《司馬法》云：「兵車一乘，甲士三人，步卒七十二人，炊家子十人，固守衣裝五人，廄養五人，樵汲五人，輕車七十五人，重車二十五人，故二乘兼一百人爲一隊。」《楚辭》「信中塗而叛之」，王逸注：「叛，倍也。」《漢志》：「河内郡共，故國。」《一統志》：「共，今輝縣城。」杜注以「共」爲國名，蓋用賈説。《史記·年表》：「莊公立二十二年，段作亂，奔。」

書曰：「鄭伯克段于鄢。」段不弟，故不言弟。如二君，故曰「克」。稱「鄭伯」，譏失教也。謂之

鄭志，不言出奔，難之也。【注】服云：「公本欲養成其惡而加誅，使不得生出，此鄭伯之志意也。」本疏。【疏證】杜注：「不早爲之所，而養成其惡，故曰『失教』。段實出奔，而以『克』爲文，明鄭伯志在於殺，難言其奔。」所謂養成其惡，志在於殺，與服氏同，故洪氏謂杜注本此。正義謂：「此時始有殺心，往前則無殺義。」又駁服説謂：「傳止責鄭伯失於教誨之道，不得謂鄭伯元有殺害之心。」非惟不明服義，抑且昧于杜説之本于服氏也。服謂「公本欲養成其惡而加誅」，即據上文「必有斃」、「將自及」及「厚將崩」等語知之。正義强爲辨駁，非也。

遂寘姜氏于城潁，而誓之曰：「不及黄泉，無相見也。」【注】賈云：「鄭地。」本疏。❶ 服云：「天玄地黄，泉在地中，故曰黄泉。」《鄭世家》集解。【疏證】《鄭世家》：「於是莊公遷其母武姜於城潁，誓言曰：『不至黄泉，毋相見也。』」《詩·卷耳》「寘彼周行」，傳：「寘，置也。」文七年傳「將焉寘此」，服注：「寘，置也。」《水經注》：「洧水南有鄭莊公望母臺。」則城潁在洧水之北矣。沈欽韓云：「張守節《正義》：『潁，許州臨潁縣是也。』」《説文》：「誓，約束也。」《後漢書·何敞傳》云：「上不欲令皇太后損文母之號、陛下有誓泉之譏。」杜注「地中之泉，故曰黄泉」，即用服説。

既而悔之。潁考叔爲潁谷封人。【注】賈云：「潁谷，鄭地。」《鄭世家》集解。【疏證】阮氏《校勘記》云：「《水經注》『潁水』條注云：『陽乾山之潁谷，潁考叔爲其封人。』然則『潁』當從水明矣。稱潁考叔者，猶言儀封人也。而《廣韻》於從禾之『穎』下云『又姓，《左傳》潁考叔』，似未安。」沈欽韓云：「《一統志》：『潁谷在河南府

❶ 「本疏」，當作「鄭世家集解」。

登封縣西南。』」《史記・年表》「公悔思母」，在二十三年。

聞之，有獻於公。公賜之食，食舍肉。公問之，對曰：「小人有母，皆嘗小人之食矣，未嘗君之羹，請以遺之。」公曰：「爾有母遺，繄我獨無！」【注】舊注：「肉有汁曰羹。」《御覽》八百六十一。服云：「繄，發聲也。」僖五年正義。❶【疏證】《説文》：「舍，釋也。嘗，口味之也。」《廣雅・釋詁》：「舍，置也。遺，予也。」杜注未解「羹」字，《御覽》所引當是舊注。凡諸書所引《左傳》注，不載姓名而確非杜注者，皆稱爲杜注，❷後倣此。杜注：「食而不啜羹，欲以發問。宋華元殺羊爲羹饗士，蓋古賜賤官之常。」正義：「《禮・公食大夫》及《曲禮》所記大夫、士與客燕食，皆有牲體殽胾，非徒設羹而已。此與華元饗士唯言有羹，故疑是古賜賤官之常。」文淇案：《爾雅》：「肉謂之羹。」《字林》：「⿰月羹，肉有汁也。」《鄉飲酒》、《鄉射》皆言羹定，《公食大夫禮》亦云羹定，鄭注云：「定，猶熟也。」《公食大夫禮》又云「魚腊飪」，注：「飪，熟也。食禮宜熟。」《聘禮・記》「賜饔惟羹飪」，疏：❸「飪，一牢也。肉汁有菜曰羹。」飪不止於羹，舉此以示其概。然則食禮宜熟，故以羹爲主。鄭莊賜考叔食，雖非禮食，然亦不止於羹，況公食大夫，亦有鉶羹。杜注以羹爲「賜賤官之常」，非也。顧炎武云：「《爾雅》『肉謂之羹』，故下云『未嘗君之羹』。」沈欽韓云：「若賜賤官，則以肉體取盡飽。所謂賤者，取賤骨。《周語》『戎狄

❶「僖五年正義」，當作「《泂酌》疏」。

❷「杜」，當作「舊」。

❸「疏」，疑當作「注」。

則有體薦』，何得只啜羹也？《禮經》自《鄉飲酒》至《少牢饋食》曰『羹定』，曰『羹飪』，❶注謂：『飪，一牢也。』豈可盡以盛鉶者當之乎？ 若然，則潁考叔『食舍肉』一語爲贅矣。」

潁考叔曰：「敢問何謂也？」公語之故，且告之悔。對曰：「君何患焉？若闕地及泉，隧而相見，其誰曰不然？」【注】賈云：「闕地通路曰隧。」《國語》注。舊注：「闕，穿也。墬，埏也。」《御覽》四百十二。【疏證】賈氏注内外《傳》，《内傳》無注者，取《國語》注補之，後倣此。《御覽》引作「墬而相見」。杜不解「闕」字，其解「隧」字云：「若今延道。」《御覽》引注：「闕，穿也。墬，埏也。」當是舊注。《廣雅·釋詁》：「鑿、𨮁、欮、掘，穿也。」王念孫云：「《玉篇》：『欮，掘也。』隱元年《左傳》『闕地及泉』，《逸周書·周祝解》『貊有爪而不敢以撅』，字並與『欮』同。」《周禮·冢人》「以度爲丘隧」，注：「隧，羨道也。」疏云：「案僖二十五年《左傳》云：『晉文公請隧，不許，王曰：「未有代德，而有二王。」』則天子有隧，諸侯已下有羨道。隧與羨異者，隧道則上有負土，謂若鄭莊公與母掘地隧而相見者也，羨道上無負土。若然，隧與羨別。而鄭云『隧，羨道』者，對則異，散則通，故鄭舉羨爲況也。」文淇案：昭十七年傳：「楚大敗吴師，獲其乘舟餘皇，使隨人與後至者守之。環而塹之，及泉，盈其隧炭。」《莊子》：「子貢南遊於楚，反於魯，❷過漢陰，見一丈夫方將爲圃畦，鑿隧而入井，抱甕而出灌。」是「闕地及泉」者，必有隧道也。《年表》：「思母不見，穿地相見。」《鄭世家》：「居歲餘，已悔，思母。潁谷之考叔有獻於公，

❶「飪」下，《春秋左氏傳補注》卷一有「皆是所殺之肉體。又《聘禮記》云賜饔惟羹飪」十七字。

❷「魯」，《莊子》卷五作「晉」。

公賜食。考叔曰：『臣有母，請君食賜臣母。』莊公曰：『我甚思母，惡負盟，奈何？』考叔曰：『穿地至黄泉，則相見矣。』於是遂從之，見母。」

公從之。公入而賦：「大隧之中，其樂也融融。」姜出而賦：「大隧之外，其樂也泄泄。」【注】服云：「入言公，出言姜，明俱出入互相見。」本疏。【疏證】闕地及泉，隧而相見，蓋兩邊俱爲隧道，上有負土。公與姜各從隧道入，及泉相見，故服注云「入言公，出言姜。明俱出入」也。《文選·思玄》注「展洩洩以彤彤」，❶舊注：「洩洩、彤彤，皆和貌。」李善《文選》注引《左傳》「其樂也彤彤」，「彤」與「融」古字通。

遂爲母子如初。君子曰：「潁考叔，純孝也。愛其母，施及莊公。《詩》曰：『孝子不匱，永錫爾類。』其是之謂乎！」【疏證】《爾雅·釋詁》：「純，大也。」杜訓「純」爲「篤」，非。《喪服傳》「絶族無施」，服注：「在旁而及曰施。」《董仲舒傳》「施乎方外」，注：「施，延也。」《詩·既醉》毛傳：「匱，竭也。」鄭箋：「永，長也。孝子之行，非有竭極之時，長以與女之族類，謂廣之以教道天下也。」鄭氏箋釋此詩，即引《春秋傳》曰：「潁考叔，純孝也，施及莊公。」是傳意與《詩》意恰相比附。杜注謂：「詩人之作，各以情言。君子論之，不以文害意。」正義謂：「《詩》注意類謂子孫族類，此傳意以爲事之般類。」謂《詩》意與傳不同，非也。又案：《北史·魏澹傳》：「澹別成《魏史》，以爲『司馬遷創立紀傳已來，述者非一人，無論善惡，皆爲立論。計在身行跡，具在正書，事既無奇，不足懲勸。再述乍同銘頌，重叙唯覺繁文。案丘明亞聖之才，發揚聖旨，言「君子曰」者，無非甚泰。其間尋常，

---

❶「注」，疑當作「賦」。

直言而已。今所撰史，竊有慕焉，可爲勸戒者，論其得失；其無益者，可不論也。』」據濬所説，則《左傳》所稱「君子曰」者，皆左氏自爲論斷之詞。

秋，七月，天王使宰咺來歸惠公、仲子之賵。緩，且子氏未薨，故名。【疏證】《雜記》「上介賵，執圭將命」，疏云：「《釋廢疾》云：『天子于諸侯，諸侯於士，❶如天子於諸侯、諸侯使臣，襚之，賵之。天子于二王之後，含爲先，襚則次之，賵爲後。諸侯相於，如天子於二王後。』鄭知天子於二王後含、襚、賵者，爲約此《雜記》兩諸侯相敵，明天子于二王後亦相敵也。」疏又云：「凡此，於其妻亦如其夫。知者，約『宰咺來歸惠公、仲子之賵』，又約魯夫人成風之喪，『王使歸含且賵』，以外推可知。」又《雜記》「含者坐委于殯東南，有葦席。既葬，蒲席」，疏：「《左氏》、《公羊》皆譏其緩，云『無譏』者，取《穀梁》之義。」

天子七月而葬，同軌畢至。諸侯五月，同盟至。大夫三月，同位至。士踰月，外姻至。【注】服云：「軌，車轍也。」本疏。**【疏證】**《説文》：「軌，車轍也。」《荀子・禮論篇》：「天子之喪，動四海，屬諸侯。諸侯之喪，動通國，屬大夫。大夫之喪，動一國，屬修士。修士之喪，動一鄉，屬朋友。庶人之喪，合族黨，動州里。」注：「屬謂付託之，使主喪也。通國，謂通好之國也。一國，謂同在朝之人也。修士，士之進修者，謂上士也。一鄉，謂一鄉内之姻族也。《春秋傳》曰：『天子七月而葬，同軌畢至。諸侯五月而葬，同盟至。大夫三月，同位至。士踰月，外姻至。』」文淇案：《荀子》所云「通好之國」，即傳之「同盟」也。「一國」謂同在朝之人，即傳之「同位」也。

---

❶ 「諸侯於士，如天子於諸侯、諸侯使臣」，《禮記正義》卷四十一作「含之，賵之。諸侯於卿大夫，如天子於諸侯。諸侯於士，如天子於諸侯臣」。

「一鄉内之姻族」，即傳之「外姻」也。《王制》「大夫、士三日而殯，三月而葬」，疏云：「按《左傳》大夫言三月，士言踰月，此總云大夫、士三月而葬者，此記者許以降二爲差，故總云三月。《左傳》細言其別，故云大夫三月、士踰月。其實大夫三月者，除死月爲三月；士三月者，數死月爲三月，正是踰越一月，故言踰月耳。按《膏肓》，休以爲士禮三月而葬，今《左氏》云踰月，於義爲短。玄箴之曰：『禮，人君之喪，殯葬，皆數來月來日。士殯葬，皆數往月往日。尊卑相差之數也。大夫、士三月，其實不同。士之三月，乃大夫之踰月也。』鄭《箴膏肓》以正禮而言，故云『人君殯葬，數來月來日』。若春秋之時，天子、諸侯之葬，皆數死月，故文八年八月『天王崩』，九年二月『葬襄王』。又成十八年八月公薨，十二月『葬我君成公』，傳云『書順也』，是皆數死月也。故鄭又云：『殯數來月，葬數往月。』據《春秋》爲説。」《荀子·禮論篇》：「三月之殯何也？曰大之也，重之也，所致隆也，所致哀也。❶將舉錯之，遷徙之，離宫室而歸丘陵也，先王恐其不文也，是以繇其期，足之日也。故天子七月，諸侯五月，大夫三月，皆使其須足以容事，事足以容成，成足以容備，❷曲容備物之爲道矣。」注云：「此殯謂葬也。」《禮論篇》又云：「故雖備家，必踰日然後能殯。三日而成服，然後告遠者出矣，備物者作矣。故殯，久不過七十日，速不過五十日。」注：「此皆據《士喪禮》首尾三月者也。」《周禮·大司徒》「孝、友、睦、姻、任、恤」，注：「姻，親於外親。」疏：「《左傳》云『士踰月，外姻至』，亦據外親之等。外親者，❸則妻族、母族是也。」又按《説文》：「姻，婿家也，女之所因。婚，婦

❶「哀」，《荀子》卷十三作「親」。
❷「備」上，《荀子》卷十三有「文文足以容」五字。
❸「外」，原作「者」，今據《周禮注疏》卷十改。

家也。」然對文則異，散文則通。昭九年傳「王有姻喪」，服注：「婦之父曰姻。」

贈死不及尸，弔生不及哀。【疏證】《曲禮》「在棺曰柩」，疏：「《春秋左氏傳》『贈死不及尸』，是呼未葬之柩爲尸。」《荀子·大略篇》云：「賻、賵所以佐生也，贈、襚所以送死也。送死不及柩尸，弔生不及悲哀，非禮也。」注：「皆謂葬時。」又云：「故吉行五十，犇喪百里，賵、贈及事，禮之大也。」注：「既説弔贈及事，因明奔喪亦宜行速也。」❶杜解「弔生不及哀」云：「諸侯已上，既葬則縗麻除，無哭位，諒闇終喪。」正義曰：「既葬除喪，唯杜有此説。」又《晉書·杜預傳》預引此傳「弔生不及哀」以爲「既葬除喪諒闇」之證。沈欽韓云：「《士喪禮》下篇：『既窆，主人及弔，❷賓弔者升自西階，曰：「如之何？」主人拜稽顙。』蓋前乎此皆營死者之事，反而亡焉，失之矣，於是爲甚，故弔之。經又云『就次，猶朝夕哭』。猶者，猶既殯之朝夕哭也。《喪服》疏云：『既殯以後，卒哭祭以前，阼階之下，爲朝夕哭，在廬中思憶則哭。』按，其時雖不代哭，其哀未殺，故爲哭三無時之一也。傳文所謂『及哀』者，即是此時，在卒哭祭前也。《喪服》疏又云：『凡喪服，以冠爲受，斬衰裳三升，冠六升。既葬後，以其冠爲受，衰裳六升，冠七升。小祥又以其冠爲受，衰裳七升，冠八升。』又卒哭祭畢，『丈夫説絰帶於廟門外，婦人説首絰，不説帶』，所謂卒哭後變麻服葛，只是男子易腰絰以葛，婦人易首絰以葛。男子重首，婦人重腰，猶不易也。其負版衰裳，練祭猶服，大祥祭畢，始焚之耳。三年之喪，天下之達禮。杜預謂天子、諸侯既葬無服，非聖無法，古今之罪人也。」

---

❶「速」，《荀子》卷十九作「遠」。

❷「及弔」，《春秋左氏傳補注》卷一作「反哭」。

豫凶事，非禮也。【疏證】「豫」與「預」同。《一切經音義》十八引《蒼頡篇》：「預，安也。又先辨也，逆爲之具，故曰預。」「非禮也」，承上三事言之。

八月，紀人伐夷。夷不告，故不書。【疏證】應劭《漢書》注：「劇縣，故紀侯國。」《世本》：「夷，妘姓。」沈欽韓云：「《山東通志》：『紀本在東海贛榆，後遷劇，亦稱紀城。有臺高九尺，俗曰紀臺城。旁有劇南城。』《青州府志》：『紀臺城在壽光縣東南三十里。』《一統志》：『壯武城在萊州府即墨縣西六十里，古夷國。』」

有蜚，不爲災，亦不書。【疏證】《異義》云：❶「非常曰異，害物曰災。」《說文》：「蜚，臭蟲，負蠜也。」《五行志》：「莊二十九年『有蜚』。劉歆以爲負蠜也。」杜注：「蜚，負蠜也。」即用劉說。正義曰：「《釋蟲》云：『蜚，蠦蜰。』舍人、李巡皆云『蜚蠦，一名蜰』。郭璞云『蜚即負盤』。❷經傳皆云『有蜚』，則此蟲直名『蜚』耳，不名『蜚蠦』。《爾雅》所釋，當言『蜚』一名『蠦蜰』。說《爾雅》者言『蜚蠦』一名『蜰』，非也。此蟲一名『負盤』，《漢書》及此注多作『負蠜』者，《釋蟲》云『草螽，負蠜』。彼則時時常有，❸非災蟲也。」焦循《補疏》云：「負蠜之名，《說文》有二：《蟲部》云：『蠜，自蠜也。』此《爾雅》之『草螽，負蠜』也。《蟲部》云：『蜚，臭蟲，負蠜。』此《爾雅》之『蠦蜰』，即此『蜚』也。郭璞注『蠦蜰』作『負盤』，盤與蠜音同，可通用。」

惠公之季年，敗宋師于黃。公立，而求成焉。九月，及宋人盟于宿，始通也。【疏證】杜注：「黃，

---

❶ 「異義」，當作「駁異義」。

❷ 「盤」下，《春秋左傳正義》卷二有「臭蟲」二字。

❸ 上「時」，《春秋左傳正義》卷二作「歲」。

宋邑。陳留外黄縣東有黄城。」沈欽韓云：「《漢志》：『山陽郡有黄縣。』王應麟《地理通釋》：『《春申君傳》正義「故黄城在曹州考城縣東二十四里」，此河南之黄城也。』案此即山陽之黄。惠公敗宋師宜在此，不當遠在陳留之外黄。考城，今屬歸德府。」

冬，十月，庚申，改葬惠公。公弗臨，故不書。【注】賈云：「改，❶備禮也。葬嗣君之事，公弗臨，言無恩。《禮》曰：『改葬，緦也。』」《御覽》五五三。【疏證】《説文》：「臨，監臨也。」昭六年疏：「臨、涖，一也。」傳云「公攝位而欲求好于邾」，攝位者，攝君位也。既攝君位，即宜爲喪主，故賈云「葬嗣君之事，弗臨，言無恩」。杜注謂「隱公讓而不敢爲喪主」，非也。賈云「《禮》曰『改葬緦』」者，《儀禮·喪服傳·記》曰「改葬緦」，注：「謂墓以他故崩壞，將亡尸柩。」不可修整，故須改葬也。見柩不可無服，故主人服緦。按《儀禮》所言，謂除喪之後有改葬之事，猶用緦服。若未除喪而改葬，其衰裳或用六升，或用七升，《喪服》疏所謂「既葬後，以其冠爲受，衰裳六升，小祥又以其冠爲受，衰裳七升」，不用十五升之緦麻。惠公葬月雖無可考，然隱公元年十月，總未除服，賈引「改葬緦」者，見除服後改葬，尚用緦服，則公之弗臨，無恩可知，非謂此時當服緦也。

惠公之薨也，有宋師，大子少，葬故有闕，是以改葬。【注】服云：「宋師，即黄之師也。是時宋來伐魯，公自與戰。」本疏。賈云：「言是以明禮闕故。」《御覽》同上。【疏證】杜氏無注。正義謂：「上云『惠公之季年，敗宋師于黄。公立，而求成焉』，則隱公未立之前，惠公敗宋師也。今云『惠公之薨也，有宋師』，蓋

❶「改」下，《太平御覽》卷五百五十三有「葬改」二字。

是報黃之敗來伐魯也。隱公將兵禦宋，委葬事于大子，故有闕也。」正義又駁服説謂：「隱自敗宋，還自求成，傳何當屬敗于惠公而別言公立也？且薨之與葬相去既遠，豈有宋師薨時已來，葬時未去？」文淇案：天子諸侯皆踰年而後即位，即位而後改元。上文言公立而求成者，謂踰年改元之後。其敗宋師時，尚未改元。既未改元，故其事皆上繫先君之年。惠公之薨，與惠公之季年，其辭一也。雖繫于惠公之季年，實非惠公敗之，繫于惠公之薨，亦非薨時始來。正義駁之，誤矣。

衛侯來會葬，不見公，亦不書。

鄭共叔之亂，公孫滑出奔衛。衛人爲之伐鄭，取廩延。鄭人以王師、虢師伐衛南鄙。【疏證】杜注：「公孫滑，共叔段之子。」《漢志》：「弘農郡陝，❶故虢國。」此西虢也。《一統志》：「西虢，今陝州。」**請師于邾，邾子使私于公子豫。豫請往，公弗許。遂行，及邾人、鄭人盟于翼。不書，非公命也。**【疏證】杜注：「公子豫，魯大夫。」賈子《道術》：「反公爲私。」《一統志》：「翼，今鄒縣地。」

新作南門。不書，亦非公命也。

十二月，祭伯來，非王命也。

衆父卒，公不與小斂，故不書日。【注】賈云：「不與大斂，則不書卒。」本疏。【疏證】《鄉射禮》「賓不與」，注：「古文『與』爲『豫』。」《穀梁》僖十九年傳「因邾以求與之盟」，注：「與，厠豫也。」《喪大記》：「君于大

❶「弘」，原作「宏」，因避諱而改，今回改，下同。

夫、世婦，大斂焉。爲之賜，則小斂焉。」疏云：「按隱元年『公子益師卒，公不與小斂，故不書日』者，熊氏云『彼謂卿也』。」賈知不與大斂則不書日者，傳言「不與小斂，故不書日」，明不與大斂不僅不書日也。杜注謂「至于但臨大斂及不臨其喪，亦同不書日」，顯與傳背。正義謂：「在殯又不往者，復欲何以裁之？」按：大斂既不書卒，則在殯不往亦不書卒可知。正義申杜而難賈，非也。

【經】二年，春，公會戎于潛。【疏證】焦循云：「《管子·小匡》篇：『桓公曰：「吾欲南伐，何如？」管仲對曰：「以魯爲主，反其侵地常、潛。」』常、潛，二地名。常爲《詩》『居常與許』之常，潛即此潛也。」沈欽韓云：「《一統志》：『戎城在曹州府荷澤縣西南。』《竹書紀年》：『厲王十一年，西戎入于犬丘。』犬丘，漢爲太丘，在歸德府永城縣西北三十里。」文淇案：戎居中國，自厲王始。其後散處各國，故魯亦有戎。

夏，五月，莒人入向。【疏證】傳例：「弗地曰入。」《世本》：「莒，己姓。」《地理志》：「城陽，莒，故國，盈姓，三十世爲楚所滅。」又云：「琅邪郡計斤，莒子起此，後徙莒。」師古曰：「即《春秋左傳》所謂介根也，語音有輕重。」沈欽韓云：「于欽《齊乘》：『今沂州西南一百里有向城鎮。』《方輿紀要》：《春秋》向之名四見，杜預解爲二地。『承縣在今繹縣境内，龍亢今鳳陽府懷遠縣。』《寰宇記》：在莒州南。説皆未核。惟沂州之向城爲近之，蓋向先爲國，後並于莒，而或屬莒，或屬魯，以攝乎大國間也。按：莒亦小國，南至沂州二百二十里，去沂州尚遠，知向國非沂州之向城鎮也。《寰宇記》：『向城在密州莒縣南七十五里。』當從之。」

無駭帥師入極。【注】賈云：「極，戎邑也。」本疏。【疏證】杜注：「極，附庸小國。」正義駁賈説云：「極爲戎邑，傳無文焉。戎之于魯，本無怨惡。言修惠公之好，則是求與魯親。公未信戎心，故辭其盟耳。秋即與盟，復修戎好。若已與戎會，❶故不與盟。旋令師入其都，然後結好，其爲惡行，亦不是過。」文淇案：戎性無常，公之不與盟者，正以未信戎心。迨入極之後，戎已受創，秋復請盟，其誠乃見，故公遂與之盟。賈氏尋檢上下，故爲此説。《晉書・地道記》：「高平國湖陸縣西有極亭。」《方輿紀要》：「在兖州府魚臺縣西。」戎城在菏澤西南，去魚臺亦不甚遠。况所盟之唐亦在魚臺，又何疑極之爲戎邑耶？正義駁之，非也。洪亮吉云：「高誘《淮南子》注：『展無侅，柳下惠之父也。』侅、駭古字同，《穀梁傳》正作『侅』。」

秋，八月，庚辰，公及戎盟于唐。【疏證】《後漢書・郡國志》：「山陽郡方與有武唐亭。」《方輿紀要》：「武唐亭在魚臺縣東北二十里。」❷杜注：「八月無庚辰，庚辰，七月九日也。日月必有誤。」按：杜氏强排日月，造爲《長曆》，多不足據。後凡似此者，更不悉載。其必須辨論者，乃復載之。

九月，紀裂繻來逆女。【疏證】《公羊傳》云：「何以不稱使？昏禮不稱主人。然則曷稱？稱諸父兄師友。宋公使公孫壽來納幣，則其稱主人何？辭窮也。辭窮者何？無母也。然則紀有母乎？曰有。有則何以不稱母？母不通也。」杜注：「裂繻，魯大夫。❸逆女或稱使，或不稱使，昏禮不稱主人，史各隨其實而書。」即用《公羊》之説。《晉書・禮儀志》：「穆帝升平元年，將納皇后何氏。太常王彪之大引經傳及諸故事以定其禮，深非

---

❶「與」，《春秋左傳正義》卷二作「共」。

❷「二十」，《讀史方輿紀要》卷三十二作「十二」。

❸「魯」，《春秋左傳正義》卷二作「紀」。

《公羊》不稱主人之義。又曰：『王者之于四海，無非臣妾，雖復父兄之親，師友之賢，皆純臣也。夫崇三綱之始，以定乾坤之儀，安有天父之尊，而稱臣下之命以納伉儷？安有臣下之卑，而稱天父之名以行大禮？遠尋古禮，無王者此事；❶近求史籍，無王者此例。』」文淇案：史文有詳略，宋公使公孫壽來納幣，言宋公使，則壽爲君納幣可知。裂繻來逆女，不言使，故傳申之曰「卿爲君逆」。杜氏以《公羊》解《左氏》，非也。

冬，十月，伯姬歸于紀。無傳。**【疏證】**《曲禮》「男女異長」，注：「各自爲伯、季也。」疏：「知女子亦各自爲伯、季者，❷《春秋》隱七年『叔姬歸于紀』是也。《禮緯》：『文家稱叔，質家稱仲。』又云：『嫡長稱伯，庶長稱孟。』」

紀子帛、莒子盟于密。**【疏證】**《郡國志》：「北海國淳于有密鄉。」沈欽韓云：「《一統志》：『密鄉故城在萊州府昌邑縣東南十五里。』即此密。」杜注：「子帛，裂繻字。」按：《禮記・內則》「男鞶革，女鞶絲」，鄭注：「鞶，小囊盛帨巾者。男用韋，女用繒。有飾緣之，則是鞶裂歟？《詩》云：『垂帶如厲。』紀子帛名裂繻，字雖今異，義實同也。」以裂繻爲紀子帛名，蓋《左氏》家舊說。馬宗璉《左傳補注》云：「《水經注・淮水》篇：『游水又東北逕紀鄣故城南，故紀子帛之國。』是酈道元以帛爲紀子名也。」

十有二月，乙卯，夫人子氏薨。無傳。**【注】**賈云：「日月詳者，弔贈備；日月略者，弔有闕。」《釋例》。**【疏證】**此由「衆父卒，公不與小斂，故不書日」推之，見日之詳略，由於恩有輕重也。

---

❶「事」，《宋書・禮志》作「制」。

❷「伯」，《禮記正義》卷二作「叔」。

鄭人伐衛。【疏證】傳例：「有鐘鼓曰伐。」

【傳】**二年，春，公會戎于潛，修惠公之好也。戎請盟，公辭。**

莒子娶于向，向姜不安莒而歸。夏，莒人入向，以姜氏還。

司空無駭入極，費庈父勝之。【疏證】杜注：「庈父，費伯也。前年城郎，今因得以勝極。」此節無疏。文淇案：郎，魯地，在魚臺縣西南。極，戎邑，在魚臺縣西。相去甚近，城郎亦所以禦戎，傳所以歸功于庈父也。

戎請盟。秋，盟于唐，復修戎好也。

九月，紀裂繻來逆女，卿爲君逆也。【疏證】《哀公問》「冕而親迎」，疏：「昏禮迎婦，二傳不同。《春秋公羊》説自天子至庶人皆親迎；《左氏》説天子至尊無敵，故無親迎之禮，諸侯有故，若疾病，則使上卿迎，上公臨之。許氏謹案：『高祖時，皇大子納妃，叔孫通制禮，以爲天子無親迎，從《左氏》義也。』駁之云：『大姒之家在渭之涘，文王親迎於渭，即天子親迎明文也。』引《禮記》：『「冕而親迎」，「繼先聖之後，以爲天地、宗廟、社稷之主」，非天子則誰乎？』如鄭此言，從《公羊》義也。又《詩》説云：『文王親迎于渭，紂尚南面，文王猶爲西伯耳。』以《左氏》義爲長，鄭駁未定。」

冬，紀子帛、莒子盟于密，魯故也。

鄭人伐衛，討公孫滑之亂也。

【經】**三年，春，王二月，己巳，日有食之。**無傳。【疏證】《史記·年表》：「三年二月，日蝕。」《漢書·

五行志》：「隱三年二月己巳，日有食之。《左氏》、劉歆以爲正月二日，燕、趙之分野也。❶凡日所躔而有變，則分野之國失政者受之。人君能修政，共御厥罰，則災消而福至，不能則福息而禍生。❷故經書災而不紀其故，蓋吉凶無常，隨行而成禍福也。周衰，天子不頒朔，魯曆不正，置閏不得其日月，大小不得其度。史記日食，或言朔而實非朔，或不言朔而實朔，或脱不書朔與日，皆官失之也。」

三月，庚戌，天王崩。【疏證】《晉書·司馬孚傳》：「魏明悼后崩，議書銘旌，或欲去姓而書魏，或欲兩書。孚以爲：『經典正義，皆不應書。是以《春秋》隱公三年經曰「三月，庚戌，天王崩」，尊以稱天，不曰周王者，所以殊乎列國之君也。「八月，庚辰，宋公和卒」，書國稱名，所以異乎天王也。襄公十五年經曰「劉夏逆王后于齊」，不云逆周王后姜氏者，所以異乎列國之夫人也。至于列國之夫人，則曰「夫人姜氏至自齊」，又曰「紀伯姬卒」，書姓，❸此所以異乎天王后也。』」

夏，四月，辛卯，君氏卒。

秋，武氏子來求賻。

八月，庚辰，宋公和卒。【疏證】杜注：「稱卒者，略外以别内也。」下「葬穆公」，杜注：「魯使大夫會葬，故書。始死書卒，史在國承赴，爲君故，惡其薨名，改赴書也。書葬則舉謚稱公者，會葬者在外，據彼國之

---

❶「趙」，《漢書·五行志》作「越」。

❷「福」，《漢書·五行志》作「災」。

❸「書」下，《晉書·安平獻王孚傳》有「國稱」二字。

辭也。」《雜記》：「君訃於他國之君，曰『寡君不禄，敢告於執事』。夫人，曰『寡小君不禄』。」鄭注：「君、夫人不稱薨，❶告他國君，謙也。」疏：「《異義》：『今《春秋公羊》説諸侯曰薨，訃于鄰國亦當稱薨。經書諸侯言卒者，《春秋》之文王魯，故稱卒以下魯。古《春秋左氏》説諸侯薨，赴于鄰國稱名，則書名稱卒。卒者，終也。取其終身，又以尊不出其國。』許君謹案：『《士虞禮》云：「尸服，卒者之上服。」不分别尊卑，皆同言「卒」者。卒，終也。是終没之辭也。』鄭駁之云：『案《雜記上》云：「君薨，訃于他國之君，曰寡君不禄。」《曲禮》下曰：「壽考曰卒，短折曰不禄。」今君薨而云「不禄」者，言臣子于君父，雖有考終眉壽，猶若其短折然。若薨而赴者曰卒，卒是壽終矣，斯無哀惜之心。鄰國來赴，書以卒者，言無所老幼，皆終成人之志，所以相尊敬也。』如《異義》所論，是君稱不禄之意。若杜元凱注《左氏傳》，則與此異。案隱三年聲子卒，傳云：『不赴，故不曰薨。』杜云：『鄰國之赴，魯史書卒者，臣子惡其薨名，改赴書也。』如鄭此云不禄，謂赴者口辭矣。《春秋》所云薨，謂赴書之策。所以不同者，言壽考曰卒，短折曰不禄。杜以爲《禮記》後人所作，不正與《春秋》同，杜所不用也。」文淇案：《公羊》之説，諸侯薨，訃于鄰國，亦當稱薨。《春秋》之文王魯，故稱卒。《左氏》説，謂赴于鄰國稱名、稱卒，以尊不出其國。所謂古《左氏》説者，即賈、服舊説也，許君從《左氏》説。案隱七年滕侯卒，傳：「凡諸侯同盟，于是稱名。故薨則赴以名，告終稱嗣也。」告終，即稱卒之謂。卒者，終也。是其赴書稱卒，傳有明文。《雜記》所云不禄，謂赴者口辭。鄭氏之意，直以赴者口辭爲赴書之辭，非也。至謂鄰國來赴書以卒者，所以相尊敬，其説亦無所據。杜氏則因《公羊》之説而小變之，皆不如《左氏》舊説之確。據《左氏》説，則鄰國來赴，本自稱卒，非因惡其薨名，改赴書也。《雜記》「君訃

❶「不」，原脱，今據《禮記正義》卷四十補。

于他國之君，曰寡君不禄」者，赴書稱卒，其答主人之問，則曰不禄。卒與不禄之辭，皆義主謙退，皆以尊不出其國故也。杜謂惡其薨名而改赴書，其説不經。

冬，十有二月，齊侯、鄭伯盟于石門。【疏證】《水經注》引京相璠云：「石門，齊地。今濟北盧縣故城西南六十里有故石門，去水三百步。」杜注：「石門，齊地，或曰濟北盧縣故城西南濟水之門。」洪亮吉云：「濟北盧縣，春秋時即齊地。杜注分爲二地，誤。」《一統志》：「石門在濟南府長清縣西南，今圮于河。」

癸未，葬宋穆公。【疏證】《謚法》：「布德執義曰穆，又中情見貌曰穆。」《魏書·張普惠傳》：「時靈太后父司徒胡國珍薨，贈相國、太上秦公。普惠以前世后父無太上之號，表曰：『《春秋傳》曰：葬稱公，臣子辭。明不可復加上也。』」

【傳】三年，春，王三月，壬戌，平王崩。赴以庚戌，故書之。【疏證】杜注：「實以壬戌崩，欲諸侯之速至，故遠日以赴。」文淇案：杜氏亦意爲之説。襄二十八年，經書「十有二月甲寅，天王崩」，傳於十一月云：「癸巳，天王崩，未來赴，亦未書，禮也。」于十二月：「王人來告喪，問崩日，以甲寅告，故書之，以徵過也。」傳發此例，明經之所書，皆據赴者告辭，直書之以徵其過。其日之或先或後，傳既不言其故，不得强爲之説。

夏，君氏卒。聲子也。不赴于諸侯，不反哭于寢，不祔于姑，故不曰薨。不稱夫人，故不言葬。

【疏證】杜注：「既葬，日中自墓反，虞於正寢，所謂反哭于寢。」正義曰：「《禮·檀弓》記葬禮云：『既封，有司以几筵舍奠于墓左，反，日中而虞。』《士喪禮》：『既葬，乃反哭于廟，遂適殯宫而虞。』是既葬，日中自墓反，虞于正寢。正寢即殯宫也。」沈欽韓云：「杜預云：『自墓反，虞于正寢。』疏依和其謬，不能正之。按《既夕禮》：『反哭，入，升自西階，東面立。婦人拾踊，送賓于門外，遂適殯宮。』于賓出後，乃云『適殯宮』，明上文『升西階』爲廟。所以先反哭于廟者，當尸柩遣奠時已在廟。朝廟先禰而後祖，故反哭就其最後行者。鄭云『反哭者于其祖廟』是也。《檀弓》『日中而虞』，『反哭升堂』，『主婦入于室』，孔疏恐人仞堂與室爲正寢，故云『此皆謂廟也』」，❶是《禮經》皆謂反哭于廟。傳云『哭于寢』，寢即廟耳。杜演爲正寢，不知寢、廟同舉則一之義也。」文淇案：定十五年「姒氏卒」，傳曰：「不稱夫人，不赴，且不祔也。」又「葬定姒」，傳云：「不稱小君，不成喪也。」哀十二年「昭夫人孟子卒」，傳曰：「昭公娶于吴，故不書姓。死不赴，故不稱夫人。不反哭，故不言葬小君。」與此傳參差不同者，定姒，經不書薨，傳不云不稱薨，但以「不赴」、「不祔」解「不稱夫人」。夫人與薨連文，不稱夫人則不書薨可知，故不言也。夫人之喪，以赴同祔姑爲重。定姒雖反哭書葬，而不赴、不祔，即謂之不成喪。至于書葬與否，繫于反哭不反哭，故哀十二年傳云：❷「不反哭，故不書葬。」「不稱夫人」兼不赴、不祔二義。疏謂「由不赴，故不曰薨；由不祔，故不稱夫人」，義猶未備。其實傳舉三事，疏言聲子不成夫人之禮，下云「故不曰薨，不稱夫人」，專釋經文書卒、不書薨及不稱夫人之義。故不言葬，釋經書卒、不書葬之義也。至正義謂「初死即赴，葬乃反哭，反哭之後始祔。三者依事之先後爲文。至書于經，則夫人與薨共文，故先言不稱夫人，後言不書葬，順經之先後爲文」，是也。至謂「赴祔，但行一事，即稱夫人」，顯與傳背。

不書姓，爲公故，曰君氏。【疏證】傳於上文舉三事，以明聲子不成夫人之禮。此云「不書姓，爲公故，曰

❶「謂」下，《左傳杜解集正》卷二有「在」字。

❷「二」，原作「一」，今據上文改。

君氏」，言聲子雖不成爲夫人，而以其子爲君之故，變其文曰君氏，見所以不書姓之故也。杜注謂「不書姓，辟正夫人」，非也。

鄭武公、莊公爲平王卿士。王貳于虢。【注】賈云：「卿士之有事者，六卿也。」《御覽》四百八十。

【疏證】《周語》「榮公爲卿士」，注：「卿士，卿之有事者。」亦用賈説。《後漢書・伏湛傳》：「徙封不其侯，遣就國。後南陽太守杜詩薦湛曰：『古者遷擢諸侯以爲公卿。』」❶注引《左傳》「鄭武公、莊公爲平王卿士」。俞燮《癸巳類稿》云：「《左傳》隱三年，『王貳于虢』。貳，欲兼任兩用之。文十四年，『周公將與王孫蘇訟于晉，王叛王孫蘇』。叛者，初與合而後相背也。古語上下共之，秦漢以後，始合于一。今讀古書多險詞，當知古今之所以異。」

鄭伯怨王，王曰：「無之。」故周、鄭交質。【疏證】《説文》：「以物相贅。」《晉語》「而賜之盟質」，注：「質，信也。」

王子狐爲質於鄭，鄭公子忽爲質於周。【注】賈云：「王子狐，周平王之子。公子忽，鄭莊公太子忽也。」《御覽》。【疏證】《説文》：「㫚，出氣詞也。從曰，象气出。《春秋傳》曰：『鄭太子㫚。』」《説文》所引蓋賈氏舊本也。

王崩，周人將畀虢公政。【疏證】釋文：「畀，與也。」《爾雅・釋詁》：「畀，予也。」❷《説文》：「畀，相付予

---

❶「遷」，《後漢書・伏湛傳》作「選」。

❷「畀，予也」，《爾雅》卷一作「畀、予，賜也」。

之。」《詩·簡兮》傳：❶「畀，予也。」

夏，四月，鄭祭足帥師取温之麥。秋，又取成周之禾。【注】賈云：「温，周地名，蘇氏邑也。」《御覽》。【疏證】《鄭世家》：「莊公二十四年，侵周取禾。」《漢志》：「河内郡，温，故國，己姓，蘇忿生所封也。河南郡洛陽，是爲成周。」《方輿紀要》：「温城在懷慶府温縣西南三十里，周畿内國。」杜注：「四月，今二月也。秋，今之夏也。麥、禾皆未熟，蓋芟踐之。」洪亮吉云：「四月及秋，皆舉夏令而言，杜注非也。」

周、鄭交惡。君子曰：「信不由中，質無益也。明恕而行，要之以禮，雖無有質，誰能間之？苟有明信，澗谿沼沚之毛，【疏證】《淮南·原道》「以中制外」，高注：「中，心也。」《釋言》：「明，朗也。」《周語》注：「明，顯也。」《一切經音義》引《事類》云：❷「以心度物曰恕。」《吕覽·審應》篇「而人主之所執其要矣」，注：「要，約也。」《書·禹貢》「要服」，疏：「要者，約束之義。」《小爾雅·釋詁》：「間，隙也。」《爾雅·釋山》：「山夾水曰澗，山瀆無所通曰谿。」毛傳：「沼，池也。沚，渚也。」《廣雅·釋草》：「毛，草也。」王引之云：「莽之轉聲爲毛，隱三年《左傳》云『澗谿沼沚之毛』，《召南·采蘩》傳云『沼沚谿澗之草』是也。」

蘋蘩薀藻之菜，【疏證】毛傳：「蘋，大蓱。蘩，皤蒿。藻，聚藻也。」洪亮吉云：「毛傳：『藻，聚藻也。』杜注：『薀藻，聚藻。』非毛傳義。《顔氏家訓·書證》篇引郭注《三蒼》云：『薀，藻之類也。』則薀亦水草，不可空訓作

---

❶「簡兮」，當作「干旄」。

❷「事」，《一切經音義》卷二作「聲」。

『聚』。且尋上下文義，潤谿沼沚，筐筥錡釜，皆四者並舉，況『薀』字從草，何得空訓作『聚』？杜氏之説疏矣。」文淇案：毛傳以「藻」爲「聚藻」，即用傳「薀藻」意。《蜀郡賦》「雜以薀藻」，劉淵林注亦訓「薀」爲「叢」。古人行文，不必拘拘對偶，況下文「潢汙行潦之水」，亦非四者並舉，與此「薀藻」句正隔句對也。洪説未可從。

「筐筥錡釜之器，【疏證】毛傳：「方曰筐，圓曰莒，有足曰錡，無足曰釜。」杜用毛説。

「潢汙行潦之水，【注】服云：「畜小水謂之潢。水不流謂之汙。行潦，道路之水。」本疏。【疏證】《廣雅·釋詁》：「蕁、燊、洿、緦，聚也。」王念孫云：「洿者，聚也。《衆經音義》引《三蒼》云：『亭水曰洿。』污與洿通。」文淇案：《説文》：「潢，積水也。❶洿，濁水不流也。潦，雨水大貌。」《泂酌》傳：「行潦，流潦也。」《周語》「猶塞川原，以爲潢汙」，注云：「大曰潢，小曰汙。」

「可薦於鬼神，可羞於王公。【疏證】《説文》：「羞，進獻也。」《庖人》「與其薦羞之物」，鄭注：「薦，亦進也。備品物曰薦，致滋味乃爲羞。王言薦者，味以不褻爲尊。」

「而況君子結二國之信，行之以禮，又焉用質？風有《采蘩》、《采蘋》，雅有《行葦》、《泂酌》，昭忠信也。」

武氏子來求賻，王未葬也。【疏證】《宰夫》「凡邦之弔事，掌其戒令，與其幣器財用，凡所共者」，注：「凡喪，始死弔而含襚，葬而賵贈，其間加恩厚，則有賻焉。」

❶「也」，《説文解字》卷十一上作「池」。

宋穆公疾，召大司馬孔父而屬殤公焉，【疏證】《謚法》：「短折不成曰殤。」《吕覽・貴公》篇「寡人將誰屬國」，注：「屬謂付託之。」

曰：「先君舍與夷而立寡人，寡人弗敢忘。【疏證】《宋世家》：「穆公九年，病，召大司馬孔父，謂曰：『先君宣公舍太子與夷而立我，我不敢忘。我死，必立與夷也。』」

「若以大夫之靈，得保首領以没，先君若問與夷，其將何辭以對？請子奉之，以主社稷。寡人雖死，亦無悔焉。」對曰：「群臣願奉馮也。」【疏證】《晉語》「若以君之靈」，注：「靈，神也。」《楚語》「若得保其首領以殁」，注：「保首領，免刑誅也。」《宋世家》：「孔父曰：『群臣皆願立公子馮。』」

公曰：「不可。先君以寡人爲賢，使主社稷，若棄德不讓，是廢先君之舉也，豈曰能賢？光昭先君之令德，可不務乎？吾子其無廢先君之功。」使公子馮出居於鄭。❶【疏證】《宋世家》：「穆公曰：『毋立馮，吾不可以負宣公。』於是穆公使馮出居于鄭。」

八月，庚辰，宋穆公卒，殤公即位。君子曰：「宋宣公可謂知人矣。立穆公，其子饗之，命以義夫。【疏證】《謚法》：「聖善曰宣。」❷「饗」與「享」同，《晉語》「享一名于此」，注：「享，受也。」哀十五年傳「其使終饗之」，杜注亦訓「受」。杜此注云：「命出於義。」疏云：「宣公之立穆公，知穆公之賢，必以義理，不棄其子。今穆

---

❶「使公子馮出居於鄭」，原漫漶不清，今據《春秋左傳正義》卷三補。

❷「善」下，《汲冢周書》卷六有「周聞」二字。

公方卒，命孔父以義事而立殤公。是穆公命立殤公，出于仁義之中，故杜云『命出于義也』。」文淇案：《宋世家》「宋宣公可謂知人矣，立其弟以成義，然卒其子復享之」，即用《左氏》之説。謂「立其弟以成義」，則是宣公之立穆公爲義。命謂天命，杜注非。

「《商頌》曰：『殷受命咸宜，百禄是荷。』其是之謂乎！」【疏證】此《玄鳥》之卒章。毛傳：「何，任也。」箋云：「言殷王之受命，皆其宜也。百禄是何，謂當擔負天之多福。」疏云：「成湯既受天命，子孫克循其道，則殷之受命皆得其宜，故百衆福禄于是宜擔負之。」杜注但言「殷湯、武丁受命皆以義」，既非《詩》旨，亦失傳意。

冬，齊、鄭盟于石門，尋盧之盟也。【注】服云：「尋之言重也，温也。」哀十二年正義。【疏證】《論語》疏引哀十二年傳「請尋盟」，賈注：「尋，温也。」《廣韻》作「燖」，《説文》：「燖，繹理也。」《有司徹》注引《左傳》「若可尋也」作「燖」。《漢志》：「泰山郡有盧縣。」《方輿紀要》：「盧城在長清縣西南二十五里。」

庚戌，鄭伯之車僨于濟。【注】服云：「僨，仆也。」【疏證】《釋言》：「僨，僵也。」舍人注：「僨，背踣意也。」《水經注》：「濟水出河東垣縣東王屋山爲沇水，至鞏縣北入于河。」沈欽韓云：「《方輿紀要》：『大清河在長清縣西南二十里，自平陰縣流入境。又東北入齊河縣界，即濟水也。「鄭伯之車僨于濟」，蓋在縣界。』《元和志》：『劉公橋架濟水，在鄆州盧縣東二十七里，又北去齊州長清縣十里。』」杜注：「既盟而遇大風，傳記異也。」正義曰：「車踣而入濟，是風吹之墜濟水，非常之事。」文淇按：傳文無風吹事，杜注意爲之説。

衛莊公娶于齊東宮得臣之妹，曰莊姜。【注】服云：「得臣，齊世子名，居東宮。」《詩·碩人》疏。【疏證】《碩人》「東宮之妹」，傳：「東宮，齊太子也。」此服説所本，杜亦即用服説。《詩》疏謂「太子居東宮，因以東宮表太子」，是也。

美而無子，衛人所爲賦《碩人》也。【疏證】《詩·碩人》序：「碩人，閔莊姜也。莊公惑于嬖妾，使驕上僭。莊姜賢而不答，終以無子，國人閔而憂之。」《衛世家》：「莊公五年，取齊女爲夫人，好而無子。」

又娶于陳，曰厲嬀。生孝伯，早死。【疏證】《世本》「陳，嬀姓」。《謚法》：「暴慢無親曰厲。」《漢志》：「淮陽國，陳，故國，舜後所封。」《燕燕》疏：「《衛世家》云：『莊公娶齊女爲夫人，而無子，又娶陳女爲夫人。』禮，諸侯不再娶，且莊姜仍在。《左傳》唯言『又娶于陳』，不言爲夫人。《世家》云『又娶陳女爲夫人』，非也。然傳言又娶者，蓋謂媵也。《左傳》曰：『同姓媵之，異姓則否。』此陳女得媵莊姜者，春秋之世不能如禮。」文淇案：傳雖不言娶爲夫人，然謂之曰娶，則非媵也。春秋之世，妃匹之際，不能如禮者多，又何疑于莊姜在而又娶陳女爲夫人乎？

其娣戴嬀，生桓公，莊姜以爲己子。【疏證】《謚法》：「典禮無愆曰戴。」《衛世家》：「又取陳女爲夫人，生子，蚤死。陳女女弟亦幸於莊公，而生子完。完母死，莊公令夫人齊女子之，立爲太子。」杜注：「雖爲莊姜子，然太子之位未定。」正義云：「石碏言：『將立州吁，乃立之矣。』❶請定州吁，明太子之位未定。《衛世家》言立完爲太子，非也。」《日月》疏云：「《左傳》：『將立州吁，乃定之矣。若猶未也，階之爲禍。』是公有欲立州吁之意。故杜預云：『完雖爲莊姜子，然太子之位未定。』是完未爲太子也。」文淇案：石碏所謂「將立州吁，乃定之矣」，與公

❶「立」，《春秋左傳正義》卷三作「定」。

子吕謂鄭莊公曰「欲與太叔，臣請事之」語意正同，皆激辭也。注疏説非。

公子州吁，嬖人之子也，有寵而好兵。公弗禁，莊姜惡之。【疏證】釋文：「賤而得愛曰嬖。」當是舊注。《一切經音義》引《謚法》：「賤而得愛曰嬖。」杜注但以「親幸」解「嬖」，義猶未備。《衛世家》：「莊公有寵妾，生子州吁。十八年，州吁長，好兵，莊公使將。」

石碏諫曰：「臣聞愛子，教之以義方，【注】賈云：「石碏，衛上卿。」《衛世家》集解。【疏證】《論衡·氏姓篇》：❶「石碏，衛公族。」《樂記》「樂行而民鄉方」，注：「方，道也。」

「弗納于邪。驕奢淫佚，所自邪也。四者之來，寵禄過也。將立州吁，乃定之矣。若猶未也，階之爲禍。【注】服云：「言此四者，過從邪起。」本疏。【疏證】杜不解「所自邪」也。疏引服虔説，劉光伯駁之，而謂「四者所以自邪己身，邪謂惡逆之事」。文淇案：《後漢書·班彪傳》：「時東宫初建，諸王國並開，而官屬未備，師保多闕，彪上書曰：『《春秋》「教子，❷教曰義方，不納于邪，驕奢淫佚，所自邪也」。』」玩彪語意，「自」字亦作「從」字解，服説是也。《周語》「夫婚姻，禍福之階也」，注：「階，梯也。」

「夫寵而不驕，驕而能降，降而不憾，憾而能眕者，鮮矣。【疏證】釋文：「憾，本又作憾。」石經作「感」。《説文》：「夅，服也。从夊、午，相承不敢並也。」《草蟲》「我心則降」，傳：「降，下也。」鄭玄《禮記》注云：

---

❶「論衡」，當作「潛夫論」。

❷「教」，《後漢書·班彪傳》作「愛」。

「感，恨也。」《説文》：「眕，目有所恨而止也。」黄生《義府》引《説文》「恨」作「限」，云：「畛爲田界，故從眕省爲義。《左傳》『憾而能眕』，言能自限止不爲惡。又《爾雅・釋言》云：『眕，重也。』杜注『不能自安自重』，即用其意，不若《説文》爲長。」

「且夫賤妨貴，少陵長，遠間親，新間舊，小加大，淫破義，所謂六逆也。君義，臣行，父慈，子孝，兄愛，弟敬，所謂六順也。【疏證】《説文》：「妨，害也。」《一切經音義》引《蒼頡》：「陵，侵也。」《周語》「新不間舊」，注：「間，代也。」《内則》「不敢以富貴加于父兄宗族」，注：「加，高也。」《説文》：「破，石碎也。」《廣雅・釋詁》：「破，❶敗也。」「六逆」，杜惟解「小加大」云：「小國而加兵於大國，如息侯伐鄭之比。」正義因以「公子申偪子重、子辛」爲「賤妨貴」，「邾捷菑欲奪兄位」爲「少陵長」，「東郭偃、棠無咎侮崔成、崔彊」爲「遠間親」，「胥童、夷羊五去三郤」爲「新間舊」，「陳靈、蔡景姦穢無度」爲「淫破義」。文淇案：《管子・五輔》篇：「是故聖王飭此八禮，以導其民。八者各得其義，則爲人君者中正而無私，爲人臣者忠信而不黨，爲人父者慈惠以教，爲人子者孝弟以肅，爲人兄者寬裕以誨，爲人弟者比順以敬，爲人夫者敦懞以固，爲人妻者勸勉以貞。夫然，則下不倍上，臣不殺君，賤不踰貴，少不陵長，遠不間親，新不間舊，小不加大，淫不破義。凡此八者，禮之經也。」與《左傳》略同，當是古語。尋《管子》語意，以下八句配上八句，下不倍上、臣不殺君，指君臣言；賤不踰貴、少不陵長，❷指父子言；遠不間親、新不間舊，指兄弟言；小不加大、淫不破義，指夫婦言。石碏所言「六順」，唯言君臣、父子、兄弟，不言

---

❶「破敗也」，《廣雅》卷一作「敗、破，壞也」。

❷「踰」，原作「喻」，今據上文改。

夫婦，而所謂「六逆」者，亦不正與「六順」相配。蓋引有詳略，故語有參差。《晉書·荀勗傳》：「時帝欲省吏，勗議曰：『重敬讓，尚止足，令賤不妨貴，少不陵長，遠不間親，新不間舊，小不加大，淫不破義，上下相安，遠近相信。』」又以此爲用人之法，蓋猶《詩》之斷章取義也。

「去順效逆，所以速過也。❶君人者，將禍是務去而速之，無乃不可乎？」弗聽。其子厚與州吁游，禁之，不可。桓公立，乃老。【疏證】《説文》：「效，象也。速，疾也。」《晉語》「離民且速寇」，注：「速，召也。」《曲禮》「自稱曰老夫」，注：「七十曰老。」《晉語》「爾從二三子以承君命，唯敬乃老」，注：「乃老，乃告老也。」據《衛世家》，桓公立於惠公之三十七年，❷事在春秋前。桓公立二年，州吁驕，桓黜之，出奔。

【經】四年，春，王二月，莒人伐杞，取牟婁。無傳。【疏證】傳例：「書取，言易也。」杜注：「杞國，本都陳留雍丘縣。推尋事跡，桓六年，淳于公亡國，杞似并之，遷都淳于；僖十四年，又遷緣陵；襄二十九年，晉人城杞之淳于，杞又遷都淳于。牟婁，杞邑，城陽諸縣東北有婁鄉。」沈欽韓云：「春秋時，杞已遷東國，故牟婁爲杞之別邑。案杜以爲杞即都淳于，然州公亡國後，僖十四年杞爲淮夷所病，遷緣陵，始在齊東境，淮夷在徐方。若杞先都淳于，無由爲淮夷所病。疑杞此時尚在雍丘，此莒人伐杞，『杞』乃『紀』之誤。」文淇案：《世本》：「杞，姒姓。」

---

❶「過」，《春秋左傳正義》卷三作「禍」。

❷「七」，當作「五」；或「惠公」，當作「平王」。

《漢志》：「陳留郡雍丘，故杞國也。」又云：「武王封禹後東樓公。先春秋時，徙魯東北。二十一世簡公，爲楚所滅。」據志所言，則杞在春秋前已遷魯東北。杜氏謂桓六年杞遷都淳于，沈謂僖十四年遷緣陵，始在齊東境説，皆非也。杜以牟婁爲一邑，《一統志》：「牟城在青州府壽光縣東北二十里，婁鄉城在諸城縣西南四十里。」

戊申，衛州吁弑其君完。【注】賈云：「不稱公子，弑君取國，故以國言之。」《釋例》。【疏證】正義曰：「州吁實公子，而不稱公子者，傳文更無褒貶，直是告辭不同，史有詳略耳。《釋例》：『州吁、無知，不稱公子、公孫，賈氏以爲弑君取國，故以國言之。』《釋例》又引『公子商人亦弑君取國，而獨稱公子』，以駁賈氏。」洪亮吉云：「州吁、無知二條，亦《春秋》之始例。正義言諸弑君者，莊公以上皆不書氏，成公以下皆書氏，❶足申明賈義。」文淇案：洪説是也。惟諸弑君二句，亦杜氏《釋例》文。洪以爲正義語，誤。

夏，公及宋公遇于清。【注】劉、賈云：「遇者，用冬遇之禮，遇禮簡易。」本疏。【疏證】杜注：「遇者，草次之期，二國各簡其禮，若道路相逢遇也。清，衛邑，濟北東阿縣有清亭。」正義云：「《曲禮》稱『未及期而相見』，指此類也。《周禮》『冬見曰遇』，則與此別。劉、賈以遇者用冬遇之禮，故杜難之。《釋例》曰：『遇者，倉卒簡儀，若道路相逢遇者耳。《周禮》『諸侯冬見天子曰遇』，則與此別。劉、賈因此名以説《春秋》，自與傳違。按《禮》『春曰朝，夏曰宗，秋曰覲，冬曰遇』，此四時之名，今者《春秋》不皆同之於《禮》。冬見天子，當是百官備物之時，而云遇禮簡易，經書『季姬及鄫子遇于防』，此婦呼其大朝，豈當復用見天子之禮？於理皆違。」文淇案：《周禮》

❶「成」，《春秋左傳詁》卷一作「閔」。

鄭注：「朝，朝也，欲其來之早。宗，尊也，欲其尊王。覲之言勤也，欲其勤王之事。遇，偶也，欲其若不期而俱至。」疏云：「此鄭解其名也，四方諸侯來朝覲天子，豈有别乎？明各舉一邊，互見爲義耳。」鄭以「不期俱至」解「遇」，即用《曲禮》「未及期相見」爲説。劉、賈謂用冬遇之禮，亦謂「偶，遇也」。杜以爲「草次之期」，轉爲無據。沈欽韓云：「《水經注》：『濟水自魚山北逕清亭東，京相璠曰：「東阿東北四十里有故清亭，即《春秋》之清也。是下濟水通得清水之目。」』」按，今在泰安府東阿縣西北。」

宋公、陳侯、蔡人、衛人伐鄭。

秋，翬帥師會宋公、陳侯、蔡人、衛人伐鄭。九月，衛人殺州吁于濮。【注】賈、服云：「濮，陳地。」索隱、集解。劉、賈、許、穎以爲：「君惡及國朝，則稱國以弒；君惡及國人，則稱人以弒。」宣四年傳引《釋例》。❶【疏證】杜注：「濮，陳地，水名。」正義云：「弒之于濮，❷謂死于水旁也。《釋例·土地名》此『濮』下注云『闕』。哀二十七年傳『濮』下注云：『濮自陳留酸棗縣受河，東北經濟陰，至高平鉅野縣入濟。』彼『濮』與此名同實異，故杜于此不言闕，直云『濮，陳地，水名』。」索隱曰：「賈逵云：『濮，陳地。』按：濮水首受河，又受汴，汴亦受河，東北至鉅野入濟，則濮在魯、衛之間。賈言陳地，非也。據《地理志》陳留封丘縣濮水受濟，當言陳留水。」沈欽韓云：「按《水經注》：『濮水一出封丘縣者，首受濟；别出酸棗縣者，首受河。』《方輿紀要》：『濮水在大

❶ 「宣四年傳」，疑當作「文十八年經疏」。

❷ 「弒」，《春秋左傳正義》卷三作「殺」。

名府開州南六十里。』」焦循云：「杜注本賈、服，而係以水名，乃《説文》：『濮，水，出濮陽，南入鉅野。』鉅野爲魯地。《水經》：『瓠子河，出東郡濮陽縣北河，東至濟陰句縣爲新溝，❶又北東過廩丘縣爲濮水。』然則陳無濮水矣。哀二十七年，齊陳成子救鄭，及濮，自齊至鄭，須涉濮水，亦非陳地。《釋例·土地名》『闕』疑爲是。」文淇案：賈、服但云「濮，陳地」，不言「水名」。杜注云「陳地」，而係之以「水名」，此乃杜氏之誤。索隱既引賈説指爲陳地，而又言濮水不在陳，是沿杜氏水名之説，而誤以賈氏爲指水名也。知「水名」二字爲杜所增，則不必致疑于賈、服矣。《魏志·文帝紀》「評曰文帝天資文藻」，裴注引《典論·自叙》曰：「兼董卓凶逆，家家思亂，人人自危。山東牧守，咸以《春秋》之義，『衛人討州吁于濮』，言人人皆得討賊。」

冬，十有二月，衛人立晉。

【傳】四年，春，衛州吁弑桓公而立。公與宋公爲會，將尋宿之盟。未及期，衛人來告亂。夏，公及宋公遇于清。

宋殤公之即位也，公子馮出奔，❷鄭人欲納之。及衛州吁立，將修先君之怨于鄭。【注】服云：「先君，莊公也。」本疏。【疏證】《廣雅·釋詁》：「修，治也。」杜注：「謂二年鄭人伐衛之怨。」正義曰：「二年伐衛見經，故以屬之，未必往前更無怨也。《衛世家》稱桓公十六年乃爲州吁所弑。則隱之二年當桓之世。服虔以

❶ 「句」下，《水經注箋》卷二十四有「陽」字。

❷ 「奔」下，《春秋左傳正義》卷三有「鄭」字。

先君爲莊公，非也。」《詩·擊鼓》疏云：「《左傳》『鄭人欲納之』，欲納于宋以爲君也。『先君之怨』，服、杜皆云『隱二年鄭人伐衛』，是也。《譜》依《世家》，以桓公爲平王三十七年即位，則鄭以先君爲桓公。服虔云莊公，非也。」沈欽韓云：「孔疏只據杜二年之文耳。惠云：『州吁弒桓，而稱先君，無是理也。』先君之怨在《春秋》前，明矣。」文淇案：惠、沈之説是也。服虔既以先君爲莊公，則所謂修怨者，必不指隱二年鄭人伐衛之文。莊公卒于《春秋》前，服氏無容不曉。《詩》疏云：「先君之怨，服、杜皆云隱公二年鄭人伐衛。」誤矣。《詩譜》依《世家》，以桓公爲平王三十七年即位，而先君之怨鄭，亦不定指桓公。《詩》疏謂鄭以先君爲桓公，其説亦無所據。杜謂「二年鄭人伐衛之怨」，則杜以先君爲桓公耳。

而求寵於諸侯，以和其民。【疏證】《擊鼓》疏引此傳，逐句皆引服虔説，惟此句引杜預注：「諸篡立者，諸侯既與之會，則不復討，故欲求此寵。」則服氏無注可知。杜氏創爲「既與會，則諸侯不復討」之例，而以州吁求寵證成其説，殊覺謬誤。辨詳成十六年。

使告於宋曰：「君若伐鄭以除君害，【注】服云：「公子馮將爲君之害。」《擊鼓》疏，下同。【疏證】服云將爲君害者，以公子馮在鄭，若不早除，將爲宋害。杜亦用服説，而云「害謂公子馮」，殊爲不辭。《宋世家》：「殤公元年，衛公子州吁弒其君完，自立。欲得諸侯，使告于宋曰：『馮在鄭，必爲亂，可與我伐之。』宋許之，與伐鄭，至東門而還。」

君爲主，敝邑以賦與陳、蔡從，則衛國之願也。」【注】服云：「賦，兵也。以田賦出兵，故謂之賦。」【疏證】《詩》疏引服注，申之云：「正謂其以兵從也。」《論語》「可使治其賦也」，鄭注：「賦，軍賦也。」《説文》：「賦，斂也。」服謂以田賦出兵，鄭以賦爲軍賦，亦賦斂之義也。

宋人許之。於是陳、蔡方睦於衛。【疏證】《地理志》：「汝南郡上蔡，故蔡國，周武王弟叔度所封。度放，封其子胡，十八世徙新蔡。」又云：「汝南郡新蔡，蔡平侯自蔡徙此，後二世徙下蔡。」

故宋公、陳侯、蔡人、衛人伐鄭，【注】服云：「衛使宋爲主，使大夫將，故叙衛于陳、蔡下。」【疏證】《擊鼓》疏云：「《春秋》之例，首兵者爲主。今伐鄭之謀，州吁爲主，所以衛人叙于陳、蔡之下者。」下即引服虔此注。《衛世家》：「州吁自立爲衛君，爲鄭伯弟段欲伐鄭，請宋、陳、蔡與俱，三國皆許州吁。」

圍其東門，五日而還。公問於衆仲曰：「衛州吁其成乎？」【疏證】《擊鼓》「于嗟闊兮，不我活兮」，箋：「軍士棄其約，離散相遠。」疏云：「《左傳》『圍其東門，五日而還』，則不戰矣。而軍士離散者，以其民不得用，雖未對敵，亦有離心，故有『闊兮』、『洵兮』之歎也。」《潛夫論・氏族》篇：「魯之公族有衆氏。」

對曰：「臣聞以德和民，不聞以亂。以亂，猶治絲而棼之也。【疏證】《釋文》云：「棼，亂也。」當是舊注。《説文》：「棼，複屋棟也。紛，馬尾韜也。」《廣雅》：「紛紛，亂也。」凡從分得聲者，皆有亂義。《楚辭》「紛逢尤以離謗兮」，王逸注：「紛，亂貌也。」杜注：「絲見棼緼，益所以亂。」按《説文》：「緼，紼也。」《玉藻》「緼爲袍」，注：「緼，謂今纊及舊絮也。」《廣雅》：「緼，饒也。」《楚辭・橘頌》「紛緼宜修」，注：「紛緼，盛貌。」杜以「棼緼」解「棼」，義無所取，不若《釋文》之善。

「夫州吁，阻兵而安忍。阻兵，無衆；安忍，無親。衆叛親離，難以濟矣。【疏證】《擊鼓》「于嗟闊兮」，箋云：「州吁阻兵安忍，阻兵無衆，安忍無親。衆叛親離，軍士棄其約，離散相遠。」杜注：「恃兵則民殘，民殘則衆叛；安忍則刑過，刑過則親離。」《後漢書・應劭傳》：「安帝時，河南人尹次、潁川人史玉皆坐殺人當死，❶劭議曰：『今次、玉公以清時阻兵安忍，僵尸道路。』」注：「阻，持也。」按「持」當爲「恃」，章懷注多用杜説。《文選・西征賦》注引杜注正作「阻，恃也」。今本脱。洪亮吉以爲服注，非也。「阻」不訓「恃」，《晉書・羊祜傳》：「上疏請討吴，曰：『今不于此平吴，而更阻兵相守，征夫苦役，日尋干戈，經歷盛衰，不可長久。』」祜言阻兵者，謂沮止不前，老師相守。閔二年傳「狂夫阻之」，服注：「阻，止也。」《儒行》「沮之以兵」，注：「沮，謂恐怖之也。」❷《釋詁》：「阻，難也。」《家語》「沮之以兵」，注：「阻，難也。」

「夫兵，猶火也，弗戢，將自焚也。夫州吁弑其君，而虐用其民，於是乎不務令德，而欲以亂成，必不免矣。」**【疏證】**杜氏無注，正義亦未申釋。按《漢書・武五子傳》：「贊曰：故曰：『兵猶火也，弗戢必自焚。』」師古引此傳云：「言兵不可妄動，久而不戢，則自焚燒。戢，斂也。」又按《淮南子・原道訓》「故兵强則滅，木强則折，革强則裂」，高注：「兵猶火也，强則盛，盛則衰，故曰『則滅』，以火諭也。」《魏書・崔光傳》：「光上表曰：『司寇行戮，君爲之不舉。陛下爲民父母，所宜矜恤。國重戎戰，用兵猶火。』」《周語》「夫兵戢而時動」，注：「戢，聚也。」《説文》：「戢，藏兵也。」《掌戮》注：「焚，燒也。」

秋，諸侯復伐鄭。宋公使來乞師，公辭之。羽父請以師會之，公弗許，固請而行。故書曰「翬帥師」，疾之也。

---

❶「南」，《後漢書・應劭傳》作「閒」。

❷「恐」，原漫漶不清，今據《禮記正義》卷五十九補。

諸侯之師敗鄭徒兵，取其禾而還。【疏證】《擊鼓・序》：「衛州吁用兵暴亂，使公孫文仲將而平陳與宋。」疏：「古者謂戰器爲兵，《左傳》曰：『鄭伯朝于楚，楚子賜之金，曰「無以鑄兵」。』兵者人所執，因號人亦曰兵。《左傳》『敗鄭徒兵』，此箋云『將者，將兵』是也。」杜注：「時鄭不車戰。」沈欽韓云：「傳第言敗鄭徒兵，見鄭之未大創也，杜何以知其不車戰乎？」

州吁未能和其民，厚問定君于石子。石子曰：「王覲爲可。」【疏證】《釋詁》：「覲，見也。」《大宗伯》：「秋見曰覲。」《説文》：「諸侯秋朝曰覲。」石碏此語，正在秋時，故以覲言之。

曰：「何以得覲？」曰：「陳桓公方有寵於王，陳、衛方睦，若朝陳使請，必可得也。」厚從州吁如陳。石碏使告於陳曰：「衛國褊小，老夫耄矣，無能爲也。此二人者，實弒寡君，敢即圖之。」陳人執之，而請涖于衛。【疏證】《説文》：「褊，衣小也。」《楚辭・初放》「淺智褊能兮」，注：「褊，狹也。」《曲禮》「大夫七十而致仕，若不得謝，則賜之以几杖，行役以婦人，適四方，乘安車，自稱曰老夫」，注即引此傳。疏云：「言己是老大夫也。必稱老者，明君貪賢之故，而臣老猶在其朝也。注引《春秋傳》者，證對他國人自稱老夫也。」然則對他國人稱老夫，《禮》所宜然。杜注稱「國小已老，自謙以委陳」，非。《曲禮》又云「八十九十曰耄」，注：「耄，惛忘也。」《士冠禮》「吾子將涖之」，注：「涖，臨也。」《鄉師》「及窆，以涖匠師」，❶注：「涖，臨視也。」《年表》：「陳桓公二十六年，衛石碏來告，故執州吁。」

---

❶ 「以」上，《周禮注疏》卷十一有「執斧」二字。

九月，衛人使右宰醜涖殺州吁于濮，石碏使其宰獳羊肩涖殺石厚于陳。【注】服云：「右宰醜，衛大夫。」《衛世家》集解。【疏證】《衛世家》：「州吁新立，好兵，弑桓公，衛人皆不愛。石碏乃因桓公母家於陳，詳爲善州吁。至鄭郊，石碏與陳侯共謀，使右宰醜進食，因殺州吁于濮。」按：《世家》與《左傳》略同，唯以州吁至鄭郊及右宰醜進食爲異。按鄭乃州吁讎國，必不至鄭郊也。

君子曰：「石碏，純臣也。惡州吁而厚與焉。『大義滅親』，其是之謂乎！」【疏證】《後漢書・梁統傳》：「疏曰：『《春秋》之誅，不避親戚。』」注：「《左傳》曰：『大義滅親。』」《清河孝王慶傳》：「帝遂廢太子慶，乃下詔曰：『皇太子有失惑無常之性，不可以奉宗廟，爲天下主。大義滅親，況降退乎？今廢爲清河王。』」《北史・王劭傳》：「劭上書曰：『叔向戮叔魚，仲尼謂之遺直；石碏殺子厚，丘明以爲大義。』」如劭所說，則《左傳》中所稱「君子曰」者，皆丘明自謂也。

衛人逆公子晉于邢。冬，十二月，宣公即位，書曰「衛人立晉」，衆也。【注】賈云：「邢，周公之胤，❶姬姓國。」同上。【疏證】正義云：「賊討乃立，自繼前君，故不待踰年也。」注、疏皆不言公子晉爲桓公何人。按《衛世家》：「迎桓公弟晉于邢而立之。」《詩譜》疏引《世家》作「迎桓公子晉于邢而立之」。

---

❶「胤」，原作「允」，因避諱而改，今回改，下同。

【經】五年，春，公矢魚于棠。【注】賈云：「棠，魯地。陳魚而觀之。」《史記・魯世家》集解引。❶【疏證】《廣雅・釋詁》：「戾，陳也。」王念孫云：「《爾雅》：『矢，陳也。』釋文作戾。《春秋》隱五年『公矢魚於棠』，矢與戾通。」《校勘記》云：「《史記》作『觀漁於棠』，《漢書・五行志》亦作『漁』，此古字假借也。」❷杜注云：「今高平方與縣北有武唐亭，魯侯觀魚臺。」❸正義引《釋例・土地名》云：「棠在魯部内，云本宋地，蓋宋、魯之界上地。」沈欽韓云：「唐與棠自爲二地，唐亭在魯境内，地亦非遠。《寰宇記》：『棠水在宋州楚丘縣北四十五里，從單州成武縣入界，南行五里，合泡溝。』即此棠也。」按：沈説是也。《土地名》既云「魯部内」，又云「本宋地」，游移無據。正義又引《釋例》云：「舊説：棠，魯地。」所謂「舊説」，即賈注也。❹

夏，四月，葬衛桓公。

秋，衛師入郕。【疏證】釋文：「郕，國名。」《管蔡世家》以成叔武爲文王子，武王同母弟。臧壽恭云：「《左

---

❶ 原稿眉批：李貽德《賈服註輯述》此條引《魯世家》注「陳魚」上多「矢魚」二字，查。

❷ 眉批：就注釋經，當順注文解之。如無注則依經順釋云：「陳魚而觀之。」皆據下傳文。《爾雅・釋詁》：「矢，陳也。」《釋文》作「戾」。《廣雅・釋詁》：「戾，陳也。」戾與矢同，故注云「陳魚」，《史記》作「觀漁」，亦謂陳而觀之也。作「漁」，與《五行志》合。阮氏《校勘記》謂古字假借，是也。

❸ 眉批：凡地名須補出今地，在何府何縣。山東濟寧魚臺縣，自以魯事得名，不可忽略。棠水縣見《寰宇記》□□查□□地志。

❹ 眉批：按《郊特牲》「尸，陳也」，尸、矢音轉，故「矢」亦得詁「陳」義。

氏》及《穀梁》國名作郕，邑名作成。《公羊》國名作盛，邑名作成。」沈欽韓云：「《水經注》：『瓠河之北有郕都城。隱五年，郕侵衛。京相璠曰：東郡廩丘縣南三十里有郕都故城。』按《漢志》郕都作城都，不云郕都。❶《一統志》：『成縣故城在兖州府寧陽縣北，本周時郕國。』然《統志》依仿杜氏『剛父縣西南』之文。在寧陽東北者，乃孟氏邑，非郕國。《統志》所引成縣，乃泰山郡之肥成縣。《續志》誤脱『肥』字。劉昭注因而附會，不知肥成云『本國』者，乃承前志應劭『肥子國』之文也。《方輿紀要》：『郕城，在東平州汶上縣西北二十里，古郕國。』」

九月，考仲子之宫，初獻六羽。【注】服云：「宫廟初成祭之，名爲考。❷將納仲子之主，故考成以致其五祀之神以堅之。」本疏。【疏證】杜注云：「惠公以仲子手文娶之，欲以爲夫人。諸侯無二嫡，蓋隱公成父之志，爲別立宫也。婦人無謚，因姓以名宫。」按《宋書·臧燾傳》：「孝武帝追崇庶祖母宣太后，議者或謂宜配食中宗。燾議曰：『《陽秋》之義，母以子貴，故仲子、成風咸稱夫人。經云「考仲子之宫」，若配食惠廟，則宫無緣別築。』」又《禮志》：「大明七年，有司奏：『故宣貴妃加殊禮，未詳應立廟與否？』太學博士虞龢議：『據《春秋傳》，仲子非魯惠元嫡，尚得考彼別宫。今貴妃是秩，天之崇班，理應立此新廟。』右丞徐爰議：❸『宣貴妃既加殊

---

❶「都」，《春秋左氏傳地名補注》卷一作「國」。

❷眉批：按：□仲子之宫，乃非禮之禮，故不言釁而言考。其爲非禮自見。若《雜記》所言，考、釁不同。《斯干》考室釁廟，亦是兩事。服云「宫廟初成祭之，名爲考」，似依經文訓釋，非古義也。（「義」，原殘，據整理本補。）

❸「右」，《宋書·禮志》作「左」。

命，禮絶五宫，考之古典，顯有成據。廟堂克構，宜選將作大匠。』參詳以龢、爰議爲允。詔可。」據熹等所言，是仲子之宫爲别宫，乃古左氏説，杜氏沿之也。正義釋「初獻六羽」云：「初，始也。往前用八，今乃用六也。獻者，奏也。」義本無誤，而復云：「言『初獻六羽』者，謂初始而獻，非在後恒用。知然者，按宣十五年『初税畝』，杜云：『遂以爲常，故云初。』杜於此不解初義，明不與彼同。故《春秋》之經有文同事異，如此之類是也。」今按經書「初獻六羽」，與書「初税畝」例同。傳申之云「始用六羽也」，❶正謂遂以爲常。杜氏僅漏釋初字，而正義牽就以傳其説，非也。《釋詁》：「考，成也。」故服以考爲宗廟初成之祭。宫猶廟也。正義云：「《雜記》云『成廟則釁之』，『路寢成則考之而不釁』，以廟則當釁，❷寢則當考。此廟言考者，考是成就之義。廟者鬼神所居，祭祀以成之。寢則生人所宅，飲食以成之。廟成釁之者，尊而神之，蓋木主未入之前已行釁禮也。此言考宫獻羽，自爲主已入廟，則祭以成之，非釁禮，與彼異也。」又引服説駮之云：「其意謂考即釁也。按《雜記》，釁廟之禮，止有雞羊。既不用樂，何由獻羽？言將納仲子之主，則是仍未入宫。然則作樂獻羽，敬事何神？考仲子之宫，唯當祭仲子耳。又安得致五祀之神乎？」李貽德云：「時宫廟新主尚未入，考宫一時事，獻羽又一時事。服衹言釁廟之事，不及用

---

❶ 「羽」，《春秋左傳正義》卷三作「佾」。

❷ 眉批：查焦疏釁鐘説。

樂。正義不得合併經文以妄規之也。」按：李説極辨，足破正義主已入廟之説。❶正義之駁服説者，蓋泥《雜記》之文，以考、釁爲二事。然《斯干》序云「宣王考室也」，箋云：「考，成也。德行國富，人民殷衆而皆佼好，骨肉和親，宣王於是築宫廟群寢，既成而釁之，歌《斯干》之詩以落之，此之謂成室。宗廟成，則又祭祀先祖。」彼疏云：「《雜記》之文，廟成則釁，寢成則考，此序言『考室』，箋得兼云釁廟者，此考之名，取義甚廣，乃國富民殷，居室安樂，皆是考義，猶《無羊》云『考牧』，非獨據一燕食而已。故知考室之言，可以通釁廟也。」是考、釁義得通，故服以考爲釁也。《白虎通·宗廟》篇：❷「祭所以有主者何？言神無所依據，孝子以主繼心焉。」《説文》：「内，入也。」《周禮·小子》：「珥於社稷，祈於五祀。」後鄭注：「珥，讀爲衈。祈，讀爲刉。刉，衈者，釁禮之事也。用毛牲曰刉，羽牲曰衈。衈、刉社稷五祀，謂始成其宫兆時也。」《白虎通·五祀》篇：「五祀者何謂也？謂門、户、井、竈、中霤也。所以祭何？人之所處出入、所飲食，故爲神而祭之。」又云：「祭五祀，天子、諸侯以牛，卿、大夫以羊，因四時祭牲也。一説户以羊，竈以雞，中霤以豚，門以犬，井以豕。」《釋詁》：「堅，固也。」《淮南·時則訓》「堅致爲上」，❸注：「堅致，功牢也。」

---

❶ 原稿眉批：「正義主已入廟之説，而駁服未入室之説。已入未入，前後並未互岐。惟正義前云『廟者鬼神所在，祭祀吕成之。廟成釁之者，尊而神之，蓋木主未入之先已行釁禮也』，後云『未入室敬事何神』爲互岐耳。」「未入之先已行釁禮也」右有夾注：「此語申《雜記》之説，非正義文，正義不主釁廟也。」

❷「宗廟」，原爲空格，今據《白虎通疏證》卷十二補。

❸「時則訓」，原作「□□訓時則」，今據《淮南鴻烈解》卷五改。

郲人、鄭人伐宋。

螟。【疏證】《釋蟲》云「食苗心，螟」，李巡注：「食苗心者爲螟，言其姦冥冥難知也。」《説文》：「螟，蟲食穀葉者。吏冥冥犯法即生螟。」《五行志》：「董仲舒、劉向以爲時公觀魚於棠，貪利之應也。劉歆以爲又逆臧僖伯之諫，貪利區霿，以生羸蟲之孽也。」

冬，十有二月，辛巳，公子彄卒。

宋人伐鄭，圍長葛。【疏證】《水經注》引京相璠云：「長社北有長葛鄉。」《漢書·地理志》「潁州郡長社」，應劭注：「長社，宋之長葛也。其社中樹暴長，故名長社。」沈欽韓云：「《方輿紀要》：長社故城，在許州長葛縣一里。」

【傳】五年，春，公將如棠觀魚者。臧僖伯諫曰：「凡物不足以講大事，【疏證】《世本》：「臧僖伯彄，孝公之子。孝公生僖伯彄，彄生哀伯達，達生伯氏瓶，瓶生文仲辰。」❶《謚法》：「有伐而還曰釐，質淵受諫曰釐，小心畏忌曰釐。」《齊世家》集解云：「釐，僖也。」蓋古字通用。正義云：諸侯之子稱公子，公子之子稱公孫。公孫之子不得祖諸侯，乃以王父之字爲氏。計僖伯之孫始得以臧爲氏，今於僖伯之上已加臧者，傳家追言之也。成十三年傳云「國之大事，在祀與戎」。故杜注「大事」云「謂祀與戎」。❷

❶ 眉批：「孝公生僖伯彄」至「瓶生文仲辰」似可删。

❷ 原稿眉批：《御覽》所引舊注疑即指杜注，存查。查《御覽》有舊注，則仍之。

「其材不足以備器用，則君不舉焉。【疏證】杜注云：「材謂皮革、齒牙、骨角下毛羽也。❶ 器用，軍國之器也。」《周語》「阜其財求而利其器用」，注：「器，兵甲也。用，耒耜之屬。」《師氏》「王舉則從」，「舉，猶行也」。❷《魯語》「君爲是舉」，注：「舉，動也。」

「君，將納民於軌物者也。故講事以度軌量謂之軌，取材以章物采謂之物，不軌不物，謂之亂政。亂政亟行，所以敗也。【注】賈云：「軌，法也。」《華嚴音義》引《國語》注。【疏證】《賈子》：「緣法循理謂之軌。」高誘《淮南》注：「軌者，法度之名。」《周語》「度之於軌儀」，注：「軌，道也。」《禮運》「月以爲量」，注：「量，分也。」《周語》「釐改制量」，注：「量，度也。」《周語》「亦唯是死生之服物采章」，注：「采章，采色文章也。」此節傳文極明顯，杜注謂「不入法度則爲不軌不物」，意猶未誤。正義謂「政不在君，則亂政所由起也」，傳無此意。❸

「故春蒐、夏苗、秋獮、冬狩，【疏證】《釋天》：「春獵爲蒐，夏獵爲苗，秋獵爲獮，冬獵爲狩。」《大司馬》：「中春教振旅，遂以蒐田；中夏教茇舍，遂以苗田；中秋教治兵，遂以獮田；中冬教大閱，遂以狩田。」按《公羊》謂春苗、秋蒐、冬狩，《穀梁》謂春田、夏苗、秋蒐、冬狩，皆與左氏違。惟《爾雅》、《周禮》與左氏合。《禮記》疏引：「何休云：『《運斗樞》曰「夏不田」，《穀梁》有夏田，於義爲短。』鄭君云：『四時皆田，夏、殷之禮。《詩》云「之子於苗，

---

❶ 眉批：「下」字當在「謂」字下。

❷ 眉批：「從猶行也」句上疑脱「注」字。此句下當補云「言君不舉行此事也」。《魯語》文可不引。

❸ 原稿眉批：傳「不軌不物，謂之亂政。亂政亟行，所以敗也」，詞義顯明，而正義乃云「政不在君，則亂政所由起也」，殊非傳旨，擬將此二句删去。杜注亦不确，留而駁之。

選徒囂囂」，夏田明矣。』」此傳疏云：「《公羊傳》三名既與《禮》異，又復夏時不田。《穀梁傳》與《禮》異者，良由微言既絶，曲辨妄生。丘明親受聖經，故獨與《禮》合。」又謂：「《白虎通》所説四時之獵，用《穀梁》義，於義不通，故先儒皆依《周禮》、《左傳》、《爾雅》之文而爲之説。」是賈、服舊説用《爾雅》、《周禮》，不取《公》、《穀》也。《大司馬》鄭注云：「春田爲蒐，夏田爲苗，擇取不孕任者，若治苗去不秀實者。秋田爲獮，獮，殺也。冬田爲狩，言守取之，無所擇也。」彼疏云：「其以春夏爲陽，主其生長，故春田爲蒐，搜取不孕任者。夏田爲苗，若治苗去不秀實者。」詳疏意，鄭蓋以蒐、苗并解，其「擇取不孕任」一句，當解春蒐。《爾雅》李巡注亦云：「蒐，索取不孕任者。狩，圍取之無所擇也。」可證杜注此傳全用鄭義。惟注夏苗云「爲苗除害也」。此疏云：「《爾雅・釋天》四時之獵名與此同，説者皆如此注，故杜依用之。」是杜注本於《爾雅》古注。鄭之釋苗，與《爾雅》注異義者，《説苑・修文》引《春秋傳》「夏田爲苗，擇取不孕任者，治苗去不秀實者」，是鄭又本於劉向。向治《穀梁》，此當係《穀梁》義。然因獵名苗，而謂取譬於苗之秀實，未免望文生義，不若爲苗除害之確。邵晉涵云：「鳥獸孚乳多在春時，則夏獵當以爲苗除害，故謂之苗。《月令》：『孟夏之月，驅獸無害五穀，無大田獵。』是夏苗之事也。」《周語》「蒐於農隙，獮於既烝，狩於畢時」，注：「春田曰蒐。蒐，擇也。禽獸懷妊未著，秋乃取之。秋田曰獮，獮，殺也。冬田曰狩，圍狩而取之。」《周語》未及夏田，故注空而不説。其注三時之獵，皆與杜注所用《爾雅》義同。疑《左傳》舊注本如此。即爲苗除害，亦舊注也。《王制》「則歲三田」疏：「《春秋》四時田獵，皆曰蒐者，以春蒐之禮行之故也。」此可證春秋時僅用蒐禮。僖伯所述四時之獵，乃周禮也。

「皆於農隙以講事也。【疏證】《周語》「蒐於農隙，獮於既烝，狩於畢時」，注：「農隙，仲春既耕之後。隙，間。烝，升也。《月令》：『孟秋乃升穀，天子嘗新。』既升，仲秋也。畢時，時務畢也。」《楚語》「四時之隙，於是乎成之」，注：「隙，空間時也。」杜注各隨時事之間，隱襲《國語》注。《説文》：「隙，壁際孔也。」《漢書・刑法志》：「春振旅以蒐，夏拔舍以苗，秋治兵以獮，冬大閱以狩。❶皆於農隙以講事焉。」師古曰：「隙，空間也。講，和習之也。」

「三年而治兵，入而振旅，【疏證】《大司馬》：「仲春教振旅，遂以蒐田；仲秋教治兵，遂以獮田。」鄭注：「凡師出曰治兵，入曰振旅，皆習戰也。振，收也，兵入收衆。」《釋詁》：「旅，衆也。」《齊語》「春以蒐振旅，秋以獮治兵」，注：「振，整也。旅，衆也。」杜此注「振旅」與《齊語》同。按：振之訓整，不若鄭訓收爲長。《漢書・主父偃傳》：❷「《司馬法》曰：『國雖大，好戰必亡。天下雖平，忘戰必危。』天下既平，天子大愷，春蒐秋獮，諸侯春振旅，秋治兵，所以不忘戰也。」應劭曰：「大愷，周禮還師振旅之樂也。」《宋書・禮志》：「兵者，守國之備。孔子曰：『以不教民戰，是謂棄之。』兵，凶事，不可以空設，因蒐狩而習之。而凡出曰治兵，入曰振旅，皆戰陳之事，❸辨鼓鐸鐲鐃之用，以教坐作疾徐疏數之節，遂以蒐田。獻禽以祭社。仲夏教茇舍，如振旅之陳，遂以苗田。獻禽以享礿。仲秋教治兵，如振旅之陳，遂以獮田，如蒐之法。致禽以祀方。仲冬教大閱，遂以狩田。獻禽以享烝。」《隋書・禮儀志》：「古者三年大兵，❹入而振旅，至於春秋蒐獮，亦以講其事焉。梁、陳時，依宋元嘉二十五年蒐宣武

---

❶「閱」，原作「狩」，今據原稿改。
❷「漢」上，原衍「後」字，今據《漢書・主父偃傳》删。
❸「事」，原脱，今據《宋書・禮志》補。
❹「大」，《隋書・禮儀志》作「練」。

場。獵訖，宴會享勞，比較多少。戮一人以懲亂法。會蹕，❶還宮。」❷按杜注云：「雖四時講武，猶復三年大習。」《漢書》但言春振旅、秋治兵，而未申言三年治兵振旅之禮。《宋志》所述本於《周禮》。《周禮》雖僅言春教振旅、秋教治兵之禮，而三年大習之禮，亦可類推而得也。但三年之治兵振旅，容在一時，故傳文不以春振旅、秋治兵爲説。《漢書》於春秋下略去「教」字，非也。《隋志》以三年大兵與春秋蒐獮講事析言，最得經意。正義云：「雖每年常四時講武，猶復三年大習。猶如四時常祀，❸三年而復爲禘祭，意相類也。《周禮》『春教振旅、秋教治兵』者，四時教民各以其宜。春即止兵收衆，專心於農。秋即繕甲厲兵，將威不軌。故異其文耳。」

「歸而飲至，以數軍實，【注】鄭氏云：「軍所以討獲曰實。」《文選》注。舊注：「飲至於廟，以數車徒所獲也。」《御覽》三百廿七引。【疏證】傳例：「凡公行，告於宗廟，反行飲至，舍爵，策勳焉，禮也。」❹《説文》：「數，計也。」《禮記・儒行》：「遽數之不能終其物。」《老子》：「善數者不用籌策。」《獸人》：「及弊田，令禽注於虞中。」鄭司農云：「虞中，謂虞人萊所田之野，植虞旗於其中，致禽而珥焉。珥焉者，取左耳以致功，若斬首折馘。故《春秋傳》曰『以數軍實』。」疏：「襄二十四年，『楚薳啟彊如齊聘，齊侯祭社，蒐軍實，使客觀之』。注云：『蒐，數軍實兵甲器械，與隱公傳三年而治兵數軍實一也。』引之者，證斬首折馘爲軍實。若然，注傳兵甲器械與

❶「蹕」，《隋書・禮儀志》作「畢」。
❷原稿眉批：「梁陳」至「還宮」，拟節。
❸「祀」，原作「禮」，今據原稿改。
❹原稿眉批：公行告廟例。

斬首折馘不同者，兵甲器械自爲軍實，至於斬首折馘亦是軍實，仍於生執仇俘亦爲軍實，是以僖公三十三年晉捨秦囚，先軫曰『隳軍實』是也。」❶文淇按：《周禮》疏所引襄二十四年傳注，蓋鄭司農注也。知然者，杜襄二十四年注云「軍器」不言「兵甲器械」，與疏所引不同。《大司馬》「讀契」注「以簿校録軍實之凡要」，疏：「凡軍實有三種：或以俘囚爲軍實，或以戈盾弓矢爲軍實，或以禽牲爲軍實。」可與鄭氏軍所討獲之義相證成。《楚語》「榭不過講軍實」，注：「講，習也。軍實，戎士也。」第舉戎士，義非。杜注此云：「飲於廟，❷以數車徒、器械及所獲也。」與舊注詳略稍殊，而兼言車徒器械，則旁襲襄二十四年傳注也。正義謂宣十二年、襄二十四年兩注軍實並云「軍器」，❸不言「車徒」及「所獲」者，彼無獵事，故不言。是未達軍實所該不僅車徒，亦不僅獲禽也。

「昭文章，」【注】服云：「中秋教治兵，❹辨旗物之用：王載太常，諸侯載旂，軍吏載旗，師都載旜，鄉遂載物，郊野載旐，百官載旟，遂以獮田。」本疏。**【疏證】**服氏此注用《大司馬職》文。鄭注云：「軍吏，諸軍帥也。師都，遂大夫也。鄉遂，鄉大夫也。或載旜，或載物，衆屬軍吏，無所將也。郊，謂鄉遂之州長、縣正以下也。野，謂公邑大夫。載旐者，以其將羨卒也。百官，卿大夫也。載旟者，以其屬衛王也。凡旌旗，有軍旅者

---

❶ 原稿眉批：「仍於生執仇俘亦爲軍實」有誤否？「捨秦囚」可證。

❷ 「廟」，原脱，今據《春秋左傳正義》卷三補。

❸ 「二十四」，原作「十二」，今據《春秋左傳正義》卷三改。

❹ 原稿眉批：李氏本「中秋」上有「大司馬曰」四字。

畫異物，❶無者帛而已。」此節正義既引《大司馬職》文，又引《司常職》云：「『及國之大閱，贊司馬頒旗物。王建太常，諸侯建旂，孤卿建旜，大夫士建物，師都建旗，州里建旟，縣鄙建旐，道車載旞，斿車載旌。』計大閱治兵，俱是治兵，❷而旌旗之物所建不同者，鄭玄云：『凡頒旗所，以出軍之旗則如秋，以尊卑之常則如冬。大閱備軍禮，而旌旗不如出軍之時，空辟實。』然則大閱所建，尊卑之常。治兵所建，出軍之禮。此『三年治兵』與『秋教治兵』，其名既同，建當不異。故服虔解此亦引《司馬職》文，明是旌旗所建，用秋辨旌旗之法。」按正義所引鄭說，見《大司馬》「仲冬教大閱」注。其謂「三年治兵」與「秋教治兵」旗物相同，最得鄭、服義。杜注此節云「車服旌旗」。正義以三年治兵之車服，禮無明文，引《周禮・巾車職》「革路建大白以即戎」、《司服職》「凡兵事服韋弁」，❸謂「天子蓋乘革路，服韋弁。在軍君臣同服，蓋亦乘兵車、服兵服也」，亦意爲之說，不如服之但說旌旗爲慎。

「明貴賤，辨等列，【疏證】《小爾雅・廣詁》：「列，次也。」《周語》「夫翟無列於王室」，注：「列，位次也。」《說文》：「列，分解也。」

「順少長，習威儀也。【疏證】《釋天》云：「出爲治兵，尚威武也。入爲振旅，反尊卑也。」孫炎注云：「出則幼賤在前，貴勇力也。入則尊老在前，復常法也。」杜注云：「出則少者在前，還則在後，所謂順也。」蓋用孫說。

❶「畫」，原作「盡」，今據原稿改。
❷「治兵」，《春秋左傳正義》卷三作「教戰」。
❸上「服」，原作「職」，今據《春秋左傳正義》卷三改。

「鳥獸之肉，不登於俎；皮革、齒牙、骨角、毛羽，不登於器。【注】服云：「登，升也，成也。」本疏。

【疏證】《說文》：「革，獸皮治去其毛。革，更之。」❶《掌皮》：「秋斂皮，冬斂革。」皮、革，散文則異，對文則通。《廣雅》：「俎，几也。」杜注「俎」云：「祭宗廟器。」注「器」云：「謂以飾法度之器。」而未釋「登」字。正義云：「服虔以上『登』爲『升』，下『登』爲『成』。二『登』不容異訓。且云『不成於器』，爲不辭矣。❷又器以此物爲飾，甯復待之乃成？」李貽德云：「《周禮・羊人》『登其首』注：『登，升也。』《儀禮》注：『升，當爲登。』是升、登同也。《詩・嵩高》傳、《周禮・小司徒》注並云：『登，成也。』服於上爲升、下爲成者，以骨角毛羽飾器之物，不得言升，故據成義以釋，言飾之而後成矣。若以不成於器爲不辭，《詩・皇矣》『誕先登於岸』箋『成也』，昭三年傳『以登於釜』注『登，成也』，鄭、杜並釋爲『成』，皆孔氏所疏，何以云不辭乎？」❸《隋書・禮儀志》：「後齊春蒐禮，甄常開一方，❹以令三驅。圍合，吏奔騎令曰：『鳥獸之肉，不登於俎者不射；皮革齒牙，骨角毛羽，不登於器者不射。』」據此，則古《左氏》說謂此爲田獵上殺之禮，故後齊蒐禮著以爲令也。說詳下文。❺

「則公不射，古之制也。【疏證】洪亮吉云：「公當作君。」此節杜無注。正義於上節引「《䱷人》：『凡祭

---

❶「革」，原脱，今據原稿補。
❷「矣」，原作「云」，今據原稿改。
❸「以」，《春秋左氏傳賈服註輯述》卷二作「不」。
❹「常」，原作「當」，今據《隋書・禮儀志》改。
❺眉批：查王氏《述聞》改。

祀，共其魚之鱻薨。』特牲、少牢之禮，皆有魚爲俎實。謂肉登於俎，則公射之，而以觀魚爲非禮者，此言不登於俎者，謂妄出游獵，雖取鳥獸，元不爲祭祀。不登於器，亦謂盤游，元不謂取材以飾器物。今公觀魚，乃是游戲，故以非之」。案僖伯諫辭，自因觀魚而通論田獵，正義必引《𩰫人》鱻薨、少牢魚俎爲説，未免太泥。惠棟云：「此指祭祀射牲。《夏官·射人》云『祭祀則贊射牲』、《司弓矢》『共射牲之弓矢』、《外傳》左史倚相曰『天子禘郊之事必自射其牲，諸侯宗廟之事必自射其牛、刲羊、繫豕』是也。朱子據傳曰：『「則君不射」，是以弓矢射魚，如漢武親射蛟江中之類。』恐未然。」按：朱子弓矢射魚之説，係誤仞矢魚之矢爲弓矢之矢。惠氏駁之，是也。但上文明言蒐苗獮狩，自是田獵上殺之禮。雖田獵亦以供祭，然不得徑指爲祭祀射牲。《王制》：「天子諸侯無事，則歲三田，一爲乾豆，二爲賓客，三爲充君之庖。」正義指乾豆爲上殺，賓客爲中殺，充君之庖爲下殺。《穀梁》桓四年范甯解云：「上殺中心，死速，乾之以爲豆實。」「次殺射髀骼，死遲，故爲賓客。」「下殺中腸污泡，死最遲，故充庖厨。」《車攻》毛傳云：「自左膘而射之，達於右腢，爲上殺。射右耳本，次之。射左髀，達於右䯚，❶爲下殺。」乾豆即俎實，不登於俎，公所不射也。

「若夫山林川澤之實，器用之資，皁隸之事，官司之守，非君所及也。」【疏證】正義云：「山林之實，謂材木樵薪之類。川澤之實，謂菱芡魚蟹之屬。」杜注：「士臣皁，皁臣輿，輿臣隸。」昭廿年傳晏子對景公曰：「山林之木，衡鹿守之。澤之萑蒲，舟鮫守之。藪之薪蒸，虞候守之。海之鹽蜃，祈望守之。」

❶「䯚」，原作「髀」，今據原稿改。

公曰：「吾將略地焉。」【疏證】杜注：「遜辭以略地。略，總攝巡行之名。」《説文》：「略，經略土地也。」《廣雅・釋詁》：「充、略，行也。」王念孫云：「隱五年《左傳》『吾將略地焉』，杜注云云，宣十一年傳『略基趾』注云『略，行也』，《漢書・高帝紀》注云『凡言略地，皆謂行而取之』。」是「略地」謂正經界，杜注「總攝」義非。《小爾雅・廣詁》：「略，分界也。一曰遠界爲經略也。」僖九年傳「東略之不知，❶西則否矣」，又十六年傳「謀鄫且東略也」，❷與此「略地」義同。

遂往，陳魚而觀之。僖伯稱疾不從。書曰「公矢魚於棠」，非禮也，且言遠地也。【疏證】杜注：「陳，設張也。」《詩・潛》疏：「《白虎通》云『王者不親取魚以薦廟』，故親行非此則不可。故隱公五年『公矢魚於棠』，❸《春秋》譏之是也。」《魯世家》隱公五年：「觀魚於棠，君子譏之。」

曲沃莊伯以鄭人、邢人伐翼，❹【疏證】《世本》：「曲沃武公稱者，穆侯曾孫。❺穆侯生桓叔成師，始封曲沃。桓叔生曲沃莊伯鱓。鱓生曲沃武公稱，伐晉侯緡，滅之，更號曰晉武公。」《地理志》：「河東郡聞喜，故曲沃，晉武公自晉陽徙此。河東絳，晉武公自曲沃徙此。」《郡國志》：「河東郡絳邑有翼城。」《晉世家》：「翼，晉君都

---

❶「九」，原作「元」，今據《春秋左傳正義》卷十三改。

❷「鄫」，原作「魯」，今據《春秋左傳正義》卷十四改。

❸「五」，原脱，今據原稿補。

❹原稿眉批：邢，當補注隱四年。

❺眉批：「曲沃武公稱者，穆侯曾孫」似可刪，「鱓生曲沃武公」至「晉武公自曲沃徙此郡」亦可刪。

邑也。」沈欽韓云：「《元和志》：『故翼城在絳州翼城縣東南十五里。』《方輿紀要》：『故翼城在平陽府翼城縣東南。』」

王使尹氏、武氏助之。翼侯奔隨。【疏證】《世本》：「尹氏，周王族，尹佚爲周太史。武氏，周平王少子，生而有文在手曰武，遂以爲氏。」❶《史記》索隱云：「翼本晉都，自孝侯已下，一號翼侯。」韋昭《國語》注：「隨，晉邑。」沈欽韓云：「《一統志》：『隨城在汾州府介休縣東，後爲士會食邑。』」

夏，葬衛桓公。衛亂，是以緩。

四月，鄭人侵衛牧，【疏證】杜注：「牧，衛邑。」惠棟云：「《詩·静女》云『自牧歸荑』，王質以爲即《春秋》之牧邑。」沈欽韓云：「《續漢志》衛公國有河牧城。《水經注》：『浮水故瀆東逕河牧城。』」洪亮吉云：「《爾雅》：『郊外謂之牧。』非邑名，與下『伐宋入其郛』同。前年伐鄭，圍其東門，故鄭亦侵其牧地以報之。又衛地無名牧者。若云朝歌之牧野，則亦不可僅名爲『牧』。明杜注非也。」按：《静女》毛傳：「牧，田官也。」亦兼用《爾雅》義。河牧亦不可僅名爲牧。洪説是也。

以報東門之役。衛人以燕師伐鄭。【疏證】《漢志》：「東郡南燕，本南燕國，姞姓，黄帝後。」

鄭祭仲、原繁、泄駕以三軍軍其前，使曼伯與子元潛軍軍其後。❷**燕人畏鄭三軍，而不虞制人。**

---

❶ 原稿眉批：隱三年「武氏子來求賻」，無注。

❷ 眉批：「潛軍」疑係「制人」之誤。須考有作「制」之本，或前人有是説，始可采入。

【疏證】顧炎武云：「子元疑即厲公之字。昭十一年申無宇之言曰：『鄭莊公城櫟而寘子元焉，使昭公不立。』杜以爲别是一人，厲公因之以殺曼伯而取櫟，非也。蓋莊公在時即以櫟爲子元之邑，如重耳之蒲、夷吾之屈，故厲公於出奔之後取之特易，曼伯則爲昭公守櫟者也。九年，公子突請爲三覆以敗戎。桓五年，子元請爲二拒以敗王師。固即厲公一人，而或稱名，或稱字耳。」惠棟云：「《荀子·議兵篇》：『王者不屠城，不潛軍，不留衆。』潛軍之法，《公羊》所謂詐戰，非偏戰也。」《詩·雲漢》鄭箋云：「虞，度也。」《周語》「以待不庭不虞之患」，注：「虞，度也。不度，不億度而至之患。」

六月，鄭二公子以制人敗燕師於北制。君子曰：「不備不虞，不可以師。」【疏證】杜注：「二公子，曼伯、子元也。」《説文》：「備，慎也。」《特牲》鄭注：「備，具也。」《華嚴經音義》引顧野王説：「備謂預早爲之也。」《大戴記·小辨》：「事戒不虞曰知備。」

曲沃叛王。秋，王命虢公伐曲沃，而立哀侯於翼。【疏證】《年表》：「桓王二年，使虢公伐晉之曲沃。」《晉世家》：「周平王使虢公將兵伐曲沃莊伯，莊伯走保曲沃。晉人共立鄂侯子光，是爲哀侯。」

衛之亂也，郕人侵衛，故衛師入郕。

九月，考仲子之宫，將萬焉。【疏證】《簡兮》毛傳云：「以干羽爲萬舞，用之宗廟山川。」彼疏曰：「萬者，舞之總名，干戚與羽籥皆是，故云『以干羽爲萬舞』。」杜注云：「萬，舞也。」即用毛義。《公羊傳》云：「萬者何？干舞也。籥者何？羽舞也。」正義引之謂：「萬與羽不同，今傳云『將萬焉』，『問羽數於衆仲』，又萬與羽爲一者。萬、羽之異，自是《公羊》之説。今杜直云『萬，舞也』，則萬是舞之大名也。何休云所以仲子之廟唯有羽舞無干舞者，『婦人無武事，獨奏文樂』也。」❶按：此節係六朝舊疏原文，舊疏蓋以萬、羽爲一，而引何休説以明此考宫第有羽舞。然據毛氏之説，則干舞、羽舞皆曰萬。舊疏知《公羊》之説不可釋《左氏》，而仍據何休説，謂考宫第有羽舞，是仍用《公羊》説也。正義又引劉炫説謂：「羽者爲文，萬者爲武。此傳將萬問羽，即似萬、羽同者，以當此時萬、羽俱作，但將萬問羽數，❷非謂羽即萬也。」此徒欲合《公羊》、《左氏》之岐，而强生分别，不足規杜也。

公問羽數於衆仲。對曰：「天子用八，諸侯用六，大夫四，士二，【注】服云：「天子八八，諸侯六八，大夫四八，士二八。」❸《宋書》。【疏證】杜注云：「八八六十四人，六六三十六人，四四十六人，二二四人。」正義云：「何休説如此。服虔以『用六』爲六八四十八，大夫『四』爲四八三十二，士『二』爲二八十六。」《宋書·樂志》：「宋文帝元嘉十三年，司徒彭城王義康於東府正會，依舊給伎。總章工馮大列：『相承給諸王伎十四種，其舞伎三十六人。』太常傅隆以爲：『未詳此人數所由。惟杜預注《左傳》佾數云諸侯六六三十六人，常以爲非。夫舞者，所以節八音者也，八音克諧，然後成樂。故必以八八爲列，自天子至士，降殺以兩。兩者，減其二列

❶ 眉批：按魯禘樂本有萬舞，《閟宫》之詩曰「籩豆大房，萬舞洋洋」是也。《書·益稷》夔所作之樂即籥舞，又見《吕氏春秋》。據《春秋傳》萬入去籥之文，則籥舞即萬舞，萬以籥爲主也。有羽必有籥。凡舞，羽、籥一類爲文舞，干戚一類爲武舞。故《詩》傳以籥舞當文舞。文舞既主籥，必兼主羽。故因將萬而問羽數。何氏説最確。

❷ 「羽」，原重文，今據原稿删。

❸ 原稿眉批：昭公萬者二人。

爾。預以爲一列又減二人，至士只餘四人，豈復成樂。按服虔注《左傳》云：「天子八八，諸侯六八，大夫四八，士二八。」其義甚允。今諸王不談舞佾，❶其總章舞伎，即古之女樂也。殿庭八八，諸侯則應六八，理例昭然。又《春秋》，鄭伯納晉悼公女樂二八，晉以一八賜魏絳，此樂以八八爲列之證也。若如議者，唯天子八，則鄭應納晉二六，晉應賜魏絳一六也。自天子至士，其文物典章，尊卑差級，莫不以兩。未有諸侯既降二列，又列輒減二人，近降大半，非惟八音不具，於兩義亦乖，杜氏之謬可見矣。」」按傳隆之議，可見江左服氏之學，尚未爲杜氏所汩。正義申杜氏云：「杜以舞勢宜方，行列既減，即每行人數亦宜減，故同何說也。或以襄十一年鄭人賂晉侯以『女樂二八』爲二佾之樂，自上及下，行皆八人。斯不然矣。彼傳見晉侯減樂之半以賜魏絳，因『歌鍾二肆』，遂言『女樂二八』，爲下半樂張本耳，非以二八爲二佾。若二八即是二佾，鄭人豈以二佾之樂賂晉侯，晉侯豈以一佾之樂賜魏絳？」詳正義之説，似曾見隆議者。其謂舞勢宜方云云，蓋駁隆降殺以兩之説也。其謂二八非二佾云云，蓋駁隆八人爲列之説也。沈欽韓云：「《論語》馬融注云：『佾，列也。八人爲列。』是大夫以下，亦以八人爲列。疏以爲舞勢取方，殊不知士之四人，趨得方勢，於何見綴兆行列耶？」李貽德云：「《白虎通·禮樂篇》：『八佾者何謂也？佾，列也。以八人爲行列。』《楚辭·招魂》『二八接舞』，❷王逸注：『二八，二列也。』《國語》『女樂二八』，韋昭注：『八人爲佾，備八音也。』若然，即二八亦八人爲行列矣。服説是也。」

「夫舞所以節八音，而行八風，**【注】**賈云：「兑爲金，爲閶闔風也。乾爲石，爲不周風也。坎爲

❶「談」，《宋書·樂志》作「復」。

❷「接舞」，《楚辭》卷九作「侍宿」。

革，爲廣莫風也。艮爲匏，爲融風也。震爲竹，爲明庶風也。巽爲木，爲清明風也。離爲絲，爲景風也。坤爲土，爲涼風也。」昭二十年傳疏。服云：「八卦之風：乾爲石，其風不周；坎音革，其風廣莫；艮音匏，其風融；震音竹，其風明庶；巽音木，其風清明；離音絲，其風景；坤音土，其風涼；兑音金，其風閶闔。」本疏。**【疏證】**❶《釋名》：「節，有限制也。」此節，賈、服義同。賈以八音言，服以八卦言，故次第殊別，皆注此傳之文。正義於昭二十年引賈説，今移於此。杜注云：「八音，金、石、絲、竹、匏、土、革、木也。八風，八方之風也。」係用賈、服説。《周語》「以遂八風」，注：「遂，猶順也。傳曰『所以節八音而行八風』也。正西曰兑，爲金，爲閶闔；西北曰乾，爲石，爲不周；正北曰坎，爲革，爲廣莫；東北曰艮，爲匏，爲融風；正東曰震，爲竹，爲明庶；東南曰巽，爲木，爲清明；正南曰離，爲絲，爲景風；西南曰坤，爲瓦，爲涼風。」當亦用賈義，而言方位加詳。《律書》：「不周風居西北，主殺生。廣莫風居北方。廣莫者，言陽氣在下，陰莫陽廣大也，故曰廣莫。條風居東北，主出萬物。條之言條治萬物而出之，故曰條風。清明風居東南維，主風吹萬物之西之軫。❷景風居南方。景者，言陽氣道盡，故曰景風。涼風居西南維，主地。地者，沈奪萬物氣也。閶闔風居西方。閶者，倡也。闔者，藏也。言陽氣道萬物，闔黄泉也。」《淮南・天文訓》：「何謂八風？距冬至四十五日，條風至。」注：「艮卦之風，一名融，爲笙也。」「條風至四十五日，明庶風至。」注：「震卦之風也，爲管也。」「明庶風至四十五日，清明風至。」

---

❶ 眉批：疏於此節似宜以簡出之。

❷ 上「之」，《史記・律書》作「而」。

注：「巽卦之風也，爲柷也。」「清明風至四十五日，景風至。」注：「離卦之風，爲弦也。」「景風至四十五日，涼風至。」注：「坤卦之風也，爲塤也。」「涼風至四十五日，閶闔風至。」注：「兑卦之風也，爲鍾也。」「閶闔風至四十五日，不周風至。」注：「乾卦之風也，爲磬也。」「不周風至四十五日，廣莫風至。」注：「坎卦之風也，爲鼓也。」按：《律書》、《淮南子》之述八風，惟融風作條風，與賈、服異。《易緯通卦驗》作調風。《吕覽》作炎風。錢塘云：「條風即炎風。融與炎聲相轉，條者調也，調即融矣。」李貽德云：❶「乾之爲石者，《易・説卦》：『乾爲玉。』《爾雅・釋樂》『大磬謂之馨』，郭注：『以玉石爲之。』是石即爲玉之義也。坎之爲革者，《樂記》『鼓鼙之聲讙』疏引崔氏説：『鼓鼙爲坎。』故《詩・宛丘》『坎其擊鼓』毛傳：『坎坎，擊鼓聲。』蓋諧音以應象也。艮之爲匏者，《説卦》：『艮爲果蓏。』《儀禮・既夕》疏：『蓏，瓜瓠之屬。』《論語・陽貨》集解、《廣雅・釋草》並云：『匏，瓠也。』是匏屬艮也。震之爲竹者，《説卦》：『震爲蒼莨竹。』《九家易》云：『蒼莨，青也。震陽在下，根長堅剛，陰爻在中，使外蒼莨也。』故竹屬震也。巽之爲木者，《説卦》『巽爲木』是也。離之爲絲者，《白虎通・禮樂》篇：『琴在南方。』《爾雅・釋樂》：『大琴謂之離。』猶古義也。坤之爲土者，莊二十二年《傳》、《國語・晉語》並云：『坤，土也。』兑之爲金者，《禮運》疏引《異義》云：『西方兑。』《白虎通・五行》篇：『金在西方。』是兑爲金也。」

「故自八以下。」公從之。於是初獻六羽，始用六佾也。

宋人取邾田。邾人告於鄭曰：「請君釋憾於宋，敝邑爲道。」【疏證】杜注：「釋四年再見伐之恨。」

❶ 眉批：李説當删。

《釋文》：「道，音導，本亦作導。」按：《楚辭》「道濟天下」釋文引鄭注：「道，當作導。」《釋名》：「道，導也，所以通導萬物也。」

鄭人以王師會之。伐宋，入其郛，以報東門之役。【疏證】《廣雅·釋言》：「報，復也。」《說文》：「郛，郭也。」《初學記》二十四引《風俗通》：「郭亦謂之郛，郛者亦大也。」韋昭《國語》注：「郛，郭也。」杜注同。

宋人使來告命。

公聞其入郛也，將救之。問於使者曰：「師何及？」對曰：「未及國。」【疏證】杜注云：「忿公知而故問，責窮辭。」顧炎武曰：「按此非人情，改云：使者未知公之聞入郛，諱之不以實告。」

公怒，乃止，辭使者曰：「君命寡人同恤社稷之難，今問諸使者，曰『師未及國』，非寡人之所敢知也。」【疏證】《釋詁》：「恤，憂也。」《說文》：「恤，憂也，收也。」

冬，十二月，辛巳，臧僖伯卒。公曰：「叔父有憾於寡人，【疏證】顧炎武曰：「按僖伯，孝公之子，惠公之弟，故曰叔父。杜解：『諸侯稱同姓大夫，長曰伯父，少曰叔父。』此乃通稱之辭，當移在莊十四年『上大夫之事，吾願與伯父圖之』之下。」按：顧說是也。正義亦云：「僖伯者，孝公之子，惠公之弟。惠公立四十六年而薨。則子臧此時非幼少，呼曰叔父者，是隱公之親叔父也。此注自言呼臣之大法耳。」則疏亦知此處叔父之稱，不當就同姓大夫說。杜注係用服義，詳見莊十四年《疏證》。❶ 哀二十九年傳「美哉猶有憾」，服注：「憾，恨也。」杜注

---

❶ 「見」，原重文，今據原稿刪。

此云：「有恨，恨諫觀魚不聽。」亦襲服義。

「寡人弗敢忘。」葬之加一等。【疏證】《説文》：「加，語相增加也。」《鄉射禮》「乃復求矢加於楅」，注：「增，故曰加。」《楚語》「祀加於舉」，注：「加，增也。」

宋人伐鄭，圍長葛，以報入郛之役也。

【經】六年，春，鄭人來渝平。【疏證】杜注傳渝平云：「渝，變也。」《釋文》同。惠棟云：「渝，讀爲輸。二傳作輸。《廣雅》曰：『輸，更也。』與懌、悛、改同釋。《秦詛楚文》『變輸盟刺』，謂變更盟刺耳。渝，更也。平，成也。故經書渝平，傳曰更成。杜注自明，而獨訓渝爲變，必俗儒傳寫之譌。服虔曰：『公爲鄭所獲，釋而不結平，於是更爲約束以結之，故曰渝平。』是服亦訓渝爲更。」《文選・西京賦》注「漢載安而不渝」，薛注：「渝，易也。」《説文》：「渝，變污也。」皆更革義。然杜注訓變，自用《釋言》文，不關傳寫之譌。《説文》：「兮，語之舒也。從亏從八。八，分也。又正也。」《穀梁》宣四年傳：「平者成也。」《魯語》「齊侯乃許爲平」，注：「平，和也。」杜注云：「和而不盟曰平。」

夏，五月，辛酉，公會齊侯，盟於艾。【疏證】沈欽韓云：「《寰宇記》：『艾山，一名臨樂山，在沂州新泰縣東北三十里。』新泰縣，今屬泰安府。」

秋，七月。【注】賈、服之義：「若登臺而不視朔，則書時而不書月；若視朔而不登臺，則書月不書時；若雖無事，視朔登臺，則空書時月。」《禮記・中庸》疏。【疏證】《漢書・律曆志》引劉歆三統説云：

「經於四時，雖無事必書時月。時所以記啓閉也，月所以記分至也。啟閉者，節也。分至者，中也。節不必在其月，故時中必在正數之月。」❶賈、服蓋用歆説也。《禮記·中庸》「上律天時」注「謂編年四時具也」，疏云：「春秋四時皆具。桓四年及七年不書秋七月、冬十月，❷成十年不書冬十月，桓十七年直云五月不云夏，昭十年直云十二月不云冬，如此不具者，賈、服之義云云。若杜元凱之意，凡時月不具，皆史闕文。各爲曲説，今略而不取也。」按：杜注此云：「雖無事而書首月，具四時以成歲，皆仿此。」係用《公羊》義。

冬，宋人取長葛。【注】賈、服以爲長葛不繫鄭者，刺不能撫有其邑。【疏證】杜注：「秋取，冬乃告也。上有『伐鄭，圍長葛』，長葛，鄭邑可知，故不言鄭也。」正義駮賈、服説云：「凡邑爲他國所取，皆是不能撫有之，何於此而獨爲惡鄭？」按：傳例：凡書取，❸言易也。服意以上年冬宋人已圍長葛，而經仍書取，則鄭無戒備可知，故以刺爲言。正義駮之，非也。《周禮·天官》注云：「繫，綴也。」❹正義又云：「杜知長葛不繫鄭，非大都以名通者，以前年云『伐鄭，圍長葛』，長葛之文繫於鄭也。劉炫以大都通名而規杜氏，❺非也。」據此則劉炫謂長葛非鄭邑，與服異。

---

❶ 原稿眉批：凡分至啟閉必書雲物。
❷ 「冬十月」，原脱，今據《禮記正義》卷五十三補。
❸ 「凡」，原脱，今據原稿補。原稿眉批：書取例。
❹ 「綴」，原爲空格，今據原稿補。
❺ 「通名」，原倒，今據《春秋左傳正義》卷四改。

【傳】六年，春，鄭人來渝平，更成也。【注】服云：「公爲鄭所獲，釋而不結平，於是更爲約束以結之，故曰渝平。」**【疏證】**《説文》：「更，改也。」《吕覽・開春論》「請弛期更日」，❶注：「更，改也。」杜注：「公之爲公子，戰於狐壤，爲鄭所獲，逃歸，怨鄭。鄭伐宋，公欲救宋，宋使者失辭而止。忿宋則欲厚鄭，鄭因此而來。」按：杜説既謂因忿宋而厚鄭，則魯當請成鄭人，何緣自來渝平，未得當時情事。正義云：「更成，謂復狐壤以前之好也。」又駁服説云：「按傳，公賂尹而與之逃歸，非鄭所釋，安得釋而結平也？」李貽德云：「計公立時，鄭人當有求成之舉。經不書者，如宋人之求成也。是時鄭以公舊怨雖釋，非約束無以徵信，故來渝平。服自以釋解公之釋怨，非言鄭之釋公也。所以知公釋怨者，四年傳諸侯復伐鄭，宋公使來乞師，公辭之，則公之怨解矣。羽父請以師會之，非公意也。」按：李説是也。《魏志・劉繇傳》：❷「王朗遺孫策書曰：『劉正禮昔初臨州，未能自達，實賴尊門爲之先後，用能濟江成治，有所處定。後以袁氏之嫌，稍更乖剌。更以同盟，返爲仇敵，原其本心，實非所樂。康甯之後，常念渝平更成，復踐宿好。一爾分離，款意不昭，奄然阻隕，可爲傷恨。』」其謂渝平在康甯之後，即服氏釋而不結平之意。

翼九宗、五正、頃父之子嘉父，逆晉侯於隨，【疏證】杜注云：「唐叔始封，受懷姓九宗，職官五正，遂世爲晉强家。五正，五官之長。九宗，一姓爲九族也。頃父之子嘉父，晉大夫。」正義云：「周成王滅唐，始封唐叔，

❶ 「論」，原作「紀」，今據《吕氏春秋》卷二十一改。

❷ 眉批：《魏志》似可不引，或少引亦可。

以懷氏一姓九族，及是先代五官之長子孫賜之。❶ 言五官之長者，謂於殷時爲五行官長，今褒寵唐叔，故以其家族賜之耳。」按：嘉父自係翼大夫，非晉大夫，杜注誤。

納諸鄂，晉人謂之鄂侯。【疏證】《晉世家》：「孝侯十五年，曲沃莊伯弑其君晉孝侯於翼。晉人攻曲沃莊伯，莊伯復入曲沃。晉人復立孝侯子郄爲君，❷是爲鄂侯。」杜注：「鄂，晉別邑。」《世本》「唐叔虞居鄂」，宋忠注云：「鄂，晉地。今在大夏。」惠棟云：「《釋例》云晉、大鹵、大原、大夏、參虚五名，然則大夏即晉地。故杜以爲晉別邑。」馬宗璉云：「按大夏在晉陽縣，唐叔始封之地。《史記·晉世家》：晉哀侯九年，曲沃武公於汾旁虜哀侯。是鄂地在汾旁之證。計其地去故絳都亦不甚遠，故鄂侯之子仍號爲翼侯。亦鄂近翼城之證。」

夏，盟於艾，始平於齊也。

五月，庚申，鄭伯侵陳，大獲。往歲，鄭伯請成于陳，陳侯不許。五父諫曰：「親仁善鄰，國之寶也。君其許鄭。」【疏證】杜注：「五父，陳公子佗。」詳桓五年疏證。

陳侯曰：「宋、衛實難，【注】賈云：「難，畏憚也。」《國語》注。【疏證】《釋文》：「難，乃旦反。」此注見「屯剛柔始交而難生」釋文。❸ 杜注難云：「可畏難也。」係用賈説，而改憚爲難，非也。《典瑞》「穀圭以和難」，鄭

❶「是先代」，原作「前先代」，今據原稿改。
❷「郄」，原作「都」，今據原稿改。
❸「釋」，原作「難」，今據原稿改。

注：「難，仇讎。」

「鄭何能爲？」遂不許。君子曰：「『善不可失，惡不可長。』其陳桓公之謂乎！長惡不悛，從自及也。【**疏證**】杜注：「悛，止也。從，隨也。」按：《周語》「其有悛乎」，韋注：「悛，止也。」《説文》亦云：「悛，止也。」《魯語》「夙之事君也，不敢不悛」，韋注：「悛，改也。」《廣雅》：「悛，更也。」王引之《經義述聞》云：「按：『隨自及也』，殊爲不辭。從，疑當作徒。言長惡不悛，無害於人，徒自害而已。隸書從字作従，形與徒相似，故徒譌作從。」按：《詩・既醉》鄭箋云：❶「從，隨也。」傳意以有惡而不知悛止，則害隨之至。從之訓隨，本自可通，無所謂不辭。

「雖欲救之，其將能乎？《商書》曰：『惡之易也，如火之燎於原，不可鄉邇，其猶可撲滅？』」【**疏證**】《商書・盤庚》文。今《盤庚》無「惡之易也」四字。杜注云：「言惡易長，如火焚原野，不可鄉近。」❷王念孫云：「杜讀易爲難易之易，而以長字增成其義，殆失之迂矣。按：易者，延也，謂惡之蔓延也。《大雅・皇矣》篇『施於孫子』，鄭箋云：『施猶易也，延也。』《爾雅》：『施，易也。』郭注曰：『相延易。』惡之延易，禍及於身而不可救正，如火之燎原而不可撲滅。」文淇按：王説是也。❸哀十一年傳「無俾易種於兹邑」，注：「易種，轉生種類。」轉生即延義。《魯語》：「子叔聲伯如晉，歸，鮑國謂之曰：『子何辭苦成叔之邑？』對曰：『譬之如疾，余恐易焉。』」

---

❶「詩」，原爲空格，今據原稿補。

❷「近」，原作「邇」，今據原稿改。

❸ 原稿眉批：王氏亦引《盤庚》、《魯語》，酌。

疾謂疫癘，彼易亦當訓爲延，猶俗所謂傳染也。《説文》：「燎，放火也。」《爾雅》：「高平曰原。」《釋文》：「鄉，本又作嚮。」《校勘記》云：「鄉，正字。嚮，乃衛包所改。」❶《經籍纂詁》：「扑，亦作撲。」《史記・刺客傳》「舉筑撲秦皇帝」，❷索隱云：「扑，擊也。」《一切經音義》引《通俗文》：「争到曰撲。」《釋詁》：「滅，絶也。」《楚辭》「賢者滅息」，注：「滅，消也。」

「周任有言曰：『爲國家者，見惡，如農夫之務去草焉，芟夷薀崇之，絶其本根，勿使能殖，則善者信矣。』」【疏證】馬融《論語注》：「周任，古之良史。」《稻人》「凡稼澤，夏以水殄草而芟夷之」，注：「鄭司農説芟夷以《春秋傳》曰『芟夷薀崇之』。今時謂禾下麥爲夷下麥，言芟刈其禾，於下種麥也。玄謂將以澤地爲稼者，必於夏六月之時，大雨時行，以水病絶草之後生者。至秋水涸，芟之，明年乃稼。」疏引隱六年「芟夷薀崇之」注云：「芟，刈。夷，殺。薀，積。崇，聚也。」引之者，見芟夷爲刈殺之義也。按：先鄭注芟夷，雖引《左傳》爲説，然傳言去草，不關刈禾。後鄭雖言去草，未及芟荑之别。《薙氏》「夏日至而夷之，❸秋繩而芟之」，後鄭注云：「夷之，以鈎鎌迫地芟之也。含實曰繩。芟其繩，則實不成熟。」是謂芟夷所别在長短。按：《説文》：「癹，以足蹋夷

---

❶「包」，原作「邑」，今據原稿改。

❷「筑」，原爲空格，今據原稿補。

❸「夷」，原作「火」，據《周禮注疏》卷三十七改。

草也。」引《詩》作「癹夷蘊崇之」。❶是賈氏本作「癹」，異於先後鄭之作「芟」，許君當用賈義。《廣雅・釋詁》曰：❷「夷，滅也。」是癹爲足蹋，夷謂刀刈也。杜注統釋爲刈殺，非。《廣雅・釋詁》：「蘊，積也。」「崇，聚也。」《説文》：「殖，脂膏久殖也。」《周語》「財蓄殖」，注：「殖，長也。」《釋文》：「信，如字，一音伸。」《東觀漢記》杜林疏引周任語：「則善者信矣，作畏其易也，即延易義矣。」

秋，宋人取長葛。

冬，京師來告饑。公爲之請糴於宋、衛、齊、鄭，禮也。【疏證】《説文》：「糴，市穀也。」《廣雅・釋詁》：「糴，買也。」杜注云：「告饑不以王命，故傳言京師，而不書於經也。」按：經不書周告饑，或簡策之佚脱，傳又未言不書之故，不必强爲之辭。杜又云：「己國不足，旁請他國。」傳亦無此意。正義云：「宋、鄭輸粟，不復告魯，故不書。」何以知宋、鄭輸粟，而衛、齊不輸粟？尤謬。

鄭伯如周，始朝桓王也。王不禮焉。【疏證】《周本紀》：「桓王三年，鄭莊公朝，桓王不禮。」《年表》：鄭莊公二十七年「始朝桓王，王不禮」。文淇按：桓王怒鄭取禾，故弗禮也。❸

周桓公言於王曰：「我周之東遷，晉、鄭焉依。【疏證】杜注：「周桓公，周公黑肩也。周，采地，扶風雍縣東有周城。」而不解「焉」字之義。《周語》「凡我周之東遷，晉、鄭是依」，注：「東遷，謂平王也。」《玉篇》：「焉，

---

❶ 「詩」，《説文解字》卷二上作「春秋傳」。
❷ 「釋詁」，原爲空格，今據《廣雅》卷四補。下一「釋詁」同。
❸ 原稿眉批：此案須查。

是也。」是焉、是義得通。《周語》又云「周乃東遷」，注：「東遷謂平王遷於洛邑。」《晉語》「鄭先君武公與晉文侯，戮力一心，股肱周室，夾輔平王」是也。《詩·那》傳：「依，倚也。」《論語》皇疏：「依，恃也。」

「善鄭以勸來者，猶懼不蔇。【疏證】杜注云：「蔇，至也。」莊九年盟於蔇，《公羊》、《穀梁》作「暨」。《校勘記》：「蔇、暨古今字。」《周語》「上求不暨」，注：「暨，至也。」焦循云：「杜以蔇通暨，故訓至。《爾雅》：逮、及、暨，與也。暨訓至，不若訓及善。鄭以勸來，猶恐不及，於義爲達。訓至，於上下兩來字均複矣。」按：《一切經音義》十二引此傳作「不暨」，❶又卷七引《字林》云：「暨，及也，亦至也。」是暨有及、至二訓。及，猶至也。焦説似泥。

「況不禮焉？鄭不來矣！」

【經】七年，春，王三月，叔姬歸於紀。無傳。**【注】**賈云：「書之者，刺紀貴叔姬。」❷本疏。**【疏證】**二年經書紀伯姬歸於紀。何休、范甯説《公》、《穀》，皆謂叔姬待年父母國。《異義》曰：「姪娣年十五以上，能共事君子，可以往。二十而御。」《穀梁集解》引之以證叔姬不與嫡俱行。是古左氏説，亦謂叔姬待年父母之國也。《集解》下文又云：「《易》曰：『歸妹愆期，遲歸有待。』《詩》云：『韓侯取妻，諸娣從之，祁祁如雲。』娣必少於嫡，知

---

❶「引」下，原衍「作」字，今删。

❷「紀貴」，原倒，今據《春秋左傳正義》卷四改。

未二十而往也。」彼疏云：「一解引《易》者，證待年於父母國，與嫡俱行也。」是「易曰」以下，非《異義》語。陳壽祺《異義疏證》轉引爲《異義》文，❶非也。《解詁》謂：「婦人八歲備數，十五從嫡，二十承事君子。」其言姪娣之年，與許君合。正義引賈説，駮之曰：「魯女嫁於他國之卿，皆書之。夫人之娣，尊與卿同，其書固是常例。賈云：『書之者，刺貴叔姬。』傳無其事，是妄説也。」按：《春秋》書姪娣之歸他國，惟此經紀叔姬一見，不得謂常例應書。李貽德云：「劉、賈云《春秋》之序，三命以上，乃書於經。❷內外相比，❸不得書歸明矣。今紀侯既貴重之，故經特變其例以書於策，蓋所以刺之也。」按：李説是也。賈義指爲刺貴叔姬者，蓋以莊二十九年十二月經書叔姬卒、三十年八月經書叔姬葬。然紀既告卒、告葬，則紀侯平昔之貴叔姬可知。❹貴之，故特書以刺之。此經《公羊》無傳，《穀梁》但解不言卿逆，則賈義當係古左氏説，不得斥爲妄。

滕侯卒。【疏證】《世本》：「滕，姬姓，文王子錯叔繡之後。」《地理志》：「沛郡公丘，故滕國，周懿王子叔繡所封。」與《世本》異。洪亮吉云：「蓋傳寫誤。」沈欽韓云：「滕，今兖州府滕縣。」

夏，城中丘。【疏證】沈欽韓云：「《一統志》：中丘城在沂州府蘭山縣東北三十一里。」

齊侯使其弟年來聘。

❶「轉」，原爲空格，今據原稿補。
❷眉批：劉、賈説須查出處。
❸「比」，原作「此」，今據《春秋左氏傳賈服註輯述》卷二改。
❹「之」，原脱，今據原稿補。

秋，公伐邾。

冬，天王使凡伯來聘。【疏證】《詩·板》箋云：「凡伯，周同姓，周公之胤也。入爲王卿士。」疏：「《春秋》隱七年天王使凡伯來聘，世在王朝，蓋畿内之國。杜預云：『汲郡共縣東南有凡城。』共縣於漢屬河内郡，蓋在周東都之畿内也。」按：《郡國志》「河内郡共」注云：「有汎亭，凡伯國。」《方輿紀要》：「凡城在衛輝府輝縣西二十里。」❶《詩·節南山》序「凡伯刺幽王也」，疏云：「《瞻卬》箋引隱七年天王使凡伯來聘。自隱七年，上距幽王之卒，五十六歲。凡國，伯爵。爲君皆然，亦不知其人之同異也。」

戎伐凡伯於楚丘以歸。【疏證】杜注：「楚丘，衛地，在濟陰成武縣西南。」顧炎武云：「此非僖二年所城之楚丘。解曰『衛地』，非也。其曰『在濟陰成武縣西南』，則是也。春秋時爲曹地。」沈欽韓云：「此爲曹之楚丘。《紀要》：『楚丘城，在曹州曹縣東南四十里。』《水經注》亦誤以成武之楚丘爲衛文公所居。程公説《春秋分紀》曰：❷『戎州己氏邑，在今拱州楚丘縣。』天王使凡伯聘魯，由雒邑道楚丘至仙源。楚丘在河南，宜爲周、魯往來之地。以其逼近宋都，故漢、晉屬梁國。文公徙居楚丘，在澶之南，❸衛地，在河北。凡伯安有踰河北道衛而南使於魯耶？❹欽韓按：《漢志》云：『山陽郡成武縣有楚丘亭，齊桓公所城，遷衛於此。』由此展轉致誤。」江永曰：

---

❶「西」下，《方輿紀要》卷一有「南」字。

❷「程」，原作「徐」，今據原稿改。

❸「南衛」，原倒，今據《春秋左氏傳地名補注》卷一改。

❹「魯」，原作「南」，今據原稿改。

「《彙纂》：今兖州府曹縣東楚丘亭是也。今按：曹縣，今屬曹州府。二年戎城，亦在曹縣。則此楚丘爲戎邑，非衛邑也。」按：顧、沈之說是也。春秋時，戎入處中國，曹亦可有戎。第江氏徑指楚丘爲戎邑，非。《虎賁氏》「若道路不通」，注：「不通，逢兵寇若泥水。《春秋》隱七年：『冬，戎伐凡伯於楚丘以歸。』」《淮南子·泰族訓》「周之衰也，戎伐凡伯於楚丘以歸」，注：「凡伯，周大夫，使於魯，而戎伐之楚丘。」

【傳】七年，春，滕侯卒。不書名，❶未同盟也。凡諸侯同盟，於是稱名，故薨則赴以名，【疏證】杜注云：「盟以名告神，故薨亦以名告同盟。」

告終、稱嗣也，以繼好息民，【疏證】告終，即稱卒之謂，義見三年經「宋公和卒」疏證。杜注謂「告亡者之終」，殊爲不詞。《釋詁》：「嗣，繼也。」《説文》：「嗣，諸侯嗣國也。從册，從口，司聲。孠，古文嗣，從子。」

謂之禮經。【疏證】杜注云：「此言凡例，乃周公所制禮經也。十一年不告之例，又曰不書於策。明禮經皆當書於策。第仲尼修《春秋》，皆承策爲經。丘明之傳，博采衆記，始開凡例。」按：杜氏自序云：「其發凡以言例，皆經國之常制，周公之垂法，史書之舊章。仲尼從而修之，以成一經之通體。」正義云：「杜言發凡五十，皆是周公舊法。先儒之説《春秋》者多矣，皆云丘明以意作傳，説仲尼之經，凡與不凡，無新舊之例。」所謂先儒，即賈、服諸儒説也。正義蓋不以杜説爲然，故於此傳云：「凡例是周公所制，其來亦無所出。」而又云：「以傳言『謂之禮

---

❶「名」，原脱，今據《春秋左傳正義》卷四補。

經』，則是先聖謂之，非丘明自謂之也。」仍强從杜説，非也。❶《太宰》「掌建邦之六典」，注：「典，常也，經也，法也。王謂之禮經，常所秉以制天下也。❷邦國官府謂之禮法，常所守以爲法式也。」是禮經即周典，五十凡乃周典中史例，不關周公創制。趙子常曰：❸「春秋之後，周典散失。左氏采合殘缺，傳以己意，略示凡例凡五十條。杜氏一定爲周公所制，而不考其不通於經，則亦陋矣。」丁晏《杜解集證》曰：「《左傳》昭二年傳：晉韓宣子來聘，觀書於太史氏，見《易象》與《魯春秋》曰：『周禮盡在魯矣。』杜氏依此傳文，遂附會五十發凡，爲周公禮典，臆説無據。」按：趙、丁之説是也。此五十凡，乃《左氏》一家之學，異於《公》、《穀》。賈、服間以《公》、《穀》釋《左傳》，是自開其罅隙，與人以可攻。杜氏既尊五十凡爲周公所制，而其《釋例》又不依以爲説，自創科條，支離繳繞。是杜氏之例，非《左氏》之例也。今證經傳，專釋訓詁名物典章，而不言例。另爲《五十凡例表》，皆以《左氏》之例釋《左氏》。其所不知，概從闕如。

夏，城中丘。書，不時也。

齊侯使夷仲年來聘，結艾之盟也。【疏證】《年表》：「夷仲，僖公同母弟。」《説文》：「結，締也。」《釋名》：「結，束也。」❹《廣雅》：「結，續也。」《秦策》「不足以結秦」，注：「結，固也。」杜注云：「艾盟在六年。」

❶ 眉批：此當修改。
❷ 「秉」，原作「乘」，今據《周禮注疏》卷二改。
❸ 原稿眉批：趙子常何名？
❹ 「束」，原作「來」，今據《釋名》卷四改。眉批：《釋名》似可不引。

秋，宋及鄭平。七月庚申，盟於宿。公伐邾，爲宋討也。

初，戎朝於周，發幣於公卿，凡伯弗賓。【注】服云：「戎以朝禮及公卿大夫，發陳其幣。凡伯以諸侯爲王卿士，不修賓主之禮敬報於戎。是以冬，❶天王使凡伯來聘，還，戎伐之楚丘，以歸。」《儀禮》疏。【疏證】《大宗伯》：「春見曰朝。」杜注謂：「朝而發幣於公卿。」❷正義謂：「發陳財幣於公卿之府寺。」均未解「發」字之義。王引之曰：「發幣，猶致幣也。《吕氏春秋・報更》篇『因發酒於宣孟』，高誘注曰：『發，猶致也。』」按：王説是也。《廣雅・釋詁》：「發，開也，舉也。」《周語》：「定王八年，使劉康公聘於魯，發幣於大夫。季文子、孟獻子皆儉，叔孫宣子、東門子家皆侈。」❸注：「發其禮幣於魯大夫。」❹又「晉羊舌肸聘於周，發幣於大夫，及單靖公。靖公享之，儉而敬，賓禮贈餞，視其上而從之」，注：「發其禮幣於周大夫。」《魯語》：「吴子使來好聘，且問之仲尼，曰：『無以吾命。』❺賓發幣於大夫，及仲尼，仲尼爵之。」注：「發所齎幣於魯大夫，以及仲尼也。」❻以上《國語》所述，皆係聘禮發幣。此節服注見《覲禮》疏，疏云：「聘禮享君，尚有幣問卿大夫。此諸侯覲天子，享

---

❶ 原稿眉批：「是以」以下李未采。
❷ 眉批：鄭玄《禮記》注：「幣，帛也。」
❸ 眉批：「季文子、孟獻子皆儉，叔孫宣子、東門子家皆侈」，似可删。是書凡此類似皆可删。
❹ 「魯」，原脱，今據《國語正義》卷二補。
❺ 「無」，原作「吾」，今據原稿改。
❻ 「以」，《國語正義》卷五作「次」。

天子訖，亦當有幣問公卿大夫。」下即引服氏此注，以證諸侯朝天子，亦有聘及公卿大夫之事。沈欽韓云：「《聘禮》：歸饔餼之明日，『賓朝服向卿，卿受於祖廟。庭實設四皮，賓奉束帛入，致命，降出。又請面，如覿君之幣。畢，乃餼賓』。此所謂發幣於公卿。『主人朝服，迎外門外，再拜，賓升一等，大夫從升，再拜受幣。』此敬賓之禮。而凡伯不然，故戎嫌之。」按：沈氏之説發幣是矣。其言弗賓僅及拜受之禮，似未盡。《大東》「行彼周行」，箋云：「因見使行周之列位者而發幣也。」「既往既來」傳云：❶「既，盡也。言譚人自虛竭餫送而往。周人則空盡受之，曾無反幣復禮之惠。」是賓發幣之後，主人又有反幣之禮，可補《禮經》之缺。《虎賁氏》「若道路不通」，疏云：❷「按《左氏傳》云：『初，戎往朝周，周大夫皆有發禮禮戎，唯凡伯不禮。後凡伯至魯，戎則要而伐之。』」疏所引當係古《左氏》説。其云有發禮禮戎，即毛氏所謂反幣復禮也。凡伯於戎無反幣之禮，是爲弗賓。李貽德云：「聘禮有大夫餼賓禮，有大夫饗食賓介禮，今凡伯不行此禮，是弗賓。」按：餼饗無關發幣之事，李説非。《説文》：「賓，所敬也。」凡伯爲王卿士，詳經文疏證。

冬，王使凡伯來聘。還，❸戎伐之於楚丘以歸。

陳及鄭平。十二月，陳五父如鄭涖盟。

---

❶「往」，原作「盡」，今據《毛詩正義》卷十三改。

❷「云」，原作「疏」，今據原稿改。

❸「還」，原脱，今據原稿補。

壬申，及鄭伯盟，歃如忘。【注】服云：「如，而也。臨歃而忘其盟載之辭，言不精也。」本疏。【疏證】❶《曲禮》「涖牲曰盟」注「坎用牲。臨而讀其盟書」，❷疏：「盟之爲法，先鑿地爲方坎，❸殺牲於坎上，割牲左耳，盛以珠槃。又取血盛以玉敦。用血爲盟書，成乃歃血而讀書。」《釋文》：「歃血也。」「楚人固請先歃」，注：「歃，飲血也。」《説文》：「歃，歠也。《春秋傳》曰：『歃而忘。』」惠棟曰：「古如、而皆通用。莊七年『星隕如雨』，昭六年傳『火如象之』，皆讀爲而。」按：惠説是也。許氏依用賈義，蓋賈本作「而」，服本作「如」。杜注「歃如忘」，云：「忘不在於歃血也。」正義引服説駁之云：「盟載之辭，在於簡策，祝史讀以告神，非歃者自誦之，何言忘載辭也？且忘否在心，五父終不自言己忘，洩伯安知其忘而譏之？」按：服謂忘其載辭，係就忘意間言之，并未言涖盟當誦載辭。杜注謂「忘不在歃」，正用服注「不精」之意。正義駁之，非。

泄伯曰：「五父必不免，不賴盟矣。」【疏證】杜注云：「泄伯，鄭洩駕。」而不解「賴」字。按：《楚語》「賴子之善善之也」，注：「賴，恃也。」《周語》「先王豈有賴焉」，「賴，利也」。

鄭良佐如陳涖盟。辛巳，及陳侯盟，亦知陳之將亂也。【疏證】杜注：「良佐，鄭大夫。」

鄭公子忽在王所，故陳侯請妻之。鄭伯許之，乃成昏。【疏證】《士昏目録》：「士娶妻之禮，以昏爲期，故以焉。」

---

❶ 眉批：《異義》：「古《春秋左氏》説云：『《周禮》有司盟之官，殺牲歃血，所以盟事神明。』」

❷ 「臨」，原作「盟」，今據《禮記正義》卷五改。

❸ 「地」，原重文，今據原稿删。

【經】八年，春，宋公、衛侯遇于垂。【疏證】《郡國志》：「濟陰郡句陽有垂亭。」《水經注》：「瓠瀆又東逕垂亭。❶京相璠曰：句陽城小成陽東五里。」《方輿紀要》：「句陽城在曹州曹縣北三十里。」

三月，鄭伯使宛來歸祊。庚寅，我入祊。【疏證】杜注：「宛，鄭大夫。不書氏，未賜族。」《郡國志》：「泰山郡費有祊亭。」《一統志》：「費縣故城在今沂州府費縣西北二十里，劉宋移縣理祊城，即古祊邑。」《方輿紀要》：「祊城，今費縣治。」《校勘記》云：「祊，《漢書·五行志》作邴。按：《公羊》、《穀梁》作邴。」臧壽恭云：「祊爲古文假借字，邴爲今文正字。《左氏》爲古學，故作祊。二傳爲今學，故作邴。」

夏，六月，己亥，蔡侯考父卒。無傳。【疏證】《管蔡世家》：「宣侯措父立。宣侯二十八年，魯隱公初立。三十五年，宣侯卒。」按：考父即措父也。杜注云：「蔡未與隱盟，蓋春秋以前與惠公盟，故赴以名。」

辛亥，宿男卒。無傳。【疏證】杜注云：「元年，宋、魯大夫盟於宿，宿與盟也。晉荀偃禱河，稱齊、晉君名，然後自稱名，知雖大夫出盟，亦當先稱己君之名，以啟神明，故薨皆從身盟之例，告以名也。傳例曰：『赴以名，則亦書之，辟不敏也。』今宿赴不以名，故亦不書名。」正義引衛冀隆難杜云：「周人以諱事神，臣子何得以君之名告神？又荀偃禱河，❷一時之事耳，非正禮也，何得知大夫盟先稱君名乎？」臧壽恭云：「案：衛冀隆爲服氏

❶「亭」下，《水經注箋》卷二十四有「北」字。

❷「又」，原作「人」，今據原稿改。

學者，據此難，知賈、服之例。凡諸侯未嘗身自同盟者，皆從未同盟不書名例。此宿男亦未嘗身與魯同盟者，故不書名。」按：臧氏言服義，亦揣測之辭。傳例「赴名則書」，義自明晝。宿君與魯盟，或在春秋前，無由知僅元年一盟也。杜注「大夫出盟，從身盟之例」，傳例無此義。

秋，七月，庚午，宋公、齊侯、衛侯盟于瓦屋。【**疏證**】杜注：「瓦屋，周地。」沈欽韓云：「《一統志》：瓦屋頭集在大名府清豐縣東三十五里。或謂盟於瓦屋即此。《紀要》：『瓦岡在滑縣東。』《水經注》：『濮渠東逕滑臺城南，又東南逕瓦亭南。』當是此瓦屋。杜預謂周地，非也。」

八月，葬蔡宣公。

九月辛卯，公及莒人盟于浮來。【**疏證**】《郡國志》：「琅琊郡東莞有邳鄉，有公來山，或曰古浮來，莒邑。」江永云：「浮來，莒邑，非紀邑。」《大事表》云：「今山東沂州府蒙陰縣西北有浮來山，與莒州接界。」

螟。無傳。【**疏證**】《五行志》：「劉歆以爲八年九月螟，鄭伯以邴將易許田，有貪利之心。」

冬，十有二月，無駭卒。

【**傳**】**八年春，齊侯將平宋、衛，有會期。宋公以弊請於衛，請先相見，衛侯許之，故遇於犬丘。**

【**疏證**】杜注：「犬丘，垂也。地有兩名。」《曲禮》：「諸侯未及期相見曰遇。」《説文》：「遇，逢也。」《王制》疏引《異義》：「卒而相逢曰遇。」《大宗伯》「冬見曰遇」，注：「遇，偶也。欲其若不期而俱至。」

鄭伯請釋泰山之祀而祀周公，以泰山之祊易許田。【**注**】舊注：「今有魯故城，在長社縣。」《御覽》百五十九。【疏證】《寰宇記》：「魯城在許州潁昌縣南四十里，❶鄭伯易許田，即此城也。」

三月，鄭伯使宛來歸祊，不祀泰山也。【疏證】《御覽》引舊注在「許田」下，今仍之。杜注云：「許田，近許之田。」❷正義云：「杜言近許之田，是用《公羊》爲說。劉君更無所馮，云別有許邑，邑自名許，非由近許國始名爲許，❸以規杜氏，非其義也。」是劉炫不從近許之說也。《魯頌》「居常與許，復周公之宇」，鄭箋云：「許田，魯朝宿之邑也。」《異義》云：「《公羊》說：『諸侯朝天子，天子之郊皆有朝宿之邑。從泰山之下，皆有湯沐之邑。』《左氏》說：『諸侯有功德於王室，京師有朝宿之邑，泰山有湯沐之邑。魯，周公之後。鄭，宣王母弟。此皆有湯沐邑，其餘則否。』許慎謹案：京師之地，皆有朝宿邑，周千八百諸侯，京師地不能容之，不合事理之宜。」《王制》疏云：「許慎不從《公羊》之說，鄭無駁，當從許說。」本疏云：「定四年，❹祝佗言康叔之受分物云：『取於有閻之土以供王職，取於相土之東都以會王之東蒐。』有閻之土，猶魯之許田也。相土之東都，猶鄭之祊邑也。鄭近京師，無假朝宿。魯近泰山，不須湯沐。各受其一。衛以道路遠，故兩有之。《禮記・王制》曰：『方伯爲朝天子，皆有湯沐之邑於天子之縣內。』然則朝宿之邑亦名湯沐。❺但向京師，主爲朝王。從王巡守，主爲助祭。祭必沐浴，隨事

---

❶「潁」，《太平寰宇記》卷七作「許」。

❷「田」，原作「邑」，今據《春秋左傳正義》卷四改。

❸「由」，原作「田」，今據原稿改。

❹「四」，原作「六」，今據《春秋左傳正義》卷四改。

❺「宿」，原作「邑」，今據《春秋左傳正義》卷四改。

立名，朝宿、湯沐亦互言之耳。」是舊説謂許田爲魯朝宿邑，祊爲鄭湯沐邑，疏則以朝宿、湯沐義得通也。《異義》謂此皆有湯沐，亦通稱之證。杜注云：「成王營王城，有遷都之志，故賜周公許田，以爲魯國朝宿之邑，後世因而立周公別廟焉。鄭桓公，周宣王之母弟，封鄭，有助祭泰山湯沐之邑在祊。」按：《穀梁》桓元年傳：「許田，魯朝宿之邑也。邴者，鄭伯所受命而祭泰山之邑也。」集解云：「朝天子所宿之邑謂之朝宿，泰山非鄭竟内，從天王巡狩受命而祭也。」疏云：「先儒解《左氏》者，皆以鄭受天子祊田，爲湯沐之邑，後世因立武公之廟，故謂之泰山之祀。」據此疏引古《左氏》説，是泰山之祀謂鄭立武公之廟，不關助祭。杜氏獨取《穀梁》，與古義違。而疏云「鄭家廢此助祭泰山之事」，仍曲祖杜説，非也。經文疏引劉炫云：「言祀泰山之邑者，謂泰山之旁有此邑。邑内有鄭宗廟之祀，蓋祀桓、武之神。」本疏亦云「祊邑内亦有鄭君別廟」，皆舊義之僅存者。由鄭立武公別廟推之，則杜謂魯立周公別廟之説，當亦古《左氏》説，《穀梁》疏未引及耳。許與祊同爲別廟者，魯、鄭本固各有周公、武公廟也。鄭伯以易地之故，輟其先君之祀，而請祀魯先君，故傳言歸祊之後鄭不祀泰山以譏之。若謂祊爲助祭泰山之邑，則春秋以前天子即不巡狩，泰山之祀，廢墜久矣，何待易地始廢？本疏亦明知之，而牽於杜説，謂其實廢來已久，今始云已廢者，欲爲魯祀周公，故云已廢耳，殊非事理。《周本紀》云：「桓王三年，鄭莊公朝，桓王不禮。五年，鄭怨，與魯易許田。許田，天子之用事太山田也。」《魯世家》：「魯隱公八年，與鄭易天子之太山之邑祊及許田。君子譏之。」《鄭世家》：「莊公怒周弗禮，與魯易祊、許田。」《年表》：「魯隱公八年，易許田，君子譏之。鄭莊公二十九年與魯璧，易許田。」

夏，虢公忌父始作卿士於周。

四月，甲辰，鄭公子忽如陳逆婦嬀。辛亥，以嬀氏歸。甲寅，入于鄭。陳鍼子送女，先配而後

祖。鍼子曰：「是不爲夫婦，誣其祖矣。非禮也，何以能育？」【注】賈云：「配，謂成夫婦也。《禮》：齋而未配，三月廟見，然後配。」正義。鄭衆云：「配，謂同牢食也。先食而後祭祖，無敬神之心，故曰誣其祖也。」正義。鄭康成云：「祖，祓道之祭也。先爲配匹，而後祖道，言未去而行配。」正義。賈、服之義：大夫以上，無問舅姑在否，皆三月見祖廟之後，乃始成昏。故譏鄭公子忽先爲配匹，乃見祖廟。《禮記》正義。**【疏證】**杜注云：「鍼子，陳大夫。」《樂記》「誣上行私，而不可止也」，注：「誣，罔也。」《表記》「故其受禄不誣」，注：「不信曰誣。」《説文》：「誣，加也。」《廣雅·釋詁》：❶「誣，欺也。」《華嚴經音義》引《國語》賈注：「育，生也。」❷杜氏於先配後祖，不用諸儒義，注云：「禮，逆婦必先告祖廟而後行，故楚公子圍稱告莊、共之廟。鄭忽先逆婦而後告廟，故曰『先配而後祖』。」蓋以祖爲出告祖廟。沈氏欽韓「先配而後祖」解云：❸「若杜預之言，乃似是而非者也。貴爲國君之世子，且爲有禮之莊公，乃不如楚之公子圍乎？且鍼子已在鄭，必灼然於耳目者，乃嗟咨於誣祖耳。胡爲追按前此之過舉，成事後之清議？若先未告廟，《左氏》豈不能出一語貶絶，而待鍼子之定論也？」俞氏燓云：❹「杜言後告廟，忽出國無不告廟禮。《白虎通》言娶不先告廟，據士禮言之。若世子及卿大夫出疆，必告廟也。」按：沈、俞説是也。正義駁賈説云：「按《昏禮》：親迎之夜，衽席相連。

---

❶「詁」，原作「誣」，今據《廣雅》卷二改。

❷「生」，原脱，今據《一切經音義》卷二十二補。

❸眉批：或稱名或稱某氏某，前後似宜一律。

❹「俞氏燓」，似當作「俞正燮」或「俞氏正燮」。下同。

是士禮不待三月也。禹娶塗山，四日即去，而有啟生焉，亦不三月乃配，是賈之謬也。」其駁先鄭説云：「按《昏禮》：婦既入門，即設同牢之饌。其間無祭祀之事。先祭乃食，《禮》無此文，是鄭之妄也。」其駁後鄭説云：「按傳既言『入於鄭』，乃云『先配而後祖』，寧是未去之事也？若未去先配，則鍼子在陳譏之，何須云送女也？此三説皆滯。」按：正義但駁賈注，而未及服注者，以賈、服誼同也。賈、服、兩鄭君説，師授各異，理宜兼存，正義橫生辨駁，殊非説經之慎。今舉三説勾疏之。賈謂「配謂成夫婦」者，《爾雅·釋詁》：「妃，匹也。」妃、配義同。《詩·皇矣》「天立厥妃」，傳：「妃，媲也。」「齊而未配」者，《郊特牲》「壹與之齊」鄭注謂：「共牢而食，同尊卑也。齊，或爲醮。」是齊指同牢也。「三月廟見，然後配」者，《白虎通·嫁娶》篇云：「三月一時，物有成者，人之善惡，可得知也。然後可得事宗廟之禮。」賈、服謂「大夫以上」者，蓋別士言之。《曾子問》：「三月而廟見，稱來婦也。擇日而祭於禰，成婦之義也。」《王制》：「士一廟。」《祭義》：「上士二廟。」禮舉卑者爲例，士一廟，乃常制。一廟則不得有祖廟矣，知廟見之禮，當屬大夫以上也。謂「無論舅姑在否。皆三月見祖廟已後，然後成昏」者，《白虎通·嫁娶》篇：「婦入三月，❶然後祭行。舅姑既殁，亦婦入三月奠采於廟。」是無論舅姑在否，婦皆當見於廟，與《士昏禮》舅殁則奠菜、舅存則否異也。「譏鄭公子先爲配匹乃見祖廟」者，公子忽先成昏，後廟見，不待三月也。禮經大夫以上昏禮亡。賈、服三月廟見成昏之説，後儒多不謂然。考《列女傳》云：「宋恭伯姬，魯宣公之女，成公之妹也。其母曰繆姜，嫁伯姬於宋恭公，恭公不親迎，伯姬迫於其母之命而行。既入宋，三月廟見，當行夫婦之道，伯姬以恭公不親迎，故不肯聽命。宋人告魯，使大夫季文子如宋，致命於伯姬。」又云：「齊孝孟姬，華氏之長女，齊孝公之夫

❶「入」，原作「人」，今據原稿改。

人也，好禮貞壹。齊中求之，禮不備，終不往。齊國稱其貞，孝公聞之，乃修禮親迎於華氏之室，遂納於宮。三月廟見，而後行夫婦之道。」伯姬、孟姬位皆諸侯夫人，則賈、服所謂大夫以上三月廟見成昏，容爲古禮，春秋時猶有行之者矣。成九年書伯姬歸宋，又書季孫行父如宋致女。服注「致女」，亦謂成昏也。《詩·葛屨》正義引《駁異義》云：「『昏禮之暮，枕席相連』，是當夕成昏也。」《曾子問》正義引熊氏云如鄭義。❶則從天子以下至於士，皆當夕成昏。「舅姑歿者，三月廟見」，《異義》之文，今不可考。以鄭駁推之，許君當用三月廟見成昏之説也。此賈、服義之可證者也。《尚書》「禹娶塗山，辛壬癸甲」，鄭注：「登用之年，始娶塗山氏，三宿而爲帝治水。」是娶後始受治水之命，即如某氏傳，以爲己當治水，輟事成昏，或不待三月廟見，亦變禮而非經常之道。正義據以駁賈説，非也。先鄭謂「配爲同牢食」者，《牛人》注：「牢禮，❷謂飧饔也。」《昏義》：「共牢而食，合巹而酳。所以合體同尊卑，以親之也。」疏：「共牢而食者，同食一牲，不異牲也。」謂「先食而後祭祖，無敬神之心」者，譏公子忽先行同牢之禮，而後祭祖也。婦入門先祭祖，《士昏禮》無之。正義據爲言，宜乎鑿枘。嚴蔚云：「《左傳》不與《儀禮》合，未可援《昏禮》以駁賈、鄭二誼。多見孔氏之不知量也。」按嚴説是也。先鄭説蓋與賈同，同牢即賈之言齊而未配也，祭祖即賈之言廟見也。特未言三月成昏，爲小異耳。後鄭謂祖爲祓道之祭者，《校勘記》云：「宋本正義『祓』作『軷』。《生民》『取羝以軷』，毛傳云：『軷，道祭也。』字或作祓。《説文》云：『出將有事於道，必先告其神，立壇

---

❶「云」，原脱，今據原稿補。

❷「禮謂」，原倒，今據《周禮注疏》卷十三改。

四通，❶樹茅以依神爲軷。』」是祓即五祀之行也。「先爲配匹，而後祖道，言未去而行配」者，《聘禮》「出祖釋軷」，注：「祖，始也。爲行始也。」後疏云：「此見出行時祭軷。按《韓奕》詩云：『韓侯出祖，出宿於屠，顯父餞之，清酒百壺。』是韓侯入覲天子，出京城爲祖道。又《左氏傳》：『鄭忽逆婦嬀於陳，先配而後祖。陳鍼子曰：「是不爲夫婦，誣其祖矣。」』《鄭志》以祖爲祭道神，是亦將還而後祖道。此聘使還，亦宜有祖。但文不具。」如疏言，是公子忽由陳還鄭，行祖道之禮也。《曾子問》正義云：「隱八年鄭公子忽先配而後祖，鄭以祖爲祖道之祭，應先爲祖道，然後配合。今乃先爲配合，而後爲祖道之祭。」此鄭義之别見者，詳略互異，旨則同也。俞氏樾「先配後祖」義云：「計忽在陳三日，則配已三日矣。辛亥日行，乃祖祭。陳鍼子不忠君命，不樂此行，言忽不當成昏於陳，當以親迎日即行，苛辭詈之，以誣道神爲誣其祖。春秋時占驗家多斷章展轉生義，陳鍼子説祖、史朝説元、史趙説歸，不可爲典要一也。」俞氏謂公子忽成昏於陳，與鄭意合。其謂鍼子詈忽，斷章説祖，則注無此義，不足爲鄭義之證也。如鄭意，則傳先言入於鄭，乃終事之辭，接叙在陳之事，於文宜爾。先配後祖云云，正是鍼子在陳譏之，因送女而有辭耳。正義駁之，亦非也。沈欽韓《補注》云：「《聘禮》：大夫之出，既釋幣於禰，其反也，復告至於禰。忽受君父醮子之命於廟，以逆其婦，反而不告至，徑安配匹，始行廟見之禮，是爲墮成命而誣其祖。」又「先配後祖」解云：「蓋禮有制幣之奉，《春秋》有告至之文。彼受命出疆，循必告必面之義，况昏禮之大者乎。然則子忽之失，失在不先告至。將傳宗廟之重於嫡，而惜跬步之勞於祖，已即安伉儷焉，是爲誣其祖也。」又云：「鍼子曰：『不爲夫婦。』是則孔子未成婦之義也。」沈氏不用賈、服、二鄭君義而言廟見，言未成婦，仍賈、服義所有也。其説禮意甚

❶「立」，原作「之」，今據《春秋左傳正義》卷四《挍勘記》改。

精，附著之。

齊人卒平宋、衛于鄭。秋，會于温，盟于瓦屋，以釋東門之役，禮也。【疏證】《大事表》：「温在今河南懷慶府温縣西南三十里。」

八月，丙戌，鄭伯以齊人朝王，禮也。

公及莒人盟于浮來，以成紀好也。

冬，齊侯使來，告成三國。【疏證】謂告平宋、衛於鄭。

公使衆仲對曰：「君釋三國之圖，以鳩其民，君之惠也。寡君聞命矣，敢不承受君之明德。」【疏證】《爾雅》：「鳩，聚也。」《晉語》「可以鑑而鳩趙宗乎」，❶注：「鳩，安也。」

無駭卒，羽父請謚與族。【注】舊注：「無駭始爲卿，未賜族也。」《御覽》五百六十二引。【疏證】《説文》：「謚，行之迹也。」《藝文類聚》四十引《五經通義》：「謚之言列其所行，身雖死，名常存，故謂謚也。」《表記》：「先王謚以尊名。」《舜本紀》集解引鄭《駁異義》：「天子命氏，諸侯命族。族者，氏之别也。」顧炎武《日知録》云：「氏、族對文爲别，散則通也。故《左傳》云『問族於衆仲』，下云『公命以字爲展氏』是也。」

公問族於衆仲。衆仲對曰：「天子建德，因生以賜姓，【疏證】《論衡·詰術篇》：❷「因其所生，賜之

---

❶「乎」，原作「平」，今據原稿改。

❷「詰術」，原爲空格，今據《論衡》卷二十五補。

姓也。若夏吞薏苡而生，則姓苡氏。商吞燕子而生，則姓子氏。周履大人跡，則姓姬氏。」當是古《左氏》説。《魏書·官族志》：「姓則表其所由生，氏則記族所由出，其大略然也。至於或自所居，或以國號，或用官爵，或用事物，雖緣時不同，俱其義矣。」其上文約引傳文所述，當爲古義。《大傳》「同姓從宗，合族屬」，疏：「天子賜姓賜氏，諸侯但賜氏，不得賜姓，降於天子也。故隱八年《左傳》云云。以此言之，天子因諸侯先祖所生，賜之曰姓。故鄭《駁異義》云：『炎帝姓姜，太皞之所賜也。黄帝姓姬，炎帝之所賜也。故堯賜伯夷姓曰姜，賜禹姓曰姒，賜契姓曰子，賜稷姓曰姬，著在《書傳》。』如鄭所言，是天子賜姓也。」按：《異義》説賜姓無可考，以鄭駁推之，許或以諸侯亦得賜姓，鄭《駁》當引此傳文也。杜注云：「因其所由生以賜姓，謂若舜由嬀汭，故陳爲嬀姓。」《大傳》疏引杜預云：「若舜生嬀汭，賜姓曰嬀。封舜之後於陳，以所封之土命爲氏。舜後姓嬀，而氏曰陳。」杜舉舜爲例，是以賜姓爲所生之地。如上所説，則姓之例甚廣，不盡關所生之地也。《堯典》「平章百姓」，疏云：「隱八年《左傳》云：『天子建德，因生以賜姓。』謂建立有德以爲公卿，因其所生之地而賜之以爲其姓，令其收斂族親，自爲宗主。」與杜義同。

「胙之土而命之氏。」【疏證】《校勘記》云：「《文選》陸士衡詩注引胙作祚，土上有以字。按：胙者，祚之俗。」《釋文》：「胙，報也。」《齊語》「反胙於絳」，注：「胙，報也。」❶一作「祚」。杜注：「報之以土，而命氏曰陳。」正義曰：「胙訓報也。有德之人必有美報。報之以土，謂封之國名，以爲之氏。諸侯之氏，則國名是也。」按：《周語》：『帝嘉禹德，賜姓曰姒，氏曰有夏；胙四岳國，賜姓曰姜，氏曰有吕。』」正義引之，謂與賜姓曰嬀、命氏曰陳事

❶「報」，《國語正義》卷六作「賜」。

同。然賜姓命氏，不必一時之事，正義説近泥。《舜本紀》引鄭《駁異義》云：「姓者，所以統繫百世，使不別也。❶氏者，所以別子孫之所出。故《世本》之篇，言姓則在上，言氏則在下也。」其言姓氏之別極分明。《異義》説姓氏亦無考，以鄭駁推之，《異義》或謂姓、氏義通也。

「諸侯以字爲謚，因以爲族。【注】服云：「公之母弟，則以長幼爲氏，貴適統，伯、仲、叔、季是也。庶公子，則以配字爲氏，尊公族，展氏、臧氏是也。」本疏。【疏證】杜讀「字」絶句。顧炎武云：「陸氏按：鄭康成駁許叔重《五經異義》引此傳文云『諸侯以字爲氏』，今作謚者，傳寫誤也。」惠棟云：「今此以氏作謚者，傳寫誤也。杜考之不詳，乃妄斷其句，而强解之。」洪亮吉云：「按：據服注及《五經駁義》，則謚爲氏之誤甚明。第承譌已久，未敢更定。」按柳芳《姓系論》云：「左丘明傳《春秋》亦言諸侯以字爲氏，以謚爲族。」《魏書・官氏》云：❷「諸侯則以字與謚。」兩書皆櫽括傳文。而以字、謚連言，或疑今本傳文有奪字。然正義引劉炫説，稱「以謚爲族，全無一人」。是劉氏無「謚」字矣，莫能明也。傳例：「凡稱弟，皆母弟也。」適與嫡通，《江有汜》序釋文：「嫡，正夫人也。」《乾》大象，「乾乃統天」，❸馬、鄭注並云：「統，本也。」《説文》：「庶，屋下衆也。」《燕禮》「有庶子官」，鄭注：「庶，衆也。」《白虎通・姓名》篇：「適長稱伯，庶長稱孟。」是適、庶異長。服意以嫡、庶對言，故止稱伯、仲、叔、季，不言孟也。展即無駭之字。《世本》：「臧僖伯彄，孝公之子。」展氏、臧氏皆魯之公族，所謂以字

---

❶「不」，原爲空格，今據原稿補。
❷「氏」，原作「族」，今據《魏書・官氏志》改。
❸「乾乃統天」，見《彖傳》。

爲氏，因以爲族也。《大傳》疏云：「諸侯賜卿、大夫以氏，若同姓，公之子曰公子，公子之子曰公孫。公孫之子，其類已遠，❶不得上連於公，故以王父字爲謚。若適夫人之子，則以五十字伯仲爲氏，若魯之仲孫、季孫是也。若庶子妾子，則以二十字爲氏，則展氏、臧氏是也。」與服注略同，疑亦古《左氏》説。正義引服注駁之云：「按鄭子人者，鄭厲公之弟。桓十四年，鄭伯使其弟語來盟，即其人也。而其後爲子人氏，不以仲、叔爲氏，則服言『公之母弟以長幼爲氏』，其事未必然也。杜以慶父、叔牙與莊公異母，自然仲、叔非母弟族矣。」按：鄭子人固爲厲公母弟，其命氏不稱仲、叔，或有司之失，非常典也。慶父、叔牙爲莊公母弟，先儒之説皆然。以爲異母，乃杜氏一人之説。辨詳莊公二年。❷正義之駁服説，非也。杜氏《釋例》引舊説以爲：「大夫有功德者則生賜族。」《大傳》疏云：「凡賜氏族者，爲卿乃賜。有大功德者生賜以族，若叔孫得臣是也。雖公子之身，若有大功德，則以公子之字賜以爲族，若仲遂是也。其無功德，死後乃賜族，若無駭是也。若子孫不爲卿，其君不賜族，子孫自以王父字爲族也。」此言有功德生賜族之事，而舉無駭以證其異。《釋例》所謂舊説，疑指此，當亦古《左氏》説也。正義謂華督之賜族爲非禮，又以祭仲之祭爲仲舊氏，皆非。

「官有世功，則有官族，邑亦如之。」【注】服云「謂異姓」，又引宋司城、韓、魏爲證。本疏。【疏證】《詩·文王》「凡周之士，不顯亦世」，箋云：「凡周之士，謂其臣有光明之德者，亦得世世在位。重其功也。」疏

❶「類」，《禮記正義》卷三十四作「親」。

❷「莊」、「二」，原爲空格，今據下文補。

云：「《異義》：『卿得世不？《公羊》、《穀梁》說：卿大夫世則權并一姓，❶妨塞賢路，專政犯君，故經譏尹氏、齊崔氏也。《左氏》說：卿大夫得世祿，不得世位。父爲大夫，死，子得食其故采，而有賢才則復升父故位。故《傳》曰：「官有世功，則有官族。」』」《王制》疏引《異義》謂：「『許君從《左氏》義，鄭氏無駮，與許同。』其諸侯之大夫不世爵祿，故隱八年無駭卒，《左傳》云：『官有世功，則有官族。』《論語》云：管氏奪伯氏駢邑三百，以無功而奪之，若有功則不奪也。」《禮運》「諸侯有國以處其子孫」疏謂：「諸侯子孫封爲卿大夫，若其有大功德，其子孫亦有采地。」下引此傳。《詩·干旄》傳「古者臣有大功，世其官邑」疏引此傳證之云：「是有功之臣，得世官邑也，有功世邑，則宜爲卿，故舉旄言之。」按：如上所說，則舊說蓋兼同姓異姓言之。服注文不完具，其止謂異姓，或兼言同姓，今不可考。杜注云：「謂取其舊官舊邑之稱以爲族。」正義云：「此謂同姓異姓皆然也。」又引服注駮之云：「韓與司城非異姓，司城又自爲樂氏，不以司城爲族也。」李貽德云：「《春秋》有兩稱氏者，如知罃一人也，❷又稱荀罃；趙午一人，又稱邯鄲午；士會一人也，傳稱范武子，《檀弓》又稱隨武子。如此類者，不可枚舉。則樂氏可別爲司城也。樂氏爲宋之同姓，韓、魏爲晉之同姓，而服云異姓，當是傳寫之誤。」按：《大傳》疏云：「若異姓則以父祖官及所食之邑爲氏，以官爲氏者，則司馬、司城是也；以邑爲氏者，若韓、魏是也。」❸《大傳》疏此節，次「若同姓」下，則此「異姓」二字，非誤。文所舉較服注多司馬氏、趙氏。司馬、司城雖宋同姓，而趙爲嬴姓，非魯之同姓。

---

❶「則」，原作「別」，今據原稿改。

❷「罃」，原作「瑩」，今據原稿改。下一「罃」字同。

❸「韓」下，《禮記正義》卷三十四有「趙」字。

服注及《大傳》疏文皆不完也。《御覽》三百六十二引《風俗通》云：「以官，司馬、司徒、司寇、司城也。」《楚語》「王公之子弟之質能言能聽徹其官，而物賜之姓」，注：「物，事也，以功事賜之姓。官有世功，則有官族，若司馬、太史之屬是也。」可補服義。

公命以字爲展氏。【疏證】《少牢》「用薦歲事於皇祖伯某」，注：「伯某，且字也，大夫或因字爲謚。《春秋》曰『魯無駭卒，請謚與族，公命之以字爲展氏』是也。」疏：「隱八年《左氏傳》云：『諸侯以字爲謚，因以爲族，公命以字爲展氏。』彼無駭之祖公子展，以展爲謚，在春秋前，其孫無駭取以爲族，故公命爲展氏。若然，無駭賜族不賜謚。引之者，大夫有因字爲謚，謚『伯某』，❶某或且字，有字者，❷即某爲謚也。」據是，則展氏以字爲謚，因以爲無駭之氏。杜注：「無駭，公子展之孫，故爲展氏。」

【經】九年，春，天子使南季來聘。無傳。【疏證】《校勘記》云：「石經、岳本子作王。」杜注云：「南季，天子大夫也。南，氏。季，字也。」《五經異義》：「天子聘諸侯。《公羊》說：『天子無下聘義。』《周禮》說：『間問以諭諸侯之志。』許慎謹按：禮，臣疾，君親問之，天子有下聘之義。從《周禮》說。」《王制》正義引之，謂「鄭無駁，與許慎同」。孔廣林曰：「《春秋》：王使宰周公聘於魯。經無貶辭，知《周禮》固成周制也。鄭君注：『間問也，王使臣於諸侯之禮。』是與許君同也。」

❶「謚」，《儀禮注疏》卷四十七作「證」。
❷「字」，《儀禮注疏》卷四十七作「謚」。

三月癸酉，大雨震電。庚辰，大雨雪。【疏證】杜注：「三月，今正月。」《御覽》卷十二：「『庚辰大雪』注：三月，今正月。大雪，失時也。」當是舊注。《春秋元命包》：「陰陽激爲電。」《五行志》引此經云：「大雨，雨水也。震，雷也。劉歆以爲三月癸酉，於曆數春分後一日，始震電之時也。當雨，而不當大雨。大雨，常雨之罰也。於始震電八日之間而大雨雪，常寒之罰也。」常雨常寒，即恒雨恒寒。《晉書·五行志》：「庶徵恒雨，劉歆以爲《春秋》大雨。」《年表》：「九年三月震電。」臧壽恭云：「按：是年入甲申統九百二十九年，積月一萬一千四百九十，閏餘五。積日三十三萬九千三百九，小餘五十一，大餘九。命如法，得正月癸巳朔，大，小餘十三。二月癸亥朔，小，小餘五十六。三月壬辰朔，大，小餘十八。四月壬戌朔，十一日壬申，十二日癸酉，十九日庚辰。又是年冬至，積大餘四千八百七十七，以六十去之，大餘十七，小餘六百十七。三乘小餘，得小餘一千八百五十一。累以一氣，大餘十五，小餘千一十。加之得春分。大餘四十八，小餘三千二百九十四，命如法，得壬申春分，四月十一日也。明日癸酉，故曰癸酉於曆春分後一日。」

挾卒。無傳。【疏證】杜注云：「挾，魯大夫，未賜族。」

夏，城郎。

秋，七月。

冬，公會齊侯于防。【疏證】杜注：「防，魯地，在琅邪華縣東南。」沈欽韓云：「《一統志》：『華縣故城，在

沂州府費縣東北六十里。』」❶

【傳】九年，春，王三月，「癸酉，大雨霖以震」。書始也。【疏證】《釋文》：「《爾雅》云：『久雨謂之淫，淫雨謂之霖。』」杜注：「書癸酉，始雨日。」

「庚辰，大雨雪」，亦如之。書時失也。

凡雨，自三日以往爲霖。平地尺爲大雪。【疏證】此傳例也。《校勘記》云：「《月令》鄭注云『雨三日以上爲霖』，正義云『隱公九年《左傳》文』。」鄭氏所見本，或與今本異。杜注：「此解經書霖也。而經無霖字，經誤。」正義云：「是經脱『霖以』二字，而妄加電也。」按：此經文，《公羊》、《穀梁》並同《左氏》。《五行志》再言「震電」，是劉歆所見本有「電」字，杜注非。

「夏，城郎。」書不時也。

宋公不王。【疏證】《大行人》「凡諸侯之王事」，注：「王事，以王之事來也。《詩》云：『莫敢不來王。』」《小行人》「凡諸侯入王，則逆勞於畿」，注：「鄭司農云：入王，朝於王也。故《春秋傳》曰『宋公不王』，又曰『諸侯有王，王有巡守』。」「隱九年宋公不王，不宗覲於王。莊二十三年『諸侯有王』注云：『有王，朝於王。』」《周語》：「荒服者王。」又云：「有不王，則修德。」注：「王，王事天子也。」王念孫云：「諸侯見於天子曰王，王之言往也，往見於天子也。」杜注謂「不共王職」，非。

---

❶ 「六」，原作「二」，今據原稿改。

鄭伯爲王左卿士，以王命討之，伐宋。宋以入郛之役怨公，不告命。公怒，絶宋使。

秋，鄭人以王命來告伐宋。

冬，公會齊侯於防，謀伐宋也。

北戎侵鄭。鄭伯禦之，患戎師，曰：「彼徒我車，懼其侵軼我也。」【疏證】《廣雅・釋言》：「侵，淩也。」杜注：「徒，步兵也。」高誘《淮南・覽冥訓》注：「自後過前曰軼。」❶《文選・西都》引《三蒼》：「軼，從後出前也。」

公子突曰：「使勇而無剛者嘗寇而速去之。【疏證】杜注：「公子突，鄭厲公也。」《檀弓》「盍嘗問焉」，注：「嘗，猶試也。」文七年傳：「兵作於外爲寇。」

「君爲三覆以待之。【疏證】《説文》：「覆，覂也。一曰蓋也。」莊十一年傳「覆而敗之，曰取某師」，服注：「覆，隱也。設伏而敗之。」杜注云：「覆，伏也。」❷用服義。

「戎輕而不整，貪而無親，勝不相讓，敗不相救。先者見獲，必務進；進而遇復，❸必速奔，後者不救，則無繼矣。❹【注】服云：「先者見獲，言必不往相救。各自務進，言其貪利也。」本疏。【疏證】

---

❶「過」，原作「遇」，今據原稿改。
❷「伏」下，《春秋左傳正義》卷四有「兵」字。
❸「復」，《春秋左傳正義》卷四作「覆」。
❹「繼」，原作「濟」，今據原稿改。

《説文》：「整，齊也。」《月令》「整設於屏外」，注：「整，正列也。」《後漢書・吴漢傳》：「漢令軍中曰：『賊衆雖多，皆刼掠群盗，「勝不相讓，敗不相救」，非有仗節死義者也。』」注：「此兩句在《左傳》，鄭大夫公子突之辭也。」是先儒舊説，不謂公子突即厲公，與杜注異。《晉書・載記・李雄傳》：「雄行軍無號令，用兵無部隊。戰不相讓，敗不相救，攻城破邑，動以虜獲爲先。此其所以失也。」杜氏此節無注。正義引服注駁之云：「其言見獲者，嘗謂戎被鄭獲也。鄭人速去以誘之，安得獲戎也？在先者已被鄭獲，重進者將復爲虜，各自務進，欲何所貪，而云貪利也？此則不言可解，無故以解亂之。」李貽德曰：「今尋繹服意，『言必不往相救』，自釋上文『敗不相救』。『先者見獲，各自務進』，自述傳文。『言其貪利也』，乃釋見獲務進之旨。兩稱言字，是分詁上下文。可證孔氏所見本『先者見獲』句，誤倒於『言必不往相救』之前，因滋疑義，今爲更正。知服氏所釋，未爲訛也。」按：李説是也，因注文相承已久，仍其舊。

「乃可以逞。」【疏證】《方言》：「逞，解也。」杜注同。《廣雅・釋詁》：「蕆、呈，解也。」王念孫云：「僖二十三年《左傳》釋文云：呈，敕景反，本或作逞。是呈與逞通。」焦循云：「杜於他處逞字皆訓快，此訓解者，北戎侵鄭，鄭伯患之，則公子突以爲可逞，亦以爲可以解免北戎之患也。」按：成九年傳「乃可以逞」，注亦訓解。

從之。戎人之前遇覆者奔，祝聃逐之。❶**【疏證】**杜注：「祝聃，鄭大夫。」《鄭世家》聃作瞻。

衷戎師，前後擊之，盡殪。【疏證】《晉語》「衷而思始」，注：「衷，中也。」《説文》：「衷，裏褻衣。」是正訓

❶「聃」，原作「眲」，今據《春秋左傳正義》卷四改。下同，逕改。

引申，凡表別外之辭皆曰衷。《文選・五君詠》注引《蒼頡》云「衷，表別外之辭」是也。此謂以兵衝戎之中堅也。杜注謂：「戎前後及中三處受敵，故曰衷戎師。」非傳意。《說文》：「殪，死也。」杜注同。

戎師大奔。十一月，甲寅，鄭人大敗戎師。

【經】十年，春，王二月，公會齊侯、鄭伯於中丘。❶

夏，翬帥師會齊人、鄭人伐宋。

六月壬戌，公敗宋師於菅。【疏證】杜注云：「菅，❷宋地。」今地無考。

辛未，取郜。【疏證】《漢志》：郜國屬山陽郡。《一統志》：「郜城故城在曹州府城武縣東南十八里。」❸

辛巳，取防。【疏證】《方輿紀要》：「防城在兖州府金鄉縣西六十里。」

秋，宋人、衛人入鄭。宋人、蔡人、衛人伐戴。鄭伯伐取之。【疏證】《釋文》云：「載音再。《字林》作戴。」《校勘記》云：「陳樹華云：『昭二十三年正義引亦作戴，石經初刻作戴，後改載。』與《釋文》合。《公羊》、《穀梁》同。」沈欽韓云：「戴，《說文》作𢦔，《釋文》作載，即𢦔之誤。」《地理志》「梁國甾縣，故戴國」，注：「應劭曰：

---

❶ 原稿眉批：「中丘」已見前。
❷ 原稿眉批：《春秋地名考略》云單縣北境。
❸ 「郜城」，《大清一統志》卷一百八十一作「郜成」。

章帝改曰考城。」《郡國志》「考城故菑」注引《陳留志》云：「古戴國。」《水經注》：「汳水東逕濟陽考城，周之采邑，於《春秋》爲戴國。」《大事表》：「戴國，在今河南歸德府考城縣東南五里，考城故城是。」《年表》：「宋殤七年，諸侯敗我師，與衛人伐鄭。」

冬，十月，壬午，齊人、鄭人入郕。

【傳】十年，春，王正月，公會齊侯、鄭伯於中丘。癸丑，盟於鄧，爲師期。**【疏證】**杜注云：「鄧，魯地。」沈欽韓云：「與桓二年會於鄧同，非魯地。」

夏，五月，羽父先會齊侯、鄭伯伐宋。

六月，戊申，公會齊侯、鄭伯於老桃。**【疏證】**杜注云：「老桃，宋地。」《郡國志》：「任城縣有桃聚。」沈欽韓云：「《紀要》：桃鄉城在濟甯州東北六十里。」

壬戌，公敗宋師於菅。庚午，鄭師入郜；辛未，歸於我。庚辰，鄭師入防；辛巳，歸於我。

君子謂鄭莊公於是乎可謂正矣，以王命討不庭，**【疏證】**杜注：「下之事上，皆成禮於庭中。」洪亮吉云：「《爾雅》：『庭，直也。』按：謂諸侯之不直者。杜注殊屬曲説。韋昭《周語注》即云：❶『庭，直也。不直，謂不道。』」按：洪説是也。《周語》云：「以待不庭、不虞之患。」義與此傳不庭同。《詩·大田》傳：「庭，直也。」

不貪其土以勞王爵，正之體也。**【疏證】**《爾雅》：「勞，勤也。」杜注「叙其勤以答之」，即用《雅》訓。又

❶「昭」，原作「注」，今據《春秋左傳詁》卷五改。

云：「諸侯相朝，逆之以饔餼，謂之郊勞。魯侯爵尊，鄭伯爵卑，故言以勞王爵。」正義謂：「《聘禮》『用束帛勞』，《覲禮》『用璧勞』，皆不言以饔餼勞。杜意蓋以勞客於郊，必有牲餼，故以饔餼言之，非謂大禮之饔餼也。」又云：「沈依《聘禮》注其郊之遠近，上公遠郊五十里，侯伯三十里，子男十里；近郊各半之。」按：此沈文阿舊疏，是舊説以勞爲郊勞，杜特小變之。然傳文本未言郊勞，文阿説亦未安。沈欽韓云：「傳義謂諸侯有功則加地進爵，鄭能推功於魯，以王爵勞之，合於正體。《尚書大傳》：『命諸侯得專征，而歸其地於天子。』」按沈説是也。

蔡人、衛人、郕人不會王命。【疏證】杜注：「不伐宋也。」❶

秋，七月，庚寅，鄭師入郊。猶在郊，宋人、衛人入鄭。蔡人從之伐戴。【疏證】杜注：「從宋、衛伐戴也。」

八月，壬戌，鄭伯圍戴。癸亥，克之，取三師焉。

宋、衛既入鄭，而以伐戴召蔡人。蔡人怒，故不和而敗。

九月，戊寅，鄭伯入宋。

冬，齊人、鄭人入郕，討違王命也。

---

❶「伐」，原作「代」，今據原稿改。

【經】十有一年，春，滕侯、薛侯來朝。【疏證】正義引干寶云：「『十盈則更始，以奇從盈數，故言有也。』經備文，傳從略，故傳不言有。」臧壽恭云：❶「按：《隋書・經籍志》云：干寶獨美《左氏》以三十卷之約，囊括二百四十二年之事。其所述當亦是《左氏》舊説。」《世本》：「薛，任姓。」《郡國志》「魯國薛」注引《地道記》云：「夏車正奚仲所國。」定元年傳云：「薛之皇祖奚仲居薛，以爲夏車正。」《一統志》：「薛縣故城在兖州府滕縣南四十里。」❷

夏，公會鄭伯於時來。【疏證】臧壽恭云：「夏，《公羊》、《穀梁》曰夏五月，《左氏》經無五月。正義、釋文俱無説。疑經文本有，唐石經以下諸本誤奪也。時來，傳作郲。《水經注》引《左傳》郲作釐。《説文》無郲字。」釐、來同部。京相璠云：「熒陽縣東四十里有釐城。」杜注同。《一統志》：「在開封府熒澤縣東。」

秋，七月，壬午，公及齊侯、鄭伯入許。【疏證】《漢志》：「潁川郡，許故國，姜姓，四岳後，太叔所封，二十四世，爲楚所滅。」

冬，十有一月，壬辰，公薨。【疏證】詳隱元年傳疏證。

【傳】十一年，春，滕侯、薛侯來朝，争長。【注】服云：「争長，先登授玉。」《儀禮》疏。【疏證】《司儀》：「凡諸公相爲賓，及廟，賓三揖三讓，登。再拜授幣。賓拜送幣。」鄭注云：「授幣，當爲受幣。主人拜至，且

---

❶「壽恭」，原倒，今據《春秋左氏古義》卷一改。下同，逕改。

❷「南」上，《大清一統志》卷一百六十六有「東」字。

受玉也。」按《小行人》：「合六幣，圭以馬，璋以皮，璧以帛，琮以錦，琥以繡，璜以黼。」鄭謂拜至有受玉以此。此授玉謂賓未登階以先也。《覲禮》：「諸侯前朝，皆受舍於朝，同姓西面北上，異姓東面北上。」注：「《春秋傳》曰：『寡人若朝於薛，不敢與諸任齒。』則周禮先同姓。」疏：「引《春秋》者，隱十一年，彼服注云：『争長，先登授玉。』此位在門外，引之者以其在先，即先登。外内同，故引以爲證。」

薛侯曰：「我先封。」【疏證】此謂薛之先爲夏車正也。

滕侯曰：「我，周之卜正也。」【疏證】杜注云：「卜正，卜官之長。」

「薛，庶姓也。我不可以後之。」【疏證】《司儀》「詔王儀，土揖庶姓」，鄭注：「庶姓，無親者也。」《釋詁》：「庶，衆也。」

公使羽父請於薛侯曰：「君與滕君，辱在寡人。【疏證】《釋詁》：「在，存也。」《聘禮·記》「子以君命在寡人」，❶鄭注：「在，存也。」王引之曰：「《周官·大行人》『歲徧存』，《大戴禮·朝事》篇存作在。」

「周諺有之曰：『山有木，工則度之；賓有禮，主則擇之。』【疏證】《釋文》：「諺，俗言也。」《大學》鄭注：「諺，俗語也。」《越語》注：「諺，俗之善語。」《廣雅·釋詁》：「剫，分也。」王念孫云：「剫者，《説文》：『剫，判也。』《爾雅》『木謂之剫』，郭注引隱十一年《左傳》『山有木，工則剫之』。今本作度。邵氏二雲引《魯頌·閟宫》篇『是斷是度』，度與剫同。」《校勘記》云：「張參《五經文字》云『剫音度』，見《周禮》注及《爾雅》，不云見《春秋傳》，知

❶「人」，《儀禮注疏》卷二十四作「君」。

唐時已作度，不作劌也。」

「周之宗盟，異姓爲後。【注】賈云：「宗，尊也。」服云：「謂同宗之盟。」孫毓云：「宗伯屬官，掌作盟詛之載辭，故曰宗盟。」本疏。【疏證】杜注不釋宗盟，但云：「盟載書皆先同姓。」正義引賈、服、孫三説，而駁賈、孫説。其駁賈云：「盟之尊卑，自有定法，不得言尊盟也。」其駁孫云：「《周禮》司盟之官乃是司寇之屬，❶非宗伯也。惟服之言得其旨矣。」沈欽韓云：「《大宗伯》『夏見曰宗』，❷鄭云：『宗，尊也。欲其尊王。』同盟亦是尊王之事。宗、尊字古本通。❸《字林》：『宗，尊也，亦主也。』宗盟亦謂主盟，賈義是也。」按：沈以宗盟爲主盟，足申賈説。《儀禮·喪服傳》云：「大宗者，尊之統也。」《白虎通·宗族》篇：❹「宗者，尊也。爲先祖主者，宗人之所尊也。」則宗盟以同姓爲重，舉其重者曰宗盟。服説亦非不可通。《曲禮》「諸侯西面曰朝」，疏：「就爵同之中，❺先受同姓之朝。周之盟會，亦先同姓也。故定四年祝佗稱踐土之盟，載書云：『晉重、魯申、蔡甲午、鄭捷、齊潘、宋王臣。』❻鄭雖小國，而在齊上，故隱十一年傳云：『周之宗盟，異姓爲後。』若其餘盟，分國大小爲次，故襄

---

❶「司」，原作「同」，今據原稿改。

❷「宗伯」，原作「行人」，今據《周禮注疏》卷十八改。「夏」，原作「春」，今據《春秋左氏傳補注》卷一改。

❸「字古本」，原作「古字」，今據《春秋左氏傳補注》卷一改。

❹「宗」，原作「字」，今據原稿改。

❺「同」，原作「國」，今據原稿改。

❻「潘」，原作「厲」，今據《禮記正義》卷五改。

二十七年宋之盟，晉、楚稱先，楚人先歃是也。」此亦盟先同姓之證也。孫氏以宗盟爲掌於宗伯，未免望文生義。正義云：「孫毓難服云：『同宗之盟，則無異姓，何謂先後。若通共同盟，則何稱於宗？』斯不然矣。天子之盟諸侯，令其同奬王室，❶未聞離逖異姓，獨與同宗者也。❷但周人貴親，先叙同姓。以其篤於宗族，是故謂之宗盟。魯人之爲此言，見其重宗之義，執其宗盟之文，即云『無與異姓』。然則公與族燕，則異姓爲賓，復言族燕，不得有異姓也。孟軻所云説詩者『不以辭害義』，此之謂也。」其説得之。

「寡人若朝於薛，不敢與諸任齒。【疏證】《世本·姓氏篇》：「任姓：謝、章、薛、舒、呂、祝、終、泉、畢、過。」《大司寇》「不齒三年」，注：「不齒者，不得以年次列於平民。」《呂覽·直諫》「不穀免衣襁褓，而齒於諸侯」，注：「齒，列也。」

「君若辱貺寡人，則願以滕君爲請。」薛侯許之，乃長滕侯。【疏證】《説文》：「貺，賜也。」《宋書·王弘傳》：「弘上表曰：『臣聞異姓爲後，宗周之明義。親不在外，有國之所先。故魯長滕君，《春秋》所美；楚出棄疾，前史垂戒。』」是古《左氏》説，以魯之長滕侯爲合禮也。

---

❶「令其同奬王室」，原脱，今據原稿補。

❷「者」，原作「盟」，今據原稿改。

「夏，公會鄭伯於郲」，謀伐許也。❶**【疏證】**洪亮吉云：「唐石經初刻作『於時來郲』，❷後刊去『時』字。」❸

鄭伯將伐許，五月，甲辰，❹授兵於大宮。【疏證】杜注云：「大宮，鄭祖廟。」

公孫閼與潁考叔争車，【疏證】杜注云：「公孫閼，鄭大夫。」

潁考叔挾輈以走，【注】服云：❺「考叔挾車轅，箠馬而走。」本疏。**【疏證】**《齊語》「挾其槍刈耨鎛」，注：「在掖曰挾。」《釋名》：「挾，夾也，在傍也。」《考工記》「輈人爲輈」注：「輈，車轅也。」《方言》：「轅，楚、衛間謂之輈。」《詩·小戎》疏云：「轅從軫以前稍曲而上，至衡而嚮下勾之。」杜注用之。正義云：「廟内授車，未有馬駕，故手挾以走。」又引服説駁之云：「古者兵車一轅，服馬夾之。若馬已在轅，不可復挾。且箠而走，非捷步所及，子都豈復乘車逐之。」按：正義既謂授車時未有馬駕，則無疑於馬已在轅矣，前後矛盾。其實争車事出倉卒，或轅未駕而挾之，或轅已駕脱而挾之。挾轅而兼箠馬，正見其欲速。觀考叔傳許先登，其能捷步可知，毋庸執常情以相

---

❶ 原稿眉批：注入經文。

❷ 「郲」，原作「來」，今據《春秋左傳詁》卷五改。

❸ 「時」，原作「來」，今據原稿改。

❹ 「辰」，原作「寅」，今據《春秋左傳正義》卷四改。

❺ 「服云」，原脱，今據原稿補。

難也。❶《説文》：「箠，擊馬也。」

子都拔棘以逐之。【注】舊注：「棘，戟也。」「都，閼字也。」《御覽》三百十一引。❷【疏證】杜注云：「子都，公孫閼。棘，戟也。」《御覽》所引，當是舊注。王引之《周秦名字解故》云：「《説文》：『閼，遮擁也。』《夏書・禹貢》『滎波既豬』，《史記・夏本紀》作『滎播既都』。《禮記》鄭注：「豬，都也。」《説文》：「拔，擢也。」《一切經音義》三引《蒼頡篇》：「拔，引也。」《官人》「爲壇壝宫，❸棘門」，注：「鄭司農云：『棘門，以戟爲門。』」疏：「知棘是戟者，見《左氏》隱十一年傳，子都與鄭考叔争車，子都扳棘以逐之，❹故知棘即戟也。」《明堂位》「越棘大弓」，注：「棘，戟也。《春秋傳》曰『子都拔戟』。」拔之爲扳，棘之爲戟，皆《左氏》異文。《斯干》鄭箋云：「棘，戟也。」

及大逵，弗及，子都怒。【疏證】杜注云：「逵，道方九軌也。」《釋文》云：「《爾雅》云：『九達謂之逵。』杜云：『道方九軌。』此依《考工記》。」正義引：「劉炫《規過》以逵爲九道交出，又以爲國國皆有逵道。」炫説雖不可盡見，然以意逆之，當是引《爾雅》以駁杜注九軌。《説文》：「馗，九達道。似龜背。」馗即逵。許君亦用《爾雅》説。《詩・兔罝》疏亦謂：❺「《周禮》『經涂九軌』，不名曰逵。杜注與《爾雅》不合。」疑亦《述義》之文也。此疏既謂説

❶「常情」，原脱，今據原稿補。
❷「十一」，當作「五十二」。
❸「官人」，當作「掌舍」。
❹「扳」，原作「拔」，今據原稿改。
❺「兔罝」，原爲空格，今據《毛詩正義》卷一補。

《爾雅》者，皆以爲四道交出，復有旁通，是《雅》注無九軌之説矣。而又謂「李巡注《爾雅》，亦取並軌之義」，考巡注《爾雅》、《釋文》及他經疏不見，係作疏者僞假以難炫者，詳《舊疏考正》。沈欽韓云：「此云大逵，當從《爾雅》。宣十二傳『至於逵路』，或是《考工記》之『經涂九軌』耳。」洪亮吉云：「以軌訓逵，殊誤，下桓十四年等傳並同。」按：洪説是也。同一鄭國之逵，未可兩解。《淮南・説林》：「道九達曰逵。」《文選・思玄賦》舊注：「九交道曰逵。」皆九道交出之證。《釋名・釋道》：「九達曰逵。齊、魯謂道多爲逵師，此形然也。」齊、魯亦稱逵，則劉炫「國國有逵道」之説信矣。正義謂「唯鄭城之内獨有其涂，故傳於鄭國每言逵」，是妄説也。

秋，七月，公會齊侯、鄭伯伐許。庚辰，傅於許。【疏證】《晉語》「未傅而鼓降」，注：「傅，箸也。」《漢書・韓延壽傳》晉灼傳云：「傅，著也。」著猶箸也。《淮南・兵略訓》注：「傅，守也。」《高帝紀》注云：「傅讀曰附。」

潁考叔取鄭伯之旗蝥弧以先登，子都自下射之，顛。【疏證】杜注云：「蝥弧，旗名。」正義謂「諸侯之旗」，亦望文生義之説，又云：「其名當時爲之，其義不可知。」疑舊注「蝥弧」無解。按《漢書・景帝紀》「侵牟萬民」，李奇注：「牟，食苗根蟲。」是蝥與牟通。《呂覽・謹聽》「牟而難知」，❶注：「牟，猶大也。」《説文》：「弧，木弓也。」《覲禮》「載龍旂弧韣」，注：「所以張縿之弓也。」《明堂位》「載弧韣」，注：「弧，旌旗所以張幅也。」蝥弧，猶言牟弧，弧之大者耳。弧爲張旗之器，不關旗名，杜注非。《毛傳》：「顛，仆也。」杜注云：「顛隊而死。」傳無此義。

❶「聽」，原作「訓」，今據《呂氏春秋》卷十三改。

瑕叔盈又以蝥弧登，周麾而呼曰：「君登矣！」【疏證】《説文》：「周，密也。」《檀弓》「四者皆周」，注：「周，帀也。」《崧高》「周邦咸喜」，箋：「周，遍也。」杜注用之。《説文》：「麾，旌旗所以指麾也。」《文選・思玄賦》「前祝融使舉麾兮」，舊注：「麾，執旌以指撝也。秦漢以來，即以所執之旌曰麾。謂麾幢曲蓋者也。」《詩・宛丘》箋：「舞者所持以指麾。」《釋文》：「麾，本作撝。」王逸《楚辭章句》：「舉手而麾。」❶《一切經音義》引《字詁》：「手指曰麾。」杜注訓麾爲招，非。

鄭師畢登。壬午，遂入許。許莊公奔衛。【疏證】《釋詁》：「畢，盡也。」沈欽韓云：「杜云：『奔不書。兵亂遁逃，未知所在。』按國君出奔，寧有不知蹤跡者？若實不知所往，傳又何以言之？知經不書，實是史文略之耳。」

齊侯以許讓公。公曰：「君謂許不共，故從君討之。【疏證】《釋文》：「共，本作供。」杜注云：「不共職貢。」

「許既服其罪矣，雖君有命，寡人弗敢與聞。」乃與鄭人。鄭伯使許大夫百里奉許叔以居許東偏，【疏證】《繫辭》「古者庖犧之王天下也」釋文引孟京説：「伏，服也。」杜注云：「許叔，許莊公之弟。」又《世族譜》云：「許桓公，鄭莊公弟也。《世本》無許叔，疑鄭即是。」杜注又云：「東偏，東鄙也。」沈欽韓云：「《元和志》：『東偏城，在許州長葛縣東北五里。許叔所居即此城。』按：西偏、東偏，當即許之國都。漢爲許縣，魏爲許昌，宋

❶ 「而」，《楚辭》卷一作「曰」。

省入長社縣，在今許州東三十里。長葛本是鄭地，在州西北五十里。地勢闊遠，何得謂之居許東偏？」

曰：「天禍許國，鬼神實不逞於許君，而假手於我寡人。【疏證】《晉語》「無必假手於武王」，注：「假，借也。」杜注云：「借手於我寡德之人以討許。」即用《國語》注。

「寡人唯是一二父兄，不能共億，其敢以許自爲功乎？【疏證】《周禮》鄭注：「共，猶給也。」《楚語》「億其上下」、《晉語》「億寧百神」注均云：「億，安也。」杜注用之。王念孫云：「共億，猶言相安也。言寡人尚不能安同姓之臣，而況敢以許爲己有乎？」沈欽韓云：「《説文》：『意，滿也。』言不能共事滿其意。」兩説均通。

寡人有弟，不能和協，【疏證】杜注云：「弟，共叔段也。」正義云：「莊公之弟逃於四方，故知唯是共叔段也。」《爾雅》：「協，和也。」《周語》「和協輯睦」，注：「協，合也。」

「而使餬其口於四方，【疏證】杜注：「餬，鬻也。」《釋文》云：「鬻，本作粥。」正義云：「《説文》云：『餬，寄食也。』以此傳言『餬口四方』，故以『寄食』言之。」是《説文》本於《左氏》。如杜義，粥其口，殊不詞。正義謂餬是饘、鬻別名，非也。《廣雅·釋詁》：「餬、侂，寄也。」王念孫云：「《方言》：『齊、衛、宋、魯、陳、晉、汝、潁、荆州、江淮之間曰庇，或曰寓。寄食爲餬。』」

「其況能久有許乎？吾子其奉許叔以撫柔此民也，吾將使獲也佐吾子。【疏證】《説文》：「撫，安也。一曰循也。」《釋詁》：「柔，安也。」《周語》「以懷柔之」、《晉語》「和柔萬民」，注：「柔，安也。」杜注云：「獲，鄭大夫公孫獲。」

「若寡人得没於地，天其以禮悔禍於許，無寧茲許公復奉其社稷。【疏證】襄二十九年「無寧夫人而焉用老臣」，服注：「無寧，寧也。」杜注移以釋此之「無寧」。❶《説文》：「寧，願詞也。」徐鍇曰：「今人言寧可如此，是願如此也。」

「唯我鄭國之有請謁焉，如舊昏媾，【注】賈云：「重昏曰媾。」《晉語》注。【疏證】《王制》「墓地不請」，注：「請，告也。」《一切經音義》七引《廣雅》：「請，問也。」《釋詁》：「謁，告也。」《聘禮》「乃謁關人」，❷鄭注：「謁，告也。」請、謁對文異，散文通。杜注用《釋詁》文。《釋親》：「婦之父曰昏。」杜注亦用之。其注媾，用賈義。《釋文》云：❸「媾與昏同，故先儒皆以爲重昏曰媾。」其謂先儒，即斥賈説也。《易·屯》「求婚媾」釋文引馬注：「媾，合也。」

「其能降以相從也。【疏證】杜注：「降，降心也。」

「無滋他族，實逼處此，以與我鄭國争此土也。吾子孫其覆亡之不暇，而况能禋祀許乎？【注】賈云：「偪，迫也。」《文選·思玄賦》引《國語》注。【疏證】《説文》：「滋，❹益也。」逼處，杜注無説。《周語》「不可逼也」，注：「偪亦訓迫。」疑亦賈注，而韋襲之。《小爾雅·廣詁》：「逼，近也。」《釋詁》：「禋，❺祀也。」舍人注

---

❶「釋」，原作「繹」，今據原稿改。

❷「關」，原作「闇」，今據《儀禮注疏》卷十九改。

❸「釋文」，當作「正義」。

❹「滋」，原作「溢」，今據原稿改。

❺「禋，祀也」，《爾雅注疏》卷二作「禋、祀，祭也」。

曰：❶「禋，絜敬之祭。」杜注略用之。《説文》：「禋，潔祀也。一曰精意以享爲禋。」《周語》：「精意以享，禋也。」

「寡人之使吾子處此，不唯許國之爲，亦聊以固吾圉也。」【疏證】《釋詁》「疆、界、邊、衛、圉，垂也」疏引孫炎曰：「『圉，國之四垂也。』舍人曰：『圉，拒邊垂也。』」又《釋言》：「圉，禁也。」舍人曰：「圉謂未有而預防之也。」《周書·謚法解》「威德剛武曰圉」，注：「圉，禦也。」杜注用《釋詁》舍人注，而删「拒」字，非。拒，猶禦也。

乃使公孫獲處許西偏，曰：「凡而器用財賄，無寘於許。我死，乃亟去之！吾先君新邑於此，【疏證】《釋文》：「寘，置也。」詳隱元年疏證。又云：「亟，急也。」《詩·北門》「既亟只且」，❷傳：「亟，急也。」《地理志》：「河南郡新鄭，《詩》鄭國，桓公之子武公所國。」應劭曰：「《國語》云鄭桓公爲周司徒，王室將亂，寄孥與賄於虢、會之間。幽王敗，桓公死之。其子武公與平王東遷洛邑，伐虢、會而並其地，而邑於此。」按杜注云：「今河南新鄭。舊鄭在京兆。」是用《地理志》説也。

「王室而既卑矣，周之子孫日失其序。【疏證】杜注云：「鄭亦周之子孫。」《詩》「繼序思不忘」，傳：「序，緒也。」《公羊》文七年傳「諸侯何以不序」，注：「序，績也。」❸《周語》「不失其序」，注：「序，績也。」❹王念孫云：「序與敘同。《爾雅》曰：『敘，緒也。』『緒，業也』。」

---

❶「舍人」，當作「孫炎」。

❷「門」，當作「風」。

❸「績」，《春秋公羊傳注疏》卷十三作「次」。

❹「績」，《國語正義》卷一作「次」。

「夫許，太岳之胤也，【注】賈云：「四岳，官名，太岳也。主四方之祭焉。」《國語》注。【疏證】杜注云：「太岳，神農之後，堯四岳也。」即用賈義。《周語》云：堯命禹治水，「共之從孫四岳佐之。胙四岳國，命爲侯伯」。正義引之釋云：「以其主四岳之祀，尊之，故稱太岳。」按：據賈義，太岳即官名。《釋詁》：「胤，繼也。」舍人注：「胤，繼世也。」杜注用之。《説文》：「胤，子孫相承續也。」

「天而既厭周德矣，吾其能與許爭乎？」君子謂鄭莊公於是乎有禮。禮，經國家，定社稷，序民人，利後嗣者也。許無刑而伐之，服而舍之，【疏證】《詩·□》毛傳：「刑，法也。」杜注用之。《漢書·衛青傳》：❶「上曰：『票騎將軍得單于單桓、酋涂王，及相國、都尉以衆降下者二千五百人，❷可謂能舍服知成而止矣。』」舍服，即服而舍之之義也。

度德而處之，量力而行之，相時而動，無累後人，可謂知禮矣。【疏證】《後漢書·賈彪傳》：「彪曰：傳言『相時而動，無累後人』。」注：「相，視也。《左傳》之文也。」相訓爲視，疑是舊注。《齊策》「皆以國事累君」，注：「累，屬也。」《秦策》「此國累也」，注：「累，憂也。」《吕覽》「主無所避其累矣」，注：「累，猶負也。」

鄭伯使卒出豭，行出犬雞，以詛射潁考叔者。【疏證】《司馬法》：「百人爲卒。」杜注用之。《説文》：「豭，牡豕也。」《廣雅·釋畜》：「豭，豕也。」《國語》注：「行，行列也。」杜注云：「二十五人爲行。」又云：「行亦卒之

---

❶ 「衛青」，當作「霍去病」。

❷ 「衆」，原脱，今據《漢書·衛青霍去病傳》補。

行列。」是兼用《國語注》也。《詩・何人斯》「出此三物，以詛爾斯」，傳：「三物，豕、犬、雞也。民不相信，則盟詛之。君以豕，臣以犬，民以雞。」疏：「鄭伯使卒出豭，行出犬雞，所得三物並用者，時考叔爲子都所射，❶鄭伯不誅子都，而使諸軍詛之。百人爲卒，出一豭，詛之。二十五人爲行，或出犬，或出雞，以詛之。每處亦止用一牲，非一處而用三物也。如此傳，君乃用豕。彼百人即得用豭者，於時鄭伯使之詛，故得用君牲也。以行之人數少於卒，自爲等耳。」按：《詩》疏所引，疑係古《左氏》説，故杜注全依之。正義云：「《周禮・夏官》叙制軍之法，『百人爲卒』，『二十五人爲兩』。此言『二十五人爲行』者，以傳先卒後行，豭大於犬，知行之人數少於卒也。」《序官・詛祝》注：「詛謂祝之使沮敗也。」《詛祝》注：「盟詛主於要誓。大事曰盟，小事曰詛。」疏：「盟者，盟將來。《春秋》諸侯會，有盟無詛。詛者，詛往過，不因會而爲之。故云大事曰盟，小事曰詛也。」《司盟》「盟萬民之犯命者，詛其不信者亦如之」，注：「盟詛，欲相與共惡之也。」

君子謂鄭莊公失政刑矣。政以治民，刑以正邪。既無德政，又無威刑，是以及邪。邪而詛之，將何益矣！

王取鄔、劉、蒍、邘之田於鄭，【疏證】《郡國志》：「河南緱氏縣有鄔聚。」《地理志》：「河南郡緱氏劉聚，周大夫劉子邑。」沈欽韓云：「《一統志》：鄔聚在河南偃師縣西南，劉聚在故緱氏縣城南十五里。」杜注「蒍、邘」云「鄭二邑」，不著何地。邵晉涵云：「周大夫有蒍國，蓋食邑於蒍。」《校勘記》云：「石經邘作邗，誤。」《説文》：「邘，

❶「時」，原作「詩」，今據原稿改。

周武王子所封，在河内野王是也。」《郡國志》：「河内郡野王有邘城。」《水經注》：「邘城，故邘國也。」沈欽韓云：「《紀要》：『邘城在懷慶府城西北三十里。』此蓋鄭武公以來，入爲卿士，食采於周者也。莊公之世，亦爲卿士，及身而奪之，故君子譏之。」

而與鄭人蘇忿生之田：

温、原、【疏證】《地理志》：「河内郡，温，故國，己姓，蘇忿生所封也。」《郡國志》：「河内郡軹有原鄉。」沈欽韓云：「《一統志》：『温縣故城，在懷慶府温縣西南三十里，亦曰蘇城。原城在濟源縣西北。』《紀要》：『西北十五里，今名原鄉。』」

絺、樊、【疏證】《説文》「絺」作「郗」。《地理志》河内郡波注引孟康曰「今有絺城」。《郡國志》：「河内郡修武有陽樊、攢茅田。服虔云：『樊仲山之所居，故名陽樊。』」杜注云「一名陽樊」，用服義也。洪亮吉云：「按：《圖經》引舊《説文》云：『仲山甫所封之樊在今南陽。』疑在修武者，仲山甫所居；在南陽者，則其封國也。」沈欽韓云：「《一統志》：『絺城，在河内縣西南，《紀要》作「府西南三十二里」。❶樊城，在武陟縣西南四十里。』」

隰郕、❷【疏證】《郡國志》：「河内郡懷有隰城。」洪亮吉云：「按：僖二十五年傳作『隰城』，劉昭引此《傳》亦作『城』。」按：洪説是也。杜但注「隰」云「在懷縣西南」，而不及「郕」，是郕非邑名。王引之云：「古城字多作

---

❶ 「紀要」至「二里」，原爲正文，爲便於標點，今據原書改爲小字注文。下類似情況逕改。
❷ 眉批：郕疑係邑名，須考前人有是説，始可采入。

成。蓋古本作隰成，後人因與上文温、原、絺、樊連讀，而誤以隰成爲二邑名，遂於成旁加阝。不知成爲城之借字，隰成猶言京城、亳城，非邑名也。」《校勘記》云：「郕省作成，成誤爲城。」是也。沈欽韓云：「隰城，在武陟縣西南十五里。《紀要》：『期城在府城西三十里，故隰城也，今名覆背邨。』」

欑、茅、【疏證】《釋文》云：「欑，木官名。」❶沈欽韓云：「《一統志》：『欑城在修武縣西北二十里。』《地理通釋》：『欑茅，今爲大陸村。』按：《正義》引《括地志》有茅亭，在懷州獲嘉縣東北二十里，則欑、茅本兩邑，而杜預誤合之也。」

向、盟、【疏證】京相璠曰：「或云今河内軹西有城名向上。」闞駰《十三州志》：❷「軹縣南山西曲有故向城，即周向國也。」《禹貢》：「導河又東，至於孟津。」洪亮吉云：「盟、孟古字通，即孟津也。」沈欽韓云：「《寰宇記》：『向城在孟州河陽縣西北二十五里。』《一統志》：『向城在濟源縣南。孟津在孟縣南十八里。』」❸

州、陘、【疏證】《地理志》：「河内郡州。」《水經注》云：「周以賜鄭昭公。」洪亮吉云：「按：昭當作莊。」沈欽韓云：「《一統志》：『州縣故城在河内縣東南。』《紀要》：『武德縣在府東南五十里，本周之州邑。』」杜注闕「陘」。洪亮吉云：「按：《元和郡縣志》：『太行陘在河内縣西北三十里。連山中斷曰陘。《述征記》曰：❹「太行山首始

---

❶「木官名」，《經典釋文》卷十五作「才官反」。
❷「三」，原作「二」，今據原稿改。
❸「南」，原脱，今據《春秋左氏傳地名補注》卷一補。
❹「征」，原作「證」，今據原稿改。

於河内，自河内北至幽州，凡有八陘：第一曰軹關陘，第二曰太行陘，第三曰白陘。」』今考此上三陘，皆在河内左近。疑此《傳》之陘，即指太行等陘而言。或又以密縣陘山當之。今考密在河以南，非是。」

隤、懷。【疏證】京相璠曰：「河内修武縣北有故隤城實中。」《郡國志》：「河内修武有隤城。」《地理志》：「河内郡懷。」沈欽韓云：「《一統志》：『隤城在衛輝府獲嘉縣西北』，《紀要》：『在修武縣西北。』『懷縣故城在武陟縣西十一里』。」杜注云：「凡十二邑，皆蘇忿生之田。」按杜以爲十二邑者，蓋斥隰郕、欑茅爲二名。如沈氏説，茅别於欑，則十三邑也。沈氏注下節仍云十二邑，誤。

君子是以知桓王之失鄭也。恕而行之，德之則也。❶ 己弗能有，而以與人，人之不至，不亦宜乎！【疏證】沈欽韓云：「上十二邑，本非王地，王弗能有，虚以優鄭。鄭亦弗能有，而空失故采地。此其八柄之政已失，不能服人之一端也。假令鄭假王命興師，以與蘇氏争地，是教其相賊害，豈足以鎮撫宇内？」

鄭、息有違言，息侯伐鄭。鄭伯與戰於竟，息師大敗而還。【疏證】《釋文》：「息，一作鄎。」《世本》：「息國，姬姓。」《説文》：「息，❷姬姓之國，在淮北，今汝南新鄎。」《地理志》：「汝南郡新息，孟康曰：『故息國，徙東，故加新焉。』」正義云：「若其後東徙，當云故息，何以反加新字乎？蓋本自他處而徙此也。」沈欽韓云：「《一統志》：『新息故城在光州息縣東，古息國。』」

---

❶ 「也」下，《春秋左傳正義》卷四有「禮之經也」四字。

❷ 「息」，《説文解字》卷六下作「鄎」。

君子是以知息之將亡也。不度德，不量力，不親親，不徵辭，不察有罪。犯五不韙，而以伐人，其喪師也，不亦宜乎！【疏證】沈欽韓云：「《説文》：『德，外得於人，内得於己也。』《釋名》：『德，得事宜也。』鄭莊能自用其威福以令人，故息之德不如鄭。」按：沈説是也。杜云「鄭莊賢」，非傳意。襄二十六年傳「加書徵之」，服注云：「徵，驗也。」《釋文》引《蒼頡篇》：「韙，是也。」杜用之。《莊子・天下篇》「其所謂道非道，❶而所言之韙不免於非」，釋文：「韙，亦是也。」

冬，十月，鄭伯以虢師伐宋。壬戌，大敗宋師，以報其入鄭也。宋不告命，故不書。凡諸侯有命，告則書，不然則否。師出臧否，亦如之。雖及滅國，滅不告敗，勝不告克，不書於策。【注】服云：「古文篆書一簡八字。」《儀禮》疏。【疏證】此告例也。《禮運》「命降於社，謂之殽地」，注：❷「命者，政令之命。」❸杜注：「命者，國之大事政令也。」服注見《聘禮》「百名以上書於策」疏。彼注云：「策，簡也。」疑服注古文上本有「策簡也」三字，疏乃節引。《説文》：「册，符命也，諸侯進受於王也。象其札一長一短，中有二編之形。笧，古文，從竹。」「策，馬箠也。」後借「策」爲「册」。《釋名》：「策，書教令於上，所以驅策諸下也。」

羽父請殺桓公，將以求太宰。【疏證】杜注云：「太宰，官名。」正義云：「魯之三卿無太宰。羽父名見於

---

❶「謂道非」，原脱，今據《莊子》卷十補。

❷「注」，當作「疏」。

❸「令」，原作「命」，今據《禮記正義》卷二十一改。

經，已是卿矣，而復求太宰，蓋欲魯特置此官以榮己耳。以後更無太宰，知魯竟不立之。」按：《年表》：「大夫翬請殺桓公，求爲相，公不聽，即殺公。」《魯世家》：「公子揮諂謂隱公曰：『百姓便君，君其遂立。吾請爲君殺子允，君以我爲相。』」據此則羽父未爲卿也。

公曰：「爲其少故也，吾將授之矣。使營菟裘，吾將老焉。」【注】服云：「菟裘，魯邑也。營菟裘以作宫室，欲居之以終老也。」《魯世家》注。【疏證】《説文》：「營，市居也。」《黍苗》「召伯營之」，箋：「營，治也。」《淮南・時則訓》「營丘隴之大小高庳」，注：「營，猶度也。」《郡國志》：「泰山郡梁父，有菟裘聚。」❶杜注同。《魏書・地形志》「梁汶」自注：「二漢、晉屬。❷有羗裘澤。」文淇按：汶，當作父。羗，當作菟，即《郡國志》之菟裘聚也。《元和志》：「菟裘故城，在兖州泗水縣北五十五里。」張雲璈曰：❸「今山東泰安府泰安縣東南九十里，近梁父，有菟裘城。」❹《荀子・成相》「治之道，美不老」，注：「老，休息也。」《世家》：「隱公曰：『有先君命。吾爲允少，故攝代。今允長矣，❺吾方營菟裘之地而老焉，以授子允政。』」

羽父懼，反譖公於桓公，而請弑之。【疏證】《説文》：「反，覆也。」《公羊》莊元年傳注：「加誣曰譖。」

---

❶「菟」，原作「莬」，今據原稿改。下同，逕改。
❷「二」，原脱，今據原稿補。
❸「雲璈」，原爲空格，今據原稿補。
❹「裘」，原重文，今據原稿删。
❺「今」，原作「令」，今據《史記・魯周公世家》改。

《一切經音義》：「《廣雅》『譖，毁也』，亦讒也。一云旁入曰譖。」❶《魯世家》：「揮懼子允聞而反誅之，乃反譖隱公於子允曰：『隱公欲遂立，去子，子其圖之。請爲子殺隱公。』子允許諾。」

公之爲公子也，與鄭人戰於狐壤，止焉。鄭人囚諸尹氏，【疏證】杜云：「狐壤，鄭地。」《郡國志》：「潁川潁陰縣有狐宗鄉。」❷沈欽韓云：「潁陰故城，在開封府禹州東南四十里。」❸杜又云：「内諱獲，故言止。」文淇案：僖十五年，「梁由靡御韓簡，虢射爲右，輅秦伯，將止之」。彼無所諱，而亦言「止」。杜注非也。《鄭語》「與止之」，注：「止，留也。」《晉語》「遂止於秦」，又云「將止不面夷」，注：「止，獲也。」

賂尹氏，而禱於其主鍾巫，【注】賈云：「鍾巫，祭名也。」《魯世家》注。【疏證】杜云：「尹氏，鄭大夫。」❹《泮水》毛傳：❺「賂，遺也。」《周禮・小宗伯》注：❻「求福曰禱。」杜又云：「主，尹氏所主祭。」而鍾巫無注。其謂所主祭，蓋同賈義。❼賈知鍾巫爲祭名者，因下文公祭鍾巫言之。祭名，猶神名也。焦循云：「《楚語》觀射

❶「入」，原作「人」，今據原稿改。
❷「陰」上，原衍「縣」字，今據原稿删。
❸「禹」，《漢書疏證》卷一作「鄭」。
❹「鄭」，原作「魯」，今據《春秋左傳正義》卷四改。
❺「泮水」，原爲空格，今據《毛詩正義》卷二十補。
❻「小宗伯」，原爲二空格，今據《周禮注疏》卷十九補。
❼原稿眉批：何休注未録。

父曰：『古者民神不雜，民之精爽不攜貳者，其明能光照之，其聽能聽徹之。❶如是則明神降之，在男曰覡，在女曰巫，是使制神之處位次。』又云：『九黎亂德，民神雜揉，不可方物。夫人作享，家爲巫史。』蓋巫能降神，神物憑之，即巫以爲神，故即名其神鍾巫。尹氏主之，所謂家爲巫史也。」

遂與尹氏歸，而立其主。十一月，公祭鍾巫，齊於社圃，館於寪氏。【注】服云：館，舍也。寪氏，魯大夫。【疏證】焦循云：「隱公禱而得歸，遂亦信而立其主。」《説文》：「齋，戒潔也。」杜云：「社圃，園名。」其注「館於寪氏」用服義。李貽德云：「《易·屯》釋文：『舍，止也。』《漢書·高紀》注：『舍，息也。』言止息於寪氏也。」《魯世家》：「十一月，隱公祭鍾巫，齋於社圃，館於蔿氏。揮使人弑隱公於蔿氏。」寪作蔿，與傳異。《校勘記》云：「錢大昕云：蔿、薳古通用，孟僖子有薳氏之簉，其即寪氏之後乎。」❷

壬辰，羽父使賊弑公於寪氏，立桓公，而討寪氏，有死者。【疏證】弑，毛本作殺。今從宋本。《説文》：「討，治也。」杜注云：「欲以弑君之罪加寪氏，而復不能正法誅之。傳言進退無據。」按：杜釋「有死者」義未明晰。顧炎武云：「言非有名位之人，蓋微者耳，如司馬昭族成濟之類。」沈欽韓云：「言僅有死者，又非首惡也。」二説均得傳義。

不書葬，不成喪也。【注】賈、穎云：「君弑不書葬，賊不討也。」《釋例》。

---

❶「徹」，原作「微」，今據原稿改。

❷「寪」，原作「蔿」，今據《春秋左傳正義》卷四《校勘記》改。

春秋左氏傳舊注疏證

桓公【疏證】《世本》：「桓公名軌。」《謚法》：「辟土服遠曰桓。」

【經】元年，春，王正月，公即位。【疏證】《小宗伯》「建國之神位」，鄭注云：「故書『位』作『立』。鄭司農云：『立讀爲位，古者立、位同字。古文《春秋》經「公即位」爲「公即立」。』」臧壽恭云：「據此知《春秋》古經『位』作『立』。」惠棟云：「古鼎銘『位』皆作『立』。」沈欽韓云：「此人旁是俗師所加。」按：《鄉師》「及窆，❶執斧以立匠師」，鄭司農注云：「立讀爲蒞。」《史記·范睢蔡澤傳》「明主立政」，索隱云：「立，涖也。」《說文》：「立，住也。從大立一之上。」皆古文從立之義。《曲禮》正義云：「準《左傳》之義，諸侯薨而嗣子即位，凡有三時，一是始死，即適子之位；二是踰年正月，即一國正君臣之位；三是除喪而見於天子，天子命之嗣，列爲諸侯之位。」此當是古《左氏》説。桓公之即位，蓋用踰年正月之禮。杜注謂「桓公簒立而用常禮」，是也。

三月，公會鄭伯于垂，鄭伯以璧假許田。【注】虔信云：「鄭以祊不足當許田，故復加璧。」《史記集解》。【疏證】垂地已見。本疏云：「沈以爲公迎鄭伯於垂。」是沈文阿舊疏，謂桓公迎鄭伯於垂而爲會也。《魯

❶「鄉」，原作「卿」，今據原稿改。

世家》「桓公元年，鄭以璧易天子之許田」，集解引麋氏説。按：傳疏云：「祊薄於許，加之以璧，易取許田，非假借之也。今經乃以『璧假』爲文，故傳言爲周公、祊故，❶解經『璧假』之言也。」疏言今經以「璧假」爲文，是古文經「假」作「加」。杜氏云：「以璧假爲文，時之所隱。」失之。《孟子》趙注引《假樂》，「假」作「嘉」。嘉有加聲，故麋云加璧，猶言以璧加許田也。

夏，四月，丁未，公及鄭伯盟于越。【疏證】正義云：「成會禮於垂，既易許田，然後盟以結之。故先會，次假田，然後書盟也。」杜注：「越，近垂，地名。」《大事表》：「越，當在山東曹州府曹縣附近。」

秋，大水。【疏證】《五行志》：「傳曰：『簡宗廟，不禱祠，廢祭祀，逆天時則水不潤下。』桓公元年『秋，大水』，劉歆以爲桓易許田，不祀周公，廢祭祀之罰也。」

冬，十月。

【傳】元年，春，公即位，脩好于鄭。鄭人請復祀周公，卒易祊田。公許之。

「三月，鄭伯以璧假許田」，爲周公、祊故也。【疏證】「假」當作「加」。杜於經既不從古義，故傳亦改作「假」，以《公》、《穀》二傳皆作「假」。注謂：「稱璧假，言若進璧以假田，非久易也。」亦用《公》、《穀》義。沈欽韓云：「《詩》傳：『許，魯西鄙。』《晏子·雜篇》：『景公伐魯，傅許，得東門無擇。』即此許也。據彼文，則魯亦自有許。」按：沈説是也。《詩》傳指《閟宮》詩，鄭箋以許爲許田，與毛異。知魯有兩許則無疑。閟宮之居，常與許矣。

---

❶「故」，原作「而」，今據原稿改。

疏謂「僖公時復得之」，臆度無據。❶

「夏，四月，丁未，公及鄭伯盟于越」，結祊成也。【疏證】《説文》：「結，締也。」杜注：「傳以經不書祊，故獨見祊。」祊已見八年經。經言許田，意自明，杜注非傳意。

盟曰：「渝盟，無享國！」【疏證】杜注：「渝，變也。」《公羊》僖十一年傳「桓公之享國也長」，❷注：「享，食也。」

「秋，大水」，凡平原出水爲大水。【疏證】此大水例也。《釋地》：「廣平曰原。」杜注用之。疏引李巡曰：「謂土地寬博而平正，名之曰原。」疏又云：「《洪範》云：『水曰潤下。』言雨自上而下浸潤於土，陂鄣下地，可使水潦渟焉。❸平原高地，則不宜有也。凡平原出水則爲大水。平原出水，言水不入於土而出於地上，非湧泉出也。」

冬，鄭伯拜盟。

宋華父督見孔父之妻于路，【注】服云：「督，戴公之孫。」《史記集解》。【疏證】《世本》云：「宋督是戴公之孫，好父説之子。華父是督之字。」杜注用服義。又云：「孔父嘉，孔子六世祖。」孔父，鄭玄《儀禮》注作「孔甫」，云：「甫字或作父。」又《士相見禮》注：「今文父爲甫。」父、甫字通。《左氏》稱人之字，字皆作「父」，父當爲古

---

❶ 原稿眉批：《少牢饋食》注未引。
❷ 「十一」，當作「十」。「長」，原爲空格，今據原稿補。
❸ 「渟」，《春秋左傳正義》卷五作「停」。

文。《世本》云：「正考父生孔父嘉，爲宋司馬，華督殺之，而絶其世。其子木金父降爲士，木金父生祁父，祁父生防叔，防叔生伯夏，伯夏生叔梁紇，叔梁紇生仲尼。」是爲孔子六世祖也。

目逆而送之，曰：「美而豔。」【注】服云：「目者，極視精不轉也。」《史記集解》。**【疏證】**《世家》：「大司馬孔父嘉妻好，出，道遇太宰華督。督説，目而觀之。」《廣雅·釋詁》：「目，視也。」《後漢書·郅惲傳》：「目擊，謂熟視之也。」《釋言》：「逆，迎也。」《方言》：「逆，迎也。自關而東曰逆。」《太叔于田》疏：「送謂逐後。」《楚詞·大司命》注：「極，窮也。」《淮南·主術訓》注：「睛，目童子也。」《説文》：「眹，目精。」「睛」古作「精」。《莊子》司馬彪注：「轉，運也。」《詩》毛傳：「色美曰豔。」杜注用之。《説文》：「豔，好而長也。从豐。豐，大也。盍聲。《春秋傳》曰『美而豔』。」《釋文》：「豔，美色也。」「而」爲助辭。疏謂「美言形貌，豔言顔色」，非。

【經】二年，春，王正月戊申，宋督弑其君與夷，【注】賈云：「督有無君之心，故去氏。」隱四年疏、《釋例·氏族例》。**【疏證】**賈謂督有無君之心，據傳文，氏受於君，督無君，故去氏不稱華督也。杜注「稱督以弑，罪在督也」，未得傳意。

及其大夫孔父。【疏證】杜注：「孔父稱名者，内不能治其閨門，外取怨於民，身死而禍及其君。」疏引《釋例》曰：❶「經書『宋督弑其君與夷及其大夫孔父』，仲尼、丘明唯以先後見義，無善孔父之文。仇牧不警而遇賊，

❶ 「疏引」至「無考」一百三十七字，原在「同左氏説」下，今據原稿改。

又死無忠事。晉之荀息期欲復言，本無大節。先儒皆隨加善例，又爲不安。」疏又云：「按《公羊》、《穀梁》及先儒，皆以善孔父而書字。」是孔父之書字，古《左氏》説有二義：一爲君先死書字，一爲善之書字也。❶杜皆隱之。劉炫《規過》駁杜氏稱名，見本疏，其文無考。惠棟云：「孔父，孔氏之先也。傳曰：『孔父嘉爲司馬。』是嘉名，孔父字。古人稱名字，皆先字而後名，祭仲足是也。鄭有子孔，名嘉。《説文》曰：『孔，從乙，從子。乙，請子之鳥也，乙至而得子。嘉美之也。古人名嘉字子孔。』《説文》此訓，蓋指宋、鄭兩大夫。故先儒皆謂善孔父而書字，杜注輒爲異説，不可從也。」沈欽韓曰：「孔父字謚也。顧云：『《家語・本姓》篇：「考父生孔父嘉，其後以孔爲氏。」然則仲尼氏孔，正以王父之字，而楚成嘉、鄭公子嘉皆字子孔，亦其證也。』按：若以孔父爲名，則夫子得氏之始，不應以所諱爲氏。杜預因《公》、《穀》兩家皆美孔父，故欲立異而稱名罪之，非。」按：惠、沈説是也。疏祖杜説，援齊侯禄父、蔡侯考父、季孫行父、衛孫林父爲比，彼自以父爲名，與孔父之書字異。孔父之書字者，《曲禮》「不敢與世子同名」，疏：「《異義》：《公羊》説臣子先死，君父猶名之。孔子曰『鯉也死』，是已死而稱名。《左氏》説既歿而不名，桓二年『宋督弑其君與夷及其大夫孔父』，先君死，故稱其字。《穀梁》同《左氏》説。」

滕子來朝。

三月，公會齊侯、鄭伯于稷，❷以成宋亂。【注】鄭衆、服虔云：「成就宋亂。」本疏。【疏證】杜注：

❶「善」，原爲空格，今據原稿補。

❷「侯」下，《春秋左傳正義》卷五有「陳侯」二字。

「稷，宋地。」《春秋輿圖》：稷在河南歸德府商丘縣境。❶《詩·樛木》傳：「成，就也。」《説文》：「成，就也。」《穀梁》：「桓内殺其君，❷外成人之亂，受賂而退，以事其祖，非禮也。」亦以成亂爲成就宋亂。李貽德云：「宋亂由華納賂立之，昧討賊之義。經特書之，以成宋亂實由公也。」杜注：「成，平也。宋有弑君之亂，故爲會以平之。」與鄭、服異。《穀梁》此年集解：「江熙曰：按宣四年公及齊侯平莒及郯，傳曰：『平者，成也。』然則成亦平也。」杜據之説《左氏》，非。

夏四月，取郜大鼎於宋。戊申，納于大廟。【疏證】《郡國志》：「濟陰郡成武有郜城。」即此郜，非郜國也。傳「取郜大鼎」，杜注云：「郜國所造器也，濟陰城武縣東南有北郜城。」彼疏引劉炫難杜云：「『郜國，濟陰城武縣東南有北郜城』，郜，宋邑，濟陰城武縣東南有郜城。俱是城武縣東南，相去不遠。」劉意蓋以郜城當此郜，北郜當郜國。疏駁炫謂「劉以南郜、北郜並宋邑」，非也。《地名考略》：「今曹州府城武縣東南二十里有郜城。」❸杜注：「大廟，周公廟也。」疏云：「《禮記·明堂位》稱魯君『季夏六月以禘禮祀周公於大廟』，文十三年《公羊傳》曰『周公稱大廟』，故知大廟，周公廟也。」《禮儀志》注：❹「蔡邕《明堂論》曰：《春秋》因魯取宋之姦賂，則顯之大廟，以明聖王建清廟明堂之義。」

---

❶ 原稿眉批：孔廣栻曰：「晉、齊、楚并有稷。見宣十五年、昭十年、定五年。」

❷ 「殺」，《春秋穀梁傳注疏》卷三作「弑」。

❸ 原稿眉批：郜見隱十年。

❹ 「禮儀」，當作「祭祀」。

秋七月，杞侯來朝。

蔡侯、鄭伯會于鄧。【注】服云：「鄧，曼姓。」《楚世家》集解。賈、服云：「鄧，國名。言蔡、鄭會於鄧之國都。」本疏。【疏證】《世本》：「鄧，曼姓。」《説文》：「鄧，曼姓之國。今屬南陽。」《地理志》：「南陽郡，鄧故國。」應劭曰：「鄧侯國。」杜注云：「潁川召陵縣西南有鄧城。」疏引賈、服説，駁之云：「以鄧是小國，去蔡路遠，蔡、鄭不宜遠會其都；且蔡、鄭懼楚，始爲此會，何當反求近楚小國而與之結援？故知非鄧國也。」沈欽韓云：「按傳言始懼楚，鄧國在南陽，逼楚境尤切，故兩國至其都，當從賈、服也。許州之鄧，是隱十年所盟地。」按：沈説是也。蔡、鄧相隣，疏謂蔡去鄧遠，尤謬。

九月，入杞。

公及戎盟于唐。冬，公至自唐。

【傳】二年春，宋督攻孔氏，殺孔父而取其妻。公怒，督懼，遂弑殤公。君子以督爲有無君之心，而後動於惡，故先書弑其君。【疏證】《年表》：「華督見孔父妻好，悦之。華督殺孔父，及殺殤公。」《宋世家》：「華督攻殺孔父，取其妻。殤公怒，遂弑殤公。」《後漢書・張綱傳》：「少明經學。漢安元年，上奏大將軍冀、❶河南尹不疑，謹條其無君之心十五事。」當本《左氏》説。疏云：「督不臣之迹在心已久，非爲公怒始興毒害。若先書孔父，後書弑君，便似既殺孔父始有惡心。今先書弑君，後書孔父，見其先有輕君之心，以著不義之

❶「冀」，原脱，今據《後漢書・張綱傳》補。

極也。」

會于稷，以成宋亂，爲賂故，立華氏也。【疏證】疏云：「今定本有『故』字，檢晉、宋古本往往無『故』字者，妄也。」杜注云：「傳言『爲賂故，立華氏』，明經本書平宋亂，爲公諱，諱在受賂立華氏也。督未死而賜族，督之妄也。」惠棟云：「立，立證，周法也。立華氏爲證，乃佐成孔父之罪。」沈欽韓曰：「督有弑君之罪，無以自立，故爲此會以湔洗之。經言成宋亂者以此，惠氏言立華氏爲證，此《公羊》家言，非也。傳言華氏，是史文追稱，猶諸侯預稱謚也。杜言督未死而賜族，義亦了戾。」按：沈説是也。杜注經文「成宋亂」爲「平宋亂」，故牽就爲諱惡之説，非經意也。傳稱殤公，亦諸侯預稱謚也。

宋殤公立，十年十一戰，【注】賈逵云：「一戰，伐鄭，圍其東門；二戰，取其禾；三戰，取邾田；四戰，邾、鄭伐宋，入其郛；五戰，伐鄭，圍長葛；六戰，鄭以王命伐宋；七戰，魯敗宋師于菅；八戰，宋、衛入鄭；九戰，伐戴；十戰，鄭入宋；十一戰，鄭伯以虢師大敗宋。」《史記·微子世家》集解。服虔云：「與夷，隱四年即位，一戰，伐鄭，圍其東門；再戰，取其禾，皆在隱四年。三戰，取邾田；四戰邾、鄭，入其郛；五戰，伐鄭，圍長葛，皆在隱五年。六戰，鄭伯以王命伐宋，在隱九年。七戰，公敗宋師于菅；八戰，宋、衛入鄭；九戰，宋人、蔡人、衛人伐戴；十戰，戊寅，鄭伯入宋，皆在隱十年。十一戰，鄭伯以虢師大敗宋師，在隱十一年。」本疏。【疏證】杜注：「殤公以隱四年立，十一戰皆在隱公世。」蓋隱括服注，服與賈同，賈無年分，服補記之耳。

民不堪命。孔父嘉爲司馬，督爲太宰，故因民之不堪命，先宣言曰：「司馬則然。」【疏證】《周語》：「厲王虐，召公告王曰：民不堪命矣。」注：「言民不堪暴虐之政令。」《秦策》「宣言之於朝廷」，注：「宣，徧也。」《禮運》「宣祝嘏辭説」，注：「宣，猶揚也。」《宋世家》：「督乃使人宣言國中曰：『殤公即位十年耳，而十一戰，民苦不堪，皆孔父爲之。』」焦循曰：「此杜預據以定孔父之罪案也。乃『司馬則然』，《左氏》明指爲華督之言，督誣孔父之言，而可據乎？」

已殺孔父而弒殤公，召莊公于鄭而立之以親鄭。以郜大鼎賂公，【疏證】《宋世家》：「迎穆公子馮於鄭而立之，是謂莊公。」杜注：「莊公，公子馮也。隱三年出居於鄭。」《詩・泮水》「大賂南金」，毛傳：「賂，遺也。」《説文》同。

齊、陳、鄭皆有賂，故遂相宋公。【疏證】杜無注。疏亦未釋「相」字。按《宋世家》：「莊公元年，華督爲相。」是「相宋公」指華督言。自攻孔父至此，皆叙華督之事，其行賂懼討且求位也。

夏四月，取郜大鼎於宋。戊申，納于大廟，非禮也。【疏證】郜鼎，以取於宋，言郜爲宋邑也。《年表》：「宋賂以鼎，入於太廟，君子譏之。」

臧哀伯諫曰：「君人者，將昭德塞違，以臨照百官，猶懼或失之，故昭令德以示子孫。【疏證】《世本》：「孝公生僖伯彄，彄生哀伯達。」《鹿鳴》「德音孔昭」，箋云：「昭，明也。」《漢書・淮南憲王欽》注：❶「塞，猶補也。」《荀子・大略篇》「故塞而避所短」，注：「塞，掩也。」《説文》：「臨，監臨也。」

---

❶「南」，《漢書・淮陽憲王欽傳》作「陽」。

「是以清廟茅屋，【注】賈云：「肅然清静，謂之清廟。」《詩》疏。**【疏證】**杜注「清廟」，用賈説。《詩·清廟》箋云：「清廟者，祭有清明之德者之宫也，❶謂祭文王也。天德清明，文王象焉。」疏云：「賈逵《左傳》注云：『肅然清静謂之清廟。』鄭不然者，以《書傳》説清廟之義云：『於穆清廟，周公升歌文王之功烈德澤，尊在廟中，❷嘗見文王者，愀然如復見文王。』説清廟而言功德，則清是功德之名，非清静之名也。廟者，人所不舍，雖非文王，孰不清静，何獨文王之廟顯清静之名？以此，故不從賈氏之説也。」本疏又云：「象尊之貌，享祭之所，嚴其舍宇，簡其出入，其處肅然清静，故稱清廟。《詩·頌·清廟》者，祀文王之歌，故鄭玄以文王解之。此則廣指諸廟，非獨文王，故以清静解之。」此疑爲舊疏，先儒或有以文王説清廟者，故疏申賈義也。杜注茅屋云：「以茅飾室，著儉也。」《御覽》五百卌一引「室」作「屋」，或賈注亦説茅屋，杜襲之。疏云：「《冬官考工記》有葺屋、瓦屋，則屋之覆蓋或草或瓦。傳言『清廟茅屋』，其屋必用茅也，但用茅覆屋，更無他文。得有茅者，以茅飾之而已，非謂多用其茅總爲覆蓋。猶童子垂髦及蔽膝之屬，示其存古耳。」按《北史·宇文愷傳》，❸愷議明堂引胡伯始注《漢官》云：「古清廟蓋以茅，今蓋以瓦，瓦下藉茅，以存古制。」是古制清廟用茅覆屋，疏説非。

「大路越席，【注】服云：「大路，木路，本疏。祀天車也。越席，結括草以爲席也。《史記·禮書》集解。大路，總名也，如今駕駟高車矣。尊卑俱乘之，其采飾有差。」《續漢書·輿服志》注。**【疏證】**《淮南

---

❶「者」，原脱，今據《毛詩正義》卷十九補。
❷「尊」，原作「等」，今據原稿改。
❸「文」字，原脱，今據《北史·宇文愷傳》補。

子・主術訓》：「於是堯乃身服節儉之行，而明相愛之仁，以和輯之。是故茅茨不翦，采椽不斷，大路不畫，越席不緣，大羹不和，粢食不穀。」是「大路」以下，皆史臣述堯之辭，哀伯襍引之也。杜注：「大路，玉路。越席，結草。」《御覽》七百九「服虔曰：『越席，結草爲席。』」服注別文。杜刪去「爲席」二字，語意未完。疏云：「服虔云：『大路，木路。』杜不然者，以『大路越席』，猶如『清廟茅屋』，清廟之華，以茅飾屋示儉。玉路之美，以越席示質。若大路是木，則與越席各爲一物，豈清廟與茅屋又爲別乎？故杜以大路爲玉路，於玉路而施越席，是方可以示儉。故沈氏云：『玉路雖文，亦以越席示儉。』」按：大路越席，顯爲二物，不得以清廟茅屋爲比。杜亦未言越席施於大路，疏乃援沈文阿説以傅合之，并非杜義也。《明堂位》「大路，殷路也」，注：「大路，木路也。漢祭天乘殷之輅也。今謂之桑根車。《春秋傳》曰『大路素』。」彼疏云：「按桓二年《左氏》云『大路越席』。越席是祀天之席，則大路亦祭天之車。以祭天尚質，故鄭云大路素。」《論語》「乘殷之輅」，集解引馬曰：「殷車曰大輅。《左傳》曰：『大路越席。』」馬、鄭之誼，皆同於服。《巾車》：「木路，前樊鵠纓，建大麾以田，以封蕃國。」注：「木路，不鞔以革，漆之而已。」《禮記》疏云：「大路，殷家祭天車也。」《郊特牲》「乘素車」，注：「素車，殷路也。」《巾車》：「玉路，錫樊纓，十有再就，建太常十有二斿，以祀。」是周制以玉路祀天，哀伯所述乃殷禮，故服不用周禮也。《禮書》正義云：「括草，蒲草。」《淮南子》高誘注：「越，結蒲爲席也。」《禮運》「與其越席」，注：「越席，翦蒲也。」疏云：「若依周禮，越席疏布是祭天之物。此經云『君與夫人』，則宗廟之禮也。此蓋記者襍陳夏、殷諸侯之禮，故雖宗廟而用越席疏布也。」是越席本以祭天，故傳與大路連言也。焦循云：「《禮運》釋文：『越，音活。字書作趏。』趏蓋即适，适通於括。括，結也。」按：《梓材》傳：❶

❶「梓材」，當作「泰誓」。

「越，遠也。」引申之有疏闊之義。越席以蒲爲之，其制疏濶而不密，故曰越席，猶疏布以疏爲義也。服意謂聚草而結括爲席，越無結括義。焦説非也。李貽德云：「括當作鞂。《説文》：『稭，禾藁去其皮，祭天以爲席。』《玉篇》作『鞂，祭神席也』。括草即秸草。」亦通。「大路，總名也」以下，乃服通釋路制。李貽德云：「大路不得爲總名，『大』字疑衍。」是也。《巾車》「王之五路」注「王在焉曰路」，疏：「路，大也。王之所在，故以大爲名，諸侯亦然。《左氏》義以爲行於道路，故以路名之。若然，則門寢之等，豈亦行於路乎？」《左氏》義疑指此注。或服謂「行於道路謂之路」，今佚之。服言今者，漢制也。漢制，駕駟高馬，❶尊卑同之，而采飾有差，詳《漢書》、《後漢書》紀傳及《輿服》、《禮儀》等志，以無關説經，悉不具。

大羹不致，【疏證】杜注：「大羹，肉汁。不致五味。」《御覽》八百六十一引注：「大羹，肉汁也。不致五味，禮不忘本也。」當是舊注，杜蓋用舊説。《淮南子》高誘注：「不和，不致五味。」《禮器》「禮也者，物之致也」，注：「致之言至也，極也。」是不致謂不極五味也。疏云：「《郊特牲》：『大羹不和，貴其質也。』《儀禮·士虞》《特牲》皆設大羹湆，鄭玄云：『大羹湆，煮肉汁也。』❷是祭祀之禮有大羹也。五味，即《洪範》所云酸、苦、辛、鹹、甘也。」

粢食不鑿，昭其儉也。【疏證】《校勘記》云：「《淮南·主術訓》作『粢食不毇』。《玉篇》『鑿』字下引傳，作『粢食不糳』。陳云：『糳爲鑿，蓋古字假借。』」杜注云：「黍稷曰粢，不精鑿。」疏云：「《釋草》曰：『粢，稷。』舍人

❶「高」，原爲空格，今據原稿補。「馬」，《後漢書·輿服志》服虔注作「車」。

❷「煮肉」，原作「羹内」，今據原稿改。

曰：『粢，一名稷。稷，粟也。』郭璞云：『今江東人呼粟爲粢。』《士虞·記》云『明齊』，鄭云：『今文曰明粢。粢，稷也。』然則粢是稷之別名。《周禮·小宗伯》『辨六粢之名物』，鄭玄云：『六粢，謂黍、稷、稻、粱、麥、苽。』是諸穀皆名粢也。故云『黍稷曰粢』。」如杜意，則粢即粢盛之粢也。《曲禮》「食居人之左」，注云：「食，飯屬也。」疏云：「知食是飯者，《春秋左氏傳》『粢食不鑿』。」按：《釋文》：「食音嗣。」食對羹言，宜爲飯屬矣。《廣雅·釋詁》：「精、鑿、稗，小也。」王念孫云：「皆米之細名。糳，通作鑿。桓二年《左傳》『粢食不鑿』。《淮南子·主術訓》作糳。糲或爲糲。」《召旻》箋云：「米之率，糲十，粺九，鑿八，侍御七。」正義云：「《九章》粟米之法云：『粟率五十，糲米三十，粺二十七，鑿二十四，侍御二十一。』言粟五升，爲糲米三升，以下則米漸細，故數益少也。」案：鄭箋言粺九鑿八，《九章算術》言粺二十七，❶鑿二十四，皆是鑿細於粺。《説文》以糲米一斛舂九斗爲糳，八斗爲粺，則是粺細於糳，未知孰是。《一切經音義》引《三蒼》：❷「鑿，精米也。今江南謂師米爲糳，音賴。」師，疑糲之別，故有賴音也。《禮部韻略》引《字林》云：「鑿，舂也。」

「袞、冕、黻、珽，【疏證】鄭司農《周禮》注：「袞，卷龍衣也。」《釋名》：「畫卷龍於衣也。」杜注：「袞，畫衣也。」用《釋名》説。疏云：「畫衣，謂畫龍於衣。祭服玄衣纁裳，《詩》稱玄袞，是玄衣而畫以袞龍。袞之言卷也，謂龍首卷然。《玉藻》曰『龍袞以祭』，知謂龍首卷也。」按：《益稷》「日、月、星辰、山、龍、華蟲作會」，「會」爲古「繪」

❶「章」字，原無，今補。

❷「蒼」下，當有「注」字。

字，即畫衣矣。《書》某氏傳：「冕，冠也。」宋衷《世本》注：「冕，冠之有旒者。」杜注：「冕，冠也。」用《書傳》說。疏云：「阮諶《三禮圖・漢禮器制度》云：『冕制，皆長尺六寸，廣八寸，天子以下皆同。』沈引董巴《輿服志》云：❶『廣七寸，長尺二寸。』應劭《漢官儀》云：『廣七寸，長八寸。』沈又云：『廣八寸，長尺六寸者，天子之冕；廣七寸，長尺二寸者，諸侯之冕；廣七寸，長八寸者，大夫之冕。』但古禮殘缺，未知孰是，故備載焉。」正義所引沈說，爲沈文阿舊疏，舊注或及冕之長短廣狹，今不可考矣。《明堂位》「有虞氏服韍」注：「黻，❷或作韍。冕服之韠也。」《白虎通》：「韍，蔽膝也。」《北堂書鈔》引雷氏《五經要義》云：「韠，裳前之蔽也。」杜注云：「黻，韋韠，以蔽膝也。」蓋用以上諸說。《左氏》作「黻」，《禮》作「韍」者，黻爲正，韍異文也。字亦作「芾」，毛傳「芾，韠也」，鄭箋云：「芾，太古蔽膝之象也。冕服謂之芾，其他服謂之韠，以韋爲之。」此疏釋之云：「黻之與韠，祭服、他服之異名耳。」《瞻彼洛矣》疏云：「大夫以上祭服謂之韍，士朝服謂之韠，士祭服謂之韎韐。」其說黻、韠之別尤分明。《士冠禮》注：「韍之制如韠。」《玉藻》云：「韠，君朱，大夫素，士爵韋。」是黻、韠對則異，散則通。傳文四者皆君之服飾，故但言黻也。《御覽》六百九十一引《五經異義》云：「韍者大帶之飾，非韠也。」陳壽祺《疏證》云：「《說文》：『韠，韐也，所以蔽前。』『市，韠也。上古衣蔽前而已，市以象之。』《御覽》所引《異義》，❸疑非叔重之言。或《異義》中引他家

❶「引」，原作「行」，今據原稿改。
❷「黻或作韍」，《禮記正義》卷三十一作「韍或作黻」。
❸「引」，原作「以」，今據原稿改。

説。」❶按：陳説是也。《廣雅》：「珽，笏也。」杜注：「珽，玉笏也。」《玉藻》云：「笏，天子以球玉。」《管子》云：「天子執玉笏以朝日。」皆杜所本。《隋書・禮儀志》注云：❷《五經異義》：天子笏曰珽，挺直無所屈也。」❸未引鄭駁。按《玉藻》「天子搢珽，方正於天下也」，鄭注云：「珽之言挺然無所詘也。或謂之大圭。❹長三尺，于杼上又廣其首，方如椎，❺是謂無所屈。」鄭與許同。

「**帶、裳、幅、舄**，**【疏證】**《玉藻》「革帶博二寸」，鄭玄注云：「凡佩繫於革帶。」《白虎通》云：「男子有鞶帶者，示有金革之事。」杜注：「帶，革帶也。」用《玉藻》説。疏云：「下有鞶是紳帶，知此帶爲革帶。」而又引《白虎通》謂：「示有革事，❻故用革爲帶。」義殊近鑿。《采菽》毛傳：「衣下曰裳，所以配衣也。」杜注：「衣下曰裳。」用毛説。昭十二年傳云：「裳，下之飾也。」《采菽》「邪幅在下」，傳云：「邪幅，逼也，偪所自逼束也。」箋：「幅，邪幅，如今行縢也。偪束其脛，自足至膝。故曰在下。」彼疏云：「桓二年《左傳》曰『帶、裳、幅、舄』，《内則》亦單云偪，❼則此服名偪而已。杜、鄭皆云今之行縢。」據是則鄭之説《左氏》亦以幅爲今之行縢，杜用之也。《屨人》

❶「中」，原作「申」，今據原稿改。
❷「書」，原作「志」，今據《隋書・禮儀志》改。
❸「挺」，《隋書・禮儀志》作「珽」。
❹「或謂」，原重文，今據原稿删。
❺「椎」下，《禮記正義》卷二十九有「頭」字。
❻「事」，原作「帶」，今據原稿改。
❼「單」，原爲空格，今據原稿補。

鄭注云：「複下曰舄，禪下曰屨。」故杜釋「舄」爲「複履」。彼疏云：「下謂底，複重底。❶重底者名曰舄，禪底者名曰屨也。無正文。鄭目驗而知也。」❷《釋名》：「複其下曰舄。」與鄭同。鄭注又云：「天子諸侯吉事皆舄。」赤舄者，冕服之舄。白舄者，皮弁之舄。黑舄者，玄端之舄。其士皆著屨。其卿大夫服冕者，亦赤舄。餘服則以屨。

「衡、紞、紘、綖，昭其度也。」【疏證】《校勘記》云：「張平子《東京賦》『衡』作『珩』。李善引傳文及杜注同。按：珩與衡音義同。」《追師》「爲副編次追衡笄」，注：「鄭司農云：『衡，維持冠者。《春秋傳》曰衡、紞、紘、綖。』玄謂王后之衡笄皆以玉爲之，唯祭服有衡，垂於副之兩旁，當耳，其下以紞縣瑱。笄，卷髮者。」疏：「《春秋》云衡、紞、紘、綖，則據男子之衡引證此者，司農意男子婦人皆有衡。《弁師》王之笄以玉，故知后與王同用玉也。云『惟祭服有衡』者，桓二年臧哀伯云：『衮冕、韍、珽，帶、裳、幅、舄，衡、紞、紘、綖』，並據男子之冕祭服而言，明婦人之衡亦施於三翟矣。傳云『衡、紞、紘、綖』，與衡連言，明紞爲衡設矣。笄既横施，則衡垂可知，衡下乃以紞懸瑱也。」按：鄭君謂衡、笄二物，衡則下垂，異於先鄭。杜注謂「衡，維持冠者」，蓋沿先鄭之説。本疏并引先後鄭説，而仍云：「冠由此以得支立，故云『維持冠者』。」蓋未達先後鄭之異誼矣。《字林》云：「紞，冠之垂者。」杜注用之。疏云：「紞者，懸瑱之繩，垂於冠之兩旁。」視杜注爲分明。《周禮疏》謂「紞爲衡而施」，則紞繫於衡也。《詩・

---

❶「重底」，原脱，今據原稿補。

❷「目」，原作「自」，今據原稿改。

著》箋云：❶「充耳謂所以懸瑱者，或名爲紞，織之。人君五色，臣則三色。」是紞即充耳也。《詩·葛覃》毛傳：❷「紘，纓之無緌者，從下仰屬於冠。」《魯語》注：「冕曰紘。❸紘，纓之無緌者。從下而上不結。」杜注謂：「紘，纓從下而上者。」蓋本之。《士冠禮》鄭注云：「有笄者屈組爲紘，垂爲飾。無笄者纓而結其絛。」是紘之制因於笄。笄即衡，蓋冕弁之飾矣。《玉藻》「前後邃延」，鄭注：「延，冕上覆也。」彼疏云：「延，冕上服也者，以三十升之布，染之爲玄，覆於冕上，出而前後。冕，謂以板爲之，❹以延覆上。」杜注謂云：「綖，冠上覆。」意蓋以延爲綖之本也。疏云：「冕以木爲幹，以玄布衣其上，謂之綖。」與《禮疏》合。

「藻、率、鞞、鞛，【注】服云：「藻，畫藻。率，刷巾。」「《禮》有刷巾。」本疏。**【疏證】**藻率，《東京賦》作「藻綷」。《司几筵》「加繅席畫純」，注：「鄭司農云：繅讀爲藻率之藻。」疏：「讀從桓二年臧哀伯云『藻、率、鞞、鞛，鞶、厲、游、纓』，此蓋取彼義也。」《典瑞》「繅藉五采五就」，注：「繅有五采文，所以薦玉。木爲中榦，用韋衣而畫之。鄭司農云：『繅讀爲藻率之藻。』」疏：「桓二年臧哀伯諫辭也。藻是水草之文，故讀從之也。」是先、後鄭皆以藻、率爲二物，與服同。杜注：「藻率，以韋爲之，所以藉玉。」正義云：「杜以藻率爲一物者，以拭物之巾無名率者。服言《禮》有刷巾，事無所出。」阮氏《校勘記》云：「孔冲遠誤也。依《說文》『帥，佩巾也』，即帨字。古率、帥

---

❶「箋」，原作「義」，今據原稿改。
❷「葛覃」，原爲空格，今據《毛詩正義》卷一補。
❸「紘」下，原衍「纓」字，今據《國語正義》卷五刪。
❹「板」，原爲空格，今據原稿補。

通，故《儀禮》注云『古文帥作率』。服虔云『《禮》有刷巾』，其語亦見《説文》。凡《儀禮》言帨者，即《左傳》之率也。」按：阮説是也。《樂師》故書「帥」爲「率」，《聘禮》古文「帥」皆作「率」，《采菽》「亦是率從」，襄十一年傳作「帥從」。《廣雅・釋器》：「帥，巾也。」皆率得爲巾之義。《爾雅》：「刷，清也。」《説文》：「刷，括也。」❶又云：「拭也。」杜以藻、率爲一物，❷禮制他無所徵。正義引《玉藻》「士練帶，率下辟」，謂：「以韋衣木，縩積其邊。」非其義矣。《篤公劉》「鞞琫容刀」，毛傳：「下曰鞞，上曰琫。」《詩》疏云：「鞞者刀鞘之名，琫者鞘之上飾。下不言其飾，指鞞之體，故云『下曰鞞』。上則有飾可名，故云『上曰琫』。」洪亮吉云：「琫與鞛同，杜注正與《毛傳》上下相反，疑誤。」按：洪説是也。《瞻彼洛矣》「琫琫有珌」，毛傳云：「鞞，容刀鞞也。琫，上飾。珌，下飾。」《説文》：「鞞，刀室也。琫，佩刀上飾也。珌，佩刀下飾也。」許君用毛誼，視《公劉》疏尤分明矣。而此疏謂：「鞞、鞛二名，明飾有上下，先鞞後鞛，故知鞞爲上飾，鞛爲下飾。」乃望文生義之辭。劉炫規杜亦援《毛詩》，而疏駁之謂：「鞞鞛或上或下，俱是無正文。」尤誤。

「鞶、厲、游、纓，昭其數也。」【注】服云：「鞶，大帶，厲是大帶之垂者。《禮記・内則》疏。纓如索裙，今乘輿大駕有之。」本疏。【疏證】杜注云：「鞶，紳帶也，一名大帶。厲，大帶之垂者。游，旌旗之游。纓，在馬膺前，如索裙。」疏云：「賈、服等説鞶、厲皆與杜同，唯鄭玄獨異。」是賈氏亦與服同。疏但言賈、服説鞶、厲同於杜，然所引服之説纓，杜亦襲其索裙之義。疑此傳杜注全襲賈、服義也。《都人士》「垂帶而厲」，箋云：「而厲，

❶「括」，《説文解字》卷四下作「刮」。

❷「一」，原作「二」，今據原稿改。

如鞶厲。鞶必垂厲以爲飾。厲字當作裂。」疏：「謂如桓二年《左傳》云『鞶、厲、游、纓』也，彼服虔以鞶爲大帶也。鄭意則不然。《内則》『男鞶革，女鞶絲』，鄭注云：『鞶，小囊，盛帨巾者。男用韋，女用繒，有飾緣之。則是鞶裂與？《詩》云「垂帶如厲」，紀子帛名裂繻，字雖今異，意則同也。』」彼疏云：「按《傳》云鞶厲，鄭此注云鞶裂，厲、裂義同也。衹謂鞶囊裂帛爲之飾，又引《詩》『垂帶如厲』者，證厲是鞶囊裂帛之飾也。此詩是《小雅・都人士》之篇也。按彼注云，謂彼都之士垂此紳帶，如似鞶囊之裂，是以厲爲裂也。」此是鄭康成之義。若如服虔、杜預，則以鞶爲大帶，厲是大帶之垂者。故服氏云：「鞶，大帶。」杜云：「紳，大帶。厲是大帶之垂者。」《詩》毛傳亦云：「厲，帶之垂者。」並與鄭異。是鄭讀「鞶厲」爲「鞶裂」，《詩》箋、《禮》注皆同其説，《左氏》亦當如此。本疏引鄭《禮注》而駁之謂：「鞶是帶之别稱，遂以鞶爲帶名，言其帶革、帶絲耳，鞶非囊之號也。」疏之駁鄭，蓋以杜不用鄭箋也。然杜言紳帶，又言大帶，又與服注微異。沈欽韓云：「《内則》：『男鞶革。』《玉藻》注：『凡佩繫於革帶。』按大帶博四寸，以束體。革帶博二寸，以施佩。《易・訟》上爻『或錫之鞶帶』，虞翻注引《内則》文，知此鞶厲亦革帶也。《晉書・輿服志》：『革帶，古之鞶帶也。』《方言》：『帶謂之厲。』革帶之餘爲厲，大帶之餘爲紳。』杜反以鞶厲爲紳帶，謬矣。」按：沈言革帶、紳帶極分明。本疏云：「上帶爲革帶，故云鞶紳帶。」上帶指「帶、裳、幅、舄」句，言杜意以彼爲革帶，此爲紳帶耳。哀伯錯舉鞶，兩文不應同爲帶，鄭義爲長矣。《校勘記》云：「《匡謬正俗》云：斿，旌旗之斿。字從㫃，訓與『旒』同。傳云『鞶、厲、斿、纓』。按《司几筵》正義、《文選・東京賦》注引並作『斿』。《易・訟卦》正義引作『旒』。惠棟云：『《説文》無斿字，有游字，云「旌旗之流」，從㫃，汓聲，汓與泅同。上形下聲。按游之變爲游，省爲斿，俗爲旒，假借爲流，其實一也。』」疏云：「游是旒之垂者，旆之别名。《巾車》：『王之五路：一曰玉路，建太常，十有二斿。』又《大行人》云：上公九斿，侯伯七斿，子男五斿。其孤卿建旜，大夫士建物，其斿各如其命數。其鳥旟則七斿，熊旗則六斿，龜旐則四斿。故《考工記》云：『鳥旟七斿，以象鶉火；熊旗六斿，❶以象伐；龜旐四斿，❷以象營室』是也。《巾車》注：『鄭司農云：禮家説曰，纓當胸，以削革爲之。玄謂纓，今馬鞅。』」彼疏云：「纓是夾馬頸，❸故以『今馬鞅』解之。」杜謂「纓在馬膺前」，蓋用先鄭説，而未詳其制。《巾車》「木路，翦樊鵠纓」，鄭注云：「以淺黑飾韋爲樊，鵠色飾韋爲纓。」其説與先鄭「削革」同。束皙《近游賦》：「親里往來，服索裙服。」服蓋舉時制言之。《晉書·輿服志》：「乘輿，繁纓赤罽易茸，金就十有二。」注：「繁纓，馬飾纓，在馬膺前，如索裙。」亦與服説合。疏云：「漢、魏以來，大駕之馬膺有索裙，是纓之遺象，故云『如索裙』也。」索裙自爲人之下服，制如古之馬纓耳，疏説非。

「火、龍、黼、黻，昭其文也。【疏證】《考工記》「火以圜，水以龍」，鄭司農注云：「爲圜形似火也。」後鄭注云：「玄謂形如半環然，在裳。龍，水物，在衣。」彼疏云：「畫水者并畫龍。」杜注云：「火，畫火。龍，畫龍。」蓋用《禮》注。《考工記》：「白與黑謂之黼，黑與青謂之黻。」《釋器》云：「斧謂之黼。」《書》正義引孫炎注云：「黼文如斧形，蓋半白半黑，似斧刃白而身黑。」顧歡《尚書》注：「黻取善惡相背。」《禮書》二引《白虎通·紼冕》佚文云：「黻譬君臣可否相濟，見善改惡。」此黻文爲兩已相戾。杜注云：「白與黑謂之黼，形若斧。黑與青謂之黻，兩已相

---

❶「熊」，原作「態」，今據原稿改。
❷「旐」，原脱，今據原稿補。
❸「頸」，原作「頭」，今據原稿改。

背。」用以上諸説。疏云：「周世衮冕九章，傳唯言火、龍、黼、黻四章者，❶略以明義，故文不具舉。衣之所畫龍先於火，今火先於龍，知其言不以次也。」

「五色比象，昭其物也。【疏證】《益稷》：「以五采彰施於五色。」《考工記》：「畫繪之事襍五色，東方謂之青，南方謂之赤，西方謂之白，北方謂之黑，天謂之玄，地謂之黄。青與白相次也，赤與黑相次也，玄與黄相次也。」《禮運》云：「五色六章十二衣。」疏云：「六章者，兼天玄也。」《周語》「文章比象」，注：「黼黻，錦繡之文章。比象，比文以象山、龍、華蟲之屬。」此當爲《左氏》舊誼。杜注云：「車服器械之有五色，皆以比象天地四方，以示器物不虛設。」按：杜説非也。臧氏諫詞，皆以類舉成文，此五色承「火、龍、黼、黻」句，自係服章而言，不得泛指車服器械。

「鍚、鸞、和、鈴，昭其聲也。【注】服云：「鸞在鑣，和在衡。」《史記集解》。【疏證】杜注云：「鍚在馬額，鸞在鑣，和在衡，鈴在旆。❷動皆有鳴聲。」當全用服注。疏云：「鍚在馬額，鈴在旂，先儒更無異説。其鸞、和所在，則舊説不同。」以疏推之，先儒説鍚、鈴同於服，其説鸞、和或異也。《巾車》鄭玄注云：「鍚，馬面當盧刻金爲之，所謂鏤鍚也。」《小戎》「鉤膺鏤鍚」，❸箋云：「眉上曰鍚，刻金飾之，今當盧也。」《釋天》：「有鈴曰旂。」李巡曰：「以鈴置旐端。」《廣雅·釋器》：「鸞，鈴也。和，鈴也。」《經解》鄭玄注：「鸞、和，皆鈴也。所以爲車行節也。」

---

❶「傳」，原作「詩」，今據《春秋左傳正義》卷五改。
❷「旆」，《春秋左傳正義》卷五作「旂」。
❸「小戎」，當作「韓奕」。

《駟鐵》疏云：「鸞、和所在，《異義》載《禮》戴、《詩》毛氏二説。❶ 謹案云：經無明文，且殷周或異。故鄭亦不駮。」按：《大戴禮·保傅》篇：「在衡爲鸞，在軾爲和，馬動而鸞鳴，鸞鳴而和應。」《異義》所稱《禮》戴説也。《蓼蕭》毛傳云：「在軾曰和，在鑣曰鸞。」《異義》所稱《詩》毛氏説也。《續漢書·輿服志》注引：「許慎曰：『《詩》云八鸞鎗鎗』，則一馬二鸞也。又曰『輶車鸞鑣』，知非衡也。」《説文》：「鑾，人君乘車，四馬鑣，八鸞鈴，象鸞鳥之聲，和則敬也。」鸞與鑾通。《説文》與《輿服志》合。許君從毛《傳》而不從戴《記》，戴《記》説鸞、和與韓、魯《詩》同。鄭君注《周官》、《禮記》用韓、魯《詩》，而《烈祖》箋則云「鸞在鑣」，仍用毛《傳》。故於《異義》無駮也。服説鸞同於毛，而説和爲異。陳氏壽祺《異義疏證》云：「和之所設，諸家皆云在軾，惟韓《詩》云在軾前，軾前則近衡矣。」此兼用韓、毛之説也，其説甚當。《釋器》云：「鑣謂之钀。」❷郭注：「馬勒旁鐵。」《説文》：「鑣，馬銜也。」《釋名》：「鑣，苞也。在旁苞斂其口也。」《莊子·馬蹄》釋文：「衡者，轅前横木，縛軛者也。」《論語》包注：「衡，軛也。」

「三辰旂旗，昭其明也。【注】服云：「三辰，日、月、星也。謂之辰者，辰，時也。日以照晝，月以照夜，星則運行於天，民得取其時節，故謂之辰也。《詩·大明》疏。九旂之總名。」《儀禮·覲禮》疏。

【疏證】杜注：「三辰，日、月、星也。畫於旂旗，象天之明。」與服義同。劉恭冕云：「《詩疏》云云，金谿王氏、陽湖洪氏皆取爲服注文。予案：《左傳》疏解三辰云：『謂之辰，辰，時也。日以照晝，月以照夜，星則運行於天，昏明

❶「戴」，原作「載」，今據原稿改。
❷「鑣」上，原衍「钀」字，今據原稿删。

遞匝而正，❶所以示民早晚。民得取爲時節，故三者皆爲辰也。』與《詩》疏略同，不言服義。然疏多乾没舊注，附識於此，以俟考焉。」劉蓋疑「謂之辰也」以下，非服注之文。然「謂之辰」句，在《左氏》疏解，注宜亦爾。若《大明》傳箋無「辰」字，斷非疏解之文。嚴氏蔚《内傳古注輯存》亦定爲服注，今依之。《覲禮》「載大旗」疏：❷「桓二年臧哀伯云三辰旂旗，服氏注云『九旂之總名』，『三辰，日、月、星』。」先言旂旗，後言三辰，亦節引之文，不得謂服注原如此。「九旂」上當有「旂旗」二字，《禮》疏省之也。《司常》「王建太常」疏注云：「『王畫日月象天明也』者，聖人與日月齊其明，故旌旂畫日月象之。按桓二年臧哀伯云『三辰旂旗，昭其明也』。三辰，日、月、星。則此太常之畫日月者也。此直言日、月，不言星者，此舉日月，其實兼有星也。」《春官》「凡此神仕者，掌三辰之法」，後鄭注云：「日、月、星辰，其著位也。」亦以日、月、星爲三辰。「《司常》掌九旗之物名，日月爲常，交龍爲旗，通帛爲旜，雜帛爲物，熊虎爲旗，鳥隼爲旟，龜蛇爲旐，全羽爲旞，析羽爲旌」，❸服云九旗，據此文。《爾雅》釋文：「旂，又作旗。」是旂、旗通也。

「夫德，儉而有度，登降有數，文、物以紀之，聲、明以發之，【疏證】儉、度、數、文、物、聲、明，蒙上言之。

「以臨照百官。百官於是乎戒懼，而不敢易紀律。今滅德立違，【疏證】臨照，今本作「照臨」，從宋

❶「正」，原作「止」，今據《春秋左氏傳賈服註輯述》卷三改。

❷「旗」，《儀禮注疏》卷二十七作「旂」。

❸「析」，原作「折」，今據《周禮注疏》卷二十七改。

本。《釋詁》：「律，法也。」《周語》「以逞其違」，注：「違，邪也。」《堯典》「静言庸違」，《論衡》作「庸回」。王念孫云：「立違，謂立姦回之臣。『滅德立違』與『昭德塞違』正相反。」是也。

「而寘其賂器於大廟，以明示百官。百官象之，其又何誅焉？國家之敗，由官邪也。官之失德，寵賂章也。郜鼎在廟，章孰甚焉？【疏證】《堯典》「平章百姓」，鄭注：「章，明也。」

「武王克商，遷九鼎於洛邑，【注】服云：「今河南有鼎中觀。」《書·召誥》序疏。【疏證】《召誥》疏：「桓二年《左傳》云：『昔武王克商，遷九鼎於洛邑。』服虔注云：『今河南有鼎中觀。』云九鼎者，按宣三年《左傳》王孫滿云：『昔夏之方有德也，貢金九牧，鑄鼎象物。』然則九牧貢金爲鼎，故稱九鼎，其實一鼎。按《戰國策》顔率説齊王云：『昔武王克商，遷九鼎，鼎用九萬人。』則以爲其鼎有九。但游説之辭，事多虚誕，不可信用。然一鼎之上備載九州山川異物，亦又可疑，未知孰是，故兩解之。」是九鼎説有二也。《周本紀》：「太史公曰：學者皆稱周伐紂，居洛邑，綜其實不然。武王營之，成王使召公卜居，居九鼎焉，而周復都豐、鎬，至犬戎敗幽王，周乃東徙於洛邑。」史遷於遷九鼎屬成王時事，蓋據宣三年成王定鼎於郟鄏，第彼言定鼎，此言遷鼎，非一事也。《大司徒》「以求地中」，❶注：「鄭司農云：潁川陽城地爲然。」疏：「按《春秋左氏》武王克商，遷九鼎於洛邑，不在潁川地中者，武王欲取河洛之間形勝之所，洛都雖不在地之正中，潁川地中仍在畿内。」其説地中極明晝。《地理志》：「河南縣，故郟鄏地也。武王遷九鼎，周公致太平，營以爲都，是爲王城。」❷《郡國志》：「河南郡河南，東城門名鼎門。」

---

❶「以求」，當作「謂之」。

❷「城」，原作「域」，今據原稿改。

劉昭注引《帝王世紀》：「武王定鼎雒陽西南，雒水北鼎中觀。」❶即服所稱鼎中觀也。《大事表》：「今河南府洛陽縣城内西偏，即王城故址。」《傳》文今本作「雒」，《釋文》云：「雒音洛，本亦作洛。」《校勘記》云：「《魏志》『黄初元年幸雒陽』，裴注引《魏略》曰：『詔以漢火行也，火忌水，故洛去水而加隹。魏於行次爲土，土，水之牡也。水得土而乃流，土得水而乃柔，故除隹加水，變雒爲洛。』則漢以前皆雒，非漢去水加隹也。」按：洛，從水，各聲，漢以前自當作「洛」，《校勘記》説非。洪亮吉云：「今諸刊本並皆作『雒』，此從孔傳及宋本改正。」

「義士猶或非之，【疏證】杜注：「蓋伯夷之屬。」《漢書·王貢兩龔鮑傳》：❷「昔武王伐紂，遷九鼎於雒邑，伯夷、叔齊薄之。」當爲古《左氏》説，杜注襲之。疏云：「檢書傳之説，非武王者，唯此人。故知伯夷之屬。」未達杜意有所承也。

「而況將昭違亂之賂器於大廟，其若之何？」公不聽。周内史聞之曰：「臧孫達其有後於魯乎！君違，不忘諫之以德。」【疏證】杜注：「内史，周大夫官也。」顧炎武云：「達，哀伯名，莊公十一年臧孫達是也。」

秋七月，杞侯來朝，不敬。杞侯歸，乃謀伐之。

「蔡侯、鄭伯會於鄧」，始懼楚也。【疏證】《地理志》：「南郡江陵，故楚郢都，楚文王自丹陽徙此。」❸杜

---

❶ 「北」，原作「九」，今據《後漢書·郡國志》改。

❷ 「兩龔鮑」，原爲二空格，今據《漢書·王貢兩龔鮑傳》補。

❸ 原稿眉批：洪氏引《地理》。

注據以爲説，而謂「楚武王始僭號稱王」，按《世本》云：「楚鬻熊居丹陽，武王徙郢。」杜蓋依《世本》。疏云：「熊達始稱武王，❶武王之十九年，魯隱公之元年也。」以疏推之，桓之二年爲楚武王之三十一年。

九月，入杞，討不敬也。

「公及戎盟于唐」，修舊好也。

「冬，公至自唐」，告于廟也。凡公行，告于宗廟；反，行飲至，舍爵，策勳焉，禮也。【疏證】此稱凡公行例也。疏云：「凡公行者，或朝或會或盟或伐，皆是也。《禮記·曾子問》曰『諸侯適天子，必告於祖，奠於禰』，命祝史告於宗廟。『諸侯相見，必告於禰』，命祝史告於五廟。『反，必親告於祖禰，乃命祝史告至於前所告者』。由此而言，諸侯朝天子則親告祖禰，祝史告餘廟。朝隣國則親告禰，祝史告餘廟。其路遠者，亦親告祖。故於其反也，言告於祖禰，明出時亦告於祖也。出時不言祖者，鄭玄云『道近，或可以不親告祖廟』，明道遠者亦親告祖廟矣。」疏詮禮意甚晰，惟禮言諸侯相見，蓋兼朝會盟伐之事，但舉朝隣國言，疏矣。襄十三年傳「公至自晉，孟獻子書勞於廟」，又十三年「公至自伐鄭」，❷傳曰「以飲至之禮」，伐還告廟也，皆與此傳所言合。《釋文》：「舍，置也。」高誘《吕覽》注：❸「爵，飲爵。」謂置酒於廟，以勞從行之臣，所謂飲至之禮也。《内史》「則策命之」，鄭司農注：「策，謂以簡策書王命。」昭四年《傳》「孟孫爲司空以書勳」，是策勳即書勳也。《仲尼燕居》「田獵戎事失

---

❶「達」，原爲空格，今據原稿補。
❷「三」，當作「六」。
❸「高誘」，原在「釋文」上，今據文義移此。

其策」，注：「策，謀也。」《淮南・主術訓》「揄策於廟堂之上」，注：「策，謀也。」謀勳謂議勳也，議而後書之。漢《夏承碑》「策薰著於王家」，策薰即策勳，「薰」爲《左氏》異文。

特相會，往來稱地，讓事也。【疏證】《廣雅・釋詁》：「特，獨也。」《大射》「特升飲」，注：「特，猶獨也。」杜注：「二人獨會，則莫肯爲主。」即讓事之義。又謂：「兩讓，會事不成，故但書地。」非傳旨。

自參以上，則往稱地，來稱會，成事也。【疏證】杜注但云「成會事」，不及「參」義。案：《周語》「王御不參一族」，注：「參，三也。」是自參以上，猶言三人以上也。「參」與「特」對言。

初，晉穆侯之夫人姜氏以條之役生大子，命之曰仇。【疏證】《晉世家》：「獻侯卒，子穆侯費王立。穆侯四年，取齊女姜氏爲夫人。七年，伐條，生太子仇。」索隱云：「鄒誕本作弗王，❶或作潰王。」《世本》則云穆侯名弗生。費與弗、潰，王與生，形相近而轉譌也。據《年表》，穆公伐條在周宣王二十三年，於魯當孝公二年。杜注：「條，晉地。」未言所在。沈欽韓云：「條即鳴條。《紀年》：『王師及晉穆侯伐條戎，奔戎，王師敗逋。』孔《傳》：『地在安邑之西。』《方輿紀要》：『鳴條岡在解州安邑縣北三十里，岡與夏縣接界。』」如沈説，則條爲條戎也。命之曰仇，《五行志》作「名之曰仇」。《校勘記》：「名，即命也。《説文》云：『名，自命也。』命、名古同聲同義。」《五行志》引此，師古注云：「條，晉地，蓋以敵來侵己，當戰時而生，故取仇忿之義以名子。」杜云「意取戰相仇怨」，略用顔注。今於顔注備引之，顔亦本舊注也。

❶「王」，《史記・晉世家》作「生」。

其弟以千畝之戰生，命之曰成師。【疏證】《晉世家》：「穆侯十年伐千畝，有功。生少子，名之曰成師。」據《年表》，千畝之役在宣王二十六年，當魯孝公之五年也。《五行志》引此，「畝」作「畮」。師古注云：「畮，古畝字也。千畝亦地名，意取能成其師衆也。」杜云：「意取能成其衆。」《祈父》毛傳「姜戎爲敗」，箋云：「謂見使從軍，與姜戎戰於千畝而敗之時也。」疏：「傳言姜戎敗，不言敗處，故申之云戰於千畝而敗也。杜預云『西河介休縣有地名千畝』，❶則王師與姜戎在晉地而戰也。」顧炎武曰：「穆侯時晉地不得至界休。❷按《史記·趙世家》：『周宣王伐戎，至千畝戰。』正義曰：『《括地志》云：千畝，原在晉州岳陽縣北九十里。』」如顧説，則千畝爲周地。按《國語》云：「宣王不藉千畝，虢文公諫而不聽，三十九年，戰於千畝。」孔晁云：「宣王不耕藉田，神怒民困，爲戎所伐，戰於近郊。」則孔意天子藉田千畝，還在藉田而戰，則千畝在王之近郊。非是晉地，義或然也。沈欽韓云：「岳陽縣，今爲平陽府。」

師服曰：「異哉，君之名子也！【注】賈云：「師服，晉大夫。」《晉世家》集解。【疏證】杜注同賈。《晉世家》：「晉人師服曰：『異哉，君之名子也！』」

「夫名以制義，義以出禮，【疏證】《五行志》引此，「義」作「誼」，師古注云：「先制義理，然後立名。義理既定，禮之由出。」杜云：「禮從義出。」

「禮以體政，政以正民，【疏證】《五行志》引此，師古注云：「政以禮成，俗所以正。」杜云：「政以禮成。」

---

❶ 「縣」下，《毛詩正義》卷十一有「南」字。

❷ 「晉」，原重文，今據原稿删。

「是以政成而民聽，易則生亂。【疏證】《五行志》引此，師古注云：「反易禮義，則亂生也。」杜全同。

「嘉耦曰妃，怨耦曰仇，古之命也。【疏證】《莊子・齊物論》「嗒然以喪其耦」，❶釋文：「耦，匹也。」《釋詁》：「妃，媲也，合也，對也，匹也。」《白虎通》：「妃匹者何謂？ 相與爲偶也。」《説文》：「仇，讎也。」《釋詁》：「仇，匹也。」❷李巡注：「仇，讎怨之匹也。」《五行志》引此，師古注云：「本自古昔而有此名。」❸洪亮吉云：「《説文》引《虞書》云『怨匹曰仇』，然則此二語，古書之辭，杜注亦以爲自古有此言。」❹按：洪説是也。命與名通。《論語》正名□注謂正言。此謂言，古之言也。

「今君命大子曰仇，弟曰成師，始兆亂矣。兄其替乎！」【疏證】《晉世家》：「大子曰仇，仇者讎也。少子曰成師，成師大號，成之者也。名，自命也。物，自定也。今適庶名反逆，此後晉其能無亂乎？」亦叙師服之辭，其言成師大號成之，杜注謂「俱去於戰爲名，❺所附意異也」，是也。《年表》：「晉穆公七年，以伐條生太子仇。十年，以千畝戰生仇弟成師，二子名反，❻君子譏之。後亂。」云二子名反，亦謂名之義殊别也。其替，惠棟云：

---

❶「然以」，《莊子》卷一作「焉似」。
❷「匹」，原爲二空格，今據《爾雅》卷上補。
❸「自」，原作「目」，今據原稿改。
❹原稿眉批：《容齋隨筆》亦同。
❺「去」，《春秋左傳正義》卷五作「取」。
❻「名」，原作「各」，今據《史記・晉世家》改。下一「名」字同。

「三體石經作其暜。」洪亮吉云：「暜乃隸省，依《説文》當作㬱。」《説文》：「㬱，廢也。」《釋言》：「㬱，廢也。」李巡注：❶「㬱，去之，廢也。」《五行志》引此「乎」作「虖」，師古注亦訓「替」爲「廢」。

惠之二十四年，晉始亂，故封桓叔於曲沃。【疏證】石經「二十」作「廿」。惠棟云：「石經凡傳中二十字皆作廿，三十字作卅，此古文《春秋左氏傳》本文也。《説文》：『廿，二十并。卅，三十并也。古文省。』《説文》所以謂古文，乃孔壁中文也。今九經二十、三十字皆當從石經改正。」《校勘記》云：「按《説文》廿字、卅字讀如入、如燮。唐人用廿代二十，用卅代三十，仍讀二十、三十，其讀不同。見《廣韻》注。」桓叔，即成師也，《年表》：「晉昭侯元年，封季弟成師於曲沃，號爲桓叔。」季弟，文侯之季弟也，故《晉世家》云「封文侯弟成師於曲沃」是也。《年表》繫於魯惠公二十四年，與《傳》合。《五行志》引此，師古注云：「昭侯國亂身危，不能自安，故封成師爲曲沃伯也。桓，謚也。昭侯叔父，故謂之叔。」杜亦云：「昭侯元年，危不自安，封成師爲曲沃伯。」《郡國志》：「曲沃在聞喜縣東北數里。」沈欽韓云：「《水經注》：『涑水又西南逕左邑縣故城南，故曲沃也。』《一統志》：『左邑故城，今絳州聞喜縣治。』」

靖侯之孫欒賓傳之。【疏證】《謚法》：「柔德安衆曰靖，恭己鮮言曰靖，寬樂令終曰靖。」杜注：「靖侯，桓叔之高祖父。」疏引《晉世家》：「靖侯生僖侯，僖侯生獻侯，獻侯生穆侯，穆侯生桓叔。」❷靖侯是桓叔之高祖也。」按：《世家》又云：「靖侯庶孫欒賓相桓叔。」是欒賓爲獻侯之弟，於桓叔爲季王父矣。《世家》「傳」作「相」，爲《左

---

❶「巡」，原爲空格，今據《一切經音義》卷四十六補。

❷「叔」，原作「侯」，今據《春秋左傳正義》卷五改。

氏》異文。《世本》：「欒叔賓父。」是賓爲欒叔之字也。《説文》：「傅，相也。」《内則》「十年出就外傅」，注：「外傅，教學之師也。」

師服曰：「吾聞國家之立也，本大而末小，是以能固。【疏證】《晉世家》云：「君子曰：『晉之亂其在曲沃矣，末大於本而得民心，不亂何待！』」《年表》：「曲沃大於國，君子譏曰：『晉人亂自曲沃始矣。』」皆以師服語爲君子之辭。

「故天子建國，諸侯立家，卿置側室，【疏證】國、家皆常訓。杜注云：「側室，衆子也，得立此一官。」疏云：「《禮記·文王世子》云：『公若有出疆之政，庶子守公宫，正室守太廟。』鄭玄云：『正室，適子也。』正室是適子，故知側室是衆子。文十二年傳曰：『趙有側室曰穿。』❶是卿得立此官也。」按：文十二年杜注：「側室，支子。」支子，猶衆子也。彼疏云：「《世族譜》『穿，趙夙之孫』，❷則是趙盾從父昆弟之子也。」

「大夫有貳宗，【疏證】杜注云：「適子爲小宗，次子爲貳宗，以相輔貳。」釋文云：「『爲小宗』，本或『爲大宗』，誤。」疏云：「大夫身是適子，爲小宗，故其次者爲貳宗，以相輔助爲副貳，亦立之爲此官也。杜知非大宗而云小宗者，以其大夫不必皆是大宗，據爲小宗者多，故杜言之。若大夫身爲大宗，亦止得立貳宗官耳。」如疏説，貳字於大宗、小宗隨便立文也。疏又引沈云：「適子爲小宗，是謂大夫之身爲小宗。次者謂大夫庶弟貳宗，與側室

---

❶「曰穿」，原脱，今據原稿補。

❷「夙」，原作「尺」，今據《春秋左傳正義》卷十九下改。

爲例，❶皆是官名，與五宗别。」其説視杜注爲明晰。❷杜用舊注，於詞多所省矣。

「士有隸子弟，【注】服云：「士卑，自以其子弟爲僕隸。」《儀禮》疏。**【疏證】**杜注同服。《士昏禮》「姑饗婦人送者，酬以束錦」，注：「婦人送者，隸子弟之妻妾。」疏：「《左氏傳》云『士有隸子弟』，士卑無臣，自以其子弟爲僕隸。」《既夕禮》「朔月，童子執帚」，注：「童子，隸子弟，若内竪寺人之屬。」疏：「按桓二年《左傳》『士有隸子弟』，服注：『士卑，自以其子弟爲僕隸。』禄不足以及宗，是以有隸子弟也。」文淇案：「禄不足以及宗」以下乃疏家推衍注意，《士昏禮》可證。洪氏、嚴氏以爲服注，誤也。昭七年傳「輿臣隸」，服注：「隸，隸屬於吏也。」《周語》「子孫爲隸」：「隸，❸役也。」隸音同□，《説文》：「麗，附著也。」子弟者，對父兄之辭。

「庶人、工、商，各有分親，皆有等衰。❹【疏證】《晉書・傅玄傳》：「玄上疏曰：『臣聞先王分士農工商以經制國事，❺各一其業而殊其務。自士以上子弟，爲之立太學以教之，選明師以教之，❻各隨其才優劣而授用之。故雖天下之大，兆庶之衆，無有一人游手。分數之法，周備如此。』」玄所言分數，即分親等衰也，第兼士言

---

❶「與」，《春秋左傳正義》卷五作「以」。

❷「明」，原爲墨丁，今據原稿補。

❸「隸」上，當有「注」字。

❹原稿眉批：手稿「衰」作「差」，誤。

❺「經制國事」，《晉書・傅玄傳》作「經國制事」。

❻「教」，《晉書・傅玄傳》作「訓」。

之，與傳意稍別。《文選·魯靈光殿賦》注引《爾雅》「分，次也」。《荀子·非十二子》「見端不如見本分」，❶注：「分，上下貴賤之分。」《禮運》「故禮達而分定」，注：「分謂上下有分。」是分親謂以上下之次相親也。《樂記》「然後立之學等」，注：「等，差也。」《司勳》「以等其功」，注：「等，猶差也。」《呂覽·召類》「土階三等」，❷注：「等，級也。」杜注：「衰，殺也。」又謂：「庶人無復尊卑，❸以親疏爲分別。」語殊不辭。❹

「是以民服事其上，而下無覬覦。【注】服云：「窺，謂舉足而視也。」《一切經音義》。【疏證】服注「窺」與傳異字，洪氏定爲服本作「窺」，是也。《文選·勸進表》「狡寇窺歙」，《褚淵碑文》「窺窬神器」，字皆作「窺」。《褚碑》「覦」作「窬」，疑亦《左氏》古文也。《游俠傳》序引此，師古注云：「覬，幸也。覦，欲也。」義與服異。《華嚴音義》引《珠叢》：❺「歙，謂有所冀望也。」杜注：「下不冀望上位。」但釋歙意，失之。按：覬亦通闓，《廣雅·釋詁》：「闓，欲也。」王念孫云：「覬覦也，桓二年《左傳》：『下無覬覦。』覬、闓、歙、欲聲相近。❻《漢書·武五子傳》『廣陵王胥見上年少無子，有覬欲心』，即覬覦也。《說文》：『豈，欲也。』豈、闓聲亦相近。」

❶「見端不如見本分」，見《韓非子·非相篇》。
❷「召」，原作「以」，今據原稿改。
❸「尊」，原作「等」，今據原稿改。
❹原稿眉批：手藁以「衰」爲「差」，所引皆「差」訓，未取。
❺「叢」，原作「發」，今據《一切經音義》卷二十一改。
❻「覬」，原脱，今據《廣雅疏證》卷一下補。

「今晉，甸侯也，而建國。本既弱矣，其能久乎？」【疏證】《晉語》「今晉國之方，偏侯也」，注：「方，大也。偏，偏方也，乃甸內偏方小侯也。《傳》曰『今晉甸侯』是。」此可見舊注以甸侯以爲甸內諸侯。❶ 杜注「諸侯而在甸服者」，蓋用舊注。《説文》：「甸，天子五百里地。」❷

惠之三十年，晉潘父弒昭侯而納桓叔，不克。【疏證】石經「三十」作「卅」，説具前。杜注：「潘父，晉大夫也。」《謚法》：「容儀恭美曰昭，昭德有勞曰昭，聖聞周達曰昭。」《晉世家》：「三十五年，文侯仇卒，子昭侯伯立。七年，晉大臣潘父弒其君昭侯，而迎曲沃桓叔。桓叔欲入晉，晉人發兵攻桓叔。桓叔敗歸，❸還歸曲沃。」《年表》：惠之三十年爲晉昭侯七年，「潘父殺昭侯，納成師不克」。沈欽韓云：「《竹書紀年》：『不克，晉人殺潘父。』」按：《晉世家》亦云誅潘父也。

晉人立孝侯。【疏證】《謚法》：「五宗安之曰孝，慈惠愛親曰孝，秉德不回曰孝，協時肇惠曰孝。」❹《晉世家》：「晉人共立昭侯子平爲君，是謂孝侯。」《年表》云：「昭侯子立，是爲孝侯。」

惠之四十五年，曲沃莊伯伐翼，弒孝侯。【疏證】《晉世家》：「八年，曲沃桓叔卒，子鱓代桓叔，是爲曲沃莊伯。孝侯十五年，曲沃莊伯弒其君晉孝侯於翼。」《年表》：惠之四十五年爲晉孝侯十六年，「曲沃莊伯殺孝

---

❶ 兩「以」字，疑其中一字爲衍文。
❷ 「里」，原脱，今據《説文解字》卷十三下補。
❸ 「歸」，《史記・晉世家》無此字。
❹ 「惠」，《汲冢周書》卷六作「享」。

侯」。《年表》叙孝侯之弑，與《世家》差一年，《年表》與《傳》合。莊伯之立，《年表》繫於九年，亦差一年也。

翼人立其弟鄂侯。鄂侯生哀侯。【疏證】《晉世家》：「晉人攻曲沃莊伯，莊伯復入曲沃。❶晉人復立孝侯子郄爲君，是爲鄂侯。」《晉語》韋昭注：「哀侯，晉昭侯之孫，鄂侯之子哀侯光也。」鄂侯之立，《世家》承昭侯十五年言之。《年表》繫於二十六年，郄作郤。索隱云：「有本郤作都者，誤也。鄂，邑。郤，其名。孝侯子也。」《謚法》：「蚤孤短折曰哀，恭仁短折曰哀。」

哀侯侵陘庭之田。【注】賈云：「翼南鄙邑名。」《晉世家》集解。【疏證】杜注：「陘庭，翼南鄙邑。」用賈説。李貽德《輯述》引賈注作：「徑庭，翼南鄙邑名。」❷釋之云：「傳作陘，陘本字，徑假借字。」集解無「徑庭」二字，李氏或據誤本也。《元和志》：「陘庭故城，在絳州曲沃縣西北二十里。」江永云：「翼，今平陽府翼城縣，東南七十五里有熒庭城，《志》云即陘庭也。又《水經注》：『紫谷水出白馬山，❸西逕熒庭城南，❹西入澮。』亦在翼城南，則陘庭即熒庭，亦即榮庭也。」《晉世家》：「哀侯八年，晉侵陘廷。」

陘庭南鄙，啟曲沃伐翼。【疏證】南鄙、翼，言賈知陘庭在翼南以此。

---

❶「復」，原作「後」，今據原稿改。
❷「邑」，原脱，今據《春秋左氏傳賈服註輯述》卷三補。
❸「紫」，原爲空格，今據原稿補。
❹「庭」，原脱，今據《皇清經解》卷二百五十二《春秋地理考實》補。

【經】三年，春，正月，公會齊侯於嬴。【注】賈云：「不書王，弒君，易祊田，成宋亂，無王也。元年治桓，二年治督，十年正曹伯，十八年終始治桓。」本疏。【疏證】《穀梁》：「桓元年春王。桓無王，其曰王，何也？謹始也。其曰無王，何也？桓弟弒兄，臣弒君，天子不能定，諸侯不能救，百姓不能去，以爲無王之道遂可以至焉爾。元年有王，所以治桓也。二年春王正月，戊申，宋督弒其君與夷。桓無王，其曰王，何也？正與夷之卒也。十年春王正月，庚申，曹伯終生卒，桓無王，其曰王何也？正終生之卒也。」賈蓋用《穀梁》説也。惟《穀梁》「十八年春王正月」無傳，范氏《集解》云：「此年書王，以王法終始治桓之事。」賈蓋兼用《穀梁》舊誼矣。本疏云：「先儒多用《穀梁》之説。」是先儒取《穀梁》誼注此經，不止賈氏一人也。李貽德云：「易祊田，成宋亂，皆無王之實，故兼言之。」杜注云：「經之首時必書王，明此曆天王之所頒也。其或廢法違常，失不班曆，故不書王。」本疏引劉炫《規過》云：「然天王失不班曆，經不書王，乃是國之大事，何得傳無異文？又昭二十三年以後，王室有子朝之亂，經皆書王，豈是王室猶能班曆？又按《春秋》經之闕文甚多，其事非一，亦如有氏無姜，有姜無氏，及大雨霖、廧咎如潰之類是也。此無王者，正是闕文耳。」炫斥經之無王爲闕文，與賈注異。《地理志》：泰山郡有嬴縣。《一統志》：「嬴縣故城在泰安府萊蕪縣西北四十里。」

夏，齊侯、衛侯胥命于蒲。❶【注】舊注：「蒲，甯殖邑也。」《初學記》。【疏證】《釋詁》：「胥，相也。」《公》、《穀》云：「胥命者何？相命也。」《大祝》「作六辭，四曰會」，❷注：「鄭司農云：『會，謂王官之伯，命事於

---

❶ 原稿眉批：蒲有二，一衛一晉。

❷ 「四」，原作「三」，今據《周禮注疏》卷二十五改。

會，胥命於蒲，主爲其命也。』玄謂：『會謂會同盟誓之辭。』」疏：「後鄭不從之者，按《公羊傳》曰：『胥命者何？相命也。何言乎相命？近正也。此其爲近正奈何？古者不盟，結言而退。』胥命於蒲，與會有異。今先鄭以胥命解會，❶於義不可，故不從先鄭。」所述當爲古《左氏》義。疏《公羊》不盟結會而退，正謂胥命是會矣，何得胥命與會有異？《學記》「大信不約」，注：「謂若胥命於蒲，不盟約。」疏：「按桓三年夏，『齊侯、衛侯胥命於蒲』，《左氏》云：『不盟也。』杜云：『不歃血也。』按彼直以言語相告命，❷非大信之事。引之者取其不盟一邊，而與此不約相當，故引證。」鄭此注以不盟釋不約，亦未見與先鄭異義也。洪亮吉云：「徐堅《初學記》引《左傳》文并注云：『蒲，甯殖邑也。』或是賈、服舊注。」❸洪知爲賈、服舊注者，以杜注未言甯殖邑，今從其説，定爲舊注。其爲賈、服以否，未敢肊定。《郡國志》：「陳留郡長垣，侯國，有蒲城。」《一統志》：「故蒲城，今大名府長垣縣治。」

六月，公會杞侯于郕。❹

秋，七月，壬辰朔，日有食之，既。無傳。**【疏證】**《漢書・五行志》：「劉歆以爲六月趙與晉分，先是，晉曲沃伯再弑晉侯，是歲晉大亂，滅其宗國。」晉灼曰：「周之六月，今之四月，始去畢而入參。參，晉分也。畢，趙

---

❶「以」，原脱，今據《周禮注疏》卷二十五補。

❷「直」，原爲空格，今據《禮記正義》卷三十六補。

❸「服」，原作「説」，今據《春秋左傳詁》卷一改。

❹原稿眉批：郕已見。

也。日行去趙遼，❶入晉分多，故曰興。計二十八宿，分其次，度其月，及所屬，下皆以爲例。」臧壽恭云：「案以三統推，是年入甲申統九百三十四年，積月一萬一千五百五十二，閏餘二，積日三十四萬一千一百四十，小餘四十四，大餘四。正月甲子朔大，小餘六；二月甲午朔小，小餘四十九；三月癸亥朔大，小餘十一；四月癸巳朔小，小餘五十四；五月壬戌朔大，小餘十六；六月壬辰朔。又置上積日，加積日一百四十八，以統法乘之，以十九乘小餘十六并之，滿周天，除去之，餘二十四萬二千四百五十六，滿統法而一，得一百四十四度。命如法，合辰在參二度。《淮南·天文訓》以觜觿參爲趙之分野，《漢書·地理志》以觜觿參爲魏之分野，故曰趙與晉分。」案：臧氏推《春秋》朔閏全依三統術。傳云秋七月壬辰朔，臧推得六月壬辰朔者，依劉歆説也。《元志·曆志》：「姜岌以爲是歲七月癸亥朔，無壬辰，亦失閏。其八月壬辰朔，去交分入日限。❷《大衍》與姜岌合。以今曆推之，是歲八月壬辰朔，加時在晝，食六分一十四秒。」成蓉鏡云：「以術推之，八月朔入食限。經書七月者，《春秋》周正，劉歆以夏正説之，故與經恒差二月。襄公十有四年春，乙未朔，日有食之，歆以爲前年十二月。二十三年春正二月癸卯日有食之，❸歆以爲前年十二月。此明徵也。」《公羊傳》：「既者何？盡也。」《穀梁傳》：「既者，盡也，有繼之辭也。」注：「盡而復生謂之既。」《釋言》：「卒，既也。」杜注：「既，盡也。」用《公》、《穀》義。《南齊書·天文志》：「按

---

❶「遼」，《漢書·五行志》作「遠」。

❷「日」，《元史·曆志》作「食」。

❸「正」、「卯」，《春秋左傳正義》卷三十五作「王」、「酉」。

舊説『日有五蝕』，❶謂起上下左右中央也。❷交會舊説，日蝕不從東始，以月從其西，東行及日。于交中，交從外入内者，先會後交，虧西南角；❸先交後會，虧西北角。❹日正在交中者，則虧於西，故不嘗蝕東也。若日中有虧，名爲黑子，❺不名爲蝕也。漢省尚書令黄香曰：❻『日食皆從西，月食皆從東，無上下中央者。』《春秋》魯桓公三年日食，貫中上下竟黑。疑者以爲日月正等，月何得小而見日中。鄭玄云：『月正掩日，日光從四邊出，故言從中起也。』王逸以爲『月若掩日，當蝕日西，月行既疾，❼須臾應過西崖，既過，當食東崖，❽今察日蝕，西崖缺而光已復，❾過東崖而獨不掩』。逸之此意，實爲巨疑。先儒難『月以望蝕，去日極遠，誰蝕月乎？』説者稱：『日有暗氣，天有虚道，常與日衡相對，❿月行在虚，則爲氣所弇，故月爲蝕也。雖時加夜半，日月當子午，正隔於地，猶爲

---

❶「日」下，原衍「月」字，今據《南齊書·天文志》删。
❷「左右」，原脱，今據《南齊書·天文志》補。
❸「南」，原作「北」，今據《南齊書·天文志》改。
❹「西北」，原作「南」，今據《南齊書·天文志》改。
❺「黑」，原作「西」，今據《南齊書·天文志》改。
❻「省」，《南齊書·天文志》無此字。
❼「疾」，原作「吉」，今據《南齊書·天文志》改。
❽「過當」，《南齊書·天文志》作「復次」。
❾「西崖」至「望蝕」二十九字，原脱，今據原稿補。
❿「相對」，原脱，今據《南齊書·天文志》補。

暗氣所蝕，以天體大而地形小故也。暗虛之氣，如以鏡在日下，其光耀魄，乃見於陰中，常與日衡相對，故當星星亡，當月月蝕。』」❶案：《齊志》所稱日食有二説，虧常在西爲一説，虧從中起爲一説，即鄭氏説也。《五行志》云：❷「京房《易傳》以爲桓三年日食貫中央，❸上下竟而黄，❹臣弑君不卒之形也。」❺《南齊》所稱貫中上下竟黑，當本於京氏。杜注：「食有上下者，行有高下，日光輪存而中食者，相掩密，故日光溢出。」即鄭氏所謂月正掩日，日光從四邊出，故言從中起也。本疏引《異義》云：「月高則其食虧於上，月下則其食虧於下也。日月之體，大小正同。相揜密者，二體相近，正映其形，故光得溢出而中食也。相揜疏者，二體相遠，月近而日遠，自人望之，則月之所映者廣，故日光不能復見而日食既也。」❻未引鄭駁。陳氏壽祺《異義疏證》以《齊志》所引鄭説爲《駁異義》語，然許、鄭之誼，皆謂月奄日，無以見其異，陳氏説非也。本疏引張衡《靈憲》云：「當日之衡，月常不合，是謂闇虛。在星則星微，遇月則月食。」與《齊志》所引先儒難王逸説同。

公子翬如齊逆女。【注】賈云：「使翬逆女，兼修艾之盟。」《釋例》。【疏證】李貽德云：「案：禮，諸

---

❶ 上「月」字，原作「日」，今據《南齊書・天文志》改。

❷ 「五行」至「京氏」四十六字，原在段末，今據原稿改。

❸ 「易」，原作「爲」，今據《漢書・五行志》改。

❹ 「黄」，原作「貴」，今據《漢書・五行志》改。

❺ 「君」，《漢書・五行志》作「而」。

❻ 「既」，原脱，今據《春秋左傳正義》卷六補。

侯當親迎，而使翬逆女者，正義謂有故得使卿，是也。艾之盟在隱六年。」案：杜注「禮，君有故則使卿逆」，李以爲正義説，誤。《魯世家》：「三年，使揮迎婦於齊爲夫人。」

九月，齊侯送姜氏于讙。【疏證】讙，《説文》作酄。《郡國志》：「濟北國蛇丘有下讙亭。」《一統志》：「下讙城在泰安府肥城縣西南。」

公會齊侯于讙。無傳。

夫人姜氏至自齊。無傳。

冬，齊侯使其弟年來聘。

有年。無傳。【注】賈云：「桓惡而有年豐，異之也。言有非其所宜有。」本疏。劉、賈、許以爲：經諸言有，皆不宜有之辭也。《釋例》。【疏證】《説文》：「有，不宜有也。《春秋傳》曰『日有食之』。」許君用賈義也。《釋天》「周曰年」，注：「年，取禾一熟也。」杜注：「五穀皆熟，書『有年』。」用《穀梁》説。本疏引賈説而駁之云：「案昭元年傳曰『國無道而年穀和熟，天贊之也』，是言歲豐爲佐助之非，妖異之物也。君行既惡，澤不下流，遇豐年，輒以爲異。是則無道之世，唯宜有大饑，不宜有豐年，非上天祐民之本意也。且言有不宜有，傳無其説。《釋例》曰：『劉、賈、許因有年、大有年之經，有鸜鵒來巢，書所無之傳，以爲經諸言有，皆不宜有之辭也。』據經螟螽不書有，傳發於魯之無鸜鵒，不以有字爲例也。經書十有一年、十有一月，不可謂不宜有此年，不宜有此月也。螟螽俱是非常之災，亦不可謂其宜有也。」❶李貽德云：「《周語》云：『國之將興，其君齊明衷正，精潔惠和，其德足以昭其馨香。國之將亡，其君貪冒辟邪，淫佚荒怠，粗穢暴虐，其政腥臊，馨香不登。』是年之豐儉，係於主德之純否也。今桓以篡弒之人，而年穀豐登，是可怪矣。」案：李說是也。《穀梁》義爲杜注所取，《公羊傳》：「有年何以書？以喜書也。此其曰有年何？僅有年也。僅有年亦足以當喜乎？恃有年也。」何注云：「若桓公之行，諸侯所當誅，百姓所當叛，而又元年大水，二年耗減，❷民人將去，國喪無日，賴得五穀皆有，使百姓安土樂業，故喜而書之。所以見不肖之君爲國尤危。」何亦以桓惡而有年爲異，然未言書有謂不宜有，則賈所稱爲《左氏》義，非《公羊》義也。昭元年傳「天贊」之義，亦謂其不宜有而有耳。螟、螽之災，五行家言謂爲貪暴之應，其不書有，正見其宜有。若年月盈十而書有，則干寶所稱「十盈則更始，❸以奇從偶」，故言有也，乃別一義，不得執以相難。疏說皆非。

【傳】三年春，曲沃武公伐翼，次于陘庭。韓萬御戎，梁弘爲右。【注】服云：「韓萬，晉大夫。曲沃桓叔之子，莊伯之弟。」《詩·韓奕》疏。賈云：「韓萬，曲沃桓叔之子，莊伯弟。」《晉世家》集解。【疏證】《晉世家》：「哀侯二年，曲沃莊伯卒，子稱代莊伯立，是爲曲沃武公。」《晉語》：「武公伐翼，殺哀侯。」❹《韓奕》

❶「有」，原脱，今據原稿補。
❷「減」，原作「滅」，今據原稿改。
❸「更」，原作「定」，今據原稿改。
❹原稿眉批：殺哀侯，酌。

疏又云：「晉大夫以韓爲氏。襄、昭之間，有韓宣子，六國之韓王，是此韓萬之後也。」皆疏家之辭。洪氏、嚴氏以「晉大夫以韓爲氏」爲服語，非。賈注文略異於服，當分著之，或合賈於服，亦非。李貽德云：「二年傳曰『曲沃莊伯伐翼』，杜注『莊伯，桓叔子』。《世本》云：『韓萬，莊伯弟。』是萬亦桓叔子也。」杜注：「御戎，僕也。右，戎車之右。」疏云：「《周禮》：『戎僕掌馭戎車，❶戎右掌戎車之兵革使。』」

逐翼侯於汾隰，【疏證】《水經》：「汾水出太原汾陽縣北管涔山，東南過晉陽縣。」《爾雅》：「下濕曰隰。」《方輿紀要》：「汾水南經平陽府城西，及襄陵縣、太平縣之東，又南逕曲沃縣西境，折而西逕絳州。又西逕絳西，歷稷山縣、河津縣南，至榮河縣北，而入於大河。」《晉世家》：「哀侯九年，伐晉之汾旁。」旁，猶隰也。

驂絓而止，【疏證】《覲禮》鄭注：「騑馬曰驂。」《小戎》箋：「驂，兩騑也。」❷《吕覽》：「兩馬在邊爲驂。」❸《衛策》「拊驂，❹無答服」，注：「兩旁曰驂。」《文選・陽給事誄》注：「在服之左曰驂，右曰騑。」杜注云：「驂，騑馬。」亦謂驂在兩旁。疏云：「《說文》云：『騑，驂，旁馬。』是騑、驂爲一也。初駕馬者，以二馬夾轅而已，又駕一馬，與兩服爲參，故謂之驂。故《說文》：『驂，駕三馬也。』《詩》稱『兩驂如舞』，二馬皆稱驂。《禮記》稱『說驂而賻

❶「馭」，原作「取」；「車」，原作「軍」，今據原稿改。
❷「騑」，原作「腓」，今據《毛詩正義》卷六改。
❸「兩馬在邊爲驂」，爲高誘注文。
❹「驂」，原作「馬」，今據《戰國策》卷三十二改。

之』，一馬亦稱驂，是本其初參，遂以爲名也。」按：《干旄》傳云：❶「夏后氏駕兩謂之麗，殷益以一騑謂之驂。」與《説文》合。疏説驂義是也，而又謂兩旁二馬，遂名爲驂，失之。《廣雅・釋詁》：「佻、抗、絓，縣也。」王念孫云：「《楚辭・九章》『心絓結而不解兮』，王逸注云：『絓，縣也。』」

夜獲之，及欒共叔。【疏證】《晉語》「止欒共子曰『苟無死』」，注：「欒共子，晉哀侯大夫共叔成也。」杜注云：「共叔，桓叔之傅，欒賓之子也。」❷

「會於嬴」，成昏於齊也。

「夏，齊侯、衛侯胥命于蒲」，不盟也。

「公會杞侯于郕」，杞求成也。

「秋，公子翬如齊逆女」，修先君之好，故曰「公子」。「齊侯送姜氏」，非禮也。【疏證】《校勘記》云：「《釋文》云：『齊侯送姜氏』，本或作『送姜氏于灌』。《水經注・汶水》篇引傳文作『齊侯送姜氏於下讙』。」❸《士昏禮》「舅饗送者以一獻之禮」，注：「送者，女家有司也。」疏：「《左氏傳》云『齊侯送姜氏，非禮也。凡公女嫁於敵國』云云，以此而言，則尊無送卑之法，則大夫亦遣臣送之，士無臣，故知有司送之也。」《年表》：「翬迎女，齊侯送女，君子譏之。」

---

❶ 「傳」，當作「疏」。

❷ 「欒」，原作「鑾」，今據原稿改。

❸ 「注」，原脱，今據原稿補。

凡公女嫁於敵國，姊妹，則上卿送之，以禮於先君；公子，則下卿送之。於大國，雖公子，亦上卿送之。於天子，則諸卿皆行，公不自送。於小國，則上大夫送之。【疏證】此送女例也。杜注云：「公子則下卿送。公子，公女。」疏云：「昏以相敵爲耦，先以敵國爲文，然後於小國大國辨其所異。」

冬，齊仲年來聘，致夫人也。【疏證】《曾子問》疏引服虔注云：「季文子如宋致女，謂成昏。」當爲成九年注，以彼注例之，此致夫人猶致女也，舊注當以致爲成昏。❶隱八年傳「先配後祖」，賈、服之誼謂三月廟見成昏，故秋逆而冬致也。杜注云：「古者女出嫁，又使大夫隨加聘問，存謙數，序殷勤也。在魯而出，則曰致女；在他國而來，則總曰聘。故傳以致夫人釋之。」杜不用舊説，又牽於書致女、書聘之異，不知在魯書如某，在他國書來聘，其爲致女則同也。疏謂：「成九年『季孫行父如宋致女』，與此事同而文異。」亦非，詳成九年疏證。

芮伯萬之母芮姜惡芮伯之多寵人也，故逐之，出居于魏。【疏證】《世本》：「芮、魏皆姬姓。」《桑柔》箋：「芮伯，畿内諸侯，王卿士也，字良夫。」❷疏：「《書叙》注云：❸『芮伯，周同姓國，在畿内。』則芮伯姬姓也。杜預云『芮國在馮翊臨晉縣』，則在西都之畿内也。」《地理志》：「馮翊臨晉芮鄉，故芮國。河東郡河北，《詩》魏國。」《一統志》：「芮城在同州朝邑縣南。」《方輿紀要》：「河北城，在解州芮城縣東北七里，一名魏城，故魏國城也。古芮城，在縣西三十里。商時芮伯封此，春秋芮伯萬爲母所逐，出居於魏，謂即此城云。今名鄭邨。」

---

❶ 原稿眉批：「成昏」注□成九年引者□《説文》未編入。

❷ 「字」，原作「宇」，今據原稿改。

❸ 「注」，原脱，今據《毛詩正義》卷十八補。

【經】四年，春，正月，公狩于郎。【疏證】《釋天》：「冬獵曰狩。」杜注：「周之春，夏之冬也。」疏云：「周之春正月建子，即是夏之仲冬也。《周禮·大司馬》『中冬教大閱，遂以狩田』，是田狩從夏時也。」杜又云：「郎非國内之狩地，故書地。」傳無此意。

夏，天王使宰渠伯糾來聘。❶杜注云：「宰，官。渠，氏。伯糾，名。王官之宰，當以才授位，而伯糾攝父之職，出聘列國，故書名以譏之。」疏引「《膏肓》何休以爲《左氏》宰渠伯糾『父在，故名』，仍叔之子何以不名？又仍叔之子，以爲『父在，稱子』，伯糾父在，何以不稱子？鄭箴之云：『仍叔之子，譏其幼弱，故略言子，不名之。至於伯糾，能堪聘事私覿，又不失子道，故名且字也。』」臧壽恭云：「鄭以渠爲名，以伯糾爲字，與杜以渠爲氏、以伯糾爲名異，蓋舊説。」按：臧説是也，鄭褒伯糾與杜異。《穀梁集解》：「宰，官也。渠，氏也。」杜用《穀梁》義説《左氏》，非也。此下缺秋冬首月，杜注：「國史之記，必書年以集此公之事，書首時以成此年之歲，故《春秋》有空時而無事者。今不書秋冬首月，史缺文。」《中庸》疏引賈、服之義：「若登臺而不視朔，則書時不書月；若視朔而不登臺，則書月不書時；若雖無事，❷視朔、登臺，則空書時月。」説詳隱六年經。以賈、服之義推之，則此秋冬首月不具者，以無事且不視朔登臺也。

【傳】四年，春，正月，公狩于郎。書時，禮也。【疏證】杜注云：「郎非狩地，故書時合禮。」疏云：「《公

---

❶ 依體例，此處當有「疏證」二字。

❷ 「事」上，原衍「共」字，今據《禮記正義》卷五十三删。

羊傳》云：『常事不書，此何以書？譏。何譏爾？❶遠也。』《公羊》説諸侯游戲不得過郊，故有遠近之言。《左氏》無此義。要言遠者，亦是譏其失常地也。」❷杜注□□□□□□□用《公羊》説，❸疏謂《左氏》無此義，是也。

夏，周宰渠伯糾來聘。父在，故名。

秋，秦師侵芮，敗焉，小之也。【疏證】《世本》：「秦，伯益之後，附庸。」《詩譜》：「秦，隴西谷名。」江永曰：「今秦州清水縣，故秦城是也，屬鞏昌府。又鳳翔府隴州南三里有秦城。」《一統志》云非子所封。按：此地本漢之汧源縣。

冬，王師、秦師圍魏，執芮伯以歸。【疏證】《詩·魏譜》：「其與秦、晉鄰國，日見侵削，國人憂之。」疏：「魏國西接於秦，北鄰於晉。桓四年《左傳》曰『秦師圍魏』，是秦數伐之。」《汲郡古文》云：「取芮伯萬而東之。」

【經】五年，春，正月，甲戌，己丑，陳侯鮑卒。

夏，齊侯、鄭伯如紀。【疏證】《釋詁》：「如，往也。」

天王使仍叔之子來聘。【疏證】杜注云：「仍叔，天子之大夫。」《節南山》序疏云：「《雲漢》序云『仍叔』，

---

❶「尔」，原作「示」，今據原稿改。

❷「亦」，原作「立」，今據原稿改。

❸眉批：似有誤奪。

箋引桓五年『仍叔之子來聘』。春秋時，趙氏世稱孟，智氏世稱伯，仍氏或亦世字叔也。自桓五年，上距宣王之卒七十六歲，若當初年，則百二十年矣。引之以證仍叔是周大夫耳，未必是一人也。」

葬陳桓公。

城祝丘。【疏證】《地理志》：「東海郡即丘，孟康曰：『古祝丘。』」惠棟云：「司馬彪《郡國志》曰：琅琊即丘，春秋時曰祝丘。闞駰《十三州記》曰：即，祝魯之音，蓋字承讀變。」《一統志》：「即丘故城，在沂州府蘭山縣東南。」

秋，蔡人、衛人、陳人從王伐鄭。【注】服云：「言人者，時陳亂無君，則三國皆大夫也，故稱人。」《詩·衛風·伯兮》疏。【疏證】李貽德云：「按《傳》曰：陳侯鮑卒，於是陳亂，民莫有鬬心。是時君猶未定，故知從王者爲大夫。陳既以大夫稱人，則三國皆大夫矣。《詩·載馳》箋：『許人，許大夫也。』疏：『大夫而曰人，衆詞。』」顧炎武云：「《解》：『王師敗，不書，不以告。』非也。改云：『王師敗，不書，不可書也，爲尊者諱。』」

大雩。【注】賈云：「言大，别山川之雩。蓋以諸侯雩山川，魯得雩上帝，故稱大。」本疏。《穀梁》疏略同。服云：「大雩，夏祭天名。《續漢書·禮儀志》注。雩，遠也。遠爲百穀祈膏雨。言大，别山川之雩也。《月令》疏。一説，大雩者，祭於帝而祈雨也。《後漢書·禮儀志》。【疏證】《月令》：「仲夏之月，命有司爲民祈祀山川百源。大雩帝，用盛樂。」鄭注云：「雩帝，謂爲壇南郊之旁，雩五精之帝，配以先帝也。」《月令》大雩，即賈注雩上帝。侯國山川之雩，止以雩名，不得稱大雩。《穀梁》桓五年疏云：「賈逵云：『言大雩者，别於山川之雩。』《左氏》説不爲旱者，亦稱大雩，則雩稱大者，或如賈言也。名之爲雩者，鄭玄云：『雩之言吁也，吁嗟以求雨。』服虔、杜預以爲雩之言遠，遠爲百穀祈膏雨也。未知二者誰當范言。」按：杜注雩遠，見五年「龍見而雩」傳。其稱《左氏》説不爲旱者，亦稱大雩，疑舊疏之辭。賈、服皆謂大雩，别於山川之雩也。《説文》：「雩，夏祭樂於赤帝，以祈甘雨也。」雩、遠雙聲。傳疏云：「遠者，豫爲秋收，言意深遠也。穀之種類多，故《詩》每言百穀，❶舉成數也。雨之潤物，若脂膏然。」《釋訓》：「舞、號，雩也。」注：「雩之祭，吁嗟而請雨。」疏：「孫炎云：『雩之祭，有舞有號。』」下即引服、杜注，然《雅》注用鄭氏義，與服、杜不同。❷《後漢書·禮儀志》所引一説，亦服稱儒先之語，與賈雩帝説同，指旱雩也。李貽德云：「旱雩當以吁嗟爲義，常雩當以遠祈爲義。」是也。

螽。【疏證】《釋蟲》：「阜螽，蠜。草螽，負蠜。蜇螽，蜙蝑。」杜注但云「蜙蝑之屬」，是螽一蟲而三類。《説文》：「蝗，螽也。」蔡邕《月令章句》云：「螽，蝗也。」明螽、蝗一物矣。《五行志》：「桓五年秋，螽，劉歆以爲貪虐取民則螽，介蟲之孽也。與魚同占。」

冬，州公如曹。【注】服云：「春秋前，以黜陟之法進爵爲公。」❸【疏證】《世本》：「州國，姜姓。曹國，姬姓，文王子叔振鐸之後也。」《地理志》：「濟陰郡定陶，故曹國，周武王弟叔振鐸所封。」杜注但云「爲下實來書」，不及州之封爵。沈欽韓云：「鄭《王制》注云：『周世有爵尊而國小、爵卑而國大者。』爵尊國小，蓋指此。彼

❶「詩」，原作「傳」，今據原稿改。
❷ 眉批：酌。
❸「公」下，當有「本疏」二字。

疏云：『張逸疑而不解，以問於鄭，鄭答之云：設今有五十里之國。❶爵尊而國小者，若虞、虢之君，爵爲公，地方百里。爵卑而國大者，侯四百里，伯三百里，子、男二百里，皆大於虞、虢。』按鄭以殷制，大國不過百里，周初猶因殷之地，至周公始大其封，公五百里，至男百里，故爲此説。其實虞、虢之君，始封當不止百里，或是凌夷斥削，或爲戎狄并吞，故春秋漸微弱耳。《禮記·射義》注：『諸侯有慶者先進爵，有讓者先削地。』則爵易崇，地亦易削也。服云：『州公在春秋前，以黜陟之法進爵爲公。』劉光伯難之，以爲爵得稱公，土亦應廣。知不然者，爵自王命，受於當陽之朝，土因世守，削於弁髦之代，若能保其舊，何至國危而不復乎？」按：沈説是也，劉光伯難服見本疏。疏謂：「杜之所解，亦無明言。」故於服、劉説無駁難。

【傳】「五年，春，正月，甲戌，己丑，陳侯鮑卒」。再赴也。於是陳亂，文公子佗殺太子免而代之。

【疏證】《年表》：「陳桓公三十八年，弟佗殺太子免。代立，國亂，再赴。」《索隱》：「他，陳大夫五父，後立爲厲公。」《陳世家》：「桓公鮑三十八年正月，甲戌，己丑，桓公鮑卒。桓公弟佗，其母蔡女，故蔡人爲佗殺五父及桓公太子免而立佗，是爲厲公。」《集解》：「譙周曰：『《春秋傳》謂佗即五父。《世家》與傳違。』」《索隱》：「譙周曰『《春秋傳》謂佗即五父，與此違』者，此以佗爲厲公，太子免弟躍爲利公，而《左傳》以厲公名躍。佗立未踰年，無謚，故『蔡人殺陳佗』。又莊二十二年傳云『陳厲公，蔡出也，故蔡人殺五父而立之』，則佗與五父俱爲蔡人所殺，其事不異，是一人明矣。《史記》既以佗爲厲公，遂以躍爲利公。尋厲、利聲相近，遂以佗爲厲公，五父爲別人，是太史公

❶「國」下，《春秋左氏傳補注》卷一有「於此無功可進、無過可退，亦就益其地爲百里之國」二十字。

錯耳。班固又以厲公躍爲桓公弟，又誤。」又《詩・陳譜》疏駁《世家》説，謂：「桓六年經『蔡人殺陳佗』，莊二十二年傳『蔡人殺五父』，則五父與佗一人。」按：《索隱》、《集解》、《詩》疏皆與傳合。杜注云：「佗，桓公弟五父也。稱文公子，明佗非桓公母弟也。」蓋本譙周説。

公疾病而亂作，【疏證】鄭玄《論語》注：「病謂疾益困也。」洪亮吉云：「按《白虎通・考黜》篇：『甲戌之日亡，己丑之日死而得，有狂易之病，蜚亡而死，由不絶也。』據此，則鮑之病蓋狂易，甲戌日已亡，尚未絶，己丑日始盡死耳。」按：《白虎通》所述，爲《公羊》義，其稱狂易，即《公羊》之怴也。《穀梁》則云不得死之日，彼疏云三傳異説，是也。不當援《公羊》説《左氏》，洪説非。❶

國人分散，故再赴。【疏證】《陳世家》：「桓公病而亂作，國人分散，故再赴。」《索隱》：「陳亂，故再赴其日。」正義：「甲戌、己丑凡十六日。」再赴止因國亂，《世家》用《左氏》説也。

夏，齊侯、鄭伯朝于紀，欲以襲之。紀人知之。

王奪鄭伯政，鄭伯不朝。【疏證】杜注云：「奪，不使知王政。」疏云：「隱公八年傳曰『虢父忌父始作卿士於周』，九年傳曰『鄭伯爲王左卿士』，然則虢公爲右卿士，與鄭伯夾輔王也。此年王奪鄭伯政，全奪與虢。」《鄭世家》：「三十七年，莊公不朝周。」

---

❶ 眉批：案《白虎通》云「甲戌之日亡」者，謂狂易亡走；「己丑之日死而得」者，謂求得之而已死也；「未絶」謂未得之時未敢遽以爲死。洪説失班意。（底本漫漶不清，此據整理本補。）

秋，王以諸侯伐鄭，鄭伯禦之。王爲中軍。虢公林父將右軍，蔡人、衛人屬焉。周公黑肩將左軍，陳人屬焉。【注】服云：「黑肩，莊王弟子儀也。」《周本紀》集解。【疏證】杜注云：「虢公林父，王卿士。黑肩，周桓公也。」《常武》疏云：「諸侯三軍，分爲左右，可得有中軍焉。天子六軍而得有中軍者，亦當分之爲三，中與左右各二軍也。《春秋》桓五年，『蔡人、衛人、陳人從王伐鄭』，《左傳》曰『王爲中軍，虢公林父將右軍，周公黑肩將左軍』，是天子之軍分爲左右之事也。」如《詩》疏，則伐鄭之役用六軍也。《鄭世家》：「周桓王率陳、蔡、虢、衛伐鄭。」

鄭子元請爲左拒，以當蔡人、衛人；爲右拒，以當陳人，【疏證】子元已見。杜注：「拒，方陳。」《淮南·齊俗》「拘罷拒折之容」，注：「拒折，方也。」《大學》「絜矩」釋文：「本亦作拒。」宣十二年傳「將右拒卒」釋文：「本作矩。」是拒、矩古字通也。《北史·周文帝紀》：「候騎告齊軍至，❶帝召諸將謀。李弼曰：『彼衆我寡，不可平地置陣。此東十里有渭曲，可先據以待之。』遂進至渭，背水東西爲陣，李弼爲右拒，趙貴爲左拒。命將士皆偃戈於葭蘆，聞鼓聲而起。日晡，齊軍至，望見軍少，萃於左，❷軍亂不成列。兵將交，帝鳴鼓，士皆奮起。于謹等六軍與之合戰，李弼等率鐵騎橫擊之，絶其軍爲二，遂大破之。」其先云東西爲陣，後云左拒右拒，則拒爲方陳，係古《左氏》説也。❸

---

❶「候騎」，原作「侯紀」，今據《北史·周本紀》改。

❷「左」，原作「大」，今據《北史·周本紀》改。

❸ 眉批：李延壽在杜後，《北史》不足證古《左氏》説，宜酌。（底本漫漶不清，此據整理本補。）

曰：「陳亂，民莫有鬬心。若先犯之，必奔。王卒顧之，必亂。蔡、衛不枝，固將先奔。既而萃於王卒，可以集事。」從之。【疏證】《越語》「皆知其資財不足以支長久也」，注：「支，猶堪也。」《周語》「天之所枝，不可壞也」，注：「枝，柱也。」支與枝同。《戰國策》注：❶「魏不能支」，高誘注：「支，猶拒也。」《項羽傳》：「莫敢枝梧。」如淳曰：「猶枝杆也。」《易·彖傳》：「萃，聚也。」《楚語》「則三萃以攻其王族」，注：「萃，聚也。」《黍苗》「我行既集」，鄭箋：「集，猶成也。」

曼伯爲右拒，祭仲足爲左拒，原繁、高渠彌以中軍奉公，爲魚麗之陳。先偏後伍，伍承彌縫。【疏證】《鄭世家》：「莊公與祭仲、高渠彌發兵自救。」《校勘記》云：「高渠彌，《秦本紀》引作高渠眯。」又云：「魚麗，《後漢書·劉表傳》注引傳文作『魚儷』。《集韻》云：『魚𢿢，陣名，通作麗。』」是古本作「魚儷」，𢿢又儷之別也。《說文》：「麗，旅行也，鹿之性，見食急則必旅行。」《序卦傳》：「麗，離也。」《王制》「郵罰麗於事」，注：「麗，附也。」《淮南子·兵略訓》：「是故爲麋鹿者，則可以罝罘設也。爲魚鼈者，則可以網罟取也。爲鴻鵠者，則可以矰繳加也。」注：「麋鹿有兵而不能以鬬，無術之軍也。魚鼈之兵，散而不集。鴻鵠之兵，高而無被。」是魚麗之陳，即魚鼈之兵也，取其散而不聚也。張平子《東京賦》「鵝鸛魚麗，箕張翼舒」，薛綜注：「鵝鸛、魚麗，并陳名也。謂武士發於此，而列行如箕之張，如翼之舒也。」是魚麗陳形斜而長也。杜注引《司馬法》「車戰二十五乘爲偏」，謂「以車居

---

❶ 「注」，疑衍。

前，以伍次之，爲魚麗陣法」。然《後漢書·蓋勳傳》：「時叛羌圍護羌校尉夏育於畜官，❶勳與州郡合兵救育，至狐槃，爲羌所破。勳收餘衆百餘人，爲魚麗之陣。羌精騎夾攻之急，士卒多死。勳被三創。」勳所爲魚麗陣，自係古法，而無車前伍後之制，杜亦意爲之説也。沈欽韓云：「以偏爲正，以伍爲奇，伍承彌縫，即奇兵隊也。合即是隊，分則爲伍，意在彌縫策應，故以伍言之。」《方言》：彌，合也。《廣雅·釋詁》：「彌、縫，合也。」

戰於繻葛。【疏證】杜注：「繻葛，鄭地。」《春秋地名考略》：「繻葛，或云即長葛也。」

命二拒曰：「旝動而鼓！」【注】賈云：「旝，發石也，一曰飛石。《范蠡兵法》：『飛石重二十斤，爲機發，行二百步。』」本疏。【疏證】《説文》云：「建大木，❷置石其上，發其機以追敵。」蓋用賈説。追，古文磓。《釋文》：「旝，古外反，又古活反，本亦作檜。」而亦引建木發機之事。如《釋文》説，是又有作「檜」之本矣。《御覽》三百三十七引《春秋》舊説：「旝，發石車也。」與賈同，當亦《左氏》家説。《三國志》「太祖爲發石車擊袁紹」，注引《魏氏春秋》曰：「以古有矢石，又《傳》言『旝動而鼓』，説曰『旝，發石也』，於是造發石車。」惠棟云：「説者，即賈侍中説也。杜以旝爲旃，蓋本馬融。」按：《説文》旝字下又引《詩》曰「其旝如林」，當係三家《詩》。馬融《廣成頌》云「旃旝摻其如林」，惠氏謂杜本馬融以此。而《御覽》三百三十七引杜注「旝，旃也」，❸與今本「旝，旃也」又異。疏但云：「旝之爲旃，事無所出，説者相傳爲然。」而引賈注駮之云：「按：《范蠡兵法》雖有

❶「畜」，原作「高」，今據《後漢書·蓋勳傳》改。
❷「建」上，當有「旝」字。
❸「旃」，《太平御覽》卷三百三十七作「旗」。

飛石之事，不言名爲旝也。發石非旌旗之比。《説文》載之㫃部，而以飛石解之，爲不類矣。且三軍之衆，人多路遠，❶何以可見？而使二拒準之爲擊鼓候也。注以旃説爲長，故從之。」嚴蔚云：「《唐書·李密傳》：『造雲旝三百具，以機發石，爲攻城械，號將軍礮。』是則賈氏旝爲發石之説，亦可云信而有徵矣。杜預每好爲臆説，旝爲旃何據，而吠聲之。孔氏一意扶杜，乃云發石不可見，猶瞽者之道黑白，無足怪者。」按：嚴説是也。《晉書·卞壺傳》：「與蘇峻戰，遂死之，朝議賜壺左光禄大夫尚書郎，郭弘納議曰：『賊峻造逆，壺戮力致討，身當矢旝，再對賊鋒。』」矢旝猶矢石矣。

蔡、衛、陳皆奔，王卒亂，鄭師合以攻之，王卒大敗。祝聃射王中肩，王亦能軍。【疏證】王引之《經義述聞》云：「杜注曰：『雖軍敗身傷，猶殿而不奔，故言能軍。』引之謹按：王已傷矣，尚安能殿？自古軍敗而殿，皆本臣爲之，不聞王侯身自爲殿。『亦』當爲『不』字，形相似而誤。此言王之餘師不復能成軍耳。宣十二年傳『楚師軍於邲，晉之餘師不能軍』正與此同。」按：王説是也。《鄭世家》：「王師大敗，祝聸射王中肩。」❷

祝聃請從之。公曰：「君子不欲多上人，況敢陵天子乎？苟自救也，社稷無隕，多矣。」【疏證】《漢書·谷永傳》注：「上，猶加也。」《一切經音義》引《蒼頡》：「陵，侵也。」《檀弓》「喪事雖遽不陵節」，注：「陵，躐也。」《説文》：「隕，從高下也。」《鄭世家》：「祝聸請從之，鄭伯止之曰：『犯長且難之，況敢陵天子乎？』乃止。」❸

❶「遠」，原重文，今據原稿删。

❷「聸」，原作「瞻」，今據原稿改。下一「聸」字同。「射王中肩」，《史記·鄭世家》作「射中王臂」。

❸原稿眉批：服注未引，當見彼傳。

夜，鄭伯使祭足勞王，且問左右。【疏證】《鄭世家》：「夜令祭仲問王疾。」杜注云：「鄭志在苟免，王討之非也。」焦循云：「射中王肩，鄭不臣甚矣。勞王，問左右，奸也。而杜預以爲『王討之非』，明爲高貴討司馬昭而發。幸祝聃射僅中肩，尚未至成濟之惡耳。自救之説，原是飾辭，《左氏》述之，非《左氏》以『鄭志在苟免』也。預援寤生答聃之言，爲司馬昭作解已非，而乃直斥王討爲非，何謬戾至此！」❶沈欽韓云：「杜以王討爲非，則鄭之拒戰射王爲宜。苟有人心，必不至是。殆爲司馬昭懸解耳。經之不書王師敗，何也？曰君失其政，臣無敢不盡其節，大經也。今鄭之待天王，若臨敵然。臨陳交鋒，志在必殺，此豈可以示天下後世哉？《後漢書·孔融傳》：『荆州牧劉表不供職貢，多行僭僞，遂乃郊祀天地，擬斥乘輿。詔書班下其事。融上書曰：「劉表所爲不軌，罪不容誅，至於國體，宜且諱之。是以齊兵次楚，惟責包茅；王師敗績，不書晉人。前以露袁術之罪，今復下劉表之事，是使跛牂欲窺高岸，天險可得而登也。臣愚以爲宜隱郊祀之事，以崇國防。」』此《春秋》之意也，凌夷之漸，謹於其小；決壞之極，諱於所尊。杜預拘傳例，謂不以告，故不書。不知傳例自爲諸侯發，列國弄兵，蠻觸交争，書之不可勝書，故定其例。至畿甸諸侯，天王問罪，師敗身夷，可書之事豈有大於此，❷豈緣不告而不書哉？成元年，王師敗績於茅戎，書者以戎不足諱也。傳於此極言鄭莊之姦狡，而杜仞爲湔洗鄭惡，其於經、傳皆憒憒而臆

---

❶ 眉批：杜説妄，當規。然焦氏所論過緐，於經義爲駢枝，似宜删削以就簡要。以後類此者甚多，似均宜酌。（底本漫漶不清，此據整理本補。）

❷ 「豈」，原作「蓋」，今據原稿改。

決者矣。」按：焦、沈説是也，❶於杜之心迹，窺見至隱矣。

仍叔之子，弱也。【疏證】《唐石經校文》云：「之子弱也秋大，磨作『之子來聘弱也秋大』。按：杜解舉傳文有『來聘』，初刻非也。各本脱『來聘』。」

「秋，大雩。」書不時也。

凡祀，【注】服云：「魯祭天以孟月，祭宗廟以仲月。」《王制》疏。【疏證】本疏引《釋例》云：「凡祀，舉郊雩烝嘗，則天神地祇人鬼之祭皆通，其他群祀不録可知也。」《王制》「有田則祭，無田則薦」，注：「有田者既祭又薦新，祭以首時，薦以仲月。」疏：「服虔注桓五年傳云『魯祭天以孟月，祭宗廟以仲月』，非鄭云也。此薦以仲月，謂大夫士也。既以首時祭，故薦用仲月。若天子、諸侯禮尊，物熟則薦之，不限孟仲季，故《月令》孟夏薦麥，孟秋薦黍，季秋薦稻是也。大夫既薦以仲月，而服注昭元年傳『祭，人君用孟月，人臣用仲月』，不同者，非鄭義也。南師解云：『祭以首時者，謂大夫士也。若得祭天者，祭天以孟月，祭宗廟以仲月。其禘祭、祫祭、時祭亦用孟月。❷其餘諸侯不得祭天者，大祭及時祭皆用孟月。』既無所據，未知孰是，義得兩通，故并存焉。按：《春秋》桓八年『正月己卯，烝。夏五月丁丑，烝』，書者，《左氏》見其瀆。桓十四年八月『乙亥，嘗』，書以『御廩災』。《左氏》、《公羊》以爲不應嘗。僖八年『七月，禘』，鄭以爲公會王人于洮，❸故歸，七月乃禘。昭十五年二月禘于武宫者，鄭《禘祫

---

❶ 原稿眉批：惠引劉氏《權衡》，同沈、焦，未收。

❷ 「時」，原作「其」，今據《禮記正義》卷十二改。

❸ 「公會」至「以十」二十九字，原脱，今據《禮記正義》卷十二補。

志》以十一年齊歸薨，十五年喪終之禘，不擇月。定公八年冬十月順祀先公，以陽虎作亂，求福先公，特爲此祭，故不用常月。此皆不用孟月者，以春秋亂世，不能如禮，故參差不一，難以禮論也。」按：鄭但主宗廟祭薦，不及祭天，宜其與服異。第服注昭元年傳，又謂祭用孟月者，李貽德云：「昭元年十二月烝，爲夏十月，是服此云『以仲月』者，謂祭天之月不祭宗廟，其餘祭宗廟亦用孟月也。」南師解與服此注合，此注泛舉祭月，不專釋郊天之時，李氏《輯述》定爲「啟蟄而郊」注，非也。

啟蟄而郊，【注】服云：「一説郊，祀天祈農事。雩，祭山川而祈雨也。」❶劉昭《續漢書·禮儀志》注。【疏證】杜注云：「啟蟄，夏正建寅之月，祀天南郊。」沈欽韓云：「《律曆志》：『諏訾，初危十六度，立春。中營室十四度，驚蟄，今曰雨水。降婁，初奎五度，雨水，今曰驚蟄。』是古曆以驚蟄爲正月中氣。《淮南·天文訓》、《周書·時訓》並以雨水爲正月中，是後人追改耳。」按：沈説是也。《夏小正》「正月啟蟄」傳云：「言始發蟄也。」夏以啟蟄爲正月中氣。以下文服注龍見四月、賈注始殺孟秋推之，則此傳賈、服注當亦云正月，或云孟春也。郊禮之用夏正者，《宋書·禮志》：「大明二年，尚書何偃議：『鄭玄注《禮記》，引《易》説三王之郊，一用夏正。《周禮》，凡國之大事，多用正歲。《左傳》又啟蟄而郊。則鄭之此説，誠有據矣。衆家異議，或云三王各用其正郊天，此蓋曲學之辨，於禮無取。固知《穀梁》三春皆可郊之月，真所謂膚淺也。』」《南齊書·禮志》：「永明元年當郊，而立春在郊後，世祖欲遷。尚書令王儉啟：『按《禮記·郊特牲》云：「郊之祭也，迎長日之至也，大報天而主日也。」

---

❶ 眉批：「雩，祭山川而祈雨也」，乃服解下句之別一義，宜移入下句注中。

《易説》「三王之郊，一用夏正」。盧植云「夏正在冬至後，《傳》曰啟蟄而郊，此之謂也」。然則圜丘與郊各自行，不相害也。』」何偃、盧植皆以起蟄而郊，證郊用夏正，當爲古《左氏》説矣。服誼當謂啟蟄正月，祀天南郊，其謂「郊，祀天祈農事」，乃別一説。《月令》「是月也，❶天子乃以元日祈穀於上帝」，鄭注：「謂以上辛郊祭天也。《春秋傳》曰：『郊祀后稷，以祈農事，是故啟蟄而郊，郊而后耕。』」疏：「按襄七年《左傳》云：孟獻子曰：『郊祀后稷，以祈農事，是故啟蟄而郊，郊而后耕。』彼祈農事者，則此祈穀也。彼云郊而後耕，此是祈穀之後即躬耕帝藉，是祈穀與郊一也。」鄭説與服另一説同矣。《魏書・李業興傳》：天平四年，使梁朱异問曰：「魏洛中委粟山是南郊耶？」❷業興曰：「委粟是圜丘，非南郊。」异曰：「北間郊、丘異所，❸是用鄭義。我此中用王義。」《魏志》所謂梁用王義，蓋謂泰始之後用王肅説，改定南北郊祭，一地一天也。本疏：「夏正郊天，祭其所感之帝焉。周人木德，祭靈威仰也。魯無冬至之祭，❹惟祭靈威仰耳。惟鄭玄立爲此義，而先儒悉不然。」是鄭主魯祀靈威仰，與賈、服諸儒異也。然郊用夏正，鄭君亦無異義。惟《隋書・禮儀志》云：「梁天監三年，左丞吴操之啟稱：❺『傳云「啟蟄而郊」，

❶「月」，原作「日」，今據原稿改。
❷「粟」，原作「栗」，今據《魏書・李業興傳》改。下一「粟」字同。
❸「所」，原作「同」，今據《魏書・李業興傳》改。
❹「魯」，《春秋左傳正義》卷六作「曾」。
❺「操」，原作「採」，今據原稿改。

郊應立春之後。』尚書左丞何佟之議：❶『今之郊祭，是報昔歲之功，而祈今年之福。故取歲首上辛，不拘立春之先後。周冬至於圜丘，大報天也。夏正又郊，以祈農事，故有啟蟄之説。自晉太始二年，並圜丘、方澤，同於二郊。是知今之郊禋，禮兼祈報，不得限以一途也。』帝曰：『圜丘自是祭天，先農即是祈穀。但就陽之位，故在郊也。冬至之夜，陽氣起於甲子，既祭昊天，宜在冬至。祈穀時可依古，必須啟蟄。在一郊壇，分爲二祭。』自是冬至謂之祀天，啓蟄名爲祈穀。」按：今以三統術推節氣，中氣啟蟄，無在立春後者。吴操之説誤。❷王肅云：「魯冬至郊天，建寅之月又郊穀。」何佟之議本王肅説，其謂「不拘立春之先後」，是未知夏正啟蟄在冬至後，疏於考曆耳。冬至祀天，啟蟄又郊，是有二郊，與先儒《左氏》説違。

龍見而雩，【注】服云：「龍，角亢也。謂四月昏，龍星體見，萬物始盛，待雨而大，故雩祭以求雨也。」《續漢書》注。舊注：「龍，角亢星也。建巳月昏見東方。」《御覽》二十一。穎子容以龍見即是五月。《釋例》。【疏證】杜注：「龍見，建巳之月。蒼龍，宿之體，昏見東方。萬物始盛，待雨而大，故祭天，遠爲百穀祈膏雨。」全襲服注及舊注。「遠爲百穀祈膏雨」句，亦經「大雩」服注也。舊注於龍見言建巳月，則啟蟄當云建寅月，始殺當云建申月，閉蟄當云建亥月。杜注惟建申月，可以意知也。莊二十九年傳「龍見而畢務」，疏：「東方之宿，盡爲龍星，❸角即蒼龍角也。」《律書》云：「角者，言萬物皆有枝格如角也。亢者，言萬物亢見也。」《月令》

❶「議」，原作「譏」，今據原稿改。
❷「操」，原作「採」，今據原稿改。
❸「盡」，原作「晝」，今據原稿改。

「仲夏之月，大雩帝」，鄭注以仲夏之祭爲非，雩祭當在孟夏。《月令》又云「乃命百縣雩祭百辟卿士有益於民者」，鄭注：「《春秋傳》曰龍見而雩，雩之正，當以四月。」是鄭氏説《左氏》亦以雩當四月。《穀梁》「成七年冬，大雩」，疏：「鄭《釋廢疾》去冬及春夏，❶按《春秋説考異郵》，三時雖有禱禮，❷無雩祭之事，惟四月龍星見，始有常雩耳。故因載其禱請山川辭云：『方今天旱，野無生稼，寡人當死，百姓何依。不敢煩民請命，願撫萬民，以身塞無狀。』」鄭氏所引《春秋説》，亦《左氏》古義。所云常雩，即《禮》注正雩之説也。李貽德云：「《夏小正》『四月初昏，南門正』，南門者，亢上下之星也。角，兩星相對觸，故《天官書》云『左角李，右角將』。亢，四星曲而長，故《天官書》云『亢爲疏廟，其南北兩大星曰南門』，《小正》以識亢星所在也。」按：李説是也。唐《大衍日度議》：「周曆立夏日在觜觿二度。於軌漏，昏角一度中，蒼龍畢見。」立夏爲夏四月節氣，與服説合。《淮南·天文訓》：「四時之散精爲萬物。」《尚書大傳》云：「萬物非夏不長。」《説文》：「待，竢也。」本疏云：「潁子嚴以龍見即是五月。《釋例》曰：『《月令》之書出自呂不韋，其意欲爲秦利，非古典也。潁氏因之以爲龍見五月。五月之時，龍星已過於見，此爲强牽天宿以附會不韋之《月令》，非所據而據，既以不安，且又自違。《左氏傳》稱「秋，大雩，書不時」，此秋即潁氏之五月，而忘其不時之文，而欲以雩祭。』是言《月令》不得與傳合也。」《釋例》之駁潁氏，悉用服義。然如鄭説，《月令》非指常雩，潁氏未必據《月令》爲説，今無以考矣。

始殺而嘗，【注】賈、服：始殺，唯據孟秋。本疏。【疏證】此賈、服説當云「謂七月或稱建申之月」，「唯

---

❶「釋」，原脱；「去」，原作「云」，今據《春秋穀梁傳注疏》卷十三補改。

❷「雖」，《春秋穀梁傳注疏》卷十三作「唯」。

據孟秋」乃疏家隱括之語，有其義而失其詞。「孟秋」下疏有「不通建西之月」六字，❶乃疏家之詞。洪氏采爲賈、服語，非也。杜注云：「建西之月，陰氣始殺，故薦嘗於宗廟。」疏云：「按《月令》孟秋『農乃登穀，天子嘗新，先薦寢廟』，則似七月穀熟。天七月當嘗祭，❷而云建西之月乃嘗祭者，以上下準之，始殺嘗祭實起於建申之月，今云建西者，言其下限。哀十三年，子服景伯謂吴太宰曰：『魯將以十月上辛，有事於上帝先公，季辛而畢。』彼雖恐吴之辭，亦是八月嘗祭之驗也。」疏知嘗祭當在七月，而獨舉變禮言之。金鶚《禮説》云：「杜於《釋例》引《詩》『白露爲霜』以證始殺之爲西月，不知孟秋律中夷則，夷則即始殺之義也。《白虎通》云：『夷，傷也；則，法也，言萬物始傷，被刑法也。』《月令》孟秋之月『鷹乃祭鳥，用始刑戮』，又云『戮有罪，嚴斷刑，❸天地始肅，不可以贏』。皆始殺之謂。故賈、服注並以始殺爲孟秋。」李貽德云：「杜謂建西之月，與賈、服異。然杜於郊、雩皆著孟月，❹此舉仲月以當之，斯不倫矣。」按：金、李説是也。杜注冬烝亦謂建亥之月，春、夏、冬皆孟月，而秋獨用仲月，又何解乎？《春秋繁露·四祭》篇謂：「嘗者，以七月嘗黍稷。」公羊家亦主孟秋。

閉蟄而烝。【疏證】《月令》：「蟄蟲坏户。」《釋詁》：「烝，衆也。」李貽德云：「昭元年十二月『晉侯烝』，服注云『祭，人君用孟月』。周十二月爲夏十月，則彼云『用孟月』，謂夏孟冬之月。」按：李説是也。賈、服説雖佚，以

---

❶「建西之月」，原重文，今據原稿删。

❷「天」，《春秋左傳正義》卷六無此字。眉批：「天」疑作「夫」。

❸「嚴」，原作「敝」，今據原稿改。

❹「著」，原脱，今據《春秋左氏傳賈服註輯述》卷三補。

彼注推之，當云建亥月，或云十月也。杜注：「建亥之月，昆蟲閉户，萬物皆成，可薦者衆，故烝祭宗廟。」疏云：「傳稱『火伏而後蟄者畢』，《周禮》『季秋内火』，則火以季秋入而孟冬伏，昆蟲以孟冬蟄，故知閉蟄是建亥之月也。」是杜用舊説也。本疏又引「《釋例》云：『傳曰「火伏而後蟄者畢」，此謂十月始蟄也，至十一月遂閉之。猶二月之驚蟄，❶既啟之後，遂驚而走出，始蟄之後又自閉塞也。』是言啟蟄爲正月中，閉蟄爲十月中也。注以閉蟄爲十月，而《釋例》云十一月遂閉之者，以正月半蟄蟲啟户，二月初則驚而走出，十月半蟄蟲始閉，十一月初則遂閉之。傳稱四者皆舉中氣」。疏以内火證火伏，當矣。《釋例》謂閉蟄在十一月則非傳義，疏强釋之，非也。金鶚《禮説》云：「《洛誥》云『王在新邑，烝祭歲』，其下文云『在十有二月』，周十二月，夏十月。《月令》孟冬之月『大飲烝』，《楚語》云：『日月會於龍豵，❷群神頻行，國於是乎烝嘗。』韋昭注：『豵，龍尾也，謂周十二月，夏十月也。烝，冬祭也。嘗，嘗百物也。』又《魯語》云『烝而獻功』，韋注：『冬祭曰烝，烝而獻五穀、布帛之功。』《豳風・七月》篇云『九月授衣』，又云『十月納禾稼』，是知獻功必在十月，烝在孟冬明矣。」

過則書。【疏證】《釋例》云：「謂非其時，非其祀，不旱而雩之類是也。」❸

冬，淳于公如曹。度其國危，遂不復。【疏證】《地理志》：「北海郡淳于。應劭云：《春秋》『州公如曹』，《左氏傳》云『淳于公如曹』。」臣瓚曰：「州，國名也。淳于公國之所都。」《方輿紀要》：「淳于城在青州府安丘

❶「猶」，原作「獨」，今據原稿改。
❷「豵」，原作「䮾」，今據《國語正義》卷十八改。
❸ 眉批：「不旱而雩」，不甚近情，《愈愚録》有此條，宜補入。

縣東北三十里。」

【經】六年，春，正月，寔來。【疏證】沈欽韓云：「《釋詁》：『寔，是也。』杜解寔爲實，非也。《韓奕》箋云：『實當作寔，趙魏之東，寔、實同聲。寔，是也。』疏云：『凡言實者，已有其事，可後實之也。方説所爲，不宜爲實，故轉爲寔。』以推此經，❶上年州公如曹，今年方來，『寔來』者，於是乎來也。傳作『實』者，猶《毛詩》『寔命不同』，即方俗聲同之誤。」按：《韓奕》正義云：「《春秋》桓六年州公『寔來』，《左氏》作『實來』。」惠氏棟據之謂寔當作實。錢大昕云：「孔氏所據乃服虔本，非杜本也。《覲禮》『伯父實來』注：『今文實作寔。』是實即寔之古文。《春秋公羊》、《穀梁》爲今文，《左氏》爲古文。故二傳作『寔來』，《左氏》作『實來』。杜氏改從二傳，失之矣。」錢説足申惠氏之誼，沈説仍囿於二傳者。《三國・魏志・華歆傳》：「詔即拜歆豫章太守。孫策略地江東，歆幅巾奉迎。待以上賓之禮。」注：「孫盛曰：昔許、蔡失位，不得列於諸侯；州公寔來，❷魯人以爲深恥。方之於歆，咎孰大焉？」字亦作寔，或後人以杜本改耳。魯人恥州公，爲古《左氏》誼。

夏，四月，公會紀侯于成。【疏證】《校勘記》云：「陸德明《穀梁音義》曰：《左氏》作『杞侯』。」陳樹華云：❸三年書『公會杞侯於郕』，則此處亦當作『杞侯』，疑傳寫誤也。」文淇按：成，《穀梁》作「郕」。杜注云：「成，

---

❶「以推此經」，《春秋左氏傳補注》卷一作「以此推經」。

❷「公」，原作「人」，今據《三國志・華歆傳》改。

❸「華」，原爲空格，今據原稿補。

魯地，在泰山鉅平縣東南。」《乾隆府廳州縣志》：「成城在兗州府寧陽縣東北九十里，魯成邑。」

秋，❶大閲。【注】賈云：「簡車馬於廟也。」《公羊》疏。【疏證】《廣雅》：「閲，數也。」「比年簡徒謂之蒐，❷三年簡車謂之大閲，五年大簡車徒謂之大蒐。」疏云：「知其年數者，漢禮猶然。」注又云：《公羊》注：「不地者，常地也。」疏云：「蓋在郊内。而賈注釋云『簡車馬於廟也』者，何氏不取。」本疏云：「此不言地者，蓋在國簡閲，未必田獵。昭十八年，鄭人簡兵大蒐在於城内，此亦當在城内。」疏謂大閲在城内，用賈説，而没其廟中之義。李貽德云：「隱十一年傳『授兵於大宫』，杜云『鄭祖廟』，授兵既在太廟，則大閲亦當在廟明矣。」按：大閲止以簡車，與授兵異，杜以大閲是懼鄭忽而畏齊人，非時簡車馬。三傳皆無此義也。

蔡人殺陳佗。【疏證】疏云：「殺陳佗，無傳，不言無傳者，以傳説此事在莊二十二年，不是全無其事，故不言無。」《集解序》云：「分經之年與傳之年相附，❸比其義類。」合《左氏傳》於經，始於杜預，則經文之「無傳」字，古本無之，預所加也。

九月，丁卯，子同生。【注】賈云：「不稱大子者，書始生。」《曾子問》疏。【疏證】《曾子問》「君薨而世子生」，疏：「《左傳》桓六年『子同生』，賈、杜注云：『不稱太子者，書始生。』」按：賈知不稱太子者，以傳舉以太子之禮知之。《内則》「書曰某年某月某日某生而藏之」，注：「《春秋》書桓六年『九月丁卯子同生』。」疏云：「此既據

---

❶「秋」下，《春秋左傳正義》卷六有「八月壬午」四字。

❷眉批：「比年簡徒云云」，何人注語，宜補明。

❸「附比」，原倒，今據《春秋左傳正義》卷一改。

卿大夫以下，而引《春秋》桓六年子同生者，欲證明子生年月日之事，彼謂諸侯也。」鄭義與賈同。《北史・魏澹傳》：「澹別成《魏史》，與魏收多有不同。其一曰：『臣聞天子者繼天立極，❶終始絶名，故《穀梁傳》曰：「太上不名。」《曲禮》：「天子不言出，諸侯不生名。」諸侯尚不生名，況天子乎？若爲太子，必須書名。良由子者對父生稱，父前子名，禮之意也。至如馬遷，周之太子，並皆言名，漢之儲兩，俱没其諱，以尊漢卑周，臣子之誼也。竊謂雖立此理，恐非其義。何者？《春秋》、《禮記》，太子必書名，天王不言出，此仲尼之褒貶，皇王之稱謂，非謂當時與異代，遂爲優劣也。』」澹所述及《左氏》古義，與賈注合。《隋書・澹傳》略同，惟中引經傳及杜注申之云：「即位之日，尊成君而不名，《春秋》之義，聖人之微旨也。」尊成君而不名，亦古義矣。杜注謂：「適夫人之長子，備用太子之禮，故史書之。」舊説無此義。

冬，紀侯來朝。

【傳】六年春，自曹來朝。書曰「寔來」，不復其國也。【疏證】寔，當作「實」。杜注云「變言寔來」。宋本寔作實，蓋不知正義用杜本而改之。

楚武王侵隨，【注】賈云：「隨，姬姓也。」《楚世家》集解。**【疏證】**《世本》：「隨，國名，姬姓。」賈注本之。《地理志》：「南陽郡，隨，故國。」沈欽韓云：「今德安府隨州。」

使薳章求成焉，【疏證】杜注云：「薳章，楚大夫。」洪亮吉云：「王符《潛夫論》：『坌冒生蔿章者，❷王子無

---

❶「極」，《北史・魏澹傳》作「稱」。

❷「坌」，《春秋左傳詁》卷六作「蚠」。

鈎也。❶令尹孫叔敖者，蔿章之孫也。』薳與蔿同。詳僖二十七年傳注。」

軍於瑕以待之。隨人使少師董成。【疏證】《爾雅》：「董，正也。」杜注：「瑕，隨地。少師，隨大夫。」《春秋分地記》：「成十六年楚師還，及瑕，楚地也，今亳州蒙城縣。」❷

鬬伯比言於楚子曰：「吾不得志於漢東也，我則使然。我張吾三軍而被吾甲兵，【疏證】杜注：「鬬伯比，楚大夫令尹子文之父。」《韓奕》「孔修且張」，毛傳：「張，大也。」《周策》「破秦以張韓魏」，注：「張，强也。」《周勃世家》「甲楯五百被」，集解引張晏曰：❸「被，具也。」**以武臨之，彼則懼而協以謀我，故難間也。漢東之國，隨爲大。隨張，必棄小國。小國離，楚之利也。少師侈，請羸師以張之。」**【疏證】《公羊》成十年何注：「侈，大也。」《字林》：「侈，汰也。」《周語》「此羸者陽也」注：「羸，弱也。」《楚語》「民之羸餒」注：「羸，瘠也。」《晉書·乞伏國仁傳》：「南安秘宜及諸羌虜來擊，國仁謂諸將曰：『先人有奪人之心，不可坐待其至。宜抑其威餌敵，❹羸師以張之，軍法所謂怒我而怠寇也。』於是勒衆五千，襲其不意，大敗之。」

熊率且比曰：「季梁在，何益？」【疏證】杜注：「熊率且比，楚大夫。季梁，隨賢臣。」按：季梁，《水經

---

❶ 眉批：按：王子蔿章，字無鉤，見《唐宰相世系表》。（底本漫漶不清，此據整理本補。）

❷ 「亳」，原作「蒙」，今據《左通補釋》卷二改。

❸ 「晏」，原作「揖」，今據《史記·絳侯周勃世家》改。

❹ 「其」，《晉書·乞伏國仁載記》無此字。

注》引作「李良」。

鬭伯比曰：「以爲後圖。少師得其君。」【疏證】杜注：「言季梁之諫不過一見從，隨侯卒當以少師爲計，故云以爲後圖。」

王毁軍而納少師。少師歸，請追楚師，隨侯將許之。季梁止之曰：「天方授楚。楚之羸，其誘我也，君何急焉？臣聞小之能敵大也，小道大淫。所謂道，忠於民而信於神也。上思利民，忠也；祝史正辭，信也。今民餒而君逞欲，祝史矯舉以祭，臣不知其可也。」【疏證】《説文》：「毁，缺也。」《廣雅·釋言》：「毁，虧也。」《太宰》「六曰主以利得民」，注：「玄謂利讀如『上思利民』之利，謂以政教利之。」疏：「此左氏傳隨季良之辭。」❶鄭説「利民」當如此。《廣雅·釋詁》：「逞，快也。」❷又云：「苦、曉、佼，快也。」《方言》：「逞、苦、了，快也。自山而東或曰逞，楚曰苦，秦曰了。」又曰：「逞、曉、佼、苦，快也。自關而東或曰曉，或曰逞，江淮陳楚之間曰逞，宋鄭周洛韓魏之間曰苦，東齊海岱之間曰佼，自關而西曰快。」《公羊》何注：「詐稱曰矯。」

公曰：「吾牲牷肥腯，粢盛豐備，何則不信？」【注】服云：「牛羊曰肥，豕曰腯。」本疏。【疏證】《説文》：「牲，牛完全。牷，牛純色。」《牧人》「以共祭祀之牲牷」，司農注：「牷，純也。」康成云：「體完具。」《表記》「牲牷禮樂齊盛」釋文：「牷，本亦作全。」《穀梁傳》：「全曰牲，傷曰牛，未牲曰牛。」是牲、牷皆謂牛也。《曲禮》「豕曰

---

❶ 眉批：疏語宜省。

❷ 「快」，《廣雅·釋詁》作「疾」。

腯肥」，注：「腯亦肥也。腯，充貌也。」《説文》：「牛羊曰肥，豕曰腯。」與服説同。杜預注：「腯，亦肥也。」蓋用鄭説。正義云：「重言肥腯者，古人自有複語耳。《禮記》豚亦稱肥，非獨牛羊。」王念孫《廣雅疏證》云：「按《傳》言，備腯咸有，則腯亦不耑屬豕。」皆以服説爲非。然肥、腯對則異，散則通，服説亦自可通也。惠士奇云：「禹廟殘碑作『資盛』，《説文》作『𪗋』，云：『稷也，從禾齊聲。或作粢，從次。』」洪亮吉云：「石經、宋本皆作『粢』。鄭注《周禮》云：『齍讀爲粢。』」《校勘記》云：「凡經典言粢盛，皆粢盛之誤。𪗋、齍、粢三字古通用，爲祭祀之黍稷。餈、粢二字，同爲《周禮》之粉餈，不知何時淆亂而莫有正之者。」如阮説，則「粢盛」字非古文也。《毛詩》「以我齊明」，注：「器實曰齊，在器曰盛。」何休《公羊注》：「黍稷曰粢，在器曰盛。」杜注用之。《釋草》「粢，稷」。《肆師》「表齍盛，告絜」，注：「齍，六穀也。」《小宗伯》「辨六齍之名物」，注：「六齍謂六穀，黍、稷、稻、粱、麥、苽。」如鄭説，是粢謂六穀，《公羊》注但舉黍稷耳。

對曰：「夫民，神之主也，是以聖王先成民而後致力於神。故奉牲以告曰『博碩肥腯』，【疏證】

鄭玄《儀禮》注：「博，廣也。」《詩》毛傳：❶「碩，大也。」《説文》：「肥，多肉也。」《秦策》「而肥仁義之誡」，注：「肥，猶厚也。」杜於奉牲無注，疏亦無説。按：博碩肥腯，即古奉牲告神之辭。知然者，《封人》「歌舞牲及毛炮之豚」，注：「謂君牽牲入時，隨歌舞之，言其肥香以歆神也。鄭司農云：『封人主歌舞其牲，云博碩肥腯。』」疏：「此《左氏》桓公傳隨季良之辭，彼云『奉牲以告，曰博碩肥腯』，引之者證封人歌舞牲時有此辭也。」《充人》「碩牲則贊」，注：「贊，助也。君牽牲入，將致之，助持之也。奉牲以告曰『博碩肥腯』。」疏：「言碩牲者，謂君牽牲入廟，卿大夫

---

❶「毛傳」，疑當作「鄭箋」。

贊幣而從，皆云『博碩肥腯』。」是奉牲之禮，即歌舞牲、碩牲，而其辭同爲「博碩肥腯」也。《後漢書・禮儀志》「正月，天郊，夕牲」，劉昭注：「《周禮》展牲，干寶曰『若今夕牲』。又郊儀，❶先郊日未晡五刻夕牲，公卿京尹衆官悉至壇東就位，太祝吏牽牲入，到榜，廪犧令跪曰：『請省牲。』舉手曰：『腯。』太祝令繞牲，舉手曰：『充。』」亦奉牲之遺意。

「謂民力之普存也，謂其畜之碩大蕃滋也，謂其不疾瘯蠡也，謂其備腯咸有也；【疏證】《孟子》「普天之下」趙注：「普，博也。」❷《漢書・楊雄傳》注：「普，徧也。」本疏：「博碩言其形狀大，蕃滋言其生乳多。」《詩》正義引此「謂」下多「其」字。按：以下二句例之，似當有「其」字。《釋文》：「瘯，本又作蔟。」朱駿聲云：「瘯，當作蔟。《尚書大傳》注：『蔟，❸猶聚也。』」洪亮吉云：「《釋文》稱《説文》蠡作瘰。按：《説文》無瘰字，痤字下注云：『小腫也，從爿坐聲。❹一曰族絫。』臣鉉等曰：『今別作瘯蠡，非是。』今考《玉篇》：『瘯蠡，皮膚病。《左傳》曰不疾瘯蠡也。一作瘰。』按：《釋文》所引《説文》疑屬《玉篇》之誤。又案：《説文》痤字注既云『小腫』，而陸氏所引《説文》亦云『皮肥』，是族絫不過皮毛肥腫之病，故《玉篇》云然。杜注以疥癬當之，考《説文》：『疥，搔也。』『癬，

---

❶「郊」，原作「郭」，今據原稿改。下「郊」字同。

❷「博」，《孟子注疏》卷九上作「徧」。

❸「蔟」，原作「蓙」，今據《春秋左傳識小録》卷上改。

❹「爿」，原作「月」，今據原稿改，《説文解字》卷七下作「疒」。

乾殤也。』恐非其義。」按：洪説是也。《廣雅·釋詁》：「𥍉、㸒、𥎪、䂬、矬、𥑊，❶短也。」王念孫云：「短謂之痤，小亦謂之痤。《説文》：『痤，小腫也。一曰族累病。』瘯蠡與族累同，急言之則爲痤矣。《聲類》云：『銼鑹，小釜也。』族累、銼鑹皆語之轉耳。」如王説，則「瘯蠡」當訓痤也。《校勘記》云：「錢大昕云：『《説文·疒部》㿗字注：❷「畜産疫病也。」此「瘯蠡」之正字。蠡、㿗聲相近，故假借爲蠡耳。瘯亦俗字，當爲族，六畜之疫曰族㿗，或作族絫。絫、㿗亦聲相近。』」❸自「民力普存」以下，皆季梁之辭也。「奉牲曰『博碩肥腯』，奉盛則『絜粢豐盛』，奉酒曰『嘉栗旨酒』」，告神之辭止此。杜注謂：「雖告神以博碩肥腯，❹其實皆當兼此四謂。」非是。本疏謂：「季梁舉其告辭，解其告義。」是也。

「奉盛以告曰『絜粢豐盛』，謂其三時不害而民和年豐也；【疏證】《詩·甫田》正義：「言爲穀則絜清，在器則豐滿。」杜注：「三時，春、夏、秋。」

「奉酒醴以告曰『嘉栗旨酒』，【注】服云：「穀之初熟爲栗。」《生民》疏。**【疏證】**《爾雅》：「嘉，善也。」《生民》「實穎實栗」毛傳：「栗，其實栗栗然。」箋云：「栗，成就也。」彼疏：「桓六年《左傳》云『奉酒醴以告曰嘉栗旨酒』，服虔云『穀之初熟爲栗』，是栗爲穀熟貌。」按：杜以栗爲敬謹，不用服義。本疏云：「劉炫以栗爲穗貌而規

❶「㸒」，原作「矬」，今據《廣雅》卷二改。
❷「部」，原作「云」，今據原稿改。
❸「㿗」，原脱，今據《春秋左傳正義》卷六《挍勘記》補。
❹「雖」，原作「難」，今據原稿改。

杜過，於理恐非。」是炫從服義也。祝辭三者皆舉祭物，此獨言與祭之誠，杜説爲短矣。朱駿聲云：「粟疑粟之誤。粟者，稻粱之屬，言以嘉穀爲酒也。」朱亦用服注，改字説經，失之。

「謂其上下皆有嘉德而無違心也。所謂馨香，無讒慝也。【疏證】《廣雅·釋言》：「非，違也。」王念孫云：「《桓六年《左傳》云『謂其上下皆有嘉德而無違心也』，違心即非心。《玉藻》云『非僻之心』是也。」《民勞》「無俾作慝」，傳：「慝，惡也。」本疏云：「所謂馨香，總上三者。」

「故務其三時，脩其五教，【疏證】《堯典》「敬敷五教在寬」，馬融注：「五品之教。」鄭康成注：「五品，父、母、兄、弟、子也。」❶《鄭語》史伯曰：「商契能合和五教，以保於百姓者也。」韋注：「五教，謂父義、母慈、兄友、弟恭、子孝也。」《外傳》五教舊誼，亦用古《尚書》説，杜注同《外傳》注。

「親其九族，以致其禋祀，【疏證】杜注：「九族謂外祖父、外祖母、從母子及妻父、妻母、姑之子、姊妹之子、女子之子、并己之同族，❷皆外親有服而異族者也。」本疏引《異義》：「今《禮》戴、《尚書》歐陽説九族乃異姓有親屬者，父族四：五屬之内爲一族，父女昆弟適人者與其子爲一族也，己女昆弟適人者與其子爲一族，己之女子子適人者與其子爲一族；❸母族三：母之父姓爲一族，母之母姓爲一族，母女昆弟適人者與其子爲一族；❹妻族

---

❶「兄弟」，原重文，今據原稿删。

❷「并」，原作「非」，今據《春秋左傳正義》卷六改。

❸「己之」至「一族」十四字，原脱，今據《春秋左傳正義》卷六補。

❹「與其子」，原脱，今據《春秋左傳正義》卷六補。

二：妻之父姓爲一族，妻之母姓爲一族。」鄭駁云：「婦人歸宗，❶女子雖適人，字猶繫姓，不得與父兄爲異族。❷《喪服小記》説別族之義曰：『親親以三爲五，以五爲九。』以此言之，知高祖至玄孫，昭然察矣。」本疏又云：「此注以鄭玄駁云女子不得與父兄爲異族，故簡去其母，惟取其子。」則杜并不全主歐陽説矣。顧炎武云：「孔氏《書》傳曰：九族，高祖至玄孫之親。」洪亮吉云：「按杜注九族雖用戴、歐陽等説，然諸侯絶旁親，況下云『致其禋祀』，則非施於他姓可知。」沈欽韓云：「助祭合食，惟同姓耳，當從『以三爲五，以五爲九』之義。」按：洪、沈説是也。鄭駁《異義》本古《尚書》説，亦見《異義》所引，謂「從高祖至玄孫凡九也」。《釋詁》：「禋，敬也。」

「於是乎民和而神降之福，故動則有成。今民各有心，而鬼神乏主，【疏證】洪亮吉云：「《文選》注引『神』上有『後』字。」❸《魯語》「民和而後神降之福」，韋注：「降，下也，故民和而神乃降福。」《莊子・天地》「無乏吾事」釋文：「乏，廢也。」《周禮・服不氏》「以旌居乏而待獲」，注：「乏，讀爲『匱乏』之乏。」

「君雖獨豐，其何福之有？君姑修政，而親兄弟之國，庶免於難。」隨侯懼而修德，❹楚不敢伐。【疏證】《年表》：「楚武王三十五年侵隨，隨爲善政，得止。」

夏，會於成，紀來諮謀齊難也。【疏證】《校勘記》云：「足利本後人紀云：成作郕。」《皇皇者華》「周爰咨

❶「宗」，原作「字」，今據原稿改。
❷「異」，原脱，今據《春秋左傳正義》卷六補。
❸眉批：《文選》注宜載篇名。
❹「德」，《春秋左傳正義》卷六作「政」。

諏，周爰咨謀」，毛傳：「訪問於善爲咨，咨事之難易爲謀。」用襄四年傳義，彼傳作「咨難爲謀」。《説文》：「謀事曰咨。」諮，俗字，當如《詩》作「咨謀」也。

北戎伐齊，齊侯使乞師於鄭。鄭大子忽帥師救齊。六月，大敗戎師，獲其二帥大良、少良，甲首三百，以獻于齊。【疏證】毛本「齊」下脱「侯」，《校勘記》據石經、宋本增。《年表》：「齊釐公二十五年，山戎伐我。」《齊世家》：「釐公二十五年，北戎伐齊。」《司甲》注：「甲，今之鎧也。」疏：「今古用物不同，其名亦異。古用皮謂之甲，今用金謂之鎧，從金爲字也。」杜注：「甲首，被甲者首。」

於是諸侯之大夫戍齊，齊人饋之餼，【疏證】陳樹華云：「《説文》氣字下引『齊人來氣諸侯』，槩字下云『氣或從既』，❶餼字下云『氣或從食』。餼之爲氣，槩之爲既，皆古文也。杜子春云字當爲餼，失之。」《左氏》爲古文，如陳説則「餼」當作「氣」也。《論語》鄭注云：「牲生曰餼。」杜注「生曰餼」，用鄭義。《釋文》：「牲腥曰餼。」

使魯爲其班，後鄭。【疏證】鄭玄《儀禮注》云：「班，次也。」杜注用之，而云：「魯親班齊饋，則亦使大夫戍齊矣，經不書，蓋史闕文。」疏引劉炫云：「十年説此云『北戎病齊，❷諸侯救之』，或可魯亦往救，但傳無魯事之驗，魯必不救，不須解之。」據炫説，則先儒不謂魯戍齊也。

鄭忽以其有功也，怒，故有郎之師。【疏證】杜注：「郎師在十年。」

---

❶「既」至「或從」八字，原脱，今據《春秋經傳集解考正》卷二補。

❷「齊」，原脱，今據《春秋左傳正義》卷六補。

公之未昏於齊也，齊侯欲以文姜妻鄭大子忽。大子忽辭。人問其故，大子曰：「人各有耦，齊大，非吾耦也。」【疏證】《校勘記》云：「《文選》沈休文《奏彈王源》注引作『人各有偶』，按：耦、偶正俗字。」《有女同車》疏引《鄭志》張逸問：「《有女同車》序云『齊女賢』，經云『德音不忘』，文姜内淫殺夫，幾亡魯國，❶故齊有『雄狐』之刺，魯有《敝笱》之賦，何德音之有？」答曰：「當時佳耳，後乃有過，或者早嫁不至於此。作者據時而言，故序達經義。」按《小序》云：「太子忽嘗有功於齊，齊侯請妻之。」云有功，自忽敗戎師以後，張逸、康成皆誤仞前後請妻爲文姜一人也。《齊世家》：「鄭使太子忽來救齊，齊欲妻之。忽曰：『鄭小齊大，非我敵。』遂辭之。」《鄭世家》：「齊侯求救，鄭遣太子忽將兵救齊。齊釐公欲妻之，忽謝曰：『我小國，非齊敵也。』」皆以忽初辭昏加於敗戎師之時，不可從。

「《詩》云『自求多福』，在我而已，大國何爲？」君子曰：「善自爲謀。」【疏證】「自求多福」，《大雅·文王》文，彼傳云：「我長配天命而行，爾庶國亦當自求多福。」昭二十八年傳：「仲尼聞其命賈辛也，以爲忠，『《詩》曰：❷「永言配命，自求多福。」忠也』。」傳褒鄭忽之忠。杜注：「言獨絜其身，謀不及國。」非傳意。

及其敗戎師也，齊侯又請妻之。【疏證】《有女同車》疏：「如《左傳》文，齊侯前欲以文姜妻忽，復以他女妻忽，再請之。此言齊女賢而忽不娶，謂復請妻者非文姜也。此陳同車之禮，欲忽娶爲正妻也。按隱八年《左

---

❶ 「亡」，原作「忘」，今據《毛詩正義》卷四改。

❷ 「詩」，原作「傳」，今據《春秋左傳正義》卷五十二改。

傳》云『鄭公子忽如陳逆婦嬀』，則是已娶正妻矣。齊侯所以得請妻之者，春秋之世，不必如禮。或者陳嬀已死，忽將改娶。二者無文以明之。」杜注謂「以他女妻之」，與傳、疏合。

固辭。人問其故，太子曰：「無事於齊，吾猶不敢。今以君命奔齊之急，而受室以歸，是以師昏也。民其謂我何？」遂辭諸鄭伯。【疏證】《投壺》注：「固之言如故也，言如故辭者，重辭也。」顧炎武曰：「邵氏曰娶妻必告父母，故告諸鄭伯而辭之。杜氏以爲假父之命，非。」

「秋，大閱」，簡車馬也。

「九月，丁卯，子同生。」以太子生之禮舉之：【注】服云：「桓公之太子，莊公同。」《御覽》一百四十六。【疏證】此節杜無注，疏亦無説。《漢書・賈誼傳》：「古之王者，太子乃生，因舉以禮，使士負之，有司齊肅端冕，見之南郊，見於天也。」師古曰：「迺，始也。」《北史・李彪傳》：「彪上封事曰：『《禮》云：「冢子生，因舉以禮，使士負之，有司齋肅端冕，見於南郊。」明冢嫡之重，❶見於天也。』」皆古舉太子之禮，惟「士負之」見於《大戴禮》，外此皆逸禮矣。《宋書・禮志》：「晉惠帝太安元年三月，皇太孫尚薨。祕書監摯虞議云：『太子初生，舉以成人之禮，則殤禮除矣。太孫亦體君重，由位成而服全，非以年也。天子無服殤之義，絶期故也。』」是太子無殤禮也。服必稱「桓公之太子，莊公同」者，明嫡長之義。

接以太牢，【注】服云：「接者，子初生接見於父。」《御覽》一百四十六。【疏證】《釋詁》：「接，捷也。」

---

❶「之重」，原脱，今據原稿補。

《曾子問》注：「接祭而已。」疏：「接，捷也。」《公羊》鄭文公接，《左氏》、《穀梁》皆作「捷」，是《左氏》古文作「捷」矣。此或後人用《公羊》改。《内則》「國君世子生，告於君，接以太牢」，鄭注：「接，讀爲捷。捷，勝也，謂食其母，使補虚强氣也。」王肅曰：「以太牢接待夫人。」杜此傳注云：「以禮接夫人。」《内則》疏云：「王肅、杜預並以爲接待夫人以太牢。鄭必讀爲捷，爲補虚强氣者，以婦人初産，必困病虚羸。❶當産三日之内，必未能以禮相接，應待負子之後。今在前爲之，故知補虚强氣宜速故也。」《釋文》：「接，如字。讀此者亦或捷音。」則鄭氏於此傳讀當從「捷」矣。服注取《内則》爲義，與鄭君同。顧炎武引傅氏云：「以太牢之禮接見太子。」則用服説也。《瓠葉》序「雖有牲牢饔餼」，鄭箋云：「繫養者曰牢。」本疏云：「三牲牛、羊、豕具爲太牢。」❷又云：「《内則》『接以太牢』，文在『三日負子』之上，則三日之内接之矣。」服知接爲接見於父者，主爲子接母。李貽德云：「《内則》：『三月之末，擇日妻以子見於父。』若然，則初生時子惟接見於母，而不接父。而服不同者，《曾子問》：『君薨而世子生，三日，子升自西階，祝立於殯東南隅，祝聲三，曰：某之子某敢見。』鄭注云：『三日，負子日也。』《禮·中庸》曰『事亡如事存』，君薨之後，猶以三日見於殯，則父在之日亦當以三日見於父也。《内則》不言，文不具也。」

卜士負之，士妻食之，【注】賈云：「《禮》：『世子生三日，卜士負之，射人以桑弧蓬矢射天地四方。』桑者，木中之衆；蓬者，草中之亂；取其長大統衆而治亂。」本疏。【疏證】《御覽》一百四十六引《大戴禮》曰：「古之王者，太子生，使士負之，有司參之。」《内則》云：「三日，始負子。」注：「負之，謂抱之而使鄉前

❶「困」，原作「因」，今據《禮記正義》卷二十八改。

❷「牢」，原作「宰」，今據原稿改。

也。」又云：「卜士之妻、大夫之妾使食子。」注：「食子不使君妾，適妾有敵義，不相褻以勞辱事也。士妻、大夫之妾，謂自有子。」❶疏：「使其食子，須有乳汁，故知自有子者。皇氏云：『士之妻、大夫之妾，隨課用一人。』故桓六年《左傳》云『卜士負之，士妻食之』，不云有大夫妾者，文略也。」本疏引賈注「桑者，木中之衆」云云，而不引《禮記》文，則辭無所附。賈必引《内則》文而申釋之。疏見杜注亦引《禮》文，故略之耳。《禮》鄭注云：「桑弧蓬矢，本太古也，天地四方，男子所有事也。」服此注援射人爲支義而解桑蓬義，視鄭爲詳。

公與文姜、宗婦命之。【疏證】《内則》：「世子生三月，君、夫人沐浴於外寢，立於阼階，西鄉。世婦抱子升自西階，君命之，乃降。」注云：「子升自西階，則人君見世子於路寢也，見妾子就側室。禮，『子生皆就側室。』以其生於側室，見於路寢，故從外而升階也。按：「世婦抱子」，蓋天子之禮。本疏云「公與夫人共命之，故使宗婦侍夫人」是也。命，猶名也，《内則》「咳而名之」。桓公因有司告名子之禮，乃問名也。

公問名於申繻。對曰：「名有五，有信，有義，有象，有假，有類。【注】賈云：「申繻，魯大夫。」

【疏證】《唐石經校文》云：「『申繻對曰名有』，磨改作『對曰名有』，按當疊『申繻』，改刻非也。各本脱『申繻』。」《内則》：「公庶子生，就側室。三月之末，其母沐浴，朝服見於君，❷擯者以其子見。❸君有所賜，❹君名之。衆

❶「謂」下，《禮記正義》卷二十八有「時」字。
❷「見」，原脱，今據《禮記正義》卷二十八補。
❸「擯」，原作「接」，今據《禮記正義》卷二十八改。
❹「有所」，《禮記正義》卷二十八作「所有」。

子，則使有司名之。」注：「有司，臣有事者也。魯桓公名子，問於申繻也。」疏：「引《春秋》問名於申繻者，證有司名之，一邊同耳，其實異也，《春秋》所云謂世子也。」按：《禮》疏説是也。問名有司，非禮所有，衆子則有司名之，非由君問也。申繻論名，先陳五者之目。

「以名生爲信，【疏證】《論衡·詰術篇》：「以生名爲信，若魯公子生，文在其手曰友也。」「名生」作「生名」，下「德命」作「德名」，「類命」作「類名」。《校勘記》云：「按以生名、以德名、以類名，語言一例，《論衡》爲長。」是《左氏》古本當作「生名」也。杜注：「若唐叔虞、魯公子友。」沈欽韓云：「按：名生之字，所包甚廣。唐叔虞、公子友之事，其事偶然者。《白虎通》云：『殷以生日名子何？殷家質，故直以生日名子。以《尚書》道殷家太甲、武丁也。於臣民亦得以生日名子，以殷有臣巫咸、祖己。』又云：『或聽其聲，以律定其名。』此所謂名生爲信也。」此節服注不完，其存者多同於《論衡》義，則杜注「唐叔虞、公子友」亦舊注也。《曲禮》「不以日月」，疏謂：「不以日月者，不以甲乙丙丁爲名，殷家得以爲名者，殷質，不諱名故也。」沈以生日解「名生」，與《禮》疏不合。

「以德命爲義，【注】服云：「謂若大王度德命文王曰昌，文王命武王曰發。」❶本疏。【疏證】《論衡·詰術篇》：「以德名爲義，若文王爲昌，武王爲發也。」杜注：「若文王名昌，武王名發。」即用服注。《周本紀》：「太王見季歷生昌，有聖瑞，乃言曰：『我世當有興者，其在昌乎！』」疏引之以證文王曰昌義。又云「其度德命發，則無以言之。服虔云云」，似其有舊説也。舊説以爲文王見武王之生，以爲必發兵誅暴，故名曰發。疏引

❶「文王」，原脱，今據原稿補。

舊説,今無考。

「以類命爲象,」【疏證】《論衡·詰術篇》:「以類名爲象,若孔子名丘也。」杜注:「若孔子首象尼丘。」蓋用舊説。此傳「不以國」,疏云:「臣民之名,亦不以山川。而孔子,魯人。尼丘,魯山。得以丘爲名者,蓋以其有象,故特以類命。非常例也。」

「取於物爲假,」【疏證】杜注:「若伯魚生,人有饋之魚,因名之曰鯉。」《論衡·詰術篇》:「取於物爲假,若宋公名杵臼也。」此與杜注義别,疑杜不用舊注。

「取於父爲類。【疏證】杜注:「若子同生,有與父同者。」《論衡·詰術篇》:「取於父爲類,有似類於父也。」

「不以國,【疏證】《曲禮》云:「名子者不以國,不以日月,不以隱疾,不以山川。」❶此下所稱,與《禮》互見。杜注:「國君之子,不自以本國爲名也。」顧炎武云:「焉有君之子而自名其國者乎? 改云:若定公名宋,哀公名蔣。」按:顧説是也。疏云:「下云『以國則廢名』,以國不可易,須廢名不諱。若以他國爲名,則不須自廢名也。且春秋之世,晉侯周、衛侯鄭、陳侯吴、衛侯晉之徒,皆以他國爲名。以此知不以國者,謂國君之子不得自以本國爲名。」傳文於命名之謹,皆爲名終將諱而設。即他國國名,如先君諱亦有不宜稱於嗣君之前者。疏所舉晉、衛、陳略諸君命名以國,皆非禮也。

---

❶ 原稿眉批:查《禮》注。

「不以官，

「不以山川，【疏證】洪亮吉云：「《大戴禮》及賈誼《新書·胎教篇》：『名無取於山川通谷。』」《北史·京兆王子推傳》：「元恒，字景安，粗涉書史。恒以《春秋》之義，爲名不以山川，表求改名字。」

「不以隱疾，【疏證】《曲禮》鄭注云：「隱疾，衣中之疾也，謂若黑臀、黑肱矣。疾在外者，雖不得言，尚可指擿，此則無時可辟，俗語云：隱疾難爲醫。」彼疏云：「按宣二年，『晉使趙穿迎公子黑臀於周而立之』，《周語》單子云：『吾聞晉成公之生，夢神規其臀以黑，使有晉國。』此天所命也，有由而得爲名。昭元年楚公子黑肱，昭三十一年邾黑肱得爲名，或亦有由，或亂世而不能如禮。」杜注云：「隱，痛。疾，患。辟不祥也。」杜蓋不用鄭說。疏引《周語》黑臀而申之曰：「此與叔虞、季友何以異，而云不得名也？且黑臀、黑肱本非疾病，以證隱疾，非其類矣。」杜謂「隱，痛。疾，患」，無所指證。疏又引《詩》「如有隱憂」爲解，亦不詞，當從鄭說。

「不以畜牲，【注】鄭衆、服虔皆以六畜爲馬、牛、羊、豕、犬、雞。本疏。【疏證】《庖人》「掌共六畜」，後鄭注云：「六畜，六牲也。始養之曰畜，將用之曰牲。」《膳夫》「膳用六牲」，後鄭注云：「六牲，馬、牛、羊、豕、犬、雞也。」《職方氏》「其畜宜六擾」，後鄭注云：「馬、牛、羊、豕、犬、雞。」擾亦畜也。後鄭亦與先鄭義同。杜注：「畜牲，六畜。」本舊注也。

「不以器幣。【注】服虔以爲俎豆、罍彝、犧象之屬，皆不可以爲名。本疏。【疏證】《説文》：「器，皿也，象器之口，犬所以守之。」杜注云：「幣，玉帛。」不釋「器」字義。疏引《小行人》「合六幣，圭以馬，璋以皮，璧以帛，琮以錦，琥以繡，璜以黼」，而謂：「以幣爲玉帛，則器者非徒玉器。」則亦以杜義爲狹矣。服云「俎豆、罍彝、犧象者」，以下文「以器幣則廢禮」知之，蓋辟禮器名也。其云皆不以爲名，蒙上六者而言，「隱疾」以上必皆有注。

「周人以諱事神，名，終將諱之。【疏證】《釋文》：「『名』字絶句，衆家多以『名』字屬下句。」按：《篤公劉》疏：「王基云：周人以諱事神。」亦以「神」字絶句。《説文》：「諱，誋也。」《曲禮》：「名子者不以國。」注：「此在常語之中，爲後難諱也。《春秋傳》曰：『名，終將諱之。』」疏：「周人以諱事神者，謂周人諱神之名而事神，其名終殁爲神之後，將須諱之，故不可以爲名也。」彼疏蓋以「名」字絶句。《淮南・氾論訓》：「故溺則捽父，祝則名君，勢不得不然也。」注：「祝則名君，周人以諱事神，敬之至也。」如《淮南注》，蓋謂周人祝則名君，以他日所宜諱者事神，則「周人以諱事神」絶句，「名」絶句，義尤明了。臧琳《經義雜記》云：「名，終將諱之者，《曲禮》所謂『卒哭乃諱』也。」杜注但謂「舍故諱新」，未達傳義。

「故以國則廢名，【疏證】顧炎武云：「《解》：『國不可易，故廢名。』非也。謂若秦莊襄王名楚，改楚爲荆。」

按：顧説是也。

「以官則廢職，

「以山川則廢主，【疏證】杜注：「改其山川之名。」疏云：「廢主，謂廢其所主山川之名，不廢其所主之祭。漢文帝諱恒，改北嶽爲常山，諱名不廢嶽是也。」又引劉炫云：「廢主，謂廢其所主山川，不復更得其祀，故須改其山川之名。魯改二山，是其事也。」炫説必《述義》語。知舊説謂廢主不更得祀，與杜異。

「以畜牲則廢祀，

「以器幣則廢禮。

「晉以僖侯廢司徒，宋以武公廢司空，【注】服云：「武公名司空，廢司空爲司城。」《檀弓》疏。【疏證】杜注云：「僖侯名司徒，❶廢爲中軍。」其注司空同於服。朱駿聲云：「僖公時，晉文乃有中軍，然則武公以前，晉未有軍也。廢直是廢其職。」按：朱説是也。《檀弓》「陽門之介夫死，司城子罕入而哭之哀」，注：「宋以諱，司空爲司城。」疏：「知爲司城者，春秋之時惟宋有司城無司空。❷又《冬官考工記》『匠人營國』，是司空主營城郭，故知廢司空爲司城。」服虔、杜預注傳皆以爲然。

「先君獻、武廢二山，【疏證】《謚法》：「聰明睿知曰獻，知質有聖曰獻。」杜注：「具、敖也。魯獻公名具，武公名敖，更以其鄉名山。」本於《晉語》。《晉語》云：「范獻子聘於魯，問具、敖之山，魯人以其鄉對。獻子曰：『不爲具、敖乎？』對曰：『先君獻、武之諱也。』」

「是以大物不可以命。」公曰：「是其生也，與吾同物，命之曰同。」【疏證】杜注：「物，類也。謂同日。」《魯世家》云：「桓公六年，夫人生子，與桓公同日，故名之曰同。」蓋亦《左氏》舊説。惠棟云：「物，謂六物，歲、時、日、月、星、辰是也。與桓公同日，故曰同物。古稱六物，唐稱禄命。」❸按：惠説是也。唐李虚中爲人言仍用六字，見韓昌黎所作《虚中墓志》。朱駿聲云：「按：莊三十二年傳『以其物享焉』，亦謂日也。」《風俗通》曰：

---

❶「名」，原作「爲」，今據原稿改。

❷「秋」，原作「城」，今據原稿改。

❸眉批：六物，統上國、官、山川、畜牲、器幣言，惠説乃别一義。

「不舉父同月子，❶俗云妨父也。按：《左傳》桓公之子與父同月生，因名子同。漢明帝亦與光武同月生。」如《風俗通》說，則莊又與桓同月生矣。

冬，紀侯來朝，請王命以求成於齊。公告不能。

【經】七年，春，二月，己亥，焚咸丘。【疏證】《水經注》：「黄水東逕咸亭北，桓七年『焚咸丘』者也。」洪亮吉云：「孟子弟子有咸丘蒙，當即以地爲氏。《山東圖經》：咸丘在鉅野縣南。」臧壽恭云：「是年不書秋、冬，説見四年。又何休《公羊》注云：『下去二時，桓公以火攻人君，故貶，明大惡。』《左氏》之説或亦同於《公羊》。」按：疏引沈氏云：「《周禮》『仲春火弊』，謂夏之仲春，今周之二月，乃夏之季冬，故譏其盡物。」疏所引爲沈文阿舊疏。杜注云：「譏盡物，故書。」當本舊注。沈氏取《公羊》焚邑之説，疑《左氏》義亦然也。❷

夏，穀伯綏來朝。【疏證】《地理志》：「南陽郡筑陽，故穀伯國。」《郡國志》：「南陽郡筑陽，侯國。」劉昭注引《博物志》：「穀國，今穀亭。」《地理志》又云：「莽曰宜禾。」應劭曰：「筑水出漢中房陵，東入沔。」師古曰：「《春秋》『穀伯綏來朝』是也。今襄州有穀城縣，❸在筑水之陽。」是也。沈欽韓云：「《元和志》：『襄州穀城縣，春秋時穀國，今縣北十五里故穀城是也。』今屬襄陽府。」按：《方輿紀要》：「穀，湖廣襄陽府穀城縣。」

❶ 「月」，原作「日」，今據原稿改。
❷ 原稿眉批：所變爻義耳，此語斷非言變爻，敬請恭甫大兄世大人箸安。世如弟郭階頓首。
❸ 「州」下，原衍「府」字，今據原稿删。

鄧侯吾離來朝。

【傳】七年，春，穀伯、鄧侯來朝。名，賤之也。【注】服云：「穀、鄧密邇於楚，不親仁善鄰以自固，卒爲楚所滅。無同好之救，桓又有弑賢兄之惡，故賤而名之。」本疏。**【疏證】**杜注：「辟陋小國，賤之。禮不足，故書名。」疏引衛冀隆難杜云：「傳曰：『要結外援，好事鄰國，以衛社稷。』又云：『服於有禮，社稷之衛，穀、鄧在南，地屬衡岳，以越棄强楚，遠朝惡人，卒至滅亡，故書名以賤之。』杜駁論先儒，自謂一準丘明之傳，今辟陋之語，傳本無文，杜何所準馮知其僻陋？傳又稱莒之僻陋，而經無貶文，穀、鄧辟陋，何以書名？此杜義不通。」秦道静釋云：「杞桓公來朝，用夷禮，故曰子。杞文公來盟，傳云賤之，明賤其行夷禮也。❶然則穀、鄧二君，地接荆蠻，來朝書名，明是賤其辟陋也。此則傳有理例，故杜據而言之。若必魯桓惡人，不合朝聘，何以伯糾來聘，譏其父在？仍叔之子，譏其幼弱？又魯班齊饋，《春秋》所善，美魯桓之有禮，責三國之來伐，而言『遠朝惡人』，非其辭也。」按：衛氏難杜，皆用服義，秦氏則一意祖杜者。杞之來朝，同盟書子，非書名，與此書法異。伯糾仍叔之子，卿聘非君朝。魯班齊饋，傳無褒辭，以此難服，未見其可。《公羊》以名爲失地之君，《穀梁》以名爲失國。則服所稱，確爲《左氏》義矣。文十二年傳「以陳蔡之密邇於楚」，❷注：「密邇，比近也。」❸親仁善鄰，隱六

---

❶「行」下，原衍「矣」字，今據原稿删。

❷「二」，當作「七」。

❸「比」，原作「此」，今據原稿改。

年傳五父語。❶ 李貽德云：「滅鄧，事在莊十六年；❷滅穀，於傳未聞。」

夏，盟、向求成於鄭，既而背之。【疏證】盟、向，見隱十一年傳疏。

秋，鄭人、齊人、衛人伐盟、向。王遷盟、向之民於郟。【疏證】《地理志》：「河南郡河南，故郟鄏也。」《大事表》：「郟鄏，即郟山北邙山也，在河南府洛陽縣城北二里。」

冬，曲沃伯誘晉小子侯，殺之。【疏證】《禮記》：「天子未除喪曰『余小子』，生名之，死名之。」鄭玄曰：「晉有小子侯，是取之天子也。」謂小子侯已命於天子。《北魏書·張普惠傳》：「時靈太后父司徒胡國珍薨，贈相國、太上秦公。普惠以前世后父無『太上』之號，表曰：『《春秋傳》曰：葬稱公，臣子辭。明不可復加上也。』❸又云：『晉有小子侯，尚曰僭之。』太后詔集百王公、八座、卿尹及五品以上，博議其事。侍中崔光曰：『張生表中引晉有小子侯，出自鄭注，非爲正經。』對曰：『雖非正經之文，然述正經之旨。公好古禮，復固斯難？』」是此傳與鄭注與禮注同也。《晉世家》：「晉小子之四年，曲沃武公誘召晉小子殺之。」《年表》：「曲沃武公殺小子。周伐曲沃，❹立晉哀侯弟湣爲晉侯。」在桓六年，與傳異。

---

❶「六」，原作「五」，今據《春秋左傳正義》卷四改。
❷「六」，原作「一」，今據《春秋左氏傳賈服註輯述》卷三改。
❸「明」，原在「臣」字上，今據《魏書·張普惠傳》改。
❹「周」，原作「因」，今據《史記·十二諸侯年表》改。

【經】八年，春，正月，己卯，烝。【疏證】杜注：「此夏之仲月，非爲過而書者，爲下五月復烝見瀆也。例在五年。」疏云：「衛氏難杜云：『上五年閉蟄而烝，謂十月，此正月烝，則是過時而烝。』《春秋》有一貶而起二事者，若武氏子來求賻，一責天王求賻，❶二責魯之不共。❷此正月烝，一責過時，二責見瀆，何爲不可？而云非爲過時者，秦氏釋云：『按《周禮》四時之祭，皆用四仲之月。此正月則夏之仲冬，何爲不得烝，而云過時也？又傳無過時之文，明知直爲再烝而瀆也。』」按：一責過時，二責見瀆，當是服氏義。杜謂烝在夏十一月，與服異也。

天王使家父來聘。

夏，五月，丁丑，烝。

秋，伐邾。

冬，十月，雨雪。無傳。

祭公來，遂逆王后于紀。【疏證】《周語》注：「祭，畿内之國，周公之後。」《圖經》：「祭城在鄭州城東北一十五里，周公第五子所封。」洪亮吉云：「按：隱元年有祭伯，而此云祭公，蓋伯係本爵，入爲天子三公，故又稱公也。」黄生《字詁》：「人主之配稱后，始見戰國時，三代未嘗有此。《曲禮》云『天子之妃曰后』，此漢人抄撮之書，未必盡本周制也。」文淇按：此經云「遂逆王后於紀」，則周時實有此稱，黄説非也。《哀公問》「冕而親迎，不已重

❶「責」，原作「則」，今據原稿改。

❷「二」，原作「一」，今據《春秋左傳正義》卷七改。

乎」，疏：「《春秋公羊》說自天子至庶人皆親迎；《左氏》說天子至尊無敵，故無親迎之禮，諸侯有故則使上卿逆，上公臨之。許氏謹按：『高祖時，皇太子納妃，叔孫通制禮，以爲天子無親迎，從《左氏》義。』玄駁之云：『太姒之家，「在渭之涘」，文王「親迎於渭」，即天子親迎明文也。』引《禮記》：『「冕而親迎，繼先聖之後，以爲社稷、宗廟之主」，非天子則誰乎？』如鄭此言，從《公羊》義也。又《詩》說云：『文王親迎於渭，紂尚南面，文王猶爲西伯耳。』以《左氏》義爲長。鄭駁未定。」所稱爲《五經異義》語。本疏所引略同。《曲禮》「納女於天子」，疏：「《左氏》說天子不親迎，使上卿逆之；諸侯亦不親迎，使上大夫迎。」《穀梁》桓八年「祭公來，遂逆王后於紀」，注：「春秋《左氏》說曰：王者至尊無敵，無親迎之禮。❶祭公逆王后，未致京師而稱后，知天子不行而禮成也。」此上三引《左氏》說，同謂天子無親迎禮。《異義》謂諸侯有故則上卿逆，上公臨，是諸侯得親迎，降殺之義。而《曲禮》疏謂諸侯亦不親迎，則《左氏》說又自有異也。《異義》所稱，當爲賈君義矣。《晉書·禮志》：「王者昏禮，禮無其制。《春秋》『祭公逆王后於紀』，《穀梁》、《左氏》說與《公羊》又不同。而自漢、魏遺事，並皆闕略。武、惠納后，江左無復《儀注》。故成帝將納杜后，太常華恒始與博士參定其儀。據杜預《左氏傳》說，主昏是供其昏禮之幣而已。」按：《晉志》謂祭公逆后，三傳不同者，《穀梁》以天子當親迎，《公羊》何注云：「時王者遣祭公來，使魯爲媒。」杜注遂云：「使魯來主昏，故祭公來受命而迎也。」杜用《公羊》義。

【傳】八年，春，滅翼。【疏證】七年冬傳曲沃殺晉小子侯，經承赴告之文也。

---

❶「無」，原作「體」，今據《春秋穀梁傳注疏》卷四改。

隨少師有寵，楚鬬伯比曰：「可矣！讎有釁，不可失也。」【疏證】定十二年傳「觀釁而動」，❶服注：「釁，間也。」《晉語》「久約而無釁」，注：「釁，瑕也。」《楚語》「苟國有釁」，注：「釁，隙也。」杜注：「釁，瑕隙也。」本《國語》注。《年表》魯桓公六年爲楚武王三十五年。❷《楚世家》：「三十五年，楚伐隨。隨曰：『我無罪。』楚曰：『我蠻夷也。今諸侯皆爲叛相侵，或相殺。我有敝甲，欲以觀中國之政，請王室尊吾號。』隨人爲之周，請尊楚，王室不聽，還報楚。」是楚讎隨之事也。

夏，楚子合諸侯於沈鹿。【疏證】杜注：「沈鹿，楚地。」《大事表》：「沈鹿，今湖廣安陸府鍾祥縣東六十里有鹿湖，池深不可測。」

黄、隨不會。【疏證】《地理志》：「汝南郡弋陽縣。」❸應劭曰：「故黄國。」《一統志》：「黄國故城，在光州西四十里。」❹

使薳章讓黄。【疏證】《説文》：「讓，相責讓也。」《周語》「讓不貢」，注：「讓，譴責也。」

楚子伐隨，軍於漢、淮之間。【疏證】《説文》：「軍，圜圍也。四千人爲軍。從車，從包省。」《閟宫》箋：「萬二千五百人爲軍。」《一切經音義》十八引《字林》：「軍，圍也。」《齊策》「軍於邯鄲之郊」、《晉語》「軍於廬柳」，注

---

❶「定」，當作「宣」。

❷眉批：「《年表》魯桓六年」，「六」字不誤否？ 下文引《年表》魯桓公八年爲楚武王三十七年，與此異。

❸「汝」，原脱，今據《漢書·地理志》補。

❹「四十」，《大清一統志》卷二百二十二作「四十二」。

俱云：「軍，屯也。」沈欽韓云：「《一統志》：『楚子城，在德安府隨州東。』《紀要》：隨州東南三十里，桓八年伐隨，因築此城以逼之。」《大事表》：「隋州，正當漢之東、淮之南。故曰軍於漢、淮之間。」

季梁請下之，「弗許而後戰，【疏證】《呂覽·慎人》「讓賢而下之」，注：「下，❶避。」《荀子·堯問》「賜爲人下而不知也」，注：「下，謙下也。」杜注：「下之，請服也。」

「所以怒我而怠寇也」。少師謂隨侯曰：「必速戰！不然，將失楚師。」隨侯禦之，望楚師。【疏證】《晉語》「喜亂必怠」，注：「怠，懈也。」《易·漸》「利用禦寇」，虞注：「禦，當也。」《莊子》釋文：「禦，距也。」杜注：「望見楚師。」

季梁曰：「楚人上左，君必左，無與王遇。且攻其右，右無良焉，必敗。偏敗，衆乃攜矣。」【疏證】杜注：「君，楚君也。」顧炎武曰：「君謂隨侯，王謂楚王，兩軍相對，隨之左當楚之右。言楚師左堅右瑕，君當在左，以攻楚之右師。❷李雲霑曰：『桓公五年繻葛之戰，鄭子元請爲左拒以當蔡人、衛人，爲右拒以當陳人。是以左當其右、右當其左之證也。』」按：顧、李説是也。惠棟曰：「《戰國策》曰『盼子復整其士卒，與王遇』，高誘云：『以與王遇，遇，敵也。』敵，猶當也。故少師以爲不當王。」

少師曰：「不當王，非敵也。」弗從。戰于速杞，隨師敗績。隨侯逸，【注】舊注：「若用季梁謀必

---

❶「下」，原作「讓」，今據《呂氏春秋》卷十四改。

❷「攻」，原作「致」，今據《左傳杜解補正》卷一改。

勝矣。」《御覽》三百八引。**【疏證】**杜注：「速杞，隨地。」《彙纂》云：「速杞，今地闕，當在湖廣德安府境。」《國語》韋注：「逸，奔也。」「弗從」，❶杜注：「不從季梁謀。」《御覽》引「隨師敗績」注「若用季梁謀必勝矣」，當爲舊注。此爲文外評隲之辭，體異詁經，疑非賈、服諸君誼。

鬭丹獲其戎車，與其戎右少師。**【疏證】**杜注：「鬭丹，楚大夫。」

秋，隨及楚平。楚子將不許，鬭伯比曰：「天去其疾矣，**【疏證】**杜注：「去疾，謂少師見獲而死。」未言少師死也。❷

隨未可克也。」乃盟而還。**【疏證】**《年表》：「魯桓公八年爲楚武王三十七年，伐隨，弗拔，但盟，罷兵。」《楚世家》：「三十七年，楚熊通怒曰：『吾先鬻熊，文王之師也，蚤終。成王舉我先公，乃以子男田令居楚，蠻夷皆率服，而王不加位，我自尊耳。』乃自立，爲武王，與隨人盟而去。於是始開濮地而有之。」

冬，王命虢仲立晉哀侯之弟緡於晉。**【注】**馬融云：「周武王克商，封文王異母弟虢仲於夏陽。」《晉世家》正義。**【疏證】**杜注：「虢仲，王卿士虢公林父。」馬氏説當出《三傳異同説》。《晉世家》：「周桓王使虢仲伐曲沃武公，武公入於曲沃，乃立晉哀侯弟緡爲晉侯。」《校勘記》云：「《史記·十二諸侯年表》作『滑』。」馬注：「夏陽爲虢仲始封之邑。」《地理志》：「雍爲西虢是也。」《大事表》：「在陝西鳳翔府寶雞縣東六十里。」

❶ 「弗從」上，原衍「御覽」，今據原稿删。

❷ 眉批：「未言少師死」，似駁難杜注之語，此處當有脱文。

「祭公來，遂逆王后于紀」，禮也。

【經】九年春，紀季姜歸于京師。【疏證】《喪服》「妾不得體君，❶得爲其父母遂也」，注：「《春秋》之義，雖爲天王后，猶曰吾季姜。」疏引桓九年《左傳》云：「『紀季姜歸於京師』，杜云：『季姜，❷桓王后也。季，字。姜，紀姓也。書字者，申父母之尊。』」按：《公羊傳》：「其稱紀季姜何？自我言，紀父母之於子，雖爲天王后，猶曰吾季姜。」是申父母之尊，鄭、杜並用《公羊》義。此《左氏》古誼無考，或同《公羊》。

夏，四月。

秋，七月。

冬，曹伯使其世子射姑來朝。【注】服云：「曹太子，桓公子莊公射姑。」《御覽》一百四十八。❸**【疏證】**本疏：「諸經稱『世子』及『衛世叔申』，經作『世』字，傳皆爲『大』，然則古『世』之與『大』義通也。」服義見傳疏。

【傳】九年春，紀季姜歸于京師。凡諸侯之女行，唯王后書。【疏證】此王后行例也。杜注云：「適諸侯，雖告魯，猶不書。」

---

❶「體」，原爲空格，今據《儀禮注疏》卷三十一補。

❷「季」，原作「紀」，今據《春秋左傳正義》卷七改。

❸「八」，當作「六」。

巴子使韓服告于楚，請與鄧爲好。【疏證】《地理志》：「巴郡，故巴國。」沈欽韓云：「《華陽國志》：『武王既克殷，以其宗姬封于巴，爵之以子。古者遠國雖大，爵不過子，故吴、楚及巴皆曰子。』《一統志》：『江州故城，在重慶府巴縣西，本巴國。』」

楚子使道朔將巴客以聘于鄧。【疏證】杜注：「道朔，楚大夫。❶ 巴客，韓服。」

鄧南鄙鄾人攻而奪之幣，【疏證】洪亮吉云：「此即哀十八年巴人伐楚圍鄾之鄾。杜注云楚邑，蓋楚滅鄧之後，鄾又爲楚邑也。《郡國志》南陽郡有鄾聚。《晉書·地理志》襄陽郡鄾縣。按：縣蓋晉置，後省。《圖經》襄陽縣北有鄾城。」文淇按：《水經注》曰：「淯水又南徑鄧塞東，又徑鄾城東，古鄾子國也。」❷《説文》：「鄧，曼姓之國。鄾，鄧國地也。《春秋傳》曰『鄧南鄙鄾人攻之』。」

殺道朔及巴行人。楚子使薳章讓于鄧，鄧人弗受。夏，楚使鬭廉帥師及巴師圍鄾。【疏證】唐石經末磨本「楚」下有「子」字。杜注：「鬭廉，楚大夫。」《楚語》注：「若敖生射師廉，即鬭廉也。」

鄧養甥、聃甥帥師救鄾，三逐巴師。不克。鬭廉衡陳其師于巴師之中，【疏證】二甥皆鄧大夫。《説文》：「逐，追也。」《五行志》注引晉灼曰：「競走曰逐。」《楚辭》「乘白黿兮逐文魚」，注：「逐，從也。」《廣雅》：「衡，横也。」《玉人》注：「衡，古文横，假借字也。」

---

❶「楚」，原作「巴」，今據《春秋左傳正義》卷七改。

❷「古」上，原衍「東」字，今據《水經注箋》卷三十一刪。

以戰，而北。【疏證】《漢書・高祖紀》：「秦二年，田榮歸，沛公、項羽追北。」注：「服虔曰：『師敗曰北。』韋昭曰：『古背字也，背去而走也。』師古曰：『北，陰幽之處，故謂退敗奔走爲北。《老子》曰：「萬物向陽而負陰。」許慎《説文解字》云：「北，乖也。」《史記・樂書》曰：「紂爲朝歌北鄙之音，朝歌者不時，北者敗也，鄙者陋也。」是知北即訓乖，❶訓敗，無勞借音。韋昭之徒並爲妄矣。』」按：《廣雅・釋親》：「背，謂之骶。❷背，北也。」王念孫云：「桓九年《左傳》『以戰而北』，嵇康音『背』。韋昭注《吴語》云：『軍敗奔走曰北。北，古之背字也。』」按：王説是也。嵇氏説見《釋文》，爲古《左氏》音矣。

鄧人逐之，背巴師，而夾攻之。鄧師大敗，鄾人宵潰。【疏證】《楚辭》「工祝招君，背行先些」，注：「背，倍也。」《小星》「肅肅宵征」，毛傳：「宵，夜也。」

秋，虢仲、芮伯、梁伯、荀侯、賈伯伐曲沃。【疏證】洪亮吉云：「疏據僖十七年傳知梁爲嬴姓。」《世本》：「荀、賈皆姬姓。」《説文》：「郇，周武王子所封國。」《校勘記》云：「應劭、班叔皮《北征賦》注引作『郇侯』。」按：郇、荀，古字同。《地理志》：「左馮翊夏陽縣，故少梁。右扶風，❸郇。」應劭曰：「『畢、原、酆、郇，文之昭也』，郇侯、賈伯伐晉是也。」臣瓚曰：「《汲郡古文》：『晉武公滅荀，以賜大夫原氏黯，是爲荀叔。』又云『文公城荀』，當在晉之界内，不得在扶風界也。今河東有荀城，古荀國。」師古曰：「瓚説是也。」《郡國志》劉昭注引《博物志》：

❶「知」，原作「即」，今據原稿改。
❷「謂」，原作「誦」，今據原稿改。
❸「扶」，原作「拔」，今據原稿改。

「臨汾有賈鄉，❶賈伯邑。」沈欽韓云：「《方輿紀要》：『少梁城，在同州韓城縣南二十二里，周梁國。』《水經注》：『汾水又西逕荀城東，又西南逕長脩縣故城南。』在今絳州。宋次道《長安志》：『賈城在蒲城縣西南十八里。』蒲城，今屬同州府。」

冬，曹太子來朝。賓之以上卿，禮也。【注】服云：「曹伯有故，使其太子攝而朝。《曲禮》曰：『諸侯之嫡子攝其君，未誓於天子，則以皮帛繼子男。』如諸侯之上卿禮也。上卿出入三積，食三牢，牽二牢，一享一食宴之也。」《御覽》一百四十六。【疏證】「繼子男」以上皆《周禮·典命》文。李貽德云：「服引《周禮·典命》文，而云《曲禮》者，《御覽》刊誤也。」《典命》注：「誓，猶命也。言誓者，明天子既命以爲之嗣，樹子不易也。《春秋》桓九年『曹伯使其世子射姑來朝』，行國君之禮是也。公之子如侯伯而執圭，侯伯之子如子男而執璧，子男之子與未誓者，皆次小國之君，執皮帛而朝會焉，其賓之皆以上卿之禮焉。」疏：「以其稱『朝』，是行國君之禮，引者，證經誓于天子，攝其君事也。云『賓之以上卿之禮』者，此亦約曹世子射姑來朝，賓之以上卿之禮而言之也。若行朝禮，擯介依諸侯法；其饔餼饗，一與卿同也。此經誓與未誓者，皆據父在而言。若父卒後得誓者，皆得與諸侯序，以無父得與正君同故也。是以《雜記》云：『君薨，太子號稱子，待猶君也。』❷注引《春秋》之會，宋襄公稱子而與諸侯序。又定四年二月癸巳，陳侯吴卒，❸三月，公會劉子、晉侯、宋公、蔡侯、衛侯、陳子、鄭

❶「汾」，原作「淄」，今據原稿改。
❷「待猶」，原倒，今據《周禮注疏》卷二十一改。
❸「吴」，原作「實」，今據《周禮注疏》卷二十一改。

伯以下於召陵。陳子在鄭伯上，則是得誓者亦諸侯序也。若未誓，則亦當執皮帛也。」案：杜注全用服説，於引《典命》後小變其文，曰：「故賓以上卿，各當其國之上卿。」《南史·王儉傳》：「儉曰：『《春秋》曹世子來朝，待以上公之禮，下其君一等。今齊公九命，禮冠列蕃，世子亦宜異數。』從之。」儉稱上公猶上卿也，亦《左氏》誼而未言各當其國，則杜注不全用服義也。李貽德曰：「《大宗伯》云『孤執皮帛』，世子擬孤而賓之以上卿者。《典命》又云『公之孤四命』，鄭司農云：『九命以上，得置孤卿一人。』若然，惟公有孤，諸侯不得有孤，則以上卿當之，故服云『如諸侯之上卿也』。」❶按：李説是也。《掌客》：「子男三積，飧三牢，牽二牢，壹饗、壹食、壹燕。」彼注云：「積皆視飧牽，謂所共如飧，而牽牲以往，不殺也。飧，客始至，致小禮也。❷公侯伯子男飧皆飪一牢。牽，生牢也。鄭司農説牽云：『牲可牽行者也，故《春秋傳》曰餼牽竭矣。』」服以《典命》世子攝官，繼子男後，故以子男賓禮説之。其言「上卿出入」，猶言子男出入也。僖二十九傳曰：「在禮，卿不會公侯，會伯子男可也。」《廣雅·釋詁》：「故，事也。」經疏云：「何休《膏肓》以爲《左氏》以人子安處父位，尤非衰世救失之宜，於義《左氏》爲短。鄭箴云：『必如所言，父有老耄罷病，孰當理其政預王事也？』蘇云：誓於天子，下君一等；未誓，繼子男，並是降下其君，寧是安居父位？」浦鏜《正誤》「蘇」改作「所」，是嫡子攝君，鄭君同服誼矣。

享曹世子，❸初獻，樂奏而歎。【注】服云：「初獻酒，如獻爵，樂奏，人上堂也。初獻爵，樂奏，太

❶「服」，原爲空格，今據原稿補。
❷「致」，原脱，今據《周禮注疏》卷三十八補。
❸「世」，《春秋左傳正義》卷七作「大」。

子歎而哀樂也。」《御覽》一百四十六。【疏證】杜注云「酒始獻」，用服説。李貽德云：「案：《聘禮》有醴賓之事，『宰夫實觶以醴』，然云送醴與獻酬禮異，此云『初獻酒』，蓋燕禮也。《燕禮》『主人升，坐取觚。執冪者舉冪。主人酌膳，執冪者反冪。主人筵前獻賓』，即此『初獻酒』也。云『如獻爵』者，《燕禮》『坐取觚』注曰：『獻不以爵，辟正主也。』賈疏曰：『此宰夫爲主人，非正主，故用觚，對《鄉飲酒》、《鄉射》是正主，皆用爵。』云『如』者，言此獻酒用觚，與《鄉飲酒》、《鄉射》之獻爵同也。《燕禮》：『席工于西階上，少東。樂正先升，北面立于其西。小臣納工。工四人，二瑟。小臣左何瑟，面鼓，執越，内絃，右手相。入，升自西階，北面，東上坐。小臣坐授瑟，乃降。工歌《鹿鳴》、《四牡》、《皇皇者華》。』是燕禮樂奏也。服云『人上堂』者，人即工，堂即西階以東之位也。《説苑·修文》：『樂者，聖人之所樂也。』《仲尼燕居》：『行而樂之，樂也。』今太子聞樂而歎，是哀樂也。」❶

施父曰：【注】服云：「施父，魯大夫。」《御覽》一百四十六。【疏證】杜注用服説。《世本》：「施伯，魯惠公孫。」《齊語》：❷「施伯，❸施父之子。」

「曹太子其有憂乎？非歎所也。」【注】服云：「古之爲享食，所以觀威儀、省禍福也。無喪而戚，憂必及焉。曹太子臨樂而歎，故曰『其有憂乎』。父將死兆，故先見之也。」《御覽》一百四十六。【疏證】《曲禮》「當食不歎」，注：「食或以樂，非歎所。」疏：「人君吉食則有樂，賤者則無，故云『或』也。」《禮》又

---

❶ 眉批：李説據《燕禮》言，但傳明言「享曹世子」，豈享、燕禮同與？仍宜加考。

❷ 「語」下，當有「注」字。

❸ 「施伯」，原脱，今據原稿補。

云：「臨樂不歎。」本疏引服注與《御覽》引服注同，唯「及」作「讐」，「曹」作「今」，「故曰」二句作「是父將死而兆先見也」。《御覽》引服全文，疏略矣。今從《御覽》。「古之爲饗食也，以觀威儀、省禍福也」，成十四年傳文，饗與享同。「無喪而戚，憂必及焉」，僖七年文，❶彼傳今本「及」作「讐」，服所見本或作「及」。《廣雅・釋詁》：「觀，視也。」襄三十一年傳：「有威而可畏謂之威，有儀而可象謂之儀。」《釋言》：「威，則也。」《說文》：「儀，度也。」《釋詁》：「省，察也。」《荀子・天論》：「逆其類者謂之禍。」《賈子・道德說》：「安利謂之福。」《說文》：「及，逮也。」《魏都賦》「是以兆朕振古」，注：「兆，猶幾事之先見者也。」

【經】十年，春，王正月，庚申，曹伯終生卒。

夏，五月，葬曹桓公。無傳。

秋，公會衛侯于桃丘，弗遇。【疏證】《郡國志》：「東郡燕，有桃城。」沈欽韓云：「《水經注》：馬頰水又逕桃城東，即桃丘矣。」《大事表》：「泰安府東阿縣西五十里有桃城舖，旁有一丘，高可數仞。」《名勝志》：「桃丘在東阿縣安平鎮東八十里。」❷

冬，十有二月，丙午，齊侯、衛侯、鄭伯來戰於郎。

---

❶「七」，當作「五」。

❷「八十」，《春秋左氏傳地名補注》卷一引《名勝志》作「十八」。

【傳】十年春，❶曹桓公卒。

虢仲譖其大夫詹父於王。詹父有辭，以王師伐虢。【疏證】杜注：「虢仲，王卿士。詹父，屬大夫。」疏云：「《周禮》每卿之下，皆有大夫。傳言『譖其大夫』，知是屬己之大夫，非虢大夫。若虢國大夫，虢仲自得加罪，無爲譖之於王。」

夏，虢公出奔虞。【疏證】《地理志》：「河東郡大陽，吴山在西，上有吴城，周武王封太伯後于此，是爲虞公，爲晉所滅。」《大事表》：「虞，今山西解州平陸縣。」

秋，秦人納芮伯萬于芮。

初，虞叔有玉，虞公求旃，【疏證】杜注：「虞叔，虞公之弟。」《陟岵》毛傳：「旃，之也。」《采苓》箋：「旃之言焉也。」《小爾雅·廣訓》：「旃，焉也。」

弗獻，既而悔之，曰：「周諺有之：『匹夫無罪，懷璧其罪。』【疏證】《校勘記》云：「『周諺有之』，李善《鷦鷯賦》注引作『周任有言』，唐石經未磨本『有之』下有『曰』字。」疏云：「士大夫以上則有妾媵，庶人惟夫妻相匹，其名既定，雖單亦通。故書傳通謂之匹夫匹婦也。」

「吾焉用此？其以賈害也。」【疏證】《校勘記》云：「《鷦鷯賦》注引傳文作『吾焉用之，以賈其怨』。」《爾雅》：「賈，市也。」《説文》：「賈，市也。」《晉語》「以寵市怨，不以安賈貳」，注：「賈，市也。」

---

❶「春」，原脱，今據《春秋左傳正義》卷七補。

乃獻之。又求其寶劍。叔曰：「是無厭也。無厭，將及我。」遂伐虞公，故虞公出奔共池。【**疏證**】《周語》「不可厭也」，注：「厭，足也。」《御覽》三百四十二引，「共池」作「洪池」，注：「洪池，地名。」《一統志》：「共池在解州平陸縣西四十里，與間田相距百步。」

冬，「齊、衛、鄭來戰於郎」，我有辭也。初，北戎病齊，諸侯救之。鄭公子忽有功。齊人餼諸侯，【**疏證**】《説文》：「氣，饋食芻米也。從米气聲。《春秋傳》曰『齊人來氣諸侯』。槩，或從既。餼，或從食。」《校勘記》云：「惠棟云：『或從既者，《禮記》既禀稱事』是也。或從食者，今通用也。古氣字作气，故气爲古餼字。許氏引作氣，所謂述《春秋傳》以古文也。」

使魯次之。魯以周班後鄭，鄭人怒，請師於齊。齊人以衛師助之，故不稱侵伐。【**疏證**】《曲禮》「班朝治軍」、《周語》「班三之」注俱云：❶「班，❷次也。」《文選・東京賦》「尊卑以班」，薛注：❸「班，位次也。」

先書齊、衛，王爵也。【**疏證**】杜注：「鄭主兵而序齊、衛下者，以王爵次之也。」

【**經**】**十有一年，春，正月，齊人、衛人、鄭人盟于惡曹。**【**疏證**】杜注云：「地闕。」沈欽韓云：「惡曹，

❶ 「疏證曲禮班朝治」、「注俱云」，原爲空格，今據原稿補。
❷ 「班次」，原爲空格，今據原稿補。
❸ 「薛」，原無，今據原稿補。

蓋『烏巢』之異文，在今衛輝府延津縣東南。」

夏，五月，癸未，鄭伯寤生卒。

秋，七月，葬鄭莊公。

九月，宋人執鄭祭仲。**【疏證】**杜注云：「祭，氏。仲，名。不稱行人，聽迫脅以逐君，罪之也。」按：《公羊》疏引賈逵《長義》云：「《公羊》曰『祭仲之權』是也，若令臣子得行，則閉君臣之道，啟篡弒之路。」《賈逵傳》：「肅宗令逵出《左氏傳》大義長於二傳者。逵於是條奏之曰：『臣謹摘出《左氏》三十事尤著明者，斯皆君臣之正義，父子之紀綱。其餘同《公羊》者十有七八，或文簡小異，❶無害大體。至如祭仲、紀季、伍子胥、叔術之屬，《左氏》義深於君父，《公羊》多任於權術，其相殊固以甚遠。』」❷以此證之，則杜用賈義也。桓五年疏引《釋例》云：「說《左氏》者云鄭人嘉之，以字告，故書字。」❸此或先儒有以《公羊》說《左氏》者，非賈義也。本疏云：「劉君以祭仲是字，❹鄭

---

❶「簡」，原爲空格，今據原稿補。

❷「固」上，《後漢書·賈逵傳》有「絶」字。「以」，原脱，今據原稿補。

❸「字」，原作「名」，今據《春秋左傳正義》卷六改。

❹「是字」，原爲空格，今據原稿補。

人嘉之，❶妄規杜氏。就如劉言，❷既云罪其逐君，❸何以嘉而稱字？」劉炫規杜，與《釋例》所引《左氏》説同。《年表》：「宋公馮十年，❹執祭仲。」

突歸於鄭。鄭忽出奔衛。【疏證】顧炎武云：「《集解》『鄭人賤之，以名告』，非也。蓋未成君之辭。」

柔會宋公、陳侯、蔡叔盟于折。【疏證】杜注云：「折，地闕。」

公會宋公于夫鐘。【疏證】杜注云：「郕地。」沈欽韓云：「今兖州府汶上縣界有夫鍾里。」

冬，十有二月，公會宋公于闞。【疏證】《郡國志》：「東平國東平陸有闞亭。」《一統志》：「闞城在兖州府汶上縣南旺湖中。」❺

【傳】**十一年，春，齊、衛、鄭、宋盟于惡巢。**❻【注】服云：「不書宋，宋後盟。」本疏。【疏證】杜注：「宋不書，經闕。」疏云：「宋爲大國，傳處鄭下，是史文舊闕，傳先舉經之所有，乃以闕者實之，故後言宋耳。服虔以爲不書宋，宋後盟。宋若後盟，盟本無宋，傳不得言齊、衛、鄭、宋爲此盟也。傳之上下例不虛舉經文，舉此盟

❶「之」，原作「氏」，今據原稿改。
❷「就」，原作「然」，今據原稿改。
❸「既」，原作「改」，今據原稿改。
❹「十」，原作「二」，今據《史記·十二諸侯年表》改。
❺「南」上，《大清一統志》卷一百六十六有「西南」二字。
❻「巢」，《春秋左傳正義》卷七作「曹」。

者，爲經闕宋故也。」李貽德云：「列宋爲衛、鄭之後，以其後至而盟，故列于下也。當來告時，止有三國，故史據書之，不及宋也。」按：李說是也。

楚屈瑕將盟貳、軫。【疏證】王逸《楚辭》注：「楚武王生子瑕，❶受屈爲客卿，因以爲氏。」杜注：「貳、軫，二國名。」洪亮吉云：「《國名記》：『貳，匽姓，在隨州南，楚滅之。軫亦匽姓，在楚東南，亦楚所滅。』」沈欽韓云：「按：自來地志所不載，羅泌妄人臆造也。」

鄖人軍於蒲騷，【疏證】《釋文》：「鄖，本亦作『溳』，音云。」《地里志》：❷「江夏郡雲杜，應劭曰：《左傳》『若敖取於䢵』，今䢵亭是也。」《通典》：「應城縣有古蒲騷城。」洪亮吉云：「安陸應城本春秋䢵子之國，䢵人蓋軍於己境也。」沈欽韓云：「《一統志》：『鄖城在安陸府沔陽州境。』按：古鄖國，《括地志》、《元和志》並以爲在安州，《水經注》以安陸縣爲古鄖城，而竟陵雲杜亦以爲故鄖國，諸說互異。《元和志》：『故浮城在安州應城縣西北三十五里，即古蒲騷城。』應城縣今屬德安府。」

將與隨、絞、州、蓼伐楚師。【疏證】《釋文》：「隨、絞、州、蓼，四國名。」洪亮吉云：「《春秋地圖》絞在漢水之北。《說文》：『鄝，地名，從邑，翏聲。』《釋文》：『蓼，或作鄝。』鄭氏《詩》箋亦引作『鄝』。《地理志》：『南陽郡湖陽，故廖國。』《郡國志》：『南陽郡棘陽，有湖陽邑。』杜同此。《圖經》：『監利縣東三十里有州陵城，春秋時州國。』」沈欽韓云：「《大事表》：鄖陽府治西北爲絞國地。蓼，杜以爲南陽之廖，誤也。昭二十九年傳作『飂』，非此

❶「子」，原作「于」，今據原稿改。
❷「志」，原脫，今據原稿補。

蓼也。《前志》：『六安蓼，故國，皋陶後。』《一統志》：『蓼縣故城，在光州固始縣東北，與潁州府霍丘縣接界，古蓼國，今有蓼城岡，在縣東北七十里。』」

莫敖患之。【疏證】杜注云：「莫敖，楚官名，即屈瑕。」《御覽》三百二十二引注：「莫敖，官名。」《五行志》作「莫囂」，師古曰：「莫囂，楚官名也，字或作敖。」沈欽韓云：「《淮陰侯傳》『爲連敖』，李奇云：『楚官。』張晏云：『司馬也。』按：《楚策》：『斷脰決腹，以憂社稷者，莫敖大心也。』攷諸定四年傳即左司馬沈尹戌，則莫敖爲司馬之官審矣。」案：《淮南·修務訓》「吴與楚戰，莫囂大心撫其御之手」，注：「莫，大也。囂，衆也。主大衆之官。楚卿大夫大心，楚成得臣子玉之孫。」與《楚策》合，沈説是也。

鬬廉曰：「鄖人軍其郊，必不誡，且日虞四邑之至也。【疏證】《説文》：「誡，敕也。」《荀子·强國》「發誡布令而敵退」，注：「誡，教也。」杜注：「虞，度也。」洪亮吉云：「《廣雅》云：『虞，望也。』按：言日望四邑之至也，較杜義爲長。」王念孫云：「虞、候皆訓爲望，故古守藪之官謂之虞候。昭二十年《左傳》『藪之薪蒸，虞候守之』，正義云『立官使俟望，故以虞候爲名』是也。」

「君次於郊郢，以禦四邑。【疏證】疏云：「《禮·坊記》云：『大夫不稱君。』此謂屈瑕爲君者，楚僭王號，縣令稱公，故呼卿爲君。」杜注：「郊郢，楚地。」沈欽韓云：「《方輿紀要》：『紀南城在荊州府北十里，即故郢城。』按《楚世家》『文王熊貲立，始都郢』，武王時猶都丹陽。丹陽，荊州府枝江縣。郢在所都之郭，故曰郊郢。」

「我以鋭師宵加於鄖。鄖有虞心，而恃其城，【疏證】《説文》：「鋭，芒也。」《廣雅·釋詁》：「鋭，利。」

襄十三年傳「君子稱其功以加小人」，注：「加，陵也。」《周語》「虞於宴樂」，❶注：「虞，安也。」《説文》：「恃，賴也。」

「莫有鬭志。若敗鄖師，四邑必離。」莫敖曰：「盍請濟師於王？」【注】舊注：「何不請益師？」《御覽》三百二十三引。【疏證】《説文》：「鬭，遇也。」《孝經》釋文：「二士對戰爲鬭。」❷《廣雅・釋詁》：「離，去也。」《御覽》引注：「盍，何不也。何不請益師。」杜注云：「盍，何不也。濟，益也。」蓋襲用之。今取「何不請益師」句爲舊注。❸

對曰：「師克在和，不在衆。商周之不敵，君之所知也。❹【注】舊注：「武王有亂臣十人，紂有億兆之衆。」《御覽》三百二十三引。【疏證】《後漢書・杜詩傳》：「詩上疏曰：臣聞師克在和，不在衆。」注：「《左傳》文。」❺杜注云：「商，紂也。周，武王也。傳曰：『武王有亂臣十人，紂有億兆夷人。』」疏云：「《古文尚

---

❶ 「宴」，《國語正義》卷三作「湛」。

❷ 「戰」，《經典釋文》卷二十三作「戟」。眉批：兩士對戰乃「鬥」字形，非「鬭」字形也。《孝經》音義誤説，不當引。《説文》「鬥」字注：「兩士相對，兵仗在後。」「鬭」則形聲字，非象形矣。（底本漫漶不清，此據整理本補。）

❸ 原稿眉批：鄭注未引。

❹ 「知」，《春秋左傳正義》卷七作「聞」。

❺ 眉批：此六朝人注，又在杜後，可不引。

書・泰誓》曰：『受有億兆夷人，離心離德。予有亂臣十人，同心同德。』昭二十四年引之云『亦有離德』，已與□本小殊，此注改『予』爲『武王』，又倒其先後者，便文耳，雖言傳曰，非傳本文。劉炫云：欲以證商周之不敵，故先少而後多，非便文。」文淇案：此舊疏也，後爲光伯《述議》語，云「非便文」承舊疏之説而駁正之。❶《御覽》三百二十二引注「武王有亂臣十人，紂有億兆之衆」，當是舊注。舊疏蓋引《古文尚書》釋注也。❷《校勘記》云：「『武王有亂臣十人』，叔孫穆子語，見襄二十八年傳。孔疏云引『予』爲『武王』者，非也。惟襄二十八年不引『紂有億兆夷人』之句，而昭二十四年萇弘所引有之。杜注蓋隱括其辭耳。」此足破「傳曰」二字之疑。舊注必有「傳曰」字，舊疏故云「非傳本文」也。《御覽》引失之。

「成軍以出，又何濟焉？」莫敖曰：「卜之。」對曰：「卜以決疑，不疑何卜？」遂敗蒲騷，卒盟而還。【疏證】《猗嗟》「儀既成兮」，箋云：「成，猶備也。」杜注：「卒盟而還。」❸

鄭昭公之敗北戎也，【疏證】杜注云：「在六年。」

齊人將妻之，昭公辭。祭仲曰：「必取之。君多内寵，子無大援，❹將不立。三公子，皆君也。」弗從。【注】服云：「言庶子有寵者多。」《鄭世家》集解。【疏證】鄭忽辭昏詳六年疏證。《鄭世家》云：「時祭

---

❶ 原稿眉批：采《考正》。

❷ 「釋」，原爲空格，今據原稿補。

❸ 「而還」，《春秋左傳正義》卷七作「貳軫」。

❹ 「大」，原作「外」，今據原稿改。

仲與俱，勸使取之，曰：『君多内寵，子無大援將不立，三公子皆君也。』」全引傳文。又云：「所謂三公子者，太子忽，其弟突，次弟亹也。」則史遷釋傳之文也。《索隱》云：「此文則數太子忽及突、子亹爲三，而杜預云不數太子，以子突、子亹、子儀爲三，蓋得之。」按：杜注云：「子突、子亹、子儀之母皆有寵。」❶此節無疏。案莊公娶於鄧，《鄭世家》謂「鄧女生太子忽」，則忽非庶子。以服注庶子有寵證之，則舊注釋「三公子」，不數忽也。對忽言三公子，尤不當數忽，史遷説非。李貽德云：「語云母寵者子抱，莊公多内寵，故庶子有寵者多。」

夏，鄭莊公卒。初，祭封人仲足有寵於莊公，【疏證】《郡國志》：「陳留郡長垣，故祭城。」江永云：「當在中牟，不在長垣。」《索隱》云：「《左傳》稱祭仲足，蓋祭是邑，其人名仲，字足，故傳云『祭封人仲足』是也。」❷《鄭世家》：「初，祭足甚有寵于莊公。」❸

莊公使爲卿。爲公娶鄧曼，生昭公，故祭仲立之。【疏證】杜注：「曼，鄧姓。」《鄭世家》：「莊公使爲卿，公使娶鄧女，生太子忽，故祭仲立之。」

宋雍氏女於鄭莊公，曰雍姞，生厲公。【注】賈云：「雍氏，黄帝之孫，姞姓之後，爲宋大夫。」《鄭世家》集解。【疏云】《堯典》「女于時」，僞孔傳：「女，妻。」疏：「《左傳》稱『宋雍氏女於鄭莊公』，『晉伐驪戎，驪戎

---

❶「子儀」，原脱，今據《春秋左傳正義》卷七補。

❷「足」，原脱，今據原稿補。

❸「足」，《史記·鄭世家》作「仲」。

男女以驪姬』。以女妻人謂之女，故云『女，妻』也。」《釋文》：「女，尼慮反。」❶《說文》：「姞，黄帝之後伯鯈姓也，后稷妃家。」《晉語》：「黄帝之子二十五宗，其得姓者十四人，爲十二姓，姬、酉、祁、己、滕、箴、任、荀、僖、姞、儇、依是也。」是姞姓爲黄帝之孫也。《周頌》「曾孫篤之」，疏云：「自曾孫以下，皆得稱孫。」《鄭世家》：「莊公又娶宋雍氏女，生厲公突。」

雍氏宗有寵於宋莊公，【注】服云：「爲宋正卿，故曰有寵。」《鄭世家》集解。【疏云】李貽德云：「案：《傳》曰『並于正卿』，《晉語》祁午見范宣子曰『子爲正卿』，則正卿爲上卿矣。」《鄭世家》：「雍氏有寵於宋。」

故誘祭仲而執之，【疏證】杜注：「祭仲之如宋，非會非聘，見誘而以行人應命。」疏引劉炫云：「杜欲成不稱行人之義，故以行人言之。」案：杜貶祭仲用賈義，詳經文疏證。疏引劉炫乃《述議》，同杜也。《鄭世家》：「宋莊公聞祭仲之立忽，乃使人誘召祭仲而執之。」

曰：「不立突，將死！」亦執厲公而求賂焉。祭仲與宋人盟，以厲公歸而立之。【疏證】《鄭世家》曰：「『不立突，將死。』亦執突以求賂焉。祭仲許宋，與宋盟。以突歸，立之。」《宋世家》：「莊公九年，執鄭之祭仲，要以立突爲鄭君。祭仲許，竟立突。」

秋，九月，丁亥，昭公奔衛。己亥，厲公立。【疏證】《鄭世家》：「昭公忽聞祭仲以宋要立其弟突，九月辛亥，忽出奔衛。己亥，突至鄭，立，是爲厲公。」「辛亥」與傳異。

---

❶「慮」，《經典釋文》卷十五作「據」。眉批：《釋文》可不引。

【經】十有二年，春，正月。

夏，六月，❶公會杞侯、莒子，盟於曲池。【疏證】沈欽韓云：「《續志》劉昭注：『《地道記》：臨淄縣西南門曰曲門，其側有池。』非也。《一統志》：『嶮河在兗州府曲阜縣東北五十里，❷源出九龍山，東南流入洙水，其谿澗險隘。』即此曲池也。今此水常流不絶。」按：曲阜之水未得曲池之名。江永云：「《水經注》：『汶水逕魯國汶陽縣北，縣北有曲水池亭。』汶陽故城在今寧陽縣東北。」江説是也。

秋，七月，丁亥，公會宋公、燕人，盟於穀丘。【疏證】《水經注》：「濮水又東與句瀆合，瀆首受濮水枝渠于句陽縣東南，逕句陽縣故城。《春秋》之穀丘，❸《左傳》以爲句瀆之丘矣。」沈欽韓云：「《寰宇記》：『穀丘在宋州穀熟縣南二百步。』《方輿紀要》：『穀丘在歸德府商丘縣南四十里，桓十二年盟於穀丘是也。』」

八月，壬辰，陳侯躍卒。【疏證】《世本》：「躍爲厲公。」杜注云：「厲公也。十一年與魯大夫盟于折。」

公會宋公于虚。【疏證】杜注：「虚，宋地。」沈欽韓云：「《一統志》：『衛輝府延津縣東南有故虚城。』按蘇代所云『決宿胥之口，魏無虚、頓丘』者也。」

冬，十有一月，公會宋公于龜。【疏證】杜注：「龜，宋地。」按：今地缺。

---

❶「月」下，《春秋左傳正義》卷七有「壬寅」二字。

❷「州」，原脱，今據原稿補。

❸「丘」，原作「鄉」，今據原稿改。

丙戌，公會鄭伯，盟於武父。【疏證】杜注：「鄭地。陳留濟陽縣東北有武父城。」沈欽韓云：「《一統志》：『武父城在大名府東明縣西南。』」

丙戌，衛侯晉卒。無傳。【疏證】杜注：「重書丙戌非義例，❶因史成文也。」❷疏云：「《春秋》之中惟此重書日。」

十有二月，及鄭師伐宋。丁未，戰於宋。

【傳】十二年，「盟于曲池」，平杞、莒也。

公欲平宋、鄭。秋，公及宋公盟于句瀆之丘。【疏證】杜注：「即穀丘也。」朱駿聲曰：「句瀆之合音爲穀。」

宋成未可知也，故又會于虚。冬，又會於龜。宋公辭平。故與鄭伯盟于武父，【疏證】杜注：「宋公貪鄭賂，故與公三會，而卒辭不與鄭平。」按：宋受鄭賂，傳無此義。杜以十三年傳「宋多責賂於鄭」而言。

遂帥師而伐宋，戰焉，宋無信也。君子曰：「苟信不繼，盟無益也。《詩》云：『君子屢盟，亂是用長。』無信也。」【疏證】《詩·巧言》文。《釋文》：「屢，本又作婁。」《校勘記》云：「《漢書》凡屢字俱作婁。」《巧言》毛傳云：「凡國有疑會同，則用盟而相要也。」箋云：「屢，數也。時見曰會，殷見曰同。非此時而盟謂之數。」

❶「丙戌」，原脱，今據原稿補。
❷「因」，原作「周」，今據原稿改。

杜注「數盟則情疏」，用鄭義。

楚伐絞，軍其南門。莫敖屈瑕曰：「絞小而輕，輕則寡謀，請無扞采樵者以誘之。」【疏證】《説文》：「扞，忮也。」《周策》「而設爲王扞秦」，高注：「扞，禦也。」《漢書・刑法志》「若手足之扞頭目」，注：「扞，禦難也。」《説文》：「樵，散木也。羗，❶相訹呼也。或從言、秀。」《樂記》「知誘於外」，注：「誘，猶道也，引也。」

從之。絞人獲三十人。明日，絞人争出，驅楚役徒於山中。❷楚人坐其北門，而覆諸山下，【疏證】《説文》：「坙，止也。從土，從留省，土所止也。此與留同意。坐，古文坙。」惠棟云：「按：兵法有立陳、坐陳，見《尉繚子》。立陳所以行也，坐陳所以止也。傳曰『裹糧坐甲』，又云『王使甲坐於道』，又云『士皆坐列』；《司馬法》云『徒以坐固』，《荀子》曰『庶士介而坐道』，及此傳『坐其北門』，皆坐陳。」洪亮吉云：「按：此則『坐』字當從《廣雅》訓爲止。杜注：『坐，猶守也。』于訓詁爲不合矣。」

大敗之，爲城下之盟而還。【疏證】宣十五年傳：「城下之盟，有以國斃，不能從也。」

伐絞之役，楚師分涉於彭。【疏證】《楚世家》集解引服注：「水行曰涉。」非釋此傳之文，別見宣三年傳。《説文》：「𣻕，徒行厲水也。」《呂覽・知分》篇「還反涉」，注：「涉，度也。」《漢書・英布傳》「使布先涉河」，注：「涉，謂無舟楫而度也。」因通謂度水者爲涉水，非徒行也。沈欽韓云：「《水經注》：『沔水南逕筑陽縣東，筑水注

---

❶「羗」，《説文解字》卷九上作「羑」。

❷「中」，原脱，今據原稿補。

之。杜預以爲彭水。水出梁州新城郡魏昌縣界。』《一統志》:『筑水源出鄖陽府房縣西,古名彭水。』《方輿紀要》:『魏昌城在房縣西南。』」❶

羅人欲伐之,【**疏證**】《世本》:「羅,熊姓。」《周語》「羅由季姬」,注:「羅,熊姓之國。」《地里志》:「南郡枝江,故羅國。又云魯國羅。」❷應劭曰:「楚文王徙羅子自枝江居此。」師古曰:「盛弘之《荆州記》云縣北帶汨水,水原出豫章艾縣界,西流注湘。沿汨西北去縣三十里,名爲屈潭,屈原自沉處。」沈欽韓云:「《水經注》:『夷水歷宜城西山,東南逕羅川城。』又《江水》篇:『枝江地,故羅國,蓋羅徙也。羅故居宜城西山,楚文王又徙之於長沙,今羅縣是矣。』《方輿紀要》:『羅城縣在岳州府平江縣南三十里。』最後徙者矣。按:此年之羅,尚在襄陽府宜城縣也。《一統志》:『羅川城在宜城縣西南二十里。』」❸

使伯嘉諜之,三巡而數之。❹【**疏證**】杜注:「伯嘉,羅大夫。」《説文》:「諜,軍中反閒也。」《晉語》「諜出曰」注:❺「諜,閒候也。」又《晉語》「諜其將浴」,❻注:「諜,候也。」《掌固》「晝三巡之」,注:「巡,行也。」《説文》:

❶「昌」,原脱,今據《春秋左氏傳地名補注》卷一補。
❷「云魯」,據《漢書·地理志》,似當作「長沙」。
❸「川」,原作「州」,今據《春秋左氏傳地名補注》卷一改。
❹「而」,《春秋左傳正義》卷七無此字。
❺「晉語諜出」至「又」十一字,原脱,今據原稿補。
❻「語」,原作「説」,今據原稿改。「浴」,原作「落」,今據《國語正義》卷十改。

「巡，視行貌。」杜注：「巡，遍也。」

【經】十有三年，春，二月，公會紀侯、鄭伯。己巳，及齊侯、宋公、衛侯、燕人戰。齊師、宋師、衛師、燕師敗績。【注】賈、服以爲衛惠公稱侯，譏其不稱子。《曲禮》疏。【疏證】杜注：「衛宣公未葬，惠公稱侯以接鄰國，非禮也。」是用賈、服説。僖九年傳例：「凡在喪，公侯曰子。」《曲禮》「其在凶服曰適子孤」，注：「凶服，亦謂未除喪。」彼疏云：「凡諸侯在喪之稱，其《左氏》之義，出會諸侯，未行即位之禮前稱子。其王事出會則稱爵，成四年『鄭伯伐許』是也。案桓十三年經書衛惠公稱侯，❶成十三年經書宋公衛侯，此并先君未葬而稱爵者，❷賈、服注譏其不稱子。杜預云：『非禮也。』」疏稱王事出會稱爵爲《左氏》義，見《五經異義》。則賈、服之譏衛侯不稱子，違於《左氏》家説矣。賈、服蓋亦用《公羊》説，詳成四年疏證。顧炎武云：「《春秋》諸侯踰年即位，則得稱君。如宣十一年，『楚子、陳侯、鄭伯盟于辰陵』，是時，靈公被弒，賊未討，君未葬，已稱陳侯。是踰年稱君，古之常例也。燕獨稱人，其君不在師。」按：顧説是也。杜注：「或稱人，或稱師，史異辭也。」未得經義。

三月，葬衛宣公。

夏，大水。

---

❶ 「書衛」至「經書」十二字，原脱，今據原稿補。

❷ 「并」，原作「葬」，今據原稿改。

秋，七月。

冬，十月。

【傳】十三年春，楚屈瑕伐羅，鬭伯比曰：❶「莫敖必敗，舉趾高，心不固矣。」【疏證】《五行志》引傳，「敖」作「囂」，「趾」作「止」。師古曰：「止，足也。」按：《呂覽》注：「止，❷足也。」「《麟之趾》」傳：「趾，足也。」《易》虞翻傳亦云：「趾，足也。」《校勘記》云：「《士昏禮》注云：古文『止』作『趾』。《詩》『四之日舉趾』，《食貨志》作『止』。按《說文》無『趾』字，『止』下云：『下基也，象草木出有止，故以趾爲足。』古文足趾多作『止』。」

遂見楚子曰：「必濟師。」【疏證】《五行志》引傳，「遂」作「遽」。師古曰：「遽，速也。」或古文作「遽見」。

楚子辭焉。入告夫人鄧曼，鄧曼曰：❸「大夫其非衆之謂，其謂君撫小民以信，訓諸司以德，而威莫敖以刑也。莫敖狃於蒲騷之役，將自用也。【疏證】《周語》「息由陳嬀鄧由楚曼」，❹注：「鄧，曼姓。楚曼，鄧女，爲楚武王夫人。」《說文》：「撫，安也。」馬宗璉云：「《爾雅》：『狃，復也。』《詩》疏引孫炎云：『狃忕前事復爲也。』蒲騷之役在前，故云狃復爲之。」

「必小羅。君若不鎮撫，其不設備乎？夫固謂君訓衆而好鎮撫之，【注】服云：「夫謂鬭伯比。」

---

❶「比」下，《春秋左傳正義》卷七有「送之還謂其御」六字。

❷「止」，《呂氏春秋》卷五作「趾」。

❸「鄧曼」，原脱，今據原稿補。

❹「楚」，原作「鄧」，今據原稿改。

襄二十三年疏。【疏證】《廣雅》：「鎮，安也。」杜於「夫」字無釋，蓋以爲語助也。李貽德云：「夫，丈夫也。《禮記・檀弓》注：『夫夫，猶言此丈夫也。』《詩・車攻》疏：『夫，男子之總名。』此稱夫，猶此人云爾，非發語辭。」

「召諸司而勸之以令德，【疏證】《廣雅・釋詁》：「召，呼也。」《楚辭・招魂》序：「以言曰召。」

「見莫敖而告諸天之不假易也。【疏證】杜注：「言天不借貸慢易之人。」❶王念孫曰：「假易，猶寬縱也。天不假易謂天道之不相寬縱也。僖三十三年傳曰『敵不可縱』，《史記・春申君傳》『敵不可假』，❷《秦策》作『敵不可易』，是假易皆寬縱之意也。」按：《後漢書・安帝紀》注：「假貸，猶寬容也。」王說是也。

「不然，夫豈不知楚師之盡行也？」楚子使賴人追之，不及。【疏證】《地里志》：「南陽郡隨，有厲鄉，故厲國。」杜注：「賴國，在義陽隨縣。」蓋本《漢志》。師古注云：「厲，讀曰賴。」《郡國志》：「汝南郡褒信，有賴亭，故國。」洪亮吉云：「此賴國所在，當以《地理志》爲是。」按：洪說是也。賴在今隨州北，詳僖十五年疏證。

莫敖使徇于師曰：「諫者有刑。」【疏證】洪亮吉云：「《說文》：『㣙，行示也。從彳，匀聲。《司馬法》：斬以㣙。』《廣雅》：『徇，巡也。』杜注：『徇，宣令也。』義亦本此。」按：《周語》「乃命其旅曰徇」，注：「徇，行也。」

及鄢，亂次以濟。【疏證】釋文：「本或作『亂次以濟其水』。」杜注：「鄢水，在襄陽宜城縣入漢。」洪亮吉

❶「人」，原脱，今據《春秋左傳正義》卷七補。
❷「君」，原脱，今據原稿補。

云：「按：《水經注》引傳作『亂次以濟淇水』，攷『沶水與夷水亂流東出謂之淇水，❶沶、淇同，後轉寫誤耳。逕蠻城南城，在宜城南三十里。』杜預《釋例》：『羅在宜城縣西山中，後在南郡枝江縣。』自楚及羅，須渡此水。杜本因脱『淇水』二字，故注析不清。釋文『其』字又誤脱水旁。杜注以此傳之鄢爲水名，亦誤。攷鄢，楚縣名。昭十三年王沿夏將欲入鄢，服虔云：『鄢，別都也。』此《傳》文『鄢』字亦指楚縣而言，不指鄢水。杜注及正義皆誤。」按：洪説非也。《水經注》：「夷水導源中盧縣界康狼山，山與荆山相鄰。❷又謂之鄢水。」《方輿紀要》：「蠻水，源出鄖陽府房縣界，經南漳縣，至宜城縣南四十里地名破河腦入於漢江，本名鄢水，亦曰夷水。」洪謂「淇」之訛「沶」，近於臆決。此「及鄢」謂鄢水也。《校勘記》云：「《水經注·沔水》引作『以濟淇水』，乃轉寫『其』譌爲『淇』也。」

遂無次，【疏證】《五行志》師古曰：「無次，不爲次列也。」

且不設備。❸羅與盧戎兩軍之，【疏證】《釋文》：「盧，一作『廬』。」《周語》「廬由荆嬀」，注：「廬，嬀姓之國。」❹洪亮吉云：「文十六年楚使廬侵庸，《書·牧誓》微、盧、彭、濮人皆即指此。《史記》作『纑』，亦通。」惠棟云：「習鑿齒曰：中盧是古盧戎也。」馬宗璉云：「《水經注》『夷水導源中盧縣界』，中盧即盧戎國，是廬戎本鄢國，

---

❶「出」，原作「流」，今據原稿改。
❷「鄰」，原作「陵」，今據《水經注箋》卷二十八改。
❸「備」下，《春秋左傳正義》卷七有「及羅」二字。
❹「嬀」，原重文，今據原稿删。

故合謀以敗楚師。」沈欽韓云：「《一統志》：『中廬故城在襄陽府西南，古廬戎也。』」

大敗之。莫敖縊于荒谷。群帥囚於冶父，【疏證】《説文》：「縊，經也。」《釋文》：「荒，本或作『巟』。」唐盧潘《冶父山辨》云：「按《圖記》，❶今冶父山在廬江東北，即《左氏》所謂『莫敖縊於荒谷，群帥囚於冶父』，兹山是也。余按：❷杜注及《地理志》、《荆州記》皆云冶父城在荆州，荒谷西北小城即冶父城，『莫敖縊于荒谷，群帥囚於冶父』是也。廬非廬戎之地，同食異振廩之所，安得復有冶父哉？後人妄加之明矣。矧囚於城，豈囚於山乎？余案今冶父山實有鐵冶，乃作此告縣，更名冶山不疑。」❸今本杜注但云：「荒谷、冶父皆楚地。」盧氏所見杜注，與今本異，其駁冶父在廬江，則唐人有以廬戎爲廬江者矣。❹《御覽》引《荆州記》云：「荒谷，今竹林是也。」《郡國志》注引《荆州記》云：「江陵縣東三里餘有三湖，湖東有水名長谷。❺又西北有小城名冶父。」《水經注·沔水》下：「白湖等三湖合爲一水，東通荒谷，東岸有冶父城。」與《荆州記》同，長谷即荒谷也。《一統志》：「冶父城在荆州府江陵縣東南。」

以聽刑。楚子曰：「孤之罪也！」皆免之。

---

❶「記」，原作「説」，今據《唐文粹》卷四十六改。

❷「余按」至「冶父是也」四十三字，原脱，今據原稿補。

❸眉批：唐人不諳地望，故有此謬説。此處但節録數語駁之足矣，似不必引原文。

❹眉批：盧氏未引杜注，何遽知爲與今本異耶？宜更考之。

❺「長」，《後漢書·郡國志》作「萇」。

宋多責賂於鄭，鄭不堪命，故以紀、魯及齊與宋、衛、燕戰。不書所戰，後也。【注】服云：「下日者，公至而後定戰日。」本疏。【疏證】杜注云：「公後地期而不及其戰，❶故不書所戰之地。」疏云：「服虔云：『下日者，公至而後定戰日。』地之與日當同時設期，公既不及期地，安得及期日也？」「地之與日」云云，乃疏家駁服氏語，洪亮吉、嚴蔚皆引爲服注。又以「下日」爲「不日」，誤也。疏引劉炫云：「公會紀、鄭，告廟而行，始行即書會也。其戰之日，則戰罷乃告廟。史官雖連并其文，而存其本旨，己巳是戰日，故下日以附戰。」此是《述議》語，雖與服稍異，然説下日附戰之義則同。杜直謂「公不及其戰」，與經傳皆違。疏駁服説，謂地與日當同時設期尤謬。李貽德云：「案：經順文當云『二月，己巳，公會紀侯、鄭伯』，今退日於鄭伯之下，是俟公至而後定戰日也。」

鄭人來請修好。

【經】十有四年，春，正月，❷公會鄭伯于曹。

無冰。無傳。

夏，五。【疏證】杜注：「不書月，闕文。」

鄭伯使其弟語來盟。

---

❶「不」，《春秋左傳正義》卷七無此字。

❷「正月」，原脱，今據原稿補。

秋，八月，壬申，御廩災。【疏證】《周語》「廩於藉東南，鍾而藏之」，注：「御廩，一名神倉。東南，生長之處。鍾，聚也。謂爲廩以藏王所藉田，以奉齍盛。」《廩人》「大祭祀則供其接盛」，鄭注云：「籍田之收藏於神倉者，❶不以給小用。」《月令》「季秋之月，乃命冢宰藏帝藉之收於神倉」，鄭注云：「重粢盛之委也，❷帝籍，所耕千畝也。藏祭祀之穀，故曰神倉。」則廩猶倉也。《春秋考異郵》：「天火曰災。」《五行志》：「劉歆以爲御廩，公所親耕藉田以奉粢盛者也，棄法度亡禮之應也。」

乙亥，嘗。

冬，十有二月，丁巳，齊侯禄父卒。【疏證】杜注：「隱六年盟於艾。」

宋人以齊人、蔡人、衛人、陳人伐鄭。

【傳】十四年，春，會於曹。曹人致餼，禮也。【疏證】詳十年傳疏證。餼，兼饋食芻米言。杜注：「熟曰饔，生曰餼。」非。

夏，鄭子人來尋盟，且修曹之會。

「秋，八月，壬申，御廩災。乙亥，嘗。」書不害也。【注】服云：「魯以壬申被災，至乙亥而嘗，不以災害爲恐。」本疏。【疏證】《淮南子·修務》篇：「害，患也。」杜注：「先其時，亦過也。既戒日致齋，御廩雖

---

❶「收」，原作「取」，今據《周禮注疏》卷十六改。

❷「委」，原作「要」，今據原稿改。

災，苟不害嘉穀，則祭不應廢，故書以示法。」又云：「災其屋，救之則息，不及穀，故曰『書不害』。」與服注異。疏云：「八月建未，未是始殺。壬申在乙亥之前三日，是致齋之初日也。」又引衛冀隆難杜云：「若救之則息，不害嘉穀，則傳當有救火之文。若如宋災，傳舉救火。今直言不害，明知不以災爲害也。」按：衛説是也。疏又引秦道静答云：❶「傳所以不載救火者，❷傳指釋經文，❸略舉其要，所以不載救火，至於宋、鄭之災，彼由簡牘備載，詳略不等，❹不可相難也。」究是飾辭。《晉書·禮儀志》：「荀彧從劉劭議，曰食不却會。❺後蔡謨著議非之，曰：『魯桓公壬申有災，而以乙亥嘗祭，《春秋》譏之。災事既過，猶追懼未已，故廢宗廟之祭。』」與服説合。《大戴禮》：「禘於太廟，禮曰『日用丁亥』。」《儀禮·少牢饋食禮》注云：「不得丁亥，則己亥、辛亥亦用之。無則苟有亥焉可也。」

冬，宋人以諸侯伐鄭，報宋之戰也。【疏證】杜注：「在十二年。」

焚渠門，入，及大逵。【疏證】杜注：「渠門，鄭城門。」《大事表》：「鄭有渠門，其城東門當即鄟門矣。」大逵，詳隱十年疏證。

---

❶「答」，原爲空格，今據原稿補。
❷「以不」，原倒，今據《春秋左傳正義》卷七改。
❸「指」，原爲空格，今據原稿補。
❹「略不等」，原脱，今據原稿補。
❺「曰」，原爲空格，今據原稿補。

伐東郊，取牛首。【疏證】杜注：「牛首，鄭邑。」沈欽韓云：「《水經注》：『沙水又東南逕牛首亭東，宋人伐鄭取牛首者也，俗謂之車牛城。』《寰宇記》：『牛首城在開封府陳留縣西南十一里。』」

以大宮之椽歸，爲盧門之椽。【疏證】《説文》：「椽，榱也。周謂之椽，齊魯謂之桷。」《釋文》：「椽，榱也。圓曰椽，方曰桷。」杜注：「大宮，鄭祖廟。」《吕覽·行論》篇「舍於盧門之闔」，注：「盧門，宋城門。闔，扉也。」《郡國志》：「睢陽，有盧門亭。」昭二十一年，華氏居盧門以叛，彼傳杜注云：❶「宋東城南門。」

【經】十有五年，春，二月，天王使家父來求車。【疏證】《校勘記》云：「《士冠禮》注引作『家甫』。」

三月，乙未，天王崩。無傳。

夏，四月，己巳，葬齊僖公。無傳。

五月，鄭伯突出奔蔡。【疏證】沈欽韓云：「《釋例》謂：『諸侯奔亡，皆迫逐而苟免，非自出也。傳稱衛孫林父、寧殖出其君，名在諸侯之策，此以臣名赴告之文也。仲尼之經更没逐者主名，以自奔爲文，責其不能自安自固。』按：此與衛獻公出異，經之所書，或仍其赴告。何者？突本非嗣子，祭仲立之，徒以脅於宋人。突之出也，必不以臣逐君之事播於鄭國，則突之出、突之歸，其得失係於一身，非有義例。若臣逐君而更深責被逐之人，豈扶陽抑陰之義？左氏義深於君父，豈若此哉？」按：沈説是也。此經杜注亦謂：「突不能倚任祭仲，反與小臣

---

❶「傳」下，原衍「云」字，今據原稿删。

造賊盜之計，故以自奔爲文，罪之也。」焦循云：「齊王芳不能倚司馬氏而與李豐、張緝謀廢師，❶則亦突使雍糾謀仲之比也。君苦權臣之逼，與忠義之士謀之，亦可憫矣。而預以爲造賊盜之計，是何言也？罪突即所以罪芳也。此説之尤悖者。」

鄭世子忽復歸於鄭。【疏證】顧炎武云：❷「《解》云：『逆以太子之禮。』非也。忽未踰年而出奔，奔四年而復國，未即位，不得成之爲君。曰世子者，當立之辭也。」按：顧説是也。成十八年傳：「凡復其位曰復歸。」

許叔入於許。【疏證】杜注云：「叔本不去國，雖稱入，非國逆例。」疏云：「入者自外之辭，本其所自之處，言其自許東偏而入於許國，非從外國入也。杜以傳例云『凡去其國，國逆而立之，曰入』，嫌此亦爲國逆之例。《釋例》曰：『諸在例外稱入，❸直是自外入内，紀事常辭，義無所取。賈氏雖夫人姜氏之入，❹皆以爲例。由先儒以爲國逆，故言許叔本不去國，❺非國逆之正例。』國逆正例，據去國而來。許叔本非去國，指其實事有國逆之理，但非國逆正例耳。」據疏説，則先儒説「凡去其國，國逆而立之曰入」，杜泥於許叔未去國，依違其説，非也。疏又云：「劉君不達此旨，妄規杜氏。」光伯規杜，經删削不可考。

---

❶「與」，原脱，今據《春秋左傳補疏》卷一補。
❷「云」，原脱，今據原稿補。
❸「在」，原爲空格，今據原稿補。
❹「雖」，原爲空格，今據原稿補。
❺「故言」至「正例」十四字，原脱，今據《春秋左傳正義》卷七補。

公會齊侯于艾。

邾人、牟人、葛人來朝。【疏證】《地里志》:「泰山郡牟縣,故牟國。」應劭曰:「魯附庸也。」陳留郡寧陵縣,孟康曰:「故葛伯國,今葛鄉是。」《方輿紀要》:「牟城在泰安州萊蕪縣東二十里。葛城在歸德府寧陵縣北十五里,古葛伯國。」

秋,九月,鄭伯突入于櫟。

冬,十有一月,❶公會宋公、衛侯、陳侯于袲,伐鄭。【疏證】《公羊》「宋公」上有「齊侯」。洪亮吉云:「按:《說文『袳』字注云:『《春秋傳》曰:公會齊侯於袳。』蓋袳、袲本一字,文之變耳。又據《說文》,則許氏所見本有『齊侯』二字。」《郡國志》沛國相下引《傳》,曰:「『會于袲』,杜預曰在縣西南。一名犖。」《校勘記》云:「『一名犖』三字似杜注。」按:犖別見僖元年傳,與袲非一地。沈欽韓云:「袲亭在鳳陽府宿州西。」

【傳】十五年,春,天王使家父來求車,非禮也。諸侯不貢車服,天子不私求財。【疏證】杜注:「車服,上之所以賜下。諸侯有常職貢。」《年表》:「天王求車,非禮。」

祭仲專。鄭伯惡之,❷使其壻雍糾殺之。【注】賈云:「雍糾,鄭大夫。」《鄭世家》集解。【疏證】《周

---

❶ 「月」,原作「日」,今據原稿改。

❷ 「惡」,《春秋左傳正義》卷七作「患」。

語》「夫榮公專利」，注：「專，擅也。」❶《秦策》注：「專，權重也。」《爾雅》：「女子之夫爲壻。」《鄭世家》：「祭仲專政國政。❷ 厲公患之，陰使其壻雍糾欲殺祭仲。」❸

將享諸郊，雍姬知之，謂其母曰：「父與夫孰親？」其母曰：「人盡夫也，父一而已，胡可比也？」【疏證】杜注：「婦人在室則天父，出則天夫。女以爲疑，故母以所生爲本解之。」《鄭世家》：「糾妻，祭仲女也，知之，謂其母曰：『父與夫孰親？』母曰：『父一而已，人盡夫也。』」

遂告祭仲曰：「雍氏舍其室而將享子於郊，吾惑之，以告。」祭仲殺雍糾，尸諸周氏之汪。【疏證】僖三十三年，公子瑕覆於周氏之汪，《春秋地名考略》據之謂：「地在南郊，近桔柣之門。」《一切經音義》引服虔《通俗文》「亭水曰汪」。《淮南·俶真訓》「四時未分，萬物未生，汪然平靜」，注：「汪讀『矢諸周氏之汪』同。」是「尸」本一作「矢」也。《說文》：「尸，陳也。」《晉語》「殺三郤而尸諸朝」，注：「尸，陳也。」《御覽》引丘季彬《禮統》云「尸之爲矢也，陳也」。洪亮吉云：「尸、矢，皆陳也，義並通。」《鄭世家》：「女乃告祭仲，祭仲反殺雍糾，戮之於市。」

公載以出，曰：「謀及婦人，宜其死也。」夏，厲公出奔蔡。【疏證】《說文》：「載，乘也。」《鄭世家》：「厲公無奈祭仲何，怒曰：『謀及婦人，死固宜哉！』」

---

❶ 「擅」，原作「權」，今據原稿改。
❷ 上「政」，《史記·鄭世家》無此字。
❸ 「欲」，原爲空格，今據原稿補。

六月，乙亥，昭公入。【疏證】《鄭世家》：「祭仲迎昭公忽，六月乙亥，復入鄭，即位。」

許叔入於許。

「公會齊侯於艾」，謀定許也。

秋，鄭伯因櫟人殺檀伯，而遂居櫟。【注】服云：「檀伯，鄭守櫟大夫。櫟，鄭之大都。」《鄭世家》集解。❶【疏證】《吕覽·盡數》篇「因智而明之」，注：「因，依也。」《説文》：「因，就也。」《管子·心術上》：❷「舍己而隨物故曰因。」杜注云：「檀伯，鄭守櫟大夫。」用服注。《鄭世家》：「夏，厲公出居邊邑櫟。」《集解》：「宋忠曰：今潁川陽翟縣。」《索隱》：「按：櫟，音歷，即鄭初得十邑之歷也。」《水經注》引王隱曰：「陽翟，本櫟也。」沈欽韓云：「《一統志》：『陽翟故城，今禹州治。』禹州今仍屬開封府。」李貽德曰：「知櫟爲鄭大都者，昭十六年傳稱『五大不在邊』，又云『鄭京、櫟實殺子元』，是櫟爲大都也。」《鄭世家》又云：「秋，鄭厲公突因櫟人殺其大夫單伯，遂居之。」《索隱》云：「依《左傳》作『檀伯』。此文誤爲『單伯』者，蓋亦有所因也。按魯莊公十四年，厲公自櫟侵鄭，事與周單伯會齊師伐宋相連，故誤耳。」「檀伯」之作「單伯」，或史公所見本異。❸

冬，會于袲，謀伐鄭，將納厲公也。弗克而還。【疏證】《鄭世家》：「諸侯聞厲公出奔，伐鄭，弗克而

---

❶「櫟鄭之大都」，出自《史記·周本紀》集解。

❷「管」，原重文，今據原稿删。「上」下，當有「注」字。

❸眉批：厲公侵鄭與周單伯會齊師伐宋事相連，故「檀伯」誤「單伯」，此一説也。史公所見本作「單」，不作「檀」，此又一説也，不得合爲一。後説是。

去。宋頎與厲公兵，自守於櫟，鄭以故亦不伐櫟。」

【經】十有六年，春，正月，公會宋公、蔡侯、衛侯于曹。

夏，四月，公會宋公、衛侯、陳侯、蔡侯伐鄭。【疏證】《魯世家》：「十六年，會於曹，伐鄭，入厲公。」杜注：「蔡常在衛上，今序陳下，蓋後至。」傳無此義。

秋，七月，公至自伐鄭。

冬，城向。【疏證】杜注：「傳曰：『書，時也。』而下有十一月，舊説因謂傳誤。此城向亦是十一月，但本事異，各隨本而書之耳。」臧壽恭云：「杜氏所稱舊説，蓋賈、服説也。」按：此十一月當夏正十月。沈欽韓云：「按：此冬城向，寔是十月。《唐・曆志》大衍日度議曰：『以差推之，周初霜降，日在心五度，❶角、亢晨見。立冬，火見營室中。後七日，水星昏正，可以興板幹。故祖冲之以爲定之方中，直營室八度。是歲九月六日霜降，二十一日立冬。十月之時，水星昏正，故《傳》以爲得時。杜氏據晉曆，小雪後定星乃中，季秋城向，似爲太早。引《詩》云「定之方中」，乃未正中之時，非是。』」朱駿聲云：「《春秋經》凡城皆不月，❷土功之始以水昏正爲候。」按：沈、朱説是也。疏引劉炫《規過》云：「《周語》『火見而清風戒寒』，火見是建亥之月，則建戌之月必無土功之理。杜以爲

❶「心」，原作「星」，今據《左傳杜解集正》卷二改。
❷「月」，原作「同」，今據原稿改。

建戌之月得城向，非也。」是九月城向，乃杜一人之說。

十有一月，衛侯朔出奔齊。

【傳】十六年，春，正月，會于曹，謀伐鄭也。

夏，伐鄭。秋，七月，公至自伐鄭，以飲至之禮也。【疏證】「至」例在二年傳。

「冬，城向」，書，時也。

初，衛宣公烝於夷姜，生急子，【注】服云：「上淫曰蒸。」❶《詩・雄雉》疏。【疏證】《釋文》：「急，《詩》作『伋』。」《校勘記》云：「《史記》、《漢書・古今人表》並同。」《邶風・雄雉》正義云：「桓十六年，《左傳》曰『衛宣公烝於夷姜』，服虔云『上淫曰烝』。則烝，進也，自下進上而與之淫也。」杜注：「夷姜，宣公之庶母也。上淫曰烝。」用服注。《說文》：「蒸，❷火氣上行也。」則上行爲本義，引申則上淫亦爲蒸也。《釋名》：「淫，浸也。」《宮正》「去其淫怠」，注：❸「淫，放也。」❹《衛世家》：「初，宣公愛夫人夷姜，生子伋。」本疏云：「烝淫而謂之夫人，馬遷謬耳。」

屬諸右公子。爲之娶於齊，而美，公娶之。生壽及朔，【疏證】《衛世家》：「以爲太子，右公子傅之。

❶「蒸」，《毛詩正義》卷二作「烝」。

❷「蒸」，《説文解字》卷十上作「烝」。

❸「注」，原脱，今據原稿補。

❹「放」下，《周禮注疏》卷三有「濫」字。

右公子爲太子取齊女，未入室，而宣公見所欲爲太子婦者好，説而自取之，更爲太子取他女。宣公得齊女，生子壽、子朔。」

屬壽於左公子。【疏證】《衛世家》：「令左公子傅之。」杜注：「左右媵之子，因以爲號。」疏云：「此左右公子，❶蓋宣公之兄也。」

夷姜縊。【疏證】《衛世家》：「太子伋母死。」

宣姜與公子朔構急子。【注】服云：「構，會其過惡。」《二子乘舟》疏。【疏證】《二子乘舟》毛傳：「朔與其母愬伋於公。」疏：「此言『愬伋於公』，傳言『構伋子』，服虔云：『構，會其過惡。』亦是愬之也。」杜注用服説。《晉語》「逐之恐構怨諸侯」，❷注：「構，交構也。」《秦策》「秦楚之兵構而不離」，注：「構，連也。」《詩·四月》「我日構禍」：❸「構，成也。」箋：「構，猶合集也。」李貽德云：「《説文》：『會，合也，從亼從曾省。❹曾，益也。』朔與宣姜合謀，增益急子之罪惡也。」《衛世家》：「宣公正夫人與朔共讒惡太子伋。」

公使諸齊，使盗待諸莘，將殺之。【注】服云：「莘，衛東地。」《二子乘舟》疏。【疏證】《詩·二子乘舟》毛傳：「公令伋之齊，使賊待于隘而殺之。」疏：「傳言『使盗待諸莘』，服虔云：『莘，衛東地。』則莘與隘一處

❶「公子」，原脱，今據原稿補。
❷「怨」，《國語正義》卷九無此字。
❸「禍」下，當有「毛傳」二字。
❹「省曾」，原作「益」，今據《春秋左氏傳賈服註輯述》卷三改。

也。」《郡國志》：「東郡陽平侯國，有莘亭。」劉昭注補「衛殺公子伋之地」。《水經注》：「漯水又北絶莘道，城之西北有莘亭。京相璠曰：今平原陽平縣北十里，有故莘亭，阨限蹊要，自衛適齊之道也。」其云「阨限蹊要」，即毛傳所稱隘也。李貽德云：「齊在衛東，故曰『衛東地』。」沈欽韓云：「《元和志》：『莘亭在魏州莘縣北十三里。』」按：莘縣，今屬東昌府。《衛世家》：「宣公自以其奪太子妻也，心惡太子，欲廢之。及聞其惡，大怒，乃使太子伋於齊，而令盗遮界上殺之，與太子白旄，而告界盗見持白旄者殺之。」

壽子告之，使行。不可，曰：「棄父之命，惡用子矣！【疏證】高誘《吕覽》注：「惡，安也。」杜注同。《衛世家》：「且行，子朔之兄壽，太子異母弟也，知朔之惡太子而君欲殺之，乃謂太子曰：『界盗見太子白旄即殺太子，可毋行。』太子曰：『逆父命求生，不可。』」

有無父之國則可也。」及行，飲以酒。壽子載其旌以先，【疏證】《釋文》：「以酒，一本『以』作『之』。」沈欽韓云：「《春官・司常》職：『頒旗物，皆畫其象焉，官府各象其事，州里各象其名，家各象其號。』注：『事、名、號者，徽識，所以題別衆臣，樹之於位，朝各就焉。《覲禮》曰：「公、侯、伯、子、男，皆載其旂而立。」❶此其類也。三者旌旗之細也。』疏云：『《士喪禮》銘旌制亦如此。』又《大司馬》注云：『凡要號名者，徽識所以相別也。』疏云：『若某官某姓某甲之名放此。』」按：壽子所載之旌非斿車所載之旌，即是彼注所稱徽識，以表急子之名號，故賊見其旌，而壽子誤爲所殺。」《衛世家》：「壽見太子不止，乃盗其白旄而先馳至界。界盗見其驗，即殺之。」

❶「載」，《春秋左氏傳補注》卷一作「就」。

盗殺之。急子至，曰：「我之求也，此何罪？請殺我乎！」又殺之。二公子故怨惠公。十一月，左公子洩、右公子職立公子黔牟。惠公奔齊。【疏證】《校勘記》云：「《古今人表》洩作泄。」《衛世家》：「壽已死，而太子伋又至，謂盗曰：『所當殺乃我也。』盗并殺太子伋，以報宣公。宣公乃以子朔爲太子。十九年，宣公卒，太子立，是爲惠公。左右公子不平朔之立也。惠公四年，左右公怨惠之讒殺前太子伋而代立，❶乃作亂，攻惠公，立太子伋之弟黔牟爲君，惠公犇齊。衛君黔牟立。」

【經】十有七年，春，正月，❷公會齊侯、紀侯盟于黄。【疏證】《地理志》：「東萊郡黄縣。」沈欽韓云：「《方輿紀要》：『黄城在東昌府冠縣南。』《括地志》：『冠氏南有黄城，亦以黄溝爲名。』或是登州府黄縣東南有故黄城其處。」

二月，丙午，公會邾儀父，盟于趡。【疏證】《説文》：「趡，動也。《春秋傳》曰『盟于趡』，趡，地名。」

夏，五月，丙午，及齊師戰于奚。❸《校勘記》云：「石經、宋本無『夏』字，與序疏合。」文淇案：《禮記·中庸》疏云：「桓十七年直云『五月』，不云『夏』。」無「夏」字是也。沈欽韓云：「顧棟高《表》：『今兖州府滕縣南奚公

---

❶「惠」下，《史記·衛康叔世家》有「公」字。
❷「月」下，《春秋左傳正義》卷七有「丙辰」二字。
❸如下依體例當有「疏證」二字。

山下有奚邑。《水經注》：「夏車正奚仲之國。」』按：《水經注》只云『漷水西逕薛縣故城北』，《地理志》曰『夏車正奚仲之國』，無奚邑之目。」

六月，丁丑，蔡侯封人卒。【疏證】杜注：「十一年，❶大夫盟于折。」《管蔡世家》：「二十年，桓侯卒。」

秋，八月，蔡季自陳歸于蔡。【疏證】《管蔡世家》：「弟哀侯獻舞立。」

癸巳，葬蔡桓侯。【注】劉、賈、許曰：「桓卒而季歸，無臣子之辭也。」《釋例》。【疏證】杜注：「稱侯，蓋謬誤。」疏引《釋例》曰：「『葬蔡桓侯，獨不稱公，劉、賈、許曰：「桓卒而季歸，無臣子之辭也。」蔡侯無子，以弟承位，群臣無廢主，社稷不乏祀，故傳稱蔡人，嘉之，非貶之也。杞伯稱子，傳爲三發；蔡侯有貶，傳亦宜説。史書謬誤，疑在闕文。』❷是其疑之意也。」自「蔡侯無子」以下，杜氏駁劉、賈、許之辭，嚴蔚引至「疑在闕文」，爲劉、賈、許説，誤也。傳稱蔡人嘉之，乃嘉蔡季，無預葬桓之辭。李貽德曰：「桓卒三月，而季始歸，是喪無主。喪無主，則猶之無臣子矣。」按：李説是也。何休謂：「稱侯，奪臣子辭。」徐邈謂「蔡臣子失禮」。《公》、《穀》兩家，古誼皆與《左氏》同。

及宋人、衛人伐邾。

冬，十月，朔，日有食之。【疏證】《五行志》：「劉歆以爲楚、鄭分。」臧氏壽恭云：「案：是年入甲申統九

---

❶「一」，原作「三」，今據《春秋左傳正義》卷七改。

❷「在」，《春秋左傳正義》卷七作「有」。

百四十八年，積月一萬一千七百二十五，閏餘五。積日三十四萬六千二百四十九，小餘三十一，大餘四十九。正月癸酉朔小，小餘七十四；二月壬寅朔大，小餘三十六；三月壬申朔小，小餘七十九；四月辛丑朔大，小餘四十一；五月辛未朔大，小餘三；六月辛丑朔小，小餘四十六；七月庚午朔大，小餘八；八月庚子朔小，小餘五十一；九月己巳朔大，小餘十三；十月己亥朔。置積日三十四萬六千二百四十九，加積日二百六十六，以統法乘之，以十九乘小餘十三，并之。滿周天除去之，餘三十九萬七千七十二，滿統法而一，得二百五十八度。命如法，合辰在軫十一度。鄭注《周官・保章氏》云：『鶉尾，楚也。壽星，鄭也。』鶉尾之次終於軫十一度，壽星之次起於軫十二度。今合辰在軫，故曰楚鄭分。」沈欽韓云：「據《長曆》，是年冬十月庚午朔。❶《元史・曆志》：『大衍曆推得在十一月交分入食限，失閏也。』」

【傳】十七年，春，盟于黄，平齊、紀，且謀衛故也。

「及邾儀父盟于趡」，尋蔑之盟也。【疏證】杜注：「蔑盟在隱元年。」

「夏，及齊師戰于奚」，疆事也。【疏證】《掌疆》注：「疆，界也。」《周語》「修其疆畔」，注：「疆，境也。」

於是齊人侵魯疆，疆吏來告。公曰：「疆場之事，慎守其一，而備其不虞，【疏證】惠棟云：「古文作『畺易』，《周禮》有『畺地』、『易地』。《楊統碑》云『畺易不争』，《張公神道碑》云『畺界家静』，《吕君碑》云『慎守畺易』，蓋用此文。《説文》：『畺，畍也。從畕，三其畍畫也。或從彊土。』」《校勘記》云：「案：《食貨志》云『瓜瓠

❶「午朔」至「閏也」二十三字，原脱，今據原稿補。

果蓏，殖於疆易』，又《禮樂志》『吾易久遠』，晉灼曰：『易，疆易也。』」是古本無作「埸」者，此俗師所改矣。《晉書·羊祜傳》：❶「會吴人寇弋陽、江夏，略户口，詔遣侍臣移詰祜不追討之意，并欲移州復舊之宜。祜曰：『昔魏武帝置都督，類皆與州相近，以兵勢好合惡離。疆埸之間，一彼一此，慎守而已，古之善教也。若輒徙州，賊出無常，亦未知州之所宜據也。』」祜以徙戍非慎守之計，得傳意。隱公五年傳：❷「不備不虞，不可以師。」

「姑盡所備焉。事至而戰，又何謁焉？」

蔡桓侯卒，蔡人召蔡季於陳。

秋，蔡季自陳歸于蔡，蔡人嘉之也。

「伐邾」，宋志也。

「冬，十月，朔，日有食之。」不書日，官失之也。天子有日官，諸侯有日御。【注】服云：「日官、日御，典曆數者也。」《太史》疏。❸【疏證】《太史》「掌正歲年以序事，頒告朔於邦國」，注：「天子班朔於諸侯，諸侯藏之祖廟。至朔，朝於廟，❹告而受行之。鄭司農云：『頒讀爲班。班，布也。以十二月朔，布告天下諸侯，故《春秋傳》曰：不書日，官失之也。』」疏：「《春秋》之義，天子頒曆於諸侯，日食書日。不班曆於諸侯，則不書日。

---

❶「書」，原作「語」，今據《晉書·羊祜傳》改。

❷「隱」，原漫漶不清；「公五」，原爲空格，今據《春秋左傳正義》卷三補。

❸「太史疏」，原脱，今據原稿補。

❹「朝」，原重文，今據《周禮注疏》卷二十六删。

其不書日者，由天子日官失之不班曆。」此《左氏》不書日古義矣。服注亦見《太史》疏，杜注襲之。《周語》「百官御事」，注：「御，治也。」《崧高》「王命傅御」：❶「傅御，治事之官也。」《吕覽・孟春紀》注：「典，掌也。」唐李華《著作郎廳壁記》云：「周官宗伯之屬，有太史、小史、内史、外史，前志所載有左史記事，所典不同，其納君於善一也。《傳》曰『天子有日官』，則史逸、史伯是也。『諸侯有日御』，則裨竈、子韋是也。」華所引當亦古《左氏》説。

日官居卿以底日，禮也。【注】服云：是居卿者，使卿居其官以主之，重曆數也。《周禮・太史》疏。舊注：「底，致也。」《白帖》一引。**【疏證】**本疏不載服注，洪氏引本疏，誤。《太史》鄭注引此傳，解之云：「居，猶處也，言建六典以處六卿之職。」疏引服注，又云：「按：鄭注『居猶處也』，言建六典以處六卿之職，與服不同。服君之意，太史雖下大夫，使卿來居之，治太史之職，與《堯典》云『乃命羲和，欽若昊天，曆象日月星辰』，是卿掌曆數，明周掌曆數亦是日官。鄭意以五帝殊時，三皇異世，文質不等，故設官不同。五帝之時使卿掌曆數，至周使下大夫爲之，故云『建六典處六卿之職』以解之。」杜注云：「日官，天子掌曆者，不在六卿之數，而位從卿，故言居卿也。」杜蓋用鄭説也。杜又云：「底，平也。」《漢書・律曆志》引傳文，蘇林注曰：「底，致也。」王引之云：「蘇説是也。」《周官・馮相氏》曰：「冬夏致日，春秋致月。」《考工記・玉人》曰：「土圭尺有五寸以致日。」是其證。《白帖》一：「《左傳》曰『日官以底日』，底，致也。」所引蓋古注。顧炎武云：「《五經》無『底』字，皆是『底』字。」洪亮吉云：「底與抵，古字通。《廣雅・釋詁》：『抵，推也。』此『抵日』猶言推日也。杜注『平也』，似未諦。」按：王、洪

❶「御」下，當有「毛傳」二字。

説是也。《釋言》：「底，致也。」舊注本之。

日御不失日，以授百官于朝。【疏證】此即《太史》鄭注所稱「諸侯藏之祖廟，至朔，朝于廟，告而受行之也」。《律曆志》引劉歆説，自「不書日，官失也」，全用傳文，惟於「朝」下有「言告朔也」四字。師古曰：「劉家本有此語。」

初，鄭伯將以高渠彌爲卿。昭公惡之，固諫，不聽。昭公立，懼其殺己也。辛卯，殺昭公而立公子亹。【疏證】《校勘記》云：「子亹，按：《韓子·難》篇作『子亶』。」《鄭世家》：「昭公二年，自昭公爲太子時，父莊公欲以高渠彌爲卿，太子忽惡之，莊公弗聽，卒用渠彌爲卿。及昭公即位，懼其殺己，冬十月辛卯，渠彌與昭公出獵，射殺昭公于野。祭仲與渠彌不敢入厲公，乃更立昭公弟子亹爲君，是爲子亹也，無謚號。」

君子謂昭公知所惡矣。【疏證】杜無注。疏云：「韓子以爲君子言『知所惡』者，非多其知之明，而嫌其心之不斷也，曰知之若是其明也，而不如早誅焉，以及於死，故言『知所惡』以見其無權也。昭公知其惡而不能行其誅，致使渠彌含憎懼死以徼幸，故昭公不免於弑。戒人君使彊於斷也。」韓子所稱當爲古《左氏》説。

公子達曰：【疏證】杜注：「公子達，魯大夫。」《校勘記》云：「達，《韓子》作『圉』。」

「高伯其爲戮乎？復惡，已甚矣。」【疏證】《説文》：「戮，殺也。」《晉語》注：「陳尸爲戮。」杜注：「復，重也。」惠棟云：「《韓非子》『復惡』作『報惡』，鄭注《大司寇》云：『復，猶報也。』杜訓爲重，失之。」案：事見《韓非子·外儲》篇，❶《儀禮》「復見之以其摯」，注亦云：「復，報也。」惠説是也。《釋文》：「復，一音服，則乖注意。」可

---

❶ 「外儲」，疑當作「難」。

證杜注異舊說。

【經】十有八年，春，王正月，公會齊侯于濼。【疏證】《說文》：「濼，齊魯間水也。」杜注：「濼水在濟南歷城縣西北入濟。」洪亮吉云：「案：宋陸友仁云：『濟水自王莽時不能至河西，而濼之所入者，清河也。』杜注失之。」沈欽韓云：「《水經注》：『濼水出歷城縣故城西南，泉源上奮，水湧若輪。《春秋》桓公十八年「公會齊侯於濼」是也。北爲大明湖。』《方輿紀要》：『小清河在濟南府城北，即濼水也。』」

公與夫人姜氏遂如齊。【疏證】杜注：「公本與夫人俱行，至濼，既會而相隨至齊，故曰遂。」

夏，四月，丙子，公薨于齊。

丁酉，公之喪至自齊。無傳。

秋，七月。

冬，十有二月，己丑，葬我君桓公。無傳。

【傳】十八年春，公將有行，遂與姜氏如齊。【疏證】《魯世家》同傳文。

申繻曰：「女有家，男有室，無相瀆也，謂之有禮。易此必敗。」【疏證】《管子·大匡》篇「申俞諫曰：女有家，男有室」，注：「女有夫之家，男有妻之室。」《隰有長楚》疏：「『男有室，女有家』，謂男處妻之室，女安夫之家，夫婦二人，共爲家室，故謂夫婦家室之道爲室家也。」皆古《左氏》說。杜注「女安夫之家，夫安妻之室」，正用舊說也。《管子》申俞，俞、繻聲通。疏引沈氏云：「卿大夫稱家，家者，內外之大名。

户内曰室。❶但男子一家之主，職主内外，故曰家，婦人主閨内之事，故爲室也。」劉炫云：「《釋宫》云『宫謂之室，其内謂之家』，則家之與室，義無以異，欲見男女之别，故以室屬之。其實室、家同也。」此光伯《述議》語，劉引沈説而申之也。昭二十六年傳「不可瀆也」，服注：「瀆，易也。」《表記》「再三瀆」，注：「瀆之言褻也。」《集韻》：「黷通作瀆。」《説文》：「黷，握持垢也。」

公會齊侯于濼，遂及文姜如齊。齊侯通焉，【注】服云：「旁淫曰通。」《雄雉》疏。【疏證】《魯世家》：「公不聽，遂如齊。齊襄公通桓公夫人。」《齊世家》：「齊襄公故嘗私通魯夫人。魯夫人者，襄公女弟也，自釐公時嫁爲魯桓公婦，及桓公來而襄公復通焉。」是其事也。《猗嗟》疏：❷「《左傳》於桓十八年『如齊』之下始云『齊侯通焉』，箋知『素與淫通』者，以姦淫之事生於聚居，不宜既嫁始然，故知未嫁之前，素與淫通也。但《左傳》爲『公謫』張本，故於『如齊』之下始言齊侯通耳。」彼疏未知鄭箋據《齊世家》也。《雄雉》疏云：「桓十八年傳曰『文姜如齊，齊侯通焉』，服虔云：『旁淫曰通。』言旁者，非其妻妾，帝與之淫，上下通名也。《牆有茨》云『公子頑通於君母』，《左傳》曰『孔悝之母與豎渾良夫通』，皆上淫也。齊莊公通於崔杼之妻，蔡景侯爲太子般娶於楚，通焉，皆下淫也。以此知通者總名，故服虔又云『凡淫曰通』也。」疏所引服注「凡淫曰通」，非此傳注。李貽德《輯述》繫於此傳，誤。

---

❶「内」，原作「口」，今據原稿改。

❷「猗嗟」，當作「南山」。

公謫之，【疏證】《説文》：「讁，罰也。」《周語》「必皆無讁」❶：「讁，譴也。」《北門》「室人交徧讁我」，傳：「讁，譴也。」❷《魯世家》：「公怒夫人。」

以告。【疏證】《魯世家》：「夫人以告齊侯。」

夏，四月，丙子，齊侯享公。❸【注】服云：「爲公設享讌之禮。」《魯世家》集解。**【疏證】**杜用服注。《御覽》七百七十二引注：「公，魯桓公也。」疑非注文。

使公子彭生乘公，公薨于車。【疏證】《獨斷》：「乘猶載也。」杜注：「上車曰乘。」《魯世家》：「公醉，使公子彭生抱魯桓公，因命彭生折其脅，公死於車。」《齊世家》：「襄公使力士彭生抱上魯君車，因摺殺魯桓公，下車則死矣。」❹《鄭世家》：「子亹元年，齊襄公使彭生醉拉殺魯桓公。」洪亮吉云：「《玉篇》『骿』字引《左氏傳》云『拉公骿而殺之』，云『以手拉折其骿』。今考《玉篇》誤以《公羊》爲《左氏傳》，下句即何休注也。《詩》毛傳又云：『搤殺之。』《説文》：『搤，捉也。』與『拉』字義亦通。」按：杜注「拉公幹而殺之」，用《公羊》説。今本《公羊》「拉」作「搚」。經文云：❺「搚、摺、拉，音義同也。」《晉書·諸葛長民傳》：「劉裕潛入東府，伏壯士丁旿于幕中，引長民進

---

❶「讁」下，當有「注」字。
❷「譴」，《毛詩正義》卷二作「責」。
❸「齊侯」，《春秋左傳正義》卷七無此二字。
❹「下」上，《史記·齊太公世家》有「桓公」二字。
❺「經」，當作「疏」。

語，素所未盡皆説焉。長民悦，昨自後拉而殺之。」亦用《公羊》義。

魯人告于齊曰：「寡君畏君之威，不敢寧居，來修舊好。禮成而不反，無所歸咎，惡於諸侯。請以彭生除之。」【疏證】《説文》：「咎，災也。」《北山》「或慘慘畏咎」，箋：「咎，猶罪過也。」《魯世家》：「魯人告于齊曰：『寡君畏君之威，不敢寧居，來修舊好。禮成而不反，無所歸咎，請得彭生以除醜於諸侯。』」

齊人殺彭生。【疏證】《魯世家》：「齊人殺彭生以説魯。」❶杜注：「不書，非卿。」

秋，齊侯師于首止。【注】服云：「首止，近鄭之地。」《鄭世家》集解。【疏證】《郡國志》：「陳留郡己吾，有首鄉。」劉昭注補：「《左傳》桓十八年齊侯師於首止。」《方輿紀要》：「首鄉在睢州東南。」劉恭冕云：「杜注『衛地』，然服言『近鄭』，固以首止爲衛地而近鄭也。」

子亹會之，高渠彌相。

七月戊戌，齊人殺子亹而轘高渠彌。【疏證】《條狼氏》「誓馭曰車轘」，注：❷「車轘，謂車裂也。」《御覽》六百四十五引《釋名》曰：「轘也者，散也，支體分散。」

祭仲逆鄭子于陳而立之。【注】服云：❸「鄭子，昭公弟子儀也。」《出其東門》疏。【疏證】洪亮吉

---

❶「魯」，原脱，今據《史記・魯周公世家》補。

❷「注車轘」，原脱，今據原稿補。

❸「服云」，原脱，今據原稿補。

云：「《史記》作：『召公子亹弟公子嬰于陳而立之，是爲鄭子。』按：小司馬云：『《左傳》以鄭子名子儀，此云嬰，蓋別有所見。』杜取服説。」陳樹華云：「按：儀同倪，倪即兒，小兒也。故《左》作『儀』，《史》作『嬰』。」

是行也，祭仲知之，故稱疾不往。人曰：「祭仲以知免。」仲曰：「信也。」【疏證】《鄭世家》云：「鄭子亹往會，高渠彌相，從，祭仲稱疾不行。所以然者，子亹自齊襄公爲公子之時，嘗會鬭，相仇，及會諸侯，祭仲請子亹無行。子亹曰：『齊彊，而厲公居櫟，即不往，是率諸侯伐我，内厲公。我不如往，往何遽必辱，且又何至是！』卒行。於是祭仲恐齊并殺之，故稱疾。子亹至，不謝齊侯，齊侯怒，遂伏甲而殺子亹。高渠彌亡歸。」是其事也。唯云「高渠彌亡歸」，與傳不合。杜云：「仲以子亹爲渠彌所立，本既不正，又不能固位安民，宜其見除，故即而然譏者之言，❶以明本意。」杜未知祭仲之避仇不往齊，曲爲之説，非也。

周公欲弑莊王而立王子克。【注】賈云：「莊王弟子儀也。」《周本紀》集解。【疏證】杜用賈注。《周本紀》：「莊王四年，周公黑肩欲殺莊王而立王子克。辛伯告王，王殺周公。王子克奔燕。」與《左傳》同。

辛伯告王，【注】賈云：「辛伯，周大夫也。」《周本紀》集解。【疏證】杜用賈注。

遂與王殺周公黑肩。王子克奔燕。【疏證】《周本紀》正義引杜預曰：「南燕，姞姓也。」今本無此注。

初，子儀有寵於桓王，王屬諸周公。❷**辛伯諫曰：「並后、匹嫡、兩政、耦國，亂之本也。」**【疏證】

---

❶「而然」，原倒，今據《春秋左傳正義》卷七改。

❷「王」上，《春秋左傳正義》卷七有「桓」字。

《文王有聲》「作豐伊匹」，傳：「匹，配也。」《廣雅・釋詁》：「兩，二也。」《越語》「乃必有耦」，注：❶「耦，對也。」《莊子・齊物論》「嗒焉似喪其耦」，注：「耦，配也。」杜注「並后」曰：「妾如后。」注「匹嫡」曰：「庶如嫡。」注「兩政」曰：「臣擅命。」注「耦國」曰：「都如國。」王引之曰：「謹案：杜注『兩政』，與上下文異義，非也。政非政事之政，正卿也。《爾雅》：『正，長也。』正卿爲百官之長，故謂之正。襄二十五年傳：齊人賂晉六正，杜彼注曰『三軍之六卿』，是也。閔二年傳曰『君與國政之所圖也』，賈逵注曰：『國政，正卿也。』哀十五年傳『莊公害故政，欲盡去之』，杜彼注曰：『故政，輒之臣。』❷《史記・衛世家》作『莊公欲盡誅大臣』。《周語》『昔先大夫荀伯，自下軍之佐以政』，『趙宣子未有軍行而以政』，韋注並曰：『升爲正卿。』是『正』與『政』通也。兩政者，寵臣之權，與正卿相敵也。曰並、曰匹、曰兩、曰耦，皆相敵之詞。閔二年傳曰『內寵並后』，即此所云並后也；曰『嬖子配適』，即此所云匹嫡也；曰『大都耦國』，即此所云耦國也；曰『外寵二政』，即此所云兩政也。政，正卿也。外寵之並於正卿，亦猶內寵之並后、嬖子之配適、大都之耦國，故曰『並后、匹嫡、兩政、耦國，亂之本也』。《韓子・説疑》篇曰：『孽有擬適之子，配有擬妻之妾，廷有擬相之臣，臣有擬主之寵，凡此者，國之所危也。故曰內寵並后、外寵貳政、枝子配適、大臣擬主，亂之道也。故《周記》曰：「無尊妾而卑妻，無孽適子而尊小枝，無尊嬖臣而匹上卿，無尊大臣以擬其主也。」此尤其明證。」按：王説是也。《晉書・載記・石季龍傳》：「命石宣、石韜，生殺拜除皆迭日省决，不復啟也。申

❶「注」，疑當作「釋文」。

❷「臣」，原作「注」，今據原稿改。

鍾諫曰：❶『太子國之儲貳，朝夕視膳而不及政也。庶人邃往以聞政致敗，殷鑒不遠，宜革而弗遵。且二政分權，匙不及禍。❷周有子頹之釁，鄭有叔段之難，此皆由寵之不道，所以亂國害親。』」❸其云二政，亦謂迭主政事，匹嫡而又兩政也。

周公弗從，故及。【**疏證**】《周本紀》索隱云：「周公阿先王之旨，自取誅夷；辛伯正君臣之義，卒安王業。二卿優劣，誠可識也。」

❶「諫」，原作「納」，今據《晉書·石季龍載記》改。
❷「匙」，原作「勘」，今據《晉書·石季龍載記》改。
❸「以」，原脱，今據《晉書·石季龍載記》補。

春秋左氏傳舊注疏證

莊公

莊公【疏證】《世本》：莊公名同。《逸周書・謚法解》：「勝敵克亂曰莊。」

【經】元年，春，王正月。

三月，夫人遜于齊。【注】賈逵、服虔皆以爲：桓公之薨，至是年三月，期而小祥，公憂思少殺，念及于母，以其罪重，不可以反之，故書「遜于齊」耳。其實先在齊，并未歸也。服虔云：「蓋魯桓之喪從齊來。」《詩・南山》疏。服以文姜爲二年始來。同上。【疏證】《爾雅》：「孫，遁也。」《廣雅》：「孫，去也。」《史記・齊世家》云：❶「莊公母夫人因留齊，不敢歸。」是文姜本未歸也。洪亮吉云：「杜注以夫人此時始出奔，非是。當以賈義爲長。」按：洪説是也。《詩・南山》疏：「夫人久留於齊，莊公即位後乃來也。其來年月，三傳無文。莊元年經書『三月，夫人遜于齊』，《公羊傳》云：『夫人固在齊矣。其言遜何？念母也。正月以存君，念母以首事。』何休及賈逵、服虔皆以爲，桓公之薨云云，❷至二年『夫人會齊侯于禚』，是從魯往之禚，則于會之前

---

❶「齊」，當作「魯」。

❷「之」，原作「公」，今據《毛詩正義》卷五改。

已反魯矣。服虔云『蓋魯桓之喪從齊來』，以文姜爲二年始來。杜預以莊元年歲首即位之時，文姜來，公以母出之故，不忍即位。文姜于齊感公意而來。既至，爲魯人所尤，故三月又孫于齊。謂文姜來而又去，非先在齊。二者説雖不同，皆是莊公即位之後乃來也。杜預創爲其説，前儒盡不然也。」《詩》疏引服注，疑有脱誤，其謂「蓋魯桓之喪從齊來」，下當云「夫人宜與同反」，蓋溯前年四月經文，以申夫人在齊未歸之義。「以文姜爲二年始來」句，亦非原文，疏家隱括其義耳。彼疏又云：「鄭於《喪服小記》之注引《公羊》正月存親之事，則亦同於賈、服，至二年乃歸也。」是賈君亦謂文姜二年始來也。傳疏云：「《公羊》《穀梁傳》意言文姜往年如齊，至此年三月猶尚不反，三月練祭念及其母，乃書其出奔，非三月始從魯去也。《左氏》先儒皆用此説。杜不然者，史之所書，據實而録，未有虚書其事者也。夫人若遂不還，則孫已久矣，何故至是三月始言孫于齊？公若念及其母，自可迎使來歸，何以反書其孫？豈莊公召命史官使書其母孫乎！」傳疏申杜以難賈、服，與《南山》疏同出一手，而牴牾如此。「期而小祥」，《禮記·間傳》文。《荀子·禮論》「喪禮之凡，久而平」，楊注：「久則哀殺如平常也。」顧炎武云：「次年有會禚之文，則不久而從還於魯。其不書還，蓋夫子削之。」

夏，單伯送王姬。【疏證】《公羊》、《穀梁》「送」作「逆」。《御覽》一百五十二引「單伯送王姬」注：「王將嫁女于齊，命魯爲主，故單伯送。天子嫁女於諸侯，使同姓諸侯主之，不親昏，尊卑不敵。」杜注用之，文視此爲詳，疑此爲舊注。杜又云：「王姬不稱字，以王爲尊，且別於内女也。」舊注無其文。《後漢書·荀爽傳》：「《春秋》之義，王姬嫁齊，使魯主之，不以天子之尊，加於諸侯。」與舊注義同。則杜氏所用爲《左氏》古義矣。本疏云：「單氏世仕王朝，此及文公之世皆云單伯，成公以下常稱單子，知伯、子皆爵也。此時稱伯，後降爲子耳。」《何彼穠矣》疏：「王姬者，王女而姬姓。」

秋，築王姬之館于外。【疏證】《白虎通》引作「築王姬觀於外」。洪亮吉云：「觀、館古字通。」杜注云：「公在諒闇，慮齊侯當親迎，不忍便以禮接於廟。」本疏云：「《穀梁傳》曰：『築之外，變之正也。仇讎之人，非所以接昏姻也。衰麻，非所以接弁冕也。』其意言公與齊爲讎，又身有重服，不得與齊侯爲禮，故築於外也。《左氏》先儒亦用此爲説。杜謂諸侯之喪，既葬，則衰麻除矣，不得以喪服爲言也。又讎除服釋，不敢逆王命辭主昏，故築舍於外。」沈欽韓云：「按：鄭以諒闇爲凶廬，預以諒闇爲心喪。子之於父母，從無心喪之文。若如預意，則不共戴天之讎可釋，三年不祭之服已除，參預嘉禮，本自無傷，但不忍純以吉禮，翻是美莊公之得宜，悖亂莫甚焉。善乎《穀梁》之言曰：『仇讎之人，非所以接昏姻也。衰麻，非所以接弁冕也。』」按：沈説是也。其欲以《穀梁》諠正杜注之失，未知《左氏》古誼本同於《穀梁》也。

冬，十月，乙亥，陳侯林卒，無傳。【疏證】《史記·陳世家》：「利公立五月卒，❶立中弟林，是爲莊公，莊公七年卒。」

王使榮叔來錫桓公命。無傳。【疏證】杜注：「榮叔，周大夫。錫命，爲追命桓公，若昭七年王追命衛襄之比。」彼注云：「命如今之哀策。」《通典》七十二引《五經異義》：「《春秋》公羊、穀梁説：王使榮叔錫魯桓命，追襃死者，非禮也。死者功可追而錫，如有罪，又可追而刑耶？《春秋》左氏譏其錫篡弑之君，無譏錫死者之文也。」《詩·旱麓》正義引鄭《駁異義》：「《王制》云：『三公，一命衮。若有功，則加賜。』衮，衣之謂與？『一曰衣

---

❶「立五月卒立」，原脱，今據《史記·陳杞世家》補。

服』是也。」此鄭駁文未完，許君駁《公》、《穀》説，則鄭當從《公》、《穀》説也。孔廣林云：「諸侯即位而錫命，禮也。故《詩・韓奕》云『王錫韓侯』，其生有勳力於王室者，死必追錫之，若後世哀策。在古則高圉、亞圉，死爲追命矣。於禮無乖，當從《左氏》。」按：孔説是也。杜亦用《左氏》説，而未及譏篡弑之義，非。《爾雅》：「錫，賜也。」

王姬歸于齊。 無傳。

齊侯遷紀郱、鄑、郚。 無傳。**【疏證】**洪亮吉云：「《地理志》『琅邪郡缾、梧城』，❶《水經注》作『郚城』，《地理風俗紀》曰：『朱虚縣東四十里有郚亭城，故縣也。』應劭曰：『臨朐有伯氏駢邑。』按：駢即郱也，郱、缾、駢古字同。《郡國志》：『齊國臨朐，有三亭，古郱邑。』《説文》：『鄑，宋、衛間地。』杜注『北海都昌縣西有訾城』，即此。鄑、訾音同。唐於都昌縣鄑城置訾亭縣，❷以此。」沈欽韓云：「《一統志》：『缾縣故城，在青州府臨朐縣東北。郚城故城，在安丘縣西南峿山北。訾亭在萊州府昌邑縣西。』」本疏引蘇氏云：「直取其地，不取其民，故云遷，不云取。」此引蘇寬《義疏》也。

【傳】「元年，春」，不稱即位，文姜出故也。**【注】**服云：「文姜通於兄齊襄，與殺公而不反。父殺母出，隱痛深諱，期而中練，思慕少殺，念至於母，故經書『三月，夫人孫于齊』。」《魏書・竇瑗傳》。**【疏證】**杜注云：「莊公父弑母出，故不忍行即位之禮。」用服義也。《魏書・良吏・竇瑗傳》：「瑗上表曰：『蒙班《麟

---

❶ 「城」，《漢書・地理志》作「成」。

❷ 「昌」，原作「邑」，今據《春秋左傳詁》卷一改。

趾新制》，❶臣伏讀至三公曹第六十六條，母殺其父，子不得告，告者死，輒以爲惑。知母將殺，理應告父；如其已殺，宜聽告官。今母殺父而子不告，便是知母而不知父。聖化淳洽，梟獍猶變，脱下愚不移，事在言外，可臨時議罪，何用預制斯條。❷誠恐千載以下，以明明大朝，有尊母卑父之論。以臣管見，實所不取。乞付評議。』詔付尚書，三公郎封君義立判云：『身體髮膚，受之父母，生我勞悴，續莫大焉。子於父母，同氣異息，終天靡報，在情一也。今忽欲論其尊卑，辨其優劣，推心未忍，訪古無據。母殺其父，子復告母，母由告死，便是子殺。天下未有無母之國，不知此子將欲何之！按《春秋》，莊公元年，不稱即位，文姜出故。服虔注云云，既有念母深諱之文，明無讎疾告列之理。且聖人設法，所以防淫禁暴，極言善惡，使知而避之。若臨時議刑，則陷罪者多矣。』瑗復難云：『瑗尋注意，❸隱痛深諱者，以父爲齊所殺，而母與之。隱痛父死，深諱母出，故不稱即位。非謂諱母與殺也。是以下文以義絶其罪，不爲與殺明矣。《公羊傳》曰：「君殺，子不言即位，隱之。」期而中練，父憂少衰，始念於母，略書「夫人遜於齊」。是内諱出奔，猶爲罪文。《傳》曰：「不稱姜氏，絶不爲親，禮也。」注云：「夫人有與殺桓之罪，絶不爲親，得尊父之義。善莊公思大義，絶有罪，故曰禮也。」以大義絶有罪，得禮之衷，明有讎疾告列之理。但《春秋》桓、莊之際，齊爲大國，通於文姜，魯公謫之。文姜以告，使公子彭生殺之。魯既弱小而懼於齊。是時天子衰微，又無賢霸，故不敢讎之，又不敢告列，惟得告於齊曰：「無所歸咎，惡於諸侯，請以彭生除之。」齊人殺公

❶「制」，原作「判」，今據《魏書・竇瑗傳》改。
❷「制」，原作「判」，今據《魏書・竇瑗傳》改。
❸「意」，《魏書・竇瑗傳》作「義」。

子彭生。按即此斷，雖有援引，即以情推理，❶尚未遣惑。』事遂停寢。」按：封氏所引服注，至「夫人孫於齊」上，「既有念母」二句，乃申服注之義。嚴蔚、洪亮吉引爲服注，誤。李氏貽德謂二語似有駁難服氏之意，亦非也。封氏之意，謂莊公諱母與殺證律則是，解經則非。竇氏謂「隱痛父死，深諱母出」，得服氏意矣。《喪服四制》「期而練」，《喪服小記》「故期而祭，禮也」，❷注：「此謂練祭也。期則宜祭，天道一變，哀惻之情益衰。」《大祝》疏：「練，謂十三月小祥練祭。」桓公以上年四月薨，至是已期也。服氏不注經文，此解夫人孫於齊，而《魏書》引爲傳注，亦一證。

三月，夫人姜氏孫于齊。不稱姜氏，絶不爲親，禮也。【注】服云：「夫人有與殺桓之罪，絶不爲親，得尊父之義。善莊公思大義，絶有罪，故曰禮也。」《魏書·竇瑗傳》。【疏證】此亦竇瑗引以定律。原文止稱注而諸家定爲服注者，以蒙「不稱即位」注知之。杜注云：「於文姜之義，宜與齊絶，而復奔齊，故於奔，❸去姜氏以示義。」蓋不用服説。疏云：「《公羊傳》曰：『夫人何以不稱姜氏？貶。曷爲貶？與弑公也。』《穀梁傳》亦云：『不言氏姓，貶之也。』《左氏》先儒取二傳爲説，言傳稱『絶不爲親，禮也』，謂莊公絶母，不復以之爲親。爲父絶母，得禮尊父之義，故曰『禮也』。先儒謂莊公宜與母絶，杜意莊公宜與齊絶，故偏據莊公爲文，所以排舊説耳。」如疏意，是先儒皆謂文姜與殺桓公，莊公絶母，合於禮，不止服氏一人之説矣。惠棟云：「莊二十二年，『肆

❶「推」，原作「惟」，今據《魏書·竇瑗傳》改。
❷「禮」，原作「練」，今據《禮記正義》卷三十二改。
❸「於」下，《春秋左傳正義》卷八有「其」字。

大眚』，然後書『葬我小君文姜』。則服氏之説，爲有據矣。《説苑》曰：『絶文姜之屬，而不爲不愛其母。』正與此同，屬謂『不稱姜氏』也。」沈欽韓云：「文姜罪大，母子之義已絶，但子無出母之道，故《春秋》婉其文曰『孫於齊』。見姜氏之自絶，去氏以貶之，於是焉莊公可以已矣，曰此禮也。成乎其爲母子者，未有不稱氏也，故《凱風》曰『母氏』。」按：惠、沈之説是也。

「秋，築王姬之館於外」，爲外，禮也。【疏證】俞樾云：「古于、爲二字通。『爲外，禮也』，猶曰『于外，禮也』。」本疏引鄭《箴膏肓》云：「『宮廟朝庭各有定處，無所館天子之女，故宜築於宮外。』是言須築之意也。」鄭蓋箴傳文之不備。《曲禮》「非有大故，不入其門」疏：「《公羊》以爲築宮於外，❶非禮也。《左氏》以爲築宮於外，禮也。鄭康成亦以爲築宮當於宮外是也。」《禮》疏蓋亦引《箴膏肓》説。其稱《左氏》以築館爲合禮則非。沈欽韓云：「傳意言于外，禮也。莊公之爲之，非禮也。杜預言齊已委罪於彭生，魯不能讎齊，此蠻獠殺父、以狗償母之智也。」按：沈説是也。本疏謂「此言外者，謂城之外」，傳無此義。

【經】二年，春，王正月，❷葬陳莊公。

夏，公子慶父帥師伐於餘丘。【疏證】杜注：「莊公時年十五，則慶父，莊公庶兄。」疏云：「莊二十七年

❶「宮」下，原衍「當」字，今據《禮記正義》卷二刪。

❷「正」，《春秋左傳正義》卷八作「二」。

《公羊傳》曰：『公子慶父、公子牙、公子友，皆莊公之母弟也。』《左氏》先儒用此爲説，杜以不然，故明之。」又引《釋例》曰：『經書「公子慶父伐於餘丘」，而《公羊》以爲莊公母弟，計其年歲，既未能統軍，又無晉悼、王孫滿幼智之文，此蓋《公羊》之妄，而先儒曾不覺悟，取以爲《左氏》義。』今推案傳之上下文，羽父之弑隱公，皆諮謀於桓公，則桓公已成人也。傳曰：生桓公，而惠公薨。指明仲子唯有此男，非謂生在薨年也。桓以成人而弑隱即位，乃娶於齊，自應有長庶，故氏曰孟，此明證也。公疾，問後於叔牙，牙稱慶父材，疑同母也。傳稱季友，文姜之愛子，與公同生，故以死奉般，情義相推，考之《左氏》，有若符契，是杜明其異母之意也。」❶疏之申杜如此。按：桓公實以惠公之薨年生，辨詳隱元年疏證。疏既疑慶父、叔牙同母，又以叔牙爲文姜之愛子，則與莊公非異母矣，是仍先儒母弟之説也，何又疑應有長庶？疏説皆非。疏又引劉炫云：「蓋慶父自稱仲，欲同於正適。」亦用杜氏庶兄之説。《公》、《穀》皆以餘丘爲邾之别邑，《左氏》無傳。杜注：「於餘丘，國名也。」今地闕。

秋，七月，齊王姬卒。【疏證】《檀弓》「齊穀王姬之喪」，注：「王姬，周女，齊桓公之夫人。」❷疏：「案莊公十一年，❸王女共姬爲齊桓公夫人。以桓公夫人，經無卒文，是不告於魯。襄公夫人，莊二年經書『王姬卒』，是告魯。此言齊告王姬之喪，故知是襄公夫人。」是鄭注此經，不用《檀弓》説也。本疏引《檀弓》「穀」作「告」。《校勘記》云：「《禮記》作穀，此從鄭讀改。」

❶ 「明」，原作「名」，今據《春秋左傳正義》卷八改。
❷ 「桓」，《禮記正義》卷九作「襄」。
❸ 「一」，原脱，今據《禮記正義》卷九補。

冬，十有二月，夫人姜氏會齊侯于禚。【疏證】《公》、《穀》「禚」作「郜」，下四年《公》、《穀》並同。洪亮吉云：「按《論衡・書虛篇》亦引作『郜』。禚、郜音同。據此，則禚當即郜國，《説文》所云『周文王子所封國』也，與南郜、北郜本别。劉炫難杜亦然。」按：洪説是也。《校勘記》云：「《玉篇》禾部『䅵』云『齊地名』，而示部『禚』字不云地名，蓋顧希馮所據《春秋》字從禾。《説文》無『禚』。」是《春秋》古文當作「䅵」矣。今地闕。《春秋地名考略》云：「或曰在山東濟南府長清縣境。」顧炎武云：「杜注：『夫人行不以禮，故還皆不書。』非也。夫人之禮降於君，故書行不書還，史之舊文。」

乙酉，宋公馮卒。【疏證】《宋世家》：「十九年，莊公卒，子湣公捷立。」

【傳】二年，冬，「夫人姜氏會齊侯于禚」。書姦也。【疏證】《南山》疏：「《左傳》於會禚之下『書姦也』，於會防之下言『齊志也』，杜預以爲意出於夫人則云書姦，意出於齊侯則云齊志。傳舉二端，其餘皆從之。則祝丘與如齊師，❶姦由從夫人。防、穀，姦發於齊侯。鄭義或亦當然。」

【經】三年，春，王正月，溺會齊師伐衛。【疏證】杜注：「溺，魯大夫。」

夏，四月，葬宋莊公。無傳。

五月，葬桓王。

❶「師」，原脱，今據《毛詩正義》卷五補。

秋，紀季以酅入于齊。【注】劉、賈謂：「紀季以酅奔齊，不言叛，不能專酅也。」本疏。賈逵以爲：「紀季不能兄弟同心以存國，乃以背兄歸讎，書以譏之。」《後漢書·賈逵傳》注。【疏證】洪亮吉云：「《説文》：『酅，東海之邑。』杜注云『紀邑』，蓋取《穀梁傳》説。《地理志》『甾川國東安平』，孟康曰：『紀季以酅入於齊，今酅亭是也。』」馬宗璉云：「《續述征記》云：『女水至安平縣城南，伏流一十五里，然後更流注北揚水城，城故酅亭也。』按：此是酅亭，在齊國東安平縣南十餘里。」按：洪、馬説是也。《齊語》：「南至於䬾陰，西至於濟，北至於河，東至於紀酅。」❶鄭注：❷「紀，故紀侯之國。酅，紀季之邑，以紀入於齊者。」則《外傳》舊説，亦謂酅爲紀邑，杜本之，非取《穀梁傳》説也。《一統志》：「酅邑在青州府臨淄縣東。」杜注又云：「齊欲滅紀，故季以邑入齊爲附庸，先祀不廢，社稷有奉，故書字貴之。」疏引劉、賈説，駁之曰：「傳稱『紀侯不能下齊，以與紀季』，季非叛也。紀亡之後，叔姬歸於酅，明爲附庸猶得專酅，故可歸也。是杜具説貴之意也。」按：杜貴之之義，用《公羊》賢紀季義，與劉、賈説不同。此傳無褒紀季之文，劉、賈謂不能專酅，明季之未據邑，亦非褒季之辭，止明經不書叛之義耳，疏駁非是。此經爲「紀侯大去其國」張本。《後漢書·賈逵傳》「《左氏》義得於君父，《公羊》多任權變」，注云「《左傳》以酅入於齊，紀侯大去其國」，下即引賈逵説。《漢書》注合經傳以明季之罪，❸爲古《左氏》説，異於《公》、《穀》。焦循云：「傳言紀侯以與紀季，則非兄弟不同心，而季固未嘗背兄。杜依傳文用違賈説，固賈氏所不

---

❶「酅」，原脱，今據《國語正義》卷六補。
❷「鄭」，當作「韋」。
❸「漢書」，疑當作「後漢書」。

及也。」焦氏用《公羊》説袒杜注，非也。

冬，公次于滑。【注】賈氏以爲：書次者，皆善之辭。本疏。【疏證】《公》、《穀》「滑」作「郎」。傳例：「凡師一宿爲舍，再宿爲信，過信爲次。」杜注云：「兵未有所加，所次則書之。」疏云：「兵未有所加，所次則書之，以示遲速，『公次於滑』、『師次於郎』是也。先儒又言書次者，皆善之辭。」又引「《釋例》曰：『「叔孫救晉，次於雍榆」，傳曰「禮」者，善其宗助盟主，非以次爲禮也。「齊桓次於聶北，救邢」，亦以存邢具其器用，師人無私見善，不在次也。❶而賈氏皆即以爲善次。次之與否，自是臨時用兵之宜，非禮之所素制也。』言非素制者，非禮家制此次以爲善號也。」如疏説，則書次爲善辭，《左氏》先儒皆然，非僅賈氏誼矣。傳例皆本禮經，謂次非禮之素制，非。《公》、《穀》「滑」皆作「郎」。《郡國志》：「陳留郡襄邑，有滑亭。」《大事表》：「今河南歸德府睢州有滑亭。」

【傳】「三年，春，溺會齊師伐衛」。疾之也。【疏證】杜注：「傳重明上例。」疏無説。沈欽韓云：「按：《傳》『疾之』之義，雖不明言，然玩六年經云『王人救衛』，又云『齊人來歸衛寶』，則莊公釋仇而與之比肩從事，同惡相濟。桓公身爲篡弑而成宋亂，莊公身自忘義而助衛惡，由其躬行不韙，致兹披猖。傳發明經意，❷『疾之』者，疾莊公也。前此築王姬之館，爲齊主昏，猶曰『王命』也。溺會齊師伐衛，孰使之乎？注家徒牽於前後之

---

❶「在」，原作「立」，今據《春秋左傳正義》卷八改。

❷「傳」下，原衍「意」字，今據《春秋左氏傳補注》卷二删。

例，❶而昧是非之心。隱四年翬率師曰『疾之』者，疾翬有無君之心，擅盜兵柄，爲篡殺之萌，非獨於帥師時貶也。❷終隱之世，翬不稱公子也。溺於莊公初無疵戾，又會齊師伐衛，書法與翬不同，然則疾之之義通計五年、六年伐衛言之，其疾莊公者顯然矣。」

「夏，五月，葬桓王」。緩也。【疏證】《禮記》：「天子七月而葬。」杜注：「以桓十五年三月崩，乃葬，❸故曰緩。」

「秋，紀季以酅入于齊」。紀於是乎始判。【疏證】《説文》：「判，分也。」謂紀分酅屬齊。

「冬，公次于滑」。將會鄭伯謀紀故也。鄭伯辭以難。【疏證】杜注：「厲公在櫟故。」

凡師，一宿爲舍，再宿爲信，過信爲次。【注】賈氏云：「若魯公次乾侯之比。」《釋例》。【疏證】此「次」例也。《有客》「有客宿宿，有客信信」，毛傳：「一宿曰宿，再宿曰信。」《爾雅·釋訓》：「有客宿宿，言再宿也。有客信信，言四宿也。」郭注：「再宿爲信，重言之，則知四宿。」本疏謂：「信者，住經再宿。」非信爲四宿，則五宿以上皆爲信，故言過信、不言再信也。杜注云：「言凡師，通君臣。」❹疏云：「但是師行，皆從此例。❺非師之次，則

❶「牽」，原作「率」，今據《春秋左氏傳補注》卷二改。

❷「時」，原作「特」，今據《春秋左氏傳補注》卷二改。

❸「乃」上，《春秋左傳正義》卷八有「七月」二字。

❹「通君臣」，原作「過君吕」，今據《春秋左傳正義》卷八改。

❺「此」上，原衍「皆」字，今據《春秋左傳正義》卷八删。

不在此例。《釋例》賈氏云：❶『若魯公次乾侯之比，非爲用師，不應在例，而復例之，亦爲濫也。』」按：君行師從，賈舉公次乾侯，正謂非兵事亦得言次。《釋例》説非。

【經】四年，春，王二月，夫人姜氏享齊侯于祝丘。無傳。**【疏證】**《公》、《穀》「享」皆作「饗」。《釋文》又云：「本或作會。」臧壽恭云：「按凡饗燕字，古文多借用享字。若今文，則饗燕之饗作饗，享獻之享作享，截然不同。《左氏》爲古文，故凡饗燕字皆借用享字。」鄭玄《儀禮》注：「大饗，謂享大牢以飲賓。」杜注云：「享，食也。兩君相見之禮，非夫人所用，直書以見其失。」

三月，紀伯姬卒。無傳。**【疏證】**杜注：「隱二年裂繻所逆者。」

夏，齊侯、陳侯、鄭伯遇于垂。無傳。

紀侯大去其國。【疏證】《年表》：「齊伐紀，去其都邑。」《齊世家》：「八年，伐紀，紀遷去其邑。」《索隱》：「按《春秋》莊四年，『紀侯大去其國』。《左傳》云『違齊難』是也。」

六月，乙丑，齊侯葬紀伯姬。無傳。**【注】**賈、許以諸侯禮説。本疏。**【疏證】**杜注云「以紀國夫人禮葬之」，謂夫人禮，則從夫爵矣。杜用賈、許説。而疏云：「不書謚者，亡國之婦，夫妻皆降，莫與之謚。」而賈、許方以諸侯禮説，又失之也。」葬禮從諸侯，不關謚之有無，疏駁未是。臧壽恭云：「賈蓋謂齊侯加禮於伯姬，經書葬伯

---

❶「例」下，《春秋左傳正義》卷八有「譏」字。

姬與諸侯同。」

秋，七月。

冬，公及齊人狩于禚。無傳。**【疏證】**杜注：「越竟與齊微者狩，失禮。」沈欽韓云：「按：莊雖無人心，何爲與齊之微者狩，尊卑上下，自有統紀。齊之微者，安能儼然與鄰國之君狩乎？人者，齊侯也。莊公安之，而書者爲愧之從而微之。」按：沈説是也。

【傳】四年，春，王三月。楚武王荆尸，授師孑焉，以伐隨。【注】舊注：「孑，句孑。」《冶氏》疏。

【疏證】杜注：「荆亦楚也。」楚之稱荆，此傳始見，詳十年經文疏證。《釋詁》：「尸，陳也。」陳古陣字，則尸猶言陣也。《冶氏》「是故倨句外博」，❶疏：「按：莊公四年《左氏傳》『楚武王荆尸，授師孑焉』，注云：『孑，句孑。』」此傳杜注：「揚雄《方言》：『孑者，戟也。』」知「孑，句孑」爲舊注也。《廣雅·釋器》：「鏔、孑、鏝胡、釨、戞、戈，戟也。」王念孫云：「《方言》：『楚謂之釨，凡戟而無刃，秦晉之間謂之釨，或謂之鏔；吴揚之間謂之戈；東齊秦晉之間謂其大者曰鏝胡，其曲者謂之鉤釨鏝胡。』『孑』與下『釨』字同。《方言》注云：『釨，取名於鉤釨也。』」按：《冶氏》疏云「秦晉之間謂之孑」，又云「其曲者謂之句釨曼胡」，❷則釨、孑字同，句孑猶言句釨，王説是也。沈欽韓云：「《考工記》兵車，戈殳戟矛四等。」《六韜·軍用》篇：「武衛大扶胥三十六乘，材士强弩矛戟爲翼。」傳言楚始用兵車也。

---

❶「博」，原作「傳」，今據《周禮注疏》卷四十改。

❷「釨」，《周禮注疏》卷四十作「孑」。

《楚世家》：「周召隨侯，數以立楚爲王。楚怒，以隨背己，伐隨。」

將齊，入告夫人鄧曼曰：「余心蕩。」【疏證】杜注：「將授兵於廟，故齊。蕩，動散也。」《年表》：「楚武王五十一年，王伐隨，告夫人心動，王卒軍中。」

鄧曼歎曰：「王禄盡矣！盈而蕩，天之道也。先君其知之矣，故臨武事，將發大命，而蕩王心焉。【疏證】《説文》：「禄，福也。盈，滿器也。」《鵲巢》「維鳩盈之」，傳：「盈，滿也。」大命謂軍令也。杜注云：「志意盈滿，臨齊而散。」《隋書・五行志》：「陳禎明三年，隋師臨江，都官尚書孔範曰：『長江天塹，古以爲限隔南北。今日北軍豈能飛度耶？臣每患官卑，彼若度來，臣爲太尉矣。』後主大悦，因奏妓縱酒，賦詩不輟。心腹之痾也。存亡之機，定之俄頃，君臣旰食不暇，後主已不知懼，孔範從而蕩之，天奪其心，曷能不敗？陳國遂亡。」按：傳稱「盈而蕩，天之道」，即《隋志》所謂「天奪其心」也。

「若師徒無虧，王薨于行，國之福也。」

王遂行，卒于樠木之下。【疏證】洪亮吉云：「《説文》：『樠，松心木。』杜注止云『木名』，故采《説文》補之。或《説文》本賈氏説也。高誘《淮南王書》注：『樠，讀如姓樠之樠。』《釋文》及正義俱云『有曼、朗二音』，疑非。正義又疑樠木爲朗榆，亦不見《説文》之故。」文淇按：《莊子・人間世》：「以爲門户則液樠，以爲柱則蠹，❶是不材之木也。」《釋文》：「樠，亡言反，向、李莫干反。郭武半反。司馬云：液，津液也。樠，謂脂出樠樠然也。崔

❶「柱」，原殘，今據《莊子》卷二補。

云：黑液出也。」《説文》：「樠，從木，㒼聲。」向、李、郭音皆是。《左傳釋文》音「曼」，同李音也。其又爲「朗」音者，段玉裁《説文注》云：「舊有樠、㮴二字，一㒼聲，一兩聲。❶《馬援傳》章懷注曰：『《水經注》武陵樠溪蠻，土俗樠作朗。』是皆認樠爲㮴，未別其字，而强説其音也。」竟陵縣武來山，一名樠木山。《郡國志》：「《左傳》楚武王卒於樠木之下，即此山。」《寰宇記》所引《郡國志》，今本江夏郡下無，或樂之氏所見本有也。❷沈欽韓云：「《明統志》：『樠池在湖廣德安府應城縣治南，❸楚武王卒於樠木即此。』《一統志》：『樠木山在安陸府鍾祥縣東一里。』」安陸爲漢竟陵地，與《寰宇記》合。德安則漢江夏郡矣，《明統志》誤。沈氏連引失考。

令尹鬬祈、莫敖屈重，【疏證】杜注無注。洪亮吉云：「此屈重當係屈瑕之子。」

除道梁溠，【疏證】《説文》引《春秋傳》曰「修涂梁溠」，今本「修涂」作「除道」，疑舊注「修涂，除道」，寫者誤羼於傳文。《説文》：「梁，水橋也。」《晉語》「亦爲君之東游津梁之上」，注：「梁，橋也。」杜注云「更開直道」，則杜時本已與漢異。《説文》所據賈氏本也。《周禮·職方氏》「河南曰豫州，其浸波溠」，注：「《春秋傳》曰『楚子除道梁溠，營軍臨隨』，則溠宜屬荆州，在此非也。」《説文》：「溠水在漢南，荆州浸也。」用鄭氏《禮》注説。《呂氏春秋·有始》篇：「河、漢之間曰豫州。」胡渭《禹貢錐指》據之，謂「溠水在漢北」。《水經注》：「溠水出隨縣西北黃山，南

---

❶「兩」，原作「雨」，今據《説文解字注》卷六上改。

❷「之」，疑當作「史」，或衍。

❸「池」，原作「地」，今據《春秋左氏傳補注》卷二改。

逕厥西縣西，又東南逕隨縣故城西。《春秋》楚武王伐隨，除道梁溠，❶謂此水也。又南流注於溳。」❷《元和郡縣志》：「隨州唐城縣，本下溠鎮。」《一統志》：「溠水在德安府隨州西北，今名扶恭河。」❸《方輿紀要》：「溠水在隨州西三十里。」

營軍臨隨。隨人懼，行成。【疏證】《黍苗》「召伯營之」，箋：「營，治也。」

莫敖以王命入盟隨侯，且請爲會於漢汭而還。【疏證】杜注：「汭，内也，謂漢西。」鄭玄《尚書》注：「汭之言内也。」杜注本之。《説文》：「汭，水相入也。」亦同鄭義。《釋文》：「水曲曰汭。」顧棟高云：「漢汭乃襄陽以南至安陸之漢水也。自襄陽至安陸府七百里，自安陸至漢陽府沔陽七百里，安陸爲楚之郭郢。❹是時王卒於樠木之下，在安陸府治東一里。莫敖懼隨人邀襲，故以王命詒隨侯爲會於此。時楚尚未有漢，隨在漢東，楚在漢西，故杜解爲漢西。」按：顧説是也。

濟漢而後發喪。

紀侯不能下齊，以與紀季。【疏證】詳三年經疏證。

夏，紀侯大去其國，違齊難也。【疏證】韋昭《國語注》：「違，避也。」《曲禮》「國君死社稷」，疏：「《異

---

❶「溠」，原作「槎」，今據《水經注箋》卷三十一改。
❷「溳」，原作「湞」，今據《水經注箋》卷三十一改。
❸「恭」，原作「躬」，今據《大清一統志》卷三百四十三改。
❹「郭」，《春秋大事表》卷八作「郊」。

義》：《公羊》説，『國滅，君死，正也』，故《禮運》云『君死社稷』，無去國之義。《左傳》説，昔太王居豳，狄人攻之，乃踰梁山，邑於岐山，故知有去國之義也。許慎謹案：『《易》曰：「係遯，有疾厲，畜臣妾，吉。」知諸侯無去國之義也。』鄭不駁之，明從許君用《公羊》義也。然則《公羊》之説正禮，《左氏》是説權法，義皆通也。」是《左氏》古誼，褒紀侯去國。

【經】五年，春，王正月。

夏，五月夫人姜氏如齊師。❶ 無傳。**【疏證】**疏云：「於時齊無征伐之事，不知師在何處。蓋齊侯疆理紀地，有師在紀。」齊師説無考，疏亦意爲之説。

秋，郳犂來來朝。**【疏證】**杜注：「附庸國也。犂來，名。」《世本》：「邾顔居邾，肥徙郳。」宋忠注云：「邾顔別封小子肥於郳，爲小邾子。」疏引《世族譜》云：「小邾，邾俠之後也。夷父顔有功於周，其子友別封爲附庸，❷居郳。曾孫犂來，始見《春秋》，尊周室，命爲小邾子。穆公之孫惠公以下。《春秋》後六世，而楚滅之。」《譜》視《世本》爲詳。疏謂：「《世本》言肥，杜《譜》言友，❸當是一人。」是也。沈欽韓云：「于欽《齊乘》：『郳城在繒城南，土

---

❶ 「五月」，《春秋左傳正義》卷八無此二字。
❷ 「子」，原作「字」，今據《春秋左傳正義》卷八改。
❸ 「譜」，原作「謂」，今據《春秋左傳正義》卷八改。

人云小灰城，即小邾之訛也。』《兖州府志》：『郳城在滕縣東一里，梁山之東，❶周八里。』」

冬，公會齊人、宋人、陳人、蔡人伐衛。【疏證】《年表》：「與齊伐衛，納惠公。」《衛世家》：「衛君黔牟立八年，齊襄公率諸侯奉王命共伐衛，❷納衛惠公。」

【傳】五年，「秋，郳犂來來朝」。名，未王命也。【疏證】郳犂來，《公羊》曰倪黎來，《穀梁》曰郳黎來。傳例：「未王命，故不書爵。」疏云：「僖七年經書『小邾子來朝』，知齊桓請王命命之。」

冬，伐衛，納惠公也。

【經】六年，春，王正月，王人子突救衛。【疏證】正月，《公》、《穀》作「三月」。臧壽恭云：「按《漢書》引劉歆説云：『衛公子黔牟立，齊帥諸侯伐之，❸天子使使救衛。』據劉説，是伐與救相比，前年冬公會齊人、宋人、陳人、蔡人伐衛，此年正月王人子突救衛，事正相比，當從《左氏》作『正月』。二傳《釋文》不言與《左氏》異，疑今本二傳誤。」僖八年《公羊傳》：「王人，微者。」《穀梁傳》：「王人，卑者也。」杜注：「王人，王之微官也。」疏云：「杜意取彼爲説。」

夏，六月，衛侯朔入于衛。【疏證】《衛世家》：「惠公復立，惠公立三年而出亡，亡八年復入，與前通年凡

---

❶「山」，《春秋左氏傳地名補注》卷二作「水」。

❷「率」，原作「卒」，今據《史記・衛康叔世家》改。

❸「帥」，原作「師」，今據《春秋左氏古義》卷二改。

十三年矣。」

秋，公至自伐衛。無傳。**【疏證】**杜注：「告於廟也。」

螟。無傳。

冬，齊人來歸衛俘。【疏證】俘，《公》、《穀》經傳皆作「寶」，《左氏傳》亦作「寶」。杜注云：「疑經誤。俘，囚也。」疏引《釋例》云：『「齊人來歸衛寶」，《公羊》、《穀梁》經傳及《左氏傳》皆同。惟《左氏》經獨言「衛俘」，考三家經傳有六，而五者言寶，❶此必《左氏》經之獨誤也。按：《説文》：「保，從人，𤓰省聲，❷古文保不省。」然則古字通用，寶或保字，與俘相似，故誤作俘耳。』杜既以爲誤，而又解俘爲囚，是其不敢正決，故且從之。」是疏亦以杜説爲非也。顏師古《匡謬正俗》云：「莊六年《經》書『齊人來歸衛俘』，《傳》言『衛寶』，《公羊》、《穀梁》經並爲『寶』。杜預注云疑《左氏》經誤。按：《爾雅》云：『俘，取也。』《書序》云：『遂伐三朡，俘厥寶玉。』然則所取於衛之寶而來獻之，經傳相會，義無乖爽，豈必俘即是人，杜氏之説爲不通矣。」顏知杜説不通而謂從「俘」爲俘取寶玉義，殊迂曲。惠棟云：「《周書·顧命》『陳寶赤刀』，❸《説文》引作『保』。《李氏鏡銘》『明如日月，世之寶』，❹與『保』

❶ 「寶」，原作「保」，今據《春秋左傳正義》卷八改。
❷ 「𤓰」，原作「保」，今據《春秋左傳正義》卷八改。
❸ 「顧」，原作「頌」，今據《尚書正義》卷十八改。
❹ 「寶」，《春秋左傳詁》卷一作「保」。

同。」❶沈欽韓云：「《説文》：『宲，藏也。』本『寶』之正字。」按：惠、沈説是也。經、傳古文當作「宲」，轉寫爲「寶」，又有作「保」之本，致誤爲「俘」也。杜已解作「俘，囚」，而注傳文云「文姜求其所獲珍寶」，進退無據。

【傳】六年，春，王人救衛。

夏，衛侯入，放公子黔牟于周，放甯跪于秦，殺左公子洩、右公子職。【疏證】《説文》：「放，逐也。」杜注：「甯跪，衛大夫。」丁晏云：「《世族譜》：衛甯跪有二：一爲甯速之祖，❷即莊六年之甯跪；一列於雜人，則哀四年之甯跪也。」《衛世家》：「誅左右公子，衛君黔牟奔於周。」《年表》：「齊立惠公，黔牟奔周。」繫於七年。

乃即位。君子以三公子之立黔牟爲不度矣。夫能固位者，必度其本末而後立衷焉。【疏證】「三」當作「二」，二公子，洩、職也。杜注：「本末，終始也。」疏云：「度其本者，謂其人才德賢善，根本牢固；度其末者，謂其人終能保有邦家，蕃育子孫，知其堪能自固而後立其衷焉。」❸又引劉炫云：「度其本，謂思所立之人，有母氏之寵，有先君之愛，有疆臣之援，爲國人所信服也。度其末，謂思所立之人有度量，有知謀，有治術，爲下民所樂愛也。」疏説本末，當爲舊疏。光伯説與舊疏異，孔引之以駁舊疏也。沈欽韓云：「度其本者，其人於義當

---

❶「保」，《春秋左傳詁》卷一作「寶」。「同」，原脱，今據《春秋左傳詁》卷一補。

❷「速」，原作「連」，今據《左傳杜解集正》卷三改。

❸「其」，原作「育」，今據《春秋左傳正義》卷八改。

立以不；❶度其末者，其人立後能立能安固國家。」❷沈括舊疏爲説，是也。光伯説度本，止以寵愛疆援爲言，非古誼。杜注云：「衷，節適也。」焦循云：「《吕氏春秋・適音》篇：『何謂適？衷音之適也。何謂衷？大不出鈞，重不過石，小大輕重之衷也。黄鍾之宫，音之本也，清濁之衷也。衷也者，適也，以適聽適則和矣。』《考工記・弓人》『是故厚其液而節帑』，注：『節，謂適也。』《淮南子・精神訓》『適情辭餘，以己爲度』，高誘注云：『適，猶節也。』」

不知其本，不謀。知本之不枝，弗强。【疏證】《説文》：「枝，木别生條也。」是此知本，本謂木本也。杜注云：「譬之樹木，本弱者其枝必披，非人力所能强成。」疏云：「若不能知其本之可立與否，則不當謀之。如似樹木，知其根本之弱，不能生長枝葉，以喻所立之人材力劣弱，不能保有邦家，蕃育子孫，則不須自强立之。」蓋杜以勉强釋强也。顧炎武云：「不謀，猶言失計，不知黔牟之不足與立，似不謀也。❸知其爲君之孤立而無助，則不能自强而有其國矣。」按：顧説不謀猶失計，是也。弗强，當如杜説，言不必强立之。

詩云：「本枝百世。」【疏證】《大雅・文王》篇「枝」作「支」。毛傳云：「本，本宗也。支，支子也。」《詩》以天子世子、庶子言，傳斷章引之。

❶「以不」，《春秋左氏傳補注》卷二作「者也」。

❷「能立」，《春秋左氏傳補注》卷二無此二字。「家」下，《春秋左氏傳補注》卷二有「以不」二字。

❸「似」，《左傳杜解補正》卷一作「是」。

齊人來歸衛寶，❶**文姜請之也。**

楚文王伐申，過鄧。鄧祈侯曰：「吾甥也。」【疏證】《謚法》：「治典不殺曰祁。」《年表》：「楚文王貲元年始都郢。❷二年，伐申，過鄧。」《釋親》：「謂我舅者，吾謂之甥。」杜注：「姊妹之子曰甥。」

止而享之，騅甥、聃甥、養甥請殺楚子，【疏證】騅甥，《古今人表》作「駐」。杜注：「皆鄧甥，仕於舅氏者也。」

鄧侯弗許。三甥曰：「亡鄧國者，必此人也。若不早圖，後君噬齊其及。【疏證】《說文》：「噬，啗也，喙也。」洪亮吉云：「《玉篇》引《左傳》作『臍』，臍俗字，當作『齊』。《釋名》：『臍，劑也，腸端之所限制也。』」❸按：《說文》：「齎，從肉齊聲。」則古文當作「齎」也。諸本皆以「其及」合下文「圖之乎」爲句。《晉書·慕容垂傳》：「垂叛後上表於符堅，堅報曰：『謂卿食椹懷音，保之偕老。豈意畜水覆舟，養獸反害，悔之噬臍，將何所及！』」《宋書·謝晦傳》：「太祖討晦，諸軍進路，尚書符荊州曰：『夫轉禍爲福，❹後機則凶，遂使王師臨郭，❺雷電皆至，噬臍之恨，亦將何及！』」《晉》、《宋》皆舉噬臍何及爲文。「其及」，猶言「甯及」，讀如「一之謂甚，其可再

---

❶「齊」上，《春秋左傳正義》卷八有「冬」字。

❷「貲」，原爲空格，今據《史記·十二諸侯年表》補。

❸「制」，《釋名》卷二作「劑」。

❹「爲福」，《宋書·謝晦傳》作「貴速」。

❺「郭」，《宋書·謝晦傳》作「郊」。

乎」之其，通「噬齊」爲句，古義當如此。杜注亦云：「若齧腹齊，喻不可及。」則杜本猶未誤。唐疏失之。

「圖之乎？圖之，此爲時矣！」鄧侯曰：「人將不食吾餘。」【疏證】食餘，杜注無説。疏云：「爲甥設享而用享害之，❶人將賤吾，不肯噉吾之餘食也。」❷當是古義。

對曰：「若不從三臣，抑社稷實不血食，而君焉取餘？」弗從。【疏證】《年表》：「鄧甥曰楚可取，鄧侯不許。」《楚世家》：「鄧人曰『楚王易取』，鄧侯不許也。」血食，謂牲牢也。疏云：「《膏肓》以爲楚、鄧彊弱相懸，若從三甥之言，楚子雖死，鄧滅曾不旋踵，❸若刳腹去疾，炊炭止沸，《左氏》爲短。鄭箴云：『楚之彊盛，從滅鄧以後。於時楚未爲彊，何得云彊弱相懸。』」是鄭意予三甥也。據《楚世家》，「文王十一年，齊桓公始霸，楚亦始大」，鄭説當矣。疏又引蘇氏云：「三甥既有此語，《左氏》因史記之文録其實事。非君子之論，何以非之？」亦不用何休説。

還年，楚子伐鄧。【疏證】杜注：「伐申還之年。」

十六年，楚復伐鄧，滅之。【疏證】《楚世家》：「十二年，伐鄧，滅之。」《年表》繫於魯莊十六年。杜注「魯莊十六年」，據《年表》也。疏云：「知非楚文十六年者，以文王莊五年即位，❹至十九年卒。惟十五年耳。」近肊

❶「用」，《春秋左傳正義》卷八作「因」。
❷「肯」，原作「止月」，今據《春秋左傳正義》卷八改。
❸「曾」，原作「會」，今據《春秋左傳正義》卷八改。
❹「文」，原重文，今删。

測，非杜意。

【經】七年，春，夫人姜氏會齊侯于防。

夏，四月，辛卯，夜，恒星不見。夜中，星隕如雨。【注】鄭君曰：「衆星列宿，諸侯之象。不見者，是諸侯棄天子禮義法度也。」《穀梁》集解。【疏證】杜注：「辛卯，四月五日。」案：周四月，夏二月。以三統術推之，二月丙戌朔，六日辛卯，杜説非是。四月乙酉朔，七日辛卯，亦非五日也。❶

【經】八年，春，王正月，師次于郎，以俟陳人、蔡人。無傳。【注】賈云：「陳、蔡欲伐魯，故待之。」服虔云：「欲共伐郕。」本疏。【疏證】《穀梁傳》云：「甲午治兵，習戰也。治兵而陳、蔡不至矣。兵事以嚴終，故曰善陳者不戰。」賈氏本《穀梁》説。杜用服氏説。洪亮吉云：「此年夏，師及齊師圍郕，郕降于齊師，經文及傳皆不及陳、蔡，知魯無期陳、蔡共伐郕之事。當以賈説爲長。正義申杜，又云：『陳、蔡與魯境絶路遥，春秋以來未嘗構怨，何因輒伐魯也？』按：既云『境絶路遥』，則魯無庸約遠國伐近國；若云二國可共約伐郕，則郕與魯接境，何爲獨不可伐魯乎？正義之説，可謂進退失據矣。」按：疏又云：「又俟者，相須同行之辭，非防寇拒敵之謂，若是畏其來伐，當謂之禦，不得稱俟，故知『期共伐郕』也。」《公羊》何注云：「師出本爲伐盛。」盛即郕。服注用《公

❶ 此下經傳有缺。

羊》誼。經以無傳，故師說多異也。

甲午，治兵。【疏證】治，《公羊》作「祠」。杜注「治兵於廟」，據傳言之。《曲禮》「外事以剛日」，鄭注：「《春秋傳》曰『甲午祠兵』。」疏：「鄭所引『甲午祠兵』，直取『甲午』證用剛日事耳。其『祠兵』之文，鄭所不用。故《異義》『《公羊》說以爲甲午祠兵，《左氏》說甲午治兵』，鄭駁之云：《公羊》字誤也，以治爲祠，因爲作說。引《周禮》四時田獵、治兵振旅之法，是從《左氏》之說，不用《公羊》也。」此引《異義》及鄭駁文未備。《肆師》疏：「《公羊》說曰：『師出曰祠兵，入曰振旅。祠者，祠五兵，矛、戟、劍、楯、弓、鼓，及祠蚩尤之造兵者。』謹案：《三朝記》曰『蚩尤，庶人之强者』，何兵之能造？」此《異義》文也。其駁蚩尤造兵上文仍有脱誤。《穀梁傳》有五兵，許當援《穀梁》說駁之也。《大司馬》疏：「鄭玄於《異義駁》不從《公羊》云祠兵，故云『祠兵，字之誤也，因而作說之』。亦不從《左氏》說治兵爲授兵於庙，云：『於《周·司馬職》云，仲夏教茇舍，仲秋教治兵，其下皆云如戰之陳。仲冬教大閱，修戰法，虞人萊所田之野，乃爲之。如是，治兵之屬皆習戰，非授兵於廟，又無祠五兵之禮。』」此爲鄭君《駁異義》文也。《曲禮》疏謂鄭從《左氏》說，此謂鄭不用三傳說，是鄭駁未定。本疏云：「劉云、沈云治兵之禮，必須告廟。告廟雖是内事，治兵乃是外事，故雖告廟，仍用甲午。且治兵則征伐之類，又爲圍郕，雖在郊内，亦用剛日。」此沈文阿《義疏》釋舊注。舊注當以剛日說甲午也。

夏，師及齊師圍郕，郕降于齊師。【疏證】郕，《公羊》作「成」。杜注：「二國同討而齊獨納郕。」

秋，師還。

冬，十有一月，癸未，齊無知弑其君諸兒。【注】賈云：「不稱公孫，弑君取國，故以國言之。」《釋例》。**【疏證】**杜經注周十二月，夏十月。「以書十一月癸未，《長曆》推之，月六日也。傳云十二月，傳誤。」案夏三統術推之，十月丁丑朔，七日癸未，杜說非。《年表》：「毋知殺君自立。」賈義詳隱四年經疏證。李貽德云：「與州吁例同也。」

【傳】八年，春，治兵于廟，禮也。【注】舊注：「三年而治兵，與秋同名，兵將出故曰治兵。」《大司馬》疏。**【疏證】**洪亮吉云：「《周禮·大司馬之職》賈公彦疏引此《傳》『治兵於廟，禮也』，又引注云『三年而治兵，與秋同名。兵將出，故曰治兵』。今杜注無之，則公彦所引當係服說。」「三年而治兵」，隱五年傳文。《大司馬》「仲秋教治兵，遂以獮田」，❶此舉治兵之禮於春，故曰與秋同名也。疏引沈云：「《周禮》『中秋治兵』，《月令》孟春令云『是月也，不可以稱兵』。所以甲午治兵者，以爲圍郕。故非時治兵，猶如備難而城，雖非時不譏。」沈說正釋舊注。服謂欲共伐郕，❷沈故謂治兵以圍郕也。洪氏定此注爲服說是也。以無顯證，故題爲舊注。經文服氏注當在此，以本疏賈、服連引，故具釋於經。

「夏，師及齊師圍郕。郕降于齊師。」仲慶父請伐齊師。【疏證】杜注：「齊不與魯共其功，故欲伐之。」

公曰：「不可！我實不德，齊師何罪？罪我之由。《夏書》曰：『皋陶邁種德，德乃降。』【疏

---

❶「獮」，原作「稱」，今據《周禮注疏》卷二十九改。

❷「伐郕」，原倒，今據《春秋左傳正義》卷八改。

證】今《書・大禹謨》文。杜注云：「逸《書》也。」某氏《書傳》：「邁，行也。」洪亮吉云：❶「《説文》：『邁，遠行也。』按：《書傳》及《爾雅》等皆訓邁爲行。杜注：『邁，勉也。』邁字無勉義，恐非。」

「姑務修德以待時乎。」「秋，師還。」君子是以善魯莊公。【疏證】杜注：「姑，且也。」善莊公爲《左氏》義，《公》、《穀》皆異也。

齊侯使連稱、管至父戍葵丘。【注】賈云：「連稱、管至父，皆齊大夫。」《齊世家》集解。【疏證】杜注用賈説。又云：「戍，守也。臨淄縣西有地名葵丘。」《水經注》引「京相璠云：『齊西五十里有葵丘。』若是，無庸戍之。僖公九年，齊桓會諸侯于葵丘。宰孔曰『齊侯不務修德而勤遠略』，明葵丘不在齊也。胡廣言河東汾陰葵丘，山陽西北葵城宜在此，❷非也。余原《左傳》，連稱、管至父之戍葵丘，以瓜時爲往還之期，請代，弗許，將爲齊亂，故令無寵之妹候公於宮，因無知之絀，遂害襄公。若遠出無代，寧得謀及婦人，而爲公宮之亂乎？是以杜預稽《春秋》之旨，即傳安之，注於臨淄，而不得舍近托遠，❸苟成己異，於異可殊，即義爲負，然則葵丘之戍，❹即此地也。」沈欽韓云：「《水經注》：『系水又西逕葵丘北。』《元和志》：『葵丘在青州臨菑縣西北二十里。』按：京相璠

---

❶「洪亮吉」至「行也」十字，原重文，今删。
❷「宜」，原作「立」，今據《水經注箋》卷二十六改。
❸「而」，《水經注箋》卷二十六作「西」，則屬上。
❹「則」，原作「可」，今據《水經注箋》卷二十六改。

疑此爲近，雜引汾陰葵丘及山陽西北葵城，然考《續志》河内郡山陽縣有葵城。❶劉昭云蔡叔所封。字作蔡，不爲葵。且汾陰、山陽，今之懷慶、蒲州，二府與齊地隔絶，胡用戍之？故酈氏定從臨淄之葵丘。」按：沈説是也。《齊世家》：「十二年，初，襄公使連稱、管至父戍葵丘。」《索隱》引杜注亦謂：「杜意以戍葵丘當不遠出齊境，故引臨淄西之葵丘。」

瓜時而往，曰：❷「及瓜而代。」【注】服云：「瓜時，七月。及瓜謂後年瓜時。」《齊世家》集解。**【疏證】**李貽德云：「《夏小正》『五月乃瓜』。夏五月，周七月。服云七月，據周正也。《豳風》『七月食瓜』，服不取以爲時者，以此瓜期當指瓜之始生，非言蓄瓜之候也。《吕覽·長見》篇注：『後，來也。』後年猶來歲。《周禮·肆師》『涖卜來歲之稼』，後鄭注：『卜者問後歲稼所宜』是也。」

期戍，公問不至。【疏證】洪亮吉云：「《説文》：『問，訊也。』杜注：『問，命也。』恐非。」《齊世家》：「往戍一歲，卒瓜時，而公弗爲發代。」

請代，弗許。【疏證】杜無注。《尉繚子》曰：「兵戍過一歲，遂亡不候代者，❸法比亡軍。」是古兵戍一歲得請代也。《齊世家》：「爲請代，公弗許。」

故謀作亂。僖公之母弟曰夷仲年，生公孫無知，有寵于僖公，衣服禮秩如適。【疏證】公孫無知，

❶「葵」，原殘，今據《春秋左氏傳地名補注》卷二補。
❷「曰」，原脱，今據《春秋左傳正義》卷八補。
❸「亡」，原作「止」，今據《尉繚子》卷五改。

《古今人表》作「公子无知」。《吕覽·貴卒》篇注：「公孫無知，僖公之弟夷仲年之子，故曰孫，於襄公爲從弟。」《管子·君臣》篇：「選爲都佼，冒之以衣服，❶旌之以章旗，所以重其威也。」注：「所立之嫡，必選其都雅佼好者，❷又以美衣麗服覆習之，章表旌幟旌異之，凡此皆所以重嫡子也。」是古適子之衣服章旗與衆子、庶子異也。禮秩，禮之等威也。洪亮吉云：「《説文》『秩』字下云：『積也。《詩》云：「稹之秩秩。」』『豑』字下云：『爵之次第也。《虞書》曰：「平豑東作。」』是二字文義俱別。經典從省，借『秩』爲『豑』耳。」《年表》：「釐公三十二年，毋知，釐公令秩服如太子。」《齊世家》：「三十二年，釐公同母弟夷仲年死。其子曰公孫無知，❸釐公愛之，令其秩服奉養比太子。」

襄公絀之。【疏證】洪亮吉云：「《説文》：『黜，貶下也。』《廣韻》『黜』亦作『絀』。按：『絀』、『黜』古字同。文元年傳『黜乃亂也』，《史記》即作『絀』。」是「絀」猶「黜」矣。《年表》：「魯桓十五年爲齊襄公諸兒元年，貶毋知秩服，毋知怨。」《齊世家》：「三十三年，釐公卒，太子諸兒立，是爲襄公。襄公元年。❹始爲太子時，嘗與無知鬭，及立，絀無知秩服，無知怨。」《吕覽·貴卒》篇「齊襄公即位，憎公子無知，❺收其禄」，是其事也。

---

❶「冒」，原作「昌」，今據《管子》卷十一改。
❷「佼」，原作「仗」，今據《管子》卷十一改。
❸「無知」，原脱，今據《史記·齊太公世家》補。
❹「襄」，原脱，今據《史記·齊太公世家》補。
❺「子」，《吕氏春秋》卷二十一作「孫」。

二人因之以作亂。【疏證】杜注：「二人，連稱、管至父。」《齊世家》：「故此二人怒，因公孫無知作亂。」

連稱有從妹在公宮，【注】服云：「爲妾在宮也。」《齊世家》集解。【疏證】李貽德云：「據傳云『無寵』，又公孫無知使之閒公，曰：『捷，吾以汝爲夫人。』明在公宮時未爲夫人，則是爲妾也。」

無寵。使閒公，【注】王肅云：「候公之閒隙。」《齊世家》集解。【疏證】杜注云：「伺公之閒隙。」與王説同。《齊世家》：「使之閒襄公。」❶《廣雅》：「閒，覗也。」是閒猶言覗也。《孟子》：「王使人覗夫子。」

曰：「捷，吾以汝爲夫人。」【疏證】《毛傳》：「捷，勝也。」《齊世家》：「事成以女爲無知夫人。」杜注：「宣無知之言。」用《世家》説。

冬，十二月，齊侯游於姑棼。【注】賈云：「姑棼，齊地也。」《齊世家》集解。【疏證】杜注用賈説。其《土地名例》：「姑棼，地闕。」顧棟高云：「姑棼即薄姑。」按《郡國志》：「樂安國博昌有薄姑城。」劉昭注：「《左傳》姑棼，杜預曰『薄姑地』。」是杜氏以姑棼即薄姑也。《方輿紀要》：「薄姑城在青州府博興縣。」

遂田于貝丘。【疏證】《齊世家》作「遂獵沛丘」，《索隱》云：「《左傳》作貝丘。」則史公異文也。《水經注·淄水》篇：「西歷貝丘。京相璠曰：『博昌縣南近澠水，❷有地名貝丘，在齊西北四十里。《春秋》莊公八年齊侯田于貝丘。』」又《河水》篇：「大河故瀆，又東逕貝丘縣南。應劭曰『《左氏》齊襄公田於貝丘是也』。余按：京相璠、

❶「之」，原作「使」，今據《史記·齊太公世家》改。

❷「澠」，原作「淄」，今據《水經注箋》卷二十六改。

杜預並言在博昌，即司馬彪《郡國志》所謂貝中聚者也。應注於此事近違矣。」酈氏所引應劭説，見《地理志》清河郡貝丘注。洪亮吉云：「酈元以應説爲疏。今考貝丘縣故城在今廣平府清河縣界，❶春秋時屬齊國，雖較博昌爲遠，然齊侯出田，本無定地。景公欲觀轉附、朝儛，遵海而南，又豈得以遠疑之乎？應説或當有據也。」文淇案：下文「傷足喪屨，反即誅屨於徒人費」，則齊侯所田之地必不遠。沈欽韓亦以應説爲非。杜氏同京相璠説。《齊乘》：「貝丘在益都府博興縣南五里。」

見大豕，從者曰：「公子彭生也。」公怒，曰：「彭生敢見！」❷【注】服云：「公見彘，從者乃見彭生，鬼改形爲豕。」《齊世家》集解。【疏證】《五行志》：「劉向以爲近豕禍也。」《齊世家》：「見彘，從者曰『彭生』。」服義蓋本史公。杜注：「公見大豕，而從者見彭生，皆妖鬼。」用服説也。《説文》：「豕，彘也。」《繫辭》「游魂爲變」，鄭注：「游魂謂之鬼。」《廣雅·釋天》：「物神亦人鬼。」《御覽》七百七十七引注：「公，齊襄公也。」在「公怒」下，公之爲襄公不釋自明，疑非舊注，今不取。

射之，豕人立而啼。【注】服云：「啼，呼也。」《文選·蜀都賦》注。【疏證】《水經·淄水》篇注引作「豕立而泣」。李貽德云：「《説文》：『嘑，號也。』啼與嘑同。《曲禮》釋文：『呼，號叫也。』」

公懼，隊于車，傷足喪屨。反，誅屨于徒人費。【疏證】《論語》「於予與何誅」，❸孔安國注：「誅，責。」

---

❶ 「考」，原作「者」，今據《春秋左傳詁》卷六改。
❷ 「見」下，原有「射之」二字，與下文重，今删。
❸ 「於予與」，原作「與於予」，今據《論語注疏》卷五改。

杜注同孔說。王引之云：「『徒』當爲『侍』字之誤也。侍人即寺人，下文『鞭之，見血』，與齊莊公鞭寺人賈舉相類。又曰『費請先入，伏公而出鬭』，明是侍人給事宮中者。《漢書·古今人表》作『寺人費』，是其明證也。下文石之紛如、孟陽皆侍人，不言寺人者，❶蒙『寺人費』之文而省也。❷若作徒人，則文字相承之理不見。且徧考書傳，豈有徒人之官乎？《釋文》出『徒人費』三字，顏師古《漢書注》：『寺人費，即徒人費也。』《元和姓纂》列徒人之姓，引《左傳》徒人費。皆據誤本《左傳》也。《管子·大匡》篇作徒人費，亦後人據《左傳》改之。」文淇案：王說是也。下文費曰「我奚御哉」，御即侍也。《齊世家》作「主屨者茀」，茀與費古字通，費蓋侍人之主屨者也。洪亮吉云：「費蓋宦者。」

弗得，鞭之，見血。走出，遇賊於門，劫而束之。【疏證】鄭玄《禮記》注：「劫，劫脅也。」《齊世家》：「反而鞭主屨者三百，茀出宮。而連稱、管至父等聞公傷，乃遂率其衆襲宮。逢主屨茀，茀曰：『且無入驚宮，驚宮未易入也。』」

費曰：「我豈御哉！」❸祖而示之背，信之。【疏證】《廣雅》：「祖，解也。」《齊世家》：「無知弗信，茀示之創，乃信之。待宮外。」

費請先入，伏公而出，鬭死於門中。石之紛如死於階下。【疏證】《齊世家》：「令茀先入。茀先入，

❶「寺」，《經義述聞》卷十七作「侍」。
❷「寺」，《經義述聞》卷十七作「侍」。
❸「豈」，《春秋左傳正義》卷八作「奚」。

即匿襄公户閒。良久，無知等恐，遂入宫。茀反與公之幸臣攻無知等，❶不勝，皆死。」

遂入，殺孟陽于牀。曰：「非君也，不類。」見公之足于户下，遂弑之。而立無知。【疏證】《説文》：「牀，安身之坐也。」杜注：「孟陽代公居牀。」《一切經音義》引《字書》：「一扇户，❷户在于堂室曰户。」《齊世家》：「無知入宫，求公不得。或見人足於户閒，發視，乃襄公，遂弑之，而無知自立爲齊君。」

初，襄公立，無常。【疏證】《齊世家》：「初，襄公之醉殺魯桓公，通其夫人，殺誅數不當，淫於婦人，數欺大臣。」此《左氏》古義，謂改乎常度也。杜注：「政令無常。」非。

鮑叔牙曰：「君使民慢，亂將作矣！」奉公子小白奔莒。【疏證】《齊語》「使鮑叔爲宰」，注：「鮑叔，齊大夫，姒姓之後，鮑敬叔之子叔牙也。」《齊世家》：「次弟小白奔莒，鮑叔傅之。小白母，衛女也，❸有寵於釐公。」

亂作，管夷吾、召忽奉公子糾來奔。【疏證】《世本》：「莊仲山産敬仲夷吾。」《齊語》「若必治國家，則管夷吾乎」，注：「管夷吾，齊卿，姬姓之後。管嚴仲之子敬仲也。」嚴仲即莊仲，漢人避明帝諱改。《齊世家》：「諸弟

---

❶「與」下，《史記・齊太公世家》有「宫中及」三字。

❷「一扇」至「曰户」，《一切經音義》卷五十九作「一扉曰户，兩扉曰門，又住於堂，堂曰户」。

❸「衛」，原爲空格；「女」，原作「母」，今據《史記・齊太公世家》補。

恐禍及，❶故次弟糾奔魯。其母魯女也。管仲、召忽傅之。」❷《魯世家》：「八年，齊公子糾來奔。」與管仲俱避毋知亂。《荀子·仲尼篇》：「齊桓殺兄而争國。」《莊子·盗跖》篇：「小白殺兄。」《越絶書》：「管仲臣於桓公兄公子糾。」皆以糾爲兄，桓爲弟。《漢書·淮南厲王傳》：「薄昭與厲王書曰：『齊桓殺其弟以反國。』」韋昭曰：「子糾，兄也，❸言弟者，諱也。」次弟小白，蒙次弟子糾言之。杜注：「子糾，小白庶兄。」

初，公孫無知虐于雍廩。【注】賈云：「渠丘大夫也。」《齊世家》集解。【疏證】杜注：「雍廩，齊大夫。」用賈説。昭十一年「齊渠丘實殺無知」，故賈知雍廩爲渠丘大夫。彼傳疏引鄭衆説以渠丘爲無知之邑。洪亮吉、馬宗璉引賈説「渠」作「葵」，誤。《齊世家》作「游于雍林」，以爲地名。沈欽韓云：「齊西門曰雍門。」襄十八年傳晉伐齊，伐雍門之萩，❹其處有林矣。洪亮吉云：「梁元帝《金樓子》與《史記》同。《古今人表》又作『雍稟人』。」稟、廩古字通。《水經注》作雝稟。若據《史記》、《金樓子》，則雍林地名。據賈逵注及《古今人表》，則雍廩人名。今細繹經傳，上云『虐於雍廩』，下經云『齊人殺無知』，傳又云『雍廩殺無知』，則當以人名爲是。杜注亦取賈説。」文淇案：沈氏詮解《史記》極確，至《左傳》之爲人名，顯然可見。《左傳》與《世家》必不能强合，賈氏注傳非

---

❶「諸弟」，原重文，今據《史記·齊太公世家》删。
❷「傅」，原作「傳」，今據《史記·齊太公世家》改。
❸「也」，原作「曰」，今據《漢書·淮南厲王劉長傳》改。
❹「伐」，原作「代」，今據《春秋左傳正義》卷三十三改。

注《史》也。《索隱》引賈氏説，謂雍林爲渠丘大夫，牽合爲一，不可通矣。《秦本紀》：「秦武公十三年，❶齊雍廩殺無知、管至父等而立齊桓公。」則又雍廩爲人名。

【經】九年，春，齊人殺無知。【疏證】《年表》：「魯莊公九年，❷爲齊桓公小白元年，春，齊殺無知。」

公及齊大夫盟于蔇。【疏證】蔇，《公》、《穀》作「暨」。《郡國志》：「琅琊國繒有概亭。」在兖州府嶧縣東故繒城北。《公》、《穀》并作「暨」，知蔇、暨通。

夏，公伐齊，納子糾。【注】賈云：「不言公子，❸次正也。」本疏。【疏證】《公》、《穀》作「納糾」，無「子」字。杜無注。疏引賈説，駁之云：「《公羊》之説，不可通於《左氏》。次正不稱公子，其事又無所出。案今定本經文『糾』之上且有『子』字。」臧琳《經義雜記》云：「『子』字，衍文，沿唐定本之誤。《正義》於此引賈逵云『不言公子，次正』，又於後九月『齊人取子糾，殺之』下，引賈逵云『稱子者，愍之』，可證景伯本無『子』字。」按：臧説是也。《公羊》謂「不稱公子，君前臣名」，與賈氏「次正」之説異，賈氏非取《公羊》，疏説非。李貽德云：「《管子·大匡》篇『齊僖公生公子諸兒、公子糾、公子小白』，又曰『諸兒長而賤』，是襄公本爲庶長，而子糾爲次正矣。《白虎通·封公侯》篇：『《春秋》經曰「齊無知殺其君」，貴妾子公子糾當立也。』亦以糾爲次正也。」《年表》：「魯欲與糾

---

❶「武」，原作「昭」，今據《史記·秦本紀》改。
❷「莊」，原作「桓」，今據《史記·十二諸侯年表》改。
❸「子」，原作「字」，今據《春秋左傳正義》卷八改。

入，後小白。」《魯世家》：「魯欲内子糾於齊，後桓公。」

齊小白入於齊。【注】賈、服以爲：「齊大夫來迎子糾，公不亟遣，而盟以要之，齊人歸迎小白。」本疏。【疏證】鄭興云：「書『齊小白入齊』，不稱侯，未朝廟也。」《後漢・鄭興傳》。【疏證】杜注云：「二公子各有黨，故雖盟而迎子糾，當須伐乃得入，又出在小白之後。小白稱入，從國逆之文，本無位。」杜不用賈、服説。疏引賈、服之説，又推賈、服之意：「謂迎小白者，還是盟曁大夫，故杜言各有黨以排之。」洪亮吉云：「賈、服尋繹經文得之。使齊大夫樂從于盟，並有成約，則納子糾不須言伐。且下言『齊小白入于齊』，❶從國逆之文，明齊大夫不樂魯君要盟，因變計逆小白也。若如杜云，『二公子各有黨』，迎小白者又非盟蒞之人，則小白之入，與者半，不與者半，又何得泛引『國逆而立之曰入』例乎？又自矛盾矣。」按：洪説是也。《齊語》「桓公自莒反于齊」，韋注云：「齊人逆子糾於魯，魯莊公不即遣而盟以要之。❷齊大夫歸逆小白于莒，先入。」韋用服説。其云「齊大夫人歸」謂盟蒞之大夫也，可無疑於國逆之文矣。《後漢書・鄭興傳》：「更始立，以司直李松行丞相事，先入長安，松以興爲長史，令還奉迎遷都。更始諸將皆山東人，咸勸留洛陽。興説更始曰：『《春秋》書「齊小白入齊」，不稱侯，❸未朝廟故也。今議者欲先定赤眉，而後入關，是不識其本而争其末。恐國家之守轉在函谷，雖卧洛陽，庸得安枕乎？』」按：《興傳》，興爲《左氏條例》，其諫更始之詞似《條例》中語也。嚴蔚録爲注，今依之。鄭

---

❶ 下「齊」，原脱，今據《春秋左傳詁》卷一補。

❷ 「莊」，原作「嚴」，因避諱而改，今回改，下同。

❸ 「侯未朝」，原脱，今據《後漢書・鄭興傳》補。

意未朝則尚未成爲君，故不稱爵。《公羊傳》：「曷爲以國氏？當國也。」蓋以成君爲言，自是《公羊》說。章懷注引以釋興語，非。

秋，七月，丁酉，葬齊襄公。

八月，庚申，及齊師戰於乾時，我師敗績。【疏證】《地理志》：「千乘郡博昌，時水東北至鉅定入馬車瀆，幽州浸。」沈欽韓云：「《水經注》：『時水又西逕高苑縣故城，京相璠曰：「今樂安博昌縣南界有時水，西通濟，其源上出般陽，❶北至高苑，下有死時，❷中無水。魯師敗處。」』《方輿紀要》：『時水在青州府臨淄縣西南二十五里，其地名矮槐樹，舊置郵亭於此。平地出泉謂之彫，源淺易涸，亦名乾時。其色黑，俗又謂之烏河。』」《齊乘》：「時水之源，南近淄水。詳其地形水脈，蓋伏淄所發。《水經注》謂『時水自西安城南石洋堰分爲二支津，西北合黃山之德會水、黃阜之南五里泉，至梁鄒入濟』，旱則涸竭，此乾時也，今不通矣。益都衆水，惟此通舟，❸未嘗淺涸。」

九月，齊人取子糾，殺之。【注】劉、賈云：「稱子者，愍之。」本疏。【疏證】杜謂：「史惡齊志在譎以求管仲，非不忍其親，故極言。」杜不用賈說。疏引賈說，駁之云：「案定本上『納子糾』已稱子，則此言子，非愍之

❶「其源」，原倒，今據《春秋左氏傳地名補注》卷二改。
❷「有」，原脱，今據《春秋左氏傳地名補注》卷二補。
❸「舟」，原作「州」，今據《齊乘》卷二改。

也。沈云：『齊人稱子糾，❶故魯史從其所稱而經書子糾，知者，傳云「子糾，親也，請君討之」，豈復是愍之乎！』劉與賈同。」洪亮吉云：「按上經一本無『子』，故於傳發稱子。劉與賈同。」則子駿所見經亦無「子」字也。沈氏《義疏》駁賈說，則所據本亦有「子」字，異於賈本。疏執唐所定本以駁，非是。《一切經音義》三引《字詁》：「古文愍，❷今作閔。愍，憐也。」

冬，浚洙。無傳。**【注】**服虔言：「洙水在魯城北，浚深之，爲齊備也。」《水經注》。❸**【疏證】**杜注：「洙水在魯城北，下合泗。浚深之，爲齊備。」用服說。《水經注》云：「泗水又西南流，逕魯縣分爲二流，水側有一城，爲二水之分會也，北爲洙瀆。京相璠、服虔並言：『洙水在魯城北，浚深之，爲齊備也。』」京相璠與杜同時，其《土地名》惟釋地而不解經，「浚深之爲齊備」，乃服注語。《水經注》連引之，未分析也。浚深備齊，服用《公羊》說。洪亮吉云：「據此則京、杜皆用服說。」是也。

【傳】九年，春，雍廩殺無知。【疏證】《齊世家》：「齊君無知游於雍林，雍林嘗有怨無知。及其往游，雍林人襲殺無知。」史公說與傳異。

「公及齊大夫盟于蔇」，齊無君也。

夏，公伐齊，納子糾。桓公自莒先入。【疏證】《魯世家》：「桓公發兵擊魯。」《齊世家》：「高、國先陰召

❶「稱」，原作「納」，今據《春秋左傳正義》卷八改。

❷「古」，原作「文」，今據《一切經音義》卷三改。

❸「經」，原脫，今據《水經注箋》卷二十五補。

小白於莒。魯聞無知死，亦發兵送公子糾，而使管仲别將兵遮莒道，射中小白帶鉤，小白佯死，管仲使人馳報魯。魯送糾者行益遲，六日至齊，則小白已入。高傒立之，是爲桓公。桓公之中帶鉤，佯死以誤管仲，已而載温車中馳行，亦有高、國内應，故得立，發兵距魯。」是其事也。《北魏書·張普惠傳》：「正光二年，詔遣楊鈞送蠕蠕主阿那瓌還國，❶普惠謂遣之將貽後患，上疏曰：『阿那瓌投命皇朝，撫之可也，豈容困疲我兆民以資天喪之虜。昔莊公納子糾，以致乾時之敗。魯僖以邾國而有懸冑之耻。』」是古《左氏》説以公伐齊納子糾爲非。

秋，師及齊師戰于乾時，我師敗績，公喪戎路，傳乘而歸。【疏證】洪亮吉云：「《漢書·宣帝紀》『得毋用傳』，謂傳舍。今考此『傳乘』，亦謂乘驛傳以歸。杜注云『乘他車』，恐誤。」按：《少儀》「乘貳車則式，佐車則否」，注：「朝祀之副曰貳，戎獵之副曰佐。」魯莊敗於乾時，公喪戎路，傳乘而歸。」疏：「若戎、獵之自相對，則戎車之副曰倅，田車之副曰佐，❷故《周禮》『戎僕馭倅車，田僕馭佐車』。」熊氏云：『此云戎獵之副曰佐者，❸據諸侯禮也。故莊九年，「公及齊師戰于乾時，公喪戎路，佐車授綏」是也。』」是諸侯戎獵有佐車，傳乘即佐車矣。佐車授綏爲古《左氏》説，洪説非。《齊世家》：「秋，與魯戰于乾時，魯兵敗走。」

秦子、梁子以公旗辟於下道，是以皆止。【疏證】杜注：「二子，公御及戎右也，以誤齊師。」杜知二子

---

❶「主」，原作「立」，今據《魏書·張普惠傳》改。
❷「車」，原作「獵」，今據《禮記正義》卷三十五改。
❸「者」，原作「皆」，今據《禮記正義》卷三十五改。

爲御、戎右者，以公喪戎車知。韋昭《國語》注：「止，獲也。」《齊世家》：「齊掩絶魯歸道。」❶

鮑叔帥師來言曰：「子糾，親也，請君討之。管、召，讎也，請受而甘心焉。」乃殺子糾於生竇。

【注】賈云：「魯地句竇也。」《齊世家》索隱。「也」字據《集解》增。**【疏證】**杜用賈説。《齊世家》：「齊遺魯書曰：『子糾，兄弟，弗誅，請魯自殺之。召忽、管仲，讎也，請得而甘心醢之。不然，將圍魯。』」傳約書詞。《世家》又云：「魯人患之，遂殺子糾於笙瀆。」笙、生異文。李貽德云：「瀆、竇通，《周禮・大宗伯》注『四瀆』，《釋文》『竇，本亦作瀆』是也。」《索隱》云：「又按：鄒誕生本作『莘瀆』，莘、笙聲相近。❷笙如字，❸瀆音豆。」《論語》作「溝瀆」，蓋後代聲轉而字異，故諸文不同解也。是唐人本有作「莘竇」者，賈氏用何本，今無考。《地理志》「濟陰郡句陽」，應劭曰：「《左氏傳》句瀆之丘也。」句瀆即句竇，應用賈説。朱駿聲云：「生竇即句瀆之丘，❹句瀆即穀之長言。」顧棟高云：「生竇在曹州府曹縣東北三十里。」

召忽死之。**【疏證】**杜無注。洪亮吉云：「按：《論語》『自經於溝瀆』，即指召忽。襄十九年，齊莊公執公子牙于句瀆之丘。句竇、溝瀆音同。據此，則召忽之死蓋自經也。《後漢書・應劭傳》載劭議亦云『昔召忽死子糾之難，而孔子曰「經於溝瀆，人莫之知」』是也。」按：《中論・知行》篇：「召忽伏節死難，人臣之美義也，仲尼比

---

❶「歸」，原作「師」，今據《史記・齊太公世家》改。

❷「莘」，原脱，今據《史記・齊太公世家》補。

❸「笙」，原作「莘」，今據《史記・齊太公世家》改。

❹「竇」，原作「瀆」，今據《春秋左傳識小録》卷上改。

爲匹夫匹婦之爲諒矣。」宋翔鳳《發微》據之謂：「漢儒皆以經於溝瀆爲召忽事。」洪説是也。《齊世家》：「召忽自殺。」

管仲請囚，鮑叔受之，及堂阜而税之。【注】賈云：「堂阜，魯北境。」《齊世家》集解。【疏證】《校勘記》云：「『税』，《文選·解嘲》注引作『脱』。」杜注：「堂阜，齊地。」不用。❶洪亮吉云：「文十五年傳『飾棺置諸堂阜』，明堂阜爲齊、魯交界。既至齊境，故即釋其縛也。」按：洪説是也。沈欽韓云：「《一統志》：『堂阜在沂州府蒙陰縣西北三十里。』《釋詁》：『税，赦舍也。』」《魯世家》：「齊告魯生致管仲，遂因管仲與齊。」《齊世家》：「管仲請囚，鮑叔迎受管仲，❷及堂阜而脱桎梏。」又云：「桓公詳爲召管仲欲甘心，實欲用之。管仲知之，故請往。」

歸而以告曰：「管夷吾治於高傒，❸【注】賈云：「齊正卿高敬仲也。」❹【疏證】杜注：「高傒，齊卿高敬仲也。」用賈説。惠棟云：「《宰相世系表》曰：『齊太公六世孫文公赤，生公子高，孫傒，爲上卿，與管仲合諸侯有功，桓公命傒以王父字爲氏，食邑於盧，謚曰敬仲。』」疏據《管子·小匡》篇謂：「《管子》無『治於高傒』之言。鮑叔之美管子，其言非一，説者各紀所聞，故不同耳。」案：《齊世家》：「桓公之立，發兵攻魯，心欲殺管仲。鮑叔牙

❶「用」下，疑脱「賈説」二字。
❷「仲」，原作「叔」，今據《史記·齊太公世家》改。
❸「吾」，原脱，今據《春秋左傳正義》卷八補。「傒」下，原有「使相可也」四字，與下文重，今删。
❹「也」下，當有「齊世家集解」五字。

曰：『臣幸得從君，君竟以立。君之尊，臣無以增君。❶君將治齊，即高傒與叔牙足矣。君且欲霸王，非管夷吾不可。』」此傳稱「治於高傒」之説。

「使相可也。」公從之。【疏證】《齊世家》：「齊祓而見桓公。桓公厚禮以爲大夫，任政。」《魯世家》：「齊人相管仲。」

【經】十年，春，王正月，公敗齊師于長勺。【疏證】傳例：「敵未陳曰敗某師。」《魯語》注：「長勺，魯地也。」杜注同韋説。今地闕。《年表》：「齊伐我，爲糾故。」

二月，公侵宋。無傳。

三月，宋人遷宿。無傳。【疏證】遷宿，杜無注。江永云：「宿國，本在東平州，今邳州宿遷縣疑宋人所遷。又鳳陽府之宿州地亦屬宋，豈後又遷之與？」

夏，六月，齊師、宋師次于郎。

公敗宋師于乘丘。【疏證】《檀弓》疏：「乘丘，魯地。」杜注同。《地理志》「濟陰郡乘氏」，應劭曰：「《春秋》『敗宋師於乘丘』是也。」惠棟云：「應劭《地理風俗記》曰：❷『濟陰乘氏縣，故宋乘丘。』杜以齊、宋次於郎，故

---

❶「臣」，原重文，今據《史記・齊太公世家》删。

❷「記」，原作「地」，今據《皇清經解》卷三百五十三《春秋左傳補註》改。

指爲泰山之乘丘縣，但轉戰所及，追奔逐北，豈必盡屬魯地，杜氏望文生義，非遂實有所據。」洪亮吉云：「按：張華《博物志》亦云：『濟陰乘氏侯國，古乘丘。』杜注以爲泰山郡乘丘，恐非。小顔注《地理志》亦取杜説，❶誤。」沈欽韓云：「《一統志》『乘丘故城，在兖州府滋陽縣西北』，又以爲漢濟陰之乘氏縣，『乘氏故城在曹州府鉅野縣西南』。按：《前志》『乘氏』注：『應劭曰：「敗宋師於乘丘」是也。』《續志》劉昭注亦曰：『乘氏，古乘丘。』」按：惠、洪、沈説是也。馬宗璉云：「魯師自雩門竊出，則敗宋師必在魯之近郊。❷《括地志》云：『乘丘在瑕丘縣西北。』《水經·泗水》注：『泗水西南逕魯縣北，又西過瑕丘縣東。』瑕丘與魯縣接界，則乘丘爲魯近郊地，故元凱直斷爲魯地。」馬蓋以泰山之乘丘當之，而謂應劭未言魯敗宋師於濟陰乘丘，又斥小顔注不足據，則顛倒疏舛甚矣。江永用小顔説，又云：「公子偃自雩門竊出，蒙皐比先犯宋師。可知乘丘去魯城不遠。」傳題魯師所出之門，無由決宋師之遠近。江、馬説皆非。《宋微子世家》：「湣公十年夏，宋伐魯，戰於乘丘。」徐廣曰：「乘，一作滕。」

秋，九月，荆敗蔡師于莘。【注】賈云：「秦始皇父諱楚，而改爲荆州。亦以其居荆州，故因諱而改之。亦有本自作荆者，非爲諱也。《春秋公羊》、《穀梁》皆言州不若國，❸故以荆言之。」《漸漸之石》疏。【疏證】經書「楚」爲「荆」，此年始見。《漸漸之石》序「荆楚不至」，箋：「荆，謂楚也。」疏：「以楚居荆州，故或以州言。」下引《春秋經》賈氏《訓詁》文如此。又申之云：「彼自《春秋》之例，其外書傳或州或國，自從時便，

❶「取」，原作「駁」，今據《春秋左傳詁》卷一改。
❷「郊」，原作「郭」，今據《皇清經解》卷一千二百七十七《春秋左傳補注》改。下一「郊」字同。
❸「國」下，《毛詩正義》卷十五有「賤楚」二字。

非褒貶也。」今尋賈氏之意，謂《左氏》作荆，多因秦人避諱改。與《公》、《穀》書荆以貶楚例異。《詩》疏未得賈義也。《漢書·高帝紀》注：「賈逵曰：『秦莊襄王名楚，故改諱荆，遂行於世。』」亦以避秦諱爲言。杜不用賈説，注云：「荆，楚本號，後改爲楚。」疏云：「荆、楚，一木二名，故以爲國號亦得二名。終莊公之世，經皆書荆。僖之元年，乃書楚人伐鄭，蓋於爾時始改爲楚，以後常稱楚也。」按：桓二年傳「始懼楚也」，自後傳屢書楚，杜謂「荆，楚本號」，恐未然。古今典籍避諱字多，有易代相承刊落不盡者，荆、楚亦其比矣。疏説未是。杜注：「莘，蔡地。」❶梁履繩云：「在今汝甯府汝陽縣境。」

以蔡侯獻舞歸。【疏證】舞，《穀梁》作「武」。《年表》：「蔡哀侯十一年，楚虜我侯。」

冬，十月，齊師滅譚。譚子奔莒。【疏證】《郡國志》：「濟南郡東平陵有譚城。」洪亮吉云：「《説文》：『鄿，國也，齊桓公之所滅。』按：《史記》作『郯』。蓋音同而誤。」沈欽韓云：「《一統志》：故譚城在濟南府歷城縣東七十里；東平陵故城在縣東七十五里，❷譚國地。」❸

【傳】十年，春，齊師伐我。公將戰，曹劌請見。【疏證】《魯語》：「長勺之役，曹劌問所以戰於莊公。」《刺客列傳》：「曹沫者，魯人也。」《索隱》云：「沫，《左傳》、《穀梁》並作曹劌，然則沫宜音劌，沫、劌聲相近而字異耳。」

---

❶「蔡」，原作「楚」，今據《春秋左傳正義》卷八改。
❷「在」，原脱，今據《春秋左氏傳地名補注》卷二補。
❸「地」，原作「也」，今據《春秋左氏傳地名補注》卷二改。

其鄉人曰：「肉食者謀之，又何閒焉？」【疏證】杜注：「肉食，在位者。閒，猶與也。」疏云：「昭四年傳説頒冰之法云『食肉之禄，冰皆與焉』，蓋位爲大夫，乃得食肉也。」

劌曰：「肉食者鄙，未能遠謀。」乃入見。問：「何以戰？」公曰：「衣食所安，弗敢專也，必以分人。」對曰：「小惠未徧，民弗從也。」【疏證】《魯語》「公曰余不愛衣食於民」，注：「有惠賜也。」又引劌對曰：「惠以小賜，小賜不咸；不咸，民弗歸也。」注：「小賜，臨戰之賜。」是《外傳》衣食指賜戰士也。杜注：「分公衣食，所惠不過左右，故曰未徧。」非古誼。

公曰：「犧牲玉帛，弗敢加也，必以信。」【疏證】《魯語》「不愛牲玉於神」，注：「牲，犧牲。玉，圭璧。所以祭祀也。《詩》曰『靡愛斯牲，圭璧既卒』。」杜注：「祝詞不敢以小爲大，以惡爲美。」

對曰：「小信未孚，神弗福也。」【疏證】虞翻《易注》：「孚，亦信也。」杜注：「孚，大信也。」隨文生訓，未安。《魯語》：「祀以獨恭，獨恭不優；不優，神弗福也。」與傳小異。

公曰：「小大之獄，雖不能察，必以情。」【疏證】《魯語》：「公曰：『余聽獄，雖不能察，必以情斷之。』」❶《陳書・儒林傳》：❷「周宏正議曰：凡小大之獄，必應以情，正言依準五聽，驗其虛實，豈可令恣考掠，以判刑

---

❶「以」，原脱，今據《國語正義》卷四補。

❷「陳」，原作「梁」，今據《陳書・沈洙傳》改。

罪。」❶是舊説謂盡訟者之情也，無情者不得盡其詞。杜注謂「必盡己情」，非。

對曰：「忠之屬也，【疏證】桓六年傳「上思利民，忠也」，杜注引爲注。

「可以一戰，戰則請從。」公與之乘。【疏證】《魯語》「是則可矣」，注：「可者，未大備，可以一戰。」杜注：「共乘兵車。」

戰於長勺，公將鼓之。劌曰：「未可。」齊人三鼓，劌曰：「可矣。」齊師敗績。公將馳之。劌曰：「未可。」下視其轍，登軾而望之，【疏證】《管子·兵法》：「鼓所以任也，所以起也，所以進也。」則三鼓定辭。下云再衰、三竭也。《説文》：「馳，大驅也。轍，車迹也。」杜注：「視車迹也。」《文選·七命》注引作「轍，車迹也」。是杜用《説文》。《輿人》：「參分車廣，去一以爲隧。參分其隧，一在前，二在後，以揉其式。以其廣之半爲式崇。」鄭注：「兵車之隧四尺四寸，兵車之式深尺四寸三分寸之二，❷兵車之式高三尺三寸。」「式」猶「軾」也。本疏云：「謂當車輿之内，去前軫一尺四寸三分寸之二，下去車板三尺三寸，横施一木名之曰軾，得使人立於其後，時依倚之。」

曰：「可矣。」遂逐齊師。既克，公問其故。對曰：「夫戰，勇氣也。一鼓作氣，再而衰，三而竭。

【疏證】《晉書·景帝紀》：❸「文欽舉兵作亂，帝親征之。欽子鴦，年十八，勇冠三軍，謂欽曰：『及其未定，請登

❶「罪」，原作「罰」，今據《陳書·儒林傳》改。

❷「二」，原作「一」，今據《周禮注疏》卷三十九改。

❸「景」，原作「文」，今據《晉書·景帝紀》改。

城鼓譟，擊之可破也。』既謀而行，三譟而欽不能應，鴦退，相與引而東。帝謂諸將曰：『欽走矣。』命發鋭軍以追之。諸將皆曰：『欽舊將，鴦少而鋭，引軍而入，❶未有失利，必不走也。』帝曰：『一鼓作氣，再而衰，三而竭。三鼓，欽不應，不走何待？』」正用劌語料敵也。

「彼竭我盈，故克之。【疏證】沈欽韓云：「《孫子·軍争》篇：『三軍可奪氣，是故朝氣鋭，晝氣惰，暮氣歸。善用兵者，避其鋭氣，擊其惰、歸，此治氣者也。』《孫子》之言所本也。」文淇案：《宋書·張興世傳》：「劉胡自領水步二十六軍平旦來攻。將士欲迎擊之，興世禁曰：『賊來尚遠，而氣盛矢驟，驟既力盡，盛亦易衰，此曹劌所以破齊也。』」興世言氣盛易衰，猶劌論竭盈矣。

「夫大國難測也，懼有伏焉。吾視其轍亂，望其旗靡，故逐之。」【疏證】杜注：「恐詐奔。」《御覽》二百九十五引作「恐詐而奔也」，疑是舊注。《説文》：「靡，披靡也。」

夏，六月，齊師、宋師次于郎。公子偃曰：「宋師不整，可敗也。【疏證】杜注：「公子偃，魯大夫。」

「宋敗，齊必還，請擊之。」公弗許。自雩門竊出，【疏證】杜注：「雩門，魯南城門。」《水經·泗水》注：「沂水北對稷門，亦曰雩門。門南隔水有雩壇，高三丈，曾點所欲風舞處也。」是雩門即稷門也。三十三年稷門，❷杜注亦云「魯南城門」是也。《廣雅·釋詁》：「竊、姦，私也。」王念孫云：「王逸注《離騷》云『竊愛爲私』，莊

❶ 「而」，《晉書·景帝紀》作「内」。
❷ 下「三」，當作「二」。

十年《左傳》『自雩門竊出』，謂私出也。」

蒙皋比而先犯之。【注】服虔云：「《樂記》曰：『倒載干戈，蒙之以虎皮，❶名之曰建皋。』」本疏。

【疏證】杜注：「皋比，虎皮。」疏云：「僖二十八年稱『胥臣蒙馬以虎皮』，事與彼同，知皋比是虎皮也。」疏未言杜本於服，非。疏又云：「其名曰皋比，則其義未聞。《樂記》云：『倒載干戈，包之以虎皮，名之曰建櫜。』鄭玄以爲兵甲之衣曰櫜。櫜，韜也，而其字或作建皋。故服虔引以解此。」據此，則服虔所見《禮記》本作皋，故引以解皋比也。《集韻》「櫜」亦作「韟」，此又省爲皋也。而其字或作建皋，乃疏説服注字作皋。嚴蔚《古法輯存》引爲服注，非也。

公從之，大敗宋師于乘丘。齊師乃還。【疏證】朱駿聲曰：「《檀弓》稱『馬驚敗績』，❷是魯敗，與傳不合。陳可大曰：『公車敗績，易車之後大勝，如韓原之戰，晉幾獲秦伯，而秦反獲晉侯也。』」

蔡哀侯娶於陳，息侯亦娶焉。息嬀將歸，過蔡。蔡侯曰：「吾姨也。」【疏證】《管蔡世家》：「初，哀侯娶陳，息侯亦娶陳。」《周語》「息由陳嬀」，注：「息，姬姓之國。❸陳嬀，陳女，爲息侯夫人。」《釋親》：「妻之姊妹同出爲姨。」杜注引之，少「同出」二字，非。經又引孫炎云：❹「同出，俱已嫁也。」《呂覽·長攻》篇：「蔡侯曰：

❶ 「蒙」，《春秋左傳正義》卷八作「包」。
❷ 「敗」上，原衍「曰」字，今據《春秋左傳識小録》卷上删。
❸ 「姓」，原脱，今據《國語正義》卷二補。
❹ 「經」，當作「疏」。

『息夫人，吾妻之姨也。』」注：「妻之女弟爲姨。」畢沅云：「當女兄弟。」

止而見之，弗賓。【疏證】《年表》：「息夫人，陳女，過蔡，蔡不禮，惡之。」《管蔡世家》：「息夫人將歸，過蔡，蔡侯不敬。」杜注：「不禮敬也。」用史公說。

息侯聞之，怒，使謂楚文王曰：「伐我，吾求救於蔡而伐之。」楚子從之。秋九月，楚敗蔡師于莘，以蔡侯獻武歸。❶【疏證】《年表》：「楚伐蔡，獲哀侯以歸。」《管蔡世家》：「息侯怒，請楚文王：『來伐我，我求救於蔡，蔡必來，楚因擊之，可以有功。』楚文王從之，虜蔡哀侯以歸。哀侯留九歲，死於楚。」

齊侯之出也，過譚，譚不禮焉。及其入也，諸侯皆賀，譚又不至。【疏證】

冬，齊師滅譚，譚無禮也。譚子奔莒，同盟故也。【疏證】《齊世家》：「桓公二年，伐滅郯，郯子奔莒。初，桓公亡時，過郯，郯無禮，故伐之。」集解：「徐廣曰：『一作譚。』」索隱：「據《春秋》，魯莊十年『齊師滅譚』是也。」

【經】十有一年，春，王正月。

夏，五月，戊寅，公敗宋師于鄑。【疏證】洪亮吉云：「按：即莊元年郱、鄑、郚之鄑。《說文》云：『鄑，宋、魯間地。』杜直云魯地，亦誤。」

---

❶「武」，《春秋左傳正義》卷八作「舞」。

秋，宋大水。

冬，王姬歸于齊。

【傳】十一年，夏，宋爲乘丘之役故，侵我。公禦之。宋師未陳而薄之，敗諸鄑。【疏證】杜無注。《廣雅·釋詁》：「薄、㡧，迫也。」王念孫云：「薄、迫古同聲。高誘注《淮南子·本經訓》云：『薄，迫也。』莊十一年《左傳》：『宋師未陳而薄之。』」

凡師，敵未陳曰敗某師，【疏證】此以下師行例也。杜注：「通謂權譎變詐以勝敵，彼我不得成列，成列而不得用，故以未陳獨敗爲文。」昭五年叔弓敗莒師於蚡泉，傳曰「莒未陣也」，再發例。

皆陳曰戰，【疏證】杜注：「堅而有備，各得其所，成敗决於志力者也。」

大崩曰敗績，【疏證】杜注：「師徒撓敗，若沮岸崩山，喪其功績，故曰敗績。」《釋文》：「岸崩謂之沮。」

得儁曰克，【疏證】《釋文》：「儁，一作俊。」《校勘記》：「《漢書·陳湯傳》注引作俊。《玉篇》：俊同儁也。」❶隱元年鄭伯克段於鄢，傳曰：「如二君，故曰克。」經之書克，惟彼一見。杜注：「謂若太叔段之比，才力足以服衆，威權足以自固。進不成，爲外寇强敵，退復狡壯，有二君之難，而實若二君，❷克而勝之，則不言彼敗績，

❶「俊同儁」，《春秋左傳正義》卷九《挍勘記》作「儁同俊」。

❷「若」，《春秋左傳正義》卷九作「非」。

但書所克之名。」杜全據彼傳義也。此師行例，惟下「取某師」疏駁賈説，❶餘例未引，疑杜氏皆取先儒説也。

覆而敗之曰取某師，【注】服云：「覆，隱也，設伏而敗之。謂攻其無備，出其不意，敵人敗之易，❷故曰取。」本疏。**【疏證】**《晉語》注：「伏，隱也。」伏，猶覆矣。「攻其無備，出其不意」，《孫子》文。襄十二年傳：「凡書取，言易也。」再發例。服謂「敵人敗之易，故曰取」，用彼傳義也。杜注云：「覆，謂威力兼備，若羅網所掩覆，一軍皆見禽制，故以取爲文。」蓋不用服説。疏駁服云：「即如服言，與未陣何異？而別以爲例，謂之取也？荀吳敗狄於太原，於越敗吳於檇李，並攻其無備，出其不意，而經不言取。鄭二公子敗燕師於北制，鄭人大敗戎師，是設伏敗之，而傳不言取。服謂此爲取何也？宋圍鄭師，壘合而哭，自知必敗，非敵人不知，而書取何也？」按隱九年傳：「君爲三覆以待之。」杜注：「覆，伏兵也。」是杜用此傳服義。而注此傳，又異於服。杜止取哀九年「宋皇瑗取鄭師於雍丘」爲義，彼取鄭師亦易，則與傳例無不合也。設伏敗敵與未陣薄敵，兵機異用。荀吳之敗狄，於越之敗吳，傳皆明云未陣而薄之，故用敗某師例。隱五年「鄭二公子以制人敗燕師於北制」，隱九年「鄭人大敗戎師」，皆非經文。傳例爲經發，傳自寬於經耳。疏難服説皆非。

京師敗曰王師敗績於某。【疏證】《釋文》：「京師敗，本或作京師敗績，非。」杜注云：「王者無敵於天下，天下非所得與戰者。然春秋之世，據有其事，事列於經，則不得不因申其義。有時而敗，則以自敗爲文，明天

❶ 「賈」，疑當作「服」。

❷ 「人」下，《春秋左傳正義》卷九有「不知」二字。

下莫之得校。」❶疏云：「此亦周公舊凡，杜解舊凡之意，得有王師敗績者，以周公制禮，理包盛衰，故《周禮》載大喪及王師不功之事，故舊凡例有敗績之文。杜以尊卑順逆言之，天王不應有戰敗之事，遂申説凡例，故云：『無敵於天下，天下非所得與戰者。然春秋之世，據有其事。』成元年，王師敗績於茅戎，是事列於經，丘明不得不因申舊凡之義。蘇氏之説，義亦如此。沈氏不解杜意，以京師敗績非周公舊凡，是孔子新意，丘明爲傳，不得不因申孔子新意之例。劉炫亦不達杜旨，謂杜與沈氏意同，非也。」是舊説，一謂周公舊凡，蘇寬《義疏》主之；一謂孔子新意，沈文阿《義疏》主之。杜主周公舊凡，疏斥劉炫《述義》，杜與沈同之，非是也。隱七年疏：❷「先儒之説《春秋》者多矣，皆云丘明以意作傳，説仲尼之經，凡與不凡，無新舊之别。」是賈、服諸儒以五十凡爲丘明所作，蘇、沈《義疏》皆未得先儒之旨。

秋，宋大水。公使弔焉，【注】賈云：「問凶曰弔。」《宋世家》集解。【疏證】杜無注。《大宗伯》「以弔禮哀禍烖」，注：「禍烖謂遭水火，宋大水，魯莊公使人弔焉。」鄭引此説禮與賈説同。《年表》：「桓公十一年，臧文仲弔宋水。宋湣公九年，宋大水，魯使臧文仲來弔。」《宋世家》：「湣公九年，魯使臧文仲往弔水。」是謂使者即文仲也，《史記》説不足信，詳見下疏證。

曰：「天作淫雨，害於粢盛，若之何不弔？」【疏證】《月令》注：「淫，霖也。雨三日以上爲霖。」梁履繩云：「案先儒皆以淫雨爲霖，故《周禮·大宗伯》疏引隱九年傳例作『雨三日以上爲霖』是也。」「若之何不弔」，鄭玄

---

❶ 「得」，原脱，今據《春秋左傳正義》卷九補。

❷ 此下所引爲《春秋左傳正義》卷一《春秋左氏傳序》疏。

《周禮注》引作「如何不弔」。此使者述魯來弔意也。杜注：「不爲天所愍弔。」非。

對曰：「孤實不敬，天降之災，又以爲君憂，拜命之辱。」【疏證】《年表》：「公自罪。」《宋世家》：「湣公自罪曰：『寡人以不能事鬼神，政不修，故水。』」

臧文仲曰：「宋其興乎！禹、湯罪己，其興也悖焉。【疏證】《説苑》：「禹見罪人，下車泣而問之。左右曰：『夫罪人不順，故使殺焉。君王何爲痛之至此？』禹曰：『堯舜之人，皆以堯舜之心爲心。今寡人爲君，百姓各自以其心，是以痛之。』」《説苑》又載湯桑林六事之祝曰：「政不節耶？使人疾耶？苞苴行耶？讒夫昌耶？宮室營耶？女謁盛耶？」惠棟引其曾王父樸菴先生説云：「禹哭罪人，湯禱桑林，皆罪己之事。」是也。疏引《湯誥》「其爾萬方有罪，在予一人」。❶《後漢書·陳蕃傳》：「蕃上疏曰：『昔禹巡蒼梧，見市殺人，下車而弔之，曰：「萬方有罪，在予一人。」故其興也勃焉。』」即用《左氏》義。《釋文》：「悖，一作勃。」字正作勃。《五經文字》：「悖，俗作勃，非。」杜注：「悖，盛貌。」文淇案：《爾雅·釋詁》：「浡，作也。」郭璞注云：「浡然興作貌。」邢疏引此傳作「浡然」。下文「忽」訓「疾」，則此作「浡然」，正與「忽焉」相對。《廣雅》：「浡，盛也。」亦「興」意矣。

「桀、紂罪人，其亡也忽焉。【疏證】疏引沈云：「桀殺關龍逢，是罪人也。」是古注未釋桀、紂。疏又云：「《泰誓》數紂之罪，曰『焚炙忠良，刳剔孕婦』，是罪人也。」《吕覽·論人》篇：「昔上世之亡主，以罪爲在人，故日殺僇而不止，以至於亡而不悟。三代之興，以罪爲在己，故日功而不衰，以至於王。」注：「亡主，若桀、紂，是以罪爲

---

❶ 眉批：成孺《經學駢支》云：「《論語·堯曰》篇文勢與他篇不類，疑即《古文尚書》逸文，『萬方有罪，罪在朕躬』，此湯之罪己也。」

在他人，故多殺僇，是滅亡之道也，而不自覺知也。三代，禹、湯、文王也。日行其人民之功，不衰倦，以至於王有天下也。」此爲《左氏》古説。《廣雅》：「忽，疾也。」

「且列國有凶，稱孤，禮也。【疏證】《曲禮》：「庶方小侯自稱曰孤。諸侯與民言，自稱曰寡人。其在凶服，曰適子孤。」鄭玄云：「與臣言亦自謂寡人。」是宋公用有凶服之稱也。

「言懼而名禮，其庶乎！」【疏證】《宋世家》：「臧文仲善此言。」

既而聞之曰：「公子御説之辭也。」【疏證】《校勘記》云：「御，《史記》、《漢書·古今人表》作禦。《釋文》云：『本或作禦。』」是古本御、禦已異也。洪亮吉云：「《宋世家》此言乃公子魚教湣公也，與《左傳》異。按：子魚即公子目夷，至僖八年始見《左傳》，距此尚三十餘年，《史記》説非也，當以《左傳》爲是。」

臧孫達曰：「是宜爲君，有恤民之心。」【疏證】杜無注。惠棟曰：「《世本》：孝公生僖伯彄，彄生哀伯達，達生伯氏瓶，瓶生文仲辰。此傳先載文仲之言，不應後録哀伯之語。『達』當爲『辰』字之誤也。桓二年傳先稱臧哀伯，後云臧孫達，與此一例。」洪亮吉云：「哀伯此時當已久卒，故文仲世其職，明『達』爲『辰』字之誤。」沈欽韓曰：「『達』字不誤，止『文仲』誤耳。❶始言宋其當興，尚不審其詞令之人，後知御説言宜爲君，則其時御説已爲君矣。文仲子此時尚幼小，若追論其事，不應不審御説之辭，又可知哀伯之言，亦非一時，傳括言之。伯氏瓶殆

❶「止」，《春秋左氏傳補注》卷二作「上」。

歿於哀伯之先，故無謚。文仲以孫繼祖耳。《韓詩外傳》三以爲孔子語。」按：哀伯以桓二年見於經，❶無由斥其已卒。文仲以莊二十八年見於經，以文十年卒，上距莊二十八年凡五十年，又上距此年凡六十八年。沈氏謂文仲於時幼小是也。惠、洪説皆非。疏云：「謂御説明年爲君之後，方始聞之，聞之時已爲君，故云是人宜其爲君也。」亦謂此言在御説爲君之後，而未及文仲之駁文。如沈説，則前文仲當爲哀伯也，傳舉名字謚多有參差。

冬，齊侯來逆共姬。【疏證】洪亮吉云：「按：此則王姬，後謚爲共。與衛共姬同是齊侯之妃，有兩共姬矣。衛共姬見僖十七年傳。」

乘丘之役，公以金僕姑射南宮長萬，【注】賈云：「南宮，氏；萬，名。宋卿。」《宋世家》集解。【疏證】僕姑，《玉篇》作「鏷鐞」，云：「《春秋》僕姑。」吕忱《字林》亦作「鏷鈷」。疏云：「其義未聞。」洪亮吉云：「按：下年經書『宋萬弑其君』，則萬本宋卿可知。杜注云『宋大夫』，又云『不書獲，萬時未爲卿』，則杜意以萬歸後始爲卿也。❷無論歸宋，❸爲時甚暫，未必以此時爲卿。且下年傳書『萬殺大宰督於東宮之西』，督爲宋正卿，經亦不書。則此年不書獲萬，亦經文簡略。終當以賈説爲是。」梁履繩云：「下年經作『宋萬』，傳稱『南宮萬』，疑『長』是其字也。」

公右顓孫生搏之。【疏證】杜注云：「搏，取也。不書獲，萬時未爲卿。」沈欽韓云：「按：審其此時不爲

❶「經」，疑當作「傳」。
❷「歸」下，《春秋左傳詁》卷六有「宋」字。
❸「論」下，《春秋左傳詁》卷六有「見獲」二字。

卿，則被獲贖歸，反以卿酬其功乎？以卿賞之而又靳之，無是理也。計史以敗其師爲重，故略萬不書。」按：沈説是也。《宋世家》：「魯生虜南宫萬。」疏云：「《檀弓》云：『魯莊公及宋人戰於乘丘縣，賁父御，卜國爲右。』車右與此不同者，《禮記》後人所録，聞於所聞之口，其事未必實也。」

宋人請之，宋公靳之，【注】服虔云：「恥而惡之曰靳。」本疏。【疏證】杜注：「戲而相愧曰靳。魯聽其得還。」杜不用服説。《儒行》「以儒相詬病」，注：「遭人名爲儒，❶而以儒靳，故相戲。」疏：「莊十一年云『宋人靳之』，杜云『戲而相愧曰靳』。」則杜用鄭義也。李貽德云：「《公羊傳》：『宋萬與閔公博，婦人皆在側。萬曰：「甚矣，魯侯之淑，魯侯之美也！」閔公矜此婦人，妒其言曰：「此虜也！魯侯之美惡乎至。」』服氏尋《公羊傳》文，故知爲『恥而惡之』。若杜云『戲而相愧』，則『此虜也』之言非戲言也，萬亦何至弑公？因事考義，服氏爲長。正義曰：『恥惡其人，不應爲之請魯。』不知靳之之由因萬歸國後夸美魯侯而致，始則重其人而請，繼則妒其言而靳，前後固不相妨也。」李駁疏説甚辨。疏亦以《公羊》説證傳「靳之」，則舊疏或用《公羊》説也。宋公之靳萬，以當時情事考之，宋公不違衆人之請許萬還國，而恥其喪師辱國，時形於言，觀下文「子囚也」之言，可見服義似如此。不必援《公羊》義證服注也。

曰：「始，吾敬子。今子，魯囚也，吾弗敬子矣！」病之。【疏證】《御覽》四百六十六引此傳，兩「敬」字俱作「愛」。《宋世家》：「十一年秋，湣公與南宫萬獵，因博争行，公怒，辱之，曰：『始吾敬若。今若，魯囚也。』

❶「名」，原作「各」，今據《禮記正義》卷五十九改。

萬有力，痛此言。」

【經】十有二年，春，王三月，紀叔姬歸于酅。無傳。【疏證】杜注：「紀侯去國而死，叔姬歸魯。紀季自定於齊而後歸之。全守節義以終婦道，故繫之紀而以初嫁爲文，賢之也。」疏引《公》、《穀》傳，謂：「杜略取彼意爲説。」按：七年經叔姬歸於紀，❶賈義以爲刺紀貴叔姬，❷則此經先儒説或異二傳，今無考。

夏，四月。

秋，八月，甲午，宋萬弒其君捷及其大夫仇牧。【注】賈云：「《公羊》、《穀梁》曰『接』。」《公羊》疏。「萬不書氏者，未賜族。」本疏。【疏證】《公羊》釋文：「《左氏》作捷。」疏引賈注，則賈氏本正作「接」也。嚴蔚云：「今本《穀梁》亦作『捷』，蓋未得爲元本也。」臧壽恭云：「據此，知賈氏所見本《穀梁》與《公羊》同。」惠棟云：「『捷』與『接』古字通。《易》晉卦『晝日三接』，鄭注曰：『接，勝也。』《禮·内則》『接以太牢』，注：『接，讀爲捷。捷，勝也。』音義並同。」杜注：「萬及仇牧皆宋卿。」杜意蓋以萬歸宋後始爲卿也。洪亮吉云：「正義譏賈云：『傳曰南宫長萬，則爲已氏南宫，不得爲未賜族。』今考春秋時，族有不由君賜者，如士會之孥，處秦者爲劉氏；伍員之子，在齊爲王孫氏；《外傳》知果自别其族爲輔氏。則南宫之族，或因所居之地以自稱，非由君賜，❸亦未可知。

---

❶ 「七」上，當有「隱公」二字。

❷ 「紀」，原脱，今據《春秋左傳正義》卷四補。

❸ 「君」，原脱，今據《春秋左傳詁》卷一補。

即如襄仲居東門，故曰東門氏，亦非君賜，是其一證。又賈於前年乘丘之役南宮長萬下，即注云：『南宮，氏；萬，名。』是非不知萬氏南宮。❶而此云『未賜族』者，蓋以南宮實非君所賜氏故耳。」❷文淇案：洪氏申賈難杜，其説極是。但所謂「傳曰南宮長萬，則爲已氏南宮」云云，乃正義引杜氏《釋例》駁賈之詞，洪氏以爲正義語，誤矣。傳疏引《釋例》云：「先儒旁采二傳，横生義例。❸宋之蒙澤，楚之乾谿，俱在國内。閔公之弑，❹則以不書蒙澤國内爲義，楚弑靈王，復以地乾谿爲失所。」是先儒説此經不書蒙澤，以地在國内諱之，二傳均無此義，乃《左氏》古説。《釋例》謂先儒旁采二傳，非也。又按：杜注云：「仇牧稱名，不警而遇賊，無善事可褒。」焦循駁之云：「《公羊傳》：『仇牧聞君弑，趨而至，遇之於門，手劒而叱之。萬臂摋仇牧，❺碎其首，齒著於門闔。仇牧可謂不畏彊禦矣。』《左氏》雖不及《公羊》之詳，而亦未嘗有貶辭。而杜預則以稱名之故而謂其『無善事可褒』，又譏其『不警而遇賊』。觀其『趨而至，手劍而叱之』，千古之下，英氣猶存，其不勝而死，即李豐恨力劣不能禽滅也。將以不能執賊，遂避匿觀望不出乎？牧之摋而死，亦豐之築於刀環也。家氏鉉翁曰：『大夫死君之難，乃曰無善可褒，可乎？君前臣名自是書法應爾，杜氏每以名字爲褒貶，曲爲之説，其病甚大。』」按：焦説是也。《年表》：「萬殺君，

❶「宫」，原脱，今據《春秋左傳詁》卷一補。

❷「非」，原脱，今據《春秋左傳詁》卷一補。

❸「義」，《春秋左傳正義》卷九作「異」。

❹「弑」，原作「試」，今據《春秋左傳正義》卷九改。

❺「臂」，原作「背」，今據《春秋左傳補疏》卷二改。

仇牧有義。」此褒仇牧，亦《左氏》古説矣。楊雄《反離騷》曰：「欽弔楚之湘纍。」❶李奇曰：「諸不以罪死曰纍，荀息、仇牧是也。」宋閔公不書葬，宋未告葬，故不書。杜以爲亂故，用《公羊》「君弒，賊不討，不書葬」義也。疏謂「《左氏》無此義」。

冬，十月，宋萬出奔陳。

【傳】十二年，秋，宋萬弒閔公于蒙澤。【注】賈云：「蒙澤，宋澤名也。」《宋世家》集解。**【疏證】**《宋世家》：「萬遂以局殺湣公於蒙澤。」蓋謂提博局弒之。《謚法》：「在國遭憂曰愍，在國逢艱曰愍，禍亂方作曰愍。」「愍」即「閔」也。《世家》作「湣」，愍、閔、湣，音義並同。《郡國志》：「梁國蒙縣有蒙澤。」杜注同。沈欽韓云：「《水經注》：『獲水東逕己氏縣南，東南流逕於蒙澤。《十三州志》曰：蒙澤在己氏縣東。』《寰宇記》：『蒙澤在宋州宋城縣北三十五里。』宋城今爲歸德府商丘縣。」

遇仇牧于門，批而殺之。【疏證】洪亮吉云：「《一切經音義》引此傳作『㧗而殺之』。今考《説文》：『㧗，反手擊也。』今本作『批』，非是。《公羊傳》『萬臂摋仇牧，碎其首』，何休云：『側手曰摋。』則義與《説文》『反手擊』亦同。《玉篇》作『㧗』，云：『手擊也。』」按：洪説是也。《釋文》：「批，擊也。」《宋世家》：「大夫仇牧聞之，以兵造公門。萬搏牧，牧齒著門闔，死。」

遇太宰督于東宮之西，又殺之。【疏證】《宋世家》：「因殺太宰華督。」杜注：「殺督不書，宋不以告。」惠

❶「弔」，原脱，今據《漢書·揚雄傳》補。

士奇曰：「督乃弒君之賊，豈可與仇牧同書？杜之謬也。」顧棟高曰：「案：督相宋公，兩世爲國正卿，共二十八年。宋豈有不以告之理，其告亦必先於牧，自是仲尼削之也。❶督係弒君逆賊，得逭天討，至晚年乃見殺，幸矣。雖魯史書之，聖人當特削以明《春秋》之義。杜氏於督無貶，而反以仇牧爲貶，不亦誤乎！」按：惠、顧説是也。

立子游。【疏證】《宋世家》：「乃更立公子游爲君。」杜注：「子游，宋公子。」

群公子奔蕭，公子御説奔亳。【注】服云：「蕭、亳，宋邑也。」《宋世家》集解。**【疏證】**杜注同。《地理志》：「沛郡蕭，故蕭叔國，宋別封附庸也。」「山陽郡薄」，臣瓚曰：「湯所都。」《郡國志》「梁國薄」，劉昭注引此傳。洪亮吉云：「亳、薄古字通。」《玄鳥》疏：「梁國自有二亳，南亳在穀熟之地，北亳在蒙地。」顧棟高云：「蕭，今江南徐州府蕭縣北十里有蕭城。亳在今河南歸德府商丘縣西北。」按：如顧説，則此亳爲北亳也。

南宮牛、猛獲帥師圍亳。【疏證】杜注：「牛，長萬之子。猛獲，其黨。」《宋世家》：「萬弟南宮牛將兵圍亳。」則以牛爲萬弟，與杜説異。

冬，十月，蕭叔大心【疏證】杜注：「叔，蕭大夫名。」顧炎武云：「按：大心當是其名，而叔其字，亦非蕭大夫也。二十三年『蕭叔胡公』，《解》曰：『蕭，附庸國。叔，名。』按《唐書·宰相世系表》云：『宋戴公生子衎，字樂父，裔孫大心平南宮長萬有功，封於蕭，以爲附庸，今徐州蕭縣是也。』」按：顧説是也。杜謂「蕭，大夫」，據此時未封附庸而言。疏云：「以此年有功，宋人以蕭邑別封其人爲附庸。」與《唐書》合。

---

❶「尼」，原作「民」，今據《左傳杜解集正》卷三改。

及戴、武、宣、穆、莊之族，【疏證】杜注：「宋五公之子孫。」

以曹師伐之。殺南宮牛於師，殺子游於宋，立桓公。【疏證】《宋世家》：「冬，蕭及宋之諸公子共擊殺南宮牛，弑宋新君游而立湣公弟禦説，是爲桓公。」《年表》：「宋桓公，莊公子。」

猛獲奔衛。南宮萬奔陳，以乘車輦其母，一日而至。【疏證】《釋文》：「南宮萬奔陳，本或作『長萬』，『長』衍字也，下亦然。」高誘《吕覽注》：「人引車曰輦。」杜注用高説。又云：「宋去陳二百六十里，言萬之多力。」

宋人請猛獲于衛。衛人欲勿與，石祁子曰：「不可！【疏證】杜注：「石祁子，衛大夫。」顧棟高云：「石駘仲子石祁子。《禮記》鄭注：『駘仲，衛大夫石碏之族。』」

「天下之惡一也，惡於宋而保於我，保之何補？得一夫而失一國，與惡而棄好，非謀也。」【疏證】杜注：「宋、衛本同好國。」《晉書·載記·石勒傳》：「祖逖牙門童建遣使降於勒。❶勒斬之，送首與逖曰：『天下之惡一也。叛臣逃吏，吾之深仇，將軍之惡，猶吾惡也。』」《梁書·蕭介傳》：「太清中，侯景於渦陽敗走，入壽陽，高祖勅防主韋默納之，介聞而上表曰：『臣聞凶人之性不移，天下之惡一也。昔吕布殺丁原以事董卓，終誅董而爲賊。劉牢反王恭以歸晉，還背晉以構妖。何者？狼子野心，終無馴狎之性；養獸之喻，必見飢噬之禍。』」❷皆用此傳義也。

---

❶「遣」，原作「建」，今據《晉書·石勒載記》改。

❷「飢」，原作「饑」，今據《梁書·蕭介傳》改。

衛人歸之。亦請南宮萬于陳，以賂。【疏證】《宋世家》：「宋萬犇陳。宋人請以賂陳。」杜無注。疏云：「斷『以賂』爲句，言用賂請於陳也。」是舊説「以賂」斷句也。《釋文》：「『亦請南宮長萬於陳以賂』絶句。」

陳人使婦人飲之酒，而以犀革裹之。【注】服云：「宋萬多力，勇不可執，故先使婦人誘而飲之酒，醉而縛之。」《宋世家》集解。【疏證】《宋世家》：「陳人使婦人飲之醇酒，以犀革裹之，❶歸宋。」《説文》：「縛，束也。」《釋名》：「縛，薄也，使相薄著也。」

比及宋，手足皆見。【疏證】顧炎武云：「言萬力能決犀。」

宋人皆醢之。【注】服云：「醢，肉醬。」《宋世家》集解。【疏證】杜用服説。《檀弓》「醢之矣」，注：「醢之者，示欲啗食以怖衆。」《説文》：「醢，肉醬。」則賈説亦同服也。《釋器》：「肉謂之醢。」《宋世家》：「宋人醢萬也。」

【經】**十有三年，春，齊侯、宋人、陳人、蔡人、邾人會于北杏。**【疏證】《穀梁》「齊侯」作「齊人」。莊十六年經「邾子克卒」，賈、服説：「北杏之會，已得王命。」是賈、服解彼經書卒義也。洪亮吉《左傳詁》引爲此年注，非。又云：「經書『邾人』始此。」杜注：「北杏，齊地。」顧棟高云：「當在今泰安府東阿縣境。」

夏，六月，齊人滅遂。【疏證】《世本》：「遂，嬀姓。」《地理志》：「泰山郡蛇丘隧鄉，故隧國。」隧、遂音同。

---

❶ 「犀」，《史記·宋微子世家》無此字。

杜注：「遂國在濟北蛇丘縣東北。」《水經・汶水》注：❶「京相璠曰：『隧在蛇丘東北十里。』杜預亦以爲然，然縣東北無城以擬之，今城在蛇丘西北。蓋杜預傳疑之非也。」洪亮吉云：「『東北』當作『西北』，杜注承京相之誤也。」沈欽韓云：「《一統志》：遂城在泰安府肥城縣南。」

秋，七月。

冬，公會齊侯，盟于柯。【疏證】沈欽韓云：「《方輿紀要》：東阿故城在兖府東平州東阿縣西四十里，❷春秋時爲齊之柯邑。」《年表》：「齊桓公五年，與魯人會柯。」《魯世家》：「十三年，魯莊公與曹沫會齊桓公於柯。」

按：傳不載曹沫事，史遷采二傳也。

【傳】**十三年，春，會于北杏，以平宋亂。**【疏證】杜注：「宋有弑君之亂。」

遂人不至。

夏，齊人滅遂而戍之。

冬，盟于柯，始及齊平也。【疏證】《年表》：❸「桓公五年，伐魯，魯將師敗。魯莊公請獻遂邑以平，桓公許，與魯會柯而盟。」傳此年無齊伐魯之事，《史記》與《左氏》不合。傳謂自乘丘之役至是，魯方與齊平也。

---

❶「汶」，原作「沇」，今據《水經注箋》卷二十四改。

❷「兖府」，《春秋左氏傳地名補注》卷二無此二字。「四十」，《春秋左氏傳地名補注》卷二作「二十五」。

❸「年表」，當作「齊世家」。

宋人背北杏之會。

【經】十有四年，春，齊人、陳人、曹人伐宋。【疏證】《宋世家》：「桓公二年，諸侯伐宋，至郊而去。」❶

夏，單伯會伐宋。【疏證】杜注：「單伯，周大夫。」又云：「既伐宋，單伯乃至。」傳無此義。

秋，七月，荆入蔡。【疏證】文十五年傳例：「獲大城焉曰入之。」

冬，單伯會齊侯、宋公、衛侯、鄭伯于鄄。【疏證】杜注：「鄄，衛地。」洪亮吉云：「韋昭《齊語》注引作『會於鄄』，《舊音》云《内傳》作『甄』，《水經注》亦作『甄』。《地理志》：『濟陰郡有鄄城。』杜注云：『今東郡甄城。』按：三國魏時甄城始移屬東郡。」沈欽韓云：「《一統志》：鄄城故城在曹州府濮州東二十里。」按：據《國語舊音》，則古文「鄄」作「甄」也。

【傳】十四年，春，諸侯伐宋，齊請師于周。【疏證】疏云：「經書人，而傳言諸侯，先儒以爲如此輩，皆是諸侯之身。」又引《釋例》云：「諸侯在事，傳有明文，而經稱人者，凡十一條，丘明不示其義。而諸儒皆據按生義。」據疏説，是先儒説經書人，皆謂諸侯身也。杜注：「齊欲崇天子，故請師。假王命以示大順。」

夏，單伯會之，取成于宋而還。【疏證】

鄭厲公自櫟侵鄭，及大陵。【疏證】桓十五年厲公入櫟。沈欽韓云：「《水經·潩水》注引京相璠曰：

❶「郊」，原作「郭」，今據《史記·宋微子世家》改。

『潁州臨潁縣東北二十五里有故巨陵亭，即古大陵。』《一統志》：『在許州府臨潁縣北三十里。』」

獲傅瑕。【疏證】杜注：「傅瑕，鄭大夫。」《鄭世家》：「故鄭亡，厲公使人誘劫鄭大夫甫假，要以求入。」索隱曰：「《左傳》作『傅瑕』，此本多假借，亦依字讀。」是《左氏》作「傅瑕」，與《史記》異。

傅瑕曰：「苟舍我，吾請納君。」與之盟而赦之。六月，甲子，傅瑕殺鄭子及其二子，而納厲公。【疏證】《鄭世家》：「假曰：『舍我，我爲君殺鄭子而入君。』厲公與盟，乃舍之。六月，甲子，假殺鄭子及其二子而迎厲公突，突自櫟復入即位。」

初，內蛇與外蛇鬬于鄭南門中，❶內蛇死。六年而厲公入。【注】服云：「蛇，北方水物，水成數六，故六年而厲公入。」本疏。【疏證】杜無注，疏引服説補之。服謂「蛇，北方水物」者，《五行大義》引蔡氏《月令章句》云：「後玄武，龜蛇之質。」《曲禮》「前朱雀而後玄武」，疏：「玄武，龜也。」古人書後皆北方也。玄武蓋兼龜蛇言之。《月令》「其數六」，❷鄭注：「水生數一，成數六。言六者，亦舉其成數。」疏無釋。而「其數八」疏云：「《尚書·洪範》云『一曰水』者，乾貞於十一月子，十一月一陽生，故水數一也。鄭注《繫辭》云：『天一生水於北，地六成水於北。』」是水之數七，鄭止舉成數也。《齊書》引蔡氏《月令章句》云：「北方有水一，土五，故數六。」❸

---

❶「鄭」，原脱，今據《春秋左傳正義》卷九補。

❷「數」，原作「書」，今據《禮記正義》卷十七改。

❸「故」，原重文，今據《南齊書·樂志》删。

《月令》疏亦引皇氏云：「以水數一得土數五，故六也。」與鄭君異説，服説同鄭。《鄭世家》：❶「初，内蛇與外蛇鬬於鄭南門中，内蛇死。居六年，厲公果復入。」❷又云：「厲公初立四歲，亡居櫟，居櫟十七歲，復入。」《年表》亦云：「厲公亡後十七年復入。」此云六年，以蛇鬬之歲計之。《五行志》：「劉向以爲近蛇孽。京房《易傳》曰：『立嗣子疑，厥妖蛇居國門鬬。』」❸厲、昭争立，是嗣子疑也。《後漢書・楊賜傳》：「熹平元年，青蛇見御坐，賜上封事曰：『《春秋》兩蛇鬬於鄭門，昭公殆以女敗。』」注：「《洪範五行傳》曰：『初，鄭厲公刼相祭仲而篡兄昭公，立爲鄭君。後雍糾之難，厲公出奔，鄭人立昭公。既立，内蛇與外蛇鬬鄭南門中，内蛇死。是時傅瑕仕於鄭，欲内厲公。故内蛇死者，昭公將敗，厲公將勝之象也。是時昭公宜布恩施惠以撫百姓，❹舉賢崇德以勵群臣，觀察左右以省姦謀，則内變不得生，外患不得起矣。昭公不察，果殺於傅瑕，二子死而厲公入，此其效也。《詩》云「惟虺惟蛇，女子之祥」。鄭昭公殆以女子敗矣。』」昭公以女子敗，其義未聞。又《漢書・武帝紀》：「太始四年，秋七月，趙有蛇從郭外入邑，與邑中蛇群鬬孝文廟下，邑中蛇死。」

公聞之，問于申繻曰：❺「猶有妖乎？」對曰：「人之所忌，其氣燄以取之。妖由人興也。【疏

---

❶「鄭」，當作「宋」。

❷「復」，原作「徙」，今據《史記・鄭世家》改。

❸「居」上，原衍「鬬」字，今據《漢書・五行志》删。

❹「惠」，原脱，今據《後漢書・楊賜傳》補。

❺「問」，原作「聞」，今據《春秋左傳正義》卷九改。

證】洪亮吉云：「《漢書·藝文志》『妖』並作『訞』。按：《大戴禮·易本命》『訞孽數起』。《漢書·文帝紀》『除訞言之罪』，師古曰：『訞同妖。』」阮元《校勘記》云：「『餤』，石經初刻作『炎』，是也。改作『餤』，大誤。《釋文》亦作『炎』。按：《漢書·五行志》《藝文志》引傳文並作『其氣炎以取之』，❶師古注：『炎讀與餤同。』」嚴可均《唐石經校文》云：「《釋文》：『炎音豔。』不載別本，改刻非也。」按：阮、嚴説是也。王符《潛夫論》引此傳亦作「其氣炎以取之」。沈欽韓云：「按：《後漢書·任光傳》『光炎燭天地』，可證古止作『炎』。」❷又按：《藝文志》全引此傳，師古釋之曰：「炎謂火之光始餤餤也。言人之所忌，其氣炎引致於災也。」❸杜注引《尚書·洛誥》「無若火始餤餤」，與師古説合，疑杜本舊注也。

「人無釁焉，妖不自作。人棄常，則妖興，故有妖。」【疏證】《藝文志》「人棄常」二句，在「人無釁焉」句上，「棄」作「失」，師古曰：「釁，瑕也。失常，謂反五常之德也。」

厲公入，遂殺傅瑕。使謂原繁曰：「傅瑕貳，【疏證】杜注：「有二心於己。」顧炎武云：「傅氏曰：『如此，則漢高祖之斬丁公也，在厲公當不然矣。』改云：『雖納我，仍有二心。』」文淇按：顧説是也。下文云「納我而無二心者，吾皆許之上大夫之事」，又云「社稷有主，而外其心，其何貳如之」，又云「子儀在位十四年矣，❹而謀召

---

❶「之」，原脱，今據《春秋左傳正義》卷九《挍勘記》補。
❷「證」，原爲空格，今據《春秋左氏傳補注》卷二補。
❸「炎」，《漢書·藝文志》作「餤」。
❹「位」，原作「外」，今據《春秋左傳正義》卷九改。

君者，庸非貳乎」，是指既納之後無二心者而言，則此自據既納仍有二心，杜説非。《鄭世家》作「而讓其伯父原」，無「繁」字。又謂先殺原繁，後殺傅瑕，亦與傳不合。

「周有常刑，既伏其罪矣。納我而無二心者，吾皆許之上大夫之事，吾願與伯父圖之。【注】服虔云：「諸侯稱同姓大夫長曰伯父，少曰叔父。」《詩·伐木》疏。**【疏證】**杜注：「上大夫，卿也。伯父謂原繁。」《伐木》「以速諸父」，傳：「天子謂同姓諸侯、諸侯謂同姓大夫皆曰父，異姓則稱舅。」彼疏云：「《左傳》隱公謂臧僖伯曰『叔父有憾於寡人』，鄭厲公謂原繁曰『願與伯父圖之』。諸侯則國有大小之殊，大夫惟以長幼爲異，故服虔《左傳》注云『諸侯謂同姓大夫，長曰伯父，少曰叔父』是也。」按：臧僖伯，孝公子，惠公弟，故隱公稱爲叔父，乃質稱之詞，與此厲公稱原繁異。服注當是釋此傳之文，杜用服注義於隱五年傳，失之。李貽德《輯述》亦繫服注於彼傳，非也。

「且寡人出，伯父無裏言。入，又不念寡人，寡人憾焉！」【疏證】杜注「無裏言」曰「無納我之言」。王念孫曰：「『無裏言』，謂不通内言於外，非謂『無納我之言』也。襄二十六年傳：『衛獻公使讓大叔文子曰：「寡人淹恤在外，二三子皆使寡人朝夕聞衛國之言，吾子獨不在寡人，寡人怨矣。」對曰：「臣不能貳，通外内之言以事君，臣之罪也。」』不通外内之言即所謂『無裏言』也。」按：王説是也。《鄭世家》：「厲公讓其伯父原曰：『我亡國外居，伯父無意入我，亦甚矣。』」

對曰：「先君桓公命我先人典司宗祏。【疏證】杜注：「宗祏，宗廟中藏主石室。」《魏志·韓暨傳》注：「《春秋傳》曰『命我先人典司宗祏』，注曰：『宗廟所以藏主石室。』」當是舊注，杜注用之也。《説文》：「祏，宗廟主也。《周禮》有郊宗石室，❶一曰大夫以石爲主。宔，宗廟主石也。」以許慎推之，則賈注當用石室義矣。其謂「祏，以石爲之」，則以大夫禮説侯國禮，非是。馬宗璉云：「案：此宗祏是宗廟之主，亦以石爲之，故字從石。鄭之桓、武，世有大功，得立厲王廟。昭十八年傳：『鄭大火，使祝史徙主祏於周廟。』❷周廟，厲王廟也。宗祏，疑即厲王主，故言先君桓公，使其先人主之。桓公，厲王之子，立其父廟，宜也。馬氏説鄭廟有厲王主是也。本疏云：「慮有非常火災，於廟之北壁内爲石室，以藏木主，有事則出而祭之，既祭，納於石室。祏字從示，神之也。」是謂祏在廟之北壁也。《釋文》云：「祏，藏主石函也。」疏謂廟壁爲石室，則石室猶石函矣。《通典》八云：「周制，《公羊》説：主藏太廟室西壁中，以備火災。西方，長老之處，尊之也。魏代，或問高堂隆曰：❸『昔受訓云：馮君八萬言《章句》説正廟之主，各藏太室西壁之中，遷廟之主於太祖大室北壁之中。按逸《禮》，藏主之處，似在堂上壁中。』答曰：『《章句》但言藏太祖北壁中，不别堂室。愚意以堂上無藏主，當室之中也。』東晉太常賀循按：『《漢儀》藏主於室中西牆壁埳中，去地六尺一寸。當祠則設坐於埳下。』又按：『古禮，神主皆盛以石函。餘薦籍，文不備見。摯虞《決疑》云：「廟主藏於户之外西墉之中，有石函，名曰宗祏；函中笥，以盛主。」』」陳壽祺《五經異義疏證》云：「《隸續·嚴訢碑》『治嚴氏《春秋》，馮君《章句》』，❹然則此《公羊》説也。諸家言廟主所藏，或云西壁，或

❶「郊」，原作「郭」，今據《説文解字》卷一上改。
❷「祝史」，原作「視」，今據《皇清經解》卷一千二百七十七《春秋左傳補注》改。
❸「或」，原作「武」，今據《通典》卷四十八改。
❹「訢」，原作「訪」；「春秋」，原作「章句」，今據《五經異義疏證》卷上改。

云北壁。據馮君《章句》，則藏西壁者，正廟主也；藏北壁者，❶遷廟主也。《左氏》正義於宗祏言北壁，亦爲遷廟主耳。」按：陳説是也。正義謂祏在北壁，當爲《左氏》説。

「社稷有主，而外其心，其何貳如之？苟主社稷，國内之民其誰不爲臣？臣無二心，天之制也。子儀在位十四年矣。【疏證】《鄭世家》：「原曰：『事君無二心，人臣之職也。』」子儀以莊元年即位，至是十四年。

「而謀召君者，庸非貳乎？【疏證】王引氏《經傳釋詞》云：❷「庸，猶何也，安也，詎也。」下引此傳文。杜注：「庸，用也。」非。

「莊公之子，猶有八人。【疏證】杜無注。《釋文》：「莊公子，傳唯見四人：子忽、子亹、子儀並死，獨厲公在。八人名字，紀傳無聞。」顧炎武云：「按：猶有八人者，謂除此四人外，尚有八人見在也。桓十四年，『鄭伯使其弟語來盟』，傳稱其字曰『子人』，亦其一也。」朱駿聲云：「後有子人九，蓋以字爲氏。」陳鱣《詩人考》云：「《鄭風·清人》序曰『公子素惡高克』，正義云：『文公有臣，鄭之公子名素者。』」按：公子素不見經傳，疑亦莊公之子，於文公爲叔父，亦八人中之一也。

「若皆以官爵行賂勸貳而可以濟事，君其若之何？臣聞命矣。」乃縊而死。【疏證】「官爵行賂勸

---

❶「壁」，原作「廟」，今據《五經異義疏證》卷上改。

❷「氏」，當作「之」。

貳」，對厲公許以上大夫之事語也。《宋世家》謂原自殺。❶

蔡哀侯爲莘故，繩息嬀以語楚子。【疏證】《釋文》：「繩，《説文》作『譝』。」洪亮吉云：「今《説文》本闕。《廣雅》云：『譝，譽也。』《周書・皇門解》云：『是陽是繩。』繩、譝古字同。《吕覽》：『周公旦作詩以譝文王之德。』孔説曰：❷『譝之，譽之也。』《表記》曰『君子不以口譽人』，鄭注：『譽，譝也。』」按：洪説是也。「繩」爲「譝」之假借。杜注：「繩，譽也。」用《表記》注。彼疏云：「繩可以度量於物，凡口譽於人，先須忖度，亦量之於心，故以譽爲繩也。」義殊迂曲。王念孫《廣雅疏證》云：「譝，亦稱也，方俗語轉耳。」

楚子如息，以食入享，遂滅息。以息嬀歸。生堵敖及成王焉，未言。【疏證】洪亮吉云：「《史記・楚世家》曰：『熊囏立，是爲杜敖。』索隱云：『杜，音側莊反。』《十二諸侯年表》作『堵敖』，❸劉音壯，此作杜敖，劉氏云亦作杜，❹杜、堵聲相近。又與《世家》乖，未知誰是。』《古今人表》又作『杜敖』，師古曰：『即堵敖。』今考索隱云云，則《楚世家》『杜敖』當作『莊敖』。莊亦杜傳寫誤也。」❺

---

❶「宋」，當作「鄭」。

❷「説」，《春秋左傳詁》卷六作「鮒」。

❸「二」下，原衍「年」字，今刪。

❹「杜」，《史記・十二諸侯年表》作「堵」。

❺「亦」，《春秋左傳詁》卷六作「作」。

楚子問之，對曰：「吾一婦人而事二夫，縱弗能死，其又奚言？」楚子以蔡侯滅息，遂伐蔡。【疏證】沈欽韓云：「《列女傳·貞順傳》，息君夫人自殺。」按：《列女傳》述息嬀事，與傳乖異。子政傳《穀梁》，息嬀事又不見於《穀梁》，或出《穀梁》外傳歟。

秋，七月，楚入蔡。君子曰：「《商書》所謂『惡之易也，如火之燎于原，不可鄉邇，其猶可撲滅』者，❶**其如蔡哀侯乎！」【疏證】**此與隱六年傳引《商書》全同。詳彼傳疏證。楚伐息之役由於蔡哀侯之止息嬀，兵連禍結，而殃及其國，如火之蔓易不可撲滅也。

「冬，會于鄄」，宋服故也。

【經】十有五年，春，齊侯、宋公、陳侯、衛侯、鄭伯會于鄄。

夏，夫人姜氏如齊。無傳。**【疏證】**傳例：「夫人歸寧曰如某。」杜注：「夫人，文姜，齊桓公姊妹。父母在則禮有歸寧，没則使卿寧。」疏云：「襄十二年傳曰：『秦嬴歸於楚。楚司馬子庚聘於秦，爲夫人寧，禮也。』是父母没則使卿寧兄弟，不得自歸也。但不知今桓公有母以否，故杜不明言得失。」按：《穀梁傳》：「婦人既嫁不踰竟，踰竟，非禮也。」是《穀梁》説夫人無歸寧禮。《公羊》無説。杜注與二傳異，當是古義。

秋，宋人、齊人、邾人伐郳。【疏證】《公羊》「郳」作「兒」。洪亮吉云：「《説文》：『郳，齊地，《春秋傳》曰：

---

❶「撲」，原作「樸」，今據《春秋左傳正義》卷九改。

「齊高厚定郳田。」』按：郳後爲齊所并，故曰齊地。」是此別一郳，非五年經之郳也，今地闕。杜云：「宋主兵，故序齊上。」用《公》、《穀》説。

鄭人侵宋。

冬，十月。

【傳】十五年，春，復會焉，齊始霸也。【疏證】承十四年會鄄而言，故曰復會。《年表》：「齊桓公七年，始霸，會諸侯於鄄。」《齊世家》：「七年，諸侯會桓公於鄄，而桓公於是始霸焉。」皆與傳合。

秋，諸侯爲宋伐郳。【疏證】杜注云：「郳，附庸，屬宋。」或依傳爲説，他無所證。

鄭人間之而侵宋。

【經】十有六年，春，王正月。

夏，宋人、齊人、衛人伐鄭。

秋，荆伐鄭。【疏證】《年表》：「鄭厲公二年，諸侯伐我。」

冬，十有二月，會齊侯、宋公、陳侯、衛侯、鄭伯、許男、滑伯、滕子，同盟于幽。【疏證】《公羊》「會」上有「公」字，《公》、《穀》「許男」下皆有「曹伯」二字。杜注：「滑國都費。」洪亮吉云：「成公十三年『殄滅我費滑』，即此。」沈欽韓云：「《方輿紀要》：緱氏城在河南偃師縣南二十里，古滑國，亦曰費滑，即滑都也。」按：洪、沈説是也。又按：杜注：「幽，宋地。」梁履繩云：「幽當在今河南歸德府考城縣境。」

邾子克卒。【注】賈服以爲：北杏之會，時已得王命。隱元年傳疏。【疏證】克即儀父也。杜注：「稱子者，蓋齊桓請王命以爲諸侯。」疏云：「北杏之會，邾人在焉，今而稱子，故云齊侯請王命以爲諸侯，得爲子爵見經也。」是杜意以邾子克命爲諸侯，在北杏之會後也。文淇按：隱元年傳「公及邾儀父盟於蔑，邾子克也」，未王命，故不書爵。彼疏引此爵注，「賈、服以北杏之會，邾人在列，故謂北杏之會已得王命也」。彼傳杜注云：「其後儀父服事齊桓以獎王室，王命以爲邾子，❶故莊十六年經書『邾子克卒』。」杜氏於彼傳遠引「邾子克卒」，不引北杏之會，是不從賈、服之説。洪亮吉謂杜氏亦用賈、服舊説，誤。彼疏駁賈、服云：「列與不列在於主會之意，不由有爵與否。」按：附庸不得列於會盟，其得列於會盟者，皆以爵爲諸侯，疏説非也。賈、服謂北杏會時已得王命，是由後溯前之詞。隱元年傳疏引駁之以申杜意，洪氏、嚴氏皆定爲彼傳注，誤。今依李氏《輯述》。

【傳】**十六年，夏，諸侯伐鄭，宋故也。**【疏證】承十五年經「鄭人侵宋」之文。《釋文》：「宋故也，本或作『爲宋故』。」

鄭伯自櫟入。【疏證】十四年傳：「鄭伯自櫟侵鄭。」

緩告於楚。秋，楚伐鄭及櫟，爲不禮故也。

鄭伯治與於雍糾之亂者。【疏證】桓十四年傳：❷「祭仲殺雍糾，厲公出奔蔡。」

---

❶「子」，原脱，今據《春秋左傳正義》卷二補。

❷「十四」，當作「十五」。

九月，殺公子閼，刖强鉏。**【疏證】**《釋文》：「案隱十一年，鄭有公孫閼，距此三十五年，不容復有公子閼。若非『閼』字誤，則『子』當爲『孫』。」《古今人表》有「彊鉏」。案十四年傳不載此二人。杜注：「二子，皆祭仲黨。」《説文》：「刖，絶也。」疏引《爾雅》李巡注「斷足曰刖」，杜注用之。

公父定叔出奔衛。**【疏證】**杜注：「共叔段之孫。定，謚也。」下文服注「定叔之祖共叔段」，則杜此注用服説。公父定叔，亦與雍糾之亂者。

三年而復之，曰：「不可使共叔無後于鄭。」使以十月入，曰：「良月也，就盈數焉。」**【注】**服云：「定叔之祖共叔段有伐君之罪，宜世不長，而云不可使共叔無後丁鄭，言其刑之偏頗。❶ 鄭厲公以孽簒適，同惡相恤，故黨于共叔，欲令其後不絶，傳所以惡厲公也。」本疏。**【疏證】**三年復之，指公叔定父奔衛之後三年也。❷ 顧炎武云：「鄭厲公復公父定叔之位，使以十月入，曰『良月也』。而顔師古注《漢書》『李廣數奇』，以爲『命隻不偶』，是則以雙月爲良，隻月爲忌，喜耦憎奇，古人已有之矣。」按：顧説是也。「就盈數焉」，盈數猶偶數也。杜注：「數滿於十。」非是。杜不釋定叔復位之是非，疏引服注無駮，《公》、《穀》傳又不載此事，則服所稱爲《左氏》古誼矣。叔段伐君，見隱元年傳。李貽德曰：「《周語》『父子相繼曰世』，❸ 叔段有罪，宜不世及也。『偏頗』，言刑失中也。《説文》：『頗，頭偏也。』《廣雅・釋詁》：『頗，衺也。』」

---

❶ 「刑」，原作「制」，今據《春秋左傳正義》卷九改。

❷ 「公叔定父」，當作「公父定叔」。

❸ 「語」下，《春秋左氏傳賈服註輯述》卷四有「注」字。

君子謂「强鉏不能衛其足」。【疏證】杜注：「言其不能早辟害。」

冬，「同盟于幽」，鄭成也。

王使虢公命曲沃伯以一軍爲晉侯。【疏證】《年表》：「魯莊公十五年爲晉侯緡二十八年，曲沃武公滅晉侯緡，以寶獻周，周命武公爲晉君，并其地。」《晉世家》：「晉侯緡二十八年，齊桓公始霸。曲沃武公伐晉侯緡，滅之，盡以寶器賂獻於周釐王。釐王命曲沃武公爲晉君，列於諸侯，於是盡併晉地而有之。曲沃武公已即位三十七年矣。自桓叔初封曲沃，以至武公滅晉，凡六十七歲，而卒代晉爲諸侯。」❶《史記》與傳合。曲沃武公以是年始受王命也。《揚之水》疏：「晉是諸侯，不得以爵賜諸侯。桓叔、莊伯皆以字配謚，雖君其國，未有爵命。《左傳》每云曲沃伯，或可自稱伯也。」《大司馬》「小國一軍」，注：「鄭司農云：『《春秋傳》曰「王使虢公命曲沃伯以一軍爲晉侯」，此小國一軍之見於傳也。』」疏：「以其新并晉國，雖爲侯爵，以小國軍法命之，故一軍。」是先鄭説此，當引《禮》「小國一軍」。杜注：「小國，故一軍。」用鄭義也。

初，晉武公伐夷，執夷詭諸。【疏證】杜注：「夷詭諸，周大夫。夷，采地名。」此夷與隱元年「紀人伐夷」異地。彼傳疏云：「《釋例·土地名》『夷國在城陽壯武縣』。莊十六年『晉武公伐夷』，《土地名》注爲闕。則二夷別也。《世族譜》於『夷詭諸』之下注云『妘姓』。❷更無夷國，則以二夷爲一。計壯武之縣，遠在東垂，不得爲周

---

❶「代」，原作「伐」，今據《史記·晉世家》改。

❷「譜」，原脱，今據《春秋左傳正義》卷二補。

大夫之采地，而晉獲其地，是《譜》誤。」江永云：「此年晉伐夷，取其地。文六年，晉蒐於夷，即此地。」按：江説是也。杜但云「夷，采地名」，不釋以晉縣名。今地闕。

蔿國請而免之。【疏證】杜注：「蔿國，周大夫。」

既而弗報，【疏證】杜注：「詭諸不報施於蔿國。」

故子國作亂，謂晉人曰：「與我伐夷而取其地。」【疏證】子國，即蔿國也。

遂以晉師伐夷，殺夷詭諸。周公忌父出奔虢。【疏證】杜注：「周公忌父，王卿士，辟子國之難。」顧棟高云：「或云忌父，宰周公孔弟，未知是否。」

惠王立而復之。【疏證】疏云：「《史記·十二年諸侯年表》惠王元年當魯莊十八年。即位在十八年，而此年傳説惠王之立者，杜云『傳因周公忌父之事而見惠王，惠王立在此年之末』，是杜以周公忌父此年出奔，至惠王立而得復，與《史記》不違。」按：《周本紀》：「釐王五年崩，子惠王閬立。」釐王五年當魯莊十七年，杜謂惠王立在是年之末，非也。傳終事之辭。

【經】**十有七年，春，齊人執鄭詹。**【疏證】《公羊傳》「詹」作「瞻」。杜注：「詹爲鄭執政大臣，詣齊見執。」邵瑛云：「此鄭詹，杜以爲執政大臣，或因僖七年傳『叔詹、堵叔、師叔三良爲政』之文之故。」按：《公羊》云：「鄭瞻何？鄭之微者也。」《穀梁》云：「鄭詹，鄭之卑者。」杜與二傳異，疑用《左氏》古誼也。

夏，齊人殲于遂。【疏證】《地理志》引傳文「遂」作「隧」。《釋詁》云：「殲，盡也。」《説文》：❶「殲，衆之盡也。」

秋，鄭詹自齊逃來。無傳。

冬，多麋。無傳。【疏證】杜注：「麋多則害五稼，故以災書。」《五行志》：「劉歆以爲毛蟲之孽爲災。」則杜用歆説也。沈欽韓云：「京房《易傳》：『廢正作淫，❷爲火不明，則國多麋。』麋陰類，故多麋記其異。張華《博物志》：『東陽縣多麋，百千爲群，掘食草根，其處成泥，名曰「麋畯」。民人隨此畯種稻，不耕而穫，其收百倍。』則麋非害物之物。」沈謂「多麋記異」是也。麋畯地土偶不同，不能證經義。

【傳】「十七年，春，齊人執鄭詹」，鄭不朝也。【疏證】杜無注，疏亦無説。鄭玉云：❸「同盟於幽，在去年之十二月，纔踰月耳，安得便責其不朝？當是以事來聘應對失詞，❹或禮慢而見執耳。」沈欽韓云：「按：鄭既行成，身不自朝，而使一介來往，故傳以不朝言之。」

夏，遂因氏、頜氏、工婁氏、須遂氏饗齊戍，醉而殺之，齊人殲焉。【疏證】杜注：「四族，遂之强宗。」

---

❶「説文」，疑當作「舍人曰」。

❷「房」，原作「正」，今據《春秋左氏傳補注》卷二改。

❸「玉」，原作「王」，今據《春秋左氏傳補注》卷一改。

❹「應」，原重文，今據《春秋左氏傳補注》卷一删。

【經】十有八年，春，王三月，日有食之。無傳。【疏證】杜注：「不書日，官失之。」疏：「經亦無朔字，當云『不書朔與日』，注不言朔，脱也。」《五行志》：「劉歆以爲晦，魯衛分。」臧壽恭云：「是年入甲申統九百六十七年，❶積月一萬一千九百六十，❷閏餘五，積日三十五萬三千一百八十九，小餘十一，大餘二十九。正月癸丑朔小，小餘五十四。二月壬午朔大，小餘十六。三月壬子朔小，小餘五十九，二十九日庚辰晦，又置上積日，加積日八十八，以統法乘之。以十九乘小餘五十九并之，滿周天除去之，餘十二萬三千二百十，滿統法而一得積度八十度餘一千二百六十四，命如法，合晨在奎九度，奎與壁相比。《淮南·天文訓》以營室東壁爲衛之分野，以奎婁爲魯之分野。故曰『魯衛分』。」沈欽韓云：「按：《隋·曆志》劉孝孫推是年食合壬子朔。《元史·曆志》：『大衍推是歲五月朔，交分入食限，三月不應食。以今曆推之，五月壬子朔，加時在晝，交分入食限，蓋誤五爲三。』」按：《隋》、《元·曆志》是也。周三月，夏正月。是年正月癸丑朔小，辛巳晦，壬子爲癸丑前一日也。《元志》謂「三月」當作「五月」，非。

夏，公追戎於濟西。【注】服云：「桓公爲好，莊公獨不能修而見侵。濟西，曹地。」《小司徒》疏。

【疏證】《小司徒》「以比追胥」，注：「追，逐寇也。《春秋傳》『公追戎於濟西』。」疏引服注。「戎來侵魯，公逐之於濟水之西」，用服義也。桓二年經「公及戎盟於唐」，故服謂「桓公爲好」。僖三十一年傳「取濟西田，分曹地也」，服謂曹地本此。杜不注濟西所在。沈欽韓云：「此戎即伐凡伯之戎也。《水經注》：『濟瀆自濟陽縣故城南，東逕

❶ 眉批：入統年，大餘，小餘。

❷ 「六」，原作「九」，今據《春秋左氏古義》卷二改。

戎城北。』」京相璠曰：「濟水自鉅野至濟北。」江永云：「此隱二年盟於潛之戎。戎城在曹縣濟水之西。」

秋，有蜮。【疏證】《校勘記》云：「蜮，《漢書》引經文作蝛。」《漢舊儀》云：「魊，鬼也。」魊、蝛古字通。

冬，十月。

【傳】**十八年，春，虢公、晉侯朝王，王饗醴，命之宥。**【疏證】沈欽韓云：「饗，當作『享』。《聘禮》：『賓執圭致命，公受玉。賓出。擯者出請。賓奉束帛加璧享，庭實乘皮。公受幣。聘於夫人用璋，享用琮。擯者出請，賓告事畢。奉束錦以請覿。擯者入告，出辭，請禮賓。公出迎賓，宰夫實觶以醴，薦脯醢。公用束帛，庭實乘馬。』❶其享禮之次第，❷獻酬之儀物如此。若諸侯朝王，其次第亦同。《大行人職》：『上公之禮，廟中將幣三享，王禮再祼三享。』即《聘禮》之加璧享。《覲禮》所謂三享，皆束帛加璧，庭實惟國所有也。再祼即《聘禮》之禮賓也。前乎此者，致館、致飧；後乎此者，致饔餼、致饗食。《大行人》云『饗禮九獻，食禮九舉』，鄭注：『饗設盛禮以飲賓也。』醴賓之時，不名爲饗，以其但有脯醢，無牲牢也。杜云：『王覲群后，始則行饗禮。』此目不見《禮經》、《周禮》者，而欲注述一代大典難矣哉！ 宥與侑同，此當饗食之節也。《鹿鳴》箋云：『飲之而有幣，侑幣也。』❸《掌客職》『上公三饗、三食、三燕，若弗酌則以幣致之』，注云：『若弗酌，謂君有故，不親饗食燕也。不饗則以酬幣致之，不食則以侑幣致之。』《聘禮》云：『若不親食，使大夫各以其爵，朝服，致之以侑幣。致饗以酬幣亦如之。』此明

---

❶「馬」，原作「焉」，今據《左傳杜解集正》卷三改。

❷「禮」，《左傳杜解集正》卷三作「醴」

❸「侑」，《毛詩正義》卷九作「酬」。

饗、食皆有幣。《聘禮》注云：『幣所用未聞。禮幣束帛乘馬。』勸飲食之幣自然有殺而無加矣。若親饗食，則君自致之。《公食大夫禮》云『賓三飯。庭實設。公受宰夫束帛以侑』，注云：『束帛，十端帛也。侑，猶勸也。主國君以爲食賓殷勤之意未至，復發幣以勸之，❶欲用深安賓也。』此禮本親飲食之，酬侑之幣親逆之者也。」按：沈説是也。本疏但引《掌客》饗燕之文，是未知享禮先於饗禮也。其説侑幣止引《聘禮》以證饗禮酬幣之同，亦疏。

皆賜玉五瑴，馬三匹。非禮也。【疏證】《釋文》：「瑴亦作玨。」《倉頡篇》：「雙玉爲玨。」沈欽韓云：「《覲禮》『天子賜侯氏以車服，四馬亞之，重賜無數』，注：『所加賜善物，多少由恩也。』按：加賜之物，則寶玉彝器之屬。此禮賓所用，非送爵相酬之玉幣也。《禮器》云『琥璜爵』，注云：『天子酬諸侯，諸侯相酬，以此玉將幣也。』疏云：『琥璜，非爵名。經云「琥璜爵」，故知琥璜送爵也。諸侯於聘賓，唯用束帛乘馬，皆不用玉。今琥璜送爵，故知是天子酬諸侯及諸侯自相酬也。』今按：上云『命侑』，此即侑之儀也，亦當有幣。《小行人職》『琥以繡，❷璜以黼』，言玉則幣可知。禮用乘馬，此唯三匹，亦非典也。」按：沈説是也。王引之云：「古無以三馬賜人，三當爲三，古四字，脱去一畫耳。」

王命諸侯，名位不同，禮亦異數，不以禮假人。【疏證】杜注：「侯而與公同賜，是借人禮。」疏云：「虢

❶「復」，原作「從」，今據《春秋左氏傳補注》卷二改。
❷「職」，原作「織」，今據《春秋左氏傳補注》卷二改。

君不知何爵，❶稱公謂爲三公耳。」疏不以虢爲公爵，與杜説異。《大宗伯》「以九儀之命正邦國之位」，注：「每命異儀，貴賤之位乃正。《春秋傳》曰『名位不同，禮亦異數』。」是禮數同命數也。《漢書·韋玄成傳》：「太僕王舜、中壘校尉劉歆議曰：『《春秋左氏傳》曰「名位不同，禮亦異數」。自上以下，降殺以兩，禮也。』」舜、歆謂虢晉異爵，禮當降殺以兩，其孰當降殺，無文明之。

虢公、晉侯、鄭伯使原莊公逆王后于陳。陳嬀歸于京師，實惠后。【疏證】《年表》：「惠王元年，取陳后。」《周世家》：❷「襄王母早死，後母曰惠后。」《周語》「及惠后之難」，注：「惠后，周惠王之后，襄王繼母陳嬀也。」此爲僖二十四年惠后事張本。杜注云：「虢、晉朝王，鄭伯又以齊執其卿，故求王爲援，皆在周，倡義爲王定昏。」傳無此義。

夏，公追戎于濟西。不言其來，諱之也。【疏證】杜注：「魯人不知，去乃追之，故諱不言其來。」沈欽韓云：「戎狄爲中國之患，故諱言其來；喜其捍禦有素，故書追之。魯之疆埸猶能自保，若來而不知，侵而無備，則誰知之，而誰追之乎？杜之此解同兒戲矣。」

秋，有蜮，爲災也。【注】服氏云：「蜮，短狐，南方盛暑所生。其狀如鼈，古無今有，含沙射人，入人皮肉中，其瘡如疥，徧身中濩濩或或，故曰災。禮曰惑君則有。」《蟈氏》疏。【疏證】杜注蜮：「短弧

❶「君」，原作「公」，今據《春秋左傳正義》卷九改。
❷「世家」，當作「本紀」。

也。蓋以含沙射人爲災。」《釋文》：「短弧，本又作斷弧。」是杜注亦作「短弧」，用服義也。《説文》：「蜮，短狐也，似鼈三足，以气害。❶從虫或聲，或又從國。」❷疑賈説亦同於服。《蟈氏》：❸「鄭司農云：『蟈讀爲蜮，蜮，蝦蟇也。』玄謂蜮乃短狐。」疏引經文并服注。是後鄭亦同服義也。本疏引《洪範五行傳》云：「蜮如鼈，三足，生於南越。南越婦人多淫，故其地多蜮，淫女惑亂之氣所生也。」《五行志》：「莊公十八年秋有蜮。❹劉向以爲生南越。越地多婦人，男女同川，淫女爲主，❺亂氣所生，故聖人名之曰蜮。在水旁，能射人。南方謂之短弧。劉歆以爲蜮，盛暑所生，非自越來也。」劉歆但云盛暑生蜮，不云南越，此《左氏》義異於《穀梁》者。服注蓋兼用《穀梁》及今文《尚書》義矣。陸璣《毛詩草木蟲魚疏》云：「蜮，短狐也，一名射景。如鼈，三足，在江淮水中，人在岸上，景見水中，❻投人景則殺之，故曰射景。或謂含沙射人，入人皮肌，其創如疥。」陸疏與服注略同。如服義，則蜮爲介屬，其名爲短狐者。洪亮吉云：「《説文》諸本『狐』又作『弧』，與《漢書·五行志》同。師古注：『即射工也，亦呼水弩。』尋文義，是當作『弧矢』之『弧』。」按：洪説是也。《何人斯》傳：「蜮，短弧也。」含沙射人、射景、射工，

---

❶「害」，《説文解字》卷十三上作「䠶害人」。
❷「或」，《説文解字》卷十三上作「蜮」。
❸「氏」下，當有「注」字。
❹「莊」，原爲空格，今據《漢書·五行志》補。
❺「女」，原脱，今據《漢書·五行志》補。
❻「水」，原作「氷」，今據《毛詩草木鳥獸蟲魚疏》卷下改。

皆弧義矣。惠棟據《説文》「螟」、「蟘」、《唐公房碑》「蟘」，❶「蚮」當作「蜮」，又據《呂覽》「又無螟蜮」高注「蜮，或作螣」，謂爲蟲害稼者。馬宗璉同惠説，皆疑短狐之非爲災，不知「狐」之當作「弧」也。服注「偏身濩濩蜮蜮」，蜮蜮，本疏引作「或或」。蜮、或聲相近，此狀蜮之詞，義無考矣。「禮曰惑君則有」者，逸《禮》也。《五行志》：「蜮，猶惑也。」《公羊傳》注：「蜮之猶言惑也。」京房《易傳》曰：「忠臣進言，❷君不試，厥咎國生蜮。」故云惑君則有也。

初，楚武王克權。【疏證】杜注：「權，國名。」沈欽韓云：「《一統志》：『權城在安陸府鍾祥縣西南。』按《水經注》：『沔水又東，右會權口，出章山，東南流逕權城北，古之權國也。』權城當在安陸府荆門州東南。」

使鬭緡尹之。以叛，圍而殺之。【疏證】杜注：「鬭緡，楚大夫。」《釋文》：「以叛，絶句。本或作『畔』，俗字也。」

遷權於那處，【注】賈逵云：「文王子聃季之國也。」《國語》注。【疏證】《釋文》：「那，又作郍，同，乃多反。」洪亮吉云：「按：《史記・管蔡世家》曰：『封季載於冉。』索隱曰：『冉，或作郍。《國語》曰冉季鄭姬。❸賈逵云「文王子聃季之國」也。莊十八年楚「武王克權，遷於那處」。郍與那皆音奴甘反。』」❹按：洪説是也。賈氏本

---

❶「蟘」，原作「蟘」，今據《皇清經解》卷三百五十三《春秋左傳補註》改。

❷「言」，《漢書・五行志》作「善」。

❸「季」，《國語正義》卷二作「由」。

❹「郍」，《史記・管蔡世家》作「聃」。

「那」當作「那」。《釋文》亦誤也。杜云：「那處，楚地。」《水經注》：「權城東南有那口城。」《方輿紀要》：「那口城在荆門州東南。」

使閻敖尹之。【疏證】杜注：「閻敖，楚大夫。」

及文王即位，與巴人伐申而驚其師。巴人叛楚而伐那處，取之，遂門于楚。閻敖游涌而逸。【疏證】盛宏之《荆州記》：「夏首東二十餘里有涌口，所謂閻敖游涌而逸。」《水經・江水》篇：「又江水東南當華容縣南，涌水入焉。」注：「《春秋》所謂閻敖游涌而逸者也。」又云：「涌水自夏水南通於江，謂之涌口。」沈欽韓云：「《方輿紀要》：涌水在荆州府監利縣東南，夏水支流也，從乾溪中涌出，俗名乾港湖。」

楚子殺之。其族爲亂。冬，巴人因之伐楚。

【經】十九年，春，王正月。

夏，四月。

秋，公子結媵陳人之婦于鄄，遂及齊侯、宋公盟。無傳。【疏證】杜注：「公子結，魯大夫。」此經《左氏》古義無考。杜謂：「《公羊》、《穀梁》皆以爲魯女媵陳侯之婦。」按：《公羊傳》詳姪娣之制，《穀梁》則曰：「陳人之婦，略之也。」二傳説已不同。杜謂《公》、《穀》皆以爲媵陳侯婦，非也。齊、宋之盟，杜亦取二傳爲説。

夫人姜氏如莒。無傳。【疏證】《穀梁傳》：「婦人既嫁不踰竟，踰竟非正也。」杜用《穀梁》説，而曰：「非父母國而往，書姦。」則《穀梁》亦無此義也。《公羊》無傳。

冬，齊人、宋人、陳人伐我西鄙。無傳。**【疏證】**韋昭《國語》注：❶「鄙，邊邑也。」杜注：「幽之盟，魯使微者會；鄄之盟，又使媵臣行，所以受敵。」文淇按：上經「公子結媵陳人之婦於鄄，遂及齊侯、宋公盟」，杜注云：「結在鄄聞齊、宋有會，權事之宜，去其本職，遂與二君爲盟，故備書之。本非魯侯意，而又失媵陳之好，故冬各來伐。」既云本非公意，此又云「甄之盟又使媵臣行」，前後矛盾。

【傳】十九年，春，楚子禦之，大敗於津。【疏證】承上年巴人伐楚言之。杜注：「津，楚地。或曰江陵縣有津鄉。」沈欽韓云：「《水經注》：『枝江縣西三里有津鄉。應劭曰南郡江陵有津鄉，今則無聞矣。郭仲産云：尋楚禦巴人，枝江是其塗。便此津鄉，殆即其地也。』按：《水經注》又云：『江陵城南有馬牧城。燕尾洲始自枚迴，❷下迄於此，長七十餘里。洲上有奉城，故江津長所治。亦曰江津戍。戍南對馬頭岸，北對大岸，謂之江津口。江大自此始也。』❸尋此傳所稱津，正指江津爲通道，不必指一鄉爲名也。《一統志》：『江津戍在荆州府江陵縣南二十里。』」按：沈説是也。杜引或説，即應劭説。

還，鬻拳弗納。【疏證】鬻，《古今人表》作「粥」。《柏舟》疏引《箴膏肓》云：「鬻拳，楚同姓。」杜注：「鬻拳，楚大閽。」據下文釋之。

遂伐黄，【疏證】《世本》：「黄，嬴姓。」《郡國志》：「汝南郡弋陽侯國有黄亭，故黄國，嬴姓。」《一統志》：「古

---

❶「昭」，原作「注」，今據文義改。

❷「枚」，原作「口」，今據《春秋左氏傳地名補注》卷二改。

❸「江大」，原倒，今據《春秋左氏傳地名補注》卷二改。

黃國在河南光州定城廢縣西十二里。」

敗黃師於踖陵。【疏證】踖陵，黃地。江永云：「當在今河南汝甯府光州西南境。」

還，及湫，有疾。【疏證】沈欽韓云：「《一統志》：『湫城在安陸府鍾祥縣北。』顧棟高云：『襄陽府宜城縣東南有湫城。』」

夏，六月，庚申，卒。鬻拳葬諸夕室。【疏證】夕室，地名。沈欽韓云：「夕室，非地名。《晏子雜下》：❶『景公新成柏寢之臺，使師開鼓琴，❷左撫宮，右彈商，曰：「室夕。」公曰：「何以知之？」師開對曰：「東方之聲薄，西方之聲揚。」晏子曰：「今之夕者，周之建國，國之西方以尊周也。」』❸《呂覽·明理》篇：『常主爲主，而未嘗得主之實，此之謂大悲，是正坐於夕室也。』注曰：『夕室以喻悲人也。』玩《呂覽》文，則死者之所爲夕室。」文淇按：《釋文》特爲「夕」字作音云「朝夕之夕」，殆如後世所謂夜臺，沈説是也。

亦自殺也，而葬於經皇。【疏證】《釋文》：「經皇，闕也。」杜注云：「經皇，冢前闕。生守門，故死不失職。」宣十四年傳「屨及於窒皇」，彼傳杜注云：「寢門闕。」惠棟云：「經與窒通。」沈欽韓云：「經皇與窒皇同。」本疏云：「宣十四年傳『屨及於窒皇，劒及於寢門之外』，則窒皇近於門外，當是寢門闕。知此經皇亦是冢前闕也。」馬宗璉云：「鬻拳爲大閽，是楚王守門之官，經皇蓋楚寢門名。以宣十四年傳『屨及於窒皇，在寢門之內』證之。

❶「雜」，原爲空格，今據《春秋左氏傳補注》卷二補。
❷「使」，原重文，今據《春秋左氏傳補注》卷二刪。
❸「國」、「方」，原脱，今據《晏子春秋》卷六補。

可見葬於經皇，蓋葬於楚王墓闕前，象生時職守寢門之誼，杜解未的。」按：馬説是也。

初，鬻拳强諫楚子，楚子弗從，臨之以兵，懼而從之。鬻拳曰：「吾懼君以兵，罪莫大焉。」遂自刖也。楚人以爲大閽，謂之大伯。【疏證】《閽人》：「掌守王宫中門之禁。」鄭注：「閽人，司昏晨以啟閉者。刑人墨者使守門。」《掌戮》：「墨者使守門，刖者使守囿。」楚以刖者守閽，與周制異。疏云：「大伯，伯，長也，門官之長也。」沈欽韓云：「大閽，若漢之光禄勳也。《百官公卿表》如淳引胡廣曰：『勳之言閽也。閽者，古主門官也，光禄主宫門。』《古文苑》揚雄《光禄勳箴》：『經兆宫室，❶畫爲中外。廊、殿門闥，限以禁界。』《艮卦》九三『厲閽心』，虞翻曰：『艮爲閽，守門人。古「閽」作「熏」字。』則光禄勳之言閽審矣。杜云『若城門校尉』，非也。」

使其後掌之。【注】舊注：「其後，鬻拳子孫。」❷《御覽》四百五十一引。【疏證】杜注：「使其子孫常主此官。」則《御覽》所引，非杜注。

君子曰：「鬻拳可謂愛君矣，諫以自納于刑，刑猶不忘納君于善。」【疏證】本疏引何休《膏肓》云：「人臣諫君，非有死亡之急，而以兵臨君，開簒弑之路，《左氏》以爲愛君。於義爲短。」又《柏舟》疏引鄭氏《箴》云：「楚鬻拳同姓，有不去之恩。」❸杜注：「言愛君，明非臣法也。楚能盡其忠愛，所以興。」既曰愛君，何以又斥非臣法？傳無此意。疏謂「注言此以釋何休之難」，未得杜意，不引鄭語，非。《後漢書·孔融傳》：「時論者多欲復肉

---

❶「兆」，原爲「口」，今據《春秋左氏傳補注》卷二改。

❷「子」，《太平御覽》卷四百五十一作「之」。

❸「恩」，原作「思」，今據《毛詩正義》卷二改。

刑，融乃建議曰：『雖忠如鬻權，信如卞和。』」以鬻拳爲忠，亦古《左氏》説。權、拳異文。

初，王姚嬖于莊王，生子頹。【疏證】洪亮吉云：「穨，❶《釋文》及别本作『頹』，誤。石經及宋本作『穨』，舊本《外傳》亦作『穨』，與《説文》合。」《周世家》：❷「初，莊王嬖姬姚，生子穨。」索隱云：「子穨，❸莊王子，釐王弟，惠王之叔父也。」《周語》注：「穨，❹莊王之少子，王姚之子。王姚嬖於莊王，生子穨。」

子頹有寵，蔿國爲之師。【疏證】《周世家》：「頹有寵。」❺《師氏》「以三德教國子」，鄭注：「師氏教國子，而世子亦齒焉。」則蔿國爲師氏之官也。《世本》：「惠王，名毋京。」❻《周語》注：「惠王，周莊王之孫，釐王之子惠王毋涼也。」按《周世家》：「釐王崩，子惠王閬立。」與《世本》、《周語》注并異。閬長言之則曰毋涼，疑《世本》奪水旁。

及惠王即位，取蔿國之圃以爲囿。【疏證】《説文》：「種菜曰圃。囿，園有垣也。」❼哀十五年服注：「圃，園也。」與許

---

❶「穨」，原作「頹」，今據《春秋左傳詁》卷六改。

❷「世家」，當作「本紀」，下二「世家」同。

❸「穨」，原作「頹」，今據《史記·周本紀》改。

❹「穨」，原作「頹」，今據《國語正義》卷一改。

❺「頹」，《史記·周本紀》作「穨」。

❻「京」，《史記·周本紀》索隱引《系本》作「涼」。

❼「園」，《説文解字》卷六下作「苑」。

稍異。《冢宰》：「園圃毓草木」❶鄭注云：「樹果蓏曰圃。園，其樊也。」❷又《囿人》鄭注：❸「囿，今之苑。」杜注：「圃，園也。囿，苑也。」用服、鄭説。

邊伯之宫近于王宫，王取之。【疏證】杜注：「邊伯，❹謂周大夫。」按：古者，君臣所居，通謂之宫。《内則》「由命士以上，❺父子皆異宫。」

王奪子禽、祝跪與詹父田，而收膳夫之秩。【疏證】杜注：「三子，周大夫。膳夫，石速也。秩，禄也。」按：《膳夫》：「掌王之食飲膳羞，以養王及后、世子。」石速不在五大夫之列，故杜以爲膳夫，此他無所證。鄭玄《周禮注》：「秩，禄廪也。」杜本鄭説。

故蔿國、邊伯、石速、詹父、子禽、祝跪作亂，因蘇氏。【疏證】洪亮吉云：「《外傳》『速』作『遬』。《説文》『遬』，籀文『速』。《漢書・宣帝紀》注：『師古曰：遬，古速字。』」是《左氏》古文或作「石遬」也。杜注云：「蘇氏，周大夫，桓王奪其十二邑以與鄭，自此以來遂不和。」十二邑見隱十一年傳。如杜説，則蘇氏爲蘇忿生也。

秋，五大夫奉子頽以伐王，不克，出奔温。【疏證】《周本紀》：「惠王即位，奪其大臣園以爲囿，故大夫

---

❶「毓」，原爲空格，今據《周禮注疏》卷二補。
❷「其」，原作「之」，今據《周禮注疏》卷二改。
❸「囿人」，原爲空格，今據《周禮注疏》卷九補。
❹「伯」，原脱，今據《春秋左傳正義》卷九補。
❺「上」，原作「下」，今據《禮記正義》卷二十七改。

邊伯等五人作亂，謀召燕、衛師，伐惠王。惠王奔温，已居鄭之櫟。」詳史遷義，是五大夫爲邊伯、石速、詹父、子禽、祝跪，不數蔿國也，與傳違。杜注：「石速，士也，故不在五大夫數。」

蘇子奉子頹以奔衛。衛師、燕師伐周。【疏證】杜注云：「燕，南燕。」《燕召公世家》：「莊公十六年，與宋、衛共伐周惠王。」索隱曰：「譙周云據《左氏》，燕與衛伐周惠王乃是南燕姞姓，而《系家》以爲北燕伯，故著《史考》云『此燕是姞姓』。今檢莊十九年『衛師、燕師伐周』，二十年傳云『執燕仲父』，三十年『齊伐山戎』，傳曰『謀山戎，以其病燕故也』。據傳文及此記，元是北燕不疑。杜君妄説仲父是南燕伯，是北燕之大夫。❶且燕、衛俱是姬姓，故有伐周納王之事。若是姞燕與衛伐周，❷則鄭何以獨伐燕而不伐衛乎？」沈欽韓云：「北燕路遠似非關究。《元和志》：『滑州胙城縣，古燕國，漢爲南燕縣。』今省入衛輝府延津縣，胙城故城在府東南三十五里。」❸按：沈説是也。譙周以《世家》爲誤，索隱强爲之解耳。二十年傳「執燕仲父」，正義云：「服虔亦云：『南燕，❹伯爵。』」是服氏以此伐周者爲南燕也，杜用服説。《衛世家》：「惠公怨周之容舍黔牟，與燕伐周。」不言子頹奔衛事，與傳異。

❶「是北燕之大夫」，《史記·燕召公世家》作「爲伐周故」。

❷「姞」下，原衍「姓」字，今據《史記·燕召公世家》删。

❸「東」下，原衍「東」字，今據《春秋左氏傳地名補注》卷二删。

❹「燕」，原作「箕」，今據《春秋左傳正義》卷九改。

冬，立子頽。【疏證】《年表》：「惠王二年，燕、衛伐王，王奔温，立子穨。」❶又「燕莊公十六年，伐王，王奔温，立子穨」。《周世家》：❷「立釐王弟穨爲王。」《周語》：「惠王三年，邊伯、石速、蔿國出王而立王子頽。」注：「三年，魯莊公十九年。」與《年表》差一年，《世家》亦録於二年也。

【經】二十年，春，王二月，夫人姜氏如莒。無傳。

夏，齊大災。無傳。【疏證】宣十六年傳例：「天火曰災。」杜注：「來告以大，故書。」

秋，七月。

冬，齊人伐戎。無傳。【疏證】《穀梁》作「伐我」。

【傳】二十年，春，鄭伯和王室，不克。執燕仲父。【注】服云：「南燕伯爵。」本疏。【疏證】杜注：「燕仲父，南燕伯，爲伐周故。」杜用服説。疏既引服注，而又曰：「《譜》亦云南燕伯爵，不知所出。」疏未知《譜》亦用服説也。《水經·濮水》注：「二濮渠又東北逕燕城南，故南燕姞姓之國。有北燕，故以南氏。」此燕之爲南燕，詳上年傳疏證。

---

❶「穨」，原作「頽」，今據《史記·十二諸侯年表》改。下二「穨」字同。

❷「世家」，當作「本紀」，下一「世家」同。

夏，鄭伯遂以王歸，處于櫟。❶

秋，王及鄭伯入于鄔。【疏證】桓十一年傳：❷「王取鄔、劉、蔿、邘之田於鄭。」此時鄔爲王邑。

遂入成周，取其寶器而還。【疏證】杜無注。沈欽韓云：「《紀年》：『子頹亂，王居於鄭，鄭人入王府，多取玉，玉化爲蜮射人。』」是其事也。

冬，王子頹享五大夫，樂及偏舞。【注】賈云：「偏舞，皆舞六代之樂。」《周本紀》集解。【疏證】杜注：「皆舞六代之樂。」用賈説也。《周語》「樂及偏舞」，注：「偏舞，六代之樂也，謂黄帝曰《雲門》、堯曰《咸池》、舜曰《大招》、禹曰《大夏》、殷曰《大濩》、周曰《大武》。一曰：大夫偏舞也。」韋當用賈義。此注亦當疏六者之目，引者失之。大夫偏舞，當亦《左氏》先儒説矣。《大司樂》有《大卷》，❸鄭注謂亦黄帝樂。又「咸池」作「大咸」，「大招」作「大韶」，韶猶招也。《宋書·樂志》：「魏王肅議曰：『説者以周家祀天，唯舞《雲門》，祭地，唯舞《咸池》，宗廟，唯舞《大武》，似失其義矣。周禮賓客皆作備樂。《左傳》「五大夫樂及偏舞」，六代之樂也。然則一會之日，具作六代樂矣。天地宗廟，事之大者，賓客燕會，比之爲細。《王制》曰：「庶羞不踰牲，燕衣不踰祭服。」可以燕樂而踰天地宗廟之樂乎？』」王肅説偏舞亦同於賈。

---

❶「處」上，《春秋左傳正義》卷九有「王」字。

❷「桓」，當作「隱」。

❸「卷」，原爲空格，今據《周禮注疏》卷二十二補。

鄭伯聞之，見虢叔，曰：【注】賈云：「鄭厲公突、虢公林父也。」《周世家》集解。❶【疏證】杜注：「叔，虢公子。」子，宋本作「字」，則杜用賈説。《周語》「鄭厲公見虢叔」，注：「厲公，❷鄭莊公之子厲公突。❸虢叔，王卿士虢公林父也。」韋亦用賈説。《年表》：❹「立釐王弟穨爲王。❺樂及偏舞，鄭、虢君怒。」

「寡人聞之：哀樂失時，殃咎必至。今王子穨歌舞不倦，樂禍也。夫司寇行戮，君爲之不舉。

【疏證】《周語》「司寇行戮，君爲之不舉」，注：「不舉，不舉樂也。」杜注云：「去盛饌。」按：《膳夫》：「王日一舉，以樂侑食。邦有大故則不舉。」注：「殺牲盛饌曰舉。鄭司農云：『大故，刑殺也。《春秋傳》曰：司寇行戮，君爲之不舉。』」疏：「《春秋傳》『夫司寇行戮，君爲之不舉』，不舉者，謂不舉樂。此經數事不舉，司農意亦謂不舉樂，故引此爲證。但此《膳夫》云不舉，在食科之中，不舉即是不殺牲。引司農意在下者，不舉之中，含有不舉樂。」❻如彼疏説，則後鄭説不舉亦兼食、樂言之。杜止云「去盛饌」，用後鄭《禮》注義，未知康成亦取先鄭説也。本疏云：「襄二十六年傳曰：『古之治民者，將刑，爲之不舉，不舉則徹樂。』是不舉者，貶膳食，徹聲樂也。」疏兼食樂言，是也。

---

❶「世家」，當作「本紀」。

❷「公」，原作「王」，今據《國語正義》卷一改。

❸「厲」，原脱，今據《國語正義》卷一補。

❹「年表」，當作「周本紀」。

❺「穨」，原作「頹」，今據《史記·周本紀》改。

❻「含」，原作「食」，今據《周禮注疏》卷四改。

「而況敢樂禍乎？奸王之位，禍孰大焉？臨禍忘憂，憂必及之。盍納王乎？」虢公曰：「寡人之願也。」【疏證】《莊子·天運》「以奸者七十二君」，《釋文》引《三蒼》：❶「奸，犯也。」是「奸」猶「干」也。

【經】二十有一年，春，王正月。

夏，五月，辛酉，鄭伯突卒。【疏證】《鄭世家》「七年秋，厲公卒」，與傳異。

秋，七月，戊戌，夫人姜氏薨。無傳。【疏證】杜注：「薨寢祔姑，赴於諸侯，故具小君禮書之。」疏云：「經無所闕，禮備可知，杜爲此注者，以先儒之説使莊公絶母子之親，故於此明之，知母子不絶。」疏稱先儒説無考。元年傳服注：「善莊公思大義，絶有罪。」疏所謂絶母子之親，或斥服彼注也。彼薨葬注得禮則書，疑先儒不以爲褒貶。

冬，十有二月，葬鄭厲公。

【傳】二十一年，春，胥命于弭。夏，同伐王城。【疏證】杜注：「弭，鄭地。」顧棟高云：「弭近鄭西鄙，在今許州府密縣境。」又云：「今河南府洛陽縣城内西偏即王城故址。自平王東遷至景王十一世皆居此。敬王遷成周，王城廢。至赧王復居之。」按密縣今屬開封府。

鄭伯將王自圉門入，虢叔自北門入，殺王子頹及五大夫。【疏證】杜無注。韋昭《國語注》：「二門，

❶「蒼」，原作「者」，今據《經典釋文》卷二十七改。

王城門也。」沈欽韓云：「《方輿紀要》：王城面有三門，凡十二門，南城曰圉門。」按：顧棟高云：「圉門爲王城南門。」江永云：「今按：洛陽東南有圉鄉，圉門其以此名歟？」《年表》：「周惠王二年，❶誅積，❷入惠王。鄭厲公七年，救周亂，入王。」《周世家》：❸「四年，鄭與虢君伐殺王積，❹復入惠王。」《鄭世家》：「厲七年春，與虢叔襲殺王子積而入惠王於周。」

鄭伯享王於闕西辟，樂備。【注】潁容云：「闕者，上有所失，下得書之於闕。」《水經·穀水》注。「所以求論譽於人，故謂之闕矣。」《御覽》。服云：「西辟，西偏也。」本疏。【疏證】《釋名》：「闕在門兩旁，中央闕然爲道。」邵晉涵《爾雅正義》云：「闕，諸侯設於雉門，是以雉門謂之闕門。天子蓋設於應門。」則此謂應門之闕也。杜注：「闕，象魏也。」按：《太宰》「乃懸治象之法於象魏」，注：「象魏，闕也。故魯災，季桓子御公立於象魏之外，命藏象魏，云舊章不可忘。」杜蓋用鄭説。彼疏云：「周公謂之象魏，雉門之外，兩觀闕高魏魏然。❺孔子謂之觀，《春秋》定二年夏五月，『雉門災及兩觀』是也。云觀者，以有教象可觀望。又謂之闕者，闕，去也。仰觀治象，闕去疑事。或解闕中通門，是以莊二十一年云『鄭伯享王於闕西辟』，注：『闕，象魏也。』」疏所

---

❶「二」，《史記·十二諸侯年表》作「四」。
❷「積」，原作「頹」，今據《史記·十二諸侯年表》改。
❸「世家」，當作「本紀」。
❹「積」，原作「頹」，今據《史記·周本紀》改。
❺「兩」，原作「西」，今據《周禮注疏》卷二改。

引注，蓋即杜注。其云「闕中通門」，即《釋名》所謂闕在門旁也。鄭不解闕制，疏爲補之，其引此傳爲證。疑「闕中通門」，亦《左氏》舊説也。《水經注》引穎説不完，以《御覽》所引補之。穎氏謂設闕以求言，與《周禮》懸書之制不同。先儒説闕誼蓋非一矣。本疏引服注，釋之云：「當謂兩觀之内道之西也。」此疏解服西偏之義，洪亮吉引爲服注，非。《曲禮》「辟咡詔之」，釋文：「辟，側也。」《淮南·説山》注：「辟，旁也。」《儀禮·覲禮》「偏駕不入王門」，注：「在旁與己同曰偏。」❶是「旁」猶「偏」，故服以偏爲辟也。惠棟云：「《毀敦銘》云『繼治我東偏西偏』。」古無諸侯饗天子禮。《禮記·郊特牲》疏云：「春秋之時，則有諸侯饗天子，故莊二十一年『鄭伯享王於闕西辟，樂備』，亂世非正法也。」

王與之武公之略，自虎牢以東。【疏證】杜注：「略，界也。」❷《地理志》：「河南郡成臯，故虎牢。」沈欽韓云：「《穆天子傳》：『天子射鳥獵獸於鄭圃，七萃之士高奔戎生捕虎而獻之天子，命之爲柙，❸畜之東虢，是曰虎牢。』按：今在河南汜水縣西。」按：沈説是也。虎牢屬東虢，則穆王時仍非鄭地。杜謂平王賜武公虎牢以東，説近之。

原伯曰：「鄭伯效尤，其亦將有咎！」【疏證】杜注：「原伯，原莊公也。言效子頹舞偏樂。」

五月，鄭厲公卒。王巡虢守。【疏證】釋文：「守，本作狩。」《孟子》：「天子適諸侯曰巡守。巡守者，巡

❶「在」，原作「左」，今據《儀禮注疏》卷二十七改。
❷「界」，原作「與」，今據《春秋左傳正義》卷九改。
❸「柙」，原作「押」，今據《春秋左氏傳地名補注》卷二改。

所守也。」守、狩通。

虢公爲王宮于玤，【疏證】杜注：「玤，虢地。」顧棟高云：「玤在今河南河南府澠池縣界。」

王與之酒泉。【疏證】杜注：「酒泉，周邑。」顧棟高云：「今陝西同州府澄城縣有温泉，西注於洛。又有甘泉出匱谷中，造酒尤佳，名曰酒泉。蓋虢地跨河東西，復入於晉。」❶江永云：「周既東遷，關中之地非周有，此酒泉疑别一地。」

鄭伯之享王也，王以后之鞶鑑予之。【注】服云：「鞶鑑，王后婦人之物，非所以賜有功。」本疏。【疏證】杜注：「鞶帶而以鑑爲飾。今西方羌胡猶然。」沈欽韓云：「《淮南·主術訓》『趙武靈王貝帶鵕鸃而朝』，高誘注：『以大貝飾帶。』《史記·佞幸傳》：『孝惠時，郎、侍中皆貝帶。』❷蓋胡服或以貝飾之，未必以鏡爲飾也。鞶、鑑自是二物。鄭解《内則》云：『鞶，小囊盛帨巾者。』《魏志·曹瞞傳》：『操佻易，自佩小鞶囊盛手巾細物。』《東觀漢紀》：『詔賜鄧遵虎頭鞶囊一。』鄭之詁經篤矣。」❸按：沈説是也。李貽德云：「按：以鏡飾帶，則當名鑑鞶矣。服謂婦人之物，固謂以囊盛鏡耳，王以賜有功是爲褻也。」李析鑑鞶、鞶鑑之異名甚核，其謂以囊盛鏡，則泥讀傳文，與杜同。

虢公請器，王予之爵。【注】服云：「爵，飲酒器，玉爵也。一升曰爵。爵，人之所貴者。」本疏。

---

❶「復」，《春秋大事表》卷八作「後」。

❷「侍」，原脱，今據《史記·佞幸列傳》補。

❸「經」，原脱，今據《春秋左氏傳補注》卷二補。

【疏證】杜注：「爵，飲酒器。」用服説也。《太宰》「大朝覲會同贊玉爵」，注：「玉爵，王禮諸侯之酢爵。」故服知爲玉爵也。《儀禮·特牲饋食禮》「實二爵」注引舊説曰：「爵，一升。」《禮器》「爵，人之所貴」句，與上文不相承。《鄭世家》云：「惠王不賜厲公爵禄。」索隱曰：「此言爵禄，與《左氏》異説。」疑先儒或釋以爵禄，服兼取之，疏引服説有脱文耳。李貽德云：「『貴者獻以爵』，故云人之所貴。」非。

鄭伯由是始惡于王。【注】服云：「言鄭伯以其父得賜不如虢公，爲是始惡于王，積而成怨，僖二十四年，遂執王使，此爲彼張本。」本疏。【疏證】杜注：「爲僖二十四年鄭執王使張本。」疏云：「鄭伯謂厲公子文公也。」下即引服注。洪亮吉、嚴蔚皆引至「積而成怨」止，李貽德《輯述》止取「鞶鑑」、「爵」注文，而不録此注。劉恭冕云：「玩其語意，似爲孔疏之文。」按：孔疏之例，凡杜注云爲某年某事張本者，皆無所釋，以注意已明也。今此傳引服注原文，未加删節，尋其語意相承，非疏家解注之詞。洪、嚴節去末三句，亦非也。今悉定爲服注。

冬，王歸自虢。

【經】二十有二年，春，王正月，肆大眚。【注】賈云：「文姜爲有罪，故赦而後葬，以説臣子也。魯大赦國中罪過，欲令文姜之過因是得除，以葬文姜。」本疏。【疏證】《公羊》「眚」作「省」。《堯典》「眚災肆赦」，某氏傳：「眚，過。肆，緩也。」《北齊書·閔帝紀》：❶「元年八月，詔曰：『朕甫臨大位，政教未孚，使我民

❶「北齊」，當作「周」。

衆，多陷刑網。今秋律已應，將行大戮，言念群生，責在於朕。宜從肆眚，與其更新。其犯者宜降從流，流以下各降一等。不在赦條者，❶不在此降。』」《明帝紀》：「武成元年，詔曰：『比屢有糾發官司赦前事。❷此雖意在疾惡，但先王制肆眚之道，令天下自新。若又推問，自新何由哉。』」右皆以大赦爲肆眚也。漢以後肆眚多在改元，與春秋時不同。杜云：「有時而用之，非制所常，故書。」是不用賈説。疏駁賈云：「杜惟言有時用之，亦不知此時何以須赦。要文姜出奔之日尚稱夫人，夫人之名，未嘗有貶，何須以赦除之？此赦必不爲文姜。但夫人以去年七月薨，十一月則當合葬，乃遲至此年正月，經七月始葬，如此遲緩，必是國家有事，須赦解之，但不知其所由耳。」沈欽韓云：「按：莊公尚不讎齊，何有讎其母？普天曠蕩，蒯夫人得同其例否？此晉武帝以調孫秀，非真有其事者。賈乃創之於前，徒見經文下即有葬文姜之事，强傅合之耳。」文淇案：莊公固不讎其母，但文姜得罪於先君，此時與先君合葬，臣子之心有所不安，故賈云「赦而後葬，以説臣子也」。洪亮吉云：「文姜得罪先君，國人所知，非因肆赦不可蕩滌，故賈云然耳。《正義》説非。」李貽德云：「出奔書『夫人』者，魯史臣所以諱君惡也。葬文姜而先肆眚者，魯莊所以解公議也。」説皆得之。

癸丑，葬我小君文姜。無傳。

陳人殺其公子御寇。【疏證】《公》、《穀》「御」作「禦」。《陳世家》同。

夏，五月。【疏證】李貽德云：「此書『夏五月』而不繫事者，明登臺視朔備也。」李所舉爲賈、服義，詳隱六

---

❶「條」，《周書・孝閔帝紀》作「限」。

❷「糾」，原作「亂」，今據《周書・明帝紀》改。

年經。顧炎武云：「書五月，史闕誤。」用杜氏《釋例》説，非。

秋，七月，丙申，及齊高傒盟于防。

冬，公如齊納幣。無傳。

【傳】二十二年，春，陳人殺其大子御寇。【疏證】《陳世家》：「宣公後有嬖姬生子款，欲立之，乃殺其太子御寇。」❶杜注：「傳稱太子，以實言。」惠士奇曰：「陳殺御寇，猶莒殺意恢，皆公子也。稱人者，衆辭。經書公子，傳稱太子，必有一誤，舍傳從經可也。杜預背經據傳曲爲之説，妄也。或曰御寇未誓於王，故傳稱太子，經書公子。」

陳公子完與顓孫奔齊。【疏證】《齊世家》：「桓公十四年，陳厲公子完，號敬仲，❷來奔齊。田成子常之祖也。」《田敬仲世家》：「陳完者，陳厲公他之子也。爲陳大夫。宣公十一年，❸殺其太子禦寇。禦寇與完相愛，恐禍及己，故奔齊。」《陳世家》同。《年表》：「陳完自陳來奔，田常始此也。」❹

顓孫自齊來奔。

齊侯使敬仲爲卿，辭曰：「羈旅之臣，【注】賈云：「羈，寄。旅，客也。」《陳世家》集解。**【疏證】**《田

---

❶「御」，《史記·陳杞世家》作「禦」。

❷「號」，原作「歸」，今據《史記·齊太公世家》改。

❸「十一」，當作「二十一」。

❹眉批：有脱誤，查。

敬仲世家》：「完卒，謚爲敬仲。」杜注：「羈，寄。旅，客也。」全用賈義。《遺人》「以待羈旅」，鄭注：「羈旅，過行寄止者。」《廣雅・釋詁》：「旅，客也。」

「幸若獲宥，及於寬政，【疏證】杜注：「宥，赦也。」

「赦其不閑於教訓，而免於罪戾，弛於負擔，【疏證】《釋詁》：「閑，習也。」洪亮吉云：「鄭玄《周禮》注：『弛，釋下之。』按：杜注：『弛，去離也。』用鄭義。」《齊語》注：「背曰負，肩曰擔。」惠棟云：「按：漢碑『負擔』字皆作『儋』。《説文》曰：『儋，何也。從人詹聲。』然則負儋猶負何也。」

「君之惠也，所獲多矣。敢辱高位，以速官謗？

「請以死告。【疏證】《御覽》四百十九引作「敢以死告」。❶ 杜注：「以死自誓。」沈欽韓云：「《吕覽・贊能》注：『告，白也。』《漢書・高紀》注：『告者，請謁之言，謂請休耳。』」按：沈説是也。

「詩曰：『翹翹車乘，招我以弓。豈不欲往？畏我友朋。』」【注】服云：「翹翹，遠貌。」《漢廣》疏。

【疏證】杜注：「逸《詩》也。翹翹，遠貌。古者聘士以弓，言雖貪顯命，懼爲朋友所譏責。」《漢廣》疏：「莊二十二年《左傳》引逸《詩》曰『翹翹車乘』，即云『招我以弓』，明其遠，故服虔云：『翹翹，遠貌。』」是杜注用服説也。焦循云：「按：翹翹，見於《詩》者，《豳風》謂危也，《周南》爲薪貌，正義以爲高，《廣雅》以爲衆。此注本服虔以爲遠貌者。《爾雅・釋草》『連，異翹』，注：『一名連苕。』張仲景《傷寒論》作『連軺』。《釋名》：『軺，遥也，遥遠也。』陸璣

---

❶ 「四百十九」，當作「四百二十三」。

《毛詩疏》云：『苕饒也，幽州人謂之翹饒。』《本草拾遺》謂之『翹摇』，『摇』通『遥』，『軺』通『迢』，蓋讀『翹翹』爲『迢迢』、『遥遥』也。」

使爲工正。【注】賈云：「掌百工。」《陳世家》集解。❶【疏證】正，毛本作「政」，今從各本。《齊世家》：「陳厲公子完敬仲，❷來奔齊。齊桓公欲以爲卿，讓。於是以爲工正。」字亦作「正」也。洪亮吉云：「《漢大府陳球碑》云：『公子完適齊，爲桓公功正。』按古功、工通。」杜注：「掌百工之官。」用賈説。李貽德云：「《攷工記》『百工與居一也』，注：『百工，司空事官之屬。司空，監百工者。』又『以飭五材，以辨民器，謂之百工』，注：『五材各有工，言百，衆言之也。』謂之正者，亦猶奚仲爲車正、閼父爲陶正也。《國語·齊語》『立五正』，注：『正，長也。』」

飲桓公酒，樂。【疏證】杜注：「齊桓賢之，故就其家會。」正義曰：「春秋之世，設享禮以召君者，皆大臣擅寵，如衛公叔文子、宋桓魋之徒始爲之耳，爲之非禮法也。敬仲，羈旅之臣，且知禮者也，必不召公臨己，知是桓公賢之，自就其家會也。」文淇案：《禮運》云：❸「大夫而饗君，非禮也。」是臣原不當召君，然春秋時不能如禮。《晏子·雜篇》亦有飲景公酒事。公叔文子與晏子皆非擅寵之臣，何知桓公自就敬仲乎？

公曰：「以火繼之。」對曰：❹「臣卜其晝，未卜其夜，不敢！」【注】服云：「臣將享君，必卜之，示

---

❶「陳」，當作「齊」。
❷「敬」上，《史記·齊太公世家》有「號」字。
❸「禮運」，當作「郊特牲」。
❹「對」，《春秋左傳正義》卷九作「辭」。

戒慎也。」本疏。【疏證】《曲禮》：「龜曰卜。」沈欽韓云：「按：飲酒有饗有燕，《彤弓》詩云『一朝饗之』，所謂飲酒之節，朝不廢朝，暮不廢夕也。《燕禮》『閽人爲燭』，《詩》『厭厭夜飲』，則燕固以火繼之。臣飲君有饗而無燕。《晏子·雜篇》：『晏子飲景公酒，❶日暮，公呼具火，晏子辭曰：「嬰已卜其日，未卜其夜。」』上章云：『晏子飲景公酒，令器必新。家老曰：❷財不足，請斂于氓。』此又前期卜日之證也。」按：沈説是也。疏引服注，駁之云：「此桓公自就其家，非敬仲發心請享，不得言將享必卜也。蓋桓公告其往日，乃卜之耳。」公已告日，安用卜爲？疏以杜注謂桓公就其家會，故曲爲杜解以難服義，非也。《湛露》「在宗載考」，❸箋云：「考，成也。夜飲之禮，在宗室同姓諸侯則成之，於庶姓其讓之則止。昔者，陳敬仲飲桓公酒而樂，桓公命以火繼之。敬仲曰：『臣卜其晝，未卜其夜。』於是止。此之謂不成也。」疏：「飲桓公酒者，桓公至敬仲之家，而敬仲飲之酒，故《鄭志》答張逸云：『時桓公館敬仲，若哀公館孔子之類。』杜預亦云：『桓公賢敬仲之故，幸賢人之家。』是也。言卜晝不卜夜者，服虔云：『臣享君必卜，示敬慎也。』此燕諸侯，王爲之主，彼桓公飲酒，敬仲爲主，而得證此者，君適其臣，君爲主人，其進退在君所裁，❹敬仲之辭與諸侯之讓同，故得爲證也。」《鄭志》謂桓公館敬仲，則桓公授敬仲館舍，非如杜説自就其家矣。君適其臣，君爲主人，蓋亦《左氏》古誼矣。《詩》疏引服注，與本疏小異。

---

❶「景」，原作「桓」，今據《春秋左氏傳補注》卷二改。
❷「老」，原作「長」，今據《春秋左氏傳補注》卷二改。
❸「載」，原作「在」，今據《毛詩正義》卷十改。
❹「裁」，原作「載」，今據《毛詩正義》卷十改。

君子曰：「酒以成禮，不繼以淫，義也。【疏證】杜注：「夜淫爲淫樂。」《御覽》八百四十三引注「夜飲爲淫樂也」，則杜注「夜淫」是「夜飲」之譌。

以君成禮，弗納於淫，仁也。」

初，懿氏卜妻敬仲。【疏證】《陳世家》：「齊懿仲欲妻陳敬仲，卜之，吉。」則懿氏名仲，齊大夫。杜云「陳大夫」，非也。《田敬仲世家》亦云：「齊懿仲欲妻完，卜之，吉。」

其妻占之，曰：「吉！

是謂『鳳皇于飛，和鳴鏘鏘。有媯之後，將育于姜。【注】穎容云：「舜居西域，本曰媯汭。」《御覽》一百六十八引。【疏證】自此至「莫之與京」，皆繇辭也。《田敬仲世家》引同。《釋鳥》：「鶠，鳳。其雌皇。」《說文》：「鳳，神鳥也。從鳥凡聲。鳳飛，則群鳥從之以萬數，故古文鳳作朋字。」鏘鏘，鳴之聲也。《釋文》：「本又作將將。」《呂覽・察賢》「則萬物育矣」，注：「育，成也。」穎氏說當爲《釋例》語，以解「有媯之後」句也。《地理志》「漢中郡西城」，應劭曰：「《世本》：媯虛在西北，舜之居。」❶穎氏據當時郡縣言「西域」，當是「西城」之譌。《堯典》：「釐降二女于媯汭。」《水經・河水》注：「河東郡南有歷山，舜所耕處也。有舜井，媯、汭二水出焉。南曰媯水，北曰汭水，西逕歷山下。《尚書》所謂『釐降二女於媯汭』也。」❷其引《尚書》與今本「媯」、「溈」字異。《漢

---

❶「居」，原作「虛」，今據《漢書・地理志》改。

❷ 眉批：汭有內訓，當查補。似王伯申有說。

書・元后傳》：「舜起嬀汭，以嬀爲姓。」《陳世家》：「昔舜爲庶人時，堯妻之二女，居于嬀汭，其後因爲氏姓，姓嬀氏。」字皆從嬀。

「『五世其昌，並于正卿。【注】服云：「言完後五世與卿並列。」《陳世家》集解。【疏證】釋文：「並于，本或作『並爲』，誤。」李貽德云：「下文云『陳桓子始大于齊』。《史記・田敬仲世家》：『敬仲生穉孟夷，穉孟夷生湣孟莊，湣孟莊生文子須無，文子生桓子無宇。』正五世也。」按：服云「完後五世」，并敬仲計之。本疏云：「并于正卿，位與卿並得爲上大夫也。」此舊疏説服「與卿并列」義。

「『八世之後，莫之與京。』」【注】服云：「京，大也。」《陳世家》集解。【疏證】下文成子得政疏引沈氏云：「《世家》：『桓子生武子啟及僖子乞。乞卒，子常代之，是爲田成子。』是於敬仲爲七世，言八世者，據其相代在位爲八世也。成子弒簡公，專齊政，是莫之與大也。」沈氏所引爲《田敬仲世家》文，今本「啟」作「開」，「僖」作「釐」。詳「莫之與大」句，是釋此傳之文，疏引於「成子得政」下，非也。沈氏以武、僖爲二世，本疏云：「五世、八世當是卜兆之間有其象。傳言其占之辭，不言其知之意，固非後學所能詳之。」是疏不用沈説也。「京，大」，《釋詁》文。杜用服説。《陳世家》正義云：「按：陳敬仲八代孫，田常之子襄子磐也。而杜以常爲八代者，以桓子無宇生武子開，與釐子乞皆相繼事齊，故以常爲八代。」亦同沈説。

陳厲公，蔡出也。【疏證】《釋親》：「姊妹之子曰出。」文十四年傳：「接菑，晉出也。貜且，齊出也。」出猶言甥矣。

故蔡人殺五父而立之。【疏證】詳桓六年疏證。

生敬仲。其少也，周史有以《周易》見陳侯者，陳侯使筮之。【疏證】杜注「周史」：「周太史。」《曲禮》：「蓍曰筮。」《陳世家》：「厲公二年，生子敬仲完。周大史過陳，陳厲公使以《周易》筮之。」與傳略同。厲公二年，即桓公七年也。《年表》：「厲公二年，生敬仲完。」《田敬仲世家》：「完生，周太史過陳，陳厲公使卜完。」太史公曰：「蓋孔子晚而喜《易》。《易》之爲術，幽明遠矣，非通人達材，孰能注意焉！故周太史之卦陳敬仲完，占至十世之後。」

遇觀之否。【注】賈云：「坤下巽上，觀。坤下乾上，否。觀爻在六四，變而之否。」《陳世家》集解。

【疏證】《論衡・卜筮篇》：「卜曰逢，筮曰遇。」惠棟云：「按：『之』字訓變，漢高祖諱邦，荀悦曰之字國，惠帝諱盈，之字滿，亦此類。」沈彤《小疏》云：「此與哀九年趙鞅卜救鄭，遇水適火一例，『之』亦『適』也。《繫辭》云『惟變所適』，是變而後有所適也。」疏引沈云：「遇者，不期而會之名。筮者所得卦之吉凶，非有宿契，逢遇而已，故謂之遇。」此舊疏釋「遇」之辭，疑舊注不説「遇」也。杜注用賈氏説。疏謂「賈、服及杜并皆同焉」，則服注亦同於賈，其辭無徵，杜用賈説。而下文注云：「《易》之爲書，六爻皆有變象。」疏引劉炫《規過》云：「觀之否者，爲觀卦之否爻。屯之比者，爲屯卦之比爻。皆不取後卦之義。」疏舉閔元年屯之比，僖十五年歸妹之睽，昭五年明夷之謙，皆取前後二卦以占吉凶。劉駁杜六爻皆有變象之説，意主止占一爻，疏駁劉未達劉意也。❶惠棟云：「筮法有三爻四爻，變止占一爻者，觀之否即觀之六四也。否、比之卦，❷劉氏之説是也。不然，《左氏》所占卦數處，當時豈皆

❶ 下「劉」，疑當作「杜」。

❷ 「否」，原作「屯」，今據《春秋左氏傳補注》卷二改。

一爻變乎？二篇六十四卦，其中六爻有不變，有升有降，有剛柔易位。杜未通《易》理，概言之曰『六爻皆有變象』，非也。」按：惠説是也。疏又云：「傳之筮者指取《易》義，不爲論卦，丘明不畫卦也。諸爲注者皆言上體下體，若其畫卦示人，則當不煩此注。注亦不畫卦也。今書有畫卦者，當是後之學者自恐不識，私畫以備遺忘，遂傳之耳。」如疏説，是傳有卦畫，隋唐間人始爲之，先儒注本并無也，今悉刊除。

曰：「是謂『觀國之光，利用賓于王』。【疏證】此《觀卦》六四爻辭，時獨占此爻，故引爻辭以説。

「此其代陳有國乎？不在此，其在異國。【疏證】《周禮》疏引此，「國」下有「乎」字。《田敬仲世家》作「而在異國乎」。張守節《正義》云：「六四變，内卦爲中國，外卦爲異國。」按：六四屬外卦也。

「非此其身，在其子孫。【疏證】《田敬仲世家》「身」下有「也」字。張守節《正義》云：「内卦爲身，外卦爲子孫。變在外，故知爲子孫也。」

「光遠而自他有耀者也。【疏證】洪亮吉《左傳詁》改「耀」爲「燿」，謂石經、刊本作「耀」非。

「坤，土也。巽，風也。乾，天也。風爲天於土上，山也。【疏證】《説卦傳》：「乾爲天。坤爲地，其於地也爲黑，爲大塗。❶巽爲風。艮爲山。」《泰卦》爻辭虞翻注：「坤爲積土。」杜注：「巽變爲乾，故曰風爲天。自二至四有艮象。」疏云：「從二至四，互體有艮之象。」

「有山之材而照之以天光，於是乎居土上，【疏證】李氏《易傳》「艮爲山」引宋衷曰：「二陰在下，一陽

❶「爲」上，據《周易·説卦傳》當有「震」字。

在上，陰爲土，陽爲木，土積於下，木生於上，山之象也。」則山之材以艮言，照以天光謂外卦乾也。杜注：「上有乾，下有坤，故言居土上，照之以天光。」

「故曰：『觀國之光，利用賓于王。』」【疏證】自「光遠而自他有耀者也」句至此，❶皆釋「觀國之光」義也。杜云：「四爲諸侯，變而之乾，有國朝王之象。」疏云：「『庭實旅百』以下，方解『利用賓于王』，則上句『故曰觀國』之下，未須賓王之句，而再言『利用賓于王』者，蓋以『觀國之光』即用朝王之事，❷直言觀光，❸以文不足，故連言賓王，但未解賓王之義，故於下更重言之。」按：劉用熙云「利用賓於王」五字爲衍文，是也。杜注望文生義，疏説更迂曲。

「庭實旅百，奉以玉帛，❹天地之美具焉，故曰：『利用賓于王。』」【疏證】杜不解「庭實」。《國語》韋注云：「庭實，庭中之實。百，舉成數也。」《釋詁》：「旅，陳也。」本疏云：「《覲禮》，侯氏既見王，乃云：『四享皆束帛加璧，庭實惟國所有。』鄭玄云：『四當作三，《大行人職》曰，諸侯廟中將幣，皆三享，其禮差又無取於四也。初享或用馬，或用虎豹之皮。其次享三牲魚腊，籩豆之實，龜也，金也，丹、漆、絲、纊、竹箭也，其餘無常貨，此地物非一國所能有，唯所有分爲三享，皆以璧帛致之。』《禮器》云：『大饗其王事與。三牲魚腊，四海九州之美味也。

❶「者」，原脱，今據《春秋左傳正義》卷九補。
❷「用」，《春秋左傳正義》卷九作「是」。
❸「光以」，原作「王於」，今據《春秋左傳正義》卷九改。
❹「以」上，《春秋左傳正義》卷九有「之」字。

籩豆之薦，四時之和氣也。内金，示和也。束帛加璧，尊德也。龜爲前列，先知也。金次之，見情也。丹、漆、絲、纊、竹箭，與衆共財也。其餘無常貨，各以其國之所有，則致遠物也。』《郊特牲》曰：『旅幣無方，所以别土地之宜，而節遠邇之期也。龜爲前列，先知也。以鍾次之，以和居參之也。虎豹之皮，示服猛也。束帛加璧，尊德也。』鄭玄《覲禮》之注，其言出於彼也。」據疏説，則舊注以庭實玉帛爲諸侯貢享之物，故疏引《覲禮》證之也。《大行人》：「五服貢品有祀物、嬪物、器物、服物、材物、貨物。」鄭彼注云：「祀物，犧牲之屬。嬪物，絲枲也。器物，尊彝之屬。服物，玄纁絺纊也。材物，八材也。貨物，龜貝也。」其言品物與《禮器》、《郊特牲》略相合，故鄭據《禮記》釋經也。《小行人》「合六幣：圭以馬，璋以皮，璧以帛，琮以錦，琥以繡，璜以黼」，鄭注云：「六幣，所以享也。五等諸侯皆有庭實。」則此「奉以玉帛」指六幣言之。疏謂「執以致庭實」是也。「天地之美具焉」與《禮器》「四海九州之美味」、「四時之和氣」義正同。《説卦傳》：「艮爲門闕。乾爲金、玉。坤爲布帛。」杜據以注此傳，而易「艮爲門庭」。疏云：「杜以門内有庭，傳言庭實，故改言艮爲門庭耳。」庭實升庭由門闕，杜改卦象注經，失之。

「猶有觀焉，故曰：『其在後乎！』」【疏證】杜注：「因觀文以博占，故言猶有觀。」疏云：「觀，他視之辭。」

「風行而著於土，故曰：『其在異國乎！』」【注】服云：「巽在坤上，故爲著土也。一曰巽爲風，復爲木，風吹木實落去，更生他土而長育，是爲在異國。」本疏。【疏證】此承上文坤土、巽風而言也。《晉語》注：「著，附也。」杜無注。疏引服説「一曰」以下，李貽德《輯述》未采，蓋疑爲疏家之辭。洪亮吉、嚴蔚本有之，今從洪、嚴本。服氏注多引異説也。《説卦傳》：「巽爲木，爲風。」李氏《易傳》引：「宋衷曰：『陽動陰静，二陽動於上，一陰安静於下，有似於木也。』陸績曰：『風，土氣也。巽，坤之所生，故爲風。亦取静於本而動於末也。』」六四近辛未者，《坤象》虞氏注：「二十九日，消乙入坤。」《繫辭》虞注：「十七日旦，巽象退辛。」《火珠林》：「坤初爻乙未，四爻癸丑。巽六爻皆直辛，内卦辛丑、辛亥、辛酉，外卦辛未、辛巳、辛卯。」又引李淳風云：「坤主乙未、癸丑。乙爲陰之始，癸爲陰之終。丑爲陰辰之始，未爲陰辰之終。坤初爻在未，四爻在丑，坤主陰，故内主未而外主丑也。巽主辛丑、辛未。巽爲長女，即坤之初六，乙與辛對，故巽主辛。以母授女，故主丑未，同於母也。」郭階云：「辛爲納甲，未爲爻辰也。」周史占辭自以風行地上，其著廣遠，證異同之義，故服但謂巽在坤上，其義自明。一説謂風吹木實落生他土者，觀六四變否，則外卦爲乾。《説卦傳》「乾爲木果」，木果即木實也。《漸》爻辭「婦孕不育」，虞注：「育，生也。」傳不言木實，增義説經，不若服氏之慎。

「若在異國，必姜姓也。【疏證】杜無注。《陳世家》正義云：「六四變，此爻是辛未，觀上體巽，未爲羊，巽爲女，女乘羊，故爲姜。姜，齊姓，故知在齊。」《説卦傳》：「巽一索而得女，故謂之長女。」又云：「巽爲長女。」

「姜，大嶽之後也。【疏證】杜注：「姜姓之先爲堯四嶽。」《周語》云：「堯命禹治水，共之從孫四嶽佐之，❶胙四嶽國，命爲侯伯。」賈逵云：「共，共工也。從孫，同姓末嗣之孫。四嶽，官名，大嶽也，主四嶽之祭焉。」賈氏注《内傳》大嶽當同於《外傳》，杜注亦用賈説也。疏引《國語》謂：「以其主嶽之祀，尊之，故稱大嶽。」

「山嶽則配天。【疏證】杜注：「變而象艮。得大嶽之權，則有配天之功。」義殊迂曲。顧炎武云：「《詩》云：『崧高維嶽，峻極於天。』言天之高大，惟山嶽足以配之。」按：顧説是也。

---

❶ 眉批：「共之」，查。

「物莫能兩大。陳衰，此其昌乎！」【疏證】謂田齊當興也。《陳世家》正義云：「周敬王四十一年，楚惠王殺陳湣公。齊簡公，周敬王三十九年被田常殺之。」

及陳之初亡也，陳桓子始大於齊。【疏證】傳終言五世之後徵應。《陳世家》：「哀公三十四年九月，楚圍陳，十一月，滅陳。」《田敬仲世家》：「田桓子無宇有力，事齊莊公，甚有寵。」按：陳哀公當齊景公之世，傳約言之也。

其後亡也，成子得政。【疏證】傳終言八世之後徵應。《陳世家》：「湣公二十四年，楚惠王復國，以兵北伐，殺陳湣公，遂滅陳而有之。」據《田敬仲世家》，田常代田乞專齊政，在齊悼公四年，爲陳湣公十七年，傳亦約言之。

【經】二十有三年，春，公至自齊。無傳。

祭叔來聘。無傳。

夏，公如齊觀社。【疏證】《魯語》「莊公如齊觀社」，注：「莊公二十三年，❶齊因祀社蒐軍實、示軍容，公往視之。」疏引孔晁云：「聚民於社，觀戎器也。」韋注本孔說。杜注：「齊因祭社蒐軍實，故公往觀之。」亦同孔、

❶「公」下，原衍「如齊」，今據《國語正義》卷四删。

韋，疑内、外傳先儒説皆同也。二傳皆不言戎器、軍實，則孔、韋所稱爲《左氏》義矣。❶ 疏云：「襄二十四年傳稱楚子使薳啟疆如齊。齊社蒐軍實，使客觀之。知此亦然，故公往視之。」沈欽韓云：「《墨子·明鬼》篇：『燕之有祖，當齊之社稷，宋之有桑林，楚之有雲夢也，此男女之所屬而觀也。』又曰：『王里國、中里徼二子者，訟三年而獄不斷，乃盟齊之神社。』詳彼文，則齊之社固著聞矣，『社稷』當云『稷社』，稷即稷下也。」朱駿聲亦引《墨子》而釋之云：「此蓋如鄭之溱洧，上巳男女所合會。觀者，觀婦女也。」按：沈、朱説是也。公非以觀禮而往，故傳譏之。《魯語》引曹劌諫詞云「祀又不法」，則社非祀社之正禮矣。《年表》：「公如齊觀社。」

荆人來聘。 無傳。

公及齊侯遇於穀。 無傳。

蕭叔朝公。【疏證】杜注：「蕭，附庸國。」疏云：「無爵而稱朝，知是附庸國也。邾儀父，貴之乃書字，此無所貴，知叔爲名也。」洪亮吉云：「《地理志》：『沛郡，蕭，故蕭叔國，宋別封附庸也。』按：蕭，宋附庸。杜注以爲魯附庸，非。」

秋，丹桓宫楹。【注】舊注：「丹，雕。桓宫，桓公廟。楹，謂之柱。」《御覽》四百五十一。【疏證】杜注：「桓公廟也。楹，柱也。」《魯語》韋注亦同。蓋用舊注。嚴蔚《内傳古注輯存》以此爲服注，未知何據。《御覽》

❶ 眉批：當從韋注「觀戎器」。

止稱注也。字書「丹」無訓雕者，此「彤」字之譌也。《吴語》「皆赤常、赤旟、丹甲」注：「丹，❶彤也。」《説文》：「楹，柱也。《春秋傳》曰『丹桓公楹』。」則賈注亦當訓「楹」爲柱矣。《魯語》「莊公丹桓公之楹而刻其角」，❷韋注：「莊公娶於齊，曰哀姜。哀姜將至，當見於廟，故丹柱刻桷以誇之也。」《列女傳》：「莊公丹其父桓公廟宫之楹，刻其桷，以夸哀姜。」

冬，十有一月，曹伯射姑卒。

十有二月，甲寅，公會齊侯盟于扈。【疏證】杜注：「鄭地。」《郡國志》：「河南尹卷有扈城。」❸江永云：「今懷慶府原武縣西北扈亭。」

【傳】二十三年，夏，公如齊觀社，非禮也。曹劌諫曰：「不可！夫禮，所以整民也。故會以訓上下之則，制財用之節；朝以正班爵之義，帥長幼之序。征伐以討其不然。【疏證】此會、朝謂諸侯相接之禮也。征伐亦軍禮矣。《魯語》：「是故先王制諸侯，五年四王、一相朝也。終則講於會，以正班爵之義，帥長幼之序，訓上下之則，制財用之節。」注：「賈侍中云：『王謂王事天子。歲聘以脩業，❹間朝以講禮，五年之間四

❶ 「丹」上，原衍「朱」字，今據《國語正義》卷十九删。
❷ 「角」，《國語正義》卷四作「桷」。
❸ 「城」下，《後漢書・郡國志》有「亭」字。
❹ 「脩」，《國語正義》卷四作「志」。

聘於王，而一相朝者，❶將朝天子先相朝也。」終，畢也。講，習也。班，次也。謂朝事畢，則習禮於會，以正爵位次序尊卑之義。帥，循也。謂牧伯差國大小使受職貢也。」《魯語》叙曹劌語，主朝畢乃會。傳則先會後朝，語有參互，義則同。疏云：「諸侯之序以爵不以年，此言長幼，謂國大小也。」與《國語》注同義。疏又引沈氏云：「爵同者，據年之長幼，故云帥長幼之序。」則舊説長幼又以年言。

「諸侯有王，王有巡守。【注】舊注：「有王，朝于王。」《小行人》疏。【疏證】《大行人》「凡諸侯之王事」，注：「王事，以王之事來也。」杜注：「從王事。」用彼注義也。《商頌》「莫敢不來王」，鄭箋：「世見曰王。」《周語》「荒服者王」。皆以王爲王事。《小行人》「凡諸侯入王，則逆勞於畿」，注：「鄭司農云：『入王，朝於王也。』故《春秋傳》曰『宋公不王』，又曰『諸侯有王，王有巡守』。」疏：「隱九年，『宋公不王』，不宗覲於王。莊二十三年，『諸侯有王』，注云『有王，朝於王』。」洪亮吉云：「《周禮疏》引此傳文并注，疑是服注。」沈欽韓云：「讀如『終王』之『王』。」王念孫云：「『諸侯有王，王有巡守』，猶言諸侯有朝，王有巡守。上言『朝以正班爵之義，帥長幼之序』，謂諸侯相朝也。此言『諸侯有王』，謂諸侯朝於天子也，故《魯語》載曹劌之言曰『先王制諸侯，使五年四王一相朝也』。」文淇案：賈逵《魯語》注云：「王謂王事天子也。歲聘以志業，間朝以講禮，五年之間四聘於王，而一相朝者，將朝天子先相朝也。」如賈説，則此「有王」謂聘於王。《魯語注》又引：「唐尚書曰：『先王謂堯也。五載一巡守，諸侯四朝。』昭謂：以《堯典》相參，義亦似之，然此欲以禮正君，宜用周制。《周禮》：『中國凡五服，内者五歲

---

❶「而」，原作「國」，今據《國語正義》卷四改。

而朝。』❶《禮記》曰：『諸侯之於天子也，比年一小聘，三年一大聘。』五年一朝謂此也。晉文公霸時亦取於此。」《禮》、唐説「四朝」如韋説，則此「有王」謂五年一朝于王，與賈説異。《下泉》「四國有王，郇伯勞之」，毛傳：「諸侯有事，二伯述職。」箋云：「有王，謂朝聘於天子。郇侯，文王之子，爲州伯，有治諸侯之功。」疏：「昭五年《左傳》云：『小有述職，大有巡功。』服虔云：『諸侯適天子曰述職。』謂六年一會王官之伯，命事攷績述職之事也。莊二十三年《左傳》曰：『諸侯有王，王有巡守。』是天子巡省諸侯，則知有王是朝聘天子。」兼朝聘言，義乃備也。舊注顯言「有王，朝於王」，則「巡守」亦當有注，今逸之。

「以大習之。」【疏證】杜注：「大習，會朝之禮。」惠棟云：「《管子·幼官》篇曰：『千里之外二千里之內，諸侯三年而朝，習命。二千里之外三千里之內，諸侯五年而會，至，習命。』所謂大習者，蓋習會朝之教命也。」按：惠説是也。

「非是，君不舉矣。君舉必書。書而不法，後嗣何觀？」【疏證】《魯語》：「天子祀上帝，諸侯會之受命焉。諸侯祀先王、先公，卿大夫佐之受事焉。臣不聞諸侯之相會祀也，祀又不法。君舉必書。」注：「不法，謂觀民也。舉，動也。動則左史書之，言則右史書之。」杜注「君舉必書」云：「書於策。」與韋説同。《後漢書·陸康傳》：「時靈帝欲鑄銅人，而國用不足，乃詔調民田，畝斂十錢。康上疏諫曰：『《傳》曰：「君舉必書，書而不法，後世何述焉？」』」所引「世」、「述」異文，又多「焉」字。

❶「內」，《國語正義》卷四作「遠」。

晉桓、莊之族偪，【疏證】杜注：「桓叔、莊伯之子孫彊盛，逼迫公室。」**獻公患之。士蔿曰：「去富子，則群公子可謀也已。」**【注】賈云：「士蔿，晉大夫。」《晉世家》集解。

【疏證】杜注用賈説。韋昭《國語》注云：「士蔿，晉大夫，劉累之後、隰叔之子子輿也。」杜注又云：「富子，二族之富强者。」洪亮吉云：「按：尋繹上下文義，疑富子爲群公子之一。❶非强族，即係多知術能爲群公子謀畫者。譖而去之，則群公子失謀主矣。杜以富强解之，恐非。」

公曰：「爾試其事。」士蔿與群公子謀，譖而去之。❷

秋，丹桓宮之楹。

【經】二十有四年，春，王三月，刻桓宮桷。【注】舊注：「桷，謂之榱。榱，椽也。」《御覽》四百五十一引。【疏證】《釋器》：「木謂之刻。」此注，嚴氏、洪氏亦引爲服注，未知所據。「桷謂之榱」，《釋宮》文。《魯語》注：「唐云：『桷，榱頭也。』昭謂：桷一名榱，今北土云亦然。❸《爾雅》曰：『桷謂之榱。』」唐、韋説與舊注同。其云「桷，椽也」者，《説文》：「桷，榱也。椽方曰桷。《春秋傳》曰『刻桓宮之桷』。椽，榱也。榱，秦名爲屋椽，周謂之

❶「之」，原作「子」，今據《春秋左傳詁》卷六改。

❷「譖」下，《春秋左傳正義》卷十有「富子」二字。

❸「北」，原作「此」，今據《國語正義》卷四改。

榱，齊魯謂之桷。」段玉裁云：「『榱也』者，渾言之，下文『椽方曰桷』者，析言之。桷之言棱角也。椽方曰桷，則知桷圓爲椽矣。《周易》『或得其桷』，虞曰：『桷，椽也。方者謂之桷。』《釋名》：『椽，傳也。相傳次而布列也。』榱之言差次也，自高而下層次排列，如有等衰也。」按：《釋文》引《字林》云：「齊魯謂榱爲桷。」與《説文》合。

葬曹莊公。無傳。

夏，公如齊逆女。無傳。

秋，公至自齊。無傳。

八月，丁丑，夫人姜氏入。【注】賈云：「國逆而立之曰入。」成十八年疏。**【疏證】**成十八年傳云：「國逆而立之曰入。」正義云：「賈氏雖夫人姜氏之入，皆以爲例。」是賈注此經引「國逆之」也。杜注云：「《公羊傳》以爲姜氏要公，不與公俱入，蓋以孟任故。」《釋例》亦云：「莊公崇寵孟任，故即位二十三年乃娶元妃。雖丹楹刻桷，身自納幣，❶而有孟任之嫌，故與姜氏俱反而異入。」按：《公羊傳》云：「與公有所約，然後入。」何注：「約，約遠媵妾也。」杜本何氏説，又附會於孟任，非《左氏》義。

戊寅，大夫宗婦覿，用幣。【注】賈云：「宗婦，同姓大夫之婦。」《常隸》疏。**【疏證】**《常棣》疏：「《春秋》莊二十四年，『夫人姜氏入，大夫宗婦覿，用幣』，❷謂之宗婦，明是宗族之婦也。故賈、杜皆云：『宗婦，同姓大

---

❶「自」，原作「至」，今據《春秋左傳正義》卷十改。

❷ 眉批：覿疑係禮，查。於《魯語》下申説。

夫之婦。』」是杜用賈説也。杜注既云「宗婦，同姓大夫之婦」，語已明了，而又云：「禮，小君至，大夫執贄以見，明臣子之道。莊公欲奢夸夫人，故使大夫、宗婦同贄俱見。」是又謂大夫與宗婦俱見夫人，與賈説異。沈欽韓云：「按：禮有内宗、外宗，鄭云：『王同姓之女謂之内宗。王諸姑姊妹之女謂之外宗。』外宗又得兼母之黨。《雜記》『外宗爲君夫人，猶内宗也』，鄭云：『謂姑姊妹、舅之女及從母皆是。』又有同姓大夫之妻，《喪大記》所謂『外命婦』也。又有外親之婦，亦通謂之外宗。《服問》注云：『外宗，君外親之婦也。』經言大夫、宗婦覿，則内外宗之嫁大夫者及同姓大夫之妻覿耳，非謂大夫與宗婦雙雙而至也。尋傳文，並不言大夫見小君。其言男女同贄者，直謂婦人而用幣，是無别於男子，❶故志其非禮。杜既憒憒，疏欲强扶其説又無證據，徒以謂小君與君同體，❷義亦當見。空疏無術，豈能撰《禮記正義》者？此真孔氏手筆矣。《列女傳・孽嬖》亦載此事云：『婦贄用幣，是男女無别也。』較傳語尤明，則杜預之謬灼然矣。」文淇案：沈説是也。下傳云「公使宗婦覿，用幣」，傳不言大夫，則無大夫可知。杜注：「傳不言大夫，惟舉非常。」非也。《魯語》「哀姜至，公使宗婦覿用幣」，❸注：「宗婦，同宗大夫之婦也。覿，見也，見夫人也。用幣，言與大夫同贄。」《外傳》注釋宗婦亦與賈説同。其謂「用幣」言與大夫同贄，是女用男贄，非男女同覿也。自杜預創爲是説，後世遂沿其謬。《梁書・徐摛傳》：「是時臨城公納夫人王氏，即太宗妃之姪女也。晉宋以來，初昏三日，婦見舅姑，衆賓皆列觀，引《春秋》義云『丁丑，夫人姜氏至。戊寅，公使大

❶「子」，原作「女」，今據《春秋左氏傳補注》卷二改。
❷「體」，原作「禮」，今據《春秋左氏傳補注》卷二改。
❸「使」下，《國語正義》卷四有「大夫」二字。

夫宗婦覿用幣』。戊寅，丁丑之明日，故禮官據此，皆云宜依舊貫。太宗以問摛，摛曰：『《儀禮》云「質明贊見婦於舅姑」，《雜記》又云「婦見舅姑，兄弟姊妹皆立於堂下」。政言婦是外宗，未審嫺令，所以停坐三日，觀其七德。舅延外客，姑率内賓，堂下之儀，以備盛禮。近代婦於舅姑，本有戚屬，不相瞻看。夫人乃妃姪女，有異他姻，覿見之儀，謂應可略。』」是其事也。兄弟姊妹堂下之禮，本非宗婦之比，取例此傳覿見，晉宋禮官已誤。徐摛語亦權詞解紛耳。

大水。 無傳。【疏證】《五行志》：「傳曰：『簡宗廟，不禱祠，廢祭祀，逆天時，則水不潤下。』莊公二十四年，『大水』。劉歆以爲先是嚴飾宗廟，刻桷丹楹，以夸夫人，簡宗廟之罰也。」❶

冬，戎侵曹。 無傳。

曹羈出奔陳。赤歸于曹。 無傳。【注】賈云：「羈是曹君，赤是戎之外孫，故戎侵曹，逐羈而立赤。」本疏。【疏證】《年表》莊二十四年爲曹釐公元年。《曹世家》釐公名夷，與傳不同。杜注：「羈蓋曹世子也。赤，曹僖公也。蓋爲戎所納，故曰歸。」疏謂《世家》、《年表》有舛誤。又引賈説，駁之曰：「亦以意言之，無所據也。」李貽德云：「上經『戎侵曹，羈出奔陳』，與『赤歸於曹』連文。故賈云然。知『赤爲戎之外孫』者，以非戎之自出，戎不逐羈而立赤也，與宋納鄭厲公同。杜云『蓋爲戎所納，故曰歸』，略同賈説。」

郭公。 無傳。【疏證】杜注：「蓋經闕誤也。自曹羈以下，《公羊》、《穀梁》之説既不了，又不可通之於《左

❶ 眉批：歆説當非爲注。

氏》，故不采用。」洪亮吉云：「按：郭公不見於《春秋》者，❶考僖二年『晉伐虢』，《公羊傳》作『郭』，《戰國策》亦同。又昭元年『會於虢』，《穀梁》亦作『郭』。《周書・王會解》『郭叔掌爲天子菉幣焉』，孔晁注：『郭叔，虢叔。』是虢、郭音近義通。此郭公即虢公。虢爲公爵，書法亦合。虢公下必繫以事，而史闕之，否則虢公林父或於是年卒也。❷又按：士蔿使殺群公子而城聚都之，即在此後一年。考之《史記・晉世家》，於此年書『群公子既亡奔虢』。夫云『既亡』，則亡在此年之前可知。又云：『虢以其故再伐晉，不克。』是此數年中，虢、晉正交兵，非無事可書又甚明。但不敢懸斷，附記於此。」

【傳】二十四年，春，刻其桷，皆非禮也。

御孫諫曰：「臣聞之：『儉，德之共也。侈，惡之大也。』」**【疏證】**《釋文》：「御，本亦作『禦』。」《校勘記》云《古今人表》作「禦」。杜注：「御孫，魯大夫。」《國語》作「匠師慶」，韋昭曰：「掌匠大夫御孫之名也。」馬宗璉云：「按：刻桷丹楹者，匠師之事，故御孫諫之。」梁履繩云：「按：匠慶見襄四年，相距百餘年，乃別是一掌匠者名慶耳。《世族譜》『公子結御孫』，則結是其名。未知孰是。」「儉，德之共也」，《弘明集》引作「儉者，德之恭」。經議，共、恭字通用。俞樾云：「共當讀爲洪。《釋詁》：『洪，大也。』下文『有共德』猶云『有大德』也。」《韓非・解老》：❸「多費謂之侈。」《集韻》引《字林》：「侈，汏也。」

---

❶「公」，《春秋左傳詁》卷一作「國」。

❷ 眉批：查毛氏詩傳。

❸「老」，原作「者」，今據《韓非子》卷六改。

「先君有共德，而君納諸大惡，無乃不可乎？」【疏證】《魯語》「匠師慶言於公曰：『今先君儉而君侈之，令德替矣。』」注：「先君，桓公也。」

秋，哀姜至，公使宗婦覿，用幣，非禮也。【疏證】覿見哀姜，本無大夫。杜謂：「傳不言大夫，惟舉非常。」已誤會經傳之意。疏乃云：「大夫始見於君用羔雁，始見夫人亦當然。然則大夫用幣亦非常，而以大夫爲常者，《禮》『孤執皮帛』，大夫執帛，惟上僭耳，其帛猶是男子所執。」曲傳杜義，彌支離矣。

御孫曰：「男贄，大者玉帛，小者禽鳥。【疏證】「御孫曰」，《魯語》作「宗人夏父展曰」。《曲禮》「贄諸侯圭」，鄭注云：「贄之言至。」所執以自至也。《魯語》「男贄玉帛、禽鳥，以章物也」，韋注：「謂公執桓圭，侯執信圭，伯執躬圭，子執穀璧，男執蒲璧，孤執皮幣，❶卿執羔，大夫執雁，士執雉，庶人執鶩，工商執雞也。」「公執桓圭」以下，皆《大宗伯》文，惟「孤執皮幣」，韋增之以説帛也。《典命》「公之孤四命，以皮帛眡小國之君」，鄭注：「皮帛者，束帛而表以皮爲之飾。皮，虎豹皮。帛，如今璧色繒也。」杜云：「公、侯、伯、子、男執玉，諸侯、世子、附庸、孤卿執帛。卿執羔，大夫執雁，士執雉。」與韋注略同。禽鳥之贄不及庶人工商，而疏引《大宗伯》鄭注云：「羔取其群而不失其類，雁取其候時而行，雉取其守介而死，不失其節，鶩取其不飛遷，雞取其守時而動。」則杜注本有「庶人執鶩」、「工商執雞」二語，故疏引鄭注説之，今本脱耳。

「以章物也。【疏證】《魯語》韋注：「章，明也，明尊卑異物也。」

❶ 「幣」，《國語正義》卷四作「帛」。

「女贄，不過榛、栗、棗、脩，【注】先儒以爲：「栗取其戰栗也，棗取其早起也，脩取其自脩也。」本疏。【疏證】《曲禮》鄭注：「榛實似栗而小。」洪亮吉云：「《説文》：『亲，果實如小栗，《春秋傳》曰「女贄不過亲栗」。』《廣雅》云：『亲，桌也。』按：榛，《説文》：『木也。一曰菆也。』高誘《淮南王書注》：『叢木曰榛。』此女贄之亲，當以《説文》、《廣雅》爲是。唐元度《九經字樣》引《傳》作『亲』。以『榛』爲『亲』，經典相承隸變。」按：洪説是也。《曲禮》釋文：「榛，古本又作亲。」《説文》引《左氏》皆從師説，則賈氏本作：「亲，栗矣。」《釋文》：「腶脯而加薑桂曰脩。」❶《腊人》鄭注：「薄析之曰脯，捶之而施薑桂曰腶脩。」本疏云：「先儒以爲栗取其戰栗也，棗取其早起也，脩取其自脩也，唯榛無説，蓋以榛聲近虔，取其虔於事也。」疏引先儒蓋賈、服諸儒説三物義如此。其「榛取其虔」，則疏補先儒之誼也。《曲禮》「婦人之贄，椇榛脯脩棗栗」，疏：「所以用此六物者：椇，訓法；榛，訓至也；脯，始也；脩，治也；棗，早也；栗，肅也。婦人有法，始至，脩身，早起，肅敬也。故后、夫人以下，皆以棗、栗爲贄，取其早起戰栗自正。必知以名爲義者，按莊二十四年《左傳》云：『女贄不過榛栗棗脩，以告虔也。』見榛是虔義名，明諸物皆取名爲義。按《昏禮》婦見舅以棗栗，見姑以腶脩。❷其榛椇所用無文。」如《禮》疏，則榛取義於虔，不關聲近也。惠棟云：「亲與栗同義，故先儒不釋，亲音壯巾反。正義以爲榛聲近虔，失之。《外傳·魯語》云：『夫婦贄不過棗栗，以告虔也。』不及榛脩，明亲不訓虔。」惠謂亲聲不近虔是也，謂亲不訓虔則非。

以告虔也。【疏證】《殷武》毛傳：「虔，敬也。」」

---

❶「脯」，原作「脩」，今據《春秋左傳正義》卷十改。

❷「腶」，原作「鍛」，今據《禮記正義》卷五改。

「今男女同贄，是無别也。男女之别，國之大節也，而由夫人亂之，無乃不可乎？」

晉士蔿又與群公子謀，使殺游氏之二子。【疏證】杜注：「游氏二子，亦桓、莊之族。」

士蔿告晉侯曰：「可矣。不過二年，君必無患。」

【經】二十五年，春，陳侯使女叔來聘。【疏證】杜注：「女叔，陳卿。女，氏；叔，字。」《釋文》：「女，陳大夫氏。」當是舊説。

夏，五月，癸丑，衛侯朔卒。無傳。【疏證】

六月，辛未，朔，日有食之。鼓，用牲於社。【疏證】本傳杜注云：「《長曆》推之，辛未實七月朔，置閏失所，故致月錯。」如杜説，是此六月應作七月也。今以三統術推之，七月己亥朔，非辛未也。《五行志》：「劉歆以爲五月二日魯、趙分。」臧壽恭云：「按：是年入甲申統九百七十四年，積月一萬二千四十六，閏餘十六，正小滿，閏在五月後。積日三十五萬五千七百二十八，小餘六十四，大餘四十八。正月壬申朔大，小餘二十六。二月壬寅朔小，小餘六十九。❶三月辛未朔大，小餘三十一。四月辛丑朔小，小餘七十四。五月庚午朔，二日辛未，又置上積日，加積日一百十八，以統法乘之，以十九乘小餘七十四，并之，滿周天，除去之，餘十四萬三千五百二十，滿統法而一，得積度九十三度，餘三百九十二，命如法，得五月庚午朔，合辰在婁六度，二日辛未在婁七度，去胃

❶ 「小」，原脱，今據《春秋左氏古義》卷二補。

五度。❶《淮南·天文訓》以奎婁爲魯之分野，以胃昴畢爲趙之分野，故曰魯趙分。」按：臧説是也。劉子駿謂食在五月，先儒注此年經當同其説。知者，傳疏引劉炫云：「知非五月朔者，昭二十四年五月日有食之，傳云日過分而未至，此若是五月，亦應云過分而未至也。今言『慝未作』，則是已作之辭，故知非五月。」是先儒有五月朔之説，光伯《述義》駁之也。「正月慝未作」，乃通言鼓牲之例，不足致難。《元史·曆志》：「大衍推之，七月辛未朔，交分入食限。」則與杜説同。然三統術視經傳恒上差一月或二月，無下差一月者，《元志》非也。❷杜注：「鼓，伐鼓也。用牲以祭社。」沈欽韓云：「《地官·牧人職》『凡外祭毁事，用尨可也』，注：『尨謂雜色不純，毁謂副辜候禳毁除殃咎之事。』即此所云用牲不以牷也。」胡三省《通鑑注》引《春秋大傳》曰：「天子之國有泰社，東方青、南方赤、西方白、北方黑、上方黄。故將封於東方者取青土，封於南者取赤土，封於西者取白土，封於北者取黑土，各取其方土，裹以白茅，封以爲社，此始受封於天子者也。此之謂主土。主土者，大社以奉之也。」此爲古《左氏》家説社之辭。洪亮吉、嚴蔚取注此年經，以經始見魯社也。如《大傳》説，則社爲主土矣。

伯姬歸于杞。 無傳。

秋，大水。鼓，用牲于社，于門。【疏證】杜注：「門，國門也。」疏云：「《祭法》云：『天子立七祀，諸侯立五祀，其門皆曰國門。』知此門亦國門，國門謂城門也。」

冬，公子友如陳。 無傳。【注】潁氏曰：「臣無境外之交，故去弟以貶季友。」《釋例》。【疏證】此經

---

❶「胃」，原作「四月」，今據《春秋左氏古義》卷二改。

❷眉批：日差再查，日食當查諸家。

《公》、《穀》皆無傳。何休《公羊》注：「内朝聘言如者，尊内也。」穎氏所稱當爲《左氏》古誼也。

【傳】二十五年，春，陳女叔來聘，始結陳好也。嘉之，故不名。

夏，六月，辛未，朔，日有食之。鼓，用牲于社，非常也。【疏證】杜注：「非常鼓之月。」顧棟高云：「正義云：以前不應置閏，誤使七月爲六月，不當伐鼓，故云非常鼓之月。此説非也。傳謂『非常』者，以六月爲夏之四月，正陽之月，災異尤大，不比尋常之月日食，故須伐鼓用幣以救之。所云餘月則否者，餘月即常月也。經文於文十五年、昭十七年皆書『六月朔日食』，而此爲首見，故須發例。自莊元年至二十四年，凡九置閏，正合五歲再閏、十有九歲七閏之數。何云置閏失所乎？」沈欽韓云：「按：顧説是也。古曆本疏，杜與《大衍》所推，亦未必悉合。經記其鼓用牲，正以儆懼天變，傳發明經意，見常食不書鼓用牲，而此書之，義若以爲本非六月，不當鼓用牲，則當言司曆之過。僅如杜解，傳文爲不辭矣。」按：顧炎武《補注》云：❶「周之六月，夏之四月，所謂『正月之朔』也。然則此其常也，而曰非常者何？蓋不鼓於朝而鼓於社，不用幣而用牲，❷此所以謂非常禮也。杜氏不得其説，而曰以《長曆》推之，是年失閏。辛未，實七月朔，非六月也。此則咎在司曆，不當責其伐鼓矣。」顧、沈之説猶疑於非常斥日食，《補注》惟主鼓牲，其誼篤矣。《祭法》疏引何休《膏肓》云：「《感精符》云：『立推度以正陽，日食則鼓，用牲於社，朱絲營社，鳴鼓脅之。』《左氏》云用牲非常，明《左氏》説非夫子《春秋》，於義《左氏》爲短。」「鄭箴之云：『用牲者，不宜用此《春秋》之通例，此讖説正陽、朱絲、鳴鼓，豈説用牲之義也。讖用牲於社者，

---

❶「注」，當作「正」，下一「注」字同。

❷「幣」，原作「弊」，今據《春秋杜解補正》卷一改。

取經完句耳。』」玩何、鄭之義，止辨伐鼓用牲之從違，不及此月應鼓牲以否，則杜注非古誼也。

唯正月之朔，慝未作，日有食之，於是乎用幣於社，伐鼓於朝。【疏證】杜注云：「正月，夏之四月，周之六月，謂正陽之月。慝，陰氣。」《正月》「正月繁霜」，鄭箋：「夏之四月，建巳純陽用事。」又鄭氏《周禮》注：「慝，陰姦也。」杜用鄭義也。《鼓人》疏：「此救日食用鼓，惟據夏四月陰氣未作，純陽用事，日又太陽之精，於此爲正陽之月，被食爲災，故有救日食之法。他月似無救理。❶《尚書》季秋九月日食，救之者，上代之禮，不與周同。諸侯用幣，❷伐鼓於朝，還自攻責。❸若天子法，則伐鼓於社。昭十七年，昭子曰『日食，天子伐鼓於社』是也。」如《禮》疏，則惟正陽月，日食乃用幣伐鼓也。《晉書·禮儀志》：「元帝太興元年四月合朔，中書侍郎孔愉奏曰：『《春秋》日有食之，天子伐鼓於社，攻諸陰也。諸侯伐鼓於朝，臣自攻也。按尚書符，若日之有變，使擊鼓於諸門，有違舊典。』詔曰：『所陳有正義，輒勑外改之。』」孔愉以伐鼓於朝爲諸侯禮，則與《禮》疏合。鼓用牲於社，爲僭天子禮矣。杜注亦云：「諸侯用幣於社，請救於上。公伐鼓於朝，退而自責。」自責即愉所謂臣自攻也。顧炎武云：「『惟正月之朔』以下，乃昭十七年季平之言，今載於此，❹或恐有誤。」

「秋，大水。鼓，用牲于社、于門」，亦非常也。【疏證】沈欽韓云：「傳以此章亦上『非常』，恐學者誤

---

❶ 「他」，《周禮注疏》卷十二作「也」，屬上。

❷ 「幣」下，《周禮注疏》卷十二有「于社」二字。

❸ 「還」，《周禮注疏》卷十二作「退」。

❹ 「載」，原作「截」，今據《左傳杜解補正》卷上改。

會，故著此句見『亦』之義，與上條自別。上云『非常』，見必得用牲伐鼓。此亦『非常』，見不必用牲伐鼓。」按：沈説是也。杜注但云非常，不解「亦」字之義。疏遂云：「傳言『亦非常』，亦上日食也，但日食之鼓非常月，伐鼓於社非常禮，大水用牲亦非常禮，俱是非常，故亦前也。」疏未會傳例之意，依杜爲説，非也。

凡天災，有幣，無牲。非日月之眚，不鼓。【疏證】此鼓、牲例也。杜云：「天災，日月食、大水也。祈請而已，不用牲。」傳例以災、眚分言，則天災不兼日月食言，杜説非。《大司徒》「以荒政十二聚萬民：十有一曰索鬼神」，疏：「按《左氏》莊二十五年傳云：『天災，有幣無牲。』《詩》云『靡愛斯牲』者，若天災之時，祈禱無牲，災成之後，即有牲體，故云靡愛斯牲。」如彼疏，則禳災非無災，此大水尚未成災，故例言有幣無牲耳。《祭法》疏：「人君初有水旱之災，先須修德，不當用牲，故天災有幣無牲，若水旱歷時，❶禱而不止，則當用牲。故詩《雲漢》云『靡愛斯牲』。」與《禮》疏説同。本疏亦引《雲漢》「靡愛斯牲」，謂爲旱禱，祭皆用牲。又據《祭法》泰昭、坎壇、王宮、夜明、幽禜、雩禜用少牢，謂「祈禱之祭皆用牲」。足匡杜注之失。《鼓人》「救日月則詔王鼓」，❷注：「救日月食，王必親擊鼓者，❸聲大異。《春秋傳》曰『非日月之眚，不鼓』。」「按《太僕職》云：❹『軍旅田役贊王鼓。』鄭注云：『佐擊其餘面。』又云：『救日月食亦如之。』太僕亦佐擊其餘面。按：上解祭日月與天神同用雷鼓，則此救日

❶「旱」，原作「早」，今據《禮記正義》卷四十六改。
❷「救」，原作「故」，今據《周禮注疏》卷十二改。
❸「王」，原作「不」，今據《周禮注疏》卷十二改。
❹「按」上，當有「疏」字。

月亦宜用雷鼓八面。」是救日月之眚事也。《國語注》：「眚，猶災也。」

晉士蔿使群公子盡殺游氏之族，乃城聚而處之。【注】賈云：「聚，晉邑。」《晉世家》集解。**【疏證】**杜用賈説。沈欽韓云：「聚謂其所居之鄉，聚非邑名也。《管子・乘馬》：『方六里命之曰暴，五暴命之曰部，五部名之曰聚。聚者有市。』《前漢・平帝紀》張晏曰：❶『聚，邑落名也。』《後漢書・劉平傳》注：❷『小於鄉曰聚。』」按：沈説是也。此年傳云：「晉侯圍聚，盡殺群公子。」下二十六年傳：「士蔿城絳，以深其宫。」《晉世家》：「士蔿使群公子盡殺諸公子，而城聚都之，命之曰絳，始都絳。」如《史記》説，是聚本無名，都之始名之絳，則聚非邑名。賈言邑名者，要其終也。《方輿紀要》：「車箱城在絳州絳縣東南十里，《志》云晉侯處群公子之所，東西形長如車箱。」❸

冬，晉侯圍聚，盡殺群公子。【疏證】《年表》：晉獻公「八年，盡殺故晉侯群公子」。

【經】二十有六年，春，公伐戎。無傳。**【疏證】**《公羊》無「春」。

夏，公至自伐戎。無傳。

曹殺其大夫。無傳。**【疏證】**文七年傳：「書曰『宋人殺其大夫』，不稱名，衆也。且言非其罪也。」此疑與

---

❶ 「張」上，當有「注」字。

❷ 「劉平」，當作「王扶」。

❸ 眉批：車箱城城是谷。

彼傳同例。

秋，公會宋人、齊人伐徐。 無傳。【疏證】《地理志》：「臨淮郡徐，故國，盈姓，至春秋時徐子章禹爲楚所滅。」《方輿紀要》：「徐城廢縣在泗州西北五十里，古徐子國。」

冬，十有二月，癸亥，朔，日有食之。 無傳。【疏證】《五行志》：「劉歆以爲十月二日楚、鄭分。」臧壽恭云：「按：是年入甲申統九百七十五年，積月一萬二千五十九，閏餘四。積日三十五萬六千一百十二，❶小餘五十六，大餘十二。正月丙申朔大，小餘十八。二月丙寅朔小，小餘六十一。三月乙未朔大，小餘二十三。四月乙丑朔小，小餘六十六。五月甲午朔大，小餘二十八。六月甲子朔小，小餘七十一。七月癸巳朔大，小餘三十三。八月癸亥朔小，小餘七十六。九月壬辰朔大，小餘三十八。十月壬戌朔，二日癸亥，又置上積日，加積日二百六十六，以統法乘之，以十九乘小餘三十八，❷并之，滿周天，除去之，餘四十萬七千四百六十四，滿統法而一，得積度二百六十四度，餘一千一百六十八，命如法，得十月壬戌朔，合辰在角一度，二日癸亥在角二度，距軫一度。」《淮南·天文訓》以角爲楚之分野，軫爲鄭之分野。故曰楚鄭分。

【傳】二十六年，春，晉士蔿爲大司空。【疏證】杜注：「大司空，卿官。」沈欽韓云：「《王制》『大國三卿』，正義：『崔氏云：「三卿者，依周制而言，謂立司徒兼冢宰之事，立司馬兼宗伯之事，立司空兼司寇之事。」《春秋傳》云：「季孫爲司徒，叔孫爲司馬，孟孫爲司空。」此是三卿也。』按：晉、宋於後並著六卿之號。當獻公時雖不

---

❶「十二」，原作「二十」，今據《春秋左氏古義》卷二改。

❷「八」，原作「六」，今據《春秋左氏古義》卷二改。

審即備六卿以否，要士蔿新有功，由大夫升爲卿，循其名則下卿也。加大字者，以晉別有司空，主功役之事。秩是大夫，故以大別之。」按：沈説是也。疏以司空是大夫，引「司空亞旅，皆受一命之服」爲證，則非卿官矣，亦未得杜意。

夏，士蔿城絳，以深其宮。【疏證】《年表》：「魯莊公二十六年爲晉獻公九年，始城絳都之。」《詩·唐譜》：「成侯南徙居曲沃，近平陽焉。其孫穆侯又徙於絳。」彼疏云：「昭侯之時，分曲沃以封桓叔。則正都不在曲沃，明昭侯前已徙絳矣。知穆侯徙者，蓋相傳云然。《地理志》云『晉武公自曲沃徙此』者，以桓叔別封曲沃，武公既并晉國，徙就晉都，❶故云自曲沃徙此耳，❷非謂武公始都絳也。莊二十六年《左傳》稱晉獻公命士蔿城絳，『以深其宮』，❸明是武公徙絳也。」《地理志》河東郡絳，江永云：「今絳州之北，平陽府太平縣之南二十里。」

秋，虢人侵晉。冬，虢人又侵晉。【疏證】《晉世家》：「晉群公子既亡奔虢，虢以其故再伐晉，弗克。」

【經】二十有七年，春，公會杞伯姬于洮。【疏證】杜注云：「洮，魯地。」沈欽韓云：「《水經注》：『今鄄城西南五十里有姚城，或謂之洮也。』《方輿紀要》：『洮城在濮州西南五十里。』」按：沈説是也。江永云：「杞國都淳于，莊公會杞伯姬，安得至濮州會之？杜於昭七年季孫與謝息桃，注云：『魯國卞縣東南有桃墟。』蓋桃即洮

❶「徙就」，原倒，今據《毛詩正義》卷六改。

❷「故」上，原衍「杜」字，今據《毛詩正義》卷六删。

❸眉批：「深」當疏。

也。卞縣今爲兖州府泗水縣。泗水在曲阜東，伯姬自杞來，故會之。」鄄城正在魯境，無疑於遠，江説非。❶

夏，六月，公會齊侯、宋公、陳侯、鄭伯同盟于幽。【疏證】監本、毛本「會」上脱「公」，從唐石經增。

秋，公子友如陳，葬原仲。【疏證】杜注：「原仲，陳大夫。原，氏；仲，字也。臣既卒不名，故稱字。」《曲禮》疏引《異義》云：「《公羊》説：臣子先死，君父猶名之。孔子曰『鯉也死』，是已死而稱名。《左氏》説：既没，稱字而不名。桓二年『宋督弑其君與夷及其大夫孔父』，先君死，故稱其字。《穀梁》同《左氏》説。謹案：❷同《左氏》、《穀梁》説，以爲《論語》稱『鯉也死』時，實未死，假言死耳。」又云：「鄭康成亦同《左氏》、《穀梁》之義，以《論語》云『鯉也死，有棺而無槨』，是實死未葬以前也。故鄭駁許慎云：『設言死，凡人於恩猶不然，况聖賢乎？』」鄭駁許《異義》僅及伯魚之稱名在死後，其臣殁稱字而不名，鄭同古《左氏》説也。杜注亦用古《左氏》説。

冬，杞伯姬來。

莒慶來逆叔姬。無傳。【疏證】杜注：「慶，莒大夫。叔姬，莊公女。」

杞伯來朝。無傳。【疏證】杜注：「杞稱伯者，蓋爲時王所黜。」疏云：「於時周王當桓、莊、僖、惠，不知何王黜之。」

公會齊侯於城濮。無傳。【注】賈云：「城濮，衛地也。」《晉世家》集解。【疏證】杜用賈説。沈欽韓

---

❶ 眉批：江説查地道再定。

❷ 眉批：「謹案」以下查。

云：「《方輿紀要》：『臨濮城在濮州南七十里，或曰即古城濮也，❶亦謂之小濮。』」

【傳】二十七年，春，「公會杞伯姬于洮」，非事也。

天子非展義不巡守，諸侯非民事不舉，卿非君命不越竟。【疏證】《廣雅·釋詁》：「展，舒也。越，遠也。」《大胥》「展樂器」，注：「展謂陳數之。」襄二十四年傳「越在他竟」，杜注：「越，遠也。」

夏，「同盟于幽」，陳、鄭服也。【疏證】杜注：「二十二年，陳亂而齊納敬仲。二十五年，鄭文公之四年，獲成於楚。皆有二心於齊，今始服也。」

「秋，公子友如陳，葬原仲」，非禮也。原仲，季友之舊也。

「冬，杞伯姬來」，歸寧也。【疏證】《葛覃》「歸寧父母」，傳：「寧，安也。」杜注：「寧，問父母安否。」用《毛傳》義。

凡諸侯之女，歸寧曰來，出曰來歸。【疏證】此君夫人行例也。《葛覃》「歸寧父母」，毛傳：「父母在，則有時歸寧耳。」疏：「此謂諸夫人及王后之法。《春秋》莊二十七年，『杞伯姬來』，《左傳》曰：『凡諸侯之女，歸寧曰來。』是父母在，則歸寧也。父母即没，則使卿寧于兄弟。襄十二年《左傳》曰：『楚司馬子庚聘於秦，爲夫人寧，禮也。』是父母没，不得歸寧也。若卿大夫之妻，父母没，猶得歸寧。《喪服傳》曰：『爲昆弟之爲父後者，❷何以亦期

---

❶「也」，《春秋左氏傳地名補注》卷二作「地」。

❷下「爲」，原脱，今據《毛詩正義》卷一補。

也？婦人雖在外，必有歸宗。』❶言父母雖没，有時來歸，故不降。爲父後者，謂大夫以下也。」是父母在則歸寧爲古《左氏》誼也。《釋例》云：「出者，謂犯七出而見絶者也。歸者，有所往之稱。來者，有所反之言。故嫁謂之歸，而寧謂之來。見絶而出則以來歸爲辭，來而不返也。」

夫人歸寧曰如某，出曰歸于某。【疏證】此由本國言。《釋例》云：「如某者，非終安之稱。歸於某者，亦不反之辭。」

晉侯將伐虢，士蔿曰：「不可！虢公驕，若驟得勝於我，必棄其民。【疏證】《晉世家》：「獻公十年，晉欲伐虢，士蔿曰：『且待其亂。』」

「無衆而伐之，欲禦我，誰與？夫禮、樂、慈、愛，戰所畜也。夫民，讓事、樂和、愛親、哀喪，而後可用也。【疏證】杜注：「上之使民，以義讓哀樂爲本，言不可力强。」焦循云：「循案：讓事、樂和，申言禮樂。愛親、哀喪，申言慈愛。注於『讓』上增『義』字。《司馬法·仁本》篇云：『古者，以仁爲本，以義治之之謂正。古者，逐奔不過百步，縱綏不過三舍，是以明其禮也。不窮不能而哀憐傷病，是以明其仁也。争義不争利，是以明其義也。』《天子之義》篇云：『士庶之義，必奉於父母，而正於君長。故雖有明君，士不先教，不可用也。古之教民，必立貴賤之倫，經使不相陵，德義不相踰，材能不相掩，勇力不相犯，故力同而意和也。』」按：《司馬法》言仁、言禮、言意，知亦兼禮樂慈愛言，而增説以義治仁，傳所未及，杜加「義」字以解傳，非也。疏云：「禮尚謙讓，『讓

❶「歸」，原作「婦」，今據《儀禮注疏》卷三十改。

事』謂禮也。❶樂以和親，『樂和』謂樂也。慈謂愛之深也，『愛親』謂慈也。愛極然後哀喪，『哀喪』謂愛也。」❷疏分説四者，視杜注爲明。

「虢弗畜也，亟戰，將饑。」【疏證】謂弗畜禮樂慈愛也。杜注：「言虢不畜義讓而力戰。」止言義讓亦非。

王使召伯廖賜齊侯命。【疏證】杜注：「召伯廖，王卿士。」疏云：「召康公之封召也，當在西都畿内。《釋例》曰：『扶風雍縣東南有召亭也，春秋時召伯猶是召公之後，西都既已賜秦，則東都别有召地，不復知其所在。』」高士奇《春秋地名攷略》云：「在今絳州垣曲縣之召原。《寰宇記》：『召原在王屋山下。』」《年表》：「惠王十年，賜齊侯命。」《周本紀》：「惠王十年，賜齊桓公爲伯。」

且請伐衛，以其立子頹也。

【經】**二十八年，春，王三月，甲寅，齊人伐衛。衛人及齊人戰，衛人敗績。**【疏證】杜注：「齊侯稱人者，諱取賂而還，以賤者告。不地者，史失之。」沈欽韓云：「按：不地者，齊聲罪致討，已薄其國都，城門之外即爲戰場，可不言地。非史失之。」

夏，四月，丁未，邾子瑣卒。無傳。

---

❶ 「讓」，原作「之」，今據《春秋左傳正義》卷十改。

❷ 「哀喪」，原脱，今據《春秋左傳正義》卷十補。

秋，荆伐鄭，公會齊人、宋人救鄭。【疏證】《公羊》「宋人」下有「邾婁人」。

冬，築郿。【疏證】傳例曰：「邑曰築。」《水經》「濟水逕微鄉東」，注云：「即《春秋》之郿。京相璠曰：《公羊傳》謂之微。在東平壽張西北三十里有故微鄉，魯邑也。」惠棟云：「《公羊》釋文云『築微，《左氏》作麋』。『麋』，古文『眉』。『眉』與『微』，古今字。《特牲饋食禮》『眉壽萬年』，鄭注：『古文眉爲微。』」是眉、微字通，故《公羊》作「微」也。唐本《左傳》作「築麋」，與今本異。沈欽韓云：「《一統志》：『壽張故城在今兖州府壽張縣東南五十里。』微鄉在今縣南。」《路史》别引璠曰「微子國」，亦《土地名》逸文。洪亮吉云：「《水經》引杜注有『微子冢』，今本無之。」此杜逸注，義亦本於京相。微鄉當以微子國得名。

大無麥禾。【注】服云：「陰陽不和，土氣不養，故禾麥不成也。」本疏。**【疏證】**疏引服注以證此年不言水旱而得無麥禾之意。又云：「傳言饑，而經不書者，得齊之糴，救民之急，不致於饑。」乃疏家之辭，洪亮吉、嚴蔚並以爲服注，非也。《五行志》上云：「劉向以爲水旱當書。不書水旱而曰『大無麥禾』者，土氣不養，稼穡不成者也。是時，夫人淫於二叔，内外無别，又因凶饑，一年而三築台，故應是而稼穡不成，飾台榭、内淫亂之罰也。遂不改寤，四年而死，禍流二世，奢淫之患也。」臧壽恭云：「案：劉向是《穀梁》説，與服虔同。是《左氏》舊説亦用《穀梁》説也。又案《五行志》之例，凡劉向後不别出劉歆，及劉歆後不别出劉向者，皆向、歆同説。」案：臧説是也。杜注：「書於冬者，五穀畢入，計食不足而後書之。」不用服説。年穀不順成，奚待年終計食知之？杜説未是。

臧孫辰告糴于齊。【注】服云：「無庭實也。」《聘禮》疏。「不言『如』，重穀急辭，以其情急於糴，故不言『如齊告糴』。乞師則情緩於穀，故云『如楚乞師』。」本疏。**【疏證】**《世本》：「孝公生僖伯彄，彄生哀伯達，達生伯氏餅，餅生文仲辰。」何休《公羊》注：「買穀曰糴。」《魯語》：「文仲以鬯圭與玉磬如齊告糴，曰：『不腆先君之敝器，敢告滯積，以紓執事。』齊人歸其王而與之糴。」是《外傳》亦謂以鬯圭買穀也。《聘禮》「若有言，則以束帛，如享禮」，注：「有言，有所告請，若有所問也。記曰：『有故，則束帛加書以將命。』《春秋》臧孫辰告糴於齊，公子遂如楚乞師，晉侯使韓穿來言汶陽之田，皆是也。無庭實也。」彼疏云：「此三者皆見《春秋經》，引之者，證此有言以『束帛加書』之事也。云『無庭實也』者，以經直云『束帛如享禮』，則除束帛之外，更無所有，故知無庭實也。《國語》云：臧孫辰以鬯圭者，是告糴之物。服注云：『無庭實也。』」彼疏以服注與鄭君義同，故援以說。疑服注亦謂公子遂如楚乞師，無庭實也。故言如例，止舉如楚乞師，不再言公子遂也。《禮》疏所引非全文矣。杜注不及書法，疏引服說以補之，疏家無說。李貽德《輯述》止取「不言如，重穀急辭」爲服注，非也。

【傳】二十八年，春，齊侯伐衛，戰，敗衛師，數之以王命，取賂而還。

晉獻公娶于賈，無子。【疏證】《博物記》：「河東臨汾有賈鄉，賈伯邑。」

烝於齊姜，【疏證】杜注：「齊姜，武公妾。」沈欽韓云：「《元和志》：『晉齊姜墓在絳州正平縣南九里。』」

生秦穆夫人及太子申生。又娶二女于戎，大戎狐姬生重耳，【疏證】《晉語》：「狐氏出自唐叔。狐伯行之子實生重耳。」杜注用之。沈欽韓云：「蓋即大荔之戎也。《後漢書·西羌傳》：『洛川有大荔之戎。』洛川在唐爲延慶鄜坊四州之地，今延安、慶陽二府及鄜州也。洛水出慶陽府合水縣北二十里白於山。❶ 鄜州東南六

❶「白」，原作「北」，今據《春秋左氏傳地名補注》卷二改。

十里有洛川縣。❶《史記》秦厲公伐大荔取其王城，蓋爲秦所滅。《漢志》誤以馮翊臨晉爲故大荔國，司馬彪、劉昭沿誤於後，故《元和志》云：『大荔國在同州朝邑縣東三十步，故王城是也。』然不知洛川本在北地郡也。」

小戎子生夷吾。【疏證】杜注：「小戎，允姓之戎。子，女也。」陸粲曰：「據傳云『允姓之姦，居於瓜州，自惠公始誘以來』，則此非允姓，别一戎，而子其姓也。」顧炎武、沈欽韓俱以陸氏説爲然。沈云：「蓋後爲陸渾之戎。」洪亮吉云：「《晉語》：『狐氏出自唐叔。狐伯行之子實生重耳。』按：《史記》又云：『夷吾母，重耳母女弟。』又云：『秦穆夫人爲太子申生同母女弟。』皆與此傳顯違，并不足據。」

晉伐驪戎，驪戎男女以驪姬。【疏證】《周語》「獻公卜伐驪戎」，❷注：「驪戎，西戎之别在驪山者也。其君男爵，姬姓也。秦曰驪邑，漢高帝徙豐民於驪邑，號曰新豐。」按：《地理志》：「京兆尹新豐，驪山在南，故驪戎國。」杜注從之。沈欽韓云：「《後漢書・西羌傳》：『渭南有驪戎。』《水經》：『戲水又北逕驪戎城東。』《長安志》：『驪戎故城在臨潼縣東二十四里，殷周時驪戎國城也。』按：驪戎入居此者，蓋幽王之亂所致，非殷周之舊也。」洪亮吉云：「按：《莊子・齊物論》：『麗之姬，艾封人之子也。』麗、艾聲相近。」按：沈、洪説是也。江永云：「今陝西西安府臨潼縣東二十四里有驪戎城。」❸《蓼蕭》疏：「《曲禮》曰：『其在東夷、北狄、西戎、南蠻，雖大曰子。』是雖有大者，爵不過子也。大者曰子，小者曰男而已。《左傳》曰『驪戎，男』是也。」《堯典》「女於時」，傳：「女，妻。」

---

❶「洛」下，原衍「州」字，今據《春秋左氏傳地名補注》卷二删。
❷「周」，當作「晉」。
❸「府」，原重文，今據《皇清經解》卷二百五十二《春秋地理考實》删。

疏：「《左傳》稱『宋雍氏女於鄭莊公』，『晉伐驪戎，驪戎男女以驪姬』。以女妻人謂之女，故云『女，妻』也。」《晉語》「以妹喜女焉」，注：「以女進人曰女。」《晉世家》：「獻公五年，伐驪戎，得驪姬、驪姬弟，俱愛幸之。」

歸，生奚齊。其娣生卓子。【疏證】《晉語》韋注：「女子同生，謂後生爲娣，於男則言妹也。」《釋親》：「女子同出，謂先生爲姒，後生爲娣。」郭注「同出謂俱嫁事一夫」，引《公羊傳》「諸侯娶一國，以姪、娣從」之文以證之。韋注、《易》、《爾雅》同出爲同生，非也。《晉世家》：「獻公十二年，❶驪姬弟生悼子。」索隱曰：「《左傳》作『卓子』。」徐廣曰：「一作倬。」洪亮吉云：「按：悼、倬字形相近，傳寫誤耳。」

驪姬嬖，欲立其子，賂外嬖梁五與東關嬖五，【疏證】杜注：「姓梁名五。在閨闥之外者。東關嬖五，別在關塞者，亦名五。皆大夫，爲獻公所嬖幸，視聽外事。」王引之《經義述聞》云：「外嬖對内嬖而言。驪姬，内嬖也。二五，外嬖也。『外嬖』二字，統二五言之。『東關』下不當復有『嬖』字。梁五既稱其姓曰梁，東關五不應獨略其姓。《廣韻》『東』字注曰：『漢複姓，《左傳》晉有東關嬖五。』則東關爲姓矣。既以東關爲姓，則『東關』下愈不當有『嬖』字矣。如梁五以梁爲姓，而謂之『梁嬖五』，可乎？《漢書・古今人表》正作『東關五』。韋昭注《晉語》亦曰：『二五，獻公嬖大夫梁五與東關五也。』是古本無『嬖』字之明證。杜注皆失之。」按：王説是也。

使言於公曰：「曲沃，君之宗也。蒲與二屈，君之疆也。【疏證】《晉語》韋注：「宗，本宗也。曲沃，桓叔之封，先公宗廟在焉，猶西周謂之宗周也。疆，竟也。二屈，有南北，今河東有北屈州也，❷則是時復有南

---

❶「十二」，當作「二十五」。

❷「州」，《國語正義》卷七無此字。

屈。」按：《地理志》河東郡有蒲子、北屈二縣。韋昭彼注云：「蒲，今蒲坂。屈，北屈。皆在河東。」沈欽韓云：「《水經注》：『蒲川水南逕蒲城東，即重耳所奔邑也。』《汲郡古文》曰：『魏襄王三十一年，翟章救鄭，次於南屈。』應劭曰：『有南故稱北。』《一統志》：『蒲城在隰州西北，北屈廢縣在吉州東北。』《紀要》東北二十一里。」是二屈，指南屈、北屈也。南屈，今地闕。洪亮吉云：「杜注『二當爲北』，誤。」文淇案：《晉世家》：「曲沃吾先祖宗廟所在，而蒲邊秦，屈邊狄，不使諸子居之，我懼焉。」所言約與傳同，唯以此爲獻公語爲異。

「不可以無主，宗邑無主，則民不威；疆場無主，❶則啟戎心。戎之生心，民慢其政，國之患也。若使太子主曲沃，而重耳、夷吾主蒲與屈，則可以威民而懼戎，且旌君伐。」【疏證】《晉語》：「請使申生處曲沃以速縣，❷重耳主蒲城，夷吾主屈，奚齊處絳。」韋注：「威，畏也。啟，開也，開戎侵盜之心。晉南有陸渾之戎，蒲接之；北有山戎，二屈接之。旌，章也。伐，功也。」洪亮吉曰：「《晉世家》集解引賈逵云：『旌，表也。』則賈注此傳當亦同。❸《廣雅》亦云：『旌，表也。』杜云：『旌，章也。』蓋用韋昭《國語》注。下『伐功』亦同。」按：洪所舉賈注，見僖二十四年傳「且旌善人」下。

使俱曰：「狄之廣莫，於晉爲都。晉之啟土，不亦宜乎？」【疏證】沈欽韓云：「按：此二五於言下假設衆人夸美之辭，以聳動獻公，說士之常技如此。杜乃謂獻公不決，驪姬復使二五說之，則此三字於文爲不辭，

---

❶「場」，原作「場」，今據《春秋左傳正義》卷十改。

❷眉批：速縣，查。

❸「則」，原作「劉」，今據《春秋左傳詁》卷六改。

且上文語氣亦不了。杜於訓故名物，俱是鈍置。」文淇案：韋昭《國語》注云：「使俱者，使二五同聲也。」是杜説所本，然沈説較長。又彼注云：「廣莫，北狄沙漠也。下邑曰都，使如爲晉下邑也。啟土，闢竟也。」案：《廣雅·釋詁》：「眇，莫也。」王念孫云：「《衆經音義》引此解之曰：『言遠視眇莫，不知邊際也。』《楚辭·九章》云『路眇眇之默默』，莊二十八年『狄之廣莫』。」是廣莫猶廣眇也，非指沙漠。顧炎武云：「杜《解》謂：『遣二公子出，都之。』非也。都者，大邑之名。隱元年傳曰『大都，不過參國之一』是也。以狄地之曠絶，而在晉則爲都，其威遠樹，宜闢土之廣。」如顧説，則都非下邑矣。韋説皆非。

晉侯説之。夏，使太子居曲沃，重耳居蒲城，夷吾居屈。群公子皆鄙。【疏證】《晉世家》：「於是使太子申生居曲沃，公子重耳居蒲，公子夷吾居屈。」《年表》：「晉獻公十二年，太子申生居曲沃，重耳居蒲城，夷吾居屈。驪姬故。」《年表》視傳差一年。

唯二姬之子在絳。二五卒與驪姬譖群公子而立奚齊，晉人謂之「二五耦」。【疏證】《考工記》：「二耜爲耦。」杜注據之，云：「二耜相耦，❶廣一尺，共起一伐。言二人俱共墾傷晉室若此。」顧炎武云：「言相比爲奸也。古人共耕曰耦，共射亦曰耦。僖九年傳曰『耦俱無猜』，此《解》云『墾傷晉室』，太巧。」按：顧説是也。《韓非子·八姦》篇：「八姦者，何謂在旁？曰：『優笑侏儒，左右近習，此人主未命而唯唯，未使而諾諾，先意承旨，觀貌察色以先主心者也。此皆俱進俱退，皆應皆對，一辭同軌以移主心者也。』」耦之情狀當如韓非之言。

❶「相」，原作「粗」，今據《春秋左傳正義》卷十改。

《晉書・王濬傳》：「濬上表曰：『今臣之信行，未若曾參之著；而讒構沸騰，非爲三夫之對，外内扇助，爲二五之應。』」扇助即耦義。《晉世家》：「獻公與驪姬子奚齊居絳，晉國以此知太子不立也。」

楚令尹子元欲蠱文夫人，【疏證】《楚語》注：「子元，楚武王子、文王弟王子善也。」伏曼容《易注》：「蠱，惑亂也。」

爲館于其宮側，而振《萬》焉。❶【疏證】鄭玄《禮記》注：「振，動也。」杜本之，又云：「萬，舞也。」沈欽韓云：「《詩・簡兮》箋：『萬舞，干舞也。』《文王世子》『春夏學干戈，秋冬學羽籥』，注：『干戈，萬舞，象武也。羽籥，籥舞，象文也。』殷、周各有萬舞，以象湯、武之武功。《商頌》云『萬舞有奕』，《周頌》序云『維清，奏象舞也』，箋云：『象舞，象用兵時刺伐之舞。』下文夫人云『先君以是舞習戎備』，則楚亦制萬舞。」按：沈説是也。宣八年《公羊傳》萬舞，何注以爲象武王以萬人伐紂。

夫人聞之，泣曰：「先君以是舞也，習戎備也。今令尹不尋諸仇讎，而於未亡人之側，不亦異乎！」【疏證】《小爾雅》：「尋，用也。」《御覽》四百八十八引此傳文，「而」下有「置館」二字，是也，各本皆脱。杜云：「婦人既寡，自稱未亡人。」《公羊》宣元年傳疏：「初則判合，終成一體，是以寡妻之號，稱未亡人，言其事體先亡，遺餘半在爾。」

御人以告子元。【疏證】杜注：「御人，夫人之侍人。」

❶「振」，原作「側」，今據《春秋左傳正義》卷十改。

子元曰：「婦人不忘襲讐，我反忘之！」秋，子元以車六百乘伐鄭，入于桔柣之門。【疏證】《玉篇》：「閭閲，❶鄭城門。《左傳》作桔柣。」杜云：「此遠郊之門也。」疏云：「此已入一門矣。又云『入自純門』，又是入一門矣。復言『縣門不發』，則更有一門矣。不發是内城門，❷則知純門，外郭門；桔柣，遠郊門也。」顧棟高云：「哀二十七年晉知伯伐鄭，入南里，門於桔柣之門，則此兩重門皆當在南，所云内城門當係皇門矣。」

子元、鬬御彊、鬬梧、耿之不比爲旆。【疏證】《世本》：「芈姓，鬬彊生班，因氏焉。」又别文云：「芈姓，若敖生鬬彊，因氏焉。」以兩文核之，則若敖生鬬彊，鬬彊生鬬班。此鬬御彊，即鬬彊也。《釋天》：「緇廣充幅長尋曰旐，❸繼旐曰旆。」郭注：「旐帛全幅長八尺。旆帛續旐，末爲燕尾者。」本疏云：「軍行之次，旆最在先。故宣十二年傳稱令尹南轅反旆，是旆居前而殿在後也。」

鬬班、王孫游、王孫喜殿。【疏證】《采薇》疏：「軍行在後曰殿，取其鎮重之義。」

衆車入自純門，及逵市。【疏證】杜注：「純門，鄭外郭門也。逵市，郭内道上市。」《兔罝》疏云：「《釋宫》云：『九達謂爲逵。』郭璞云：『四道交出，復有旁通者。』《左傳》：『楚伐鄭，入自純門，及逵市。』杜預云：『逵并九軌。』案《周禮》『經涂九軌』，不名曰逵。杜意蓋以鄭之城内不應有九出之道，故以爲并九軌，於《爾雅》則不合也。」案：彼疏引杜預説，今見宣十二年注，而引爲此傳注，則此注有脱文矣。逵非九軌，彼疏駮杜是也。沈欽韓

---

❶ 「閲」，原作「閲」，今據《玉篇》卷十一改。
❷ 「内」，《春秋左傳正義》卷十無此字。
❸ 「緇」，原作「輜」，今據《爾雅注疏》卷六改。

云：「《洛陽伽藍記》洛陽東面有三門，❶一門有三道。所謂九逵。」如沈說，則純門亦有三門。❷

縣門不發。楚言而出，子元曰：「鄭有人焉。」【疏證】杜注：「縣門，施於內城門。鄭示楚以間暇。」❸疏不釋「縣門」。襄十年疏云：「編版廣長如門，施關機以縣門上，有寇則發機下之。」按：《淮南子・道應訓》「孔子勁杓國門之關」，注：「杓，引也。古者縣門下，從上杓引之者非也。」❹《墨子・備城》篇云：「凡守城之法，備城門，爲縣門。機長二丈，廣八尺，謂之兩相如。」❺其縣門之制，視彼疏略同。朱駿聲云：「縣門如今之閘板，發機自上下之。」嚴琪《擷左隨筆》云：「襄二十六年，楚子門於師之梁，縣門發，可見鄭講守禦之法。疑每門皆設縣門，蓋即俗所謂閘門也。」

諸侯救鄭，楚師夜遁。鄭人將奔桐丘，【疏證】《水經注》：「洧水自鄢陵東逕桐丘，京相璠曰：桐丘，鄭地也。今國無而城見存，西南去許昌故城可三十五里，俗名之曰堤。其城南即長堤，因洧水之北防也。西南桐丘，其城邪長而不方，蓋憑丘之稱，即城之名矣。」沈欽韓云：「《一統志》：『桐丘城在陳州府扶溝縣西二十里。』」**諜告曰：「楚幕有烏。」乃止。**【疏證】杜注：「諜，間也。」惠棟云：「按：《周禮・環人》云：『搏諜賊。』注

---

❶「面」，原作「西」，今據《春秋左氏傳地名補注》卷二改。

❷下「門」，疑當作「逵」。

❸「楚」下，原衍「本」字，今據《春秋左傳正義》卷十刪。

❹「非」，《淮南鴻烈解》卷十二作「難」。

❺「謂」，《墨子》卷十四作「爲」。

云：『諜賊，反間爲國賊。』郭璞云：『諜，今之細作也。』」《廣雅》：「幕，帳也。」

冬，饑。「臧孫辰告糴于齊」，禮也。【疏證】惠棟云：「子惠子曰《周書·糴匡解》：『大荒，君親巡方，卿參告糴。』故《外傳》臧文仲曰：『國有饑饉，卿出告糴，古之制也。辰也備卿，辰請如齊。』凡稱禮，皆周制也。」沈彤云：「《周禮·大司徒職》：『大荒、大札，則令邦國移民、通財。』《小行人職》：『若國凶荒，則令賙委之。』不聞有告糴之禮。《外傳》稱爲古制，其始於西周之衰乎？《周書·糴匡解》蓋亦記衰周之制。」按：沈説是也。

「築郿」，非都也。凡邑，有宗廟先君之主曰都，無曰邑。邑曰築，都曰城。【疏證】此城築例也。《詩》疏引作「邑有先君之廟曰都」，《周禮》、《禮記》疏引作「邑有先君之主曰都」，皆文不具。《周禮·都宗人》「凡都祭祀，致福於國」，注：「王子弟則立其祖王之廟，其祭祀，王皆賜禽焉。」疏：「《左氏傳》莊二十八年云：『邑，有先君之主曰都。』明天子禮亦然。故知都内王子弟有祖王之廟也。」《家宗人》注：「大夫采地之所祀，與都同。若先王之子孫，亦有祖廟。」疏：「亦如上都宗人，但天子與諸侯禮異。諸侯之卿大夫，同姓，邑有先君之主則曰都，無曰邑。天子之臣，同姓大夫雖有先君之主，亦曰邑也。」如《禮》疏説，則有宗廟先君之主曰都，其禮爲王子弟及諸侯同姓卿大夫所同，惟天子之臣同姓大夫異也。其異者，以禮殺於王子弟也。《郊特牲》疏引《五經異義》：「《左氏》説曰：凡邑，有先君之主曰都。以其有先君之主也。公子爲大夫，所食采地亦自立所自出宗廟，其立先公廟，準禮公子得祖先君，公孫不得祖諸侯。」則但主諸侯及諸侯之同姓卿大夫言之也。疑《異義》所稱《左氏》説，非全文。《小司徒職》：「九夫爲井，四井爲邑，四邑爲丘，四丘爲甸，四甸爲縣，四縣爲都。」杜注據之謂：「宗廟所在，則雖邑曰都，尊之也。言凡邑，則他築非例。」此經《公羊》無説，《穀梁》譏不與民共。唐顧德章《東都神主議》云：❶「三傳異同，《左氏》爲短。何則？當春秋二百年間，魯凡城二十四邑，唯郿一邑稱築，❷城其二十二邑，豈皆宗廟先君之主乎？執此爲建主之端，又非通論。」又云：「謹案春秋二百四十年間，惟郿一邑稱築。如城郎、費之類，各有所因，或以他防，或以自固，謂之盡有宗廟，理則極非。」顧氏以後世都城之稱惟繫帝王，未知古都之稱，自天子下達於大夫也。以此疑傳，未見其可。《北魏書·韓顯宗傳》：「既定建都，❸顯宗上書曰：『按《春秋》之義，有宗廟曰都，無則謂之邑，此不刊之典也。况北代宗廟在焉，山陵託焉，王業所基，聖躬所在，❹其爲神鄉福地，實亦遠矣。』」亦以稱都爲天子之禮。《出車》疏云：「城是築之別名，《春秋》別大小之例，故城、築異文，散則城、築通。」

【經】二十九年，春，新延廐。【注】劉、賈云：「言『新』有故木，言『作』有新木，延廐不書『作』，所用之木非公命也。」本疏。【疏證】《廣雅·釋室》：「廐，舍也。」《釋名》：「廐，匄也。❺匄，聚也。牛馬之所聚也。」本疏謂：「延是廐之名，名之曰延，其義不可知也。」則舊注延、廐無説。杜云：「傳例曰：書不時。言新

❶「章」，原脱，今據《舊唐書·禮儀志》補。
❷「郿」，原作「郡」，今據《舊唐書·禮儀志》改。下一「郿」字同。
❸「建」，《魏書·韓顯宗傳》作「遷」。
❹「在」，《魏書·韓顯宗傳》作「載」。
❺「匄」，《釋名》卷五作「勼」，下一「匄」字同。

者，皆舊物不可用，更造之辭。」蓋不用劉、賈説。劉、賈謂延廄不書「作」，疏則云：「傳言『新作延廄』而經無『作』字。僖二十年『新作南門』，定二年『新作雉門及兩觀』，皆言『新作』，而此獨無『作』，是作傳之後轉寫闕文也。而劉、賈云云云。凡諸興造，固當有新，固當有因。今爲《春秋》微義，直記別此門此觀有新木故木，既已鄙近，且材木者，立廄之具也，公命立廄，則衆用皆隨之矣，❶焉有所用之木非公命也？此爲匠人受命立廄，而盗共其用，豈其然乎？」疏蓋以經文有「作」字，故力駁劉、賈之説。洪亮吉謂：「據劉、賈説，則經文缺『作』字可知。」李貽德云：「《公羊傳》『新延廄者何？修舊也。』修舊則有故木矣。」按：洪、李説是也。《公羊》何注云：「繕故曰新，有所增益曰作。」《穀梁傳》：「其言新，有故也。」范甯《集解》曰：「言改故而新之。」是二傳誼與古《左氏》説同。

夏，鄭人侵許。

秋，有蜚。【疏證】《御覽》九百四十九引作「有蜰」。《後漢書》：「王莽地皇間，蜰蔽天至長安，入未央宮，莽發吏捕之，於是天下大亂，❷尋而莽敗見殺。」字亦作「蜰」。今二傳皆作「蜚」，則《左氏》古文或作「蜰」。《釋蟲》：「蜚，蠦蜰。」舍人、李巡注皆云：「蜚蠦，一名蜰。」郭注：「蜰，即臭蟲負盤。」❸《廣雅》：「負盤，❹蹠也。」《説

❶「用」，原作「固」，今據《春秋左傳正義》卷十改。
❷「是」，《太平御覽》卷九百四十九作「時」。
❸「臭」，原作「奚」，今據《爾雅》卷下改。
❹「盤蹠」，《廣雅》卷十作「蠜蟅」。

文》云：「蠜，自蠜也。蜰，盧蜰也。」蠜、盤一聲之轉，是一物三名，蜚、蜰乃異文。《五行志》：「劉歆以爲負蠜也，性不食穀。食穀爲災，介蟲之孽。❶劉向以爲蜚色青，近青眚也，非中國所有。南越盛暑，男女同川澤，淫風所生，爲蟲臭惡。時公娶淫女作夫人。」按：《穀梁》集解引《穀梁》説曰：「蜚者，南方臭惡之氣所生也。」劉子政所稱爲《穀梁》説，與歆異。

冬，十有二月，紀叔姬卒。

城諸及防。【注】賈云：「言『及』，先後之辭。」本疏。【疏證】《地理志》：「琅琊郡諸。」沈欽韓云：「《一統志》：『諸縣故城在青州府諸城縣西南三十里。』」杜不注「及」義。疏云：「此言『城諸及防』，文十二年『城諸及鄆』，定十四年『城莒父及霄』，襄十年傳『晉師城梧及制』，同時城二邑者，皆言『及』。《穀梁傳》曰：『以大及小也。』何休云：『諸，君邑；防，臣邑。言「及」，别君臣之義。』賈逵云：『言及，先後之辭。』杜不爲注，先後之辭是也。」按：二傳説「及」異於賈，賈所稱爲古《左氏》義也。

【傳】二十九年，春，新作延廄，書不時也。

凡馬日中而出，日中而入。【疏證】此馬出入例也。杜注：「日中，春秋分也。治廄當以秋分，因馬向入而修之，今以春作，故曰不時。」疏引《釋例》曰：「春秋分而晝夜等，謂之日中。凡馬，春分百草始繁，則牧於坰野。

❶ 眉批：查《廣雅·釋蟲》，歆説非爲注。

秋分農功始藏，冰寒草枯，❶則皆還廄。此周典之制也。今春而作廄，已失民時，又違馬節，故曰『書不時也』。」按：《圉師》「春除蓐、釁廄」，注：「蓐，馬茲也。馬既出而除之。新釁焉，❷神之也。《春秋傳》曰：『凡馬日中而出，日中而入。』」疏：「《左氏》莊二十九年『新延廄，書不時也』。延廄當於馬出時，故云『凡馬，日中而出，日中而入』，謂春分秋分時。今之孟春新延廄，故云不時也。」《周禮》正謂春出馬治廄，鄭謂馬既出而除之，除即新也。彼疏云孟春不時，則治廄當在仲春矣。二至、二分皆在仲月，杜謂秋分馬入修廄，並非周典。又據彼疏，則傳止稱新延廄，無「作」字也。

「夏，鄭人侵許。」

凡師，有鐘鼓曰伐，【疏證】此師行例也。杜注：「聲其罪。」《大司馬》：「賊賢害民則伐之，❸負固不服則侵之。」疏：「按：《春秋公羊》、《左氏》説：凡征戰有六等，謂侵、戰、伐、圍、入、滅。用兵麤觕，不聲鐘鼓，入境而已，謂之侵。侵而不服則戰之，謂兩陣交刃。戰而不服則伐，謂用兵精而聲鍾鼓。伐而不服則圍之，謂匝其四郭。圍而不服則入之，謂入其四郭，❹取人民，不有其地。入而不服則滅之，謂取其君。」彼疏舉征戰之例六，皆本傳例引申之，戰、圍、滅、入例別見。

---

❶「冰」，《春秋左傳正義》卷十作「水」。

❷「新」，原作「祈」，今據《周禮注疏》卷三十三改。

❸「賢」，原作「災」，今據《周禮注疏》卷二十九改。

❹「郭」，原作「郊」，今據《周禮注疏》卷二十九改。

無曰侵，【疏證】杜云：「鍾鼓無聲。」即《禮》疏所謂「不聲鍾鼓」也。杜用古《左氏》説。

輕曰襲。【疏證】杜云：「掩其不備。」疏云：「襲者，重衣之名，若被衣然。」義殊迂曲。此侵、襲皆蒙「有鍾鼓」之文，謂鍾鼓聲輕耳。《周禮》九伐不及襲者，義統於侵。疏：「謂天子討罪，無掩襲之事，唯侵伐二名，與禮合。」

「秋，有蜚」，爲災也。凡物不爲災，不書。【疏證】此災異例也。

冬，十二月，「城諸及防」，書時也。凡土功，龍見而畢務，戒事也。【疏證】此以下土功例也。《吕覽·季夏紀》「不可以興土功」，注：「土功，築臺穿池。合諸侯，造盟會也。」《釋例》以土地專屬都邑，非古誼。韋昭《國語》注：「辰角，大辰蒼龍之角。角者，星名也。見者，朝見東方，寒露節也。」杜注：「謂今九月，周十一月，龍星角、亢，晨見東方。」蓋用韋説。《月令》：「季秋之月，日在房。」《律曆志》：「角十二，亢九，氐十五。」自角之初至房初三十六度。《説文》：「戒，警也。」本疏：「戒謂令語之也。」

火見而致用，【疏證】杜注：「大火，心星，次角、亢。」《月令》：「孟冬之月，日在尾。」《律曆志》：「心五，尾十八。」自心初至於尾末二十三度。《淮南·天文訓》「故五月火正而水漏」，注：「火正，火王也，故水滲漏。一説火星正中地。漏，濕也。」一説乃《左氏》説。❶

水昏正而栽，【疏證】蔡邕《月令章句》引傳曰：「水昏正而栽築。」惠棟曰：「水即營室也。昏正者，昏中

❶ 眉批：「火」添釋。

也。栽築者，栽木而始築也。」按杜注：「謂今十月，定星昏而中。」《釋天》：「營室謂之定。」「定之方中」，鄭箋云：「定星昏中而正，謂小雪時。」《周語》「營室之中，土功其始」，注：「定，謂之營室。謂建亥小雪之中，定星昏正於午，土功可以始也。」杜注用鄭、韋說，皆以水昏正在十月也。《周禮·天官》「辨方正位」，疏：「案：《左氏》莊公傳云『水昏正而栽』，知是十月始興土功。今《召誥》于三月爲洛邑者，《左傳》用十月是尋常法，今建王城遠述先君之志，是興作大事，不可以常法難之也。」《定之方中》疏云：「『凡土功水昏正而栽，日至而畢』，則冬至以前皆爲土功之時。箋言定星中小雪時，舉其常期耳。然則《左傳》所云乃是正禮。而《召誥》於三月之下營洛邑之事，於周之三月起土功，不依禮之常時者，《鄭志》答趙商云：『傳所言者，謂庸時也，❶周、召之作洛邑，因欲觀衆殷樂之與否。』則由欲觀民之意，故不依常時也。」《詩》疏與《禮》疏略同，皆以水昏正而栽爲正禮。《鄭志》稱傳所言即此傳也。《淮南·天文訓》「十一月水正而陰勝」，注：「水正，水王也，故陰盛也。」一說營室正中於南方。」一說乃《左氏》說。《說文》：「栽，築牆長板。」

日至而畢。【疏證】杜注：「日南至，微陽始動，故土功息。」

樊皮叛王。【疏證】杜注：「樊皮，周大夫。樊，其采邑。皮，名。」洪亮吉云：「《郡國志》：河內修武有陽樊。服虔云：『樊，仲山之所居，故名陽樊。』按：漢鄧縣地亦有古樊城。樂史引郭仲產、摯虞等記云：『樊本仲山甫之國，即今襄陽樊城也。與南虢相去亦近。』」按：此樊即隱十一年王與鄭十二邑之一。服不以爲鄧縣之樊也。

---

❶「庸」，原作「康」，今據《毛詩正義》卷三改。

洪説非。

【經】三十年，春，王正月。

夏，次于成。無傳。【疏證】《公》、《穀》作「師次於成」。傳例：過信爲次。此經當有佚字。杜謂：「將卑師少，故直言次。」非傳例所有。

秋，七月，齊人降鄣。無傳。【注】劉、賈以爲：鄣，紀之遺邑。本疏。【疏證】二傳云：「鄣，紀之遺邑。」《説文》：「鄣，紀邑也。」即用賈説。杜注：「鄣，紀附庸國。東平無鹽縣東北有鄣城。」段玉裁《説文注》云：「東平距紀大遠，非許意也。古紀國在今青州府壽光縣西南三十里，紀城鄣邑當附近，即昭十九年《左傳》之紀鄣也。紀鄣者，本紀國之鄣邑，猶《齊語》紀酅也。杜云『紀鄣在東海贛榆』是也。莊三十年之鄣即此，杜分爲兩地，非。今江蘇海州贛榆縣北七十五里有故紀鄣城，亦曰紀城。」❶案：段説是也。洪亮吉云：「紀在春秋時甚微，疑不得有附庸國。又紀侯去國，至此已二十七年，不得有附庸獨存。杜注蓋非也。」文淇案：《釋例》云：「計紀侯去國，至此二十七年。紀侯猶不堪齊而去，則邑不得獨存。此蓋附庸小國，若邿、鄟者也。」洪氏用杜語以駁杜，不足以折杜。

八月，癸亥，葬紀叔姬。無傳。

---

❶ 眉批：紀境不得至今海州，查。

九月，庚午，朔，日有食之。【疏證】《五行志》：「劉歆以爲八月秦、周分。」臧壽恭云：「案：是年入甲申統九百七十九年，積月一萬二千一百八，閏餘十三，正小雪，閏在十一月後。積日三十五萬七千五百五十九，小餘五十七，大餘十九。正月癸卯朔大，小餘十九。二月癸酉朔小，小餘六十二。三月壬寅朔大，小餘二十四。四月壬申朔小，小餘六十七。五月辛丑朔大，小餘二十九。六月辛未朔小，小餘七十二。七月庚子朔大，小餘三十四。八月庚午朔，又置上積日，加積日二百七，以統法乘之，以十九乘小餘三十四，并之，滿周天，除去之，❶餘二十八萬七千四十，滿統法而一，得積度一百八十六度餘七百八十六，命如法，合辰在鬼二度，❷去柳二度。《淮南·天文訓》以東井、輿鬼爲秦之分野，以柳、七星、張爲周之分野，故曰周、秦分。」

鼓，❸用牲于社。無傳。

冬，公及齊侯遇于魯濟。【疏證】《釋例》曰：「濟水自滎陽卷縣東經陳留至濟陰，北經高平至濟北，❹東北經濟南至博昌縣入海。」沈欽韓云：「《水經注》：『濟水東至乘氏縣西分爲二，其一水東南流，其一水從縣東北流。南爲菏水，北爲濟瀆。東南流者，菏水分濟於定陶東北。又東南逕乘氏縣故城南，又東過昌邑縣北，又東過

❶「去」下，原衍「餘」字，今據《春秋左氏古義》卷二删。
❷「在」，原脱，今據《春秋左氏古義》卷二補。
❸「鼓」至「傳」七字，原漫漶不清，今據整理本補。
❹「平」下，《春秋左傳正義》卷十有「東平」二字。

金鄉縣南，又東過東緡縣北，又東過方與縣北，又東過湖陸縣南，❶東入於泗水。』按：此菏水雖亦兼濟水之名，非《春秋》所謂濟也。『其東北流者，入鉅野澤，逕乘氏縣與濟渠、濮渠合，又北，右合洪水。又東北過壽張縣西界安民亭南，汶水注之，所謂清口也。又北過須昌縣西，又北過臨邑縣東，又北逕平陰城西』。自穀城以下皆齊之濟矣。」馬宗璉曰：「《水經·濟水》注：『濟水北逕微鄉，又北逕清亭東，又北過穀城西，又北逕周首亭西。』魯濟並在微鄉、清亭之間。微即莊二十八年冬所築郿也，清即公及宋公遇於清是也。此皆魯地濟水所經，故謂之魯濟。若過穀城，則謂之齊濟。」右皆詳魯濟水所經，馬説尤密矣。胡渭《禹貢錐指》曰：「以今輿地言之，自東平會汶以下，東阿、平陰、長清、齊河、歷城章丘、鄒平、長山、新城、高苑、博興、樂安諸縣界中，❷皆《禹貢》濟水入海所經也。」❸

齊人伐山戎。【注】服云：「山戎，北狄，蓋今之鮮卑也。」❹【疏證】杜注：「山戎，北狄。」用服説。沈欽韓云：「《齊世家》：『北伐山戎、離支、孤竹。』《管子·小匡》篇：❺『桓公北伐孤竹，未至卑耳之谿十里。』《韓非·説林上》：『管仲、隰朋，從於桓公，而伐孤竹。』統上論之，皆即此年之役也。《方輿紀要》：『永平府春秋時爲

---

❶「南」，原脱，今據《春秋左氏傳地名補注》卷二補。
❷「章」，原作「彰」，今據《皇清經解》卷四十二《禹貢錐指》改。
❸眉批：胡渭説删。
❹眉批：鮮卑今地宜考。
❺「匡」，當作「問」。

山戎、肥子二國地。今支城在府東北。』離支即令支之譌也。『孤竹城在府南十五里，今古蹟已不可考，城或後人所築，而冠以故名云。』」按：沈説是也。《漢書・匈奴傳》：「秦襄公伐戎至郂，❶始列爲諸侯。後六十五年，而山戎越燕而伐齊。後四十四年，而山戎伐燕。燕告急，齊桓公北伐山戎，山戎走。」

【傳】三十年，春，王命虢公討樊皮。夏，四月，丙辰，虢公入樊，執樊仲皮，歸于京師。【疏證】杜無注。樊仲皮，即樊皮也。此虢當是西虢。

楚公子元歸自伐鄭，而處王宮。

鬬射師諫，則執而梏之。【注】服云：「射師，若敖子鬬班也。」本疏。**【疏證】**杜注：「射師，鬬廉也。」疏云：「杜此注與《譜》并以射師與鬬廉爲一人，不知何據也。服虔云：『射師，若敖子鬬班也。』射師被梏，不言舍之，何以得殺子元也？知射師與班必非一人也。杜《譜》以爲鬬射師，若敖子；鬬班，若敖孫。」李貽德云：「子元伐鄭，傳在二十八年，歸處王宮而射師諫之，❷當在是時。越至三十年秋始殺子元，將及兩稘矣，豈猶梏而不舍乎？傳叙執梏事於此，以見子元見殺之由，非一時事也。其間不書『舍之』，蓋傳所略也。烏見殺子元者，必非鬬班乎？」按：李説是也。疏謂：「杜注射師、鬬廉爲一人，不知何據。」則疏知杜説無顯證矣。杜解「梏」云：「足曰桎，手曰梏。」按：《掌囚》：「上罪梏拲而桎，中罪桎梏，下罪梏。」注：「鄭司農云：『拲者，兩手共一木也。桎梏者，兩手各一木也。』玄謂在手曰梏，在足曰桎。」杜用後鄭説，則先鄭注此傳，説或異也。《説文》：「桎，

❶ 「郂」，原作「郊」，今據《漢書・匈奴傳》改。

❷ 「諫」，原作「誅」，今據《春秋左氏傳賈服註輯述》卷四改。

足械也。梏，手械也。」與後鄭説同。《周禮》疏：「以桎與梏同在手則不可，故後鄭不從。」襄六年傳「以弓梏弱於朝」，弓梏則在手審矣。

秋，申公鬭班殺子元。

鬭穀於菟爲令尹，自毁其家，以紓楚國之難。【疏證】杜注：「鬭穀於菟，令尹子文也。」《漢書·叙傳》作「穀於檡」。洪亮吉云：「《廣雅》：『毁，虧也。』杜注訓減，義亦同。俗本譌作『滅』，非。」《説文》：「紓，緩也。」《廣雅·釋詁》：「紓、摯，解也。」王念孫云：「《方言》：『抒、瘳，解也。』莊三十年《左傳》『紓楚國之難』，『紓』與『抒』同，亦作『舒』。」

冬，「遇于魯濟」，謀山戎也。以其病燕故也。【疏證】《地理志》：「廣陽國薊，故燕國。」江永云：「按：此北燕，今京城東偏即其地也。」顧棟高云：「今直隸順天府大興縣是。」《年表》：「齊桓公二十三年，伐山戎，爲燕也。」

【經】三十有一年，**春，築臺于郎。**無傳。【疏證】杜無注。江永云：「此郎當爲隱九年近魯郊之郎。此郎臺，據《公羊傳》即泉臺。文十六年，有蛇自泉宫出，❶入於國，如先君之數。因聲姜薨，毁泉臺。《公羊》云：『泉臺者，郎臺也。未成爲郎臺，既成爲泉臺。』是郎臺即泉臺也。蛇自泉宫出而入國，則泉宫在郎，其地近國都

❶「出」，原脱，今據《皇清經解》卷二百五十二《春秋地理考實》補。

可知。」

夏，四月，薛伯卒。無傳。【疏證】杜注：「未同盟。」

築臺于薛。無傳。【疏證】杜注：「薛，魯地。」沈欽韓云：「此在齊境内。❶《方輿紀要》：『薛陵城在東平州陽穀縣西南。《史記·齊世家》：「威王七年，衛伐我，取薛陵。」又威王語阿大夫：「衛取薛陵，子不知。」蓋其地與阿近。』按：以下文『築臺於秦』例之，莊公侈心遠略，必非滕縣之薛城也。」❷

六月，齊侯來獻戎捷。【疏證】《玉府》「凡王之獻金玉」，注：「古者致物於人，尊之則曰獻，通行則曰饋。《春秋》曰『齊侯來獻戎捷』，尊魯也。」疏：「三傳皆不解獻義，今鄭引者，以齊大於魯，言來獻，明尊之則曰獻，未必要卑者於尊乃得言獻。」此鄭説經義存於《禮》注者，彼疏引申得鄭義矣。傳言「非禮」，止斥諸侯不相遺俘，非以斥獻。杜注：「獻，奉上之辭。齊侯以獻捷禮來，故書以示過。」非也。疏引《釋例》「齊侯失辭稱獻」，亦誤。《説文》：「捷，獵也。軍獲得也。」疏云：「戰勝而有獲，獻其所獲，故以捷爲獲也。」「《春秋傳》曰：『齊人來獻戎捷。』」❸臧壽恭云：「案：《公》、《穀》經及杜注《左氏經》皆作『齊侯』，而許獨引作『齊人』，蓋許君親從賈逵受古學，所據者，乃賈氏經也。賈、服之例，凡傳言『諸侯』，而經書『人』者，皆是貶。此傳云『齊侯來獻戎捷，非禮也』，則經當書『人』，故知許君所引乃賈經，非字之誤也。」

---

❶「齊」，《春秋左氏傳地名補注》卷二作「魯」。

❷「必非」，《春秋左氏傳地名補注》卷二作「非必」。

❸此句爲《説文解字》引《春秋傳》文。

秋，築臺于秦。無傳。【疏證】《郡國志》：「東平國范有秦亭。」沈欽韓云：「《水經注》：『河水又東北逕范縣之秦亭西，《春秋》書築臺於秦者也。』《一統志》：『古秦亭在曹州府范縣南三里。』」

冬，不雨。【疏證】《五行志》：「劉歆以爲是歲一年而三築臺，奢侈不恤民。」

【傳】三十一年，夏，六月，「齊侯來獻戎捷」，非禮也。凡諸侯有四夷之功，則獻于王，王以警于夷，中國則否。諸侯不相遺俘。【疏證】此獻捷例也。諸侯不相遺俘，謂諸侯伐人國不遺俘也。襄八年傳「鄭伯獻捷於會」，又曰「獲司馬燮，獻於邢丘」，是遺俘之事，亦非禮也。杜注：「雖夷狄俘，猶不以相遺。」未得傳義。

【經】三十有二年，春，城小穀。【注】賈云：「不繫齊者，世其禄。」本疏。【疏證】《郡國志》：「東郡穀城，春秋時小穀。」沈欽韓云：「《水經注》：『濟水側岸有尹卯壘，南去魚山四十許里，是穀城縣界，故《春秋》之小穀城。』《一統志》：『今泰安府東阿縣治。』」按：《穀梁》云魯邑。顧炎武云：「春秋有言穀不言小者。莊二十三年『公及齊侯遇於穀』，僖二十六年『公以楚師伐齊，取穀』，文十七年『公及齊侯盟於穀』，成五年『叔孫僑如會晉荀首於穀』。四書『穀』而一書『小穀』，别於穀也。又昭十一年傳曰『齊桓公城穀而寘管仲焉，至於今賴之』，則知《春秋》四書之『穀』及管仲所封在濟北穀城，而此之小穀自爲魯邑爾。況其時齊桓始霸，管仲之功尚未見於天下，豈遽勤諸侯以城其私邑哉？」孫志祖云：「《春秋》之言穀者，除炎武所引外，尚有宣十四年『公孫歸父會齊侯於穀』，襄十九年『晉士匄侵齊至穀』，又成十七年『齊國佐殺慶克以穀叛』，則齊地之名穀而不名小穀也，灼然矣。

小穀應屬魯邑，《左氏》不應謬誤若此。後讀《公羊》疏云：『二傳作小穀，與《左氏》異。』始悟《左氏》經本作『城穀』，此與申無宇所言『齊桓公城穀而寘管仲焉』語正合，故杜注云『齊邑』，又引『濟北穀城縣中有管仲井』以實之。今經傳及注俱作小穀者，乃後人據二傳之文而誤加之《左氏》也。」文淇案：孫説是也。臧壽恭亦據《公羊疏》謂《左氏》當作「城穀」，而謂：「今本作『城小穀』，乃杜氏改從二傳。」非。《管子·大匡》篇：「吴人伐穀，桓公告諸侯未遍，諸侯之師竭至以待桓公。」注：「穀，齊之下都，❶後以封管仲。」若魯之小穀在曲阜，《圖經》：❷「曲阜西北有小穀城。」桂馥云：「《水經注》所稱小城，❸正在曲阜西北。漢以項羽頭示魯人，而葬羽於小穀，其地去魯城當不遠。」賈氏謂「不繫齊」，則賈亦以穀爲齊邑。杜注：「大都以名通者，則不繫國。」蓋不用賈説。疏引吴滅州來、晉滅下陽爲比，又駁賈説云：「然則彼不繫者，豈皆世其禄乎？」李貽德云：「如温、原，皆世禄之邑。傳稱『取温之麥』，及『晉人伐原』，未嘗繫於周也。」

夏，宋公、齊侯遇于梁丘。【疏證】《郡國志》：「山陽郡昌邑有梁丘城。」沈欽韓云：「《水經注》：『菏水東北逕梁丘城西。』❹《一統志》：『梁丘城在曹州府城武縣東北二十五里，與金鄉縣接界。』」

秋，七月，癸巳，公子牙卒。【疏證】杜注：「牙，慶父同母弟僖叔也。」案：牙非慶父同母弟，詳隱元年、

❶「齊」，原脱，今據《管子》卷七補。

❷「圖」，原作「岡」，今據《春秋左傳詁》卷一改。

❸「城」上，疑當有「穀」字，或「城」作「穀」。

❹「菏」，原作「荷」，今據《春秋左氏傳地名補注》卷二改。

閔元年疏證。

八月，癸亥，公薨于路寢。【疏證】《宫人》「掌六寢之脩」，❶注：「六寢者，路寢一，小寢五。路寢以治事，小寢以時燕息焉。《春秋》書莊公薨於路寢，僖公薨於小寢，是則人君非一寢明矣。」疏：「天子六寢，則諸侯當三寢，亦路寢一，燕寢一，側室一，《内則》所云是也。」《喪大記》「君、夫人卒於正寢」，❷疏：「諸侯三寢，一正者，曰路寢，餘二曰小寢，卒歸於正，故在路寢也。」莊二十三年《公羊傳》，何休注云：「天子諸侯皆有三寢：一曰高寢，二曰路寢，三曰小寢。孫從王父之寢。」案：《周禮》「掌王之六寢之脩」，何休云「天子三寢」，與《周禮》違，不可用。依《禮》疏，諸侯得有三寢，《左氏》古説寢名當異於《公羊》，今無以考。杜注：「路寢，正寢也。」

冬，十月，己未，子般卒。【疏證】「己未」，二傳作「乙未」。❸《通典·凶禮十丘》引：「《五經異義》曰：『未踰年之君立廟不？《春秋公羊》説云：「未踰年，君有子則書葬、立廟；無子則不書葬，恩無所録也。」《左氏》説云：「臣之奉君，悉心盡恩，不得緣君父有子則爲立廟，無子則廢也。」或議曰。許君案：禮云：「臣不殤君，子不殤父。」君無子而不爲立廟，是背義棄禮，罪之大者也。』❹鄭玄《駁》云：『未踰年君者，魯子般、子惡是也，皆不書公，書卒，弗謚，不成於君也。廟者當序於昭穆，不成於君，則何廟之立？凡無廟者，爲壇祭之。近漢諸幼少

---

❶「宫」，原爲空格，今據《周禮注疏》卷二補。

❷「正」，《禮記正義》卷四十四作「路」。

❸眉批：查己、乙之異，增説。

❹「罪」上，原衍「之」字，今據《通典》卷九十三删。

之帝，尚皆不廟祭而祭於陵。云罪之重者，此何故不罪？殤者十九向下，未踰年之君未必未冠，引殤欲以何明也？』」案：《異義》所引《公羊》説，與莊三十二年《公羊傳》同，彼傳謂：「有子則廟，廟則書葬；無子則不廟，不廟則不書葬。」如《左氏》説，則無子亦得立廟也。「或議曰」下有脱文。許君用《左氏》説。鄭主不立廟，用《公羊》説。

公子慶父如齊。無傳。

狄伐邢。無傳。**【疏證】**《地理志》：「趙國襄國，故邢。」❶梁履繩云：「今直隸順德府邢臺縣。」

【傳】三十二年春，❷城小穀，爲管仲也。

齊侯爲楚伐鄭之故，請會於諸侯。【疏證】二十八年經：「秋，荆伐鄭。」

宋公請先見于齊侯。夏，遇于梁丘。

秋，七月，有神降于莘。【疏證】韋昭《周語》注：「降，下也。下者，言自上而下，有聲象以接人。莘，虢地。」杜注：「有神聲以接人。莘，虢地。」蓋用韋説。疏引吴孫權時，有神自稱王表事。按《晉書·張祚傳》：「時有神降於玄武殿，自稱玄冥，與人交語。祚日夜祈之，神言與之福利，祚甚信之。」《載記·慕容廆傳》：「曾孫暐政

❶「邢」下，《漢書·地理志》有「國」字。

❷「春」，原脱，今據《春秋左傳正義》卷十補。

無綱紀。❶有神降於鄴，曰湘女，有聲，與人相接，數日而去。❷後苻堅遣將伐鄴，禽暐。」皆神降之事，神自稱其名也。《北齊書・文苑傳》：「樊遜，字孝謙。制詔問禍福報應，孝謙對曰：『造化之理既寂寞而無傳，報應之來固難得而妄設。但秦穆有道，勾芒錫祥；虢公凉德，蓐收降禍。』」是舊説以神爲蓐收也。《周語》謂丹朱之神，與舊説異。沈欽韓云：「《方輿紀要》：『莘原在陝州廢硤石縣，❸莊三十二年「有神降於莘」即此。』」

惠王問諸内史過曰：「是何故也？」【疏證】韋昭《國語》注：「内史，周大夫。過，其名。掌爵禄廢置及策命諸侯、孤、卿、大夫。故，事也。」

對曰：「國之將興，明神降之，監其德也。將亡，神又降之，觀其惡也。故有得臣以興，❹亦有以亡，虞、夏、商、周皆有之。」【注】服云：「虞舜：祖考來格，鳳皇來儀，百獸率舞。」本疏。【疏證】《後漢書・楊賜傳》：「光和元年，有虹蜺晝降於嘉德殿前，賜乃書對曰：『臣聞之經傳，或得神以昌，或得神以亡。國家休明，則鑒其德；邪僻昏亂，則視其禍。』」注引《詩》「國之將興」六句，❺賜所述爲古義也。《周語》：「内史過曰：『夏之興也，融降於崇山，其亡也，回禄信於聆隧。商之興也，檮杌次於丕山，其亡也，夷羊在牧。周之興也，鸑鷟

---

❶「暐」，原作「暉」，今據《北史・慕容晃傳》改。下一「暐」字同。

❷「數」，原作「叛」，今據《北史・慕容晃傳》改。

❸「州」，原作「川」，今據《春秋左氏傳地名補注》卷二改。

❹「臣」，《春秋左傳正義》卷十作「神」。

❺「詩」，疑當作「傳」。

鳴於岐山，其衰也，杜伯射宣王於鎬。』」正義據以釋傳，又云：「是夏、商、周之所有也，其虞則《國語》不言焉，未知其所謂也。」又引服説，駁之云：「案《虞書》，夔説舜樂所致，非神降也。必其傳會《尚書》，以爲得神以興，則虞舜得神以亡者，又安在也？」服氏此注，不完其説，夏、商、周疑亦用《國語》。「祖考來格」以下，《益稷》文。服意以來格當舜時神降之事。鳳凰、百獸，隨文徵引，無關宏旨。傳文「皆有」亦爲統辭，不必求一舜得神以亡事實之。

王曰：「若之何？」對曰：「以其物享焉。其至之日，亦其物也。」【疏證】馬融《易傳》：「享，祭也。」杜注用之。又云：「若以甲、乙日至，祭先脾，玉用蒼，服上青，以此類祭之。」按：上「其物」，讀如「與吾同物」之物，物謂日辰也。下「物」字謂牲玉之屬。❶《北史・崔浩傳》：「初，姚興死之前歲，太史奏熒惑在匏瓜星中，一夜忽然忘失，不知所在。或謂下入危亡之國，將爲童謡妖言，而後行其災禍。帝乃召諸碩儒與史官，求其所詣。浩對曰：『案《春秋左氏傳》説「神降於莘，其至之日，各其物也」。請以日辰推之。庚午之夕，辛未之朝，天有陰雲，熒惑之亡，當在此二日之内。庚與午皆主於秦，辛爲西夷。今姚興據咸陽，是熒惑入秦矣。』」❷浩引《左氏傳》「亦其物也」作「各其物也」，此異文。謂各以其日星辰之物也，杜注用舊説而未明顯。

王從之。内史過往，聞虢請命。【疏證】《周語》：「王使太宰忌父帥傅氏及祝、史奉犧牲、玉鬯往獻焉，内史過從至虢。」注：「從，從太宰而往也。内史不掌祭祀，王以其賢，使聽之。」杜注：「聞虢請於神，求賜土田之命。」

---

❶ 眉批：物義歧，酌。

❷ 「秦」下，原衍「浩」字，今據《北史・崔浩傳》刪。

反曰：「虢必亡矣。虐而聽於神。」神居莘六月，【疏證】本疏云：「《國語》稱惠王十五年，神降於莘，《年表》惠王元年是魯莊公之十八年，則此年惠王十五年也。上云七月神降，則今年七月降也。居莘六月，虢公使祝、史享焉，則今年十二月也。内史過往，已聞虢請命，則過至虢亦十二月也。傳先説王事使了，後論虢事，以終内史之言，故文倒耳。」

虢公使祝應、宗區、史嚚享焉。神賜之土田。【疏證】杜注：「祝，太祝。宗，宗人。史，太史。應、區、嚚皆名。」《五行志》：「谷永曰：『昔虢公爲無道，有神降曰「賜爾土田」。言將以庶人受土田也。諸侯夢得土田，爲失國之祥，而況王者畜私田財物，爲庶人之事乎！』」依谷氏説，是賜土田爲神語。

史嚚曰：「虢其亡乎！吾聞之：國將興，聽于民；將亡，聽于神。神，聰明正直而壹者也，依人而行。【疏證】本疏云：「《國語》曰：『耳目，心之樞機也，故必聽和而視正。聽和則聰，視正則明。』然則所謂聰明者，不聽淫辭、不視邪人之謂也。襄七年傳曰：『正直爲正，正曲爲直。』言正者，能自正；直者，能正人。曲而壹者，言其一心不二意也。❶依人而行，謂善則就之，惡則去之。」

「虢多涼德，其何土之能得？」【疏證】惠棟云：「涼者，薄之别名。《説文》曰：『《爾雅》：「涼，薄也。」從无京聲。』《廣雅》曰：『涼，薄也。』曹憲曰：『良音，世人作涼薄之涼，水傍著京，失之矣。』薄即薄字。郭忠恕《汗簡》云：『㫓，力向切，見古《爾雅》。』」按：《説文》所引《爾雅》，今本無之。洪亮吉謂：「㫓、涼，容古字假借也。」

---

❶「言」，原重文，今據《春秋左傳正義》卷十删。

初，公築臺，臨黨氏，【注】賈云：「黨氏，魯大夫，任姓。」《魯世家》集解。【疏證】《魯世家》：「初，莊公築臺臨黨氏。」杜用賈説。沈欽韓云：「《寰宇記》：『莊公臺在兖州曲阜縣西北二里。』賈昌朝《群經音辨》云：『黨五百家，多莽切。黨氏，諸兩切。』郭忠恕《佩觿》云：『黨氏之黨，音之仰反。與鄉黨字别。』」文淇案：《釋文》：「黨音掌。」朱駿聲云：「案即仉氏也。仉者，爪字之俗，以掌爲爪，復以黨爲掌，皆同聲通借字也。」李貽德云：「本字當作爪。《説文》：『爪，亦丮也。』孟子母仉氏，仉即爪之異文，是魯有爪氏矣。黨，假借字也。知爲任姓者，以下云『見孟任』也。」

見孟任，【注】賈云：「黨氏之女。」《魯世家》集解。【疏證】《魯世家》作「見孟女」。杜用賈説。索隱云：「孟，長。任，字也，非姓。」不用賈説。梁履繩云：「襄二十九年有黨叔，是其後也。索隱以任爲孟女之字，誤已。」

從之。【注】服云：❶「從之，言欲與通也。」本疏。【疏證】杜無注。《魯世家》：「説而愛之。」

閟，【疏證】杜注云：「閟不從公。」未説閟字之義。《説文》：「閟，閉門也。《春秋傳》曰：『閟門而與之言。』」《閟宫》傳：「閟，閉。」疏：「莊三十二年《左傳》稱『公見孟任，從之，閟』，謂閉户拒公，故閟爲閉也。」是舊説閟爲拒户也。

而以「夫人」言，許之。【疏證】顧炎武云：「『以夫人言』爲句，公語以立之爲夫人也。『許之』，孟任許公也。」文淇案：顧説是也。杜注云：「許以爲夫人。」是謂孟任要立爲夫人，而公許之也，於情事不合。《魯世家》：

---

❶「服」，原作「賈」，今據《春秋左傳正義》卷十改。

「許立爲夫人。」約傳文而失其義。

割臂盟公。生子般焉。【注】服云：❶「割其臂以與公盟。」《魯世家》集解。【疏證】杜無注。《何人斯》正義：「盟者，人君用牛。此大事正禮所當用者耳。若臨時假用其禮者，不必有牲，故《左傳》孟任割臂以盟莊公，華元入楚師，登子反之牀，子反懼而與之盟，皆無牲也。」沈欽韓云：「《淮南・齊俗訓》『越人契臂』，高誘注：『刻臂出血。』《列子》釋文引許慎注：『契，刻臂出血。』」則割臂，猶契臂也。《魯世家》：「割臂以盟。孟女生子斑。」斑、般異文。

雩，講于梁氏，女公子觀之。【疏證】杜注：「雩，祭天也。講，肄也。」《水經注》：「稷門，亦曰雩門。門南隔水有雩壇，壇高三丈。」沈欽韓云：「《方輿紀要》：『魯雩壇在曲阜城東南二里。引龜山水爲池，至壇西曰雩水。雩水亦入嵫陽縣，注於泗水。』此蓋上年不雨，禱雨之祭，不必爲祭天也。《大宗伯職》『凡祀大神，治其大禮』，注：『治猶簡習也，豫簡習大禮。』又《小宗伯職》『肄儀爲位』，注：『肄，習也。若今時肄司徒府也。』《漢書・楊惲傳》：『太僕戴長樂嘗使行事肄宗廟。』蓋長樂奉詔率百官肄丞相府也。」按：沈説是也。「雩，講於梁氏」，猶言習雩禮於梁氏矣。杜注：「梁氏，魯大夫。」洪亮吉云：「梁氏蓋居近雩門，故於此講肄也。《史記》曰：『班長，説梁氏女，往觀。圉人犖自牆外與梁氏女戲。班怒，鞭犖。』《左傳》『女公子』句，疑有脱文。杜注云：『女公子，般妹。』亦屬臆解。《史記》所載似近情理，且女公子之稱，別無所見也。」❷

❶「服」，原作「賈」，今據《史記・魯世家》改。

❷ 眉批：備兩説。

圉人犖自牆外與之戲。【注】服云：「圉人，掌養馬者，犖，其名也。」《魯世家》集解。【疏證】《公羊》作「僕人鄧扈樂」。惠士奇云：「圉，猶扈也，文異義同。」按：《抱朴子·疾謬》「扈犖之變」，犖、樂音亦同也。杜用服説。《楚語》「魯圉人犖，殺子般於次」，注：「圉人，養馬者也。」本疏云：「《周禮·圉人》：『掌養馬芻牧之事。』昭七年傳『馬有圉，牛有牧』。」

子般怒，使鞭之。公曰：「不如殺之，是不可鞭。犖有力焉，能投蓋於稷門。」【注】服云：「能投千鈞之重過門之上也。」《水經·泗水》注。【疏證】《魯世家》：「斑怒，鞭犖。莊公聞之，曰：『犖有力焉，遂殺之，是未可鞭而置也。』斑未得殺。」杜注：「蓋，覆也。稷門，魯南城門。走而自投，接其屋之角，❶反覆門上。」疏引劉炫《規過》云：「公言『犖有力焉』，如杜此説，勁捷耳，非有力也。當謂投車蓋過於稷門。」洪亮吉、嚴蔚皆以杜注爲臆説。顧炎武云：「當從劉炫之説，以蓋爲車蓋。正義謂『車蓋輕而帆風，非可投之物』，不知投重物易高，投輕物而使之高，則其人爲有力矣。《漢書·上官桀傳》『從武帝上甘泉，天大風，車不得行，解蓋授桀。桀奉蓋，雖風常屬車。雨下，蓋輒御。』事亦類此。」沈欽韓云：「劉炫謂投車蓋過於稷門，尤比服義爲長，而孔氏必欲排之，豈有秉彝之好者？《紀要》：稷門，魯南城正門，僖公更名高門。」顧、沈皆用劉説，然如劉所稱能投車蓋，亦勁捷之證。焦循云：「如杜説，『投而蓋於稷門』，於辭不明，且自投接桷，可爲捷，不可爲力。服氏以蓋爲千鈞之重，必非指車蓋過門之上，亦非情理所有。竊謂投如『摶人以投』之投，蓋即闔，謂門扇也。城門之闔，非一人所能勝，犖

❶「角」，《春秋左傳正義》卷十作「桷」。

能持而投之，所以多力。闔即稷門之闔，故曰『投蓋於稷門』，非投於門上也。《荀子·宥坐篇》『復瞻彼九蓋皆繼』，注云：『蓋，户扇也。』此門扇之闔正作蓋。」朱駿聲云：「借蓋爲闔，聲義俱順。」按：焦、朱説是也。此服注不釋「蓋」字，但斥其重，服意或即以爲門扇也。惠棟云：「杜説鑿，劉説淺，服説近之。」李貽德云：「《説苑·辨物》：『三十斤爲一鈞。』❶《考工記·冶氏》『重三鋝』注：『今東萊稱或以大半兩爲鈞。』❷二説不同。服云千鈞之重未知用何説。」

公疾，問後於叔牙，對曰：「慶父材。」【疏證】《魯世家》：「會莊公有疾。莊公有三弟，長曰慶父，次曰叔牙，次曰季友。莊公取齊女爲夫人曰哀姜。哀姜無子。哀姜娣曰叔姜，生子開。莊公無適嗣，愛孟女，欲立其子斑。莊公病，而問嗣於弟叔牙。叔牙曰：『一繼一及，魯之常也。慶父在，可爲嗣，君何憂？』」《世家》謂慶父三人爲莊公母弟，杜注以叔牙「欲進其同母兄」，❸蓋以慶父爲莊公庶兄也，與傳違，辨詳隱元年疏證。

問於季友，對曰：「臣以死奉般。」【疏證】《魯世家》：「莊公患叔牙欲立慶父，退而問季友。友曰：『請以死立斑也。』」杜注云：「季友，莊公母弟，故欲立般。」亦與《世家》不合。

公曰：「鄉者牙曰『慶父材』。」成季使以君命命僖叔，待于鍼巫氏。【疏證】杜注：「成季，季友也。

---

❶ 眉批：查算書「鈞」。

❷ 眉批：鄭注可從。

❸ 「兄」，原作「弟」，今據《春秋左傳正義》卷十改。

鍼巫氏，魯大夫。」《魯世家》：「莊公曰：『曩者，叔牙欲立慶父，奈何？』季友以莊公命命牙待鍼巫氏。」❶

使鍼季酖之。【注】服云：「鴆鳥，一名運日鳥。」《魯世家》集解。【疏證】《説文》：「鴆，毒鳥也。一名運日。」《廣雅》：「鴆鳥，雄曰運日，雌曰陰諧。」《山海經·中山經》「女几之山其鳥多鴆」，郭注：「鴆，大如雕，紫緑色，長頸赤喙，食蝮蛇頭，雄名運日。」疏引《廣志》與郭注略同，又引《晉諸公贊》云：「鴆鳥食蝮，以羽翮擽酒水中，飲之則殺人。」李貽德云：「『運』又作『暉』，《淮南·繆稱》『暉日知晏』，注：『暉日，鴆鳥也。』或作『䳇』，《名醫別録》云：『鴆鳥，一名䳇日。』又作『雲』，劉逵《吴都賦》注：『鴆鳥，一名雲日。』」按：運、暉皆從軍得聲，䳇、雲皆運之轉也。

曰：「飲此，則有後于魯國；不然，死且無後。」飲之，歸，及逵泉而卒。立叔孫氏。【疏證】《魯世家》：「使鍼季刧飲叔牙以鴆，曰：『飲此，則有後奉祀；不然，死且無後。』牙遂飲鴆而死，立其子爲叔孫氏。」《寰宇記》：「逵泉在曲阜東南十里，源出平澤，合沙溝，❷共流數里以入於沂，名曰逵泉溝，一名連泉。」《一統志》：「逵泉在曲阜縣東南三里，水中石如伏龜怒鼈。」

八月，癸亥，公薨于路寢。子般即位，次于黨氏。【疏證】《魯世家》：「八月癸亥，莊公卒，季友竟立子斑爲君，如莊公命。侍喪，舍于黨氏。」正義云：「未至公宮，止於舅氏。」顧炎武云：「蓋適母家也。」

冬，十月，己未，共仲使圉人犖賊子般于黨氏。【疏證】杜注：「共仲，慶父。」高誘《吕覽》注：「賊，殺

❶「巫」，原脱，今據《史記·魯周公世家》補。

❷「沙」上，《太平寰宇記》卷二十一有「卜」字。

也。」《魯世家》：「先時慶父與哀姜私通，欲立哀姜娣子開。及莊公卒而季友立斑，十月己未，慶父使圉人犖殺魯公子斑于黨氏。」《年表》：「莊公弟叔牙鴆死子般。」與《世家》異。

成季奔陳。【注】服云：「季友内知慶父之情，力不能誅，故避其難出奔。」《魯世家》集解。【疏證】李貽德云：「案：『知慶父之情』者，知其通於哀姜，而哀姜欲立之也。」

立閔公。【注】服云：「閔公於是年九歲。」閔二年疏。【疏證】《魯世家》：「慶父竟立莊公子開，是爲湣公。」杜注：「閔公，莊公庶子，於是年八歲。」蓋不用服説。閔二年注亦云：「公即位，年八歲。」彼疏云：「閔公之年歲傳文不明，服虔于莊三十二年注云『閔公於是年九歲』，於此注云『公即位時年九歲』，僖二年注云『閔公死時年九歲』，杜知其不可，故於莊公之末注言『年八歲』以異之。嗣子位定於初喪，言即位者，亦謂初立之年也。」玩疏意，以服此注爲然。杜謂閔公即位年八歲，他無所證，特以服注之歧移上一年以異之耳。服此注與閔二年注合，僖二年注疑有舛誤。

春秋左氏傳舊注疏證

閔公

閔公《世本》：「閔公，名啟方。」《魯世家》：閔公，名開。疏云：「漢景帝諱啟，啟、開因是而亂。」《謚法》：「在國逢難曰閔。」洪亮吉云：「閔公《記》作湣，《漢書·志》並作愍。」

【經】元年，春，王正月。

齊人救邢。

夏，六月，辛酉，葬我君莊公。

秋，八月，公及齊侯盟于落姑。【疏證】《公》、《穀》作「洛姑」。《穀梁》釋文：「洛姑，一本作『路姑』。」❶臧壽恭云：「落、洛、路三字皆從各得聲，古皆通用。」杜注：「落姑，齊地。」沈欽韓云：「顧棟高望注以爲泰安府平陰縣界。按落姑，即薄姑聲之緩耳，在青州博興縣東北十五里。」

季子來歸。【疏證】杜注：「季子，公子友之字。」

冬，齊仲孫來。【疏證】杜注：「仲孫，齊大夫。」

---

❶「路姑」，原倒，今據《經典釋文》卷二十二改。

【傳】「元年，春」，不書即位，亂故也。

狄人伐邢。

管敬仲言於齊侯曰：「戎狄豺狼，不可厭也。諸夏親暱，不可棄也。宴安酖毒，不可懷也。【疏證】杜注：「敬仲，管夷吾。」《謚法》：「夙夜勤事曰敬。」《周語》：「翟，封豕豺狼，不可厭也。」韋注：「厭，足也。」《釋詁》：「暱，近也。」《釋文》：「宴，本又作晏。」

「詩云：『豈不懷歸，畏此簡書。』【疏證】《出車》文。箋云：「簡書，戒命也。鄰國有急，以簡書相告，則奔命救之。」疏：「古無紙，有事書之於簡，謂之簡書。以相戒命之救急，故云『戒命』。」❶沈欽韓云：「按：古者大事書之於策，小事書之於簡。簡，單札也。國有急難，不暇連簡爲策，單執簡往告，猶今之羽檄矣。《魏志·王凌傳》注：『凌遥謂太傅懿曰：「卿直以折簡召我，我敢不至耶？」太傅曰：「以卿非肯逐折簡者故也。」』是知倉卒便易，以簡施之矣。」

「簡書，同惡相恤之謂也。請救邢以從簡書。」齊人救邢。【疏證】《出車》疏：「知鄰國有難，以簡書相告者，閔元年《左傳》引此詩乃云：『簡書，同惡相卹之謂也。』言同惡於彼，共相憂念，故奔命相救。❷得彼告，則奔赴其命救之。」

---

❶「戒」，原作「奔」，今據《毛詩正義》卷九改。

❷「奔」下，原衍「書」字，今據《毛詩正義》卷九删。

夏，六月，葬莊公。亂故，是以緩。【疏證】杜注：「十一月乃葬。」

「秋，八月，公及齊侯盟于落姑」，請復季友也。

齊侯許之，使召諸陳，公次于郎以待之。

「季子來歸」，嘉之也。【疏證】杜無注。《曲禮》「大夫寓祭器於大夫，士寓祭器於士」，疏：「必寄之者，❶冀其復還得用也。魯季友奔陳，國人復之，傳曰『季子來歸』是也。」《吴志·張昭傳》注：「時應劭議宜爲舊君諱，昭著論曰：『邾子會盟，季子來歸，不稱其名，咸書字者，是時魯人嘉之也。何解臣子爲舊君諱乎？』」是書「季子」，爲魯人之詞，昭所説爲古誼也。

冬，齊仲孫湫來省難。【疏證】杜注：「湫，仲孫名。」

書曰「仲孫」，亦嘉之也。仲孫歸曰：「不去慶父，魯難未已。」

公曰：「若之何去之？」對曰：「難不已，將自斃，【疏證】《爾雅》：「斃，踣也。」

「君其待之。」公曰：「魯可取乎？」對曰：「不可。猶秉周禮。周禮，所以本也。臣聞之：『國將亡，本必先顛，而後枝葉從之。』魯不棄周禮，未可動也。【疏證】《詩·蕩》「顛沛之揭」，傳：「顛，仆也。」《宋書·禮志》：「征西將軍庾亮，在武昌開置學宫，教曰：『昔魯秉周禮，齊不敢侮；范會崇典，晉國以治。』」

「君其務寧魯難而親之。親有禮，因重固，【注】服云：「重不可動，因其不可動而堅固之。」本疏。

❶「寄」，原作「宗」，今據《禮記正義》卷四改。

舊注：「因重固者，因而成之。」《御覽》七百七十七。【疏證】《書》「萬邦咸寧」，釋文：「寧，安也。」《一切經音義》引《蒼頡》：「親，愛也，近也。」《説文》：「重，厚也。」杜注云：「能重能固，則當成就之。」❶與舊注略同，與服注異。疏駁服注云：「杜以此傳四句相類，『間携貳』，携貳者皆間之。『覆昏亂』，昏亂者皆敗之。知此重固皆因之，❷則非因重而固之。」「因重固」蒙「親有禮」爲義。四句不相類，疏駁未允。李貽德云：「襄十四年傳『因重而撫之』即此意。」惠棟云：「《説文》引云：『「種有禮，❸因重固。」因，就也，從口大。能大者，衆圍就之。』杜氏從許君説。」洪亮吉云：「《説文》：『因，就也，從口大。』惠棟稱《説文》，係徐鍇説，惠氏以爲《説文》，誤也。凡《説文》稱傳文皆云『春秋傳』，無云『左傳』者。」按：洪説是也。徐鍇蓋用舊注説，舊注不若服説之審。

「間携貳，覆昏亂。霸王之器也。」【疏證】《周語》「百姓携貳」，韋注：「携，離也。」《雨無正》「覆出爲惡」，傳：「覆，反也。」

晉侯作二軍。公將上軍，太子申生將下軍，趙夙御戎，畢萬爲右。【疏證】韋昭《國語》注：「王命晉武公以一軍爲晉侯。至此初作二軍，軍有上下。」《世本》：「公明生孟及趙夙，夙生成季衰、畢萬，❹萬生

❶「成就」，《春秋左傳正義》卷十一作「就成」。
❷「之」，原脱，今據《春秋左傳正義》卷十一補。
❸「種」，《説文解字》卷六下作「植」。
❹「畢」上，疑有脱文。

芒季，❶季生武仲州。」《晉語》：「趙衰，先君之戎御趙夙之弟也。」《趙世家》：「夙生共孟，孟生趙衰。」惠棟云：「《史記》以衰爲夙之孫，《晉語》以爲夙之弟，無緣繆戾至此。且夙與衰世次相懸，不應爲弟兄，必傳寫之譌。《史記》所見異詞，當以《世本》爲正。焦氏《易林》云：『伯夙奏獻，衰續厥緒。』則非兄弟明矣。」洪亮吉亦以惠説爲允。文淇案：《魏世家》「畢萬生武子」亦與《世本》不合。本疏云：「州即犨也。」❷杜注「畢萬」依《世本》，以趙夙爲衰兄亦沿《國語》之誤。自此至「猶有令名」，《晉世家》與傳同。《魏世家》：「畢萬事晉獻公，獻公之十六年，趙夙爲御，畢萬爲右，以伐霍、耿、魏，滅之。」

以滅耿，滅霍，滅魏。【注】服云：「三國皆姬姓，魏在晉之蒲坂河東也。」《晉世家》集解。【疏證】襄二十九年傳：「霍、揚、韓、魏皆姬姓也。」《管蔡世家》：「文王子霍叔處封於霍，其後晉獻公時滅霍。」韋昭《國語》注：「霍，周文王之子霍叔武之國也。」《魏世家》：「魏之先，畢公高之後也。畢公高與周同姓。」耿之爲姬姓，傳記無考。《地理志》：「河東郡河北，《詩》魏國，晉獻公滅之，以封大夫畢萬，曾孫絳徙安邑也。❸皮氏，耿鄉，故耿國，晉獻公滅之，以賜大夫趙夙。彘，霍大山在東。」此服注但釋「魏」，文不具也。服以河東釋晉之蒲坂者，《地理志》又云：「河東郡蒲反，故曰蒲。」應劭曰：「秦始皇東巡見長坂，故加『反』云。」孟康曰：「本蒲也，晉文公以賂

❶「芒」，原作「芷」，今據《世本》改。
❷「犨」，原作「讐」，今據《春秋左傳正義》卷十一改。
❸「徙」，原作「徒」，今據《漢書·地理志》改。

秦，後秦人返蒲，魏人喜曰『蒲反矣』。謂秦名之，非也。」臣瓚曰：「『以垣爲蒲反』，❶然則本非蒲也。」師古曰：「應説是。」依應劭説，是晉地有蒲。服言蒲坂者，以秦以後縣名釋耳。《詩譜》：「魏者，虞舜所都之地。」彼疏引皇甫謐曰：「舜所營都，或云蒲坂即河東縣是也。」與服注合。沈欽韓云：「《方輿紀要》：『耿城在蒲州河津縣南十二里。』《一統志》：『霍城在平陽府霍州西南十六里。』《元和志》：『故魏城在陝州芮城縣北五里。』芮城今屬解州。《紀要》：『河北城在縣東北七里。』」

還，爲太子城曲沃，賜趙夙耿，賜畢萬魏，以爲大夫。士蔿曰：「太子不得立矣。分之都城，【注】服云：「邑有先君之主曰都。」《晉世家》集解。【疏證】《年表》：「晉獻公十六年，伐魏取霍，始封趙夙耿，畢萬魏，始此。」服引傳例見莊二十八年。杜無注。

「而位以卿，【注】賈云：「謂將下軍。」《晉世家》集解。【疏證】杜注：「位以卿，謂將下軍。」蓋用賈説。李貽德云：「《周禮·大司馬》『軍將皆命卿』，今申生將下軍，是位以卿也。」

「先爲之極，又焉得立？【注】服云：「言其禄位極盡于此也。」《晉世家》集解。【疏證】《晉世家》作「先謂之極」。禄位謂封曲沃、將下軍也。《晉語》「蚤處之，使知其極」，注：「極，至也。分之都城而位以卿，使自知其位所極至也。」

「不如逃之，無使罪至。爲吴大伯，不亦可乎？【注】王肅云：「大伯知天命在王季，奔吴不

❶「以」上，《漢書·地理志》有「秦世家云」四字。

反。」《晉世家》集解。【疏證】韋昭《晉語》注云：「逃，去也。大伯讓季歷，遠適吴、越，後武王追封曰吴伯，故曰吴大伯。」《吴世家》云：「吴大伯，弟仲雍，皆周大王之子，王季之孫季歷賢，❶而有聖子昌，大王欲立季歷以及昌，於是大伯、仲雍二人乃奔荆蠻，以辟季歷。季歷果立，是爲王季。」此肅説所本。杜注亦與肅説同。惠士奇曰：「《穆天子傳》云：『大王亶父之始作西土，封其元子吴大伯于東吴，詔以金刃之刑，賄用周室之璧。』上文『分之都城而位以卿』，是以大伯之地處之。但曲沃在近地，故欲使逃之以順父志也。」大伯封吴，屢見《穆天子傳》，與《吴世家》違。士蔿正勉申生學大伯之逃，惠説非。

「猶有令名，與其及也。【注】王肅云：「雖去，猶可有令名，何與其坐而及禍也。」《晉世家》集解。【疏證】《晉語》「我義雖死，猶有令名焉」，注：「有恭從之名也。」又「杜原款曰『猶有令名』」，注：「有孝名也。」是令名爲孝恭之名也。杜注：「言雖去猶有令名，勝於留而及禍。」與王肅説同。《廣雅》：「與，如也。」焦循云：「『與其及也』，不如逃之，無使罪至，猶有令名。倒裝使肖口吻，《左氏》屬文之法也。《史記·晉世家》芟去下四字，集解引王肅曰云云，加『何』字未達。」按：《廣雅·釋詁》：❷「易、與，如也。」王念孫云：「凡經傳言『與其』者，謂如其也。」是王肅言「何與」，猶何如也。焦説非。

「且諺曰：『心苟無瑕，何恤乎無家！』天若祚太子，其無晉乎！」【疏證】沈欽韓云：「言天祚太子，

---

❶ 「王季之孫」，《史記·吴太伯世家》作「而王季歷之兄也」。

❷ 「詁」，當作「言」。

終有晉國，勸其且逃，以待命。」洪亮吉云：「《左傳》凡『祚』字皆當作『胙』。」

卜偃曰：【注】賈云：「晉掌卜大夫郭偃也。」《晉世家》集解。【疏證】杜注：「卜偃，晉掌卜大夫。」韋昭《晉語》注：「郭偃，晉大夫卜偃也。」亦用賈説。梁履繩云：「《吕氏春秋・當染》篇：『晉文公染于咎犯、郄偃。』《太平御覽・治道部》一作『郭偃』，作『郄』者形近而譌。《墨子・所染》篇作『高偃』，乃『郭』音之轉耳。」

「畢萬之後必大。萬，盈數也。魏，大名也。【注】服云：「數起一至萬爲滿。魏喻巍，巍，高大也。」《晉世家》集解。【疏證】《魏世家》「盈」作「滿」。杜無注。《御覽》七百五十引《風俗通》：「十千謂之萬。」《淮南・俶真訓》注：「巍巍高大，故曰魏闕。」正義云：「以算法從一至萬，每十則改名，至萬以後稱一萬、十萬、百萬、千萬，萬萬始名億，從是以往，皆以萬爲極。是至萬則數滿也。《論語》云：『巍巍乎，其有成功。』是魏爲高大之名。」皆舊疏釋服注語也。

「以是始賞，天啟之矣。【注】服云：「以魏賞畢萬，是謂天開其福。」《晉世家》集解。【疏證】杜無注。《説文》：「賞，賜有功也。」《釋名》：「啟，開也。」《魏世家》「啟」作「開」。

「天子曰兆民，諸侯曰萬民。今名之大，以從盈數，其必有衆。」【疏證】《楚語》「天子之田九畡，以食兆民」，注：「九畡，九州之内有畡數也。食兆民，耕而食其中也。天子曰兆民。」《内則》「后王命冢宰，降德于衆兆民」，注：「萬億曰兆，天子曰兆民，諸侯曰萬民。」疏：「億之數有大小二法，其小數以十爲等，十萬爲億，❶十億爲

❶「萬」下，原衍「曰」字，今據《禮記正義》卷二十七删。

兆也。其大數以萬爲等，數萬至萬，是萬萬爲億，又從億而數至萬億曰兆。鄭以此據天子天下之民，故以大數言之。」如彼疏説，則兆民有二説，鄭用大數也。《晉世家》説此事云：「令名之大，以從盈數，其必有衆。」《魏世家》作：「今命之大，以從滿數。」命即名也，今本《晉世家》作「令」，誤。

初，畢萬筮仕於晉，遇屯之比。【注】服氏以爲：「畢萬在周，筮仕于晉。」本疏。賈云：「震下坎上，屯；❶坤下坎上，比。屯初九變之比。」《晉世家》集解。【疏證】筮仕，杜無注。服注蓋以畢萬爲周大夫。朱駿聲云：「在周時筮仕于晉是也。」下「辛廖」，杜注謂：「廖，晉大夫。」則不用服説也。賈釋卜筮例明上下卦。杜云：「坤下坎上，比。屯初九變而爲比。」用賈説。

辛廖占之，曰：「吉。【注】賈云：「辛廖，晉大夫。」《晉世家》集解。【疏證】本疏云：「杜云：『辛廖，晉大夫。』則以畢萬筮仕，在晉國而筮。劉炫云：『若在晉國而筮，何得云「筮仕于晉」？又辛有、辛甲並是周人，何故辛廖獨爲晉大夫？』今知不然者，傳以畢萬是畢國子孫，今乃筮仕于晉。言『於晉』，以對畢耳，非謂筮時在他國也。案：昭十五年傳云：『及辛有之二子董之晉，於是乎有董史。』注云：『辛有，周人，二子適晉爲太史。』則辛氏雖出於周，枝流於晉。劉炫用服氏之説，又以晉國不得有姓辛，而規杜過，其義非也。」按：賈説與服異，杜用賈説。以上「畢萬」服注推之，則服當以辛廖爲周大夫，《規過》用服説。

「屯固比入，吉孰大焉？其必蕃昌。【疏證】《晉世家》作「其後必蕃昌」。

---

❶ 「屯」，原作「也」，今據《史記·晉世家》改。

「**震爲土，車從馬，**【**疏證**】杜云：「震變爲坤。震爲車，坤爲馬。」按：《晉語》「震，車也」，注：「《易》：坤爲大車，震爲動、爲雷。今云車者，車亦動，聲象雷，其爲小車乎！」杜謂「震爲車」，震無車象，韋注是也。

「**足居之，兄長之，**【**疏證**】《説卦傳》：「震爲足、爲長男。」

「**母覆之，衆歸之，**【**疏證**】《説卦傳》：「坤爲母、爲衆。」

「**六體不易，**【**疏證**】「震爲土」以下，皆説坤震象也。體猶象也，杜謂「有此六義」，非。

「**合而能固，安而能殺，公侯之卦也。**【**疏證**】杜注：「比合屯固，坤安震殺，故曰公侯之卦。」疏云：「震之爲殺，傳無明文。」顧炎武云：「《國語》：『車有震，武也。』震有威武之象，故曰殺。」

「**公侯之子孫，必復其始。**」【**疏證**】《魏世家》：「魏之先，畢公高之後也。」杜注用《世家》説。洪亮吉云：「馬融云：『畢、毛，文王庶子。』《史記》云畢公高與周同姓，而《左傳》富辰説文王之子十六國有畢、原、豐、郇，小司馬亦言畢公是文王之子，與《史記》不同。」惠棟云：「坤爲民，畢公高之子孫始仕于晉，爲民之象。復其始者，比互坤，坤變成震，爲復，震爲侯，復其始之爲侯也。」按：惠説是也。疏云：「春秋之後，三家分晉，而魏爲諸侯，是其筮之驗也。」《後漢書・杜林傳》：「林薨，帝親自臨喪送葬，除子喬爲郎。詔曰：『公侯子孫，必復其始。』」注：「《左氏傳》晉大夫辛膠之言。」依彼注，則唐人所見本「辛廖」作「辛膠」也。

【**經**】**二年，春，王正月，齊人遷陽。**無傳。【**疏證**】杜注：「陽，國名。蓋齊人偪徙之。」洪亮吉云：「《地理志》東海郡都陽，應劭曰：『《春秋》「齊人遷陽」是。』城陽國陽都，應劭曰：『齊人遷陽，故陽國是。』按：城陽國陽都故城在今沂州府沂水縣西南都陽故城，《後漢書》注云『在承縣南』，則亦在今嶧縣西南矣。二縣相去實不過二百里。《郡國志》琅琊東有陽都，❶云『故屬城陽』，而東海之都陽已省，❷疑兩縣已并作一地，故應劭云然。錢大昕《考異》亦疑都陽侯國，係城陽戴王之子當日或即割陽都之鄉爲侯國，本非兩地也。今考都陽、陽都爲一爲二尚未可知，而爲『齊人遷陽』之陽則無疑義。杜既不注所在，而正義又云：『《世本》無有陽國，不知何姓。』按：《禮記·坊記》：『陽侯殺繆侯而竊其夫人。』《淮南書·氾論訓》『繆侯』作『蓼侯』，❸高誘注：『蓼侯，皐陶之後，偃姓之國。』鄭康成注既云『陽、繆同姓』，則陽侯亦偃姓可知。正義云『不知何姓』，實亦未深考也。」按：洪説是也。惠棟亦引《地理志》謂「一國兩屬，未詳孰是」，蓋猶疑《漢志》之僞。馬宗璉云：「《地理志》城陽陽都縣，已明言此故陽國，是爲陽之舊都。其後齊人遷之，是自城陽陽都遷於東海都陽。故應注『都陽』爲齊人所遷。酈元《水經注》亦以陽都爲陽故國，『齊人利其地而遷之』，與應説合。」

夏，五月，乙酉，吉禘于莊公。【注】賈云：「禘者，諦也，審諦昭穆，遷主遞位，孫居王父之處。」《王制》疏。【疏證】《王制》「天子犆礿，祫禘、祫嘗、祫烝」，注：「魯禮，三年喪畢而祫於太祖，明年春禘于群廟。自爾之後，五年而再殷祭，一祫一禘。」疏云：「按閔二年五月『吉禘于莊公』，昭十五年『禘于武宫』，昭二十五年『將禘于襄公』，禘皆各就廟爲之，故云群廟。云『自爾之後，五年而再殷祭』者，《公羊傳》文。云『自爾』者，謂自

❶「東」，《春秋左傳詁》卷二作「國」。
❷「都陽」，原倒，今據《春秋左傳詁》卷二改。
❸「氾」，原作「記」，今據《淮南鴻烈解》卷十二改。

三年禘群廟之後，每五年之内，再爲殷祭，故鄭《禘祫志》云：『閔公之喪，僖三年禘，僖六年祫，僖八年禘。凡三年喪畢，新君二年爲祫。』新君三年爲禘，皆祫在禘前，閔公二年五月『吉禘于莊公』，則祫當在吉禘之前，故《禘祫志》云：『四月祫，五月禘。』不譏祫者，慶父作亂，國家多難。故莊公既葬，絰不入庫門。閔公早厭其亂，故四月祫，不譏，五月即禘。比月而爲大祭，又于禮少四月，故書譏其速也。鄭《禘祫志》云：『魯莊三十二年八月公薨，閔二年五月吉禘。時慶父殺子般之後，公懼于難，不得時葬。葬則去首絰于門外，乃入，務自尊成以厭其禍。若已練然，免喪又速。二年四月夏則祫。既祫，又即以五月禘于其廟。比月大祭，故譏其速也。閔公之服，凡二十一月，於禮少四月，又不禫，❶言吉禘，譏其無恩也。閔公以二年八月薨，僖二年除喪，始祫大廟，明年禘于本廟，❷自此以後，五年再殷祭，六年祫，故八年禘。僖公以三十三年十二月薨，至文二年七月間有閏，❸積二十一月，明月即祫。經云「八月，有事于大廟，躋僖公」，于文公之服，亦少四月，以其逆祀，故特譏之。文公十八年二月薨，宣二年除喪而祫，三年禘于群廟，自此以後，亦五年再殷祭，與僖同。六年祫，故八年禘。昭十一年五月夫人齊歸薨，十三年平丘之會，歸，❹不及祫。冬，公如晉，昭十四年春歸，乃祫，故于十五年春乃禘。經云「二月，癸酉，有事于武宮」，至十八年祫，二十年禘，二十三年祫。昭二十五年，禘于襄公也。』此是鄭論魯之禘祫。鄭又

❶「禫」，原作「禪」，今據《禮記正義》卷十二改。
❷「本」，《禮記正義》卷十二作「群」。
❸「文」，原脱，今據《禮記正義》卷十二補。
❹「歸」，原作「婦」，今據《禮記正義》卷十二改。

云：『《明堂位》曰魯，王禮也。以此相推況可知。』是鄭以天子之禮與魯國也。如鄭説，則祫在禘前，經所不書，又以禘爲即莊公之廟爲之。彼疏又云：「若王肅、張融、孔晁皆以禘爲大，祫爲小，故王肅論引賈逵説吉禘于莊公。❶禘者，諦也，審諦昭穆，遷主遞位，孫居王父之處，又引禘于太廟。《逸禮》『其昭尸穆尸，其祝辭總稱孝子孝孫』，❷則是父子並列。逸《禮》又云『皆升合于太祖』，所以劉歆、賈逵、鄭衆、馬融等皆以爲然。❸鄭不從者，以《公羊傳》爲正，逸《禮》不可用也。」依彼疏，則鄭不用《左氏》諸儒説，諸儒説禘，其禮行於太廟，非各就廟爲之，《王制》疏引賈注非完義矣。《王制》又云：❹「《左氏》説及杜元凱皆以禘爲三年一大祭，❺在太祖之廟。傳無祫文，然則祫即禘也。取其序昭穆謂之禘，取其合集群祖謂之祫。」又《通典·九》引賈逵、劉歆曰：「禘、祫，一祭二名，禮無差降。」可證《王制》疏之説。劉寶楠《論語疏》云：「禘大祫小，故《春秋》所紀，《爾雅》所載俱有禘無祫，惟漢宗廟之祭，有祫無禘，故漢儒多以祫大於禘也。」劉説足袪學者之疑。大禘説至繁，然不外常禘、吉禘二者。常禘則三年一禘，或五年一禘之説也。《左氏》説主三年一禘，其説别詳。吉禘則此新主入廟之祭也。惟吉禘之時，《左氏》諸儒亦自異説。《漢書·韋玄成傳》：「劉歆以爲大禘則終王。」《通典·九》晉博士徐禪議引《春秋左氏

❶「禘于莊公」，原重文，今據《禮記正義》卷十二删。
❷下「孝」，原作「者」，今據《禮記正義》卷十二改。
❸「歆」，原作「昭」，今據《禮記正義》卷十二改。
❹「制」下，當有「疏」字。
❺「一」，原脱，今據《禮記正義》卷十二補。

傳》曰：「歲祫及壇墠，終禘及郊宗石室。」「許慎舊説曰：『終禘者謂孝子三年喪終則禘於太廟，以致新死者也。』」《通典》别引袁準、虞喜議引《左氏》説同。僖三十二年「烝、嘗、禘於廟」，賈、服以爲三年終禘，遭烝嘗則行祭禮。此謂吉禘當在三年喪終，一説也。《王制》疏云：「按《玄鳥》箋云『三年既畢，禘於其廟，而後祫祭於太祖』，更有禘於其廟之文。不同者，謂練時遷主遞廟。新死者，當禘祭於其廟以安之，故《鬯人》云『廟用修』，注云『謂始禘時』。《左氏》説禘謂既期之後。然則禘於其廟，在於練時。而《玄鳥》箋云『喪三年既畢，禘於其廟』者，鄭將練禘總就喪畢祫於太祖而言之，❶其實禘廟在練時也。」此以吉禘爲既期之祭，又一説也。準之於義，則三年喪畢行祭爲不刊之典，鄭君亦主之。所異者，禘祫之名，及禮行於大廟、群廟之别耳。鄭君以先儒有既期之説，故《禘祫志》謂此吉禘若已練然，《士虞禮》亦謂練而後遷廟，其實乃未定之論。《鬯人》疏謂鄭主練祭，非也。《宋書·禮志》：「孝武帝孝建元年十二月，國子助教蘇瑋生議：『案《禮》，三年喪畢，然後祫於太祖。又云「三年不祭，唯天地社稷，越紼行事」。且不禫即祭，見譏《春秋》。❷求之古禮，喪服未終，固無裸享之義。自漢文以來，一從權制，宗廟朝聘，莫不皆吉。雖祥禫空存，無綅縞之變，烝嘗薦祀，不異平日。殷祠禮既弗殊，豈獨以心憂爲礙。』太常博士朱膺之議：❸『《虞禮》云：「中月而禫，是月也吉祭，猶未配。」謂二十七月既禫祭，當四時之祭日，則未以其妃配，哀未忘也。推此而言，未禫不得祭也。又《春秋》閔公二年，吉禘于莊公。鄭玄云：「閔公凡二十二月而

❶「祫」，原作「禘」，今據《禮記正義》卷十二改。

❷「譏」，原作「議」，今據《宋書·禮志》改。

❸「博士」，《宋書·禮志》作「丞臣」。「議」，原作「譏」，今據《宋書·禮志》改。

除喪，又不禫。」明禫內不得禘也。案王肅言魏朝云，❶今權宜存古禮，俟畢。❷舊說三年喪畢，遇祫則祫，遇禘則禘。』」案：《宋志》亦用三年喪畢之說，故駁未禫而祭。王肅所稱乃《公羊》義，故與鄭君及《左氏》先儒皆不同也。《說文》：「禘，諦祭也。從示帝聲。」《白虎通》云：「禘之爲言諦。序昭穆，諦父子也。」故賈以「諦」訓「禘」。《廣雅・釋詁》：「遞，代也。」

秋，八月，辛丑，公薨。【疏證】《年表》：「慶父殺湣公。季友自陳立申，爲釐公。殺慶父。」

九月，夫人姜氏孫于邾。【注】賈、服之說皆以爲：「文姜殺夫罪重，故去姜氏。哀姜殺子罪輕，故不去姜氏。」本疏。【疏證】《公羊》「邾」下有「婁」。杜注：「哀姜外淫，故孫稱姜氏。」疏云：「此決莊元年夫人孫于齊，不稱姜氏也。賈、服之說云云。故杜爲此言異之。」是疏以賈、服說爲然。李貽德云：「莊元年『夫人孫于齊』，傳曰『絶不爲親』，以文姜與弒桓公，故舍族以絶之。❸明其罪重也。」按：李說是也。僖元年書「夫人氏」，《公》、《穀》謂去「姜」示貶，則賈、服此注，非用《公》、《穀》義也。

公子慶父出奔莒。

冬，齊高子來盟。無傳。【疏證】杜注：「蓋高傒也。魯人貴之，故不書名。子，男子之美稱。」《曲禮》「于

---

❶「言」，《宋書・禮志》作「等言於」。
❷「畢」下，《宋書・禮志》有「三年」二字。
❸「絶」，原作「紀」，今據《春秋左氏傳賈服註輯述》卷五改。

外曰『子』」，注：「子，有德之稱。《魯春秋》曰『齊高子來盟』。」疏：「亦擯者辭，❶外謂在他國時，擯者則稱其姓而曰子。」依《禮》疏，則舊説稱子爲擯者之辭，杜注非。

十有二月，狄入衛。【注】賈云：「傳言『滅』，經書『入』者，不與夷狄得志于中國。」《定之方中》疏。

【疏證】《定之方中》疏：「《左傳》『衛師敗績，遂滅衛』，傳言『滅』，經書『入』，賈逵云：『不與夷狄得志於中國。』」按：賈謂「不與夷狄」，蓋推「滅」、「入」異文知之，則「傳言『滅』、經書『入』者」二句，亦爲賈氏語，洪氏、嚴氏、臧氏輯本略去，非也。杜云：「書『入』，不能有其地。例在襄十三年。」杜不用賈説。《衛世家》：「懿公九年，翟伐衛。」《年表》：「衛懿公八年，翟伐我。公好鶴，士不戰，滅我國。」《世家》與經年合，《年表》差一年。

鄭棄其師。【疏證】此謂高克禦狄河上，棄師而歸也。陳奂《詩疏》云：「此一役也，鄭可以霸，乃徒尋君臣之小忿，外爲救衛之師，內遂逐臣之怨。《春秋》譏其棄師不啻自棄其國矣。」杜注謂「克自狀其事以告魯」，亦意爲之説。

【傳】**二年，春，虢公敗犬戎于渭汭。**【注】隊謂汭也。❷《水經・渭水》注。【疏證】杜注：「犬戎，西戎別在中國者。」《緜》「混夷駾矣」，正義引《書》傳「一年伐犬夷」證之，則犬戎即混夷也。《史記・匈奴傳》：「周西伯昌伐畎夷氏。周道衰，而穆王伐犬戎。周幽王與申侯有郤，申侯怒而與犬戎共攻殺幽王於驪山之下，遂取周

❶「者」上，原衍「辭」字，今據《禮記正義》卷五删。
❷「隊」上，當有「服云」二字。

之焦穫，而居於涇渭之間。」顧棟高云：「犬戎在今陝西鳳翔府境，即周之玁狁也。『渭水出隴西，東入河。水之隈曲曰汭』。」洪亮吉云：「水經注引作『渭隊』。服虔云：『隊謂汭也。』❶據此，則服本作『隊』。《水經注》又曰：『杜本作「汭」。』按：鄭玄《尚書》注：『汭，隈曲中也。』王肅云：『汭，入也。』杜蓋本鄭説。」李貽德云：「《穆天子傳》『於是得絶鈃山之隊』，❷注：『隊謂谷中險阻道也。』谷中之險阻爲隊，崖岸之隈曲亦爲隊，汭、隊字别義通。」沈欽韓云：「《水經注》：『渭水東入於河，《春秋》謂之「渭汭」也。吕忱曰：芮者，水相入也。水會即船司空所在矣。』」顧棟高云：「渭汭，虢之西境，在今陝西同州府華陰縣界。」

舟之僑曰：「無德而禄，殃也。殃將至矣。」遂奔晉。【疏證】《晉語》「舟之僑告諸其族」，注：「舟之僑，虢大夫。」杜注用韋説。《廣雅·釋言》：「殃，咎也。」又云：「殃，害也。」❸

「夏，吉禘于莊公」，速也。

初，公傅奪卜齮田，公不禁。【注】賈云：「卜齮，魯大夫。」《魯世家》集解。服云：「公即位時年九歲。」本疏。❹【疏證】僖十年《公羊傳》何注：「禮，諸侯之子，八歲受之少傅，教之以小學，業小道焉，履小節焉。十五受太傅，教之以大學，業大道焉，履大節焉。」賈誼《新書·容經》略同，第未斥爲諸侯世子之禮。疑《左氏》古

❶「隊」，原作「渭」，今據《春秋左傳詁》卷六改。

❷「絶」，原爲空格，今據《春秋左氏傳賈服註輯述》卷五補。

❸「害」，《廣雅》卷五作「禍」。

❹原稿眉批：本疏無服注，而各家皆引本疏，存，查閱公疏。

誼，同於《公羊》也。杜注：「卜齮，魯大夫也。」用賈説。又云：「公即位，年八歲，知愛其傅。」杜言閔公即位年與服小殊，辨詳莊二十三年疏證。

秋，八月，辛丑，共仲使卜齮賊公于武闈。【注】賈云：「宫中之門謂之闈。」《魯世家》集解。【疏證】《魯世家》：「湣公二年，慶父與哀姜通益甚。哀姜與慶父謀殺湣公而立慶父。慶父使卜齮襲殺公於武闈。」杜注：「宫中小門謂之闈。」略同賈説。洪亮吉云：「賈注用《爾雅·釋宫》文。《釋宫》又云：『其小者謂之閨。』今案：杜注於『門』上增一『小』字，是合二句爲一，於訓詁之道爲不通矣。」按：洪説是也。《爾雅》郭注以「闈」爲「相通小門」，誤與杜同。《説文》：「闈，宫中門也。」許用賈説。《匠人》「闈門容小扃參个」，鄭注：「小扃長二尺，參个六尺。」本疏云：「名之曰『武』，則其義未聞。」

成季以僖公適邾。共仲奔莒，乃入，立之。【疏證】《魯世家》：「季友自陳與湣公弟申如邾，請魯求納之。魯人欲誅慶父。慶父恐，奔莒。於是季友奉子申入，立之，是爲釐公。」是其事也。

以賂求共仲于莒，莒人歸之。及密，【疏證】《魯世家》：「季友以賂如莒求慶父，慶父歸，使人殺慶父，慶父請奔，弗聽。」杜注：「密，魯地。琅琊費縣北有密如亭。」❶沈欽韓云：「《水經注》：『沂水南逕東安縣故城東，而南合時密水，水出時密山，春秋時莒地，共仲及密而死是也。』《一統志》：『密如亭在沂州府費縣北。』」

使公子魚請。不許，哭而往。共仲曰：「奚斯之聲也。」【疏證】杜注：「公子魚，奚斯也。」《魯頌》「奚

❶「費」，原作「密」，今據《春秋左傳正義》卷十一改。

斯所作」疏引此傳，謂「如傳文，蓋名魚而字奚斯」。按：玩杜意，亦以奚斯爲字也。《魯世家》：「乃使大夫奚斯行哭而往。慶父聞奚斯音，乃自殺。」

乃縊。【疏證】杜注：「季子推親親之恩，故略其罪，不書殺。」沈欽韓云：「按：杜預於《公》、《穀》二家一例刊落，此獨襲《公羊》之謬説。漢武帝責劉屈氂曰：『丞相無周公之風矣。周公不誅管蔡乎？』又責問御史大夫曰：『司直縱反者，丞相斬之，法也。大夫何以擅止之？』《檀弓》曰：『殺其人，壞其室，污其宮而豬焉。』然則慶父之罪至夷宗，豈得推恩使從容自謀乎？季友於是失刑，於是忘忠矣。《春秋》不書『殺』與『卒』者，内大惡諱也。有慶父爲元凶，國之耻也。」案：沈説是也。《公羊傳》：「緩追逸賊，親親之道也。」故沈謂杜用《公羊》説。

閔公，哀姜之娣叔姜之子也，故齊人立之。共仲通于哀姜，哀姜欲立之。閔公之死也，哀姜與知之，故遜于邾。齊人取而殺之于夷，以其尸歸。僖公請而葬之。【疏證】《魯世家》：「齊桓公聞哀姜與慶父亂以危魯，乃召之邾而殺之，以其尸歸，戮之魯。魯釐公請而葬之。」是其事也。《年表》：「桓公二十七年，殺女弟魯莊公夫人，淫故。」則繫於僖公元年。杜注：「夷，魯地。」梁履繩云：「哀八年，公賓庚等與吴師戰于夷，『明日，舍於庚宗』，疑即在魯東境。」按：梁説是也。沈欽韓云：「《列女傳》『酖而殺之』，夷非魯地。」《列女傳》異《左氏》説，未可取證。

成季之將生也，桓公使卜楚丘之父卜之。【疏證】杜注：「卜楚丘，魯掌卜大夫。」

曰：「男也。其名曰友，在公之右。【疏證】《魯世家》無「在公之右」四字。

「間于兩社，爲公室輔。【注】賈云：「兩社，周社、亳社也。兩社之間，朝廷執政所在。」《魯世家》

集解。【疏證】杜用賈説。疏云：「魯是周之諸侯，故國社謂爲周社。哀四年『亳社災』，是魯國有亳社。《周禮》：『小宗伯掌建國之神位，右社稷，左宗廟。』則諸侯亦當然。鄭玄考校禮文，以爲魯制三門，庫、雉、路。天子、諸侯皆三朝，圖宗人之嘉事，則有路寢庭朝。❶日出視朝，則在路門之外。其詢國危、詢國遷、詢立君，《周禮》朝士所掌外朝之位者，乃在雉門之外耳。雉門之外，左有亳社，右有周社。間於兩社，是在兩社之間。朝廷詢謀大事，則在此處，是執政之所在也。」按：《小宗伯》鄭注云：「庫門内雉門外之左右。」故疏謂兩社在雉門之外。《太僕職》鄭注：「燕朝，朝於路寢之庭。」又《司士職》鄭注云：「此王日視朝事于路門外之位。」此皆疏所依據者也。而《朝士職》則云「外朝在庫門之外」，與疏所稱雉門之外不合。疏所稱外朝在雉門外，乃《小司寇》鄭注沿先鄭「天子雉門在庫門外」之誤也。當以《朝士》注爲定説。《朝士》疏云：「閔二年，季友將生，卜人云：『間於兩社。』周社、亳社在大門内、中門外，爲外朝。」《公食大夫禮》「明日賓朝服拜賜於朝」，注：「朝謂大門外。」疏：「閔二年《左氏傳》云：『間於兩社，爲公室輔。』注：『兩社，周社、亳社之間，朝廷執政所在。』但諸侯左宗廟，右社稷，在大門之内。則諸侯外朝不在大門内者，但外朝在大門外兩社之間，遥繫外朝而言執政所在。」按《禮》疏稱大門，即庫門也。中門，即雉門也。依《朝士》疏，則兩社在雉門之外。然服云執政所在，當指治朝而非指外朝。《公食大夫》疏謂「遥繫外朝而言」，非也。江永《鄉黨圖考》云：「此大約言周社、亳社中間有朝廷耳，其實治朝仍在中門之内。」是也。

---

❶「則」，原重文，今據《春秋左傳正義》卷十一删。

「季氏亡，則魯不昌。」【注】服云：「謂季友出奔，魯弑二君。」本疏。**【疏證】**杜無注。疏引服注，駁之云：「案傳，子般既死，乃云『成季奔陳』，閔公既死，乃云『成季適邾』，皆君死乃出奔，非由出奔乃致君死。杜雖無注，義必不然。當謂季氏子孫與魯升降。」沈欽韓云：「言與魯爲終始。《春秋》：『費爲季氏私邑。』《説苑・尊賢》篇：『魯人攻鄪，曾子辭于鄪君曰：「請出，寇罷而後復來。」』則費君立國即在哀公孫越後矣。《孟子》有費惠公，趙氏云：『小國之君。』《吕覽・慎勢》篇：『以滕、費則勞，以鄒、魯則逸。』《楚世家》：『鄒、費、郯、邳者，羅鸗也。』此四小國，頃襄王時尚存，蓋亦與魯同滅於楚矣。」按沈説仍申疏義，不從服注也。《魯世家》述此事云：「間於兩社，爲公室輔。季友亡，則魯不昌。」變氏言友，則言此專指季友，不指季氏子孫也。卜人之意，當以季友出亡，值魯之亂耳。服意亦當如此。

又筮之，遇大有之乾，【疏證】《曲禮》疏云：「《筮人》：『凡國之大事，先筮而後卜。』但春秋亂世，皆先卜後筮，不能如禮。」

曰：「同復于父，敬如君所。」【疏證】《説卦傳》：「乾爲君父。」本疏云：「離是乾子，遷變爲乾，❶故云『同復於父』，言其尊與父同也。其敬如君之處所，言其貴與君同也。」❷

及生，有文在其手曰「友」，遂以命之。【疏證】《魯世家》：「及生，有文在掌曰『友』，遂以名之，號爲成

---

❶「遷」，原作「還」，今據《春秋左傳正義》卷十一改。

❷「貴」，原作「賢」，今據《春秋左傳正義》卷十一改。

季。其後爲季氏。慶父後爲孟氏也。」

冬，十二月，狄人伐衛。衛懿公好鶴。【疏證】《衛世家》：「惠公卒，子懿公赤立。懿公即位，好鶴，淫樂奢侈。」張守節正義云：❶「《括地志》：『故鶴城在滑州匡城縣西南十五里。俗傳懿公養鶴於此城，因名也。』」

鶴有乘軒者。【注】服云：「車有藩曰軒。」本疏。【疏證】《廣雅・釋詁》：「軒轉，❷車也。」王念孫云：「軒之言扞蔽也。《説文》：『軒，曲輈藩車也。』王逸注《招魂》云：『軒，樓板也。』《周官・小胥》疏引《左傳》注云：『諸侯軒懸，闕南方，形如車輿。』皆扞蔽之意也。」按：王説是也。《文選・東京賦》薛注「屬車有藩曰軒。」《巾車》注：「藩，今時小車藩。漆席爲之。」皆與服注合。字又作「轓」。《景帝紀》「朱兩轓」，應劭曰：「車耳反出，所以爲之藩屏，翳塵泥也。以箄爲之，❸或用革。」《輿服志》注：「車有轓者謂之軒。」《通俗文》：「車箱爲蕃。」則字又作「蕃」。服此注疑亦從「蕃」，後人改之。杜注：「軒，大夫車。」蓋不用服説。疏引定十三年傳「齊侯斂諸大夫之軒」以證之，彼傳稱軒猶車矣，不爲「大夫車」之證。

將戰，國人受甲者皆曰：「使鶴！鶴實有禄位，余焉能戰？」公與石祁子玦，與甯莊子矢，❹【疏證】馬宗璉云：「《禮記・檀弓》：石祁子爲石駘仲之庶子。鄭注：『駘仲，衛大夫石碏之族。』」杜注：「莊子，甯

---

❶「節」，原爲空格，今據《史記・衛康叔世家》補。

❷「轉」，原作「韓」，今據《廣雅》卷七改。

❸「箄」，《漢書・景帝紀》作「篳」。

❹「矢」下，《春秋左傳正義》卷十一有「使守」二字。

速也。」

曰：「以此贊國，擇利而爲之。」【疏證】《州長》「以贊鄉大夫廢興」，❶鄭司農注：「贊，助也。」杜注：「玦，示以當決斷。矢，示以禦難。」

與夫人繡衣，曰：「聽於二子。」【疏證】杜注：「取其文章順序。」

渠孔御戎，子伯爲右。黄夷前驅，孔嬰齊殿。【疏證】渠孔、子伯、黄夷、孔嬰皆未詳。杜無注。梁履繩云：「孔達見文元年，嬰齊即其父也。杜譜列之雜人內，蓋誤。」

及狄人戰于熒澤，【疏證】《水經·濟水》注：「京相璠曰：『滎澤，在滎陽縣東南。』旃然水既斷，民謂其處爲滎澤。❷狄人屠懿公，弘演報命納肝處也。」《地理志》師古注：「滎，沇水泆出所爲，即今滎澤是也。」洪亮吉云：「《竹書紀年》作『洞澤』。當作『泂』，泂、滎音同。」杜注：「此滎澤當在河北。」沈欽韓云：「按：滎澤不當云在河北。《禹貢》：『入於河，溢爲滎。』蓋濟本在河北，自入河之後，方溢爲滎，滎在河南明矣。《元和志》：『滎澤在鄭州滎澤縣北四里，今濟水亦不復入也。』」按：《禹貢》「熒波既豬」，疏：「鄭云：『今塞爲平地，滎陽民猶謂其處爲滎澤。在其縣東。』言在熒澤縣之東也。鄭玄謂衛狄戰在此地，杜預以『衛敗方始渡河，戰處必在河北』，蓋此澤跨河南北。此以滎澤爲在河北，但在河内多而得名耳。」《定之方中》疏：「《禹貢》豫州『滎波既豬』，注云：『沇

❶「鄉」，原作「卿」，今據《周禮注疏》卷三改。

❷「滎」，原作「熒」，今據《水經注箋》卷七改。

水溢出河爲澤，今塞爲平地，熒陽民猶謂其處爲熒澤，在其縣東。《春秋》閔二年，衛侯及狄人戰於熒澤，此其地也。』如《禹貢》之注，則當在河南。時衛都河北，狄來伐而禦之。既敗而渡河，在河北明矣，故杜預云『此熒澤當在河北』。但沇水發源河北，入於河，乃溢爲熒，則沇水所溢，被河南北，故河北亦有熒澤，但在河南多耳。」《書》傳疏皆駁杜注，其引鄭注與京相説合。

衛師敗績。遂滅衛。【疏證】杜注謂：「經不書滅者，狄不能赴。衛之君臣皆盡，無復文告，齊桓爲之告諸侯。」是以此滅爲滅國。《載馳》序「衛懿公爲狄人所滅」，鄭箋云：「滅者，懿公死也。君死於位曰滅。」鄭箋用《公羊》説。《衛世家》：「衛懿公欲發兵，兵或畔。大臣言曰：『君好鶴，鶴可令擊翟。』于是遂入，殺懿公。」依《世家》説，則懿公先死，故鄭以滅衛爲懿公死。閻百詩云：「下文狄入衛，方是入其國都。孔疏傳言『滅』而經書『入』，引《釋例》爲從齊桓告諸侯之文，殊不然。」

衛侯不去其旗，是以甚敗。狄人囚史華龍滑與禮孔，以逐衛人。二人曰：「我，太史也，實掌其祭。不先，國不可得也。」【疏證】杜不釋「去」字義。《釋文》：「去，藏也。一云除也。」惠棟引胡渭生説云：「『去，藏也。古人以藏爲去。』棟案：鄢陵之戰乃納旌於韜中，胡説是。」二人，華龍滑、禮孔也。《太史》：「大祭祀，與執事卜日，戒及宿之日，與群執事讀禮書而協事。祭之日，執書以次位常，辨事者考焉，不信者誅之。」故曰「實掌其祭」。

乃先之。至，則告守曰：「不可待也。」【疏證】杜注：「守，石、甯二大夫。」

夜與國人出。狄入衛，遂從之，又敗諸河。【疏證】《齊語》注：「翟人攻衛，殺懿公，遂入衛。衛人出走。」杜注：「衛將東走渡河，狄復逐而敗之。」

初，惠公之即位也少。【疏證】杜注：「蓋年十五六。」疏云：「衛宣公以隱四年立，桓十二年卒，終始二十年耳。即位之後，乃納急子之妻，生壽及朔。朔既有兄，知其年蓋十五六也。」

齊人使昭伯烝於宣姜，不可，强之。【注】服云：「昭伯，衛宣公之長庶，伋之兄。宣姜，宣公夫人，惠公之母。」《牆有茨》疏。【疏證】杜注：「昭伯，惠公庶兄，宣公子頑也。」《牆有茨》序：「衛人刺其上也。公子頑通乎君母，國人疾之而不可道也。」由惠公之世言，故曰君母。

生齊子、戴公、文公、宋桓夫人、許穆夫人。文公爲衛之多患也，先適齊。及敗，宋桓公逆諸河，宵濟。【疏證】杜《世族譜》云：「齊氏，齊子，昭伯子也。齊子無子，戴公以其子爲之後。」梁履繩云：「齊子未詳其名，疑齊是其謚，後遂以爲氏。故昭元年齊惡亦稱齊子。」按：梁說亦近臆測，齊或其名矣。文公之適宋，蓋以桓夫人也。《齊語》注：「宋桓公逆之河。」❶是。

衛之遺民男女七百有三十人，益之以共、滕之民爲五千人。【疏證】杜注云：「共及滕，衛別邑。」而不著所在。《地理志》：「共縣，故國。北山，淇水所出。」孟康曰：「共伯入爲三公者。」蓋其地逼近衛都，故爲國而後并於衛也。沈欽韓云：「共城今衛輝府輝縣治。滕邑所在無考。」

立戴公以廬于曹。【注】舊注：「今白馬地即曹邑。」《御覽》一百六十。【疏證】杜注：「廬，舍也。」

---

❶「逆」，原作「送」，今據《國語正義》卷六改。

《齊語》「翟人攻衛，衛人出廬於曹」，注：「廬，寄也。宋桓公以衛之遺民立公孫申以寄於曹，是爲戴公。」洪亮吉云：「《説文》：『廬，寄也。』《詩》毛傳亦同。《釋文》：『寄止曰廬。』按：《管子·中匡》篇：『狄人攻衛，衛人出旅於曹。』則廬字從本訓爲得。韋昭注《外傳》亦同。」❶按：洪説是也。曹，《定之方中》作「漕」。惠棟云：「《詩·序》『漕』字從水旁，傳作『曹』，❷古文省也。」《校勘記》云：「按《説文》：『漕，水轉穀也。』地名字不必從水，今本《毛詩》鄭箋恐非。」❸鄭《箋》引此傳則作「漕」，詩疏引《鄭志》答張逸曰：「漕邑在河南。」案杜但云「曹，衛下邑」，不注所在。疏則云：「曹邑雖闕，不知其處，當在河東，❹近楚丘也。」《御覽》所引當是舊注。白馬於漢屬東郡，顧炎武云：「今大名府滑縣南二十里有白馬故城是也。」沈欽韓云：「《方輿紀要》：『白馬廢縣今滑縣治。』滑縣今屬衛輝府。」《年表》：「國怨惠公亂，滅其後，更立黔牟弟。」《衛世家》：「懿公之立也，百姓大臣皆不服。自懿公父惠公朔之讒毀太子伋代立至於懿公，常欲敗之，卒滅惠公之後，❺而更立黔牟之弟昭伯頑之子申爲君，是爲戴公。戴公申元年卒。」又云：「初，翟殺懿公也，衛人憐之，思復立宣公前死太子伋之後，伋子又死，而代伋死者子壽又無

❶「昭」，原作「注」，今據《春秋左傳詁》卷六改。

❷「傳」，原作「詩」，今據《皇清經解》卷三百五十三《春秋左傳補註》改。

❸「恐」上，原衍「轉」字，今據《春秋左傳正義》卷十一《挍勘記》删。

❹「在」，原脱，今據《春秋左傳正義》卷十一補。

❺「惠」，原作「懿」，今據《史記·衛康叔世家》改。

子。❶伋同母弟二人：其一曰黔牟，牟嘗代惠公爲君，八年復去；二曰昭伯。昭伯、黔牟皆已前死，故立昭伯子申爲戴公。」如《年表》、《世家》前説，是懿公有子而國人殺之。

許穆夫人賦《載馳》。❷【疏證】《載馳》序：「許穆夫人作也。閔其宗國顛覆，自傷不能救也。衛懿公爲狄所滅，國人分散，露於漕邑。許穆夫人閔衛之亡，傷許之小，力不能救，思歸唁其兄，又義不得，故賦此詩也。」彼疏云：「作、賦一也。以作詩所以鋪陳其志，故作詩名曰賦。《左傳》『許穆夫人賦《載馳》』，是也。」

齊侯使公子無虧帥車三百乘，甲士三千人以戍曹。【疏證】杜注：「無虧，齊桓公子武孟也。」**歸父乘馬，祭服五稱，牛、羊、豕、雞、狗皆三百，與門材。**【注】賈逵按：「袍必有表，不單，❸衣必有裳，謂之一稱。」《劉敬叔孫通傳》索隱。【疏證】疏云：「歸者，不反之辭。」鄭君《駁異義》曰：「《周禮・校人》『掌王馬之政，乘馬一師四圉』，四馬爲乘。」許君義無考。《校人》先鄭説「四匹爲乘」，與後鄭同。鄭注「二耦爲乘」，二耦猶四馬矣。《史記・劉敬叔孫通傳》「衣一襲」，索隱：「按：《國語》謂之『一稱』。」下引賈逵語，今考《國語》無「一稱」之文。賈氏注無所繫屬。錢泰吉《史記》校語云：「疑是閔二年《左傳》『祭服五稱』注文。」今依之。《喪大記》「袍必有表，不禪，衣必有裳，謂之一稱。」此賈所本。杜云：「衣禪複具曰稱。」本賈義而失之。《掌舍》「爲壇壝宮，棘門」，杜子春云：「棘門或爲材門。」疏：「閔二年，衛文公奔楚丘，國家新立，齊桓公共門材，先令竪

---

❶「子壽」，原重文，今據《史記・衛康叔世家》刪。

❷「載」，原作「戴」，今據《春秋左傳正義》卷十一改。

❸「不」，原脱，今據《史記・劉敬叔孫通傳》補。

立門户。❶故知棘門亦得爲材門，即是以材木爲門也。」

歸夫人魚軒，【注】服云：「魚，獸名。」《出車》詩疏。❷【疏證】《候人》傳：「大夫以上赤芾乘軒。」疏：「閔二年傳稱齊桓公遺衛夫人以魚軒。以夫人乘軒，則諸侯亦乘軒，故云『大夫以上』也。」杜注云：「用魚皮爲飾。」玩杜意亦用服注，以爲魚爲獸名，而意不明晰。本疏云：「『象弭魚服』，此云『魚軒』，則用魚爲飾。其皮可以飾器物者，惟魚獸耳。《采薇》疏引陸璣《疏》云：『魚獸似猪，東海有之，其皮背上斑文，腹下純青，今以爲弓鞬步叉者也。』」

重錦三十兩。【注】服云：「重，牢也。」本疏。【疏證】杜云：「重錦，錦之熟細者。以二丈雙行，故曰兩。三十兩，三十匹也。」疏：「杜以遺夫人，貴美不貴牢，故以爲『錦之熟細者』。」按：今人織作以縷之疏密爲良窳，牢謂縷之密者耳。《説文》：「重，厚也。」「厚」亦「牢」意矣。服説非不可通。《覲禮》「重賜無數，在車南」，注：「重，善也。所以賜善物，❸多少由恩也。《春秋傳》曰『重錦三十兩』。」疏：「引《春秋》者，閔二年《左氏傳》云『歸夫人魚軒，重錦三十兩』，鄭引之，證『重賜無數，在車南』也。」是鄭以重錦爲善錦，與服小異。疏又云：「《雜記》曰：『納幣一束，束五兩，兩五尋。』八尺曰尋，則五尋四丈。謂之兩者，分爲兩段故也。謂之匹者，兩兩合卷，若匹偶然也。」

---

❶「令」，原作「立」，今據《周禮注疏》卷六改。

❷「出車」，當作「采薇」。

❸「以」，《儀禮注疏》卷二十七作「加」。

鄭人惡高克，使帥師次于河上，久而不召。❶**師潰而歸，高克奔陳。鄭人爲之賦《清人》。**【**疏證**】《清人》序：「刺文公也。高克好利而不顧其君，文公惡而欲遠之，不能。使高克將兵而禦狄於境，陳其師旅，翱翔河上。久而不召，衆散而歸，高克奔陳。公子素惡高克進之不以禮，文公退之不以道，危國亡師之本，故作是詩也。」鄭人即公子素也。《古今人表》有公子素，❷與鄭文公高克列下上。杜注用《序》説，而不言清所在。沈欽韓云：「《詩》疏云：『衛在河北，鄭在河南，恐其渡河侵鄭，故使高克禦之。』然熒澤之戰，狄已渡河南也。❸又按《詩》傳：『清，邑也。』《郡國志》『中牟縣有清口水』，《水經注》：『清池水東北流逕清陽亭南，東流，即故清人城也。』今在開封府中牟縣界。」按：沈説是也。

晉侯使太子申生伐東山臯落氏。【**注**】賈云：「東山，赤狄別種。」《晉世家》集解。服云：「赤狄之都也。」《水經·河水》注。【**疏證**】杜注：「赤狄別種也。臯落，其氏族。」蓋用賈説。本疏云：「赤狄在晉之東。」《晉語》「臯落翟之朝夕窺我邊鄙」，❹注：「臯落，東山翟也。」亦以臯落爲翟。服以爲都與賈説別種小異。沈欽韓云：「《水經注》：『清水出清廉山，東流逕臯落城北。』《方輿紀要》：『臯落城在絳州垣曲縣西北六十里。』劉昭引《上黨記》：『東山在壺關城東南，晉申生所伐；今名平臯。』劉昭所引是單文孤證，當從《水經注》。」

---

❶「不」，《春秋左傳正義》卷十一作「弗」。
❷「子」，《漢書·古今人表》作「孫」。
❸「河」下，《春秋左氏傳地名補注》卷二有「而」字。
❹「窺」，《國語正義》卷七作「苛」。

里克諫曰：「大子奉冢祀、社稷之粢盛，【注】賈云：「里克，晉卿里季也。」《晉世家》集解。**【疏證】**李貽德云：「《晉語》韋昭注：『里克，晉大夫里季也。』與賈同。蓋季爲克之字也。」杜注：「里克，晉大夫。」與賈、韋説同。邵寶云：「冢，大也。冢祀，宗廟之祀也。」《宋書·禮志》：「大明三年六月乙丑，有司奏：『七月十五日，嘗祠太廟、章皇太后廟，輿駕親奉。而乘輿辭廟親戎，太子合親祠與否？』下禮官議正。太學博士司馬興之議：『竊惟「國之大事，在祀與戎」。皇太子有撫軍之道，而無專御之義，戎既如之，祀亦宜然。案《祭統》，「夫祭之道，孫爲王父尸」。又云「祭有昭穆，所以别父子」。太子監國，雖不攝，至於宗廟，則昭穆實存，謂事不可亂。又云「有故則使人」。准此二三，太子無奉祀之道。』博士郁議：『案《春秋》，太子奉社稷之粢盛，長子主器，出可守宗廟，以爲祭主，《易象》明文。❶監方之重，❷居然親祭。』二議不同。尚書參議，宜以郁議爲允。」《北史·李彪傳》：「彪上封事曰：『《易》稱「主器者莫若長子」，《傳》曰「太子奉冢嫡之粢盛」。然則祭無主則宗廟無所饗，冢嫡廢則神器無所依。』」❸本議禮之文皆據此傳爲説。其引《易》「長子主器」相例，疑先儒説此傳用《易》義也。李彪引傳「冢祀」作「冢嫡」，爲傳異文矣。自此至「將安用之」，《晉世家》略同。

「以朝夕視君膳者也，【注】服云：「厨膳飲食。」《晉世家》集解。**【疏證】**《文王世子》：「文王之爲世子，食上，必在視寒煖之節。食下，問所膳。命膳宰，然後退。」《一切經音義》十五引《蒼頡篇》：「厨，主食者也。」

❶「象」，原作「彖」，今據《宋書·禮志》改。

❷「方」，《宋書·禮志》作「國」。

❸「依」，《北史·李彪傳》作「傳」。

《膳夫》「卒食，以樂徹於造」，注：「造，作也。鄭司農云：『造謂食之故所居處也。』」彼疏云：「二鄭義同，皆謂造食之處即厨，❶是也。」《膳夫》又云「掌王之食飲膳羞」，❷注云：「食，飯也。飲，酒漿也。膳，牲肉也。」服意膳兼飲食言。杜云：「膳，厨膳。」失之。

「故曰冢子。君行則守，有守則從。【注】服云：「有代太子守，則從之。」《晉世家》集解。【疏證】杜無注。李貽德云：「《文王世子》：『公若有出疆之政，庶子以公族之無事者守於公宫，諸父守貴宫貴室，諸子諸孫守下宫下室。』即所云代太子守者也。」

「從曰撫軍，【注】服云：「助君撫循軍士。」《晉世家》集解。【疏證】杜無注。《晉語》：「君行，太子居以監國也；君行，太子從以撫軍也。」注：「撫循軍士。」韋亦用服説也。《吴志·全琮傳》注：「《江表傳》：『權使子登出征，已出軍，次於安樂。琮密表曰：「古來太子未嘗偏征也，故從曰撫軍，守曰監國，今太子東出，非古制也。」』」

「守曰監國，古之制也。【疏證】《公羊》昭二十年傳注：「古者諸侯師出，世子率輿守國。」疏云：「輿，衆也。《左傳》云太子之法，『君行則守』是也。」

「夫帥師，專行謀，誓軍旅，君與國政之所圖也。【注】賈云：「國政，正卿也。」《晉世家》集解。【疏證】杜注：「國政，正卿。」用賈説。政與正通，詳桓十六年傳「兩政耦國」疏證。

---

❶「處」，原作「外」，今據《周禮注疏》卷四改。

❷「食飲膳羞」，原作「羞食飲膳」，今據《周禮注疏》卷四改。

「師在制命而已，稟命則不威，專命則不孝，故君之嗣適不可以帥師。君失其官，【疏證】杜注：「太子統師，是失其官也。」顧炎武云：「失官人之道。」按：顧說是也。傳言「君失其官」，是失官斥君。

帥師不威，將焉用之？且臣聞皋落氏將戰，【疏證】杜無注。韋昭《國語》注云：「言其不服，將與申生戰也。」《晉世家》無「臣聞皋落氏將戰」句。

「君其舍之！」【注】服云：「舍之，置申生勿使將兵也。」《御覽》一百四十六。【疏證】杜無注。服以舍爲舍申生，明非謂舍皋落氏不伐。《晉語》：「君其釋申生也。」

公曰：「寡人有子，未知其誰立焉！」不對而退。【注】服云：「里克不對。」《御覽》一百四十六。【疏證】杜無注。服稱里克不對，明非獻公不對帥師之可否。

見太子。太子曰：「吾其廢乎？」對曰：「告之以臨民，教之以軍旅，【注】賈云：「將下軍。」《御覽》一百四十六。❶【疏證】杜用賈說，而「先友御戎」注謂「將上軍」，與賈異。《晉世家》無「告之以臨民」句。

「不共是懼，何故廢乎？且子懼不孝，無懼弗得立。【注】服云：「不得立己也。」《御覽》一百四十六。❷【疏證】《釋文》：「共，又作供。」杜無注。《晉語》作「夫爲人子者，懼不孝，不懼不得」。注：「賈、唐云：『不得，不得君心也。』昭謂：不得，不得立也。」下引此傳，疑賈氏注《內傳》與服異說。

---

❶ 「御覽一百四十六」，當作「晉世家集解」。

❷ 「御覽一百四十六」，當作「晉世家集解」。

「脩己而不責人，則免於難。」

大子帥師，公衣之偏衣，【注】服云：「偏衣，偏裻之衣，異色，駮不純，裻在中，左右各異，故曰偏衣。」《御覽》一百四十六。**【疏證】**杜注：「偏衣，左右異色，其半似公服。」是亦用服說。《五行志》師古注同杜說，然服不言半似公服，杜以下文「衣身之偏」而曲解之。《晉語》「衣之偏裻之衣」，注：「裻在中，左右異色，故曰偏。」韋注多本賈注，賈或同於服也。《説文》：「裻，新衣聲。一曰背縫。」此許君述賈氏義。「背縫」即韋所謂「在中」也。《趙世家》：「孝成王夢衣偏裻之衣。」❶張守節《正義》亦云：「裻，衣背縫也。」背縫爲衣中分處，偏裻則左右異色。惠棟云：「裻即督也。《莊子》：『緣督以爲經。』」按：惠説是也。醫家言督爲背之脈也。沈欽韓云：「《春官·司服職》：『凡兵事，韋弁。』服注：『韋弁，以韎韋爲弁，又以爲衣裳。』按此所謂均服也，衣與裳同色。《瞻彼洛矣》箋：『諸侯世子服韎韐之韠，爵弁，服紂衣纁裳。』則亦皆赤色。太子申生之服當倣此。若非將兵，亦不用純色。故朝服緇衣素裳。玄端服之裳，天子諸侯以朱，上士以玄，中士以黄，下士前玄後黄，不嫌襍色。《聘禮》云：『卿韋弁，歸饔餼。』注云：『韋弁，韎韋之弁。』蓋韎布爲衣而素裳。彼非兵事入廟，❷不得純如兵服也。今太子出兵，乃用偏衣，上下異色，明非制也。」按：傳言偏衣，不及裳色，行兵不用均服，雖非制，猶用朝祭之服。罕夷謂「尨奇無常」，此偏衣直出戎服、禮服之外者，即金玦亦非德佩也。沈説非。

佩之金玦。【注】服云：「金玦，以金爲玦也。」《御覽》一百四十六。**【疏證】**杜用服説。《晉語》「佩之

❶ 「裻」，原作「襲」，今據《史記·趙世家》改。
❷ 「事」，原脱，今據《春秋左氏傳補注》卷二補。

金玦」，注：「玦如環而缺，以金爲之。」《五行志》師古注：「金玦，以金爲玦也。半環曰玦。」顔用服説。「半環曰玦」，疑亦服注文也。顔注《漢志》義詳於杜，其字句又多與杜殊，疑皆舊注，故此下無賈、服説者，於疏内具列顔説。

狐突御戎，先友爲右。【疏證】《晉語》注：「狐突，晉同姓，唐叔之後、狐偃之父大戎伯行也。先友，晉大夫，先丹木之族。右，車右也。」《五行志》師古注：「狐突，晉大夫伯行，時爲太子御戎也。」杜云：「申生以太子將上軍。」本疏云：「傳之上下諸言某御戎、某爲右者，謂國君自將。此太子亦然者，攝君之事，故與君同文也。」依疏説，是太子將上軍，且罕夷以下軍卿從矣。前服注「下軍」或「上軍」之譌。

梁餘子養御罕夷，先丹木爲右。【疏證】杜注：「罕夷，晉下軍卿也。梁餘子養爲罕夷御。」按：《廣韻》以「梁餘」爲複姓。

羊舌大夫爲尉。【疏證】《晉語》注：「羊舌大夫，羊舌職之父也。」杜云：「羊舌大夫，叔向祖父也。尉，軍尉。」本疏云：「羊舌，氏也，爵爲大夫，號曰羊舌大夫，不知其名也。此人生羊舌職，職生叔向，故爲叔向祖父。」按：《唐書·宰相世系表》：「晉武公子伯僑生文，文生突，羊舌大夫也。」又云：「晉之公族食邑於羊舌，突生職，職五子赤、肸、鮒、虎、季夙。」❶是羊舌大夫名突矣。

先友曰：「衣身之偏，【疏證】《晉語》「衣躬之偏，而握金玦，令不偷矣」，注：「偷，薄也。偏，半也。❷分

❶ 「職」，原作「之」；「鮒」，原作「紨」，今據《新唐書·宰相世系表》改。
❷ 「半」，原作「牢」，今據《國語正義》卷七改。

身之半以授太子。」此明先友權詞以勉太子之行，故曰「分身之半」。杜直以「其半似公服」，非也。

「握兵之要，【疏證】《晉語》「中分而金玦之權，在此行也」，注：「中分，分君之半也。❶金玦，以兵決事。」注又云：「握兵之要，金玦之勢也。金爲兵，玦所以圖事決計也，故爲兵要。」杜云：「謂佩金玦，將上軍。」

「在此行也，子其勉之！偏躬無慝，兵要遠災，《晉語》注：「慝，惡也。衣身之半，君無惡意也。握兵之要，欲令太子遠災害也。」

「親以無災，又何患焉？」狐突曰：「時，事之徵也；【疏證】《五行志》師古注：「徵，證也。」

「衣，身之章也；【疏證】《五行志》師古注：「章，明也。」

「佩，衷之旗也。【疏證】《五行志》師古注：「旗，表也。衣所以明貴賤，佩所以表中心。」按：《晉語》注：「衷，中也。」杜亦云：「所以表明其中心。」

「故敬其事，則命以始；【疏證】《五行志》師古注：「賞以春夏。」杜同顏説。《晉書·載記·姚泓傳》：「封功臣十六人五等子男，❷姚紹曰：『陛下不忘報德，封之是也。古者敬其事，命之以始，可須來春議之。』乃止。」泓之欲封功臣當在冬，紹據此傳止之，則賞以春夏爲古《左氏》義矣。

「服其身，則衣之純；【疏證】《五行志》師古注：「壹其色。」杜云：「必以純色爲服。」與顏義同。

---

❶「半」，原作「軍」，今據《國語正義》卷七改。

❷「功」，《晉書·姚興載記》作「宫」。

「用其衷，則佩之度。【疏證】《五行志》師古注：「佩玉者，君子之常度。」杜作「佩玉者，士君子常度」。馬宗璉云：「《白虎通》曰：『所以必有佩者，表德見所能也。循道無窮則佩環，能本道德則佩琨，能決嫌疑則佩玦。』申生太子當佩環、佩琨，方謂之度。命之佩玦，是使之決於嫌疑之際而速之去也。故罕夷曰『金玦不復』。」沈欽韓云：「《玉藻》：『世子佩瑜玉而綦組綬。』」按：傳止謂佩之度，則謂禮服所宜，不關表德，沈説是也。

「今命以時卒，閟其事也；【疏證】《五行志》應劭注：「卒，盡也。閟，閉也。謂十二月盡時也。」杜云：「冬十二月，閟盡之時。」與應説同。

「衣之尨服，遠其躬也；【疏證】《晉語》注：「雜色曰尨。」《五行志》師古注：「尨，雜色也，謂偏衣也。」杜亦云：「尨，雜色。」按：《考工記》鄭注：「尨，雜也。」

「佩以金玦，棄其衷也。

「服以遠之，時以閟之；【疏證】「服」兼衣、佩言，「棄衷」猶遠躬也。

「尨，涼；【疏證】《説文》：「牻，白黑雜毛牛。㹁，尨牛也。《春秋傳》曰『牻㹁』。」是許君所見本爲「牻㹁」。惠棟云：「牛之雜色者，不中爲犧牲。衣之不純者，不得爲太子。若以『尨』爲『㹁』，義無所取。古文省少，或借『涼』爲『㹁』。」沈彤云：「按《廣韻》：『㹁，牻牛，駁色。』蓋《説文》脱『駁色』二字。『牻㹁』謂牻服色駁也，蓋分織牻牛白黑毛爲之，下所謂『奇無常』也。」王念孫云：「『尨涼，冬殺，金寒，玦離』，上字與下字義並相因。尨既爲雜，則涼亦爲雜也。」按王説是也。「㹁」、「涼」通假，詁不當異。《五行志》師古注：「涼，薄也。尨色不能純，故曰薄也。」是舊説以「涼」爲雜。沈以織牛毛爲衣，泥讀《説文》矣。

「冬，殺；【疏證】《五行志》師古注又云：「冬主殺氣。」按此申命以時卒義也。狐突以時、衣、佩三者錯綜成文。

「金，寒；玦，離。胡可恃也！【疏證】《五行志》師古注：「金行在西，是謂之寒。玦形半缺，故云離。」沈欽韓云：「《荀子·大略》：『絶人以玦，反玦以環。』《白虎通·諫諍篇》：『臣待放於郊，君賜之環則反，賜之玦則去，明君子重恥也。』」按：沈説得顔義矣。《晉語》：「以厖衣純而玦之以金銑者，❶寒甚矣，胡可恃也！」注：「玦，猶決也。銑，猶洗也。洗洗，寒貌。言於太子無温潤也。」杜云：「寒、涼、殺、離，言無温潤。」義非。

「雖欲勉之，狄可盡乎？」梁餘子養曰：「帥師者，受命於廟，受脤於社，【疏證】《晉語》韋注：「將行，告廟受戒命也。脤，宜社之肉，盛以蜃器。」杜注：「脤，宜社之肉，盛以脤器。」杜用韋説，「脤」當作「蜃」，字之誤也。《緜》箋：「大社者，出大衆時所告而行也。《春秋傳》曰：『蜃，宜社之肉。』」疏：「三《傳》皆無此文，而言『傳曰』，衍字也。閔二年《左傳》曰：『帥師者，受命於廟，受蜃於社。』成三年《左傳》曰：『成子受蜃於社，不敬。』箋但取其意，言《左傳》所云『蜃』者，是宜社之肉，無『曰』字也。」依彼疏，是此傳古本當作「受蜃於社」。《校勘記》云：「按：據《説文》『裖，社肉也。以蜃爲器盛之』，則亦可謂肉爲脤。故《左傳》直云『受蜃於社』也。此云『受脤於社』，『脤』乃『裖』之俗字耳。其古本必作『裖』，或作『蜃』也。」

「有常服矣。不獲而厖，命可知也。【疏證】《五行志》師古注：「軍之常服則韋弁。」杜注：「韋弁服，軍

❶ 上「以」，原作「山」，今據《國語正義》卷七改。

之常也。」❶與顔同。

「死而不孝，不如逃之。」

罕夷曰：「尨奇無常，【疏證】《晉語》「君賜之奇，奇生怪，怪生無常，無常生不立」，❷注：「奇，異也。不立，不得立。」《五行志》應劭注：「奇，奇怪非常意。」文淇案：《内小臣》：❸「奇服怪民不入宫。」《春秋傳》曰「尨奇無常」是舊説以尨爲奇怪非常之服也。沈欽韓云：「『奇』讀如奇耦之奇，《續漢·輿服志》：『祀宗廟諸祀，皆服袀玄。絳緣領袖爲中衣，❹絳絝絑，示其赤心奉神也。』戎事亦貴一心致愾于敵，❺故尚赤。今以偏衣，則示無常也。」如沈説，則不賜申生以袀服耳，未足言奇異。沈於「偏衣」不從先儒異色之説，於此傳又改讀，非也。

「金玦不復。雖復何爲？君有心矣！」【疏證】顧炎武云：「人臣賜玦則去，故曰不復。」顧據《大戴禮·王度記》以説也。《五行志》應劭注：「復，反也。金玦，猶决，去不反意也。」師古注：「有心，有害太子之心。」杜注同顔説。

先丹木曰：「是服也，狂夫阻之。【注】服云：「阻，止也。方相之士蒙玄衣朱裳，主索室中歐

---

❶「軍」，原作「君」，今據《春秋左傳正義》卷十一改。
❷「無常生」，原脱，今據《國語正義》卷七補。
❸「内小臣」，當作「閽人」。
❹「緣」，原作「圓」，今據《春秋左傳補注》卷二改。
❺「愾」，原作「武」，今據《春秋左傳補注》卷二改。

疫，號之爲狂夫。止此服，言君與太子以狂夫所止之服衣也。」本疏。【疏證】杜注：「阻，疑也。言雖狂夫猶知有疑。」焦循云：「《廣雅》：『猜、阻，疑也。』張楫生杜前，此訓不始杜矣。服虔訓『阻』爲止，阻之於疑，猶止之於礙。《説文》：『礙，止也，從疑聲。』」焦意蓋以服、杜意同，然服謂止此服，則杜非用服義也。❶《晉語》云：「且是衣，狂夫阻之衣也，其言曰『盡敵而反』。」韋昭云：「狂夫，方相氏之士也。阻，古『詛』字也。欲服是衣，必先詛之。《周禮》『方相氏黄金四目，玄衣朱裳，執戈揚盾以驅疫』也。言，謂狂夫祭詛之言。」韋讀「阻」爲「詛」，服以「阻」爲「止」，其釋「阻」字雖異，而皆以狂夫爲方相之士，蓋古義也。本疏劉炫云：「阻，疑，以意訓耳。今言猶云阻疑，是阻得爲疑也。言雖狂夫猶知於此服有疑也。」下引服注、韋注，又云：「是由無正訓，各以意解。劉以爲方相氏狂夫所服玄衣朱裳，左右同色，不得爲偏衣也，當服此衣，非是意所止也。詛乃服之，文無所出，故杜別爲此解。」玩疏意，是「阻」之訓疑，杜別爲之，先儒皆不然。邵瑛云：「案：光伯此條非規杜也，直駁服虔及《外傳》韋昭説耳。光伯謂『詛乃服之，文無所出』。據《外傳》『狂夫阻之衣』下有『其言曰：盡敵而反』，方相玄衣朱裳，左右同色，不得爲偏衣也。」❷按：邵説是也。然疏所引非《規過》語，自「劉炫云」下，皆光伯《述議》之文，詳《舊疏考正》。

「其言曰：❸『盡敵而返。』敵可盡乎？雖盡敵，猶有内讒，不如違之。」【疏證】依服説，則「盡敵而

---

❶ 眉批：申服義之「止」字。

❷ 「不」上，原衍「同」字，今據《春秋左傳正義》卷十一删。

❸ 「其言」，《春秋左傳正義》卷十一無此二字。

返」乃狂夫歐疫之言，舉以例兵事也。杜不用服説，故注云：「曰，公辭。」疏謂：「原公之意而爲之作辭。」❶彌迂曲矣。《谷風》毛傳：❷「違，去也。」

狐突欲行。羊舌大夫曰：「不可。違命不孝，棄事不忠。雖知其寒，惡不可取。子其死之！」

【疏證】杜注：「寒，薄也。」

太子將戰，狐突諫曰：「不可！昔辛伯諗周桓公，**【疏證】**《説文》：「諗，深諫也。《春秋傳》曰『辛伯諗周桓公』。」《四牡》傳：「諗，念也。」箋：「諗，告也。」疏：「《左傳》『辛伯諗周桓公』，是以言告周桓公，故知諗爲告也。」洪亮吉云：「按：桓十八年傳本曰『辛伯諫曰』，則『諗』訓《説文》爲長。杜注：『諗，告也。』雖本鄭箋，究當以《説文》爲是。」按：洪説是也。《釋文》引《説文》，「諫」作「謀」，誤。

云：『内寵並后，外寵二政，嬖子配適，大都耦國，亂之本也。』周公弗從，故及於難。今亂本成矣。立可必乎？**【疏證】**惠棟云：「二讀爲『王貳于虢』之『貳』；《韓非子》引此正作『貳』。」按：「貳政」與「並后」，文正相儷，惠説是也。杜注云：「驪姬爲内寵，二五爲外寵，奚齊爲嬖子，曲沃爲大都。」疏引劉炫《規過》，但有駁語，而刪去劉義，祇云：「嬖賤，不得爲二政；太子不以曲沃作亂，不得爲大都。」又云：「辛伯之語，先有成文，其内寵之徒，不爲晉發。」此亦《規過》語。疏以刪次亂之，詳《舊疏考正》。顧炎武云：「按：曲沃即申生所居，

---

❶「原」，原爲空格，今據《春秋左傳正義》卷十一補。

❷「谷風」，當作「殷其靁」或「節南山」。

豈可謂其生亂乎？ 陸氏曰：『古人引言，但取大意，不必事事符同，祇取内寵、嬖子二事。』今從之，改云：『驪姬寵，奚齊嬖，亂之本也。』」按：顧説是也。 光伯僅駁杜外寵、大都二事，義當與顧同。 朱駿聲云：「大都句原不爲晉而發，❶共太子固非鄭叔段比。」

「孝而安民，子其圖之！【疏證】杜注：「奉身爲孝，不戰爲安民。」

「與其危身以速罪也。」【注】服云：「速，召也，疾也。 言太子不去，自必危疾召罪。 狐突知其難本既成，而太子拘於一節，不達至孝之義，與臯落雖戰勝而歸，猶不能免乎難，而使父有悖惑殺子之罪，故傳備載衆賢之言，以迹太子所以死也。❷經在僖五年『晉侯殺其太子申生』。」《御覽》一百四十六。【疏證】杜注：「有功益見害，故言孰與危身以召罪。」蓋用服説。 自「狐突」以下，服説申生之事也。 「難本」即亂本也。《晉語》：「申生敗狄于稷桑而反，❸讒言益起。」服云：「戰勝而歸。」據《外傳》也。 其引僖五年經蓋以證申生之死。 劉恭冕謂非服注，非也。

成風聞成季之繇，乃事之。【注】服云：「繇，抽也，抽出吉凶也。」《易》釋文。【疏證】杜注：「成風，莊公之妾，僖公之母也。 繇，卦兆之占辭。」洪亮吉云：「《説文》卜辭本作籀，繇字作䌛。❹今考釋文、石經並作

---

❶「原」，原作「屬」，今據《春秋左傳識小録》卷上改。

❷「迹」上，原衍「逆」字，今據《太平御覽》卷一百四十六删。

❸「稷」，原爲空格，今據《國語正義》卷七補。

❹「䌛」，原作「繇」，今據《春秋左傳詁》卷六改。

繇，姑仍之。」李貽德云：「『繇、抽聲相近』，《説文》：『㨨，引也。或從由。』《莊子・天地》釋文引李注亦曰：『抽，引。』」是抽猶言引也。《晉語》韋注云：「由也，吉凶所由而出也。」以「由」訓「繇」，與服説異。《魏志・文帝紀》注：「《魏書》：王見殷登，謂之曰：『昔成風聞楚丘之繇，而敬事季友。』」

而屬僖公焉，故成季立之。

僖之元年，齊桓公遷邢于夷儀。【疏證】《齊語》注：「邢，姬姓，周公之後也。夷儀，邢邑也。」《郡國志》「河内郡平皋縣」，❶應劭曰：「邢侯自襄國徙此。當齊桓公時，衛人伐邢，❷邢遷於夷儀，其地屬晉，號邢丘。」《漢書》臣瓚注：「《春秋》狄人伐邢，邢遷夷儀，不至此也。今襄國西有夷儀，❸去襄國百餘里。平皋是邢丘，❹非國也。」按：應説誤以定四年齊伐晉夷儀，❺當此夷儀。《元和志》：「故邢國，今邢州城内西南隅小城是也；夷儀故城，今龍岡縣界夷儀故城是也，在縣西一百四十里。」蓋亦誤用應劭説。馬宗璉云：「郡國東郡聊城有夷陵聚，計邢國所都，止在聊城百里之内。臣瓚謂在襄國西是也。」沈欽韓云：「愚按，邢之遷以違狄難也。今其所遷仍在順德府邢臺縣境，未遠于狄，豈便爲安？此夷儀實近齊衛之交，《一統志》夷儀故城在東昌府聊城縣西南一二十里。」

❶「郡國」，疑當作「地理」。
❷「衛」，原作「魏」，今據《漢書・地理志》改。
❸「儀」下，《漢書・地理志》有「城」字。
❹「平皋是邢丘」，《漢書・地理志》作「邢是丘名」。
❺「四」，當作「九」。

按馬、沈説是也。

二年，封衛于楚丘。【疏證】《齊語》韋注：「楚丘，衛地。桓公遷於其國而封之。」❶按：《齊世家》「桓公二十八年城楚丘」，集解引賈逵説「楚丘，衛地」，與《齊語》注同。《地理志》：「山陽郡成武有楚丘，齊桓公所城，遷衛文公於此。子成公徙濮南。」❷則誤以曹之楚丘當衛之楚丘矣，詳隱七年疏證。《定之方中》疏：「《鄭志》：『張逸問：「楚宫今何地？」答曰：「楚丘在濟河間，疑在今東郡界中。然衛本在河北，至懿公滅，乃東徙渡河，野處漕邑，則在河南明矣。升漕虚望楚丘，楚丘與漕不甚相遠，亦河南明矣。故疑在東郡界中。」』」按：鄭説是也。《御覽》一百六十「衛文公自曹邑遷于楚丘」，注：「今衛南縣也。」當是舊注。衛南爲隋縣名，當出隨以後人矣。衛南在河之南，説與鄭君合。沈欽韓云：「《輿地廣記》：『開德府衛南縣本楚丘，衛文公自曹邑徙此。』今省入衛輝府滑縣。《一統志》：『衛南故城在滑縣東六十里。』」《年表》：「齊桓公二十八年，爲衛築楚丘，救戎狄伐。衛文公二年，齊桓公率諸侯爲我城楚丘。」

邢遷如歸，衛國忘亡。【疏證】《史通・内篇・模擬》：「『邢遷如歸，衛國忘亡』，言上下安堵，不失舊物也。」

衛文公大布之衣，大帛之冠，【注】服云：「戴公卒在於此年。」《定之方中》疏。**【疏證】**《釋文》：「『衛文公大布之衣』，本或作『衣大布之衣』，誤。」按：《定之方中》疏亦云：「衣大布之衣。」《淮南・齊俗訓》「晉文衣大

---

❶「於」，《國語正義》卷六無此字。
❷「南」，《漢書・地理志》作「陽」。

布之衣」,❶注:「大布,麤布也。」杜注用之,而以大帛爲厚繒。按:《雜記》「大帛冠、緇布冠,❷皆不綏」,❸鄭注:「大白冠,太古之布冠也。《春秋傳》曰:『衛文公大布之衣,大白之冠。』」疏云:「引《春秋左傳》證大白冠是布也。衛文公以國未道,故不充公服,自貶損,所以大白冠、大布衣也。」❹依彼注,則傳文「帛」一作「白」,「帛」、「白」雖異字,而冠則以布爲之。《玉藻》「年不順成,則君衣布,搢本」,注:「君衣布者,謂若衛文公大布之衣,大帛之冠是也。」疏:「按閔二年狄入衛後,『衛文公大布之衣,大帛之冠』。爲國之破亂,與凶年同,故引之。」彼注及疏「大帛」皆當作「大白」,鄭注意與《雜記》注同也。又「大帛不緌」注云:❺「帛,當爲白,聲之誤也。大帛,謂白布冠也。不緌,凶服去飾。」玩鄭意,亦以此傳證之。而疏云:「知『帛,當爲白』,以《雜記》云『大白冠、緇布冠不緌』,彼『大白』與『緇布冠』連文,故知此『大帛』爲白布冠也。《左傳》閔二年,衛文公『大布之衣,大帛之冠』,白繒冠也。與大布相對,與此異也。」則未達鄭旨矣。沈欽韓云:「按:諸侯玄端,服用十五升布,爵弁用三十升布。皮弁、玄端衣皆用布,惟冕與爵弁用絲耳。今此衣制,蓋亦不殊。稍麤,沽以示儉也。冠本布,今以帛者,猶諸麻冕而易以紂也。」沈説大布之衣,則是其謂大帛之冠以絲爲之,則用杜注説,與鄭君誼遠。杜又云:「蓋用諸侯諒闇之服。」

❶「俗」,原作「語」,今據《淮南鴻烈解》卷十一改。
❷「帛」,《禮記正義》卷四十一作「白」。
❸「綏」,《禮記正義》卷四十一作「蕤」。
❹「以大」,原作「災」,今據《禮記正義》卷四十一改。
❺「緌」,原作「綏」,今據《禮記正義》卷二十九改。下二「緌」字同。

惠棟云：「此杜自造之語。服虔曰『戴公卒於是年』，故杜彌縫其説耳。」按：惠説是也。然疑服注「戴公卒於是年」下，或以此衣冠當喪服，故杜謂「諒闇之服」異之。《定之方中》序箋云：「戴公立一年而卒。」疏云：「杜預云『衛文公以此年冬立』是也。戴公立未踰年，而稱謚者，以衛既滅而立，不繫於先君，故臣子成其喪而爲之謚。爲之謚者，與繫世者異也。」

務材訓農，通商惠工，【疏證】杜注：「加惠於百工，賞其利器用。」疏云：「務材，務在植材用也。❶訓農，訓民勸農業也。通商，通商販之路，令貨利往來也。惠工，加恩惠於百工，賞其利器用也。」

敬教勸學，授方任能。【疏證】杜注：「方，百事之宜也。」疏云：「敬教，敬民五教也。勸學，勸民學問也。授方，授民以事，皆有方法也。任能，其所委任，用能人也。」此八者疑舊注所不具，故疏特詳之。

元年，革車三十乘；季年，乃三百乘。【疏證】《晉語》「會其季年可也」，注：「季，末也。勸使文公適齊，會桓公季末之年可也。」是季年猶末年也。杜云：「季年，在僖二十五年。」《定之方中》「騋牝三千」，箋：「國馬之制，天子十有二閑，馬六種，三千四百五十六匹。邦國六閑，馬四種，千二百九十六匹。衛之先君兼邶、鄘而有之，❷而馬數過禮制。」疏：「言國馬，謂君之家馬也。其兵賦，則《左傳》曰『元年革車三十乘，季年乃三百乘』是也。」

---

❶ 「務」，原脱，今據《春秋左傳正義》卷十一補。

❷ 「邶」，原作「邲」，今據《毛詩正義》卷三改。

春秋左氏傳舊注疏證

僖公【疏證】《魯世家》:「僖公名申,莊公之子。」僖公,《史記》、《漢書》並作「釐公」。《謚法》:「小心畏忌曰僖。」

【經】元年,春,王正月。

齊師、宋師、曹伯次于聶北,救邢。【注】賈、服以爲:「『此言次于聶北,救邢』,與襄二十三年『叔孫豹救晉,次于雍榆』,二事相反。此是君也,進止自由;彼是臣也,先通君命。」本疏。《左氏》先儒言:「齊桓,君也。進止自由,故先次後救;叔孫,臣也,先通君命,故先救後次。」莊三年疏。【疏證】曹伯,石經作「曹師」,是也。本疏:「此三國皆師多而大夫將,故名氏不見,并稱師。」可證唐本未誤。《校勘記》云:「莊三年經『公次於滑』,襄公二十三年傳『次於雍榆』,正義並作『曹師』。」洪亮吉云:「《説文》:『嵒,多言也。從品相連。《春秋傳》曰「次於嵒北」。讀與「聶」同。』按:今本作『聶』,因聲近而轉。」臧壽恭云:「嵒爲正字,聶爲假借字。許氏所引蓋賈經也。」《郡國志》:「東郡聊城有夷儀聚,有聶戚。」按:夷儀聚即下文邢所遷,聶戚即此聶北也。沈欽韓云:「《一統志》:『聶城在大名府清豐縣東北。』《方輿紀要》:『在縣北十里,志以爲「次於聶城救邢」即此城也。」」❶賈、服謂聶北與雍榆二事相反者，蓋以書次、救先後爲義例。莊三年疏云：「次在事前，謂僖元年『齊師、宋師、曹師次於聶北，救邢』是也。次在事後，謂襄二十三年『叔孫豹帥師救晉，次於雍榆』是也。『聶北』之下，《公羊傳》曰：『曷爲先言次而後言救？君也。』『雍榆』之下，《公羊傳》曰：『曷爲先言救而後言次？先通君命也。』《左氏》先儒取彼爲説，言：『齊桓，君也，進止自由，故先次後救；叔孫，臣也，先通君命，故先救後次。』」其所稱先儒即賈、服説，析言先後，文尤備矣。本疏引賈、服説，亦謂取《公羊》爲説。又駁之云：「杜以爲傳無此事，故不用其言。《釋例》云：『或次在事前，或次在事後，皆隨事實，無義例也。』」按：傳於經文亦有不備，如杜説，則聶北、雍榆可一例書，無須回易其文矣。此經舊誼，《左氏》蓋同於《公羊》，疏謂先儒取《公羊》爲説，非也。

夏，六月，邢遷于夷儀。【疏證】夷儀，二傳作「陳儀」，❷詳閔二年傳疏證。❸

齊師、宋師、曹師城邢。【疏證】杜注：「一事而再列三國，於文不可言諸侯師故。」沈欽韓云：「並列三國，各著其勞也。《春秋》録纖芥之善。諸侯能帥師以救鄰國之患，以師爲重，故不書爵。」傳云諸侯而杜決其爲大夫，舛矣。

秋，七月，戊辰，夫人姜氏薨于夷，齊人以歸。【疏證】杜注云：「傳在閔二年。」洪亮吉云：「按：唐石

---

❶ 上「城」，《春秋左氏傳地名補注》卷三作「北」。
❷ 「陳儀」，《春秋穀梁傳注疏》卷七作「夷儀」。
❸ 「詳」，原脱，今據原稿補。

經作『齊人以尸歸』，『尸』字是後人增入，不足據。」嚴可均云：「全經無用『尸』字例，閔二年『齊人取而殺之於夷，以其尸歸』，唐末俗本涉彼傳而誤耳。」

楚人伐鄭。【疏證】杜注：「荆始改號曰楚。」《檀弓》「襄公朝於荆」，注：「楚言荆者，州言之。」疏：「《春秋》莊十年，『荆敗蔡師於莘』，《公羊傳》曰：『荆者何？州名也。州不若國，國不若氏，氏不若人，人不若名，名不若字，字不若子。』而《左氏》無此義。荆蓋楚之本號，魯莊之世，告命皆稱荆，至僖元年始稱楚。」據彼疏所述，杜説蓋古誼也。

八月，公會齊侯、宋公、鄭伯、曹伯、邾人于檉。【疏證】檉，《公羊》曰「朾」。沈欽韓云：「《水經注》：『澇波水自陳城西北而東流謂之谷水，東逕澇城北，王隱曰：犖北有谷水是也。犖即檉矣。杜預謂「在陳縣西北」，非也。檉，小城，在陳郡西南。』《方輿紀要》：『犖城在陳州西北。』」按：沈説是也。杜注以檉爲宋地。江永云：「檉在陳州，則其地當屬陳，非宋地。」

九月，公敗邾師于偃。【疏證】偃，《公羊》曰「纓」。杜注云：「偃，邾地。」服氏注傳以爲魯地。今地闕。

冬，十月，壬午，公子友帥師敗莒師于酈，獲莒挐。【疏證】酈，《公羊》曰「犂」，《穀梁》曰「麗」。「挐」，毛本、監本作「拏」，今從石經。

十有二月，丁巳，夫人氏之喪至自齊。❶【注】賈逵云：「殺子輕，故但貶姜。」本疏。【疏證】《年

❶「氏」，原脱，今據原稿補。

表》：「哀姜喪自齊至。」杜注：「不稱姜，闕文。」疏云：「齊人治哀姜之罪，❶取而殺之，❷故具書於經。❸薨葬備禮，然既諱其殺，不宜有貶。《公羊傳》曰：『夫人何以不稱姜氏？貶。曷爲貶？與弑公也。』《穀梁傳》曰：『其不言姜，以其殺二子，貶之也。或曰：爲齊桓諱殺同姓也。』賈逵云：『殺子輕，故但貶姜。』然則姜氏者，夫人之姓，二字共爲一義，不得去姜存氏，去氏存姜。若其必有所貶，自可替其尊號。去一姜字，復何所明？於薨於葬，未嘗有貶，何故喪至獨去一姜？故杜以經無『姜』字，直是闕文。《公羊》、《穀梁》見其文闕，妄爲之説耳。」按：閔二年經「夫人姜氏孫於邾」，賈、服注云：「文姜殺夫罪重，故去姜氏；哀姜殺子罪輕，故不去姜氏。」則賈、服不援此經有氏無姜爲説，賈君一人之言又自歧矣。或賈所注本異於服，今無文明之。

【傳】「元年，春」，不稱即位，公出故也。【疏證】公出謂公自陳立也。

公出復入，不書，諱之也。諱國惡，禮也。

諸侯救邢。【注】先儒以爲：「此役諸侯身行。」本疏。【疏證】杜注：「實大夫而曰諸侯，總衆國之辭。」疏云：「先儒以爲此役諸侯身行，故言此以異之。」是杜不用舊説也。惠棟曰：「家君曰：實大夫也，何得稱爲諸侯？此預之妄也。」

邢人潰，而出奔師。【疏證】杜注云：「奔聶北之師也。」

---

❶ 「齊」，原作「古」，今據原稿改。

❷ 「殺」，原作「救」，今據《春秋左傳正義》卷十二改。

❸ 「具」，原作「其」，今據《春秋左傳正義》卷十二改。

師遂逐狄人，具邢器用而遷之，師無私焉。

夏，邢遷于夷儀，諸侯城之，救患也。【疏證】《管子・大匡》：「狄人伐邢，齊桓公築夷儀而封之。」《齊語》同。

凡侯伯，救患、分災、討罪，禮也。【疏證】此救患分災討罪例也。杜但釋分災曰「分穀帛」。按：《大宗伯》「以凶禮哀邦國之憂」，注：「哀謂救患分裁。」疏：「此據《左氏》僖元年，引之者，證哀者從後往哀之義。哀言救患分灾討罪者，救患即邢有不安之患，諸侯城之，是救患也。分災謂若宋災，諸侯會於澶淵，❶謀歸宋財，是分災也。討罪謂諸侯無故相伐，是罪人也，霸者會諸侯共討之，是討罪也。」鄭《禮》注據傳例，彼疏所稱當是舊說。

秋，楚人伐鄭，鄭即齊故也。盟于犖，謀救鄭也。【疏證】杜注：「犖即檉也，地有二名。」

「九月，公敗邾師于偃」，虛丘之戍將歸者也。【注】服云：「虛丘，魯邑。魯有亂，邾使兵戍虛丘。魯與邾無怨，因兵將還，要而敗之，所以惡僖公也。」本疏。【疏證】《説文》：「戍，守邊也。」杜注：「虛丘，邾地。邾人既送哀姜還，齊人殺之，因戍虛丘，欲以侵魯。公以義求齊，齊送姜氏之喪。邾人懼，乃歸，故公要而敗之。」疏引服説，駁之云：「邾之與魯，本無怨惡。僖公奔邾，則爲之外主。國亂則戍其內邑。無故而敗其師，亡信背義，莫斯之甚，非僖公作頌之主所當行也。杜以爲不然，故別爲此説，此説亦無所據，要其理當然也。」顧炎武云：「魯與邾之尋師多矣，詐而敗其戍兵，不必爲哀姜故也。杜《解》鑿。」沈欽韓云：「按：服與杜同

---

❶ 「諸侯」，原重文，今據《周禮注疏》卷十八刪。

爲意度，然服是從先師得之，杜則有心立異。學者可定其從舍矣。」顧棟高以偃與虛丘在費縣内，亦無可考。按：顧、沈説是也。十二月夫人之喪始至，杜乃以此月爲已歸喪。疏亦疑之，而云：「夫人以七月薨，公即求齊，齊既許之，邾聞許而將歸，魯得許而敗邾師耳。」❶曲袒杜説，不合傳文。

冬，莒人來求賂。【疏證】杜注：「求還慶父之賂。」杜據上年慶父奔莒爲説。

公子友敗諸酈，獲莒子之弟挐。非卿也，嘉獲之也。

公賜季友汶陽之田及費。【注】賈云：「汶陽、鄪，魯二邑。」《魯世家》集解。【疏證】《魯世家》：「釐公元年，以汶陽鄪封季友。❷季友爲相。」索隱：「『鄪』今作『費』，音秘。」是「鄪」爲「鄪」之異文，省從費也。《史》謂以汶陽鄪封季友，然傳析言汶陽之田，又加「及」以明之，則但與汶陽田，而不以縣封，與費異也。《方士》「掌都家」注：「鄭司農云：『掌四百里至五百里，公所食，魯季氏食於都。』」疏：「云『公所食』者，謂《載師》所云『大都任畺地』者也。引『魯季氏食於都』者，謂諸侯大都與三公同。後鄭不從。」如彼疏説，先鄭以二邑爲魯都邑矣。《地理志》：「東海郡費，故魯季氏邑。」又云：「高密國汶陽。❸應劭曰：『《詩》曰「汶水湯湯」。』師古曰：『即《左傳》所云「公賜季友汶陽之田」者也。』」誤志以汶陽爲高密之汶陽縣。《水經注》則云：「汶水出泰山萊蕪縣，西南入濟。」沈欽韓云：「《方輿紀要》：『汶水出泰安州萊蕪縣東北七十二里原山之南，《水經》所謂北汶也。《運河記》：「汶

---

❶「得」，原作「將」，今據原稿改。

❷「鄪」，《史記·魯周公世家》作「鄪」，下「鄪」字同。

❸「高密」，《漢書·地理志》作「魯」。

水自泰安州經寧陽、汶上縣界，又西至東平州注濟水，此故道也。」』應劭云：『水北爲陽，南爲陰。』蓋在今兖州府寧陽縣北。漢置汶陽縣在曲阜縣東北四十里，非此汶陽也。」江永云：「《水經注》：『蛇水出岡縣東北泰山，西流逕汶陽之田，齊所侵也。自汶之北，平暢極目。❶僖公以賜季友即此。』《元和志》：『汶陽故城在龔丘縣東北五十四里，其城側土田沃饒，故魯爲汶陽之田。』龔丘即今寧陽也。」按：沈、江説是也。《一統志》：「費縣故城在沂州府費縣西北二十里。」

夫人氏之喪至自齊。君子以齊人殺哀姜爲已甚矣，❷女子，從人者也。【疏證】傳亦稱「夫人氏」，則賈氏貶姜之説爲有據矣。杜注：「言女子有三從之義。在夫家有罪，非父母家所宜討也。」《北魏書・刑罸志》：「神龜中，蘭陵公主駙馬都尉劉輝，坐與河陰縣民張智壽妹容妃、陳慶和妹慧猛姦亂耽惑，❸毆主傷胎。輝懼罪逃亡。門下處奏：『各入死刑，智壽、慶和並以知情不加防限，處以流坐。』詔曰：『容妃、慧猛恕死，髡鞭，❹餘如奏。』尚書元修義以爲：『昔哀姜悖禮於魯，齊侯取而殺之，《春秋》所譏。又夏姬罪濫於陳國，❺但責徵舒，而不非父母。明婦人外成，犯禮之愆，無關本屬。況出適之妹，釁及兄弟乎？』」是婦人外成，爲此傳舊説。杜注蓋

❶「目」，原作「魯」，今據原稿改。
❷「姜」下，《春秋左傳正義》卷十二有「也」字。
❸「和」，原作「壽」，今據《魏書・刑罸志》改。
❹「鞭」下，《魏書・刑罰志》有「付宫」二字。
❺「夏」，原脱，今據《魏書・刑罰志》補。

用舊説。

【經】二年，春，王正月，城楚丘。【注】賈云：「楚丘，衛地。」《齊世家》索隱。【疏證】楚丘，杜用賈説，詳閔二年傳疏證。《定之方中》序：「美衛文公也。文公徙居楚丘，始建城市而營宫室。」箋云：「魯僖公二年，齊桓公城楚丘而封衛。」《詩》「定之方中，作於楚宫」，傳：「定，營室也。方中，昏正四方。」箋云：「定星昏中而正，於是可以營制宫室，故謂之營室。定昏中而正，謂小雪時。」疏云：「鄭以爲，文公於定星之昏正四方而中之時，謂夏之十月。」又云：「謂小雪時，小雪者，十月之中氣。十月立冬節，小雪中於此時，定星昏而正中也。此定之方中，小雪時，則在周十二月矣。《春秋》『正月城楚丘』，建城在正月，則作室亦正月矣。而云『得時』者，《左傳》曰：『凡土功，水昏正而栽，日至而畢。』則冬至以前，皆爲土功之時。以曆校之，僖二年閏餘十七，則閏在正月之後，❶正月之初未冬至，故爲得時也。箋言定星中，小雪時，舉其常期耳，非謂作其楚宫即當十月也。如此，則小雪以後方興土功。」按：《周語》「營室之中，土功其始」，韋注：「建亥小雪之中，定星昏正於午，土功可以始也。」韋注用鄭箋説。箋以小雪爲十月中，自以作楚宫爲在十月。彼疏以此年閏在正月之後，則正月之初猶行夏正十月節氣。箋謂作楚宫在十月，義自可通，不必歧箋説爲二也。《宋書·曆志》：「祖冲之曰：❷『法興謂臣所立法，楚

---

❶「閏」，原脱，今據《毛詩正義》卷三補。

❷「祖」，原作「何」，今據《宋書·律曆志》改。

宮之作，在九月初。按《詩》傳、箋皆謂定之方中者，室壁昏中，❶正四方也。❷然則中天之正，當在定之八度。臣曆推之，元年立冬後四日，此度昏中，乃自十月之初，又非寒露之日也。議者之意，蓋誤以周世爲堯時，度差五十，故致此謬。小雪之説，❸自信之談，非有明文可據也。』」《宋志》亦駮鄭説，其推較節氣視鄭爲密，然亦主十月之説。

夏，五月，辛巳，葬我小君哀姜。 無傳。

虞師、晉師滅下陽。【注】服虔曰：「夏陽，虢邑也。在大陽東三十里。」《水經・河水》注、《晉世家》集解。【疏證】下陽，《公》、《穀》曰「夏陽」。沈欽韓云：「《元和志》：『下陽城在陝州平陸縣東北二十里。』今屬山西解州。」《水經・河水》注：「谿水又東南逕夏陽縣故城南。」下引服注「夏陽，虢邑也。在大陽東三十里城南」。「里」下有「城南」二字，從戴震説刪。《晉世家》集解「東」作「東北」，亦無「城南」二字也。朱氏謀瑋云：「《春秋》『僖公二年，虞師晉師滅下陽』，杜元凱云『下陽，虢邑，在河東大陽縣』。按：《漢志》『弘農陝縣』注：『故虢國，在大陽東。』『馮翊夏陽縣』注：『故少梁，龍門在北。』則下陽、夏陽兩地也。《公羊傳》『下陽』作『夏陽』，服因誤矣。」按：服氏本自作夏陽，非取《公羊》。臧壽恭云「蓋服氏經與《公》、《穀》同」，是也。服以夏陽在大陽東，與《漢志》合，非馮翊之夏陽也。《郡國志》「河東郡大陽」有「下陽城」。

---

❶「壁」，《宋書・律曆志》作「辟」。

❷「正」，《宋書・律曆志》作「形」。

❸「説」，《宋書・律曆志》作「節」。

秋，九月，齊侯、宋公、江人、黃人盟于貫。【注】賈云：「江、黃稱人，刺不度德善鄰，恃齊背楚，終爲楚所滅。」本疏。【疏證】貫，《公羊》曰「貫澤」。《地理志》：「汝南郡安陽，應劭曰：『故江國，今江亭是。』」《括地志》：「安陽故城在新息縣西南八十里。」江永云：「按息縣今屬光州。」沈欽韓云：「《水經注》：『汳水又東逕貰城南，俗謂之薄城，非也。闞駰《十三州志》以爲貫城，在蒙縣西北。杜云：「貰、貫字相似。」貫在齊，謂貫澤也，非此矣。』《括地志》『貫城今名蒙澤城』，❶與今歸德府商丘縣接界。《一統志》：『蒙澤故城在曹州府曹縣南十里，即古貫地。』」按沈説是也。杜於江、黃稱人無注。疏云：「《公羊》、《穀梁》皆云：『江人、黃人，遠國之辭。』言其實皆君也，以其遠國，降而稱人。」下引賈説，釋之：「其意雖異，皆以江人、黃人爲國君親來。杜以諸侯之貶，不至稱人，則此稱人者，皆是其國之大夫耳。齊桓威德稍盛，遠國來服，齊桓謙以接遠，故與宋公會之。」按：此經傳，杜注云：「江、黃，楚與國也，始來服齊，故爲合諸侯。」是杜取賈説以爲江、黃國君親來，疏不知杜用賈説，而以杜謂江、黃大夫，非杜意也。「度德善鄰」皆取傳文。《説文》：「恃，賴也。」《楚辭·惜誦》注：「背，違也。」❷十二年，楚滅黃。文四年，楚滅江。

冬，十月，不雨。【注】劉歆以爲：「釐公二年『冬十月不雨』，三年春『正月不雨，夏四月不雨』，六月雨』。先是者，嚴公夫人與公子慶父淫而殺二君。國人攻之，夫人遜于邾，慶父犇莒。釐公即位，

❶「貫」，原作「貰」，今據原稿改。
❷「違」，原作「逢」，今據原稿改。

南敗邾，東敗莒，獲其大夫，有炕陽之應。」《五行志》中。【疏證】閔公二年及本年經、傳爲說。

楚人侵鄭。

【傳】二年，春，❶諸侯城楚丘而封衛焉。

不書所會，後也。

晉荀息請以屈産之乘與垂棘之璧假道於虞，以伐虢。【注】服氏謂：「産爲産生。」《公羊》疏。賈云：「虞在晉南，虢在虞南。」《晉世家》集解。【疏證】杜注：「荀息，荀叔也。」《晉語》注：「荀息，奚齊之傅。」王符《潛夫論》作「郇息」。按此則息蓋晉大夫食采於郇，因以爲氏。《說文》：「郇，周武王子所封國，在晉地。」郇、荀古字通。《公羊》本年傳：「荀息曰：請以屈産之乘。」注云：「屈産，出名馬之地。」疏：「謂『屈産』爲地名，不似服氏謂『産』爲産生也。」是《公羊》說與《左氏》說異。杜云：「屈地生良馬。」用服說也。《吕覽·權勳》篇：「荀息曰：『請以垂棘之璧與屈産之乘，以賂虞公，而求假道焉，必可得也。』」注：「垂棘，美璧所出之地，因以爲名也。屈産之乘，屈邑所生，四馬曰乘。今河東北屈駿馬者是也。」彼注以屈産爲屈邑所生，與服說同。北屈即公子夷吾所居也。其說垂棘，疑亦舊說矣。垂棘，今地闕。沈欽韓云：「屈即北屈縣，今之吉州。《寰宇記》：❷『古稱此邑有駿馬。』」按：沈說是也。《地理志》「河東郡大陽」，自注云：「吴山在西，上有吴城。」《一統志》：「吴山在解州

❶「春」，原脱，今據原稿補。

❷「記」上，原衍「志」字，今據原稿删。

安邑縣東南三十二里，跨夏縣、平陸縣界，一名虞山，一名虞阪。晉假道於虞即此。」《方輿紀要》云：「中條山之支阜也。」閻若璩《四書釋地》：「虞，山西之平陸縣也。虢，河南之陝州也。名雖二省而界相連。裴駰引賈逵注云：『虞在晉南，虢在虞南。』一宮之下，形勢瞭然。爾時爲晉獻公十九年，正都於絳。在太平縣之南，絳州之北。」《晉世家》：「獻公曰：『始吾先君莊伯、武公之誅晉亂，而虢常助晉伐我，又匿晉亡公子，果爲亂。❶弗誅，後遺子孫憂。』乃使荀息以屈産之乘假道於虞。」《晉語》：「伐虢之役，師出於虞。」《年表》：「晉獻公二年，❷荀息以幣假道于虞以伐虢。」疏云：「《聘禮》云：『若過他邦，至於竟，使次介假道，束帛將命于朝，下大夫取以入告，出許。』❸是禮過他國必假道也。」

公曰：「是吾寶也。」對曰：「若得道于虞，猶外府也。」【疏證】杜不釋「外府」。《說文》：「府，文書藏也。」《廣雅·釋宮》：「府，舍也。」府，聚也，凡財賄兵器文書皆藏之府。《論語》鄭注：「藏貨財曰府。」《周禮·内府職》云：「掌受九貢九賦九功之貨財、良兵、良器，❹以待邦之大用。凡四方之幣獻之金玉、齒革、兵器，凡良貨財入焉。」又《外府》：「掌邦布及王、后、世子祭服。」是内府所藏爲財賄、兵器以示慎重，外府不得藏，故以外府譬之。

---

❶「果」，原作「梁」，今據原稿改。
❷「二」，《史記·十二諸侯年表》作「十九」。
❸「許」，原爲空格，今據原稿補。
❹「之」，原脱，今據原稿補。「財」，《周禮注疏》卷六作「賄」，下一「財」字同。

公曰：「宫之奇存焉。」【疏證】《晉語》注：「宫之奇，虞大夫。」

對曰：「宫之奇之爲人也，懦而不能强諫。【疏證】《釋文》：「懦，又作糯。」《廣雅·釋詁》：❶「懦，弱也。」

「且少長于君，君暱之。雖諫，將不聽。」【疏證】少長猶少育也。

乃使荀息假道於虞，曰：「冀爲不道，入自顛軨，伐鄍三門。【注】服虔謂：「冀伐晉也。本疏。鄍，晉别都。」《郡國志》注。【疏證】杜注：「前是冀伐虞至鄍。鄍，虞邑。」不用服説。疏云：「服虔以『冀爲不道』、『伐鄍三門』，謂冀伐晉也；『冀之既病』、『亦唯君故』，謂虞助晉也。將欲假道，稱前恩以誘之。案：傳荀息以寶假道，公尚慮虞不許。則晉之於虞，舊非與國。若其嘗經助晉，則是昔來通好，何憂乎不許，而請進國之美寶，尚畏宫之奇諫乎？故杜以爲冀自伐虞，虞自報冀。以虞能報冀，晉不能報虢，言己弱以示其耻，言虞彊以説其心。此雖無文，理必然也。」文淇案：《説文》：「鄍，晉邑也。《春秋傳》曰『伐鄍三門』是也。」許用服説，顧炎武謂服説爲長。❷壽曾曰：傳文「冀爲不道」、「今虢爲不道」，文以相例見意。顛軨之役，指冀伐晉，服當得之，故書耳。沈欽韓云：「元吕思誠《圖經》：❸『冀亭遺址在蒲州河津縣北十五里。』《水經注》：『大陽縣傳巖東北十餘

---

❶「詁」，原爲空格，今據《廣雅》卷一補。

❷「長」，原脱，今據原稿補。

❸「經」，原作「記」，今據《春秋左氏傳地名補注》卷三改。

里，即巔軨阪也。❶ 有東西絶澗，左右幽空窮深，❷地壑中則築以成道，指南北之路，謂之爲軨橋也。大陽城北對長坂二十許里，謂之虞坂，戴延之曰「自上及下，七山相重」。』《元和志》：『顛軨阪在陝州平陸縣東北七十里。』❸《穆天子傳》：『天子南登于薄山寘軨之隥。』《寰宇記》：『鄍城在陝州平陸縣東北二十里。』《紀要》：『其城周四里，亦謂鄍城。』❹《元和志》：『底柱山，俗名三門山，河出其間，有似於門，故亦謂之三門。』《紀要》：『在解州平陸縣東南五十里。』」沈不解「鄍」爲晉別都與否。顧棟高云：「絳州河津縣爲冀國地，解州平陸縣舊爲虞國地。」其釋「鄍」則仍用杜説也。言《左氏》地輿者，多以鄍爲虞邑。❺ 朱駿聲亦以爲虞地，又云：「成二年傳『公會晉師於上鄍』，杜注『地闕』，疑是晉地。」

「冀之既病，則亦唯君故。」【注】服云：「謂虞助晉也，將欲假道稱前恩以誘之。」本疏。【疏證】杜注：「言虞報伐冀使病。將欲假道，故稱虞强以説其心。」壽曾曰：疏駁服説，見上條。如服説，則「既病」謂虞師援晉勝冀也。若虞自勝冀，❻其事無預於晉。杜説非。

❶「阪」，原作「軬」，今據《春秋左氏傳地名補注》卷三改。
❷「空」，原爲空格，今據原稿補。
❸「阪」，原作「坂」，今據《春秋左氏傳地名補注》卷三改。
❹「城」，《春秋左氏傳地名補注》卷三作「塞」。
❺「爲虞」，原脱，今據原稿補。
❻「虞」，原重文，今據原稿删。

「今虢爲不道，保於逆旅，以侵敝邑之南鄙。敢請假道，以請罪於虢。」【疏證】杜注：「逆旅，客舍也。虢稍遣人分依客舍，以聚衆抄晉邊邑。」《荀子・榮辱篇》「或監門、御旅、抱關、擊柝而不自以爲寡」，注：「監門，主門也。御讀爲迓，迓旅，逆旅也。」以「監門」與「御旅」連言，則迓旅爲迓賓客之地。《荀子》所傳《左氏》字作「御」，與今本異。❶《尸子・勸學篇》：「農夫比粟，商賈比財，烈士比義。是故監門、逆旅、農夫、陶人皆得與焉。」則字已作「逆旅」矣。是「逆旅」訓「客舍」爲古《左氏》說。《荀子》所傳《左氏傳》作「御旅」矣。惠棟云：「『御』與『迓』通，《尚書》『迓』字皆爲『御』。御，迎也，與『逆』通。」《晉書・潘岳傳》：「時以逆旅逐末廢農，奸淫亡命，多所依湊，敗亂法度，敕當除之。岳議曰：『謹案：逆旅，久矣其所由來也。行者賴以頓止，居者薄收其直，交易貿遷，各得其所。語曰：「許由辭帝堯之命，而舍于逆旅。」《外傳》曰：「晉陽處父過甯，舍于逆旅。」然則自堯到今，未有不得客舍之法。』」《隋書・李諤》：❷「邳公蘇威以臨道店舍，乃求利之徒，事業污雜，非敦本之義。遂奏高祖，約遣歸農，有願依舊者，所在州縣録附市籍，仍徹毁舊店，並令遠道，限以時日。正值冬寒，莫敢陳訴。諤因别使，見其如此，以爲四民有業，各附所安，逆旅之與旗亭，自古非同一概，即附市籍，於理不可。且行旅之所依託，豈容一朝而廢，徒爲勞擾，于事非宜。遂專決之，並令依舊。」《晉書》、《隋書》皆以「逆旅」爲客舍之名，則杜注爲古《左氏》説也。邵寶云：「逆旅，近晉南鄙之客舍也，出則侵，退則保。」疏云：「觀其此語，❸則虢、晉接鄰，但向其

❶「異」下，原有「惠棟云御與迓通尚書迓皆作御」十三字，與下文重，今删。
❷「諤」下，當有「傳」字。
❸「其此」，原爲空格，今據原稿補。

都邑，須過虞竟。」

虞公許之，且請先伐虢。【疏證】《晉世家》：「虞假道，遂伐虢。」

宮之奇諫，不聽，遂起師。夏，晉里克、荀息帥師會虞師，❶伐虢，滅下陽。❷【疏證】杜注：「晉猶主兵，不信虞。」顧炎武云：「按：請先伐虢者，❸爲之導也。晉以師會之，未見晉不信虞之意。」下陽，詳經文疏證。❹《晉世家》：「取其下陽以歸。」

先書虞，賄故也。

「秋，盟于貫」，服江、黄也。

齊寺人貂始漏師于多魚。【疏證】洪亮吉云：「《國語》及《管子》、《吕覽》、劉向《説苑》並作『豎刁』，《漢書》作『豎貂』。」杜注：「寺人，内奄官豎貂也。」疏云：「《周禮》内宰之屬：寺人，王之正内五人；内豎，倍寺人之數。鄭玄云：『豎，未冠者之官名。』然則此人名貂，幼童爲内豎之官，以爲齊侯所寵，後雖年長，遂呼爲豎貂焉。此時爲寺人之官，故稱『寺人貂』也。」多魚，❺諸家無説。高士奇曰：「時爲貫澤之盟。蓋在宋境，或曰在今歸德

---

❶「帥師」，原脱，今據原稿補。

❷「陽」下，原有「注」字，係原稿注文删之未净者，今删。

❸「請」，原脱，今據原稿補。

❹「經」，原作「釋」，今據原稿改。

❺「魚」，原作「家」，今據原稿改。

府虞城界。」

虢公敗戎於桑田。【疏證】沈欽韓云：「《方輿紀要》：『稠桑驛在陝州閿鄉縣東三十里，❶「虢公敗戎於桑田」，即稠桑。』」顧棟高云：「今河南陝州靈寶縣西二十五里稠桑驛即其地。」

晉卜偃曰：「虢必亡矣。亡下陽不懼，而又有功，是天奪之鑒，而益其疾也。必易晉而不撫其民矣。❷不可以五稔。」【疏證】《晉語》引「天奪其鑒，❸而益其疾」，以爲虢史嚚之言。注：「鑒，鏡也。鏡所以自省察。」又《吴語》注：❹「稔，熟也。」杜用韋説。

冬，楚人伐鄭，鬭章囚鄭聃伯。【疏證】聃伯，杜無注。江永云：「爲文王子聃季之國。《國語》『聃由鄭姬』，蓋由鄭姬而亡，似鄭滅之以爲采邑。」按：此「聃伯」無以聃爲邑名者，江説似鑿。

【經】三年，春，王正月，不雨。夏，四月，不雨。【注】賈逵取《穀梁》説：「歷時而言不雨，文不憂雨也。不憂雨者，無志于民也。言僖有憂民之志，故每時一書；文無憂民之志，是以歷時總書。」本

---

❶「陝」，原作「陳」；「鄉」，原作「卿」，今據原稿改。

❷「矣」，原脱，今據原稿補。

❸「其」，《國語正義》卷八作「之」。

❹「吴」，原爲空格，今據《國語正義》卷十九補。

疏。【疏證】杜注：「一時不雨則書首月。」❶蓋亦謂每時一書。文、僖書不雨之異，則不用賈說。疏云：「文二年，自十有二月不雨至於秋七月，十三年，自正月不雨至於秋七月，❷二者皆總書不雨，又不書得雨之月，與此年書不雨文異者，《穀梁傳》曰：『一時言不雨者，閔雨也。閔雨者，有志乎民者也。六月，雨。雨云者，喜雨也。喜雨者，❸有志乎民者也。』文二年傳曰：『歷時而言不雨，文不憂雨也。不憂雨者，無志于民也。』言僖有憂民之志，故每時一書；文無憂民之志，是以歷時總書。賈逵取以爲説。❹杜既不注，或亦史異辭也。」疏謂賈取《穀梁》説，則賈注此取文二年《穀梁傳》也，疏無駁難。

徐人取舒。【注】《釋例》曰：「舒有五名，舒庸、舒龍、舒州、舒鳩、舒城，❺其實一也。」《御覽》一百六十九。【疏證】《地理志》：「臨淮郡徐，故國，盈姓。廬江郡舒，故國。」杜注：「徐國，在下邳僮縣東南。舒國，今廬江舒縣。」本《漢志》。沈欽韓云：「《方輿紀要》：『舒城，今廬州舒城縣治。』《御覽》引潁子容説蓋以五舒爲一地。」洪亮吉云：「《玉篇》引傳文及注，並作『郐』。《説文》：『郐，地名，从邑舍聲。』不言所在。知郐、舒古字同

❶「不雨」，原脱，今據原稿補。
❷「秋」，原脱，今據原稿補。
❸「喜雨者」，原脱，今據《春秋左傳正義》卷十二補。
❹「爲」，原重文，今據原稿刪。
❺「舒庸」，原脱「舒」字，今據原稿補。「州」，原脱，今據《太平御覽》卷一百六十九補。

也。」《彙纂》云：「《括地志》：『徐城縣西四十里有大徐城，❶即古徐國也。』今江南鳳陽泗州北八十里有徐城，相傳爲徐偃王所築。」江永云：「泗州，今直隸江南。一説徐在泗州西北三十五里。」

六月，❷雨。

秋，齊侯、宋公、江人、黄人會於陽穀。【疏證】《郡國志》：「東平國須昌有陽穀城。」沈欽韓云：「《一統志》：『陽穀故城在兗州府陽穀縣東北三十里。』」

冬，公子友如齊涖盟。【疏證】涖，《公羊》、《穀梁》曰「莅」。❸臧壽恭云：「案：《説文》無莅、涖字。在立部：『竦，臨也。』此其正字也。❹《周禮·小宗伯》『用牲于社宗，❺則爲位』，鄭注云：『故書「位」爲「涖」。杜子春云：「涖當爲位，《書》亦或爲位。」』壽恭謂：據《周禮》注知漢時隸書已變『竦』作『涖』，因『涖』又變爲『莅』。」

楚人伐鄭。

【傳】**三年，春，不雨。夏，六月，雨。自十月不雨，至于五月。不曰旱，不爲災也。**【疏證】杜注：「周六月，夏四月，於播種五稼無損。」沈欽韓云：「得救災之道。《後漢書·黄瓊傳》注引《考異郵》曰：『僖公之

---

❶「徐」，原作「餘」，今據原稿改。
❷「六月雨」，原脱，今據原稿補。
❸「莅」，原脱，今據原稿補。下一「莅」字同。
❹「字」，原脱，今據原稿補。
❺「小宗伯」，當作「肆師」。

時，雨澤不澍，比于九月，公大驚懼，率群臣禱山川，以六過自讓，絀女謁，放下讒佞郭都之等十三人，誅頭人之吏受貨賂趙祝等九人。❶曰：「辜在寡人。方今天旱，野無生稼，寡人當死，百姓何謗，請以身塞無狀也。」』」壽曾曰：此爲傳之佚説，「比于九月」猶比及九月也。自十月至於五月，凡八月，九以多數言。

「秋，會于陽穀」，謀伐楚也。

齊侯爲陽穀之會，來尋盟。冬，公子友如齊涖盟。

楚人伐鄭，鄭伯欲成。孔叔不可，曰：「齊方勤我。棄德不祥。」【疏證】《釋詁》：「勤，勞也。」

齊侯與蔡姬乘舟于囿，蕩公。【注】賈云：「蕩，搖也。」《齊世家》集解。【疏證】王逸《楚辭》注：「囿，苑也。」《谷風》正義：「舟者，古名也，今名船。《易》曰：『利涉大川，乘木舟虛也。』注：『舟謂集板，如今木空。』」《蔡世家》：「繆侯以其女弟爲齊桓夫人。桓公與蔡女戲船中，夫人蕩舟，桓公止之，不止。」《齊世家》：「桓公與夫人蔡姬戲船中。蔡姬習水，蕩公。」皆與傳同。杜注：「蕩，搖也。」用賈説。《樂記》注：「蕩，猶動也。」《廣雅・釋詁》：「搖，動也。」

公懼，變色。禁之，不可。公怒，歸之，未之絶也。蔡人嫁之。【疏證】石經「之」在「絶」上，今據改。《校文》云：「監本、毛本誤作『絶之』。」《齊世家》：「公懼，止之，不止。出船，怒，歸蔡姬，弗絶。蔡亦怒，嫁其女。」《蔡世家》：「公怒，歸蔡女，而不絶也。蔡侯怒，嫁其弟。」

---

❶「頭」，《後漢書・黃瓊傳》作「領」。

【經】四年，春，王正月，公會齊侯、宋公、陳侯、衛侯、鄭伯、許男、曹伯侵蔡。蔡潰。【注】賈云：❶「民逃其上曰潰。」《齊世家》集解。【疏證】杜用賈説。賈引文十三年傳例也。臧壽恭云：「此賈注『民』字上當有『傳曰』二字。」知賈注引五十凡，以釋初見之經，今於所不見者皆引傳例補之。《齊世家》：「桓公怒而興師往伐。三十年春，齊桓率諸侯伐蔡，蔡潰。」《管蔡世家》：「齊桓公怒，伐蔡。蔡潰，遂虜繆侯。」《年表》：「齊桓公三十年，率諸侯伐蔡，蔡潰。」

遂伐楚，次于陘。【疏證】《郡國志》：「汝南召陵有陘亭。」杜注本《漢志》。馬宗璉云：「《爾雅》：『山絶，陘。』郭注：『連山中斷絶。』是山之中斷絶者皆可謂之陘。」沈欽韓云：「《楚世家》作『陘山』。《括地志》：❷『山在鄭州西南一百十里。』《方輿紀要》：『陘山在開封府新鄭縣南三十里，蘇秦説韓曰：「南有陘山。」説楚曰：「北有陘塞。」《史記》：「魏襄王十六年伐楚，❸敗之陘山。」又「秦攻陘，❹使人馳南陽之地」。徐廣曰：「陘，山絶之名。」今自陘山而西南達於襄、鄧，皆群山綿亘，故昔以陘山爲南北之險塞。』按：陘山延袤甚廣，注家注陘不一，徐廣曰『密縣有陘山』，杜預謂『召陵之陘亭』，或謂在許州郾城縣南，皆與傳文進次于陘不合。《韓策》：『秦攻陘，韓因割

---

❶「賈」，當作「服」。此段「賈」字同。

❷「志」，原脱，今據《春秋左傳補注》卷一補。

❸「十六」，當作「六」。「伐楚」至「山而」三十字，原脱，今據原稿補。

❹「秦攻陘使人馳南陽之地」，見《戰國策·韓策》。

南陽之地。』是陘地已近南陽，❶當在今汝州南。」按：沈説是也。《年表》：「齊桓公三十年，伐楚，責包茅貢。楚成王十六年，齊伐我，至陘，使屈完盟。」

夏，許男新臣卒。【注】賈云：「不言于師，善會主加禮，若卒於國。」本疏。【疏證】杜注：「未同盟而赴以名。」不用賈説。疏云：「成十三年『曹伯盧卒於師』，此不言『于師』者，《穀梁傳》曰：『諸侯死于國，不地。死於外，地。死于師，❷何爲不地？内桓師也。』注云：『齊桓威德洽著，諸侯安之，雖卒于外，與其在國同。』賈逵云：『不言于師，善會主加禮，若卒于國。』《左氏》無此義。《釋例》曰：『若卒于朝會，或書師、或書地者，史之成文，非義所存。』然則或言于師，❸或不言于師，亦是史有詳略，無義例也。」壽曾曰：《穀梁》義在「内桓師」，非謂「會主加禮」，賈注非取《穀梁》爲説也，疏駁未是。李貽德云：「會主，斥齊桓。加禮，即傳云『葬之以侯，❹禮也』。」

楚屈完來盟于師，盟于召陵。【注】服虔取《公羊》説：「屈完者何？楚大夫也。何以不稱使？尊屈完也。曷爲尊屈完？以當桓公也。」服又云：「言來者，外楚也。嫌楚無罪，言來以外之。」本疏。【疏證】杜注：「屈完，楚大夫。」《地理志》「汝南郡召陵」，師古曰：「召讀爲邵。即齊桓公伐楚次于召陵者

❶「陽」，原脱，今據原稿補。
❷「死」，原爲空格，今據《春秋左傳正義》卷十二補。
❸「于」，原脱，今據《春秋左傳正義》卷十二補。
❹「傳」，原作「詩」，今據原稿改。

也。」《廣雅・釋詁》：「邵、亢，高也。」王念孫云：「《説文》：『邵，高也。』《水經・汝水》篇：❶『汝水枝津，東南逕召陵故城南，《春秋左傳》齊桓公師于召陵，即此處也。闞駰曰：「召，高也。其地丘墟，井深數丈，故以名焉。」』則『召』義與『邵』同也。」沈欽韓云：「《一統志》：『召陵故城在許州府郾城縣東三十五里。』」杜不用服説，謂「屈完覩齊之盛，因而求盟，故不稱使，以『完來盟』爲文」。疏引《公羊》，申之云：「其意言屈完，楚之貴者，尊之以敵齊侯，若屈完足以自專，無假君命，不爲楚子所使，故作自來之文。服虔取以爲説。」又駁服説云：「案孔子曰：『君使臣以禮，臣事君以忠。』此聖人之明訓也。今乃尊人之臣，犯義傷教，乃如疏所譏覬覦、專恣者，服氏無此説也。許其不爲君使，❷輕人之主，❸以爲不合使臣，是乃縱群下以覬覦，教强臣以專恣，約之以禮，豈當然乎？」壽曾曰：《公羊》何注云：「增陪使若得其君，以醇霸德、成王事也。」是《公羊》之義，謂屈完得君，無假君命自來之説。權在屈完，乃《穀梁》説，《公羊》無此義。疏欲駁服説，毋乃誣《公羊》乎？杜謂屈完覩齊盛而求盟，是不用君命。杜以「來盟」爲文，疏引服説，駁之云：「來者，自外之文，非別罪之所在。若以言來即爲罪楚，❹則仲孫、高子之來也，❺復外齊而罪之乎？且惡楚者，當惡其辟在蠻夷，負固不服。不服之日，容可外之。服而又外，欲何爲也？」壽曾

---

❶「汝」，當作「潁」。

❷「君」，原作「臣」，今據《春秋左傳正義》卷十二改。

❸「主」，原作「之」，今據原稿改。

❹「即爲」，原倒，今據《春秋左傳正義》卷十二改。

❺「高」，原作「商」，今據原稿改。

曰：服用《穀梁》説也。《穀梁傳》云：「來者何？內桓師也。」李貽德云：「內桓師，則外楚矣。」李説得服義。「嫌楚無罪，❶言來以外之」，乃申外楚之説，亦服氏語，嚴蔚、李貽德輯本皆略之，非。

齊人執陳轅濤塗。【疏證】轅，《公羊》、《穀梁》曰「袁」。臧壽恭云：「《釋文》云：『袁，本多作轅。』此則陸氏所見《左氏》經亦作『袁』，與《公》、《穀》同。《説文・𠬪部》：『爰，籀文以爲車轅字。』《史記》『袁盎』，《漢書》作『爰盎』。史游《急就》云『爰展氏』，顔注云：『爰氏之先，本與陳同姓。其後或爲轅字，又作袁字，本一族也。』洪适《隸釋》載《袁良碑》云：『周之興，虞閼父典陶正，❷嗣滿爲陳侯。❸至玄孫濤塗，立姓曰袁。魯僖公四年爲大夫，哀十一年頗作司徒。❹袁生當秦之亂，隱居河洛。高祖破項，實從其册。』洪氏跋曰：『班史以「袁生」爲「轅生」，古字通用也。』」洪亮吉云：「《史記・齊世家》作『袁』，《陳世家》作『轅』。」杜《世族譜》云：「轅濤塗，宣仲，申公九世孫。」疑出《世本》。

秋，及江人、黄人伐陳。【疏證】杜注：「受齊命討陳之罪，而以與謀爲文者，時齊不行，使魯爲主。」沈欽韓云：「高氏曰：『此書「及」者，非魯及之也。蒙上齊人執轅濤塗，乃齊及之耳。』案：杜預乃因《穀梁》內師之説，

---

❶「楚」，原爲空格，今據原稿補。
❷「閼」，原作「遏」，今據原稿改。
❸「滿」，原爲空格，今據原稿補。
❹「一」，原作「四」；「頗」，原爲空格，今據原稿改補。

然預何以知齊不行也？」文淇案：《齊世家》云：「陳轅濤塗詐齊，令出東方，覺。❶秋，齊伐陳。」是齊師行。

八月，公至自伐楚。 無傳。

葬許穆公。

冬，十有二月，公孫兹帥師會齊人、宋人、衛人、鄭人、許人、曹人侵陳。【疏證】兹，《公羊》曰「慈」。《世本》：桓公生僖叔牙，牙生戴伯兹。❷

【傳】四年，春，❸齊侯以諸侯之師侵蔡。蔡潰，遂伐楚。楚子使與師言曰：「君處北海，寡人處南海，唯是風馬牛不相及也。【注】賈、服云：「風，放也。牝牡相誘謂之風。」《費誓》疏、本疏。**【疏證】**杜注：「楚界猶未至南海，因齊處北海，遂稱所近。」閻若璩《四書釋地》：❹「《禹貢》『海岱惟青州』，故蘇秦説齊宣王『北有渤海』，司馬遷言『吾適齊，北被于海』。降至漢景帝，猶置北海郡於營陵。營陵，舊營丘地。《左傳》云『君處北海』，是也。」又《潛丘劄記》云：「楚在春秋，地雖廣，不濱於海。楚子曰：『寡人處南海。』南海，今廣州府治，爲當日百越地。雖未屬楚，要爲楚兵力之所及。鄭伯謂：莊王『其俘諸江南，以實海濱』，亦見楚號令及於南海。」梁履繩云：「《楚語》韋注云：『南海，群蠻也。』文十六年傳『庸人帥群蠻以叛楚』，則其前之服屬可知，閻説與

❶「覺」，原爲空格，今據原稿補。
❷「兹」，原作「燕」，今據原稿改。
❸「春」，原脱，今據原稿補。
❹「地」，原脱，今據原稿補。

韋正合。」壽曾曰：《荀子・王制篇》：「北海則有走馬吠犬焉，然而中國得而畜使之。南海則有羽翮、齒革、曾青、丹干焉，然而中國得而財之。」注：「海謂荒晦絶遠之地，不必至海水也。」北海、南海，不必以實地證之。賈、服訓「風」爲「放」，《書》疏、本疏文同，今合引之。《御覽》八百八十九引注「風，❶放」，亦賈、服義也。焦循云：「《費誓》『馬牛其風』，鄭注訓『風』爲『走逸』。《釋名》：『風，放也，氣放散也。』《詩・北山》『出入風議』箋亦云：『風，猶放也。』故風爲放逸之名，馬牛各有羈縶，不越疆界，惟放縱走逸，則可越界而行。上云『君處北海，寡人處南海』，並不連疆接界。雖放馬牛，使之走逸，斷不相及。楚之馬牛雖逸，不能入齊地；齊之馬牛雖逸，不能入楚地，言其遠也。故下云：『不虞君之涉吾地也，何故。』至因牝牡相誘而逸，此風之由耳。《呂氏春秋》『乃合壘牛、騰馬游牝於牧』，高誘注云：『皆將群游從牝於牧之野風合之。』風合，亦當謂放之使合。杜以『馬牛風逸』爲『末界微事』，未得傳意。二十八年，『中軍風于澤』，亦是馬走逸於澤。杜言因風而走，亦未是。」壽曾曰：焦駁杜説，是也。其謂牛馬相誘由風，則與賈、服義不合。惠棟亦引《呂氏春秋》解之云：「其説與賈侍中蓋同，漢儒相傳，有是説也。《尚書》云：『馬牛其風。』」按，惠説是也。《北魏書・崔敬邕傳》：「除管州刺史，庫莫奚國有馬百匹，❷因風入境。敬邕悉令送還。於是，夷人感附。」❸因風入境，猶言因放入境，正用賈、服説。《廣雅・釋言》亦云：「風，放也。」朱駿聲云：「風讀爲放，聲之轉也。」杜注「馬牛風逸」，釋爲因風而走，其誤與焦同，蓋與「晉中軍風於澤」同説。黄生

❶「八十九」，當作「九十八」。
❷「莫」，原爲空格，今據原稿補。
❸「附」，原作「謝」，今據《魏書・崔孝芬傳》改。

《義府》云：「《左傳》楚子云『唯是風馬牛不相及也』，言唯兩國比鄰，或有馬牛風逸越竟相責之事。❶ 今地勢遼遠，不虞何以見伐。見小釁亦無，何況大釁。」

「不虞君之涉吾地也，何故？」【疏證】《齊世家》作「何故涉吾地」。

管仲對曰：「昔召康公命我先君大公，【注】服虔云：「召公奭。」《齊世家》集解。【疏證】《水經・渭水》注：「京相璠云：『召亭在周城南二里。』」❷此周城，鎬京也。顧炎武《宅京紀》云：「鎬，今陝西西安府咸陽縣西南。」杜注「周太保召公奭也」，用服説。《燕世家》：「召公奭，與周同姓。」集解：「譙周曰：『周之支庶，❸食邑於召。』」《白虎通・王者不臣》篇：「召公，文王子也。」《甘棠》疏引皇甫謐云：「邵公，文王庶子。」與《燕世家》異。《樂記》：「封黄帝之後於薊。」釋文：「薊，❹燕國之都也。孔安國、司馬遷及鄭皆云燕國郡邵公，與周同姓。案黄帝姓姬，君奭蓋其後也。而皇甫謐以邵公爲文王之庶子，記傳更無所出。又《左傳》富辰之言，亦無燕也。」孫星衍《尚書今古文疏》云：「傳載文王之子無名奭者，《史記集解》引譙周與《史記》同姓之説合。」按：孫説是也。惠棟《尚書古義》云：「《説文》曰：『奭，召公名，讀若郝，《史篇》名醜。』案奭與奭相似，《説文》：『皕，古文以爲醜

---

❶「風」，原脱，今據《義府》卷上補。

❷「二」，《水經注箋》卷十八作「五十」。

❸「庶」，《史記・燕召公世家》作「族」。

❹「薊」上，原衍「黄帝」，今據《經典釋文》卷十三删。

字。』皆從朋。故《史篇》以爲召公名醜。」則奭、醜，❶異文也。《謚法》：「安樂撫民曰康。」太公謂吕尚也。《齊世家》：「太公望吕尚者，東海上人也。西伯出獵得之，曰：『吾太公望子久矣。』故號之曰大公望。」❷梁履繩曰：「始封之君，子孫尊爲太公。《齊世家》文王稱『吾先君大公』，《田敬仲世家》亦稱田和爲太公是也。❸望乃其名，《孟子》云『若太公望』可證。」

「曰：『五侯九伯，女實征之，【注】賈、服云：「五等諸侯，九州之伯。」《大宗伯》疏。服云：「五侯，公、侯、伯、子、男。九伯，九州之長。掌司馬職，以九伐之法征討邦國，故得征之。」《旄丘》疏。鄭玄以爲：「周之制，每州以一侯爲牧，二伯佐之，九州有九侯十八伯。大公爲東西大伯中分天下者，當各統四侯半，一侯不可分，故言五侯，其伯則各有九耳。」本疏。【疏證】杜注云：「五等諸侯，九州之伯，皆得征討其罪。齊桓因此命以夸楚。」蓋用賈、服説。本疏云：「大公爲王官之伯，❹得以王命征討天下，隨罪所在，各致其罰，故五等諸侯，九州之伯，皆得征討其罪。齊桓因大公有此王命，言己上世先公得征伐有罪，所以夸楚也。」疏所稱王官之伯亦用服注王官之長義也。王引之云：「五侯九伯其説有三：《史記・漢興以來諸侯年表》曰：『周封伯禽、康叔於魯、衛，地各四百里。太公於齊，兼五侯地。』《漢書・諸侯王表》作『太公於齊，亦五侯九伯

---

❶「醜」，原作「魄」，今據原稿改。
❷「太公望子久矣故號之曰」，原重文，今據原稿删。
❸「稱」，原脱，今據原稿補。
❹「大」，原作「文」，今據《春秋左傳正義》卷十二改。

之地』。蓋謂齊國兼五侯九伯之地，❶此一説也。《正義》曰：『鄭玄以爲周之制，每州以一侯爲牧，二伯佐之，九州有九侯十八伯。大公爲東西大伯中分天下者，當統四侯半，❷半不可分，故言五侯，其伯則各有九耳。』此一説也。《邶風·旄丘》正義引服虔注曰：『五侯，公、侯、伯、子、男。九伯，九州之長。』杜預與服同。此又一説也。案：下文『女實征之』，非謂滅其國而有之也。馬、班之説殊非傳意。鄭君之説，則《正義》以爲校數煩碎，非復人情。服、杜以五侯爲公、侯、伯、子、男，九伯爲九州之長。案《王制》曰『八州八伯』，《鄭志》答張逸問曰：『九州而八伯者何？』❸答曰：『畿内之州不置伯。』然則方伯唯八州有之，不得言九伯也。今案：侯伯謂諸侯之七命者。五等之爵，公、侯、伯、子、男。曰侯伯者，舉中而言。天下之侯不止於五，伯亦不止於九，而曰五侯九伯者，謂分居五服之侯、散列九州之伯。若《堯典》『五刑有服』，謂之五服；『五流有宅』，謂之五宅。《禹貢》九州之山川謂之九山、九川也。侯言五，伯言九，互文耳。五服，即九州也。又案：子長、孟堅言齊有五侯九伯之地者，謂侯爵之國五，伯爵之國九，而齊兼有其地耳。其説五九則非，其説侯伯則是。蓋當時説《左傳》者皆不以侯爲諸侯、伯爲方伯也。」壽曾曰：五侯九伯，師説各異。王氏所舉《漢書·諸侯王表》非全文，《表》云：「昔周監於二代，三聖制法，立爵五等，封國八百，同姓諸侯五十有餘。周公、康叔建於魯、衛，各數百里。太公於齊，亦五侯九伯之地。」臣瓚曰：「《禮記·王制》：『五國以爲屬，屬有長；二百一十國以爲州，州有伯。』」師古曰：「五侯，五等諸侯。九

❶ 「五」，原重文，今據原稿删。
❷ 「當」下，《經義述聞》卷十七有「各」字。
❸ 「者」，原脱，今據《經義述聞》卷十七補。

伯，九州之長也。」《表》稱封國八百，齊之封域侈於魯、衛，言齊得五侯、九伯之地也。觀下文述四至可明，此師説之最古者。臣瓚引《王制》以説，已非子長之意，小顏用賈服説釋之，更非矣。《史記·十二諸侯年表》齊、晉、秦、楚其在成周微甚，封或百里，或五十里，則與《漢興以來年表》魯、衛各四百里之説不相應，未可援以難此。《晉書·載記·劉曜傳》：「劉聰謂曜曰：『卿勛格天地，國兼百城，❶當世祚太師，受專征之任，五侯九伯得專征之者，卿之子孫，奈何言同諸藩國也。』」此亦以封域之廣爲言，用子長、孟堅義也。王氏申服、杜説，謂五九非定辭，深得服義。故謂征伐太侈之教。❷然推其意，以傳文有「夾輔」，則太公得征天下之半自明，與鄭説亦不甚徑庭也。疏以杜用賈、服誼，故無駁難。而駁鄭説云：「侯爲牧，伯佐之，言是周制，其事無所出也。且征者，征其所統之國，非征侯伯之身，何當校計人數，以充五九之言？即如其言，使伯佐牧，二伯共佐治而已，非是分州之半，復安得佐九伯？校數煩碎，非復人情，故先儒無同之者。」沈欽韓云：「《詩·旄丘》正義：『漢張逸受《春秋異讀》：「鄭云：五侯，侯爲州牧也。九伯，伯爲州伯也。一州一牧，二伯佐之。太公爲王官之伯，二人共分陝而治。自陝以東，當四侯半，一侯不可分，故言五侯。九伯則九人，若征五等諸侯，九州之伯，是天子何異？何夾輔之有也？」鄭説如此。《周禮》「八命作牧」，❸《曲禮下》云：「九州之長，入天子之國曰牧，於外曰侯。」是牧爲侯爵。侯

---

❶「國」，原作「地」，今據《晉書·劉曜載記》改。

❷「謂」、「教」，原脱，今據原稿補。

❸「周」上，《春秋左氏傳補注》卷三有「按」字。

改牧，❶其佐自然伯矣。』按：孔穎達本不知鄭學，此文雖引鄭説，乃有心排抑，❷文理不分明，故復録之。❸貪常嗜瑣之徒，尋杜預解，甚易闚記，宜其以鄭爲繁碎，不近俗人之情也。」沈持鄭義甚堅，然《旄丘》序云：「旄丘，責衛伯也。」箋：「衛康叔之封爵稱侯，❹今曰伯者，時爲州伯也。周之制，使伯佐牧。《春秋傳》曰五侯九伯，侯爲牧也。」❺疏引服虔注而駁之云：「司馬征伐，由王命乃行，不得云汝實征之，且夾輔者，左右之辭也。」下即引張逸云云，以排之。是《詩》疏駁賈、服説用鄭説，非排抑鄭説也。杜用賈、服説，而止斥杜，皆未審矣。鄭於注《禮》亦以侯爲牧，《大宗伯》「九命作伯」注：「上公有功德者，加命爲二伯，得征五侯九伯者。」疏：「僖四年，《左氏傳》云：『五侯九伯，汝實征之。』賈、服云：『五等諸侯，九州之伯。』若然，與天子何殊而爲夾輔乎？故鄭以爲五侯者，九州有九牧，牧即侯，但二伯不可分，故二伯皆言五侯也。言九伯者，九州有十八伯，各得九伯，故云九伯也。此二伯其有違逆者，各征半天下，故云『五侯九伯，汝實征之』。引之者，證二伯得征半天下之事也。」《太宰》疏申其義云：「周之法，使伯佐牧，即僖公四年『五侯九伯』。五侯是州牧，九伯爲牧下之伯。」誼尤明了。而《旄丘》疏又云：「亦有侯爲伯、伯爲牧者，是以《雜問志》云『五侯九伯，選州中諸侯以爲牧，以二伯爲之佐』，此正法也。若一

❶「改」，《春秋左氏傳補注》卷三作「既爲」。
❷「心」，原脱，今據原稿補。
❸「復」，原脱，今據原稿補。
❹「康」，原作「唐」，今據《毛詩正義》卷二改。
❺「侯」，原脱，今據原稿補。

州之中無賢侯，❶選伯之賢者以爲牧是也。」是州無賢侯，則以伯爲牧，可補鄭説所未及。故《王制》疏：「《左傳》云『五侯九伯』，服、杜皆以爲五等諸侯，九州之伯。《鄭志》云：『若征五等諸侯，九州之伯，何夾輔之有？太公爲王官伯，分主自陝以東，不可分爲四侯半，故稱五侯。四州有八伯，畿内有一伯，故爲九伯也。』案《鄭志》注《尚書》爲八伯，張逸問云：『九州而八伯者何？』鄭答曰：『畿内之州不置伯，皆鄉遂之吏主之。』伯即牧也。故《周禮・太宰》云：『施典於邦國，建其牧，立其監。』是畿外邦國有牧，畿内不置也。畿内既不置牧，則應無牧下之伯。而云五侯九伯，畿内有一伯，但比擬畿外應有而言之，其實無也。」彼疏亦以伯爲牧，明伯止有八，與《詩》疏引《鄭志》異，則鄭説又自不同也。《禮》疏於鄭説，亦隨文詮之。《長發》疏云：「《左傳》説太公爲王官之伯，云『五侯九伯，汝實征之』，是王官之伯，分主東西，得征其所職之方。」❷此亦用鄭説。

「『以夾輔周室！』」【疏證】杜「夾輔」無注，沈欽韓云：「《詩》正義：『夾輔者，左右之辭也。』《儀禮・既夕》注：『在左右曰夾。』❸《穆天子傳》『左右夾佩』，注：『夾佩，左右兩佩也。』此言太公、周公分陝佐治也。『夾』亦通『俠』，《檀弓上》『則與賓主夾之也』，釋文：『夾，本又作俠。』哀十三年《公羊傳》注：『滕薛俠轂而趨。』」壽曾案：沈釋「五侯九伯」用鄭説，故以夾輔爲分陝佐治。《齊世家》：「五侯九伯，若實征之，以夾輔周室。」集解云：「《左

❶「侯」，原作「伯」，今據原稿改。
❷「征」、「職」，原作「得」、「殲」，今據原稿改。
❸「左右」，原倒，今據原稿改。

傳》曰：『周公、太公，股肱周室，夾輔成王也。』」❶

「賜我先君履，東至于海，西至于河，南至于穆陵，北至于無棣。【注】服云：「是皆太公始受封土疆境所在也。」❷《齊世家》索隱。❸【疏證】杜注：「穆陵、無棣，皆齊竟也。履，所踐履之界。齊桓又因以自言其盛。」亦同服説。杜、服皆不釋海、河所在。杜《釋例》詳晉時河海經流之地，本疏不用其説。杜之此言，據其晉時之河耳。《禹貢》「又北播九河」，九河故道，徒駭最西，以次而東。《中候》云：「齊桓霸，遏八流以自廣。」計桓公之時，齊之西境當在九河之最西。徒駭蓋是齊之西界，其東至海，當盡樂安，北海之東界也。顧棟高云：「今登、萊三面距海，當其東南者，大海也。桓公時，未能有登、萊之地。故曰東至于紀酅見《齊語》。後滅萊，則東盡於海矣。」壽曾曰：「案疏謂海盡樂安，樂安今在青州府博興縣北，地正當臨淄之東。顧氏謂登、萊之地，則在齊西矣。《碩人》疏云『西至於河，是河在齊西北流也』，而未舉其地。沈欽韓云：『「西至於河」，此東伯所至之界，蓋至河陽而止。』案：河陽在今河南懷慶府孟縣西三十里，正齊之西界也。❹穆陵、無棣，服氏亦未釋。《齊世家》：『及周成王少時，管蔡作亂，淮夷畔周，乃使召康公命太公曰：『東至海，西至河，南至穆陵，北至無棣。』』索隱：

❶ 原稿眉批：查《會稽傳》。
❷ 「土」下，《史記·齊太公世家》有「地」字。
❸ 「索隱」，當作「集解」。
❹ 「西」，原作「兩」，今據原稿改。

「舊説穆陵在會稽，❶非也。按今淮南有故穆陵關，❷是楚之境。無棣在遼西孤竹，服虔以爲太公受封境界所至，不然也。蓋言其征伐所至之域也。」索隱引舊説「穆陵在會稽」，疑亦京相璠語。其云在會稽，地道太遠，亦無他文可證。沈欽韓云：「《元和志》：『穆陵山在沂州沂水縣北百九十里。』此言征五侯九伯，所至不應近在封域。黄州麻城縣有穆陵關，在州北二百里，在縣西北一百里。《一統志》：『木陵山在黄州府麻城縣西北九十里，山上有穆陵關。木，《唐書》作穆。鄂岳觀察使李道古討蔡州吴元濟，引兵出穆陵關。』是也。太公所履，當在此。復西則陝右所主，❸猶唐以襄漢爲山南道矣。于欽《齊乘》以益都臨朐縣東南一百里大峴山爲穆陵關。顧棟高襲其説，是讀經傳而不明其文句者也。《通典》：『滄州鹽山縣，春秋無棣邑。』《水經注》：『清河又東北至無棣溝出，東逕南皮縣故城南，逕樂陵城西，東北逕鹽山入海。蓋四履之所也。京相璠云：「舊説無棣在遼西孤竹縣。」然管仲以責楚，無棣在此，方之爲近。』按：陝東之伯，盡主東北境諸侯，非謂齊分封之地也。在遼西者，得之。」按沈説是也。胡渭《禹貢錐指》亦謂穆陵在麻城。❹高士奇、江永釋「無棣」，皆用《水經注》説。梁履繩云：「無棣溝所逕郡縣非一，豈可盡指爲春秋之無棣？蓋後世取無棣以名水，宜酈氏之傳疑也。」孤竹，今屬直隸永平府。《齊世家》：「昔召康公命我先君太公曰：『五侯九伯，女實征之，以夾輔周室。』賜我先君履，東至於海，西至於河，南至於穆陵，北

---

❶「陵」，原作「然」，今據原稿改。

❷「關」，《史記·齊太公世家》作「門」。

❸「西」下，《春秋左氏傳地名補注》卷三有「南」字。

❹「禹貢」，原重文，今據原稿删。

至於無棣。」與《左傳》同。

「爾貢包茅不入，王祭不共，無以縮酒，寡人是徵。【注】賈云：「包茅，菁茅包匭之也，以供祭祀。」《齊世家》集解。【疏證】《校勘記》云：「《詩・伐木》正義、《後漢書》公孫瓚傳注、李善注《藉田賦》《册魏公九錫文》並作『苞茅不入』。《文選・六代論》作『苞茅不貢』。❶高誘注《淮南子》同。茅作茆。按：作『苞』是也。《史記・樂書》『苞之以虎皮』，字從艸。自石經始去艸頭，後人往往仍之。」壽曾按：杜注：「包，裹束也。」則杜所見本，苞已不從艸矣。釋文云：「苞，或作包。」則唐本仍未誤。杜注：「茅，菁茅也。」用賈説。《尚書》「包匭菁茅」，某氏傳謂：「菁以爲菹，茅以縮酒。」訓爲二物。❷《禹本紀》引鄭注：「菁茅，❸毛有刺者。匭，纏結也。給宗廟縮酒。重之，故包裹又纏結也。」則鄭以菁茅爲一物，與賈同。段玉裁云：「古音簋、軌，❹皆讀如九。匭，❺从匚軌聲，古文簋字。簋，黍稷方器也，故從匚。鄭君於其同音得其義也。」李貽德云：「賈云『包匭之』者，亦言包之而又匭之也。」杜謂：「茅之爲異，未審。」《釋例》謂：「辰州盧溪縣南有苞茅山。《武陵記》云：『山際出茅，有刺三脊。』」按《管子・輕重》篇：「江淮之間，一茆三脊，名曰菁茅。」《封禪書》同，則菁茅，三脊茅也。杜謂出盧溪，今

---

❶「代」，原脱，今據原稿補。

❷「二」，原重文，今據原稿删。

❸「菁茅毛有刺者」，《尚書正義》卷六作「茅有毛刺曰菁茅」。

❹「軌」，原脱，今據原稿補。

❺「匭」，原作「軌」，今據《古文尚書撰異》卷三改。

湖南辰州府有瀘溪縣，而《水經注》引《晉書・地道志》曰：「泉陵縣有香茅，氣甚芬香，言貢之以縮酒。」《太平御覽・百卉部》引盛弘之《荆州記》曰：「零陵郡有香茅，桓公所以責楚。」宋朱輔《溪蠻叢笑》云：❶「麻陽苞茅山，茅生三脊。孟康曰零茅，楊雄曰璚茅，皆三脊也。齊桓責楚苞茅不入，即此。」《晉書・地理志》泉陵屬零陵郡。❷零陵，今屬永州府；麻陽，今屬沅州府，則沅、永之間，亦有菁茅矣。《説文》：「莤，禮祭，束茅加于裸圭，而灌鬯酒，是爲莤，象神歆之也。《春秋傳》曰：『爾貢包茅不入，王祭不共，無以莤酒。』」是《左氏》古文作「莤」也。《甸師》「祭祀共蕭茅」，注：「鄭大夫云：『蕭字或爲莤，莤讀爲縮。束茅立之祭前，沃酒其上，酒滲下去，若神飲之，故謂之縮。縮，滲也。故齊桓公責楚不貢苞茅，王祭不共，無以縮酒。』玄謂茅以共祭之苴，亦以縮酒，苴以藉祭。❸縮酒，泲酒也。醴齊縮酌。」文淇案：鄭興傳《左氏》學，許君受學於賈逵。《説文》所説，必賈氏亦用鄭大夫義也。杜預云：「束茅而灌之以酒爲縮酒。」亦同鄭大夫説。《郊特牲》「縮酌用茅，明酌也」，注：「謂泲醴齊，以明酌也。《周禮》曰：『醴齊縮酌』，五齊醴尤濁，和之明酌。泲之茅，縮去滓也。《春秋傳》曰：『爾貢包茅不入，王祭不共，無以縮酒。』酌猶斟也。酒已泲，則斟之以實尊彝。」❹鄭玄以縮酒爲泲酒，與鄭大夫義異。《齊世家》：「楚貢包茅不入，王祭不具，是以來責。」《韓非子・外儲説》云：「是時，楚之菁茅不貢於天子三年矣。」《後漢書・公孫瓚

---

❶「朱」，原脱，今據原稿補。
❷「陵」，原爲空格，今據原稿補。
❸「藉」，原爲空格，今據原稿補。
❹「實」，原爲空格，今據《禮記正義》卷二十六補。

傳》：「晉文爲踐土之會，伐荆楚以致菁茅。」❶則以事屬晉文，與傳乖異，然皆以此役爲責包茅。《後漢書・孔融傳》：「是時，荆州牧劉表不共職貢，多行僭僞，遂乃郊祀天地，擬斥乘輿。詔書班下其事。❷融上書曰：『愚謂雖有重戾，必宜隱惡。❸是以齊兵次楚，唯責包茅。王師敗績，不書晉人。』」融以齊不責楚之僭王號爲隱惡，乃《左氏》古誼。

「昭王南征而不復，寡人是問。」【注】服云：「周昭王南巡狩，涉漢，未濟，船解而溺昭王。王室諱之，不以赴，諸侯不知，❹故桓以爲辭責問楚也。」《齊世家》集解。舊説皆言漢濱之人以膠膠船，故得水而壞，昭王溺焉。本疏。【疏證】惠棟云：「唐石經云：『昭王南征，没而不復。』碑『没』字後增，或據古本益之。高誘《吕覽注》引此傳，與石經同。」《漢書・賈捐之傳》：「捐之，賈誼之曾孫。其《罷珠厓對》曰：『及其衰也，南征不還。』」師古曰：「謂昭王爲楚所溺也。」賈誼傳《左氏》學，捐之引傳無「没」字。《齊世家》：「昭王南征不復，是以來問。」亦無「没」字。杜注：「昭王，成王之孫，南巡守，涉漢，船壞而溺。周人諱而不赴，諸侯不知其故，故問之。」全襲服注。顧炎武改杜説，謂：「齊侯以爲楚罪而問之。」非也。《周本紀》：「昭王之時，王道微缺。昭王南巡守不返，卒於江上。其卒不赴告，諱之也。」服注蓋本之，惟江、漢文異。《穀梁傳》云：「我將問諸江。」彼疏

❶「伐」，原脱，今據原稿補。
❷「事」，原作「書」，今據原稿改。
❸「惡」，《後漢書・孔融傳》作「忍」。
❹「知」下，《史記・齊太公世家》有「其故」二字。

云：「江、漢，水之相近者。」然《左氏》古誼不言涉江，則史公之駁文也。《竹書紀年》：「昭王十九年，祭公、辛伯從王伐楚，天大曀，雉兔皆震，喪六師于漢。王陟。」不言王溺于水。《吕氏春秋・音初》篇：「周昭王親將征荆，辛餘靡長且多力，爲王右。還反涉漢，梁敗，王及蔡公抎于漢中。❶辛餘靡振工北濟，❷又反振蔡公。」❸高誘注引此傳爲證。本疏云：「由此言之，昭王爲没於漢，辛餘靡焉得振王北濟也？振王爲虚。」沈欽韓云：「振者，蓋出其屍也。」本疏引膠舟之説，疑亦舊注，《穀梁》疏引同。本疏謂「不知本出何書」。按《周本紀》正義引《帝王世紀》云：「昭王德衰，南征，濟于漢。船人惡之，以膠船進王。王御船，至中流，膠液船解，王及祭公俱没於水中而崩。其右辛游靡長臂且多力，游振得王，周人諱之。」皇甫謐語當本於古傳記。服注言船解，亦用膠舟説也。與《吕覽》梁壞説異。梁履繩云：「《水經・沔水注》云：『昔周昭王南征，船人膠舟以進之。昭王渡沔，中流而没。』檢諸書，皆言涉漢。又注引如淳曰：『北方人謂漢水爲沔水。』故孔安國云：『漾水東流爲沔。』蓋與沔合也。至漢中爲漢水，是互相通稱。然據沔水所經，❹佐喪、大斂口、死沔諸地，❺并以昭王得名，其爲沔溺無疑。杜氏云溺漢，特

---

❶「抎」，原殘，今據原稿補。
❷「辛」上，原衍「漢」字，今據原稿删。
❸「蔡」，原作「祭」，今據《吕氏春秋》卷六改。
❹「經」，原作「注」，今據《左通補釋》卷五改。
❺「口」，原爲空格，今據原稿補。

依舊説爾。」❶壽曾按：如淳及某氏傳説沔、漢通稱甚明，梁説泥矣。

對曰：「貢之不入，寡君之罪也，敢不共給。昭王之不復，君其問諸水濱！」【疏證】「敢不共給」，《呂覽》注引作「敢不共乎」。《齊世家》：「楚王曰：『貢之不入，有之，寡人罪也，敢不共乎！昭王之出不復，君其問之水濱。』」以此對爲楚王之辭。《説文》：「瀕，水厓。人所賓附，❷頻蹙不前而止。從頁從涉。」徐鉉曰：「今俗作水濱，❸非是。」是傳字當作「瀕」也。杜注：「昭王時，漢非楚境，故不受罪。」疏云：「《楚世家》：『成王封熊繹於楚，以子男之田，國居丹陽。』宋仲子云：丹陽，南郡枝江縣也。枝江去漢，其路甚遥。昭王時漢非楚境，故不受罪也。」焦循云：「《漢書・地理志》『丹陽郡丹陽縣』，注云：『楚之先熊繹所封。』然則《楚世家》『成王封熊繹於楚，國居丹陽』，在丹陽郡之丹陽縣。此《正義》引宋仲子以丹陽在南郡枝江縣，與班氏異。杜佑《通典》又謂在巴東郡秭歸，皆非也。班《志》叙楚地云：『周成王時封熊繹於荆蠻，爲楚子，居丹陽。』而南郡枝江則注云：『故羅國。』秭歸則注云：『歸鄉，故歸國。』羅國在桓十三年尚能諜楚師而敗若敖，❹若爲楚初封之國，何以地没於羅？歸即夔。《史記》集解引服虔云：『夔，楚熊渠之孫熊摯之後。』《鄭語》孔晁注云：『熊摯自棄於夔，王命爲夔子。』是時

❶「舊」，原爲空格，今據原稿補。
❷「賓」，原爲空格，今據原稿補。
❸「濱」，《説文解字》卷十一下作「賓」。
❹「諜」，原作「謀」，今據原稿改。

楚都正在丹陽，若秭歸即是楚都，摯何竄于此，且國於此耶？丹陽，今寧國。」❶

師進，次于陘。【疏證】杜注：「楚不服罪，故復進師。」不釋陘之所在。《楚世家》：「齊桓公以兵侵楚，至陘山。」《蘇秦列傳》説楚曰「北有陘塞」，徐廣曰：「《春秋》曰『遂伐楚，次于陘』。楚威王十一年，魏攻楚陘山。」案：文十六年傳：「先君蚡冒所以服陘隰也。」顧棟高云：「陘山在今河南許州府郾城縣南，又新鄭亦有陘山，在縣南三十里。蓋陘塞縣亘甚遠。」

楚子使屈完如師。❷【疏證】《齊世家》：「楚王使屈完將兵扞齊。」《楚世家》正義：「屈完，楚族也。」

師退，次于召陵。【疏證】《齊世家》：「師退，次召陵。」《水經·潁水》注：「東南逕召陵縣故城南。闞駰曰：『召者，高也。其地丘墟，井深數丈，故以名焉。』」閻若璩《四書釋地》又續云：「召陵故城在今開封郾城縣東四十五里。」梁履繩云：「郾城，今改屬許州。」

齊侯陳諸侯之師，與屈完乘而觀之。【疏證】杜注：「乘，共載。」《齊世家》：「桓公矜屈完以其衆。」

齊侯曰：「豈不穀是爲？先君之好是繼。與不穀同好，如何？」【疏證】杜注：「孤、寡、不穀，諸侯謙稱。」疏云：「《老子》曰：『孤、寡、不穀，王侯之謙稱也。』《曲禮》云：『諸侯與民言，自稱寡人；庶方小侯自稱曰孤；其在四夷，雖大曰子；於内，自稱不穀。』《禮記》雖爲定例，事在臨時所稱。此齊侯自稱不穀，襄王出奔亦稱

---

❶ 原稿眉批：查前楚都。昭□沈尹戌曰：「若敖、蚡冒至於武文，土不過同，猶不城郢。」則不始於武。《史記》文王都郢，《世本》、孔疏武王。

❷ 「楚」上，《春秋左傳正義》卷十二有「夏」字。

不穀，皆出當時之意耳。《爾雅》訓『穀』爲『善』。穀是養人之物，言我不似穀之養人，是謙也。」壽曾曰：《曲禮》疏云：「二伯稱『天子之老』，自敵以下曰寡人，僖四年齊桓公對楚屈完稱不穀者，❶謙也。」此是《左氏》古誼，杜注用之。

對曰：「君惠徼福於敝邑之社稷，辱收寡君，寡君之願也。」齊侯曰：「以此衆戰，誰能禦之？以此攻城，何城不克？」【疏證】沈欽韓云：「徼，當作『儌』。毛居正《六經正誤》：❷『儌幸之儌，二堯反，❸從人。巡徼之徼，居嘯反，从彳。彳音斥。傳誤已久，不敢改也。』」

對曰：「君若以德綏諸侯，誰敢不服？君若以力，楚國方城以爲城，漢水以爲池。【注】服云：「方城山在漢南。」《齊世家》集解。又云：「方城，山也。漢，水名。皆是楚之隘塞耳。」《殷武》疏。【疏證】《釋文》：「『漢以爲池』，本或作『漢水以爲池』，『水』衍字。」臧琳云：「方城，❹山名。漢，水名。傳文漢不云『水』，猶之方城不言『山』也。」案：服注「漢，水名」，則傳無「水」字審矣。《淮南子·墬形訓》：「何謂九塞？太汾、澠阨、荊阮、方城、殽阪、井陘、令疵、句注、居庸。」注：「荊阮、方城，皆在楚。」《兵略訓》「緜以方城」，注：「緜，落也。方城，楚北塞也，在南陽葉。」不言在葉縣南北。《齊世家》集解：「韋昭曰：『方城，楚北之阨塞。』杜預曰

---

❶「齊桓公」，原重文，今據原稿删。
❷「正」，原爲空格，今據《春秋左氏傳補注》卷三補。
❸「二」，《六經正誤》卷六作「工」。
❹「方」上，原衍「云」字，今據原稿删。

『方城山在南陽葉縣南』是也。」索隱曰：「按：《地理志》葉縣南有長城，號曰方城，則杜預、韋昭説爲得矣。而服氏云在漢南，未知有何憑據。」按：韋昭但云楚北之阨塞，與《淮南》注同，與杜注不同。索隱合爲一説，非也。❶服以方城在漢南，索隱疑之者，蓋以杜注謂在葉縣南耳。《水經·潕水》篇注：「水出黄城山，東北逕方城。《郡國志》『葉縣有方城』，郭仲産曰：『苦菜、于東之間有小城，❷名方城，尋此城致號之由，當因山以表名也。』苦菜即黄城也，❸及于東，❹通爲方城矣。世謂之方城山。❺盛弘之云：『葉東界有故城，始犨縣東，❻至瀙水，達泚陽界，南北聯聯數百里，❼號爲方城，一謂之長城。云酈縣有故城一面，❽未詳里數，號爲長城，即此城之西隅，其間相去有六百里，若南北雖無基築，皆連山相接，而漢水流其南，故屈完答齊桓公云：「楚國，方城以爲城，漢水以爲池。」』」與服注漢南之説合。方城在葉縣之東，非縣南也。洪亮吉云「杜注方城取服説」，非。又云：「《水經注》：『汝水又東得澧水。澧水又屈而東南，流逕葉縣故城北，《春秋》昭公十五年許遷於葉是也。楚盛周衰，控霸南

❶ 原稿眉批：姚鼐説不采。
❷ 「菜」，原作「萊」，今據《水經注箋》卷三十一改。
❸ 「菜」，原作「萊」，今據原稿改。
❹ 「東通」，原倒，今據原稿改。
❺ 「山」下，《水經注箋》卷三十一有「水」字。
❻ 「犨」，原爲空格，今據原稿補。
❼ 「聯聯」，原爲一空格，今據原稿補。
❽ 「酈」，原爲空格，今據原稿補。

土，欲争强中國，多築列城於北方，以逼華夏，故號此城爲萬城，❶或作「万」字。唐勒《奏土論》曰：❷我是楚也，世霸南土，自越以至葉，垂境萬里，故號曰萬城也。』按：此則『方城』當作『萬城』；或作『万』，以字近又訛作『方』矣。臧琳《經義雜記》亦云：『萬城與《傳》大城之説合。』」沈欽韓云：「此言因山爲城。《水經注》作『萬城』，非也。『方』與『万』相似而誤。《元和志》：『方城山在唐州方城縣東北五十里。』方城縣，今南陽裕州治。」按：沈説是也。《地理志》：「隴西郡氐道，《禹貢》養水所出，東至武都爲漢。」《水經》：「沔水出武都沮縣，至江夏沙羨縣入江。」杜注亦云：「漢水出武都，至江夏南入江。」用《水經》説。今漢水在湖廣境者，由鄖陽南歷均州光化之北、穀城之東，又東至襄陽，北折而東南，經宜城之東，又南經安陸之西、荆門之東，從東南出經潛江之北、景陵之北。❸又東歷沔陽之北、漢川之南，至漢陽府城東北大別山下，合於大江。屈完以方城、漢水連言，則漢水當指今漢陽也。《殷武》「罙入其阻」，箋：「冒入其險阻，謂踰方城之隘。」注即引服注以證之。❹《齊世家》：「屈完曰：『君以道則可；若不，則楚方城以爲城，江、漢以爲溝，君安能進乎？』」

「雖衆，無所用之。」屈完及諸侯盟。【疏證】《齊世家》：「乃與屈完盟而去。」

陳轅濤塗謂鄭申侯曰：「師出於陳、鄭之閒，國必甚病。【疏證】杜注：「申侯，鄭大夫。」《江漢》「匪

❶「爲」，原作「於」，今據《春秋左傳詁》卷七改。
❷「論」，原漫漶不清，今據原稿補。
❸「經」，原作「諸」，今據原稿改。
❹原稿眉批：隘、塞，詁。

疢匪棘」，箋云：「疢，病也。齊桓公經陳、鄭之間及伐北戎，則違此言者。」疏：「經陳、鄭之間，取《左氏》説，是病害之。濤塗以齊侯所經之處多有徵發，陳、鄭二國當其軍道，去既過之，來又過之，則民將困病，故欲詐之使出於東方。❶是齊桓之兵病害人也。」如彼疏，則傳稱「甚病」，猶甚困也。

「若出於東方，觀兵於東夷，循海而歸，其可也。」【疏證】《周語》「先王耀德不觀兵」，注：「觀，示也。不示兵者，有大罪惡然後致誅，不以小小而示威武。」杜注：「東夷，郯、莒、徐夷也。觀兵，示威。」亦以觀爲示。沈欽韓云：「按：其道當沿淮而下，由光州、六安州東至鳳陽府泗州、海州，入山東沂州府而至國也。大迂曲矣。」

申侯曰：「善。」濤塗以告齊侯，許之。

申侯見曰：「師老矣，若出於東方而遇敵，懼不可用也。若出於陳、鄭之閒，共其資糧屝屨，其可也。」【疏證】資，杜無注。僖三十三年傳「惟是脯資餼牽竭矣」，❷彼注云：「資，糧也。」傳稱資糧，猶糇糧矣。本疏引《少儀》「致馬資於有司」，謂「諸所費用之物皆爲資」，非。《廩人》「則治其糧與其食」，注：「行道曰糧，謂糒也。」《公劉》「乃裹糇糧」，釋文：「糧，糇也。」《方言》：「屝，麤履也。」杜注變「麤」言「草」。《廣雅·釋器》：「屝、屨，履也。」王念孫云：「《釋名》：『齊謂草履曰屝。』僖四年《左傳》『共其資糧屝屨』，杜注：『屝，草屨也。』❸《喪服傳》：『菅屨者，菅菲也。』『菲』與『屝』通。」則杜注當云：「屝屨，草屨。」疏云：「絲作之曰履，麻作之爲屝。」孫緬引

---

❶「詐」，原作「作」，今據原稿改。

❷「餼牽」，原倒，今據原稿改。

❸原稿眉批：顧引《釋名》「草」作「韋」，查。

《字書》曰：「草曰扉，麻曰屨。」皆分扉、屨爲二。

齊侯悦，與之虎牢。❶

執轅濤塗。

秋，伐陳，討不忠也。【疏證】《齊世家》：「過陳，陳袁濤塗詐齊，令出東方，覺。秋，齊伐陳。」《陳世家》：「齊桓公侵楚，還過陳。陳大夫轅濤塗惡其過陳，詐齊令出東道。東道惡，❷桓公怒，執陳轅濤塗。」

許穆公卒于師，葬之以侯，禮也。【疏證】杜注：「男而以侯禮，加一等。」

凡諸侯薨于朝、會，加一等。【疏證】《曲禮》「天子無事與諸侯相見曰朝」，❸注：「事謂征伐。」杜注：「諸侯命有三等：公爲上等，侯、伯爲中等，子、男爲下等。」此注及前「葬之以侯」注，《御覽》皆引之，證以「死王事」條，蓋皆舊注，杜注用之。《舜典》「玉帛」疏：「《掌客》、《行人》自是周法，此及《王制》先代之禮。必知然者，以《周禮》侯與伯同，《公羊》及《左氏傳》皆以公爲上，伯、子、男爲下，是其異也。」如《書》疏，則公一等，侯一等，伯一等，子、男一等。按：《白虎通·爵》篇：「殷爵三等，謂公、侯、伯也。所以合子、男從伯者何？王者受命，改文從質，無虛退人之義，故上就伯也。」❹則合伯於子、男，乃《公羊》説，非《左氏》説。

---

❶ 原稿眉批：虎牢已見。

❷ 「東道」，原脱，今據原稿補。

❸ 「曲禮」，當作「王制」。

❹ 「就」，原爲空格，今據原稿補。

死王事，加二等。【注】舊注：「死王事，謂朝天子以命用師。」《御覽》五百五十三引。【疏證】此諸侯薨於朝、會王事例也。疏引沈氏云：「朝、會亦王事，而别言死王事者，謂因王事或戰陳而死，故别其文也。」此舊疏釋傳語。杜云：「謂以死勤王事。」視舊注爲略。舊注，洪亮吉、嚴蔚、惠棟、李貽德皆引爲賈注，蓋以《御覽》此條前一則「改葬惠公」引賈注，此蒙上文，故亦以爲賈注也。《大宗伯》「時見曰會」，注：「時見者，言無常期，諸侯有不順服者，王將有征討之事。」則既朝覲，王爲壇于國外，合諸侯而命事焉。」命事，即舊注之「命用師」也。

於是有以衮斂。【注】賈云：衮斂，上公九命服衮也。《御覽》五百五十三引。【疏證】杜注：「衮衣，公服也，謂加二等。」用賈義而不稱上公服，❶非也。《釋文》：「衮冕，上公服。」亦本賈注。《王制》「三公一命卷，若有加則賜也」，注：「卷，俗讀也，其通則曰衮。三公八命矣，復加一命，則服龍衮。《周禮》曰：『諸公之服，自衮冕而下，則如王之服。』」疏：「三公八命，身著鷩冕，若加一命，則爲上公，而著衮冕。公之衮冕章數與王同，其就數則異。故鄭注《覲禮》云『上公衮無升龍』，其旒則九，不十二也。」《説文》：「衮，幅一龍，蟠阿上鄉。」謂之升龍，惟天子有之。《覲禮》疏、《白虎通》引傳「天子升龍，諸侯降龍」，則上公之衮止有降龍也。許穆公男爵，葬以侯禮，則不得用衮斂，此傳例通説禮制。

冬，叔孫戴伯帥師，會諸侯之師侵陳。陳成，歸轅濤塗。【疏證】《謚法》：「愛民好治曰戴，典禮不寒曰戴。」杜注：「陳服罪，故歸其大夫。」

---

❶「上」，原作「工」，今據原稿改。

初，晉獻公欲以驪姬爲夫人，卜之，不吉，筮之，吉。【疏證】本疏：「《曲禮》『卜筮不相襲』，注：『卜不吉，則又筮，筮不吉，則又卜，是瀆龜筴也。晉獻公卜取驪姬，不吉，公曰「筮之」是也。』《筮人》『凡國之大事，先筮而後卜』，注：『當用卜者先筮之，即事漸也。於筮之凶，則止不卜。』而傳稱桓公卜季友、晉獻公卜驪姬、晉文公卜納王、趙鞅卜救鄭，❶皆先卜而後筮者，《周禮》言其正法耳。❷春秋之世，臨時請問者，或卜或筮，出自當時之心，不必皆先筮後卜。」

公曰：「從筮。」卜人曰：「筮短龜長，不如從長。【注】馬融云：「筮史短，龜史長。」《占人》疏。

【疏證】《曲禮》「卜筮不相襲」，疏：「時晉獻公卜取女驪姬，不吉，更欲筮之，故太史史蘇欲止公之意，托言筮短龜長耳，實無優劣也。若杜預、鄭玄因筮短龜長之言，以爲實有長短。」傳稱卜人，彼疏言大史史蘇，當出舊説。鄭君説見《占人》注。《占人》「掌占龜」，注：「占人亦占筮，言掌占龜者，筮短龜長，主於長者。」疏：「龜長者，以其龜知一二三四五天地之生數，知本。《易》知七八九六之成數，知末。是以僖十五年韓簡云：『龜，象也。筮，數也。❸物生而後有象，象而後有滋，滋而後有數。』故象長。如《易》，歷三聖而成，窮理盡性，云短者，以其《易》雖窮理盡性，仍六經並列。龜之繇辭，譬若讖緯，圖書不見，不可測量，故爲長短。馬融云『筮史短，龜史長』者，非鄭義也。」按：杜注此傳即引韓簡語，申之云：「龜象筮數，故象長筮短。」《曲禮》疏釋杜義云：「象所以長者，以物

❶「友」，原作「及」，今據原稿改。
❷「周」，原重文，今據原稿删。
❸「也」，原脱，今據原稿補。

初生則有象，去初既近，且包羅萬形，故爲長。數短者，數是終末，去初既遠，推尋事數，始能求象，故以爲短也。」其釋長短不若《占人》之精。《月令》「命太史釁龜筴占兆，審卦吉凶」，注：「審，省録之，而不釁筮，筮短，賤于兆也。」亦與《占人》注同説。《管子·中匡》篇：❶「守龜不兆，握粟而筮者屢中。」注：「長者不告，而短者告，是德之不至。傳曰『龜長筮短』。」注引傳，即此傳文。「獻公卜取驪姬，不吉，筮之吉」，即彼注所稱「長者不告而短者告」矣。馬融謂筮史、龜史，則以彼時主龜筮之人言，容亦古義。鄭氏注禮不用師説，當以龜筮之人傳所不具也。疏既主杜説，而云：「聖人演筮以爲《易》，❷所知豈短於卜？卜人欲令公舍筮從卜，故云『筮短』，❸非是龜能實長。杜欲成『筮短龜長』之意，故引傳文以證之。若至理而言，卜、筮實無長短。」其誤會傳意，與《曲禮》疏同。

「且其繇曰：『專之渝，攘公之羭。【疏證】《説文》：❹「渝，變也。攘，除也。」杜注用之。又云：「羭，美也。言變乃除公之美。」沈欽韓云：「《釋畜》：『夏羊牡，羭。』《列子·天瑞》篇『老羭之爲猨也』，張湛注：『羭，牡羊也。』玩繇意，言專聽生奸，其變乃至攘主人之羊。杜謂變乃攘公之美，不辭甚矣。」《爾雅》疏引《歸藏齊母經》曰：「瞿有，觚宵梁爲酒，❺尊于兩壺。兩羭飲之，三日然後蘇。士有澤，我取其魚。」古今書從無以羭爲美者。

---

❶「中」，當作「小」。
❷「演」，原爲空格，今據原稿補。
❸「短」下，《春秋左傳正義》卷十二有「龜長」二字。
❹「説」，當作「釋」。
❺「粱」，原爲空格，今據原稿補。

按：沈説是也。杜以揄爲美者，疏謂美、善之字皆從羊。焦循謂：「《淮陰侯傳》『褕衣』，索隱『褕』訓『美』。《説文》『瑜』訓『美玉』，從俞之字有美意，不必因羊。」皆非傳義。

「『一薰一蕕，十年尚猶有臭。』【疏證】《校勘記》云：「按：鄭注《内則》作『一薰一莤』，字雖别而音義並同。」杜注：「薰，香草。蕕，臭草。十年有臭，言善易消，❶惡難除。」《内則》「牛夜鳴則莤」，鄭注：「莤，惡臭也。《春秋傳》曰『一薰一蕕，十年尚猶有臭』。」疏：「僖四年《左傳》文，論晉獻公卜娶驪姬，其繇曰：『一薰一蕕，十年尚猶有臭。』薰謂香草，蕕謂臭草。薰、蕕一時相和，十年臭氣猶在，言善易銷，惡難除也。蕕比於驪姬之惡也。」彼疏不引杜注而義同，當是舊説。《廣雅·釋草》：「薰草，蕙草也。」王引之云：「僖四年《左傳》『一薰一蕕』，杜注：『薰，香草。』《西山經》云：『浮山有草焉，名曰薰草，❷麻葉而方莖，赤華而黑實，臭如蘼蕪，佩之可以已癘。』古者祭則煮之以祼。《周官·鬱人》疏引《王度記》云『天子以鬯，諸侯以薰，大夫以蘭芷』是也。或以爲香燒之。」是薰爲蕙草，可佩可煮。其或爲香燒之者，洪亮吉云：「《漢書·龔勝傳》『薰以香自燒』是矣。」按《御覽》引蘇子「薰以香自燒，❸不能去其香」，香草用薰，有定稱，蕕則爲臭草，非一草也。《周禮》鄭注亦云：「蕕，惡臭也。」與《禮記》注同。本疏：「《月令》五時各言其臭，中央土云『其臭香』，《易·繫辭》云『其臭如蘭』，則臭是氣之總名，元非善惡之稱。但既謂善氣爲香，故專以惡氣爲臭耳。『尚猶有臭』，『猶』則尚之義，重言之耳，猶《尚書》『弗遑暇

❶「易」，原脱，今據原稿補。

❷「名曰」至「古者」二十六字，原脱，今據原稿補。

❸「蘇」，原爲空格，今據原稿補。「香」，《太平御覽》卷九百八十三作「芳」。

食』，『遑』則『暇』也。」

「必不可！」弗聽，立之。生奚齊，其娣生卓子。及將立奚齊，既與中大夫成謀，姬謂太子曰：「君夢齊姜，必速祭之！」【疏證】《韓非·外儲》：「中大夫，晉重列也。」又云：「晉國之法，上大夫二輿二乘，中大夫二輿一乘，下大夫專乘。」《晉世家》：「獻公十二年，驪姬生奚齊。獻公有意廢太子。太子申生，其母齊桓公女也，曰齊姜，早死。十九年，獻公私謂驪姬曰：『吾欲廢太子，以奚齊代之。』驪姬泣曰：『太子之立，諸侯皆已知之，而數將兵，百姓附之，奈何以賤妾之故廢適立庶？君必行之，妾自殺也。』二十一年，驪姬謂太子曰：『君夢見齊姜，太子速祭曲沃，歸釐於君。』」《吕覽·上德》篇：「麗姬謂太子曰：『往昔君夢見齊姜氏。』」注：「姜氏，申生母也。」杜注：「齊姜，太子母。」與《吕覽》注同。《晉世家》又云：「二十五年，驪姬弟生悼子。」與傳乖異。

太子祭于曲沃，【注】服云：「齊姜廟所在。」《晉世家》集解。【疏證】杜無注。《晉語》「夫曲沃，君之宗也」，注：「宗，本宗也。曲沃，桓叔之封，先公宗廟在焉。」李貽德云：「《釋例》：『内夫人卒哭而祔於祖姑。』故齊姜之廟在曲沃。」按：如《釋例》説，則齊姜當祔莊伯廟也，今無文考之。《晉世家》：「太子於是祭其母齊姜於曲沃。」

歸胙於公。【疏證】洪亮吉云：「韋昭《國語》注：『胙，祭肉也。』按：胙止可訓肉。杜注云：『胙，祭之酒肉。』則于訓詁不通矣。下八年『賜齊侯胙』，即云『祭肉』，與韋注同。」按：洪説是也。下文「毒而獻之」杜注亦以爲毒酒，傳不言酒也。《祭僕》「凡祭祀致福者，展而受之」，注：「臣有祭事，必致祭肉于君，所謂歸胙也。」疏：「按：《左氏》麗姬欲譖申生，曰齊姜欲食，使太子祭，祭訖，歸胙於公。是有歸胙之事也。」《晉世家》：「上其薦胙于獻公。」

公田，姬寘諸宫六日，公至，毒而獻之。【疏證】《吕覽》「太子祠而膳于公，麗姬易之」，注：「膳，胙之也。易，猶毒也。」《晉世家》：「獻公時出獵，置胙於宫中。驪姬使人置毒藥胙中。居二日，獻公從獵來還，宰人上胙獻公。」索隱云：「《左傳》云『六日』，❶不同。」按史遷依傳述《世家》，❷此文字小殊。杜注謂：「毒酒經宿輒敗，而經六日，明公之惑。」案：《晉語》：「公田，驪姬受胙，乃置酖於酒，寘堇於肉。」此《外傳》異説，杜依以釋傳，非也。沈欽韓云：「獻公至之日，姬加毒而進之，於事爲合。」

公祭之地，地墳。【疏證】《吕覽》：「公將嘗膳，姬曰：『所由遠，請使人嘗之。』」注：「太子自曲沃歸膳，故曰『所由遠』。姬施酖於酒，寘毒於肉，故先使人嘗之。」《晉語》：「公至，召申生獻，公祭地，地墳。申生恐而出。」與傳文皆小異。《晉世家》云：「獻公欲饗之，驪姬從旁止之，曰：『胙所從來遠，❸宜試之。』祭地，地墳。」集解引韋昭曰：「將飲先祭，示有先也。墳，起也。」則祭地爲祭始爲飲食之人，❹杜無注，韋注當是舊説。

與犬，犬斃。【疏證】《晉世家》「斃」作「死」。《晉語》：「驪姬與犬肉，犬斃。」韋注：「斃，死也。」《説文》：

---

❶「六」，原作「二」，今據《史記·晉世家》改。

❷「傳述」，原爲空格，今據原稿補。

❸「來」上，原衍「从」字，今據原稿删。

❹原稿眉批：「祭始爲飲食之人」，查證。

「獘，頓仆也。《春秋傳》曰『與犬，犬獘』，❶從犬敝聲，❷或作斃。」是賈氏本作「犬獘」，❸此從「斃」當是唐本所改。《五經文字》注云：「『獘』字見《春秋傳》，又作『斃』。」可證。

與小臣，小臣亦斃。【疏證】「斃」當作「獘」。《晉世家》：「與小臣，小臣死。」「小臣」，杜無注。《晉語》：「飲小臣酒」，注：「小臣，官名，掌陰事陰命，閹士也。」按：《内小臣》：「奄上士四人。」鄭注《燕禮》：「内小臣，奄人，掌君陰事陰令，后夫人之官也。」疏云：「彼后之官，兼云『夫人』者，欲見諸侯夫人内小臣，亦與后之内小臣職同。」是韋注本鄭《禮》注説也，「陰命」當作「陰令」，❹字之譌。

姬泣曰：「賊由太子。」太子奔新城。【疏證】《晉世家》：「驪姬泣曰：『太子何忍也！ 其父而欲弑代之，况他人乎？ 且君老矣，旦暮之人，曾不能待而欲弑之！』謂獻公曰：『太子所以然者，不過以妾及奚齊之故。妾願子母辟之他國，若早自殺，毋徒使母子爲太子所魚肉也。 始君欲廢之，妾猶恨之。 至於今，妾殊自失於此。』太子聞之，奔新城。」《晉語》「申生奔新城」，韋注：「新城，曲沃也，新爲太子城之。」杜注亦云：「新城，曲沃。」《彙纂》：「新城，今平陽府聞喜縣。」

公殺其傅杜原款。或謂太子：「子辭，君必辨焉。」【疏證】杜無注。《晉語》：「公命殺杜原款。」《晉世

---

❶「獘」，原作「斃」，今據《説文解字》卷十上改。
❷「犬敝」，原作「斃」，今據《説文解字》卷十上改。
❸「獘」，原作「斃」，今據原稿改。
❹「令字之譌」，原重文，今據原稿删。

家》：「獻公怒，乃誅其傅杜原款。或謂太子曰：『爲此藥者乃驪姬也，太子何不自辭明之？』」是「子辭」謂太子以辭自明，「辨」猶別也。❶

太子曰：「君非姬氏，居不安，食不飽。我辭，姬必有罪。君老矣，❷吾又不樂。」【疏證】杜注：「吾自理則姬死，姬死則君必不樂。不樂，爲由吾也。」按杜解「不樂」迂曲。不樂，謂失愛於獻公也。《晉世家》：「太子曰：『吾君老矣，非驪姬，寢不安，食不甘。即辭之，君且怒之。不可。』」

曰：「子其行乎？」太子曰：「君實不察其罪，被此名也以出，人誰納我？」十二月，戊申，縊于新城。❸姬遂譖二公子曰：「皆知之。」重耳奔蒲，夷吾奔屈。【疏證】「被此名」，杜無注。文淇案：「名」謂惡名也。《晉世家》：「或謂太子曰：『可奔他國。』太子曰：『被此惡名以出，人誰納我？』」是也。《世家》又云：「此時重耳、夷吾來朝。人或告驪姬曰：『二公子怨驪姬譖殺太子。』❹驪姬恐，因譖二公子：『申生之藥胙，二公子知之。』二子聞之，恐，重耳走蒲，夷吾走屈，保其城，自備守。」杜云「二公時在朝」，用《世家》說也。《年表》：「晉獻公二十一年，申生以驪姬自殺。重耳奔蒲，夷吾奔屈。」《晉語》：「申生乃雉經於新城廟。」《呂覽·上德》篇：❺

---

❶ 原稿眉批：辨，詁。
❷「老」，原重文，今據原稿删。
❸ 原稿眉批：縊，詁。
❹「譖」，原作「潛」，今據原稿改。
❺「德」，原作「能」，今據原稿改。

「太子遂以劍死。」乃異説。酈道元云：「蒲川水出石樓山，南逕蒲城東，即重耳所奔之處。羊求水出羊求川，❶西逕北屈縣故城南，城即夷吾所奔邑。」

【經】五年，春，晉侯殺其世子申生。【疏證】杜注：「書春，從告。」《齊世家》：「桓公三十年，晉殺太子申生。」不從告之年，《世家》從經之年是也。經用夏正。

杞伯姬來，朝其子。無傳。【疏證】《釋文》：「『杞伯姬來』絶句。來，歸寧。朝其子，猶言其子朝。」此古讀古義。《公羊》注：❷「書『朝』連『來』者，内辭也。」是《公羊》「來」不絶句。沈欽韓云：「杜預云：『時子年在十歲左右。』按《曲禮》：『問國君之子，長曰能從宗廟社稷之事矣。』《春官·典命職》：『適子未誓，則以皮帛繼子男。』度必堪其事，年在冠昏而後可也。未有十歲幼童得行朝禮，預之此言不知何據。」按：疏引沈氏云：「伯姬以莊二十五年六月歸于杞，假令後年生子，則其年十四矣。」此沈文阿舊疏説。《穀梁》集解云：「伯姬以莊二十五年夏嫁，至今十三年。」沈用其説。或舊注不説伯姬子之年，沈疏補之。疏引沈説而謂：「杜云『十歲左右』者，以其從母言朝，故云『十歲左右』。」虚減其年，於義未安。伯姬所適爲杞成公，據《世本》，杞惠公生成公及桓公，桓代成立，是兄終弟及也，伯姬之子，未立爲君。

❶「水出羊求」，原脱，今據原稿補。

❷「注」，原作「經」，今據原稿改。

夏，公孫兹如牟。【疏證】唐石經「牟」作「䍧」。❶ 嚴可均云：「蓋隸省。」《公羊》「兹」曰「慈」。公孫兹，叔孫戴伯也。

公及齊侯、宋公、陳侯、衛侯、鄭伯、許男、曹伯會王世子于首止。【疏證】「首止」，《公》、《穀》曰「首戴」，下書盟同。杜注：「首止，衛地。」沈欽韓云：「《一統志》：『首鄉，在歸德府睢州東南。』」❷

秋，八月，諸侯盟于首止。

鄭伯逃歸不盟。【疏證】文三年傳例：「在上曰逃。」

楚人滅弦，弦子奔黄。【疏證】《地理志》：「江夏郡西陽。」又「軑」下注云：「本弦子國。」馬宗璉云：❸「酈元曰：『江水東逕西陽郡南，即西陽縣也。《晉書·地道記》以爲弦子國。』《通典》：『光州光山縣，漢西陽縣也。春秋弦國之地。仙居縣，本漢軑縣，❹今縣東有弦亭。』據《水經注》、《通典》，漢之西陽、軑縣皆弦子地。元凱第解弦國在軑縣東南，是乃《元和郡縣圖志》所云『弦國之都』也。」❺沈欽韓云：「《水經注》：『巴水南流注於江，謂之巴口。又東經軑縣故城南，故弦國也。』《方輿紀要》：『軑縣城，在黄州府蘄水縣西北四十里，故弦子國。

---

❶ 「䍧」，原作「牟」，今據原稿改。

❷ 原稿眉批：首止見桓十八年，查。酌。

❸ 「璉」，原作「槤」，今據原稿改。下同，逕改。

❹ 「軑」，原作「軼」，今據《通典》卷一百八十一改。

❺ 「國」，原作「子」，今據原稿改。

弦城，在光州西南。』」按：馬、沈説是也。滅弦蓋盡得其地，杜止及弦國都，非。

九月，戊申，朔，日有食之。無傳。**【注】**劉歆以爲七月秦、晉分。《五行志》。**【疏證】**臧壽恭云：「是年入甲申統九百八十八年，積月一萬二千二百二十，無閏餘。積日三十六萬八百六十七，小餘十三，大餘二十七。正月辛亥朔小，餘六十一。❶四月己卯朔大，小餘二十三。五月己酉朔小，小餘六十六。❷六月戊寅朔大，小餘二十八。七月戊申朔，又置上積日，加積日一百七十七，以統法乘之，以十九乘小餘二十八，并之滿周天，除去之，餘二十七萬二千四十八。滿統法而一，得積度一百七十七度，餘二百六十一，命如法，合辰在井二十六度。《周禮・保章氏》鄭注以實沈爲晉分，以鶉首爲秦分。實沈終於井十五度，鶉首起於井十六度，故曰秦晉分。」

冬，晉人執虞公。【疏證】成十五年傳例：「凡君不道於其民，諸侯討而執之，則曰：『某人執某侯。』」《年表》：「晉獻公二十二年，滅虞、虢。」杜云：「晉侯修虞之祀，而歸其職貢於王，故不以滅同姓爲譏。」沈欽韓云：「按：《春秋》之義，有見于彼而略於此者，于彼見一義，于此又見一義。滅同姓，惡之甚者也，于衛侯燬滅邢見之，則其例可以類推。此言晉人執虞公，則虞公之國亡身虜，有以自取。又別起一義，非以晉之罪爲可恕也。刼賊殺人取財，而分貨於上，罪亦可免乎？」按：沈説是也。

【傳】五年，春，王正月，辛亥，朔，日南至。【注】劉歆曰：「《春秋》曰：『舉正於中。』又曰：『閏月不告朔，非禮也。』閏以正時，時以作事，事以厚生，生民之道于是乎在矣。不告閏朔，棄時正也，何

---

❶ 「餘」上，《春秋左氏古義》卷三有「小餘五十六二月庚辰朔大小餘十八三月庚戌朔小小」二十二字。

❷ 「小」，原爲空格，今據《春秋左氏古義》卷三補。

以爲民?』故魯僖『五年春王正月辛亥朔,日南至,公既視朔,遂登觀臺以望。而書,禮也。凡分至啟閉,必書雲物,爲備故也』。至昭二十年二月己丑,日南至,失閏,至在非其月。梓慎望氛氣而弗正,❶不履端於始也。故傳不曰冬至,而曰日南至。極於牽牛之初,日中之時景最長,以此知其南至也。斗綱之端連貫營室,織女之紀指牽牛之初,以紀日月,❷故曰星紀。五星起其初,日月起其中,凡十二次。日至其初爲節,至其中爲中,❸斗建下爲十二辰。視其建而知其次。故曰:『制禮上物,不過十二,天之大數也。』」《律曆志》。【疏證】杜注:「周正月,今十一月。冬至之日,日南極。」不言月朔得冬至之故。疏云:「日冬至者,十一月之中氣。中氣者,月半之氣也。閏前之月,則中氣在晦;閏後之月,則中氣在朔。閏者,聚殘餘分之月,其月無中氣,半屬前月,半屬後月。是去年閏十二月,十六日已得此年正月朔大雪節,故此正月朔得冬至也。」貴曾曰:以三統術求之,四年閏十二月辛巳朔,疏謂去年十二月得閏,當是舊説,故疏具其義也。劉歆引《春秋》見文公元及□□□□年傳文,❹歆引之,以明上年有閏,如歆説,則僖五年至在正月,异於昭二十年之至,非其月也。此年入統九百八十八年,以策餘八千八十乘之,盈統法一千五百三十九而

❶「氛」,原脱,今據原稿補。
❷「月」,原脱,今據原稿補。
❸「爲中」,《漢書·律曆志》無此二字。
❹「文公元及」,原脱,今據原稿補。

一。❶積大餘五千一百八十七，小餘二百四十七，積大餘，以六十除之，餘二十七，得辛亥冬至。是年正月辛亥朔，故曰「正月辛亥朔，日南至」也。然《律曆志》：「釐公五年正月辛亥朔旦冬至，《殷曆》以爲壬子。」是《殷曆》於傳差一日。《隋書·律曆志》：「開皇十七年張胄玄曆成，奏之，劉暉與國子助教王頍等執舊曆迭相駁難，與司曆劉宜援據古史，❷駁胄玄云：『《命曆序》僖公五年天正壬子朔，冬至，❸合《命曆序》，差傳一日。張胄玄曆，天正壬子朔，合《命曆序》差傳一日；三日甲寅冬至，差《命曆序》二日，差傳三日。成公十二年，《命曆序》天正辛卯朔旦日至。張賓曆，天正辛卯朔冬至。❹張胄玄曆，天正辛卯朔，合《命曆序》；二日壬辰冬至，差《命曆序》一日。昭公二十年，《春秋左氏傳》二月己丑朔日南至，準《命曆序》庚寅朔旦日至。張賓曆，天正庚寅朔冬至，并合《命曆序》，差傳一日。二日辛卯冬至，❺差《命曆序》一日，差傳二日。宜按《命曆序》勘《春秋》三十七食，❻合處至多；若依《左傳》，合者至少，是以知傳爲錯。』」案《唐書·曆志》引《大衍術》：「《中氣議》曰：❼曆氣始于冬至，❽

---

❶「盈」，原爲空格，今據原稿補。

❷「宜」，原脱，今據原稿補。

❸「冬」上，《隋書·律曆志》有「旦日至左氏傳僖公五年正月辛亥朔日南至張賓曆天正壬子朔」二十六字。

❹「至」下，《隋書·律曆志》有「合命曆序」四字。

❺「二」上，《隋書·律曆志》有「張胄玄曆天正庚寅朔合命曆序差傳一日」十七字。

❻「宜」，原爲空格，今據原稿補。

❼「議」，原脱，今據原稿補。

❽「至」，原脱，今據原稿補。

稽其實數，❶蓋取諸晷景。《春秋傳》僖公五年正月辛亥朔，日南至。以周曆推之，入壬子蔀第四章，以辛亥一分合朔冬至，《殷曆》則壬子蔀首也。昭公二十年二月己丑朔，日南至。魯史失閏，至不在正。《左氏》記之，以懲司曆之過。《周曆》得己丑二分，《殷曆》得庚寅一分。《殷曆》南至常在十月晦，則中氣後天也。《周曆》蝕朔差經或二日，則合朔先天也。傳所據者《周曆》也，《緯》所據者殷曆也。氣合于傳，❷朔合于《緯》，斯得之矣。又《命曆序》以孔子修《春秋》用《殷曆》，使其數可傳于後。考其蝕朔，不與《殷曆》合。及開元十二年，朔差五日矣，氣差八日矣，上不合於經，下不足以傳於後代，蓋哀、平間治甲寅元曆者託之，非古也。」右《大衍術》謂曆氣取諸晷景，與劉歆日中之時景長説合。其以《命曆序》壬子朔爲推蔀之異尤精矣。《五經算術》引「推僖公五年正月辛亥朔旦冬至法」云：❸「臣淳風等謹案術意，其問宜云：『一年二十四氣，氣有大餘十五三十二分之七，從周曆上元至僖公五年元餘有九百六十九算，度餘五日四分度之一，欲求此年朔旦冬至及算此氣之法，其術如何？』曰：『辛亥朔術曰置前推月朔，積年九百六十九算，以餘數二十一乘之，得二萬三百四十九爲實，以度分母四除之，得五千八十七爲積日，不盡一爲小餘。以六十除積日得八十四，棄之取不盡四十七爲大餘。❹命以甲子算外，辛亥冬至與正月朔同，故曰朔旦冬至。』謹案：期三百六十五日四分日之一，今以六十除之，餘五日四分日之一，通之得

---

❶「稽」，原作「積」，今據原稿改。「數」，《新唐書·曆志》無此字。

❷「傳朔」至「傳于」二十八字，原脱，今據原稿補。

❸「引」，疑當作「注」。

❹「棄」，原作「乘」，今據原稿改。

二十一，故名餘數，即與四爲度法也。」此可證用周曆推此朔旦冬至於術合，不得以殷曆淆之也。杜氏不諳推步，故此傳注文簡略。而《長曆》則謂「僖元年閏十一月，此年閏十二月」，則以上年之閏移於此年矣。疏云：「閏之相去，曆家大率三十二月。杜於此閏相去凡五十月，不與曆數同者，杜推勘《春秋》月日上下置閏，或稀或概，自準春秋時法，故不與常曆同。」疏家明知杜氏之誤而仍袒之，杜不用常曆將用何曆乎？其妄不待辨。

公既視朔，遂登觀臺以望。而書，禮也。【注】服云：「人君入太廟視朔告朔，天子曰靈臺，諸侯曰觀臺。」《玉藻》疏、《通典》四十四。賈、服云：「靈臺在太廟明堂之中。」《靈臺》疏。【疏證】《釋文》：「『臺以望』絶句，『而書』，本或作『而書雲物』，非也。」文淇案：書者，書雲物也。《靈臺》箋：「《春秋傳》曰：『公既視朔，遂登臺以望，而書雲物，爲備故也。』」遂探下文引之。杜注：「視朔，告朔也。觀臺，臺上構屋，可以遠觀者也。」杜注「觀臺」不用賈、服説，亦不言觀臺所在。《玉藻》：「天子聽朔於南門之外，諸侯皮弁以聽朔於太廟。」聽朔猶視朔。是諸侯視朔在太廟也。❶《御覽》五百三十八引《五經異義》：「古《春秋左氏》説：諸侯歲遣大臣之京師，受十二月之正，還藏於太廟，月旦朝廟存神，有司因告曰：今月當行某政。」此古《左氏》説告朔。逸《禮》亦謂在太廟之中。鄭君注《玉藻》云：「天子廟及路寢，皆如明堂制。」疏引服氏此注，又引「文二年服氏云：『明堂祖廟。』」並與鄭説不同。如鄭説，則大廟、明堂異地」。彼疏引服注「諸侯曰觀臺」下有「在明堂之中」五字，《通典》亦同。文承靈臺、觀臺之下，又舉明堂，略太廟。李貽德謂「辭意不明」是也。洪、嚴諸家輯録皆誤，今依李本別録

---

❶ 原稿眉批：視朔仍當查證。

賈、服靈臺説。❶ 鄭氏既以太廟、明堂異地，乃謂靈臺與辟雍同處，今證以賈、服説，知其不然。《靈臺》疏又引《五經異義》：❷「《左氏》説：『天子靈臺在太廟之中，壅之靈沼，謂之辟雍。諸侯有觀臺，亦在廟中。皆以望嘉祥也。』鄭氏《駁異義》云：『玄之聞也，❸《大雅·靈臺》篇之詩，有靈臺、靈囿，有靈沼，有辟雍。其如是也，則辟雍及三靈皆同處在郊矣。❹ 囿也、沼也，同言靈，於臺下爲囿爲沼可知。』」鄭蓋疑於辟雍得有靈臺，廟、學自別，不得同處。而古《左氏》説則以廟、學爲一，知者《靈臺》疏：「潁子容《春秋釋例》云：『太廟有八名，其體一也。肅然清静謂之清廟，行禘祫、序昭穆謂之太廟，告朔行政謂之明堂，行饗射、養國老謂之辟雍，占雲物、望氛祥謂之靈臺，其四門之學謂之太學，其中室謂之太室，總謂之宫。』賈逵、服虔注《左傳》亦云：『靈臺在太廟明堂之中。』此等諸儒，❺皆以廟、學、明堂爲一。」是潁氏説亦與賈、服同也。彼疏「皆以廟、學、明堂爲一」，當作「皆以廟、學、明堂、靈臺爲一」，今疏本有脱文矣。鄭以廟、學、明堂異地，本不與《左氏》先儒同。而彼疏又引袁準《正論》：「潁氏：『公既視朔，遂登觀臺。』其言遂，故謂之同處。夫遂者，遂事之名，不必同處也。」袁氏蓋拘於鄭説。沈欽韓云：

---

❶「李」，原脱，今據原稿補。
❷「臺疏」，原作「靈臺」，今據原稿改。
❸「玄」，原爲空格，今據《毛詩正義》卷十六補。
❹「郊」，原作「郭」，今據《毛詩正義》卷十六改。
❺「等」，原爲空格，今據原稿補。

「《尚書大傳》『王升舟入水，鼓鍾惡，觀臺惡』，注：『惡，讀爲亞。亞，次也。觀臺，□□，❶知天時占候也。』《大雅・靈臺》正義引服注：『天子曰靈臺，諸侯曰觀臺。』鄭説靈臺與辟雍同處，則魯之觀臺亦在泮宮。《玉藻》：『皮弁以聽朔於太廟。』公既視朔，遂登觀臺。袁準云：『遂，遂事之名，❷不必同處。』」沈氏蓋亦拘於鄭説者。《大傳》「觀臺惡」不足證廟、學異地也。❸廟、學、明堂、辟雍爲一亦不止穎氏説。《靈臺》疏引《五經異義》：「《韓詩》説：『辟雍者，天子之學，立明堂於中。』」又引盧植《禮記》注曰：「明堂即太廟也。天子太廟，上可以望氣，故謂之靈臺。中可以叙昭穆，故謂之太廟。圓之以水，似璧，故謂之辟雍。」皆與賈、服、穎諸儒説合。盧植注謂靈臺在明堂、太廟之上。《淮南・本經訓》高誘注亦云：「告朔朝曆，頒宣其令，謂之明堂。其中可以叙昭穆，謂之太廟。其上可以察氛祥、望雲氣，謂之靈臺。」則賈、服、穎諸儒所不言者。《北魏書・崔光傳》：「靈太后幸永寧寺，躬登九層佛圖。光表諫曰：『《傳》云：「公既視朔，❹遂登觀臺。」其下無天地先祖之神，故可得而乘也。』」如崔光説，則《左氏》舊説靈臺不在明堂、太廟之上，故云「其下無天地先祖之神」也。賈、服云「靈臺在太廟，明堂之中」最審。

凡分、至、啓、閉，必書雲物，爲備故也。【注】舊注：「分爲春、秋分。至爲冬、夏至。啓，立春、夏也，陽氣用事爲啓。閉，立秋、冬也，陰氣用事爲閉。雲，五雲也。物，風、氣、日、月、星、辰也。

❶「□□」，《尚書大傳》卷二作「靈臺」。
❷「事」，原爲空格，今據原稿補。
❸「廟」，原重文，今據原稿删。
❹「公」，原作「光」，今據原稿改。

分、至、啓、閉，天地之大節，陰陽之分也，故遂登觀臺望氣以審妖祥。變亂之氣，先見于八節。審其雲物之形，言其所致，務爲之備也。」《御覽》八引。鄭衆云：「以二至、二分觀雲色，青爲蟲，白爲喪，赤爲兵荒，黑爲水，黄爲豐。」本疏。**【疏證】**杜注：「分，春、秋分也。至，冬、夏至也。啓，立春、立夏。閉，立秋、立冬。雲物，氣色災變也。」杜於分、至、啓、閉用舊注説。舊注《御覽》引止稱爲注，❶當是賈、服諸儒説。惠棟、洪亮吉輯本徑引爲服虔説，無文證之。疏云：「公既親行此視朔之禮，遂以其日往登觀臺之上，以瞻望雲及物之氣色，❷而書其所見之物，是禮也。凡八節之日，必登觀臺，書其所見雲物氣色。若有雲物變異，則是歲之妖祥，既見其事，後必有驗，書之，爲豫備故也。」又云：「春之半、秋之半，晝夜長短極，❸極訓爲至，故冬夏之半稱冬夏至也。四時之氣，寒暑不同。春夏生物，秋冬殺物。生物則當啓，殺物則當閉，故立春、立夏爲啓，立秋、立冬爲閉。」此爲舊疏解舊注之文。舊注以雲爲五雲，❹物則分爲風、氣、日、月、星、辰六者。五雲即五色雲也。《保

---

❶「止」，原作「正」，今據原稿改。

❷「瞻」，原爲空格，今據原稿補。

❸「晝」上，《春秋左傳正義》卷十二有「晝夜長短等晝夜中分百刻故春秋之半稱春秋分也冬之半夏之半」二十七字。

❹上「雲」，原爲空格，今據原稿補。

章氏》：「以五雲之物，❶辨吉凶、水旱降豐荒之祲象。」❷注：「物，色也。視日旁雲氣之色。鄭司農云：『以二至、二分觀雲色，青爲蟲，白爲喪，赤爲兵荒，黑爲水，黄爲豐，故《春秋傳》曰：「凡分、至、啓、閉，必書雲物，爲備故也。」』」疏：「云『青爲蟲』以下，蓋據陰陽書得知。」文淇案：二鄭俱以物爲色，杜注則謂：「雲物，氣色災變。」疏既謂「瞻望雲及物之氣色」，蓋從舊注説。而又云：「雲物謂氣色災變也者，謂非雲而别有氣色，杜恐與雲相亂，故别云氣色也。」杜蓋以雲物統言氣色災變，與舊注稍異。疏語乃益支離矣。《保章氏》不言分至，而先鄭注云分至，又引此傳爲證，則其注此傳當同，故引爲注。本疏云：「衆之所言，蓋出占候之書。」與《禮》疏同。杜注又云：「傳重申周典。不言公者，日官掌其職。」疏引劉炫説云：「『書雲物』亦是公親爲之，但上文有『公既視朔』，故下文去『公』字耳。」疏駁劉説謂：「舊凡無『王』、『公』之文，故云日官掌其事。」邵瑛《持平》：「上已言公既視朔，此總分、至、啓、閉斷無再用『公』字之文。❸杜云：『不言公者，日官掌其職。』上『日南至』何嘗不是日官掌其職，而公必親視朔何也？」按邵説是也。《規杜》謂「『書雲物』，公親爲之」，則舊注不謂日官所掌。

晉侯使以殺申生之故來告。❹**【疏證】**杜注：「釋經必須告乃書。」馬宗璉云：「璉案：申生死於四年冬，此傳用夏正之證。經書在五年春，此經用周正之證。閻百詩曰：『《春秋》之經爲聖人筆削，純用周正。傳則旁采

❶「之物」，原脱，今據原稿補。

❷「豐」，原爲空格，今據原稿補。

❸「總」，原爲空格，今據原稿補。

❹「殺」下，《春秋左傳正義》卷十二有「太子」二字。

諸國之史而爲之，故其間有雜以夏正而不能盡革者。讀者猶可以意得之。』」❶朱駿聲云：「按：申生之縊，傳紀於四年冬，而經書在五年春者，經皆周正，《左氏》則雜用夏正。所采諸國之史不同也。❷此傳本之《晉乘》耳。其他經傳不符者，可以類推。」

初，晉侯使士蔿爲二公子築蒲與屈，不慎，寘薪焉。【疏證】杜注：「不謹慎。」本疏云：「不謹慎，所爲多寘薪於中焉，若今栫木。」栫木，疑謂以支屋也。《晉世家》：「初，獻公使士蔿爲二公子築蒲、屈城，弗就。」

夷吾訴之。公使讓之。【疏證】杜注：「譴讓之。」《晉世家》：「夷吾以告公，公怒士蔿。」

士蔿稽首而對曰：【疏證】《大祝》「辨九拜：一曰稽首」，鄭注：「稽首，拜頭至地也。」

「臣聞之：無喪而慼，❸**憂必讎焉。**【疏證】杜注：「讎，對。」顧炎武云：「讎，應也。如《詩》言『無言不讎』之讎，《漢書・律曆志》注：『鄭德云：相應爲讎。』」

「無戎而城，讎必保焉。【疏證】杜注：「保而守之。」《晉世家》：「邊城少寇，安用之？」乃括傳意。此讎與下文寇讎、固讎之保同義。

「寇讎之保，又何慎焉！守官廢命，不敬。固讎之保，不忠。失忠與敬，何以事君？

---

❶「讀者」，原爲一空格，今據《皇清經解》卷一千二百七十七《春秋左傳補注》補。

❷「諸國」，原爲一空格，今據《春秋左傳識小録》卷上補。

❸原稿眉批：慼，詁。

「《詩》曰：『懷德維甯，宗子維城。』【疏證】《板》七章文。彼傳云：「懷，和也。」箋云：「和女德無行酷虐之政，以安女國，以是爲宗子之城，使免於難。宗子，謂王之適子。」❶彼疏云：「以上言大宗謂同姓之適。此言宗子，嫌與上同，故辨之云：『宗子，謂王之適子也。』」按：《板》六章「大宗維翰」傳：「王者，天下之大宗。」鄭説宗子與毛異。昭六年，宋逐華合比，❷華亥見於左師，左師曰：「女夫也，❸必亡！女喪，而宗室於人何有？人亦於女何有？《詩》曰：『宗子維城，毋俾城壞，毋獨斯畏。』女其畏哉！」陳奂《毛詩傳疏》引此傳及彼傳文謂：❹「《左》兩引《詩》，❺並以宗子爲群宗之子。」按：陳説是也。重耳、夷吾皆非適長，士蔿引《詩》之指亦以宗子爲群宗耳。

「君其修德而固宗子，何城如之？

「三年將尋師焉，焉用慎？」《小爾雅·廣詁》：「尋，用也。」

---

❶ 原稿眉批：查。寧，安也。
❷ 「逐」，原作「返」，今據《春秋左傳正義》卷四十三改。
❸ 「女」，原作「夫」，今據《春秋左傳正義》卷四十三改。
❹ 「謂」，原脱，今據原稿補。
❺ 「左」，原脱，今據原稿補。

退而賦曰：「狐裘尨茸，一國三公，吾誰適從？」❶【注】服云：「蒙茸，亂貌。三公，言君與二公子。❷將敵，故不知所從。」《晉世家》集解。【疏證】今本傳文「厖茸」，服注「蒙茸」，釋文：「厖音蒙。」則唐本無作「蒙」者。「厖」或杜所改與？李貽德云：「《詩》『下國駿厖』，《荀子·榮辱篇》引作『駿蒙』。『厖』同『尨』，❸得通『蒙』也。」杜注：「厖茸，亂貌。公與二公子爲三。」即用服説。《旄丘》「狐裘蒙戎」，傳：「大夫狐蒼裘。蒙戎，以言亂也。」陳奂《傳疏》云：「《玉藻》『君子狐青裘豹褎，玄綃衣以裼之』，注：『君子，大夫、士也。』傳云『大夫狐蒼裘』即『君子狐青裘』。蒼，青也。《白虎通義·衣裳》篇『大夫狐蒼』是也。」「蒙戎」猶「厖茸」。杜注：「士蔿自作詩也。」《梁書·武帝紀》：「高祖謂從舅張弘策曰：❹『政出多門，亂其階矣。《詩》云：「一國三公，吾誰適從？」況今有六，而可得乎！』」高祖引《詩》不云士蔿，或是逸《詩》，士蔿賦之。《晉世家》引士蔿賦同傳文，下云「卒就城」。

及難，公使寺人披伐蒲。重耳曰：「君父之命不校。」乃徇曰：「校者，吾讎也。」【疏證】杜無注。《晉世家》：「及申生死，二子亦歸保其城。二十二年，獻公怒二子不辭而去，果有謀矣，乃使兵伐蒲。蒲人之宦者勃鞮命重耳促自殺。」又云：「獻公二十二年，獻公使宦者履鞮趣殺重耳。」索隱云：「即《左傳》之勃鞮，亦曰寺人

---

❶ 原稿眉批：適，詁。

❷ 「公」，原脱，今據原稿補。

❸ 「尨」，原作「厖」，今據《春秋左氏傳賈服註輯述》卷六改。

❹ 「策」，原爲空格，今據原稿補。

披也。」《晉語》「公令奄楚刺重耳，重耳逃於翟」，注：「奄，奄士也。楚，謂伯楚，寺人披之字，於文公時爲勃鞮。」洪亮吉云：「按：『披』、『勃』同音。『履鞮』急讀即爲『披』。」按：洪説是也。惠棟《儀禮古義》曰：「勃鞮即披字，猶邾婁爲鄒，壽夢爲乘，後世反切之學出之。」《大戴・用兵》篇：「子曰：蜂蠆挾螫而生，見害而校，以衛厥身。」包氏《論語注》：「校，報也。」《秦策四》注：「校，亢也。」

踰垣而走，❶披斬其袪。遂出奔翟。【注】服云：「袪，袂也。」《晉世家》集解。【疏證】《説文》：「袪，衣袂也。袪尺二寸。《春秋傳》曰『披斬其袪』。」則賈當與服同，杜用服説。疏云：「《禮・深衣記》云：『袂之長短，反詘之至肘。』則從幅盡於袖口，總名爲袂。其袂近口又別名袪，此斬其袪，斬其袖之末也。《詩・唐風・羔裘》傳云：『袪，袂末。』鄭玄《玉藻》注云：『袪，袂口也。』但袂是總名，得以袂表袪，故云袪袂。」按：《喪服》注：「袪，袖口也。」《檀弓》注：「袪謂褎緣袂口也。」《年表》：「晉獻公二十二年，重耳奔狄。」《晉世家》：「重耳踰垣，宦者追斬其衣袪。重耳遂出奔翟。使人伐屈，屈城守，不可下。」《水經注》：「晉公子重耳出亡及柏谷，卜適齊楚，狐偃曰：『不如之翟。』」

「夏，公孫茲如牟」，娶焉。【疏證】《釋文》：「娶，本又作取。」

會于首止，會王太子鄭，謀甯周也。【注】服云：「惠王以惠后故，將廢太子鄭，而立王子帶，故齊桓帥諸侯會王太子以定其位。」《御覽》一百四十六引。❷【疏證】杜注用服説。李貽德引作賈注，非。二

---

❶ 原稿眉批：垣、踰，詁。

❷ 原稿眉批：服注查《御覽》對。

十四年傳：「冬，王使來告難曰：『不穀不德，得罪於母氏之寵子帶，鄙在鄭地氾。』書曰『天王出居于鄭』，辟母弟之難也。」《周本紀》：「襄王母早死，後母曰惠后，生叔帶。」本疏云：「如彼傳文，則襄王與子帶俱是惠后所生，但其母鍾愛其少子，❶故欲廢太子而立之。《周本紀》與傳不同，《史記》謬也。」按：服注「惠王將廢太子鄭，❷而立王子帶」，《史記》亦無文，服説當出古記。《賈捐之傳》：罷珠厓，對曰：「及其衰也，齊桓捄其難。」師古曰：「謂襄王也。初爲太子，而惠王欲立王子帶，齊桓公爲首止之盟，以定太子之位。」顔亦用服説。

陳轅宣仲怨鄭申侯之反己於召陵，故勸之城其賜邑，【疏證】「反」猶「詆」也。❸ 賜邑，杜注謂「齊桓所賜虎牢」。

曰：「美城之，大名也，子孫不忘。吾助子請。」乃爲之請於諸侯而城之，美。

遂譖諸鄭伯曰：「美城其賜邑，將以叛也。」申侯由是得罪。【疏證】馬宗璉云：「《周禮》正義云：『三等采地皆有城郭。』是大夫之私邑，皆有城郭，故南遺城費，申侯亦城其賜邑。」杜注：「爲七年鄭殺申侯傳。」

秋，諸侯盟。王使周公召鄭伯，曰：「吾撫女以從楚，輔之以晉，可以少安。」【疏證】《釋文》：「『秋，諸侯盟』，本或此下更有『于首止』三字，非。」杜注：「周公，宰孔也。王恨齊桓定太子之位，故召鄭伯使叛齊也。❹

---

❶「鍾」，原爲空格，今據《春秋左傳正義》卷十二補。

❷「鄭」，原爲空格，今據原稿補。

❸ 原稿眉批：反，詆。

❹「叛」，原作「報」，今據原稿改。

晉、楚不服於齊，故以鎮安鄭。」此注承「定太子之位」爲説，疑亦服注，杜襲之。

鄭伯喜於王命，而懼其不朝於齊也，故逃歸不盟。孔叔止之，曰：「國君不可以輕，輕則失親。失親，患必至。病而乞盟，所喪多矣。君必悔之。」弗聽，逃其師而歸。【疏證】杜注：「孔叔，鄭大夫。」顧炎武云：「孔叔，解已見三年，此重出。」《吕覽·貴信》「不能相親」，注：「親，比也。」「親」爲黨援，即此意。

楚鬭穀於菟滅弦，弦子奔黄。於是江、黄、道、柏方睦於齊，皆弦姻也。❶【疏證】《地里志》汝南郡陽安，❷應劭曰：「有道亭，故道國。」西平，應劭曰：「故柏子國也。」杜注：「道國，在汝南安陽縣南。柏，國，❸汝南西平縣有柏亭。」洪亮吉云：「按：杜本『陽安』，❹今作『安陽』，❺蓋傳寫誤。汝南郡别有安陽縣，❻應劭曰：『故江國也。』」沈欽韓云：「《元和志》：『道城在蔡州確山縣東北二十里。』」❼《大事表》：「道，今河南汝甯府確山縣北二十里有道城。」「《一統志》：柏亭在汝甯府西平縣西。」《釋親》：「壻父曰姻。」《釋名·釋親屬》：「壻之父曰

---

❶ 原稿眉批：江，僖二。弦，本經。黄，桓八已見。
❷ 「郡」，原爲空格；「安」，原脱，今據原稿補。
❸ 「國」下，《春秋左傳正義》卷十二有「名」字。
❹ 「陽安」，原作「安陽」，今據原稿改。
❺ 「安陽」，原作「陽安」，今據《春秋左傳詁》卷七改。
❻ 「南郡」，原作「陽」，今據《春秋左傳詁》卷七改。
❼ 「確」，《元和郡縣志》卷九作「朗」。

姻。姻，❶因也。女往因媒也。」

弦子恃之而不事楚，又不設備，故亡。

晉侯復假道於虞以伐虢。宮之奇諫曰：「虢，虞之表也。虢亡，虞必從之。晉不可啟，寇不可翫。❷【疏證】《廣雅》：「翫，習也。」杜注用之。《晉世家》：「獻公二十二年，❸晉復假道於虞以伐虢。虞之大夫宮之奇諫虞君曰：『晉不可假道也，是且滅虞。』」

「一之爲甚，其可再乎？【疏證】宋本「爲」作「謂」。《校勘記》：「齊召南云『爲』當作『謂』。」杜注：「謂二年假晉道滅下陽。」

「諺所謂『輔車相依，唇亡齒寒』者，其虞、虢之謂乎。」❹【注】服云：「輔，上頷車也，與牙相依。」《碩人》疏。【疏證】顧炎武云：「二句一意，乃是諺語。」高誘《吕覽》注云：「車，牙也。輔，頰也。」輔車相依憑，得以近喻也。杜注：「輔，頰輔。車，牙車也。」從服虔、高誘義。《碩人》「巧笑倩兮」，傳：❺「倩，好口輔也。」疏引服義，申之云：「是牙外之皮膚，頰下之别名也。」《廣雅・釋親》：「輔謂之頰。」「輔」字亦作「酺」。《玉篇》引傳作「酺

---

❶「姻」，原脱，今據原稿補。
❷原稿眉批：表，詁。啟，詁。
❸「二十二」，原作「二十」，今據原稿改。
❹「乎」，《春秋左傳正義》卷十二作「也」。
❺「傳」，原脱，今據原稿補。

車相依」。《易》「咸其輔頰舌」，虞翻「輔」作「酺」。《説文》：「酺，頰也。頰，面旁也。」「酺」或傳之異文矣。李貽德引《楚辭》、《淮南》「靨輔」，謂輔頰，自外言之。又云：「服所云『上頷車』，謂上下持牙之骨。《釋名·釋形體》云：『頤，或曰輔車，或曰牙車，或曰頷車，或曰頰車，或曰鼸車。』《咸卦》『咸其輔頰舌』，虞注亦曰『上頰車』。凡此皆自内言之。段氏曰：『服注《左傳》謂之「上頷車」，然則，在下持牙亦得曰「下頷車」矣。必云「上頷車」者，言酺則言上，是也。』」李説服「上頷車」義極確，至謂輔有内外，則用本疏輔車一處分爲二名之説，而誤會疏意。杜注：「輔，頰輔。車，牙車。」義本於服，服當云：「輔，頰車，上頷車也，與牙相依。」義乃完，傳寫有脱爛耳。服之意，以輔、車、脣、齒四者一類，而賈注則異於服。知者，《説文》：「輔，《春秋傳》曰『輔車相依』。」段玉裁云：「凡許書有不言其義，徑舉經傳者。此引《春秋傳》僖公五年文，不言輔義者，義已具於傳文。《小雅·正月》『其車既載，乃棄爾輔』，傳曰：『大車既載，又棄其輔也。』『無棄爾輔，員於爾輻』，傳：『員，益也。』正義又云：『大車，牛車也。爲車不言作輔，此云棄輔，則輔是可解脱之物。蓋如今人縛杖於輻，以防輔車也。』今按：《吕覽·權勳》篇曰：『宫之奇諫虞公曰：「虞之與虢也，若車之有輔也。車依輔，輔亦依車。虞虢之勢也。」』❶此即《詩》『無棄爾輔』之説也。合《詩》與《左傳》，則車之有輔信矣。引申之義爲凡相助之稱，今則借義行而本義廢，尠有知輔爲車之一物者矣。❷《春秋傳》『輔車相依』，許厠之於此者，所以説輔之本義也，所以説《左氏》也。謂輔與車必相依倚也。他家説《左》者，以頰與牙車釋之，乃因下文之脣齒而傅會耳。固不若許説之善也。小徐本着『人頰車也』四字於

---

❶「勢」下，《説文解字注》卷十四上有「是」字。

❷「尠」下，原衍「尟」字，今據原稿删。

『從車甫聲』下，❶與上文意不相應。又無『一曰』二字以別爲一義，知後人妄謂引傳未詮而增之也。面部既有『酺，頰也』之文，則必不用借義爲本義矣。」按：段説是也。許君受學賈逵，則以輔爲車輔之輔，乃師説，故面部酺文不引此傳也。洪亮吉云：「許君所見《左氏》本作『輔』是也。」沈欽韓云：「《韓非・十過》篇：『宫之奇諫曰：「虞之有號，如車之有輔。輔依車，車亦依輔。」』義同《小雅》。」《説文》：「唇，口耑。齒，口齗骨也。象口齒之形。」《春秋元命包》：「唇者，齒之垣，所以扶神設端。」《釋名・釋形體》：「唇，緣也，口之緣也。」《冥氏》「則獻其皮革齒須備」，注：❷「齒即牙也。」《趙策》張孟談説韓魏，《齊策》蘇秦説齊王皆云「唇亡則齒寒」，《韓非・存韓》、《墨子・非攻》同，蓋用傳語。《莊子・胠篋》、《淮南・説林》「唇竭則齒寒」。《吕覽・權勳》：「先人有言曰『唇竭則齒寒』。」注：「竭，亡也。」是字作竭，亦訓亡。梁玉繩云：❸「《韓策》尚靳謂秦王曰『臣聞之，❹唇揭者其齒寒』，鮑彪注：『揭，猶反。』與此義亦近。」文淇案：「揭」字似勝「亡」字。

公曰：「晉，吾宗也，豈害我哉？」對曰：「大伯、虞仲，大王之昭也；大伯不從，是以不嗣。**【疏證】**杜注：「太伯、虞仲皆大王之子，不從父命，俱讓適吴。仲雍支子別封西吴，虞公其後也。」顧炎武云：「不從者，謂太伯不在大王之側爾。《史記》述此文曰：『太伯、虞仲，太王之子也。太伯亡去，是以不嗣。』以亡去爲不

❶「甫」上，原衍「聲」字，今據原稿删。
❷「注」，當作「疏」。
❸「玉」，當作「履」。
❹「靳」，原爲空格，今據原稿補。

從，其義甚明。杜氏誤以『不從父命』爲解，而後儒遂傳合《魯頌》之文，謂大王有翦商之志，太伯不從。此與秦檜之言『莫須有』者，何以異哉？」按：顧説是也。《吴太伯世家》：「吴太伯、太伯弟仲雍，季歷之兄也。季歷賢，而有聖子昌，❶太王欲立季歷以及昌，於是太伯、仲雍二人乃犇荆蠻，文身斷髮，示不可用。」即傳所云「不從」也。又云：「周武王克殷，求太伯、仲雍之後，得周章。周章已君吴，❷因而封之。乃封周章弟虞仲於周之北故夏墟，是爲虞仲。」索隱云：「《左傳》曰『太伯、虞仲，文王之昭』，則虞仲，太王之子必也。又《論語》稱『虞仲、夷逸隱居放言』，❸是仲雍稱虞仲。今周章之弟亦稱虞仲者，❹蓋周章之弟字仲，始封於虞，故曰虞仲，祖與孫同號也。」《晉世家》：「虞君曰：『晉，我同姓，不宜伐我。』」

「虢仲、虢叔，王季之穆也；【注】馬融云：「虢叔，同母弟。虢仲，異母弟。虢仲封下陽，虢叔封上陽。」賈云：「虢仲封東虢，制是也。虢叔封西虢，虢公是也。」❺本疏。【疏證】《晉世家》「穆」作「子」，上文「太王之昭」亦改「昭」爲「子」。杜注：「王季者，太伯、虞仲之母弟也。虢仲、虢叔，王季之子，文王之母弟也。仲、叔皆虢君字。」疏云：「太伯、虞仲辟季歷適荆蠻，若有適庶，不須相辟，知其皆同母也。《周本紀》云：『古公有

---

❶「昌」，原脱，今據原稿補。
❷「吴」，原作「矣」，今據《史記·吴太伯世家》改。
❸「隱」，原脱，今據原稿補。
❹「今」，原重文，今據原稿删。
❺「虢」，原脱，今據原稿補。

長子曰太伯，次曰虞仲。太姜生少子季歷。』如《史記》之文，似王季與太伯別母，馬遷之言疏繆耳。此言『虢仲、虢叔，王季之穆』，《國語》稱『文王敬友二虢』，❶故亦以爲文王母弟。母弟之言，事無所出。」是疏不以杜「二虢，文王母弟」之説爲然，惟王季、太伯、虞仲同母用杜説耳。《列女傳》云：「太姜，太王娶以爲妃，生太伯、仲雍、王季。」此杜説所本。《釋典釋文》不載馬融《三傳異同説》之目，❷則疏所引馬融説當出舊疏。馬氏謂「虢叔同母弟」，則仲與文王同母也；謂「虢仲異母弟」，則仲與文王不同母也。馬説必有所授。《晉語》韋注亦云：「二虢，文王弟虢仲、虢叔也。」是舊説無以二虢爲文王同母弟者。「下陽」，詳二年經疏證。杜不言二虢封邑所在，疏引馬氏、賈氏説，駁之云：「案：傳上陽、下陽同是虢國之邑，不得分封二人也。若二虢共處，鄭復安得虢國而滅之？雖賈之言亦無明證，各以意解，不可審知。」沈欽韓云：「按：隱元年傳明云『虢叔死於制』，則虢叔爲東虢矣。《通典》：『虢仲國，今陝州平陸縣。』❸《元和志》：『虢有三：北虢，今陝州平陸縣；東虢，今滎陽縣；西虢，在今鳳翔扶風縣。』《方輿紀要》：『上陽城在陝州城東南。』又『虢城在鳳翔府城南三十五里，周文王弟虢仲所封，此是西虢。平王東遷，始徙於上陽，爲北虢。或曰非也，蓋虢仲之采邑，支子所封』。欽韓按：《秦本紀》：『武公十一年，滅小虢。』當春秋莊公之世，則虢仲之封本在上陽。❹云隨平王東遷者，非也。《元和志》：『鳳翔府虢縣，周文王弟虢

❶「敬」，原爲空格，今據《春秋左傳正義》卷十二補。
❷上「釋」，疑當作「經」。「目」，原脱，今據原稿補。
❸「州」，原脱，今據《春秋左氏傳地名補注》卷三補，原稿作「西」。
❹「則」，原作「敗」，今據原稿改。

叔所封，是曰西虢。』然虢叔封在滎陽，❶爲鄭所滅。雍城之虢，❷非虢叔，謂支子所封者當是。」按：沈説是也。隱四年傳：「制，巖邑也，虢叔死焉。」彼傳杜注云：「虢叔，東虢君也。」是虢叔封東虢，彼傳稱「叔」，而此賈注言「仲」。《鄭語》「濟、洛、河、潁之間，虢、檜爲大」，注：「虢，東虢，虢仲之後。」《鄭語》又云：「西有虞、虢。」注：「虢叔之後，西虢也。」韋與賈合，而與隱四年傳違。仲叔之稱傳、注乖異，無文定之。依沈説，❸則虢仲所封爲上陽，虢仲封上陽，則虢叔當封下陽。馬注「上」、「下」字疑當互乙也。❹賈注「虢叔封西虢，虢公是也」，此虢公指虢公醜，因傳指證之。杜云：「穆生昭，昭生穆，以世次計。」《酒誥》疏：「《左傳》曰『太伯、虞仲，太王之昭』，言太王爲穆，而子爲昭。又曰『虢仲、虢叔，王季之穆』，亦王季爲昭，而子爲穆，與文王同穆也。」

爲文王卿士，勳在王室，藏於盟府。【疏證】《晉世家》：「爲文王卿士，其記勳在王室，❺藏於盟府。」《司盟》：「掌盟載之法，會同則掌其盟約之載。」❻杜注據之謂盟府爲司盟之官。沈欽韓云：「《周書·大聚解》：❼

---

❶「叔」，原脱，今據原稿補。

❷「城」，《春秋左氏傳地名補注》卷三作「地」。

❸「依」，原爲空格，今據原稿補。

❹「馬」，原脱，今據原稿補。

❺「記」，原爲空格，今據原稿補。

❻「載」下，原衍「之」字，今據《周禮注疏》卷三十六删。

❼「書」，原作「官」，今據《春秋左氏傳補注》卷三改。

『乃召昆吾，治而銘之金版，藏府而朔之。』❶《周官·司約職》：『凡大約劑，書於宗彝。小約劑，書於丹圖。』注：『今俗語有鐵券丹書，此舊典之遺言。』又《司勳職》：『大功，司勳藏其貳。』注：『貳猶副也。❷功書藏於天府，又副于此者，以其主賞。』按：《天府職》未見其事。」❸按：沈説是也。勳在王室，藏於盟府，自是司勳之掌。疏亦謂盟府「惟有會同之盟，不掌勳伐之事」。而引《檀弓》柳莊書棺及《功臣表》帶礪之盟爲證，❹謂其「盟要之辭，當藏於司盟之府」，語無所據。帶礪之銘即周之金版、宗彝、丹圖矣，❺盟府職未云掌此。

「將號是滅，何愛於虞？且虞能親於桓、莊乎，其愛之也？」【注】服云：「愛之甚。」本疏。❻【疏證】杜無注。疏云：「愛之謂愛虞也。虞豈能親於桓、莊乎，其當愛此虞也？服虔『其』作『甚』。注云：『愛之甚。』當謂愛桓、莊之族甚也。愛之若甚，何以誅之？且文勢不順，又改字失真，❼繆之甚也。」「當謂愛桓、莊之族甚也」，乃疏申服義，嚴蔚取爲服説，非。❽洪亮吉云：「按：服所據當係古文，必非妄改。」李貽德云：「『其』、

❶ 「朔」，原爲空格，今據原稿補。

❷ 「副」，原作「别」，今據原稿改。

❸ 「職」，原爲空格，今據原稿補。

❹ 「棺」，原爲空格，今據原稿補。「表」，原作「衣」，今據《春秋左傳正義》卷十二改。

❺ 「帶」上，原稿有「謂」字。

❻ 「本疏」，原脱，今據原稿補。

❼ 「失」，原作「矣」，今據原稿改。

❽ 原稿眉批：李説愛桓、莊，不采。

『甚』二字，經典往往相亂，此語杜氏無解，則『甚』之爲『其』，或亂於六朝本乎？」文淇案：服意亦謂愛虞，《晉世家》：「將號是滅，何愛於虞？且虞之親能親於桓、莊之族乎？」

「桓、莊之族何罪，而以爲戮，不唯逼乎？【疏證】莊二十三年傳：「晉桓、莊之族逼。」二十四年傳：❶「晉又與群公子謀，使殺游氏之二子。」二十五年傳：「晉士蔿使群公子盡殺游氏之族。」《晉世家》：「桓、莊之族何罪，盡滅之。」

「親以寵偪，猶尚害之，況以國乎？」公曰：「吾享祀豐潔，神必據我。」【疏證】杜注：「據猶安也。」洪亮吉云：「《詩》毛傳：『據，依也。』據，《玉篇》等亦同，蓋言神所據依。較杜訓安爲近。」王引之云：「據，依也。《周語》曰『民無據依』，《晉語》曰『民各有心，無所據依』，皆其證也。虞公謂神必依我，故宮之奇對曰：『鬼神非人實親，惟德是依。』又曰：『神所憑依，將在德矣。』」按：洪、王說是也。

對曰：「臣聞之，鬼神非人實親，惟德是依。故《周書》曰：『皇天無親，惟德是輔。』【疏證】杜注：「《周書》，逸《書》。」今《書·蔡仲之命》某氏傳：「天之于人，無有親疏，惟有德者則輔佑之。」疏云：「杜不見古文，故以爲逸《書》。」按：此傳三引《周書》，皆東晉僞古文，此亦作僞書者綴緝所本耳。杜云逸《書》，可明其不在三十四篇之中。凡後杜云逸者仿此。

「又曰：『黍稷非馨，明德惟馨。』【疏證】今《書·君陳》篇。❷《說文》：「香，芳也。《春秋傳》曰『黍稷馨

---

❶「傳」，原脱，今據原稿補。

❷「篇」，原稿作「文」。

香』。」杜注：「馨，香之遠聞。」疑傳文止作「黍稷馨香」，後人取東晉僞古文改傳也，杜不釋某氏傳「明德」可證。《書》某氏傳：「芬芳，非黍稷之氣，乃明德之馨。」

「又曰：『民不易物，惟德繄物。』【注】服云：「繄，發聲也，言黍、稷、牲、玉不易，無德薦之，則不見饗，有德則言饗。言物爲有德用也。」《泂酌》疏。**【疏證】**今《書·旅獒》文，「繄」作「其」。疏云：「此傳與《書》異者，『其』作『繄』，師授不同，字改易耳，其亦不異也。」隱元年傳「繄我獨無」，服云「繄，發聲也」，與注此傳同。「言黍稷」以下，乃統釋傳三引《周書》。不易，言有常制也。「饗」上「言」字當係衍文。杜注：「黍、稷、牲、玉，有德則見饗，言物一而異用。」文淇案：杜亦襲用服説，而服義較顯。《書》某氏傳：「物貴由人。」義與服殊。

「如是，則非德民不和、神不享矣。神所馮依，將在德矣。若晉取虞，而明德以薦馨香，神其吐之乎？」【疏證】《周語》「其德足以昭其馨香」，注：「馨香，芳香之升聞者。」❶吐，謂神不享也。

弗聽，許晉使。宮之奇以其族行，【疏證】鄭玄《禮記》注：「行，去也。」杜注用之。《晉世家》：「虞公不聽，遂許晉。❷宮之奇以其族去。」《晉語》云：「宮之奇諫，不聽。出，謂其子曰：『將亡矣！吾不去，懼及焉。』以其帑適西山。」韋注：「西山，國西界也。」

曰：「虞不臘矣，【注】舊注：「臘，祭名也。日月會于龍尾，百物備合，國于是祭群神也。」《御覽》

---

❶「之升」，原作「以遠」，今據原稿改。

❷「晉」，原脱，今據原稿補。

三十三引。**【疏證】**洪亮吉云：「《獨斷》：『臘，歲終大祭，縱吏民宴飲。非迎氣，故但送不迎。』應劭《風俗通》云：『案禮，夏曰嘉平，殷曰清祀，周曰大蜡，漢改曰臘。』《御覽》引舊注云：『臘，祭名也。日月會于龍尾，百物備合，因于是祭群神也。』今按：合之《禮記·月令》孟冬『臘門閭及先祖五祀』，是臘祭三代有之，故宮之奇亦云然。宋儒朱子云：『秦時始有臘祭。』吾得一言以斷之。曰：《史記·秦本紀》惠王十二年初臘，始皇三十一年改臘曰嘉平。如謂臘始於秦，則秦改臘爲嘉平，亦云嘉平始於秦，可乎？又不待辨而明矣。」惠棟云：「蔡邕《月令章句》：『夏曰清祀，殷曰嘉平，周曰蜡祭，秦曰臘。』是臘與嘉平皆三代祭名，朱子以秦始有臘祭，考之未審耳。」文淇案：洪、惠説是也。劉峻注《世説》引《五經要義》云：「夏曰嘉平，殷曰清祀，周曰大蜡，總謂之臘。」《秦本紀》「惠文王初臘」，正義云：「始效中國爲之。」亦不謂臘自秦始。《晏子春秋》：「景公令兵摶治，❶當臘冰月之閒而寒。」亦春秋有臘祭之證。杜注：「臘，歲終祭群神之名。」用舊注説。舊注「日月會於龍尾」，因下文童謡「丙之晨，龍尾伏辰」，證臘之日也。詳後疏證。

「在此行也，晉不更舉矣。」

八月，甲午，晉侯圍上陽。**【疏證】**《地理志》：「弘農郡陝，故虢國。」洪亮吉云：「酈道元云：『昔周、召分伯，以陝城爲東西之别，東城即虢之上陽也。』」詳虢仲、虢叔疏證。《五行志》：「是時，虢爲小國，介夏陽之阸，怙虞之助，亢衡于晉，有炕陽爲節，❷失臣下之心，晉獻伐之。」二年經「下陽」，服虔本作「夏陽」。

---

❶「摶」，原爲空格，今據原稿補。「治」，原作「冶」，今據《晏子春秋》卷二改。

❷「炕」，原作「亢」，今據原稿改。

問於卜偃曰：「吾其濟乎？」對曰：「克之。」公曰：「何時？」【疏證】《五行志》：「問於卜偃曰：『吾其濟乎？』」注：「師古曰：『卜偃，晉大夫主卜者。』」《晉語》注：「卜偃，晉大夫郭偃也。」

對曰：「童謠云：『丙之晨，龍尾伏辰；【疏證】《律曆志・三統・世經》引《左傳》曰「丙子之晨」。《御覽》、《五行傳》同。❶ 惠士奇云：「師法用辰不用日。丙，日也。子，辰也。言丙不言子者，日在尾，故舉日不舉辰。辰爲客，時爲主人，故言丙之晨。」陳瑑云：「《晉語》韋解：『丙，丙子也。』是內、外傳俱無子字。」按：惠、陳説是也。《晉語》同傳文，韋注：「童，童子。徒歌曰謠。丙，丙子。❷ 晨，早朝也。龍尾，尾星也。❸ 伏，隱也。辰，日月之交會也。魯僖五年冬、周十二月、夏十月丙子朔之朝，日在尾，❹ 月在天策也。伏辰，辰在龍尾，隱而未見也。」杜注略同。又云：「日在尾，故尾星伏不見。」項名達云：「日月同度曰合辰，合辰非在平旦，而在平旦之前。隱而未見，故曰伏。本合於尾，月行疾，至平旦已至天策也。」

「『均服振振，【注】賈、服等皆爲均，均，同也。《司几筵》疏。服虔云：「袀服，黑服也。」《文選・閒居賦》注。【疏證】《律曆志》引《三統・世經》作「袀服振振」。《五行志》同。《司几筵》「設莞筵紛純」，注：「鄭司農云：『純讀如均服之均。純，緣也。』」疏：「按僖五年《左傳》卜偃云：『均服振振，取虢之旂。』賈、服、杜君等皆

---

❶ 「傳」，疑當作「志」。「同」，原作「曰」，今據原稿改。
❷ 「丙」，原脱，今據《國語正義》卷八補。
❸ 「尾」，原脱，今據《國語正義》卷八補。
❹ 「在」，原脱，今據原稿補。

爲均，均，同也。但司農讀爲均，均即準，音與純同，故云純緣也。」如彼疏説，是先鄭、賈、服、杜皆爲均，何别云司農讀爲均？段玉裁云：「賈、服、杜君等皆爲袀，袀，同也。今本疏『袀』字訛『均』。」按：段説是也。賈、服諸儒本皆爲「袀」，作「均」，乃先鄭之誼。洪亮吉云：「李善《閒居賦》注引傳作『袀』。《廣雅》：『袀，戎衣也。』《左傳》：『袀服振振。』《吕覽·悔過》篇『今袀服四建』，高誘注：『袀，同也。兵服上下無别，故曰袀。』今服虔注尚作『袀』，是漢時《左氏》本作『袀服』也。《釋文》亦云《字書》『袀』音同。劉逵《吴都賦》注引傳亦作『袀』。」❶杜注但云：「戎事上下同服。」不言何色。疏引《司服》「凡兵事，韋弁服」，謂：「在兵之服皆韋弁。『均服』者，謂兵戎之事，貴賤上下，均同此服也。」疏意蓋以袀服爲韋服。沈欽韓云：「《獨斷》云：『袀，絳繒也。』❷《士昏禮》『女從者皆畢袗玄』，❸注：『古文袗爲袀。袀，❹同也。同玄者，上下皆玄也。』此均服者，亦謂衣裳皆絳也。」沈同疏説。疏謂韋弁服，亦杜所未言也。服注謂：「袀服，黑服。」《説文》：「袀，❺玄服也。」袀讀若均，賈注當同於服。《五行志》師古注亦云：「袀服，深衣。」❻《閒居賦》「服振振以齊玄」，《吴都賦》注：「袀，皁服也。」皆用服注黑衣之訓。惠棟

❶「劉逵」，原爲空格，今據原稿補。
❷「絳」，《春秋左氏傳補注》卷三作「紺」。
❸「從」，原作「使」，今據原稿改。
❹「袀」，《春秋左氏傳補注》卷三作「袗」。
❺「袀」，《説文解字》卷八上作「袗」。
❻「深」，《漢書·五行志》作「黑」。

云：「古戎服尚黑。《戰國策》『願令補黑衣之數』，注云：『黑衣，戎服。』《漢書・五行志》引傳作『袀』。《儀禮・士冠禮》曰『兄弟畢袗玄』。鄭注：『袗，同也。古文袗爲均。』司馬彪《輿服志》：『郊祀之服，皆以袀玄。』❶《淮南子》曰：『尸祝袀袨。』高誘曰：『袀，純服。袨，黑齊衣也。』袀袨猶袗玄，上下皆玄，故謂之黑服。謂『均服』爲『黑服』，失之。袀，古文皆作均。杜氏謂『戎事上下同服』，是也。《管子・大匡》篇『四年，修兵，同甲十萬』，同甲，均服之謂也。」玩惠意，蓋不以服説爲然。其謂「袀」古文皆作「均」，蓋因《禮》注「古文袗爲均」，袗乃袀之譌也。❷後鄭以「袀」爲「均」，與先鄭同。胡培翬云：「許釋『袀』爲玄服，而鄭不同者，許蓋禮家舊説也。《春秋左氏傳》『袀服振振』，賈、服、杜等皆爲袀服。賈云：『袀，同也。』《吴都賦》注亦引《左氏》注『袀，同也』。杜注《左傳》云『戎事上下同服』。此説『袀』皆同鄭也。服虔注：『袀服，黑服。』此説『袀』同許也。」按：胡説是也。惟許君亦云玄服，則賈説當不殊於服，就賈、服注合之，許君誼當云「袀，黑服也。讀若均。均，同也」，義乃完匝。其先、後鄭異者，止在以「袀」爲「均」，不云「黑服」耳。李貽德云：「賈、服各舉一義，其實互相成。」是也。《六月》「載是常服」，疏：「此載者，據將帥服耳。其餘軍士之服，下章言『既成我服』是也。通皆韋弁，❸故《坊記》注云：『唯在軍同服耳。』知者，僖五年《左傳》曰：『均服振振，取號之旂。』是同也。禮，在朝及齊祭，君臣有同服多矣。鄭獨言在軍者，爲僕右服也。以君各有時服，僕右恒朝服，在軍則同，故言唯耳，不通於他事。」此以袀服爲韋弁服，與本疏同。先、後

❶「袀」，原作「袗」，今據原稿改。

❷「袀」，原作「袗」，今據原稿改。

❸「弁」，《毛詩正義》卷十作「皮」。

鄭皆不言袀服之色，故疏别有爲説也。《月令》孟冬「乘玄路」注：「今《月令》曰『乘袗路』，似當爲『袀』。」❶則鄭亦取服注矣。

「『取虢之旂。【疏證】《司常》：「交龍爲旂。」注：「凡九旗之帛皆用絳。」《司常》又云：「諸侯建旂。」注：「諸侯畫交龍，一象其升朝，一象其下復也。」❷疏云：「諸侯旗旂無日月星，故龍有升降也。象升朝天子，象下復還國也。」《釋天》「有鈴曰旂」，郭注：「懸鈴於竿頭，畫蛟龍於旒。」郭注蓋兼《司常》「交龍」言之。《晉語》「交龍曰旂」，用《司常》義。杜注：「旂，軍之旌旗。」旗、旂有别，諸侯之旂亦不止行軍乃用。

「『鶉之賁賁，天策焞焞，火中成軍，虢公其奔。』【疏證】《五行志》「奔」作「犇」。《晉語》韋注：「鶉，鶉火，鳥星也。賁賁，鶉火星貌也。天策，尾上一星，名曰天策，一名傅説。焞焞，近日月之貌也。火，鶉火也。中，晨中也。成軍，軍有成功也。按：《開元占經》引《石氏星經》曰：『傅説一星在尾後。』注云：『入尾十二度太，去極百二十度半，在黄道外十三度太。』」❸項名達云：「按：天策在析木之次，距鶉火約百度餘。今合言之者，就平旦時，一誌中星，一誌月離也。」杜注與韋説略同，其云「天策，傅説星」，疏以《史記·天官書》之文。❹今本《史記》無之。杜又云：「近日，星微。焞焞，無光燿也。」焦循云：「此時日月會於尾，尾星伏不見，則尾上之星亦伏不

❶「袀」，《禮記正義》卷十七作「袗」。
❷「復」，原爲空格，今據原稿補。
❸「外」，原脱，今據原稿補。
❹「文」，原作「書」，今據原稿改。

見，故天策星以近日之故，不見星，而但見日光之明。《説文》：『焞，明也。』《九歌・東君》篇『暾將出兮東方』，王逸注云：❶『謂日始出東方，其容暾暾而盛也。焞焞即暾暾，❷謂日光出於天策星之閒而盛，非謂天策星近日而微。焞焞屬日不屬星。杜以爲無光耀，非是。』」陳瑑云：「杜訓『焞焞』爲近日星無光耀也，本《玉篇》爲説。韋則曰：『焞焞，近日之貌也。』蓋星有見伏逆留，近日月則伏而無光矣。❸是亦以無光耀訓『焞焞』也。」按：陳説是也。傳言「天策焞焞」，則焞焞以星光言。韋注：「焞焞，近日月之貌。」❹亦謂尾星光近日月耳。疏云：「傳説之星在尾之末，合朔在尾，故其星近日，星微，焞焞然無光耀也。」火指鶉火。成軍謂以軍往伐虢也，杜以成爲成功，非。

「其九月、十月之交乎？【疏證】杜注：「以星驗推之，知九月、十月之交，謂夏九月、十月也。交，晦朔交會。」《晉語》韋注亦云：「交，晦朔之間也。」疏無説。項名達云：「按：九月、十月指夏時言，於周爲十一月、十二月。又案：魯僖五年，❺依三統術推算，自甲申統首，盡本年十一月，積日無小餘。十二月合朔在夜半，大餘五十二算外，命得丙子，積度三百二十四。牛初起算，合朔在尾十四度八十四分，與本傳合。解亦本此，然不可爲

---

❶「王逸」至「東方」十字，原脱，今據原稿補。
❷「焞焞」，原作「燉燉」，今據原稿改。
❸「月」，原脱，今據原稿補。
❹「近」，原脱，今據原稿補。
❺「魯」，原作「晉」，今據《國語發正》卷八改。

據，何也？經載本年九月戊申朔，日有食之。夫月朔遲早一日餘，恒不易覺，古術疏略，多有誤時。若日食在朔，則昭著於天，不容有誤。故九月朔的爲戊申。而以三統推之，則得丁未，先天一日。九月朔既先天，所推十二月朔之丙子亦必先天。《大衍術議》曰：『古術與近代密術相較，❶二百年氣差一日，三百年朔差一日，推而上之，久益先天，引而下之，久益後天。』自是確論。古術大都與三統相近，朔實大强，每不免先天之失。今本《授時》推得九月朔四十四日有奇，命得戊申，交分二十六日有奇，入食限，亦既密合於天矣。由是推十二月朔，計十三日有奇，命得丁丑。❷經朔在未初二刻，❸定朔在丑初三刻，合辰於尾，於赤道當十六度十四分，於黄道當十六度二十三分，與本傳龍尾伏辰合。至平旦則日在尾十六度四十二分，月在尾十八度四十八分，古距尾止十八度，❹則尾、箕之閒也。尾、箕閒傳説一星，亦名天策，與《内傳》稱『日在尾、月在策』合，惟較丙之晨則差一日。推丙子平旦日在尾十五度三十九分，月在尾五度六十二分，月距策尚十餘度，因思卜偃預占丙子非實驗於天，要由古術推算而得。古術既先天而差早合於丙子，必不合於戊申，然曰食實在戊申，則十二月朔，必非丙子而實丁

---

❶「術」，《國語發正》卷八作「率」。

❷原稿眉批：無解於傳之丙子朔。

❸「經」上，原衍一空格與一「朔」字，今據原稿删。

❹「古」下，原衍一空格，今據原稿删。

丑矣。丁丑平旦張十度中，❶已值鶉火之末，始將西降，故曰『賁賁』。是時天策尚在地平下，迨出地平，❷則日已晝而星無光，所謂『焞焞』，亦虛擬之辭，非目覩也。」

「日在尾，❸月在策，鶉火中，必是時也。」【疏證】杜注：「是夜日月合朔於尾，月行疾，故至旦而過在策。」疏云：「十月朔，丙子之日，平旦時，日體在尾星，月在天策星，鶉火正中於南方。」以三統推之，此夜小餘盡，夜半合朔在尾十四度。錢大昕云：「當在尾十五度大强。」貴曾曰：置是年積日三十六萬八百六十七，加十一月積日三百二十四，共得積日三十六萬一千一百九十一，以統法乘之，得五億五千五百八十七萬四千四百八十，滿周天去之，餘四十九萬九千九百二十八，盈統法而一，得積度三百二十四度，❹餘一千二百九十二，命如法，周十二月，合辰在尾十五度，加時在子，孔氏以爲尾十四度，非也。又按：是年入甲申統九百八十八年，❺大餘二十七，小餘十三，加朔策十一月，得大餘五十二，無小餘，得周十二月丙子朔。置一日以日法通之，得八十一，❻以月周二百五十四乘之，得二萬五百七十四。盈統法而一，得十三度，度餘五百六十七，爲丙子夜半，至合朔，加時

❶「丑平」，原脱，今據原稿補。
❷「迨出地平」，原重文，今據原稿删。
❸「日」上，《春秋左傳正義》卷十二有「丙子旦」三字。
❹上「度」，原脱，今據原稿補。
❺下「八」，原脱，今據原稿補。
❻「得」，原重文，今據原稿删。

月所行之度，命如法，得丙子朔。合辰月在箕十度，箕即天策也。又依法推星始見，距十二月丙子朔一百九日，應順行十九度十一分度九，以十一分九與所推度，餘見月、日法，分一百八萬四千一百四十六，通分子母相并，推得星在星三度二千六百七十九萬八千六百七分度之二千三百一萬二百七十九，入鶉火之次。❶

冬，十二月，丙子，朔，晉滅虢，虢公醜奔京師。【注】《左氏》說：「周十二月，❷夏十月也，言天者從夏正。」❸《五行志》。【疏證】杜注：「周十二月，夏之十月。」蓋用舊說。貴曾曰：以三統術推之，是年十月丙子朔，周十二月也。蓋《春秋》周正，三統夏正，故恒差二月。《律曆志》云：「『夏數得天』，四時之正也。」故言天者必從也。趙子常云：「傳見三正，通於民俗。」閻若璩謂當時列國惟晉用夏正，非。《晉世家》：「其冬，晉滅虢，虢公醜奔周。」

師還，館于虞，遂襲虞，滅之。執虞公及其大夫井伯，以媵秦穆姬，【疏證】杜不釋「井伯」。《晉世家》：「還，襲虞，虜虞公及其大夫井伯百里奚。」正義曰：「《南雍州記》云：『百里奚字井伯，宛人也。』」洪亮吉云：「梁劉峻《世說新語》注：『百里字井伯。』」按：《古今人表》百里奚列上之下，井伯列中之下，則非一人也。」文淇案：《秦本紀》：「穆公四年，迎婦於晉。五年，晉獻公滅虞、虢，❹虜虞君及其大夫百里傒，以璧馬賂于虞故也。

❶ 原稿眉批：此節二弟酉，須云十五度三十九分。
❷ 「二」，原脱，今據原稿補。
❸ 「從」，《漢書・五行志》作「以」。
❹ 「公」，原脱，今據原稿補。

既虜百里奚，以爲秦穆公夫人媵於秦。」不及井伯，與《晉世家》又異。四年迎婦而五年媵夫人者，❶或待年於國，五年始歸秦也。《韓子·説難》、《吕氏春秋·慎人》皆爲百里媵秦穆姬。《唐書·宰相世系表》：「虞之公族井伯奚媵伯姬于秦，受邑於百里，因號百里奚。」杜注：「秦穆姬，晉獻公女。」孫炎《爾雅》注：「送女曰媵。」杜注用之。黄生《字詁》：「《説文》：『佚，送也。』古者諸侯嫁女本國及他國，皆以大夫送之，謂之佚。俗以妾義專，故從女、不從佚。《史記》：『伊尹爲有莘氏媵臣。』《左傳》：『晉執虞公及其大夫井伯，以媵秦穆姬；公子結媵陳人之婦于鄄，遂及齊侯、宋公盟；晉將嫁女于吴，齊侯使析歸父媵之；伯姬歸於宋，衛人來媵。凡諸侯嫁女，同姓媵之，異姓則否。』《公羊》：『諸侯娶一國，則二國往媵之，以姪、娣從。』佚蓋送之名，非謂所送之女爲媵也。」如黄説，則傳古文「媵」當作「佚」。❷《説文》又引吕不韋曰：「有侁氏以伊尹佚女。」今見《吕氏春秋·本味》篇，❸亦古書作「佚」之證。《我行其野》疏：「《釋言》云：『媵，❹送也。』妾送嫡而行，故謂妾爲媵。媵之名不專施妾，凡送女適人者，男女皆謂之媵。❺《左傳》『晉人滅虞，❻執其大夫井伯，以媵秦穆姬』，史稱伊尹有莘氏之媵臣，是送女者雖男亦

❶「迎」，原作「媵」，今據原稿改。
❷「媵當作佚」，原作「媵」，今據原稿改。
❸「味」，原作「時」，今據原稿改。
❹「媵」，原作「賸」，今據原稿改。
❺「男女」至「女者」三十七字，原重文，今據原稿删。
❻「虞」下，原衍「公」字，今據原稿删。

名媵也。」媵不指妾。《公羊》「往媵之」下别稱「以姪、娣從」，文最分明。謂媵爲男女通稱，非。

而修虞祀，且歸其職貢於王。【注】服云：「虞所祭祀，命祀也。」《晉世家》集解。【疏證】惠士奇曰：「終宮之奇之言。」杜注：「虞所命祀也。」即用服説。《大宗伯》「乃頒祀於邦國」，《大祝》「建邦國，❶禁督逆祀命者」，注：「督，正也。正王之所命，諸侯之所祀，有逆者則刑罰焉。」本疏云：「虞受王所命之祀，謂天子命虞使祀其竟内山川之神也。既滅其國，故代虞祭之。」疏釋命祀即本《大祝》注説。如服意，❷則謂就虞國祭祀之典，修其王所命祀也，杜删「祭祀」二字，❸便不詞。

故書曰「晉人執虞公」，罪虞，且言易也。

【經】六年，春，王正月。

夏，公會齊侯、宋公、陳侯、衛侯、曹伯伐鄭，圍新城。【疏證】新城即新密。《地理志》：「河南郡密，故國，有大騩山，溴水所出，南至臨潁入潁。」應劭曰：「『密人不恭』，密須氏姞姓之國也。」臣瓚曰：「密，姬姓之國也，見《世本》。密須，今安定陰密是也。」師古曰：「應、瓚二説皆非也。此密即《春秋》『圍新密』者也，蓋鄭地。而

---

❶「祝」，原作「祀」，今據原稿改。
❷「如」，原重文，今據原稿删。
❸「杜」，原脱，今據原稿補。

《詩》所云『密人』，❶即《左傳》所謂『密須之鼓』者，在安定陰密。」文淇案：瓚以密在河南，密須在安定。而師古以應、瓚二説皆非，是誤以瓚説同應劭也。此密自在河南。沈欽韓云：「《水經注》：『密縣故城，《春秋》謂之新城。』《方輿紀要》：『密城在開封府禹州密縣東南三十里，即《春秋》之新城。』」江永云：「密縣今屬許州府。」《年表》：「齊桓公三十二年，率諸侯伐鄭。」❷

秋，楚人圍許。【疏證】杜注：「楚子不親圍，以圍者告。」文淇案：傳云「楚子圍許以救鄭」，杜何以知其不親圍，且魯亦在伐許之列，楚必不來告也。

諸侯遂救許。❸【疏證】杜注：「皆伐鄭之諸侯。」❹

冬，❺公至自伐鄭。無傳。

【傳】六年，**春，晉侯使賈華伐屈。**【注】賈云：「賈華，晉右行大夫。」《晉世家》集解。【疏證】《晉語》：「令賈華刺夷吾，夷吾逃于梁。」文淇案：《晉世家》：「獻公二十二年，使人伐屈，屈城守，不可下。二十三

❶「而」，原作「所」，今據原稿改。
❷「伐」，原作「代」，今據原稿改。
❸「許」，原作「鄭」，今據《春秋左傳正義》卷十三改。
❹「伐」，原作「代」，今據原稿改。
❺「冬公」，原倒，今據《春秋左傳正義》卷十三改。

年，獻公遂發賈華等伐屈，屈潰。」是前年晉已伐屈，此再伐也。杜注：「賈華，晉大夫。」用賈説。❶洪亮吉云：「賈據僖十年傳爲文。」彼傳云「右行賈華」也。

夷吾不能守，盟而行，將奔狄，郤芮曰：【疏證】杜無注。「郤芮」，《晉世家》作「冀芮」。《晉語》注：「冀芮，晉大夫，冀缺之父。」杜九年注：❷「郤芮，郤克祖父。」成二年疏引《世本》云：「郤豹生冀芮，芮生缺，缺生克。」乃韋、杜説所出。洪亮吉云：「《一切經音義》引《聲類》：『郤鄉在河内。』按：此則芮食采于郤，後因以爲氏也。」按：據《世本》，芮父郤豹已以郤爲氏，不始於芮。《潛夫論》：「郄氏，姬姓，晉之公族也。」郄、郤同。

「後出同走，罪也。【疏證】《晉語》韋注：「同走，嫌同謀也。」杜注：「嫌與重耳同謀而相隨。」從韋説。顧炎武云：「《史記》述冀芮之言曰：『重耳已在矣，今往，晉必移兵伐翟，翟畏晉，禍且及。』《左氏》文簡，非此數語不明。杜《解》非。」

「不如之梁，梁近秦而幸焉。」乃之梁。【疏證】《晉語》注：「梁，嬴姓之後，❸伯爵也。」《晉世家》：❹「『梁近於秦，秦彊，吾君百歲後，可以求入焉。』遂奔梁。」《史》不采傳「而幸焉」義。《晉語》則云：「不若走梁。梁近於秦，秦親吾君。」注：「秦穆夫人，獻公之女，故親吾君也。」是傳之「幸」謂秦與晉親。杜注：「秦既大國，穆姬

---

❶「説」，原脱，今據原稿補。
❷「注」，原脱，今據原稿補。
❸「後」，《國語正義》卷三作「國」。
❹「晉世家」，原脱，今據原稿補。

在焉。」從韋說，而又云：「以梁爲秦所親幸。」非傳意。《年表》：「晉獻公二十三年，夷吾奔梁。」

夏，諸侯伐鄭，以其逃首止之盟也。❶**圍新密，鄭所以不時城也。**【疏證】杜注：「實新密而經言新城者，鄭以非時興土功，齊桓聲其罪以告諸侯。」顧炎武云：「實密而經云新城，故傳釋之，以爲鄭懼齊而新築城，因謂之新城也。《解》云：『鄭以非時興土功，齊桓聲其罪以告諸侯。』夫罪孰大於逃盟者？ 而更責其非時興土功，❷不亦細乎？ 且上文固曰『以其逃首止之盟』，則不須添此一節矣。」按：顧說是也。 疏引劉炫云：「先王之制，諸侯無故不造城，造城則攻其所造。《司馬法》曰『産城，則攻其所産』是也。」❸炫與杜說同，則非《規過》，當是《述義》之詞。 疑舊注謂齊以土功罪鄭，❹杜注用之。 但舊注與傳違，今不取。

秋，楚子圍許以救鄭。 諸侯救許。 乃還。

冬，蔡穆侯將許僖公以見楚子於武城。【疏證】杜注：「楚子退舍武城。 武城，楚地。」《郡國志》：「南陽城宛有東武亭。」沈欽韓云：「《一統志》：『武城在南陽府北，一名武延城。《元統志》：❺武延城在南陽縣北百

---

❶「盟」下，《春秋左傳正義》卷十三有「故」字。
❷「功」，原脱，今據原稿補。
❸「也」，原脱，今據原稿補。
❹「舊注謂」，原重文，今據原稿删。
❺「元統」，原爲空格，今據原稿補。

里。』」江永云：「《一統志》又云：❶『楚受蔡侯降於此。』則誤。此受許男降，非受蔡侯降也。」

許男面縛，銜璧，大夫衰絰，士輿櫬。【疏證】杜注：「縛手於後，唯見其面，以璧爲贄。手縛，故銜之。」黄生《義府》云：「《史記·宋世家》載微子『肉袒面縛』，解者以爲反縛向後，僅見其面。此説陋甚。凡縛者必反接，所以防他變。若微子，則是自爲出降之禮，但縛手而不反接，故以『面』字著之。此古人用字之妙，從來爲陋解所晦，可恨也。又《項羽紀》：❷『顧見漢騎司馬吕馬童：「若非吾故人乎？」吕馬童面之，指王翳曰：「此項王也。」』解者訓『面』爲『背』，❸亦誤。面之即諦視之謂。」文淇按：黄氏所駁爲索隱説。❹索隱云：「面縛者，縛手於背而面向前也。」蓋沿杜氏之誤。壽曾按：黄氏駁索隱則是，而以面爲諦視，則面縛當訓爲縛而面之，亦不詞。洪亮吉云：「《廣雅》：『偭，偝也。』《漢書·賈誼傳》：『偭蟂獺以隱處兮。』王逸、應劭並云：『偭，背也。』《項籍傳》『馬童面之』，張晏曰：『背之也。』師古亦云：『面謂背之，不面向也。』『偭』、『面』古字同。按：杜注云『但見其面』，可謂臆説。」惠士奇亦引《項籍傳》釋云：「面縛之亦謂反偝而縛之，杜元凱以爲『但見其面』，非也。」按：洪、惠説是也。朱駿聲云：「面之爲背，猶廢之爲置、徂之爲存也。」亦以背反訓之。《宋世家》索隱引劉氏云：「『面即背也』，義亦稍迂。」此劉氏未知何人，容在裴氏之前，可以洪、惠未引可爲補證。馬宗璉云：「銜璧當即斂用含璧

---

❶「一」，原爲空格，今據原稿補。
❷「紀」，原作「傳」，今據原稿改。
❸「背」，原作「面」，今據原稿改。
❹「駁」，原爲空格，今據原稿補。

意，示不生也。哀十一年傳『陳子行，命其徒具含玉』即此意，杜注以璧爲贄，手縛故銜之，恐非是。」按：馬説是也。銜謂具此含玉耳。杜注又云：「櫬，棺也。將受死，故衰絰。」《御覽》五百四十七引注：「櫬，棺。」當是舊注。《説文》：「櫬，棺也。《春秋傳》曰『士輿櫬』。」則「櫬，棺」爲賈氏誼矣。《楚世家》：「成王十八年，成王以兵北伐許，許君肉袒謝，乃釋之。」《年表》：「楚成王十八年，伐許，許君肉袒謝，楚從之。」

楚子問諸逢伯，【疏證】杜注：「逢伯，楚大夫。」

對曰：「昔武王克殷，微子啓如是。武王親釋其縛，受其璧而祓之。【疏證】《宋世家》：「微子開者，殷帝乙之首子而紂之庶兄也。周武王伐紂克殷，微子乃持其祭器造於軍門，肉袒面縛，左牽羊，右把茅，膝行而前以告。」《説文》：「祓，除惡之祭也。」杜注：「祓，除凶之禮。」用許説。疏云：「襄二十九年稱『公臨楚喪，❶使巫以桃茢先祓殯』，❷此亦當以桃茢祓之。」❸

焚其櫬，禮而命之，使復其所。」楚子從之。【疏證】杜無注。《振鷺》疏引此傳，又引《史記》云：「『於是武王乃釋微子，復其位如故。』言復位以還爲微子，但微國本在紂之畿内，既以武庚君於畿内，則微子不得復封於微也。但微子自囚，以見武王，武王使復其位，正謂解釋其囚，❹使復臣位，不是復封微國也。」按：使復其所，

❶「襄」，原作「哀」，今據《春秋左傳正義》卷十三改。
❷「茢」，《春秋左傳正義》卷十三作「苅」。
❸「祓」，原重文，今據原稿删。
❹「正」，原脱，今據原稿補。

是自復微國之封。彼疏謂「復臣位」，虚無所指。《樂記》「投殷之後於宋」，注：「投，舉徙之辭也。❶時武王封紂子武庚於殷墟，所徙者微子也，後周公更封而大之。」疏：「初克時，微子復其故位。《左傳》云『武王親釋其縛，使復其所』是也。而蹔時復所，武王即徙而居宋，故云『所徙者微子』。」謂復封微國爲蹔時之事，後即徙宋，得之。

【經】七年，春，齊人伐鄭。

夏，小邾子來朝。無傳。**【疏證】**《公羊》「邾」下有「婁」。杜注：「邾之別封，故曰小邾。」小邾即郳也，詳莊六年疏證。

鄭殺其大夫申侯。【疏證】杜注：「申侯，鄭卿。專利而不厭，故稱名以殺，罪之也。例在文六年。」傳：「九月，賈季使續鞫居殺陽處父，書曰『晉殺其大夫』，侵官也。」彼經書大夫而不名，且罪賈季，與此經書法殊。杜説非。

秋，七月，公會齊侯、宋公、陳世子款、鄭世子華，盟于甯母。【疏證】《公羊》文同。《穀梁》「甯」作「寧」，《釋文》：「甯母，如字，又音無。」《公》、《穀》釋文「母」亦兩音。石經、十行本作「毋」。《郡國志》：「山陽郡方與有泥母亭，或曰古甯母。」杜注謂泥音如甯。沈欽韓云：「《一統志》：『泥母亭在兖州府魚臺縣東二十里。』」❷

---

❶ 「辭」，原脱，今據原稿補。

❷ 「東二」，原作「三」，今據原稿改。

曹伯班卒。無傳。【疏證】班，《公羊》曰「般」。

公子友如齊。無傳。【疏證】杜注：「罷盟而聘。」

冬，葬曹昭公。無傳。【疏證】《年表》以僖公八年爲曹共公元年。

【傳】七年，春，齊人伐鄭。

孔叔言於鄭伯曰：「諺有之曰：『心則不競，何憚於病？』【疏證】孔叔□□□□傳：「競，❶强也。」□□箋：「憚，病也。」❷杜注用之。《周書·樂遜傳》：「遜陳時宜曰：『魏祚告終，天睠在德。而高洋稱僭，先迷未敗，擁逼山東，事切肘腋。國家雖强，洋不受弱。詩云：「德則不競，何憚於病。」唯德可以庇民，非恃彊也。』」按：遜本傳：「遜講《孝經》、《論語》、《毛詩》及服虔所注《春秋左氏傳》。」又云：「著《春秋序義》，通賈成説，發杜氏違，辭理並可觀。」「賈成」似「賈服」之訛，古傳《左氏》學者無成氏也，遜引傳「諺」作「詩」，「心」作「德」，並與今本異，當是賈、服本。其稱「惟德可以庇民」蒙上引《詩》，「德」非誤，德强視心强，意尤美矣。❸《風俗通》「則」作「苟」，亦異今本。

「既不能强，又不能弱，所以斃也。【疏證】樂氏説「惟德可以庇民」，則「不能强」謂不能用德自强也。❹

❶「競」，原脱，今據原稿補。
❷「病」，《春秋左傳正義》卷十三作「難」。
❸「美」，原爲空格，今據原稿補。
❹「用」上，原衍「謂」字，今據原稿删。

「國危矣，請下齊以救國。」公曰：「吾知其所由來矣，姑少待我。」杜注：「欲以申侯説。」對曰：「朝不及夕，何以待君？」【疏證】杜無注。《北周書・賀拔岳傳》：「爾朱榮謀入匡，朝廷謂岳曰：❶『計將安出？』岳對曰：『古人云「朝謀不及夕，言發不俟駕」，此之謂矣。』」用此傳意，舊説朝夕當以謀慮言。

夏，鄭殺申侯以説于齊，且用陳轅濤塗之譖也。

初，申侯，申出也。【疏證】杜注：「姊妹之子爲出。」顧炎武云：「蓋楚女嫁於申所生。」案：顧説是也。杜注「姊妹」之文無所傳。

有寵於楚文王。文王將死，與之璧，使行，曰：「唯我知女，女專利而不厭，予取予求，不女疵瑕也。❷【疏證】杜注：「從我取，從我求，不以女爲罪釁。」是杜以「疵瑕」爲罪釁。《呂覽・長見》篇高誘注引此傳「不汝玼瑕也」。《説文》：「玼，玉色鮮也。」鄭玄《禮記》注：「瑕，玉之病也。」「不女玼瑕」猶然不女短長。杜本作「疵瑕」，故訓辭異。玼瑕，古文。

「後之人將求多於女，【疏證】杜注：「謂嗣君也。求多，以禮義大望責之。」

「女必不免。我死，汝必速行，無適小國，將不女容焉！」【疏證】《周書・樂遜傳》：「遜陳時宜曰：

❶ 「岳曰計將安出」，原重文，今據原稿删。

❷ 「疵」，原脱，今據原稿補。

『昔申侯將奔，楚子誨之曰「無適小國」，言以政狹法峻，將不汝容。敬仲入齊，稱曰「幸若獲宥，及於寬政」。然關東諸州，淪陷日久，人在塗炭，❶當慕息肩。若不布政優優，❷聞諸境外，❸將何以使彼勞民歸就樂土？』」❹文淇案：遜爲服氏學，此必服義也。杜注「政狹法峻」，即用服説。

既葬，出奔鄭，又有寵於厲公。子文聞其死也，曰：「古人有言曰：『知臣莫若君。』弗可改也已。」【疏證】沈欽韓云：「《管子·大匡》：『鮑叔曰：「先人有言曰：知子莫若父，知臣莫若君。」』」文淇案：《齊世家》：「桓公問管仲曰：『群臣誰可相者？』管仲曰：『知臣莫若君。』」是此爲古語，子文、管仲並引之。❺

「秋，盟于甯母」，謀鄭故也。

管仲言於齊侯曰：「臣聞之：招攜以禮，懷遠以德。【疏證】《國語》韋注：「攜，離也。」杜注用韋説。《漢書·南越傳》贊：「追觀太宗填撫尉陀，豈古所謂『招攜以禮，懷遠以德』者哉！」師古注即引此傳，解之云：「攜謂離貳者也。懷，來也。言有離貳者則招集之，恃險遠者則懷來之也。」

「德禮不易，無人不懷。」齊侯修禮於諸侯，諸侯官受方物。【疏證】杜注：「諸侯官司，各於齊受其

❶「炭」，原作「肩」，今據《周書·樂遜傳》改。
❷「優優」，原脱一「優」字，今據原稿補。
❸「聞」，原作「即」，今據原稿改。
❹「勞」，原脱，今據原稿補。
❺「子」，原作「可」；「文」，原爲空格，今據原稿改補。

方所當貢天子之物。」疏：「《大行人》：『侯服貢祀物，甸服貢嬪物，男服貢器物，采服貢服物，衛服貢材物。』鄭注云：『祀貢者，犧牲之屬。嬪物，絲枲也。器物，尊彝之屬。服物，玄纁絺纊也。材物，八材也。貨物，龜貝也。』如彼《禮》文，諸侯所貢之物，皆以服數爲差。《尚書·禹貢》『任土作貢』，皆貢土地所生，不計路之遠近。然則《周禮》雖依服數，亦貢土地之所生，不宜遠求他方之物以貢王也。」❶

鄭伯使大子華聽命於會，❷**言於齊侯曰：「洩氏、孔氏、子人氏三族，實違君命。****【疏證】**杜注：「三族，鄭大夫。」沈欽韓云：「洩氏，隱四年之洩駕、僖二十年之洩堵寇是也。孔氏，上孔叔是也。子人氏，鄭厲公之弟、桓十四年名語者也。」

「君若去之以爲成，我以鄭爲内臣，君亦無所不利焉。」【疏證】洪亮吉云：「『君若』，諸本作『若君』，今從石經、宋本改正。」《唐石經校文》亦云：「各本『君若』誤作『若君』。」今依洪、嚴説刊正。成猶求成也。杜注：「以鄭事齊，如封内臣。」封即附庸也。

齊侯將許之。管仲曰：「君以禮與信屬諸侯，而以姦終之，無乃不可乎？【疏證】《公羊》宣十二年傳注：「無乃猶得無。」

「子父不姦之謂禮，守命共時之謂信，【疏證】杜注：「守君命，共時事。」

---

❶ 原稿眉批：方物，此條再考改。查貢其方物。

❷ 「大」，原脱，今據《春秋左傳正義》卷十三補。

「違此二者，姦莫大焉。」

公曰：「諸侯有討於鄭，未捷。今苟有釁，從之，不亦可乎？」【疏證】杜注：「子華犯父命，是其釁隙。」

對曰：「君若綏之以德，加之以訓辭，而率諸侯以討鄭，❶鄭將覆亡之不暇，豈敢不懼？若總其罪人以臨之，【疏證】石經「總」作「惣」。孫愐曰：「此俗字，當作『總』。」杜注：「總，將領也。」惠棟云：「《戰國策》曰『楚請道以臨韓、魏』，❷高誘曰：『臨猶伐也。』定二年傳『以師臨我』同。」

「鄭有辭矣，何懼？

「且夫合諸侯，以崇德也。會而列姦，何以示後嗣？【疏證】杜注：「列姦，用子華。」惠棟云：「用子華爲內臣。昭四年傳云『姬在列者』，言姬姓爲君者也。子華欲以鄭屬齊，爲附庸之君。齊若許之，是列姦也，故下云『記姦之位』，位謂君位。杜下注云『會位』，失之。如杜說，何以經仍書『鄭世子華』乎？必不然矣。」按：惠說是也。疏：「杜說位爲會位，故云鄭世子華已列於會矣。管仲方云『會而列姦，何以示後世嗣』，桓公列之於會，直是列其身耳。管仲言『列姦』者，謂將用其姦謀。故杜云『列姦，用子華』也。」列身與列姦謀爲二事，傳無此意，强生分别，以佐杜說，非。

---

❶ 「率」，《春秋左傳正義》卷十三作「帥」。

❷ 「請道」，原爲空格，今據原稿補。

「夫諸侯之會，其德刑禮義，無國不記。記姦之位，君盟替矣。【疏證】「位」爲君位，說見上。杜注：「位，會位也。❶子華爲姦人，而列在會位，將爲諸侯所記。」管仲此言止子華鄭爲内臣之請耳。子華以君命來會，烏得不記，杜說殊謬。惠棟云：「替，三體石經作朁。《說文》：『朁，廢，一偏下也。❷從竝白聲，或從曰，或從兟從曰。』」洪亮吉云：「唐石經作『替』。《詩》毛傳：『替，廢也。』」

「作而不記，非盛德也。【疏證】杜注：「君舉必書，雖使齊史隱諱，亦損盛德。」顧炎武云：「傳云『無國不記』，杜乃云『齊史隱諱』，非也。不記，言不可記。」按：顧說是也。子華以子奸父之命，而以鄭屬齊，是不可記也。顧說與惠說可互明。

「君其勿許，鄭必受盟。夫子華既爲大子，❸而求介於大國，以弱其國，亦必不免。【疏證】索隱稱：「《志林》：『介者，因也。』」

「鄭有叔詹、堵叔、師叔三良爲政，未可間也。」【疏證】杜無注。《晉語》注：「詹，鄭卿叔詹伯也。」按：堵叔疑即洩堵寇，師叔疑孔叔也。❹

齊侯辭焉。子華由是得罪於鄭。【注】服云：「鄭伯罪之也。」《御覽》一百四十六。【疏證】杜無注。

---

❶「位」，原脱，今據原稿補。

❷「下」，原作「大」，今據原稿改。

❸「華」，原脱，今據《春秋左傳正義》卷十三補。

❹原稿眉批：未定之說。

梁履繩云：「案此與五年『申侯由是得罪』義同。凡言得罪者，不先明正其罪，久乃誅之，故十六年鄭方殺子華。」

冬，鄭伯使請盟於齊。

閏月，惠王崩。襄王惡大叔帶之難，【疏證】《春秋分紀·曆書》：❶「傳於歲尾書閏月，蓋十二月也。經兩書閏皆以歲末，此後世所以有歸餘於終之疑，❷蓋春秋閏法不正爾。」貴曾曰：此説非也。傳次于「秋，盟于甯母」下。案：是年閏餘十四，❸以十二乘之，得一百六十八，加七者九，得二百三十一，❹盈章中二百二十八而餘三，正處暑閏在八月後，是年閏八月。《周本紀》：「二十五年，惠王崩，子襄王鄭立。襄王母蚤死，後母曰惠后。惠后生叔帶，有寵於惠王，襄王畏之。」《年表》「襄王立，畏太叔」，亦繫於二十五年。集解：「徐廣曰：『皇甫謐云：二十四年，惠王崩。』」據傳爲説。《本紀》、《年表》從八年經也。

懼不立，不發喪，而告難於齊。

【經】八年，春，王正月，公會王人、齊侯、宋公、衛侯、許男、曹伯、陳世子款盟於洮。【疏證】《公

---

❶「書」，原脱，今據原稿補。

❷「疑」，原爲空格，今據《左通補釋》卷五補。

❸「是」，原作「四」，今據原稿改。

❹「二百三十一盈章中」，原脱，今據原稿補。

羊》「陳世子款」下有「鄭世子華」。《校勘記》云：「《左氏》、《穀梁》無『鄭世了華』，故下『鄭伯乞盟』。此蓋因注言『甯母之盟，鄭遣世子』而誤衍。」《翟方進傳》：「會北地浩商爲義渠長所捕，❶亡，長取其母，與豭豬連繫都亭下。商兄弟會賓客，自稱司隸掾、長安縣尉，殺義渠長妻子六人，亡。丞相、御史請遣掾史與司隸校尉、部刺史并力逐捕，察無狀者，奏可。司隸校尉涓勳奏言：『《春秋》之義，王人微者序在諸侯之上，尊王命也。臣幸得奉使，以督察公卿以下爲職，今丞相宣請遣掾史，以宰士督察天子奉使命大夫，甚悖逆順之理。』」❷案：翟方進爲《春秋左氏》學，其後舉奏涓勳，但斥其「輕謾宰相，賤易上卿」，而不及其稱引《春秋》之失，則謂所述當爲《左氏》義也。《公羊傳》：「王人，微者。曷爲序乎諸侯之上？先王命也。」《穀梁傳》：「干人之先諸侯何也？貴王命也。朝服雖敝，必加於上；弁冕雖舊，必加於首；周室雖衰，❸必先諸侯。」是王人序諸侯之上，以尊王命，三傳説同也。杜注云：「王人與諸侯盟，不譏者，❹王室有難故。」❺疏：「《釋例》曰：『未有臣而盟君，臣而盟君，是子可盟父。故《春秋》王世子以下會諸侯者，皆同會而不同盟。』是言王臣正法，不與諸侯盟也。」❻《春秋》之義，始於君臣。王

---

❶「浩」，原爲空格；「捕」，原脱，今據《漢書・翟方進傳》補。

❷「順之」，原脱，今據原稿補。

❸「衰」，原作「哀」，今據《春秋穀梁傳注疏》卷八改。

❹「者」，原脱，今據原稿補。

❺「有」，原作「方」，今據《春秋左傳正義》卷十三改。

❻「不」，原作「又」，今據原稿改。

官涖盟，正以臣不可盟君，既同會矣，何不可同盟？杜説毫無根據。其注「踐土之盟」諸條，强經就例，自爲曲解。疏之引證，更多糾紛，今亦不辨。疏又云：「二十九年翟泉之盟，於時諸侯輯睦，王室無虞，王子虎下盟列國，以瀆大典，故貶稱『王人』。」❶則三傳無書「王人」爲貶之説也。洪亮吉云：「按：莊十七年杜注：『洮，魯地。』此注又云『曹地』。今考下三十一年傳『分曹地自洮以南』，是洮水在曹、魯之界，洮水南屬曹，洮水北屬魯也。」❷按：洪説是也。高士奇云：「今濮州西南五十里有洮城。」今濮州屬曹州府。

鄭伯乞盟。

夏，狄伐晉。

秋，七月，禘于太廟，用致夫人。【疏證】杜注：「禘，三年大祭之名。」與《左氏》舊説三年一禘合。又云：「太廟，周公廟。」禘禮説詳莊二十□年疏證。❸《曾子問》「祭過時不祭，禮也」，疏：「過時不祭，謂四時常祭也。熊氏云：『若喪祭及禘祫祭，雖過時，猶追而祭之。』故《禘祫志》云：『昭十一年，齊歸薨。十三年，會于平丘，冬，公如晉，不得祫。至十四年，乃追而祫之，十五年乃禘也。』又僖公八年春當禘，以正月會王人于洮，故七月而禘，故《雜記》云『三年之喪既穎，❹其練祥皆行』，是追行前練祥祭也。」熊氏以此禘于太廟，當禘而會洮，故禘在

---

❶ 「王」，原脱，今據原稿補。

❷ 原稿眉批：查莊十七。

❸ 「莊二十□年」，疑當作「閔二年」。

❹ 「穎」，原爲空格，今據原稿補。

七月，蓋本鄭康成説。知者，《襍記》「七月而禘，獻子爲之也」，疏：「僖八年正月，公會王人于洮。六月應禘，以在會未還，故至七月乃禘。君子原情免之，❶理不合譏，而書之者，爲致夫人，故書『七月禘』也。」此鄭君説此經禘在七月之説，熊氏以爲禘當在春。鄭君以爲六月應禘者，鄭用《明堂位》『季夏六月，以禘禮祀周公于太廟』也。《郊特牲》：「春禘而秋嘗。」《祭義》：「君子合諸天道，❷春禘秋嘗。」故焦氏以爲春當禘。鄭注《郊特牲》云：「禘當爲礿字之誤也。」則鄭君不從春禘之説，故言禘當在六月也。杜又云：「致者，致新死者之主於廟，而列之昭穆。夫人淫而與殺，❸不薨於寢，於禮不應致，故僖公疑其禮。❹歷三禘，今果行之，嫌異常，故書之。」疏云：「僖公不爲哀姜作喪畢禘祭，其禘自從閔公數之，二年除閔喪爲禘，至五年復禘，❺今八年復禘，姜死已來已歷三禘，今因禘祭，果復行之。」杜氏歷三禘之説，亦以三年一禘計之也。鄭玉云：「夫人無姓氏，遂至紛紛，《左氏》以爲哀姜，《公羊》以爲齊媵，《穀梁》以爲立妾之辭，而劉向以爲成風。又有以爲文姜，則權子之説。以今考之，若以爲齊媵，則僖公賢君，必不以妾爲夫人。桓公伯主，必不脅人以妾爲妻。若謂成風，則僖公豈宜有爲父立妾之理？❻

❶「免」，原爲空格，今據原稿補。
❷「君子」，原作「不可」，今據《禮記正義》卷四十七改。
❸「人」，原爲空格，今據原稿補。
❹「疑」，原作「殺」，今據《春秋左傳正義》卷十三改。
❺「復」，原作「後」，今據原稿改。
❻「妾」，《春秋左氏傳補注》卷三作「妻」。

成風既非始嫁，又非祔主，安可致于廟？若謂文姜，則事隔莊公一世，何緣至此方祔？惟以爲哀姜，則庶幾近之。」

冬，十有二月，丁未，天王崩。【疏證】杜注：「實以前年閏月崩，以今年十二月丁未告。」按：杜説非也。策書之例，必俟告乃書，此來告之日。

【傳】八年，春，盟于洮，謀王室也。鄭伯乞盟，請服也。襄王定位而後發喪。【疏證】承上年傳不發喪言之，至此位定乃喪。

晉里克帥師，梁由靡御，虢射爲右，以敗狄于采桑。【注】服云：「采桑，翟地也。」《晉世家》集解。

【疏證】杜注：「傳言前年事也。」不注「御」、「右」。《淮南·氾論訓》注：「梁由靡，晉大夫。」十四年傳杜注：「虢射，惠公舅也。」用服注。《晉世家》：❶「獻公二十五年，晉伐翟，翟以重耳故，亦擊晉於齧桑，晉兵解而去。」《年表》：「獻公二十五年，伐翟，以重耳故。」皆以晉伐狄爲此年事，杜謂在前年，據下傳文「復期月」也，齧桑、采桑，傳與史異。集解：「《左傳》作『采桑』，服虔曰『翟地』。」索隱：「裴氏云《左傳》作『采桑』。按：今平陽曲南七十里河水有采桑津，是晉境。服虔云翟地，亦頗相近。然字作『齧桑』，齧桑衛地，恐非也。」集解、索隱皆云《左傳》作「采桑」，則服注無緣作「齧桑」。沈欽韓云：「《水經注》：『河水逕北屈縣故城南，❷又南爲采桑津，里克敗狄于采桑

---

❶「晉世家獻公二十五年」，原重文，今據原稿删。

❷「河」，原作「沙」，今據原稿改。

是也。』《寰宇記》：『古北鄉城在蒲州寶鼎縣北三十一步，汾陰北鄉城即采桑津也。』按此説非也。《一統志》：『采桑津在吉州鄉甯縣西。』」

梁由靡曰：「狄無恥。從之，必大克。」杜注：「不恥走。」

里克曰：「懼之而已，無速衆狄。」❶

虢射曰：「期年狄必至，示之弱矣。」【疏證】《釋文》：「期，本或作『朞』。」❷劉寶楠《論語正義》云：「《説文》：『稘，復其時也。從禾其聲。期，會也。從月其聲。』訓義略同。會，合也。復其時，仍合於此月也。積月成年，故周年謂之期年，又謂之期月，言十有二月至此一合也。」❸

夏，狄伐晉，報采桑之役也。復期月。【疏證】「期年」、「期月」互文也。「復」即復其時之義。杜注：「明期年之言驗。」

秋，禘而致哀姜焉，非禮也。凡夫人不薨于寢，不殯于廟，不赴于同，不祔于姑，則弗致也。

【注】鄭康成以爲：「春秋變周之文，從殷之質，故殯于廟。」《檀弓》疏。服云：「不薨于寢，寢謂小寢。不殯于廟，廟謂殯宮，鬼神所在謂之廟。」《檀弓》疏、《喪大記》疏。舊注：「寢，小寢。同，同盟，言諸侯

---

❶ 原稿眉批：速，詁。

❷ 「朞」，原作「期」，今據原稿改。

❸ 「合」，原作「會」，今據原稿改。

夫人有罪，不以禮終，不當致。」《喪祝》疏。【疏證】此致夫人例也。杜注：「據經哀姜薨葬之文，則爲殯廟、赴同、祔姑。今當以不薨于寢，不得致也。」沈欽韓云：「傳意言哀姜四事俱無，一朝入廟爲非禮。杜唯言哀姜不薨于寢，故不得致。顯與傳違。僖公請葬，棺自外來，豈得反殯于廟？若先已祔姑，今此又奚爲而致之？杜之不通，何所置喙。」文淇按：《喪祝》「及朝，御柩，❶乃奠」，注：「鄭司農云：『朝，謂將葬，朝於祖考之廟而後行，則喪祝爲御柩也。❷《春秋傳》曰：「凡夫人不殯于廟，不祔於姑，則弗致也。」』」❸疏云：「『凡夫人不殯于廟』者，❹此僖八年《左氏傳》。『凡夫人，不薨于寢，❺不殯于廟，不赴于同，不祔于姑，❻則弗致也』，注云：『寢，小寢。同，❼同盟。』言諸侯夫人有罪，不以禮終，不得致。」《周禮》疏所引當是舊注。釋寢爲小寢，與服注同。而未釋殯、廟者，《禮記》疏及《周禮》疏各節引之耳，故文不備。舊注謂「不以禮終」，謂哀姜無此四事也。本疏云：「不具此四事，皆不合致。」又云：「據經哀姜薨葬之文，知其赴同、祔姑可矣，亦知其殯于廟者，以元年十二月喪至，二年五月始葬，明至則殯于寢也，既殯於寢，自然葬當朝廟，故據葬文亦知殯廟。唯當以不薨于寢，不得致耳。」杜注

❶「御」，原爲空格，今據原稿補。
❷「祝」，原爲空格，今據原稿補。
❸原稿眉批：先鄭以殯爲朝祖庙之庙。
❹「凡夫人」至「左氏傳」十五字，原脱，今據原稿補。
❺「不薨于寢」，原脱，今據原稿補。
❻「祔」，原作「赴」，今據《周禮注疏》卷二十六改。
❼「同」，原作「盟」，今據《周禮注疏》卷二十六改。

止言哀姜殯廟，疏乃言殯于寢而朝廟。禮，諸侯喪柩自外至者，❶止有毁廟垣之文，❷而無反殯于寢之文。若哀姜殯于寢，則失禮之尤者，經何以不書，疏知申杜説而忘其非禮典所有矣。杜注「寢，小寢」，用服説。《喪大記》：「男子不死于婦人之手，婦人不死於男子之手。君、夫人卒于路寢。」注：「世婦以君下寢之上爲適寢。」疏：「皇氏云：『君謂女君，而世婦以夫人下寢之上爲適寢。』熊氏云：『諸侯夫人、大夫妻及士之妻卒，皆於夫之正寢。』解此『世婦以君下寢之上爲適寢』者，夫人卒于君之正寢，世婦卒於君之下寢之上者，與皇氏異。雖卒夫寢，皆婦人供視之，❸是亦婦人不死于男子之手也。案服虔注《左傳》義與皇氏同。夫人之卒在于夫人路寢，比君路寢爲小，❹故僖八年，夫人不薨于寢，則不得殯廟。服虔注：『寢，謂小寢也。』皇氏、熊氏，其説各異，未知孰是，故兩存焉。知死正寢者，案《春秋》成公薨于路寢道也。僖公薨於小寢，譏即安，❺謂就夫人寢也。隱公薨，❻不書地，失其所。文公薨於臺下，襄公薨于楚宫，定公薨于高寢，❼皆非禮也。」如彼疏説，則服氏以夫人自有路寢，其稱小寢，

❶「諸」，原脱，今據原稿補。
❷「毁」，原作「致」，今據原稿改。
❸「視」，原重文，今據原稿删。
❹「小」下，《禮記正義》卷四十四有「寢」字。
❺「譏」，原脱，今據《禮記正義》卷四十四補。
❻「薨」，原作「葬」，今據原稿改。
❼「定」，原作「宣」，今據《禮記正義》卷四十四改。

別於君之路寢耳。《喪大記》疏又云：「諸侯三寢，一正者曰路寢，餘二曰小寢，卒歸於正。❶夫人亦有三寢，一正二小，亦卒正者也。」服義當如此。杜注：「將葬，又不以殯過廟。」不用後鄭及服説。《檀弓》「殷朝而殯于祖，周朝而遂葬」，疏：「以此言之，則周人不殯于廟。案僖八年『致哀姜』，《左傳》云：『不殯于廟，則弗致也。』則正禮當殯于廟者，服氏云：『不薨于寢，寢謂小寢。❷不殯於廟，廟謂殯宮。鬼神所在謂之廟。』鄭康成以爲春秋變周之文，從殷之質，故殯于廟。杜預以爲不以殯朝廟，未詳孰是。」鄭君説，他經注未見其文，當是説《左氏》逸義矣。孔廣森云：「案：《周禮》無殯廟之事。殯廟者，魯禮也。魯禮何以殯廟？殷禮也。定元年經曰：『癸亥，公之喪至自乾侯。戊辰，公即位。』《公羊傳》曰『正棺於兩楹之間』，魯殯楹間，其用殷法可知。」此可證鄭君説「惟變周之文、從殷之質」，乃《公羊》家言。《左氏》無此義，故服氏不從其説也。惠棟云：「服知周法不殯於廟，故以爲殯宮。」李貽德云：「服知殯宮亦可稱廟者，《儀禮·士喪禮》云『巫止於廟門外』，❸其時尸在適寢也。《士虞禮》云『側亨於廟門之右，東面』，其時亦迎魂反神在寢也，❹非廟而皆稱廟。鄭注《士喪禮》云『凡宫有鬼神曰廟』，注《士虞禮》云『鬼神所在則曰廟』，❺《一切經音義》十四引《韓詩》亦云『鬼神所居曰廟』，是古説如是。」壽曾曰：按惠、李説是

❶「歸」，原作「婦」，今據原稿改。
❷上「寢」，原脱，今據原稿補。
❸「巫」，原作「王」，今據原稿改。
❹「在」，原作「至」，今據原稿改。
❺「禮」，原脱，今據原稿補。

也。鄭君注《士喪》、《士虞》説亦同服。其謂殯廟爲在祖廟，當是未定之説。先鄭注《喪祝》「朝」、「柩」引此傳「不殯于廟」文，則當以殯廟爲朝廟。先、後鄭説又異也。杜注「以殯過廟」，用先鄭説。疏云：「殯過廟者，將葬之時，從殯宫出，告廟乃葬，非是殯尸於廟中也。」❶按：柩出朝廟，禮止言朝，不言殯。《曾子問》以「不遷於祖」與「不祔於皇姑」連文，後鄭注謂「遷朝廟是也」，亦不言殯廟。先鄭既於《喪祝》引此傳，則注此傳當别有説，惜其義無徵。邵寶云：「殯於廟，謂啟殯而朝祖也。凡柩行而止，皆謂之殯。」此可證先鄭説。然傳例當云「不朝於廟」矣。舊注「同」爲「同盟」，杜注用其説。疏云：「同者，同盟之國也。」據傳例，則夫人薨，有赴告同盟之禮。定十五年傳：「姒氏卒。不稱夫人，❷不赴，且不祔也。」哀十二年傳：❸「昭夫人孟子卒，昭公娶於吴，故不書姓。死不赴，故不稱夫人。不反哭，故不言葬小君。」皆以不赴爲文。不祔於姑，舊注及杜注皆無説，疏亦未釋。三十三年傳例云：「凡君薨，卒哭而祔，祔而作主，特祀於主，烝嘗禘於廟。」❹是祔則作主，❺主爲特祀之主，非合食於廟之主。國君如此，夫人亦當然。沈欽韓謂：「若先已祔姑，此又奚爲致之？」是疑祔禮即致夫人禮矣，非也。《曾子問》「不祔於皇姑」，疏云：「言祔祭之時，又不得祔於皇姑廟也。」此特祀不當稱廟，《禮》疏亦未審，惟傳例爲分明。《喪祝》

❶「尸於」，原重文，今據原稿删。
❷「稱」，原爲空格，今據原稿補。
❸「哀」，原作「文」，今據《春秋左傳正義》卷五十九改。
❹「烝」，原作「丞」，今據原稿改。
❺「作」，原脱，今據原稿補。

疏又云：「孔子發凡，言不薨於寢，不殯于廟，不赴于同，❶不祔于姑，則不致。正禮約殯於廟，❷發凡則是闕異代。❸何者？孔子作《春秋》，以通三王之禮。」文淇案：據此疏，❹則凡例又是孔子所發。❺

冬，王人來告喪。難故也，是以緩。

宋公疾，太子茲父固請曰：「目夷長且仁，君其立之。」【疏證】茲父，《宋世家》作「茲甫」。杜注：「茲父，襄公也。目夷，茲父庶兄子魚也。」《士相見禮》注：「固，如故也。」疏云：「固爲堅固，堅固則如故，以再請如前，故云『固，如故也』。」

公命子魚。子魚辭曰：「能以國讓，仁孰大焉？臣不及也，且又不順。」遂走而退。【疏證】杜注：「立庶不順禮。」案：《世家》：「三十年，恒公病，太子茲甫讓其庶兄目夷爲嗣。桓公義太子意，竟不聽。」《年表》：「宋桓公三十年，公疾，太子茲父讓兄目夷賢，公不聽。」

---

❶「不赴于同」，《周禮注疏》卷二十六無此四字。
❷「約」，原爲空格，今據原稿補。
❸「闕」，原爲空格，今據原稿補。
❹「據」，原爲空格，今據原稿補。
❺「則凡例」，原脱，今據原稿補。

【經】九年，春，王三月，丁丑，宋公御説卒。【疏證】《公》、《穀》「御」曰「禦」。❶《宋世家》：「三十一年春，桓公卒，太子兹甫立，是爲襄公。以其庶兄目夷爲相。」杜注：「四同盟。」疏：「莊十六年盟于幽，十九年於鄄，二十七年于幽，❷僖元年于檉，四年于召陵，五年于首止，七年于甯母，八年于洮，皆魯、宋俱在，是爲八同盟。不數莊公之盟，❸檉盟經不書，❹亦不數，故云『四同盟』。劉君乃數莊公之盟，又不數召陵，以爲六同盟，而規杜，非也。」是劉炫數幽、鄄、檉、首止、甯母、洮也，然數凡七，疏以爲六，非。

夏，公會宰周公、齊侯、宋子、衛侯、鄭伯、許男、曹伯于葵丘。【注】賈逵云：「漢法，三年祭地，汾陰方澤，澤中有方丘，❺故謂之方澤，即郲丘也。」《水經·汾水》注。《春秋古地名》云：「葵丘，地名，今鄴西三臺是也。」《水經·濁漳水》注。【疏證】杜注：「宰周公，宰孔也。」《晉語》注：「宰周公，王卿士宰孔也，爲冢宰，食采于周，故曰宰周公。」《年表》：「齊桓公三十五年夏，會諸侯于葵丘。宋桓公三十一年，公薨，未葬，齊桓會葵丘。」《宋世家》：「桓公卒，未葬，而齊桓公會諸侯於葵丘，襄公往會。」本年傳例：「在喪，公侯曰子。」故襄公稱子，不稱公也。《雜記》「君薨，太子號稱子」，注引此經，疏：「其與諸侯序列，則宋襄公在喪稱子，自在本

❶「御曰禦」，原作「禦曰御」，今據原稿改。
❷「七」，原作「九」，今據《春秋左傳正義》卷十三改。
❸「數」，原作「書」，今據《春秋左傳正義》卷十三改。
❹「盟」，原脱，今據原稿補。
❺「丘故謂之方」，原脱，今據原稿補。

班。定四年陳懷公稱子，進在鄭上。僖二十八年，陳共公稱子，降在鄭下。衛侯弟叔武稱子，亦序在鄭下。❶此皆春秋之時霸者所次，不與此記同也。」❷是宋子次齊下衛上，惟此經爲合班制也。《汾水》注引賈説不及《左傳》葵丘，故諸家輯舊注者未采。按：本疏云：「或曰河東汾陰縣爲葵丘，❸非也。」疏所引或説當指賈注，而其名郊、葵字異。❹《説文》：「郊，河東臨汾地，即漢之所祭后土處。」漢法，❺三年祭汾陰，見《郊祀志》。如賈説，則葵丘晉地也。「春秋古地名」乃「春秋土地名」之訛，《土地名》，京相璠所著。據《水經注》，鄴城之西北有三臺，皆魏武所起。中曰銅雀臺，南則金雀臺，北曰冰井臺。如《土地名》説，則葵丘衛地也。杜注：「外黄縣東有葵丘。」《釋例》以爲宋地。按：《郡國志》：「陳留郡外黄有葵丘聚，桓公會此。」與杜注合，杜亦不用賈及京相璠説。外黄乃開封杞縣東。沈欽韓云：「三臺在彰德府臨漳縣西二十里故鄴城内，汾陰脽丘，今蒲州府榮河縣北十里，❻皆非此葵丘也。《水經注》：『黄溝自城南東逕葵丘。』《元和志》：『在曹州考城縣東南一百五十步。』《考城縣志》：『葵丘東南有盟臺，其地名盟臺鄉。』」按：沈亦不用杜説。全祖望《經史問答》云：❼「葵丘有三，其一在齊，其一在陳

❶「序」，原作「降」，今據原稿改。「下」，原作「上」，今據《禮記正義》卷四十改。
❷「記」，原爲空格，今據原稿補。
❸「曰」下，原衍「葵丘」，今據《春秋左傳正義》卷十三删。
❹「而」，原爲空格，今據原稿補。
❺「法」，原殘，今據原稿補。
❻「十里」，原脱，今據原稿補。
❼「問答」，原倒，今據原稿改。

留之外黄也，❶其一在晉，見於《水經注》。然宰孔論桓公之盟以爲西略，則似非陳留之外黄也。答云：杜預以爲外黄。亦有以爲汾陰之葵丘者，而杜非之，❷以爲若是汾陰，則晉乃地主，夏會秋盟，豈有不與之理？杜言亦近是。❸然愚則竊以爲宰孔明言西略而以爲陳留，則是仍東略地，則宜在汾陰。蓋當時不服桓公者楚，❹而晉實次之，周惠王之言可驗也。❺故桓公特爲會於晉地以致之，❻亦霸者之用心也。」按：全説是也。傳「齊侯不務德，而尋遠略，西爲此會」，則會地當距國都甚遠。陳留在大河之南，地亦非遠，❼上文南略非西略矣。鄴城汾陰在齊都之西，雖不限河，而越魯境方至鄴，再越衛境方至汾陰，與西略之説合也。若曹州濱河在齊之南，未可言遠。疏賈説云：❽「經書夏會葵丘，九月乃盟，晉爲地主，無緣不及盟也。」❾齊之涖葵丘，或先期未定盟地，觀宰孔「西

---

❶「留」，原爲空格，今據《經史問答》卷四補。
❷「非」，原爲空格，今據原稿補。
❸「杜」，原爲空格，今據原稿補。「言」，原爲空格，今據《經史問答》卷四補，原稿作「義」。
❹「者楚」，原倒，今據原稿改。
❺「驗」，原爲空格，今據原稿補。
❻「晉地」，原爲一空格，「晉」，今據原稿補，「地」，今據《經史問答》卷四補。「致」，原作「攻」，今據原稿改。
❼「遠」，原爲空格，今據原稿補。
❽「疏」下，疑當有「引」字。「疏賈説云」，原稿作「疏賈説引」。
❾「緣」下，《春秋左傳正義》卷十三有「欲會而」三字。

略之不知」一語，❶可見晉侯赴盟遲期。依《齊世家》謂「齊侯病」也，❷此不足難賈説。沈氏又云葵丘有四，其三則賈、京相、杜説也，❸其一當指臨淄之葵丘也。疏已謂齊侯遠略，不必近在臨淄矣。

秋，七月，乙酉，伯姬卒。無傳。**【疏證】**此經左氏古義也。杜注：「《公羊》、《穀梁》曰：『未適人，故不稱國。』」

九月，戊辰，諸侯盟於葵丘。

甲子，晉侯佹諸卒。【疏證】《公羊》「子」曰「戌」，「佹」曰「詭」，《穀梁》「佹」曰「詭」。今《左氏》注疏本亦作詭，《校勘記》云：「按《穀梁》釋文云：『《左氏》作「佹諸」。』」則作「詭」非也，今從唐石經。惠士奇云：「《鄭固碑》云『造膝佹辭』，是『佹』與『詭』通也。」杜注：「未同盟而赴以名。甲子，九月十一日。❹戊辰，十五日也。書在盟後，從赴。」貴曾曰：三統術，七月乙卯朔十四日戊辰，十□日甲子，❺《公羊》作「甲戌」，則七月二十日也。

冬，晉里克殺其君之子奚齊。❻**【疏證】**殺，《公羊》曰「弑」。《年表》：「晉獻公二十六年，公卒，立奚齊，

---

❶「西」，當作「東」。「一」，原脱，今據原稿補。
❷「齊侯」，《史記·齊太公世家》作「晉侯」。
❸「其」，原爲空格，今據原稿補。
❹「日」，原作「月」，今據原稿改。
❺「□」，原稿作「四」。
❻「子」，原脱，今據原稿補。

里克殺之。及卓子。立夷吾。」

【傳】九年，春，宋桓公卒。未葬而襄公會諸侯，故曰子。凡在喪，王曰小童，公侯曰子。【疏證】此嗣君在喪稱例也。杜注：「在喪，未葬也。」此「在喪」二字止爲稱謂發例，依舊説，既葬踰年，亦曰在喪，詳後《禮記》疏。杜又云：「周康王在喪，稱『予一人釗』。禮稱亦不言小童。此謂王自稱之詞，非諸下所得書，故經無其事，傳通取舊典之文，以事相接。」疏云：「『周康王在喪，稱「予一人釗」』，❶《尚書·康王之誥》也。❷《曲禮》『天子未除喪曰余小子』，是《禮》天子自稱，亦不言小童也。」此疏不以杜自稱之説爲然矣。而又云：「此小童者，王謙自稱之辭，非諸下所得書，故經無其事。其『公侯曰子』，乃是史書之文，二者非相類之事，而并爲一，凡是傳通取舊典之文，❸以事類相接耳，非言小童是策書之例也。」按：傳言「凡在喪，王曰小童，公侯曰子」，以在喪發凡，自是一類之事，傳引策書之例，不必傳有其文乃具之，如「一宿爲舍，再宿爲信，過信爲次」，經止書次，而無舍、信之文，亦其證也。小童之稱，於策書當有所施，傳記殘佚，蓋無以考。杜氏執爲自稱之辭，則「公侯曰子」不關自稱，同凡異解，此何以説？疏既疑杜自稱之説爲非，而又附會其義，非也。杜又云：「公侯位尊，上連王者，下絶伯子男。」疏云：「諸侯爵有五等，唯言『公侯曰子』，以公侯尊也。此既言王即云公侯，是其與王相連，特爲公、侯立稱，

---

❶「釗」，原脱，今據《春秋左傳正義》卷十三補。

❷「也」，原作「稱予一人」，今據原稿改。

❸「是」，原脱，今據原稿補。

伯、子、男不得同之也。《春秋》無伯、子、男在喪之事，既不爲立稱，又不得成君，不知其當何所稱矣。」❶是疏已疑杜「下絶伯子男」之説爲未安，❷而又云：「桓十一年，鄭忽出奔衛，莊二十四年，曹羈出奔陳，杜云：『先君既葬，不稱爵者，國人賤之，以名赴。』則既葬稱爵，❸未葬稱名也。」疏不知此年傳例爲會盟之稱而發，❹不爲嗣君出奔而發，未可指爲伯、子、男在喪稱名之證。公侯曰子，言公侯以貶子、男、伯也。如桓十三年，鄭伯伐許，以王事稱爵，如非王事則當稱鄭子也。《釋例》謂「列國之君在喪，或不得已而修盟會之事，惟公侯特稱子，以別尊卑。」禮不下庶人矣，未聞禮不下子男也，其謬與此注同。杜云：「子者，繫父之辭。」杜既以在喪爲未葬，則稱子亦繫未葬爲説。❺按：《雜記》「君薨，太子號稱子，待猶君也」，注謂：「未踰年也，雖稱子，與諸侯朝會如君矣。《春秋》魯僖公九年夏葵丘之會，❻宋襄公稱子而與諸侯之序。」是鄭君以此傳稱爲未踰年之君。彼疏云：「案《公羊傳》云：『君存，稱世子；君薨，稱子某；既葬，稱子；踰年，稱公。』今宋襄公未葬君，當稱子某而稱子者，鄭用《左氏》之義。未葬已前，則稱子；既葬以後，踰一年則稱公。故僖九年傳云：『凡在喪，王曰小童，公侯曰子。』是皆在喪

❶「所」，原作「以」，今據原稿改。
❷「伯」，原脱，今據原稿補。
❸「葬」，原作「爵」，今據《春秋左傳正義》卷十三改。
❹「疏」，原脱，今據原稿補。
❺「説」，原脱，今據原稿補。
❻「公」，原脱，今據原稿補。

之稱也。若杜元凱之意，未葬以前，皆稱子。若既葬，雖未踰年，❶亦稱公。若未葬，雖踰年，猶稱子。」❷如彼疏説，則鄭君以稱子爲未踰年，諸侯五月而葬，葬無踰年者。既葬，必踰年，乃稱公，爲古《左氏》義。❸杜注之意，稱子、稱公止以未葬、既葬爲別，❹非《左氏》古義矣。《公羊》「君薨稱子某，❺既葬乃稱子，踰年稱公」，三者惟既葬稱子，與《左氏》義殊。其君薨稱子某，❻亦《左氏》義。❼《曲禮》「其在凶服曰適子孤」，疏：「其《左氏》之義，君薨未葬，❽未行即位之禮前，稱子某，子般、子野是也；其出會諸侯，未葬之前，稱子。❾故僖九年《左氏傳》云：『凡在喪，王曰小童，公侯曰子。』葵丘之會，宋襄公稱子；踐土之會，陳共公稱子是也。葬雖未踰年則稱君，則『晉克弑其君卓』，『齊商人弑其君舍』也。文十八年，子惡卒，先君葬後稱子者，杜預云：『時史畏襄仲，不敢稱名，故云子也。』」此述《左氏》在喪稱子某、稱子、稱君之義也，則君薨稱子某，不獨《公羊》義爲然，但稱子某、稱君，止爲

❶「未」，原脱，今據原稿補。
❷「子」，原脱，今據原稿補。
❸「爲」，原作「乃」，今據原稿改。
❹「止」，原作「也」，今據原稿改。
❺「公羊」，原脱；「薨」，原作「葬」，今據原稿補改。
❻「稱」上，原衍「葬」字，今據原稿删。
❼「義」上，原衍「古」字，今據原稿删。
❽「薨未」，原脱，今據原稿補。
❾「子」，原脱，今據原稿補。

嗣君之薨而發，不關盟會也。以述稱子，❶連及之。彼疏又云：「其王事出會則稱爵，成四年『鄭伯伐許』是也。案桓十三年經書衛惠公稱侯，成十三年書宋公、衛侯，此並先君未葬而稱爵者。賈、服譏其不稱子，杜預云『非禮也』。僖二十五年，『會衛子、莒慶盟于洮』，時先君已葬，衛成公猶稱子者，杜預云：『善其成父之志，故上繫於父而稱子。』服虔亦云：『明其不失子道。』❷成十年，晉侯伐鄭。時厲公父景公患疾未薨，❸而厲公出會稱爵，譏其代父位不子也。」❹又云：「《公羊》以成四年鄭伯伐許非王事，未踰年而稱爵，譏之也。《左氏》則以鄭伯伐許爲王事，❺雖未踰年，得稱爵，當與《公羊》異。《左氏》未踰年，爲王事，皆稱爵。」此述《左氏》在喪稱爵之義也。以未踰年之君，出會稱爵，雖曰王事，亦爲非禮，故賈、服説又異。

夏，會於葵丘。尋盟，且修好，禮也。【疏證】《齊世家》：「桓公三十五年夏，❻會諸侯于葵丘。」與《年表》合。其賜胙之下，又書「秋，❼復會諸侯于葵丘」，則似夏、秋再會者，《左氏》夏會冬盟爲得其實。

王使宰孔賜齊侯胙，【注】舊注：「胙，膰肉。《大宗伯》疏。周禮賑膰之禮，親兄弟之國，不以賜異

❶「述」，原爲空格，今據原稿補。
❷「失」，原脱，今據原稿補。
❸「厲」，原漫漶不清，今據原稿改。
❹「其」下，《禮記正義》卷五有「生」字。
❺「伐」，原作「代」，今據原稿改。
❻「夏」，原脱，今據原稿補。
❼「又書秋」，原脱，今據原稿補。

姓。尊齊侯，客之若先代之後。」《大行人》疏、《大宗伯》疏。**【疏證】**《齊語》注：「宰孔，宰周公也。」杜注：「胙，祭肉。尊之，比二王後。」舊注「先代之後」，亦指二王，則杜用舊注說。洪亮吉云：「按：此當是服注，杜亦本此立説。」是也。《大行人》「歸脤以交諸侯之福」，❶疏：「按《宗伯》云脤膰本施同姓，尊二代之後，❷亦得之。』」即引此注爲證。又按《大宗伯》「以脤膰之禮，親兄弟之國」，疏：「此文雖主兄弟之國，至二王之後及異姓有大功者，得與兄弟之國同。故僖九年夏，王使宰孔賜齊侯胙，曰：『天子有事於文武，使孔賜伯舅胙。』注云：❸『胙，膰肉。』《周禮》以脤膰之禮，親兄弟之國，不以賜異姓。敬齊侯，比之賓客。」與《大行人》疏所引稍不同，然無甚異也。今□「胙膰肉」三字，❹以補《大行人》疏所未及。此注，《大宗伯》、《大行人》皆引於「使孔賜伯舅胙」下。尋按其文，此句「胙」已先見，彼注止當釋「伯舅」耳。洪亮吉、嚴蔚皆定爲此句注文，今依用之。《大宗伯》鄭注：「脤膰，社稷宗廟之肉。」疏引《異義》：「《左氏》説：『脤，社祭之肉，盛之以蜃；宗廟之肉，名曰膰。』以此言之，則宗廟之肉曰膰、社稷之肉曰脤之驗也。而《公羊》《穀梁》皆云『生居俎上曰脤，熟居俎上曰膰』，非鄭義耳。」如《異義》説，則此膰肉，宗廟祭肉也，下文「有事文武」可證。僖二十四年傳：「宋成公如楚，還，入於鄭。鄭伯將享之，問禮於皇武子，對曰：『宋，先代之後也，於周爲客。天子有事，膰焉。』」舊注「先代之後」説本此。《大宗伯》疏亦云：

---

❶「膰」，《周禮注疏》卷三十七作「脤」。

❷「尊」，原作「等」，今據原稿改。

❸「注」，原脱，今據《周禮注疏》卷十八補。

❹「□」，原稿似作「十」，疑當作「有」。

「直言『歸脤交諸侯之福』，❶不辨同姓、異姓耳。」

曰：「天子有事于文、武，**【疏證】**《齊語》「余一人之命，有事於文、武」，注：「事，祭事也。」杜注：「有祭事也。」用韋説。❷《齊世家》：「賜桓公文武胙、彤弓矢、大路。」

「使孔賜伯舅胙。」【疏證】《齊語》注：「天子稱王官之伯，異姓曰伯舅。」杜注：「天子謂異姓諸侯曰伯舅。」不云王官之伯。疏：「《曲禮》：『五官之長曰伯。天子同姓謂之伯父，異姓謂之伯舅。』鄭玄云：『謂爲三公者，周禮九命作伯。』齊桓是九命之伯，故以伯舅呼之。」疏釋「伯舅」，即韋注「王官之伯」義，鄭君義同於韋也。説隱元年《公羊傳》：❸「異姓謂之伯舅、叔舅，同姓謂之伯父、叔父。」《伐木》「以速諸父」，傳：「天子謂同姓諸侯，諸侯謂同姓大夫，皆曰父；異姓則稱舅。」疏引述《曲禮》曰：❹「『五官之長曰伯，是職方，天子同姓謂之伯父，異姓謂之伯舅』，東西二伯是也。又曰『九州之長，入天子之國曰牧，天子同姓謂之叔父，異姓謂之叔舅』。齊桓、晉文雖俱有霸功，❺天子賜命，皆本其祖。太公受二伯命，故還以二伯之禮賜桓公；❻唐叔本受州牧之命，故還以州

---

❶「脤」，原作「賑」；「福」，原爲空格，今據原稿改補。

❷「説」上，原衍「注事祭事也杜注有祭事也用韋」十三字，今據原稿删。

❸「説隱」至「叔父」二十三字，原脱，今據原稿補。「傳」下，當有「注」字。

❹「引」，原作「今」，今據原稿改。

❺「文」，原脱，今據原稿補。

❻「故還」至「州牧之命」十八字，原脱，今據原稿補。

牧之禮命文公。故康叔、文公但稱叔父。《左傳》周景王謂籍談曰『叔父唐叔』，亦受州牧之禮而稱叔父也。❶昭九年，『王使詹桓伯辭于晉，曰「伯父惠公歸自秦」』，又謂晉侯爲伯父。以晉既大國，世作盟主，故變稱伯父耳。」毛公説受《左氏》學，而《詩》傳與《公羊》同説，則同姓稱父，異姓稱舅，《左氏》説亦然。齊之稱伯舅，則以太公二伯之命，故韋以爲「王官之伯」也。❷

齊侯將下拜。孔曰：「且有後命。天子使孔曰：『以伯舅耋老，加勞，賜一級，無下拜。』」【注】服云：「七十曰耋。」《射義》、《車鄰》疏。**【疏證】**《覲禮》「侯氏降兩階之閒，北面再拜稽首，升成拜」，❸注：「太史辭之降也，《春秋傳》曰：『且有後命，以伯舅耋老，毋下拜。』此辭之類也。」「但彼以齊侯年老，❹故未降已辭，此下拜禮也。故降拜乃辭之。彼齊侯不升成拜者，亦以年老故也。」是齊侯尚未行降階再拜之禮。宰孔已辭之於禮，則當俟降拜之後，乃辭升拜之禮也。「將下拜」者，「下」謂降兩階間，「拜」謂北面再拜也。《齊語》注：「且，猶復也。」❺《士相見禮》「士見於大夫，終辭其贄」，疏：「按禮有三辭，初辭、中辭、終辭。初辭之時，❻則云『使某』，

❶「亦」上，《毛詩正義》卷九有「是唐叔」三字。
❷「韋」，原爲空格；「爲」，原脱，今據原稿補。
❸「升」，原脱，今據原稿補。
❹「但」上，當有「疏」字。
❺「復」，原作「後」，今據原稿改。
❻「初」，原作「而」，今據《儀禮注疏》卷七改。

中辭云『命某』，以辭在中者，傳言而已。然『使某』，是尊君卑臣之義，其心重。❶若云『命某』者，尊君卑臣，稍淺漸輕之義。故鄭云『或言命某，傳言耳』。必知有此義者，按僖九年《左傳》曰：『天子有事於文、武，使孔賜伯舅胙。以伯舅耋老，加勞，賜一級，毋下拜。』是尊君稱使，傳言命有輕重之義。」如彼疏，則使某、命某，皆是傳言而詞有輕重。此「使孔」，則尊君卑臣之義也。鄭義見「某也使某，不敢爲儀」注，注云：「言使某，尊君也。或言命某，❷傳言耳。」鄭釋此傳，亦當以君命爲說。《射義》「耆耋好禮」，注：「耆、耋，皆老也。」疏：「服虔注僖九年傳云『七十曰耋』，又毛傳云『八十曰耋』。大略言之，七十、八十皆謂之耋也。」《車鄰》「逝者其耋」，傳：「耋，老也。八十曰耋。」疏：「僖九年《左傳》曰『伯舅耋老』，服虔云：『七十曰耋。』此言『八十曰耋』者，耋有七十、八十，無正文也。」陳奂《毛詩疏》云：「傳『八十曰耋』，當謂『七十曰耋』。《易·離》九三釋文引馬注云：❸『七十曰耋。』鄭注謂『年踰七十』，經言『大耋』，即爲過耋之年，❹踰七十爲大耋，則鄭亦以七十爲耋，與馬注同。杜注僖九年《左傳》云『七十曰耋』，與服注同。何注宣十二年《公羊傳》『七十稱老』，徐彦疏云：❺『「七十稱老」，《曲禮》文也。❻按

---

❶「重」，原爲空格，今據原稿補。
❷「言命」，原倒，今據原稿改。
❸「釋」，原爲空格，今據原稿補。
❹「之」，原重文，今據原稿删。
❺「疏」，原爲空格，今據原稿補。
❻「也」，原脱，今據原稿補。

今《曲禮》云「七十曰耋」，與此異也。』徐彦見《曲禮》作『七十曰耋』，今本《曲禮》作『七十曰老』，疑『老』即『耋』之誤，奪去下『至』耳。《曲禮》『七十曰耋』，正爲毛傳所本。《説文》『年八十曰耋』，與此傳不同，而劉熙《釋名》、王肅注《易》、郭璞注《爾雅》，皆主八十曰耋之説，❶後人遂以改易此傳。」❷按，陳説是也。本疏又引《釋言》舍人注云「年六十稱也」，則又與郭注異。然毛公、馬融、後鄭義皆同於服，❸則《左氏》此傳當無異訓也。《釋言》疏：「耋，鐵也。孫炎曰老人面如鐵也。」亦「耋」之舊訓。《管子·中匡》篇：「使宰孔致胙，且有後命曰：『以爾自卑勞，實謂爾伯舅，❹毋下拜。』」注：「以爾自卑而勞弊。」《齊語》説此事云：❺「以爾自卑勞，實謂爾伯舅，無下拜。」是傳「加勞」，承「耋老」言，謂年老而益以勞弊也。《管子》「無」爲「毋」。《覲禮》疏引傳，❻亦爲「毋」，或古本作「毋下拜」也。鄭玄《禮記》注：「級，等也。」杜注用之，疏云：「法當下拜，賜之勿下，是進一等。」可證下拜爲降階再拜矣。《年表》：「天子使宰孔賜胙，命無拜。」

對曰：「天威不違顔咫尺，【注】賈云：「八寸曰咫。」《魯語》注。【疏證】《齊語》注：「違，遠也。顔，眉

---

❶「説」，原脱，今據原稿補。
❷「以」，原作「此」，今據原稿改。原稿眉批：鄭注，查。
❸「融」，原爲空格，今據原稿補。
❹「實」，原脱，今據原稿補。
❺「齊語」，原重文，今據原稿删。
❻「覲」上，原衍「覲」字，今據原稿删。

目之閒。八寸曰咫。」《方言》：「顏謂顙也。」賈說見《魯語》「肅慎氏貢楛矢，長尺有咫」注，杜、韋皆用賈說。《說文》：「周制，寸、尺、咫、尋，皆以人之體爲法。中婦人手長八寸，謂之咫，周尺也。」許君說「咫」，即用賈義。《漢書・師丹傳》：「丹上書言：『臣聞天威不違顏咫尺，願陛下深思先帝所以建立陛下之意。』」師古曰：「言常若在前，宜自肅慎也。」顏注，即釋此句意也。《北齊書・文宣紀》：「即皇帝位於南郊，升壇告天曰：猥以寡薄，託於兆民之上，雖天畏在顏，❶咫尺無遠，循躬自省，實懷祇惕。」以威爲畏，以違爲遠，❷皆舊說。

「小白余，敢貪天子之命無下拜！【**疏證**】洪亮吉云：「岳氏本以『白』字絶句。今考《釋詁》文『朕、余、躬，身也』，邢昺疏引此傳云『齊侯曰小白余』，是當以『余』字爲句。」案洪說是也。本疏引《爾雅》舍人注：「余，卑謙之身也。」杜注：「小白，齊侯名。」用《爾雅》義。《齊語》云「小白余敢承天子之命曰『爾無下拜』」，注：「承，受也。」是「貪」猶「承」也。

「恐隕越于下，以遺天子羞。【**疏證**】《周語》「昔先王之教，茂帥其德也，猶恐隕越」，注：「隕，墜也。越，失也。言勉帥其德，猶恐落墜。」杜注：「隕越，顛墜也。據天王居上，故言恐顛墜于下。」用韋注義。

「敢不下拜！」下拜，登受。【**疏證**】杜注：「拜堂下，❸受胙于堂上。」止釋「登受」。疏引《覲禮》：❹「侯

---

❶「畏」，《北齊書・文宣紀》作「威」。

❷「違」，原爲空格，今據原稿補。

❸「拜」，原作「自」，今據《春秋左傳正義》卷十三改。

❹「覲」，原作「覲」，今據原稿改。

氏降階再拜，是此『下拜』也；『升成拜』，是此『登受』。」❶疏解下拜最允，説詳上文。梁履繩以「下拜登受」爲「升成拜」，非也。《北魏書·李順傳》：「延和初，復使涼州。❷蒙遜延順入，至庭中，而箕坐隱几，無動起之狀。順握節而出，蒙遜使楊定歸追順於庭曰：❸『太常既雅恕衰疾，朝庭有不拜之詔，是以敢自安耳。』若太常曰「爾拜爾跽，而不祗命」，斯乃小臣之罪矣。』順益怒曰：『齊桓九合諸侯，一匡天下，周王賜胙，命曰伯舅無下拜，而桓公遵而臣節，❹降而拜受。今君雖功高勳厚，未若小白之勤朝廷，雖相崇重，❺未有不拜之詔。如使偃蹇自大，此乃速禍之道，非圖久安之計。』」順援傳義，稱「降而拜受」，則「下拜」爲降階而拜，益可信矣。順言「拜受」，即傳「登受」也。《齊世家》：「命無拜，桓公欲許之，管仲曰『不可』，乃下拜受賜。」史公引傳簡略，不具降拜、升拜之文。❻

秋，齊侯盟諸侯于葵丘，曰：「凡我同盟之人，既盟之後，言歸于好。」【疏證】《孟子·告子》述葵丘之盟文同。

宰孔先歸，❼遇晉侯，曰：「可無會也。【疏證】《晉語》：「葵丘之會，獻公將如會，遇宰周公。」《齊世

---

❶「受」上，原衍「拜」字，今據原稿删。
❷「復」上，原衍「後使」，今據原稿删。
❸「歸」，原作「賜」，今據《魏書·李順傳》改。
❹「遵而」，《魏書·李順傳》作「奉遵」。
❺「崇」，原作「寄」，今據原稿改。
❻「升拜」，原脱，今據原稿補。
❼「宰孔」至「遇宰孔」六十二字，原重文，今删。

家》：「秋，復會諸侯於葵丘，益有驕色。周使宰孔會，諸侯頗有叛者。晉侯病，後，遇宰孔，曰：❶『齊侯驕矣，弟無行。』從之。」《晉世家》：❷「晉獻公病，行後，未至，逢周之宰孔。」

「齊侯不務德而勤遠略，故北伐山戎，南伐楚，西爲此會也。東略之不知，西則否矣。【疏證】山戎之役在莊三十一年，楚之役在四年。《齊語》注：「東，東方也。其後會于淮是也。」杜注：「言或向東，必不能西略。」

「其在亂乎？君務靖亂，無勤於行！」晉侯乃還。【疏證】《水經注》引「在」作「有」，「有」義可通，形似而譌。《校勘記》云：「李注《文選・三國名臣序贊》引『靖』作『靜』，『勤』作『懃』。」鄭玄《禮記》注：❸「在，存也。」杜注用之，又云：「微戒獻公，言晉將有亂。」傳似無此意，謂齊將有亂，晉爲靖之也。《齊世家》：「宰孔曰：『齊侯驕矣，弟無行。』從之。」《晉世家》：「宰孔曰：『齊桓公益驕，不務德，而務遠略，諸侯弗平。君弟毋會，無如晉何。』」❹

---

❶ 「曰」上，《史記・齊世家》有「宰孔」二字。

❷ 「晉世家」至「周之宰孔」十六字，原重文，今據原稿刪。

❸ 「禮記」，疑當作「儀禮」。

❹ 「無」，《史記・晉世家》作「毋」。

九月，晉獻公卒。里克、㔻鄭欲納文公，❶故以三公子之徒作亂。【注】賈云：「里、㔻，❷晉大夫。三公子，申生、重耳、夷吾。」《晉世家》集解。【疏證】「㔻」，《外傳》作「丕」，《晉世家》作「邳」。杜注全用賈注。《晉語》：「驪姬曰：『吾欲作大事，而難三公子之徒。』」❸又：「里克將殺奚齊，❹先告荀息曰：『三公子之徒將殺孺子。』」注：「徒，黨也。」

初，獻公使荀息傅奚齊。公疾，召之，曰：「以是藐諸孤，【疏證】杜注：「其幼稚，❺與諸子縣藐。」顧炎武云：「藐，小也。」惠棟云：「案吕忱《字林》云：『藐，小兒笑也。』顧君訓『藐』爲『小』，亦未當。」王引之云：「杜以『藐』爲縣藐，『諸』爲諸子，『以是縣藐諸子孤』，斯爲不詞矣。《文選·寡婦賦》『孤女藐焉始孩』，李善注：『《廣雅》曰：「藐，小也。」《字林》曰：「孩，小兒笑也。」』是『小兒笑』乃釋『孩』字，非釋『藐』字。俗本《文選》注脱『孩』字，而惠遂以『藐』爲『小兒笑』，其失甚矣。顧訓『藐』爲『小』，是也，但未解『諸』字。今案『諸』，即『者』字也。《郊

❶「㔻」，原作「丕」，今據原稿改。

❷「里㔻」，《史記·晉世家》作「邳鄭」。

❸「難」，原脱，今據原稿補。

❹「殺」，原爲空格，今據《國語正義》卷八補。

❺「稚」，原作「子」，今據原稿改。

特牲》曰：❶『不知神之所在，於彼乎？於此乎？或諸遠人乎？』❷『或諸』，即『或者』。」按，王説是也。朱駿聲云：「『藐』讀爲『秒』，『諸』讀爲『者』。」説用王。洪亮吉云：「《方言》：『眇，小也。』眇、藐古字通。按惠氏譏顧氏訓『藐』爲『小』爲未當，不知實本《方言》。❸呂諶《字林》又云：❹『藐，小兒笑也。』」洪引《方言》，可證顧説；其引《字林》，則誤與惠同。《晉書・列女傳》：「杜有道妻嚴氏，子植、女韡並孤藐。❺虞潭母孫氏，初適潭父忠，及忠亡，遺孤藐小，❻誓不改節。」《宋書・鄧琬傳》：「琬爲晉安王子勛傳檄京師曰：『藐孤同氣，猶有十三，聖靈何辜，而當乏饗。』」❼藐孤、孤藐、遺孤藐小，皆謂藐小之孤也。《南史・垣閎傳》：「閎弟子曇深，以行義稱。❽劉楷爲交州，曇深隨楷，未至而卒。曇深妻鄭氏，時年二十，子文凝始生，❾告楷求還，曰：『垣氏覊魂不反，而其孤藐幼。』」《南史・孝義傳》：「吉翂年十五，乞代父命，諸弟幼藐，惟囚爲長。」鄭氏以始生之子謂之藐幼，吉翂年過十

---

❶「郊特」，原倒，今據原稿改。
❷「諸遠」，原倒，今據原稿改。
❸「不知實」，原爲二空格，今據原稿補。
❹「字」，原重文，今據原稿删。
❺「韡」，原爲空格，今據原稿補。
❻「孤」，原脱，今據原稿補。
❼「乏」，原作「主」，今據原稿改。
❽「行義稱」，原作「□□縣」，今據原稿補改。
❾「凝」，原爲空格，今據原稿補。

五而稱諸弟幼藐，❶尤可證「藐」之訓「小」矣。《陳書・世祖紀》：「高祖崩，皇后令曰：『諸孤藐爾，反國無期，須立長主，以甯寓縣。』」❷劉孝標《絶交論》曰：「藐爾諸孤，朝不謀夕。」藐爾，即藐諸。❸

「辱在大夫，其若之何？」【疏證】《晉世家》：「獻公歸，病甚，謂荀息曰：『吾以奚齊爲後，年少，諸大臣不服，恐亂起，子能立之乎？』」杜注：「欲屈辱荀息，使得保護之。」按：辱，□也。❹

稽首而對曰：「臣竭其股肱之力，加之以忠貞。其濟，君之靈也。不濟，則以死繼之。」公曰：「何謂忠貞？」對曰：「公家之利，知無不爲，忠也。送往事居，耦俱無猜，貞也。」【疏證】杜注不釋「公家」。沈欽韓云：「公家，公朝也。《吕覽・貴卒》高誘注：『公家，公之朝也。』」杜注：「往，死者。居，生者。送死事生，兩無疑恨，❺所謂正也。」按：《宋書・徐羨之傳》：❻「元嘉三年，詔曰：徐羨之、傅亮、謝晦，❼實受顧托，任同負圖，❽而不能竭其股肱，憂其心力。送往無復言之節，事君缺忠貞之效。」《謝晦傳》：「晦奉表曰：『臣雖凡

---

❶「過」，原爲空格，今據原稿補。
❷「寓」，原爲空格，今據原稿補。
❸「即」，原作「既」，今據原稿改。
❹原稿眉批：辱，詘。
❺「疑」，原作「所」，今據原稿改。
❻「羨」，原作「爰」，今據《宋書・徐羨之傳》改。
❼「傅」，原重文，今據原稿删。
❽「負」，原作「貞」，今據原稿改。

淺，感恩自厲，送往事君，誠貫幽顯。』」援用此傳，皆作「送往事君」。「事君」與「送往」連言，則君爲新君意自明。君、居，形近而譌。玩杜注，則所據本譌爲「居」，作「君」爲古本矣。《梁書・武帝紀》：「移檄京邑，曰：『並受遺託，同參顧命，❶送往事居，俱竭心力。」❷「事居」與今本同，或後人刊改耳。《廣雅》：「耦，二也。猜，疑也。」謂二者皆無疑也。杜注：「耦，兩也。」同《廣雅》。《晉語》：「可以利公室，力有所能，無不爲，忠也。❸葬死者，養生者，死人復生，❹生人不愧，貞也。」《外傳》「養生」與《内傳》「事君」義殊。《韓非・難三》「死君復生，臣不愧，而後爲貞」，沈欽韓引以説「貞」，傳無此意。《晉世家》：「於是屬奚齊於荀息，息爲相，主國政。」

及里克將殺奚齊，先告荀息曰：「三怨將作，秦晉輔之，子將何如？」荀息曰：「將死之。」里克曰：「無益也。」荀叔曰：「吾與先君言矣，不可以貳。能欲復言而愛身乎？」【疏證】《晉語》：「里克先告荀息曰：『三公子之徒將殺孺子。』」杜注：「三怨，三公子之徒。」用《外傳》説。又云：「荀叔，荀息也。復言，言可復也。」❺疏：「欲使前言可反復行之，得愛惜身命不死乎？」顧炎武云：「言欲踐其言，自不得愛其身。」意尤明

❶「顧」，原作「預」，今據《梁書・武帝本紀》改。
❷「俱」，原作「居」，今據《梁書・武帝本紀》改。
❸「忠」，原作「惠」，今據原稿改。
❹「生」下，《國語正義》卷八有「不悔」二字。
❺「言」，原脱，今據《春秋左傳正義》卷十三補。

了。《晉世家》：「秋九月，獻公卒，里克、丕鄭欲内重耳，❶以三公子之徒作亂，謂荀息曰：『三怨將作，秦晉輔之，子將如何？』荀息曰：『吾不可負先君之言。』」

「雖無益也，將安辟之？❷且人之欲善，❸誰不如我？我欲無貳，而能謂人已乎？」【疏證】杜注：「言不能止里克，使不忠於申生等。」

冬，十月，里克殺奚齊于次。【疏證】杜注：「次，喪寢。」沈欽韓云：「《士喪禮》注：『次，謂斬衰倚廬。』又云：『倚木爲廬，在中門外，東方北户。』疏：『東方者，以中門内殯宫之哭位在阼階下，西面鄉殯。明廬在中門外，亦東方向殯。北户倚東壁爲廬，❹一頭至北，取鄉陰。至既虞之後，柱楣翦屏，乃西鄉開户也。』按，殯在路寢西階也。」❺文淇案：杜以「次」爲喪寢，非。次不在寢，沈指倚廬，是也。《晉世家》：「里克殺奚齊于喪次，獻公未葬也。」

書曰「殺其君之子」，未葬也。

荀息將死之，人曰：「不如立卓子而輔之。」荀息立公子卓以葬。十一月，里克殺公子卓于朝。

---

❶「丕」，《史記・晉世家》作「邳」。
❷「安」，《春秋左傳正義》卷十三作「焉」。
❸「之」，原脱，今據原稿補。
❹「倚」，原作「依」，今據《春秋左傳補注》卷三改。
❺原稿眉批：查《士喪禮》。

荀息死之。君子曰：「《詩》所謂『白圭之玷，尚可磨也。斯言之玷，不可爲也』。荀息有焉。」【疏證】《晉世家》：「荀息將死之，或曰不如立奚齊弟悼子而傅之，❶荀息立悼子而葬獻公。十一月，里克弒悼子於朝，荀息死之。君子曰：『《詩》所謂「白圭之玷，猶可磨也。斯言之玷，不可爲也」，其荀息之謂乎？不負其言。』」輔、傅，卓、悼，尚、猶，皆傳異文。集解：「《列女傳》曰：『鞭殺驪姬於市。』」❷傳引《詩·大雅·抑》文，彼傳：「玷，缺也。」杜注：「《詩·大雅》。言此言之缺，難治甚於白圭。」訓「玷」爲「㓠」，❸亦用毛義。陳奂云：「玷，俗『㓠』字。《説文》：『㓠，缺也。』引《詩》作『㓠』。《緇衣》引《詩》作『玷』。《召旻》『曾不知其玷』，箋：『玷，缺也。』『玷』行而『㓠』廢矣。」

齊侯以諸侯之師伐晉，及高梁而還，討晉亂也。【注】服云：「高梁，晉地也。」《齊世家》集解。**【疏證】**杜注：「高梁，晉地。」用服説。《吕覽·原禮》注同。❹《郡國志》「河東郡揚有高梁亭」，劉昭注引《地道記》云：「有梁城，去縣五十里，❺叔嚮邑也。」沈欽韓云：「《水經注》：『汾水又南逕高梁故城西。』《紀年》：『晉出公十

❶「立」，原脱，今據《史記·晉世家》補。
❷「鞭」，原爲空格，今據原稿補。
❸「㓠」，原爲空格，今據原稿補。下二「㓠」字同。
❹「禮」，當作「亂」。
❺「去」，原脱，今據原稿補。

三年，智伯瑶城高梁。』❶《一統志》高梁城，在平陽府臨汾縣東北。」《齊世家》：「桓公於是討晉亂，至高梁。」

令不及魯，故不書。【疏證】《釋文》：「令，本又作『命』。」《年表》「齊率我伐晉亂，❷至高梁而還」，與傳違。

晉郤芮使夷吾重賂秦，❸以求入，曰：「人實有國，我何愛焉？入而能民，土於何有？」從之。

【疏證】《年表》：「秦穆公九年，夷吾使郤芮賂，求入。」《晉世家》：「里克等已殺奚齊、悼子，使人迎公子重耳於翟，欲立之。重耳謝曰：『負父之命出奔，父死，不得修人子之禮侍喪，重耳何敢入！大夫其更立他子。』還報里克，里克使迎夷吾於梁。❹夷吾欲往，吕省、郤芮曰：『内猶有公子可立者而外求，難信。計非之秦，輔强國之威以入，❺恐危。』乃使郤芮厚賂秦，約曰：『即得入，請以晉河西之地與秦。』乃遺里克書曰：『誠得立，請遂封子於汾陽之邑。』秦穆公乃發兵，送夷吾于晉。桓公聞晉内亂，亦率諸侯如晉。秦兵與夷吾亦至晉，齊乃使隰朋會秦，俱入夷吾，立爲晉君，是謂惠公。」如《世家》說，則晉賂秦以河西之地也。

---

❶「城」，原作「成」，今據《春秋左氏傳地名補注》卷三改。

❷「齊」，原作「魯」，今據《史記·十二諸侯年表》改。

❸原稿眉批：郤克已前。顧云「解宜在六年」。杜有解。

❹「克」，原脱，今據原稿補。

❺「輔」，原作「輸」，今據原稿改。

齊隰朋帥師會秦師，❶納晉惠公。【疏證】杜注：「隰朋，齊大夫。」沈欽韓云：「《潛夫論・志氏族》：『隰氏，姜姓。』」❷《齊世家》：「使隰朋立晉君，還。」

秦伯謂郤芮曰：「公子誰恃？」對曰：「臣聞亡人無黨，有黨必有讎。【疏證】《晉語》：「穆公問冀芮曰：『公子誰恃于晉？』對曰：『臣聞之，亡人無黨，有黨必有讎。』」注：「有與爲黨，❸必有與爲讎，言無黨則必無讎。」文淇案：郤芮言「亡人無黨」，正對「誰恃」之問。杜解「黨」、「讎」，與韋同。又云：「易出易入，以微勸秦。」疏：「由無黨，故往前易出；❹無讎，故此時易入。」❺非傳意。

夷吾弱不好弄，能鬭不過，【疏證】《爾雅》：「弄，玩也。」杜注：「弄，戲也。」戲、玩，意近，通用《雅》訓。❻《晉語》「不好戲弄，❼不過所復」，❽注：「不過差也。」惠棟云：「此即《外傳》所謂『怒不及色』也，❾韋昭曰：『無色

---

❶「秦師納」，原脱，今據《春秋左傳正義》卷十三補。

❷「姜」下，原衍「氏」字，今據原稿删。

❸「黨必有與爲」，原脱，今據原稿補。

❹「易」，原爲空格，今據原稿補。

❺「時」，原脱，今據原稿補。

❻「通」，原稿無此字。

❼「戲弄」，《國語正義》卷八作「弄戲」。

❽「復」，原作「後」，今據《國語正義》卷八改。

❾「此即」至「曰無」十五字，原在「棟説是也」下，今據原稿改。

過。』」案：棟説是也。「能鬬不過」謂剛而無過。

「長亦不改，不識其他。」公謂公孫枝曰：【注】服云：「秦大夫公孫子桑。」《秦本紀》集解。【疏證】《秦本紀》「枝」作「支」。❶ 正義引《括地志》云：「公孫支，岐州人，游晉，後歸秦。」梁履繩云：「岐爲秦地，子桑，蓋秦之公族也。」《吕覽・不苟論》注：「公孫枝，秦大夫子桑也。」杜注：「秦大夫公孫子桑也。」用服説。《論語》「仲弓問子桑伯子」，鄭注：「子桑，秦大夫。」則鄭意以此傳「公孫枝」即仲弓所問「子桑」。仲弓舉前賢以問也，傳亦稱枝爲子桑兄。

「夷吾其定乎？」對曰：「臣聞之，唯則定國。❷【疏證】《爾雅》：「則，法也。」《吕覽・權勳》篇：「中山之國有厹繇者，智伯欲攻之而無道也。爲鑄大鍾，方車二軌以遺之。厹繇之君將斬岸堙谿，以迎鍾。赤章蔓枝諫曰：『《詩》云：「惟則定國。」』」畢沅云：「《左傳》公孫支對秦穆公曰『臣聞之，唯則定國』下兩引《詩》，則知此語是逸《詩》也。」❸按，畢説是也。惠棟《左傳補注》引其父士奇説，亦據《吕覽》，指此字爲逸《詩》。洪亮吉説同。

「《詩》曰：『不識不知，順帝之則。』文王之謂也。【疏證】《大雅・皇矣》文，傳無説。箋：「天之言

---

❶ 「支」，原作「枝」，今據原稿改。

❷ 原稿眉批：定，詁。

❸ 「語」，原作「詩」，今據原稿補。

云：其爲人，不識古，不知今，順天之法而行之者。」彼疏云：「言其意在篤誠，❶動順天法，❷不待知今識古，❸比校乃行耳，❹不謂人不須知古今也。」❺杜注：「帝，天也。則，法也。言文王闇行自然，合天之法。」蓋用鄭義。按：《墨子·天志中》篇亦引此傳，釋之云：「帝善其順法則也，故舉殷以賞之，使貴爲天子，富有天下，名譽至今不息。」此疑爲先秦人説《詩》義，「善其順法」，語尤完粹。

「又曰：『不僭不賊，鮮不爲則。』無好無惡，不忌不克之謂也。【疏證】《大雅·抑》文。傳：「僭，差也。」箋：「女所行，不信不殘賊者少矣，❻其不爲人所法。」彼疏云：「譖毁人者，是差貳之事，故云『僭，差也』。箋云『不信』，義亦同也。」依疏説，則《詩》作「不譖不賊」，故舉譖毁人是差貳。❼公孫枝引《詩》以證忌克，譖義尤近，疑傳或作「不譖不賊」，無它文證之。《吕覽》「賊，害也」，與箋義同。「無好無惡」釋「不識不知」也，「不忌不克」釋「不僭不賊」。杜注：「僭，差也。❽賊，傷害也。皆忌克也。」

---

❶「篤」，原爲空格，今據原稿補。
❷「動」，原爲空格，今據原稿補。
❸「古」，原脱，今據原稿補。
❹「比校乃行耳」，原重文，今據原稿删。
❺「古今」，原倒，今據原稿改。
❻「不信」，原脱，今據原稿補。
❼「舉」，原爲空格，今據原稿補。
❽「差」上，《春秋左傳正義》卷十三有「過」字。

「今其言多忌克，難哉！」【疏證】杜注：「既僭而賊。」

公曰：「忌則多怨，又焉能克？是吾利也。」【疏證】謂既僭差，則不能賊害人也。「是吾利」，言夷吾不能定難，授秦以隙也。杜注：「秦伯慮其還害己，故曰是吾利也。」非。

宋襄公即位，以公子目夷爲仁，使爲左師以聽政，於是宋治。故魚氏世爲左師。❶【疏證】杜無注。《宋世家》：「襄公以其庶兄目夷爲相。」《年表》：「宋襄公元年，目夷相。」

【經】十年，春，王正月，公如齊。無傳。

狄滅温，温子奔衛。

晉里克弑其君卓及其大夫荀息。【疏證】《公羊》「卓」下有「子」字。杜注：「獻公既葬，卓已免喪，故稱君也。」古説無既喪免喪之説，杜説非也。《坊記》：「未没喪，不稱君，示民不争也。」注：❷「没，終也。《春秋傳》曰：『諸侯于其封内三年稱子。』至其臣子，踰年則謂之君矣。奚齊與卓子，皆獻公之子也。獻公卒，其年奚齊殺，明年而卓子殺矣。」案：九年，經書「晉里克弑其君之子奚齊」，❸《公羊傳》：「此未踰年之君，❹其言弑其君之子

❶ 原稿眉批：左師，查。

❷ 「注」，原脱，今據原稿補。

❸ 「弑」，上文及《春秋左傳正義》卷十三作「殺」。「子」，原脱，今據原稿補。

❹ 「年」，原脱，今據原稿補。

奚齊何？弑未踰年君之號。」奚齊未踰年，稱子，則卓子已踰年，當稱君。鄭君不信《公羊》，此引《春秋》乃《左氏》古義，與《公羊》同也。傳紀卓子之弑在九年十一月，而鄭謂已踰者，顧棟高云：「晉之十一月爲周之正月，是夏正、周正恒差兩月之明驗。傳從晉史，而經自用魯之簡牘爾。正義從杜，謂晉赴以今年弑者，非也。」焦循云：「循按：晉假途伐虢，全用荀息之謀，息非無遠謀者也。《左氏》稱公命息傅奚齊，息言竭股肱之力，加以忠貞，三怨雖作，不食其言，引《白圭》之詩以美之，無譏辭也。杜以爲『從君於昏』，令千古忠臣義士扼腕不申矣。❶正義云：『息稱名者，不知奚齊、卓子之不可立，又不能誅里克以存君，是雖欲復言，本無遠謀也。』夫經書卓爲其君，則不以其不可立而不以爲君也。既正其名爲君，則弑之者爲賊，而死之者爲忠矣。荀息之不能殺里克，❷猶毋丘儉之不能殺司馬師也。習鑿齒引『死者反生』、『生者不愧』兩語以美毋丘儉，蓋儉之受顧命，亦息之受君命也。習氏引荀息以美儉，則預譏荀息以例儉可知。」按：焦説是也。杜注又云：「荀息稱名者，雖欲復言，本無遠謀，從君乃昏。」疏云：「文七年，宋人殺其大夫，傳曰：『不稱名，衆也，且言非其罪也。』死者不稱名，非其罪，故知稱名者，❸皆有罪。」傳例以大夫爲衆詞，無書名罪大夫之義。孔父之殺亦稱名也，疏未得傳例意。

夏，齊侯、許男伐北戎。無傳。【疏證】杜注：「北戎，山戎。」

---

❶「令」，原作「今」，今據原稿改。

❷「里」，原作「李」，今據原稿改。

❸「名者」，原作「知」，今據原稿改。

晉殺其大夫里克。【疏證】杜注：「奚齊，先君所命。卓子又以在國嗣位，未嘗無道。而里克累弑二君，故稱名以罪之。」顧棟高云：「杜此解尤謬，倘若君無道，弑君之賊將稱字以褒之乎？」❶《年表》：「晉惠公夷吾元年，誅里克，背秦約。」❷

秋，七月。

冬，大雨雪。無傳。【疏證】《公羊》「雪」曰「雹」。

【傳】十年，春，❸狄滅温，蘇子無信也。蘇子叛王即狄，又不能於狄，狄人伐之，王不救，故滅。蘇子奔衛。【疏證】杜注：「蘇子，周司寇蘇公之後也。國於温，❹故曰温子。」梁履繩云：「《晉語》曰：『殷辛伐有蘇，有蘇氏以妲己女焉。』蓋蘇黨惡於紂，必爲周所滅。司寇忿生，疑即出自有蘇，以國爲氏，子孫因之。故莊十九年，蘇子亦稱蘇氏。成十一年，蘇忿生以温爲司寇，或即以温故國封之。隱十一年，王與鄭人蘇忿生之田，其一爲温；莊十九年，蘇氏出奔温，可見鄭仍不能有之。温，其國名，故《春秋》書『温子』。孔仲達謂國名爲蘇，與杜氏背矣。」按，梁説是也。隱三年，「取温之麥」，賈注：「温，周地名，蘇氏邑也。」莊十九年傳：「蔿國、邊伯、石速、詹父、子禽、祝跪作亂，因蘇氏。五大夫奉子頹，以伐王，不克，出奔温。」

❶「賊」，原作「弑」，今據原稿改。
❷「約」，原作「豹」，今據原稿改。
❸「春」，原脱，今據原稿補。
❹「於」，原作「語」，今據原稿改。

夏，四月，❶周公忌父、王子黨會齊隰朋，立晉侯。【注】賈云：「周公忌父，周卿士。」❷《晉世家》集解。【疏證】杜注：「周公忌父，周卿士。王子黨，周大夫。」疑皆用賈説。《晉世家》：「周襄王使周公忌父會齊、秦大夫，共禮晉惠公。」隰朋之納晉侯，事在九年，此不當再見，此或賜命。《晉世家》謂禮晉侯，可證。即謂晉用夏正，傳亦宜繫於春正二月，不得繫於夏也。《年表》：「桓公三十六年，使隰朋立晉惠公。」亦是從晉史之年，不言夏。

晉侯殺里克以説。【疏證】杜注：「自解説不篡。」沈欽韓云：「按：『以説』謂示討惡之義。里克殺二子，夷吾本不在國，❸其入也，假大國之援，何嫌於篡？」按：沈説是也。《晉世家》：「惠公以重耳在外，畏里克爲變，賜里克死。」

將殺里克，公使謂之曰：「微子，則不及此。雖然，子弑二君與一大夫，爲子君者，不亦難乎？」【注】服云：「奚齊、卓子、荀息也。」《晉世家》集解。【疏證】二君一大夫，杜無注。服於此類易明者猶詳，則注之佚亡者多矣。洪亮吉云：「『不亦難乎』，《公羊傳》作『不亦病乎』。《廣雅》：『病，難也。』」《晉世家》：「微里子，寡人不得立。雖然，子亦殺二君一大夫，爲子君者不亦難乎？」

---

❶「四月」，原脱，今據《春秋左傳正義》卷十三補。

❷「周」，原脱，今據原稿補。

❸「吾」，原脱，今據原稿補。

對曰：「不有廢也，君何以興？欲加之罪，其無辭乎？臣聞命矣。」伏劍而死。❶【疏證】《晉世家》：「里克對曰：❷『不有廢也，君何以興？欲誅之，其無辭乎？臣聞命矣。』遂伏劍而死。」

晉侯改葬共大子。【疏證】《晉語》「大」作「世」。《釋文》：「共，本亦作恭。」按：《檀弓》、《晉世家》、《五行志》皆作「恭」。《晉語》注云：「共世子，申生也。獻公時葬不如禮，故改葬之。」《謚法》：「既過能改曰共。」國人告以此謚也。杜但釋共太子爲申生，不言謚共之故。「既過能改曰共」，《逸周書·謚法解》文。如韋說，則申生之稱共太子，乃國人私謚也。韋所稱，或《左氏》舊說。《五行志》：「史記晉惠公時童謡曰：❸『恭太子更葬兮，❹後十四年，晉亦不昌，昌乃在其兄。』是時，惠公賴秦力得立而背秦，内殺二大夫，國人不悦。及更葬其兄恭太子申生而不敬，故詩妖作也。」師古注：「二人謂里克、丕鄭。」

秋，狐突適下國，❺【注】服云：「晉所滅國，以爲下邑。一曰曲沃有宗廟，故謂之國；在絳下，故曰下國也。」《水經·涑水》注、《晉世家》集解。❻【疏證】服注二説，「一曰」以下，余蕭客、李貽德皆未引，蓋疑

---

❶「死」下，《春秋左傳正義》卷十三有「於是丕鄭聘于秦且謝緩賂故不及」十四字。
❷「對」，原脱，今據原稿補。
❸「記」，原脱，今據《漢書·五行志》補。
❹「恭」，原作「共」，今據原稿改。
❺「國」，原脱，今據原稿補。
❻「家」，原脱，今據原稿補。

爲裴駰語，今從惠、洪、嚴氏輯本。杜注：「下國，新城。」用後一説也。李貽德云：「案：❶耿、霍、揚、魏、虞、虢，皆晉所滅之國。此『下國』，未審其地。『以爲下邑』者，《廣雅·釋詁》：『邑，國也。』是『下邑』猶『下國』也。❷地已滅而猶稱國者，猶《禮》所謂『因國』也。」案：下國爲曲沃，當是定説。❸傳例：「凡邑，有宗廟先君之主曰都。」都猶國也。曲沃爲晉舊都，故服云：「有宗廟謂之國。」洪亮吉云：「《説苑·立節》篇：『獻公卒，突即辭歸自殺。』❹蓋屬虚語。」❺

遇太子。大子使登僕，【疏證】杜注：「狐突本爲申生御。」《論衡·死僞篇》引作「大子超登僕車」，與傳小異。《晉世家》：「遇申生，❻申生與載而告之。」

而告之曰：「夷吾無禮，【注】賈云：「烝於獻公夫人賈君，故曰無禮。」馬融云：「申生不自明而死，夷吾改葬之，章父之過，故曰無禮。」本疏。【疏證】杜無注。疏引賈、馬説，駁之云：「杜不爲注，當以鬼神之意，難得而知。夷吾無禮，或非一事，不可指言，故不説也。」文淇按：《晉語》「惠公即位，出共世子而改葬之，

---

❶「案」，原爲空格，今據原稿補。

❷「下邑猶下國」，《春秋左氏傳賈服註輯述》卷六作「下國猶下邑」。

❸「定」，原爲空格，今據原稿補。

❹「歸」，原作「師」，今據原稿改。

❺「蓋」，原脱，今據原稿補。

❻「遇」，原作「過」，今據原稿改。

臭達於外」，韋注：「惠公烝於獻公夫人賈君，故申生臭達於外，不欲爲無禮者所葬也。唐以賈君爲申生妃，非也。」韋氏亦同賈説。惠公蒸於賈君，見莊十五傳。❶服注「上淫曰蒸」，則賈君必非申生妃，韋説是。沈欽韓信唐固之説，謂于無禮更切，❷非。馬注測申生之心，尤藹然仁孝之言。

「余得請於帝矣，【注】服云：「帝，天帝，謂罰有罪。」《晉世家》集解。**【疏證】**杜注：「請罰夷吾。」用服説，而不釋「帝」。天帝，即上帝也。《舜典》「肆類於上帝」，馬注：「上帝，太乙神。」《君奭》「格於上帝」，鄭注：「上帝，太微中其所統也。」《大宗伯》「以禋祀祀昊天上帝」，鄭注：「昊天上帝，冬至於圜丘所祀天皇大帝。」鄭、馬説「帝」，與服同。《公羊》宣三年傳「帝牲不吉」，注：「帝，皇天大帝，在北辰之中，主總領天地五帝群神也。」何氏亦以帝爲皇天大帝。《廣雅・釋詁》云：「罰，伐也。」

「將以晉畀秦，秦將祀余。」對曰：「臣聞之：『神不歆非類，【注】賈云：「歆，貪也。」《國語》注。**【疏證】**《生民》毛傳：❸「歆，饗也。」洪亮吉云：「《説文》：❹『歆，神食气也。』」義亦與賈同。杜注本《詩》毛傳。」❺

---

❶「莊」，當作「僖」。

❷「于」，原脱，今據原稿補。

❸「生民」，原爲空格，今據《毛詩正義》卷十七補。「傳」，原作「詩」，今據原稿改。

❹「説文」，原脱，今據原稿補。

❺「傳」，原作「詩」，今據原稿改。

《晉世家》：❶「『將以晉與秦，秦將祀余。』狐突對曰：『臣聞神不食非其宗。』」

「『民不祀非族。』君祀毋乃殄乎？」【疏證】本疏：「傳稱『非我族類，其心必異』，則族、類一也。」《新臺》毛傳：❷「殄，絶也。」杜注同。《晉世家》：「君其祀毋乃絶乎？」以「絶」代「殄」。

「且民何罪？失刑、乏祀，君其圖之！」【疏證】杜無注。以晉畀秦，則受災害，故曰失刑也。《七經孟子考文》引足利本「乏祀」下有「乏祀謂無主祀也」七字，當是杜注，今本脱。

君曰：「諾！吾將復請。七日，新城西偏，將有巫者而見我焉。」【疏證】杜注：「新城，曲沃也。❸將因巫以見。」❹《晉世家》：「申生曰：『諾，吾將復請帝。後十日，新城西偏將有巫者見我焉。』」「十日」與傳違。集解：「《左傳》曰『七日』。」

許之，遂不見。

及期而往，告之曰：「帝許我罰有罪矣，敝於韓。」【注】賈云：「敝，敗也。韓，晉韓原。」《晉世家》

---

❶「晉」，原重文，今據原稿删。

❷「新臺」，原爲空格，今據《毛詩正義》卷二補。

❸「也」，原脱，今據原稿補。

❹「見」，原脱，今據原稿補。

集解。【疏證】《論衡》「敝」下有「之」字。傳遜云：「有罪，謂烝於賈君。」❶蓋用「夷吾無禮」賈注義。《説文》：「敝，❷頓仆也。」杜注：「敝，敗也。」用賈説。十五年傳「戰於韓原」，應申生言。故賈以韓爲韓原也。❸顧炎武云：「三敗及韓，在涉河之後，此韓在河東，故曰『寇深矣』。《括地志》：『韓原在同州韓城縣西南。』非也。杜解但云『晉地』。」按：賈以韓爲韓原，自指涉河後事。顧説非。❹顧棟高云：❺『今陝西同州府韓城縣東南二十里。』」《晉世家》：「及期而往，復見，申生告之曰：『帝許罰有罪矣，獘於韓。』」❻

丕鄭之如秦也，❼言於秦伯曰：「吕甥、郤稱、冀芮實爲不從，❽若重問以召之，臣出晉君，君納重耳，蔑不濟矣。」【疏證】《晉世家》「甥」作「省」，❾異文。《郡國志》「河東郡永安故彘」，注：「《博物記》曰有吕

---

❶「烝」，原作「丞」，今據原稿改。
❷「敝」，《説文解字》卷十上作「獘」。
❸「也」至「爲韓原」五十二字，原脱，今據原稿補。
❹「顧説非」，原脱，今據原稿補。
❺「云」，原脱，今據原稿補。
❻「獘」，《史記·晉世家》作「弊」。
❼「丕」，原作「平」，今據原稿改。
❽原稿眉批：郤稱，查。
❾「世」，原重文，今據原稿删。

鄉，❶呂甥邑也。」呂甥亦稱瑕甥，亦稱陰飴甥。瑕、陰皆其食邑。洪亮吉云：「按：呂甥先又嘗食邑於虢。《竹書紀年》：『晉獻公十有九年，伐虢，❷滅下陽，命瑕父呂甥邑于虢。』」冀芮即郤芮也。杜注：「三子，晉大夫。不從，不與秦賂。」《晉語》注：「問，遺也，以厚禮問遺此三人。」《曲禮》「凡以弓劍、苞苴、簞笥問人者」，鄭注云：「問猶遺也。」韋注本鄭説，杜以「問」爲「聘問之幣」。疏未釋「幣」。沈欽韓云：「《聘禮》：『賓朝服問卿，庭實設四皮，賓奉束帛入。』此禮問也。」按：此問乃聘禮中之問禮，沈説是也。《板》毛傳：❸「蔑，無也。」《秦本紀》：「晉使丕鄭謝秦，背約，不與河西城，而殺里克。丕鄭聞之，恐，因與繆公謀曰：『晉人不欲夷吾，實欲重耳。今背秦約而殺里克，皆呂甥、郤芮之計也。願君以利急呂、郤，❹呂、郤至，更入重耳便。』」❺《晉世家》：「丕鄭説穆公曰：❻『呂省、郤稱、冀芮實爲不從。若重賂與謀，出晉君，入重耳，事必就。』」

冬，秦伯使泠至報問，且召三子。【疏證】杜注：「泠至，秦大夫也。」《風俗通》：「泠至，黄帝時典樂泠倫之後。」《晉語》注：「報問，報丕鄭之聘，且問遺呂甥之屬。」報問，謂報秦之問也。《秦本紀》：「使人與丕鄭歸，❼

❶「鄉」，原作「卿」，今據《後漢書·郡國志》改。
❷「伐」，原作「代」，今據原稿改。
❸「板」，原脱，今據《毛詩正義》卷十七補。
❹「急」下，《史記·秦本紀》有「召」字。
❺「便」，原爲空格，今據原稿補。
❻「丕」，《史記·晉世家》作「邳」。
❼「歸」，原作「號」，今據原稿改。

召呂、郤。」則「召」謂召之來秦，非止問遺也。

郤芮曰：「幣重而言甘，誘我也。」遂殺丕鄭、祁舉及七輿大夫：【注】服云：「下軍之輿帥七人屬申生者，❶襄二十三年，下軍輿帥七人。往前申生將下軍，今七輿大夫爲申生報怨，欒盈將下軍，故七輿大夫與欒氏。」本疏。【疏證】《秦本紀》：「呂、郤等疑丕鄭有間，乃言夷吾殺丕鄭。」❷《晉世家》：「三子曰：『幣厚言甘，必丕鄭賣我於秦。』遂殺丕鄭及里克、丕鄭之黨七輿大夫。」杜注：「祁舉，晉大夫。」高士奇云：「祁邑先以處舉，後以賜奚。漢置祁縣，今屬山西太原府，即《爾雅》所謂昭餘祁矣。」杜注：「侯伯七命，副車七乘。」杜用服說。疏引服注：三「下軍」皆作「上軍」。《校勘記》云：「陳樹華云：『上當作下。』按：閔二年傳云：『公將上軍，太子申生將下軍。』陳所訂是也。」「襄二十三年」至「與欒氏」皆服氏語，❸引傳以證「七輿」之爲「下軍輿帥」也。❹李貽德謂是疏語，非。疏雖引服注而援《大行人》「侯伯七命，貳車七乘」，謂每車一大夫主之，以證杜說。疏蓋以此「七輿大夫」仍注爲晉侯之貳車。又云：「炫謂服言是。」則劉光伯以《述義》取服注引以廣異說。洪亮吉云：「按：劉炫亦以爲服言是，不取杜說。」是也。惠棟云：「服、杜二說皆非也。晉國之法，上大夫二輿二乘，中大夫二輿一乘，下大夫專乘。專乘謂一輿，見《韓非子》。文公作三行，景公時改爲三軍大夫，一司馬。三行

❶「之」，原脱，今據原稿補。
❷「乃」，原爲空格，今據原稿補。
❸「至」，原爲空格，今據原稿補。
❹「引」，原爲空格，今據原稿補。

爲六輿，司馬專乘，合七輿之數，後遂以爲官名。故襄廿三年傳云：『七輿大夫與欒氏。』蓋自文公以後始有七輿，獻公時止有二行一尉，不得爲七輿。『七』當爲『五』，古『五』字如『七』，遂譌爲之。叔堅以下舉里、丕之黨，❶不必皆在七輿之數。杜以七人爲七輿，則右左行又何説歟？」韋昭《國語》注云：「七輿，申生下軍之衆大夫也。」韋亦用服説。沈欽韓云：「《韓非·外儲左》：『苗賁皇曰：「晉國之法，上大夫二輿二乘，中大夫二輿一乘，下大夫專乘。」』是輿者，大夫家卒乘之名。服以爲輿帥，是也。」沈與惠同引《韓非子》而疏解異。耑乘之官，❷蒙七輿之稱，此於他書無所證，乃惠氏意爲之説。僖六年傳已書「與中大夫成謀」，❸有中大夫則有上下大夫，七輿之稱當不在文公以後，不必改七輿爲五輿矣。沈説是也。嚴蔚云：「蔚案：服子慎説甚是，杜氏以臆説易之。」

左行共華、右行賈華、叔堅、騅歂、纍虎、特宫、山祁，❹皆里、丕之黨也。【疏證】洪亮吉云：「此上七人，即七輿大夫之名。」按：❺《晉語》「子帥七輿大夫以待我」，注：「左行共華，❻右行賈華、叔堅、騅歂、纍虎、特宫、山祁也。」洪説即本彼注。服以七輿爲輿帥七人，韋注即服義也。杜注亦云：「七子，七輿大夫。」則亦以七

---

❶「舉」，原脱，今據原稿補。
❷「耑」，原爲空格，今據原稿補。
❸「六」，當作「四」。
❹「左」，原作「右」，今據原稿改。
❺「按」，原爲空格，今據原稿補。
❻「共華右行」，原脱，今據原稿補。

人當七輿也。《風俗通》：「纍氏，纍祖之後。山氏，烈山氏之後。」

㔻豹奔秦，【疏證】《晉語》注：「豹，丕鄭之子。」杜用韋說。《年表》：「秦穆公十年，丕鄭子豹亡來。」❶

言於秦伯曰：「晉侯背大主而忌小怨，民弗與也。伐之，必出。」【疏證】杜注：「大主，秦也。小怨，里、丕。」❷《秦本紀》：「丕豹說繆公曰：『晉君無道，百姓不親，可伐也。』」

公曰：「失衆，焉能殺？【疏證】《晉語》注：「言晉君失衆，焉能使衆殺爾父及七輿大夫。」❸杜注：「謂殺里、丕之黨。」亦用韋說。《秦本紀》：「繆公曰：『百姓苟不便，何故能誅其大臣？晉能誅其大臣，此其調也。』」❹

「違禍，誰能出君？」【疏證】《晉語》注：「違，去也。謂丕豹以禍故去其國，誰能出君乎？」《秦本紀》：「秦不聽，而陰用豹。」❺

---

❶「亡」，原脱，今據原稿補。

❷「里」，原脱，今據原稿補。「丕」，《春秋左傳正義》卷十三作「㔻」。

❸「父」，原脱，今據原稿補。

❹「調」，原爲空格，今據原稿補。

❺「陰」，原爲空格，今據原稿補。

【經】十有一年，春，晉殺其大夫丕鄭父。❶【疏證】《校勘記》：「《公羊》疏云：『《左氏》經無「父」字。』然則今諸本有『父』者衍文也。」杜注：「書春，從告。」按：此亦從晉曆書。

夏，公及夫人姜氏會齊侯于陽穀。無傳。

秋，八月，大雩。無傳。

冬，楚人伐黃。【疏證】《年表》：「楚成王二十三年，❷伐黃。」《楚世家》同。❸

【傳】十一年，春，晉侯使以丕鄭之亂來告。❹

天王使召武公、内史過賜晉侯命。❺【疏證】《周語》「襄王使召公過及内史過賜晉侯命」，注：「召公過，召穆公之後召武公也。」杜注：「召武公，周卿士。」❻用韋説。内史過即對「神降于莘」之人也。《周語》注又云：「命，瑞命。諸侯即位，天子賜之命圭以爲瑞節。」杜注云：「諸侯即位，天子賜之命圭。」蓋用韋説。《五行志》師古注亦云：「諸侯即位，天子則賜命圭以爲瑞。」皆承韋注之誤，詳下「受玉」疏證。沈欽韓云：「《周語》：『襄王

---

❶「晉」，原脱，今據原稿補。
❷「二十」，原脱，今據原稿補。
❸「楚世家同」，原脱，今據原稿補。
❹「使」，原脱，今據原稿補。
❺「賜」，原脱，今據《春秋左傳正義》卷十三補。
❻「士」，原脱，今據原稿補。

賜晉文公命，晉侯端委以入。大宰以王命命冕服。』韋昭云：『端委，士服也。諸侯之子未受爵命，服士服也。』《王制》：『諸侯世子未賜爵，視天子之元士，以君其國。』按：未賜爵即謂未賜命者。《小雅》箋云：『諸侯世子除三年之喪，服士服而來，未遇爵命之時，時有征伐之事，使代卿士，將六軍而出。正義云：『若已爵命，則當服諸侯之赤韍，不得服士服。世子雖服士服，待之同於正君。』《白虎通》：『世子上受爵命，衣士服何？謙不敢自專也。』蓋周之初，天子統御，諸侯畏威，外諸侯雖得世國，猶須王命方敢用其車服。《公羊傳》云：『錫者何？賜也。命者何？加我服也。』春秋時諸侯不待天子之命，天子亦或賜或不賜，不以此爲輕重也。杜云所賜者命圭，舛矣。」朱駿聲云：「杜解『賜之命圭』，非也。此謂策命。」按：沈、朱説是也。賜命見於經者，莊元年，「王使榮叔來賜桓公命」，文元年，「天王使毛伯來錫公命」，成八年，「天子使召伯來賜公命」。即位見於傳者，襄十六年，❶「王使劉定公賜齊侯命」，即位也；昭七年，「王使成簡公如衛弔，且追命襄公」，追命也。皆策命之禮，非賜命圭。杜於文元年、成八年，皆以爲賜命圭，非。劉敞曰：「賜命者，爵也，有加而賜，所謂賜命也。故王者則三公一命卷，若有加，則賜也，不過九命，次國之君不過七命，小國五命，故賜謂有加也。」

受玉惰。【**疏證**】《説文》：「憜，不敬也。從心隋省，❷《春秋傳》曰『執玉憜』。或省自。」❸執、憜皆異文。❹

❶「襄」，原作「哀」，今據原稿改。「六」，當作「四」。
❷「隋」，《説文解字》卷十下作「𡐦」。
❸「自」，《説文解字》卷十下作「𠂤」。
❹「執」，原爲空格，今據原稿補。

《五行志》注：「師古曰：『不敬其事也。』」杜於「受玉」無注，其注「賜命」以爲「賜命圭」，則此「受玉」以爲受命圭矣。惠士奇云：「命圭世世守之，未聞新君再賜。古禮，新天子輯瑞，諸侯薨還圭。若國易一君，亦易一瑞，則古無是禮。」沈欽韓云：「《玉人職》：『琬圭九寸而繅以象德。』❶注『琬圭』：『亦王使之瑞節，諸侯有德，王命賜之。使者執琬圭以致命焉。』疏引『天王使毛伯來賜命』爲證，❷則此受玉者，受琬圭也。知非命圭者，以《玉人》之事云：『鎮圭尺有二寸，天子守之。命圭九寸，謂之桓圭，公守之。命圭七寸，❸謂之信圭，❹侯守之。命圭七寸，謂之躬圭，伯守之。』❺注：『命圭者，王所命之圭也。朝覲執焉，居則守之。』然則諸侯自始封以來，受諸天子，世世守之，惟朝覲執以見王。故《舜典》云『輯五瑞』，又云『班瑞于群后』，馬融云：『五瑞，公侯伯子男所執以爲瑞信也。堯將禪舜，使群牧斂之，使舜親往班之。』《覲禮》云：『侯氏坐取圭，升致命，王受之玉。』❻《尚書大傳》：『諸侯所受珪朝于天子，❼無過行者，❽得復其圭，以歸其國。有過行者，留其圭，能改過者，復之。』故諸侯朝覲畢，王

---

❶「九寸」，原脱，今據原稿補。
❷「命」，原脱，今據原稿補。
❸「寸」，原作「尺」，今據原稿改。
❹「信圭」至「謂之」十一字，原脱，今據原稿補。
❺「之」原脱，今據原稿補。
❻「王」，原作「玉」，今據《儀禮注疏》卷二十六下改。
❼「侯」下，《春秋左氏傳補注》卷三有「執」字。
❽「無」上，原衍「天子」，今據原稿删。

還其玉。馬融云：『卒乃復，五玉禮終則還之。』然則嗣君即位，朝于天子，正須執命圭以合瑞，不得易一君復易一瑞也。其尋常聘問亦別有玉。《典瑞職》：『瑑圭璋璧琮以頫聘。』《聘禮》云『使者受圭』是也。聘時主君受玉，事畢亦還之。《聘禮》：『君使卿皮弁，還玉於館。』《聘義》云：『已聘而還圭璋。』此輕財重禮之意也。」按：沈説是也。沈謂「受玉」爲「受琬圭」，非「命圭」，尤可正杜注之失。

過歸告王曰：「晉侯其無後乎？【疏證】《周語》：「晉不亡，其君必無後。」注：「後，後嗣也。」

「王賜之命，而惰於受瑞，先自棄也已。【疏證】沈欽韓云：「《聘禮》：『賓襲，執圭。擯者入告，出辭玉。納賓，賓升西楹西，❶致命。公當楣再拜。』❷是鄰國之臣致其君之命，再拜方受。❸于天子之使致命，則降階再拜稽首，可知也。《晉語》説惠公受瑞事云：❹『晉侯執玉卑，拜不稽首。』則其惰而不共爲甚矣。瑞是玉之通稱，《典瑞職》注：「人執以見曰瑞，禮神曰器。瑞，符信也。」故珍珪以至琬圭，鄭通解爲瑞節，不獨命圭稱瑞也。韋昭、杜預等皆近見《尚書》五瑞之文，見此傳有受瑞，遂誤仞爲命圭。❺《周語》『襄王賜晉惠公命』，韋昭云：❻

---

❶「賓」，原脱，今據原稿補。
❷「當」，原重文，今據原稿刪。
❸「受」，原作「拜」，今據原稿改。
❹「晉」，當作「周」。
❺「仞」，原爲空格，今據原稿補。
❻「韋昭云」至「文公命」二十八字，原脱，今據原稿補。

『命，瑞命也。諸侯即位，天子賜之命圭，以爲瑞節也。』下賜晉文公命，又云：『命，命服也。』同是賜命而所解異辭，緣叙惠公事但言受玉，叙文公事但云受冕服。要諸致玉時并有冕服，致冕服時亦先有玉，但所指各異，舉一見二，自可意會。而韋氏猶滯於彼，何怪乎杜預之淺學也。」❶按：沈説是也。杜於「賜命」，隨文生義，誤亦與韋同。

「其何繼之有？禮，國之幹也；敬，禮之輿也。不敬則禮不行，禮不行則上下昏，何以長世？」

【疏證】注疏本「其」作「而」，從宋本。杜無注。《五行志》注：「師古曰：『無禮則國不立，故謂之幹。無敬則禮不行，故比之于輿。』」《晉世家》：「惠公二年，周使召公過禮晉惠公，公禮倨，召公譏之。」則此告王爲周召公之辭。

夏，揚、拒、泉、皐、伊、雒之戎，**【疏證】**《後漢書・西羌傳》：「伊、洛間有揚、拒、泉、皐之戎。當春秋時，伊、洛戎强，東侵曹、魯，後十九年，遂入王城，于是秦、晉伐戎以救周。」是揚、拒、泉、皐之戎在伊、雒之閒也。杜注：「揚、拒、泉、皐皆戎邑，及諸雜戎居伊水、洛水之間。」❷亦用《後漢書》説。《鄭語》注：「洛、泉，皆赤翟，隗姓也。」洛即雒也，亦稱雒戎。文八年，公子遂及雒戎盟于暴，❸彼疏謂此陸渾未遷以前戎之先居伊雒者。本疏引《釋例》云：「諸雜戎居伊水、雒水之間者。❹河南雒陽縣西南有戎城。伊水出上雒盧氏縣熊耳山，東北至河南雒陽縣入雒。雒水出上雒縣冢領山，東北經弘農至河南鞏城入河。」《釋例》亦止明伊、雒之所在。四戎邑，杜但注

---

❶「預」，原爲空格；「學也」，原爲一空格，今據原稿補。

❷「戎」，原重文，今據《春秋左傳正義》卷十三删。

❸「暴」，原作「恭」，今據原稿改。

❹「間」，原脱，今據原稿補。

泉邑云：❶「今伊闕北有泉亭。」❷按：《郡國志》：「河南郡雒陽有前亭。」與杜注合。洪亮吉云：「『泉』、『前』古字通。」《彙纂》：「今河南府洛陽縣西南有前城，即泉亭也。」江永云：「昭二十二年劉子奔陽，❸《彙纂》謂即此之揚，去偃師不遠。」拒、皋，今地無考。

同伐京師，入王城，焚東門。王子帶召之也。【疏證】《年表》：「周襄王三年，戎伐我，太叔帶召之。」《周本紀》：「襄王三年，叔帶與戎、翟謀伐襄王。」《齊世家》：「桓公三十八年，周襄王弟帶與戎、翟合謀伐周。」❹

秦、晉伐戎以救周。【疏證】《年表》：「齊桓公十一年，❺救王伐戎，戎去。」

秋，晉侯平戎於王。【疏證】以十二年「齊使管夷吾平戎于王」例之，亦當以卿行，傳不具。

黃人不歸楚貢。冬，楚人伐黃。

【經】十有二年，春，王三月，庚午，日有食之。無傳。【注】劉歆以爲：「三月齊、衛分。」《五行志》。

---

❶「云」，原爲空格，今據原稿補。

❷「闕」，原作「閒」，今據《春秋左傳正義》卷十三改。

❸「陽」，《春秋左傳正義》卷五十作「揚」。

❹「帶」，原脱，今據原稿補。

❺「齊桓」，當作「秦穆」。

【疏證】杜注：「不書朔，❶官失之。」《隋志》：「推合庚午朔。」臧壽恭云：「案：是年入甲申統九百九十五年，積月一萬二千三百六，閏餘十一。積日三十六萬三千四百六，小餘六十六，大餘四十六。正月庚午朔大，小餘二十八。二月庚子朔小，小餘七十一。三月己巳朔，二日庚午，❷又置上積日，加積日五十九。以統法乘之，❸以十九乘小餘七十一，并之滿周天，除去之，餘六萬四千六百八十四。滿統法而一，得積度四十二度餘四十六。命如法，三月己巳朔，❹合辰在危十三度，二日庚午，在危十四度，危十五度爲元枵之次，危十六度爲諏訾之次。初十二次之分，元枵，齊也；娵訾，衛也。故曰齊、衛分。」

夏，楚人滅黄。

秋，七月。

冬，十有二月，丁丑，陳侯杵臼卒。【疏證】《公羊》「杵」曰「處」。釋文：「《左氏》作『杵臼』。」《陳杞世家》：「四十五年，宣公卒。子款立，是爲穆公。」

---

❶ 「朔」，原脱，今據原稿補。

❷ 「日」，原作「月」，今據原稿改。

❸ 「法」下，《春秋左氏古義》卷三有「日」字。

❹ 「己」，原作「乙」，今據《春秋左氏古義》卷三改。

【傳】十二年，春，諸侯城衛楚丘之郛，❶**懼狄難也。【疏證】**杜注：「爲明年狄侵衛傳。」❷疏：「衛以二年遷於楚丘，❸諸侯爲之築其城，❹至此爲之築其郛。諸侯不告，魯不與，故不書。」

黄人恃諸侯之睦於齊也，不共楚職，曰：「自郢及我九百里，焉能害我？」【疏證】杜無注。閻若璩《四書釋地》云：「以《穀梁傳》所云，計今之六十二里，當古之百里。故《左傳》黄人謂『自郢及我九百里』，今自江陵至光州僅七百里，邾子謂『吴二千里，不三月不至』，今自蘇州至鄒縣僅一千五百里。」杜注：「郢，楚都。」

夏，楚滅黄。【疏證】嚴可均《唐石經校文》云：「『楚人』磨改作『楚』，各本無『人』。」洪亮吉云：「《史記·楚世家》作『滅英』，徐廣曰：『《年表》及他本皆作「英」，一本作「黄」。』正義曰：『英國在淮南，蓋蓼國也，不知改名時。』今按：滅蓼在魯文公三年，時爲楚穆王四年，非此一時事。」按：洪説是也。《年表》今本皆作「滅黄」，「黄」、「英」形近，徐氏所見蓋誤本也。

王以戎難故，討王子帶。秋，王子帶奔齊。【疏證】《年表》：「周襄王三年，欲誅叔帶，叔帶奔齊。」《周本紀》同。繫於襄王三年，當僖十一年，與傳違異。

冬，齊侯使管夷吾平戎於王，使隰朋平戎於晉。【注】服云：「戎伐周，晉伐戎救周，故和也。」

---

❶ 原稿眉批：郛前已見。《國語》注不録。
❷ 「侵衛傳」至「諸侯已臣於」八百二十五字，原缺，今據原稿補。
❸ 「年」下，《春秋左傳正義》卷十三有「春」字。
❹ 「築」，原脱，今據《春秋左傳正義》卷十三補。

《周本紀》集解。【疏證】杜注：「平，和也。前年晉救周伐戎，故戎與周、晉不和。」即用服説。服意釋齊、晉之所以和，杜言戎與周，晉不和，未得服意。

王以上卿之禮饗管仲，管仲辭曰：「臣，賤有司也。有天子之二守國，高在，【疏證】此「饗」謂饗賓客之大饗禮也。《大行人》疏：「若聘客，則皆一饗，其燕與時賜無數。」宣十六年傳：「王饗有体薦，晏有折俎，公當享，卿當晏，王室之禮也。」彼疏云：「若使卿來，雖爲設享，仍用公之燕法，亦用折俎，是王室待賓之禮也。」《周本紀》作「王以上卿禮管仲」。杜注：「國子、高子，天子所命爲齊守臣，皆上卿也。莊二十二年，高傒始見經；僖二十八年，國歸父乃見傳。歸父之父懿仲，❶高傒之子曰莊子，不知今當誰世。」梁履繩云：「案：鄭子産以父字子國，故爲國氏。疑齊國氏亦如此。」

「若節春秋，來承王命，何以禮焉？【注】賈云：「節，時也。」王肅云：「春秋聘享之節也。」《周本紀》集解。【疏證】杜用賈説。《王制》：「諸侯之於天子也，比年一小聘，三年一大聘。」《大行人》「殷覜以除邦國之慝」，注：「殷覜，一服朝之歲也。一服朝之歲，五服諸侯皆使卿以聘禮來覜天子。」諸侯使卿聘皆有定期，故賈以節爲時，王肅申賈義耳。

「陪臣敢辭。」【注】服云：「陪，重也。諸侯之臣於天子，故曰陪臣。」《周本紀》集解。【疏證】杜注：「諸侯之臣曰陪臣。」用服説，而未得服意。《曲禮》：「列國之大夫，入天子之國曰某士，自稱曰陪臣某。」彼疏云：

❶ 下「父」下，《春秋左傳正義》卷十三有「曰」字。

「其君已爲王臣，已今又爲己君之臣，故自稱對王曰重臣。」❶是服注「諸侯之臣於天子」，謂諸侯已臣於天子，乃釋「陪臣」爲重臣之意也。

王曰：「舅氏，【注】賈云：「舅氏，言伯舅之使也。」《周本紀》集解。【疏證】杜注：「伯舅之使，故曰舅氏。」杜用賈説。《周本紀》正義：「武王娶太公女爲后，故呼舅氏。」閻若璩《古文尚書疏證》云：「諸侯既異姓，其臣雖與我同姓，且同出穆王之後，如管仲者，亦衹謂之舅氏。則同姓諸侯之臣之稱，從可知已。或伯父之使則曰伯氏，或叔父之使則曰叔氏，一以國之大小而分伯、叔，不以其人之字而伯氏、叔氏焉，斯協乎禮矣。」

「余嘉乃勳。應乃懿德，謂督不忘。往踐乃職，無逆朕命。」【疏證】《周本紀》「余嘉乃勳」，正義：「我善汝有平戎之勳。」惠棟云：「應讀曰膺，受女匡輔之美德也，❷古人皆以應爲膺。」按：惠説是也。杜注不釋「應」，疏云：「應，❸當也。懿，美也。」疏以「當」訓「應」，亦受義。《廣雅・釋詁》：「紕，督理也。」王念孫云：「《方言》：『繹、督，理也。凡物曰督之，絲曰繹之。』郭注：『督，言正理也。』僖十二年《左傳》云『謂督不忘』。《考工記・匠人》注『分其督旁之修』，❹疏云：『中央爲督，督者，所督率兩旁。』❺《説文》：『裻，衣背縫也。』是凡言『督』

---

❶「王」，原脱，今據《春秋左傳正義》卷十三補。
❷「匡輔之」，《春秋左氏傳補注》無此三字。
❸「應」，原作「膺」，今據《春秋左傳正義》卷十三改。
❹「分」，原脱，今據原稿補。
❺「所」下，《廣雅疏證》卷二上有「以」字。

者，皆正理之意也。」閻若璩《尚書古文疏證》：「二十五篇書，《微子之命》純以僖十二年傳文爲藍本，而割湊充篇。且既易『往踐乃職』爲『往敷乃訓』，又曰『往哉維休』。既易『無逆朕命』爲『無替朕命』，❶上已曰『慎乃服命』，不太複乎？」如閻説，則不得執《尚書》以改此傳。❷杜注：「功勳美德，❸可謂正而不可忘者。」則杜氏所注本作「正」矣。杜又云：「不言位而言職者，管仲位卑而執齊政，故欲以職尊之。」❹古職、位同訓，杜説非。顧炎武云：「按：此數語與《書・微子之命》相類，從《書》作『曰篤不忘』較明，❺古字通用。或傳訛，未可知也。」《周本紀》載此事，自「齊桓公使管仲平戎於周」至「王曰舅氏」，與《左傳》同，唯此云「余嘉乃勳，無逆朕命」，無「應乃懿德」以下三句，蓋略引之也。❻

管仲受下卿之禮而還。【疏證】《年表》：「齊桓公三十八年，使管仲平戎於周，欲以上卿禮，讓，受下卿。」

君子曰：「管氏之世祀也宜哉！❼【疏證】杜注：「管仲之後，於齊没不復見，傳亦舉其無驗。」顧炎武

---

❶「逆」，原作「違」；下「無」，原脱，今據原稿改補。
❷「得」，原作「復」，今據原稿改。
❸「勳美」，原爲空格，今據原稿補。
❹「欲」，原爲空格；「尊」，原作「等」，今據原稿補改。
❺「從」，原爲空格，今據原稿補。
❻「引」，原脱，今據原稿補。
❼「氏」，原作「子」，今據原稿改。

云：「《史記》索隱曰：『《世本》云：莊仲山生敬仲夷吾，❶夷吾生武子鳴，鳴生桓子啟方，啟方生成子孺，孺生莊子盧，盧生悼子其夷，其夷生襄子武，武生景子耐步，耐步生微。』」惠棟云：「《管仲列傳》曰：『子孫世祿於齊十餘世。』」按：傳稱君子即丘明之辭，豈有自爲之辭？明其無驗。疏謂「遂不世祀，子孫絶滅，是行善無驗」，❷謬甚。

「讓不忘其上。《詩》曰：『愷悌君子，神所勞矣。』」【疏證】《大雅·旱麓》文。《釋詁》：「愷，樂也。悌，易也。」《旱麓》箋：「勞，勞來，猶言佐助。」❸杜注：「言樂易君子，爲神所勞來，故世祀也。」用箋意。

【經】十有三年，春，狄侵衛。

夏，四月，葬陳宣公。無傳。【疏證】《年表》：魯僖公十三年，陳穆公款元年。

公會齊侯、宋公、陳侯、衛侯、鄭伯、許男、曹伯于鹹。❹【疏證】杜注：「鹹，衛地。」《郡國志》：「東郡濮陽有鹹城。」沈欽韓云：「《續志》：『或曰古鹹國。』《一統志》：『鹹城在大名府開州東南六十里。』」按：文十一年之鹹乃魯地，顧祖禹《方輿紀要》謂是一地，非。

秋，九月，大雩。無傳。

---

❶「山」，原脱，今據《皇清經解》卷一《左傳杜解補正》補。
❷「是行善無驗」，原爲空格，今據原稿補。
❸「佐」，《毛詩正義》卷十六作「佑」。
❹「宋公」，原脱，今據原稿補。

冬，公子友如齊。無傳。

【傳】十三年，春，齊侯使仲孫湫聘于周，且言王子帶。事畢，不與王言。【疏證】《年表》：「魯僖公十三年爲桓公三十九年，使仲孫詣王，❶言叔帶，王怒。」

歸復命曰：「未可。王怒未怠，其十年乎？不十年，王弗召也。」【疏證】僖二十二年傳：「叔帶自齊復歸于京師，❷王召之也。」僖二十二年當周襄王十四年，實符十年仲孫之言驗也。❸

夏，會于鹹，淮夷病杞故，且謀王室也。【疏證】杜無注。❹高士奇云：「淮夷，東國，在淮浦。《禹貢》『導淮自桐栢，東入於海』，其旁之民，不盡爲夷，故辨之云：❺『淮夷，東國，在淮之厓浦而爲東夷之行者也。』知在東國者，《禹貢》『徐州淮夷蠙珠』，則淮夷在徐州也。春秋時，淮夷病杞，齊桓公東會於淮以謀之。❻《左傳》謂之東略，是淮夷在東國。昭四年，楚子會諸侯于申，而淮夷與會，是淮夷爲國號，其君之名姓則書傳無文。《書·費

❶「詣」，《史記·十二諸侯年表》作「請」。
❷「復」，原作「役」，今據原稿改。
❸「之言」，原脱，今據原稿補。
❹原稿眉批：江誤。
❺「云」，原脱，今據原稿補。
❻「會」，原作「合」，今據《左通補釋》卷六改。

誓》云『徐夷並興，東郊不開』，則此夷在魯之東。昭二十七年范獻子曰『季氏甚得其民，❶淮夷與之』，即此。」顧棟高云：「魯地盡江南海州沐陽縣，❷淮夷當在今淮安府山陽、安東之間。」❸

秋，爲戎難故，諸侯戍周。齊仲孫湫致之。【疏證】□□毛傳：「戍，守也。」杜注同。「致之」謂致諸侯之師也。

冬，晉荐饑，【疏證】《文選》注引傳作「晉洊饑」。杜注：「麥、禾皆不熟。」不解「荐」義。疏引《釋天》：「穀不熟曰饑，仍饑爲荐。」「李巡曰：『穀不成熟曰饑，連歲不熟曰荐。』」❹《晉語》「晉饑」注即用李巡說。《釋言》：「荐，再也。」《吳語》「都鄙荐饑」，注：「荐，重也。」再、重猶仍也矣。《晉書·江統傳》：「《徙戎論》曰：『水旱之害，荐饑累荒。』」是「荐饑」即仍饑之義，非指麥禾皆不熟，杜說未是。洪亮吉謂杜本李巡說，非也。

使乞糴于秦。秦伯謂子桑：「與諸乎？」對曰：「重施而報，君將何求。重施而不報，其民必攜，攜而討焉，❺**無衆，必敗。」**【疏證】子桑即公孫枝也。《秦本紀》：「晉旱，請粟。丕豹說繆公勿與，因其飢

❶「范獻子」至「淮夷與之」十四字，原重文，今據《左通補釋》卷六刪。
❷「沐」，《春秋大事表》卷三十九作「沭」。
❸「府」，原脱，今據原稿補。
❹「連」上，原衍「注」字，今據原稿刪。
❺原稿眉批：攜，詰。

而伐之。繆公問公孫支，支曰：『飢穰更事耳，❶不可不與。』」

謂百里：「與諸乎？」【注】服云：「百里奚，秦大夫。」《晉世家》集解。**【疏證】**杜注：「百里，秦大夫。」刪一「奚」字，蓋不用服説。李貽德據誤本《史記》采服注，作「百里，秦大夫」，釋之曰：「百里，當是百里奚。三十二年傳疏據《世族譜》謂百里爲姓。」❷李引服注脱「奚」字，而仍援杜説爲解，誤中之誤矣。百里奚爲秦大夫者，五年傳「秦執虞公及其大夫井伯，❸以媵秦伯姬」，井伯即百里奚。杜删服注之「奚」字，以此「百里」爲别一人。梁履繩云：❹「傳先云『百里』，後云『百里孟明視』，則百里者，是孟明而非百里奚也。杜注：『百里，秦大夫。』極有斟酌。史遷《秦紀》繆以百里傒實之。《孟子》言奚去虞入秦，年已七十。攷僖五年晉滅虞，至三十二年秦襲鄭，奚尚在，在則年百歲矣。❺《商君傳》曰『相秦六七年』，蓋專指其爲相言之。」❻按：傳文止稱「百里」，服加「奚」字以釋之。《史記》多存古《左氏》説，未可疑爲謬。百里乃當别一人，杜亦未指孟明爲此傳之百里也，梁説非。

---

❶「穰」，原作「寒」，今據《史記·秦本紀》改。「事」，原作「半」，今據原稿改。
❷「二」，原作「三」，今據《春秋左氏傳賈服註輯述》卷六改。
❸「秦」，當作「晉」。
❹「履繩」，原爲空格，今據原稿補。
❺「在」，《左通補釋》卷六無此字。
❻「指」，原脱，今據原稿補。

對曰：「天災流行，國家代有。救災恤鄰，道也。行道有福。」【疏證】《秦本紀》：❶「問百里傒，傒曰：『夷吾得罪于君，其百姓何罪？』於是用百里傒、公孫支言，卒與之粟。」《晉世家》：❷「穆公問百里奚，百里奚曰：❸『天菑流行，國家代有，救菑恤鄰，國之道也。與之。』」菑、災異文。

丕鄭之子豹在秦，請伐晉。秦伯曰：「其君是惡，其民何罪？」【疏證】十年，丕豹奔秦。《晉世家》：「邳鄭之子豹曰：『伐之。』繆公曰：『其君是惡，其民何罪？』卒與粟。」

於是輸粟于晉，❹【疏證】胡渭《禹貢錐指》云：「穀者，粟米之通稱。對舉，則有殼者曰粟，無殼曰米。單言粟，則粟亦是米。《春秋》：『定公五年，歸粟于蔡。』《左傳》：『僖公十三年，秦輸粟於晉。昭公二十五年，晉令諸侯輸王粟於成周。』計其道里，并阻且長，有殼者難於轉漕，其所謂粟，當即是米也。」

自雍及絳相繼，命之曰「汎舟之役」。【注】服云：❺「雍，秦國都。絳，晉國都也。」《秦本紀》集解。【疏證】杜注「雍」、「絳」用服説。《秦本紀》：「以船漕車轉，自雍相望絳。」《詩·秦譜》「至玄孫德公又徙于雍云」，疏云：「《本紀》：『寧公二年，徙居平陽，德公元年，初居雍城。』徐廣云：『雍，今扶風雍縣也。』僖十三年《左傳》

---

❶「秦本」，原脱，今據原稿補。
❷「家」，原脱，今據原稿補。
❸「奚曰」至「所都會也」四百九十九字，原缺，今據原稿補。
❹「於是」，《春秋左傳正義》卷十三作「秦於是乎」。
❺「服」，當作「賈」。

云：『秦輸粟于晉，自雍及絳。』昭元年《左傳》云：『秦后子享晉侯，自雍及絳。』是秦自德公以後常居雍也。」按：秦之遷雍，當莊公十七年，顧棟高云：「雍，今陝西鳳翔府治鳳翔縣南七里有古雍城。」杜注又云：「從渭水運入河、汾。」《御覽》七百六十八引注作「泛渭水運入河、汾也」，與杜小異，或是舊注。本疏：「秦都雍，雍臨渭。晉都絳，絳臨汾。渭水從雍而東，至弘農華陰縣入河。從河逆流而北上，至河東汾陰縣乃東入汾，逆流東行而通絳。」洪亮吉云：「按：雍近渭，絳近河，以舟輸粟，故云『泛舟之役』也。」《晉語》：「是故泛舟于河，歸糴于晉。」注：「泛，浮也。」《釋名·釋州國》：「國城曰都。都者，國君所居，人所都會也。」

【經】十有四年，春，諸侯城緣陵。【疏證】《管子·大匡》篇：「宋伐杞，桓公築緣陵以封之。狄人伐邢，❶桓公築夷儀以封之。」注：「緣陵，杞城。夷儀，邢城。」杜注：「緣陵，杞邑。」同《管子》注說。《地理志》：「北海郡營陵，或曰營丘。」應劭曰：「師尚父封於營丘，陵亦丘也。」臣瓚曰：「營丘即臨淄也。」師古曰：「臨淄、營陵，皆舊營丘地。營陵，❷《春秋》謂之緣陵。」沈欽韓云：「《一統志》：『營陵故城在青州府昌樂縣南。』❸《紀要》云：『縣東南三里。』」❹

---

❶「狄人伐」至「以封之」十二字，原脱，今據原稿補。
❷「營陵，《春秋》謂之緣陵」，爲臣瓚語。
❸「府」，原脱，今據原稿補。
❹「三」，《春秋左氏傳地名補注》卷三作「五十」。

夏，六月，季姬及鄫子遇於防，使鄫子來朝。【疏證】鄫，《穀梁》曰「繒」。釋文云：「本或作繒。」《穀梁集解》引《左傳》亦作「繒」，則《左氏》鄫、繒異文。《公羊》作「鄫」。《校勘記》謂《公》、《穀》作「繒」，非。杜注：「季姬，魯女，鄫夫人也。」《世族譜》則謂「莊公女鄫季姬」。孔廣栻云：「據公羊家以爲僖公女。」則杜謂莊公女，乃《左氏》誼也。《地理志》：「東海郡繒，故國，禹後。」沈欽韓云：「《一統志》：『鄫縣故城在嶧縣東八十里。防山在兗州府曲阜縣東三十里，周八里，高三里，孔子合葬於防，此是也。』」

秋，八月，辛卯，沙鹿崩。【注】服云：「沙，山名。鹿，山足，林屬於山曰鹿。」本疏。左氏以爲：「沙鹿，晉地；沙，山名也。」《五行志》。❶【疏證】杜注：「沙鹿，山名，在晉地。」服注：「沙，山名。林屬於山爲鹿。」皆《穀梁傳》文。彼傳注又引劉向説云：❷「鹿在山下平地。」亦「林屬於山」義。《水經·濁漳水》注：「應劭曰：『鹿，林之大者也。』」與服説同。服意謂沙山之足也。疏引服注，謂「服取《穀梁》爲説」。案：《説文》：「麓，守山林吏也。一曰林屬於山爲麓。《春秋傳》曰『沙麓崩』。」許君用賈逵説，則賈義亦同於服。賈、服鹿、麓字異者，《詩·旱麓》、《周語》作「旱鹿」，❸《易·屯》「即鹿無虞」釋文：「王肅本作麓。」洪亮吉云：「『麓』、『鹿』古字通。劉熙《釋名》：『山足曰麓。麓，陸也，言水流順陸燥也。』與《穀梁》説微異。杜取《公羊》説。」案：《公羊傳》：「沙

---

❶「五行志」，原脱，今據原稿補。
❷「云」，原作「文」，今據原稿改。
❸「鹿」，原作「麓」，今據原稿改。

鹿者何？河上之邑也。」杜非取《公羊》説，洪説誤。杜之與服異者，服以沙爲山名，❶杜以沙鹿爲山名耳。經書「沙麓」，後人承用，即言沙麓，不舉沙山。本疏謂杜以沙麓爲山名，❷用《漢書·元后傳》義，則抑服説而失之者。❸《穀梁》疏：「《公羊》以沙鹿爲河上之邑，杜預注《左氏》以爲山名，❹此傳以鹿爲山足，三傳説異也。」彼疏止引杜注，未及服注，非三傳之異，乃杜異於服。此經《穀梁》、《左氏》古誼並同。蓋以三川之震例沙鹿之崩也。❺傳：「卜偃曰：『期年將有大咎，幾亡國。』」而此謂不過十年者，舊説不從卜偃之占也。❻《郡國志》：「魏郡元城墟，故沙鹿。」《漢書·元后傳》：「后祖翁孺自東平陵徙魏郡委粟里，今王翁孺徙，❼正值其地，日月當之。元城郭東有五鹿之墟，❽即沙鹿地。」則沙鹿在元城，甚確。沈欽韓云：「《方輿紀要》：『沙麓山在大名府東四十五

---

❶「名」，原脱，今據原稿補。
❷「本疏謂」，原爲二空格，今據原稿補。
❸「則抑服説」，原脱，今據原稿補。
❹「注」，原作「據」，今據《春秋穀梁傳注疏》卷八改。
❺「震」，原爲空格，今據原稿補。「蓋以三川」至「之占也」四十二字，下文與之重，文字略異，此處似當删。
❻「舊説」，原爲空格，今據原稿補。
❼「徙」，原脱，今據原稿補。
❽「郭」，原爲空格，今據原稿補。

里，亦名女姓丘，❶周穆王女叔姓曾居此。』」江永云：「此時晉之東境，❷未能至元城，疑爲衛地。」按：沙麓之崩，晉史卜偃占之，古《左氏》説又以爲懷公之應，則沙鹿斷非衛地，江説非。《五行志》所稱爲古《左氏》説，稱《左氏》者，省文也。沙鹿晉地之説，❸杜用之。沙爲山名，與服注同。

狄侵鄭。無傳。

冬，蔡侯肸卒。無傳。**【疏證】**《管蔡世家》：「蔡繆侯二十九年，卒，子莊侯甲午立。」

【傳】十四年，「春，諸侯城緣陵」，而遷杞焉。不書其人，有闕也。【疏證】杜注：「闕，謂器用不具，城池未固而去，爲惠不終。澶淵之會，❹既曰無歸，❺大夫不書，而國别稱人，❻今此總曰諸侯，❼君臣之辭。」疏：「凡諸侯盟會，不歷序其人，總言諸侯者，❽皆是譏之之辭。文十五年諸侯盟于扈，傳曰：『書曰諸侯，無能爲也。』

---

❶「姓」，原爲空格，今據原稿補。下一「姓」字同。
❷「晉」，原作「魯」，今據原稿改。
❸「晉地」，原重文，今據原稿删。
❹「澶淵」，原爲空格，今據原稿補。
❺「曰」，《春秋左傳正義》卷十三作「而」。
❻「别」，原爲空格，今據原稿補。
❼「今」，原脱；「總」，原作「猶」，今據原稿補改。
❽「總」，原爲空格，今據原稿補。

十七年諸侯會於卮，❶傳曰：『書曰諸侯，無功也。』❷是其總言諸侯，❸皆譏辭也。十六年會于淮，『城鄫，役人病，❹不果城而還』，亦是爲惠不終，而淮會具書其人者，淮之會爲謀鄫，且東略，非爲城鄫而聚會，既會之後，乃欲城鄫而不果，本意不城鄫，無可貶也。先儒以爲諸侯有過，貶而稱人。杜據澶淵之會與此傳文，知諸侯之貶，不至稱人。」如疏説，是此傳先儒之注當與杜異，乃與貶而稱人之説無忤，杜没其文，舊誼遂亡佚無考。❺

鄫季姬來寧，公怒，止之，以鄫子之不朝也。【疏證】嚴可均《唐石經校文》云：「『怒』下闕『之』，以《金石文字記》云：『公怒止之，「止」誤作「上」。』❻按石經怒、鄫中間僅闕兩字，《穀梁》僖十四年范解引《左傳》曰：『公怒之，以繒子不朝。』怒、繒中間僅『之以』兩字，與石經正合。則無論不誤作『上』，❼并無『止』字矣。❽今各本作『公怒，止之，以鄫子之不朝也』。衍『止』字。」按：嚴説是也。杜注：「來甯不書，而後年書鄫，更嫁之文也。」明公絶鄫昏，既來朝而還。」沈欽韓云：「傳言『止』，則但留而不遣，明非絶昏也。此年曰『止之』，明年曰『歸于鄫』，

---

❶「諸侯」，原脱，今據原稿補。
❷「書曰」，原脱，今據原稿補。
❸「總」，原作「稱」，今據原稿改。
❹「役人病」至「爲謀鄫」二十八字，原脱，今據原稿補。
❺原稿眉批：疏説當采：「先儒以爲諸侯有過貶而稱人。」此年疏。當查已隸何年。
❻「上」，原作「止」，今據原稿改。
❼「則」，原爲空格，今據原稿補。
❽「并」，原作「拜」，今據原稿改。

兩事互相發。」杜云「來朝而還」，亦傳無「止」字之證。

夏，遇于防，而使來朝。【疏證】言遇于防，則公未止季姬。

秋，八月辛卯，沙鹿崩。晉卜偃曰：「期年將有大咎，幾亡國。」【注】左氏以爲：「地震而麓崩，不書震，舉重者也。伯陽父所謂『國必依山川，山崩川竭，亡之徵也。不過十年，數之紀也。』至二十四年，晉懷公殺於高梁。」《五行志》。【疏證】此《左氏》説，與經注「沙麓，晉地。沙，山名也」文相承，今析引之。❶杜注：「國主山川。山崩川竭，亡國之徵。」即用舊説。舊説謂山崩必由地震，釋經不書地震之義也。《國語》：「幽王二年，西周三川皆震。伯陽父曰：『昔伊、雒竭而夏亡，河竭而商亡。國必依山川，山崩川竭，亡國之徵也。』」前説引伯陽父説，蓋以三川之震例沙鹿之崩也。卜偃謂「期年將有大咎，幾亡國」，驗於惠公韓原之役。而舊説謂不過十年，遠舉懷公之事爲驗者，❷不從卜偃之占也。惠公之敗韓原，禍劣於懷公之被弑，舉其變異之大者。疏亦引《周語》釋之云：「卜偃明達災異，以山崩爲亡國之徵，知其將有大咎，不言知之意，非末學所得詳也。」❸杜雖用舊説，而略去「不過十年」之文，當以傳所未具，統而不言。❹然《釋例》則云：「天人之際，或異而無

❶「引」，原爲空格，今據原稿補。

❷「遠」，原爲空格，今據原稿補。「事」，原稿作「弑」。

❸「得」，原脱，今據原稿補。

❹「統」，原爲空格，今據原稿補。

感，或感而不可知。沙鹿崩，因謂『期年將有大咎』，❶梁山崩，則云『山有朽壞而自崩』，此皆聖賢之讜言，達者所宜先識。」則並傳稱卜偃之言，亦疑而不信，充其義類，則近於災異不足畏之讆言矣。先儒釋三傳災異，多於傳說之外別爲之詞，其足徵天人感應之理則一，此古《左氏》異說，亦其比矣。《漢書·元后傳》：「元城建公曰：❷『昔春秋沙麓崩，晉史卜之，曰：陰爲陽雄，土火相乘，故有沙鹿崩。後六百四十五年，宜有聖女興。其齊田乎！』」此則改卜偃之詞附會田齊之興，當是七國人語，顯與傳乖，蓋不足信。

冬，秦饑，使乞糴於晉，晉人弗與。慶鄭曰：「背施無親，幸災不仁，貪愛不祥，怒鄰不義。四德皆失，何以守國？」【疏證】杜注：「慶鄭，晉大夫。」《晉語》注同。杜用韋說。貪親謂拒乞糴，貪其所愛也。《晉世家》：「惠公五年，秦飢，請糴於晉。晉君謀之，慶鄭曰：『以秦得立，已而倍其地約。❸晉飢而秦貸我，今秦饑請糴，與之何疑？』」

虢射曰：「皮之不存，毛將安傳？」❹【注】虢射，❺惠公舅。《晉世家》集解。【疏證】杜注：「虢射，惠

---

❶「因謂」，原爲空格，今據原稿補。

❷「建」，原爲空格，今據原稿補。

❸「約」，原爲空格，今據原稿補。

❹原稿眉批：傳，詁。

❺「虢」上，當有「服云」二字。

公舅也。」用服注義。《晉語》：「秦飢，惠公命輸之粟，虢射請勿與。秦侵晉，❶至於韓，公謂慶鄭曰：『寇深矣，奈何？』慶鄭曰：『非鄭之所知也，君其訊射也。』公曰：『舅所病也。』」❷服以射爲惠舅，本《晉語》也。虢射舉兩言，❸蓋古語。《淮南·説山訓》「皮將弗覩，❹毛將何顧」，高注：「皮盡則毛無所傅也。」《淮南》説引字句有異同，❺高注則用傳義也。❻《新序·雜事二》❼：「魏文侯出游，見路人反裘而負芻。文侯曰：『胡爲反裘而負芻？』對曰：『臣愛其毛。』文侯曰：『若不知其裏盡而毛無所恃也？』」亦用傳義。杜注：「皮以喻所許秦城，毛以喻糴。」案：此謂秦之盟好不足恃也。

慶鄭曰：「棄信背鄰，患孰恤之？無信患作，失援必斃，是則然矣。」虢射曰：「無損於怨，而厚於寇，不如勿與。」【疏證】慶鄭又申背施、怒鄰二者爲言也。《晉語》注：「厚，猶彊也。」杜注：「言與秦粟不足解怨，適足使秦强。」即用韋説。《秦本紀》：「晉君謀之群臣。虢射曰：『因其飢伐之，可有大功。』晉君從之。」《晉

❶「秦侵晉」，原爲二空格，今據原稿補。

❷「舅」，原作「舊」，今據原稿改。

❸「射舉」，原作「虢□」，今據原稿改補。

❹「皮將弗覩，毛將何顧」，見《淮南子·説林訓》，下高注見《説山訓》。

❺「説」，原爲空格，今據原稿補。

❻「高」上，原衍「高注則字句有異同」八字；「義」，原脱，今據原稿删補。

❼「二」，原爲空格，今據原稿補。

世家》：「謀之虢射曰：『往年天以晉賜秦，秦不知取而貸我。今天以秦賜晉，晉其可逆天乎？遂伐之。』」

慶鄭曰：「背施幸災，民所棄也。近猶讎之，況怨敵乎？」弗聽。退曰：「君其悔是哉！」【疏證】慶鄭又申背施、幸災之言也。救患分災，禮之大經。輸粟之役，施而無報，結怨最深，故慶鄭再申背施之意。《年表》：「晉惠公五年，秦饑，請粟，晉倍之。」《晉世家》：「惠公用虢射謀，不與秦粟。」

【經】十有五年，春，王正月，公如齊。無傳。【疏證】杜注：「諸侯五年再相朝，禮也。例在文十五年。」按：文十一年經「曹伯來朝」，十五年經「曹伯來朝」，傳曰：「禮也。諸侯五年再相朝，以修王命，古之制也。」疏引釋之云：❶「此十年，公如齊，至此則六年，非五年再相朝之事。❷杜引之者，以去朝歲亦五年，❸故引證之。劉炫云：『杜云禮者，謂文十五年傳爲禮，此仍非禮也。』」疏引光伯說，但舉杜說非禮之意，其詞未終，光伯說當與杜異。杜以如齊爲非禮，則疏說非杜意矣。

楚人伐徐。❹

三月，公會齊侯、宋公、陳侯、衛侯、鄭伯、許男、曹伯，盟于牡丘。【疏證】杜注：「牡丘，地名，闕。」

---

❶「釋」上，原衍「疏」字，今據原稿删。

❷「之」，原作「朝」，今據原稿改。

❸「朝」，原脱，今據原稿補。

❹原稿眉批：徐，查，似已見。

《方輿紀要》：❶「牡丘在東昌府聊城縣東北七十里，❷僖十五年『盟于牡丘』，《齊語》『桓公築牡丘』即此。」

遂次于匡。【疏證】杜注：「匡，衛地。」《地理志》陳留郡長垣有匡城，孟康曰：「《春秋》會于匡，今匡城是。」《郡國志》「長垣侯國有匡城」，注：「《陳留志》曰：『孔子囚此。』」❸《左傳》僖十五年會牡丘，次于匡。」《方輿紀要》：「匡城在開州長垣縣西南十五里，春秋時衛邑。」長垣，今直隸大名府。閻若璩《四書釋地》云：「今大名府長垣縣西南一十五里有匡城。」是也。江永云：「今按：徐國在泗州，當時諸侯畏楚，雖無志於救徐，❹而次師亦必稍近其地。長垣之匡，去徐甚遠，何爲次于此？考河南歸德府睢州西三十里有匡城，❺其地屬宋，❻距泗州稍近，次師或當在此。」按：前後《漢·地志》注皆以牡丘在長垣，確是衛地。傳云「孟穆伯帥師及諸侯之大夫救徐，❼諸侯次于匡以待之」，則各國之師皆往，無疑于次舍之遠，江説非。

公孫敖帥師及諸侯之大夫救徐。【疏證】杜注：「公孫敖，❽慶父之子。」

---

❶「要」，原脱，今據原稿補。

❷「聊城縣」，原爲二空格，今據《讀史方輿紀要》卷三十四補。

❸「囚」，原作「曰」，今據原稿改。

❹「志」，原作「忘」，今據原稿改。

❺「州」下，原衍「府」字，今據《皇清經解》卷二百五十三《春秋地理考實》删。

❻「地」，原作「城」，今據原稿改。

❼「救徐」，原作「故□」，今據原稿改補。「大夫」，當作「師」。

❽「敖」，原脱，今據原稿補。

夏，五月，日有食之。【注】劉歆以爲：「二月朔齊、越分。」❶【疏證】臧壽恭云：「案：是年入甲申統九百九十八年，積月一萬二千三百四十三，閏餘十三。是歲有閏，❷積日三十六萬四千四百九十九，❸小餘三十七，大餘五十九。正月癸未朔小，❹小餘八十。❺二月壬子朔，又置上積日，加積日二十九，❻以統法乘之，以十九乘小餘八十，并之，滿周天除去之，❼餘一萬四千二百五十二。滿統法而一，得積度九度餘四百九十一，命如法，合辰在女二度，女七度爲星紀之次，終女八度爲玄枵之次，❽初十二次之分，❾星紀，吴越也。玄枵，齊也。故曰『齊、越分』。」

秋，七月，齊師、曹師伐厲。【疏證】《地理志》：「南陽郡隨有厲鄉，❿故厲國也。」師古曰：「厲讀爲賴。」

---

❶「分」下，當有「五行志」三字。

❷「歲」，原爲空格，今據原稿補。

❸「日」，原作「月」，今據原稿改。

❹「未」，原作「丑」，今據《春秋左氏古義》卷三改。

❺「小」，原作「餘」，今據原稿改。

❻「加積日」，原脱，今據原稿補。

❼「滿周天」至「二百五十二」十六字，原脱，今據原稿補。

❽「終」，原作「經」；「終」下，原重「女八度爲玄枵之次經」九字，今據原稿改删。

❾「次」，原脱，今據原稿補。

❿「隨」，原作「隋」，今據原稿改。

《郡國志》：「汝南褒信侯國，❶有賴亭，故國。」杜注：「義陽隨縣北有厲鄉。」❷蓋用《地理志》説。惠棟云：「案：桓十三年傳云：『楚子使賴人追之。』杜注與此略同。昭四年經云：『楚伐吴，遂滅賴。』《公羊傳》于此年『賴』作『厲』。釋文云：『厲，如字。』《公羊》僖十五年釋文云：『厲，舊音賴。』則知『厲』與『賴』本一國，古音通，故或作『賴』也。《論語》云『未信則以爲厲己也』，康成注云：『厲讀爲賴。』」如惠説，則此「厲」即桓十三年傳之「賴」也。洪亮吉云：「厲鄉在隨州北，今名厲山店。《太平寰宇記》：『厲山在隨縣北一百里。』又引《荆州記》曰：『隨地有厲鄉村，有厲山，❸下有一穴，是神農所生穴也。神農號厲山氏，蓋即以此。』賴爲楚與國，當以在此者爲是。惟司馬彪《郡國志》于『汝南褒信侯國』下云：『有賴亭，故國。』今考《後漢》褒信即《前漢》鄎縣，❹屬潁川郡，春秋時有楚召陵邑，非賴國地。且桓十三年『楚屈瑕伐羅，楚子使賴人追之』，羅又在賴國西北，故就近使追。若汝南之褒信，則去羅益遠，非事實矣。明褒信雖有賴亭，實非賴國，彪説誤也。厲、賴與郭、虢，歸、夔，並同聲字，又古字通。」洪以厲在隨州，主《地里志》説。沈欽韓云：「按：《續志》：『褒信賴亭，故國。』今光州殷城縣南賴亭。❺《志》以爲古賴國者也。《水經注》：『漻水北出大義山，南至厲鄉西。』亦云：『賴鄉，故賴國也。』即今隨州之厲山

❶「褒」，原爲空格，今據原稿補。
❷「厲」，原作「原」，今據原稿改。
❸「山」，原脱，今據原稿補。
❹「考」，原脱，今據原稿補。
❺「殷」，原爲空格，今據原稿補。

店，然酈氏以厲鄉爲烈山氏生處，❶「列」、「厲」古聲通用。「厲」又轉爲「賴」耳。此厲國當從彪《志》在光州。❷又歸德府鹿邑縣東亦有賴鄉，《史記·老子傳》作厲鄉。正義云：「厲音賴。」」沈蓋不取惠、洪説，然引《水經·溭水注》，❸與《荆州記》合。厲山、烈山以神農之生得名，此不足證厲之在光州，非隨州也。歸德之厲鄉無引以證《春秋》之厲者，❹又與司馬説異。沈説非也。《一統志》：「厲鄉，在隨州北，今名厲山店。」

八月，螽。 無傳。【疏證】《公羊》「螽」曰「蝝」。《釋文》云：「本亦作蝝。」則《左氏》與《公羊》字異。

九月，公至自會。❺ 無傳。

季姬歸于鄫。 無傳。【疏證】《穀梁》「鄫」曰「繒」。杜注：「來寧不書，此書者，以明中絶。」如杜説，則季姬會防之後即歸鄫，此又以來甯歸也。傳例無諸侯女來甯而歸例，此書歸于某，與夫人之出同，辭未達也。

己卯，晦，震夷伯之廟。【注】劉歆以爲：「《春秋》及朔言朔，即晦言晦，❻人道所不及，則天震

❶ 「鄉」，原作「卿」，今據原稿改。
❷ 「光」，原爲空格，今據原稿補。
❸ 「溭」，原爲空格，今據原稿補。
❹ 「鄉」，原作「卿」，今據原稿改。下一「鄉」字同。
❺ 「至自」，原倒，今據《春秋左傳正義》卷十四改。
❻ 「即」，《漢書·五行志》作「及」。

之。展氏有隱慝，故天加誅於其祖夷伯之後以譴告之也。❶《五行志》。【疏證】《公羊》：「晦者何？冥也。」《穀梁傳》：「晦，冥也。」則二傳不以己卯爲晦日。疏引《長曆》「推己卯晦，九月三十日。《春秋》值朔書朔，值晦書晦，無義例」。《五行志》引劉歆説亦云「值朔言朔，值晦言晦」，則以此晦爲晦朔之晦，乃《左氏》古義，杜用之也。杜以己卯晦爲九月三十日。貴曾曰：經疑於「九月公至自會」下，❷指是年七月庚辰朔大，❸己巳晦；八月庚戌朔小，戊寅晦。晦日皆非己卯，九月己卯朔，亦非晦日。惟六月辛亥朔小，己卯晦，經文疑有錯簡。

冬，宋人伐曹。

楚人敗徐於婁林。【疏證】《郡國志》：「下邳國徐縣，有樓亭，❹或口古婁林。」❺沈欽韓云：「《一統志》：『古婁亭在鳳陽府虹縣東北。』」

十有一月，壬戌，晉侯及秦伯戰於韓。獲晉侯。【疏證】貴曾曰：三統術，十月己酉朔，十四日壬戌，是年閏在十月。杜注：「壬戌，九月十三日。」案九月己卯朔，無壬戌，又云「經書十一月壬戌」，❻經以是又設十一

❶「後」，《漢書·五行志》作「廟」。
❷「疑」，原爲空格，今據原稿補。
❸「指」，原爲空格，今據原稿補。
❹「樓」，原作「安」，今據《後漢書·郡國志》改。
❺「婁」，《後漢書·郡國志》作「蔞」。「林」，原脱，今據原稿補。
❻「戌」，原作「戊」，今據上文改。

月爲己酉朔矣。❶《晉語》注：「韓，晉地韓原也。」沈欽韓云：「《元和志》：『同州韓城縣，《春秋》戰于韓原即此也。』《一統志》：『韓原在同州韓城縣西南二十里。』《方輿紀要》：『故韓原當在河東，今山西芮城縣河北故城有韓亭，❷即秦、晉戰處。』」按：十年傳「敝於韓」，服注：「韓，韓原。」❸定十年傳例：❹「凡獲器用曰得，得用焉曰獲。」《晉語》「郤獻子伐齊，齊侯來，獻之以得隕命之禮」，❺注：「獻，致饗也。獻籩豆之數，如征伐所獲國君之獻禮也。以得，言不得也。伐國獲君，若秦獲晉惠，是爲隕命。❻今齊雖敗，❼頃公不見得，非殞命。故苗棼皇以郤克不知禮。《司馬法》曰：『其有隕命，行禮如會所，❽争義不争利也。』」❾是秦獲晉惠，行得隕命之禮，❿與傳例「得用焉曰獲」合。《列女傳》説秦穆公語云：「埽除先人之廟，寡君將以晉君見。」

---

❶ 「是」，原爲空格，今據原稿補。
❷ 「韓」，原爲空格，今據原稿補。
❸ 原稿眉批：當并十年韓。二韓原，查傳酌。
❹ 「定」，原作「文」，今據原稿改。「十」，當作「九」。
❺ 「隕命」、「禮」，原爲空格，今據原稿補。
❻ 「隕」，原爲空格，今據原稿補。
❼ 「今」，原作「命」，今據原稿改。
❽ 「行」、「如」，原爲空格，今據原稿補。
❾ 「義」，原爲空格，今據原稿補。
❿ 「行」、「隕」，原爲空格，今據原稿補。

【傳】十五年，春，❶「楚人伐徐」，徐即諸夏故也。❷「三月，盟丁牡丘」，尋葵丘之盟，且救徐也。孟穆伯帥師及諸侯之師救徐，諸侯次于匡以待之。

「夏，五月，日有食之」。不書朔與日，官失之也。【疏證】《年表》：「僖十五年，五月，日有蝕之。不書，史官失之。」疏云：「桓十七年已有例，❸此重發者。沈氏云：『彼直不書日，今朔、日皆不書，故重發之。』」

秋，伐厲，以救徐也。

晉侯之入也，秦穆姬屬賈君焉，【疏證】杜注：「賈君，晉獻公次妃。」惠棟云：「案：獻公取于賈，則是正妃，爲惠公之嫡母，何須穆姬之屬？唐尚書曰：『賈君，申生妃。』故僖十年傳『夷吾無禮』，此爲近之。」洪亮吉云：「杜注：『賈君，晉獻公次妃。』既無明文，惟《左氏》云『獻公娶于賈』，則賈乃正妃。獻公即位二十六年而卒，若係正妃，則惠公即位，年齒已高，無由更爲所烝。唐固説賈君爲申生之妃，情事較合。」按：惠、洪説非也。僖十年「夷吾無禮」，賈注：「烝於獻公夫人賈君。」《晉語》韋注亦同。杜注用賈説也。本疏云：「莊二十八年傳『晉獻公取於賈』，則是正妃。杜言次妃者，蓋杜别有所見也。」詳疏意，杜注「次妃」或亦舊説，次妃年當少於正妃。莊十五年傳「惠公蒸於賈君」，非即位以後事。彼傳服注：❹「上淫曰蒸。」若賈君果爲申生妃，止得言通耳。唐固説

❶「春」，原脱，今據原稿補。
❷原稿眉批：即，詁。
❸「七」，原作「五」，今據原稿改。
❹「傳」，原作「注」，今據原稿改。

異於賈注，今不取。

且曰：「盡納群公子。」【疏證】沈欽韓云：「杜云『武、獻之族』。按：獻公之子九人，申生之難皆被逐者。《晉語》：『驪姬又譖二公子，❶盡逐群公子，乃立奚齊焉。』與武公無涉。」

晉侯烝于賈君，又不納群公子，是以穆姬怨之。

晉侯許賂中大夫，既而皆背之。【疏證】杜注：「中大夫，國內執政里、丕等。」按：中大夫，晉官名也。僖六年傳「與中大夫成謀」，❷杜以中爲中外之中，非。《晉語》：「夷吾謂秦公子縶曰：『中大夫里克與我矣，吾命之以汾陽之田百萬。丕鄭與我矣，吾命之以負蔡之田七十萬。』」❸即許賂之事也。《晉語》又云：❹「今晉侯即位而背內外之賂。」注：「背外，不與秦地。❺背內，不與里、丕之田。」

賂秦伯以河外列城五，東盡虢略，南及華山，內及解梁城，既而不與。【疏證】杜注：「河外，河南也。從河南而東盡虢界也。」疏云：「列城五者，自華山而東盡虢之東界，❻其閒有五城也。傳稱許君焦、瑕。蓋

---

❶「子」，原脱，今據原稿補。
❷「六」，當作「四」。
❸「負蔡」，原爲空格，今據原稿補。
❹「晉」，當作「周」。
❺「地」，原作「也」，今據《國語正義》卷一改。
❻「山」，原脱，今據《春秋左傳正義》卷十四補。

焦、瑕是其二，其餘三城不可知也。解梁城則在河北，非此河外五城之數也。」包慎言《河外考》云：「『河外列城五』，❶蓋首舉其數，而下乃叙其疆域。東南皆據河外而言。《小爾雅》云：『略，界也。』『東盡虢略，南及華山』，言五城之地，東極於故虢界，南至華山而止耳。不言西北者，以西北爲秦地故也。河外當指河西。河自龍門至華陰，自北而南，晉都於絳，在河東，故以河南爲外。《秦本紀》叙此事云：『繆公使百里傒送夷吾，夷吾謂曰：「誠得立，請割晉之河西八城與秦。」』史公約《左氏》之文，而改河外爲河西，此其顯證也。《晉世家》言獻公之季，『晉彊，西有河西，與秦接境』。正義：『河西謂同、華等州。』同州地望正西，華州在同州之南，虢州又在華州之東，故曰『東盡虢略，南及華山』。盡之云者，言五城之域，其東盡於此，非謂舉虢之畺域盡以與秦也。此經下云『內及解梁城』，內者，河內。及者，由彼至此之辭，蓋包有餘邑。僖三十年傳鄭燭之武説秦伯曰：『許君焦、瑕，朝濟而夕設版焉。』解梁於唐爲河中府之臨晉縣城，而臨晉西南之猗氏縣有故郇瑕邑，《水經注》以許君焦、瑕者也。則焦、瑕與解梁皆在河東，不在五城之列。河西爲晉之邊邑，而焦、瑕隸河東，入晉腹心，故惠公朝濟而夕設版。杜預既誤以河外爲河南，而謂『東盡虢略』爲從河南而東盡虢界，❷則五城之地自華山而東包陝州。如此則經當云『西及華山』，不當云『南及』矣。其河西仍爲晉有，而此五城者晉即與秦，果能越國以鄙遠乎？」按：包説是也。其謂焦、瑕不在五城之內，與江永説小異。江氏謂焦爲五城之一，瑕則在河東，詳三十年疏證。《郡國志》：「弘農

❶「外」，原作「北」，今據原稿改。
❷「略」，原脱，今據原稿補。

郡陸渾西有虢略地。」《水經·伊水》注：❶「虢略在陸渾縣西九十里。」與《漢志》合。《元豐志》：「自河南府西南抵虢州界三百二十五里，稍南抵鄧州界六百里皆高山深林，古虢略也。」《郡國志》：「弘農郡華陰有大華山，河東郡解有解城。」❷顧楝高云：「華山在今陝西同州府華陰縣南十里。」《彙纂》：「今平陽府蒲州臨晉縣東南十八里有解城。」❸江永云：「臨晉縣今屬蒲州府。」❹

晉饑，秦輸之粟。秦饑，晉閉之糴，故秦伯伐晉。卜徒父筮之，吉：【疏證】《晉世家》：「晉用虢射謀，不與秦粟，而發兵且伐秦。秦大怒，亦發兵伐晉。」顧炎武云：「杜《解》：『卜人而用筮，不能通三易之占。』非也。卜徒父，秦之卜人，兼掌筮者。《周禮·大卜》『掌三兆三易三夢之法』，是古之筮皆兼掌於卜人也。」邵瑛云：「案：《周禮·簭人》『掌三易以辨九簭之名』，疏：『卜用三龜，簭用三易。』故顧以太卜掌三易之法，❺證古之筮兼掌于卜。而僖四年孔疏引崔靈恩以爲筮必以三代之法，故大卜掌三兆三易。《儀禮》特牲、少牢筮皆旅占。」按：顧、邵説是也。卜人兼掌筮，則筮亦用三易。杜又謂徒父據所見雜占而言。❻如疏引劉炫云：「案成十六年筮卦

---

❶「伊」，原爲空格，今據《水經注箋》卷十五補。
❷上「解」，原爲空格，今據原稿補。
❸「蒲」，原爲空格，今據原稿補。
❹「蒲」，原脱，今據原稿補。
❺「顧」，原爲空格，今據原稿補。
❻「據」，原爲空格；「見」下，原衍「所」字，今據《春秋左傳正義》卷十四補删。

遇復，云『南國蹙，射其元王，中厥目』，亦是雜占。」不必皆取《易》辭。顧炎武云：「並是夏商之占，《連山》、《歸藏》之類，故不言《易》。」顧說是也。筮用三易，兼夏商言。惠棟云：「此與成十六年其卦遇復，❶皆占七八，爲夏商之易。」

「涉河，侯車敗。」詰之。【疏證】《爾雅》：「敗，覆也。」杜注：「秦伯之軍涉河，敗則晉侯車敗也。」❷疏引劉炫：「侯者，❸五等總名，國君大號。以『涉河，車敗』爲秦伯車敗。」顧炎武云：「秦師及韓，晉尚未出戰，何得言晉侯車敗？當是秦伯之車敗，故穆公以爲不祥而詰之耳。五字乃事實，❹非卜人之言也。今特泥下文『不敗何待』之語，謂是晉車敗，不知古人用字自不相蒙。」顧用劉說也。沈欽韓云：「按：此亦占詞也。秦伯筮之，既旅占以爲吉，❺而復有『涉河，侯車敗』之語，故疑其不吉，而詰之也。秦伐晉，則秦當渡河，下文『三敗及韓』，韓是晉地，故晉侯曰『寇深』。若謂秦涉河，❻晉侯之車已敗，則前後事俱不相屬。」按：沈說是也。「涉河，侯車敗」，蒙上

❶「六」，原脱，今據《春秋左氏傳補注》卷三補。
❷上「敗」，《春秋左傳正義》卷十四無此字。
❸「侯」上，原衍「引」字；「侯」，原作「候」，今據《春秋左傳正義》卷十四删改。
❹「五」上，《左傳杜解補正》卷一有「涉河侯車敗」五字。
❺「旅」，原爲空格，今據原稿補。
❻「秦」下，《春秋左氏傳補注》卷三有「方」字。

筮之吉而言，卜偃述占辭也。疏駁之説云：❶「秦伯乍聞車敗，❷謂敗在己，不達其旨，故復詰問也。」則疏以此五字爲占詞。毛奇齡《春秋占筮書》云：「筮卦辭原曰涉川，❸而秦之入晉又必踰河，因曰涉河。涉河則兩軍相接，當占車乘。❹今蠱之三五，❺恰有互震居其閒，❻則震車也。」❼顧棟高云：「侯當爲候，❽謂探候之車。」❾非。

對曰：「乃大吉也，三敗必獲晉君。其卦遇蠱，❿曰：『千乘三去，三去之餘，獲其雄狐。』【疏證】

杜注：「巽下艮上，⓫蠱。」⓬杜以上車敗爲晉侯車敗。疏謂：「如杜此意，則下『千乘三去』，謂晉侯之乘車三度敗

---

❶「之」，原脱，今據原稿補。
❷「乍」，原作「胙」，今據《春秋左傳正義》卷十四改。
❸「筮」，《左通補釋》卷六作「蠱」。
❹「當」，原爲空格，今據原稿補。
❺「蠱」，原爲「益」，今據原稿改。
❻「恰」、「互」，原爲空格，今據原稿補。
❼「震」，原爲空格，今據原稿補。
❽「侯」、「候」，原作「候」、「侯」，今據原稿改。
❾「探候」，原作「操修」，今據原稿改。
❿「遇」，原作「過」，今據原稿改。
⓫「上」、「下」，原作「下」、「上」，今據《春秋左傳正義》卷十四改。
⓬「蠱」，原作「蟲」，今據原稿改。

壞而去。」❶意殊迂曲。惠士奇云：「《上林賦》『江河爲阹』，❷注：❸『遮禽獸爲阹。』『阹』即『去』，實一字。」則去爲遮扞義，猶言千乘三驅矣。邵寶云：「千乘，侯國之車數。去，猶算法所謂除也。一除三百三十三，二除則六百六十六，三除則九百九十九。三除之餘，所剩惟一，非君而何？」以去爲除，不煩改字而占詞自明。惠、邵二説皆可通。惠棟《周易述》云：「《未濟》卦詞曰『小狐汔濟』。❹虞注云：『否艮爲狐。』《春秋傳》曰：『其卦遇蠱，曰獲其雄狐。』蠱上體艮爲狐，取其喙之黔也。」

「夫狐蠱，必其君也。【疏證】杜注：「以狐蠱爲君，其象未聞。」毛奇齡云：「雄狐者，艮爲狐。艮之陽一爻，即雄狐也。蠱者，君父之惡。以陽狐而擅君父之惡，是狐而蠱者，故曰必其君。」惠棟云：「狐無喻君之理，齊《詩》有雄狐，謂襄公也。齊襄通于文姜，晉惠通於賈君，故以狐爲君。」朱駿聲云：「必者，有據之詞。」

「蠱之貞，風也。其悔，山也。【疏證】《晉語》「得貞屯、悔豫，皆八」，注：「内曰貞，外曰悔。」杜注：「内卦爲貞，外卦爲悔。巽爲風，秦象。艮爲山，晉象。」

「歲云秋矣，我落其實而取其材，所以克也。【疏證】杜注：「周九月，夏之七月，孟秋也。艮爲山，山有木，今歲已秋，風吹落山木之實，則材爲人所取。」杜知九月，據下文「九月，壬戌，戰於韓原」。毛奇齡云：「艮象

---

❶「度」下，原衍「故」字，今據原稿删。

❷「阹」，原爲空格，今據原稿補。

❸「注」，原作「經」，今據原稿改。

❹「卦」，原作「故」，今據原稿改。

無材，而曰材曰實，以卦有互震，震爲木，❶而上連艮山，謂之山木，則山有材、實矣。此與陳敬仲傳『有山之材』義同。」❷

「實落材亡，不敗何待？」

三敗，及韓。【疏證】杜注：「晉侯車三壞也。」疏引劉炫云：「此一句是史家叙事，充卜人之語，言秦伯之車三經敗壞乃至于韓，而晉始懼。」按：韓是晉地，此謂三敗晉師及韓也。❸

晉侯謂慶鄭曰：「寇深矣，若之何？」❹【疏證】杜無注。《晉語》注：「深，入境深也。」惠棟云：「《戰國策》：『三國攻秦，入函谷，秦王謂樓緩曰：「三國之兵深矣。」』高誘曰：『深猶盛也。』」《晉世家》：「惠公謂慶鄭曰：『秦師深矣，奈何？』」

對曰：「君實深之，可若何！」公曰：「不孫。」【注】服云：「孫，順。」《晉世家》集解。【疏證】孫，杜無注。《説文》：「愻，順也。」孫，愻之省也。《文王有聲》「貽厥孫謀」，傳：「孫，順也。」《釋名·釋言語》：「順，循也，循其理也。」《晉世家》：「鄭曰：『秦内君，君倍其賂。晉饑，秦輸粟。秦飢，而晉倍之，乃欲因其飢伐之，其深不亦宜乎！』」

---

❶「震」，原脱，今據原稿補。

❷「義同」，原倒，今據原稿改。

❸「也」下，原稿有「炫説非」三字。原稿眉批：此韓非韓原，當分析。

❹「若之何」，原脱，今據《春秋左傳正義》卷十四補。

卜右，慶鄭吉。弗使。【疏證】《曲禮》「卜筮不相襲」，疏引《筮人》：「一曰筮更，謂遷都是也。❶八曰筮參，謂筮御與右也。九曰筮環，謂筮可致師與否。」「不卜而徒筮者，則用九筮。」則御右當用筮，此筮亦卜人兼之。如上文「卜徒父筮之」之比。❷《晉世家》：「晉卜御右，慶鄭皆吉。公曰：『鄭不孫。』」是御右必兩卜，慶鄭則御右卜皆吉也，與《周禮》合。《晉語》：「卜右，慶鄭吉。公曰：『鄭也不孫。』」注：「右，公戎車之右。」言不順不可以爲車右。

步揚御戎，家僕徒爲右，【注】服云：「二子，晉大夫。」《晉世家》集解。【疏證】《世本》：郤豹生義，義生步揚，❸步揚生州，州即犨也。杜注：「步揚，郤犨之父。」用《世本》説。《晉語》注：「御，御公車也。」《晉世家》：「乃更令步揚御戎，❹家僕徒爲右。」

乘小駟，鄭入也。

慶鄭曰：「古者大事，必乘其産，生其水土而知其人心，安其教訓而服習其道，唯所納之，無不如志。今乘異産以從戎事，及懼而變，將與人易。【疏證】❺

---

❶「是」，《禮記正義》卷三作「邑」。
❷下「之」，原脱，今據原稿補。
❸「義」，原脱，今據原稿補。
❹「揚」，《史記·晉世家》作「陽」。
❺原稿眉批：杜云「變易人意」。

「亂氣狡憤，陰血周作，【注】賈云：「憤，盛也。」《一切經音義》引《國語》注。**【疏證】**《樂記》「粗厲、猛起、奮末，廣賁之音作」，注：「賁讀爲憤，憤，怒氣充實也。《春秋傳》曰『血氣狡憤』。」是鄭君所見《左傳》作「血」也。❶亂，杜無注。疏云：「言馬之亂氣狡戾而憤滿。」或唐本作「亂氣」。沈欽韓云：「《廣雅・釋詁》：『狡，健也。』古佼好之字，書俱混爲狡。《月令》『養壯狡』，《詩・狡童》傳『昭公有壯狡之志』。《山有扶蘇》正義：『孫毓云：此狡好之狡，謂有貌無實者也。』《樂記》注引此傳作『血氣狡憤』，《釋文》：『狡，本又作交。』疏云：『言馬之血氣狡作憤怒也。』疏亦從『交』字義，此『狡』宜作『交』。」洪亮吉云：「王粲《登樓賦》『氣交憤于胸臆』，李善注引杜云：『交，戾也。』是交、狡，❷賁、憤古字通。」按：沈、洪説是也。今本杜注作「狡，戾也」。李善所見本猶未誤。以諸義證之，則傳文當作「血氣交憤」也。賈注《外傳》以「盛」訓「憤」，洪氏又云：「按：賈注此傳亦當作盛滿解。」❸《漢書・貢禹傳》：「禹奏言：『人至相食，而廐馬食粟，苦其太肥，氣甚怒至，❹迺日步作之。』」即怒氣盛滿義。

「張脈僨興，外彊中乾。進退不可，周旋不能，君必悔之。」弗聽。【疏證】脈，通行本作「脉」，從石經改。《説文》：「𧖴，血理之分，衺行體中者。」❺杜注：「僨，動也。」洪亮吉云：「僨當爲賁，或作濆。《禮記・射

---

❶「是」，原爲空格，今據原稿補。
❷「狡」，原作「佼」，今據原稿改。
❸「解」上，原衍「爲」字，今據原稿删。
❹「甚」，《漢書・貢禹傳》作「盛」。
❺「者」，原脱，今據原稿補。

義》『責軍之將』，鄭玄注：『責讀爲債。』《穀梁傳》『地責』，范甯注：『沸起也。』又《管子・勢》『以待天下之潰作也』，❶尹知章云：『動亂也。』陸氏《附注》以爲『債』無動義，譏杜失之，是也。」

九月，晉侯逆秦師，使韓簡視師，【疏證】《晉語》注：「韓簡，晉卿韓萬之孫。」❷杜注：「韓簡，晉大夫韓萬之孫。」按：《世本》：「萬生賕伯，賕伯生定伯簡，簡生輿，輿生獻子厥。」杜注蓋從《世本》。❸《漢書・韓王信傳》贊：「韓氏自弓高後貴顯，蓋周烈近歟！」晉灼曰：「韓先與周同姓，其後苗裔事晉，封于韓原，姓韓氏，韓厥其後也。」❹臣瓚曰：「案武王之子，方于三代，世爲最近也。」師古曰：「《左氏傳》『邘、晉、應、韓，武之穆也。』據如此贊所云，❺則韓萬先祖，武王之裔。而杜預等以爲出於曲沃成師，未詳其義。」」

復曰：「師少於我，鬬士倍我。」【疏證】《晉語》注：「欲鬬者衆。」《晉書・載記・慕容暐》傳：「樂嵩曰：『兵書之義，計敵能鬬，當以算取之。❻若冀敵不鬬，非萬全之道也。慶鄭有云：秦衆雖少，戰士倍我。衆之多少，非可問也。』」嵩所稱乃傳意，非舉其詞，古人引書多如此。

---

❶「待」，原作「侍」，今據原稿改。
❷「萬」，原爲二空格，今據原稿補。
❸原稿眉批：《世本》見《韓世家》索隱。
❹「韓」，原脱，今據原稿補。
❺「贊」，原爲空格，今據原稿補。
❻「之」，原脱，今據原稿補。

公曰：「何故？」對曰：「出因其資，【疏證】《晉語》注：「在梁依秦。」杜注：「謂奔梁求秦。」

「入用其寵。【疏證】《晉語》注：「爲秦所立。」杜注：「爲秦所納。」用韋説。

「饑食其粟，三施而無報，是以來也。【疏證】《晉語》：「簡曰：『以君之出也處己，❶入也煩己，饑食其糴，三施而無報。』」

「今又擊之，我怠秦奮，倍猶未也。」【疏證】《晉語》注：「受其施而怠惰。」

公曰：「一夫不可狃，況國乎！」【疏證】《爾雅》：「狃，復也。」郭注：「狃忕復爲。」❷孫炎注：「狃忕前事復爲也。」《晉語》注：「狃，忕也。不擊而歸，秦必狃忕而輕我也。」即用《雅》訓復忕意同。❸杜注：「言背秦則使忕來。」❹亦以忕爲復。顧炎武云：「《廣韻》：『狃，相狎也。』言一夫尚不可狎，況以吾晉國之衆乎？」梁履繩云：「案：桓十三年，『狃於蒲騷之役』，解與此同。❺正義云：『狃，貫也。』郭璞云：『貫忕也。』今人惟知狃爲狎習矣。」按：梁説是也。顧以狃爲狎，狎亦復義。《晉書・儒林傳》：「韋謏字憲道，冉閔署爲光禄大夫。時閔拜其子胤爲大單于，而以降胡一千處之麾下。謏諫曰：『古人有言：一夫不忸，而況千乎？』」狃、忸文異。

---

❶「處」，原爲空格，今據原稿補。
❷「忕」，原作「狀」，今據原稿改。
❸「雅」，原作「爾」，今據原稿改。
❹「背」，《春秋左傳正義》卷十四作「辟」。
❺「解與此」，原重文，今據原稿删。

遂使請戰，曰：「寡人不佞，能合其衆而不能離也。」【疏證】成十三年服注：「佞，才也。不才者自謙之辭也。」《晉語》「公令韓簡挑戰」，❶注：「言衆欲戰也，先挑敵求戰。」

「君若不還，無所逃命。」秦伯使公孫枝對曰：❷「君之未入，寡人懼之，入而未定列，猶吾憂也。【疏證】《晉語》説此事云：「君入而列未成，寡人未敢忘。今君既定而列成，君其整列，寡人將身見。」注：「列，位也。」按：如《晉語》，則位爲士卒之行列，謂能成師以出也。陸粲云：「位謂師之伍列。」❸杜注同韋。

「苟列定矣，敢不承命。」

韓簡退，曰：「吾幸而得囚。」

壬戌，戰于韓原。【疏證】《秦本紀》：「九月壬戌，與晉惠公夷吾合戰于韓地。」疏云：「以經書『十一月壬戌』，恐與經『壬戌』相亂，故顯言之。下注云『十一月壬戌，十四日』是也。」

晉戎馬還濘而止。【疏證】鄭玄《禮記》注：「還言便也。」❹《晉語》注：「濘，深泥也。止，戎馬陷焉。」杜注：「還，便旋也。濘，泥也。」用鄭、韋説。又云：「小駟不調，故墮泥中。」《晉世家》：「九月壬戌，秦繆公、晉惠公

❶「晉語」，原脱，今據原稿補。
❷「枝」，原脱，今據原稿補。
❸「位」，《左傳附注》卷一作「列」。
❹「便」下，原衍「旋」字；「也」下，原衍「杜注」，今據原稿删。

合戰韓原。惠公馬騺不行。」❶《秦本紀》：「晉君棄其軍，與秦争利，還而馬騺。」

公號慶鄭。慶鄭曰：「愎諫，違卜，固敗是求，又何逃焉？」遂去之。【疏證】《晉語》注：「號，呼也。」《吕覽》高注：「愎，戾也。」《晉語》注又云：「卜右，慶鄭吉，公廢不用。」《晉世家》：「秦兵至，公窘，召慶鄭爲御。鄭曰：『不用卜，敗不亦當乎！』遂去。」

梁由靡御韓簡，虢射爲右，❷【疏證】《晉語》注：「由靡，晉大夫。爲簡車右。」依《晉語》則韓簡絶句。韋必云「爲簡車右」者，明此爲韓簡也。《晉世家》：「更令梁由靡御，虢射爲右。」則謂惠公改命梁由靡御戎矣，❸與傳違異，乃史公駁文。

輅秦伯，將止之。【注】服云：「輅，迎也。」《晉世家》集解。【疏證】《晉語》注：「輅，迎也。止，獲也。」杜注同。杜、韋皆用服説。《國語舊音》云：「輅音迓。」《既夕》「賓奉幣，❹由馬西，當前輅」，注：「輅，轅縛，❺所以屬引。」❻疏云：「謂以木縛車轅上，以屬引於上而挽之。」若《左傳》梁由靡、虢射輅秦伯，及狂狡輅鄭人，皆謂車

---

❶「騺」，原爲空格，今據原稿補。下一「騺」字同。

❷原稿眉批：「虢射」服注見前。

❸「由靡」，原倒，今據上文改。

❹「奉」，原作「春」，今據原稿改。

❺「轅」，原爲空格，今據原稿補。

❻「屬」，原爲空格，今據原稿補。

前相接，可以禽之。按：車前相接，即迎義。朱駿聲云：「《呂覽》：『韓原之戰，晉人已環穆公之車矣，晉梁由靡已扣繆公之左驂矣，晉惠公之右路石奮投而擊繆公之甲。』❶號射疑即路石。輅、路通。❷『輅』下疑有脱文。」按：《呂覽》路石，❸《韓詩外傳》則作先格；❹均有奪誤。服注「輅」訓「迎」，則「輅」下無脱字，朱説非。

鄭以救公誤之，遂失秦伯。秦獲晉侯以歸。【注】舊注：「晉曲而怠，秦直而怒，所以勝也。」《御覽》三百八。【疏證】《晉世家》：「穆公壯士冒敗晉軍，❺晉軍敗，遂失秦穆公，反獲晉侯以歸。秦將以祀上帝。」與傳略同。《呂覽・愛士》云：「昔秦繆公乘馬而車爲敗，右服失而埜人取之。❻見埜人方將食之於岐山之陽。穆公歎曰：『食駿馬之肉而不還飲酒，❼恐其傷女也。』於是徧飲而去。處　年，爲韓原之戰，晉人已環穆公之車矣，晉梁由靡已扣繆公之左驂矣，晉惠公之右路石奮投而擊穆公之甲，中之者六札矣。埜人之嘗食馬肉於岐山之陽者三百有餘人，畢力爲穆公疾鬬於車下，遂大克晉，反獲惠公以歸。」《淮南・氾論訓》略同。《世家》所云「壯

---

❶「投」，原爲空格，今據原稿補。
❷「輅路通」，原作「路□」，今據原稿改補。
❸「石」，原作「右」，今據上文改。
❹「格」，原殘，今據原稿補。「先格」，《韓詩外傳》卷十作「左格右」。
❺「冒」，原爲空格，今據《史記・晉世家》補。
❻「埜」，原作「楚」，今據《呂氏春秋》卷八改。下二「埜」字同。
❼「還」，原爲空格，今據原稿補。

士冒敗晉軍」，❶即《吕覽》、《淮南》所稱「三百餘人」也，可補傳文之闕。杜注：「經書十一月壬戌，❷十四日，經從赴。」顧棟高云：「案：傳之壬戌即經之壬戌。九月、十一月乃夏、周正之異名爾。❸杜謂『從赴』，且以傳之壬戌爲九月十三日，經之壬戌爲十一月十四日，恐相亂，故顯言之，尤非也。豈有九月戰而以十一月敗者乎？」❹

晉大夫反首拔舍從之。【注】舊注：「反首，亂頭髮。反，下垂也。拔舍，草止也。」《御覽》百七十九。❺【疏證】《甘棠》疏引傳「拔」作「茇」。杜注：「反首，亂頭髮下垂也。拔草舍止。」用舊注説。「髮」下删「反」字，則是散髮非反首矣。舊注以「草止」釋「拔舍」，文自明，杜分訓亦非。沈欽韓云：「《大司馬職》『中夏教茇舍』，注：『茇讀如萊沛之沛。茇舍，草止也。軍有草止之法。』❻《詩》傳：『茇，草舍也。』正義：『草中止舍，故云茇舍。』字當從艸。《尉繚子·武議》篇：❼『吴起與秦戰，舍不平隴畝，樸樕蓋之，以蔽霜露。』此茇舍之事也。」依沈説，則傳之拔舍草，❽用《大司馬》文，拔、茇通也。洪亮吉云：「《説文》：『废，舍也。從广犮聲。《詩》曰召伯所

---

❶ 「冒」，原爲空格，今據原稿補。
❷ 「壬戌」至「十一月」二十七字，原脱，今據原稿補。
❸ 「周」，原脱；「爾」，原爲空格，今據原稿補。
❹ 原稿眉批：良有駁。
❺ 「七十九」，當作「八十一」。
❻ 「軍」、「草」，原爲空格，今據原稿補。
❼ 「議」，原爲空格，今據原稿補。
❽ 「草」下，疑當有「止」字。

废。』按：此字當作『废』。跋、拔、茇古字通。」按：茇、废，《詩》之異字耳，傳之異文止得作茇。草中止舍，則云茇舍，行行之露處亦爲茇舍，故舊注云「草止也」。《隋書·王充傳》：「突厥圍帝于雁門，充盡發江都人，將往赴難。在軍中，反首垢面，悲泣無度，曉夜不解甲，藉草而卧。帝聞之，愈以爲愛己，❶益信任之。」《充傳》「反首藉草」，即用此傳意。則茇舍謂藉草而卧矣。

秦伯使辭焉，曰：「二三子何其慼也？❷寡人之從君而西也，亦晉之妖夢是踐，豈敢以至？」

【疏證】慼與戚通。妖夢，謂狐突見申生也。杜注：「踐，厭也。」林堯叟云：「豈敢以至，豈敢至於已甚。」

晉大夫三拜稽首，曰：【疏證】杜注不釋三拜。顧炎武《日知録》曰：「九頓首出《春秋傳》。然申包胥是三頓首，未嘗九也。韓之戰，秦獲晉侯，『晉大夫三拜稽首』。古但有再拜稽首，無三拜也。申包胥之九頓首，晉大夫之三拜也。《楚語》：『湫舉遇蔡聲子，降三拜，納其乘馬。』亦亡人之禮也。」

「君履后土而戴皇天，皇天后土實聞君之言，【疏證】「君履后土而戴皇天」，《周禮》、《禮記》疏並引作「戴皇天而履后土」。

「群臣敢在下風。」【疏證】《楚策》鮑注：「將迎之際，必有風焉。不敢當立，故言下風。」

穆姬聞晉侯將至，以太子罃、弘與女簡、璧登臺而履薪焉。【疏證】《釋文》：「履如字，徐本作

---

❶「愛」，原作「憂」，今據原稿改。

❷「慼」，原作「慼」，今據《春秋左傳正義》卷十四改。

『屨』。」疏云：❶「俗本作『屨』者，屨是在足之服，故踐者亦稱屨，是以誤焉。定本作『履薪』。」杜注：「罃，康公名。弘，其母弟也。❷簡、璧，罃、弘姊妹。古之宫閉者，皆居之臺以抗絶之。穆姬欲自罪，故登臺而荐之以薪，❸左右上下，皆履柴乃得通。」按：《列女傳》：「秦遂興兵與晉戰，獲晉君以歸。秦穆公曰：『埽除先人之廟，寡人將以晉君見。』穆姬聞之，乃與太子罃、公子弘，女簡、璧，衰絰履薪以迎。」❹杜注蓋據此爲説。其言宫閉，於禮無聞。疏云：「此言登臺履薪，是自囚之事。哀八年傳稱『邾子又無道，吴子囚諸樓臺，栫之以棘』。以此二文，知古之宫閉者，皆居之於臺以抗絶之。」《御覽》四百六十九引：❺「秦穆夫人與太子罃、弘，與女簡、璧舍之靈臺，薦之以棘。」其引傳文以登臺爲舍晉侯之靈臺，「薦之以棘」，又疏語，非傳語也，蓋誤引耳。傅氏曰：「履薪，示欲自焚。」

使以免服衰絰逆，且告，【疏證】杜注：「免、衰、絰，居喪之服。」疏不説免、衰、絰之義。沈欽韓云：「《禮·問喪》『冠，至尊也，不居肉袒之體也，故爲免以代之』，注：『肉袒則著免。免狀如冠而廣一寸。』又《士喪禮》注：『至小斂變服，衆主人免者，齊衰將袒，以免代冠。』此穆姬之服，當是齊衰期，蓋于惠公有宗子之誼。《喪服》期不杖章：『女子子適人，爲昆弟之爲父後者。』傳曰：『婦人雖在外，必有歸宗，曰小宗，故服期也。』惠公師喪

---

❶「疏云俗本作屨」，原脱，今據原稿補。
❷「其母弟」，原重文，今據原稿删。
❸「登」，原作「發」，今據原稿改。
❹「絰」，原作「姪」，今據《列女傳》卷二改。
❺「九」，原脱，今據《太平御覽》卷四百六十九補。「引」，原脱，今據原稿補。

身虜，雖未及死，而同于死。凡喪禮更事，❶須極哀則免，故《雜記》『從柩反哭並免』。此聞晉侯將至，當袒而哭，故以免也。《玉藻》注：『免，悲哀哭踊之時也。』」

曰：「上天降災，使我兩君匪以玉帛相見，而以興戎。若晉君朝以入，則婢子夕以死。夕以入，則朝以死。」❷**【疏證】**❸《釋文》云：「自『上天降災』至此，❹凡四十七字，❺古文皆無，❻尋杜注亦不得有，有，是後人妄加也。」疏云：「《左傳》本無此言，後人妄增之耳。何以知其然，二十二年傳曰：『寡君之使婢子侍執巾櫛。』杜云：『婢子，婦人之卑稱。』若此有婢子，不當舍此而注彼。服虔《解誼》，其文甚煩，傳本若有此文，服虔必應多解，何由四十餘字不解一言？亦至二十二年始解婢字，❼明是本無之也。」洪亮吉云：「今按：釋文『四十七字』，❽『七』當作『二』，蓋誤并『乃舍諸靈臺』五字數之耳。此後人校勘之疏。據孔疏，則服、杜本尚皆不誤，服、杜以後人妄增。今據削去。」案：《列女傳》云：「且告穆公曰：『上天降災，使兩君匪以玉帛相見，乃以興戎。婢

❶「事」，原爲空格，今據原稿補。
❷「死」下，《春秋左傳正義》卷十四有「唯君裁之」四字。
❸「證」，原脱，今據原稿補。
❹「自」上，《春秋左傳正義》卷十四有「曰」字。
❺「字」，原爲空格，今據原稿補。
❻「文」，《春秋左傳正義》卷十四作「本」。
❼「字」，《春秋左傳正義》卷十四作「子」。
❽「文」，原脱，今據原稿補。

子娣姒不能相教，以辱君命。❶晉君朝以入，婢子夕以死。唯君圖之！』」沈欽韓云：「《列女傳》叙穆姬，❷從傳文，有此節。孔、陸之本偶有褫奪耳。」❸按：沈説是也。《列女傳》視傳文字小異，❹即取傳文注訓之繁簡，不可例傳文之有無。《秦本紀》曰：「夷吾姊亦爲穆公夫人，❺聞之，❻乃衰絰跣，❼曰：『妾兄弟不能相救，❽以辱君命。』」亦隱括傳文。變服登臺，禮之大者，烏得無辭？洪氏《左傳詁》徑删此四十二字，❾鹵莽甚矣。

乃舍諸靈臺。【疏證】《水經注》：「豐水又北逕靈臺西。❿《詩含神霧》云：『作邑於豐，⓫起靈臺。』《靈

---

❶「命」，原脱，今據原稿補。
❷「叙」，原爲空格，今據原稿補。
❸「耳」上，原衍「爾」字，今據原稿删。
❹「傳」，原脱，今據原稿補。
❺「亦」，原爲空格，今據原稿補。
❻「聞」上，《史記·秦本紀》有「夫人」二字。
❼「跣」，原爲空格，今據原稿補。
❽「兄弟」，原作「見」，今據原稿改。
❾「詁」，原爲空格；「徑」，原脱，今據原稿補。
❿「豐」，原爲空格；「西」，原作「而」，今據原稿補改。
⓫「豐」，原作「堂」，今據原稿改。

臺》疏：「僖十五年《左傳》云：❶『秦伯獲晉侯以歸，乃舍諸靈臺。』秦是諸侯，而得有靈臺者，杜預云：『京兆鄠縣，周之故臺是也。』❷哀二十五年《左傳》曰：『衛侯爲靈臺於藉圃。』言『爲』，則是新造。其時僭名之也。」沈欽韓云：「《長安志》：『周鄷宮在鄠縣東三十五里。』《西安府志》：『鄷宮又東二十五里，❸即靈囿之地，中有靈臺。』」❹

大夫請以入。公曰：「獲晉侯，以厚歸也。既而喪歸，焉用之？【疏證】杜注：「若將晉侯入，則夫人或自殺。」《晉世家》：「穆公曰：『得晉侯將以爲樂，今乃如此。』」《秦本紀》：「繆公曰：『我得晉君以爲功，今夫人是憂。』」❺

「大夫其何有焉？【疏證】杜注：「何有猶何得。」❻

「且晉人慼憂以重我，天地以要我。不圖晉憂，重其怒也。【疏證】杜以「慼憂」爲反首拔舍。《說文》「慽」下繫傳：「晉人慽憂以重我。憂，近心之切也。」天地謂「戴皇天、履后土」之言。

「我食吾言，背天地也。【疏證】杜注：「食，消也。」《湯誓》疏：「《釋詁》：『食，僞也。』孫炎曰：『食，言之

---

❶「僖十」，原脱，今據原稿補。
❷「臺」，原作「縣」，今據原稿改。
❸「鄷」，原作「郜」，今據《春秋左氏傳地名補注》卷三改。
❹「中」，原作「東」，今據原稿改。
❺「今」下，《史記·秦本紀》有「天子爲請」四字。
❻「猶」，原作「指」，今據原稿改。

僞也。』哀二十五年《左傳》云：『孟武伯惡郭重曰：「何肥也！」公曰：「是食言多矣，能無肥乎？」』然則言而不行，如食之消盡，❶後終不行，前言爲僞，❷故通謂僞言爲食言。」❸

「重怒難任，背天不祥，必歸晉君。」【疏證】重怒，蒙「重其怒也」。《晉語》注：「任，當也。」杜注用韋説。

公子縶曰：【疏證】《晉語》注：「縶，秦公子子顯也。」❹惠棟云：「韋昭據《禮記》云：『縶，字子顯。』盧植曰：『古者名字相配，顯當爲韅。』」按：盧植説見《檀弓下》注。梁履繩云：「顯、韅音同，二十八年傳『韅靷鞅靽』，故與縶馬之義相配。❺《説文》作『⿱㬎韋』，無『韅』字。其作『顯』者，文省耳。」

「不如殺之，無聚慝焉。」【疏證】此謂無使歸而蓄憾也。杜注：「恐夷吾歸，復相聚爲惡。」非。

子桑曰：「歸之而質其大子，必得大成。晉未可滅而殺其君，祇以成惡。【疏證】洪亮吉云：「『祇』刊本多誤作『祇』。《説文》：『緹，從糸是聲。或從氏。』今從石經定作『祇』字。」❻毛傳：❼「祇，適也。」杜注

---

❶「盡」，原作「書」，今據原稿改。

❷「言」，原作「書」，今據原稿改。

❸「故」，原作「古」，今據《尚書正義》卷八改。

❹下「子」，原脱，今據原稿補。

❺「義」，原脱，今據原稿補。

❻「今」，原作「从」，今據《春秋左傳詁》卷七改。

❼「毛」上，疑當有「我行其野」四字。

用毛説。

「且史佚有言曰：【疏證】文十五年傳「史佚有言」，服注：「周成王大史。」是也。按：《淮南・道應訓》「王問政於尹佚」，❶故服以爲成王時人。《周語》注：「史佚，周文、武時太史尹佚。」《曾子問》疏云：「史佚，文王、武王時臣，故《周語》稱『訪於辛尹』，❷《尚書》稱『逸祝册』，是也。」此《禮》疏見宋本疏，今通行本並缺。疏以史佚爲文、武時人，❸與《周語》韋注合，則史佚歷文、武、成三朝，最老壽矣。杜注：「史佚，周武王時太史，名佚。」與服、韋注並違。

「『無始禍，【疏證】《吕覽・樂成》高注：❹「始，首也。」

「『無怙亂，❺**【疏證】**杜注：「恃人亂爲己利。」

「『無重怒。』重怒難任，陵人不祥。」乃許晉平。

晉侯使郤乞告瑕吕飴甥，【疏證】《晉語》注：「郤乞，晉大夫。」杜注用韋説。又云：「瑕吕飴甥，即吕甥也，蓋姓瑕吕，名飴甥，字子金。」顧炎武云：「吕，氏也。瑕，其邑名，如成元年『瑕嘉』之類，蓋兼食瑕、陰二邑，非

---

❶「政」，原脱，今據原稿補。
❷「辛尹」，原倒，今據原稿改。
❸「疏」，原爲空格，今據原稿補。
❹「高」，原爲空格，今據原稿補。
❺原稿眉批：怙，詁。

姓也。」顧謂瑕非姓，可證杜誤。洪亮吉云：「呂飴甥，《竹書紀年》作『瑕父呂甥』。考呂甥先食采於瑕，故稱曰瑕父。《郡國志》『河東郡有瑕城』是也。❶後又食於呂，故又稱瑕呂。劉昭《補注》引張華《博物志》：『河東郡永安有呂鄉，呂甥邑也。』是瑕、呂皆所食采地。杜注云：『姓瑕呂，名飴孫。』❷非矣。下傳云陰飴甥，陰亦采邑名。」按：洪説是也。沈欽韓亦云：「瑕，當爲其采邑，❸晉見有瑕城，❹呂甥誅後地空，❺使詹嘉處之。傳於下皆言呂、郤，明瑕非姓。」沈説與洪同，❻而不釋呂，其引呂、郤，蓋亦以呂爲姓。

且召之。子金教之言曰：「朝國人而以君命賞，且告之曰：『孤雖歸，辱社稷矣。其卜貳圉也。』」【疏證】杜不注「卜」。《坊記》：「孝以事君，弟以事長，示民不二也。故君子有君不謀仕，唯卜之日稱二君。」注：「卜之日，謂君有故而爲之卜。『二』當爲『貳』，❼唯卜之時，辭得曰『君之貳某』。❽晉惠公獲於秦，命其大夫歸擇立君，曰『其卜貳圉也』。」疏：「此謂世子對君自稱也。王肅不曉鄭旨，乃引傳云『太子之貳』，又云『子

---

❶「郡」下，《春秋左傳詁》卷七有「解」字。
❷「孫」，《春秋左傳詁》卷七作「甥」。
❸「其」，原作「可」，今據原稿改。
❹「見」，原作「先」，今據原稿改。
❺「誅後」，原爲一空格；「空」，原爲空格，今據原稿補。
❻「洪」，原作「段」，今據原稿改。
❼「二」，原脱，今據《禮記正義》卷五十一補。
❽「某」下，《禮記正義》卷五十一有「爾」字。

者，身之貳』，又以旁人稱貳而難鄭，非也。鄭以書傳無世子爲君卜稱貳之文，故引僖十五年《左傳》之文以證君貳之事，與此經文不正相當，取其一邊耳。惠公命其大夫歸立其子圉爲君，稱卜貳副之子圉令爲君。」❶《禮》疏「卜貳副之子圉」，當是舊説。《晉語》「其改置以代圉」，韋注：❷「欲令更命立他公子以代子圉，❸言父子避位以感動群下。」杜注：「貳，代也。」蓋本《外傳》。王引之云：「古無訓貳爲代者，貳當爲貣。貣與代古同聲。《五經文字》：『貣，❹他代反。相承或借爲貳字。』《晉語》曰：『其改置以代圉也。』❺此傳云『其卜貳圉也』，貳即代之借字也。」按：傳言惠公不能君國，卜立世子圉，非謂更立它公子也。杜用《外傳》，王氏乃改字曲證之，非也。惠棟《左氏補注》亦引《坊記》鄭注爲説，又云：「貳，副也。《周禮》有『卜立君』之文，《外傳》云『其改置以代圉』，故杜注訓貳爲代，兩傳異文似不必牽合。」按：惠、洪説是也。洪亮吉云：「鄭司農《周禮》注：『貳，副也。』杜訓貳爲代，非。」《晉世家》：「晉侯亦使吕省等報國人曰：❻『孤雖得歸，毋面目見社稷，卜日立子圉。』」亦以卜貳圉爲立世子圉。《禮》疏謂「卜貳副之子圉」，確不可易。

---

❶「副」，原作「嗣」，今據原稿改。
❷「代」，原作「伐」，今據原稿改。
❸「命」，原脱，今據原稿補。
❹「貸」，原作「代」，今據《經義述聞》卷十七改。
❺「以」，原脱，今據原稿補。
❻「省」，原爲空格，今據《史記·晉世家》補。

衆皆哭。晉於是乎作爰田。【注】《外傳》「爰」作「轅」。賈云：「轅，易也。爲易田之法，賞衆以田，易疆界也。或云：『轅，車也，以田出車賦。』」《晉語》注。服虔、孔晁皆云：「爰，易也。賞衆以田，易其疆畔。」本疏。**【疏證】**杜注：「分公田之稅應入公者，爰之於所賞之衆。」疏引服、孔説，釋之云：「杜言『爰之於所賞之衆』，則亦以爰爲易，謂舊入公者，今改易與所賞之衆。」按：服、孔以易爲易田，故云易其疆畔。杜則以易稅爲言。❶ 洪亮吉謂杜注取服虔説，非也。《晉語》「衆皆哭，焉作轅田」，❷注引賈侍中云：「『轅，易也，爲易田之法，賞衆以田，易疆界也。或云轅，車也，以田出車賦，非也。昭謂此欲賞以悦衆，❸而言以田出車賦，非也。唐云：『讓肥取磽也。』」《外傳》賈注爰、轅字雖異，然賈、服皆訓爲易。服、孔所云「易其疆畔」即賈所謂「以田易疆界也」。❹ 其以轅爲車，乃引或説。惠棟云：「爰田者，猶哀公之用田賦也。下文作州兵者，猶成公之作丘甲也。《外傳》爰作轅，賈逵云：『轅，車也。以田出車賦。』《説文》曰：『爰，籀文以爲車轅字。』《春秋》多古字古言，故以爰爲轅。服訓爰爲易。易田之法本是周制，何云作也？《漢書·地理志》曰『秦孝公用商君制轅田』，豈亦賞衆

❶「稅」，原爲空格，今據原稿補。
❷「焉」，原作「馬」，今據原稿改。
❸「昭」，原爲空格，今據原稿補。
❹「孔」，原爲空格，今據原稿補。

以田耶？《外傳》所云賞衆，❶是一時之事，爰田、州兵是當日田制、兵制改易之始，故特書之。❷其後文公作執秩，而官制又變。晉之所以彊者，未必不由於此。」按：惠以爰田爲田出車賦，用《外傳》賈注或説，非賈、服誼也。田出車賦，無涉賞衆，賈引之者，乃博異聞，非取其説。惠以賈引或説爲賈説，非也。其引《説文》止證爰、轅之通，其實爰、轅并爲假借字。❸正字當作趄，❹知者，《説文》：「爰，引也。籀文以爲車轅字。趄田，❺易居也。」徐鍇《繫傳》云：❻「爰、轅皆假借，此乃正字。」許君説「趄」，似用賈氏傳注之義。杜氏注本乃改「趄」爲「爰」耳，其引《地理志》非完文。❼《地理志》「孝公用商君制轅田」，張晏曰：「周制三年一易，以同美惡，商君始割裂田地，❽開立阡陌，令民各有常制。」孟康曰：「三年爰土易居，❾古制也，末世浸廢。商鞅相秦，後立爰田，上田不易，中田

---

❶「云」，原作「以」，今據《皇清經解》卷三百五十三《春秋左傳補註》改。
❷「之」，原作「書」，今據原稿改。
❸「其」上，原衍「證」字，今據原稿删。
❹「字」下，原衍「通」字；「趄」，原作「走」，今據原稿删改。
❺「趄」，原爲空格；「田」，原作「曰」，今據原稿補改。
❻「傳」，原脱，今據原稿補。
❼「志」，原脱，今據原稿補。
❽「割」，原脱，今據原稿補。
❾「土」，原作「易之」，今據《漢書・地理志》改。

一易，下田再易，爰自在其田，不復易居也。《食貨志》曰『自爰其處而已』。轅、爰同。」孟康説如張晏説，❶此作爰田，乃用周制三年一易之法也，❷廢而理舉之亦曰作。❸惠謂用周制不可云作，❹非也。如説，❺則古爰田又必易居，與《説文》「趄田易居」合。賈、服但云易其疆界、疆畔，即孟康所謂爰自在其田，❻不復易居矣。謂不易居非由於商鞅，❼非也。嚴蔚云：「爰田，即周官之賞田也。秦用商君，亦作賞田。」嚴引「賞田」，可證賈、服賞衆之説。李貽德謂「受賞之後，❽復作爰田之制」，❾未得賈、服義。

吕甥曰：「君亡之不恤，而群臣是憂，惠之至也。將若君何？」【疏證】杜無注。《晉語》注：「亡，謂在外。恤，憂也。憂，謂改立君，作轅田也。」

---

❶ 上「説」，原爲空格，今據原稿補。
❷ 「一」、「也」，原脱，今據原稿補。
❸ 「廢」、「理舉」、「曰」，原爲空格，今據原稿補。
❹ 「惠」，原爲空格，今據原稿補。
❺ 「説」，原爲空格，今據原稿補。
❻ 「孟康」，原爲空格，今據原稿補。
❼ 「謂」，原脱，今據原稿補。
❽ 「受」，原作「爰」，今據原稿改。
❾ 「復」，原爲空格，今據原稿補。

衆曰：「何爲而可？」【疏證】杜無注。《晉語》注：「何所施爲，可以還君？」❶

對曰：「征繕以輔孺子，【疏證】《晉語》注：「征，賦也。言富賦税以繕甲兵，輔子圉以爲君援。」《廣雅》：「繕，治也。」

「諸侯聞之，喪君有君，群臣輯睦，甲兵益多，好我者勸，惡我者懼，庶有益乎！」【疏證】《校勘記》云：「群臣輯睦，郭注《爾雅》引作『百姓輯睦』。」《高帝紀》注：「師古曰：『輯與集同，謂和合也。』《春秋左氏傳》曰群臣輯睦。』」

衆説。晉於是乎作州兵。【疏證】《晉語》注：「二千五百家爲州，使州長各帥其屬，繕甲兵也。」杜注本韋義。洪亮吉云：「蓋亦改易兵制。或使二千五百家略增兵額，❷故上云『甲兵益多』，非僅修繕甲兵而已。杜注似非。」沈欽韓云：「按：《周官》兵器本鄉師所掌，州共賓器而已。❸今更令州作之也。」按：沈説是也。本疏云：「《周禮》：『鄉大夫以歲時登其夫家之衆寡，辨其可任者。』州長則否。今以州長管人既少，❹督察易精，故使州長治之。」傳之稱兵皆兵器之屬，不作兵卒解。杜注「使州長各繕甲兵」未誤，洪氏謂「增兵額」，似非。顧棟高謂「增一州長爲將」，更無根據。

---

❶「可以還君」，原作「而以□□」，今據《國語正義》卷九改補。

❷「或」，原爲空格，今據原稿補。

❸「賓」，原爲空格，今據原稿補。

❹「管」，原爲空格，今據原稿補。

初，晉獻公筮嫁伯姬於秦，遇歸妹之睽。【疏證】杜注：「兑下震上，歸妹。兑下離上，睽。歸妹上六變而爲睽。」沈欽韓云：「此占亦止就歸妹上爻變成睽象，與觀之否同。」

史蘇占之曰：「不吉。【疏證】《晉語》注：「史蘇，晉大夫，占卜之史也。」杜注用韋義。

「其繇曰：『士刲羊，亦無衁也。女承筐，亦無貺也。【注】服虔以離爲戈兵，兑爲羊，震變爲離，是用兵刺羊之象也。三至五有坎象，❶坎爲血，血在羊上，❷故刺無血也。震爲竹，竹爲筐，❸震變爲離，離爲火，火動而上，其施不下，❹故筐無實也。本疏。【疏證】《釋文》：「貺，本亦作況。」《歸妹》上六爻辭：「女承筐無實，士刲羊無血。」繇用彼爻辭爲義，自「士刲羊」至「猶無相也」皆繇辭也。杜謂此句爲《歸妹》爻辭。疏云：「史蘇引爻辭以『血』爲『衁』，『實』爲『貺』，❺惟倒其句，改兩字，而加二『亦』耳。二句之外，皆史蘇自衍卦意而爲之辭。❻易之爻辭，亦名爲繇。」按爻辭名繇，義無所見。衁、貺、償、相皆用韻，非蘇初引爻辭，再衍其

---

❶「五」，原脱，今據原稿補。
❷「上」，原脱，今據原稿補。
❸「竹」，原脱，今據《春秋左傳正義》卷十四補。
❹「施」，原作「旋」，今據原稿改。
❺「實」，原爲空格，今據原稿補。
❻「衍」，原爲空格，今據原稿補。

義也。杜説非。此傳服注存者甚好，而士、女、衁、貺獨無釋。❶《御覽》七百二十七引注云：「衁，血也。貺，賜也。刲羊，士之功。承筐，女之職也。❷離爲中女，震爲長男，故稱士女也。」與杜注略同。杜注「女之職也」下有「上六無應，所求不獲，故下刲無血，上承無實，不吉之象也」五句。考《歸妹》上爻王弼注云：「處卦之窮，仰無所承，下又無應。爲女而承命，則筐虚而莫之與。爲士而下命，則刲羊而無血。刲羊而無血，不應所命也。」與杜注義正同。此五句義訓前後不相蒙，疑《御覽》所引爲先儒舊誼。杜用王弼義，加此五句也。輔嗣言易廢象，與漢易例異，杜不解家法，妄有增綴，殊乖説經之體。疏亦謂：「杜説與王輔嗣同。則不須變爲離卦，則不變爲離卦，❸自有士女之義。今杜云『離爲中女』，便是據變之後始有此承筐之象。既爲離卦，則上九有應，所以與《易·説卦》不同者，但《易》所論當卦爲義，此既用筮法，震變爲離，故以離、震雜説其理，與《易》不同。」❹疏謂用王説則不須變爲離卦，是矣。而拘於杜説，謂筮法與《易》不同，謬甚。《荀子·非相篇》「婦人莫不願得以爲夫，處女莫不願得以爲士」，注：「士者，未娶妻之稱。《易》曰『老婦得其士夫』。」則士與女對文也。《歸妹》釋文引馬注云：「刲，刺也。」《廣雅·釋言》：「刲，刳也。」《説文》：「衁，血也。《春秋傳》曰『士刲羊亦無衁也』。」《繫傳》：

---

❶「釋」，原作「辭」，今據原稿改。
❷「女之職」至「略同杜注」二十四字，原重文，今據原稿删。
❸「則不變」至「既爲離卦」三十六字，原脱，今據原稿補。
❹「與」，原重文，今據原稿删。

「心上血也。」衁從亡，取膏肓之肓爲義。《彤弓》毛傳：❶「貺，賜也。」「離爲中女，震爲長男」，皆《説卦傳》文。言離者，歸妹變睽，睽上卦離也。《御覽》引舊注取象之例，同於服注。沈欽韓云：「服之言象，與虞翻略同。」❷今考虞注與服義多合，❸沈説是也。❹虞翻之《易》出於梁丘，梁丘出於京房，京房兼事田王孫。❺則翻之易，孟氏易也，今一以虞義解之。「離爲戈兵，兑爲羊」，皆《説卦傳》文。❻戈兵，虞翻説曰「乾爲金，離火斷乾，燥而煉之，故爲戈兵也。」爲羊，虞翻説缺。張惠言云：「『兑爲剛鹵』，鄭氏謂其畜好剛鹵也。」❼用兵刺羊，以刺訓刲，服用馬融説。三至五有坎象者，《歸妹》三至五，互體坎，其變爲睽，三至五互體亦坎。《説卦傳》：「坎爲血卦。」虞翻説缺。❽張惠言云：❾「坤上六『其血玄黄』，《文言》曰：『猶未離其類也，故稱血焉。』坎正十一月，陰陽會于壬，❿牝

---

❶「彤弓」，原爲一空格，今據《毛詩正義》卷十補。
❷「同」，原脱，今據原稿補。
❸「合」，原作「同」，今據原稿改。
❹「沈説是也」，原脱，今據原稿補。
❺「兼」，原爲空格，今據原稿補。
❻「皆説卦傳」至「爲羊」二十九字，原脱，今據原稿補。
❼「畜好」，原作「言□」，今據原稿改補。
❽「説缺」，原爲一空格，今據原稿補。
❾「張惠」，原爲一空格，今據原稿補。
❿「壬」，原脱，今據原稿補。

坤生復，故坎爲血卦。」使血在羊上者，❶謂睽之下卦兑，❷兑爲羊，坎在兑上也。《説卦》云：「震爲蒼筤竹。」虞翻説逸象言云：❸「震、巽皆東方。❹巽陽在上，❺下有伏震，故中實而爲木。震陽在下，中有伏巽，故中空而爲竹爲萑葦。《九家易》云『蒼筤，青也』。」爲筐，❻易象不見。《歸妹》上六爻辭，虞翻説云：「女謂應三兑也，自下受上稱承。震爲筐，❼以陰應陰，三四復位，坤爲虚，故無實。象曰：『承虚筐也。』」「離爲火」，亦《説卦傳》文。❽虞翻説佚，❾荀爽曰：❿「陽，外光也。」崔憬曰：⓫「取卦陽在外，象火之外照也。」張惠言補虞義曰：⓬「離爲火爲日爲

❶「使」，原脱，今據原稿補。
❷「謂」，原脱，今據原稿補。
❸「言云」，原爲空格，今據原稿補。
❹「皆」下，原衍「在」字，今據原稿删。
❺「巽」，原爲空格，今據原稿補。
❻「筐」，原爲空格，今據原稿補。
❼「筐」，原作「匡」，今據原稿改。
❽「亦説」、「傳」，原爲空格，今據原稿補。
❾「説佚」，原爲空格，今據原稿補。
❿「荀爽」，原爲空格，今據原稿補。
⓫「崔憬」，原爲空格，今據原稿補。
⓬「補」，原爲空格，今據原稿補。

電，皆陽光也。」❶用荀、崔説。❷ 火動而上，動謂震也，上謂離也，火性炎上，不下施，謂承筐無貺也。❸ 繇辭言無貺，❹猶爻辭言無實也矣。❺ 此節傳疏，杜注之缺者，多引服注補之。李貽德止取「離爲戈兵，兑爲羊」爲服注，蓋取「震變爲離」以下爲疏語，❻非也。今從洪氏、嚴氏本。❼

「『西鄰責言，不可償也。【注】服虔以爲：「三至五爲坎，坎爲月，月生西方，故爲西鄰。坎爲水，兑爲澤，澤聚水，故坎責之澤，澤償水則竭，❽故責言不可償。」本疏。【疏證】杜注：「將嫁女於西，而遇不吉之卦，故知有責讓之言，❾不可報償。」玩繇辭，羊、衁、筐、貺、償、相一例韻語，杜不用服説，以此爲史蘇語也。疏云：「如杜此言，直以遇卦不吉，則知言不可償。不知其象何所出也。」則亦以杜注無所取象爲疑。而又引服説，駁之云：「此取象甚迂，杜言虚而不經，謂此類也。」案：服注「三至五爲坎」，以互體言。稱坎爲月爲水，兑

---

❶「光」，原爲空格，今據原稿補。
❷「崔」，原爲空格，今據原稿補。
❸「貺」，原爲空格，今據原稿補。
❹「繇」，原爲空格，今據原稿補。
❺「矣」，原爲空格，今據原稿補。
❻「蓋取」，原爲空格，今據原稿補。
❼原稿眉批：尚未三段。李氏《易傳》。
❽「澤」，原脱，今據《春秋左傳正義》卷十四補。
❾「讓」，原脱，今據原稿補。

爲澤，皆《説卦》傳文，何以斥其不經。❶若杜注繇辭未畢，而以遇卦不吉責讓爲言，衝決傳體，❷乃不經之甚者矣。《説卦》「坎爲水」，虞翻説云：「坤爲夜，以坎陽光坤，故爲月也。」虞不云「月生西方」。《祭義》云：「大明生於東，月生於西。」生西方，服用以釋「西鄰」，無涉卦義。毛奇齡謂：「兑，西方之卦，秦在西。」非服義也。「爲水」，虞説佚。宋衷云：「坎陽在中，内光明，有似於水。」張惠言難虞義曰：❸「水，北方之行也。象衆水並流，中有微陽之氣也。」❹即用宋氏義。「爲澤」，❺虞翻説云：❻「坎水半見，故爲澤。」《地官》序官注：「澤，水所鍾。」李貽德云：「鍾，❼亦聚也。兑澤既托於坎水，故坎可責之澤。❽兑上坎下，其卦爲困。象曰『澤無水，困』，是償之則困矣，故曰不可償。」按：李説是也。

---

❶「斥」，原作「斤」，今據原稿改。
❷「衝」，原爲空格；「傳」，原作「詩」，今據原稿補改。
❸「難虞義」，原爲二空格，今據原稿補。
❹「氣」，原作「象」，今據原稿改。
❺「澤」，原爲空格，今據原稿補。
❻「虞翻」，原重文，今據原稿删。
❼「鍾」，原爲空格，今據原稿補。
❽「責」、「澤」，原爲空格，今據原稿補。

「『**歸妹之睽，猶無相也。**』**【注】**服虔云：「兑爲金，離爲火，❶金火相遇而害，故無助也。」❷**【疏證】**繇舉歸妹之睽，是明歸妹變睽之義，服但引兑離之象，以此二句止説睽耳。杜注乃云：「歸妹，女嫁之卦。睽，乖離之象，故曰無相。相，助也。」以相爲助，是用服義。其兼舉歸妹爲言，❸則未達繇辭之説矣。疏亦云：「不知其象所出。」《乾坤鑿度》：「兑金。」兑爲西方之卦，金王於秋也。《説卦傳》：「離爲火。」荀爽曰：「陽，外光也。」崔憬曰：「取卦陽在外，❹象火之外照也。」張惠言補虞氏《易義》云：「離爲火。」亦用荀、崔説。《白虎通・五行》篇：「五行所以相害者，天地之性，精勝堅，故火勝金。」《生民》毛傳：「相，助也。」

「**震之離，亦離之震，【疏證】**此二語爲史蘇之詞。此下繇詞皆以震、離象言，故特明之。震之離猶言歸妹之睽也。《釋詁》：「之，往也。」毛奇齡《春秋占筮書》以此爲環占。張文楚曰：❺「環占法，前畢萬筮仕，❻傳既

---

❶「火」，原脱，今據原稿補。

❷「也」下，當有「本疏」二字。

❸「妹」，原脱，今據原稿補。

❹「外」，原脱，今據原稿補。

❺「楚」，原爲空格，今據原稿補。

❻「前畢萬筮仕」，原爲四空格，今據原稿補。

占屯震之坤爲諸侯，❶又轉占比坤之震亦爲諸侯，❷謂之終復其始，❸法同。」

「爲雷爲火，爲嬴敗姬，」【注】服云：「離爲日，爲火。秦嬴姓，水位。三至五有坎象，水勝火，故云嬴敗姬。」本疏。**【疏證】**此下至「高梁之墟」亦繇辭。前有繇曰，傳不備舉，雷、火，震、離也。服不釋爲雷。杜云：「震爲雷。」見《説卦傳》。虞翻説云：「太陽火得水有聲，故爲雷也。」張惠言曰：「乾坤以坎離戰陰陽，❹交會於壬而生震，❺故云『太陽火得水也』。」則繇辭爲雷，兼火言之，服當有説，疏以杜注已具，删之。「離爲日，爲火」，《説卦傳》文。繇辭不及日，而服引爲之者，成十六年傳：❻「姬姓，日也。」引爲日以喻晉。❼《秦本紀》：「舜賜姓嬴氏。」《始皇本紀》：「始皇推終始五德之傳，以爲周得火德，秦代周德，從所不勝。方今水德之始。」故服云「秦，嬴姓，水位也」。三至五互離，例與「士刲羊」注同。服意繇辭雷火皆主晉言，互體得坎水，乃有嬴敗姬之象。杜注則云：「火動熾而害其母，女嫁反害其家。」則用震木生火之義。然傳不言爲木，杜説非。

---

❶「傳」，原爲空格，今據原稿補。
❷「比」，原作「此」，今據《春秋占筮書》卷二改。
❸「終」，原殘；「復」，原作「後」，今據原稿補改。
❹「離」，原爲空格，今據原稿補。
❺「會」，原作「合」，今據原稿改。
❻「成十六年」，原爲二空格，今據《春秋左傳正義》卷二十八補。
❼「晉」，原作「旨」，今據原稿改。

「車説其輻，❶火焚其旗，不利行師，敗於宗丘。【注】服云：「五至三有坎爲水象，震爲車，車得水而脱其輻也。震爲龍，龍爲諸侯旗，離之震，故火焚其旗也。震，東方木。兑，西方金。木遇金必敗。韓有先君之宗廟，故曰宗丘。」本疏。【疏證】車、火，震離也。杜注：「上六爻在震則無應，故車脱輹。❷在離則失位，故火焚旗。」彼蓋不用服説。服釋此經專以互體卦象言，不及應當位。杜雜取諸家，失之。服注「五至三」當作「三至五」，亦互體也。坎初見上。❸《説文》：「輹，車軸縛也。」杜注：「輹，車下縛也。」用許説。《廣雅·釋詁》：「輹，束也。」王念孫引《小畜》九三「輿脱輹」及此傳「車脱其輻」證之。❹馬融《易》注亦與杜注同。其形製則未詳。段玉裁《説文注》謂以革若絲爲之，以固軸。如段説，則輻以革絲縛軸，宜服謂「得水説其輻」矣。❺杜注與服注同。疏引子夏《易傳》訓「輹」爲車下伏兔。《考工記》「加軫與轐焉」，先鄭以轐爲伏兔。《説文》：「轐，車伏兔。」是伏兔名轐，非輹也。「震爲龍」，《説卦傳》文。虞翻義缺。張惠言補之云：「乾爻六龍，震乾元，❻故爲

---

❶「輻」，《春秋左傳正義》卷十四作「輹」，下一「輻」字同。
❷「輹」，原作「軸」，今據《春秋左傳正義》卷十四改。
❸「初見上」，原爲空格，今據原稿補。
❹「輹」，原作「輻」，今據原稿改。
❺「水説」，原作「承」，今據原稿改。
❻「震」，原爲空格，今據原稿補。

龍。」《司常》：「交龍爲旂。」又云：「諸侯建旂。」鄭康成注云：「諸侯畫交龍，一象其升朝，❶一象其下復也。」❷「離之震」，取上文史蘇語。離爲火，故云「火焚其旗也」。《説卦傳》：「震，東方也。兑，正秋也。」正秋猶言西方也。❸《白虎通·五行》篇：「木在東方，金在西方。」又云：「剛勝柔，故金勝木。」是木遇金必敗也。❹《漢書·魏相傳》：「奏曰：『東方之卦，不可以治西方。春興兑治則飢，❺秋興震治則華。』」❻蓋亦以金木相克爲言。沈欽韓云：「六爲宗廟，指歸妹上六，故云木遇金而敗于宗丘。」《説文》：「四邑爲丘。」惠棟云：❼「《曲禮》注丘與區同音，❽故與上文姬、旗爲協。顔師古曰：『今江淮田野之人猶謂區爲丘。』亦古之遺音也。」❾是宗丘即宗區矣。毛

❶「朝」，原脱，今據原稿補。
❷「復」，原爲空格，今據原稿補。
❸「西」，原作「兩」，今據原稿改。
❹「遇」，原爲空格，今據原稿補。
❺「興」、「治」，原爲空格；「飢」，原作「仇」，今據原稿補改。
❻「興震治」，原爲空格，今據原稿補。
❼「惠棟云」，原重文，今據原稿删。
❽「音」，原脱，今據《皇清經解》卷三百五十三《春秋左傳補註》補。
❾「音」，原作「言」，今據《皇清經解》卷三百五十三《春秋左傳補註》改。

奇齡云：「丘讀欺，❶《國風》：『送子涉淇，❷至於頓丘。』」欺、區一聲之轉耳。❸傳例曰：「凡邑有宗廟先君之主曰都。」❹韓有晉先君宗廟，當出古輿地之書。劉熙《釋名》：「宗丘，邑中所宗也。」❺與服説異。

「歸妹、睽孤，寇張之弧，」【注】服云：「坎爲寇，爲弓，故曰『寇張之弧』。」本疏。**【疏證】**《睽》上九爻辭：「上九，睽孤，見豕負塗，載鬼一車，先張之弧，後脱之弧。匪寇昏媾，往遇雨則吉。」繇辭但取寇張弧之義。杜注指爲《睽》上九爻辭，非也。此二句説睽孤之義，其曰「歸妹睽孤」者，猶言歸妹變睽之上也。杜注：「失位孤絶，故遇寇難。」不用服説。服稱坎亦互體。《説卦傳》：「坎爲盜。」盜謂寇也。虞翻曰：「水行潛竊，故爲盜也。」又云：「爲弓輪。」虞翻曰：❻「可矯揉，故爲弓輪。坎爲月，月在於庚爲弓，在甲象輪。故弓輪也。」《繫辭》：「弦木爲弧。」虞翻曰：「坎爲弧。」《睽》爻辭，虞翻説云：「睽三顧五，❼故曰睽孤也。坎爲弧，離爲矢，張弓之象也。坎爲寇，之三歷坎，故匪寇。」與服注説義略同。❽

---

❶「讀欺」，原爲空格，今據原稿補。
❷「送子涉淇至於頓丘欺」，原作「□不深至於□丘□」，今據原稿補改。
❸「之」，原脱，今據原稿補。
❹「宗廟」，原脱，今據原稿補。
❺「中」，原脱，今據原稿補。
❻「虞翻曰可矯揉故爲弓輪」，原脱，今據原稿補。
❼「顧」，原爲空格，今據原稿補。
❽「義」，原作「苑」，今據原稿改。

「姪其從姑，六年其逋，逃歸其國，而棄其家。【疏證】此節服注缺。《御覽》五百十三注云：「震爲木，離爲火，火從木生，離爲震妹，於火爲姑，謂我姪者，❶吾謂之姑。謂子圉質於秦也。」與杜注略同。以注震、離之象言，❷仍是服注家法。疑杜取服注，故疏未引服注也。離爲震妹，於火爲姑。沈彤云：「火當爲兑。」是也。《説卦傳》「震一索而得男，故謂之長男。離再索而得女，故謂中女。兑三索而得女，故謂之少女。」用乾坤六子之説。則離爲震妹，兑之女爲離之姪矣，故云以兑爲姑。注「兑」下當有「少女」二字也。《釋親》：「父之姊妹爲姑。女子謂昆弟之子爲姪。」《周語》「我皇妣大姜之姪逢公」，❸注：「昆弟之子，男女皆曰姪。」穆姬爲子圉之姑，故言「姪其從姑」也。《廣雅》：「逋，亡也。」「其國」指穆姬所往之國。「其家」，以晉言之。❹

「明年其死於高梁之虚。」【疏證】杜注：「惠公死之明年，文公入，殺懷公於高梁。」疏云：「圉以二十二年歸，二十三年惠公死，二十四年二月殺懷公于高梁，是爲惠公死之明年也。此筮之意，言六年逋，明年死，則是逃

---

❶「姪」，原爲空格，今據原稿補。

❷「以」，原脱，今據原稿補。

❸「皇」，原作「至」，今據原稿改。

❹原稿眉批：六年，查。

歸之明年。而云惠公死之明年者，❶以二月即死，據夏正言之，猶是逃歸之明年。❷但周正已改，故以惠公言之耳。」❸《郡國志》：「河東郡楊有高梁亭。」❹《彙纂》：「今臨汾縣梁墟是。」江永云：「今案：高梁，當在洪洞縣，臨汾亦相近也。」杜注又云：「凡筮者用《周易》，則其象可推，非此而往，❺則臨時占者或取於象，或取於氣，或取於時日王相，以成其占。若盡附會以爻象，❻則構虛而不經，故略言其歸趣。他皆仿此。」以此注證之，則賈、服舊注於占筮多言爻象，而杜或棄或取，更無定見，❼故「六年其逋」至「高梁之墟」古義并亡。沈欽韓云：「服之言象略與虞翻同，真能變而通之者，❽横爲空疏寡學之徒排退，❾故復録之。」

及惠公在秦，曰：「先君若從史蘇之占，吾不及此夫。」韓簡侍，曰：「龜，象也。筮，數也。物生

❶「者」，原作「春」，今據《春秋左傳正義》卷十四改。
❷「猶」，原爲空格，今據原稿補。
❸「公」，原脱，今據原稿補。「言」，《春秋左傳正義》卷十四作「證」。
❹「郡楊」，原爲空格，今據原稿補。
❺「非」，原爲空格，今據原稿補。
❻「象」，原作「辰」，今據原稿改。
❼「見」，原脱，今據原稿補。
❽「變而」，原爲空格；「通」，原作「近」，今據《春秋左氏傳補注》卷三補改。
❾「空疏」，原爲一空格，今據原稿補。

而後有象，象而後有滋，❶滋生而後有數。❷【疏證】《天府》「以貞來歲之鬼神號」，❸疏：「《易·繫辭》云：『精氣爲物，游魂爲變。』注云：『精氣謂七八，游魂謂九六。』則筮之數自有七八九六成數之鬼神。❹《春秋左氏傳》『龜象筮數』，則龜自有一二三四五生數之鬼神。」❺《禮》所引《易》注不知出自何家。如彼疏説，則韓簡謂龜、筮皆有數，象即生數，❻筮即成數也。故申物象滋數遞生之義。❼杜注：「言龜以象示，❽筮以數告。象數相因而生，然後有占。」謂象數相因而生，則非遞生意矣。❾《律曆志》引傳「龜，❿象也」以下五句，師古曰：「物生則有象，有象而滋益，滋益而數起。」⓫

❶「後」，原脱，今據原稿補。
❷「生」，《春秋左傳正義》卷十四無此字。
❸「鬼神號」，《周禮注疏》卷二十作「嬔惡」。
❹「數」，《周禮注疏》卷二十作「神」。
❺「龜」，原爲空格，今據原稿補。
❻「象即生數」，原重文，今據原稿删。
❼「物」、「遞」，原爲空格，今據原稿補。
❽「龜」，原爲空格，今據《春秋左傳正義》卷十四補。
❾「非遞」，原爲空格，今據原稿補。
❿「龜」，原爲空格，今據《漢書·律曆志》補。
⓫「滋益」，原作「之□」，今據原稿改補。

「先君之敗德及，可數乎？史蘇是占，❶勿從何益？【疏證】杜注：「先君敗德，❷非筮數所生，❸雖復不從史蘇，不能益禍。」顧炎武曰：「杜以數爲象數之數，恐非。言先君之敗德，及今言之，其可悉數乎？雖有史蘇之占，而獻公心志昏亂，不從其言，亦何益也？是則敗亡之禍，❹人爲之矣。」文淇案：《釋文》：「『先君之敗德及』，絶句。一讀『及可數乎』。」洪亮吉云：「『及可數乎』，蓋倒字法也。」

「《詩》曰：『下民之孽，匪降自天。僔沓背憎，職競由人。』」【疏證】《小雅・十月之交》文。❺僔，今《詩》作「噂」。惠棟云：❻「按：《説文》：『噂，聚語也。僔，聚也。』並引《詩・小雅》。僔、噂古字通。」毛傳云：「噂猶噂噂，沓猶沓沓。❼職，主也。」陳奂云：「《廣雅》：『僔僔，衆也。』聚、衆義相近。然僔沓猶聚語也。由，從也。『由人』與『自天』對文。職競由人，言不從天降，而主從人之競爲惡也。」❽杜注：「僔沓面語，背相憎疾，皆人競所

---

❶「史蘇是占勿從何益」，原脱，今據《春秋左傳正義》卷十四補。
❷「德」，原作「法」，今據原稿改。
❸「筮」，原作「生」，今據原稿改。
❹「禍」，原爲二空格，今據原稿補。
❺「小」上，原衍「疏證」，今據原稿删。
❻「惠棟」，當作「洪亮吉」。
❼「猶」下，原衍「謂」字，今據《毛詩正義》卷十二删。
❽「競」，原爲空格，今據原稿補。

主作。」❶與毛傳違。箋云：「僔僔沓沓，相對談語。」亦同毛義。

「震夷伯之廟」，罪之也。於是展氏有隱慝焉。【疏證】杜注：「隱慝，非法所得。尊貴，罪所不加，是以聖人因天地之變，❷自然之妖，以感動之。知達之主，則識先聖之情以自厲，❸中下之主，亦信妖祥以不妄。神道助教，❹惟此爲深。」按：震夷伯之廟，《公》、《穀》説異於左氏，❺杜注所稱或古舊誼也。

「冬，宋人伐曹」，討舊惡也。❻【疏證】杜注：「莊十四年，曹與諸侯伐宋。」

「楚敗徐於婁林」，徐恃救也。【疏證】杜注：「恃齊救。」

十月，晉陰飴甥會秦伯，盟于王城。【疏證】陰飴甥詳前「瑕吕飴甥」疏證。《晉語》「穆公歸至于王城」，❼注：「王城，秦地。」《郡國志》：「左馮翊臨晉有王城。」劉昭注解「王城」爲大荔戎王之城。全祖望曰：「大荔之戎亦名芮戎，在北地。而芮伯之國在臨晉，其後大荔滅於秦。部落蓋有居臨晉者，漢人遂合芮戎、芮伯之國

---

❶「競」，原爲空格，今據原稿補。

❷「地」，原脱，今據原稿補。

❸「情」，原作「指」，今據原稿改。

❹「助」，原作「設」，今據原稿改。

❺「説」，原漫漶不清，今據原稿補。

❻「惡」，《春秋左傳正義》卷十四作「怨」。

❼「晉語」，原脱，今據原稿補。

而一之。謂臨晉即大荔，是大謬也。」沈欽韓云：「按：《秦本紀》：『厲共公十六年，塹河旁。以兵二萬伐大荔，取其王城。』此謂得戎王所居之城，自在北地。故處與塹河旁事不相屬，而徐廣就班《志》之誤文，釋王城爲臨晉，由是益爲經據，方輿諸家靡不從之。殊不思僖、文之時，三見王城，晉、秦方强，大荔何致而擅王城之名乎？❶乃西周盛時所築下邑耳。」按：全、沈説是也。杜注與《郡國志》同，謂今名武鄉。❷《一統志》：「王城在同州朝邑縣東。」朝邑今屬同州府。

秦伯曰：「晉國和乎？」對曰：「不和。小人恥失其君而悼喪其親，❸**【疏證】**《晉語》注：❹「謂韓之戰敗也。」杜注：「痛其親爲秦所殺。」

「不憚征繕以立圉也，曰：『必報讎，寧事戎狄。』君子愛其君而知其罪，不憚征繕以待秦命，曰：『必報德，有死無貳。』以此不和。」**【疏證】**《晉世家》：「秦穆問吕省：❺『晉國和乎？』對曰：『不和。小人懼失君忘親，不憚立子圉，曰：『必報讎，寧事戎狄。』其君子則愛君而知罪，❻以待秦命，曰『必報德』。有此二

---

❶「致」，《春秋左氏傳地名補注》卷三作「從」。
❷「謂」，原爲空格，今據原稿補。
❸原稿眉批：悼，喪，詁。
❹「注」，原脱，今據原稿補。
❺「省」，原作「相」，今據原稿改。
❻「子」，原作「君」，今據原稿改。

故，不和。』」正義：「君，惠公也。❶親，父母也。言懼失君國亂，恐亡父母，不憚立子圉也。小人言立子圉爲君之後，必報秦。❷終不事秦，寧事戎、狄耳。」

秦伯曰：「國謂君何？」對曰：「小人慼，謂之不免。君子恕，以爲必歸。小人曰：『我毒秦，秦豈歸君？』君子曰：『我知罪矣，秦必歸君。貳而執之，服而舍之，德莫厚焉，刑莫威焉！服者懷德，貳者畏刑。❸此一役也，秦可以霸。【注】服云：「一役者，謂韓戰之役。」本疏。【疏證】杜注「一役」不用服義，注云：「言還惠公，使諸侯威服，復可當一事之功。」疏引服説駁之云：「知不然者，❹呂甥之言勸秦伯而納晉侯，假稱君子之意。若納晉君，可以更當一役之功，欲深勸秦伯。若直論韓戰之役，❺於秦未有深利，何肯納也？故杜別爲其説。劉炫以服義規之，雖於理亦通，未爲殊絶。」沈欽韓云：「按：當從服解，杜注曲戾費思。呂甥對秦伯必不若此。」朱駿聲：「杜解一役連上德、刑讀，服注以下句連屬是也。」按：傳稱一役，❻皆繫已

---

❶「公也」，原倒，今據原稿改。
❷「報」，原爲空格，今據原稿補。
❸「畏」，原作「懷」，今據《春秋左傳正義》卷十四改。
❹「者」，原脱，今據原稿補。
❺「役」，原作「説」，今據原稿改。
❻「傳」，原作「詩」，今據原稿改。

往之事。沈、朱説是也。❶炫規杜之辭無考。邵瑛《持平》云：❷「孔氏亦不能以爲非，顧以爲未能殊絶，❸以直截了當之文。而求殊絶，❹徒見其阿附矣。

「『納而不定，廢而不立，以德爲怨，秦不其然。』」【疏證】「納」謂晉惠公爲秦所納也。

秦伯曰：「是吾心也。」改館晉侯，饋七牢焉。【注】賈云：「諸侯雍餼七牢。牛一、羊一、豕一爲一牢。」《秦本紀》集解。【疏證】改館，杜無注。《晉語》注：「改，更也。初，秦伯拘晉侯於靈臺，將復之，故更舍之於客館。」杜注：「牛羊豕各一爲一牢。」❺《晉語》注：「牛羊豕爲一牢，饔餼七牢，侯伯之禮也。」皆用賈説。《大行人職》：❻「侯七牢。」《掌客職》：「饔餼七牢。」《聘禮》「歸雍餼」，注：「牲殺曰饔，❼生曰餼。」雍即饔也。

蛾析謂慶鄭曰：「曷行乎？」【疏證】杜注：「蛾析，晉大夫。」《釋文》：「蛾，或作蟻。析，本或作晳。」惠棟

---

❶「朱」，原爲空格，今據原稿補。
❷「瑛」，原爲空格，今據原稿補。
❸「顧」，原作「所」；「殊絶」，原爲空格，今據原稿改補。
❹「求殊絶」，原爲空格，今據原稿補。
❺下「一」，原脱，今據原稿補。
❻「職」，原爲空格，今據原稿補。
❼「牲」，原作「特」，今據《儀禮注疏》卷二十一改。

云：「婁壽曰：古蛾、蟻通。《漢書》『白蛾群飛』，❶『扶服蛾伏』，❷《陳球後碑》『蜂聚蛾動』，《仲秋下旬碑》『蛾附』，皆與蟻同。❸析，釋文作晳，❹與石經異。」洪亮吉云：「《廣韻》於歌部列晉大夫蛾析，似誤。」

對曰：「陷君於敗，敗而不死，又使失刑，非人臣也。臣而不臣，行將焉入？」

十一月，晉侯歸。丁丑，❺殺慶鄭而後入。【疏證】杜注：「丁丑，月二十九日。」貴曾按：十月己酉朔，❻二十九日丁丑。

是歲，晉又飢，秦伯又餼之粟，曰：「吾怨其君而矜其民。且吾聞唐叔之封也，❼箕子曰：『其後必大。』晉庸可冀乎！」【注】服虔以箕子爲紂之庶兄。本疏。【疏證】杜注：「箕子，殷王帝乙之子，紂之庶兄。」洪亮吉云：「杜取服説。」《宋世家》集解馬融、王肅皆以箕子爲紂諸父，正義鄭玄、王肅皆以爲諸父，❽服、杜

---

❶「白」，原作「曰」，今據《皇清經解》卷三百五十三《春秋左傳補註》改。

❷「蛾伏」，原脱，今據《皇清經解》卷三百五十三《春秋左傳補註》補。

❸「同析」，原脱，今據《皇清經解》卷三百五十三《春秋左傳補註》補。

❹「晳」，原爲空格，今據原稿補。

❺「丁丑」，原脱，今據原稿補。

❻「朔」上，原衍「案十月己酉」，今據原稿删。

❼「聞」，原脱，今據原稿補。

❽「王肅」，原脱，今據原稿補。

以紂之庶兄，是服注與馬、鄭、王舊説異也。本疏云：「《宋世家》云：『箕子者，紂之親戚也。』止云『親戚』，不知爲父也、兄也。鄭玄、王肅皆以箕子爲紂之諸父。服、杜以爲紂之庶兄。既無正文，各以意言耳。」劉寶楠《論語正義》：「高誘注《淮南·主術》爲紂諸兄，而注《呂氏春秋》《必己》、《離謂》、《過理》等篇，❶皆謂紂諸父，❷傳聞各異，未知孰是。」《晉世家》：秦繆公曰：「吾聞箕子見唐叔之初封，曰『其後必當大矣』，❸晉庸可滅乎！」

「姑樹德焉，以待能者。」於是秦始征河東，❹置官司焉。【疏證】杜注：「征，賦也。」《晉語》「秦始知河東之政」，注：「秦取河東地而置官司，故知河東之政。」❺《秦本紀》：「歸晉君夷吾，夷吾獻其河西地。是時秦地東至河。」即龍門河也。是此河東即晉所獻河西之地也。《年表》：「秦穆公十六年，爲河東置官司。」是十六年事矣，傳終言之。❻

【經】十有六年，春，王正月，戊申，朔，隕石於宋，五。【疏證】《公羊》「隕」曰「霣」。《大司樂》正義引

---

❶「過」，原作「道」，今據原稿改。

❷「紂」，原作「射」，今據原稿改。

❸「必」、「矣」，原脱，今據原稿補。

❹「征」下，《春秋左傳正義》卷十四有「晉」字。

❺「河」，原作「何」，今據原稿改。

❻「之」下，原衍「年表繆公十六年爲河東置官司」十三字，今據原稿删。

《左傳》作「霣石」，❶乃承寫之誤。《説文》：「磒，落也。《春秋傳》曰『磒石於宋，五』。」是賈君本作「磒」也。《爾雅》：「隕，落也。」《年表》：「宋襄公七年，❷隕五石。」洪亮吉云：「按：《御覽》引《水經注》云：『睢陽有隕石水，一名漆溝。❸《左傳》曰：「隕石於宋，五，隕星也。」故老云此水有時涸竭，五石存焉，故名隕石水。墜處爲津。』」

按：睢陽，今河南歸德府商丘縣南。

是月，六鷁退飛，過宋都。❹**【注】**《春秋考異郵》云：「鷁者，毛羽之蟲，生陰而屬於陽。」本疏。

【疏證】《校勘記》云：「《公》、《穀》作『六鶂』。《釋文》云：『本或作鶂。』《説文》引傳亦作『鶂』。《史記·宋世家》索隱引同。然則三傳皆作鶂字。《説文》有鶂無鷁。」按：阮説是也。《宋書·謝靈運傳》：「《山居賦》曰：『鳥則鵾鴻鶂鵠。』」自注：「鶂音溢。❺《左傳》『六鶂退飛』字如此。」❻《説文》：❼「鶂，水鳥也。《春秋傳》曰『六鶂退飛』。」是賈君本作鶂也。惠棟謂《説文》從二傳之文，非。《埤雅》七引《三蒼》云：「鶂，蒼鶂也，善高飛，似雁，目相

---

❶「霣」，原作「隕」，今據原稿改。
❷「襄」，原作「哀」，今據原稿改。
❸「漆」，原爲空格，今據原稿補。
❹「過」，原作「退」，今據原稿改。
❺「溢」，原爲空格，今據《宋書·謝靈運傳》補。
❻「鶂」，原作「鷁」，今據原稿改。
❼「説文」至「承誤耳」九十四字，原重文，字略異，今據原稿删。

擊而孕，吐而生子，其色蒼白。」杜注：「鶂，❶水鳥。」《文選·西都賦》注引作「鶂，水鳥」，是杜本亦未誤。唐石經作「鷁」，故各本承誤耳。❷《洪範五行傳》：「鷁者，陽禽。」與《考異郵》生陰屬陽説合。❸鷁，水鳥，故云生陰也。《終軍傳》：「蓋六鷁退飛，逆也。白魚登舟，❹順也。」張晏曰：「六鷁退飛，象諸侯畔逆，宋襄公霸道長也。」説異二傳，當亦古《左氏》説。《宋世家》：「六鶂退飛。」《年表》：「宋襄公七年，❺六鶂退飛，過我都。」❻

三月，壬申，公子季友卒。無傳。**【疏證】**杜注：「稱字貴之。」疏云：「季是其字，友是其名，猶如仲遂、叔肸之類，皆名字雙舉。劉炫以季爲氏而規杜過，非也。炫云：季友、仲遂皆生賜族，❼非字也。」邵瑛云：「《春秋五論》云春秋之初，❽公之子爲大夫則稱公子，公子之子爲大夫則稱公孫，自僖公以後則皆書族，且使之世世爲卿矣。季友以立僖公之功，生而賜族，俾世其卿也。光伯説皆當。杜以季爲字，失之。」邵説是也。仲遂、叔肸

---

❶「鶂」，《春秋左傳正義》卷十四作「鷁」。
❷「誤」，原作「注」，今據原稿改。
❸「郵」，原爲空格，今據原稿補。
❹「白魚登舟」，原作「自宜退飛」，今據《漢書·終軍傳》改。
❺「襄」，原作「哀」，今據原稿改。
❻「我」，原作「宋」，今據原稿改。
❼「季」，原爲空格；「友」，原作「及」，今據原稿補改。
❽原稿眉批：《春秋五論》不知何人作。

皆賜族。既謂季友、仲遂、叔肸名字雙舉，❶謬甚。

夏，四月，丙申，鄫季姬卒。無傳。【疏證】《穀梁》「鄫」曰「繒」。

秋，七月，甲子，公孫茲卒。無傳。【疏證】《公羊》「茲」曰「慈」。

冬，十二月，公會齊侯、宋公、陳侯、衛侯、鄭伯、許男、邢侯、曹伯于淮。【疏證】《地理志》臨淮郡有淮浦、淮陰、淮陵諸縣。❷杜注謂「臨淮郡左右」，未實其爲何縣。江永云：「晉臨淮郡治盱眙，❸今屬泗州。」

【傳】十六年，❹春，「隕石于宋，五」，隕星也。【疏證】《宋世家》：「襄公七年，霣星如雨，與雨偕下。」集解引此傳證之，索隱云：「莊七年傳又云：『恒星不見，夜中星霣如雨，與雨偕也。』且與雨偕下，自在別年，不與霣石退鷁之事同。此史以霣石爲霣星，遂連恒星不見之時與雨偕爲文，故與《左傳》小不同也。」按：此史公誤采莊七年文也。《年表》但云「隕五石」，與經傳合。朱駿聲云：「按恒星大小有六等，其全徑皆大於地徑。第一等大於地一百餘倍，第六等亦大於地十七倍有奇，使真星隕，是無地矣，況五乎？莊七年書『星隕如雨』尤奇，此皆古今來必無之事。或曰：隕石、隕星俱在月輪，天下隕星者，衆星奔流，皆屬光氣；隕石者，星質如瑪瑙，譬若石之有泐，所墜者屑。亦求其說不得而爲之辭。」

---

❶「既」，疑當作「疏」。「季友」至「謬甚」十二字，原脱，今據原稿補。

❷「淮陵」之「淮」，原脱，今據原稿補。

❸「治」，原重文，今據《皇清經解》卷二百五十三《春秋地理考實》删。

❹以下僖公十六年傳至二十二年，底本缺，此據原稿補。

「六鷁退飛，過宋都」，風也。【注】劉歆以爲：「風發於它所，至宋而高，鶂高飛而逢之，則退。經以見者爲文，故記退蜚；傳以實應著，言風，常風之罰也。象宋襄公區霿自用，不容臣下，逆司馬子魚之諫，而與彊楚爭盟，後六年爲楚所執，應六鶂之數。」《五行志》。賈云：「風起於遠，至宋都高而疾，故鷁逢風卻退。」《宋世家》集解。【疏證】《宋世家》：「六鷁退飛，風疾也。」於「風」下加「疾」字，增字釋傳之例。故劉子駿以爲「風發於他所」，賈注亦謂「風起於遠」也。《淮南□□》「風高者道遠」，❶劉、賈皆謂「至宋而高」矣。《爾雅・釋詁》：「逢，遇也。」《公羊傳》：「六鷁退飛，記見也，視之則六，察之則鷁，徐而察之則退飛。」子駿謂「經以見爲文，故記退飛」，則《左氏》誼與《公羊》同。《周語》「以應成德」，注：「應，當也。」《廣雅・釋詁》：「著，明也。」「以實應著言」，謂於當明者求其實也。「常風」，即《洪範》之「恒風」也。《洪範》「蒙，恒風若」，「蒙」，《五行志》引作「霿」，云言上不能寬大包容臣下，則不能居聖位。貌言視聽，以心爲主，四者皆失，則區霿無識，故其咎霿也。雨旱寒奧，亦以風爲本，四氣皆亂，故其罰常風也。子駿釋此傳用古《尚書》說。《說文》：「霿，天氣下，地不應曰霿。霿，晦也。」《宋世家》則作「雺」，雺、霿一聲之轉。《說文》：「區，踦區，藏匿也。」則區、霿皆蒙蔽義也。逆司馬子魚之諫，與楚爭盟，見二十二年。其年，楚執宋襄公，正符六年之數，故云「應六鶂」也。《左氏》說宋襄與《公羊》異誼，賈注用子駿說。《廣雅・釋言》：「卻，退也。」《既夕》注：「卻，猶却也。」杜注：「六鷁遇迅風而退飛。」蓋用賈說。又云：「風高不爲物害，故不記風之異。」傳無此意。

---

❶「淮南□□」，疑當作「抱朴子軍術」。

周内史叔興聘于宋，宋襄公問焉，曰：「是何祥也？吉凶焉在？」【疏證】《五行志》「焉在」作「何在」。杜注：「祥，吉凶之先見者。」《宋書·臨川王義慶傳》：「元嘉六年，加尚書左僕射。八年，太白星犯右執法，義慶懼有災禍，乞求外鎮。太祖詔譬之曰：『天道輔仁福善，❶謂不足横生憂懼。兄與後軍，各受内外之任，本以維城，表裏經之，❷盛衰此懷，實有由來之事。設若天必降災，寧可千里逃避耶？既非遠者之事，又不知吉凶定所，若在都則有不測，去此必保利貞者，豈敢苟違天耶？』」《宋書》所云「不知吉凶定所」，即傳「吉凶焉在」意也。

對曰：「今兹魯多大喪，【注】劉歆以爲：「是歲歲在壽星，其衝降婁，魯分野也，故爲魯重大喪。」❸《五行志》。【疏證】杜注：「今兹，此歲。」惠棟云：「《吕覽·任地》曰：『今兹美禾，來兹美麥。』高誘曰：『是兹，年也。』此與襄二十八年『今兹宋、鄭其飢乎』，『兹』皆當訓爲『年』。」按惠説是也。《五行志》引此傳云：「是歲，魯公子季友、鄫季姬、公孫兹皆卒。」

「明年齊有亂，君將得諸侯而不終。」【注】劉歆以爲：「正月，日在星紀，厭在玄枵，齊分壄也。石，山物；齊，大嶽後。五石象齊威卒而五公子作亂，故爲明年齊有亂。庶民惟星，隕于宋，象宋襄

❶「福」，原作「務」，今據《宋書·劉義慶傳》改。
❷「之」，原作「歷」，今據《宋書·劉義慶傳》改。
❸「重」，《漢書·五行志》作「多」。

將得諸侯之衆，❶而治五公子之亂。❷星隕而鶂退飛，故爲得諸侯而不終。六鶂象後六年伯業始退，執于盂也。」《五行志》。賈云：「石，山岳之物。齊，太岳之胤。而五石隕宋，象齊桓公卒而五公子作亂。宋將得諸侯，而治五公子之亂。鶂退，不成之象，後六年霸業退也。鶂，水鳥，陽中之陰，象君臣之訟鬩也。」《穀梁》疏。**【疏證】**劉、賈「嶽」、「岳」異字，《説文》「嶽」，古文爲「岳」，賈用古文也。莊二十二年傳：「姜，太嶽之後也。」❸《五行志》師古注：「齊，姜姓也。其先爲堯之四嶽，四嶽分掌四方諸侯。五公子謂無虧也、元也、昭也、潘也、商人也。」「庶民維星」，《洪範》文。莊十七年齊桓公卒，❹十八年齊立孝公，宋與四公子之徒戰于甗，故劉、賈謂「宋襄得諸侯治五公子之亂」也。星隕、鷁退飛，皆不成之象，劉、賈皆以六鷁退飛爲後六年伯業退也。鷁，水鳥，陽中之陰，即《考異》鄭生陰屬陽之説，《繫辭》韓傳所注：「陽，君道也。陰，臣道也。」《説文》「鬩，从鬥兒。兒，善訟者也。」賈謂「君臣訟鬩」，當戰泓時子魚之諫。《五行志》：「明年，齊威死，適庶亂。宋襄公伐齊行伯，卒爲楚所敗。」概如劉、賈義也。杜注：「魯喪、齊亂、宋襄公不終，别以政刑吉凶他占知之。」蓋不用劉、賈説。疏引劉炫分疏政刑吉凶，取《左傳》他事隸之，則《述義》亦不用古説。

退而告人曰：「君失問。是陰陽之事，非吉凶所生也。」【注】服云：「鶂退風咎，君行所致，非吉

❶「衆」，原脱，今據《漢書·五行志》補。
❷「亂」，原作「象」，今據《漢書·五行志》改。
❸「後」，原作「先」，今據《春秋左傳正義》卷九改。
❹「莊」，當作「僖」。

凶所從生。襄公不問己有所失，而致此變，但問吉凶焉在。以爲石隕、鶂退，吉凶所從而生，故云『君失問』。」本疏。**【疏證】**杜注：「言石隕、鷁退，陰陽錯逆所爲，非人所生。襄公不知陰陽而問人事，故曰『君失問』。」杜云與服異者，服謂「鶂退風咎，君行所致」，杜謂「石隕、鷁退，陰陽錯逆所爲」。疏引劉炫《述義》逐句解杜注，而又云：「《洪範》『咎徵：曰狂，恒雨若』之類，皆言人有愆失，乃致陰陽錯逆。而云陰陽錯逆非人所生者，石隕、鷁飛事由陰陽錯逆，陰陽錯逆乃是人行所致。襄公不問己行何失，致有此異，乃謂既有此異，將來始有吉凶。故答云『是乃陰陽之事，非將來吉凶所生』。言將來若有吉凶，協此石、鷁之異耳，非始從石、鷁而出也。襄公不知陰陽錯逆爲既往之咎，乃謂將來吉凶出石、鷁之間，是不知陰陽而宂問人事。」炫蓋取服義，而以服君行之義、杜陰陽之義合爲一也。疏亦云「劉炫以服義爲説」，而駁服説云：「陰陽錯逆，非由人事之失，故傳云『是陰陽之事，非吉凶所生』。是吉凶不由石、鷁，石、鷁不由於人，則吉凶之來，別由人行得失耳。」服以石、鷁爲君行所致，即聖人畏天命之學，其義深微。傅遜云：「言陰陽順逆爲吉凶之兆，而非吉凶之所由生。吉凶由於人事善惡所感，必先有以感之，而後見於兆。譏襄公不修人事，而徒問災變。」其申服義最允。杜以「陰陽錯逆」爲言，蓋用劉歆説，詳下。光伯合服、杜爲一説，疏不能別白之，而止知祖杜，非也。《梁書・元帝紀》：❶「尋而歲星在井，熒惑守心，帝觀之，慨然而謂朝臣文武曰：『吾觀玄象，將恐有賊。但吉凶在我，運數由天，避之何益？』」《晉書・摯虞傳》：「日食對策曰：其有日月之眚，水旱之災，則反聽内視，求其所由，遠觀諸物，近驗諸身。耳目聽察，推類

❶「梁書」，當作「南史」。

以求其故，詢事考言，以盡其實，則天人之情可得而見，咎徵之至可得而救也。若推之于物則無忤，求之于身則無尤，萬物理順，内外咸宜，祝史正辭，言不負誠，而日月錯行，夭癘不戒，此則陰陽之事，非吉凶所生也。期運度數，自然之分，固非人事所能供御，其亦振廪散滯，貶食省用而已矣。」皆用杜説。

「吉凶由人，吾不敢逆君故也。」【注】劉歆以爲：「民反德爲亂，亂則妖災生，言吉凶繇人，然後陰陽衝厭受其咎。齊、魯之災，非君所致，故曰『吾不敢逆君故也』。」《五行志》。【疏證】惠棟云：「《漢書》『由』作『繇』，『由』訓爲生，古文『𤰞』字。吉凶生乎人，故云由人。」洪亮吉云：「按：『由』字當是古『𤰞』字。《説文》：『𤰞，木生條也。』又别有『𨘋』，❶云：『𨘋，徑也。』假借作『由』，古字多通。」此傳服義當謂修德可以禳災，「人」即指君身而言。杜注亦云：「積善餘慶，積惡餘殃，故曰吉凶由人。」疏云：「吉凶自由於君，不從石、鷁而出。」當是各疏之語。服謂「鷁退風咎，君行所致」，劉謂「齊魯之災，非石所致」，服並不用劉説，杜取劉説以注上文「陰陽之事，非吉凶所生」，而此傳又用服説，其亦進退無據矣。傳稱「天反時爲災，地反物爲妖，人反德爲亂，亂則妖災生」，劉據以爲説。然服注「君行所致」即用「人反德爲亂」義。石隕、鷁退，子駿亦取驗宋襄之事，而此乃云「非君所致」，亦自矛盾。此「逆君」當借爲「逆億」之「逆」，謂君推修人事以弭災異，不當逆億後事之吉凶也。杜謂：「君問吉凶，不敢逆之，故假他占以對。」亦非。《五行志》云：「是歲，魯公子季友、鄫季姬、公孫兹皆卒，明年齊威死，適庶亂。宋襄公伐齊行伯，卒爲楚所滅。」

---

❶「𨘋」，《説文解字》卷二下作「𨘋」，下一「𨘋」字同。

夏，齊伐厲，不克。救徐而還。❶

秋，狄侵晉，取狐厨、受鐸，涉汾，及昆都，因晉敗也。【疏證】洪亮吉云：「按：狐即狐突采邑，厨即厨武子食邑，鐸即鐸遏寇食邑。」沈欽韓云：「《水經注》：『平陽水東逕狐谷亭北，狄侵晉，取狐厨者也。』《一統志》：『狐谷亭在平陽府襄陵縣西。』《方輿紀要》：『平陽府南有昆都聚。』」受鐸，地無考。疏云：「狐厨、受鐸皆在汾北，昆都在汾南。」

王以戎難告於齊，齊徵諸侯而戍周。【疏證】《校勘記》：「石經無『而』字。」則「而」衍文也。《年表》：「魯僖十六年爲齊桓公四十二年，王以戎寇告齊，齊徵諸侯戍周。」《齊世家》：「戎伐周，周告急，齊合諸侯各發卒戍周。」

冬，十一月，乙卯，鄭殺子華。【疏證】杜注：「終管仲之言，事在七年。」

十二月，會于淮，謀鄫，且東略也。【疏證】《魯頌譜》疏：「僖十六年傳『謀鄫，且東略』，如傳之意，以言此會主爲謀鄫，且東行略地。僖九年傳『東略之不知，西則否矣』，是謂征伐爲略也。」

城鄫，役人病。有夜登丘而呼曰：「齊有亂。」不果城而還。【疏證】《釋丘》：「非人爲之丘。」《大司徒》鄭注：「土高曰丘。」

---

❶ 原稿眉批：厲、徐皆見十五年。

【經】十有七年，春，齊人、徐人伐英氏。【疏證】《地理志》：「六安國六，故國，皋陶後，偃姓，爲楚所滅。蓼，故國，皋陶後，爲楚所滅。」黄生《義府》云：「《史記・夏本紀》：『封皋陶之後于英六。』索隱引《地理志》：『六安國六縣，偃姓所封國。英地闕，不知所在。』正義謂英即蓼，此承杜預之誤，而傅會之耳。僖十七年『齊人爲徐伐英氏』，杜謂『楚與國』，亦不注所在。予謂英即偃，二字音相近而轉。舜妃女英，《大戴記》作女匽。故皋陶之後有英氏，又有偃氏。」按：黄説是也。洪亮吉云：「按：古英氏城在今六安州英山縣東北，英山即《春秋》英氏地也。」

夏，滅項。【疏證】洪亮吉云：「《釋名》：『項，國名，魯滅之也。二傳以爲齊滅。』《地理志》：『汝南郡項，故國。』」沈欽韓云：「《寰宇記》：『項國城在陳州項城縣北一里。』」江永云：「項城今屬陳州府。」

秋，夫人姜氏會齊侯于卞。【疏證】《地理志》：「高密國卞，❶泗水西南至方與入沛，過郡三，行五百里，青州川。即《春秋》僖十七年夫人姜氏會齊侯于卞者也。」沈欽韓云：「《一統志》：『卞城故城在兖州府泗水縣東五十里。』」❷

九月，公至自會。

冬，十有二月，乙亥，齊侯小白卒。

---

❶「高密」，《漢書・地理志》作「魯」。

❷上「城」，《春秋左氏傳地名補注》卷三作「縣」。

【傳】十七年，春，齊人爲徐伐英氏，以報婁林之役也。【疏證】十五年經：「冬，楚人敗徐於婁林。」

夏，晉大子圉爲質於秦，秦歸河東而妻之。【疏證】《秦本紀》：「夷吾使太子圉爲質于秦，秦妻子圉以宗女。」《晉世家》：「惠公八年，使太子圉質秦。」

惠公之在梁也，梁伯妻之。梁嬴孕，過期。【疏證】《説文》：「孕，懷子也。」杜注：「過十月不産。」

卜招父與其子卜之。【疏證】杜注：「卜招父，梁大卜。」

其子曰：「將生一男一女。」招曰：「然。男爲人臣，女爲人妾。」故名男曰圉，女曰妾。【注】服云：「圉人掌養馬官之賤者，不聘曰妾。」《晉世家》集解。舊注：「養馬曰圉，不聘曰妾。」《太宰》疏。【疏證】杜注：「圉，養馬者。不聘曰妾。」是用服義。舊注見《大宰》「臣妾聚斂」疏，疑是賈注也。《説文》：「《春秋》云：『女爲妾。』妾，不聘也。」亦賈君義矣。《大司馬·序官·圉師》：「乘一人，徒二人。」❶《校人》「乘馬一師四圉」，先鄭注：「養馬爲圉。」圉師，又以士爲圉人，又爲圉師之屬，故云「官之賤」者。《内則》：「聘則爲妻，奔則爲妾。」「不聘」對妻之「聘」爲文也。《晉世家》：「初，惠公亡在梁，梁伯以其女妻之，生一男一女。梁伯卜之，男爲人臣，女爲人妾，故名男爲圉，女爲妾。」

及子圉西質，妾爲宦女焉。【注】舊説：「《左氏》晉惠公之女名妾，稱爲宦女，謂宦事秦公子，亦

---

❶「二」，原作「一」，今據《周禮注疏》卷二十八改。

云宧女也。」《酒人》疏。【疏證】杜注：「宧，事秦爲妾。」語不分明。《酒人》「奚十人」注：❶「或曰：『奚，宧女。』」疏按《左氏》云云，當是舊説，較杜注爲詳，今取爲注。「宧女」爲當時女奚之稱，鄭引或説，則舊注或以「女奚」釋「宧女」矣。徐鍇《説文繫傳》：「宧，執事于中也。《春秋左傳》曰『爲宧女』。」

師滅項。

淮之會，公有諸侯之事，未歸，而取項。齊人以爲討，而止公。【疏證】淮之會，在十六年冬十二月。杜注：「内諱執，皆言止。」

秋，聲姜以公故，會齊侯于卞。

九月，公至。書曰：「至自會。」猶有諸侯之事焉，且諱之也。【疏證】傳例：「特相會，往來稱地，讓事也。自參以上，❷則往稱地，來稱會，成事也。」淮之會爲自參以上之會，故書公至會。杜注：「托會以告廟。」非傳意。

齊侯之夫人三：王姬、徐嬴、蔡姬，皆無子。【疏證】《齊世家》：「初，齊桓公之夫人三：王姬、徐姬、蔡姬，皆無子。」索隱：「按：《世本》：『徐，嬴姓。』禮，婦人稱國及姓，今此言『徐姬』者，然姬是衆妾之總稱，故《漢禄秩令》云『姬妾數百』。婦人亦總稱姬，姬亦未必盡是姓也。」按：王姬、蔡姬，皆姬姓，傳於徐變文稱嬴，是也。其

---

❶「十」，《周禮注疏》卷一作「三百」。

❷「上則」，原作「以」，今據《春秋左傳正義》卷五改。

稱徐姬，乃史公之駁文，下文「葛嬴」、「宋華子」皆稱姓，可證。

齊侯好内，【注】服云：「内，婦官也。」《齊世家》集解。【疏證】杜無注，疏亦無説。《内宰》「凡喪事，佐后使治外内命婦」，注：「内命婦，謂九嬪、世婦、女御。」未及諸侯卿官之制。《曲禮》：「天子有后，有夫人，有世婦，有嬪，有妻，有妾。公侯有夫人，有世婦，有妻，有妾。」注：「貶於天子也，無后與嬪，去上、中。」疏云：「世婦者，夫人之姪、娣也。」按：天子、公侯之妻妾皆以女御言，則諸侯得謂世婦、女御之官也。

多内寵，内嬖如夫人者六人：【疏證】《校勘記》云：「多内寵，《漢書・五行志》注、李善《文選》注、范蔚宗《後漢書・皇后紀論》引無『内』字。」洪亮吉云：「此『内』字，蓋因後『内寵』之文而衍，且服、杜皆舍此句而注下句，其意自明。但石經、宋本皆有此字，姑仍之。」按：洪説是也。《齊世家》與傳文同，或史公增字也。

長衛姬生武孟，【疏證】杜注：「武孟，公子無虧。」《齊世家》作「無詭」。

少衛姬生惠公，【疏證】衛姬有二，故以長少别之。《齊世家》：「生惠公元。」

鄭姬生孝公，【疏證】《齊世家》：「生孝公昭。」

葛嬴生昭公，❶【疏證】以徐嬴例之，則嬴亦姓矣。《齊世家》：「生昭公潘。」

密姬生懿公，❷【疏證】沈欽韓云：「《周語》有『密康公』，韋昭云：『密，今安定陰密縣是也。康公，密君，

---

❶ 原稿眉批：葛見桓十五年。

❷ 原稿眉批：查六年新密。梁氏以密有姬、姞二姓，河南姞引昭十五年密須。案：密姬。

姬姓。』《方輿紀要》云：『陰密城在平凉府涇州靈臺縣西五十里。志云古密國。』《路史·國名紀》：『《盟會圖》云：「密，周圻内國，宣王滅之。」』蓋今開封府密縣。然二國皆已滅，未審密姬所來國。」《齊世家》：「生懿公商人。」

宋華子生公子雍。【注】賈云：「宋華氏之女，子姓。」《齊世家》集解。【疏證】杜注：「華氏之女，子姓。」即用賈説。李貽德云：「成十五年傳：『二華，戴族也。』《殷本紀》：『契子氏，其後分封有宋氏。』是宋爲子姓，華出戴後，故曰『華氏之女，子姓』也。」

公與管仲屬孝公於宋襄公，以爲太子。【疏證】杜無注。沈欽韓云：「《韓非·難三》：『人有設桓公隱者，桓公不能射。管仲射曰：「三難，君老而晚置太子。」桓公曰：「善。」不擇日而廟禮太子。』蓋即此事。」

雍巫有寵於衛共姬，因寺人貂以薦，❶【注】賈云：「雍巫，人名巫，易牙字。」《齊世家》集解。【疏證】《釋文》：「共，本亦作恭。」《齊世家》：「雍巫有寵於衛共姬，因宦者豎刁以厚獻于桓公。」集解引賈注。索隱云：「賈逵以雍巫爲易牙，未知何據。按：《管子》有棠巫，恐與雍巫是一人也。」沈欽韓云：「《管子·小稱》篇云：『臣願君之遠易牙、豎刁、堂巫、公子開方。』又《吕覽·知接》篇：『桓公曰：「常之巫審于死生，能去苛病。」明年，公有病，常之巫從中出曰：「公將以某日薨。」易牙、豎貂、常之巫相與作亂。』如二書所言，堂巫、常之巫與此雍巫決是一人。又有從中出之事，其有寵於衛共姬信矣，非易牙亦明矣。」按：杜注：「雍巫，雍人名巫，即易牙。」即用

❶「薦」下，《春秋左傳正義》卷十四有「羞於公」三字。

賈説。杜「人」上別出「雍」字，賈「牙」下別出「字」，當互補。賈注少一「雍」字，文義遂不明。賈必言「雍人名巫」，慮誤仞爲巫覡之「巫」也。本疏云：「《周禮》掌食之官，有内雍、外雍。此人爲雍官，名巫，而字易牙也。」索隱引《管子》「棠巫」，即沈氏所引之「堂巫」，❶棠、堂皆齊地名，「常巫」誤文耳。傳之叙事，名氏字官，每多參錯不齊，此舉雍巫、寺人貂，下云易牙、寺人貂，文正相承。賈注即據傳爲説也，沈説非。衛姬有二，此衛共姬不知誰指。

亦有寵，公許之立武孟。【疏證】《齊世家》：「桓公許之立無詭。」

管仲卒，五公子皆求立。

冬十月，乙亥，齊桓公卒。【疏證】杜注：「乙亥，月八日。」貴曾云：經稱十二月，傳稱十月，傳用夏正，十月丁卯朔，九月乙亥。❷杜謂八日，非。《韓非子·十過》：「桓公南游堂阜，豎刁率易牙、衛公子開方及大臣爲亂，❸桓公渴餒而死南門之寢，公守之室。」

易牙入，與寺人貂因内寵以殺群吏，【注】服云：「内寵如夫人者六人。群吏，諸大夫也。」《齊世家》集解。【疏證】洪亮吉云：「易牙，賈誼《新書》作『狄牙』，《大戴禮記》、《淮南王書》並同。」杜注：「内寵，内官之有權寵者。」杜稱「内官」即用服前注之「婦官」也，特變其文。《宫伯》疏：「吏謂卿大夫士之總號。」

而立公子無虧。孝公奔宋。【疏證】《齊世家》：「立公子無詭爲君。太子昭奔宋。」

---

❶「堂」，原作「棠」，今據上文改。

❷「月」，疑當作「日」。

❸「子」，原脱，今據《韓非子》卷三補。

十二月乙亥，❶赴。辛巳，夜殯。【疏證】杜注：「六十七日乃殯。」沈欽韓云：「《長曆》：『十二月乙亥，九日。辛巳，十五日。』按：禮，殯于日出時。言夜殯，明其非常。」貴曾云：夏十二月丙寅朔，十日乙亥，十六日辛巳。殯日距卒日六十六日，杜謂「六十七日」，非。《齊世家》：「冬十月乙亥，齊桓公卒。五公子遂相攻，以故宮中空，莫敢棺。桓公尸在床上六十七日，尸蟲出於户。十二月乙亥，無詭立，乃棺赴。辛巳夜，斂殯。」亦謂乙亥至辛巳，「六十七日」誤也。《韓非·十過》則云：「身死三月不收，蟲出於户。」亦約言之。《晏子·諫上》：「桓公身死乎胡宮而不舉，❷蟲出而不收。」

【經】**十有八年，春，王正月，宋公、曹伯、衛人、邾人伐齊。**【疏證】《公羊》「宋公」下有「會」字，「邾」曰「邾婁」。

夏，師救齊。無傳。

五月，戊寅，宋師及齊師戰于甗，齊師敗績。【疏證】杜注：「甗，齊地。」顧棟高云：「在今山東歷城縣界。」案：歷城今屬濟南府。

狄救齊。無傳。【疏證】杜注：「救四公子之徒。」文淇案：二十年「齊人、狄人盟于邢」，齊孝公與狄無怨，

---

❶「二」，原作「一」，今據《春秋左傳正義》卷十四改。

❷「乎」，原爲空格，今據《晏子春秋》卷一補。

此云「救四公子之徒」，似非。❶

秋，八月，丁亥，葬齊桓公。【疏證】杜注：「十一月而葬，亂故。八月無丁亥，日誤。」貴曾云：七月壬戌朔，二十六日丁亥。《年表》：「魯莊十八年，齊孝公昭元年。」

冬，邢人、狄人伐衛。

【傳】**十八年，春，宋襄公以諸侯伐齊。三月，齊人殺無虧。**【疏證】《齊世家》：「孝公元年三月，宋襄公率諸侯兵送齊太子昭而伐齊。齊人恐，殺其君無詭。」

鄭伯始朝于楚，

楚子賜之金，既而悔之，與之盟曰：「無以鑄兵。」故以鑄三鐘。【注】舊注：「金，銅。」《御覽》八百十三。【疏證】杜注：「楚金利故，古者以銅爲兵。」蓋用服注。《説苑・指武》篇：「秦昭王歎曰：『夫楚劍利，倡優拙。』」惠棟云：「楚金利，鄭刀良，故云『無以鑄兵』。《禹貢》：『荆揚二州貢金三品。』鄭康成曰：『銅三色。』《考工記》云：『鄭之刀，遷乎其地，弗能爲良。』是也。《史記・秦本紀》：『始皇二十六年，收天下兵，聚之咸陽，銷以爲金人十二，重各千石。』應劭曰：『古者以銅爲兵。』杜氏之注本此。」按：惠説是也。《考工記》云：「六分其金而錫居一，謂之鍾鼎之齊。」

齊人將立孝公，不勝，四公子之徒遂與宋人戰。【疏證】《齊世家》：「齊人將立太子昭，四公子之徒攻

---

❶ 原稿眉批：此案仍酌。

太子，太子走宋，宋遂與齊人四公子戰。」

夏，五月，宋敗齊師于甗，立孝公而還。【疏證】《齊世家》：「宋敗齊四公子師而立太子昭，是爲齊孝公。」

秋，八月，葬齊桓公。【疏證】《齊世家》集解：「《皇覽》曰：『桓公冢在臨淄城南七里所菑水南。』」正義：「《括地志》云：『齊桓公墓在臨菑縣南二十一里牛山上，亦名鼎足山，一名牛首崗，❶一所二墳。』」

冬，邢人、狄人伐衛，圍菟圃。【疏證】菟圃，杜無注。江永云：「當爲衛地。」高岱《春秋地名攷補》：「或曰在直隸大名府長垣縣界。」

衛侯以國讓父兄子弟，及朝衆，曰：「苟能治之，燬請從焉。」【疏證】賈誼《新書》：「衛侯朝于周，周行人問其名，答曰：『衛侯辟疆。』周行人還之，曰：『啓疆、辟疆，天子之號，諸侯弗得用。』衛侯更其名曰燬，❷然後受之。」杜注：「燬，衛文公名。」用賈誼說。

衆不可，而後師于訾婁。【疏證】《元和志》：「訾婁城在滑州匡城縣西北十八里。」❸江永云：「《一統志》：『訾婁城，❹在舊長垣縣西北六十里滑縣。』」案：滑縣今屬衛輝府。

---

❶「崗」，《史記·齊太公世家》作「堈」。

❷「燬」，《新書》卷二作「燬」。

❸「訾」，原脱，今據《元和郡縣志》卷九補。「八」，《元和郡縣志》卷九作「六」。

❹「訾婁」，原作「在訾安」，今據《皇清經解》卷二百五十三《春秋地理考實》改。

狄師還。【疏證】杜注：「邢留拒衛。」顧炎武云：「解非也。狄彊而邢弱，邢從于狄而伐者也。言狄師還，則邢可知矣。下年『衛人伐邢』，蓋憚狄之彊，不敢伐，而獨用師于邢也。解云『邢不速退，所以獨見伐』，亦非。」

梁伯益其國而不能實也，❶**命曰新里。秦取之。**【疏證】杜無注。高士奇云：「新里，梁地，即秦新城。」沈欽韓云：「《一統志》：『新城在同州澄城縣東北二十里，梁新里也。』」

【經】**十有九年，春，王三月，宋人執滕子嬰齊。**

夏，六月，宋公、曹人、邾人盟于曹南。無傳。【疏證】「公」，《公羊》曰「人」。「邾」，《公羊》曰「邾婁」。曹南，杜無注。《穀梁》集解：「曹南，曹之南鄙。」沈欽韓云：「《一統志》：『曹南山在曹州府曹縣南八里。』」

鄫子會盟於邾。【疏證】《公羊》作「鄫人會于邾婁」。《公羊》石經作「鄫子會盟於邾婁」。

己酉，邾人執鄫子用之。【疏證】《公羊》「邾」曰「邾婁」。

秋，宋人圍曹。衛人伐邢。【疏證】杜注：「伐邢在圍曹前，經書在後，從赴。」

冬，會陳人、蔡人、楚人、鄭人盟于齊。【疏證】《公羊》「會」上有「公」。杜注：「地於齊，齊亦與盟。」

梁亡。

【傳】**十九年，春，遂城而居之。**【疏證】杜注：「承前年傳取新里，故不復言秦也。」

---

❶ 原稿眉批：益，詁。實，詁。

宋人執滕宣公。

夏，宋公使邾文公用鄫子于次睢之社，欲以屬東夷。【疏證】《水經》：「睢水出梁郡鄢縣，東流當蕭縣南，入于陂。」沈欽韓云：「《續志》注引《博物記》：❶『臨沂縣東界次睢有大叢社，民謂之食人社，即此。』《一統志》：『在沂州府蘭山縣東北。』按：《水經注》：『睢水入泗，謂之睢口。』不至沂州也，恐傳説之誤。《方輿紀要》：『睢水至宿遷縣東南而合于泗水，亦曰睢口，亦曰小河口。』則次睢社當在徐州府境。」按：沈説是也。《郡國志》：「琅琊沂有叢亭。」叢亭、叢社名同，《一統志》緣此致誤。杜注：「此水次有妖神，東夷皆社祀之。」《御覽》五百三十二引同，「祀」作「祠」。杜注當用舊説。疏：「次謂水旁也。」

司馬子魚曰：「古者六畜不相爲用，【疏證】杜注：「司馬子魚，公子目夷也。六畜不相爲用，謂若祭馬先，❷不用馬。」疏引沈氏云：「《春秋説》天苑主牛，又有天鷄、天狗、天豕。以馬祖類之，此等各有其主。」❸據沈文阿説，則舊注當以祭馬祖不用馬，祭六畜不相爲用。杜注襲舊注也。《校人》「春祭馬祖」，鄭注：「馬祖，天駟也。」

「小事不用大牲，【疏證】杜無注。疏云：「《襍記》言釁廟用羊，門、夾室皆用雞。隱十一年傳稱鄭伯之詛，『使卒出豭，行出犬、雞』。如此之類，皆是不用大牲也。」則舊説「大牲」謂牛也。

---

❶ 「記」，原作「志」，今據《春秋左氏傳地名補注》卷三改。

❷ 「謂」，原脱，今據《春秋左傳正義》卷十四補。

❸ 「主」，《春秋左傳正義》卷十四作「祖」。

「而況敢用人乎？祭祀，以爲人也。民，神之主也。用人，其誰饗之？齊桓公存三亡國以屬諸侯，義士猶曰薄德。【疏證】《風俗通》引「祭」下無「祀」，「民」下有「人」。顧炎武云：「杜解『三亡國』魯、衛、邢，疑魯是大國，且特内亂，未嘗亡也。薄德，言其德不若先王。❶傳遜曰：『三亡國，邢、衛、杞。』」按：《齊語》：❷「存亡國三，以示之施。」注：「三亡國，魯、衛、邢也。」則杜注本韋説。三國惟衛爲狄滅，邢亦未嘗亡。《齊語》謂「魯有夫人、慶父之亂，二君弑死，國絶無嗣，桓公使高子存之」，是存魯之事也。傳、顧説非。

「今一會而虐二國之君，❸**又用諸淫昏之鬼。**【疏證】「二國之君」謂執滕子、鄫子也。杜注：「六月而會盟，其月二十二日執鄫子。」據經己酉之文也。貴曾云：四月戊子朔，二十二日己酉。「虐」以執言，淫昏之鬼，睢社妖神也。傳明祭社不當用人，杜謂「非周社故」，非。

「將以求霸，不亦難乎？得死爲幸！」【疏證】杜注：「恐其亡國。」顧炎武云：「得死，猶云考終。」

秋，衛人伐邢，以報菟圃之役。【疏證】菟圃役在前年。杜注：「邢不速退，所以獨見伐。」傳無此義。衛不伐狄，或以狄彊。

於是衛大旱，卜有事於山川，不吉。

---

❶ 原稿眉批：薄，詁。

❷ 「齊」，當作「晉」。

❸ 原稿眉批：虐，詁。

甯莊子曰：「昔周饑，克殷而年豐。【疏證】杜氏無注。《周頌・桓》：「綏萬邦，屢豐年。」箋云：「誅無道，安天下，則亟有豐熟之年，陰陽和也。」疏：「此安天下，有豐年，謂伐紂即然。僖十九年《左傳》云：❶『昔周伐殷而年豐。』是伐紂之後，即有豐年也。」❷

「今邢方無道，諸侯無伯，【疏證】《爾雅》：「伯，長也。」齊桓公方薨，故云「諸侯無伯」。

「天其或者欲使衛討邢乎？」從之，師興而雨。

「宋人圍曹」，討不服也。【疏證】杜注：「曹南盟，不修地主之禮故。」傳無此意，未知所據。

子魚言於宋公曰：「文王聞崇德亂而伐之，軍三旬而不降，退修教而復伐之，因壘而降。【疏證】杜注：「崇，崇侯虎。」《尚書大傳》：「西伯既戮者，紂囚之牖里，散宜生陳寶於紂之庭，紂曰：『非子罪也，崇侯也。』」又云：「文王受命五年伐耆，六年伐崇，七年而崩。」杜注：「復往攻之。」惠棟云：「今唐石經及宋本皆云『復伐之』，陸氏以『伐』爲衍字。」按：據杜注，則傳文無「伐」字，惠説是也。《皇矣》「崇墉仡仡」，疏：「僖十九年《左傳》曰：『文王聞崇亂而伐之，三巡不降，退修教而復伐之，因壘而降。』則是兵合不戰。此云壞城執訊者，凡所褒美，多過其實。此言訊、馘，必當戰矣。蓋知戰不敵，然後乃降。彼《左傳》子魚欲勸宋公修德，故隱其戰事，而告

---

❶「左傳云」，原重文，今據《毛詩正義》卷十九刪。

❷ 原稿眉批：查《周書》加證。

其降耳。」如《詩》詠壞城執訊，❶當指伐崇未退以前事，疏謂子魚隱其戰事，非也。「三旬」、「三巡」異文。《後漢書·伏湛傳》：「時彭寵反于漁陽，帝欲自征之，湛上疏諫曰：『崇國城守，先退後伐，所以重人命，俟時而動，故參分天下而有其二。』」正用傳説。《湛傳》注引此傳「修德」作「修政」，亦異文。《曲禮》「四郊多壘」，鄭注：「壘，軍壁也。」

「《詩》曰：『刑于寡妻，至于兄弟，以御于家邦。』」【疏證】《思齊》二章文。毛傳：「刑，法也。寡妻，適妻也。御，迎也。」《晉語》：「刑于太姒，比于諸弟。《詩》云：『刑于寡妻，至于兄弟，以御于家邦。』」注：「刑，法也。太姒，文王妃。比，親也。諸弟，同宗之弟。《詩·大雅·思齊》之二章。寡妻，寡有之妻，謂大姒。御，治也。」韋注釋《詩》與毛傳殊。寡有之妻，「御」之訓「治」，皆鄭箋説。杜注：「寡妻，適妻，謂太姒。刑，法也。」則用毛傳説。此傳與注當用毛義也。陳奐《毛詩説》云：❷「寡之爲言特也，適之爲言正也。寡謂之特，特謂之匹，適謂之妃，妃謂之匹，義并通也。天子之妻適一，餘皆妾，故傳釋『寡妻』爲『適妻』。《爾雅》：『訝，迎也。』《説文》：『訝，相迎也。』『訝』本字，『御』假借字。『迎于家邦』言文王之接見於天下家邦也。」

「今君德無乃猶有所闕，而以伐人，若之何？盍姑内省德乎，無闕而後動？」【疏證】杜無注。

陳穆公請修好於諸侯以無忘齊桓之德。冬，盟于齊，修桓公之好也。【疏證】杜注：「宋襄暴虐，故思齊桓。」按：《公羊》何注：「因宋征齊有隙，爲此盟也。」杜注就用《公羊》義。

❶ 「詩」，原重文，今删。

❷ 「毛詩説」，疑當作「詩毛氏傳疏」。

「梁亡」，不書其主，自取之也。【疏證】《穀梁》疏云：「《左氏》以爲秦滅梁，惡其自取滅亡之故，不以秦滅爲文。此傳如加力役焉，湎不足道也，則梁之土地，必爲人所滅，但據自滅爲文少異耳。」則《穀梁》、《左氏》同誼。

初，梁伯好土功，亟城而弗處，民罷而弗堪。則曰：「某寇將至。」乃溝公宮，【注】賈云：「溝，塹也。」《晉世家》集解。【疏證】《年表》：「秦穆公十九年，滅梁。梁好城，不居，民罷，相驚。」《晉世家》：「惠公十年，秦滅梁。梁伯好土功，治城溝，民力罷，怨。」是其事也。《新序》：「梁伯湎于酒，淫于色，心惛而耳塞，好爲高城而不居，民罷甚。」此劉子政說。湎酒淫色、心惛耳塞，❶乃《穀梁》說。好爲土功，則《左》、《穀》義同者，子政蓋取《左氏》說證《穀梁》也。杜注：「溝，塹。」用賈說。《說文》：「塹，坑也。」《莊子·外物》釋文：「塹，掘也。」

曰：「秦將襲我。」民懼而潰，秦遂取梁。【疏證】《晉世家》：「其衆數相驚，曰『秦寇至』，民恐惑，秦竟滅之。」《地理志》：「河南郡梁，䍧狐聚，秦滅西周徙其君于此。」應劭曰：「《左傳》『秦取梁』，梁，伯翳之後，❷與秦同祖。」臣瓚曰：「秦取梁，後改爲夏陽，今馮翊夏陽是也。❸此梁，周之小邑，見于《春秋》。」師古曰：「瓚說是也。」

---

❶「酒」，原作「色」，今據上文改。

❷「伯」，原重文，今據《漢書·地理志》刪。

❸原稿眉批：夏陽今地。釋梁。

【經】二十年，春，新作南門。【注】《春秋》説皆以修舊曰新，改舊曰作。《閟宮》疏。**【疏證】**《齊語》「濫于泗淵」，注：「泗在魯城北，又曰南門。」則南門近泗水，在魯北也。南門，舊注謂稷門，詳傳疏證。杜注：「言新以易舊，言作以興事，皆更造之文也。」《閟宮》「新廟奕奕」，箋：「修舊曰新。」疏：「《春秋》有『新作南門』、『新作雉門』，説者皆以脩舊曰新，改舊曰作，故鄭依用之。」《公羊傳》：❶「作，爲也，有加其度也。言新，有故也，非作也。」《穀梁傳》：❷「門有古常也。」《公羊》主新義，❸《穀梁》主作義。❹《詩》疏所稱當爲古《左氏》義，兼新、作也。本疏：「劉、賈先儒皆云『言新有故木，言作有新木』，故爲此言以異之。」疏所引劉、賈説，乃莊二十九年經「新延廄」注，與《詩》疏引舊説義同。《詩》疏引於「南門」、「雉門」下，故亦爲此耳。經注、杜注亦用劉、賈説，疏謂「異之」，非。

夏，郜子來朝。無傳。**【疏證】**《説文》：「郜，周文王子所封國。」杜注：「郜，姬姓國。」二十四年傳，郜之初封，文王之子，聃季之弟。許、杜皆據彼傳也。沈欽韓云：「《水經注》：『黄溝又東北逕郜城。』《十三州志》：『今成武縣東南有郜城，俗謂之北郜者也。』《一統志》：『郜成故城在曹州府城武縣東南十八里，❺古郜國。』《縣志》郜

❶ 「公羊」，當作「穀梁」。
❷ 「穀梁」，當作「公羊」。
❸ 「公羊」，當作「穀梁」。
❹ 「穀梁」，當作「公羊」。
❺ 「在」，原重文，今據《春秋左氏傳地名補注》卷三删。

有二城，此爲北部城，又南二里曰南部城。」

五月乙巳，西宮災。無傳。**【注】**《左氏》以爲西宮者，公宮也。言西，知有東。東宮，太子所居。言宮，舉區皆災也。《五行志》。**【疏證】**傳例：「人火曰火，天火曰災。」臧琳云：「班《志》所引當是解《左氏》者之言，如劉歆輩説，知西宮災不特一西宮也。公宮，爲國君所居，既不可斥言；東宮，太子宮，國之本也，❶又不可言災，故舉西宮以概之。」按臧説是也。《公羊傳》：「西宮者何，小寢也。小寢則曷爲謂之西宮？有西宮則有東宮矣。魯子曰：『以有西宮，亦知諸侯有三宮也。』西宮災，何以書？記異也。」杜注：「西宮，公別宮也。」蓋用《公羊》「小寢」之説。古《左氏》義以西爲爲公宮，❷異於《公羊》公宮，蓋兼路寢、小寢言之。「舉區皆災」謂公宮全災也。《穀梁傳》以西宮爲閔廟，則公宮確爲《左氏》説。

鄭人入滑。【注】賈云：「滑，姬姓之國。」《周本紀》集解。**【疏證】**傳例：「弗地曰入。」滑，已見莊十六年經，❸此賈注或當在彼經下。《周本紀》：「襄王十三年，鄭伐滑。」集解引賈注故繫於是年。成十三年傳：「晉呂相曰：『殄滅我費滑，散離我兄弟。』」故賈以滑爲姬姓之國。

秋，齊人、狄人盟于邢。

冬，楚人伐隨。

---

❶「國」上，《經義雜記》卷一有「太子」二字。

❷上「爲」，疑當作「宮」。

❸原稿眉批：滑，莊三年經。

【傳】二十年，春，「新作南門」。書不時也。【注】舊注：「本名稷門，公更高之，❶改高門也。」《御覽》一百八十二。【疏證】《御覽》傳文下引此注。文淇按：此當爲服注。服氏注傳而不注經，故《御覽》連傳引之。杜氏注經「新作南門」云：「魯城南門也，本名稷門。僖公更高大之，今猶不與諸門同，故名高門。」即用服説。此南門乃國門，顧棟高《大事表》引王葆説謂南門爲路門，非。江永云：「《水經注》云：『其遺址猶在地八丈餘，亦曰雩門。』」❷

凡啓塞從時。【注】服云：「闔扇，所以開。鍵閉，所以塞。《月令》：『仲春，修闔扇。孟冬，修鍵閉。』從時，從此時也。」本疏。舊注：「門户橋道謂之啟，城郭牆塹謂之塞。皆開閉之急，不可一日而闕也。」《御覽》一百七十九。❸【疏證】此啟塞例也。杜注：「門户道路謂之啟，❹城郭牆塹謂之塞，皆官民之開閉，不可一日而闕，故特隨壞時而治之。今僖公修飾城門，非開閉之急，故以土功之制譏之。傳嫌啟塞皆從土功之時，故别起從時之例。杜注義即《御覽》所引舊注，文句不同，審非杜注，故定爲注文。疏引服注駁之云：「傳既云作門不時，更發從時之例，則啟塞之事，當是城門之類，安得以爲闔扇、鍵閉細小之物乎？若是仲春、仲

---

❶「更」，《太平御覽》卷一百八十二作「吏」。
❷原稿眉批：查《水經》。
❸「七十九」，當作「八十二」。
❹「路」，《春秋左傳正義》卷十四作「橋」。

冬，❶傳何以不言春、冬，而直云『從時』，知從何時，豈丘明作傳不了，待《月令》而後明哉？故杜更爲别説。」按：如服説，此發凡不必與「新作南門」相蒙。因釋經「新作南門」而旁及門關啟塞之制，疏泥於啟塞，何於土功，乃疑服説之誤。闔扇鍵閉亦王政之巨者，疏以爲細小之物，亦非。服引《月令》正以記「啟塞從時」出於周典。疏謂「丘明作傳，待《月令》而明」，亦倒置矣。《月令》鄭注云：「用木曰闔，用竹葦曰扇。❷鍵牡，閉牝也。」襄十八年傳「以枚數闔」，「闔」即門也。如鄭説，則有木、竹葦之别。鄭訓「鍵」不言何器，彼疏云：「凡鎖器，入者謂之牡，受者謂之牝，若禽獸牝牡然。《漢書・五行志》『牝飛』及『牡亡』，謂失其鑠次，鑠次則牡也。」李貽德云：「《説文》：『鍵，鉉也。』鉉，所以舉鼎也。《易》謂之鉉，《禮》謂之鼏。』鼎部云：『鼏，以横木貫鼎耳舉之。』❸蓋鼏即扃。《儀禮》注所謂古文『扃』爲『鉉』也。木貫鼎耳爲鍵，引伸之爲門鍵，亦當以木貫門扇矣。蔡邕《月令章句》云：『鍵，關牡也，所以止扇。』《説文》云：『關，以木横持門户也。』若然，則鄭云『鍵牡，閉牝』者，鍵爲關牡，閉爲關牝矣。」按：李説是也。闔扉義主於開，鍵閉意主於閉，開閉則啟塞也。從時，從《月令》仲春、仲冬之時也。開以順陽氣，閉以順陰氣，陰陽消息，政之大經也。服氏注文多廣異説，《御覽》所引舊注或亦服氏注文，或是賈注。疏既駁服注，又云：「雖杜之言亦無明證，正以門户道橋所以開人行路，故以爲啟。城郭牆塹所以障蔽往來，故以爲塞。雖言無所據，而理在可通。此二事者，皆官民之所開閉，終當須之，不可一日而闕。言從時者，特從壞時而修之，不

---

❶ 下「仲」，《春秋左傳正義》卷十四作「孟」。

❷ 原稿眉批：扇，詁。

❸ 「横木」，《春秋左傳賈服註輯述》卷六作「木横」。

特拘以土功時月也。」❶疏蓋駁杜説無所據，然杜説實本舊注，傳謂「『新作南門』，書不時」，故以啟塞必從時發例。門禁土功，義皆依此。舊注謂「無一日之缺」，謂先時籌之，不使廢缺，致不時而修也。杜用舊注而失其意，疏説亦非舊注。「門户橋道謂之啟」，「啟」原作「時」，今校改。

滑人叛鄭而服於衞。夏，鄭公子士、洩堵寇帥師入滑。【疏證】杜注：「公子士，鄭文公子。洩堵寇，鄭大夫。」

秋，齊、狄盟于邢，爲邢謀衞難也。於是衞方病邢。【疏證】上年衞人伐邢，齊蓋合狄、邢之交以伐衞也，爲二十一年狄伐衞張本。

隨以漢東諸侯叛楚。冬，楚鬭穀於菟帥師伐隨，❷取成而還。君子曰：「隨之見伐，不量力也。量力而動，其過鮮矣。❸善敗由己，而由人乎哉？《詩》曰：『豈不夙夜，畏行多露。』」【疏證】《召南・行露》文。傳云：「行，道也。豈不，言有是也。」杜注：「《詩・召南》。言豈不欲早暮而行，懼多露之濡己，以喻違禮而行，必有污辱，是亦量宜相時而動之義。」胡承珙《毛詩後箋》云：「傳謂有是早夜而行者，則可謂道中多露。經反言之，傳正言之。《左傳》僖二十傳引《詩》正以夙夜犯露爲不量力之喻，❹言豈有量力而動，猶至見伐

---

❶「特」，《春秋左傳正義》卷十四作「得」。

❷「穀」，原脱，今據《春秋左傳正義》卷十四補。

❸原稿眉批：鮮，詁。

❹「十」下，《毛詩後箋》卷二有「年」字。

乎？杜注箋意，非傳意。」按：胡説是也。箋主昏期言，讀「豈不如」、「豈不爾思」之句，與傳異。

宋襄公欲合諸侯，臧文仲聞之，曰：「以欲從人則可，以人從欲鮮濟。」❶【疏證】杜注：「爲明年鹿上盟傳。」

【經】二十有一年，春，狄侵衛。無傳。

宋人、齊人、楚人盟于鹿上。【注】京相璠謂：「鹿上在乘氏鹿城鄉。」《水經・濮水》注。❷**【疏證】**《水經注》：「濮水又東北逕鹿城南，《郡國志》曰『濟陰郡乘氏有鹿城鄉』，《春秋》僖公二十一年盟於鹿上。京、杜并謂此亭也。」洪亮吉云：「按：道元蓋誤記。今考杜注云：『鹿上，宋地，汝陰有原鹿縣。』則與乘氏鹿城鄉非一地可知。劉昕《補注》是其證。蓋以爲在乘氏鹿城鄉者，第京相璠、司馬彪之説耳。究當以杜説爲長。」據洪説，則《水經注》誤引杜注，京相璠則指鹿上爲濟陰乘氏之鹿城鄉，與《續志》合。《宋世家》索隱：「按：汝陰原鹿其地在楚，僖二十一年『宋人、楚人、齊人盟于鹿上』是也。然襄公始求諸侯於楚，楚纔許之，計未合至汝陰鹿上。今濟陰乘氏縣北有鹿城，蓋此地也。」亦與京相説同。江永云：「按《水經注》叙淮水逕原鹿縣，云即《春秋》之鹿上。叙濮水逕鹿城南，又引《後漢・郡國志》『濟陰乘氏縣有鹿城鄉，爲鹿上』，二説并存。以傳考之，宋人爲鹿上之

---

❶ 原稿眉批：從。鮮。

❷ 「濮」，當作「濟」。

盟，以求諸侯於楚。原鹿在宋之西南，於楚差近，而齊爲遠。乘氏在宋之東北，於齊差近，而楚爲遠。宋人以求諸侯於楚，必就其近楚之地，豈至乘氏以就齊乎？當以原鹿爲是。」如江説，則鹿上之爲乘氏原鹿，道元已不能定，其較量距楚遠近，以從杜説，亦無顯證，仍當二説并存。沈欽韓云：「《一統志》：『原鹿廢縣在潁州府阜陽縣南，《春秋》僖公二十一年盟于鹿上。』京、杜并謂此亭也。然杜預自指汝陰之原鹿，不謂乘氏也。《方輿紀要》：『鹿城縣在曹州曹縣東北。』」❶

夏，大旱。

秋，宋公、楚子、陳侯、蔡侯、鄭伯、許男、曹伯會于盂。執宋公以伐宋。【疏證】盂，《公羊》曰「霍」，《穀梁》曰「雩」。范《集解》云：「雩，或爲宇。」《公羊》疏云：「《左氏》作『盂』，《穀梁》作『雩』，蓋誤，或所見異。」洪亮吉云：「盂、雩音同，古字亦通。《公羊》作『霍』，又以『雩』字近而誤也。」《一統志》：「盂亭在歸德府睢州界。」杜注：「爲諸侯所疾，故總見衆國共執之文。」沈欽韓云：「按：宋襄雖無德，中夏之上公也。楚雖彊大，荆山之蠻夷也。若云楚執之，則爲禮樂之邦羞，俾彊梁之志逞。聖人扶陽抑陰，不與楚子之執宋公，故不言楚，此《公羊》之義，所宜擇善而從。杜預于大義全然憒憒。」按：沈説是也。《年表》：「宋襄公十二年召楚盟。」

冬，伐邾。❷無傳。【疏證】《公羊》曰：「冬，公伐邾婁。」

楚人使宜申來獻捷。【疏證】沈欽韓云：「經曰『使』，則有使之者，非楚子乎？既來魯，豈有不稱君命

❶ 上「縣」，《春秋左氏傳地名補注》卷三作「鄉」。
❷ 「伐」上，《春秋左傳正義》卷十四有「公」字。

者？杜謂『不稱君命，故曰楚人』，此闕鼠穴而昧康莊也。經不言楚子者，亦所以惡楚也。戎狄得志，矜誇上國，所謂上無明天子，下無賢方伯，以致此。」按：沈用《穀梁》義。

十有二月，癸丑，公會諸侯盟于薄，釋宋公。【疏證】薄，即亳也。《荀子・議兵》「湯以薄」，楊注：「薄與亳同。」《漢志》「山陽郡薄縣」，臣瓚曰：「湯所都。」沈欽韓云：「《一統志》：『薄縣故城在歸德府商丘縣西北。』」《年表》：「楚成王三十三年執宋襄公，復歸之。」❶

【傳】二十一年，春，宋人爲鹿上之盟，以求諸侯于楚，楚人許之。公子目夷曰：「小國争盟，禍也。宋其亡乎？幸而後敗。」【疏證】《宋世家》：「襄公八年，齊桓公卒，宋欲爲盟會。十二年春，宋襄公爲鹿上之盟，以求諸侯於楚，楚人許之。公子目夷諫曰：『小國争盟，禍也。』不聽。」

夏，大旱，公欲焚巫、尪。【注】《春秋傳》説：「在女曰巫，在男曰覡。」《檀弓》注。【疏證】杜注：「巫尪，女巫也，主祈禱請雨者。或以爲尪非巫也，瘠病之人，其面向上，俗謂天哀其病，恐雨入其鼻，故爲之旱，是以公欲焚之。」巫尪之稱，杜注蓋兼存二説。《檀弓》：「吾欲暴尪而奚若？」又云：「然則吾欲暴尪而奚若？」❷鄭注：「尪者，面向天，覬天哀而雨之。巫主接神，亦覬天哀而雨之。《春秋傳》説巫曰：『在女曰巫，在男曰覡。』」如鄭説，則巫、尪二者各別。魯穆公所舉乃魯舊俗，先言暴尪，後言焚巫，故鄭知巫、尪別耳。杜以巫尪爲巫，是指

---

❶ 原稿眉批：鄭君有説，詢仲儀。查《五經異義》。

❷ 「尪」，《禮記正義》卷十作「巫」。

巫、尪爲一人。疏謂「女巫尪弱故稱尪」，非。其存或説，乃鄭誼也。鄭引《春秋傳》説當是此傳舊説，舊説但釋巫，則更可證巫、尪非一人。在女曰巫，故縣子謂「望之愚婦人」。《吕覽·君數》篇「苦水所多尪與傴人」，❶注：「尪，突胸向面疾也。傴，傴脊疾也。」則尪謂不能俯，傴謂不能仰也。

臧文仲曰：「非旱備也！修城郭，【注】服云：「國家凶荒，則無道之國乘而加兵，故修城郭爲守備也。」本疏。【疏證】杜注不釋「城郭」，疏引服注補之。沈欽韓云：「民艱于食，故修土功給其稍食，亦救荒之策。」《大司徒》荒政所謂散利也。❷ 文淇案：《雲漢》「趣馬師氏」，毛傳：「師氏弛其兵。」疏：「《大司徒》荒政，其十有二曰『除盜賊』。注云：『除之者，飢饉則盜賊多，不可不除，則當用兵。』此言弛之者，弛謂舍力不役之耳。其除盜賊之兵，不得廢也，故《春秋》僖二十一年旱，《左傳》稱臧文仲慮無道之國因凶加兵，勸僖公使修城郭。明凶年盜賊益預防之。彼以春秋之世，强弱相凌，文仲度時而言勸修城郭，不是凶荒之年必須修城也。」❸《詩》疏所云「虞無道之國因凶加兵」即用服義。《文選·演連珠》注：「乘猶因也。」❹

「貶食省用，務穡勸分，【疏證】《曲禮》：「歲凶，百穀不登，君膳不祭肺，馬不食穀。」傳云：「『貶食省用』，指此類也。」《校勘記》云：「『務穡』，《論衡·明雩篇》、李善注《册魏公九錫文》並作『務嗇』。」洪亮吉云：「鄭玄《儀

---

❶「君」，當作「盡」。

❷「謂」，原被墨漬覆蓋，今據文義補。

❸「年必」，原被墨漬覆蓋，今據文義補。

❹原稿眉批：乘，詁。

禮》注：『收斂曰穡。』按：杜注：『穡，儉也。』疑字近而誤。」按洪説是也。《御覽》三十五引「省用務嗇」注「儉也」，與杜注同。而引傳文作「嗇」，則舊本當作「務嗇」。疏謂：「穡是愛惜之意，故爲儉也。」則作疏時已誤「嗇」爲「穡」，疏强爲之説也。杜注：「勸分，有無相濟。」

「此其務也。巫尪何爲？天欲殺之，則如勿生，若能爲旱，焚之滋甚。」公從之。是歲也，饑而不害。**【疏證】**《晉書・天文志》：「魏少帝八年，日有食之，詔群臣問得失。蔣濟上疏曰：『齊侯問災，晏子對以布惠；魯君問異，臧孫答以綏役。塞變應天，乃實人事。』」

秋，諸侯會宋公于盂。子魚曰：「禍其在此乎？君欲已甚，其何以堪之？」於是楚執宋公以伐宋。冬，會于薄以釋之。子魚曰：「禍猶未也，未足以懲君。」❶**【疏證】**《宋世家》：「諸侯會宋公盟于盂，目夷曰：『禍其在此乎？君欲已甚，其何以堪之？』於是楚執宋襄公以伐宋。冬，會于亳，以釋宋公。子魚曰：『禍猶未也。』」《楚世家》：「宋襄公欲爲盟會，召楚。楚王怒曰：『召我，我將好往襲辱之。』遂行，至盂，遂執辱宋公，已而歸之。」

任、宿、須句、顓臾，風姓也，實司太皞與有濟之祀，**【注】**京相璠曰：「須朐，一國二城兩名。蓋遷都須昌，朐是其本。」《水經・濟水》注。**【疏證】**「風姓也」，釋文：「本或作『皆風姓』。」《地理志》：「東平任城，故任國，太昊後，風姓。」《郡國志》：「東平國無鹽，本宿國，任姓。」《地理志》又云：「東郡有須昌，故須句國，太

❶ 原稿眉批：堪，詁。懲，詁。

皞後，風姓。」師古曰：「句音劬。」《郡國志》：「泰山縣南武陽有顓臾城。」❶杜注同《漢志》説。《水經注》釋「須句」用京相璠説，又云：杜注在東平須昌縣西北，非也。《地理志》曰『壽張西北有朐城』是也。」按：京相説止謂朐別一城，其遷國在須昌，亦與杜同説。京相本作「須朐」，與今本異。道元以杜注爲非，亦未審也。沈欽韓云：「《方輿紀要》：『任城廢縣，今濟寧州治，春秋時任國。』宿見隱元年。『須城廢縣，今東平州治，古須句國地。顓臾城在沂州費縣西北八十里，東南十里曰南武陽城。』」沈釋今名未及朐城。按：壽張今山東泰安府東平州西南。《羔裘》毛傳：❷「司，主也。」「皞」與「昊」通，《月令》「其帝太皞」，釋文：「皞亦作昊。」杜注：「太皞，伏羲。四國，伏羲之後，故主其祀。」《文王》「有周不顯」，傳：「有周，周也。」疏：「以『周』文單，故言『有』以助之，猶《左傳》謂『濟』爲『有濟』。」洪亮吉云：「《水經》：『濟水與河合流，至乘氏縣又分爲二。其一又東北過壽張縣西界，又北過須昌縣西。』是此上四國皆近濟水，必當有濟水之祀，❸故世守其祀也。」

以服事諸夏。【疏證】朱駿聲云：「杜解『與諸夏同服王事』。按：附庸事諸夏大國，供職貢從時令也。」

邾人滅須句，須句子來奔，因成風也。【注】賈云：「但因成風來不見公，故來奔及反不書於經。」《釋例》。【疏證】杜注：「須句，成風家。」二十二年經注云：「須句雖別國，而削弱不能自通，爲魯私屬，若顓臾之比。魯謂之社稷之臣，故滅、奔及反其君，皆略不備書，惟書『伐邾，取須句』。」蓋不用賈説。按：此傳「因

---

❶「縣」，《後漢書·郡國志》作「郡」。
❷「羔裘」，原爲空格，今據《毛詩正義》卷四補。
❸「祀」，《春秋左傳詁》卷七作「祠」。

成風也」則明不書須句子來奔反國之意。附庸國不書，凡例無文，杜説非。

成風爲之言於公曰：「崇明祀，保小寡，周禮也。【疏證】《説文》：「祀，祭無已也。」《□□》毛傳：「保，安也。」

「蠻夷猾夏，周禍也。【疏證】「蠻夷猾夏」，《舜典》文。鄭注：「猾夏，侵亂中國也。」《大傳》「猾」作「滑」，《周語》注：「滑，亂也。」孫星衍《尚書今文疏》云：「滑從𠘧，蓋借𩨨字，後人訛從犬。《説文》：『夏，中國之人也。』」邾稱蠻夷，杜注引昭二十三年「邾又夷也」爲證，謂：「迫近諸戎，雜用夷禮。」

「若封須句，是崇皞、濟而修祀紓禍也。」【疏證】杜注：「紓，解也。」

【經】二十有二年，春，公伐邾，取須句。【疏證】「須句」，公羊曰「須朐」，《五行志》、《水經注》並同。

夏，宋公、衛侯、許男、滕子伐鄭。

秋，八月，丁未，及邾人戰于升陘。【疏證】邾，《公羊》曰「邾婁」。「升陘」，《釋文》：「本又作『登陘』。」洪亮吉云：「《玉篇》：『𨛭，胡經切，鄉名，在高密，《左氏》傳曰『戰于升陘』。按𨛭、陘古字通，《玉篇》蓋采舊説。」

冬，十有一月，己巳，朔，宋公及楚人戰于泓，宋師敗績。【注】左氏以爲：「不用子魚之計，至於軍敗身傷，所以責襄公也。」《春秋考異郵》：「至襄公大辱，師敗於泓，徒信不知權譎之謀，不足以交隣國、定遠疆也。」《大明》疏引《箴膏肓》。【疏證】沈欽韓云：「《寰宇記》：『泓水在宋州柘城縣西三十五里。』」

《金史·地理志》："柘城縣有泓水。"《舊統志》云："即涣水支流也。"顧棟高云："泓水，今河南歸德府柘城縣北三十里。"《年表》："宋襄公十三年，泓之戰，楚敗公。"此經《左氏》譏宋襄，《公羊》褒襄公。《大明》疏引《箴膏肓》云："僖二十二年，宋公及楚人戰於泓。"下引《左氏》説云云，"而《公羊》善之云：『雖文王之戰，亦不過是。』《箴》曰：『刺襄公不度德，不量力。』"引《考異郵》云云，"此是譏師敗也。《公羊》不譏，違《考異郵》矣"。按：《考異郵》與《左氏》古説義同，皆貶宋襄，故鄭君攷以爲説。

【傳】二十二年，春，伐邾，取須句，反其君焉，禮也。**【疏證】**傳例："凡侯伯救患分災討罪，禮也。"杜注："得卹寡小之禮。"非。

三月，鄭伯如楚。**【疏證】**《年表》："鄭文公三十五年，君如楚。"

夏，宋公伐鄭。子魚曰："所謂禍在此矣。"**【疏證】**《年表》："鄭文公三十五年，宋伐我。"《宋世家》："襄公十三年夏，宋伐鄭。子魚曰：『禍在此矣。』"

初，平王之東遷也，辛有適伊川，見被髪而祭於野者，**【疏證】**《周本紀》："平王立，東遷於雒邑，辟戎寇。"《年表》："平王元年東遷雒邑，當魯孝公之二十五年也。"❶杜注："辛有，周大夫。"《水經注》："伊水出南陽蔓渠山，逕陸渾縣三塗山，下合涓水以東注虢略，其地即辛有所過者也。"此當爲《左氏》舊説。杜注"陸渾之戎"謂："秦晉誘而徙之伊川，至今爲陸渾縣。"與《水經注》合。江永云："陸渾戎，今河南府嵩縣，古伊闕地。伊川，

---

❶ "魯孝公"，當作"齊成公"，或"二十五年"，當作"三十七年"。

今河南汝州伊陽縣也。」《論語・憲問》「吾其被髮左衽矣」，皇疏云：「被髮，不結也。」❶沈欽韓云：「野祭非禮。《蜀志》：『諸葛亮初亡，百姓因時節私祭之于道陌上。步兵校尉習隆等上表曰：「烝、嘗止於私門，廟像缺而未立，使百姓巷祭，戎夷野祀，非所以存德念功，追述在昔者也。」』《周禮・太祝職》：『九祭，二曰衍祭。』鄭司農云：『衍祭，羨之道中，如今祭殤，無所主命。』又『男巫掌望祀、望衍』。杜子春云：『望衍，謂衍祭。』是野祭即古之衍祭。《漢書・武帝紀》：『止禁巫祠道中。』」按：沈説是也。□□「古不墓祭」，墓亦野矣。禮之衍祭、衍望，皆如先鄭説，殤之無主命者，乃祭於野耳。

曰：「不及百年，此其戎乎！其禮先亡矣。」【疏證】此年爲周惠王十四年，由平王元年至惠王十四年，實一百三十三年。平王在位最老壽，凡五十一年。辛有之言或在平王中葉，故云不及百年。杜注：「傳舉其事驗，不必其年驗。」❷非。

秋，秦、晉遷陸渾之戎於伊川。【疏證】《匈奴傳》：「初，襄王欲伐鄭，取翟女爲后，與翟共伐鄭。已而黜翟后，翟后怨，而襄王繼母曰惠后，有子帶，欲立之，于是惠后與翟后、子帶爲内應，開戎翟，翟以故得入，破逐襄王，而立子帶爲王。于是戎狄或居於陸渾，東至于衛，侵盜尤甚。」師古注：「今伊闕南陸渾山川是其地。」此爲陸渾戎古説。小顏謂在伊闕，與《水經注》合。《漢書》不著陸渾之姓，杜注據昭十九年傳「允姓之姦居於瓜州」謂

❶ 原稿眉批：被，詁。

❷ 「驗」，《春秋左傳正義》卷十四作「信」。

「允姓之戎居陸渾」，❶非也。瓜州爲漢敦煌，疏謂「陸渾是敦煌之地名」，敦煌在西域，故得云「東至於衛」，地道不相直矣。十一年傳「揚、拒、泉、皐、伊、雒之戎同伐京師」，四戎即陸渾戎居伊、雒之間者，蓋其時尚未遷伊川，詳彼傳疏證。疏據彼傳謂「伊、洛先有戎，今之遷戎始居被髮祭野之處」，則以陸渾部落距伊川太遠，爲疑惑於杜注瓜州之説耳。

晉大子圉爲質於秦，將逃歸，謂嬴氏曰：「與子歸乎？」【疏證】杜注：「嬴氏，秦所妻子圉，懷嬴也。」《晉世家》：「十三年，晉惠公病，内有數子。太子圉曰：『吾母家在梁，今秦滅之，我外輕於秦而内無援於國。君即不起，病大夫輕，更立他公子。』乃謀與其妻俱亡歸。」《秦本紀》：「穆公二十二年，晉公子圉聞晉君病，曰：『梁，我母家也，而秦滅之。我兄弟多，即君百歲後，秦必留我，而晉輕，亦更立他子。』」《本紀》、《世家》述子圉歸晉意略同，可補傳闕。

對曰：「子，晉大子，而辱於秦，子之欲歸，不亦宜乎？君之使婢子侍執巾櫛，❷以固子也。從子而歸，棄君命也。不敢從，亦不敢言。」遂逃歸。【注】服云：「《曲禮》曰：『世婦以下自稱婢子。』婢子，婦人之卑稱。」《晉世家》集解。【疏證】《晉世家》：「秦女曰：『子一國太子，辱在此。秦使婢子侍，以固子之心。子亡矣，我不從，亦不敢言。』子圉遂亡歸晉。」《年表》：「晉惠公十二年，❸太子圉質秦亡歸。」杜注：「婢

---

❶「十九」，當作「九」。
❷「君」上，《春秋左傳正義》卷十五有「寡」字。
❸「十二」，《史記·十二諸侯年表》作「十三」。

子，婦人之卑稱。」蓋用服說。按：《曲禮》：「世婦以下自稱曰婢子。」鄭注：「婢之言卑也。于其君稱此，以接見體敵，嫌其當。」疏：「嚮其夫，❶言己卑，故《春秋》晉懷嬴謂公曰『寡君使婢子侍執巾櫛』是也。❷注云『接見體敵，嫌其當』者，爲其接見之時，暫有體敵，嫌若當夫人然也。」鄭、服說同。《說文》：「婢，女之卑者也。」

富辰言於王曰：「請召太叔。【注】服云：「富辰，周大夫。」《周本紀》集解。【疏證】杜用服說。王子帶以十二年奔齊。

「《詩》曰：『協比其鄰，昏姻孔云。』【疏證】《小雅·正月》文。「協」，今《詩》作「洽」，傳云：「洽，合。鄰，近。云，旋也。是言王者不能親親以及遠。」杜注：「《詩·小雅》，言王者爲政，先和協近親，則昏姻甚相歸附也。鄰，猶近也。孔，甚也。云，旋也。」即用傳義。陳奐《詩疏》云：「昏姻，異姓之臣也。《說文》：『云象回轉之形。』旋者，回轉之義。旋即還也。」

「吾兄弟之不協，焉能怨諸侯之不睦？」【疏證】富辰釋《詩》義以請召太叔也。陳奐《詩疏》云：「兄弟謂鄰，諸侯謂昏姻。」

王說。王子帶自齊復歸于京師，王召之也。【疏證】《年表》：「周襄王十四年，叔帶復歸于周。齊孝公五年，歸王弟帶。」《周本紀》繫於周十二年，誤。杜注：「傳終仲孫湫之言也。」

---

❶「夫」下，《禮記正義》卷五有「自稱」二字。

❷「子侍」，原作「待」，今據《禮記正義》卷五改。

邾人以須句故出師。公卑邾，不設備而禦之。【疏證】《釋文》：「禦，本亦作『御』。」杜注：「卑，小也。」

臧文仲曰：「國無小，不可易也。無備，雖衆不可恃也。【疏證】「衆」對「小」言之。

「《詩》曰：『戰戰兢兢，如臨深淵，如履薄冰。』【疏證】《釋文》：「兢，本或作『矜』。」《小雅・小旻》文。傳云：「戰戰，恐也。兢兢，戒也。如臨深淵，恐墜也。如履薄冰，恐陷也。」杜注：「言常戒懼。」用傳義。《詩》詠恐戒以上位言，故文仲援以諫僖公，宣十六年傳，❶晉羊舌職引此《詩》謂「善人在上」可證。《吕覽・慎大》：「賢主愈大愈懼，愈彊愈恐。《周書》曰：『若臨深淵，若履薄冰。』以言慎事也。」《周書》與《詩》意同。

「又曰：『敬之敬之，天惟顯思，命不易哉！』【疏證】《周頌・敬之》文。傳云：「顯，見。」杜云：「顯，明也。」見、明義同。又云：「思，猶辭也。」「辭」謂語詞也。傳不釋「易」，陳奂《詩疏》據此傳文仲「無不難也」，謂「易」讀去聲，是也。箋謂：「天命吉凶，不變易。」非。此傳引《詩》之旨。杜注：「奉承其命甚難。」亦不用箋說。

「先王之明德，猶無不難也，無不懼也，況我小國乎！【疏證】杜無注。此總釋兩引《詩》也。陳奂《詩疏》云：「『無不難』解『不易』，此古義也。」依陳説，則「無不懼」指戰兢臨履言。

「君其無謂邾小，蠭蠆有毒，而況國乎！」弗聽。【注】服云：「蠆，長尾謂之蠍，蠍毒傷人曰蛆。」《釋文》引《通俗文》。【疏證】《釋文》：「蠆，字或作『蚃』。」洪亮吉云：「《説文》：『蠭，飛蟲螫人者也。蠆，毒蟲

❶ 「宣十六」，原爲一空格，今據《春秋左傳正義》卷二十四補。

也。』近人疑《通俗文》出李虔，不知李虔所作係《續通俗文》，《唐・藝文志》分晰甚清。此書凡服虔《通俗文》悉皆録入，以補服注之缺。『蠆』當從《説文》作『蠤』。惠棟云：『《李翊夫人碑》亦作邌蠤。』」按：洪説是也。惠引漢碑，當是古文。

八月，丁未，公及邾師戰于升陘，我師敗績。邾人獲公胄，縣諸魚門。【疏證】《校勘記》云：「『升陘』，《玉篇》引傳文作『升鄄』。」《説文》：「胄，兜鍪，首鎧也。」杜注：「魚門，邾城門。」《郡國志》：「梁國睢陽有魚門。」劉昭注引此傳以「邾」爲「宋」，非。

楚人伐宋以救鄭。

大司馬固諫曰：❶【疏證】《晉語》注：「固，宋莊公之孫，大司馬固也。」杜注用韋説。顧炎武云：「大司馬，即司馬子魚也。固諫，堅辭以諫也。隱三年言『召大司馬孔父而屬殤公焉』，桓二年言孔父嘉爲司馬，知大司馬即司馬也。文八年上言『殺大司馬公子卬』，下言『司馬握節以死』，知大司馬即司馬也。定十年『公若藐固諫』，知固諫之爲堅辭以諫也。」沈欽韓云：「按：子魚爲左師，不爲大司馬，下『司馬曰』杜解『子魚』，非也，即公孫固。《晉語》：『公子過宋，與司馬公孫固相善。』知大司馬、司馬一也，杜與顧俱失之。」按沈説是也。朱鶴齡據《史記・宋世家》謂前後皆子魚之言，惠棟謂「韋、杜皆據《世本》而言，《史記》疏略不足取證」，是也。然惠氏謂稱大司馬所以別下司馬也，則不如沈説之確。顧以大司馬、司馬爲一人，與沈説同。傳文稱官必繫以人，即顧所舉孔

❶ 「大」上，《春秋左傳正義》卷十五有「宋公將戰」四字。

父嘉、公子卬皆其例，再舉或繫官省人，正可證沈説。

「天之棄商久矣，君將興之，弗可赦也已。」弗聽。【疏證】閻百詩《潛丘札記》：「不曰棄宋，而曰棄商者，此即下文『寡人雖亡國之餘』之意。」《釋詁》：「赦，舍也。」杜注：「言君興天所棄，必不可，不如赦楚，勿與戰。」顧炎武云：「『弗可赦』，猶《書》言『不可逭』。傅氏曰：『言違天，天必不宥。』注以『赦』爲赦楚，非。」按：顧説是也。焦循讀「弗可」句，「赦也」句，「已」句，曲傳杜注，非是。《宋世家》：「天之棄商久矣，不可。」

冬，十一月，己巳，朔，宋公及楚人戰於泓。宋人既成列，楚人未既濟。【疏證】杜注：「未盡渡泓水。」按：「既」猶「盡」也。❶《宋世家》：「冬十一月，襄公與楚成王戰于泓，楚人未濟。」

司馬曰：「彼衆我寡，及其未濟也，❷請擊之。」公曰：「不可。」【疏證】司馬，即公孫固也。杜謂「子魚」，非。《宋世家》：「目夷曰：『彼衆我寡，及其未濟擊之。』公不聽。」

既濟而未成列，又以告。公曰：「未可。」既濟而後擊之，❸宋師敗績。公傷股，門官殲焉。【疏證】杜注：「門官，守門者。」《小宗伯》：「掌三族之别，以辨親疏，其正室皆謂之門子。」鄭注：「正室，適子也。」《逸周書·皇門解》曰「會群門」，又曰「大門宗子」，蓋言衆族姓也，則門子、群門、大門皆宗子之稱矣。惠士奇《禮説》曰：「『宋襄公戰于泓，門官殲焉』，門官，軍之帥也。向戌稱盧門，合左師，華元亦居盧門，二族皆卿而爲軍帥，謂

---

❶ 原稿眉批：既、盡之詁。

❷ 「濟」上，《春秋左傳正義》卷十五有「既」字。

❸ 「濟」，《春秋左傳正義》卷十五作「陳」。

之門官。」沈欽韓云：「門官，即門子也，卿大夫之子弟衛公者也。襄九年傳：『大夫門子皆從鄭伯。』」按：惠、沈説是也。《釋詁》：「殲，盡也。」《宋世家》：「已濟未陳，又曰：『可擊。』公曰：『待其已陳。』陳成，宋人擊之，宋師大敗，襄公傷股。」《楚世家》：「射傷宋襄公。」

國人皆咎公，公曰：「君子不重傷，不禽二毛。【注】舊注：「二毛，頭有二毛。」❶《御覽》三百七十二。❷【疏證】《宋世家》「咎」作「怨」。《説文》：「傷，創也。」鄭玄《禮記》注：「創之淺者曰傷。」杜注：「二毛，頭白有二色。」即用舊注義。《淮南子·汎論訓》：「古之伐國，不殺黃口，不獲二毛，於古爲義，於今爲笑。」注：「二毛，有白髮者。」亦杜注所本。

「古之爲軍也，不以阻隘也。寡人雖亡國之餘，不鼓不成列。」【疏證】《宋世家》：「國人皆怨公，公曰：『君子不困人於阸，不鼓不成列。』」「阻隘」猶「阸」也。亡國，杜注謂：「商紂之後。」《御覽》二百七十引《司馬法》：「不窮不能而哀憐傷痛，是以明其仁也。成列而鼓，是以明其信也。」成列而鼓，猶言鼓而成列，蓋古軍禮。《公羊傳》注亦云：「軍法，以鼓戰，以金止，不鼓不戰也。不成列，未成陳。」謂不迫人於險。

子魚曰：「君未知戰，勍敵之人隘而不列，天贊我也。【疏證】《校勘記》云：「李善注《辨亡論》、《陽給事誄》、《弔魏武帝文》引作『隘而不成列』，今諸本無『成』字。」《説文》：「勍，彊也。《春秋傳》曰：『勍敵之人。』」

❶「有二毛」，《太平御覽》卷三百七十三作「白有二色」。

❷「二」，當作「三」。

《廣雅》：「勍勍，武也。」杜注用《説文》。《周書・武帝紀》：「建德五年，詔曰：『一鼓而蕩平陽，再舉而蕩勍敵。』」《賀拔岳傳》：「岳曰：『醜奴擁岐、雍之兵，❶足爲勍敵。』」

「阻而鼓之，不亦可乎？ 猶有懼焉。【疏證】即阻隘鼓行而前，猶有所懼。

「且今之勍者，皆吾敵也，【疏證】杜無注，「二毛」下注云：「今之勍者，謂與吾競者。」

「雖及胡耇，獲則取之，何有於二毛？【疏證】洪亮吉云：「《周書・謚法解》：『彌年壽考曰胡。胡，大也。』《爾雅》：『耇，壽也。』」按：《詩・載芟》「胡考之寧」，傳：「胡，壽也。考，成也。」疏：「僖二十二年《左傳》曰『雖及胡耇』，胡爲壽也。」按：洪説是也。《爾雅》、毛傳皆以「壽」訓「胡」，杜注：「胡耇，元老之稱。」非。《釋詁》：「耇，壽也。」《檀弓》「不獲二毛」，疏：「此謂以至勝攻至暴，用兵如此。若兩軍相敵則不然。《左傳》云：『雖及胡耇，獲則取之。』太宰嚭特舉古之善以駁吴師之惡。」

「明恥教戰，求殺敵也，【疏證】杜注：「明殺刑戮，以耻不果。」惠棟曰：「案：吴子曰：『凡制國治軍，必教之以禮，厲之以誼，使有耻也。夫人有耻，在大足以戰，在小足以守。』『明耻以教戰』者，所以厲其勇。《周書》曰『明耻示教』，蓋當時之語，杜解迂回。」

「傷未及死，如何勿重？【疏證】此析公不重傷之説，謂傷不與死例也。杜注：「言尚能害己。」非。

「若愛重傷，則如勿傷；愛其二毛，則如服焉。【疏證】《公羊傳》注：「如即不如，齊人語也。」「則如勿

❶「雍」，《周書・賀拔岳傳》作「隴」。

傷」謂不如不戰也。「則如服焉」，《宋世家》所謂「必如公言，即奴事之耳」，今疏謂「不如早服從之」是也。杜注謂「本可不須鬬」，未釋「服」字義。

「三軍以利用也，【疏證】顧炎武云：「利用，猶云弧矢之利。注云『爲利興』，非。」

「金鼓以聲氣也，【疏證】杜注：「鼓以佐士衆之聲氣。」顧炎武云：「聲，如『金聲玉振』之『聲』。劉用熙曰：『聲，宣也。宣倡士卒之勇氣。』」

「利而用之，阻隘可也，聲盛致志，鼓儳可也。」【疏證】《廣雅・釋詁》：「儳，疾也。」洪亮吉云：「《説文》：『儳，互不齊也。』蓋謂及其成列不齊鼓之。」按：洪説是也。杜注謂：「儳，巖，未整陣。」誤。《周語》「戎狄冒没輕儳」，注：「儳，進退上下無列也。」「無列」正所謂「儳，互不齊」。

丙子辰，鄭文夫人芈氏、姜氏勞楚子于柯澤。【疏證】《釋文》：「芈，楚姓也。」杜注：「柯澤，鄭地。」今名闕。

楚子使師縉示之俘馘。【疏證】杜注：「師縉，楚樂師。」《釋詁》：「俘，取也。馘，獲也。」本疏引李巡注：「囚敵曰俘。」《皇矣》傳：❶「殺而獻其首曰馘。」❷《説文》引作「俘聝」，云：「軍戰斷耳也。从耳，❸或聲，或從首。」惠棟云：「吕諶《字林》截耳則作耳旁，獻首則作首旁。杜云：『馘，所截耳。』明當從耳旁。」洪亮吉説同。按：惠、

---

❶「皇矣」，原缺，今據《毛詩正義》卷十六補。

❷「首」，《毛詩正義》卷十六作「左耳」。

❸「从」，原作「或」，今據《説文解字》卷十二上改。

洪説是也。《説文》作「聝」，當用賈君本。杜、賈本同。今本作「馘」者，或諸儒傳本異。《釋文》：「馘，戰所獲。」用《爾雅》義，或是舊説。

君子曰：「非禮也。婦人送迎不出門，見兄弟不踰閾，【疏證】《魯語》注：「門，寢門也。」《釋宮》：「柣謂之閾。」本疏引孫炎曰：「柣，門限也。」杜注：「閾，門限。」用孫炎義。《後漢書・和熹鄧后紀》：「劉毅上書曰：『上考《詩》《書》，有虞二妃，周室三母，修行佐德，思不踰閾。』」

「戎事不邇女器。【疏證】《汝墳》毛傳：❶「邇，近也。」《淮南子》高注：「器，物用也。」杜注：「言俘馘非近婦人之物。」傅遜曰：「戎事尚嚴，不近女子所御之物，况使婦人至軍中，又示以俘馘乎？」視杜注爲明晰。《晉書・載記・慕容德傳》：「德徙于長安，堅拜爲奮威將軍。堅之敗也，堅與張夫人相失，慕容暐將護致之，德正色謂暐曰：『昔楚莊滅陳，納巫臣之諫而棄夏姬。此不祥之人，惑亂人主，戎事不邇女器，秦之敗師當由于此。宜掩目而過，奈何將衛之也！』」

丁丑，楚子入饗于鄭。【疏證】「饗」，石經及宋本并作「享」。《宋世家》亦云。

九獻，【疏證】《國語》注：「九獻，上公之享禮也。」杜注用韋義，謂：『九獻酒而禮畢。」按：《大行人》又云：「上公之禮，❷廟中將幣三享，王禮再祼而酢，饗禮九獻，食禮九舉。」秦蕙田《五禮通考》以爲天子享元侯之禮，鄭

---

❶ 「汝墳」，原爲空格，今據原稿補。

❷ 「公」，原稿殘損，今據《周禮注疏》卷三十七補，下「廟」、「幣」、「禮」、「酢」同。

伯饗楚子，乃兩君相見，不當用九獻，此鄭之失。《禮》疏謂：❶「楚實子爵，故鄭以極禮待之。」非也。饗禮已亡，九獻之節無考，《禮》疏云：「王酌獻賓，賓酢主人，主人酬賓，酬後更八獻，是爲九獻。」按《儀禮》「主人酌以獻賓，賓酢主人，主人又酌以酬賓」，本疏據之以爲一獻之禮，《禮》疏當本以爲説。

庭實旅百，【疏證】杜注：「庭中所陳，品數百也。」《國語》注：「庭實，庭中之陳也。百，舉成數也。」《周禮》：「上公出入所享，饔餼九牢，米百有二十筥，醯醢百有二十甕，禾二十車，芻薪陪禾。」蓋據《掌客》爲説。《掌客》云：殞五牢，飪一牢，腥四牢，正鼎九。牛一，羊二，豕三，魚四，腊五，腸胃六，膚七，鮮魚八，鮮腊九。□別九鼎，□九牢即九鼎也。《掌客》「王合諸侯而饗禮，則具十有二牢，庶具百物」，注：「饗諸侯而用王禮之數者，以公侯伯子男盡在，是兼饗之，莫敵用也。」

加籩豆六品。【疏證】《掌客》「上公豆四十」，鄭注：「公四十豆，堂上十六，西夾東夾各十二。」❷然籩數亦然。此云「加六品」，於八十之外有加也。

饗畢，夜出，文芈送于軍，取鄭二姬以歸。【疏證】杜注：「二姬，文芈女也。」《宋世家》：「楚成王已救鄭，鄭享之，去而取鄭二姬以歸。」索隱云：「鄭夫人芈氏、姜氏之女。既是鄭女，故云『二姬』。」

叔詹曰：「楚王其不没乎！爲禮卒於無別，無別不可謂禮，❸將何以没？」諸侯是以知其不遂

❶「禮」，疑當作「本」。

❷「各」，原重文，今據《周禮注疏》卷三十八删。

❸「無別」，原脱，今據《春秋左傳正義》卷十五補。

霸也。【疏證】叔詹，《史記·宋世家》作「瞻」，❶《呂覽》作「被詹」。《宋世家》：「叔瞻曰：『成王無禮，其不没乎？』爲禮卒於無別，有以知其不遂霸也。」正義：「無禮，謂取鄭二姬也。」❷杜注：「言楚子所以師敗城濮，終爲商臣所弑。」

【經】二十有三年，春，齊侯伐宋，圍緡。【疏證】《穀梁》「緡」曰「閔」。杜注：「緡，宋地。」《地理志》「山陽郡東緡」，師古曰：「《春秋》僖二十三年『齊侯伐宋圍緡』，❸即此。」《郡國志》：「山陽郡東緡，春秋時曰緡。」沈欽韓云：「《水經注》：『菏水又東逕東緡縣故城北，❹宋之緡也。』❺《一統志》：『東緡故城在兖州府金鄉縣東北二十三里。』」

夏，五月，庚寅，宋公茲父卒。【疏證】「茲父」，《公羊》曰「慈父」。《年表》：「宋襄公十四年，公疾死泓戰。」《宋世家》：「子成公王臣立。」

秋，楚人伐陳。【疏證】杜無注。疏云：「《釋例》：『楚之初興，未閑周之典禮，告命之書，自生異同。故成

---

❶「作瞻呂覽」，原稿殘損，今據《春秋左傳詁》卷七補。

❷「取」，原脱，今據《史記·宋微子世家》補。

❸「侯」，原作「僖」，今據《漢書·地理志》改。

❹「菏」，原作「荷」，今據《春秋左氏傳地名補注》卷三改。

❺「宋」，原作「采」，今據《春秋左氏傳地名補注》卷三改。

二年以上《春秋》未以人例也。』❶如杜彼言，楚不以得臣名告，故稱人耳。」文淇案：此稱人，古義無考，謂楚不以得臣名告，亦誤。

冬，十有一月，杞子卒。【疏證】《陳杞世家》脱成公一世，成公卒當是弟桓公姑容立。《世家》以桓公爲德公弟，非也。

【傳】二十三年，春，「齊侯伐宋，圍緡」，以討其不與盟于齊也。【注】服云：「魯僖公十九年，諸侯盟于齊，以無忘齊桓之德。宋襄公欲行霸道，不與盟，故伐之。」《齊世家》集解。【疏證】《年表》：「齊孝公六年，伐宋，以其不同盟。」十九年經：「冬，同盟于齊。」傳曰：「陳穆公請修好於諸侯，❷以無忘齊桓之德。」服注據彼經傳也。杜注：「十九年盟于齊，以無忘桓公之德，而宋獨不會，復召齊人共盟鹿上，故今討之。」文淇案：杜用服義，雖有所增減，究不若服臣之簡當。❸壽曾曰：齊之伐宋，傳第明不與盟于齊，與鹿上之盟何涉。杜注枝贅，非傳意。

夏，五月，宋襄公卒，傷於泓故也。【疏證】《楚世家》：「楚成王北伐宋，敗之泓，射傷宋襄公，襄公遂病創死。」《宋世家》：「襄公十四年夏，襄公病傷于泓而竟卒。」襄公之卒由病創，當楚舊説。

---

❶「人」，《春秋左傳正義》卷十五作「入」。

❷「請」，原作「作」，今據《春秋左傳正義》卷十四改。

❸「臣」，疑當作「注」。

秋，楚成得臣帥師伐陳，討其貳於宋也。遂取焦、夷，城頓而還。【疏證】焦，《水經注》引作「譙」。❶杜注：「成得臣，子玉也。」《地理志》：「沛郡譙。」惠棟云：「焦、譙古通用。《小黄門譙敏碑》以焦贛爲譙贛是也。」《郡國志》：「汝南郡城父，故屬沛，春秋時曰夷。南頓，本頓國。」沈欽韓云：「《一統志》：『譙縣故城，今亳州治，春秋陳焦邑。』《方輿紀要》：『城父城在亳州東南七十里，春秋時陳夷邑。』《水經注》：『潁水東合谷水，東北逕南頓縣故城南，❷《左傳》所謂頓迫於陳而奔楚，❸自頓南徙，故曰南頓，今其城在頓南三十餘里。』今陳州府商水縣治，即南頓故城。」

子文以爲之功，使爲令尹。叔伯曰：「子若國何？」【疏證】杜注：「叔伯，楚大夫薳呂臣也。」

對曰：「吾以靖國也。夫有大功而無貴仕，其人能靖者與，有幾？」【疏證】《釋文》：「『與』字絶句。」此倒語也，若曰：「其有幾人能靖者與？」

九月，晉惠公卒。【疏證】杜注：「經在明年。從赴。」❹按：杜説非，詳二十四年疏證。《年表》：「晉惠公十四年，圉立，爲懷公。」

懷公命無從亡人，期，期而不至，無赦。狐突之子毛及偃從重耳在秦，弗召。【疏證】《釋文》：

---

❶「譙」，原漫漶不清，今據《水經注箋》卷二十三補。
❷「縣」，原作「是」，今據《春秋左氏傳地名補注》卷三改。
❸「迫」，原作「通」，今據《春秋左氏傳地名補注》卷三改。
❹「從」，原作「後」，今據《春秋左傳正義》卷十五改。

「下『期』亦作『朞』。」杜注：「懷公，子圉。亡人，重耳。偃，子犯也。」《晉世家》：「子圉立，畏秦之伐也，乃令國中諸從重耳亡者與期，期盡不到者盡滅其家。狐突之子毛及偃從重耳在秦，弗肯召。」

冬，懷公執狐突，曰：「子來則免。」【疏證】此謂毛、偃及期不至，乃執狐突也。杜注：「未期而執突，以不召子故。」非傳意。《晉世家》：「懷公怨，囚狐突。」

對曰：「子之能仕，父教之忠，古之制也。策名、委贄，貳乃辟也。」【注】服云：「古者始仕，必先書其名於策，委死之贄於君，然後爲臣，示必死節於其君也。」《仲尼弟子列傳》集解。❶舊注：「貳，二心。辟，罪也。」《御覽》四百十八。【疏證】《四月》箋云：「仕，事也。」《釋文》：「質，如字。」杜注：「屈膝而君事之。」疏云：「質，形體也。謁拜而屈膝，委身體於地也。」杜不用服義。《釋文》從杜注也。傅遜云：❷「質，古贄字。❸《管子》：『令：諸侯之子將委質者，皆以雙虎之皮。』凡言委質皆委贄也。」❹顧炎武云：「《孟子》『出疆必載質』，『庶人不傳質爲臣』，皆是贄字。」惠棟云：「服讀質爲贄。《晉語》云『臣委質於翟之鼓』，韋昭曰：『質，贄也。士贄以雉，委贄而退。』《尚書》稱『二生一死贄』，故云委死之質，服説頗勝於杜。」沈欽韓云：「《春秋》交質之字並同致、置之音。《士相見禮》凡敵者，『再拜，送贄』；卑者『奠贄，再拜』，不親授；『若始見於君，執質至下，容彌

❶「集解」，当作「索隱」。

❷「遜」，原作「選」，今據《春秋左傳註解辯誤》卷上改。

❸「贄」，原作「質」，今據《左傳杜解集正》卷三改。

❹「贄」，原作「質」，今據《左傳杜解集正》卷三改。

蹙』。所謂委質，委之於庭，不敢送於君前也。《聘禮》『賓覿，北面奠幣，再拜稽首』，『介入門右，東上，奠幣』，皆是奠諸地。杜以質爲形體，委爲屈膝，於典制毫無所知，鄙倍甚矣。」文淇案：傅、顧、惠、沈諸説是也。《晉語》：「臣聞之：委質爲臣，無有二心。委質而策死，古之法也。」下文即云：「君有烈名，臣無畔質。」「畔質」與上「委贄」相應，則物屈體可知。韋注：「言委質於君，書名於策，示必死也。」亦用服説。《荀子・大略篇》「錯質之臣，不息雞豚」注：「錯，置也。質讀爲贄。《孟子》曰：『出疆必載質。』蓋古字通耳。置贄謂執贄而置於君。《士相見禮》曰：『士大夫奠贄於君，再拜稽首。』或曰置贄猶言委質也。言凡委質爲人臣，則不得與下争利。」張湛前一説是也，後一説則似用杜之謬説。《荀子》「錯質」即傳之「委質」，或言「置質」。《呂覽・執一》篇：「吴起曰：『今日置質爲臣，其主安重。』」置猶委也。是置、錯義與委通。《後漢書・竇融傳》：「融上書曰：『臣委質則易爲辭。』」《文苑傳》：「皇甫規與趙壹書曰：『企德懷風，虛心委質。』」《吴志・諸葛瑾傳》注引《江表傳》：「權報陸遜書曰：『子瑜言：「弟亮委質定分，義無二心。」』」《劉璋傳》注：❶「張璠曰：❷『張松、法正，雖君臣之義未正，然用以委名附質。』」❸《晉書・李重傳》：「重奏曰：『霍原行成名立，縉紳慕之，委以質。』」竇融、諸葛瑾、張璠所言皆與服氏義近。古人相見，皆以贄，不必□臣，故皇甫規與趙壹書、晉人於霍原皆有委質之語。《後漢書・馮衍傳》「衍聞之，委質爲臣」，注引《左傳》以爲屈膝，□杜氏之誤也。《北史・張袞傳》：「蠕蠕主遣使來朝，抗敵國之禮，袞曾孫

---

❶「注」，原作「臣」，今據《三國志・劉璋傳》改。

❷「璠」，原爲空格，今據《三國志・劉璋傳》補。下一「璠」字同。

❸「用」，《三国志・劉璋傳》作「固」。

倫表以爲：『必其委質玉帛之辰，屈膝藩王之禮。』」《蜀志・後主傳》：「既至洛陽，策命之曰：『公不憚屈身委質，以愛民全國爲貴。』」皆以委質與屈膝、屈身爲二事，則杜之謬審矣。洪氏亮吉謂：「服訓質爲責，責、質古字通。」❶殊誤。杜注不釋「貳」，云：「不可以貳。辟，罪也。」則《御覽》所引當爲舊注。「辟，罪」，《釋詁》文。《後漢書・賈逵傳》：「逵奏：『《左傳》：❷「委質策名，貳乃辟也。父教子貳，何以事君？」是崇君父，卑臣子也。』」策名、委質互倒，或賈氏本異。

「今臣之子名在重耳，有年數矣。若又召之，教之貳也。父教子貳，何以事君？刑之不濫，君之明也，臣之願也。淫刑以逞，誰則無罪？臣聞命矣。」乃殺之。【疏證】「名在重耳」，即服注稱書名於策也。《晉語》「從君而貳」注：「貳，二心也。」蒙上「貳乃辟也」言之。梁萬方《儀禮經傳通解》：❸「『誰則無罪』，無二罪之人也，❹言己之不召子，本無罪，而淫刑則亦罪之也。」《晉世家》：「狐突曰：『臣子事重耳有年數矣，今召之，是教之反君也，何以教之？』」懷公卒殺狐突。」

卜偃稱病不出，❺曰：「《周書》有之：『乃大明服。』【疏證】《周書・康誥》文。《康誥》此文承「敬明乃

❶「質」，原脱，今據《春秋左傳詁》卷七補。
❷「左」，原爲空格，今據《後漢書・賈逵傳》補。
❸「經」，原作「釋」，今據《朱子儀禮經傳通解》卷十二改。
❹「二」，《朱子儀禮經傳通解》卷十二作「無」。
❺「病」，《春秋左傳正義》卷十五作「疾」。

罰」，卜偃行以風懷公之刑罰之不中也。❶ 孫星衍《古文尚書疏證》云：「有順是用刑者。乃大明服，言君大明而民服也。《荀子・富國篇》云：『誠乎上，則下應如響，雖欲無明達，得乎哉！《書》曰：「乃大明服。」』楊倞注：❷『言君大明服以下。』」❸

「已則不明而殺人以逞，不亦難乎？民不見德而惟戮是聞，其何後之有？」【疏證】《釋文》：「逞，亦本作呈。」《北周書・武帝紀》：「建德五年，大軍次并州。齊主自將輕騎走鄴。是日，詔曰：『棟梁骨鯁，翦爲仇讐；狐、趙緒餘，降成皂隸。民不見德，惟虐是聞。朕懷茲漏網，置之度外，正欲各静封疆，共紓民瘼也。』」引此傳「戮」作「虐」，異文。

十一月，杞成公卒。書曰「子」，杞，夷也。【疏證】惠棟云：「譙周《古史考》云：『惠公生成公及桓公。』」惠氏所引譙周説見《陳杞世家》索隱。《世家》：「共公八年卒，子德公立。」❹索隱云：「《系本》及譙周並作『惠公』。又云惠公生成公及桓公。」下引此年經、傳爲證，謂：「杞有成公，必當如譙周所説。」既引何休《膏肓》難《左氏》云：❺「杞子卒，豈當用夷禮死乎？」鄭氏之箴詞無考。杜注：「成公始行夷禮以終其身，故於卒貶之。」鄭

❶「行」，疑當作「引」。
❷「注」，原作「臣」，今據《皇清經解》卷七百五十五《尚書今古文注疏》改。
❸「服以」，《皇清經解》卷七百五十五《尚書今古文注疏》作「以服」。
❹「德」，原爲空格，今據《史記・陳杞世家》補。
❺「既」，疑當作「疏」。

氏義或當然。

不書名，未同盟也。凡諸侯同盟，死則赴以名，禮也。【疏證】此赴告再發例也，已見隱七年。

赴以名，則亦書之，不然則否，辟不敏也。【疏證】杜注「赴以名，則亦書之，不然則否」：「上句謂未同盟，下句謂同盟而不以名告。敏，猶審也。同盟然後告名，赴者之禮。承赴然後書策，史官之制也。」顧炎武云：「疑此三句俱謂未同盟者，蓋恐不審其實而有誤。故不書名，史氏之體也。」沈欽韓云：「此謂未同盟之人，本不審其名，故不赴名不書也。若已同盟，雖不赴名，策書固已悉之，書其名無不審之患也。考經中則有未同盟而書名，無同盟而不書名者。杜解此句謂同盟不以名告，橫生枝節，其謬顯然。」按：顧、沈説是也。洪亮吉云：❶「《釋樂》：『商謂之敏。』《釋文》：『敏，審也。』高誘《吕覽》注：❷『審，實也。』按：『辟不敏』，蓋辟不實耳。」

晉公子重耳之及於難也，晉人伐諸蒲城。蒲城人欲戰，重耳不可，曰：「保君父之命而享其生禄，【疏證】蒲城事在五年。《漢書》李奇注：❸「保，恃也。」疏云：「人以禄生，故謂之生禄。」

「於是乎得人。有人而校，罪莫大焉。吾其奔也。」遂奔狄。【疏證】包咸《論語》注：❹「校，報也。」杜用包説。《晉世家》：「獻公二十二年，重耳遂奔狄，狄，其母國也。是時重耳年四十三。」

---

❶「吉」，原作「古」，今改。

❷「誘」，原爲空格，今據《春秋左傳詁》卷七補。

❸「李」，原作「索」，今據《漢書·廣陵厲王劉胥傳》改。

❹「咸」，原作「成」，今改。「包咸」至「用包説」十二字，原在上節疏證「生禄」下，今移此處。

從者狐偃、趙衰、顛頡、魏武子、司空季子。【注】服云：「司空季子，胥臣臼季也。」《晉世家》集解。

【疏證】狐偃已見服注，當及□人。杜注：「衰，趙夙孫。❶武子，魏犨。」注『司空季子』同服注，則趙、魏之注當亦用服説也。《晉語》韋注云：「趙衰，晉卿公明之少子成子衰也。季子，晉大夫胥臣臼季也，後爲司空。」韋注「趙衰」當是用服説。《晉世家》：「晉文公重耳自少好士，年十七，有賢士五人，曰：趙衰；狐偃咎犯，晉文公舅也；賈佗；先軫；魏武子。奔狄，從此五士，其餘不名者數十人。」《世家》述五十與傳異。杜注□謂：「狐毛、賈佗皆從，❷而獨舉此五人，賢而有大功。」亦臆爲之説。《世家》亦不及狐毛也。

狄人伐廧咎如，【注】賈逵云：「赤狄之别種，隗姓。」《晉世家》集解。❸【疏證】唐石經「廧」作「𢊍」。嚴可均《校文》云：「牆作𢊍，隸變，各本作廧。毛居正《六經正誤》謂：『廧作𢊍，誤。』是宋本原作𢊍，後人依毛説改耳。《九經字樣》：『𢊍音牆，《左傳》𢊍咎如。』」按：嚴説是也。洪亮吉謂「唐石經作廧」，非。杜注用賈説。疏云：「成二年，❹『晉郤克、衛孫良夫伐廧咎如』，傳曰：『討赤狄之餘焉。』彼言赤狄之餘，知是赤狄之别種也。女曰叔隗、季隗，知爲隗姓也。」

獲其二女叔隗、季隗，納諸公子。公子取季隗，生伯儵、叔劉。以叔隗妻趙衰，生盾。【疏證】

---

❶「孫」，《春秋左傳正義》卷十五作「弟」。

❷「狐」上，《春秋左傳正義》卷十五有「時」字。

❸「集解」，當作「索隱」。

❹「二」，當作「三」。

《釋文》「儵」作「儵」。《晉世家》：「得二女：以長女妻重耳，生伯儵、叔劉；❶以少女妻趙衰，生盾。」索隱引此傳云：「則叔隗長而季隗少，又不同也。」按：此傳文二隗屢見，此史公較文。

將適齊，【疏證】《晉世家》：「重耳乃謀趙衰等曰：『始吾奔狄，非以爲可用與，以近易通，故且休足。休足久矣，固願徙之大國。夫齊桓公好善，志在霸王，收恤諸侯。今聞管仲、隰朋死，此亦欲得賢佐，盍往乎？』於是遂行。」是重耳適齊之事也。

謂季隗曰：「待我二十五年，不來而後嫁。」對曰：「我二十五年矣，又如是而嫁，則就木焉。❷請待子。」處狄十二年而行。【疏證】《晉世家》略同，「待我」作「犂」。《廣雅》：「邌、徐，遲也。」王念孫云：「邌與黎通，凡言黎者，皆遲緩之意，字亦作犂。僖公二十三年《左傳》：『待我二十五年，不來而後嫁。』《史記・晉世家》『待』作『犂』，義相近。」按：王説是也。《左傳》古文或當作邌。索隱以「比」訓「犂」，非。《後漢書・耿純傳》：「純與從昆弟訢、宿、植共率宗族賓客二千餘人，老弱者皆載木自隨。」《左傳》「又如是而嫁，將就木」，木，謂棺也。此當是《左氏》舊説。杜注云：「將死入木，不復成嫁。」亦謂木爲棺矣。《晉世家》：「吾冢上柏大矣。」乃采異説，非傳意也。《晉語》「文公在翟十二年」，注：「文公遭驪姬之難，❸魯僖五年，❹歲在大火，自蒲奔狄。至十六年，

---

❶ 「儵」，原作「倏」，今據《史記・晉世家》改。
❷ 「木」，原爲空格，今據《春秋左傳正義》卷十五補。
❸ 「遭」，《國語正義》卷十作「避」。
❹ 「魯」，原爲空格，今據《國語正義》卷十補。

歲在壽星，❶故在翟十二年。」

過衛，衛文公不禮焉。出於五鹿，【注】賈云：「衛地。」《晉世家》集解。【疏證】《年表》：「衛文公二十三年，重耳從齊過，無禮。」杜注：「今衛縣西北有地名五鹿，陽平元城縣東亦有五鹿。」按：《水經·河水》：「京相語曰：『今衛縣西北有五鹿城。』」杜前一説用京相説也。《水經注》引京相説，五鹿下有「今頓丘縣」四字，乃鄭氏語。洪亮吉以爲京相説，非。沈欽韓云：「按：元城之五鹿當是沙鹿地，訛爲五鹿。司馬彪云：『五鹿墟，故沙鹿。』《水經》於元城縣，但引漢元后事，證沙鹿崩。❷而於衛縣下云：『浮水故瀆東經五鹿之野，晉文公受塊於野人，即此處。』又引京相璠云：『今衛縣西北三十里有五鹿城。』以別元城之沙鹿，非此五鹿，意甚明白。顧棟高反主在元城者，非也。❸《方輿紀要》：『五鹿城在大名府開州南三十里。』」

乞食於野人，野人與之塊，【疏證】洪亮吉云：「《漢書·律曆志》作『乞食於埊人，埊人舉凷而與之』。《説文》：『凷，墣也。从土，从一屈。象形。或從鬼。』是『塊』當依《漢書》作『凷』爲正。」按：洪説是也。塊，杜無解。《晉語》注：「不見禮，故乞食。塊，墣也。」❹用許説。《晉世家》：「飢而從野人乞食，野人盛土器中進之。」

公子怒，欲鞭之。子犯曰：「天賜也。」【注】舊注：「得土爲天賜。」《御覽》八百四十七。【疏證】杜

---

❶「壽」，原作「歲」，今據《國語正義》卷十改。

❷「沙」，原作「河」，今據《春秋左氏傳地名補注》卷三改。

❸「非也」，原脱，今據《春秋左氏傳地名補注》卷三補。

❹「墣」，原作「璞」，今據《國語正義》卷十改。

注：「得土，有國之祥，故以爲天賜。」用舊注説。《晉世家》：「重耳怒，趙衰曰：『土者，有土也，君其拜受之。』」謂趙衰詞與傳異。

稽首，受而載之。【疏證】杜無注。《晉語》注：「拜天賜，受塊而載之。」此與上注「得土爲天賜」文相承，疑韋氏亦用舊説。《荀子·大略篇》：「平衡曰拜，下衡曰稽首，至地曰稽顙。」載謂載於車中也。

及齊，齊桓公妻之，有馬二十乘，【疏證】《晉世家》：「至齊，齊桓公厚禮，而以宗女妻之，有馬二十乘。」《晉語》：「齊侯妻之，甚善焉。有馬二十乘。」注：「桓公以女妻之，遇之甚善。四馬爲乘，八十匹。」傳遂云：「桓公與秦共納惠公，不欲復納重耳。❶尤忌其賢，而以計留之，故妻以女，富以馬。」

公子安之，從者以爲不可。將行，謀於桑下。【疏證】《晉語》：「桓公卒，孝公即位。諸侯畔齊。子犯知齊之不可以動，而知文公之安齊而有終焉之志也。欲行而患之，與從者謀於桑下。」注：「從者，趙衰之屬。」《晉世家》：「重耳至齊二歲而桓公卒，會豎刁等爲内亂，齊孝公之立，諸侯兵數至。留齊凡五歲。重耳愛齊女，毋去心。趙衰、舅犯乃於桑者謀行。」❷

蠶妾在其上，以告姜氏，姜氏殺之。【注】懼孝公怒，故殺之以滅口。《晉世家》集解。【疏證】杜用服説。《釋詁》：「滅，絶也。」《晉語》：「蠶妾在焉，莫知其在也。妾告姜氏，姜氏殺之。」注：「殺之以滅口也。時

---

❶「復」，原作「後」，今據《左通補釋》卷七改。

❷「者」，《史記·晉世家》作「下」。

諸侯畔齊，壻又欲去，恐孝公怒，故殺妾以滅口。」《晉世家》：「齊女侍者在桑上聞之，以告其主。主乃殺侍者。」

而謂公子曰：「子有四方之志，其聞之者吾殺之矣。」公子曰：「無之。」姜曰：「行也，懷與安，實敗名。」公子不可。姜與子犯謀，醉而遣之。醒，以戈逐子犯。【疏證】《禮記》引傳「姜」下有「氏」，❶下亦同。杜注未釋「懷」、「安」。《晉語》：「西方之書有之曰：『懷與安，實疚大事。』」注：「西方謂周也。《詩》云『誰將西歸』，又曰『西方之人』，皆謂周也。安，自安也。」則齊姜所稱乃周之故言。《曲禮》「安之而能遷」，❷注：「謂己今安此之安，圖後有害，則當能遷。晉舅犯醉重耳而行，近之。」則鄭君亦以安爲自安矣。《晉世家》：「勸重耳趣行。重耳曰：『人生安樂，孰知其他！必死於此，不能去。』齊女曰：『子一國公子，窮而來此，數士者以子爲命。子不疾反國，數勞臣，❸而懷女德，竊爲子羞之。且不求，何時得功？』乃與趙衰等謀，醉重耳，載以行。行遠而覺，重耳大怒，引戈欲殺舅犯。」

及曹，曹共公聞其駢脅，欲觀其裸。浴，薄而觀之。【注】服云：「掖下謂之脅。」《釋文》引《通俗文》。❹【疏證】《釋文》：「欲觀，如字，絶句。一讀至裸字絶句。」疏云：「斷『其裸』以上爲句。」與《釋文》一讀同。

❶「記」下，當有「疏」字。
❷「之」，《禮記正義》卷一作「安」。
❸「數」，《史記・晉世家》作「報」。
❹「引」，原無，今據《經典釋文》卷十六補。

姚寬《西溪叢語》云：「聞晉公子駢脅欲觀，❶絶句。其裸浴，絶句。」按：三讀並通。疏以「其裸」絶句，當爲古讀。「浴」亦當絶句也。《吕覽·上德篇》高誘注：「共公名襄，昭公之子。」「駢」應作「骿」。《説文》：「骿，并骨也。晉文公骿脅。」❷許似從賈氏本。骿訓「并骨」，疑亦賈義。《晉語》注：「骿脅，並幹也。」杜注：「駢脅，合幹。」合幹，猶並骨矣。《晉語》作「骿」，正與《説文》合。《論衡》作「仳脇」。《金樓子》作「胼脇」，❸皆「骿」異文。《廣雅》：「脅幹，❹謂之肋。」則脅猶肋也。《晉語》孔晁注：「聞公子脅幹，是一骨。」《商君傳》：「多力而駢脅驂乘。」是駢脅主多力，不必爲貴徵，故共公疑而欲觀之也。《説文》、《廣雅》並云：「羸，袒也。」杜注：「薄，近也。」❺洪亮吉云：「《外傳》：『諜其將浴，設微薄而觀之。』按：微薄即帷薄也，音義並同。韋昭訓微爲蔽，訓薄爲迫，義較迂曲。又按：《釋文》引《國語》云：『薄，簾也。』當係賈逵注，❻『國語』下脱『注』字耳。高誘《淮南王書》注：『曹共公聞重耳駢脅，使袒而捕魚，設薄而觀之。』義亦同。杜注本韋昭説，亦訓爲『迫』，然究不若『簾』字解有實據。」❼沈欽韓

❶「駢」，原作「軿」，今據《春秋左氏傳補注》卷三改。
❷「骿」，原作「駢」，今據《説文解字》卷四下改。
❸「樓」，原作「按」；「胼脇」，原作「朓胼」，今據《金樓子》卷三改。
❹「脅」，《廣雅》卷六無此字。
❺「近」，《春秋左傳正義》卷十五作「迫」。
❻「係」，原爲空格，今據《春秋左傳詁》卷七補。
❼「解」，原作「辭」，今據《春秋左傳詁》卷七改。

云：「垂帷薄以微觀，與闖然薄觀者較近人情。❶《淮南》注與《晉語》足相證明。」按：洪、沈説是也。《韓非子・十過》篇：「昔者，晉公子出亡，過於曹。曹君袒裼而觀之。」《晉世家》：「遂行，過曹，曹共公不禮，欲觀重耳駢脅。」

僖負羈之妻曰：「吾觀晉公子之從者，❷皆足以相國。若以相夫子，必反其國。【疏證】《晉世家》「僖」作「釐」。《晉語》注：「僖負羈，曹大夫。」杜讀「若以相」爲句，注云：「若遂以爲傅相。」❸顧炎武云：「當作至『夫子』爲句。❹夫子，即公子。」洪亮吉云：「按《晉語》説此事云：『其從者皆相國也。以相一人，必得晉國。』用彼文相方，❺其義益明。」壽曾曰：顧、洪説是也。女子稱他人無云夫子者。《御覽》四百七十六引作「公子必反其國」，只宋本正作「公子」，今本誤也。《淮南・道應訓》：「晉公子重耳出亡，過曹，❻曹無禮焉。釐負羈之妻謂釐負羈曰：『君無禮於晉公子，吾觀其從者皆賢人也。』」注：「從者，狐偃、趙衰之屬也。」

「反其國，必得志於諸侯，而誅無禮，❼曹其首也。子盍早自貳焉。」【疏證】《御覽》四百七十六引

---

❶「與」，原脱，今據《左傳杜解集正》卷三補。
❷「子」，原脱，今據《春秋左傳正義》卷十五補。
❸「傅」，原作「傳」，今據《春秋左傳正義》卷十五改。
❹「作」，《皇清經解》卷一《左傳杜解補正》作「讀」。
❺「彼」、「方」，原爲空格，今據《春秋左傳詁》卷七補。
❻「過」，原作「還」，今據《淮南鴻烈解》卷十二改。
❼「而」上，《春秋左傳正義》卷十五有「得志於諸侯」五字。

「反」上有「若」字。《晉語》注：「貳，猶別也。」杜注：「自貳，自別異於曹。」《晉世家》：「曹大夫釐負羈曰：『晉公子賢，又同姓，窮來過我，奈何不禮！』共公不從其謀。」

乃饋盤飧，置璧焉。【注】服云：「水澆飯曰飧。」《御覽》八百五十引《通俗文》。【疏證】《説文》：「飧，餔也。」《釋文》引《字林》云：「飧，水澆飯也。」與《通俗文》合。《晉語》注：「孰食曰飧。寘，置也，置璧於飧下。」杜注亦云：「用盤，❶藏璧飧中。」❷用韋注義。《晉世家》：「負羈乃私遺重耳食，置璧其下。」韋注蓋又本《世家》也。《年表》：「曹共公十六年，重耳過，無禮，僖負羈私善。」

公子受飧反璧。【疏證】杜無注。《司儀》「致饔餼，還圭」，注：「鄭司農云：『還圭，歸其玉也。❸故公子重耳受飧返璧。』」疏：「引之者，證還圭之事。但彼反璧者，義取不貪其寶，意非還圭。故後鄭不從也。」疏言不貪其寶，是《左氏》舊説。《晉世家》：「重耳受其食，還其璧。」

及宋，宋襄公贈之以馬二十乘。【注】服云：「八十匹。」《宋世家》集解。【疏證】《晉世家》：「宋新困兵於楚，❹傷於泓，聞重耳賢，乃以國禮禮於重耳。」是其事也。杜「及齊，有馬二十乘」注：「四馬爲乘，八十匹

---

❶「盤」，原爲空格，今據《春秋左傳正義》卷十五補。

❷「藏」，原爲空格，今據《春秋左傳正義》卷十五補。

❸「歸」，原作「飾」，今據《周禮注疏》卷三十八改。

❹「宋」下，《史記·晉世家》有「襄公」二字。

也。」用服注意。《檀弓》「攝束帛乘馬」釋文、《周禮》「馬乘」注皆以乘爲四馬。❶

及鄭，鄭文公亦不禮焉。【疏證】《晉語》注：「文公，鄭厲公之子捷。」《年表》：「鄭文公三十六年，重耳過，無禮。」《晉世家》：「乃去。過鄭，鄭文公弗禮。」

叔詹諫曰：【疏證】《年表》：「叔詹諫。」杜無注。《晉語》注：「叔詹，鄭大夫。」《晉世家》「詹」作「瞻」。

「臣聞天之所啓，人弗及也。晉公子有三焉，天其或者將建諸？君其禮焉。【疏證】《晉語》注：「啓，闓也。」❷闓有□義。杜注訓「開」，亦通。「三」謂天之所啓有三也。「或者」，疏：「謂天意或當然也。」

男女同姓，其生不蕃。晉公子，姬出也，而至于今，一也。【疏證】《曲禮》：「娶妻不娶同姓。」鄭玄《周禮》注：「蕃，息也。」杜注：「大戎狐姬之子，故稱姬出。」

離外之患，而天不靖晉國，殆將啓之，二也。【疏證】《晉語》注：「靖，治也。」

有三士足以上人，而從之，三也。【疏證】三士，傳不明何人。《晉語》：「僖負羈言於曹伯曰：『卿才三人從之，可謂賢矣。』」注：「三人，狐偃、趙衰、賈佗。」《晉語》又云：「宋公孫固言於襄公曰：『晉公子好善不厭，父事狐偃，師事趙衰，而長事賈佗。此三人者，實左右之。』」壽曾曰：韋注蓋取諸此。杜釋「三士」用韋說。疏乃

---

❶「攝」，原爲空格，今據《禮記正義》卷七補。「周」，原爲空格，今據《周禮注疏》卷三十三補。「馬乘」，《周禮注疏》卷三十三作「乘馬」。

❷「闓」，原漫漶不清，今據《國語正義》卷十補。下一「闓」字同。

云：「僖負羈言有卿才，❶公孫固説其名氏，知是一物，故並引之。」未知杜本□説也。因傳□晉文從者不及賈佗，叔詹所舉三人，不必盡同於公孫固，韋、杜皆意爲之説。

「晉、鄭同儕，【疏證】《曲禮》鄭注：「儕，等也。」洪亮吉：「《一切經音義》引舊説：『儕，猶輩、類也。』《左傳》『晉鄭同儕』是也。」按：鄭玄注《樂記》亦同。杜此注用鄭《曲禮》注。」壽曾曰：《音義》引舊説，或是《左氏》説也。《晉世家》：「叔瞻曰：『鄭之出自厲王，晉之出自武王。』」即明「同儕」之義。

「其過子弟，固將禮焉，況天之所啓乎？」弗聽。【疏證】《晉世家》引叔瞻諫辭與傳少異，又曰：「君不禮，不如殺之，且後爲國患。」乃采異説。

及楚，楚子享之，【疏證】《年表》：「楚成王三十五年，重耳過，厚禮之。」《晉語》：「楚成王以周禮享之，九獻，庭實旅百。」《晉世家》：「重耳去，之楚。楚成王以適諸侯禮待之，重耳謝不敢出。❷趙衰曰：『子亡在外十餘年，小國輕子，況大國乎？今楚大國而固遇子，子其毋讓，此天開子也。』遂以客禮見之。」

曰：「公子若反晉國，則何以報不穀？」【疏證】《晉語》注：「《曲禮》曰：『四夷之大國，於境内自稱不穀。』」則楚子何不穀，正與《禮》合。□□□援四年齊桓對屈完稱不穀□□韋注非，詳四年疏證。

對曰：「子女玉帛則君有之，羽毛齒革則君地生焉。其波及晉國者，皆君之餘也，其何以報

---

❶「才」，原脱，今據《春秋左傳正義》卷十五補。

❷「出」，《史記·晉世家》作「當」。

君？」【疏證】杜無注。《晉語》注：「有之，楚自多也。子女，美女也。羽，鳥羽也，翡翠、孔雀之屬。旄，旄牛尾也。齒，象牙也。革，犀兕皮也。皆生於楚。波，流也。」沈欽韓云：「波與裨聲同。❶裨，益也。」《晉世家》：「羽、毛、齒、革、玉、帛。」

曰：「雖然，何以報我？」對曰：「若以君之靈，得反晉國，晉、楚治兵，遇於中原，其辟君三舍。

【注】賈云：「《司馬法》：『從遯不過三舍。』三舍，九十里也。」《晉世家》集解。【疏證】《晉世家》「我」作「不穀」。《晉語》注：「靈，神也。」《吳語》「以與楚昭王毒逐於中原」，❷注：「中原，原中也。」《晉語》注：「治兵，謂征伐也。古者師行三十里而舍，三舍爲九十里。」下引《司馬法》曰：「進退不過三舍，禮也。」與賈注所引文異。《御覽》三百七十引古《司馬法》：❸「古者逐奔不過百步，縱綏不過三舍，是以明其仁也。」文亦異，當從《晉世家》□□爲合。李貽德云：「從，猶『韓厥從鄭伯』之從。遯，《說文》云：『逃也。』『從遯不過三舍』者，師之進退不得踰三舍也。」壽曾曰：李說是也。韋注引□□□，通用其義而改其字□□作□□，從，古縱字。綏，誤文耳。杜釋「三舍」爲「三退」，疏亦無說。《呂覽·不廣》篇注：「軍行三十里爲一舍。」《穆大子傳》「五舍至於重壁之臺」，❹注：「三十里爲舍也。」是一舍三十里也。《六月》「于三十里」，箋：「日行三十里，可以舍息。」服謂三舍九十里，不言日

❶「裨」，原作「稗」，今據《春秋左氏傳補注》卷三改。
❷「語」、「與」、「昭」、「毒」，原爲空格；「逐」，原漫漶不清，今據《國語正義》卷十九補。
❸「三」，當作「二」。
❹「子」，原脫，今據《穆天子傳》卷六補。

行三十里，與鄭君□異。《晉世家》：「重耳曰：『即不得已，與君王以兵車會平原廣澤，❶請辟王三舍。』」❷

「若不獲命，【疏證】《晉語》注：「不獲楚師返之命。」

「其左執鞭弭，右屬櫜鞬，以與君周旋。」【注】舊注：「櫜，受箭器。」《御覽》三百五十。【疏證】杜未釋「鞭」。《晉語》注：「鞭所以擊馬。❸《傳》曰：『雖鞭之長，❹不及馬腹。』」《釋器》：「弓有緣者謂之弓，無緣者謂之弭。」《晉語》注、本疏引李巡曰：❺「骨飾兩頭曰弓，❻不以骨飾兩頭曰弭。」❼孫炎曰：「緣謂繳束而漆之，弭謂不以繳束，骨飾兩頭者也。」繳、飾皆緣之意。疏謂：「二説雖反，俱以弭爲弓末。」是也。杜注：「弭，弓末無緣者。」用韋注説。馬宗璉云：❽「《御覽》引《毛詩拾遺》云：『《左傳》「左執鞭弭」，弭者，弓之別名。』」則不關有緣及與骨飾矣。杜又云：「櫜以受箭。」與《御覽》引注義同文異，則《御覽》所引當是舊注。《晉語》注：「櫜，矢房。」與□□注同。昭元年傳「伍舉請垂櫜而入」，杜彼注□：「示無弓。」則與此傳注義又殊。疏云：「《詩》云『載櫜弓

❶「澤」，原爲空格，今據《史記·晉世家》補。
❷「請」，原爲空格，今據《史記·晉世家》補。
❸「擊」，原爲空格，今據《國語正義》卷十補。
❹「雖」，原作「惟」，今據《國語正義》卷十改。
❺《晉語》注未引李巡、孫炎語。「巡」，原作「迪」，今據《春秋左傳正義》卷十五改。
❻「飾」，原作「仰」，今據《春秋左傳正義》卷十五改。
❼「兩頭」，原漫漶不清，今據《春秋左傳正義》卷十五補。
❽「宗」，原作「字」，今改。

矢』。□□俱名櫜也。❶以對文而分之耳。」《方言》云：「所以藏箭謂之箙，❷藏弓謂之韔。《左氏傳》云『右屬櫜韔』。」引此傳以釋韔，則韔爲藏弓器，亦《左氏》舊□矣。《廣雅》：「櫜、韣，弓藏也。」《晉語》注□：「韔，弓弢也。」《齊語》「弢無弓，❸服無矢」，韋注亦云：❹「弢，弓衣。」服，即《方言》之「箙」矣。杜注：「韔以受弓。」亦用韋注説。《禮記》鄭玄注：❺「屬謂若也。」❻《晉語》注又云：「言以禮過君，❼君不從，乃敢左執弓，右屬手於房以取矢，❽共君周旋，相馳逐也。」如彼注□則此爲□□□弓矢之狀，鞭、韔皆殃以成。□□□引《周語》孔晁注，❾乃云：「馬鞭及弓分在兩手，欲辟右帶櫜韔之文，❿故云『左執』。」非也。

子玉請殺之。【疏證】《晉語》注：「子玉，楚若敖之曾孫，令尹成得臣也。」《晉世家》：「楚將子玉怒曰：

---

❶「□□」，《春秋左傳正義》卷十五作「則弓矢所藏」。

❷「所」，原爲空格，今據《方言》卷九補。

❸「齊」，原爲空格，今據《國語正義》卷六補。

❹「韋」，原爲空格，今據《國語正義》卷六補。

❺「禮記」，疑當作「儀禮」。

❻「若」，疑當作「著」。

❼「過」，《國語正義》卷十作「避」。

❽「手於房以取」，原爲三空格，今據《國語正義》卷十補。

❾「孔」，原作「孫」，今據《春秋左傳正義》卷十五改。

❿「右帶」，原爲空格，今據《春秋左傳正義》卷十五補。

『王遇晉公子至厚，今重耳言不孫，請殺之。』」此得傳意。杜注：「畏其志大。」非。

楚子曰：「晉公子廣而儉，文而有禮。其從者肅而寬，忠而能力。【疏證】《晉世家》：「成王曰：『晉公子賢而困於外，從者皆國器。』」

「晉侯無親，外内惡之。

「吾聞姬姓，唐叔之後，其後衰者也，【疏證】衰，杜無注。後衰，猶言後止也。洪亮吉云：「此『衰』字當作『興』字解，如古訓『亂』爲治，❶與下文『將興』之『興』字互文。」義殊迂曲。

「其將由晉公子乎！天將興之，誰能廢之？違天必有大咎。」乃送諸秦。【疏證】《晉世家》：「居楚數月，而晉太子圉亡秦，秦怨之。聞重耳在楚，乃召之。成王曰：『楚遠，更數國乃至晉。秦晉接境，秦君賢，子其勉行！』厚送重耳。」

秦伯納女五人，懷嬴與焉。【疏證】《年表》：「秦繆公二十三年，迎重耳於楚，厚禮之，妻之女。重耳願歸。」❷《晉語》注：「懷嬴，故子圉妻。子圉逃歸，立爲懷公，故曰懷嬴。與焉者，與爲媵也。」杜注用韋説。本疏引孔晁注：❸「歸懷嬴，更以貴妾禮迎之。」故韋注言媵也。《秦本紀》：「秦怨圉亡去，乃迎晉公子重耳於楚，而妻以故子圉妻。重耳初謝，後乃受。」《晉世家》：「重耳至秦，秦繆公以宗女五人妻重耳，故子圉妻與往。重耳不欲受，

---

❶「亂」，原爲空格；「治」，原作「沾」，今據《春秋左傳詁》卷七補改。

❷「重」，原脱，今據《史記・十二諸侯年表》補。

❸「孔」，原作「孫」，今據《春秋左傳正義》卷十五改。

司空季子曰：『其國且伐，況其故妻乎！且受以結秦親而求入，❶子乃拘小禮，忘大醜乎！』❷乃受。」

奉匜沃盥。既而揮之，【注】賈云：「揮，灑也。」潘安仁《懷縣詩》注引《國語》注。【疏證】《説文》：「匜，似羹魁，柄中有道，可注水。盥，澡手也。《春秋傳》曰『奉匜沃盥。』」賈注或即以「盥」爲澡手。鄭玄《儀禮》注：「匜，沃盥器也。」杜注用之。《内則》「敦、牟、卮、匜，非餕莫敢用」，注：「卮、匜，酒漿器。敦、牟，黍稷器也。」疏云：「卮，酒器也。匜，盛水漿之器。故《春秋傳》云『懷嬴奉匜盥』是也。」《南史・劉悛傳》：❸「齊武帝嘗至悛宅，晝卧，悛自奉金澡罐受四升水以沃盥，因以與帝。」澡罐即匜矣。杜止釋匜，未言沃盥之禮。《晉語》注：「《昏禮》：❹『嫡入於室，媵、御奉匜，盥。』」案：《士昏禮》云：「婦至，主人揖婦以入。及寢門，揖入，升自西階。媵布席於奥。夫入於室即席。婦尊西，南面。媵、御沃盥交。」注：「媵謂女從者。御謂婿從者。媵沃婿，盥於南洗。御沃婦，盥於北。」馬宗璉云：「秦以文嬴妻文公，以懷嬴爲媵。令於入室時使沃婿盥於南洗也。」按：馬説是也。❺韋引《昏禮》以從媵有沃盥之事。《爾雅》郭注：「揮，振去水。」何承天云：「振去爲揮。」《晉語》韋注亦云：「揮，灑也。」並用賈注，似「揮」爲就匜振水。《曲禮》「飲玉爵者弗揮」，《釋文》：「何云：『振去餘酒曰揮。』」疏：

---

❶「結」，原作「給」，今據《史記・晉世家》改。

❷「醜」，原爲空格，今據《史記・晉世家》補。

❸「悛」，原作「惔」，今據《南史・劉悛傳》改。下二「悛」字同。

❹「昏」，原作「晉」，今據《國語正義》卷十改。

❺「馬」，原作「朱」，今據上文改。

「《左傳》：『奉匜沃盥，既而揮之。』揮之是振去餘水。」惠棟云：「振去匜中之水，故曰揮。杜氏訓『揮』爲『湔』。正義謂『以濕手揮之，使水湔污其衣』，疑非。」❶案：□□杜況當□然□□揮去餘水，未必致懷嬴之怒。《特牲》：「尸盥，匜水實於盤中，簞巾在門内之右。」注：「盥水及巾，尸尊不就洗，❷又不揮。」疏：「揮手，振去水，使手乾，今有巾，❸故不揮也。是以《左氏傳》云公子重耳在秦，❹『秦伯納女五人，懷嬴與焉。奉匜沃盥，既而揮之，懷嬴怒』是也。」沈欽韓云：「此揮者，未授巾也。」是未授巾之時，文公揮水自乾其手也，説最近之。洪亮吉云：「懷嬴不欲，故以手揮灑此水。」❺義亦迂曲。

怒曰：「秦、晉匹也，何以卑我！」【疏證】《晉語》注：「匹，敵也。卑，賤也。」杜注「匹」用韋説。

公子懼，降服而囚。【注】服虔云：「申意於楚子，❻伸於知己；降服於懷嬴，屈於不知己。」本疏。**【疏證】**《晉語》注：「懼嬴之訴。降服，徹上服，自囚以聽命也。」杜注：「去上服，自囚以謝之。」服注當亦釋「降服」，疏引文不具。《管晏列傳》：「越石父曰：『吾聞君子詘於不知己而信於知己。』」索隱曰：「信讀曰申。」服

---

❶「疑」，原作「較」，今據《皇清經解》卷三百五十四《春秋左傳補註》改。
❷「尊」，原作「等」；「就洗」，原爲空格，今據《儀禮注疏》卷四十四改補。
❸「巾」，原作「帀」，今據《儀禮注疏》卷四十四改。
❹「是」，原爲空格，今據《儀禮注疏》卷四十四補。
❺「灑」，原爲空格，今據《春秋左傳詁》卷七補。
❻「於」，原作「與」，今據《春秋左傳正義》卷十五改。

注本之。

他日，公享之。子犯曰：「吾不如衰之文也。【疏證】《晉語》注：「文，文辭也。」杜用韋説。

「請使衰從。」公子賦《河水》，【疏證】《晉語》注：「『河』當爲『沔』，字相似誤也。其詩：『沔彼流水，朝宗于海。』言己反國當朝事秦。」按：《詩》傳：「沔，流滿也。❶水猶有所朝宗。」❷陳奐《詩傳疏》：❸「《匏有苦葉》傳：『瀰，深水也。』沔、瀰聲相近。水喻衆諸侯。❹水有朝宗，喻諸侯有朝宗于王。海水外至，猶諸侯之外來。《玄鳥》篇『四海來假，來假祈祈』，即其義也。」陳氏疏傳與鄭異，鄭謂「納水趨海若《周禮》春夏朝宗也」。杜注：「《河水》，逸《詩》也。義取朝宗于海，海喻秦。」杜不用韋説，較舊説有異。河水，洪亮吉云：「杜云『逸《詩》』，誤。劉炫規之是矣。」按：「賦《六月》」有規過，此條無，洪説不知何據。

公賦《六月》。【疏證】《晉語》注：「《六月》，《小雅》。道尹吉甫佐宣王征伐，復文、武之業。其詩云：『王于出征，以匡王國。』其二章曰：『以佐天子。』其三章曰：『共武之服，以定王國。』此言重耳爲君，必霸諸侯，以佐天子。」杜注用韋説，謂：「喻公子還晉，必能匡王國。」則杜取首章爲義，與韋説小殊。杜又云：「古者禮，❺因古

❶「流」上，《毛詩正義》卷十一有「水」字。
❷「猶」，原作「獨」，今據《毛詩正義》卷十一改。
❸「奐」，原爲空格，今據《詩毛氏傳疏》卷十八補。
❹「衆」，原爲空格，今據《詩毛氏傳疏》卷十八補。
❺「禮」下，《春秋左傳正義》卷十五有「會」字。

詩以見義，故言賦《詩》斷章也，其全稱詩篇者，多取首章之義，他皆放此。」疏因劉炫《規過》云：「案《春秋》賦《詩》，有雖舉篇名，不取首章之義者。故襄二十七年公孫段賦《桑扈》，趙孟曰『匪交匪敖』，乃是卒章。又昭元年云令尹賦《大明》之首章，既特言首章，明知舉篇名者不是首章。」疏駁炫説謂：「杜言多取首章，言多，則非是總皆如此。」邵瑛云：「下文賓曰『君稱所以佐天子者命重耳』，『以佐天子』實次章之言，不可爲首章也。且『以匡王國』言出征玁狁，❶以正王國之封畿，❷實不如『以佐天子』之親切也。」壽曾曰：邵謂此賦《六月》有取二章，是也。然秦伯稱《詩》意，是不止取二章。《晉語》：「秦伯賦《六月》，子餘曰：『君稱所以佐天子、匡王國者以命重耳。』」故韋備舉一章、二章、三章之詞。定王國猶匡王國矣。邵氏不引《外傳》以證杜誤，而謂首章不親切，非也。此傳篇説當與韋同，故杜稱取首章以異之。

趙衰曰：「重耳拜賜。」公子降，拜，稽首，公降一級而辭焉。【疏證】降拜，《晉語》注：「降，下堂也。」杜注：「下階一級，公子稽首。」沈欽韓云：「《公食大夫禮》：『公降一等，辭曰：「寡君從子，雖將拜，興也。」』注：『賓猶降，成其再拜稽首。』受幣。❸是禮賓主非敵，賓必降拜，公必降辭也。辭者，辭其降拜，非辭其稽首，杜發言無不謬也。」

---

❶「征」，原作「記」，今據《劉炫規杜持平》卷二改。

❷「以正」，原作「豈」，今據《劉炫規杜持平》卷二改。

❸「受」上，《左傳杜解集正》卷三有「聘禮賓降辭幣公降一等辭栗階升聽命降拜公辭升再拜稽首」二十五字。

衰曰：「君稱所以佐天子者命重耳，重耳敢不拜。」【疏證】《六月》二章：「王于出征，以佐天子。」傳：「出征以佐其爲天子。」毛用《傳》意。杜既謂「取首章」，而此傳注云：「《詩》首章言匡王國，二章言佐天子，故趙衰因通言之。」一簡之中，義乃矛盾。

【經】二十四年，春，王正月。

夏，狄伐鄭。

秋，七月。

冬，天王出居於鄭。【疏證】《年表》：「周襄王十六年爲魯僖公二十四年，王奔氾。氾，鄭地也。」沈欽韓云：「《公羊》言不孝，杜預反之，故謂其蔽于匹夫之孝，自絶於周。然傳歷著富辰之諫，見其喜怒無常，動作失度，女禍作於内，寇戎興於外，職其自取。書曰『出居』，見萬乘之主失據非常，自詒伊戚，非謂蔽於匹夫之孝也。先后如何之語，乃其飾詞耳，當時襄王力能殺帶乎？」

晉侯夷吾卒。【疏證】杜注：「文公定位而後告。」顧炎武云：「疑此錯簡，當在二十三年之冬。《左傳》曰：『九月，晉惠公卒。』晉之九月，周之冬也。」文淇案：《晉語》：「十月惠公卒，十二月秦伯納公子。」注：「《内傳》：『魯僖公二十三年九月，晉惠公卒。』而此云十月。賈侍中以爲閏餘十八，閏在十二月後，魯失閏，以閏月爲正月，晉以九月爲十月而置閏也。秦伯以十二月始納公子，公子以二十四年正月入晉桑泉。」據□世經僖公五年入五十三章首，則二十三年入章十九年。依術推之，閏餘十二，以十二乘閏餘，得百四十四，加七者十二，盈章中而無餘分，應閏十二月。傳中謂閏在十二月後是也。十二誤爲十八，傳寫誤耳。本年傳文二月甲午、辛丑、壬寅、丙午、丁未、戊申，定爲二十三年十二月，説見後。顧謂此經爲錯簡，其説是也。

【傳】二十四年，春，王正月，秦伯納之，不書，不告入也。【疏證】杜注：「納重耳也。」《晉世家》：「晉國大夫欒、郤等聞重耳在秦，皆陰來勸重耳、趙衰等反國，❶爲内應甚衆。於是秦繆公乃發兵與重耳歸晉。」

及河，子犯以璧授公子曰：「臣負羈絏從君巡於天下，【注】服云：「一曰犬繮曰紲，古者行則有犬。」本疏。【疏證】《校勘記》云：「絏，《説文》引作紲。《水經注》四引同。石經避廟諱偏旁作絏。」則傳宜作「紲」也。《晉語》「及河，子犯授公子載璧」，注：「載，祀也。授，還也。」如韋説，則子犯掌祭祀之璧，將行，還璧於公子也。《韓子・外儲》述文公及河事云「令籩豆捐之」語。❷子以其棄祀，故還璧。《説文》：「羈，馬絡頭也。從四從馽。❸羈，❹一絆也。羈或從革。紲，系也。《春秋傳》『臣負羈紲』。」賈君注誼當亦然。杜注：「羈，馬羈。絏，馬繮。」不用服説。疏：「杜以紲爲馬繮者，紲是係之别名，係馬、係狗，皆得稱紲，彼對文耳，散則可通。巡於天下，用馬爲多。」疏蓋駁服説也。洪亮吉云：「《漢官儀》云：『馬曰羈。』《少儀》曰：『犬則執紲。』按：此則紲爲犬韁之證。韋昭《國語》注『從者爲羈紲之僕』，亦云『犬曰紲』，是矣。杜必改曰馬韁，非是。」洪氏申服義，是矣。然

---

❶「趙」上，原衍「行」字，今據《史記・晉世家》删。

❷「令」，原爲空格，今據《韓非子》卷十一補。

❸「四」，《説文解字》卷七作「网」。

❹「羈」，原作「二馬」，今據《説文解字》卷七改。

服注此條亦非全文。李貽德云：「服氏出『一曰』，當有本義，今不存矣。杜所用者，當爲服之本義，正義所引者爲服之或説耳。」按：李説是也。《説文》但明紲之爲系，賈注或亦以紲爲馬繮。李又□犬繮爲賈説，非也。《晉書・王敦傳》：「敦上書曰：『霸王之主，何嘗不任賢使能，共相終始。管仲有三歸反坫之譏，子犯有臨河要君之責，蕭何、周勃得罪囹圄，然後爲良佐。』」是舊説以子犯爲要君也。

「臣之罪甚多矣。臣猶知之，而况君乎！請由此亡。」

公子曰：「所不與舅氏同心者，有如白水。」投其璧於河。【疏證】《校勘記》：「《檀弓》正義引傳『所』下有『反國』二字。按誓詞多云『所不』，襄二十五年傳『所不與崔慶者』，《論語》『予所不者』是也。《檀弓》正義『反國』二字疑後人妄加。」杜注：「子犯，重耳舅也。」《晉語》云：「所不與舅氏同心者，有如白水。」注：「因沈璧自誓爲信。」《晉世家》：「重耳曰：『若反國，所不與子犯共者，河伯視之！』❶乃投璧河中，以與子犯盟。」蓋「所不與」二句，即盟辭也。《韓子・外儲》：「解左驂而盟於河。」

濟河，圍令狐，入桑泉，取臼衰。【疏證】《晉語》：「公子濟河，召令狐、臼衰、桑泉，皆降。」❷注：「三者皆晉邑。召，召其長也。」《水經注》引京相璠《春秋土地名》：「桑泉、臼衰并在解東南。」洪亮吉云：「按杜注云：『桑泉在解縣西。解縣東南有臼城。』❸張華《博物記》曰：『臼，季邑，解縣西北。』今考解州西北三十里已至臨晉

---

❶ 「視」，原爲空格，今據《史記・晉世家》補。

❷ 「降」，原爲空格，今據《國語正義》卷十補。

❸ 「臼」，原作「向」，今據《春秋左傳詁》卷八改。

縣界，解故城在臨晉東南，則距解州界當不甚遠。臼城在州西北，❶雖不言里數，然尚在故縣東南。可知京、杜言臼城在解縣東南之説爲謫，《博物志》非也。」按：洪説是。杜用京相璠説。沈欽韓云：「《一統志》：『令狐城在蒲州猗氏縣西十五里。桑泉城在蒲州府臨晉縣東北。《臨晉縣志》：「桑泉城今亭東村南小蓋原是其處，❷其下爲泉子溝。」』」顧棟高云：「臼衰在今解州西北。」江永云：「按：解州，今直隸山西。」顧氏以臼衰在解西北，非，當作「東南」。

二月，甲午，晉師軍于廬柳。【疏證】《晉語》注：「甲午，二月六日。廬柳，晉地。軍，猶屯也。」貴曾曰：依三統術，二十三年十二月辛卯朔，四月甲午，非六日也。是年正月庚寅朔，亦有甲午。因三月己丑朔，推爲上年閏十二月，故此條定爲二十三年十二月。廬柳，杜無注。賈氏注地，止稱某國，韋注當本賈注也。沈欽韓云：「《方輿紀要》：『蒲州猗氏縣北有廬柳城。』」

秦伯使公子縶如晉師，【疏證】杜無注。如晉師之故，傳所不具。《晉世家》：「晉聞秦兵來，亦發兵拒之。然皆陰知公子重耳入也。唯惠公之故貴臣呂、郤之屬不欲立重耳。」當是據《左氏》舊説。傳爲下文呂、郤謀弑文公張本。

師退，軍於郇。【注】服虔云：「郇國在解縣東，郇瑕氏之墟也。」《水經·涑水》注。【疏證】《説

❶「臼」，原作「舊」，今據《春秋左傳詁》卷八改。
❷「亭」，原爲空格；「蓋」，原重文，今據《春秋左氏傳地名補注》卷三補删。

文》：「郇，讀若泓。」當是□音。《晉語》注：「郇，晉地。退歸聽命也。」❶《地理》《郡國志》解並屬河東。《續志》劉昭注：「《左傳》：咎犯與秦、晉大夫盟于郇。」然不言郇在解之何方。杜注：「解西北有郇城。」《水經注》：「涑水又西逕郇城。」注引服説，又云：「案《竹書紀年》云：『晉惠公十有五年，秦穆公率師送公子重耳，圍令狐，桑泉、臼季皆降焉秦師，❷狐毛與先軫禦秦，至於廬柳，乃謂秦穆公，使公子縶與師言，❸退舍，次於郇，盟於軍。』京相璠《春秋土地名》曰：『桑泉、臼衰並在解東南，不言解，明不至解。』可知《春秋》之文與《竹書》不殊。今解故城東北二十四里有故城，在猗氏故城西北，鄉俗名之爲郇。考服虔之説，又與俗符，賢于杜氏單文孤證矣。」則□氏已不用杜説矣。洪亮吉云：「按：《蒲州圖經》『郇城在猗氏縣西南』，正漢解縣之東。❹杜注『在西北』，非也。」按：洪説非也。《方輿紀要》：「郇城在蒲州臨晉縣東北十五里。」

辛丑，❺狐偃及秦、晉之大夫盟于郇。

壬寅，公子入于晉師。丙午，入于曲沃。丁未，朝于武宮。【注】賈云：「文公之祖武公廟也。」《晉世家》集解。【疏證】《晉世家》：「壬寅，重耳入於晉師。丙午，入於曲沃。丁未，朝于武宮，即位爲晉君，是爲

❶「歸」，《國語正義》卷十作「師」。
❷「焉」，原爲空格，今據《水經注箋》卷六補。
❸「縶」，原爲空格，今據《水經注箋》卷六補。
❹「漢」，原爲空格，今據《春秋左傳詁》卷八補。
❺「辛丑」至「于郇」十三字，原脱，今據《春秋左傳正義》卷十五補。

文公。」貴曾曰：依三統術，二十三年十二月十二日壬寅，十六日丙午，十七日丁未。武宮，杜注用賈説。《南齊書・禮志》：「永泰元年，有司議令廟見否。尚書令徐孝嗣議：『嗣君即位，並無廟見之文，蕃支纂業，乃有虔謁之禮。』左丞蕭琛議：『竊聞祗見厥祖，義見《商書》，朝于武宮，事書晉册。豈有正位居尊，繼業承天，而不虔覲祖宗，格於太室。《毛傳・周頌》篇曰：「《烈文》，成王即政，諸侯助祭也。」鄭注云：「新主即政，必以朝享之禮祭於祖考，告嗣位也。」又篇曰：❶「《閔予小子》，嗣王朝廟也。」鄭注云：「嗣王者，謂成王也。除武王之喪，將始即政，朝于廟也。」則隆周令典，❷炳焕經紀，體嫡居正，莫若成王。』」文淇案：蕭琛議謂無論體嫡居正及蕃支纂業，皆當朝廟。晉之文公、成公、悼公朝于武宮，皆以蕃繼業者也。❸

戊申，使殺懷公于高梁。不書，亦不告也。【疏證】《年表》：「晉文公元年，誅子圉。」《晉世家》：「懷公圉奔高梁。戊申，使人殺懷公。」貴曾曰：依三統術，二十三年十二月十八日戊申。《吕覽・原亂》篇：「秦繆公起奉公子重耳，❹以攻懷公，殺之於高梁。」

吕、郤畏偪，將焚公宮而弒晉侯。【疏證】《晉語》：「于是吕甥、冀芮畏逼，❺悔納公，謀作亂，將以己丑

---

❶「篇」，原爲空格，今據《南齊書・禮志》補。
❷「隆」，原爲空格，今據《南齊書・禮志》補。
❸「蕃」下，疑當有「支」字。
❹「起」，原爲空格，今據《吕氏春秋》卷二十三補。
❺「甥」，原爲空格，今據《國語正義》卷十補。

焚公宫。」注：「此二子本惠公黨，畏見逼害，故謀作亂。己丑，魯僖公二十四年三月朔，時以爲二月晦。」焚宫以己丑，詳「公宫火」條。《晉世家》：「懷公故大臣吕省、郤芮本不附文公，文公立，恐誅，乃欲與其徒謀燒公宫，殺文公。」是其事也。

寺人披請見，公使讓之，且辭焉。【疏證】《釋文》：「寺，本又作侍。」《晉世家》：「履鞮知其謀，欲告文公，解前罪，求見文公。文公不見。」

曰：「蒲城之役，君命一宿，女即至。【疏證】宋本「役」作「伇」。《校勘記》云：「《説文》：『古文「役」從人。』」《韓非·外儲》述此事：「公曰：『蒲城之役，君令一宿，而汝即至。』」杜注：「即日曰至。」❶

「其後余從狄君以田渭濱，【疏證】《晉語》注：「濱，涯也。重耳在狄，從翟君田于渭濱。」沈欽韓云：「《韓非·難三》『渭濱』作『惠竇』。按：赤狄在潞安府，白狄在延安府，故鄜州境，❷與渭水皆遠，『惠竇』或是也。」壽曾曰：内外《傳》皆作「渭濱」，或狄中山水蒙渭名耳。

「女爲惠公來求殺余，命女三宿，女中宿至。雖有君命，何其速也。【疏證】《釋文》：「或無『至』字。」沈欽韓云：「按：《韓非》亦無『至』字。」《晉世家》：「其後我從狄君獵，女爲惠公來求殺我。惠公與汝期三日至，而女一日至，何速也？」是其事。唯作「中宿」，《史記》爲「一日」，小異。中宿，謂第二日也。

---

❶ 「曰」，《春秋左傳正義》卷十五無此字。

❷ 「故」，原作「及」，今據《春秋左氏傳地名補注》卷三改。

「夫祛猶在，女其行乎。」【疏證】《晉世家》：「蒲城之役，女斬予祛。」

對曰：「臣謂君之入也，其知之矣。【疏證】《晉語》注：「知爲君之道也。入，反國也。」杜注：「知君人之道。」用韋説。

「若猶未也，又將及難。君命無二，古之制也。除君之惡，唯力是視，蒲人、狄人，余何有焉？【疏證】《晉語》「是視」作「所及」，注：「當獻公之世，❶君爲蒲人、狄人耳。二君之所惡也，於何有義而不殺君乎？」❷杜用韋説。《韓子・外儲》：「寺人披曰：『君令不二，除君之惡，唯恐不堪，蒲人、翟人，余何有焉？』」注：「當時君爲蒲、翟之人，無臣之分，❸則何有焉？」如彼注，則「何有」指君臣之分也，韋説當本此。俞樾訓「有」爲「愛」，非。《後漢書・楊秉傳》：「尚書召對秉掾屬曰：『公府外職，而奏劾近官，經典漢制有故事乎？』❹秉使對曰：『趙鞅以晉陽之甲，逐君側之惡。傳曰：『除君之難，❺唯力是視。』』」壽曾：依《秉傳》，則《左氏》古義以伐蒲之役例於晉陽之甲。

「今君即位，其無蒲、狄乎？【疏證】杜無注。疏：「言有人在蒲、在狄爲君，猶是也。」語意未晰。《晉

---

❶「公」，《國語正義》卷十作「惠」。

❷「何有」，《國語正義》卷十作「我有何」。

❸「無」，原爲空格，今據《韓非子》卷十六補。

❹「漢」，原爲空格，今據《後漢書・楊秉傳》補。

❺「難」，《後漢書・楊秉傳》作「惡」。

語》注：「獨無所畏惡如蒲、翟者乎？」《晉世家》：「臣刀鋸之餘，❶不敢以二心事君倍主，故得罪於君。君已反國，其無蒲、翟乎？」□毋、無通。

「齊桓公置射鉤而使管仲相，【疏證】射鉤事傳不見。《齊世家》：「管仲別將兵遮莒道，射中小白帶鉤。小白佯死。」《管子・小匡》篇：「桓公曰：『管夷吾親射寡人，❷中鉤，殆于死。今乃用之，可乎？』鮑叔曰：『彼爲其君動也。』」❸《呂覽・貴卒》篇：「管仲扞弓射公子小白，❹中鉤。」注：「鉤，帶鉤也。」《晉語》「乾時之役，申孫之矢集於桓鉤」注：「申孫，矢名。鉤，帶鉤也。」杜注亦謂：「乾時之役。」本《晉語》。《晉世家》：「且管仲射鉤，桓公以霸。」

「君若易之，何辱命焉？【疏證】《晉語》注：「易，反也。」杜注：「言若反齊桓，己將自去，不須辱君命。」用韋說也。

「行者甚衆，豈唯刑臣？」《釋文》：「甚，一作其。」王念孫云：「言君若念舊惡，則行者其衆矣。其者，將然之辭。此時尚未有行者，不得言甚衆也。」壽曾曰：王說是也。其衆，杜無說。疏云：「則出奔者甚衆多矣。」不從別本。《寺人》注：「寺之言侍也。」疏：「此奄人也。知者，寺人披請見，曰：『刑者甚衆，豈爲刑臣？』彼寺人披

---

❶「臣」，原作「注」，今據《史記・晉世家》改。
❷「吾」，原作「相」，今據《管子》卷八改。
❸「動」，原爲空格，今據《管子》卷八補。
❹「扞」，原作「扜」，今據《呂氏春秋》卷二十一改。

自稱刑人，明寺人，奄人也。」杜注：❶「披，奄人。」與《禮》疏説同。

公見之，以難告。三月，晉侯潛會秦伯於王城。己丑晦，公宮火。瑕甥、郤芮不獲公，乃如河上，秦伯誘而殺之。【疏證】貴曾曰：正月庚寅朔，大，己未。❷二月庚申朔，小，戊子晦。三月己丑朔，大，戊午晦。晦日皆非己丑。惟二十三年閏十二月，辛酉朔，小，己丑晦，疑傳文有錯簡，或置閏失所。杜注不釋「王城」，《晉語》：「王城，秦河上邑。」❸蓋別於洛陽之王城也。《郡國志》：「左馮翊臨晉有王城。」《晉世家》索隱引杜注：「馮翊臨晉東有故王城，今名武鄉城。」❹今注疏各本並脱此注。顧棟高云：「今朝邑縣西二里有故臨晉城，爲秦之王城。」洪亮吉云：「呂甥蓋食采于瑕，❺故又稱瑕甥。」《晉語》「公懼，乘馹自下，脱會秦伯於王城」，注：「馹，傳也。自，從也。下，下道也。脱會，❻遁行潛逃之言也。」《晉世家》：「文公欲召呂、郤，呂、郤等黨多，文公恐初入國，二人賣己，乃爲微行，會秦繆公于王城。三月己丑，呂、郤等果反，焚公宮，不得文公。文公之衛徒與戰，呂、郤等引兵欲奔，秦繆公誘呂、郤等，殺之河上。」

---

❶「杜注披奄人」，原重文，今删。
❷「未」下，疑當有「晦」字。
❸「秦」，原作「晉」，今據《國語正義》卷十改。
❹「鄉」，原爲空格，今據《史記・晉世家》補。
❺「甥」，原作「瑕」，今據《春秋左傳詁》卷八改。
❻「會」，原爲空格，今據《國語正義》卷十補。

晉侯逆夫人嬴氏以歸。【注】服云：「繆公女。」《秦本紀》集解。賈云：「秦穆公女文嬴也。」《晉語》注。【疏證】杜注：「秦穆公女文嬴也。」❶用賈、服説。《晉語》：「元年春，公及夫人嬴氏至自王城。」注：「文公元年，魯僖二十四年。晉賈侍中云：『是月失閏，故曰春，而不言其月，明四月爲春分之月也。嬴氏，秦穆公女文嬴也。』或云：『夫人，辰嬴。』《傳》曰：『辰嬴賤，班在九人。』非夫人，賈得之。」壽曾：□三統術，是年四月己未朔，初四壬戌春分，故賈謂「四月，春分之月也」。《晉世家》則云：「夏，迎夫人於所，與文公妻者，卒爲夫人。」則承三月晦之文，增一「夏」字，與《外傳》違。其云是月失閏，當以三月己丑朔，不合於術矣。韋注「或云辰嬴」，當亦舊説，與賈、服異。

秦伯送衛於晉三千人，實紀綱之僕。【疏證】高誘《淮南子》注：「衛，猶護助也。」杜注：「以兵衛文公。」蓋以「衛」爲兵衛之衛。惠棟云：「《韓非子》曰：『穆公以疇騎二千輔公子重耳，入之于晉。』《禮記》□曰：『漢律，民年二十傅之疇官，各從其父學習騎射。』❷故謂之疇騎，即所謂紀綱之僕也。服虔文七年注云：『衛，從兵也。』」文淇案：《晉語》：「秦伯納衛三千人，實紀綱之僕。」韋昭云：「所以設國紀綱也，爲之備衛。僕，使。」杜謂：「諸門户僕隸之事。」亦用韋説。杜以衛爲兵，用服説。如《禮》注，則紀綱之僕必是秦兵子弟廪於官者之名。韋注「設國紀綱」，意未分明。《晉世家》：「秦送三千人於衛，以備晉亂。」杜以「兵」訓「衛」，而謂主門户僕隸之事，亦非古義也。

---

❶ 「女」，原脱，今據《春秋左傳正義》卷十五補。

❷ 「從」，原作「以」，今據《皇清經解》卷三百五十四《春秋左傳補註》改。

初，晉侯之豎頭須，守藏者也。【疏證】《周禮》鄭注：「豎，未冠者之稱。」杜注：「頭須，一曰里鳧須。豎，左右小吏。」□：❶「《史記》謂之里鳧須，與傳文不同。」臧，各本「藏」，從石經及《釋文》。《禮樂志》顔師古注：「古書懷藏之事，本皆作臧。」❷

其出也，竊臧以逃，【疏證】《韓詩外傳》：「晉文公亡，過曹，里鳧須從，因盗重耳資而亡。重耳無糧，餒不能行，介子推割股以食重耳，然後能行。」

盡用以求納之。【疏證】杜注：「求納文公。」

及入，求見，公辭焉以沐。謂僕人曰：「沐則心覆，心覆則圖反，宜吾不得見也。【疏證】《晉語》注：「覆，反也。沐低頭，故言心反也。」

「居者爲社稷之守，行者爲羈紲之僕，其亦可也，何必罪居者？國君而讎匹夫，懼者甚衆矣。」僕人以告，公遽見之。【疏證】《後漢書·寇榮傳》：「榮上書曰：『國君不可以讎匹夫，讎之則一國盡懼。』」注引此傳，榮書當是舊説。《釋文》：❸「『懼者甚衆矣』，本或作『其衆』。」王念孫云：「《晉語》作『懼者衆』，則作『其』者是也。」壽曾曰：「甚衆」亦複互之辭，義可。《晉語》注：「遽，疾也。」

---

❶「□」，疑當作「疏」。

❷「臧」，原作「藏」，今據《漢書·禮樂志》改。

❸「釋」，原作「説」，今據《經典釋文》卷十六改。

狄人歸季隗于晉而請其二子。杜注：「二子，伯鯈、叔劉。」

文公妻趙衰，生原同、屏括、樓嬰。【疏證】杜注：「原、屏、樓，❶三子之邑。」未述邑當何地。顧棟高云：「原即周襄王所賜邑，趙衰嘗爲原大夫，今河南懷慶府濟源縣西北十五里有原鄉。」高士奇云：❷「《路史》：『炎帝臣屏翳封屏國。』趙括采邑當在其處。又今山西永和縣南十里有樓山城。」

趙姬請逆盾與其母，子餘辭。【疏證】杜注：「趙姬，文公女也。盾，狄女叔隗之子。」注：「子餘，趙衰字。」杜用韋説。

姬曰：「得寵而忘舊，何以使人？必逆之。」固請，許之。來，以盾爲才，固請於公，以爲嫡子，而使其三子下之，以叔隗爲内子而己次之。【疏證】《趙世家》：「趙衰既反晉，晉之妻因要迎翟，❸而以其子盾爲適嗣，晉妻三子皆下之。」與傳同。唯以重耳在晉時，趙衰妻亦生趙同、趙括、趙嬰齊，❹後從重耳出亡奔翟，翟乃以長女妻趙衰，與傳異。《雜記》「内子以鞠衣、褒衣、素沙」，❺注：「内子，卿之適妻也。《春秋傳》曰『晉趙姬請逆叔隗于狄，趙衰以爲内子，而己下之』是也。」杜注：「卿之嫡妻爲内子。」用《禮》注説。《魯語》「卿之内子

---

❶「樓」，原脱，今據《春秋左傳正義》卷十五補。

❷「高」，原爲空格，今據《春秋地名考略》卷十四補。

❸「晉」，原爲空格，今據《史記·趙世家》補。「因要迎翟」，《史記·趙世家》作「固要迎翟妻」。

❹「衰」，原作「哀」，今據上文改。

❺「素」，原作「表」，今據《禮記正義》卷四十改。

爲大帶」，韋注亦云：「卿之適妻爲内子。」《晉書·禮儀志》：「太康元年，東平王楙上言，相王昌父毖，❶本居長沙，有妻息。漢末使入中國，值吴叛，仕魏爲黄門郎。與前妻息生死絶隔，更娶昌母。今江表一統，昌聞前母久喪，言疾求平議。劉卞議：『毖在南爲邦族，於北爲羇旅，❷以此名分言之，前妻爲元妃，後婦爲繼室。何至王路既通，更當逐其今妻，廢其嫡子！不書姜氏，絶不爲親，以犯至惡也。趙姬雖貴，必推叔隗，原同雖寵，必嫡宣孟。若違禮苟讓，何則《春秋》所當善也！』尚書八座以爲：『兩后匹嫡，自謂違禮，不謂非常之事而以常禮處之也。夫婦人牽夫，猶有所尊，趙姬之舉，禮得權通，故先史詳之，不譏其事耳。今昌之二母，各已終亡，尚無並主輕重之事也。昌之前母，宜依叔隗爲比。若亡在昌未生之前者，則昌不應復服。❸生及母存，自應如禮以名服三年。』制曰：『今議此事，稱引趙姬、叔隗者粗是也。然後狄與晉和，故姬氏得迎叔隗而下之。吴寇隔塞，毖與前妻，終始永絶。必義無兩嫡，則趙衰可以專制隗氏。昌爲人子，豈得擅替其母。昌故不應制服也。』大興初，著作郎干寶議之曰：『同産者無嫡側之别，而先生爲兄。❹諸侯同爵無等級之差，而先封爲長。今二妻之入，無貴賤之禮，則宜以先後爲秩，順序意也。故《春秋》賢趙姬遭禮之變而得禮情也。今二母者，本他人也，以名來親，而

❶「相」，原作「祖」，今據《晉書·禮志》改。
❷「北」，原作「此」，今據《晉書·禮志》改。
❸「服」，原脱，今據《晉書·禮志》補。
❹「而」，原重文，今據《晉書·禮志》删。

恩否于時，敬不及生，愛不及喪，❶夫何追服之道哉！朝廷於此，宜導以趙姬，齊之以詔命，使先妻恢含容之德，後妻崇卑讓之道，室人達少長之序，百姓見變禮之中。王昌兄弟相得之日，蓋宜祫祭二母，等其禮饋，序其先後，❷配以左右，兄弟肅雍，交酬奏獻。』」

壽曾曰：干寶爲《左氏》學者，其稱趙姬遭禮之變而得禮情，當是古義。尚書八座議「趙姬之舉，禮得權通」，亦與干氏義同。《春秋》譏並后匹嫡，故傳許趙姬爲知禮也。議王昌禮時，昌前母已死，與後母未相見，故干氏謂不當制服。則原、括、嬰齊宜爲叔隗制服，❸即尚書八座所謂「生及母存」也。

□□□□□□□□□□□□《晉書·禮儀志》又云：「咸康二年，零陵李繁姊先適南平郡陳詵爲妻，産四子而遭賊，賊略將姊去。詵更娶嚴氏，❹生三子。繁後得姊消息，往迎還詵，詵籍注領二妻。❺及李亡，詵疑制服。王愆期議，略曰：『詵有前妻，非故犯法。詵雖不應娶妻，要以嚴爲妻，妻則繼室，本非嫡也。雖云非嫡，義在始終，甯可以詵不應二妻而已涉二庭乎！若能下之，則趙姬之義。若云不能，官當有制。先嫡後庶，有自來矣。』」愆期之議亦以趙姬下季隗爲難，而於禮則季隗無嫡稱也。

---

❶「愛不及」，原脱，今據《晉書·禮志》補。

❷「序」上，原衍「其」字，今據《晉書·禮志》删。

❸「宜」，原爲空格，今據此句下所删衍文「則原括嬰齊宜爲叔隗」補。

❹「娶嚴氏」，原脱，今據《晉書·禮志》補。

❺「籍」，原爲空格，今據《晉書·禮志》補。

沈欽韓云：「按：盾爲嫡子固然，以叔隗爲内子，則姬氏之意。特欲相推，❶而未必遂其事也。宣二年，趙盾稱趙姬爲君姬氏，❷則固以趙姬爲嫡母矣。」按：沈説是也。然傳明趙姬之賢，二嫡□衰之過舉不必以事之□□耳。

□□□□□□□□□□□□□□「時吴國朱某娶妻陳氏，❸生子東伯。入晉，晉賜妻某氏，生子綏伯。太康之中，某已亡，綏伯將母以歸邦族，兄弟交愛敬之道，二母篤先後之序，雍雍人無間焉。及其終也，二子交相爲服，君子以爲賢。安豐太守程諒先已有妻，從又娶，遂立二嫡。前妻亡，後妻子勳疑所服。中書令張華造甲乙之問曰：『甲娶乙爲妻，後又娶丙，❹匿不説有乙，居家如二嫡，無有貴賤之差。乙亡，丙之子當何服？本實並列，嫡庶不殊，雖二嫡非正，此失在先人，人子何得專制析其親也。若爲庶母服，又不成爲庶。進退不知所從。』太尉荀顗議曰：『《春秋》並后匹嫡，古之明典也。今不可以犯禮並立二妻，不别尊卑，而遂其失也。故當斷之以禮，先至爲嫡，後至爲庶。丙子宜以嫡母服乙，乙子宜以庶母事丙。』」右皆與趙姬、叔隗事同，則二嫡非古禮所許。

晉侯賞從亡者。介之推不言禄，禄亦弗及。【疏證】杜注：「介推，文公微臣。之，語助。」按：《大戴

---

❶「推」，原爲空格，今據《春秋左氏傳補注》卷三補。

❷ 上「姬」，原脱，今據《春秋左氏傳補注》卷三補。

❸「氏」，原脱，今據《晉書·禮志》補。

❹「丙」，原作「景」，今回改。以下逕改，不復出校。

禮》作「介山之推」，❶以地繫名也。《晉世家》：「文公修政，施惠百姓。賞從亡者及功臣，大者封邑，小者尊爵。未盡行賞，周襄王以弟難出居鄭地，告急晉。晉初定，欲發兵，恐他亂起，是以賞從亡未至隱者介子推，推亦不言祿，祿亦不及。」

推曰：「獻公之子九人，唯君在矣。惠、懷無親，外内棄之。天未絶晉，必將有主。主晉祀者，非君而誰？天實置之，而二三子以爲己力，不亦誣乎？竊人之財猶謂之盜，況貪天之功以爲己力乎？下義其罪，上賞其姦，【疏證】《王符傳》：「《潛夫論》曰：『竊人之財猶謂之盜，況偷天官以私己乎？』」此或《左氏》舊說。俞樾云：「貪天之功，貪當讀爲探。❷《釋名》：『貪，探也，探取入它分也。』《後漢書・郭躬傳》『捨狀以貪情』，李賢注曰：『貪與探同。』是貪、探聲近而義通。《爾雅・釋詁》：『探，取也。』探天之功，取天之功也。《周語》『而郤至佻天以爲己力』，韋注：『佻，偷也。』偷亦取也。」按：俞說是也。「探天」與王符「偷天」義合。「下義其罪」謂以貪天功之罪爲義，□疏釋「立君之義」，❸非。自此至「與汝偕隱」，《晉世家》與傳同，唯「天實置之」作「天實開之」，「猶謂之盜」作「猶曰是盜」，「下義其罪」作「下冒其罪」。

上下相蒙，難與處矣！」【注】服云：「蒙，欺也。」《晉世家》集解。【疏證】杜用服說。李貽德云：「昭元年『又使圍蒙其先君』，八年『甚哉，其相蒙也』，二十七年『蒙王與令尹』，傳意皆以欺爲蒙。」

---

❶「之」，《大戴禮記》卷六作「子」。
❷「貪」，原作「探」，今據《群經平議》卷二十五改。
❸「□」，疑當作「本」。

其母曰：「盍亦求之，以死誰懟？」對曰：「尤而效之，罪又甚焉。且出怨言，不食其食。」【疏證】其食，《晉世家》作「其禄」。

其母曰：「亦使知之，若何？」

對曰：「言，身之文也。身將隱，焉用文之？是求顯也。」其母曰：「能如是乎！與女偕隱。」【疏證】《晉世家》重「文之」二字。□□毛傳：「偕，俱也。」杜用毛説。

遂隱而死。晉侯求之，不獲，以緜上爲之田，【注】賈云：「緜上，晉地。」《晉世家》集解。【疏證】《郡國志》：「太原郡界休有緜上聚。」杜同。《水經注》：「石桐水即緜水，出介休縣之緜山，北流逕石桐寺之西，即介之推之祠也。」沈欽韓云：「《輿地廣記》：『汾州介休縣有緜上山，今謂之介山。』《一統志》：『介山在汾州府介休縣南四十里。』」顧炎武云：「之推既隱，求之不得，未幾而死，乃以田禄其子耳。《楚辭·九章》云：『思久故之親身兮，因縞素而哭之。』明文公在時，之推已死。」文淇案：《越世家》：「范蠡乘舟浮海以行，❶終不反。于是句踐表會稽山以爲范蠡奉邑。」與此事正同，顧説是也。《晉世家》：「至死不復見。介之推從者憐之，乃懸書宮門曰：『龍欲上天，五蛇爲輔。龍已升雲，四蛇各入其宇，一蛇獨怨，終不見處所。』文公出，見其書，曰：『此介子推也。吾方憂王室，未圖其功。』使人召之，則亡。遂求所在，聞其入緜上山中，于是文公環緜上山中而封，以爲介之推田，號曰介山。」

❶「以」，原作「山」，今據《史記·越王句踐世家》改。

曰：「以志吾過，且旌善人。」【注】賈云：「旌，表也。」❶【疏證】《保章氏》鄭注：「志，古文識。識，記也。」惠棟云：「昭四年傳『且曰志之』，十三年傳『歲聘以志業』，❷皆古文識。蔡邕《論語》曰『賢者志其大者』，今作識。」如惠說，志爲古文也。《晉世家》「志」作「記」，以志訓記，改之。杜注「旌」用賈說。李貽德云：「《說文》：『旌，所以精進士卒也。』引申爲表識之義。」

鄭之入滑也，滑人聽命。【疏證】《鄭世家》：「文公三十七年，鄭入滑。滑聽命。」

師還，又即衛。鄭公子士、洩堵俞彌帥師伐滑。【疏證】杜注云：「堵俞彌，鄭大夫。」洪亮吉云：「按：岳本以『公子士』絶句。二十年注：『公子士，鄭文公子。洩堵寇，鄭大夫。』此注云『堵俞彌，鄭大夫』者，洩姓見前，不須更舉也。從岳本爲是。」按：洪說是也。《鄭世家》：「已而反與衛，于是鄭伐滑。」

王使伯服、游孫伯如鄭請滑。【注】賈云：「二子，周大夫。」《周本紀》集解。【疏證】杜用賈說。「伯服」，《鄭世家》作「伯犕」。索隱云：「犕音服。」惠棟云：「犕與服古字通。」洪亮吉云：「《後漢書·皇甫嵩傳》：『董卓謂嵩曰：「義真犕未乎？」』注云：『犕音服。《說文》曰「犕牛乘馬」。』」如洪說，則犕、服通也。請滑，爲滑請緩師也。《周語》：「王使游孫伯請滑。」《周本紀》：「王使游孫、伯服請滑。」

鄭伯怨惠王之入而不與厲公爵也，【注】服云：「惠王以后之鞶鑑與鄭厲公，而獨與虢公玉爵。」

---

❶「也」下，疑當有「晉世家集解」五小字。

❷「業」，原爲空格，今據《皇清經解》卷三百五十四《春秋左傳補註》補。

《周本紀》集解。【疏證】事見莊二十一年。《鄭世家》：「鄭文公怨惠王之亡在櫟，而文公父厲公入之，而惠王不賜厲公爵祿。」與虢爵，有二説，詳彼傳疏證。

又怨襄王之與衛滑也，【注】服云：「滑，小國，近鄭，世世服而更違叛，鄭師伐之，聽命。後自怨于王，王以與衛。」《周本紀》集解。【疏證】二十年經：「鄭人入滑。」傳：「滑人叛鄭而服於衛。」滑之叛鄭始見於□年經傳，知前此服從於鄭，故服云「世世服而更違叛」也。《吕覽・必己》□「此必怨我于萬乘之主」，注：「怨，告也。」與衛滑，謂王以滑屬衛也。服謂「王以與衛」，得傳意。杜注：「怨王助衛爲滑請。」非。

故不聽王命而執二子。王怒，將以狄伐鄭。【疏證】《釋文》：「『而執二子』，本或作『而執其二子』，『其』，衍文也。」《周本紀》作「囚伯服」，《鄭世家》作「囚伯犕」，與傳「執二子」異。

富辰諫曰：「不可。【注】服云：「富辰，周大夫。」《周本紀》集解。【疏證】杜無注。《周語》韋注用服説。

「臣聞之，太上以德撫民，其次親親以相及也。【疏證】太上，杜無注。《曲禮》：「太上貴德，其次務施報。」鄭注：「太上爲帝皇之世，其次謂三王以來。」洪亮吉云：「按：此亦當同。」洪氏意謂鄭氏注《左傳》亦當如此也。疏亦引鄭注，謂：「太上、其次爲時代之先後。」而又引襄二十四年傳：「『太上立德，其次立功，其次立言』，則以人之賢愚爲上，❶非復年代之先後也。然則太上謂人之最。太上，上聖之人也，以德撫民，不簡親

❶ 「上」下，《春秋左傳正義》卷十五有「次」字。

疏也。❶其次聖之人，則親其所親，以漸相及，爲下周公親親之事張本也。」壽曾曰：下文封建正胡周之親親，則鄭説「其次」爲三王以來可信矣。此傳首説或與鄭同，故疏不用鄭説。而又云：「周公亦是上聖，不以德而先親者，制法爲後，不獨爲身，聖人之身不恃親也。」則知以其次屬周公，於誼未安，而曲爲之説，謂周不恃親，尤與傳意違。

「昔周公弔二叔之不咸，故封建親戚以蕃屏周。【注】鄭衆、賈逵皆以二叔爲管叔、蔡叔，傷其不和睦而流言作亂，故封建親戚。本疏。賈云：「二叔，管、蔡。」《常棣》疏。馬融以爲夏、殷叔世。本疏。

【疏證】《匪風》毛傳：❷「弔，傷也。」杜注：「周公傷夏、殷之叔世，疏其親戚，以至滅亡，故廣封其兄弟。」疏引鄭、賈説，駁之云：「封建之中，方有管、蔡，豈傷其作亂始封建之？馬融以爲夏、殷叔世，故杜用之。」文淇案：《常棣》序云：「閔管、蔡之失道。」鄭箋云：「周公弔二叔之不咸而使兄弟之恩疏。」曹子建《表》云：「昔周公弔管、蔡之不咸。」是皆以二叔爲管、蔡也。《常棣》疏：「此序言『閔管、蔡之失道』，《左傳》言『弔二叔之不咸』，言雖異，其意同。弔，傷也。二叔即管、蔡也。不咸即失道也。實是一事，故鄭引之。先儒説《左傳》者，鄭衆、賈逵以二叔爲管、蔡，馬融以爲夏、殷之叔世。故《鄭志》張逸問：『此箋云周仲文以《左氏》論之，三辟之興，皆在叔世，謂三代之末，即二叔宜爲夏、殷末也。』答云：『此注《左氏》者亦云管、蔡耳。』又此《序》子夏所爲，親受聖人，足自明矣。』問者以昭六年《左傳》曰『三辟之興，皆叔世也』，彼叔世者，謂三代之末世也，則言二叔者，亦宜爲夏、殷之末世，

❶「簡」，原爲空格，今據《春秋左傳正義》卷十五補。

❷「匪風」，原爲空格，今據《毛詩正義》卷七補。

不得爲管、蔡，故問之。鄭答『注《左氏》者』謂鄭、賈之説也。又《左傳》論周公弔二叔之不咸，而作《常棣》。此序言閔管、蔡之失道，故作《常棣》，即傳言云二叔可知。」壽曾曰：《鄭志》主先鄭、賈、吕説，不用馬説。鄭、賈謂傷其不和睦，則訓咸爲和也。杜注：「咸，同也。」傷夏、殷叔世之不同，亦爲不辭。馬説咸，或不如此，馬説亦師説之異者。顧炎武云：「古人以末世謂之叔季。《國語》：史蘇以桀、紂及幽王爲『三季之王』。」❶洪亮吉云：「《晉書・秦秀傳》：『周公弔二季之陵遲。』秀與杜預同時，蓋亦主馬説。」李貽德謂：「『叔世』必連文，去『世』字，不辭。」非也。朱駿聲云：「下文明云管、蔡，則此二叔非管、蔡可知。」鄭、賈之説正謂管、蔡不咸，乃封建之，此卻不是駁鄭、賈説。《校勘記》：「李注《文選・求通親親表》《齊竟陵文宣王行狀》並作『以藩屏周室』。」❷蓋所見本異。疏云：「蕃屏者，分地以建諸侯，使與京師作蕃籬屏扞也。」《荀子・儒教篇》：❸「周公兼制天下，立七十一國。姬姓獨居五十三人，而天下不稱偏焉。」

「管、蔡、郕、霍、魯、衛、毛、聃、郜、雍、曹、滕、畢、原、酆、郇，文之昭也。【注】舊注：「文昭十六國也。」《御覽》一百九十九。穎容曰：「《史記》不識畢公文王之子，而言與周同姓。」《御覽》六百十八。京相璠曰：「今河内山陽西有故雍城。」《水經注》。【疏證】《括地志》：「鄭州管城縣外城，古管國城也，周武王弟叔所封。」《方輿紀要》：「管城廢縣即鄭州治，管叔封于此。」王鳴盛曰：「毛不詳。惟《路史》云：『毛，伯

❶「蘇以」，原倒，今據《左傳杜解補正》卷一改。
❷「行」，原作「引」，今據《春秋左傳正義》卷十五《挍勘記》改。
❸「教」，當作「效」。

國，上邽籍水旁有毛泉。』上邽，今甘肅鞏昌府秦州地。毛泉見《水經注》，並不言即毛伯國。《路史》或别有據。」沈欽韓云：「按：《水經注》：『籍水又東得毛泉谷水，又東逕上邽城南。』苟可以仿佛古封，則酈氏先言之矣。羅泌妄人，不足據也。」顧棟高云：「毛在今河南府宜陽縣境。」❶聃即冉季則封。❷《路史》云：「京兆今有聃亭。」沈欽韓云：「《史記》索隱云：『冉，或作那。』即那處。今荆門州之那口城也。」《續志》：「河内山陽有雍城。」與京相璠説合。《一統志》：「雍城在懷慶府河内縣東北。」《元和志》：「畢原即京兆府咸陽縣所理，畢公所封即此也。」又：「畢原在萬年縣西南二十八里。」《方輿紀要》：「畢公高封畢原，在咸陽縣北五里。《志》又云：『畢原在涇陽縣南十里。』」顧棟高亦云畢原在咸陽，謂在涇陽者，非。文王作邑於豐，《竹書紀年》：「成王十九年，❸黜豐。」顧棟高云：「今陝西西安府鄠縣東五里有酆城。」沈欽韓云：「郇已見前。按：邠州又有栒邑，在三水縣東北二十五里，疑郇本國於此。」杜云：「十六國皆文王子。」與《御覽》引舊注略同。《太宰》「以八則治都鄙」，注：「都鄙，公卿大夫之采邑，王子弟所食邑。周、召、毛、聃、畢、原之屬在畿内者。」❹疏引此年傳爲證。又云：「今鄭直云『周、召、毛、聃、畢、原之屬在畿内者』，其餘或在畿外，不盡言也。」

「邘、晉、應、韓，武之穆也。【注】舊注：「武穆四國也。」《御覽》一百九十九。京相璠曰：「今野王

---

❶「府」，原作「河」，今據《春秋大事表》卷五改。
❷「則」，疑當作「載」。
❸「成」，原爲空格，今據《竹書紀年》卷下補。
❹「召」，原作「公」，今據《周禮注疏》卷二改。

西北三十里有故邘城、邘臺是也。」《水經·沁水》注。【疏證】《地理志》:「河内郡壄王,太行山在西北。衛元君爲秦所奪,自濮陽徙此。莽曰平壄。」孟康:「故邘國也,今邘亭是也。」京相用《漢志》説。顧棟高云:「今河南懷慶府城西北三十里有邘臺村。」《地理志》:「潁川郡父城,應鄉,故國,周武王弟所封。」應劭曰:「《韓詩外傳》:周成王與弟戲,以桐葉爲圭,『吾以封汝』。周公曰:『天子無戲言。』王應時而封,故曰應侯。」臣瓚曰:「《吕氏春秋》曰成王以戲授桐葉爲圭以封叔虞,❶非應侯也。《汲郡古文》殷時已自有應國,非成王所造也。」師古曰:「據《左氏傳》『邘、晉、應、韓,武之穆也』,是則應侯,❷武王之子,又與《志》説不同。」梁履繩云:「桐圭封應之説,見《史記·梁孝王世家》内褚先生言之,蓋即應劭所本。然所引《韓詩外傳》,今本無之。《水經·滍水》注亦云《韓詩外傳》,其爲佚文審矣。」壽曾曰:梁説是也。應侯、叔虞皆武王之子,桐圭封弟,相承異説,不得援傳文駁之。《郡國志》:「潁川郡父城有應鄉。」杜注謂:「應國在襄陽城父縣西南。」據《晉志》,襄陽乃襄城之誤,又誤以父城爲城父,地道不相直矣。《方輿紀要》:「應城在汝州寶豐縣東三十里,❸古應國。」江永云:「韓,杜無注,似以十年之韓、十五年之韓原爲古韓國。彼注云:『晉地也。』《史記》正義引《括地志》云:❹『同州韓城縣南十八里

---

❶ 「成」,原作「武」;「葉」,原作「圭」,今據《漢書·地理志》改。

❷ 「侯」,原作「叔」,今據《漢書·地理志》改。

❸ 「寶豐」,《讀史方輿紀要》卷五十一作「魯山」。

❹ 「志」,原脱,今據《皇清經解》卷二百五十三《春秋地理考實》補。

爲古韓國。』説《詩・韓奕》者，亦以爲韓國在此。王肅則謂：『今涿郡方城縣有韓侯城。』王符《潛夫論》曰：❶『昔周宣王時有韓侯，其國近燕。故《詩》曰：「溥彼韓城，燕師所完。」』考《水經注》云：『聖水逕方城縣故城北，又東南逕韓侯城東，《詩》：「溥彼韓城，燕師所完。」』又《魏書・地形志》亦云：『范陽郡方城縣有韓侯城。』方城今爲順天府之固安縣，在府西南百二十里，與《詩》之『王錫韓侯，其追其貊，奄受北國』者正相符。使韓國在關中，豈役燕師爲之築城？又何能受追貊北國乎？」按：江説是也。杜注謂「韓國在河東境界」，則誤以爲晉之韓矣。江氏説杜無注，非。杜云：「四國皆武王子。」亦與《御覽》引舊注略同。

「凡、蔣、邢、茅、胙、祭，周公之胤也。【注】舊注：「周公胤六國。」《御覽》一百九十九。京相璠曰：「今高平縣西三十里有故茅鄉城者也。」《水經・洙水》注。【疏證】茅胙，王符《潛夫論》作「茆祚」。《地理志》：「汝南郡期思，故蔣國。」《郡國志》：❷「汝南郡期思有蔣鄉，故蔣國。」《一統志》：「蔣鄉在光州固始縣東。」《郡國志》：「高平國有茅鄉城。」《一統志》：「茅鄉城在兗州府金鄉縣西南。」《郡國志》：「東郡燕有胙城，故胙國。」《一統志》：「胙城故城在衛輝府延津縣北三十五里。」杜注但釋「胤」爲「嗣」，未釋周公之胤。《漢書・王莽傳》：「張竦爲陳崇草奏曰：『王曰：「叔父，建爾元子。」子父俱延拜而受之。所謂不檢亡原者矣。非特止此，六子有封。』」師古注：「周公六子，伯禽之弟也。」《莽傳》又云：「群臣奏言：❸『成王廣封周公庶子六子，皆有茅

---

❶「夫」，原作「父」，今據《皇清經解》卷二百五十三《春秋地理考實》改。

❷「志」，原脱，今據《後漢書・郡國志》補。

❸「臣」，原作「注」，今據《後漢書・王莽傳》改。

土。」」是六國皆周公庶子也。

「召穆公思周德之不類，故糾合宗族于成周而作詩，【注】京相璠曰：「召亭在周城南十五里。」《水經·渭水》注。服云：「穆公，召康公十六世孫。《詩·民勞》序疏。召穆公，王卿士。」《詩·黍苗》序疏。【疏證】朱駿聲曰：「一説『作』下脱一『樂』字。」按：此「作」，傳自指賦《詩》，不當增字。《燕世家》索隱：「召者，畿内采地。奭始食於召，故曰召公。」《詩》釋文：「召在岐山之陽。扶風雍縣南有召亭。」《水經·渭水》注「雍水東逕召亭南」下即引京相説。《明一統志》：「召亭在鳳翔府岐山縣西八里，今名召公邨。」《民勞》疏引服注，下云：「然康公與成王同時，穆公與厲王並世，而世數不同者，生子有早晚，壽命有長短故也。」自是疏語，洪氏亮吉引以爲服注，非也。《世本》：「召穆公，康公十六世孫。」服注用《世本》説。李貽德云：「《詩·黍苗》序『卿士不能行召伯之職焉』，疏曰：『言卿士不能行，❶則召伯時爲卿士矣。』」《爾雅·釋詁》：「類，善也。」《周語》韋注：「糾，收也。」顧炎武云：「《常棣》之詩序以爲周公之作，而此文則以爲召穆公，蓋各有所傳，不必同也。」《周語》以《常棣》爲周文公之詩，韋注云：「文公之詩者，周公旦之所作《常棣》之篇是也，所以閔管、蔡而親兄弟。其後周室既衰，厲王無道，骨肉恩闕，親親禮廢，宴兄弟之樂絶，故召穆公思周德之不類，而合其宗族於成周，復修作《常棣》之歌以親之。鄭、唐二君以爲《常棣》穆公所作，失之矣，唯賈君得之。穆公，召康公之後穆公虎也，去周公歷九王矣。」❷壽曾曰：韋注於賈氏之誼雖未明引，然謂賈君得之，則賈謂《常棣》周公作，召穆公復修作《常棣》之歌，

❶「行」，原爲空格，今據《春秋左氏傳賈服註輯述》卷七補。

❷「公」，原脱，今據《國語正義》卷二補。

其説此傳意亦□然。杜注：「召穆公于東都收會宗族，特作此周公之樂歌。」亦用賈説也。《晉書・武帝紀》：「咸寧詔曰：『宗室戚屬，國之枝葉，欲令奉率德義，爲天下式，然處富貴而能慎行者寡，召穆公糾合兄弟而賦《唐棣》之詩，姬氏所以本枝百世也。』」亦用賈君説。

「曰：『常棣之華，鄂不韡韡。凡今之人，莫如兄弟。』【疏證】此《常棣》首章也。毛傳：「常棣，棣也。鄂，猶鄂鄂然華外發也。韡韡，光明也。聞《常棣》之言爲今也。」《詩》釋文：「常棣，棣也。本或作『常棣，栘』。」陳奐《毛詩疏》據《釋木》「唐棣，棣。常棣，栘」，謂：「《詩》有唐棣、常棣二種。❶唐棣，白棣也。常棣，赤棣也。《説文》：『栘，棠棣也。』棠乃常字之誤。❷毛傳『常棣，棣也』，當從《釋文》或本作『常棣，栘』。」其疏《何彼襛矣》云：「《爾雅》邢疏引陸機《義疏》：『許慎曰：「白棣樹也。」如李而小，如櫻桃正白，今官園種之。又有赤棣樹，亦似白棣，葉如刺榆而微圓，子正赤如郁李而小，五月始熟，自關西、天水、隴西多有之。《小雅》之常棣、《七月》之鬱皆即赤棣歟？』」按：陳説是也。杜注用毛傳義而申之云：「不韡韡，言韡韡也。」《常棣》正義引王述之云：「不韡韡，言韡韡也。」與杜義同。正義又引王述之曰：「管、蔡之事已缺，而爲《常棣》之歌爲來今。」此正釋《詩》之「今」字。陳奐云：「《常棣》之言，即《常棣》之詩也。周公弔二叔之不咸，以作此詩。則二叔不咸爲古，而周公作詩爲今也。召穆公思周德之不類，以歌此詩，則周公作詩爲古，而召公歌詩爲今也。所謂作樂，爲後世法也。」

「其四章曰：『兄弟鬩于牆，外禦其侮。』【疏證】禦，今《詩》作「御」。侮，今《詩》作「務」。毛傳：「鬩，很

---

❶「詩」，原作「什」，今據《詩毛氏傳疏》卷十六改。

❷「誤」，原作「證」，今據《詩毛氏傳疏》卷十六改。

也。」箋：「御，禁。務，侮也。兄弟雖内鬩而外禦侮也。」《釋言》：「鬩，恨也。」孫炎本作「很」。《周語》：「富辰諫曰：『人有言曰：「兄弟讒很，侮人百里。」周文公之詩曰：「兄弟鬩于牆，外禦其侮。」』」韋注：「鬩，很也。禦，禁也。言雖相與很于牆室之内，然能外禦異族侮害己者。」用傳、箋説。杜注：「鬩，訟争貌。」洪亮吉云：「杜隨文生訓，究當從毛傳本訓爲是。」按：洪説是也。《詩疏》云：「定本經『御』作『禦』，訓爲禁。《集注》亦然，俗本以傳爲御禦。❶《爾雅》無訓，疑俗本誤也。」陳奐《詩疏》據段玉裁《小箋》説，以「箋禦禁」以下定爲毛傳：「正義『禦』、『御』二字互誤，俗本經作『御』，傳作『禦』，當是古本傳文如是，『御，禦』，《邶・谷風》同。内外《傳》引《詩》皆作『禦』，故以『禦』釋『御』也。韋昭、杜預注『禦，禁』，後人因改此經傳作『禦，禁』耳。『務，侮』，《爾雅・釋言》文。《詩》作『務』，内外《傳》引《詩》皆作『侮』，『侮』爲本字，『務』爲假借字，故傳以『侮』釋『務』也。」如陳説，則毛傳用此傳之「禦」釋《詩》之「御」也。禦，杜無注。陳氏謂杜亦訓「禦」爲「禁」，非。

「如是，則兄弟雖有小忿，不廢懿親。」【疏證】《爾雅》：「懿，美也。」❷陳奐《詩疏》引此證毛傳，釋之云：「鬩牆爲小忿，外禦侮爲不廢親，❸此傳所本也。又昭元年傳：『子皮賦《野有死麕》之卒章，趙孟賦《常棣》，且曰：「吾兄弟比以安，尨也可使無吠。」』亦取外禦侮之意。」

---

❶「爲御禦」，原作「禦爲御爲禦」，今據《毛詩正義》卷九《挍勘記》改。

❷「美」，原作「莫」，今據《爾雅》卷上改。

❸「禦」，原脱，今據《詩毛氏傳疏》卷十六補。

「今天子不忍小忿以棄鄭親，其若之何？【**疏證**】小忿，謂鄭執伯服、游孫伯也。❶《周本紀》：「今以小怨棄之。」

「庸勳，親親，暱近，尊賢，德之大者也。【**疏證**】《校勘記》云：「暱近，李注《文選・宣德皇后令》引作『昵近』。」《□□》毛傳：「庸，用也。」孫炎《爾雅》注：「暱，親近也。」杜注用之。《周語》説此事云：「尊貴，明賢，庸勳，長老，愛親，禮新，親舊。」與傳異。《魏志・武文世王公傳》注：「宗室曹冏上書曰：『臣聞古之王者，必建同姓以明親親，必樹異姓以明賢賢。故《傳》曰：「庸勳，親親，暱近，尊賢。」❷《書》曰：「克明俊德，以親九族。」《詩》云：「懷德惟寧，宗子惟城。」由是觀之，非賢無與興功，非親無與輔治。』」❸如冏表，則舊説以四者兼同姓異姓之臣言。本疏云：「親、暱、尊是愛敬之辭也。」❹

「即聾，從昧，與頑，用嚚，姦之大者也。【**疏證**】杜無注。以傳析四者在古文也。本疏云：「即、從、與是依就之意也。即訓就也。下文各以四事覆之，惟『棄嬖寵而用三良』，是言鄭伯之賢，與上文倒，❺隨便言耳。」

「棄德崇姦，禍之大者也。【**疏證**】《廣雅》：「崇，聚也。」杜注用之。聚姦即下文「四姦具矣」義。

---

❶「服游」，原倒，今據《春秋左傳正義》卷十五改。

❷「尊」，原作「等」，今據《三國志・廣平哀王儼傳》改。

❸「輔」，原爲空格，今據《三國志・廣平哀王儼傳》補。

❹「尊」，原作「等」，今據《春秋左傳正義》卷十五改。

❺「上」，原作「下」，今據《春秋左傳正義》卷十五改。

「鄭有平、惠之勳，」【疏證】《周語》云：「凡我周之東遷，晉、鄭是依，子頹之亂，又鄭之由定。」《周本紀》略同。是其事也。《周語》又云：「鄭武、莊有大勳力於平、桓。」注：「王功曰勳。幽王既滅，鄭武公以卿士夾輔平王，東遷洛邑，桓王即位，鄭莊公爲之卿士，以王命討不庭，伐宋，入郕，在魯隱十年。唐尚書云：『王奪鄭伯政，鄭伯不朝，王伐鄭，鄭祝聃射王中肩，豈得爲功？「桓」當爲「惠」。《傳》曰：鄭有平、惠之勳。』」按：唐説是也。杜注亦云：「平王東遷，晉、鄭是依。惠王出奔，虢、鄭納之。是其勳也。」

「又有厲、宣之親，」【注】服云：「宣王母弟。」《詩·鄭譜》疏。**【疏證】**《鄭譜》：「初，宣王封母弟友於宗周畿内咸林之地。」疏：「僖二十四年《左傳》曰『鄭有厲、宣之親』，以厲王之子而兼云宣王，明是其母弟也。服虔、杜預皆云『母弟』。」是杜用服説。按：杜注：「鄭始封之祖桓公友，❶周厲王之子，宣王之母弟。」服注當略同。《詩》疏約，引文不具。

「棄嬖寵而用三良，」【疏證】杜注：「七年殺嬖臣申侯，十六年殺寵子子華也。三良，叔詹、堵叔、師叔，所謂尊賢。」顧炎武云：「解以殺子華，未當。古人只是大概言耳。又以用三良爲尊賢，亦未合。《正義》曰：『此見鄭伯之賢，王當尊之。』」按：顧説是也。疏亦謂：「如杜此注，則謂鄭伯尊賢，❷與上文尊賢乖。」

「於諸姬爲近。四德具矣。【疏證】鄭，畿内國。杜注：「道近當暱之。」

---

❶ 「友」，原作「反」，今據《春秋左傳正義》卷十五改。

❷ 「尊」，原作「等」，今據《春秋左傳正義》卷十五改。下一「尊」字同。

「耳不聽五聲之和爲聾，目不別五色之章爲昧，心不則德義之經爲頑，口不道忠信之言爲嚚，狄皆則之，四姦具矣。【疏證】《後漢書・鄭興傳》：「隗囂與諸將議自立爲王，興聞而説囂曰：『《春秋傳》云：「口不道忠信之言爲嚚，耳不聽五聲之和爲聾。」』」壽曾曰：興治《左氏》學，其引傳與今本異，疑傳首以嚚、聾、昧、頑爲次，漢以後本乃據上文移之也。杜無注。《廣雅・釋訓》：「規頌、蘧蒢、侏儒、僬僥、瘂瘖、僮昏、聾聵、矇瞍，八疾也。」王念孫云：「《晉語》『嚚瘖不可使言，聾聵不可使聽』，按：《説文》：『瘖，不能言病也。』《晉語》『嚚瘖不可使言』，則嚚、瘖皆不能言之疾。韋注：『口不道忠信之言爲嚚。』非也。《廣雅》所列八疾，皆本《晉語》，唯『嚚瘖』之『嚚』作『瘂』，音烏下反，疑《廣雅》本作『嚚』，後人不解其義而改爲『瘂』，且並改曹憲之音也。不能言謂之嚚，不能聽謂之聾，故口不道忠信之言亦謂之嚚，耳不聽五聲之和亦謂之聾。《左傳》僖二十四年富辰所云者是也。」按：王説是也。

「周之有懿德也，猶曰『莫如兄弟』，故封建之。【疏證】《晉書・夏侯湛傳》：「作《昆弟誥》曰：『古人有言：「孝乎惟孝，友于兄弟。」「死喪之威，兄弟孔懷。」又曰：「周之有至德也，莫如兄弟。」』」其於傳文蓋約，「至」、「懿」異文。

「其懷柔天下也，猶懼有外侮。扞禦侮者，莫如親親，故以親屏周。【疏證】此申引《詩》「外禦其侮」義。

「召穆公亦云。【疏證】《常棣》疏：「《左傳》『召穆公亦云』，明本《常棣》是周公之辭，故杜預云：『周公作詩，召公歌之，故言亦云也。』」文淇案：《周語》韋注述賈注誼，謂穆公後修作《常棣》之歌，較杜注義猶完備，詳前疏證。

「今周德既衰，於是乎又渝周、召以從諸姦，無乃不可乎？」【疏證】杜注：「變周、召親兄弟之道。」諸姦謂狄。

「民未忘禍，王又興之，其若文、武何？」【疏證】杜注：「前有子頹之亂，中有叔帶召狄，故曰民未忘禍。」又云：「言將廢文、武之功業。」壽曾曰：此謂廢文、武以來之懿親也，與文昭、武穆、周胤文相承，杜説非。

王弗聽，使頹叔、桃子出狄師。【疏證】《釋文》：「桃，本或作姚。」杜注：「二子，周大夫。」《周本紀》：「王降翟師以伐鄭。」

夏，狄伐鄭，取櫟。【疏證】《鄭世家》：「王怒，與翟人伐鄭，弗克。」

王德狄人，將以其女爲后。【疏證】本疏：「荷其恩者謂之爲德，古人有此語也。」

富辰諫曰：「不可，臣聞之曰：『報者倦矣，施者未厭。』【疏證】富辰蓋引古語。杜注：「施，功勞也。有勞則望報過甚。」

「狄固貪惏，王又啓之，【疏證】貪惏，杜無注。《楚辭·離騷》：「衆皆競進以貪惏兮。」王逸《章句》云：「愛財曰貪，愛食曰惏。」此爲「貪惏」舊訓。《釋文》引《方言》：「殺人取財曰惏。」《説文》云：「河内之北謂貪爲惏。」❶又曰：「婪，貪也。從女林聲。杜林説：卜者黨相詐驗爲婪，讀若潭。」《文選·□□》注引傳亦作

❶「河」，原脱，今據《説文解字》卷十下補。

「婪」，❶是古本作「貪婪」，與《説文》合。沈欽韓云：「《一切經音義》『婪又作啉、惏二形』，賈子《新書・傳職》篇『飢而惏』，《方言》『晉、魏、河内謂㨆曰殘，楚謂之貪』。㨆即惏。」沈引賈誼説「惏」，與王逸《章句》合，則此傳舊注貪、惏有愛食、愛財之別矣。惏以食言，引申又與貪爲轉注，故《説文》云：「婪，貪也。」變惏爲㨆，更是後出之字矣。王念孫《廣雅疏證》謂：「貪婪亦愛財、愛食之通稱，不宜分訓。」非。

「女德無極，婦怨無終，【疏證】杜注：「婦女之志，近之則不止足，遠之則忿怨無已。終，猶已也。」

狄必爲患。」王又弗聽。

初，甘昭公有寵於惠后，【注】京相璠曰：「今河南縣西南有甘水，北入洛。或云：甘水西山上，夷污而平，有故甘城，在河南城西二十五里。」《水經・甘水》注。【疏證】《周本紀》索隱云：「惠王子，襄王弟，封於甘。故《左傳》稱甘昭公。」張守節《正義》引《括地志》：「『故甘城在洛州河南縣西南二十五里。』《左傳》甘昭公，王子叔帶也。《洛陽紀》云：『河南縣西南二十五里，甘水出焉，北流入洛。山上有甘城，即甘公菜邑也。』」與京相説合。《水經》：「甘水出弘農宜陽縣鹿蹏山，東北至河南縣南，北入洛。」注：「甘水發源東北流，北屈逕一故城東，在非山上。」下引京相説。又云：「余按甘水東一十許里洛城南，有故甘城焉。北對河南故城，世謂之鑒洛城。鑒、甘聲相通，即故甘城也，爲王子帶之故邑矣。是以昭叔有甘公之稱焉。甘水又與非山水會，水出非山東谷，東流入於甘水。甘水又於河南城西北入洛。經言縣南，非也。故京相璠云：『今河南縣西南，有甘水，北入

---

❶「□□」，當爲「馬汧督誄」。

洛。』斯得之矣。」如卿氏說，❶則甘水一説在非山，故京相於「甘水西山」上加「或云」二字也。「夷污」本作「夢汁」，從戴震説校改。《春秋輿圖》：「甘在河南府洛陽縣西南二十五里。」

惠后將立之，未及而卒。昭公奔齊，王復之。【疏證】事見十二年、二十三年傳。《後漢書・史弼傳》：「弼上封事曰：『臣聞帝王之于親戚，愛雖隆，必示之以威；體雖貴，必禁之以度。如是，和睦之道興，骨肉之恩遂。昔周襄王恣甘昭公，孝景皇帝驕梁孝王。』」❷注引此傳，則舊説以襄王復叔帶爲非義也。

又通于隗氏。王替隗氏，【疏證】杜注：「隗氏，王所立狄后。替，廢也。」《周語》「王黜翟后」，韋注：「黜，廢也。」杜用韋説。《周本紀》：「王黜翟后。」

頹叔、桃子曰：「我實使狄，狄其怨我。」【疏證】此謂狄以女來，由己謀於狄也。立爲后而又廢，故狄怨。

遂奉大叔以狄師攻王。御士將禦之，【疏證】杜注：「《周禮》：『王之御士十二人。』」沈欽韓云：「《周官・虎賁氏》：『有虎士八百人。』御士，蓋即虎士也。如□杜云十二人之御士，禦狄何用？又《周禮》本無御士之官，杜所指蓋太僕屬有御僕下士十二人耳。」

王曰：「先后其謂我何？寧使諸侯圖之。」【疏證】杜注：「先后，惠后也。」

❶「卿」，疑當作「酈」。

❷「孝」，原作「者」，今據《後漢書・史弼傳》改。

王遂出。及坎欿，【注】服虔以爲鞏東邑名也。京相璠曰：「鞏東地名坎欿，在洞水東。」《水經·河水》注。❶**【疏證】**《郡國志》：「河南尹鞏有坎埳聚。」欿、埳，異文。《水經注》：「洛水又東北，❷洞水發南谿石泉，世亦名之爲石泉也。」下引京、服說。又云：「今考厥文若狀焉，而不能精辨耳。《晉太康地記》、《晉書·地道記》並言在鞏西，非也。」玩酈氏之義，蓋不取京、服說，而以鞏西之說爲然，「非」當作「是」。洪亮吉云：「杜注云在縣東，蓋承京、服之舊，實則聚在縣西南也。」按：洪說是也。《郡國志》注引《地道記》：「坎欿在鞏縣南。」與酈注所引當互相補。《春秋輿圖》：「坎欿在河南府鞏縣東南。」「東」亦「西」之誤。

秋，頹叔、桃子奉大叔，以狄師伐周，大敗周師，獲周公忌父、原伯、毛伯、富辰。【疏證】原伯，《周語》作「譚伯」。《周本紀》索隱：「唐尚書據《傳》文讀譚爲原。」《周語》又云：「富辰曰：『昔吾驟諫王。王弗從，以此及難。若我不出，王其以我爲懟乎？』乃以其屬死之。」《周本紀》所載與《周語》同。

王出適鄭，處于氾。【注】京相璠曰：「周襄王居之，故曰襄城也。」《水經注》。**【疏證】**《周本紀》：「翟人遂入周。襄王出犇鄭，鄭居王於氾。」《鄭世家》：「鄭文公居王於氾。」《周語》注云記氾地名，❸不言屬鄭。下《傳》「鄙在鄭地氾」，是氾地在鄭矣。《郡國志》：「潁川郡襄城有氾城。」《水經注》：「襄城縣南對氾城。」下引京說。京說上當云「氾在襄城」，《水經》所引文不備也。《漢書·高祖紀》：「四年，大司馬咎怒渡氾水。」注：「張晏

---

❶「河」，當作「洛」。
❷「洛水」，原倒，今據《水經注箋》卷十五改。
❸「云」，疑衍。

曰：『氾水在濟陰界。』」如淳：「氾音祀。《左傳》曰：『鄙在鄭地氾。』」臣瓚曰：「高祖攻曹咎于成臯，咎渡氾水而戰。今成臯東氾水是也。」師古曰：「瓚説許之。此水不在濟陰也。『鄙在鄭地氾』，釋者又云在襄城，則非此也。當讀音凡，❶今彼鄉人呼之音祀。」如小顔説則此傳之「氾」舊無濟陰之説。《一統志》：「氾城在開封府氾水縣南三十五里，今名周村。氾水在許州府襄城縣北七里，亦名七里河。」

大叔以隗后居于温。❷【疏證】《周本紀》：「子帶立爲王，取襄王所絀翟后，與居温。」

鄭子華之弟子臧出奔宋，【疏證】

好聚鷸冠。【疏證】杜注：「鷸，鳥名。聚鷸羽以爲冠，非法之服。」未言鷸爲何鳥。《釋文》：❸「鷸，翠鳥也。」當是舊説。《釋鳥》「翠鷸」，本疏引李巡云：「鷸一名爲翠，其羽可以爲飾。」樊光云：「青羽出交州。」字皆作「鷸」。沈欽韓云：「《逸周書》曰：『知天文者冠鷸。』《輿服志》有建華冠：❹『記曰：「知天者冠述，知地者履絇。」子臧鷸冠是也。』《説苑·修文》篇：『知天道者冠鉥。』《淮南·道應訓》：『去其脊而戴之木。』注云：『知天文者冠鶩。』按：『木』爲『述』之脱字，『鶩』又『鷸』之誤也。《史記》：『趙武靈王欲胡服，曰：「卻冠秫絀，大吴之國也。」』

❶ 「當」，《漢書·高帝紀》作「舊」。
❷ 「后」，《春秋左傳正義》卷十五作「氏」。
❸ 「釋」，原作「經」，今據《經典釋文》卷十六改。
❹ 「華」，原作「章」，今據《春秋左氏傳補注》卷三改。

亦『述』之借，『鷸』、『述』同聲，故省文耳。子臧之病在好聚，不爲非德之服。」❶文淇案：《莊子·天地》篇：「皮弁鷸冠，搢笏紳修，以約其外。」《釋文》：「鷸，尹必反。徐音述。本又作鶐，音同，鳥名也。一名翠，似燕，紺色，❷出鬱林，取其羽毛以飾冠。則字又作鶐，其本字則當作述，或作術，秫、鶐乃後出之字。鷸又由述聲而轉也。」壽曾曰：翠鳥之説出於《爾雅》。然《五行志》注：「張晏曰：『鷸鳥，赤足，黄文，以其毛飾冠。』韋昭曰：『鷸，今翠鳥也。』師古曰：『鷸，大鳥，即《戰國策》所云啄蚌者也。天之將雨，鷸則知之。翠鳥自有鷸名，而此飾冠，非翠鳥也。《逸周書》曰：「知天文者冠鷸冠。」蓋以鷸鳥知天時故也。《禮圖》謂之術氏冠。』」如張説則爲鷸，爲黄色鳥矣。《説苑》、《輿服志》皆謂鷸冠爲知天者之冠，與《逸周書》合。惠周惕曰：「顔師古以爲子華好與術士游，然案下文『服之不衷』，則不必如顔説也。」按：志説是也。術氏之稱，蓋以鳥名官。知天乃冠鷸，子臧不當冠鷸，故杜謂非法之服。杜當本舊注，沈駁之，非。聚謂聚鷸毛羽爲冠矣。《吕覽·去私》篇「衣禁重」，注：「不欲衣冠踰僭，若子臧好聚鷸冠是也。」按：子臧之聚鷸冠，以其華美，非疏僭國君之服。《輿服志》：「建華冠，以鐵爲柱卷，貫大銅珠九枚，制似縷鹿。」❸《晉書·禮儀志》：「《春秋左氏傳》『鄭子臧好聚鷸冠』，謂建華是也。祀天地、明堂，舞人服之。」則晉以後已爲賤者之服，春秋時亦止□術之士冠之，《吕覽》注非。

鄭伯聞而惡之，

---

❶「德」，《春秋左氏傳補注》卷三作「法」。

❷「紺」，原作「細」，今據《經典釋文》卷二十七改。

❸「縷」，原作「僂」，今據《後漢書·輿服志》改。

使盜誘之。八月，盜殺之陳、宋之間。【疏證】《五行志》注：「師古曰：『已得罪出奔宋，故使盜殺之于陳、宋之間。』」

君子曰：「服之不衷，身之災也。【疏證】杜注：「衷，適也。」

「《詩》曰：『彼己之子，不稱其服。』子臧之服，不稱也夫。【疏證】引《詩·候人》之詞，「己」，今本作「其」。陳奐《詩疏》云：「《禮記》引作『記』，其、己、記同。」《釋文》：「『之服』，一作『之及』。」王念孫云：「作『及』者是也。及，謂及於難，言子臧之所以及於難者，由服之不稱也。但言不稱而不言服者，蒙上文『不稱其服』而省也。『子臧之及』，承上『身之災也』而言。下文『「自詒伊戚」，其子臧之謂矣』，承『子臧之及』而言。若作『子臧之服』，則非其指矣。『服』字右半與『及』相似，又涉上文兩『服』字而誤。」按：王說是也。

「《詩》曰『自詒伊戚』，其子臧之謂矣。【疏證】引《詩·小雅·小明》之詞。《爾雅》：「詒，遺也。」《毛詩》訓「戚」爲「憂」。陳奐《詩疏》云：「戚，古慽字。《説文》：『慽，憂也。』伊，維也。」❶

「《夏書》曰『地平天成』，稱也。」【疏證】引《夏書》，今見《大禹謨》。杜注云「逸《書》」，疑東晉古文以傳稱《夏書》□於《大禹謨》也。文十八年傳：「史克曰：『堯舉八愷，使主后土，地平天成。』」不以爲《禹謨》文可證。某氏傳云：「水土治曰平，五行敘曰成。」傳引《書》□釋《詩》不稱之意。

宋及楚平，宋成公如楚。還，入於鄭。

❶「維」，原作「難」，今據《詩毛氏傳疏》卷二十改。

鄭伯將享之，問禮於皇武子。【疏證】杜注：「皇武子，鄭卿。」萬光泰云：❶「皇武子疑即皇戌之謚，❷《世族譜》于皇氏下列爲二人，或傳寫有誤。」

對曰：「宋，先代之後也，於周爲客，【疏證】《白虎通義·王者不臣》篇：「不臣二王之後者，尊先王，通天下之三統也。」

「天子有事膰焉，【注】左氏說：「宗廟之肉名曰膰。」《大宗伯》疏引《五經異義》。【疏證】《釋文》：「《周禮》又作『䊩』字，音義同。」《說文》：「䊩，宗廟火熟肉，從炙番聲。《春秋傳》曰『天子有事䊩焉』，以饋同姓諸侯。」許君引傳文，則賈君所見本字作「䊩」。洪亮吉云：「今考異姓惟二王後得與賜。」據許書義也。賈君義亦當然。《大宗伯》鄭注：「脤膰，社稷宗廟之肉。」用《左氏》說，與許君同。《廣雅》：「䊩，肉也。」

「有喪拜焉，【疏證】《世婦》「凡王后有揀事于婦人」，疏：「僖二十四年，『天子有事膰焉，有喪拜焉。』謂王喪，二王後來奔，嗣王拜之，明二王後夫人來弔，后有拜法。」文淇案：疏云「二王後來奔，嗣王拜之」，當是《左氏》舊說。杜注：「宋弔周喪，王特拜謝之。」於義未備，不如《周禮》疏說之善。壽曾曰：《喪大記》：「主人送于門外，拜稽顙。」注：「迎不拜，拜送者，拜迎則爲君之答己。」疏：「案僖二十四年《左傳》『宋，先代之後，于周爲客，有喪拜焉』者，謂其餘諸侯來弔國喪，以其卑，王不拜之。❸若宋來弔，是用敵禮拜謝之，亦是主人拜賓之義也。」如

---

❶「光泰」，原缺，今據《左通補釋》卷七及卷四補。

❷「戌」，原作「戍」，今據《左傳補釋》卷七改。

❸「拜」，原作「弔」，今據《禮記正義》卷四十五改。

《大記》疏，則二王之後弔周喪，主人當送於門外，拜稽顙也。疏止稱宋弔周喪，不言二王後，亦用杜説。沈欽韓云：「《喪大記》：『君拜寄公、國賓，夫人亦拜寄公夫人於堂上。』❶是諸侯拜賓之法。知宋爲二王後，得以賓禮待之，嗣天子亦拜之也。」沈亦比例爲説，不及《周禮》疏之明顯也。

「豐厚可也。」鄭伯從之，享宋公有加，禮也。【疏證】《釋文》：「『享宋公有加』，絶句。『禮也』，一本無『也』，讀則總爲一句。」

冬，王使來告難曰：「不穀不德，得罪于母弟之寵子帶，【疏證】《校勘記》云：「宋本無『弟』字，《考文提要》據僖五年《正義》『弟』作『氏』是也。」洪亮吉《左傳詁》據淳化本删「弟」字。文淇案：《曲禮》：「踐阼，臨祭祀。」疏：「其謙虚卑退，或稱『小子』。《湯誓》云『非台小子』是也。或曰『不穀』，僖二十四年《左傳》云『不穀不德，得罪于母弟之寵子帶』是也。或曰『寡人』，故《中候・洛予命》『湯東觀于洛，云寡人慎機』是也。」是「不穀」乃用諸侯之稱爲稱也。

「鄙在鄭地氾，【疏證】杜注：「鄙，野也。」

「敢告叔父。」

臧文仲對曰：「天子蒙塵于外，敢不奔問官守？」【疏證】杜注不釋「蒙塵」。杜注：「官守，王之群臣。」按：此不敢指斥天子，故云問於官守也。

---

❶ 「寄」，原作「宋」，今據《春秋左氏傳補注》卷三改。

王使簡師父告于晉，使左鄢父告于秦。【疏證】杜注：「二子，周大夫。」《秦本紀》：「周王使人告難于秦、晉。」

天子無出，書曰「天王出居於鄭」，辟母弟之難也。【疏證】《曲禮》：「天子不言出，諸侯不生名，君子不親惡。」注：「《春秋傳》曰『天王出居于鄭』、『衛侯朔入于衛』。」疏云：「『君子不親惡』者，謂策書，君子謂孔子書經，若見天子大惡，書『出』以絶之，諸侯大惡，書名以絶之。君子不親比惡人，故書『出』、書名以罪之也。」疏稱「書出以絶之」，當是《左氏》古義。《公羊》謂「不能乎母」，《穀梁》謂「鄭莫敢有」，則非二傳義也。杜注：「叔帶，襄王同母弟。」

天子凶服降名，禮也。【疏證】杜注：「凶服，素服。降名，稱不穀。」

鄭伯與孔將鉏、石甲父、侯宣多省視官具于氾，而後聽其私政，禮也。【疏證】杜注：「三子，鄭大夫。」石甲父，《廣韻》注引作「甲石父」。洪亮吉云：「此傳寫之誤。何焯以爲古本如是，惠氏校本輒據之，非也。」梁玉繩《漢書人表考》：「石癸，始見《左》宣三，亦曰石甲父，蓋甲父即癸之字。」其説它無所證。《隸釋》八《金鄉長侯成碑》：「其先出自豳岐，❶周文之後，封于鄭。鄭共仲賜氏曰侯，厥胤宣多，以功佐國。」碑出漢人，述侯之得氏，當可信。「省視官具」，杜注：「省官司，具器用。」顧炎武云：「傳氏曰：『官官司，具器具。』❷較明。」俞樾云：

---

❶「先」，原作「元」；「岐」，原作「歧」，今據《隸釋》卷八改。

❷「器具」，原脱，今據《皇清經解》卷一《左傳杜解補正》補。

「傅氏未得官字之義。《史記・孝文紀》『五帝官天下』，索隱曰：『官猶公也。』然則官具與私政相對成義。先省視官具，而後聽私政，明先公而後私也。官、私對文，今時語猶然。」按：俞説是也。惠棟云：❶「《戰國策》曰：『天子巡狩，諸侯避舍，納管鍵，攝袵抱几，視膳於堂下，天子已食，而退聽朝也。』」沈欽韓云：「《周官・掌客職》『王巡守、殷國，則國君膳以牲犢，令百官百牲皆具。』」皆以官物辭官具，可證俞説。

衛侯將伐邢，禮至曰：「不得其守，國不可得也。我請昆弟仕焉。」乃往，得仕。【疏證】杜注：「禮至，衛大夫。守，謂邢正卿國子。」

【經】二十有五年，春，王正月，丙午，衛侯燬滅邢。

夏，四月，癸酉，衛侯燬卒。無傳。

宋蕩伯姬來逆婦。無傳。【注】賈氏以爲經不書「歸」者，適世子故也。《釋例》。【疏證】杜注：「伯姬，魯女，爲宋大夫蕩氏妻也。」嚴蔚云：「宋桓公生公子蕩，其孫意諸始以蕩爲氏。此伯姬者，其即公子蕩之配也。」朱駿聲説亦同。賈謂女適世子逆婦，此《左氏》古義，異於《公羊》三世内娶之説也。僖二十五年爲宋成公王臣二年，繼成公者爲昭公杵臼，杵臼或謂襄公子，或謂成公少子，則此適世子未即位而亡也。《釋例》云：「凡納女見經而不書『歸』者，時史之闕漏，而賈氏皆以爲適世子故也。」按：杞桓公以僖二十三年即位，襄六年卒，凡在位

---

❶「云」下，原衍「口」字，今删。

七十一年。文、成之世,經書叔姬二人,一人卒,一人出,皆杞桓公夫人,而經皆不書『歸』,知雖正夫人,歸或亦有所不載,非唯適世子也。」玩杜説,則賈氏意,凡書「逆婦」、不書「歸」者皆適世子矣。杞之叔姬,或自姪娣而爲夫人,故經不書「歸」,未可執以相難。此與三十一年經「杞伯姬來求婦」同文。賈氏於彼經,當亦以不書「歸」説之。《釋例》又謂「杞、蕩二伯姬皆自爲子來」,尤顯與賈説違。此經無傳,杜謂「稱婦,姑存之辭」,用《公羊》義。又謂「婦人越竟迎婦,非禮,故書」,用《穀梁》義。

宋殺其大夫。無傳。【疏證】杜注:「其事未見。於例爲大夫無罪,故不稱名。」

秋,楚人圍陳,納頓子于頓。【疏證】《地理志》:「汝南郡南頓,故頓子國。」又云:「頓,姬姓。」應劭曰:「頓近於陳,其後南徙,故號南頓,故城尚在。」按:頓在今商水縣。

杜注:「子玉稱人,❶從告。」沈欽韓云:「按:此亦賤楚而略其辭耳。至桓、文之伯歇,楚日駸駸,窺上國,則聖人亦不能不隨時事而詳其名位。《春秋》之法,《大易》消長之幾也。」

葬衛文公。

冬,十有二月,癸亥,公會衛子、莒慶,盟于洮。【注】服云:「衛稱子者,明不失子道。」《曲禮》疏。

【疏證】杜注:「衛文公既葬,成公不稱爵者,述父之志,降名從未成君,故書子以善之。」惠棟云:「杜預既葬除喪

❶「玉」下,原衍「人」字,今據《春秋左傳正義》卷十六删。

之邪説，于此而窮，故作遁詞。」❶嚴蔚云：「杜既知書子以善之，則己之既葬除服之説不善可知矣。」右皆駁杜既葬除喪之説。宋儒孫覺則云：「衛侯稱子者，衛文公卒未逾年也。」顧炎武云：「衛文公已葬，成公稱子者，未踰年也。《春秋》之例，踰年即位，然後稱公。文十八年，『六月，癸酉，葬我君文公』，『冬十月，子卒』，是稱爵、稱子繫乎踰年、未踰年，而不在乎葬與未葬。」二説皆與服説合，足破杜降名稱子之謬。沈欽韓云：「杜預以傳有『修衛文公之好』，故云『述父之志』。夫述父之志，美事也，何以反稱子。是美之中反有貶爵之文。《春秋》杞、滕之降爵爲子，皆有善可稱者也？其支吾閃爍不過欲自文其短喪之説耳。按：《白虎通》曰：『父没稱子者，何屈于尸柩也。既葬稱子者，即尊之漸也。踰年稱公者，緣民臣之心不可一日無君也。緣終始之義，一年不可有二君。故踰年即位，所以繫民臣之心也。三年然後受爵者，緣孝子之心，未忍安吉也。』以上《公羊》之説。按《曲禮》疏：『準《左傳》之義，諸侯薨而嗣子即位，凡有三時：❷一是始喪，即適子之位；二是踰年正月，即一國正君臣之位；三是除喪而見於天子，天子命之，嗣列爲諸侯之位。』是三《傳》諸家無既葬除喪之事也。」按：沈謂未踰年稱子，三《傳》説同，尤確。服謂「不失子道」，《白虎通》謂「即尊之漸」，各明一義也。杜注以洮爲魯地。❸疏：「八年盟于洮，杜注『曹地』。❹三十一年魯始得曹田，此時不得爲魯地，注誤耳。」江永云：「疏説非也。傳云『衛人平莒于

❶「遁」，原作「逅」，今據《春秋左氏傳補注》卷四改。
❷「三」，原作「二」，今據《左傳杜解集正》卷三改。
❸「魯」，原作「晉」，今據《春秋左傳正義》卷十六改。
❹「曹」，原作「晉」，今據《春秋左傳正義》卷十六改。

我，且及莒平』，則此洮爲魯之内地，東近莒，即莊二十七年『公會杞伯姬于洮』者也。當爲卞縣桃墟，在泗水縣。」

【傳】二十五年，春，衛人伐邢，二禮從國子巡城，掖以赴外，殺之。【疏證】二禮，杜無注。二十四年傳「我請昆弟仕焉」，則一禮至，一禮至之弟也。掖以赴外，《衡門》疏引作「持以赴外」。❶《校勘記》云：「《詩》疏作『持』，以意改。段玉裁云：『赴，當仆字之誤，❷謂兩持其臂脅，自城上投諸城下也。作「赴」則義未顯。』」按：阮説是也。掖，杜無注。《釋文》引《説文》：「以手持人臂曰掖。」今本《説文》云：「掖，以手持人臂投地。」與陸氏所引異。洪亮吉云：「今考『掖』無投地之義，惟此傳『掖以赴外』可從此訓。疑《説文》本因《春秋傳》此文爲訓也。」壽曾曰：「掖」與「赴外」爲兩事，《説文》止當釋「掖」，今本「投地」二字，或後人妄加。本疏引《説文》亦止云：「掖，持臂也。」洪説非。《衡門》疏謂：「持其臂而投之城外也。」《後漢書・張衡傳》注：❸「掖謂挾之而投於城外也。」❹訓最分明。

「正月，丙午，衛侯燬滅邢」，同姓也，故名。

禮至爲銘曰：「余掖殺國子，莫余敢止。」【疏證】《後漢書・張衡傳》：「斐豹以斃督燔書，禮至以掖國作銘。」注：「《左傳》『余掖殺國子』，禮至本衛人，仕邢爲大夫。」

---

❶「衡」，原作「衡」，今據《毛詩正義》卷七改。下一「衡」字同。

❷「當」下，原衍「作」字，今據《春秋左傳正義》卷十六《校勘記》删。

❸「衡」，原作「衡」，今據《後漢書・張衡傳》改。下二「衡」字同。

❹「挾」，原作「掖」，今據《後漢書・張衡傳》改。

秦伯師于河上，將納王。狐偃言於晉侯曰：「求諸侯，莫如勤王。【疏證】《年表》：「秦繆公二十五年，欲内王，軍河上。晉文公元年，咎犯曰：『求霸莫如内王。』」《晉世家》：「文公二年，春，秦軍河上，將入王。趙衰曰：『求霸莫如入王尊周。』」魯僖二十五年當秦繆二十五年、晉文二年，《年表》繫咎犯語於元年，非。咎犯、趙衰亦史公駁文。杜注：「勤，内王也。」

「諸侯信之，且大義也。【疏證】《晉語》説此事云：「君盍納王以教之義。」注：「使知事上之義。」

「繼文之業，【疏證】《晉語》注：「文，晉文侯仇也。平王東遷，文侯輔之，受圭瓚秬鬯。」杜注：「晉文侯仇爲平王侯伯，匡輔周室。」用韋説。

「而信宣於諸侯，今爲可矣。」

使卜偃卜之，曰：「吉！遇黄帝戰于阪泉之兆。」【注】服云：「版泉，❶地名。」《五帝本紀》集解。

【疏證】《大戴禮·五帝德》：「黄帝與赤帝戰於阪泉之野。」《淮南子·兵略訓》：「黄帝嘗與炎帝戰矣。」又云：「炎帝爲火災，故黄帝擒之。」注：「炎帝，神農之末世也。」《五帝本紀》：「炎帝欲侵陵諸侯，諸侯咸歸軒轅。軒轅教熊羆貔貅貙虎以與炎帝戰于阪泉之野。三戰，然後得志。」《帝王世紀》：「與神農戰於阪泉之野，三戰而克之。」《列子·黄帝》篇：「黄帝與炎帝戰於阪泉之野，帥熊羆狼豹貙虎爲前驅，雕鶡鷹鳶爲旗幟，此以力使鳥獸者也。」皆其事也。賈誼《新書·制不定》篇：「黄帝行道，而炎帝不聽，故戰涿鹿之野。」與諸書乖異。誼傳《左氏》學，不當戾

❶「版」，《史記·五帝本紀》作「阪」。

傳文。阪泉、涿鹿地近，或通言之。高誘《淮南注》以炎帝爲神農末世，最爲分明。杜注亦云：「黄帝與神農之後姜氏戰于版泉之野。」❶用高説也。《封禪書》索隱云：「鄧展云：『神農後子孫亦稱炎帝而登封者。』《律曆志》：『黄帝與炎帝戰于阪泉。』豈黄帝與神農身戰乎？皇甫謐云：『炎帝傳位八代也。』」《世紀》亦同高説。服未言阪泉當漢何地。《五帝本紀》集解引皇甫謐曰：「在上谷。」《正義》引《括地志》：「阪泉，今名黄帝泉，在嬀州懷戎縣東。出五里至涿鹿東北，與涿水合。」《方輿紀要》：「嬀川在延慶州東十五里，《志》云即古之阪泉。」延慶州今屬宣化府。《御覽》七十九引《歸藏》曰：「昔黄帝與炎神争鬬涿鹿之野，將戰，筮于巫咸。巫咸曰：『果哉而有咎。』」此黄帝卜戰事也，謂涿鹿之野亦通言之。本疏云：「黄帝將戰，卜得吉兆。今卜復得彼兆。」

公曰：「吾不堪也。」

對曰：「周禮未改，今之王，古之帝也。」【疏證】周禮，謂周之典。韋、杜謂：❷「周德雖衰，天命未改。」傳無此意。

公曰：「筮之。」筮之，遇大有之睽。【疏證】《曲禮》「凡卜筮日」，注：「大事卜，小事筮。」疏：「天子既爾，諸侯亦然。故《春秋》僖二十五年，晉卜納襄王，得黄帝戰于阪泉之兆。又筮之，得大有之睽。哀九年，晉人伐宋，亦卜而後筮。是大事卜、筮并用也。但春秋亂世，❸皆先卜後筮，不能如禮。」是古法，大事卜而不筮，晉文

❶ 「版」，《春秋左傳正義》卷十六作「阪」。
❷ 「韋」，疑有誤。
❸ 「亂」，原作「八」，今據《禮記正義》卷三改。

得卜而疑，故再筮也。杜注：「乾下離上，大有。兑下離上，睽。大有九三變而爲睽。」

曰：「吉，遇『公用享于天子』之卦。【疏證】杜注：「大有九三爻辭也。三爲三公而得位，變而爲兑，兑爲説，故能爲王所宴饗。」按：杜用舊注義也。虞翻注：「天子謂五。三，公位也。」張惠言云：「爻位，三爲三公。」服氏説傳占筮，與虞氏多同。此杜解三公，與虞注合，此或取服注矣。「變而爲兑」者，謂下卦乾變兑也。「兑，説也」，《説卦》文。

「戰克而王饗，吉孰大焉？【疏證】杜注：「卜、筮協吉。」本疏云：「卜遇黄帝吉兆，是戰克也。筮得大有，是王饗也。」

「且是卦也，天爲澤以當日，天子降心以逆公，不亦可乎？【疏證】杜注：「方更總言二卦之義，不繫于一爻。乾爲天，兑爲澤，乾變爲兑，而上當離，離爲日。日之在天，垂曜在澤，天子在上，❶説心在下，是降心逆公之象。」按：大有大象曰：「火在天上，大有。」睽大象曰：「上火下澤，睽。」張惠言説大有曰：「不曰日而曰火者，日中則盛如火，故曰火在天上。」則火在天上，猶言日在天上也。睽之上火下澤，猶言上日下澤也，日垂曜照澤，舊説亦當如此。「乾爲天」，「兑爲澤」，「離爲日」，皆《説卦》文。

「大有去睽而復，亦其所也。」【疏證】杜注：「言去睽卦還論大有，亦有天子降心之象。❷乾尊離卑，降

❶「子」，原作「之」，今據《春秋左傳正義》卷十六改。

❷「子」，原作「下」，今據《春秋左傳正義》卷十六改。

尊下卑，亦其義也。」毛奇齡云：「以乾天而下離日，降心亦然。」

晉侯辭秦師而下。【疏證】《晉世家》：「趙衰曰：『周晉同姓，晉不先入王，後秦入之，無以令于天下。』」此晉辭秦之意也。《晉語》「公以二軍下」，注：「東行曰下。」杜注：「順流故曰下。」用韋説。

三月，甲辰，次于陽樊。【注】服云：「陽樊，周地。陽，邑名也，樊仲山之所居，故名陽樊。」《晉世家》集解。【疏證】《晉世家》：「三月甲辰，晉乃發兵至陽樊。」「樊」見隱十一年疏證，此服注專説「陽樊」也。《晉語》：「倉葛曰：『陽人有樊仲之官守焉。』」樊仲即樊仲山也。《周語》樊仲山甫諫宣王，注：「食菜於樊。」《郡國志》注與服注合。《烝民》「生仲山甫」，「仲山甫，樊侯字也」。服謂「陽樊，周地」，則是畿内國。陳奂《毛詩疏》云：「樊在東畿河北，故曰陽樊。在晉國之南，故又曰南陽。」義最分明。李貽德云：「樊爲畿内國名，陽其食邑。」

右師圍温，左師逆王。【疏證】《晉語》：「右師取昭叔于温，左師逆王于鄭。」

夏，四月，丁巳，王入于王城，取太叔于温，殺之于隰城。【疏證】《晉語》「王入於成周，遂定之于郟」，❶注：「成周，東都。郟，王城也。」郟城即隰城，見隱十一年疏證。沈欽韓云：「《水經注》：『沙溝水又東逕隰城北，❷殺太叔于隰城是也。』」《周本紀》：「襄王告急于晉，晉文公納王而誅叔帶。」《晉世家》：「入襄王于周。四月，殺王弟帶。」

---

❶「之」，原作「王」，今據《國語正義》卷十改。

❷「沙」，原作「河」，今據《春秋左氏傳地名補注》卷四改。

戊午，❶晉侯朝王。

王饗醴，命之宥。【疏證】唐石經、宋本「饗」作「享」。《校勘記》云：「作『享』爲正字，《左氏》多用正字。《新序》亦引作『享』。」沈欽韓云：「《釋文》、石經『饗』并作『享』。享禮爲初見時事，非食饗也。《大行人》、《司儀》及《聘禮》本分明，後人因杜注混淆，俗本或改『享』爲『饗』。」洪亮吉云：「『宥』，《晉語》作『侑』。按：『宥』與『右』同，《説文》及字書：『右，助也。』鄭玄《周禮》注：『右讀爲侑。侑勸尸食而拜。』是右亦有勸意，杜蓋本此。下二十八年傳即作『侑』。」如沈、洪説，則饗、宥皆杜所改也。《晉語》「王饗醴，命之酢宥」，注：「饗，設饗禮也。《傳》曰：『戰克而王饗。』饗醴，飲醴酒也。命，加命服也。侑，侑幣。謂既食，以束帛侑公。」杜注用韋説，但不釋「命」爲命服。壽曾曰：莊十八年，「虢公、晉侯朝王，王饗醴，命之宥」，與此傳文同，杜注亦約同此傳注。命之宥，謂王命酬幣。二十八年，「王享醴，命晉侯侑」，其禮亦同，不關加命服，韋注非。饗醴、宥幣，詳莊十八年疏證。

請隧，弗許。【注】賈云：「隧，王之葬禮，闕地通路曰隧。」《周語》注。【疏證】《晉語》「公請隧」注：「三君注：隧，王之葬禮。」則虞、唐注《外傳》亦同賈説也。《説文》：「隧，兩阜之間也。」亦用賈「闕地」義。杜注：「闕地通路曰隧，王之葬禮也。諸侯皆懸柩而下。」杜用賈説，其「諸侯懸柩而下」，則賈所未言也。本疏：「天子之葬，棺重禮大，尤須謹慎，去壙遠而闕地通路，從遠處而漸邪下之。諸侯以下，棺輕禮小，臨壙上而直懸下之。」如疏説，則天子之制不懸柩而下也。沈欽韓云：「《喪大記》『凡封用綍』，注：『封，《周禮》作窆。窆，下棺也。禮，惟

---

❶「戊午晉侯朝王」，原脱，今據《春秋左傳正義》卷十六補。

天子葬有隧。』《檀弓》『公室視豐碑』，注云：『言視者，時僭天子也。豐碑，作大木爲之，形如石碑，於椁前後四角樹之，穿中，于間爲鹿盧，下棺以綍繞。天子六綍四碑，前後各重鹿盧也。』如鄭此注，則天子亦用綍懸窆也。按：《周禮·遂人職》：『及葬，帥而屬六綍，及窆，陳役。』❶鄭司農云：『窆，謂下棺時。』《遂師職》：『及窆，抱磨。』鄭司農云：『抱磨，磨下車也。』按：磨即鹿盧之轉也。玩《周禮》，亦是縣窆，無隧道之事。故賈疏于《遂人》、《鄉師》下並云：『陳役者，天子六綍四碑，背碑挽引而下。』蓋秦漢始有羨道，賈逵準時事言之，鄭注《喪大記》偶用賈説耳。韋昭謂：『隧，六隧也。《周禮》天子有六鄉六遂，惟天子有隧，諸侯則無也。』」語雖不了，亦是一義。文淇案：《周禮·冢人》「以度爲丘隧」，鄭玄注：「隧，羨道也。」賈疏云：「天子有隧道，諸侯以下有羨道。隧道則上有負土，羨道則無負土。若然，隧與羨别，❷而鄭云『隧，羨道』者，對則異，散則通。」冢人既爲丘隧，則闕地通路之説，非準秦漢之制，沈説非也。《司約》：「若大亂，❸則六官辟藏。」注：「大亂，謂僭約，若吳、楚之君稱王，晉文公請隧以葬者。」疏：「按僖二十五年，晉文公納定襄王，乃請隧以葬。隧者，謂掘地通路，上有負土。諸侯以下，上無負土，謂之羨塗。天子有負土，謂之隧。文公欲行天子之禮，故對曰：『未有代德，而有二王。』不許之也。」與《冢人》疏説同，皆用賈闕地通路説也。洪亮吉云：「隧則闕地通路，惟天子始克爲之，故云王章。若羨，即不過築墓道使通間隙。鄭注《考工記·玉人》云：『羨，猶延也。』《爾雅》：『延，間也。』郭注以爲間隙，亦可容人。《史

---

❶「役」，原爲空格，今據《春秋左氏傳補注》卷四補。下一「役」字同。

❷「隧」上，原衍「上」字，今據《周禮注疏》卷二十二删。

❸「亂」，原脱，今據《周禮注疏》卷三十六補。

記・衛世家》『共伯入釐侯羨自殺』，可知諸侯有羨道矣。蓋隧道寬，羨道窄，一有負土，一無負土。」壽曾曰：洪氏亦依《冢人》、《司約》疏爲説，惟負土未加申說。據《禮》疏，上有負土，則隧道之上仍留土，故曰負土也。天子有隧道，亦有羨道。知然者，《檀弓》「豐碑」疏：「案《春秋》天子有隧，以羨道下棺。所以用碑者，凡天子之葬，掘地以爲方壙，《漢書》謂之方中。又方中之內，先累椁，于方中南畔爲羨道。以蜃車載柩至壙，說而載以龍輴，從羨道而入。至方中，乃屬紼于棺之緘，從上而下，棺入於椁之中。❶于此之時，用碑繂也。」則天子羨道在隧道中，由羨道而入壙，故必用碑繂也。杜雖用賈說，其謂惟諸侯懸棺，與《周禮》違，❷賈所未言也。知天子葬亦用碑繂，則無疑於《喪大記》鄭注矣。

曰：「王章也。【疏證】《周語》注：「章，表也，所以表明天子與諸侯異物。」杜用韋說。顧炎武云：「言天子之典章。」視章、杜說尤明。《喪大記》疏：「僖二十五年《左傳》云晉侯請隧，王弗許，曰『王章也』。」是隧爲天子典章，與顧說合。《後漢書・趙咨傳》：「遺書勑子曰：『法度衰毀，上下僭雜。❸終使晉侯請隧，秦伯殉葬。』」

「未有代德，而有二王，亦叔父之所惡也。」【疏證】惠棟云：「《周書》：『芮良夫曰：「觀天下有土之君，厥德不遠，罔有代德。」』」洪亮吉云：「按：『代德』二字始見此。」《周語》注：❹「國無二王。」

---

❶「於」，原作「于」，今據《禮記正義》卷十改。

❷「違」，疑當作「達」。

❸「雜」，原作「離」，今據《後漢書・趙咨傳》改。

❹「周」，當作「晉」。

與之陽樊、温、原、欑茅之田。【注】賈云：「晉有功，賞之以地。」《晉世家》正義。❶【疏證】《晉語》：「賜公南陽陽樊、温、原、州、陘、絺、鉏、欑茅之田。」注：「八邑，周之南陽地。」傳無州、陘、絺、鉏，文省略也。此四邑之田，即隱十一年與鄭人蘇忿生之田，詳彼年疏證。《晉世家》正義引賈注「以地」下有「陽樊、温、原、欑茅之田也」句，乃張引傳文，今不取爲賈注。《烝民》「生仲山甫」，傳：「仲山甫，樊侯也。」疏：「僖二十五年《左傳》説晉文公納定襄王，王賜之樊邑。則樊在東都之畿内也。❷杜預云：『經傳不見畿内之國稱侯者，天子不以此爵賜畿内也。』如預之言，畿内本無侯爵。傳言樊侯，未知何所按據。」壽曾曰：杜説非也。樊仲山封於宣王時，其樊邑當在今西安，東遷後續封，乃此傳陽樊地。隱十一年，樊已爲蘇忿生田，則樊由侯國降爲邑久矣。

晉於是始啟南陽。【注】馬融曰：「晉地自朝歌以北至中山爲東陽，朝歌以南至軹爲南陽。」《水經·清水》注。【疏證】杜注：「在晉山南河北。」《御覽》一百六十一引注略同，蓋用馬説。《王風譜》「北得河陽，漸冀州之南」，疏：「僖二十五年《傳》『晉于是始啟南陽』，杜預云：『在晉山南河北，故曰南陽。』是未賜晉時爲周之畿内，故知北得河陽。」《周本紀》：「襄王以河内地與晉。」河内即河北也。《吕覽·去私》篇：「晉平公問於祁黄羊曰：『南陽無令，其誰可而爲之？』」注：「南陽，今河内温、陽樊、州之屬皆是也。」又《不廣》篇：❸「文公遂與草

---

❶「晉世家」，當作「周本紀」。下一「晉世家」同。

❷「東」，原作「京」，今據《毛詩正義》卷十八改。

❸「廣」，原作「虞」，今據《吕氏春秋》卷十五改。

中之戎、驪土之翟定天子于成周，❶于是天子賜之南陽之地。」注：「成周，今雒陽也。襄王賜之南陽之地在河之北、晉之山南，故言南陽。今河内陽樊、温之屬是也。」高注與馬説合。南陽在漢爲河内郡，《地理志》「河内郡修武」，應劭曰：「晉始啟南陽，今南陽城是也。秦改曰修武。」《水經注》：「修武亦曰南陽」下引馬説。沈欽韓云：「《一統志》：『南陽城在衛輝府獲嘉縣北。』」朱駿聲曰：「朝歌在今河南衛輝府淇縣，中山在今直隸正定府，軹在今河南懷慶府濟源縣。」

陽樊不服，【疏證】《晉語》注：「不肯屬晉。」

圍之。倉葛呼曰：【疏證】《晉語》注：「倉葛，陽樊人。」杜用韋説。

「德以柔中國，刑以威四夷，宜吾不敢服也。此誰非王之親姻，其俘之也？」【疏證】杜無注。《晉語》：❷「謂君其何德之布以懷柔之。」注：「柔，安也。」兵者刑之一謂，陽樊不可以兵服。近畿之地，故多王之親姻。

乃出其民。【疏證】《晉語》注：「放令去也。」杜注：「取其土而已。」

秋，秦、晉伐鄀。【疏證】《世本》：「鄀，允姓國。」《釋文》引《字林》云：「鄀，楚邑。」洪亮吉云：「按：鄀在秦、楚界上，與晉地懸隔。且晉文方啟南陽，圍樊、圍原，何暇會秦遠伐小國？傳中無一語及晉，可見『晉』字爲

---

❶ 「土」，原作「士」，今據《呂氏春秋》卷三改。

❷ 「晉」，當作「周」。下一「晉」字同。

衍文。杜注云：『不復言晉，❶秦爲兵主。』此亦曲爲之解。」按：洪説是也。沈欽韓云：「《方輿紀要》：『丹水城在南陽府鄧州内鄉縣西南百二十里，去丹水二百步，本古鄀國，又爲商密地。』」顧棟高云：「鄀，國于商密。後遷于鄀，今湖廣襄陽府宜城縣東南九十里有鄀縣故城。文五年秦人入鄀，蓋自是南徙爲楚附庸。定六年遷郢於鄀，則楚已滅之爲邑矣。」

楚鬭克、屈禦寇以申、息之師戍商密。【疏證】杜注：「鬭克，申公子儀。屈禦寇，息公子邊。」《楚語》注：「儀父，申公鬭班之子鬭克也。」杜用韋説。《郡國志》：「南陽郡丹水有章密鄉。」《水經注》：「丹水又逕丹水縣故城南，縣有密陽鄉，古商密之地，楚、申、息之師所戍也。《春秋》之三户矣。」《方輿紀要》：「三户城在南陽府鄧州内鄉縣西南。」

秦人過析，隈入而係輿人以圍商密，昏而傳焉。【疏證】《郡國志》：「析，故楚白羽邑。」《一統志》：「析縣故城在南鄉府内鄉縣西北。」杜注：「隈，隱蔽之處。」不説「隈入」義。文淇案：《弓人》：「夫角之中，恒當弓之畏。」注：「玄謂讀爲『秦師入隈』之隈。」疏：「案僖二十五年秋，『秦、晉伐鄀，秦人過析隈』。鄭以爲入隈。」則鄭所見本「隈入」作「入隈」也。《説文》：「隈，水曲。」高誘注《淮南子·覽冥訓》云：❷「隈，曲深處也。」《廣雅·釋丘》：❸「陬、隅，隈也。」王念孫云：「凡山曲、水曲通謂之隈。」沈欽韓云：「按：隈，《玉篇》：『水曲也。』秦人過析，

❶「晉秦」，原倒，今據《春秋左傳詁》卷八改。
❷「覽」，原爲空格，今據《淮南鴻烈解》卷六補。
❸「丘」上，原衍「詁」字，今據《廣雅》卷九改。

從丹水曲過師，以避戍兵之路。《紀要》有析隈山，在鄧州南七十里，蓋俗人附會。」

宵，坎血加書，僞與子儀、子邊盟者。

商密人懼曰：「秦取析矣，戍人反矣。」乃降秦師。

秦師囚申公子儀、息公子邊以歸。【疏證】今注疏本奪「秦師」，從唐石經、宋本補。

楚令尹子玉追秦師，弗及。

遂圍陳，納頓子于頓。【疏證】殿本注云：「頓子時爲陳所迫，出奔在楚，故楚人圍陳而納之。」

冬，晉侯圍原，【疏證】《晉語》作「伐原」，注：「原不服，故伐之。」《淮南子·道應訓》「晉文公伐原」，注：「原，周邑，襄王以原賜文公，原叛，伐之。」

命三日之糧。原不降，命去之。

諜出，曰：「原將降矣。」【疏證】《晉語》注：「諜，間候也。」杜注：「諜，間也。」亦同韋説。《廣雅·釋詁》：「間、覘、諜、郵、置，驛也。」王念孫云：「《爾雅》：『間，俔也。』郭注：『《左傳》謂之諜，今之細作也。』《説文》：『諜，軍中反間也。』《大戴禮·千乘》篇云：『以中情出，小曰間，大曰諜。』」

軍吏以告，公曰：「信，國之寶也，民之所庇也。【疏證】《晉語》注：「庇，蔭也。」

「得原失信，何以庇之？所亡滋多。」

退一舍而原降，【疏證】《晉語》説此事云：「乃去之，及盟門，而原請降。」注：「盟門，原地。請降，退一舍而請降。」則盟門去原三十里也。

遷原伯貫於冀。【疏證】杜注：「伯貫，周守原大夫也。」

趙衰爲原大夫，狐溱爲温大夫。【疏證】杜注：「狐溱，狐毛之子。」《年表》：「晉文公元年，魏武子爲魏大夫，趙衰爲原大夫。」晉文元年當僖之二十四年，晉猶未得原，此史公駁文。

衛人平莒于我。十二月，盟于洮，修衛文公之好，且及莒平也。【疏證】元年，敗莒師於酈，獲莒挐。

晉侯問原守於寺人勃鞮。【疏證】杜注：「勃鞮，披也。」朱駿聲云：「勃鞮之合音爲披。」洪亮吉云：「《後漢書·宦者傳》曰：『其能者則勃貂、管蘇，有功於楚、晉。』注：『勃貂，即寺人披，一名勃鞮，字伯楚。』李善《文選》注以『勃鞮』爲『履鞮』。」梁履繩云：「履鞮，疑主履者，若《周官》之鞮鞻氏也。」

對曰：「昔趙衰以壺飧從徑，餒而弗食。」【疏證】杜注：「徑，行也。」《淮南·本經訓》「接徑歷遠」，注：「徑，行也。」杜注用高説。《釋文》：「一讀『以壺飧從』絶句，讀『徑』爲『經』，連下句，乖於杜意。」本疏：「劉炫改『徑』爲『經』，謂經歷飢餒，下屬爲句，輒改其字，以規杜氏，非也。」則《釋文》一讀謂劉炫讀也。《校勘記》云：「『經』、『徑』，古多通用。如《楚詞·招魂》『經堂入奥』注：『經，一作徑。』《史記·高祖本紀》『夜徑』，索隱曰：『舊音經。』《隸辨·徐氏紀産碑》『雖直徑營』，❶即經營也。」按：阮説是也。焦循云：「《説文》：『徑，步道也。』《史記·高帝紀》『夜徑澤中』，注云：『徑，小道也。』蓋衰本以壺飧從重耳，有時重耳行大道，衰由小道，亦餒而不食，謂不以相違而有私也。『從』字絶句，『徑』一字句，『餒而弗食』四字句。『徑』依《曲禮》注訓爲邪行。」俞樾云：

---

❶「營」，《春秋左傳正義》卷十六《挍勘記》作「菅」。下一「營」字同。

「『徑』字仍當上屬，謂以壺飧從小道也。猶《史記·欒布傳》所云『從間道』也。」壽曾謂：焦氏、俞氏不從炫讀，然説優於杜注，可備一解。《韓非·外儲説》「趙衰」作「箕鄭」，「挈壺飧而從，迷而失道，與公相失，飢而道泣，寢餓而不敢食。」《韓非》謂失道而餓，足爲焦説之證。

故使處原。【疏證】《趙世家》：「趙衰爲原大夫，居原，任國政。」

【經】**二十有六年，春，王正月，己未，公會莒子、衛甯速盟于向。**【疏證】《公羊》「速」曰「遬」。杜注：「甯速，衛大夫莊子也。」

齊人侵我西鄙。公追齊師至巂，弗及。【疏證】《公》、《穀》「巂」曰「嶲」。《釋文》：「本又作『嶲』。」則三《傳》字同也。杜注：「濟北穀城縣西有地名巂下。」焦循云：「魯在齊南，魯追齊至巂，則巂必近魯。杜注是也。《大事表》於此巂引趙氏云『紀季之邑』，❶非是。」沈欽韓云：「《一統志》：『巂下聚在泰安府東阿縣西南。』」

夏，齊人伐我北鄙。【疏證】馬宗璉云：❷「盧辨《大戴禮·保傅》篇注：❸『齊在魯北。』」

衛人伐齊。

---

❶ 「邑」，原作「道」，今據《春秋左傳補疏》卷二改。

❷ 「璉」，原爲空格，今據《皇清經解》卷一千二百七十七《春秋左傳補注》補。

❸ 「傅」，原作「傳」，今據《皇清經解》卷一千二百七十七《春秋左傳補注》改。

公子遂如楚乞師。【疏證】《校勘記》云：「惠棟云：『遂，《世本》作述，述與遂古字通。』秦大夫西乞術，本亦作遂，是也。」杜注：「公子遂，魯卿也。」

秋，楚人滅夔，以夔子歸。【疏證】《公羊》「夔」曰「隗」。《釋文》：「二《傳》作『夔』。」惠棟云：「《古史考》云：『滅歸。』《地理志》：『南郡秭歸鄉，❶故歸國。』」洪亮吉云：「《水經・江水》注：『《樂緯》曰：❷昔歸典叶聲律。』宋忠曰：『歸即夔。』歸鄉蓋夔鄉矣。按：『夔』、『歸』、『隗』音近，字可通假。『夔』是古文正字。」沈欽韓云：「《方輿紀要》：『夔子城在歸州東二十里。』歸州今屬宜昌府。地名夔沱。」❸

冬，楚人伐宋，圍緡。【疏證】《穀梁》「緡」曰「閔」。《年表》：「宋成公三年，倍楚親晉。」《宋世家》：「成公三年，倍楚盟，親晉，以有德於文公也。」

公以楚師伐齊，取穀。【注】劉、賈、許、潁取「晉人執季孫以歸」，「劉子、單子以王猛居于皇」，「尹氏、召伯、毛伯以王子朝奔楚」，隨示「以」義。又云：「諸稱『以』，皆小以大，下以上，非其宜也。」本疏。【疏證】本年傳例：「凡師能左右之曰『以』。」《載芟》箋：「《春秋》之義，能東西之曰『以』。」疏：「僖二十六年《左傳》曰：『凡師能左右之曰以。』左右即東西也。彼雖爲師發例，要以者，任其東西。」則鄭君説「以」亦本傳例

---

❶「秭」，《皇清經解》卷三百五十四《春秋左傳補註》無此字。

❷「樂緯」，原爲空格，今據《春秋左傳詁》卷二補。

❸「地」上，《春秋左氏傳地名補注》卷四有「名勝志」三字。

也。杜注：「左右謂進退在己。」亦用傳例。而疏引《釋例》則謂：「變會及之文而曰『以』。施於匹敵相用者，若上行於下，非例所及也。」又引劉、賈、許、穎説，駁之云：「尋按晉侯以季孫歸，又非下以上也，荆以蔡侯歸，❶亦非小以大也。」按：疏舉劉、賈、許、穎説，謂「隨示『以』義」，則諸儒舉三者，爲「公以楚師伐齊」例。小以大、下以上，止釋此四者書法，非通言之。知者，劉、單以王猛，尹、召、毛以王子朝，皆下以上也。晉以季孫，荆以蔡侯，經書晉人，或止書荆，不謂國君也。疏改經「晉人」爲「晉侯」，以駁諸儒説，非也。杜謂以施於匹敵，於書法尤窒。

公至自伐齊。無傳。

【傳】二十六年，春，王正月，公會莒兹丕公、甯莊子「盟向」，尋洮之盟也。【疏證】杜注：「兹丕，時君之號，莒，夷無謚，以號爲稱。」文十八年傳「莒紀公生太子僕」，杜注：「紀，號也。莒，夷無謚，故有别號。」襄三十一年，「莒犁比公生去疾」，杜注：「犁比，莒子密州之號。」文淇案：《詩·韓奕》「汾王之甥」箋：「厲王流于彘，彘在汾水之上，故時人以號之，猶言莒郊公、黎比公也。」疏：「《左傳》于昭公之世有莒郊公，襄公之世有黎比公。箋先言郊公者，以其文單，令與莒相配，❷使黎比蒙莒文也。莒在東夷，不爲君謚，每世皆以地號公。此外猶有兹丕公、著丘公之等。以二者足以明義，不復偏引也。」如《詩》疏説，則此莒兹丕公亦以地號也。

「齊師侵我西鄙」，討是二盟也。【疏證】杜無注。《魯語》「齊孝公來伐」注：「孝公，齊桓公之子孝公昭

---

❶「荆」，原作「别」，今據《春秋左傳正義》卷十六改。

❷「配」，原作「記」，今據《毛詩正義》卷十八改。

也。魯僖公叛齊，與衛、莒盟于洮，又盟于向，故孝公伐魯，討二盟。」韋據此傳言，則舊説指洮、向也。

夏，齊孝公伐我北鄙。衛人伐齊，洮之盟故也。

公使展喜犒師，【注】服云：「以師枯槁，故饋之飲食勞苦，謂之勞也。」本疏。**【疏證】**《晉語》「展禽使乙喜以膏沐犒師」，注：「乙喜，魯大夫展喜也。」惠棟云：「謹案：犒，非古字。古文作槀或作槁。張揖撰《廣雅》，❶始從牛旁高。洪氏《隸續》載漢碑有『勞⿰酉高』之語，⿰酉高與犒同。《公羊注》云：『牛酒曰犒。』故其字一從牛，一從酉。漢隸皆然，非古文也。《周禮·小行人》云：『若國師役，則令槁禬之。』注云：『故書槁如藁，❷鄭司農云：藁當爲槁，謂犒師也。』先鄭不言字誤，明犒字本作槁，與服子慎『枯槁』説合。」壽曾曰：惠説是也。《地官·序官·槀人》注：「槀讀爲犒師之犒，主冗食者，故謂之犒。」此亦故書槁爲藁之證。先鄭引「犒師」爲説，則其説此傳當同服義矣。《釋文》：「犒，勞也。」服注「謂之勞也」，句無所承，疑服注謂「槁勞」也。「飲食勞苦」乃自釋勞字義，疏引不具耳。杜注：「勞齊師。」用服説。《魯語》注：「犒，勞也。以膏沐爲禮，欲以義服齊，不以賂免。」亦以「勞」訓「犒」。「膏沐」即服注「枯槁」之義。《廣雅·釋詁》：「犒，勞也。」

使受命于展禽。【疏證】高誘《淮南》注云：「魯大夫展無佊之子，名獲，字禽。家有大柳樹，惠德，因號柳下惠。一曰柳下，邑。」《魯語》注：「展禽，魯大夫展無佊之後柳下惠也，字季禽。」

齊侯未入竟，展喜從之，曰：「寡君聞君親舉玉趾，將辱於敝邑，使下臣犒執事。」

---

❶「揖」，原作「楫」，今據《皇清經解》卷三百五十四《春秋左傳補註》改。

❷「藁」，《皇清經解》卷三百五十四《春秋左傳補註》作「槀」。下一「藁」字同。

齊侯曰：「魯人恐乎？」對曰：「小人恐矣，君子則否。」

齊侯曰：「室如縣罄，野無青草，何恃而不恐？」【注】服云：「言室屋皆發撤，榱椽在，如縣罄。」❶**【疏證】**《釋文》：「『罄』亦作『磬』。」傅遜云：「《禮記》『磬於甸人』注引此傳文正作磬。」《魯語》：「室如縣磬。」孔晁曰：「懸磬，但有桷，無覆蓋。」孔用服説。《素問》注：「發，謂散發也。」《華嚴音義》引字書：「撤，除也，去也。」《説文》：「榱，椽也。」韋昭云：「縣磬，言魯府藏空虛，但有榱梁如縣磬也。」與服、孔義殊，然字皆作「磬」。程瑶田《通藝録》云：「《左傳》『室如懸罄』，字從缶。從缶與從石同意。罄有房室中空之象，室無資糧，故曰『如縣罄』也。《國語》作『懸磬』，假借之。凡器中空謂之罄，如《詩》云『瓶之罄矣』是也。」壽曾曰：程説是也。「罄」字引申之，有竭盡義。杜注：「如，而也。居室而資糧懸盡。」不用服説。然服、孔義謂發撤材木，以治守禦，室屋中空如磬，乃是比例之詞。本疏引服説，又引劉炫云：「『如罄在懸，下無粟帛。』炫乃以服意規杜，非也。」其實炫説「如」字，用服意。「下無粟帛」，則是韋義，而杜亦取之者也。韋注：「野無青草，旱甚也。」當是舊説。杜注：「時夏四月，今之二月，野物未成。」經傳但言「夏」，未言「四月」，杜説非。

對曰：「恃先王之命，昔周公、大公股肱周室，夾輔成王。成王勞之而賜之盟，曰：『世世子孫，無相害也！』載在盟府，大師職之。【疏證】《爾雅》：「職，主也。」杜注：「大公爲大師，兼主司盟之官。」顧炎

---

❶ 「罄」下，當有「本疏」二小字。

武云：「大師，周之大師，主司盟之官。解云『大公爲大師』，非。」按：太師主司盟，於禮亦無證。武億《群經義證》云：❶「『師』當作『史』，聲之誤。」

「桓公是以糾合諸侯而謀其不協，彌縫其闕而匡救其災，昭舊職也。

「及君即位，諸侯之望曰：『其率桓之功。』【疏證】《爾雅》：「率，循也。」

「我敝邑用不敢保聚，【疏證】唐石經「用」下增「是」字。讀本注云：「不敢保聚，謂無詐無虞。」

「曰：『豈其嗣世九年而棄命廢職，其若先君何？君必不然。』恃此以不恐。」齊侯乃還。

東門襄仲、臧文仲如楚乞師。【疏證】《檀弓》□注：「仲遂，魯莊公之子東門襄仲。」彼疏云：「《世本》及《左傳》文也。」杜注：「襄仲居東門，故以爲氏。臧文仲爲襄仲副使，❷故不書。」

臧孫見子玉而道之伐齊、宋，以其不臣也。【疏證】杜注：「言其不臣事周室，可以此罪責而伐之。」沈欽韓云：「楚已僭號，豈復有尊周之心，此云不臣者，不肯尊事楚耳。」

夔子不祀祝融與鬻熊。【注】服云：「夔，楚熊渠之孫，熊摯之後。夔在巫山之陽秭歸鄉。」《楚世家》集解。○《水經·江水》注。【疏證】鬻熊，《潛夫論》作「粥熊」。杜注：「祝融，高辛氏之火正，楚之遠祖也。

❶「群」，原作「本」，今據《群經義證》改。

❷下「仲」，原脱，今據《春秋左傳正義》卷十六補。

鬻熊，祝融之十二世孫。夔，楚之别封，故亦世紹其祀。」《楚世家》：「楚之先祖出自帝顓頊高陽。❶高陽生稱，稱生卷章，卷章生重黎。重黎爲帝嚳高辛居火正，甚有功，能光融天下，帝嚳命曰祝融。帝誅重黎，而以其弟吴回復居火正，爲祝融。吴回生陸終。陸終生子六人，六曰季連，芈姓，楚其後也。其後中微，或在中國，或在蠻夷，弗能紀其世。周文王之時，季連之苗裔曰鬻熊。子事文王，其子曰熊麗。❷熊麗生熊狂，熊狂生熊繹。當周成王之時，舉文、武勤勞之後嗣，而封熊繹於楚。」此杜所本也。本疏云：「自祝融至鬻熊，司馬遷不能紀其世。❸杜言十二世，不知出何書。故劉炫規杜云：『計其間出有一千二百年，❹略而言之，則百年爲一世，計父子爲十二世，何以近千二百年乎？』」據炫説，則鬻熊距祝融若干世，舊説所無也。疏駁炫説謂：「或兄弟伯叔相及皆爲君，故年多而世少。」亦它無所證。《楚語》：❺「芈姓夔越，不足命也。」注：「夔越，芈姓之别國也。」據《楚世家》，熊渠上距熊繹凡四世，熊渠中子紅爲鄂王，即熊摯也。服謂「夔，熊摯之後」，猶言子孫矣。夔地詳經文疏證。

楚人讓之，【疏證】《司約》「治神之約爲上」，注：「神約，謂命祀、郊社、群望及所祖宗也。夔子不祀祝融，

❶「自」，原作「之」，今據《史記·楚世家》改。
❷「熊」，原作「焦」，今據《史記·楚世家》改。下一「熊」字同。
❸「遷」，原作「逸」，今據《春秋左傳正義》卷十六改。
❹「間」，原作「問」，今據《春秋左傳正義》卷十六改。
❺「楚」，当作「鄭」。

楚人伐之。」❶疏云：「謂其違約之不祀，故伐之，事在僖二十六年。」如鄭説，則春秋有司約之官矣。

對曰：「我先王熊摯有疾，鬼神弗赦而自竄于夔。【疏證】杜注：「熊摯，楚嫡子，有疾不得嗣位，故别封爲夔子。」《楚世家》：「熊渠後爲熊毋康，毋康蚤死。熊渠卒，子熊摯紅立。摯紅卒，其弟弑而代立，曰熊延。」本疏據之，謂：「嫡子有疾，不得嗣位。《楚世家》無其事。」又引《鄭語》孔晁注云：「楚熊繹玄孫曰熊摯，❷有惡疾，楚人廢之，立其弟熊延。摯自棄於夔，其子孫有功，王命爲夔子。」疏所引孔晁注，今《楚語》韋注全襲之，惟改「玄孫」爲「六世孫」。此可證本傳熊摯以疾遜位之事，❸然《史□》之説，❹則顯與傳違。索隱云：「譙周以爲：『熊渠卒，子熊翔立；卒，長子摯有疾，少子熊延立。』此云：『摯紅卒，其弟殺而自立，曰熊延。』欲會此代系，則翔亦毋康之弟，元嗣熊渠者。毋康蚤亡，摯紅立而被延殺，故《史考》言『摯有疾』，而此言弑也。」《史記志疑》云：「案：熊摯、熊紅爲兄弟二人，皆熊渠子也，安得稱熊摯紅哉？《左傳》孔疏引孔晁注、韋昭《國語》注同。但熊延繼紅而立，孔、韋兩注皆缺紅一代。惟韋改繹玄孫爲繹六世孫，❺與《世家》合。余疑熊渠有四子：長爲摯，次康，❻次

---

❶「伐」，原作「代」，今據《周禮注疏》卷三十六改。

❷「熊繹」，原作「鬻熊」，今據《春秋左傳正義》卷十六改。

❸「熊摯」，原倒，今據上文改。

❹「□」，疑當作「記」。

❺「玄」，原作「立」，今據《史記志疑》卷二十二改。

❻「康」，《史記志疑》卷二十三作「紅」。

紅，❶次孰疵。《世家》稱熊渠生子三人，以康爲長子，紅爲中子，孰疵爲少子。不數摯者，必因廢疾竄處，不復齒之耳。熊延當即孰疵，既代立而改名也。史于《世表》、《世家》俱合摯、紅爲一人，殊誤。且既云紅卒，則非弑矣。而云弑者，蓋弑其子，史有脱文耳。索隱引譙周謂『熊渠卒，子熊翔立』，疑紅之改名。」按：梁説是也。《史記正義》引宋均注《樂緯》：「熊渠嫡嗣曰熊摯，❷有惡疾，不得爲後，别居於夔，爲楚附庸，後王命曰夔子也。」謂摯爲嫡嗣，尤可證因疾遜位之事。

「吾是以失楚，又何祀焉？」【疏證】杜注：「廢其常祀而飾辭文過。」沈欽韓云：「按：此夔之失辭也。禮，惟王者之後，不爲始封之君廟。《王制》疏：『以其始封之君，非有功德，惟因先代之後以封之。《左傳》「宋祖帝乙」是也。』欽韓案：二王後不祖始封之君，以封國之義，原爲主先代之祀。若以始封之君爲祖，則五世後王者之祀仍絶，故不爲始封之君廟也。若諸侯之支庶，而有别封者，則同别子爲祖無可疑也。❸《喪服傳》曰：『公子不得禰先君，公孫不得祖諸侯。此自卑别於尊者也。』以夔之熊摯論之，雖居嫡長而不傳重，則義同支庶，身不得以熊翔爲禰，其子亦不得以熊翔爲祖也。《喪服傳》又云：『若公子之子孫有封爲國君者，則世世祖是人也，不祖公子。』以夔論之，熊摯本公子，又是始封，則夔之後世固世世以熊摯爲祖矣。於禮既不得旁祖楚之祖，❹又不當

---

❶「紅」，《史記志疑》卷二十二作「康」。
❷「渠」，原作「繹」，今據《史記·楚世家》改。
❸「同」，原作「用」，今據《春秋左氏傳補注》卷四改。
❹「旁祖」，原倒，今據《春秋左氏傳補注》卷四改。

捨夔自立之祖，則夔之不祀祝融、熊繹，又何責焉？夔之對楚，反作懟辭，不能正誼引古以折之，蓋禮教廢絶，僻于荒憬，雖承其制，而莫能言其故矣。」

秋，楚成得臣、鬭宜申帥師滅夔，以夔子歸。【疏證】杜注：「成得臣，令尹子玉也。鬭宜申，司馬子西也。」《楚世家》：「滅夔，夔不祀祝融、鬻熊故也。」

秋，❶楚人伐宋，圍緡。

「公以楚師伐齊，取穀」，

凡師能左右之曰「以」。【疏證】此「以」例也。

寘桓公子雍於穀，易牙奉之以爲魯援。楚申公叔侯戍之。桓公之子七人，爲七大夫於楚。【疏證】《楚世家》：「成王三十九年，魯僖公來請兵以伐齊，❷楚使申侯將兵伐齊，取穀，置齊桓子雍焉。齊桓七子皆奔楚，楚盡以爲上大夫。」是其事也。

【經】二十有七年，春，杞子來朝。

---

❶「秋」上，《春秋左傳正義》卷十六有「宋以其善於晉侯也叛楚即晉」十二字。「秋，楚人」，《春秋左傳正義》卷十六作「冬，楚令尹子玉、司馬子西帥師」。

❷「請」，原爲空格，今據《史記·楚世家》補。

夏，六月，庚寅，齊侯昭卒。【疏證】《年表》：「齊孝公十年，孝公薨，弟潘因衛公子開方殺孝公子，❶立潘。」《齊世家》：「十年，孝公卒，孝公弟潘因衛公子開方殺孝公子而立潘，是爲昭公。昭公，桓公子也。」

秋，八月，乙未，葬齊孝公。無傳。

乙巳，公子遂帥師入杞。【疏證】杜注：「八月無乙巳。乙巳，九月六日。」

冬，楚人、陳侯、蔡侯、鄭伯、許男圍宋。【疏證】《年表》：「楚成王三十九年，使子玉伐宋。」杜注：「書人者，耻不得志，以微者告。」沈欽韓云：「按：稱人者，猶賤之也。傳明云『楚子』，杜注既謂楚主兵，赴告之體可稱其君微者歟。❷孫復曰：『陳侯、蔡侯、鄭伯、許男不同貶者，四國之君雜然從夷圍中國，❸其貶自見也。』」壽曾曰：鄭君《穀梁起廢疾》云：「時晉文爲賢伯，故譏諸侯不從而信夷狄也。」孫説當本此，然恐非《左氏》義。

十有二月，甲戌，公會諸侯盟于宋。無傳。【疏證】《穀梁疏》：「《左氏》之意，公會諸侯盟于宋，宋不與盟。何休與范皆云『地以宋得與盟』。二傳以無晉救宋之文，故與《左氏》異也。」按：彼疏稱宋不與盟，當是古義。杜注亦云：「宋方見圍，無嫌於與盟，故直以宋地。」

【傳】二十七年，春，杞桓公來朝，用夷禮，故曰子。【疏證】杜注：「杞，先代之後，而通於東夷，❹風俗

---

❶ 上「公」，原在「方」下，今據《史記・十二諸侯年表》改。

❷ 「歟」，原作「疑」，今據《春秋左氏傳補注》卷四改。

❸ 「雜」，原爲空格；「從」，原作「役」，今據《春秋左氏傳補注》卷四補改。

❹ 「通」，《春秋左傳正義》卷十六作「迫」。

襍壞，言語衣服有時而夷，故杞子卒，傳言其夷也。今稱朝者，始于朝禮，終而不全，異於介葛盧，故惟貶其爵。」壽曾曰：案《大行人》「九州之外謂之蕃國」注：「《曲禮》曰：『其在東夷、北狄、西戎、南蠻，雖大曰子。』《春秋傳》曰：『杞，伯也，以夷禮，故曰子。』然則九州之外，其君皆子男也。無朝貢之歲，父死子立，及嗣王即位，乃一來耳。各以其所寶貴爲摯，則蕃國之君無執玉瑞者，是以謂其君爲小賓，臣爲小客。所寶貴見傳者，若犬戎獻白狼、白鹿是也。」如鄭君説，則四夷之封爵止於子男，無朝貢之事。杞用夷禮，故《春秋》用周舊典書之爲「子」，不闕「惟貶其爵」也。《御覽》七百八十引杜注，❶無「故杞子卒」以下三十字，疑前爲舊注，「故杞子卒」以下，杜所加耳。

公卑杞，杞不共也。

夏，齊孝公卒，有齊怨。

不廢喪紀，禮也。【疏證】杜注：「弔贈之數不可廢。」

秋，入杞，責無禮也。【疏證】《釋文》：「『責無禮』，本或作『責禮也』。」唐石經「杞」下闕四字，古文「楚」字亦闕，則石經亦作「責禮也」。洪亮吉云：「按：淳化本以下皆作『責無禮』。」按：如《釋文》説，則唐本已作「責無禮」矣。杜注：「責不共也。」

楚子將圍宋，

---

❶「十」下，當有「四」字。

使子文治兵於睽，終朝而畢，不戮一人。【注】舊注：「睽，楚邑。自旦及食時爲終朝。」《御覽》六百三十。【疏證】杜注：「子文時不爲令尹，故云使治兵。」又云：「睽，楚邑。終朝，自旦及食時也。」句與《御覽》所引異，蓋用舊注也。睽，今地闕。

子玉復治兵於蔿，終日而畢，【注】舊注：「子玉，楚令尹也。」《御覽》三百四十一。「蔿，楚邑。自旦及夕爲終日。」《御覽》六百三十。【疏證】杜注：「子玉爲令尹故。」❶又云：「蔿，楚邑。」《御覽》所引注繫二十八年「子玉以若敖之六卒」下，當是舊注，今移於此。杜不釋「終日」，《御覽》所引非杜注審矣。蔿，今地闕。《孟子·滕文公》篇：「吾爲之範我馳驅，終日不獲一。爲之詭遇，一朝而獲十。」此終日、終朝異辭之證。

鞭七人，貫三人耳。【疏證】杜無注。疏云：「耳，助句也。」洪亮吉云：「按：《説文》『聅』字云：『軍法，以矢貫耳也，從耳從矢。《司馬法》曰：「小罪聅，中罪刖，大罪剄。」』正義所解非是。」焦循云：「漢原涉犯罪，茂陵守令尹公捕之急，諸豪説尹，欲使肉袒自縛，箭貫耳，詣廷門謝罪。則用箭貫耳以示懲恐畏，非以意爲之耳。正義以耳爲助句，失之。」按：洪、焦説是也。

國老皆賀子文，子文飲之酒。蔿賈尚幼，後至不賀。【疏證】本疏：「國老者，國之卿、大夫、士之致仕者也。」杜注：「蔿賈，伯嬴，孫叔敖之父。」洪亮吉云：「按：高誘《淮南王書》注云：『孫叔敖，楚大夫薳賈伯盈子。』今考下傳作『伯嬴』。『薳』、『蔿』，『盈』、『嬴』古字通。《廣雅》：『幼，少也。』」

---

❶「玉」，原作「文」，今據《春秋左傳正義》卷十六改。

子文問之，對曰：「不知所賀。子之傳政於子玉，曰：『以靖國也。』【疏證】二十三年傳：「子玉伐陳，城頓而還，子文使爲令尹。叔伯曰：『子若國何？』對曰：『吾以靖國也。』」本疏：「此舉其前言以非之。」

「靖諸内而敗諸外，所獲幾何？子玉之敗，子之舉也，舉以敗國，將何賀焉？【疏證】舉謂使爲令尹。

「子玉剛而無禮，不可治民，過三百乘，其不能以入矣。【疏證】杜注：「三百乘，二萬二千五百人。」疏云：「若使爲帥，過三百乘，其必不能入前敵矣。」沈欽韓云：「言決其敗死，不復再入國門矣。孔穎達謂『必不能入前敵』，非。」按：沈説是也。朱駿聲云：「猶云吾見師之出而不見其入也。」與沈説同。

「苟入而賀，何後之有？」

冬，楚子及諸侯圍宋，宋公孫固如晉告急。【疏證】杜注：「公孫固，宋莊公孫。」《年表》：「宋成公四年，楚伐我，我告急於晉。」《晉世家》：「楚成王及諸侯圍宋，宋公孫固如晉告急。」

先軫曰：「報施救患，取威定霸，於是乎在矣。」【疏證】《淮南子・人間訓》「晉先軫舉兵擊之」，注：「先軫者，晉大夫。」杜注：「先軫，晉下軍之佐原軫也。」❶疏引劉炫云：「下『蒐于被廬』，先軫始佐下軍，此時未爲下軍之佐。」《晉世家》：「先軫曰：『報施定霸，於今在矣。』」

❶「軍」，原作「車」，今據《春秋左傳正義》卷十六改。

狐偃曰：「楚始得曹，而新昏於衛，若伐曹、衛，楚必救之，則齊、宋免矣。」【疏證】本年傳「出穀戍」，即免齊之事。《晉世家》：「狐偃曰：『楚新得曹而初昏於衛，若伐曹、衛，楚必救之，則宋免矣。』」不言齊，文略。《年表》：「晉文公四年，救宋，報曹、衛恥。」

於是乎蒐於被廬。【疏證】《刑法志》應劭注「蒐」作「搜」，當是異文。《晉語》注：「被廬，晉地。」《春秋地名攷略》：「《吕覽・簡選》篇『吴闔廬東征至于庳廬』，疑即此，今地闕。」

作三軍，【注】王肅云：「始復成國之禮，半周軍也。」《晉世家》集解。【疏證】杜注：「閔元年晉獻公作二軍，今復大國之禮。」杜意舊二軍，今三軍也。《晉語》注：「唐尚書云：『立新軍之上、下也。』昭謂：此章言文公之初未有新軍。」杜用韋説。「復大國之禮」，即王肅所謂「始復成國之禮」也。韋、王説並同。唐尚書説以此軍爲新軍，與傳違異。《晉世家》：「於是晉作三軍。」

謀元帥。【疏證】《晉語》注：「元帥，上卿。」杜注：「中軍帥。」疏：「晉以中軍爲尊。」下文「郤縠將中軍」，以上寵也。

趙衰曰：「郤縠可。臣亟聞其言矣，説禮、樂而敦《詩》、《書》。《詩》、《書》，義之府也。禮、樂，德之則也。德、義，利之本也。【疏證】《釋文》：「縠，本又作穀。」《晉語》注：「郤縠，晉大夫。」杜無注。本疏：「説謂愛樂之，敦謂厚重之。」當是舊説。俞樾云：「敦，治也，猶言治《詩》、《書》也。《詩・閟宫》篇『敦商之旅』，鄭箋曰：『敦，治也。』是其義。」按：《晉語》此事云「守學彌惇」，惇猶敦也，亦不作治解。《後漢書・鄭興傳》：「杜林薦之曰：『竊見河南鄭興執義堅固，敦悦《詩》、《書》。』」《晉書・袁瓌傳》：「瓌上疏曰：『古人有言：

「《詩》、《書》，義之府也；禮、樂，德之則也。」實宜留心經籍，❶闡明學義。』皆用此詩爲説。❷

「《夏書》曰：『賦納以言，明試以功，車服以庸。』」【疏證】杜注：「《尚書・虞夏書》也。」疏：「此古文《虞書・益稷》之篇。漢、魏諸儒不見古文，因伏生之謬，從《堯典》至《胤征》凡二十篇總名曰《虞夏書》。以與禹對言，故傳通謂《大禹謨》以下皆爲《夏書》也。」❸惠棟云：「按：《尚書》二《典》，皆夏史官所作，故總謂之《夏書》，此孔子删《書》之本也。故《墨子・明鬼》篇曰：『《尚書》夏書，其次商、周之書。』伏生增爲《虞夏書》，梅賾又改爲《虞書》，皆非孔氏之舊。孔穎達又以曲説扶之，雅所不取。傳引二《典》皆稱《夏書》，惟文十八年云『《虞書》數舜之功』，此必有誤。」按：惠説是也。閻若璩《尚書古文疏證》猶疑《虞書》、《夏書》之分，❹自安國傳始。傳引《尚書》猶在伏生以前，則不得執馬、鄭本目録概之也。今本《尚書》以「賦納以言」三句屬《益稷》篇，蓋承梅賾本之謬。《書》疏云：「馬、鄭、王合此篇於《臯陶謨》，謂其别有《棄稷》之篇。」又云：「《益稷》合於《臯陶謨》，伏生合之。」又《輿服志》：永平二年，❺初召有司采《周官》、《禮記》、《尚書・臯陶》，乘輿服從歐陽氏説，公卿以下從大小夏侯氏説。」孫星衍《尚書古文注疏》據之謂今文、古文皆爲一篇，是也。本疏云：「古本作『敷納以言，明庶以

---

❶「宜」，原殘，今據《晉書・袁瓌傳》補。

❷「詩」，疑當作「傳」。

❸「謂」下，原衍「之」字，今據《春秋左傳正義》卷十六删。

❹「閻」，原作「閔」，今據《尚書古文疏證》改。

❺「平二年初」，原作「初二年」，今據《後漢書・輿服志》改補。

功』。『敷』作『賦』，『庶』作『試』，師授不同，古字改易耳。」疏所説異字，即梅賾改本也。然梅賾以前本「賦納」又作「傅納」。《漢書・孝宣紀》：「地節二年，令群臣得奏封事，臣知下情。五日一聽事，臣下各奉職奏事，以傅奏其言。」注：「應劭曰：『敷，陳也。各自奏陳其言，然後試之以官，考其功德也。』」「成帝鴻嘉元年，詔曰：『古之選賢，傅納以言，明試以功，故官無廢事，下無逸民。』」《叙傳》亦云：「時舉傅納，聽斷惟精。」注李奇説亦引鴻嘉詔書。師古曰：「『傅』讀曰『敷』。敷，陳也。」則賦、傅是異字，梅本乃改爲敷也。《説文》：「試，用也。」下引「明試以功」。則梅賾本「明庶」非矣。《釋詁》：「庸，勞也。」杜注：「庸，功也。」孫星衍云：「車服以庸，❶謂命爲士。」

「君其試之。」【疏證】此蒙「明試以功」爲説。

乃使郤縠將中軍，郤溱佐之；使狐偃將上軍，讓於狐毛而佐之；【疏證】《晉語》「使郤縠將中軍，以爲大政，郤溱佐之」，注：「郤溱，晉大夫郤至之先。或云溱即至，非也。」別注云：「毛，偃之兄也。」杜用韋説。《晉世家》：「趙衰舉郤縠將中軍，郤臻佐之」，又云：「使狐偃將上軍，狐毛佐之。」與傳小異。下軍將、佐及御戎、車右同。

命趙衰爲卿，讓於欒枝、先軫。【注】賈逵云：「欒枝，欒賓之孫。」《晉世家》集解。【疏證】《晉語》注：「卿，次卿。」杜注：「欒枝，貞子也，欒賓之孫。」惠棟云：「杜注本賈逵。」《晉語》「欒枝貞慎」注：「枝，晉大夫欒共子之子貞子也。」與賈説可互明。欒賓見桓二年傳。

---

❶「庸」，原作「康」，今據《皇清經解》卷七百三十八《尚書今古文注疏》改。

使欒枝將下軍，先軫佐之。

荀林父御戎，魏犫爲右。【疏證】杜注：「荀林父，中行桓子。」用《世本》説。惠棟云：「《世本》：『晉大夫逝遨生桓伯林父。』按：僖二十八年林父始將中行，故改中行氏。」洪亮吉云：「《説文》有『犨』字，無『犫』字。張有《復古篇》云：『俗作犫，非。』」如洪説，「犫」當作「犨」也。

晉侯始入而教其民，二年，欲用之。【疏證】杜注：「二十四年入。」《晉語》注：「用，用征伐也。」

子犯曰：「民未知義，未安其居。」【疏證】《晉語》注：「未知尊上之義。」杜注：「無義則苟生。」

於是乎出定襄王，【疏證】《晉語》注：「天子避子帶之難，在鄭地氾。」《吕覽·原亂》篇「定襄王」注：「周襄王辟子帶之難，出居于鄭。文公納之，故曰『定』也。」

入務利民，民懷生矣。【疏證】杜無注。疏引劉炫云：「生既厚民，皆懷戀居處。」似是《述義》語。《論語·公冶長》集解：「孔云：『懷，安也。』」俞樾云：「言民安其生也。」《晉語》：「棄責薄斂，施舍分災。救乏振滯，匡困資無。輕關易道，通賈寬農。務穡勸分，省用足財。利器明德，以厚民性。」

將用之。子犯曰：「民未知信，未宣其用。」【疏證】杜注：「宣，明也。」

於是乎伐原以示之信。【疏證】《晉語》注：「信，謂上令以三日之糧，糧盡不降，命去之。」

民易資者不求豐焉，明徵其辭。【疏證】杜注：「不詐以求多。重言信。」

公曰：「可矣。」子犯曰：「民未知禮，未生其共。」【疏證】《困學紀聞》：「生與《樂紀》『易、直、子、諒之心油然生矣』、《孟子》曰『樂則生矣』之『生』同。」

於是乎大蒐以示之禮，【疏證】《晉語》注：「蒐所以明尊卑，順少長，習威儀也。」杜注：「蒐，順少長，明貴賤。」用韋說。

作執秩以正其官。【疏證】杜注：「執秩，主爵秩之官。」沈欽韓云：「《韓非子·南面》篇：『郭偃之始治也，文公有官卒。』」如沈説，則執秩即官卒矣。《刑法志》：「齊威既没，晉文接之，亦先定其民，作被廬之法。」應劭曰：「搜于被廬之地，作執秩以爲六官之法，因以名之也。」是舊説即執秩爲法令之書也。《志》又云：「總帥諸侯，❶迭爲盟主。然其禮已頗僭差，又隨時苟合以求欲速之功，故不能充王制。」亦以制度言，則執秩非官名。

民聽不惑，而後用之。出穀戍，釋宋圍，【疏證】《晉語》注：「穀，齊地也。魯僖二十六年，楚伐齊，取穀，使申公叔侯戍之。二十七年，楚圍宋，晉伐曹、衛以救之。二十八年，楚使申叔去穀，子玉去宋避晉，畏其强也。」《吕覽·原亂》篇：❷「楚子圍宋，又使申公叔侯守齊之穀邑。晉文伐曹、衛，將平之。楚愛曹、衛，與晉俱成，解宋之圍，召穀戍而去之也。」

一戰而霸，文之教也。【疏證】杜注：「謂明年戰城濮。」沈欽韓云：「《管子·幼官》篇：❸『至善不戰，其

---

❶「總」，原作「聽」，今據《漢書·刑法志》改。

❷「覽」，原作「亂」，今據《吕氏春秋》卷二十三改。

❸「幼」，原爲空格，今據《春秋左氏傳補注》卷四補。

次一之。』」疏云：「明年傳君子『謂晉於是役也，❶能以德攻』，❷注云：『以文德教民而後用之。』」

【經】二十八年，春，晉侯侵曹。晉侯伐衛。【疏證】杜注：「再舉晉侯者，曹、衛兩來告。」與二《傳》説異，或古説。

公子買戍衛，不卒戍，刺之。【疏證】杜注：「公子買，魯大夫子叢也。」洪亮吉云：「《説文》云：『買，市也。』又：『叢，聚也。從丵取聲。』按：取非聲，當作丵聚省。市買聚天下之貨，故買以叢爲字。《司刺》：『掌三刺之法，以贊司寇聽獄訟。一刺曰訊群臣，再刺曰訊群吏，三刺曰訊萬民。』注：『訊，言也。』」鄭意□蓋以□□言於臣、吏、□民也。杜注：「内殺大夫皆書刺，言用《周禮》三刺之法。」沈欽韓云：「《説文》：『君殺大夫曰刺。刺，直傷也。』」許君説刺例，當是賈氏師説。杜注變文，曰「内殺大夫皆書刺」，❸「獨設此名，所以異於外也」。杜用《公羊》内諱，故大夫謂之刺之文，非《左氏》義。又引蘇云：❹「公子買不卒戍者，告晉、楚之辭也。謂晉云：公子買

---

❶「傳」下，原衍「謂」字，今據《春秋左傳正義》卷十六删。

❷「攻」，原作「政」，今據《春秋左傳正義》卷十六改。

❸「皆書刺獨設」，原爲空格，今據《春秋左傳正義》卷十六補。「獨」上，疑有脱文。

❹「蘇」，原爲空格，今據《春秋左傳正義》卷十六補。

比來戍衛，❶今不使終其成事，是以殺之。謂楚云：比令公子買爲楚戍衛，其買不終成事，❷是以殺之。」此是舊疏之辭，舊説當亦謂據告晉、楚之辭書之。杜注云：「公實畏晉，殺子叢而誣叢以廢戍之罪。恐不爲遠近所信，故顯書其罪。」杜以傳不書告晉之辭，遂不用舊説。然傳云「公懼於晉，殺子叢以説」，則明明有告辭。疏既云「魯殺子叢，本有兩意：謂楚云不卒戍，謂晉云叢欲戍衛」，❸則知□疏之義可據矣。乃仍云：「心實畏晉，不敢宣露，故傳不書告晉之辭。」❹

楚人救衛。

三月，丙午，晉侯入曹，執曹伯，畀宋人。【疏證】杜注：「畀，與也。」疏引劉炫云：「《公羊傳》曰：『畀者何？與也。其言以畀宋人何？與使聽之。』❺何休云：『宋稱人者，明聽訟必師斷，與其師衆共之。』《穀梁傳》云：『畀，與也。其曰人，何也？不以晉侯畀宋公也。』注云：『畀，上與下之辭，故不以侯畀公。』按傳『執曹伯，分曹、衛之田以畀宋人』，則田亦稱人，非斷獄，故稱人。若不使晉侯與宋公，自可改其畀名，何以名之爲畀，而使義

❶「子」，原脱；「比」，原作「此」，今據《春秋左傳正義》卷十六補改。下一「比」字同。

❷「其」，原缺，今據《春秋左傳正義》卷十六補。

❸「欲」，原爲空格，今據《春秋左傳正義》卷十六補。

❹「傳」，《春秋左傳正義》卷十六作「經」。

❺「聽」，原爲空格，今據《春秋左傳正義》卷十六補。

不得與也？❶若與宋人，豈宋國卑賤之人，得獨受曹伯而治之乎？二《傳》之言，皆不得合《左氏》，當以人爲衆辭，舉國而稱之耳。」文淇按：此光伯《述議》駁二《傳》以申《左氏》。《年表》：「晉文公五年，執曹伯。」

夏，四月，己巳，晉侯、齊師、宋師、秦師及楚人戰於城濮，楚師敗績。【疏證】杜注：「子玉及陳、蔡之師不書，楚人恥敗，告文略也。」沈欽韓云：「按：子玉即楚師，陳、蔡屬楚，故總言楚耳。楚能恥敗，晉獨不能夸勝乎？」□疏引劉炫《規過》以爲晉人告略，或是舊説。邵瑛云：❷「此役，楚師大敗，情尤非所樂告。❸晉自獻公以來告命已通於魯。」❹《年表》：「齊昭公元年，會晉敗楚。秦穆公二十八年，穆公會晉伐楚。」❺

楚殺其大夫得臣。【注】賈逵云：「不書族，陋也。」隱四年疏□《釋例·氏族例》。❻【疏證】杜注：「子玉違其君命以取敗，稱名以殺，罪之。」杜不用賈説。李貽德云：「《賈子·道術》篇：『辭令就得謂之雅，❼反

---

❶「義」，原爲空格，今據《春秋左傳正義》卷十六補。
❷「邵」，原爲空格，今據《劉炫規杜持平》卷二補。
❸「情」，原爲空格，今據《劉炫規社持平》卷二補。
❹「通」，原爲空格，今據《劉炫規杜持平》卷二補。
❺「伐」，原作「代」，今據《史記·十二諸侯年表》改。
❻「□」，疑當作「引」。
❼「就」，原爲空格，今據《春秋左氏傳賈服註輯述》卷七補。

雅爲陋。』僖二十一年，楚之君爵始列於會，❶而其臣名氏尤多差錯，❷得臣書殺而不舉族，陋也。至成二年，楚公子嬰齊始得具列，後殺子反亦書公子側矣。」❸

衛侯出奔楚。【疏證】《年表》：「衛成公三年，晉伐我，取五鹿。公出奔。」

五月，癸丑，公會晉侯、齊侯、宋公、蔡侯、鄭伯、衛子、莒子，盟於踐土。【注】賈逵云：「踐土，鄭地名，在河内。」《周本紀》集解。【疏證】本疏云：「定四年稱踐土之盟，『其載書云：「王若曰：晉重、魯申、衛武、蔡甲午、鄭捷、齊潘、宋王臣、莒期。」』其次與會不同，會之班次以國大小爲序，及其盟也，王臣臨之，異姓爲後，故載書之次與會異也。」❹杜注：「踐土，鄭地。」用賈説。《周本紀》：「晉文公召襄王，襄王會之河陽、踐土。」集解引《括地志》：「『滎澤縣西北十五里有王宫城。』城内東北隅有踐土臺，去衛雍三十餘里。」與賈注河内説合。李貽德云：「《魏世家》：『無忌謂魏王曰：「有鄭地，❺得垣雍。」』《郡國志》：『河南尹有垣雍城，或曰古衛雍。』是

---

❶「君」，原殘，今據《春秋左氏傳賈服註輯述》卷七補。
❷「錯」，原爲空格，今據《春秋左氏傳賈服註輯述》卷七補。
❸「殺」，原脱，今據《春秋左氏傳賈服註輯述》卷七補。
❹「載」，原作「會」，今據《春秋左傳正義》卷十六改。
❺「地」，原爲空格，今據《春秋左氏傳賈服註輯述》卷七補。

衡雍爲鄭地，踐土近衡雍，❶亦爲鄭地矣。」《晉世家》：「晉師還至衡雍，❷作王宮于踐土。」集解：❸「據此文，晉師還至衡雍，衡雍在河南也。故劉氏云踐土在河南。下文踐土在河北，今元城縣西有踐土驛，義或然也。」索隱所云「下文踐土」，指《晉世家》「朝王於踐土」句也。梁履繩云：❹「案傳『五月，盟於踐土；冬，天王狩於河陽，公朝於王所』，《史記》乃云『朝王于踐土』。索隱□於踐土在元城之説疑之。❺元城今屬直隸大名府，去衡雍太遠，於傳文難合。賈逵曰踐土在河内，則河北之説爲謬也。」按：梁説是也。沈欽韓云：「《一統志》：『王宮城在開封府滎澤縣西北。』」❻杜注：「經書癸丑，月十八日也。❼傳書癸亥，月二十八日。經、傳必有誤。」

陳侯如會。無傳。**【疏證】**杜注：「來不及盟，❽故曰如會。」沈氏云：「八年鄭伯『乞盟』，此直云『如會』者，彼及其盟，故云『乞盟』。此則不及其盟，又陳侯不乞，故與彼文異。」杜注或用舊説。

---

❶「衡」，《春秋左氏傳賈服註輯述》卷七作「垣」。

❷「至」，原作「自」，今據《史記·晉世家》改。下一「至」字同。

❸「集解」，當作「索隱」。

❹「繩」，原爲空格，今據《左通補釋》卷八補。

❺「□」，《左通補釋》卷八作「云：『冬朝於王，當合於河陽温地，不合取五月踐土之文。』故」。

❻「滎」，原作「縈」，今據《春秋左氏傳地名補注》卷四改。

❼「月」，原脱，今據《春秋左傳正義》卷十六補。

❽「盟」，原作「會」，今據《春秋左傳正義》卷十六改。

公朝於王所。無傳。**【疏證】**杜注：「王在踐土，非京師，故曰王所。」張雲□云：❶「王所，即行在所也。」《周本紀》：「晉文公召襄王，襄王會之河陽、踐土。」《年表》：「魯僖公二十八年，公如踐土會朝。」❷《年表》：「齊昭公元年，朝周王。晉文公五年，❸諸侯敗楚而朝河陽。秦穆公二十八年，陳穆公十六年、蔡莊侯十四年，朝周。」

六月，衛侯鄭自楚復歸于衛。衛元咺出奔晉。【疏證】成十八年傳例曰：「凡去其國，復其位曰『復歸』。」**【疏證】**杜注：「元咺，衛大夫。」宣十年傳例曰：「凡諸侯之大夫違，❹告於諸侯曰：『某氏之守臣某，失守宗廟，敢告。』所有玉帛之使則告，不然則否。」❺《年表》：「衛成公三年，會晉朝，復歸晉。」❻

陳侯款卒。無傳。

秋，杞伯姬來。無傳。

公子遂如齊。無傳。

冬，公會晉侯、齊侯、宋公、蔡侯、鄭伯、陳子、莒子、邾人、秦人于温。【疏證】《穀梁》無齊侯，《公

---

❶「□」，疑當作「璥」。
❷「會」，原爲空格，今據《史記・十二諸侯年表》補。
❸「文」，原重文，今删。
❹「違」，原爲空格，今據《春秋左傳正義》卷二十二補。
❺「不然則否」上，原衍「不然則告」，今據《春秋左傳正義》卷二十二删。
❻「復」，原作「後」，今據《史記・十二諸侯年表》改。「晉」，當作「衛」。

羊》「郱」曰「郱婁」。郱人，唐石經作「郱子」。《校勘記》云：「石經是也。」嚴可均云：「監本、毛本誤作『郱人』。」

天王狩於河陽。【注】賈逵云：「河陽，晉之温也。」《周本紀》集解。服虔、賈逵曰：「河陽，温也。」《水經・河水》篇注。【疏證】狩，《穀梁》曰「守」。《釋文》：「『狩』，又作『守』。」《穀梁傳》：「水北爲陽，山南爲陽。温，河陽也。」此賈、服説所本。《晉語》「温之會，❶晉人執衛成公，歸之於周」，注：「温，晉之河陽也。」亦用賈、服説。《水經注》又引郭緣生《述征記》曰：❷「踐土，今冶坂城，是河陽城故縣也，❸在冶坂西北，蓋晉之温地。」洪亮吉云：「今考冶坂其下爲冶坂津，在今孟縣西南，而踐土在今滎澤縣西北王官城之内，故道元辨其非。」沈欽韓云：「《一統志》：『河陽故城在懷慶府孟縣西三十五里。』」《年表》：「周襄王二十年，❹王狩河陽。」

壬申，公朝于王所。【注】賈氏云：「欲上月則嫌異會，欲下月則嫌異月，故但書日。」《釋例》。【疏證】杜注：「壬申，十月十日，有日而無月，史闕文。」不用賈説。按：《公羊》謂：「日何？録乎。」❺《穀梁》謂：「謹而日之。」❻則賈所説爲《左氏》。

❶「晉」，當作「周」。
❷「郭」，原爲空格，今據《水經注箋》卷五補。
❸「城故」，原倒，今據《水經注箋》卷五改。
❹「襄」，原作「哀」，今據《史記・十二諸侯年表》改。
❺「録」，原爲空格，今據《春秋公羊傳注疏》卷十二補。
❻「謹」，原爲空格，今據《春秋穀梁傳注疏》卷九補。

晉人執衛侯，歸之于京師。【疏證】成十五年傳例曰：「凡君不道於其民，諸侯討而執之則曰『某人執某侯』，不然則否。」杜注：「諸侯不得相治，故歸之京師。」案：《大司馬》「賊殺其親則正之」，注：「正之者，執而治其罪。《王霸記》曰：『正，殺之也。』《春秋》僖二十八年冬，『晉人執衛侯，歸之於京師』，坐殺其弟叔武。」疏：「京師據洛邑而言。晉以衛侯有罪，諸侯不相治罪，遂執衛侯于京。」如鄭説，則晉知執衛侯，用賊殺其親之罪之也。❶疏謂「諸侯不相治罪」，亦用杜説。《王制》「賜鈇鉞，然後征」，❷疏：「賜鈇鉞者，謂上公九命，得賜鈇鉞，然後鄰國臣殺君、子弑父者，得專討之。晉文公雖受弓矢，不受鈇鉞。崔氏云：『以不得鈇鉞，不得專殺，故執衛侯，歸之于京師。』」崔靈恩説，當是《左氏》舊義。

衛元咺自晉復歸于衛。❸【疏證】洪亮吉云：「《元和姓纂》：『其先食采於元，❹因氏焉。今元城是。』」

【傳】**二十八年，春，晉侯將伐曹，假道于衛，**

衛人弗許。還，自南河濟。【注】服虔云：「南河，濟南之東南流河也。」《衛世家》集解。【疏證】《衛世家》：「晉欲假道於衛救宋，成公不許。晉更從南河度。」杜注：「從汲郡南渡，出衛南而東。」按：此河非衛境也。《水經注》：「河水又逕東燕縣故城，河水于是有棘津之名，又謂之石濟，故南津也。《春秋》僖公二十八年，

---

❶「罪」下，疑有脱文。

❷「征」，《禮記正義》卷十二作「殺」。

❸「衛」下，《春秋左傳正義》卷十六有「諸侯遂圍許曹伯襄復歸於曹遂會諸侯圍許」十八字。

❹「食采」，原爲空格，今據《春秋左傳詁》卷八補。

『還自南河濟』，即此。」則渡河之地仍在晉境矣。《彙纂》云：「棘津，衛輝府汲縣南七里。」《大事表》引華玉淳曰：「晉欲假道，而衛不許，故還自南河濟，則南河不屬衛可知。從汲郡南渡者，南河在汲郡也。若衛許假道，則從汲郡東渡矣。是時黃河東北流，今衛輝府東南兩面皆河也。」華説可證服注。《晉世家》作「還自河南濟」，移乙傳文，旨尤明顯。

侵曹伐衛。正月，戊申，取五鹿。【疏證】《後漢・公孫瓚傳》「晉文爲踐土之會，伐荊楚以致菁茅，誅曹、衛以彰無禮」，注：「《左傳》晉侯侵曹伐衛，責其無禮也。」《年表》：「晉文公五年，侵曹伐衛，取五鹿。」

二月，晉郤縠卒。原軫將中軍，胥臣佐下軍。【疏證】《晉語》「取五鹿，先軫之謀也。郤縠卒，使先軫代之」，注：「下軍之佐，超將中軍。《傳》曰：『上德也。』」《晉語》又云「胥臣佐下軍」，注：「代先軫也。」杜注：「先軫以下軍佐超將中軍。」用韋説。又云：「胥臣，司空季子。」同服説，詳前二十三年傳。

晉侯、齊侯盟於斂盂。【疏證】杜注：「斂盂，衛地。」沈欽韓云：「《方輿紀要》：『斂盂聚在大名府開州東南。』」

衛侯請盟，晉人弗許。衛侯欲與楚，國人不欲，故出其君以説于晉。衛侯出居於襄牛。【注】服虔云：「襄牛，衛地也。」《晉世家》集解。【疏證】《晉世家》與傳文略同。杜用服注。《地理志》：「陳留郡襄邑有服官，莽曰襄平。」❶應劭曰：「《春秋傳》曰『師于襄牛』是也。」師古曰：「圈稱云襄邑宋地，本承匡襄陵

---

❶「平」，原作「牛」，今據《漢書・地理志》改。

鄉也。❶宋襄公所葬，故曰襄陵。秦始皇以承匡卑濕，故徙縣于襄陵，謂之襄邑，縣西三十里有承匡城。然則應説以爲襄牛，誤也。」

公子買戍衛，楚人救衛，不克。公懼於晉，殺子叢以説焉。【疏證】《晉世家》：「公子買守衛。楚救衛，不卒。」徐廣曰：「一作『勝』。」此或傳異字。洪亮吉：「按上言公子買，下言子叢，則子叢自係買之字。正義以爲或字形相近而謬，非也。」高誘《淮南子》注：「説，解也。」

謂楚人曰：「不卒戍也。」【疏證】唐石經、宋本並無「曰」。杜注：「詐告楚人，言子叢不終戍事。」❷則杜氏所見本有「曰」字。惠棟云：「『曰』，衍文。」非。

晉侯圍曹，門焉，多死。【疏證】杜注：「攻曹城門。」則「門焉」指攻門之人。

曹人尸諸城上。【疏證】❸杜注：「磔晉死人於城上。」

晉侯患之，聽輿人之謀曰：「稱舍於墓。」【注】舊注：「言將發冢。」《御覽》一百五十九。【疏證】鄭玄《周禮》注：❹「輿，衆也。」疏：「此『謀』字或作『誦』，涉下文而誤耳。今定本作『謀』。」杜注：「舍墓，爲將發

❶「陵」，原作「邑」，今據《漢書·地理志》改。
❷「叢」，原作「發」，今據《春秋左傳正義》卷十六改。
❸「疏證」，原重文，今删。
❹「周」上，原衍「用」字，今删。

冢。」未説「稱」義。《御覽》所引必舊注，杜襲之也。洪邁《容齋隨筆》：❶「晉但舍於墓，陽爲若將發冢。」沈欽韓云：「《周官・墓大夫職》『令國人族葬』，注：『古者萬民墓地同處。』按《史記》田單守即墨，亦用發墓之事，以激怒其衆。知戰國猶族葬也。」

師遷焉，曹人兇懼。【疏證】《説文》：「兇，擾恐也，從人在凶下。《春秋傳》『曹人兇懼』。」是賈本作「兇」。《廣雅・釋詁》：「詾、鬩，鳴也。」王念孫云：「《爾雅》『訩，訟也。』《説文》作詾，❷或作説。❸《易林》『訟争凶凶』。僖二十八年《左傳》『曹人兇懼』，《荀子・解蔽篇》云：❹『掩耳而聽，漠漠而以爲哅哅』，並字異而義同。」洪亮吉云：「按：《荀子・天論篇》『君子不爲小人匈匈也輟行』，❺楊倞注：❻『匈匈，喧譁之聲。』」是「匈」、「兇」亦同義也。杜注：「兇兇，恐懼聲。」與楊注義近。《後漢書・耿弇傳》：「弇臨陣斬費邑，既而收首級以示巨里，城中兇懼。」注：「兇，恐懼聲。」用杜説也。

爲其所得者棺而出之。【疏證】《日講解義》：「欲加禮晉師，以免伐冢之禍。」

---

❶「邁」，原爲空格，今據《容齋隨筆・容齋續筆》卷一補。
❷「詾」，原作「訩」，今據《廣雅疏證》卷二上改。
❸「説」，原漫漶不清，今據《廣雅疏證》卷二上補。
❹「解蔽」，原作「天論」，今據《廣雅疏證》卷二上改。
❺「爲」，原脱，今據《春秋左傳詁》卷八補。
❻「倞」，原爲空格，今據《春秋左傳詁》卷八補。

因其兇也而攻之。三月，丙午，入曹。數之，以其不用僖負羈而乘軒者三百人也，【疏證】《曹風・候人》詩「彼其之子，三百赤芾」，《序》曰：「共公遠君子而好小人。」是其事也。毛傳：「大夫以上赤芾乘軒。」三百人皆是共公好近小人之實據。《晉世家》：「數之以不用釐負羈言，而用美女乘軒者三百人也。」與傳違異，乃史公采襍說。《曹世家》贊曰：「余尋曹共公之不用釐負羈，❶乃乘軒者三百人，知唯德之不建。」則與傳同。唯德不建，或古《左氏》義也。

且曰：「獻狀。」【疏證】杜注：「故責其功狀。」則蒙乘軒而言。惠棟云：「獻狀，謂觀狀，先責其用人之過，然後誅觀狀之辠，以示其非惡報也。❷顏籀以爲：『先責其不用負羈而乘軒者衆，因曰：「今我之來，獻駢脅容狀耳。」』❸斯蓋蚩弄之言，❹猶言若云謂秦拜賜之師也。其說亦通。」沈欽韓云：「按：《晉語》『文公誅觀狀以伐鄭』注：『唐尚書云：「誅曹觀狀之罪，還而伐鄭。」』按：謂曹觀公駢脅之狀。獻狀者，責其故，猶今言供罪也。杜連上言，非也。」按：沈說是也。惠氏先一說亦本《晉語》。小顏說迂曲。

令無入僖負羈之宮而免其族，報施也。【疏證】杜注：「報殯璧之施。」《晉世家》：「令軍毋入釐負羈家以報德。」《曹世家》：「晉文公令軍毋入釐負羈之宗族閭。」《韓非子・十過》篇：「文公令人告釐負羈曰：『軍旅薄

---

❶「尋」，原爲空格，今據《史記・管蔡世家》補。

❷「惡報」，原作「□惡」，今據《皇清經解》卷三百五十四《春秋左傳補註》補改。

❸「容」，原爲空格，今據《皇清經解》卷三百五十四《春秋左傳補註》補。

❹「蚩弄」，原爲空格，今據《皇清經解》卷三百五十四《春秋左傳補註》補。

城，吾知子不違也。其表子之閭，❶寡人將以爲令，令軍勿敢犯。』曹人聞之，率其親戚而保釐負羈之閭者七百餘家。此禮之所用也。」

魏犨、顛頡怒曰：「勞之不圖，報於何有！」【疏證】杜注：「二子各有從亡之功。」

爇僖負羈氏。【疏證】《説文》：「爇，燒也。《春秋傳》曰『爇僖負羈』。」疑賈本無「氏」字。

魏犨傷於胸，【疏證】《説文》：「匈，膺。從勹凶聲。又作胷。」傳「胸」，俗字。

公欲殺之而愛其材，使問，且視之，病，將殺之。魏犨束胸見使者曰：「以君之靈，不有甯也。」【疏證】杜注：「言不以病故自安甯。」劉炫《規過》以傷爲寧，謂「不有損傷」。惠士奇曰：「古人多反語，如甘爲苦、治爲亂皆是，以傷爲甯，亦有理。」朱駿聲云：「按：甯讀爲憖，猶齾也，❷缺也，傷也，諱言傷胸。」與惠説可互明。

距躍三百，曲踊三百。【疏證】杜注：「距躍，超越也。曲踊，跳踊也。百，猶勵也。」杜解距躍、曲踊不分明，百之訓勵，字書亦無徵。《説文》：「躍，迅也。踊，跳也。」則躍、踊意同。《漢書·甘延壽傳》「投石拔距」，❸張晏曰：「拔距，❹超距也。」距躍猶超距矣。邵寶云：「躍、踊者，皆絶地而起，所謂跳。距躍，直跳也。曲踊，横跳

---

❶「子之」，原爲空格，今據《韓非子》卷三補。
❷「齾」，《春秋左傳識小録》卷上作「獻齒」。
❸「拔」，原爲空格，今據《漢書·甘延壽傳》補。
❹「距」，原脱，今據《漢書·甘延壽傳》補。

也。橫跳必先直而後曲，故不曰橫而曰曲。❶百音陌，猶阡陌之陌。三陌，蓋躍踊之度，大約有此。」按：邵説「距躍」爲直跳，是矣。以「曲踊」爲橫跳，則非。曲踊猶倒行也。《隋書·沈光傳》：「初建禪定寺，其中幡竿高十餘丈，適遇繩絶，❷非人力所及。光以口銜索，拍竿而上。繫繩畢，手足皆放，透空而下，以掌拒地，倒行數十步。觀者嗟異。」此距躍之距，以足言。曲踊之曲，則以手言。手踊不辭，故變文曰「曲踊」。凡倒行，其身不能甚直也。沈欽韓云：「《吕覽·適威》篇『東野稷以御見莊公，❸使之鉤百而少及焉』，《莊子》以『百』爲『百反』，❹非也。鉤百即仟陌之陌，猶諸盤馬蟻封，以此爲巧耳。」王引之：「百、陌古字通。陌者，橫越而前。杜訓百爲勱。正義謂每跳皆勉力，並失之。」皆可證邵説，三陌謂其躍踊得陌之三也。江淮間俗語謂一箭地，與以陌計步同。《梁書·黄法氍傳》：❺「少勁捷有膽力，可行日三百里，❻距躍三丈。」以丈計躍，猶之以陌計也。洪亮吉謂「百、迫古字通，謂急遽無序」，則仍用本疏「勉力」之説。又云：「《風俗通》：『涉始於足，❼足率長十寸，十寸則尺。躍三尺，

❶ 下「曰」，原脱，今據《皇清經解》卷一《左傳杜解補正》補。
❷ 「遇」，原爲空格，今據《隋書·沈光傳》補。
❸ 「適」，原爲空格；「稷」，原爲空格，今據《春秋左氏傳補注》卷四補。
❹ 「莊子」，《春秋左氏傳補注》卷四作「司馬彪莊子注」。
❺ 「梁」，當作「陳」。
❻ 「可」，《陳書·黄法氍傳》作「步」。
❼ 「涉」，原爲空格，今據《春秋左傳詁》卷八補。

法天、地、人，再躍則涉。」『三百』或當作『三尺』。❶古人跳躍之法耳。」以「三百」爲「三尺」，義亦通。

乃舍之。【疏證】《宋書·羊玄保傳》：❷「吴郡褚胤，年七歲，棊入高品。父榮期與臧質同逆，胤應從誅，何尚之曰：『胤弈棊之妙，越古冠今。魏犨犯令，以才獲免。』」

殺顛頡以徇于師，立舟之僑以爲戎右。【疏證】杜注：「舟之僑，故虢臣。」《商子·賞刑》篇：「晉文公將欲明刑以親百姓，于是合諸侯大夫於侍千宫，❸顛頡後至，請其罪。君曰：『用事。』吏遂斷顛頡之脊以殉，晉國之士稽焉皆懼，曰：『顛頡之有寵也，斷以殉，况於我乎？』」

宋人使門尹般如晉告急。【疏證】《晉語》「般」作「班」，注：「門尹般，❹宋大夫。」杜用韋説。門尹即門官，見二十二年。「《春秋》時鄭卿之子，❺謂之門子。班，❻蓋宋卿，掌門尹之任，❼如桐門右師之類。《周禮》所謂『師以門名』者是也。楚圍急，故使重臣如晉乞師。」按：馬説是也。顧棟高以門尹即《周禮》之司門，與杜注門

❶「當作」，原倒，今據《春秋左傳詁》卷八改。

❷「保」，原脱，今據《宋書·羊玄保傳》補。

❸「諸侯大夫於侍」，原作「諸大夫□侍」，今據《春秋左氏傳補注》卷四所引《商子》補改。

❹「般」，《國語正義》卷十作「班」。

❺「春」上，當有「馬宗璉云」四字。

❻「班」，原作「段」，今據《皇清經解》卷一千二百七十七《春秋左傳補注》改。

❼「任如桐門右師之」，原重文，今據《皇清經解》卷一千二百七十七《春秋左傳補注》删。

官爲守門同誤。《晉世家》：「楚圍宋，宋復告急晉。」

公曰：「宋人告急，舍之，則絶。【疏證】《晉語》注：「舍不救宋，則宋降楚，與我絶也。」《晉世家》：「欲釋宋，宋嘗有德於晉，❶患之。」

「告楚，不許。【疏證】《晉語》注：「告，謂請宋於楚，楚不許我。」

「我欲戰矣，齊、秦未可，若之何？」【疏證】杜注：「未肯戰。」

先軫曰：「使宋舍我而齊、秦，❷【疏證】《晉語》注：「使宋置晉，獨賂齊、秦。」

「藉之告楚。【疏證】《晉語》注：「藉與齊、秦之勢，使請宋於楚。」

「我執曹君，而分曹、衛之田以賜宋人。楚愛曹、衛，必不許也。【疏證】《晉世家》：「先軫曰：『執曹伯，分曹、衛地以與宋，楚急曹、衛，其勢宜釋宋。』」與傳義同。《晉語》注：「齊、秦本與晉俱伐曹、衛，今晉分其地，楚必不許齊、秦之請。」杜注：「楚不許齊、秦之請。」❸用韋説。《吴志・孫權傳》：「蜀遣使衛尉陳震慶權踐位。權乃參分天下，造爲盟曰：『夫討惡剪暴，必聲其罪，宜先分裂，奪其土地，使士民之心，各知所歸。是以《春秋》伐衛，❹先分其田以畀宋人，斯其義也。』」如吴盟文，則伐國必分地，乃古義也。

❶「德」，原爲空格，今據《史記・晉世家》補。
❷「而」下，《春秋左傳正義》卷十六有「賂」字。
❸「請」，原脱，今據《春秋左傳正義》卷十六補。
❹「伐」，原作「代」，今據《三國志・吴主傳》改。

「喜賂怒頑，能無戰乎？」【疏證】杜注：「言秦喜得宋賂而怒楚之頑，❶必自戰也。不可告請，故曰頑。」

公説，執曹伯，分曹、衛之田以畀宋人。【疏證】《衛世家》：「晉文公重耳伐衛，分其地予宋，討前過無禮及不救宋患也。」

楚子入居於申，

使申叔去穀，使子玉去宋，曰：「無從晉師。

「晉侯在外十九年矣，【疏證】洪亮吉：「按《史記·晉世家》，重耳出亡，時年四十三，凡十九歲而得入，年六十二。杜注則本《晉語》，言：『晉侯生十七年而亡，十九年而反，凡三十六年，至此四十矣。』考夷吾爲重耳之弟，夷吾之子圉以僖十七年出質於秦，秦即妻之，至小亦當年十五六。至二十八年，又及十二年，則懷公此時若在，亦當年近三十。安得爲其伯父，年止四十年？❷明文公之年，當以《晉世家》爲實，《晉語》及杜非也。況昭十三年叔向言文公生十七年有士五人，是文公生十七年而能得士，❸非即以是年出亡也。杜又確指戰城濮之年謂文公年正四十，可謂鑿而妄。」壽曾曰：懷公之少於文公十歲，伯父猶子多有之，不足爲文公年逾於四十之證。昭十三年傳「生十七年」，正謂其出亡之年，杜本彼傳以説。閻若璩《四書釋地·三續》云：❹「《史記》多妄説，不

---

❶「秦」上，《春秋左傳正義》卷十六有「齊」字。
❷下「年」，《春秋左傳詁》卷八作「也」。
❸「公」，原作「生」，今據《春秋左傳詁》卷八改。
❹「續」，原爲空格，今據《皇清經解》卷二十三《四書釋地》補。

若《左傳》、《國語》足信。《國語》『僖負羈曰「晉公子生十七年而亡」』，案此則文公入國甫三十六歲，即甕亦祗四十四耳。」

「而果得晉國。險阻艱難，備嘗之矣。民之情僞，盡知之矣。天假之年，而除其害。天之所置，其可廢乎？【疏證】《晉世家》：「楚王曰：『晉侯亡在外十九年，困日久矣，果得反國，險阨盡知之，能用其民，天之所開，不可當。』」《楚世家》：「成王曰：『重耳亡居外久，❶卒得反國，天之所開，不可當。』」洪亮吉云：「按：云『天假之年』，❷益可知文公此時年齒必非壯盛。」按：「假年」蒙「險阻艱難」言之，洪説非。杜云：「獻公之子九人，唯文公在，故曰天假之年。除惠、懷、呂、郤。」

「《軍志》曰：『允當則歸。』又曰：『知難而退。』又曰：『有德不可敵。』此三志者，晉之謂矣。」【疏證】杜注：「《軍志》，兵書。」杜止解「允當則歸」云：「無求過分。」疏引劉炫云：「此《志》三云者，情有淺深。『允當則歸』，謂彼雖可勝，得當則還，言前人弱於己也。『知難而退』，謂勝不可必，早自收斂，言前人與己敵也。❸『有德不可敵』，謂必知彼彊，不須與競，言前人彊於己也。三者從弱至彊，總言晉之謂矣。指言晉彊於己也。」文淇案：此光伯《述議》語，疑舊注，視杜注爲詳。

子玉使伯棼請戰，【疏證】杜注：「伯棼，子越椒也，鬬伯比之孫。」

---

❶「亡」，原作「久」，今據《史記・楚世家》改。

❷「云」，原作「下」，今據《春秋左傳詁》卷八改。

❸「與己」至「不須」十六字，原脱，今據《春秋左傳正義》卷十六補。

曰：「非敢必有功也，願以間執讒慝之口。」【注】服虔云：「子玉非敢求有大功，但欲執蔿賈讒慝之口，謂子玉過三百乘不能入也。」《晉世家》集解。【疏證】杜注用服説，惟以「間執」爲塞。洪亮吉云：「按：《詩》釋文引《韓詩》：『執，服也。』此『間執』義亦同。杜注非也。」李貽德云：「《釋名》：『執，攝也，❶使畏攝己也。』」《晉世家》：「子玉請曰：『非敢必有功，願以間執讒慝之口也。』」

王怒，少與之師，唯西廣、東宮與若敖之六卒實從之。【疏證】《晉世家》：「王怒，少與之兵。」《楚語》「唯東宮與西廣實來」注：「東宮、西廣，楚軍營名。若敖氏，子玉同族。」杜注：「楚有左、右廣，又太子有宮甲。六卒，子玉宗人之兵六百人。」馬宗璉云：「西廣、東宮、六卒疑是楚之軍政名，❷杜解東宮爲太子之卒，若敖六卒爲六百人，皆謬。」按：宣十二年，「其君之戎分爲二廣，廣有一卒，卒偏之兩」，此楚有西廣之證。韋以東宮爲楚軍營名，則舊説不以爲大子宮甲也。若敖六卒，杜用韋説。

子玉使宛春告於晉師曰：【注】賈逵云：「宛春，楚大夫。」《晉世家》集解。【疏證】洪亮吉云：「唐石經初刻『師』作『侯』，後改『師』。從定本。」杜無注。《晉語》注亦用賈説。梁履繩云：「《吕覽·分職》篇載衛靈公天寒鑿池，以宛春諫而罷役。《新序·刺奢》篇亦載之，蓋别一人。」❸自此至晉師退，《晉世家》與傳略同。

「請復衛侯而封曹，臣亦釋宋之圍。」【疏證】杜注：「衛侯未出竟，曹伯見執在宋，已失位，故言復衛封

---

❶「攝」，原作「携」，今據《春秋左氏傳賈服註輯述》卷七改。
❷「名」，原作「右」，今據《皇清經解》卷一千二百七十七《春秋左傳補注》改。
❸「一」，原作「二」，今據《左通補釋》卷八改。

曹。」《晉語》注：「釋，解也。」

子犯曰：「子玉無禮哉！君取一，臣取二，不可失矣。」**【疏證】**《晉語》注：「臣，子玉也。君，文公也。二謂復曹、衛，一謂釋宋圍。」杜用韋說。

先軫曰：「子與之。**【疏證】**杜無注。《晉語》注：「與，許也。」

「定人之謂禮，楚一言而定三國，我一言而亡之，我則無禮，何以戰乎？不許楚言，是棄宋也，救而棄之，謂諸侯何？**【疏證】**杜注：「言將爲諸侯所怪。」「我一言而亡之」，《晉世家》「我」作「子」。

楚有三施，我有三怨。怨讎已多，將何以戰？**【疏證】**《晉語》注：「三，曹、衛、宋也。」

「不如私許復曹、衛以携之，**【疏證】**《晉世家》「携」作「誘」。《晉語》注：「携，離也。」杜用韋說，又云：「私許二國，使告絶於楚而後復之。」

「執宛春以怒楚，**【疏證】**《晉語》注：「怒楚，令決戰。」《孫武子》「怒而撓之」，❶張預曰：「彼性剛忿，則辱之令怒，志氣撓惑，則不謀而輕進，若晉文執宛春以怒楚是也。」

「既戰而後圖之。」**【疏證】**《晉語》注：「圖之，復曹、衛。」杜注：「須勝負決乃定計。」

公説，乃拘宛春於衛，且私許復曹、衛。曹、衛告絶於楚。

子玉怒，從晉師。晉師退。

---

❶「撓」下，原有一空格，今據《十一家註孫子》卷上删。

軍吏曰：「以君辟臣，辱也。【疏證】杜無注。《晉語》注：「時楚王避文公之德，入於申，使子玉去宋，子玉不肯，固請戰，故云避臣。」❶

「且楚師老矣，何故退？」【疏證】杜無注。《晉語》注：「老，久也。❷圍宋久，輿師罷病。」《晉世家》「何故」作「爲何」。

子犯曰：「師直爲壯，曲爲老，豈在久乎？【疏證】通引本「乎」作「矣」，❸從石經、宋本。杜無注。《晉語》注：「若韓之戰，秦師少而鬭士衆，晉曲秦直，故能敗晉。」

「微楚之惠不及此，退三舍避之，所以報也。【疏證】惠謂文公過楚，成王享之也。《晉語》注：「言在楚時，許退三舍。」杜注：「一舍，三十里。」用二十三年傳賈注，説詳彼疏證文。

「背惠食言，以亢其讎，【疏證】《書》疏引孫炎《爾雅》注：「食，言之僞也。」《晉語》作「未報楚惠而抗宋」，與傳意同。韋昭注云：「抗，❹救也。」文淇案：「亢」與「抗」古字通。「讎」謂宋也，宋爲楚之讎。杜注以亢爲當，讎謂楚，非。王念孫云：「亢者，扞蔽之義。亢其讎，謂亢楚之讎也。楚之讎，謂宋也。亢楚之讎者，楚攻宋而晉

❶「臣」，原作「君」，今據《國語正義》卷十改。
❷「久」，《國語正義》卷十作「罷」。
❸「引」，疑當作「行」。
❹「抗」，原作「杭」，今據《國語正義》卷十改。

爲之扞蔽也。《晉語》曰『未報楚惠而抗宋』，❶是其明證矣。凡扞禦人謂之亢，爲人扞禦亦謂之亢，義相因也。昭元年傳曰：『苟無大害於其社稷，可無亢也。』又曰：『吉不能亢身，焉能亢宗。』二十二年傳曰：『無亢不衷，以獎亂人。』皆是扞蔽之意。」按：王氏以「讐」斥宋是也，其釋「亢」義仍未確。《服不氏》「賓客之事則抗皮」注：「鄭司農云：『謂賓客來朝聘，布皮帛者，服不氏主舉藏之。』抗讀如「亢其讐」之亢。』」《馬質》「綱惡馬」注：「鄭司農云：『綱讀爲「以亢其讎」之亢，書亦或爲亢。亢，御也，禁也，禁去惡馬不畜也。』」先鄭于《服不氏》引傳，❷讀從其音，其義仍爲抗舉。於《馬質》，則讀從其義，故云「亢，御也，禁也」。「亢其讎」者，謂禁楚之讎宋也，亦猶《調人》「令勿讎」之「讎」。

「我曲楚直，其衆素飽，不可謂老。」【疏證】惠棟云：「《周書·武稱》曰：『直勝曲，飽勝飢，武之勝也。』子犯言背楚之惠，則我曲楚直，且楚强，其衆又素飽，不可爲老也。杜訓素爲空，言『直，氣盈飽』，恐非。」文淇案：《晉語》云：「其衆莫不生氣。」「其衆素飽」之説也。本疏云：「素訓爲空。」惠誤以疏説爲杜注。

「我退而楚還，我將何求。若其不還，君退臣犯，曲在彼矣。」退三舍。【疏證】《晉世家》：「文公曰：『昔在楚，約退三舍，可倍乎！』」未引以上子犯之辭。

楚衆欲止，子玉不可。夏，四月，戊辰，晉侯、宋公、齊國歸父、崔夭、秦小子憖次于城濮。❸【疏

❶「惠」，原作「志」，今據《經義述聞》卷十七改。

❷「氏」，原脱，今據上文補。

❸「歸」，原作「師」，今據《春秋左傳正義》卷十六改。下一「歸」字同。

證】杜注：「國歸父、崔夭，齊大夫也。小子憖，秦穆公子也。」《晉世家》：「楚師欲去，得臣不肯。四月戊辰，宋公、齊將、秦將與晉侯次城濮。」❶

楚師背酅而舍，【疏證】杜注：「酅，丘陵險阻名。」❷疏：「蓋所舍之處有丘陵名酅也。」馬宗璉云：「《郡國志》：『東郡穀城有巂下聚。』」❸

晉侯患之，

聽輿人之誦，曰：【疏證】杜注：「恐衆畏險，故聽其歌誦。」是杜訓「輿」爲「衆」，前「輿人之謀」也。《後漢書·楊震傳》：「河間男子趙騰詣闕上疏。『乞爲虧除，❹全騰之命，以誘芻蕘輿人之言。』」注：「輿，衆也。《左氏傳》：『聽輿人之誦。』」「輿，衆也」，當是舊説。《北魏書·張白澤傳》「諫曰：❺『昔厲防民口，卒滅宗姬；文聽輿頌，終摧彊楚。』」《成淹傳》：「淹曰：『昔文王詢芻蕘，晉文聽輿人之誦，臣雖卑賤，敢同匹夫。』」皆以輿人爲衆人。張白澤引傳「誦」作「頌」，或是異。❻頌，古誦字。

---

❶「秦」，原作「齊」，今據《史記·晉世家》改。

❷「名」，原作「各」，今據《春秋左傳正義》卷十六改。下一「名」字同。

❸「鄉」，《皇清經解》卷一千二百七十七《春秋左傳補注》作「聚」。

❹「乞」上，疑有脱文。

❺「澤」，原作「洋」，今據《魏書·張白澤傳》改。下一「澤」字同。

❻「異」下，疑當有「文」字。

「原田每每，舍其舊而新是謀。」【注】舊注：「廣平曰原。❶莓莓，美貌。❷《詩》曰：『周原莓莓，堇荼如飴。』舍其舊而謀新也，言仰楚舊惠爲利薄，謀楚之新機其利厚，❸衆欲之意也。」《御覽》四百四十二。❹**【疏證】**杜注：「高平曰原。喻晉軍美盛，若原田之草每每然，可以謀立新功，不足念舊惠。」惠棟云：「《説文》云：『每，草盛上出，從屮母聲。』❺高卬之田，草盛上出，故云『舍其舊而新是謀』。《周禮》三卜，一曰原兆。原兆，兆之璺罅有似原田，故鄭注云：『原，原田也。』」馬宗璉又引《大卜》杜子春注：「『原兆，有周之兆。』蓋晉之輿人爲卜，以決晉、楚之勝負，❻卜得原田之兆。是晉文可以定霸匡王以輔佐周。舊謂楚，新謂周，舍舊强之楚，而謀新起之周也。」此可申惠説，然傳稱「輿人之誦」，蓋童謡之比，不關卜兆。惠、馬之説非也。「每每」宜從《説文》作「苺苺」，或作「莓莓」。洪亮吉云：「《廣雅》：『腜腜，肥也。』『腜』通作『每』。按：『每每』亦當謂田之肥美。❼杜注似采《説文》，以爲喻晉君之美盛，則失之。」《廣雅·釋訓》：「腜腜，肥也。」王念孫云：「《魏都賦》

---

❶「廣」，《太平御覽》卷四百四十八作「高」。

❷「美」下，《太平御覽》卷四百四十八有「厚」字。

❸「機」，《太平御覽》卷四百四十八作「權」。

❹「二」，當作「八」。

❺「母」，原作「每」，今據《皇清經解》卷三百五十四《春秋左傳補註》改。

❻「晉」，原脱，今據《皇清經解》卷一千二百七十七《春秋左傳補注》補。

❼「美」，原作「矣」，今據《春秋左傳詁》卷八改。

『腜腜坰野』，張載注云：『腜腜，美也。』引《大雅》『周原腜腜』。毛傳作『膴膴』，云：『膴膴，美也。』鄭云：『周之原也，膴膴然肥美。』膴與飴、謀、龜、時、兹爲韻，當讀如梅。《釋文》音武，失之。又通作『每』，僖二十八年《左傳》『原田每每』，亦謂原田之肥美，杜注『原田之草每每然』，失之。」按：《御覽》引傳亦作「莓莓」，所引舊注當是賈、服舊説，較勝杜注。

公疑焉。

子犯曰：「戰也！戰而捷，必得諸侯。若其不捷，表裏山河，必無害也。」【疏證】杜注：「晉國外河而内山。」

公曰：「若楚惠何？」欒貞子曰：「漢陽諸姬，楚實盡之。思小惠而忘大耻，不如戰也。」【疏證】杜注：「貞子，欒枝也。水北曰陽。姬姓之國在漢北者，楚滅之。」《楚世家》：「武王三十五年，伐隨。於是始開濮地而有之。文王六年，伐蔡。楚彊，陵江漢間小國，小國皆畏之。十一年，楚始大。於是楚地千里。」

晉侯夢與楚子搏，楚子伏己而盬其腦，❶【注】服虔云：「如俗語相駡云：『啑汝腦矣。』」本疏。【疏證】杜注：「搏，手搏。盬，啑也。」《説文》：「㽞，頭髓也。從匕。匕，相匕者也。」字當從「㽞」，傳作「腦」，俗字。惠棟云：「余仁仲曰：『「楚子伏，已而盬其腦」，此本「伏」字絶句，岳本「伏己」讀。』據此，則『已』當音以。岳本則『己』當音紀。陸德明《音義》不云音紀，則知當以『楚子伏』爲絶句。而『已』作『以』音，不音『紀』。淳祐九經

❶「楚子」，原脱，今據《春秋左傳正義》卷十六補。

本亦用『伏己』絶句，更詳之。」❶惠氏雖以余説爲然，别引淳祐本則亦未定之説。《潛夫·夢列》篇：「晉文公於城濮之戰，夢楚子伏己而盬其腦，是大惡也。及戰，乃大勝，此謂極反之夢也。」此是傳文古義，若「楚子伏」絶句，則楚大惡矣。《論衡》亦言「成王在上」，詳下疏證。洪亮吉謂：「或以『伏』字絶句者，非。」是也。朱駿聲云：「余仁仲説亦可通，但下文『我得天』三字似無着落。」可申洪説。范守己曰：「盬者，苦盬之名。《詩》云『王事靡盬』，❷勉之使無爲苦也。晉侯夢楚子伏己而盬其腦，當是以盬鹽入腦，故子犯曰『我且柔之矣』。杜氏訓盬爲唼，非也。」顧炎武從其説。按：以盬入腦，説殊迂曲。服氏此注，非完文，其釋「盬」義，今不可見。注以今曉古，非即以盬爲唼，杜氏訓盬爲唼，誤矣。本疏亦云：「盬之爲唼，未見正訓。」焦循謂盬當讀爲蠱，如蠱蠹。仍用杜注唼義，非也。俞樾云：「服氏蓋讀盬如餬。餬，從胡聲。胡，從古聲。盬亦從古聲，故得通用。《説文》：『餬，寄食也。』❸實非達詁。《釋言》云：『餬，❹饘也。』隱十一年《正義》曰：『餬是饘粥别名。鬻謂之餬，食鬻亦謂之餬。❺古義引申有此。傳言餬其腦者，腦亦柔物，嘬之與饘鬻同，故亦言餬也。因假盬爲之，而其義遂晦矣。」按：俞説未必是服義，然可備一説。服注之唼，乃漢時方言，古字當作嚼。嚴蔚云：「《説文》『唼』作『嚼』。揚子《太玄》曰

❶「詳」，原作「祥」，今據《皇清經解》卷三百五十四《春秋左傳補註》改。
❷「詩」，原作「傳」，今據《左傳杜解補正》卷一改。
❸「寄食」，原爲一空格，今據《群經平議》卷二十五補。
❹「餬」，原殘，今據《群經平議》卷二十五補。
❺「食」，原脱，今據《群經平議》卷二十五補。

『啑鉤』，謂須也。《荀子》曰『鉤有須』，須鉤曲故曰鉤。啑猶口。」李貽德云：「《一切經音義》八引《字書》：『啑，❶喋也。書亦作欶，謂以口微吸之也。』引漢時語以證盬之狀也。」

是以懼。子犯曰：「吉！我得天，楚伏其罪，吾且柔之矣。」【疏證】杜注：「晉侯上向故得天，楚子下向地故伏其罪。腦所以柔物。」杜説「得天」，謂晉侯仰面上向也。焦循云：「《素問·五藏别論》：『腦、髓、骨、胍、膽、女子胞，❷此六者，地氣之所生也，皆藏於陰而象于地。』《解精微論》：『腦者，陰也。』陰柔，故子犯言『吾且柔之』。彼來盬我用齒，齒，剛也。我以腦承之，是有以柔其剛，故云『柔之』，寓柔遠人之義也。杜云『腦所以柔物』，未知所謂。」按：焦説是也。《論衡·卜筮篇》：「晉文公與楚子戰，夢與成王搏，成王在上而盬其腦，占曰凶。咎犯曰：『吉！君得天，楚伏其罪，盬君之腦者，柔之也。』」《論衡》「鹽」皆「盬」之誤，是以「柔之」申釋「盬」字。杜謂「腦所以柔物」，非也。

子玉使鬬勃請戰，【疏證】杜注：「鬬勃，楚大夫。」

曰：「請與君之士戲，【疏證】杜無注。《説文》：「戲，三軍之偏也。一曰兵也。」朱國楨曰：「戲者，兵也，三軍之號，所云戲下是也。若云以兵見云耳。林堯叟謂得臣輕用民命，❸便解作戲弄之戲。夫得臣亦英雄，豈

❶「引」，原作「行」，今據《春秋左氏傳賈服註輯述》卷七改。

❷「胍」，《春秋左傳補疏》卷二作「脉」。

❸「堯」，原作「先」，今據《皇清經解》卷三百五十四《春秋左傳補註》改。

有此失？」惠棟取朱説，朱以戲爲兵，蓋用《説文》。朱駿聲云：「《詩》『善戲謔兮』，單言曰謔，重言曰戲謔。❶下文『馮軾而觀，得臣與寓目』，似與今俗以優爲戲同意。然古無是訓，若從本字訓兵，則不詞。三軍之偏，實爲摩字之假借，亦不詞。若爲謔浪之謔則可聽不可觀。竊謂此處必有脱誤，不敢强解無已，甯讀爲謔。」壽曾曰：「請與君之士戲」即請戰之詞，宜從《説文》訓戲爲兵，無所謂不詞。朱國楨前一説是也。梁履繩云：「《史記》『戲下』不得如字讀。」

「君馮軾而觀之，得臣與寓目焉。」【疏證】鄭氏《禮記》注云：「寓，寄也。」

晉侯使欒枝對曰：「寡君聞命矣。楚君之惠，未之敢忘，是以在此。爲大夫退，其敢當君乎？既不獲命矣，敢煩大夫謂二三子，【疏證】杜注：「煩鬭勃，令戒勅子玉、子西之屬。」**『戒爾車乘，敬爾君事，詰朝相見。』」**【疏證】杜注：「詰朝，平旦。」

晉車七百乘，韅、靷、鞅、靽。【疏證】《説文》引作「⿱日⿰絲韋」，從革㬎聲。❷惠棟云：「案：㬎，古文以爲『顯』，故傳作『韅』，從古文省。」杜注：「在胸曰靷。」《釋文》：「靷，以刃反。」《説文》云：「引軸也。」正義曰：「此注與《説文》不同，蓋以時驗爲解也。」王念孫云：「靷，當爲『靳』。《説文》：『靳，當膺也。』與杜氏在胸之訓正合。《墨子·魯問》篇曰『鼓鞭於馬靳』是也。❸靳、靷草書相似，故『靳』誤作『靷』。《詩·小戎》傳：『游環，靳環也。』《釋文》：

---

❶「謔」，原脱，今據《春秋左傳識小録》卷上補。

❷「㬎」，《説文解字》卷三下作「顯」。

❸「同」，原作「冋」，今據《經義述聞》卷十七改。

『靳，本又作靷。』沈重曰：『舊本皆作靳。』」段玉裁亦同其說。又案《說文》：「韅，箸亦鞥也。」段玉裁云：「亦，人之臂亦也。箸亦鞥，謂箸於馬兩亦之革也。箸亦，謂直者。當膺，謂横者。《史記·禮書》『鮫韅』，徐曰：『韅者，當馬腋之革。』若《釋名》云『横經腹下』、杜注《左》云『在背曰韅』，皆異説也。」鞅，《説文》云：「頭靼也。」❶段氏注云：「《釋名》：『鞅，嬰也。喉下稱嬰，言嬰絡之也。』按：劉與許合，杜云『在腹曰鞅』，恐未然也。」《説文》有「絆」，無「靽」，❷「絆，馬馽也」。案：王説是也。《釋文》：「『靽』，一云縶也。」《白駒》毛傳：「縶，絆。」杜注：「在後曰靽。」

晉侯登有莘之墟以觀師，【疏證】杜注：「有莘，故國名。」《吕覽》伊摯，❸有莘之私臣。高誘注云：「侁讀曰莘。」在今河南陳留縣。《括地志》：「陳留縣東五里有莘城。」沈欽韓云：「《方輿紀要》：『莘城在開封府陳留縣東北三十五里，或曰即莘墟也。』又『莘城在曹州曹縣北十八里，《元和志》：「古莘仲國也。」今爲莘仲集』。陳留之莘去濮彌遠。曹縣之莘墟或近之。」按：沈説是也。江永亦云：「陳留去曹縣頗遠，不得接界。」然江氏不知城濮在今濮州，乃疑莘仲集别一地，非。《檀弓》疏：「凡舊居皆曰墟，故《左傳》有莘氏之墟，有昆吾之墟。」

曰：「少長有禮，其可用也。」【疏證】惠士奇云：「應前欲用其民。」

---

❶「頭」，《説文解字》卷三下作「頸」。

❷「靽」，原作「絆」，今據《説文解字》卷三下及上文改。

❸「伊摯，有莘之私臣」，爲《墨子·尚賢》文。

遂伐其木以益其兵。【疏證】杜注：「伐木以益攻戰之具，❶輿曳柴亦是也。」❷《御覽》二百九十四引注：「伐木以益攻戰之具，蓋亦示强也。」當是舊注。輿曳柴，别一事，杜注非。

己巳，晉師陳于莘北，【疏證】杜無注。北謂莘墟之北也。

胥臣以下軍之佐當陳、蔡。子玉以若敖之六卒將中軍，曰：「今日必無晉矣。」子西將左，子上將右。【疏證】子西，❸鬬宜申。子上，鬬勃。王念孫《周秦名字解詁》云：「楚公子申字子西，魯曾申字西，《淮南·時則訓》『孟秋之月，招摇指申，其位西方』。案：《左傳》『齊懿公游于申池』，杜注：『齊南城西門名申門。』然則西之爲申，古之恒言也。」

胥臣蒙馬以虎皮，先犯陳、蔡。陳、蔡奔，楚右師潰。【疏證】虎皮蒙馬以駭敵。杜注：「陳、蔡屬楚右師。」

狐毛設二旆而退之。【疏證】杜注：「旆，大旗也，又建二旆而退，使若大將稍卻。」❹

欒枝使輿曳柴而僞遁，【疏證】杜注：「曳柴起塵，詐爲衆走。」《御覽》三十七引注：「曳柴起塵埃，詐言衆

---

❶「益」，原脱，今據《春秋左傳正義》卷十六補。
❷「曳」，原脱，今據《春秋左傳正義》卷十六補。
❸「子」上，疑當有「杜注」二字。
❹「使若」，原作「佚略」，今據《春秋左傳正義》卷十六改。

衆走。」當是舊注，杜注有所刪也。《淮南子・兵略訓》：「曳梢肆柴，揚塵起堨，❶所以營其目者，此善爲詐佯者也。」❷注：「梢，小柴也。堨，埃。」則曳柴猶曳梢矣。

孤毛、狐偃以上軍夾攻子西，楚左師潰。

楚師敗績。子玉收其卒而止，故不敗。【疏證】杜注：「三軍惟中軍完。」《晉世家》：「楚師大敗，得臣收餘兵去。」《年表》：「宋成公五年，晉救我，楚兵去。」

晉師三日館穀，及癸酉而還。【疏證】杜注：「館，舍也。食楚軍穀三日。」本云晉軍庚午、辛未、壬申三日館食楚之軍穀。《晉書・慕容皝傳》：「宇文歸入寇安晉，爲段蘭聲援。皝擊之，蘭、歸皆遁。遣封奕率輕騎追擊，❸敗之，收其軍實。館穀二旬而還。」則穀指軍實也。

甲午，至于衡雍，【疏證】《晉世家》：「甲午，還至衡雍。」《外傳》作「衡雝」。《呂覽・簡選》篇「尊天子於衡雍」注：「文公率諸侯朝天子於衡雍。衡雍、踐土，今之河陽。」如高誘説，則踐土即衡雍地也。杜注：「衡雍，鄭地。」《郡國志》：「河南郡卷有垣雍城。」《水經注》：「《史記》所記韓獻秦垣雍是也。」沈欽韓云：「《一統志》：『垣雍城在懷慶府原武縣西北五里，即衡雍也。』」

作王宫於踐土。【注】服虔云：「既敗楚師，襄王自往臨踐土，賜命晉侯，晉侯聞而爲之作宫。」

---

❶「揚」，原作「揭」；「堨」，原作「謁」，今據《淮南鴻烈解》卷十五改。

❷「此」，原作「比」，今據《淮南鴻烈解》卷十五改。

❸「騎」，原作「弱」，今據《晉書・慕容皝傳》改。

《晉世家》集解。【疏證】杜注：「襄王聞晉戰勝，自往勞之，故爲作宫。」《卺人》注：「以尊適卑曰臨。」《覲禮》「諸侯覲於天子，爲宫方三百步，四門」注：「宫謂壝土爲埒，以象牆壁也。」《掌舍》「爲壇壝宫，棘門」注：「謂王行止宿平地，築壇，又委壝土起堳埒以爲宫。」踐土王宫，其制當如《周禮》所説，蓋襲服説。經文賈注：「踐土，鄭地。」《晉語》「文公二十一年，以諸侯朝於衡雍，遂爲踐土之盟」，注：「衡雍、踐土皆鄭地，在今河内温地。文公敗楚師，旋至衡雍，天子臨之，晉侯以諸侯朝王。」韋謂踐土即衡雍，與前引《吕覽》高注合，蓋亦用賈注也。餘詳釋文疏證。❶

鄉役之三月，【疏證】《釋文》：「鄉，又作『曏』。」《説文》：「曏，不久也。《春秋傳》曰『曏役之三月』。」則賈本作「曏」。杜注：「曏，屬也。」非古義。杜又云：「城濮役之前三月。」《讀本》云：「蓋作始於役前之三月，爲襄王來勞己也。」

鄭伯如楚致其師，爲楚師既敗而懼，【疏證】《晉世家》：「初，鄭助楚，楚敗，懼。」

使子人九行成于晉。【疏證】杜注：「子人，氏。九，名。」馬宗璉云：「《正義》據桓十四年『鄭伯使其弟語來盟』，傳稱子人氏來盟，是子人氏爲語之後。杜注以九爲雜人，❷謬矣。」《晉世家》：「鄭使人請盟晉侯。」

晉欒枝入盟鄭伯。

五月，丙午，晉侯及鄭伯盟于衡雍。【疏證】《晉世家》：「晉侯與鄭伯盟。」

---

❶ 「釋」，疑當作「經」。

❷ 「注」，《皇清經解》卷一千二百七十七《春秋左傳補注》作「譜」。

丁未，獻楚俘于王，駟介百乘，徒兵千。【注】服虔云：「駟介，駟馬被甲也。徒兵，步卒也。」《晉世家》集解。【疏證】《晉語》「獻楚俘」作「獻楚捷」，注：「捷，勝也，勝楚所獲兵衆。駟介百乘，徒兵千也。」《晉世家》：「五月丁未，獻楚俘于周，駟介百乘，徒兵千。」杜注：「駟介，四馬被甲。徒兵，步卒。」襲用服注。李貽德云：「《清人》『駟介旁旁』傳：『介，甲也。』箋：『駟，四馬也。』成二年傳『不介馬而馳之』，❶以不介馬爲異，則戰馬皆被甲矣。《干旄》疏引王肅説：『夏后氏駕兩謂之麗，殷益以一騑謂之驂，周人又益一騑謂之駟。』《説文》『徒』作『赴』，云：『步行也。』『兵，械也。』顧氏炎武謂：『古之言兵，謂五兵。秦、漢以下始謂執兵之人爲兵。』然隱四年『敗鄭徒兵』、襄元年『敗鄭徒兵於洧上』，斷指步卒。若以兵爲器械，則不辭矣。《擊鼓》序疏云：『古者以戰器爲兵。兵者，人所執，因號人亦曰兵。』斯爲通論矣。」《祭義》「五十不爲甸徒」疏曰：「徒謂步卒。」

鄭伯傅王，用平禮也。【疏證】《廣雅》：「傅，相也。」杜注：「傅，相也。以周平王享晉文侯仇之禮享晉侯。❷「傅王」，疏無説。閻若璩《四書釋地·又續》云：「相天子之會同，❸上擯則大宗伯。《周禮》『朝覲會同，則爲上相』鄭注：『相，召王禮也。』❹是也。肆師爲承擯，小行人亦爲承擯，蓋一佐大朝覲，一將擯於四時常朝，至末擯，司空之屬，嗇夫爲之，見《覲禮》，又與諸侯曷與乎？當春秋時，禮不盡如古。故僖二十八年傳，『鄭伯傅王，

---

❶「二」，原作「四」，今據《春秋左氏傳賈服註輯述》卷七改。
❷「仇之禮享晉侯」，原作「之禮享晉侯仇之禮享之」，今據《春秋左傳補注》卷十六改。
❸「子」，原重文，今據《皇清經解》卷二十二《四書釋地》删。
❹「召」，《皇清經解》卷二十二《四書釋地》作「詔」。

用平禮也』，蓋時能相禮者亦希，鄭伯素以知禮名，故用以相王，非合周制。❶ 若宣十六年定王享士會，『原襄公相禮』。襄公，周大夫，豈屬五等諸侯哉？ 胡朏明曰：『傳言用平禮，則周東遷以前未必然可知。』」按閻說，則周之朝覲，相禮屬大宗伯，非諸侯事矣。 馬宗璉云：「《覲禮》『四傳擯』鄭注：❷『四傳擯者，每一位畢，擯者以告，乃更陳列而升，其次公也，侯也，伯也，各一位。 子、男俠門而俱東上，亦一位也。 至庭乃設擯，則諸侯初入門，王官之伯帥之耳。 古文「傳」作「傅」。』按：此注正是侯、伯相王朝見諸侯之制。《尚書·堯典》『賓於四門』鄭注：『賓，擯，謂舜爲上擯以迎諸侯。』馬注：『四門，四方之門。 諸侯群臣朝者，舜賓迎之。』此舜爲牧伯率諸侯朝王之事。哀十三年傳：『子服景伯對使者曰：王合諸侯，則伯帥侯、牧以見于王。』《左傳》：『周之東遷，晉、鄭焉依？』《書·序》：『王賜晉文侯秬鬯、圭瓚，作《文侯之命》。』是命晉侯爲牧伯之證。 鄭與晉輔平王東遷，或亦命爲牧伯，鄭伯傅王以朝見諸侯，仍用平禮。」按：如馬說是也。 鄭注謂王官之伯率諸侯入門，與《堯典》賓迎之義合。 此當出逸《禮》，不得謂周制無諸侯傅王禮也。

己酉，王享醴，命晉侯侑。【疏證】宋本「侑」作「宥」。《校勘記》云：「《周禮》多用『宥』爲『侑』，古文假借字。」杜注：「既饗，又命晉侯助以束帛，以將厚意。」是杜本「享」作「饗」。《彤弓》云：「彤弓弨兮，受言藏之。我有嘉賓，中心好之。❸ 鐘鼓既設，一朝饗之。」彼疏云：「王以賜弓爲重，故經先言賜弓，後言饗之事也。 若僖二十八

❶ 「合」，原作「今」，今據《皇清經解》卷二十二《四書釋地》改。

❷ 「擯」，原作「換」，今據《皇清經解》卷一千二百七十七《春秋左傳補注》改。下一「擯」字同。

❸ 「好」，《毛詩正義》卷十作「貺」。

年《左傳》説晉文公敗楚於城濮，獻功于王。『王饗醴，命晉侯侑』，下乃言『策命晉侯爲侯伯』，賜之弓矢。似先饗後賜者。彼饗禮、命宥別行，饗禮非賜日之饗也，故丁未獻俘，己酉設饗，是先饗禮以勞其功，他日乃賜之弓矢，更加策命。其賜之日，❶別行饗禮。則此經所云是與彼饗別也。莊十八年，『虢公、晉侯朝王，王饗醴，命之宥』。僖二十五年，『晉侯朝王，王饗醴，命之宥』。于時不賜，特行饗醴。以此知城濮之言饗醴者，非賜日之饗。賜之日實行饗禮，而《左傳》甯武子云『以覺報宴』者，杜預云『歌《彤弓》者，明報功宴樂』，非謂賜時設饗禮。」按：《詩》疏説是也。惟賜日又饗，傳無明文，據「以覺報宴」杜注，則賜日無饗。

王命尹氏及王子虎、内史叔興父策命晉侯爲侯伯，【注】賈逵云：「王子虎，周大夫。」《晉世家》集解。【疏證】《内史》前鄭注引《春秋傳》作「内史興父」。杜注：「尹氏、王子虎，皆王卿士也。叔興父，大夫也。」不謂王子虎爲大夫，異於賈説。《晉語》「襄王使太宰文公及内史興賜晉文命」注：「太宰文公，王卿士王子虎也。内史興，周内史叔興父。」此杜以王子虎爲卿士所本。疏云：「注《國語》者皆以爲太宰文公即王子虎也。❷今尹氏又在王子虎之上，故以爲皆卿士，唯叔興是大夫，或云『皆大夫』，『皆』字妄耳。」玩疏説，則《左氏》舊注於尹氏、王子虎、叔興父三人皆目爲大夫。賈注非完文，疏引或説，疑是指賈注也。《國語》未及尹氏，杜但以在王子虎之上，目爲卿士，其實王國卿大夫亦是通稱。《吕覽·當貴》篇：「周内史興聞之曰：『晉侯其霸乎！』」注：「内史興，周大夫也。」與杜注以叔興爲大夫合。沈欽韓云：「《周官》内史之職：『凡命諸侯及孤卿大夫，則策命之。』此

❶「日」，原作「曰」，今據《毛詩正義》卷十改。

❷「即」，原作「及」，今據《春秋左傳正義》卷十六改。

命晉侯，自其本職。所異於常者，本一卿一大夫，今尹氏、王子虎兩卿並來也。」按：内史即右史，詳襄二十五年疏證。沈謂策命其本職，是也。其以王子虎爲卿，仍用杜注，非。《晉世家》：「天子使王子虎命晉侯爲侯伯。」❶則□傳文而減省。杜注：「以策書命晉侯爲侯伯。」❷《周禮・内史》鄭注：❸「策，謂以簡策書王命。」杜本鄭説。沈欽韓云：「侯伯，以侯作方伯也。容有以公爲伯者，故異言之。」按：沈説是也。《荀子・仲尼篇》「齊桓，五伯之盛者也」注：「伯讀爲霸。或曰伯，長也，爲諸侯之長。《春秋傳》曰『王命内史叔興父策命晉侯爲侯伯』也。」此亦以伯爲方伯。杜注但云爲伯，無以别於五等之伯矣。《年表》：「晉文公五年，周命賜公土地。」

賜之大輅之服，戎輅之服，【注】賈逵云：「大輅，金輅。」《晉世家》集解。又云：「大輅，諸侯朝服之車，謂金輅。」《齊語》注。【疏證】《校勘記》：「按：《後漢書・袁紹傳》注『輅』引作『路』，❹是也。『輅』乃俗字耳。」杜注：「大輅，金輅。戎輅，戎車。二輅各有服。」杜「大輅」用賈説，則「戎輅」之爲戎車亦賈説也。《齊語》注、《齊世家》亦引之，「輅」並作「路」，「謂」下有「之」。《内傳》不及天子賜齊桓大輅事，故賈於此年傳乃釋之也。《樂記》：「大輅者，天子之車也。」所以贈諸侯，蓋就贈賵典禮言之。《顧命》「大路」、《典路》，鄭注：「大路，玉路。」與賈殊者，大路，本天子車之總名，玉路亦在其列，故賈析言金輅也。《巾車》：「金輅，鉤，樊纓九就，建大旗，以

❶ 下「侯」，《史記・晉世家》無此字。
❷ 下「侯」，《春秋左傳正義》卷十六無此字。
❸ 「内史」，原爲空格，今據《周禮注疏》卷二十六補。
❹ 「傳」，原脱，今據《春秋左傳正義》卷十六《挍勘記》補。

賓，同姓以封。」同姓則指諸侯，此賈説所本。杜未釋二輅之服爲何服。疏據《司服》謂所賜爲鷩冕。《司服》：「公之服，自衮冕而下如王之服；侯伯之服，自鷩冕而下如公之服；子男之服，自毳冕而下如侯伯之服。」《晉語》注：❶「諸侯七命，冕服七章。」以常制言，晉侯宜賜鷩冕。然金輅既非諸侯常乘之車，則冕服當從之而異。沈欽韓云：「《覲禮》『天子賜侯氏以車服』注：『賜車者，同姓以金路，異姓以象路。服則衮也，鷩也，毳也。』鄭此注約《巾車》及《司服》文言之，以侯氏中有同姓、異姓及公、侯、伯、子、男之異也。此大路之服，則金路、衮冕也。知衮冕者，以《襍記》云：『復，諸侯以褒衣、冕服、爵弁服。』注：『褒衣，始命爲諸侯及朝覲見加賜之衣也。褒，猶進也。』晉是侯七命，本應鷩冕，今王所賜固在鷩冕之上。《王制》所謂『三公一命卷，若有加則賜也』。❷謂侯伯亦有服衮者，皆是加賜，非制也。孔疏謂文公所賜是鷩服，非也。」按：沈説是也。今《巾車》：「革路，龍勒，條纓五就，建大白，以即戎。」《司服》：「凡兵事，❸韋弁服。」本疏據之，謂「戎路之服當謂韋弁服也」。沈欽韓云：「以晉侯有武功，兼賜戎路，則革路韋弁服。」

彤弓一，彤矢百，玈弓矢千，【注】賈逵云：「彤弓，赤。玈弓，黑也。諸侯賜弓矢，然後征伐。」《晉世家》集解。服虔云：「玈弓以射甲革椹質。矢千則弓十。」《彤弓》疏。【疏證】洪亮吉云：「韋昭《國語》注及《袁紹傳》注引《左傳》並作『玈弓十玈矢千』，然攷服注云云，則是本無『十玈』二字矣。」文淇案：《釋文》

❶「晉」，當作「周」。
❷「若」，原作「略」，今據《春秋左氏傳補注》卷四改。
❸「事」，原作「車」，今據《周禮注疏》卷二十一改。

云：「『矢千』，本或作『玈弓十玈矢千』，後人專輒加也。」則韋昭、李賢並據誤加之本矣。段玉裁云：「《左氏》最多古文。《音義》云：『玈，本或作旅字者，非。』按：此正古本之善。魏三體石經遺字，其𢏺、旅二文即盧弓、盧矢之盧字。玈之字，魏人隸體不用，則起於魏以後，昧於假借之指而改從玄旁也。《說文》無玈字。」如段說，則傳「玈弓」當作「旅弓」也。李貽德云：「玈，《說文》新附有之，正字當作『黸』，省字當作『盧』，假字當作『旅』。」可與段說互證。杜注：「彤，赤弓。玈，黑弓。弓一矢百，則矢千弓十矣。諸侯賜弓矢，然後專征伐。」杜全襲賈、服說。《說文》：「彤，丹色也。黸，齊謂黑爲黸也。」「賜弓矢，然後征」，《王制》文。彼疏云：「此弓矢，則《尚書》『彤弓一，彤矢百；盧弓十，盧矢千』。于《周禮》則當『唐弓大弓，合七而成規』者，故《司弓矢》云：『唐弓、大弓以授使者、勞者。』注云：『若晉文侯、文公受王弓矢之賜。』」❶賈君止授《王制》文以說賜弓矢。❷鄭君注《周禮》乃援此傳，以證爲唐弓、大弓，則賈君所未言也。服謂「玈弓以射甲革椹質」，《司弓矢》文。彼文云：「王弓、弧弓以授射甲革椹質者。」注云：「甲革，革甲也。《春秋傳》曰：『蹲甲而射之。』質，正也。樹椹以爲射正。射甲與椹，試弓習武也。故書椹爲鞎。❸鄭司農云：『椹字或作鞎，非是也。《圉師職》曰：❹「射則充椹質。」』」❺服意蓋以玈弓當弧弓矢。

❶「公」，原作「弓」，今據《禮記正義》卷十二改。

❷「授」，疑當作「援」。

❸「鞎」，原作「𩋙」，今據《周禮注疏》卷三十二改。

❹「職」，原作「執」，今據《周禮注疏》卷三十二改。

❺「充」，原爲空格，今據《周禮注疏》卷三十二補。

《彤弓》「彤弓弨兮」傳：「彤弓，朱弓也，以講德習射。」疏：「言『講德習射』，則彤弓《周禮》當唐弓、大弓。但唐、大者，是其體彊弱之名，此彤、玈者爲弓色之異稱。玈弓與彤弓俱賜勞者，蓋亦當唐、大乎？服虔云『玈弓以射甲革椹質』，則以玈弓當《周禮》之弧。按傳賜玈弓多，❶彤弓少，則體不得過之。而以彤爲學射，當唐、大，合七成規，玈弓爲王、弧，合九成規。準之《周禮》，非其差也。」壽曾曰：毛傳以彤弓爲講德習射，故《司弓矢》鄭注援此傳以證爲唐弓、大弓，賈、服或用毛傳以説此傳彤弓，其義賴鄭君補之。□疏□毛傳非也。陳奐《詩疏》云：「《春秋傳》曰『盜竊寶玉、大弓』，定八年《穀梁傳》云：『大弓者，武王之戎弓也，周公受賜藏之魯。』是大弓爲我魯受諸先王所藏之弓，則彤弓即大弓。此確證。《公羊傳》云：『弓繡質。』繡質即丹飾歟？服虔注《左傳》以玈弓當《周禮》之弧弓，必有師據。」按：陳説是也。弧弓之從黑飾，今無以考，然必執《周禮》六弓之差，以定春秋時賜弓之差，宜其惑矣。《司弓矢》「其矢箙皆從其弓」注：「每弓一箙百矢。」與傳及服注「弓十矢千」合。疏引此傳釋之云：「雖是以賜之弓矢，射之弓矢略同之。」

秬鬯一卣，【注】賈逵云：「秬，黑黍。鬯，香酒也。卣，器名。諸侯賜圭瓚，然後爲鬯。」《晉世家》集解。【疏證】杜注：「秬，黑黍。鬯，香酒，所以降神。卣，器名。」襲用賈注。「秬，黑黍」，《釋草》文。本疏引李巡云：「黑黍一名秬黍。」《江漢》「秬鬯一卣」傳：「秬，黑黍也。鬯，香草也。築煮合而鬱之曰鬯。」箋：「秬鬯，黑黍酒也。謂之鬯者，芬香條暢也。」鄭與毛異。鄭《詩》疏引孫毓《異同》，❷許則從箋説。又注《春官》序官云：

❶「傳」，《毛詩正義》卷十作「得」。
❷「鄭」，疑衍。

「鬯，釀秬爲酒。」注《易》「不喪匕鬯」及《王制》並云：「鬯，秬酒也。」皆以鬯爲秬酒。此傳賈説蓋與毛同。陳奂《詩疏》云：「鄭司農《鬯人》注：『鬯，香草。』《肆師》『及果，築鬻』注：『築煮，築香草，❶煮以爲鬯。』《説文》：『𩰪，黑黍也，一稃二米以釀。或從禾作秬。鬯，以𩰪釀鬱草，芬芳攸服，以降神也。』先鄭及許並治毛《詩》，同毛義。《白虎通義·攷黜》篇：❷『秬者，黑黍，一稃二米。鬯者，以百草之香，鬱金合而釀之，成爲鬯。』班亦與毛不異。鄭康成泥周人鬯、鬱分官，以爲和香草者爲鬱鬯，不和香草者爲秬鬯，恐非是。」按：陳説是也。許君釋𩰪、鬯以𩰪釀，當用賈氏師説。鄭之誤止在以鬯當秬酒，其實此酒以鬯合秬釀成之。毛傳、《説文》義至明晝。賈注「鬯，香酒」，當云「鬯，香草」，鬯不可以成酒也。《江漢》疏引《禮緯》有秬鬯之草，《中候》亦云有鬯草生郊，即謂鬱金之草。彼疏謂「古今書傳香草無稱鬯者」，非也。「卣，器也」，《釋器》文。本疏引李巡曰：「卣，鬯之罇也。」孫炎曰：「罇彝爲上，罍爲下，卣居中也。」《鬯人》注：「卣，中尊，謂獻象之屬。」《江漢》疏：「《鬱人》『掌和鬱鬯以實彝而陳之』，則鬯當在彝，而《詩》及《尚書》、《左傳》皆云『秬鬯一卣』者，當祭之時乃在彝，未祭則在卣。賜時未祭，故卣盛之。」「賜圭瓚，❸然後爲鬯」，❹《王制》文。《鬱人》疏引《王度記》云：「天子以鬯，諸侯以薰，大夫以蘭芝，士以蕭，庶人以艾。」則晉未得圭瓚之賜，時止能用薰。

---

❶「築」，原脱，今據《詩毛氏傳疏》卷二十五改。
❷「黜」，原作「拙」，今據《詩毛氏傳疏》卷二十五改。
❸「賜」，原作「刺」，今據《禮記正義》卷十二改。
❹「爲」，原作「用」，今據《禮記正義》卷十二改。

虎賁三百人。【注】賈逵云：「天子卒曰虎賁。」《晉世家》集解。【疏證】杜無注。《虎賁氏》：「虎士八百。掌先後王而趨以卒伍，軍旅、會同亦如之。舍則守王閑。」注：「不言徒，曰虎士，則虎士徒之選有勇力者。將虎賁士居前後，❶雖群行亦有局分。」❷鄭君不説「賁」義。《牧誓》某氏傳：「虎賁，勇士稱也，若虎賁獸，言其猛也。」❸《續漢書·百官志》注：「『虎賁』舊作『虎奔』，言如虎之奔也。」《國語》「天子有虎賁，習武訓」，賈用《外傳》説。右周賜晉文公之禮，蓋與策命同時。《曲禮》「三賜不及車馬」疏：「《左傳》晉文公受大路、戎路、弓矢、秬鬯、虎賁，此皆九命之外，❹始有衣服、弓矢、秬鬯等之賜。」《旱麓》傳：「九命然後錫以秬鬯、圭瓚。」則此禮在九命之外，《禮疏》用毛説。《江漢》傳：「九命錫圭瓚、秬鬯。」意與《旱麓》傳同。毛言九命，指傳策命晉侯爲侯伯之類。《大宗伯》「九命作伯」是也，與《韓詩》説九命爲九錫者異。

曰：**「王謂叔父：『敬服王命，以綏四國，糾逖王慝。』」**【疏證】《曲禮》：「同姓謂之『伯父』。九州之長入天子之國曰『牧』。天子同姓，謂之『叔父』。」注：「牧尊於大國之君，❺而謂之叔父，辟二伯也。」疏：「伯者，長

❶「將」上，《周禮注疏》卷三十一有「王出」二字。
❷「局」，原作「而」，今據《周禮注疏》卷三十一改。
❸「猛」，原作「伍」，今據《尚書正義》卷十一改。
❹「皆」，原作「者」，今據《禮記正義》卷一改。
❺「國」，原作「同」，今據《禮記正義》卷五改。

大之名，父乃同姓重親之稱也。❶ 案晉文公爲二伯，《左傳》僖二十八年云『王曰叔父』，不云伯者，以州牧之禮命之，故稱叔也。然晉既稱叔父，何以昭九年云『伯父惠公歸至秦，而誘以來』，又云『我在伯父，猶衣服之有冠冕』。晉稱伯父者，以晉既稱伯父，又以晉爲州牧，又爲二伯，若以州牧之禮稱之，則曰叔父。若以二伯之禮稱之，則曰伯父。故晉或稱伯，或稱叔也。」按：《禮》疏□傳文同實異稱之義。《內史》注引此傳，疏亦云：「《曲禮》大國曰伯父，州牧曰叔父。晉既大國而云叔父者，王以州牧之禮命之故也。」《釋詁》：「逖，遠也。」杜注同。又云：「有惡於王者，糾而遠之。」惠棟云：「《衛彈碑》云『逷王忒』，❷按：《魯頌》『狄彼東南』鄭箋云：『狄當爲剔，剔，治也。』逖與狄同，古文作逷，又與剔通，故或訓爲遠，或訓爲治。❸ 此傳當從古文作逷，訓爲治。」按：惠説是也。此四句即策書之辭，知者，《內史》「凡命諸侯及孤卿大夫，則策命之」：「鄭司農以《春秋傳》曰『王命內史興父策命晉侯爲侯伯』，❹策謂以簡策書王命。其文曰：『王謂叔父：「敬服王命，以綏四國，糾逖王慝。」晉侯三辭，從命，受策以出。』」先鄭説此傳義亦當如此。

晉侯三辭，從命，曰：「重耳敢再拜稽首，奉揚天子之丕顯休命。」【注】賈逵云：「稽首，首至地。」《晉世家》集解。【疏證】《晉世家》：「晉侯三辭，然後稽首受之。」杜注「稽首」用賈説。《大祝》「辨九撵，一

---

❶「重」，原作「同」，今據《禮記正義》卷五改。

❷「逷」，《皇清經解》卷三百五十四《春秋左傳補註》作「糾剔」。

❸「或」，原作「故」，今據《皇清經解》卷三百五十四《春秋左傳補註》改。

❹「興」，原作「與」，今據《周禮注疏》卷二十六改。

曰䭇首」注：「拜頭至地也。」疏：「一曰稽首，其稽，稽留之字，頭至地多時則爲稽首也。稽首，拜中最重，臣拜君之拜。」□□某氏傳：「丕，大也。休，美也。」」

受策以出，【疏證】杜無注。沈欽韓云：「蔡邕《獨斷》：『策長二尺，下附篆書，起年月日，稱皇帝曰，以命諸侯王三公。』按：古制大略亦如此也。《覲禮》：『諸公奉篋服，加命書於其上，升自西階，東面，太史是右。侯氏升，西面立。太史述命。侯氏降兩階之間，再拜稽首，❶升成拜。太史加書于服上。侯氏受。』是尋常覲賜皆有命書，今命晉爲方伯，則有加策可知。凡辭即内史讀之。」

出入三覲。【注】舊注云：「出入猶去來也，從來至去，凡三見王。上公廟中將幣，三享，王禮再祼而酢，饗禮九獻，食禮九舉，三勞三問，出入三覲，爲行此禮。」《訝士》疏。【疏證】上言「受策以出」，則覲禮已畢，此總言之。邵寶曰：「始至而見，一覲也。已去而辭，二覲也。享禮、受策，三覲也。」顧氏炎武從之。沈欽韓云：「邵説非也。當獻楚俘之時，覲禮裨冕墨車以朝，一也。受策之後，拜命于王，二也。聘禮食饗之後，拜禮于朝，三也。其三享即在始覲。又天子親饗，意在待賓，不主於覲，皆不與焉。受策又于館，不于廟也。」文淇案：享禮、受策，非一時事，沈駁邵説是也。《覲禮》：「天子辭於侯氏，侯氏再拜稽首，❷升成拜，降出。」其辭禮與享同日，不得分去辭爲覲禮之一。邵説二覲亦非。《訝士》：「邦有賓客，則與行人送逆之。入於國，則爲之前驅而辟，野亦如之。居館，則率其屬而爲之蹕，誅戮暴客者。客出入則道之，有治則贊之。」注：「送迎，謂始來及

❶「再」上，《春秋左傳補注》卷四有「北面」二字。
❷「侯」，原脱，今據《儀禮注疏》卷二十七補。

去也。出入，謂朝覲于王時也。《春秋傳》曰『晉侯受策以出，出入三覲』。入國入野，自以時事。」疏：「知出入是朝覲于王者，以其言出入，與晉侯稱出入同，故引晉侯事。案：僖二十八年，襄王策命晉侯爲侯伯，晉侯『受策以出，出入三覲』。注云云云。」是出入爲朝覲，彼疏所引當是舊注，杜亦用其説，而删去「上公廟中將幣」以下。杜于典禮多不之講，舊注之引禮文多爲其删節，此其證也。壽曾曰：據舊注「出入三覲，爲行此禮」，❶則三覲皆因饗禮而行，饗禮不在三覲之中。沈未援舊注，而義與闇合。「上公廟中將幣」至「三勞三問」，皆《大行人》文。彼職注云：「廟，受命祖之廟也。饗，設盛禮以飲賓也。問，問不恙也。勞，謂苦倦之也。皆有禮，以幣致之。故書『祼』作『果』。鄭司農云：『三享，三獻也。祼讀爲灌。再灌，再飲公也。而酢，報飲王也。舉，舉樂也。』玄謂三享皆束帛加璧，庭實惟國所有。王禮，王以鬱鬯禮賓也。九舉，舉牲體九飯也。」此注先、後鄭説九舉，并彼疏云：「此經食禮九舉，與饗禮九獻相連，❷故以食禮九舉如舉牲體。其實舉中可以兼樂。」又云：「九獻者，王酌獻賓，賓酢主人，主人酬賓，酬後更八獻，是爲九獻。」考彼職「三問三勞」上有「出入五積」句，舊注未引，五積不饗禮，故略之。

衛侯聞楚師敗，懼，出奔楚，遂適陳，【疏證】杜注：「自襄牛出。」《衛世家》：「晉救宋，徵師於衛，大夫欲許，成公不肯。大夫元咺攻成公，成公遂出奔陳。」

使元咺奉叔武以受盟。【疏證】杜注：「奉，使攝君事。」

---

❶「行」，原作「引」，今據上文改。

❷「連」，原作「違」，今據《周禮注疏》卷三十七改。

癸亥，王子虎盟諸侯于王庭，【注】服虔云：「王庭，踐土也。」《晉世家》集解。【疏證】《晉世家》：「于是晉文公稱霸。癸亥，王子虎盟諸侯于王庭。」杜注：「踐土宫之庭。」襲服説。李貽德云：「云是踐土者，以經文『盟于踐土』，故斥言其地，以別於京師。」

要言曰：「皆奬王室，無相害也！有渝此盟，明神殛之！【疏證】《釋文》：「殛，本亦作極。」《校勘記》云：「《小雅·菀柳》、《魯頌·閟宫》正義引並作『極』，是『極』與『殛』通也。」❶《晉語》注：「奬，成也。」杜注訓「奬」爲「助」，疏謂「勸奬者，佐助之義」，非古訓。《釋言》：「殛，誅也。」杜不注「明神」，按《司盟》「北面詔明神，既盟，則貳之」注：「明神，神之明察者，謂日月山川也。《覲禮》加方明于壇上，所以依之也。詔之者，❷讀其載書以告之也。」疏：「《覲禮》注引《宗伯職》曰『以實柴祀日月星辰』，則燔柴祭天謂祭日也。柴爲祭日，則祭地瘞者，祭月也。日月而云天地，靈之也。《王制》曰『王巡狩至于岱宗，柴』，是王巡狩之盟，其神主日也。《春秋傳》云『晉文公爲踐土之盟』，而傳云『山川之神』，❸是諸侯之盟，其神主山川也。月者，大陰之精，❹上爲天使，臣道莫貴焉，❺是王官之伯會諸侯而盟，其神主月歟？以此論之，故知明神爲日月山川也。」按：《禮》疏説明神當用《左

---

❶「殛」，原作「極」，今據《春秋左傳正義》卷十六《挍勘記》改。
❷「詔」，原爲空格，今據《周禮注疏》卷三十六補。
❸「神」，原作「盟」，今據《周禮注疏》卷三十六改。
❹「大」，原作「本」，今據《周禮注疏》卷三十六改。
❺「臣」，原作「神」，今據《周禮注疏》卷三十六改。

氏》舊説，晉以王官之伯莅明神，謂月與山川也。

「俾隊其師，無克祚國，及而玄孫，無有老幼！」【疏證】《釋文》：「『俾』，本亦作『卑』。」而各本誤，其從石經、宋本改。《緑衣》毛傳：❶「俾，使也。」高誘《淮南王書》注：「隊，隕也。」《釋言》：「克，能也。」《穀梁》桓二年疏：「玄者，❷親之極。❸至來孫、昆孫之等，亦得通稱之，亦如《左傳》蒯聵禱文王稱曾孫之類是也。」

君子謂是盟也信，謂晉於是役也能以德攻。【疏證】杜注：「合信義。以文德教民而後用之。」《晉語》：「君子曰：『能以德勸。』」注：「善先軫、子犯也。」

初，楚子玉自爲瓊弁玉纓，❹未之服也。【注】服虔云：「謂馬飾。」《王制》疏。【疏證】《釋文》：「弁，本又作玣。」《説文》：「璿，美玉也。《春秋傳》曰『璿弁玉纓』。」弁，疏玣，❺異文作「璿弁」，則賈君本也。洪亮吉云：「毛傳：『瓊，玉之美者。』❻故轉作瓊。」杜注：「弁以鹿子皮爲之。瓊，玉之別名，次之以飾弁及纓。《詩》云：『會弁如星。』」杜不用服説。杜以瓊弁當皮弁，皮弁之飾玉亦是禮冠之常，何至夢神來索？杜又不能言纓之

---

❶「緑衣」，原缺，今據《毛詩正義》卷二補。
❷「玄」，原爲空格，今據《春秋穀梁傳注疏》卷三補。
❸「極」，原爲空格，今據《春秋穀梁傳注疏》卷三補。
❹「玉」，原脱，今據《春秋左傳正義》卷十六補。
❺「疏」，疑當作「瓊」。
❻「美」，原作「英」，今據《春秋左傳補注》卷八改。

制。疏云：「其纓之飾，則無以言之，蓋以玉飾纓之末耳。」皮弁有纓，於禮制未聞，疏意已疑之矣。沈欽韓云：「《獨斷》云：『金鑁者，馬冠也。高廣各四寸，如玉華形，在馬髦前。繁纓在馬膺前，如索帬。』按《文選・西京賦》叙車馬事云：『天子乃駕彫軫，六駿駮，❶戴翠冒，倚金較，璿弁玉纓，遺光儵爚。』薛綜注：『弁，馬冠也。叉髦以璿玉作之。纓，馬鞅也，以玉飾之。』則璿弁即金鑁，在髦前，故云叉髦。《續志》注：『徐廣曰：「金爲馬叉髦。」』《宋書・禮志》：『金爲叉髦，插以翟尾。』蓋或以金，或以玉，其飾不一也。漢人解此傳不以爲皮弁，創自杜預耳。」按：沈説是也。張衡賦即用服説，惠氏、洪氏皆引張賦釋服注。沈謂弁在髦前，尤諦。《晉書・江統傳》：「統上書曰：『及到末世以奢失之，諸侯至于丹楹刻桷，饋徵百牢，大夫有瓊弁玉纓，庶人有擊鐘鼎食。亦罔不亡。』」❷子玉以玉爲馬飾，故江統斥其侈，亦用服説。

先戰，夢河神謂己曰：「畀予，予賜女孟諸之麋。」【疏證】江永云：「孟諸澤，❸《禹貢》作孟豬，《周禮》作望諸，《史記》作明都。」洪亮吉云：「聲轉字異，正是一地也。」《地理志》：「梁國睢陽盟諸澤在東北，青州藪。」盟、孟亦雙聲字。《元和志》：「孟諸澤在宋州虞城縣西北十里，周迴五十里，俗號盟豬澤。」《寰宇記》：「虞城孟諸

❶「駿」，原脱，今據《左傳杜解集正》卷三補。
❷「亡」，原作「止」，今據《晉書・江統傳》改。
❸「澤」，原作「詳」，今據《皇清經解》卷二百五十三《春秋地理考實》改。

澤，❶俗呼爲湄臺。」《方輿記要》：「今歸德府虞城縣西北有孟諸臺，亦故澤地也。」諸書皆以孟諸在虞城，❷江永謂：「在今商邱、虞城間，屢被水，❸黄河衝決，今無存。」則以虞城西北界商邱也。《釋水》：「水草交曰湄。」《彼何人斯》作「麋」，毛傳：「水草交謂之麋。」湄、麋古字通，故《寰宇記》稱俗呼湄臺也。

弗致也。大心與子西使榮黄諫，【疏證】杜注：「大心，子玉之子。子西，子玉之族。子玉剛愎，故因榮黄。榮黄，榮季也。」

弗聽。榮季曰：「死而利國，猶或爲之，况瓊玉乎？是糞土也，而可以濟師，將何愛焉？」【疏證】杜注：「因神之欲，以附百姓之願，濟師之理。」疏引劉炫云：「戰在河旁，河神許助。若子玉從神所求，❹則國人以爲神得所欲，必將助己。三軍之命，在兹一舉，猶尚愛惜此物，是無恤民之心。在軍之士，誰能競勸，故云『因神之欲，以附百姓之願，是濟師之理也』。」右引炫説是《述義》語，杜注疑本舊説。

弗聽。出告二子曰：「非神敗令尹，令尹其不勤民，❺實自敗也。」【疏證】杜注：「無所愛惜爲勤。」按：不勤民謂不以民事爲重也，杜説非。

---

❶「澤」，《太平寰宇記》卷十二作「臺」。

❷「孟」，原作「立」，今據上文改。

❸「水」，《皇清經解》卷二百五十三《春秋地理考實》無此字。

❹「從」，原作「設」，今據《春秋左傳正義》卷十六改。

❺「尹」，原脱，今據《春秋左傳正義》卷十六補。

既敗，王使謂之曰：「大夫若入，其若申、息之老何？」【疏證】杜注：「申、息二邑子弟皆從子玉而死。」《晉世家》：「子玉之敗歸，楚成王怒其不用其言，貪與晉戰，讓責子玉。」

子西、孫伯曰：「得臣將死，二臣止之曰：『君其將以爲戮。』」【疏證】杜注：「孫伯即大心，子玉子也。」按：二臣當指楚王使者。

及連穀而死。【疏證】文十年傳：「城濮之役，王使止子玉曰：『無死。』不及。」子西亦自殺，縊而縣絶，故得不死。杜注據彼傳，謂：「至連穀，王無赦命，故自殺也。王時別遣追前使。」❶《晉世家》謂子玉自殺，與文十年傳合。《楚世家》則謂王誅子玉，駮文也。❷杜云：「連穀，楚地。」高士奇云：「楚子入居於申，杜注申在方城內，故曰入。子玉敗，王使謂之曰：『大夫若入，其若申、息之老何？』蓋不欲其入方城也。然則連穀乃方城外地。」按：連穀，今地闕。

晉侯聞之而後喜可知也，【疏證】杜注：「喜見於顔色。」顧炎武云：「古人多以見爲知，《呂氏春秋》『文侯不説，知於顔色』注：『知，猶見也。』」梁履繩云：「《報更》篇『齊王知顔色』注：『知猶發也。』義亦不殊。《淮南・修務訓》『奉一爵酒，不知於色』是也。」《晉世家》：「晉焚楚軍，火數日不息，文公歎。左右曰：『勝楚而君猶憂，❸

❶「追」，原作「返」，今據《春秋左傳正義》卷十六改。
❷「駮」，疑當作「駁」。
❸「楚」，原作「憂」，今據《史記・晉世家》改。

何？』文公曰：『吾聞能戰勝安者唯聖人，是以懼。且子玉猶在，庸可喜乎！』子玉自殺，晉文公曰：❶『我擊其外，楚誅其內。』於是乃喜。」

曰：「莫予毒也已！蔿呂臣實爲令尹，奉己而已，不在民矣。」【疏證】奉己謂保己禄位，志不勤民。杜注：「言其自守無大志。」非。

或訴元咺於衛侯曰：「立叔武矣。」其子角從公，公使殺之。咺不廢命，奉夷叔以守。【疏證】杜注：「角，元咺子。」按：夷叔即叔武也。《謚法》：「克殺秉政曰夷，安民好靜曰夷。」

六月，晉人復衛侯。

甯武子與衛人盟于宛濮，【疏證】杜注：「武子，甯俞也。」《地理志》：「陳留郡封丘，濮渠水首受泲，❷東北至都關，入羊里水。」《水經·濟水》注：「酸瀆水又東南會于濮，濮渠之側有漆城，或亦謂之濮菀亭。《春秋》『甯武子與衛人盟于菀濮』。京相璠曰：『衛地也。』」菀、宛異文。《一統志》：「宛濮亭在今大名府長垣縣西南。」

曰：「天禍衛國，君臣不協，以及此憂也。【疏證】杜注：「衛侯欲與楚，國人不欲，故不和也。」俞樾云：「《管子·大匡》篇：『桓公使鮑叔識君臣之有善者。』《問》篇：❸『君臣有位而未有田者幾何人。』王氏念孫謂『君臣』即『群臣』。此傳君臣不協，君臣亦即群臣也。」

---

❶「曰」，原脱，今據《史記·晉世家》補。

❷「泲」，原作「涕」，今據《漢書·地理志》改。

❸「問」，原爲空格，今據《群經平議》卷二十五補。

「今天誘其衷，使皆降心以相從也。【注】舊説皆以「衷」爲「善」。《皐陶謨》疏。**【疏證】**《皐陶謨》「同寅協恭和衷哉」僞孔傳：「衷，善也。」疏：「衷之爲善，常訓也。故《左傳》云『天誘其衷』，説者皆以衷爲善。」《書》疏稱舊説，當是《左氏》舊注。《晉語》注：「衷，中也。」杜用韋説。

「不有居者，誰守社稷？不有行者，誰扞牧圉？【疏證】《淮南子》注：「牧圉，養馬者。」杜注：「牛曰牧，馬曰圉。」《釋文》：「養牛曰牧，養馬曰圉。」

「不協之故，用昭乞盟于爾大神，以誘天衷。自今日以往，既盟之後，行者無保其力，居者無懼其罪。

「有渝此盟，以相及也。【疏證】王引之云：「『及』字之義不明，故杜增成其義曰『以惡相及』。然傳文但曰『相及』，不言『以惡』也。今按：『及』當爲『反』字之誤也。相反謂相違。韋注《周語》曰：『反，違也。』上文曰：『使皆降心，以相從也。』❶從與違，義正相對。上文曰『不協之故，用昭乞盟于爾大神』，相從則協，相反則不協矣。僖五年傳曰：『陳轅宣仲怨鄭申侯之反己於召陵。』宣十五年傳：『楚子使謂解揚曰：「爾既許不穀而反之，何故？」』哀二十七年傳曰：『知伯貪而愎，故韓魏反而喪之。』《趙策》曰：『趙使姚賈約韓、魏，韓、魏反之。』《淮南・詮言》篇『約束盟誓，則約定而反無日』，高注曰：『反，背叛也。』義並與此同。」按：王説是也。

「明神先君，是糾是殛。」【疏證】先君，謂康叔以下也。

---

❶ 「從」，原作「役」，今據《經義述聞》卷十七改。下一「從」字同。

國人聞此盟也，而後不貳。

衛侯先期入，【疏證】杜注：「不信叔武。」

甯子先，長牂守門以爲使也，與之乘而入。【疏證】杜注：「長牂，衛大夫。欲先入，❶安喻國人。」

公子歂犬、華仲前驅。【疏證】杜注：「二子，衛大夫。」按：前驅謂出衛侯之前，杜謂衛侯遂驅，非。

叔武將沐，聞君至，喜，捉髮走出，前驅射而殺之。【疏證】君，各本作「公」，從唐石經、宋本改。《説文》：「捉，搤也。❷一曰握也。」《廣雅》：「捉，持也。」

公知其無罪也，枕之股而哭之。

猯犬走出，❸公使殺之。【疏證】杜注：「手射叔武故。」

元咺出奔晉。

城濮之戰，晉中軍風于澤，【疏證】《費誓》「馬牛其風」，❹鄭注：「風，走逸。」王鳴盛云：「牝牡相誘爲風，

---

❶「先」，原作「見」，今據《春秋左傳正義》卷十六改。「欲先入」，《春秋左傳正義》卷十六作「故先入欲」，「欲」字屬下。

❷「搤」，原作「榏」，今據《説文解字》卷十二上改。

❸「猯」，《春秋左傳正義》卷十六作「歂」。

❹「馬」，原作「烏」，今據《尚書正義》卷二十改。

因風而走逸者多也。」杜注：「牛馬因風而走，皆失之。」與鄭説同。疏引劉炫《規過》以爲：「放牛馬於澤，❶遺失大旆左旃，不失牛馬。」又致劉説云：❷「若不失牛馬，唯亡左旃，罪未至重，何須殺之以徇？」案：「祁瞞奸命」舊注但云：「當此之事而不治。」則瞞止掌旌旗，非主牛馬，與炫説合，炫蓋據舊説以規杜耳。邵瑛《持平》既從炫説，又據《釋名》訓「風」爲放，謂牛馬放散於澤，非因風而逸，非也。炫不釋「風」，文略。

亡大旆之左旃。【疏證】《釋天》：「緇廣充幅，長尋曰旐，繼旐曰旆，因章曰旃。」本疏引孫炎曰：「因其繒色以爲旗章，不畫之。」「旃」又通作「旜」，《司常》「通帛爲旜」注：「通帛爲大赤，❸從周正色，無飾。」與孫説合。本疏據《爾雅》以旆爲旗之尾，又云：「今別名大旆，則此旆有異於常，故以大旆爲旗名。」杜注不釋「左」字，疏：「謂之左旃，蓋左軍所建者。」沈欽韓云：「疏非也。《車攻》傳云：『褐纏旃以爲門。』《大司馬職》『以旌爲左右和之門，❹以叙和出』，注云：『軍門曰和，立兩旌以爲之。叙和出，用次第出和門也。』大旆乃中軍所建，以大旆爲表，則司馬建旗於後表之中也，別以旃旁叙左右。今亡其左旃，還對中所樹表言之，故曰亡大旆之左旃。」按：沈説是也。

祁瞞奸命，【注】舊注：「當此之事而不治，爲奸事令也。」《御覽》三百四十七。【疏證】杜注：「掌此

❶「馬」，原脱，今據《春秋左傳正義》卷十六補。
❷「致」，疑當作「駁」。
❸「赤」，原作「亦」，今據《周禮注疏》卷二十七改。
❹「馬」，原脱，今據《春秋左氏傳補注》卷四補。

二事而不修，爲奸軍令。」舊注「當此之事」與杜注掌二事義異，❶舊注不云二事，與《規過》義合。

司馬殺之，以徇于諸侯。使茅茷代之。【疏證】茅茷，杜無注。

師還。壬午，濟河。舟之僑先歸，士會攝右。【疏證】杜注：「士會，隨武子，士蔿之孫。」《周語》注：「隨會，晉正卿，士蔿之孫、成伯之子士季武子也。食采於隨、范，故或曰隨會，或曰范會。」

秋，七月，丙申，振旅愷以入于晉。【疏證】洪亮吉云：「《釋文》曰：『旅凱。』劉逵《吴都賦》注引此正作『旅凱』。今石經及諸刊本並作『愷』，蓋一本作『愷』也。」沈欽韓云：「《釋天》『入爲振旅，反尊卑也』，注：『尊老在前，復常儀也。』《大司樂》：❷『王師大獻，則令奏愷樂。』」文淇案：《大司樂》注：「愷樂，獻功之樂。」《大司馬》「愷樂獻于社」注：❸「兵樂曰愷。」《司馬法》曰：「得意則愷樂，歌可喜也。」❹鄭司農于《大司樂》、《大司馬》皆引此傳「振旅愷以入于晉」，知先鄭注此注當用彼職文。❺《眡瞭》：「賓射，奏其鐘鼓。鼜、愷獻亦如之。」注：「凱獻，獻功愷樂也。」

獻俘授馘，【疏證】杜注：「授，數也，獻楚俘于廟。」俞樾云：「授當讀爲受。『獻俘』、『受馘』，文異而實同。」

---

❶「此」，原脱；下「事」，原作「軍」，今據上文補改。

❷「司」，原作「師」，今據《周禮注疏》卷二十二改。下一「司」字同。

❸「司」，原作「師」，今據《周禮注疏》卷二十九改。

❹「歌可」，《周禮注疏》卷二十九、《春秋左傳正義》卷十六作「愷歌示」。

❺下「注」，疑當作「傳」。

自下言之謂之獻，自上言之謂之受矣。」

飲至大賞，【疏證】賞，賞功也。《司勳》：「戰功曰多，凡有功者銘書於王之太常。」

徵會討貳。【疏證】杜注：「徵召諸侯，將冬會于温。」

殺舟之僑以徇于國，民於是大服。君子謂：「文公其能刑矣，三罪而民服。【疏證】杜注：「三服，顛頡、祁瞞、舟之僑。」

「《詩》云：『惠此中國，以綏四方。』不失賞刑之謂也。」【疏證】引《詩·大雅·民勞》文，傳：「中國，京師也。四方，諸夏也。」

冬，會于温，討不服也。【疏證】杜注：「討衛、許。」《晉語》：「温之會，晉人執衛成公以歸之于周。」注：「温，晉河陽也。」

衛侯與元咺訟，【疏證】杜注：「争殺叔武事。」《曲禮》「分争辨訟」疏：「争罪曰獄，争財曰訟。對文異耳，散則通名。故《左傳》云『衛侯與元咺訟』，是争罪亦曰訟也。」

甯武子爲輔，鍼莊子爲坐，士榮爲大士。【疏證】《小司寇》「凡命夫命婦，不躬坐獄」注：❶「不身坐者，必使其屬若子弟也。《春秋傳》曰：『衛侯與元咺訟，甯武子爲輔，鍼嚴子爲坐，士榮爲大理。』」鄭引傳「大理」，與今本異文。彼疏云：「元咺、甯子、鍼莊子皆大夫，得坐訟者，大夫身不得與士坐訟，若兩大夫，或代君，皆得坐，無

---

❶「獄」下，《周禮注疏》卷三十五有「訟」字。

嫌，以是衛侯不得坐，使莊子與元咺對坐。」如疏説，則士榮士，而非大夫。杜注未及，此或是舊説。輔、坐二者在屬辭當有異，杜亦無説。輔□如今干證矣。本疏云：「甯子爲輔，輔莊子也。」洪亮吉：「《廣韻》『箴』字注引《風俗通》曰『有衛大夫箴莊子』。今考宣四年箴尹克黄，定四年鍼尹固，❶是『箴』、『鍼』古字通。李善《文選》注：『箴，古針字。』」杜注：「大士，治獄官也。」案：《大司徒》「其附于刑者歸於士」，❷注：「鄭司農云：『士謂主斷刑之官。《春秋傳》曰「士榮爲大士」。』」則先鄭注此傳當釋爲刑官，杜用其説也。士榮在衛主刑獄，故與訟。沈欽韓云：「《晏子·内篇》：『爲夫婦獄訟之不正乎？則泰士子牛存矣。』❸此『大士』當音泰。」

衛侯不勝。

殺士榮，刖鍼莊子，謂甯俞忠而免之。【疏證】杜無注。顧炎武云：「晉人殺之、刖之也。」邵氏云：「『猶商子刑太子傅意。』」俞樾云：「『刖』當作『刵』，字之誤也。《尚書·康誥》《吕刑》並有劓刵之文，《康誥》篇正義引鄭康成説，以刵爲臣從君坐之刑。所謂臣從君坐者，即據此傳爲説。因鍼莊子爲坐而得刵刑，故云然。是鄭所見《左傳》作『刵』也。」

執衛侯，歸之于京師，寘諸深室。【疏證】惠棟云：「《荀卿子》云『公侯失禮則幽』，故寘諸深室。」文淇案：惠説是也。惠引《荀子》，見《王霸篇》。張湛注「幽，囚也」，即引此傳「寘諸深室」以爲證。則深室，獄名也。

---

❶「年」，原脱；「鍼」，原作「箴」，今據《春秋左傳詁》卷八補改。

❷「歸」，原作「師」，今據《周禮注疏》卷十改。

❸「子」，原脱，今據《春秋左氏傳補注》卷四補。

杜注：「深室，别爲囚室。」

甯子職納橐饘焉。【注】舊注：「饘，粥餅也。」《御覽》八百五十九。【疏證】杜注：「橐，衣囊。饘，糜也。」洪亮吉云：「《爾雅》：『橐，囊也。』《説文》、《方言》：『饘，糜也。』杜本此。案：橐祇可置食物，杜增一字曰『衣囊』，恐非。」《御覽》引舊注則饘爲乾餱之屬。顧炎武云：「蓋以饘置橐中。宣二年傳『爲簞食與肉，寘諸橐以與之』是也。」

元咺歸于衛，立公子瑕。【疏證】杜注：「瑕，衛公子適也。」《年表》：「衛成公三年，立公子瑕。」

是會也，晉侯召王，以見諸侯，且使王狩。【疏證】杜注：「晉侯大合諸侯，而欲尊事天子。自嫌彊大，不敢朝周，喻王出狩。」沈欽韓云：「案：晉侯召王之意，以爲朝于京師，不過述職之常，不足以聲動諸侯，故欲假王靈以儆方岳。豈謂彊大自嫌，如王敦、桓温引兵入朝都下震駭之比乎？果令晉侯有避嫌之心，王有畏逼之勢，則仲尼不僅謂『臣召君不可以訓』也。杜預解經尚非市儈鬼黠之談，則亂世塵雜之心，貽誤後學多矣。古者延飲賓皆曰召，《漢書·司馬相如傳》：『卓王孫曰：「臨邛令有貴客，爲具召之。」并召令。』《賈誼傳》：『今富人大賈嘉會召客。』《吕覽·分職》篇：『令召客者酒酣。』注：『召，請也。』《鄉飲酒禮》：『主人速賓。』注：『速，召也。』淺學之徒但知君命召之召耳。」按：沈駁杜注「自嫌强大」，及説「召」義，是也。其謂「述職之常，不足以聲動諸侯」，則非。《晉世家》：「晉侯會諸侯于温，欲率之朝周。力未能，恐其有畔者，乃使人言周襄王狩于河陽。壬申，遂率諸侯朝王於踐土。」史公所稱當是古《左氏》説，以晉猶未能致諸侯朝王，故召王也。《穀梁傳》：「全天王之行也，爲若將狩而遇諸侯之朝也。」則亦是不能致諸侯之義。《左氏》蓋同《穀梁》説。本疏亦引《穀梁傳》，謂是使王狩之意。《公羊》何注亦云：「晉文上白天子，曰諸侯不可率致，願王居踐土。」則三傳古義無甚殊别。本疏乃引何注，駁之曰：「温去京師路無百里，晉侯已能致之於温，何故不能致之於洛？何休妄造其辭事，非晉侯之意，故杜氏正之。」疏駁《公羊》乃與《穀梁》義違，杜氏自注《左氏》，疏不必援《公羊》以駁，知《左氏》舊説與《公羊》同也。杜不注「狩」義，邵寶云：「凡天子之出皆曰狩，古之狩猶今之幸也，非田獵之狩也。」本疏云：「舊史當依實而書，言晉侯召王，且使王狩。」則「晉侯召王」二句，乃未修《春秋》之辭。

仲尼曰：「以臣召君，不可以訓。」故書曰：「天王狩于河陽。」言非其地也。【疏證】《晉本紀》：❶「孔子讀史至文公，曰『諸侯無召王』，『王狩河陽』者，❷《春秋》諱之也。」《周本紀》：「晉文公召襄王，會之河陽、踐土，諸侯畢朝。書諱曰『天王狩于河陽』。」皆用此傳義。本疏引蘇氏云：「明晉侯之德，没其召君，書天子之狩，顯其失地，便是褒諸侯貶天子。所以然者，此亦假其失地之文，欲明王狩所在，非實貶也。若隱其召君，則全没不書，於義爲可。必書天王非地之狩者，若全没其文，無以明晉侯尊崇天子之德。故書天子出狩，諸侯往朝。」蘇氏説出舊疏。□舊疏《左氏》□□當謂書天王非地之狩，何等簡明。杜注衍之云：「使若天王自狩以失地，故書河陽。實以屬晉，非王狩地。」詞複而大義隱矣。《孔子世家》：「吴、楚之君自稱王，而《春秋》貶之曰『子』；踐土之會實召周天子，而《春秋》諱之曰『天王狩于河陽』。推此類以繩當世。❸貶損之義，後有王者舉而開之。《春秋》

---

❶ 「本紀」，當作「世家」。

❷ 「者」，原作「著」，今據《史記・晉世家》改。

❸ 「繩」，原作「絶」，今據《史記・孔子世家》改。

之義行，則天下亂臣賊子懼焉。」此史公論書法，亦是先儒舊說。

且明德也。【疏證】據蘇氏說，明晉侯之德，則舊說明德屬晉言。杜注：「隱其召君之闕，欲以明晉之功德。」用舊說也。又云：「河陽之狩、趙盾之弑、泄冶之罪，❶皆違凡變例，❷以起大義危疑之理，故特稱仲尼以明之。」《全唐文》七百六十五顧德章《議東都太廟第二狀》：「丘明修《春秋》，悉以君子定褒貶，至陳泄以忠獲罪，晉文以臣召君，於此數條，復稱君子，將評得失，❸特以宣尼斷之。傳曰：『危疑之理，須聖言以明也。』」顧氏此奏非引杜注，意乃符合，必是《左氏》先儒舊說。其不引趙盾者，奏疏之體，有所嫌諱□之。詳其文義，「陳泄」句上當有「晉盾以不討賊」六字也。本疏云：「丘明爲傳，所以寫仲尼之意。凡所改易，皆是仲尼，而於河陽之狩、趙盾之弑、泄冶之罪，此三事特稱仲尼曰者，史策所書，皆書實事。晉侯召王使狩，而作自狩之文，是言不實也。凡例弑君稱君，君無道，靈公不君，而稱臣以弑，似君無過也。大夫無罪見殺，不書其名，泄冶忠諫而被殺，書名，乃罪合死也。此三事皆違凡典、變舊例，以起大義危疑之理，恐人不信，須聖言以爲證，故特稱仲尼以明之。」壽曾曰：顧氏奏云「須聖言以明」，疏云「須聖言以爲證」，而杜注末云「聖言」，則疏治用舊疏之文，❹申釋之道隱然可見。

壬申，公朝于王所。

---

❶「治」，原作「治」，今據《春秋左傳正義》卷十六改。
❷「違」，原作「達」，今據《春秋左傳正義》卷十六改。
❸「評」，原作「許」，今據《全唐文》卷七百六十五改。
❹「治」，疑當作「沿」。

丁丑，諸侯圍許。【疏證】杜注：「十月十五日，有日無月。」

晉侯有疾，曹伯之豎侯獳貨筮史，【疏證】杜注：「史，晉史。」按：《曲禮》：❶「卜人師扶左，❷射人師扶右。❸君薨以是舉。」❹本傳稱筮史，蓋侍疾用卜人之意，常在君側者。

使曰以曹爲解：【疏證】爲解，猶爲辭也。杜注：「以滅曹爲解故。」非。

「齊桓公爲會而封異姓，今君爲會而滅同姓。【疏證】顧炎武云：「邢、衛於齊爲異姓。」《曹世家》：「或説晉文公曰：『昔齊桓公會諸侯，復異姓；❺今君囚曹君，滅同姓。何以令於諸侯？』」❻

「曹叔振鐸，文之昭也。【疏證】《管蔡世家》：「曹叔振鐸者，周武王弟也。武王已克殷紂，封叔振鐸於曹。」《詩譜》疏引《曹世家》作「周武王母弟也」，是振鐸與武王同母。

「先君唐叔，武之穆也。【疏證】《晉世家》：「晉唐叔虞者，周武王子而成王弟。武王崩，成王立，唐有亂，周公誅滅唐。於是遂封叔虞於唐。唐在河、汾之東，方百里，故曰唐叔虞。姓姬氏，字子于。」

---

❶「曲禮」，當作「檀弓」。
❷「左」，《禮記正義》卷八作「右」。
❸「右」，《禮記正義》卷八作「左」。
❹「舉」，原脱，今據《禮記正義》卷八補。
❺「復」，原爲空格，今據《史記·管蔡世家》補。
❻「令」下，原衍「終」字，今據《史記·管蔡世家》删。

「且合諸侯而滅兄弟，非禮也。【疏證】《晉世家》：「曹，叔振鐸之後。合諸侯而滅兄弟，非禮。」

「與衛偕命，而不與偕復，非信也。【疏證】杜注：「私許復曹、衛。」

「同罪異罰，非刑也。【疏證】杜注：「衛已復故。」

「禮以行義，信以守禮，刑以正邪，舍此三者，君將若之何？」

公說，復曹伯。【疏證】《晉世家》：「晉侯說，復曹伯。」

遂會諸侯于許。

晉侯作三行以禦狄，【注】服虔云：「辟天子六軍，故謂之三行。」《晉世家》集解。**【疏證】**杜注：「晉置上、中、下三軍，今復增置三行，以辟天子六軍。❶三行無佐，疑大夫帥。」文淇案：《大司馬》之官屬有「行司馬，中士十有六人」，注：「行謂軍行列，晉作六軍，而有三行，取名于此。」疏：「《左氏》僖二十八年云：『晉侯作三行以禦狄。』注云：『晉置上、中、下三軍，令復增置三行，辟天子六軍之名。』以所加三軍者謂之三行。」當是服注，《史記》集解節引之。惠棟《補注》亦引「行司馬」注以說「三行」，又云：「案獻公時已有左、右行，至此復立中行，後改爲三軍大夫。」惟「晉作六軍」，見成六年傳，非此作三行時已有六軍。梁繩履云：「鄭氏偶誤。」是也。

荀林父將中行，屠擊將右行，先蔑將左行。【疏證】《晉世家》作「先縠將右行」。❷

---

❶ 「軍」下，《春秋左傳正義》有「之名」二字。

❷ 「縠」，原作「穀」，今據《史記・晉世家》改。

【經】二十九年，春，介葛盧來。【疏證】杜注：「介，東夷國。」《地理志》：「琅琊郡黔陬，故介國也。」《寰宇記》：「東陬城在密州諸城縣東北一百十里，古介國也。」顧棟高云：「今山東萊州府高密縣西有黔陬城，膠州南七十里有介亭，蓋高密與膠州連壤也。」江永云：「黔陬有東西二城，州無。」❶沈欽韓云：「《一統志》：『黔陬故城在萊州府膠州西南。』」

公至自圍許。無傳。

夏，六月，會王人、晉人、宋人、齊人、陳人、蔡人、秦人，盟于翟泉。【疏證】《公羊》「翟」曰「狄」。《地理志》「河南雒陽」注：「周公遷殷民，實爲成周。《春秋》昭公二十一年，晉合諸侯于狄泉，以其地大成周之城，居敬王。」❷《郡國志》：「河南雒陽，周時號成周，有狄泉，在城中。」注：「或曰蓋本在城外，定元年城成周乃繞之。」漢之雒陽，即晉之洛陽。杜注：「翟泉，今洛陽城内大倉西南池水也。」與《郡國志》合。然據《兩漢志》注，則春秋盟會時，翟泉自在城外。《郡國志》亦據東周以後言之。❸沈欽韓云：「按：周是時都于王城，漢河南郡之河南縣也，故得盟于翟泉。迨敬王遷成周，❹即漢之洛陽，翟泉在城中，非可爲會盟之地矣。《水經注》：『晉永嘉元

---

❶「州無」，《皇清經解》卷二百五十三《春秋地理考實》無此二字。
❷「敬王」，原爲一空格，今據《漢書·地理志》補。
❸「之」下，原衍「郡國志合」四字，今删。
❹「迨敬」，原作「若殷」，今據《春秋左氏傳地名補注》改。

年，洛陽東北步廣里地陷，❶有二鵝出。蒼色者飛翔冲天，白色者止焉。陳留孝廉董養曰：「步廣，周之翟泉，盟會之地。今色蒼，胡象矣。」後五年，劉曜、王彌入洛陽。陸機《洛陽記》曰：「步廣里在洛陽城内宫東。」是翟泉所在，不得于大倉西也。』」按：沈説是也。《郡國志》注又引《帝王世紀》「狄泉本殷之墓地，在成周東北」，與陸氏《洛陽紀》合。《晉書・隱逸傳》言鵝出翟泉事，與《水經注》略同。董養語云：「昔周時所盟會狄泉即此地也。」顧棟高云：「成周在今河南府洛陽縣城東二十里。」

秋，大雨雹。【注】《左氏傳》曰：「聖人在上，無雹。雖有，不爲災。」説曰：凡物不爲災不書，書大，言爲災也。凡雹皆冬之愆陽，夏之伏陰也。《五行志》。【疏證】杜無注。《五行志》「釐公二十九年，『秋，大雨雹』」下引劉向説，爲《穀梁集解》所采。此别題《左氏傳》，則劉歆之説也。其引《左氏傳》，今傳文不見，蓋先儒説《左氏》義，古亦題《傳》矣。凡物不爲災不書，莊二十九年傳例文。師古注：「愆，過也。過陽，冬温也。過陰，夏寒也。」

冬，介葛盧來。

【傳】二十九年，春，介葛盧來朝，舍于昌衍之上。【疏證】《孔子世家》：「孔子生魯昌平鄉陬邑。」索隱云：「昌平，鄉號。」正義引《括地志》：「昌平山在泗水縣南六十里。」《一統志》：「昌平城在兗州府曲阜縣東南八十里。」《周語》：「猶其原隰之有衍沃也。」唐固曰：「下平曰衍。」

❶「陷」，原作「隔」，今據《春秋左氏傳地名補注》改。

公在會，饋之芻米，禮也。【疏證】本疏：「《周禮·掌客》：『子男饔餼五牢，禾三十車，米二十車。』《聘禮》『卿饔餼五牢』，禾、米與子男同。其附庸執帛與公之孤同，❶則饔餼亦五牢，禾三十車，米二十車。芻薪倍禾，則此『饋之芻米』，芻六十車，米二十車。」

夏，公會王子虎、晉狐偃、宋公孫固、齊國歸父、陳轅濤塗、秦小子憖，盟于翟泉，尋踐土之盟，且謀伐鄭也。【疏證】杜注：「經書『蔡人』，而傳無名氏，即微者。」《晉語》城濮戰下稱「文公誅觀狀以伐鄭，反其陴。❷鄭人以名寶行成，公不許」，得叔詹，將亨而舍之。本疏引《晉語》，謂：「《左傳》無伐鄭之事，蓋溫會以後已嘗伐鄭。鄭至今未服，故此會謀伐。明年遂與秦圍之。」❸

卿不書，罪之也。【疏證】卿謂王子虎也。杜注：「王子虎下盟列國，以瀆大典。」蓋探下文「卿不會公、侯」爲説。杜又云：「諸侯大夫上敵公侯，虧禮傷教，故貶諸大夫，諱公與盟。」傳無此義。

在禮，卿不會公、侯，會伯、子、男可也。【疏證】昭二十三年傳：「叔孫婼曰：『列國之卿當小國之君，固周制也。』」❹與卿得會伯、子、男義合。在禮，蓋未遠禮。杜注：「大國之卿，當小國之君，故可以會伯、子、男。諸卿之見貶，亦兼有此闕，故傳重發之。」本疏：「劉炫以爲『直責其敵公侯，不責其盟王使』，以規杜氏。必如劉

---

❶「之」，原作「公」；「同」，原作「司」，今據《春秋左傳正義》卷十七改。
❷「反」，原作「及」，今據《國語正義》卷十改。
❸「秦」下，原有一空格，今據《春秋左傳正義》卷十七删。
❹「固」，原作「因」，今據《春秋左傳正義》卷七改。

義，是君盟王使乃爲有罪，臣盟王使飜無貶責，便是君臣易位，尊卑失序。聖人垂訓，豈若是乎？」按：此傳以「卿不書」發例，止就王子虎言，未及諸卿之與盟，炫謂「直責其敵公侯」是也。❶杜於傳所不言者，每爲增說，故多支離之辭。邵瑛《持平》謂「諸卿止可當小國之君」，❷以彌縫杜說，非。

秋，大雨雹，爲災也。

冬，介葛盧來。以未見公故，復來朝。禮之，加燕好。【疏證】杜注：「燕，燕禮也。好，好貨也。一歲再來，故加之。」

介葛盧聞牛鳴，曰：「是生三犧，皆用之矣，其音云。」問之而信。【注】賈、服云：「言八律之音，聽鳥獸之鳴，則知其耆欲，生死可知。伯益明是術，故堯舜使掌朕虞。至周，失其道，官又在四夷。」《夷隸》疏。【疏證】《夷隸》注：「鄭司農云：『夷狄之人或曉鳥獸之言，故《春秋傳》曰：「介葛盧聞牛鳴，曰：是生三犧，皆用矣。」』」是以貉隸職掌與獸言。」疏引注，下云：「若周未失道，官本不在四夷，無解鳥獸之語者。何周公盛明制禮，使夷隸、貉隸與鳥獸之言？然者，賈、服意誤，不與禮合，故爲此說。」嚴蔚云：「疏但曰『注云』，而知爲賈、服注，以注下即云『賈、服意誤』定之耳。」《秦譜》疏引賈逵說伯益曉是術，❸如《禮》疏說，則鄭衆注此傳當止謂夷狄通鳥獸言。則先儒注此傳已有二說，賈、服謂術出於伯益，先鄭則謂夷狄乃有是術也。《大戴記·易本

❶「敵」，原作「故」，今據《春秋左傳正義》卷十七改。

❷「瑛」，原作「聯」，今據《劉炫規杜持平》卷二改。

❸「譜」，原爲空格，今據《毛詩正義》卷六補。

命》「律主禽鹿」謂律師鳥獸之鳴聲。此賈、服以《論語》皇疏伯益能聽鳥語，皆賈、服所據。《後漢書・蔡邕傳》「伯益綜聲於鳥語，❶葛盧辨音於鳴牛」，以二事相佩，亦用賈説也。《列子》：「東方介氏之國，其人多解六畜之語者，蓋偏知之所得。」張湛注：「夫龜龍，甲鱗之宗。麟鳳，毛羽之長。爰逮蜎飛蠕動，❷皆嗚呼相聞，❸各有意趣，共相制御，豈異乎人？但人不能解，因謂禽獸之聲無有音章。是以窮理備智，則所通萬途；因事偏達，偶識一條。《春秋左氏傳》曰：『介葛盧聞牛鳴，曰：「是生四子，盡爲犧矣。」』」張注則用先鄭説，其引傳文，與今本異。

【經】三十年，春，王正月。

夏，狄侵齊。

秋，衛殺其大夫元咺及公子瑕。【疏證】杜注：「瑕立經年，未會諸侯，故不稱君。」本疏：「瑕若成君，當據周歂、冶廑爲文，書曰『衛弒其君瑕』。」

衛侯鄭歸于衛。【疏證】成十八年傳例：「諸侯納之曰歸。」此從魯□爲文。《年表》：「衛成公五年，周入成公，復衛。」

晉人、秦人圍鄭。【疏證】杜注：「各使微者圍鄭，故稱人。」沈欽韓引惠氏云：「『傳明言晉侯、秦伯』。

---

❶「綜」，原爲空格；「鳥語」，原倒，今據《後漢書・蔡邕傳》補改。

❷「逮」，原爲空格，今據《列子》卷八補。

❸「呼」，原作「乎」，今據《列子》卷八改。

《春秋闕疑》高氏曰：『曷爲人之？非伯討也。』」《年表》：❶「鄭文公四十三年，秦、晉圍我，以晉故。晉文公七年，與秦圍鄭。」

介人侵蕭。無傳。

冬，天王使宰周公來聘。

公子遂如京師，遂如晉。【疏證】賈、服傳注「先聘晉，後聘周」，則經先書「如京師」，承周使來聘書之。

【傳】三十年，**春，晉人侵鄭，以觀其可攻與否。狄間晉之有鄭虞也。夏，狄侵齊。**

晉侯使醫衍酖衛侯。【疏證】杜注：「衍，醫名。」《大司馬》「以九伐之法正邦國。❷賊殺其親則正之」，注：「正之者，執而治其罪。《王霸記》曰：『正，殺之也。』《春秋》僖二十八年：『晉人執衛侯，歸之于京師，坐殺其弟叔武。』」本疏引彼注，謂：「如鄭彼言，則衛侯合死。」按：二傳不載晉酖衛侯事，則鄭所稱或《左氏》古義。杜注謂晉侯欲殺衛侯而罪不及死，不用鄭説。《魯語》：「晉人執衛成公，歸之于周，使醫酖之。」

甯俞貨醫，使薄其酖，不死。【疏證】《衛世家》：「晉使人鴆衛成公，成公私于周主酖，令薄，得不死。」史公不言甯俞貨醫，與傳異。

公爲之請，納玉於王與晉侯，皆十瑴。王許之。【疏證】《釋器》：「雙玉爲珏。」《説文》：「二玉相合爲

---

❶「年表」，原在「故」下，今據《史記·十二諸侯年表》改。

❷「法」，原作「命」，今據《周禮注疏》卷二十九改。

一珏。珏或從㱿。」❶《魯語》「行玉二十瑴，❷乃免衛侯」，注：「雙玉爲珏。」❸杜用韋説。周、晉各十瑴，故《外傳》言二十瑴也。杜又云：「公本與衛同好，故爲之請。」文淇案：《魯語》：「臧文仲言於僖公曰：『今晉人酖衛侯，不死，亦不討其使者，諱而惡殺之也。有諸侯之請，必免之。臣聞之，班相恤也，故能有親。夫諸侯之患，諸侯恤之，所以訓民也。君盍請衛君，以示親於諸侯，且以動晉？夫晉新得諸侯，使亦曰：「魯不棄其親，其亦不可以惡。」』公説。」是文仲此謀乃欲求説於晉，非第謂與衛同好也。

秋，乃釋衛侯。【疏證】《衛世家》：「周爲之請晉文公，卒入之衛。」與傳稱魯請又異。❹《年表》：「晉文公七年，聽周，❺歸衛成公。」

衛侯使賂周歂、冶廑，曰：【疏證】洪亮吉云：「《説文》：『歂，讀若車輇。』《古今字詁》曰：『廑，古勤字也。』俗本誤作『廑』。」《釋文》：「廑，人名也。」

「苟能納我，吾使爾爲卿。」【疏證】杜注：「恐元咺拒己。」

周、冶殺元咺及子適、子儀。【疏證】王念孫《周秦名字解故》云：「衛公子瑕，字子適。《管子·小問》篇

❶「㱿」，原作「瑴」，今據《説文解字》卷一上改。
❷「行」，原作「引」，今據《國語正義》卷四改。
❸「珏」，《國語正義》卷四作「瑴」。
❹「請」，原爲空格，今據《春秋左傳正義》卷十七補。
❺「聽」，原爲空格，今據《史記·十二諸侯年表》補。

説玉云『瑕、適皆見，精也』，《荀子・法行篇》説玉云『瑕、適并見，情也』，楊倞注云：『瑕，玉之病也。適，玉之美澤調適之處也。瑕適並見，似不匿其情者也。』」杜注：「子儀，瑕母弟。」《衛世家》：「誅元咺，衛君瑕出奔。」索隱據此年經駁之。

公入，祀先君。周、冶既服，將命，【疏證】杜注：「服，卿服。將入廟受命。」**周歂先入，及門，遇疾而死。冶廑辭卿。**

九月，甲午，晉侯、秦伯圍鄭，以其無禮於晉，且貳於楚也。【疏證】《晉世家》：「晉文公、秦穆公共圍鄭，以其無禮於文公亡過時，❶及城濮時鄭助楚也。」❷

晉軍函陵，【疏證】杜無注。《寰宇記》：「函陵在新鄭縣北十三里，洧水流逕其北，山形如函，故名。」《一統志》：「函陵在許州府新鄭縣北十三里，許州今屬開封府。」洪亮吉云：「函陵與東氾水甚近。余出使兩過其地，狹長如土衖，且旋轉屈曲，若行書函中，與闅鄉函谷無異，益信古人命名之諦也。」

秦軍氾南。【疏證】《水經注》：「菀陵之役水枝津東派爲氾水。《左傳》『秦軍氾南』所謂東氾也。」杜注：「此東氾也，在熒陽中牟縣南。」❸同《水經注》説。本疏云：「劉炫云：『二十四年「王出適鄭，處于氾」，注云：「鄭南氾也。」』《釋例・土地名》僖二十四年『氾』下云『此南氾也』。周王出居于氾，楚伐鄭師于氾，襄城縣南氾城是

---

❶「亡」，原作「止」，今據《史記・晉世家》改。

❷「時鄭助楚也」，原脱，今據《史記・晉世家》補。

❸「熒」，原作「滎」，今據《春秋左傳正義》卷十七改。

也。此年『氾』下云『此東氾也』。秦軍氾南，晉伐鄭師於氾，熒陽中牟縣南氾澤是也。❶杜考校既精，當不徒爾。尋討傳文，未見杜意。」文淇案：此光伯《述議》語，所謂「考校既精」云云乃規杜過。段氏玉裁疑此疏末四句有脱誤，非也。壽曾曰：炫意以杜説他傳之氾皆云南氾，此獨主東氾爲疑也。東氾在許州之北，去函陵最近。南氾在今襄城，則在許州之東。二軍相距，不得過遠，杜謂東氾是也。《一統志》：「東氾水在新鄭縣東北。今涸。」

佚之狐言於鄭伯曰：「國危矣！「若使燭之武見秦君，師必退。」【疏證】杜注：「佚之狐、燭之武，皆鄭大夫。」洪亮吉云：「《水經注》：『洧水下七里溝水，又南歷燭城西，即鄭大夫燭之武之邑也。』按：此以邑名爲氏，然春秋時，氏燭者實不止一人。齊景公時有燭雛，❷見《説苑》。吴有燭庸，晉有燭過，見《子華子》。」江永云：「燭在新鄭縣。」沈欽韓云：「燭城當在新鄭縣西南。」❸

公從之。辭曰：「臣之壯也，猶不如人。今老矣，無能爲也已。」公曰：「吾不能早用子，今急而求子，是寡人之過也。然鄭亡，子亦有不利焉。」【疏證】惠棟云：「唐石經『雖然鄭亡』云云，❹案碑是書丹後改定，必有所據。」嚴可均云：「各本脱『雖』。」

---

❶「熒」，原作「滎」，今據《春秋左傳正義》卷十七改。

❷「雛」，原作「雞」，今據《春秋左傳詁》卷八改。

❸「西」，《春秋左氏傳地名補注》卷四作「東」。

❹「云云」，原脱一「云」字，今據《皇清經解》卷三百五十四《春秋左傳補註》補。

許之。夜，縋而出。【疏證】《廣雅》：「縋，索也。」《後漢書・張衡傳》：「衡作《應間》曰：『燭武縣縋而秦伯退師。』」

見秦伯，曰：「秦、晉圍鄭，鄭既知亡矣。若亡鄭而有益於君，敢以煩執事。【疏證】杜注：「執事，亦謂秦。」

「越國以鄙遠，君知其難也，【疏證】《讀本》云：「謂秦得鄭以爲鄙，須越晉國，是終不能有。」

「焉用亡鄭以陪鄰？鄰之厚，君之薄也。【疏證】陪，諸本皆作「倍」，從石經、宋本改。錢大昕云：❶「從自爲正。」洪亮吉云：「《新序》引《傳》亦作『陪』。」《廣雅》：「陪，益也。」《秦本紀》：「繆公助晉文公圍鄭。鄭使人言繆公曰：『亡鄭厚晉，於晉而得矣，而秦未有利。❷晉之强，秦之憂也。』」《晉世家》：「鄭恐，乃間令使謂秦穆公曰：『亡鄭厚晉，於晉得矣，而秦未爲利。』」

「若舍鄭以爲東道主，行李之往來，共其乏困，君亦無所害。【注】賈云：「理，吏也，小行人也。」本疏引《周語》注。【疏證】《晉世家》：「君何不解鄭，得爲東道交？」史公以「交」代「主」，則「主」訓「主賓」之「主」也。《周語》：「周之秩官有之曰：『敵國賓至，關尹以告，行理以節逆之。』」疏引《周語》以證李、理異文。下引賈

❶「大昕」，原缺，今據《十駕齋養新録》卷二補。

❷「秦」，原作「晉」，今據《史記・秦本紀》改。

注，又引孔晁注云：「行李，行人之官也。」與賈説同。顧炎武云：「古者謂行人爲行李，亦曰行理。❶此與襄八年『亦不使一介行李告於寡君』，❷並作李。昭十三年『行理之命，無日不至』，作『理』。漢李翕《析里橋郙閣頌》『行理咨嗟』。」顧氏蓋謂李、理通也。朱駿聲云：「李讀爲使或讀爲吏，假借字，形、聲俱近。」杜注：「行李，使人。」用賈説。其注襄八年、昭十三年傳亦用賈説。賈説，《周語》韋注亦取之。胡匡衷《侯國官制考》云：❸「《周禮》：『大行人，中大夫二人，小行人，下大夫四人。』春秋列國皆有行人而不言大小，則諸侯厘立行人之官，通掌其事明矣。」韋注以行理爲小行人者，據《周禮》小行人掌迎賓客言之。其實行理與行人一也。

「且君嘗爲晉君賜矣，許君焦、瑕，朝濟而夕設版焉，君之所知也。【疏證】杜注：「焦、瑕，晉河外五城之二邑。」按：《地理志》：「陝縣有故焦城。」《水經注》：「陝城中有小城，故焦國也。武王以封神農之後于此。」《元和志》：「焦城在陝州陝縣東北百步。」洪亮吉云：「焦城在今陝州南。」皆與杜謂焦在河外合。惟河外之瑕，則無證。江永云：「杜以焦、瑕爲河外五城之二，非也。惠公賂秦以河外列城五，東盡虢略，南及華山，内及解梁城，既而弗與，在河外者焦固其一，然内及解梁城，則亦有河北之邑。《水經注》：『河東解縣西南五里有故瑕城，晉大夫詹嘉之故邑。』則瑕在今之解州，非河外也。此文於河外邑舉焦，内及解梁者舉瑕，以該所許之邑耳。❹瑕在

---

❶「理」，原作「李」，今據《皇清經解》卷一《左傳杜解補正》改。

❷「襄」，原作「哀」，今據《皇清經解》卷一《左傳杜解補正》改。

❸「衷」，原作「哀」，今據《儀禮釋官》卷八改。

❹「該」，原作「後」，今據《皇清經解》卷二百五十三《春秋地理考實》改。

解，與河南之桃林塞亦相近，故詹嘉處瑕，亦可守桃林之塞。又成六年『晉人謀去故絳，諸大夫曰「必居郇瑕氏之地」』，郇與瑕皆在解，杜并爲一地，亦非。又瑕吕飴甥亦曰陰飴甥，蓋飴甥嘗食采於瑕，❶兼食於吕，吕即陰，故曰瑕吕飴甥。杜以瑕吕爲姓，亦非。是皆不考解有瑕城而失之者也。河外無瑕。顧炎武求之不得，謂瑕有乎音，以漢宏農郡之湖縣爲瑕，謬矣。」按：江説是也。江所引《水經注》見《涑水》篇京相璠説。解縣，今山西蒲州府臨晉縣東南十八里。

「夫晉何厭之有？既東封鄭，又欲肆其西封，【疏證】封，猶言疆理也。即東略、西略之意。《廣雅》：「肆，申也。」

「不闕秦，焉取之？【疏證】各本「不」上有「若」，「焉」上有「將」。岳珂《沿革例》云：「諸本多無，建上諸本則有之。」惠棟云：「《新序》引云『不闕秦，將焉取之』，唐石經初刻云『不闕秦，焉取之』，正義按：沈文阿云：『不闕秦家，更何處取之？』按：此則『若』字、『將』字皆衍文，俗儒從石經續刻增入，當删。」《校勘記》用惠説，又云「惟宋本不誤」，本疏摘傳文亦云「不闕秦，焉取之」。洪氏《左傳詁》删「若」、「將」二字，今從之。顧炎武云：「闕，損也。」

「闕秦以利晉，惟君圖之。」

秦伯説，與鄭人盟。使杞子、逢孫、楊孫戍之，❷乃還。【疏證】杜注：「三子，秦大夫，反爲鄭守。」

---

❶「嘗」，原作「當」，今據《皇清經解》卷二百五十四《春秋地理考實》改。

❷下「孫」，原脱，今據《春秋左傳正義》卷十七補。

《廣韻》：「複姓，《左傳》秦大夫逢孫氏，秦下大夫楊孫氏。」《年表》：「秦穆公三十年，圍鄭，有言即去。」

子犯請擊之。公曰：「不可。微夫人之力不及此。【疏證】杜注：「夫人，謂秦穆公。」**因人之力而敝之，不仁。失其所與，不知。以亂易整，不武。吾其還也。」亦去之。**

初，鄭公子蘭出奔晉，【注】舊注：「公子蘭，鄭文公賤妾燕姞之子穆公。鄭逐群公子，故奔晉也。」《御覽》一百四十八。❶【疏證】杜注：「蘭，鄭穆公。」視□舊注略。此注并下條，《御覽》止題如注。余、洪、嚴三家輯本以爲服注，未知所據。今仍題舊注。文公逐群公子，公子蘭奔晉，見宣三年傳。

從於晉侯伐鄭，❷

請無與圍鄭。許之。使待命于東。【注】舊注：「晉善蘭不忘本國故也。待命於鄭東也。」《御覽》一百四十八。❸【疏證】《御覽》引傳文，「使」上有「故」。杜注止云：「晉東界。」亦視舊注爲略。惠氏以「晉善蘭不忘本國故也」□爲服注，❹亦不知何據。《説文》：「待，竢也。」顧炎武云：「古人謂所事之國爲本朝，此云本國亦其義也。」

鄭石甲父、侯宣多逆以爲太子，以求成於晉，晉人許之。【疏證】杜注：「二子，鄭大夫。」《鄭世家》：

---

❶「八」，當作「六」。

❷「從於晉侯伐鄭」，原脱，今據《春秋左傳正義》卷十七補。

❸「八」，當作「六」。

❹「忘」，原作「思」，今據《皇清經解》卷三百五十四《春秋左傳補註》改。

「子蘭從晉文公圍鄭。時蘭事晉文公甚謹，愛幸之，乃私於晉，以求入鄭爲太子。晉文公欲入蘭爲太子，以告鄭。遂許晉，與盟。卒而立子蘭爲太子。」是其事也。詳宣三年疏證。

冬，王使周公閱來聘。

饗有昌歜、【注】服云：「昌歜，昌本之菹。」《籩人》疏。【疏證】顧炎武云：「歜字誤，《玉篇》作𣤊，徂敢切，菖蒲菹也。」洪亮吉云：「《説文》『𣤊』字注：『歍𣤊也。從欠鼀聲。』《玉篇》：『𣤊，子合、才六二切，嗚𣤊也，亦作蹴。又徂敢切，菖蒲菹也。』蓋本作『𣤊』，傳寫訛作『歜』耳。」顧、洪皆以傳文「歜」當作「𣤊」。沈欽韓云：「按：《釋文》作歜，疏亦疑之，引《説文》云：『「歜，盛氣怒」。』此「昌歜」之音相傳爲在感反，不知其所由。』《玉篇》云云，則𣤊爲菖蒲菹亦非正文，嗚蹴之字乃是𣤊耳。」如沈説，則𣤊爲菖蒲菹非正訓矣。黄承吉云：「段氏《説文注》云：『言昌陽氣辛香，以爲菹，其氣觸鼻，故名昌歜。』其説至當。然又狃於《玉篇》𣤊字之音訓而云『蓋古本《左傳》有作昌𣤊者，二字可相假借』，則非也。蜀之制字，其義本同於觸，故觸之字起於蜀。《説文》解蜀字謂『葵中蟲，上目象蜀頭形』者，正是上觸之象。故加蜀以角則爲角之觸，加蜀以欠則爲氣之觸。《説文》解『歜』爲『盛氣怒』者，是氣觸之本字也。後經籍中一切引伸皆通用觸字，因於氣觸亦書爲觸，而置歜字不用，其實與觸一字也。夫觸字之音義皆如觸發之觸。觸向升而上，故昌菹之氣出取之。若𣤊之音義，則皆如蹙縮之蹙。蹙反向内而向外，於昌菹何取焉？」文淇案：此傳「昌歜」字，自正義謂「歜之音相傳爲在感反」，而人不知昌歜之「歜」當音觸；自《玉篇》以𣤊爲昌蒲菹，而人不知「昌歜」之字本當作「歜」，不當作「𣤊」。黄説是也。壽曾曰：朱駿聲云：「按『歜』者，『欿』之誤字，借欿爲灆也。灆，菹也。故『歜』相承讀如諂音不誤。《玉篇》所引則又誤作『𣤊』，𣤊字必無徂敢切之理。」朱氏駁《玉篇》是也。其謂作「欿」，又假爲「灆」，義轉迂曲。傳文審是「欿」字，則服注不必言「昌本之葅」矣。杜注「昌歜，昌蒲葅」，用服説。《醢人》「朝事之豆，其實昌本」注：「昌蒲根也。」《公食大夫禮》「醯醢、昌本」注：「昌本，昌蒲本葅也。」服以昌本釋昌歜，用《周禮》文，鄭君義亦與服同。《説文》：「葅，❶酢菜也。」《韓非子·難》篇：「文王嗜菖蒲葅。」

白、黑、形鹽。【疏證】《籩人》「朝事之籩，白、黑、形鹽」，注：「鄭司農云：『稻曰白，黍曰黑，築鹽以爲虎形，謂之形鹽。故《春秋傳》『鹽虎形』。」杜注：「白，熬稻。黑，熬黍。形鹽，鹽形象虎。」杜用先鄭説，惟「形鹽」不謂築鹽。先鄭傳注義當與《籩人》注同也。沈欽韓云：「《籩人職》『朝事』謂二裸後，尸入，王初獻，后亞獻，所薦之籩饗賓，無朝踐之名。以《少牢饋食》下篇準之，上篇三獻後，『尸出。復出迎尸。主人酌，獻尸。婦贊者執白黑以授主婦』，注云：『大夫無朝事而用之儐尸，亦豐大夫之禮。』然饗賓先用饋食之豆籩，❷至獻酬畢，復用朝事之豆籩優賓，如《特牲》、《少牢》之次爾。熬稻、熬黍，蓋八珍之二也。《内則》：『淳熬：煎醢加于陸稻上，沃之以膏，曰淳熬。淳母：煎醢加於黍食上，沃之以膏，曰淳母。』注：『淳，沃也。母讀曰模。模，象也。作此象淳熬。』蓋黍飯亦熬，亦沃膏，不可並名淳熬，故異稱曰淳母。知白黑二籩即其物者，若使空是，❸稻黍應入簠簋爲饌，不當在籩列。又以薦尸享賓，必是滋味之美。且此稻黍，鄭注《儀禮》並云熬者，故應是淳熬、淳母也。」按：沈説是也。本疏止云「穀之白黑惟稻黍爲然」，未引《籩人》，甚㸧略。《籩人》「形鹽」，後鄭與先鄭説異。後鄭云「玄謂形鹽，

---

❶「葅」，《説文解字》卷一下作「菹」。

❷「食」，原脱，今據《春秋左氏傳補注》卷四補。

❸「空」，原爲空格，今據《春秋左氏傳補注》卷四補。

鹽之似虎者」。❶疏：「《左傳》：『鹽虎形』，服云『尅形』，非是築刻爲之，故後鄭不從也。以爲自然似虎形，此破先鄭築鹽爲虎形也。」疏別先、後鄭之異是□。然服謂「尅形」，正與先鄭同説，疏謂後鄭用服説，非也。杜注從後鄭。《鹽人》「賓客供其形鹽、散鹽」，注：「形鹽，鹽之似虎形。」與《籩人》注同。

辭曰：「國君，文足昭也，武可畏也，則有備物之饗，以象其德。薦五味，羞嘉穀，鹽虎形，以獻其功。【注】服云：「尅形。」《籩人》疏。舊注：「鹽，五味之將，故刻畫虎形以象其武。」《御覽》八百六十五。【疏證】服云「尅形」，謂尅鹽爲虎形也，與先鄭「築鹽」義同。李貽德：「『尅』與『刻』通。魯顔刻，《莊子·秋水》篇『刻』作『尅』。《説文》：『刻，鏤也。』」文淇案：《御覽》所引注亦是服注，《籩人》疏所引服注蓋略舉其義耳。杜注謂「嘉穀象文，鹽虎形象武」，知舊注「嘉穀」亦有説，杜並取之。

「吾何以堪之？」

東門襄仲將聘于周，遂初聘于晉。【注】賈、服云：「先聘晉，後聘周。」本疏。【疏證】杜注：「公既命襄仲聘周，未行，故曰『將』。又命自周聘晉，故曰『遂』。自入春秋，魯始聘晉，故曰『初』。」疏：「經書實行之事，❷傳説將命之初，故云命之將聘于周，未行，又命之遂聘于晉，令其從周即去，更不迴也。賈、服不曉傳意，解爲先聘晉，後聘周，故杜詳説之。」按：賈、服知「先聘晉，後聘周」者，以傳云「將聘于周」，與經先書「公子遂如京

---

❶「似」，原脱，據《周禮注疏》卷五補。

❷「行」，原作「引」，今據《春秋左傳正義》卷十七改。

師」者不同，故據傳以釋經之疑。杜説非。

【經】三十有一年，春，取濟西田。【疏證】《地理志》：「濟陰郡定陶。」疏：「曹都雖在濟陰，其地則踰濟北。」《詩・曹譜》：❶「曹在濟陰定陶。《春秋》僖三十一年『取濟西田』，《左傳》曰：『取濟西田，分曹地也。』案：《禹貢》濟自陶丘之北，『又東至于菏，又東北會于汶』，曹在汶南、濟東。據魯而言是濟西，是曹地在濟北也。」《水經注》：「濟水東北逕定陶縣故城南，又東至乘氏縣西。《春秋傳》僖公三十一年：『分曹地，東傅于濟。』」《方輿紀要》：「濟水在曹州曹縣。」

公子遂如晉。

夏，四月，四卜郊，不從，乃免牲。【注】《左氏》之説：魯郊常祀，不須卜可郊與否，但卜牲與日。惟周之三月爲之，不可在四月，雖三卜亦爲非禮。《曲禮》疏。【疏證】《曲禮》「卜筮不過三」注：「求吉不過三，魯四卜郊，《春秋》譏之。」疏云：「王肅云：『禮以三爲成也。上旬、中旬、下旬，三卜筮，不吉則不舉也。』鄭意『不過三』者，謂一卜不吉而凶，又卜，以至于三，三者不吉則止。若筮亦然也。故魯有四卜之譏。」❷疏又云：

❶ 「詩曹譜曹在濟陰定陶」，當在上文「疏」字上。

❷ 「魯」，原作「無」，今據《禮記正義》卷三改。

「卜郊之事，❶或三或四或五，❷三傳之説參差不同。若《左氏》之説：『魯郊常祀，不須卜可郊與否，但卜牲與日周之三月爲之，不可在四月，雖三卜亦爲非禮。』故僖三十一年《左傳》云：『禮不卜常祀。』是常祀不卜也。襄七年《左傳》云：『啓蟄而郊，郊而後耕。今既耕而卜郊，宜其不從也。』是用周之三月，不可至四月也。若《公羊》之義，所云卜者皆謂卜日，故僖三十一年《公羊傳》云：『三卜，禮也。四卜，非禮也。』若鄭玄之義，禮不卜常祀，與《左氏》同。故《箴膏肓》云：『當卜祀日月爾，不當卜可祀與否。』」如《禮》疏説，襄七年之五卜郊，《左氏》説謂卜指牲與日，又以郊在三月爲禮，在四月爲非禮，則此經舊説亦當然。杜注：「卜郊不吉，故免牲。」疏云：「桓五年傳例曰：『凡祀，啓蟄而郊。』啓蟄，周之三月也。今於夏四月卜郊者，傳舉節氣有前有卻，但使春分未過，仍得爲郊。故四月得卜郊也。僖公、襄公夏四月卜郊，但譏其非所宜卜，而不譏其四月不可郊也。」杜注但云「卜郊」，是杜意以爲卜郊之與否，不用舊説。然杜不言四月得卜郊，疏乃力駁四月不可郊之説，則疏當引舊説四月不可郊，今但有駁，傳寫佚之。古《左氏》説明四月不可郊，故謂周之三月爲之。然魯郊□多異説，《郊特牲》：「周之始郊，日以至。」注：「郊天之月而日至，魯禮也。三王之郊，一用夏正。魯以無冬至祭天於圜丘之事，是以建子之月郊天，示先有事也。」疏云：「魯之郊祭，師説不同。崔氏、皇氏用王肅之説，❸以魯冬至郊天，至建寅之月，❹又郊以祈穀，

❶「郊」，原作「郭」，今據《禮記正義》卷三改。下一「郊」字同。
❷上「或」，原重文，今據《禮記正義》卷三删。
❸「皇」，原爲空格，今據《禮記正義》卷二十六補。
❹「至」，原作「在」，今據《禮記正義》卷二十六改。

故《左傳》云『啓蟄而郊』，❶又云『郊祀后稷以祈農事』，是二郊也。若依鄭康成之説，則異於此也。魯唯一郊，不與天子郊天同月，轉卜三正。故《穀梁傳》云：『魯以十二月下辛卜正月上辛。若不從，則以正月下辛卜二月上辛。若不從，則以二月下辛卜三月上辛。若不從，則止。』故《聖證論》馬昭引《穀梁傳》以答王肅之難，是魯一郊則止。或用建子之月郊，則此云『日以至』及宣三年正月『郊牛之口傷』是也。或用建寅之月，則《春秋左傳》云『郊祀后稷以祈農事』是也。但《春秋》魯禮也，無建丑之月耳。若杜預不信《禮記》，不取《公羊》、《穀梁》，魯唯有建寅郊天及龍見而雩。」古説魯郊，於鄭、王無所專主。鄭君説魯郊，雖主建子之月，然不用卜三正説。知者，《曲禮》疏又引鄭《駁異義》云：「以魯之郊天唯用周正建子之月，牲數有災不吉，改卜後月。」故《駁異義》引《明堂位》云：「孟春正月，乘大路，祀帝于郊。」又云：「魯用孟春建子之月，則與天子不同明矣。魯數失禮，牲故有災不吉，則改卜後月。」如鄭之言，則與《公羊》、《穀梁》博卜三正不同也。郊祀后稷，以祈農事，義皆違異。故《郊特牲》雖以子月、寅月兩解之，據此則馬昭之引《穀梁》難王肅，非矣。鄭君謂「魯郊在建子之月」與「啓蟄而郊」，然玩《曲禮》所引《左氏》説，言「卜牲與日」，則郊月不必在建子。惟子不吉，則用寅月，二卜不吉，則止。故又云「三卜亦爲非禮」也。本疏泥於傳不卜常祀之説，謂一卜亦非古義。此經古義，與《公》、《穀》博卜三正説異，亦與鄭君卜後月之説不同。如鄭君卜後月之説，則建丑之月亦得郊矣。《左傳》説主卜日，《公羊》亦説主卜日，然二傳意異。異者，《公羊》卜日不以三月爲止也，鄭君則謂兼卜日月，觀《曲禮》疏所引《箴膏肓》可知。然《冢宰》疏又引《箴膏肓》云「天子郊，以夏正上旬之日；魯之卜，三正下旬之日」，則又陰主《公》、《穀》博三正之説。其卜後月亦未定之

❶「啓」，原作「祀」，今據《禮記正義》卷二十六改。

論也。《禮運》：「魯之郊禘，非禮也。」注：「非猶失也。魯之郊，牛口傷，鼷鼠食其角，又有四卜郊不從。是周公之道衰矣，言子孫不能奉行興之。」疏謂「子孫不能承奉興行周公之道，故使郊牛有害，卜郊不從」，鄭謂「卜郊不從，爲周公道衰」，當亦《左氏》舊誼。

猶三望。**【注】**賈逵、服虔以爲：三望，分野之星，國中山、川。本疏、《穀梁》疏、《小宗伯》疏。**【疏證】**杜用賈、服說。本疏：「《楚語》云：『天子偏祀群神品物，諸侯、二王後祀天地三辰及其土地山川。』注《國語》者皆云：『諸侯、二王後祀天地三辰，日、月、星也，非二王後祀分野星辰、山川也。』」則賈注《外傳》說亦大同也。《大宗伯》疏引許氏《異義》謹案云：「《春秋》魯郊祭三望，言郊天，日、月、星、河、海、岱，凡六宗。魯下天子，不祭日、月、星，但祭其分野星、國中山川，故言三望。」許君蓋用賈氏師說也。其分野當祀何星，則未言。本疏云：「昭七年，『夏四月，甲辰朔，日有食之』。於時夏之二月，日在降婁，傳稱『去衛地如魯地』，於十二次，豕韋衛地，降婁魯地。魯祭分野之星，其祭奎婁之神也。」此是舊疏釋賈服星辰之說，惟山川則未詳。如許君《異義》說，則分野星之外，河、海、岱三者當有其二。鄭君攷許分野星山川之説無考，❶而《閟宫》箋引鄭《駁異義》云：❷「昔者楚昭王曰：『不穀不德，河非所獲罪。』言境内所不及則不祭也。魯則徐州地。《禹貢》：『海岱及淮惟徐州。』以昭王之言，魯之境内亦不及河，則所望者海也、岱也、淮也。《穀梁傳集解》亦引鄭君曰：「望者，祭山川之名也，謂海也、

❶「攷」，疑當作「駁」。

❷「箋」，當作「疏」。「駁」，原作「攷」，今據《毛詩正義》卷二十改。

岱也、淮也。非其疆界則不祭。《禹貢》曰：『海岱及淮惟徐州。』徐，魯地。」《公羊》疏：❶鄭玄以爲：「望者祭山川之名。諸侯之祭山川，在其地則祭之，非其地則不祭。且魯境不及於河，《禹貢》『海岱及淮惟徐州』，望徐即魯地。三望惟淮、海、岱也。」右三則意略同，皆主淮、海、岱爲三望，駁魯祭河之説。則許君師説三望中有河可知。賈、服言山川，則岱必其一矣。是許君説三望爲分野星也、岱也、河也。《公羊》説三望，謂大山、河、海，駁梁援鄭君説。❷則鄭説爲海、岱、淮，或出《穀梁》先師，許君所稱乃《左氏》説也。鄭君説三望既不用許説，其言四望又與先鄭異。《小宗伯》「四望四類亦如之」注：「鄭司農云：『四望，日、月、星、海。』玄謂四望，五嶽四鎮四竇。」❸疏：「按：僖三十一年『夏四月，猶三望』。服氏云：『三望，分野星，國中山川。』又上文先鄭云：『四望，日、月、星、海。』後鄭必知望祭無天神者。案：哀六年楚昭王曰：❹『三代命祀，祭不越望。江漢睢漳，楚之望也。』《爾雅》又云：『梁山，晉望。』又案：《尚書》云：『望於山川。』❺則知望祭中無天神可知。若天神日月之等，❻當入四類之內也。」據先鄭以四望爲日月星海，蓋周制如此。《郊祀志》：「莽曰：『四望，蓋謂日月星海。』」是也。其説魯之三望

❶「公羊」，疑當作「本」。
❷「梁」上，疑當有「穀」字。
❸「竇」，原爲空格，今據《周禮注疏》卷十九補。
❹「哀」，原作「襄」，今據《周禮注疏》卷十九改。
❺「於」，原作「與」，今據《周禮注疏》卷十九改。
❻「等」，原作「尊」，今據《周禮注疏》卷十九改。

義無考。

秋，七月。

冬，杞伯姬來求婦。❶ 無傳。

狄圍衛。

十有二月，衛遷於帝丘。【疏證】昭十七年傳：「衛，顓頊之虚也，故爲帝丘。」《地理志》：「衛地，營室、東壁之分野也。今之東郡及魏郡黎陽，河内之野王、朝歌，皆衛分也。衛本國爲狄所滅，文公徙封楚丘，三十餘年，子成公徙于帝丘。故《春秋傳》曰『衛䙴于帝丘』，今之濮陽是也。本顓頊之虚，故謂之帝丘。夏后之世，昆吾氏居之。」又云：「東郡濮陽，衛成公自楚丘徙此。故帝丘，顓頊虚。」《漢志》引傳「遷」作「䙴」，與二傳異，當是古文。漢人以帝丘爲濮陽，杜注遂因之。《邶風》疏引《禹貢》「兖州桑土」，❷謂「在濮水之上」，又云：「濮陽在濮水之北也。」《御覽》一百六十引注「今濮陽縣」，疑是舊注。《一統志》：「濮陽故城，本古帝丘，在大名府開州西南二十里。」

【傳】三十一年，春，「取濟西田」，分曹地也。【疏證】《魯語》「晉文公解曹地以分諸侯」，注：「解，削也。晉文公誅無禮，曹人不服，伐而執其君，削其地以分諸侯。」杜注引二十八年晉文討曹事，用《外傳》説。

使臧文仲往，宿于重館。【疏證】《魯語》注：「重，魯地。館，候館也。《周禮》：『五十里有市，市有候

---

❶「杞」，原作「紀」，今據《春秋左傳正義》卷十七改。

❷「兖」，原作「衮」，今據《毛詩正義》卷二改。

館。』」《水經注》：「菏水東逕重鄉城南，《左傳》所謂『臧文仲宿于重館』者也。」《一統志》：「重鄉在兖州魚臺縣西北十一里。」❶

重館人告曰：【疏證】《魯語》注：「人，守館之吏也。」

「晉新得諸侯，必親其共，不速行，將無及也。」【疏證】《魯語》注：「新爲伯也。」其共，杜注無説。《魯語》：「重館人告曰：『晉始伯而欲用諸侯，故解有罪之地以分諸侯。諸侯莫不望分而欲親晉，皆將争先，晉不以故班，亦必親先者，吾子不可以不速行。魯之班長而又先，諸侯其誰望之？若少安，恐無及也。』」王念孫云：「共字當是先字之誤。先字不煩音釋，故杜無注，陸亦無音。若是共字，則不得無音釋也。」壽曾曰：共、先形不相近。此共當讀如「君謂許不共」之「共」。內外《傳》字不必相合，王説非。

從之。分曹地，自洮以南，東傅于濟，盡曹地也。【疏證】洮，杜無説。《水經注》：「今甄城西南五十里有姚城，或謂之洮。」惠棟云：「甄城，漢屬濟陰。」洪亮吉云：「按《春秋》莊十八年『公追戎于濟西』，服氏注云：『濟西，曹地。』京相璠云：『濟水自鉅野至濟北。』」是魯與曹當以濟爲界，此云「東傅于濟」是也。馬宗璉云：「《水經注》：『菏水東逕重鄉城南，又東逕武棠亭，昔魯侯觀魚于棠謂此也。』是曹與魯境相接在菏、濟二水之間。❷今分曹田傅于濟，蓋過重鄉以南矣。」顧棟高云：「曹、魯分境之濟在鉅野、壽良、須昌之間。❸鉅野縣今分屬曹州府，

---

❶「兖」，原作「衮」，今據《大清一统志》卷一百八十三改。
❷「菏」，原作「荷」，今據《皇清經解》卷一千二百七十七《春秋左傳補注》改。
❸「良」，原作「張」；「須」，原爲空格，今據《春秋大事表》卷八改補。下一「須」字同。

壽良即今兖州府壽張縣，❶須昌在今泰安府東平州。今曹州府治即古曹國，與魯之東鄆、鉅野相接。所争濟西田，蓋在此。」

襄仲如晉，拜曹田也。

「夏，四月，四卜郊，不從，乃免牲」，非禮也。

「猶三望」，亦非禮也。

禮不卜常祀，【疏證】杜注：「諸侯不得郊天，魯以周公故，得用天子禮樂，故郊爲魯常祀。」杜用舊説「不卜可祀與否」義。

而卜其牲日。【疏證】《表記》：「是故不犯日月，不違卜筮。」❷注：「所不違者，日與牲尸也。」疏：「案：僖三十一年『不卜其常祀，而卜其牲日』，是有卜牲日也。」杜注：「卜牲與日。」用鄭説也。疏「卜其牲日」，則牲之與日俱卜之也。

牛卜日曰牲。【疏證】《庖人》「掌共六畜、六獸、六禽」注：「六畜，六牲也。始養之曰畜，將用之曰牲。《春秋傳》曰『卜日曰牲』。」杜注：「既得吉日，則牛改名曰牲。」用鄭説。本疏：「卜得吉日，則改牛爲牲。然則牛雖卜吉，未得稱牲。明知卜牛在卜日之前也。此言『免牲』，是已得吉日，牲既成矣。成七年『乃免牛』，是未得吉

---

❶「兖」，原作「衮」，今據《春秋大事表》卷八改。

❷「違」，原作「達」，今據《禮記正義》卷五十四改。

日，牲未成也。」

牲成而卜郊，上怠慢也。

望，郊之細也。不郊，亦無望可也。

秋，晉蒐于清原，作五軍以禦狄。【疏證】《晉語》：「以趙衰之故蒐于清原，作五軍。」注：「清原，晉地。晉本有上軍、有中軍、有下軍，今有五軍，新上下也。」杜注：「更爲上下新軍。」用韋説。《水經注》：「汾水西逕清原城北，故清陽亭也。晉侯蒐清原處。」《一統志》：「清原城在絳州稷山縣東南。峨嵋嶺在縣南四十里，亦曰晉原，亦曰清原，長五十餘里。」

趙衰爲卿。【疏證】《晉語》：「公使原季爲卿。」又云：「使趙衰將新上軍，箕鄭佐之。胥嬰將新下軍，先都佐之。」注：「原季，趙衰也。文公二年，❶爲原大夫。卿，次卿也。」《晉語》又云：「晉國飢，公問于箕鄭曰：『救饑何以？』對曰：『信。』公使爲箕。及清原之蒐，❷使佐新上軍。」注：「箕鄭，晉大夫，爲箕大夫。」《外傳》述新軍將佐，可補傳缺。《後漢書・馬融傳》：「《廣成頌》曰：『采清原，嘉岐陽。登俊英，命賢良。』」即指趙衰爲卿事。

冬，狄圍衛，衛遷於帝丘。卜曰「三百年」。【疏證】本疏：「案《史記・衛世家》及《年表》，衛從此年以後歷十九君，積四百二十年。」❸

---

❶ 「二」，原作「三」，今據《國語正義》卷十改。

❷ 「清」，原作「新」，今據《國語正義》卷十改。

❸ 「二」，《春秋左傳正義》卷十七作「三」。

衛成公夢康叔曰：「相奪予享。」【疏證】《夏本紀》：「禹生啓，啓生太康及仲康，仲康生相。」沈欽韓云：「《紀年》：『仲康七年，世子相出居商丘，依邳侯。元年戊戌，帝即位，居商丘。』《續志》注：『《帝王世紀》曰「顓頊自窮桑徙商丘」。』《括地志》以爲宋州，誤也。《寰宇記》：『濮州，顓頊遺墟，古曰帝丘，亦曰商丘。』《方輿紀要》：『舊濮陽城東有商丘，蓋帝丘之譌。』以此傳證之，知商丘即帝丘矣。相因衛處其故墟，故求食。」按：沈說是也。周禮祭人鬼曰享。《易》馬融注：「享，祭也。」

公命祀相。甯武子不可，

曰：「鬼神非其族類，不歆其祀。【疏證】《詩》毛傳：「歆，饗也。」

「杞、鄫何事？【疏證】《周語》「有夏雖衰，杞、鄫猶在」，注：「杞、鄫，二國，夏後也。」

「相之不享於此久矣，非衛之罪也。

「不可以間成王、周公之命祀，【疏證】《魯語》：「臧孫辰告糴于齊，云：『大懼殄周公、大公之命祀。』」注：「賈、唐二君云：『周公爲大宰，大公爲大師，皆掌命諸侯之國所當祀也。』或云：『命祀謂命祀二公也。』昭謂傳曰：❶『衛成公祀夏后相，甯武子曰：「不可以間成公、周公之命祀。」』如此，賈、唐得之。」此傳「命祀」，賈君注亦當謂成王、周公所命之祀也。杜注：「諸侯受命，各有常祀。」❷當是用賈說。

❶　「昭」，原爲空格，今據《國語正義》卷四改。

❷　「常」，原作「宜」，今據《春秋左傳正義》卷十七改。

「請改祀命。」【疏證】杜注：「改祀相之命。」

鄭洩駕惡公子瑕，鄭伯亦惡之，故公子瑕出奔楚。【疏證】杜注：「瑕，文公子。洩駕，亦鄭大夫。隱五年洩駕，距此九十年，疑非一人。」

【經】三十有二年，春，王正月。

夏，四月，己丑，鄭伯捷卒。無傳。【疏證】《公羊》「捷」曰「接」。洪亮吉云：「『捷』、『接』古字通。」杜注：「三同盟。」疏云：「捷以莊二十二年即位，至此，與魯十餘同盟。言三同盟者，但杜數同盟不例，若同盟多者，唯數今君，或就今君之中數其大會盟之顯著者。❶此言三同盟者，皆據王臣臨盟，則八年『盟于洮』、九年『于葵丘』、二十八年『于踐土』是也。劉炫不尋杜意而規其謬，非也。」疏未引《規過》之辭，炫義無考，似以魯、鄭不止三盟爲説。邵瑛云：「鄭文與魯十二同盟。孔疏謂『據王臣臨盟』，然與魯同盟，獨於鄭必有王臣臨盟者始合，亦不可解。」按：邵説是也。傳「同盟，赴以名」，以諸侯之身言，不計盟之多少。杜於經書諸侯之卒，必著若干同盟，亦杜之謬，今悉不取。此經有《規過》，聊一出之。《年表》：「鄭文公四十五年，薨。」

衛人侵狄。

---

❶「中」，原脱，今據《春秋左傳正義》卷十七補。

秋，衛人及狄盟。【疏證】杜注：「不地者，就狄廬帳盟。」❶沈欽韓云：「按：狄既處中國，自有土地，其所攜㲖幕能虛空安置乎？❷不地者，史偶失之。」

冬，十有二月，己卯，晉侯重耳卒。【疏證】《年表》：「晉文公九年，薨。」

【傳】三十二年，**春，楚鬭章請平于晉，晉陽處父報之。晉楚始通。【疏證】**《晉語》注：「陽處父，晉大夫陽子也。」杜用韋説。江永云：「《一統志》：『山西太原府太谷縣東十五里有故陽城，漢爲陽邑縣，晉大夫陽處父邑。』今考文六年云『陽處父至自温』，成十一年云『温邑狐氏、陽氏先處之』，則處父食邑，先在陽，後在温歟？」

夏，狄有亂。衛人侵狄，狄請平焉。

秋，衛人及狄盟。

冬，晉文公卒。

庚辰，將殯於曲沃，【注】鄭玄云：「就宗廟，晉宗廟在曲沃，故曰『曲沃，君之宗也』。」《喪祝》疏。

【疏證】《説文》：「殯，死在棺，將遷葬柩，賓遇之。從歺從賓，賓亦聲。」杜注：「殯，窆棺也。」《釋文》：「窆，一本作塗。」《校勘記》云：「按『塗』字是也。殯用塗，不可云窆，葬乃云窆。」沈欽韓云：「按：窆是葬下棺之名，殯則菆

---

❶「帳」，原作「懷」，今據《春秋左傳正義》卷十七改。

❷「攜㲖」，原爲空格，今據《春秋左氏傳補注》卷四補。

塗西階。《釋文》是。」按：阮、沈説是也。疏引《鄉師》「及窆，❶執斧以莅匠師」，昭十二傳「日中而窆」，則孔氏所見杜注作「窆」。疏亦知「殯」不可訓「窆」，乃云：「殯則攢置於西序，亦是下棺於地，故殯爲窆棺。」非也。《喪祝》「及朝，御匶，乃奠」，注：「鄭司農云：『朝謂將葬，朝于祖考之廟而後行，則喪祝爲御柩也。《春秋傳》曰：『凡夫人不殯于廟，不祔于姑，則弗致也。』『晉文公卒，將殯於曲沃』，就宗廟。晉宗廟在曲沃，故曰『曲沃，君之宗也』。」疏：「此《左氏》僖公三十二年：『晉文公卒，庚辰，將殯于曲沃。』『就宗廟』以下，鄭君解義語。晉宗廟在曲沃者，晉承桓叔之後，桓叔本在曲沃，而晉宗廟在曲沃。按趙商問：『周朝而遂葬，則是殯于宫，葬乃朝廟。❷按《春秋》「晉文公卒，殯於曲沃」，是爲去絳就祖殯，與《禮記》義異，未通其説。』答曰：『葬乃朝廟，當周之正禮也。其末世諸侯國，何能同也？傳合不合，當解傳耳，不得難經。』何者？《既夕》『將葬，遷于祖，用軸』。《既夕》是周公正經，朝廟乃葬，故云『不得難經』。孔子發凡，言不薨于寢，不殯于廟，不祔于姑，則不致。明正禮約殯于廟，發凡則是關異代。何者？孔子作《春秋》，以通三王之禮。❸先鄭引之者，欲見春秋之世，諸侯殯于廟，亦當朝廟乃殯。」據此則先鄭説殯于曲沃，以曲沃有宗廟故。杜注「曲沃有舊宫」，正用先、後鄭説也。今取後鄭之説補先鄭之義。如《鄭志》説，則春秋時「殯于廟」違于周「葬乃朝廟」之禮矣。「何者」以下乃《禮》疏申後鄭之詞。其謂「朝廟乃殯」，於先、後鄭義皆未達，先、後鄭皆謂殯於廟耳。沈欽韓云：「禮，殯于路寢而葬時朝廟。曲沃，宗廟所在。

❶「鄉」，原作「卿」，今據《春秋左傳正義》卷十七改。
❷「廟」，原脱，今據《周禮注疏》卷二十六補。
❸「通」，原爲空格，今據《周禮注疏》卷二十六補。

就彼殯之，❶以便朝廟。」謂殯以便朝廟，得鄭義矣。《元和志》：「晉文公墓在絳州絳縣東二十里。」

出絳，柩有聲如牛。【疏證】《曲禮》：「在棺曰柩。」《廣雅》：「柩，棺也。」如牛呴聲，《五行志》引此傳云：「劉向以爲近鼓妖也。喪，凶事。聲如牛，怒象也。將有急怒之謀，以生兵革之禍。是時，秦穆公遣兵襲鄭而不假道，還，晉大夫先軫謂襄公曰：『秦師過不假途，請擊之。』遂要諸阨，㠯敗秦師，❷匹馬觭輪無反者，操之急矣。晉不惟舊，而聽虐謀，姑怨彊國，四被秦寇，禍流數世，凶惡之效也。」文淇案：劉向雖習《穀梁》，其解「柩有聲如牛」，亦必《左氏》舊説也。

卜偃使大夫拜，曰：「君命大事，將有西師過軼我，擊之，必大捷焉。」【疏證】高誘《淮南》注：「自後過前曰軼。」杜注：「卜偃聞秦密謀，故因柩聲以正衆心。」

杞子自鄭使告于秦，【疏證】杜注：「三十年，秦使大夫杞子戍鄭。」洪亮吉云：「《高士傳》作『祀子』，蓋字近而誤。」文淇案：《晉世家》：「是歲，鄭伯亦卒。鄭人或賣其國於秦。」不云「杞子」。《鄭世家》賣鄭者乃司城繒賀，亦與此傳異。

曰：「鄭人使我掌其北門之管，【疏證】《檀弓》「所舉于晉國管庫之士」注：「管，鍵也。」疏：「案：《月令》注：『管籥，搏鍵器。』鍵謂鎖之入內者，俗謂之鎖須。管，夾取鍵，今謂之鑰匙。則是管、鍵爲別物，而云『管鍵』

❶ 「彼」，原作「使」，今據《春秋左氏傳補注》卷四改。
❷ 「敗」，原作「故」，今據《漢書・五行志》改。

者，對則細别，散乃大同，故云『管鍵』。」案：《淮南·氾論訓》高注：「管，壯鑰也。」❶與鄭君《月令》注合。杜注：「管，籥也。」用鄭説。

「若潛師以來，國可得也。」

穆公訪諸蹇叔，蹇叔曰：「勞師以襲遠，非所聞也。【疏證】杜注：「蹇叔，秦大夫。」《李斯傳》正義引《括地志》：「蹇叔，歧州人也。」洪亮吉云：「《史記·秦本紀》曰：『穆公問蹇叔、百里奚。』《史記·列傳》蹇叔語皆作『二老曰』。《公》、《穀》皆作『百里子、蹇叔子』。」史公用《公》、《穀》説，故與傳違。《吕覽·悔過》篇：「秦穆興師以襲鄭，蹇叔諫曰：『不可。臣聞之，襲國邑，以車不過百里，以人不過三十里。』」注：「軍行三十里一舍。」《吕覽》亦稱蹇叔語。百里、三十里，□襲兵不宜遠也。

「師勞力竭，遠主備之，無乃不可乎！師之所爲，❷鄭必知之。勤而無所，必有悖心。【疏證】顧炎武云：「言師勞力竭而無所用，則所經之國必有背距之心。解云『將害良善』，未當。」案：杜注「害良善」，固不合傳意。顧謂所經國背距，則傳已云遠主備之矣，悖心似不屬他國言。沈欽韓云：「若出師時示以所爲之事，則鄭亦自有間諜傳告。患其漏洩，勞師于不知所往，則軍士必將怨潰。」朱駿聲云：「所，處也。言若令我師知之，則鄭亦必知；❸若不令我師知之，則勞師而不知其處，士卒必有悖心。故下文云：『且行千里，其誰不知？』謂我

---

❶「壯」，原漫漶不清，今據《淮南鴻烈解》卷十三補。「鑰」，《淮南鴻烈解》卷十三作「籥」。

❷「之」，原作「知」，今據《春秋左傳正義》卷十七改。

❸「鄭」，原作「師」，今據《春秋左傳識小録》卷上改。

師與鄭實則斷無不知也。」沈、朱以悖心屬士卒，並得之。《秦本紀》約傳文云：「徑數國千里而襲人，希有得利者。且人賣鄭，庸知我國不有以我情告鄭者乎？」❶是鄭必知之，不作間諜解。❷沈謂鄭亦自有間諜，非。

「且行千里，其誰不知？」【疏證】杜無注。沈欽韓云：「出師千里，必有爭鬬。所過之處，大國不敢犯，小國不足貪，則鄭亦自知敵意在我也。《元和志》：『鳳翔府東至東都一千一百七十里，❸東都東至鄭州二百八十里。』」

公辭焉。【疏證】《秦本紀》：「繆公曰：『子不知也，吾已決矣。』」《晉世家》：「秦繆公發兵往襲鄭。」

召孟明、西乞、白乙，使出師於東門之外。【疏證】杜注：「孟明，百里孟明視。西乞，西乞術。白乙，白乙丙。」沈欽韓云：「《呂覽·先識》篇：『蹇叔有子曰申與視，❹與師偕行。』高誘曰：『申，白乙丙也。視，孟明視也。』按：《公》、《穀》皆云百里奚與蹇叔哭其子，然則孟明視爲百里奚子。」沈以杜注「百里孟明」爲是也。《呂覽》注説與傳不合，詳下引洪氏説。本疏：「《譜》云：『或以爲西乞術、白乙丙爲蹇叔子。』案：傳稱『蹇叔之子與師』，言其在師中而已。若是西乞、白乙，則爲將帥，不得云『與』也。或説必妄記異聞耳。」按：疏引《譜》乃杜氏《氏族譜》語，❺杜蓋從其説。疏以注所未采駁之，非。或説可證《呂覽》注之誤，當是舊注文也。《秦本紀》：「遂

---

❶「國」下，《史記·秦本紀》有「人」字。

❷「間」，原作「問」，今據上文改。下一「間」字同。

❸「七十」，原脱，今據《春秋左氏傳補注》卷四補。

❹「與」，原爲空格，今據《春秋左氏傳補注》卷四補。

❺「氏」，當作「世」。

發兵，使百里傒子孟明視、蹇叔子西乞術及白乙丙將兵。」杜注及或説所本也。

蹇叔哭之，曰：「孟子，吾見師之出，而不見其入也！」【疏證】唐石經初刻「孟子」作「孟兮」。《釋文》作「孟子」，云：「本或作『孟兮』。」《校勘記》引臧琳云：「按：作兮爲勝，兮者，語所稽也。子者，男子之美稱。蹇叔此語有傷痛之聲，不必以美稱加諸其子也。」臧釋孟兮義，是以孟明爲蹇叔子，則用《吕覽》説。洪亮吉云：「《吕覽》以孟明視爲蹇叔子。今蹇叔哭孟子之後，始云其子與師，哭而送之。且稱爲孟子，明視非蹇叔子可知。《史記》以蹇叔子爲西乞、白乙，正義非之。今考三帥同出，蹇叔先哭孟子，不及二人。次乃云『蹇叔之子與師，哭而送之』，則西乞、白乙或即爲蹇叔子。以其爲子，故哭有次第。又改稱『爾』，文法甚明。至變文言『蹇叔之子』，乃行文互見之法。正義譏之，非也。」

公使謂之曰：「爾何知？中壽，爾墓之木拱矣！」【疏證】壽，三體石經作「耇」。中壽，杜無注。疏云：「上壽百二十歲，中壽百，下壽八十。」洪亮吉云：「非也。攷李善《文選》注引《養生經》：『黄帝曰：中壽百年。』又《莊子·盜跖》篇『中壽八十』，《吕覽·安死》篇『中壽不過六十』，《淮南·原道訓》『凡人中壽七十歲。』此云『中壽』，亦當在八十以下、六十以上也。」按：洪説是也。《周語》：「王曰：『爾老耄矣。』」注：「八十曰耄。耄，昏惑也。」襄三十一年傳「諄諄然若八九十者」，❶古人狀老之詞不云百年也。《小爾雅》：「兩手持爲拱。」《晉·載記·封孚傳》：「孚曰：『行年七十，墓木已拱，唯求死所耳。』」孚七十而云墓木已拱，則中壽是七八十人也。《宋

---

❶「襄三十一」，原爲二空格，今據《春秋左傳正義》卷四十補。

書・張茂度傳》：「述其謝罪太祖曰：『臣若不遭陛下之明，墓木拱矣。』」則以墓木拱爲死亡别一説。

蹇叔之子與師，哭而送之，曰：

「晉人禦師必於殽。【疏證】《釋文》：「殽，本又作崤。」《校勘記》云：「李注《西都賦》引傳作『崤有二陵』。」《後漢書・龐參傳》云：「孟明視喪師於崤。」則殽、崤異文。《吕覽・悔過》篇：「晉若遏師，必於殽。」注：「殽，澠池縣西崤塞是也。」《淮南子・墬形訓》「澠阸」、「殽阪」，❶爲「九塞」之二，注：「殽阪，弘農郡澠池殽欽吟是也。」《晉語》注：❷「殽，晉地，在今弘農。」與《吕覽》、《淮南》注合。❸《郡國志》：「弘農郡澠池有二崤，新安澗水出。」

「殽有二陵焉：【疏證】《釋地》：「大阜曰陵。」《風俗通・山澤》篇：「殽在弘農澠池縣，其語曰：❹『東殽、西殽，澠池所高。』陵有天生自然者，今王公墳壟各稱陵也。」本疏：「殽是山名，俗呼土崤、石崤。❺其阸道在兩殽之間。」《大司徒》：「辨其山林川澤丘陵墳衍原隰之名物。」疏：「『土高曰丘，大阜曰陵』，陵與丘高下異稱，皆無石者。其有石者亦曰陵，故《左氏》僖三十二年云『殽有二陵』。南陵，夏后皋之墓，其北陵文王之所避風雨，是有石

---

❶「墬」，原作「墜」，今據《淮南鴻烈解》卷四改。
❷「晉」，當作「周」。
❸「覽」，原脱，今據上文補。
❹「語」，原爲空格，今據《左通補釋》卷八補。
❺「呼」，原作「乎」，今據《春秋左傳正義》卷十七改。

者也。」彼疏稱二陵有石，當亦舊説。《水經・河水》注：「石崤山有二陵。」《元和志》：「二崤山，又名嶔崟山，❶在河南府永甯縣北二十八里。自東崤至西崤三十五里。東崤長阪數里，峻峰絶澗，車不得方軌。西崤全是石坂，十二里，險絶不異東崤。」《明統志》：「在永甯縣北六十里。」則二陵爲石山審矣。

「其南陵，夏后皐之墓也；【疏證】南陵，西崤也。洪亮吉云：「《史記・夏本紀》：『孔甲崩，子帝皐立。』《竹書紀年》作『帝昊』。沈約注：『昊，亦作皐。』」

「其北陵，文王之所辟風雨也。【疏證】杜注：「南谷中谷深委曲，兩山相嶔，❷故可以辟風雨。古道由此，魏武帝西討巴漢，❸惡其險，而更開北山高道。」《通典》：「文王避風雨處即東崤山，在夏后皐墓北十里許。漢時移道于嶺崟山南，在夏后墓南可五里。曹操更開北道，即復春秋時舊路也。」顧棟高云：「春秋時秦師伐晉之道在南，故杜氏曰『南谷』。」則杜注當言北谷。如通典□，則北陵即東崤也。杜注言南谷，與北陵不合，乃合傳紀，南北不當以秦師所由定之。

「必死是間，子收爾骨焉。」秦師遂東。

【經】三十三年，春，王二月，秦人入滑。

❶「嶔」，原作「嶺」，今據《元和郡縣志》卷六改。
❷「嶔」，原作「嶺」，今據《春秋左傳正義》卷十七改。
❸「巴」，原爲空格，今據《春秋左傳正義》卷十七補。

齊侯使國歸父來聘。

夏，四月，辛巳，晉人及姜戎敗秦師于殽。【疏證】《公羊》無「師」。《穀梁》初刊本亦無「師」。杜注：「晉侯諱背喪用兵，❶故通以賤者告。」惠棟云：「君帥師而以賤者告，無是理也。」沈欽韓云：「按：當從貶稱人之例，但《公》、《穀》之説未善耳。高氏曰：『秦興兵加中國，直書「敗秦」，所以惡秦。然晉背殯興師，結怨召寇，故貶稱人。』」案：沈既以《公》、《穀》説爲善，所引高氏説「背殯興師」，即《公羊》「君在乎殯而用師」、《穀梁》「釋殯而主乎戰也」，似非《左氏》義。《聘禮》「若過邦至于境，❷使次介假道」，注：「至境而假道，諸侯以國爲家，不敢直徑也。」疏：「案《左氏傳》僖三十三年，秦師襲鄭，不假道于晉，爲晉所敗。是其不假道，直徑過。」《秦誓》疏云：「禮，征伐朝聘，過人之國，必遣師假道。晉以秦不假道，故伐之。」兩疏皆謂晉之敗秦，由不假道。可證史公所采爲《左氏》古義，經於晉或無貶詞。《秦本紀》：「穆公三十三年，❸秦兵遂東，更晉地。」《晉世家》：「文公九年冬，文公卒。是歲，秦繆公發兵往襲鄭。❹十二月，秦兵過我郊。」則晉伐鄭未假道於晉也，❺其書晉人之義，則無考也。

---

❶「諱」，原脱，今據《春秋左傳正義》卷十七補。

❷「過」，原爲空格；「邦」原作「即」，今據《儀禮注疏》卷十九補改。

❸下「三」，原作「二」，今據《史記・秦本紀》改。

❹「公」，原脱，今據《史記・晉世家》補。

❺上「晉」，當作「秦」。

人，❶按杜注云：「不同陳，故言及。」顧炎武云：「及者，殊夷狄之辭。」襄十四年傳：「戎子駒支曰：『謂我諸戎，四嶽之裔胄。』」故杜注「姜戎」爲姜姓之戎。《年表》：「晉襄公驩元年，破秦于殽。秦穆公三十三年，襲鄭，晉敗我于殽。」❷

癸巳，葬晉文公。

狄侵齊。【疏證】《年表》：「齊昭公六年，狄侵我。」

公伐邾，取訾婁。【疏證】《公羊》「邾」曰「邾婁」，「訾婁」曰「叢」。《穀梁》「婁」曰「樓」。《公羊》釋文：「二傳作『訾樓』。」則《左氏》亦作「訾樓」。

秋，公子遂帥師伐邾。【疏證】《公羊》「邾」曰「邾婁」。

晉人敗狄于箕。【疏證】杜注：「郤缺稱『人』，未爲卿。」疏引劉炫云：「案傳晉侯親師，先軫死敵，則將帥非郤缺也。稱『人』者，晉諱，以微者告。」沈欽韓云：「按：稱人不因郤缺，劉規之是也。然敗狄何所用其諱？《春秋》亦不必用其貶，自是史文缺也。」《郡國志》：「太原郡陽邑有箕城。」《水經注》引京相璠云：「箕城在陽邑南，水北即陽邑縣故城也。」《一統志》：「箕城在太原府大谷縣東二十里。」❸江永云：「今按：此年狄伐晉，白狄也。白狄在西河，渡河而伐晉，箕地當近河。成十三年傳云：『秦入我河縣，焚我箕、郜。』是近河有箕。今山西隰州蒲縣，本漢河東郡蒲子縣地，東北有箕城，隨初移治此，後改蒲縣，唐移今治，而箕城在縣東北。晉人敗狄于

---

❶「人」，疑當作「及」。

❷「敗」，原作「拜」，今據《史記·十二諸侯年表》改。

❸「二十」，《大清一統志》卷一百三十六作「三十五」。

箕，當在此。若太谷之箕，去白狄遠，别是一地。」按：江説是也。

冬，十月，公如齊。

十有二月，公至自齊。

乙巳，公薨于小寢。【注】賈氏云：「月者，爲公薨。不憂隕霜，李梅實也。」《釋例》。**【疏證】**杜注：「小寢，内寢也。乙巳，十一月十二日，經書十二月，誤。」此下有「隕霜不殺草」、「李梅實」二事。嚴蔚云：「杜云：『四事皆當共繫十二月，賈氏唯以二事繫月。此亂注記，詭惑後世。』誠是言也。❶且賈氏注本杜未知見，況杜于此注云：『乙巳，十一月十二日，經書十二月，誤。』或『公如齊』與『公至自齊』連牘，如莊二十三年經書『夏，公如齊觀社』，下即書『公至自齊』，而『伐許』繫于十二月亦未可知。若離經解説，景伯斷無此誤。」案：嚴氏所引杜説乃《釋例》之詞。李貽德云：「案：十二公之薨，經無不繫月。至自及災異，或繫時不繫月。此十二月本爲公薨，而繫以『至自』在前，則併書之。『隕霜不殺草，李梅實』，異而不災，無足憂者，❷不因是而繫月。」按：李説是也。賈意隕霜、李梅實於例當繫於冬，其日之，則以公薨爲重。故退隕霜、李梅實於後也。故杜謂賈惟以二事繫月，伐許不在杜數四事之中，嚴氏未達賈義。

隕霜不殺草，【注】劉歆以爲草妖也。《五行志》。**【疏證】**《五行志》引此經繫于十二月，則劉歆本正同，

---

❶「誠」，原作「試」，今據《春秋内傳古注輯存》卷中改。

❷「足」，原作「是」，今據《春秋左氏傳賈服註輯述》卷七改。

亦可證杜十一月之謬矣。歆於此經不言徵驗。《韓子·内儲》：「魯哀公問于仲尼曰：『《春秋》之記曰「冬十二月，霣霜不殺菽」，何爲記此？』仲尼對曰：『此言可以殺而不殺也。夫宜殺而不殺，桃李冬實，天失道，草木猶犯干之，而况于人君乎？』」此當是《左氏》古義。《公》、《穀》之義皆主臣干政，與《左氏》異也。顧炎武云：「九月、十月之交，草木黄落之日，而隕霜不殺草，李梅實，此《洪範》所謂恒燠也。解曰：『霜當微而重，重而不能殺草。』非。」按。

李梅實。【注】劉歆以爲屬草妖。《五行志》。【疏證】劉歆未言徵驗。

晉人、陳人、鄭人伐許。

【傳】三十三年，春，秦師過周北門，左右免冑而下。超乘者三百乘。【疏證】江永云：「門名乾祭，見昭二十四年。」《周語》注：「周北門，王城門也。❶兵車驂乘，御在中央，故左右下也。冑，兜鍪也。免，脱也。脱冑而下，敬天王也。」杜注略同韋説。惟云：「兵車非大將，御者在中。」按《檀弓》注：「兵車参乘，射在左，戈盾在右，御在中央。」韋蓋本鄭説。彼疏云：「若非兵車参乘，則尊者在左，故《曲禮》：『乘君之乘車，不敢曠左。』又《月令》載耒耜於御與車右之間，❷君在左也。案宣十二年《左傳》樂伯云『左射以菆』，是射者在左；攝叔云『右入壘，折馘執俘而還』，是戈盾勇力在右，自然御者中央。此謂凡常戰士也。若元帥，則在中央鼓下。」《禮》疏言兵車左右，可證此傳義。《閟宫》箋亦云：❸「兵車之法，左人持弓，右人持矛，中人御車。」與《禮》注同。《吕覽·悔

❶「城」下，《國語正義》卷二有「北」字。
❷「與」，原爲空格，今據《禮記正義》卷十補。
❸「閟宫」，原爲空格，今據《毛詩正義》卷二十補。

過》篇：「秦師行過周，王孫滿要門而窺之，曰：『過天子之城，宜櫜甲束兵，左右皆下，以爲天子禮。今袀服回建，❶左不軾，而右之超乘者五百乘，力則多矣，然而寡禮，安得無疵？』」注：「回建者，兵車四乘也。左，君位也。君不載而車右之不軾。超乘，巨踊車上也。不下車爲大子禮，故曰力多而寡禮。」畢說云：「『君不載』以下，字多訛，竊疑『右之超乘者五百乘』本連下爲句，高氏誤分之。時秦伯不自行，亦不當言『左，君位也』，蓋將在左，御居中。御主車，不可下。今左并不軾，右既下，後超乘以上，與《左氏傳》微異。注『巨踊』之巨當從《左傳》『距躍曲踊』之距，車中如何跳踊？《左傳》所載『左右免胄而下』爲是。既下而即跳躍以上車，示其有勇。」按：畢說是也。《呂覽》「左不軾，右超乘」，乃采異說，非本《左氏》。「巨踊」與「距踊」字或通矣。《周語》注亦云：「超乘，跳躍而上車。」《晉世家》：「襄公元年春，秦師過周，無禮，王孫滿譏之。」

王孫滿尚幼，觀之，【疏證】《呂覽·悔過》篇高注：「王孫滿，周大夫。」《周語》注：「滿，周大夫王孫滿之名。」

言於王曰：「秦師輕而無禮，必敗。【注】服云：「無禮，謂過天子門不櫜甲束兵，而但免胄。」本疏。【疏證】杜用服說。又云：「超乘示勇。」或亦用服說。《周語》「師輕而驕」注：「輕，謂超乘也。」服注「櫜甲束兵」與《呂覽》同。疏亦引《呂覽》，謂：「古有此禮，或出《司馬兵法》。其書既亡，未見其本。」按：服注說兵制，間引《司馬法》，疏說是也。《彤弓》傳：「櫜，韜也。」《說文》：「束，縛也。」

❶「回」，原作「四」，今據《呂氏春秋》卷十六改。下一「回」字同。

「輕則寡謀，無禮則脱。【疏證】沈欽韓云：「『脱』當爲『侻』，《淮南・本經訓》『其行侻而順』，❶注：『侻，簡易也。』《晏子・内篇》：『其動作侻順而不逆。』《魏志・王粲傳》：『體弱通侻。』裴松之曰：『通侻者，簡易也。』『脱』乃『侻』之借。《史記・禮書》：『凡禮，始乎脱。』《荀子・禮論》又訛爲『棁』。」按：沈説非也。《小記》：「生不及祖父母、諸父、昆弟，而父税喪，己則否。」注：「税，讀如『無禮則税』之税。税喪者，喪與服不相當之言。」疏云：「《左傳》僖三十三年，王孫滿曰：『輕則寡謀，無禮則脱。』今讀從之也。」是古本此傳作「無禮則税」。彼疏引傳，則誤從今本作「脱」矣。税亦脱意，謂與禮不相傳著耳。《周語》注：「脱，簡脱也，謂不敦旅整陣。」杜注：「脱，易也。」亦用韋説。

「入險而脱，又不能謀，能無敗乎？」【疏證】《周語》注：「險，謂殽地。」

及滑，鄭商人弦高將市於周，遇之。以乘韋先牛十二犒師，【疏證】《太宰》「六曰商賈」注：「行曰商，處曰賈。」傳謂「將市於周」，則商人爲行者審矣。杜注：「商，行賈也。」乃互言之。又云：「乘，四。韋先，韋乃入牛。」沈欽韓云：「乘韋，猶《聘禮》之乘皮也。」杜未釋「犒」字。《牛人》：「軍事，共其犒牛。」注：「鄭司農云：『犒師之牛。』」疏謂：「將帥在軍枯槁之賜牛，謂之槁牛也。《左傳》『以乘韋先牛十二犒師』，雖非己之軍師，亦是犒師之牛，故引以爲證也。」二十四年「展喜犒師」，❷服注云：「以師枯槁，故饋之飲食。」先鄭説傳之「犒師」義同於服。

❶「行」，原作「引」，今據《春秋左氏傳補注》卷四改。

❷「四」，當作「六」。

《淮南子・氾論訓》：❶「鄭賈人弦高將西販牛，道遇秦師于周、鄭之間。乃矯鄭伯之命，犒以十二牛。」注：「牛羊曰犒，共其枯槁也。」與先鄭説同。傳之「犒」字，如服及先鄭説，皆當作「槁」。洪亮吉謂「古無『犒』字」是也。又謂「《廣雅》之『犒』從此傳生義」，則非。《秦本紀》：「兵至滑，販賣賈人弦高持十二牛將賣之周，見秦兵，恐死虜，因獻其牛。」《鄭世家》：「繆公元年春，秦繆公使三將將兵，❷欲襲鄭。至滑，逢鄭賈人弦高，詐以十二牛勞軍。」《年表》：「鄭繆公元年，秦襲我，弦高詐之。」

曰：「寡君聞吾子將步師出於敝邑，敢犒從者。不腆敝邑，爲從者之淹，居則具一日之積，行則備一夕之衛。」【疏證】《方言》：「腆，厚也。」《釋詁》：❸「淹，久也。」杜注：「積，芻米菜薪。」按：《掌客》作「米禾芻薪」，則杜注□或有誤。《秦本紀》：「弦高曰：『聞大國將誅鄭，謹修守禦備，使臣以牛十二勞軍士。』」

且使遽告於鄭。【疏證】《釋言》：「遽，傳也。」杜注：「遽，傳車。」沈欽韓云：「《管子・大匡》篇『三十里置遽委』注：『今之郵驛也。』《續輿服志》：『驛馬三十里一置。』《呂覽・悔過》篇『遽使奚施歸告』，❹《淮南・人間訓》作『蹇他』，❺注云『弦高之黨』。」

---

❶「氾」，原爲空格，今據《淮南鴻烈解》卷十三補。

❷「秦」，原作「晉」，今據《史記・鄭世家》改。

❸「詁」，原爲空格，今據《爾雅》卷上補。

❹「奚」，原爲空格；「施」，原作「馳」，今據《春秋左氏傳補注》卷四補改。

❺「間」，原作「問」，今據《春秋左氏傳補注》卷四改。

鄭穆公使視客館，【疏證】二十年傳：「秦伯使杞子、逢孫、楊孫戍之。」杜注：「視秦三大夫之舍。」

則束載、厲兵、秣馬矣。【疏證】束載，謂縛物於車也。《吕覽・音律》篇注：「厲利其兵。」《説文》：「秣，食馬穀也。」《釋文》：「穀馬也。」

使皇武子辭焉，曰：「吾子淹久於敝邑，唯是脯資餼牽竭矣。【注】服云：「腥曰餼。」《聘禮》疏。舊注：「餼，死牢。牽，生牢。」《掌客》疏。【疏證】杜注：「資，糧也。」沈欽韓云：「『脯資』當爲『斧資』，《旅》：『九四，旅于處，得其資斧。』《九家易》曰：『資，財也。』王弼曰：『斧，所以斫除荆棘，以安其舍者也。』故以此爲客館所須。下言餼牽，此不當言脯也。」按：沈説是也。《聘禮》「餼之以其禮」注：「凡賜人以牲，生曰餼。」疏：「《春秋傳》云『餼臧石牛』，服氏亦云『生牲』，是凡牲生曰餼。《春秋傳》僖三十三年，鄭皇武子云『餼牽竭矣』，服氏以爲『腥曰餼』，以其對牽，故以餼爲腥。」是服釋□□□傳之「餼」，❶以爲生牲，與此傳注異也。杜注「生曰餼」，乃不達此傳服義，而妄易之。知者，《聘義》「致饔餼」疏：「《聘禮》注：『牲，殺曰饔，生曰餼。』按《聘禮》餼既爲生，而《左傳》僖三十三年云：『餼牽竭矣。』服虔云『死曰餼』者，以餼與牽相對，牽既爲生，餼則爲死。故《瓠葉》篇『牲牢饔餼』鄭注云：『腥曰餼。』以牲牢、饔餼相對，以牲牢既爲生，❷饔，又爲熟，故以餼爲腥也。」玩彼疏説，□服注「腥曰餼」，别作「死曰餼」，其下句當云「生曰牽」，疏引文不具。《漢廣》釋文：「牲腥曰餼。」服注文異而意同。其□□

❶ 「□□□」，疑當作「哀二十四年」。

❷ 「既」，原作「改」，今據《禮記正義》卷六十三改。

年傳服又訓「餼」爲「生牲」者，❶生乃對烹熟言之，與鄭君《聘禮》注「生曰餼」又異，杜改不達服義，於「餼」用鄭君説，而訓「牽」爲牛羊豕。本疏云：「餼是未殺。」則餼、牽無别矣。《聘禮》之「饔餼」，如鄭君説，則謂此傳之「餼牽」。故《禮》疏謂牲牢、饔餼對文，訓隨文變，杜氏所不知也。《掌客》「皆眡飱牽」注：❷「鄭司農説牽云：『牲可牽行者也。故《春秋傳》曰：「餼牽竭矣。」』」疏：「僖三十三年傳注：『餼死牢，牽生牢。』」先鄭説《掌客》之牽，即引此傳。則彼疏所引注，或即先鄭此傳注也。《宰夫》：「掌其牢禮、委積、膳獻、飲食、賓賜之飱牽。」注：「鄭司農云：『牽，牲牢可牽行者。』」

「爲吾子之將行也，

「鄭之有原圃，猶秦之有具囿也。【疏證】《車攻》「東有甫草」，❸箋：「鄭有圃田。」《地理志》：「河南郡中牟，圃田澤在西，豫州藪。」《水經注》：「濟水又東逕原武故城南，《春秋》之原圃也。」又云「圃田澤西限長城，❹東極官渡，北佩渠水，東西四十許里，南北二百許里」，則魏以前之圃田當横跨數縣之地。《漢志》舉中牟，亦就瀦水多處言之。《元和志》：「圃田澤，一名原圃，在鄭州中牟縣西北七里。其澤東西五十里，南北二十六里。」中牟縣今屬開封府，則圃田即原圃也。具圃，地志多未明所在。杜注：「原圃、具囿，皆囿名。」本疏遂謂以地爲囿，《校

❶「□□」，疑當作「哀二十四」。
❷「眡」，原爲空格；「飱」，原作「牲」，今據《周禮正義》卷三十八補改。
❸「攻」，原爲空格；「草」，原脱，今據《毛詩正義》卷十補。
❹「長」，原爲空格，今據《水經注箋》卷二十二補。

勘記》謂「具囿」，具囿十□本初刻作「具圃」，《初學記》諸書並作「圃」。然玩杜注，則晉時本已作「具囿」，承□久矣。《淮南子·墬形訓》説九藪，有「秦之陽紆、鄭之圃田」，❶注：「陽紆蓋在馮翊池陽，一名具圃。圃田在今河南中牟。傳曰：『鄭有原圃，猶秦之有具圃也。』」高誘説原圃所在，與《漢志》、《元和志》合。洪亮吉云：「《爾雅》：『十藪：秦有陽陓。』郭璞注：『在扶風汧縣西。』攷《地理志》：『扶風汧，吴山在西，古文以爲汧山。雍州山。北有蒲谷鄉弦中谷。』❷以地形按之，是周之焦護，即秦之楊紆，❸前後異名耳。池陽縣，漢屬馮翊，晉初屬扶風，❹故郭注與高注異也。《淮南》藪止有九，無周之焦護。《周禮》雍州澤藪曰弦蒲，❺亦即此楊陓。陓、蒲、紆、瓠，❻音並同。」按：洪説是也。《吕覽·有始覽》九藪，❼陽陓作陽華，❽注：「陽華在鳳翔。或曰在華陰西。」華、陓音亦同。沈欽韓亦謂具囿、陽紆、弦蒲爲一澤，❾而主在鳳翔之説，謂高誘注「池陽」爲誤。按：池陽在今西安府涇陽

❶「紆」，原爲空格，今據《淮南鴻烈解》卷四補。下一「紆」字同。
❷「鄉」，原作「卿」，今據《春秋左傳詁》卷八改。
❸「紆」，原爲空格，今據《春秋左傳詁》卷八補。
❹「初」，原作「鄭」，今據《春秋左傳詁》卷八改。
❺「弦」，原爲空格，今據《春秋左傳詁》卷八補。
❻「陓」，原爲空格，今據《春秋左傳詁》卷八補。
❼「有始」，原作「始有」，今據《吕氏春秋》卷十三改。
❽「陓」，原爲空格，今據上下文補。
❾「紆」，原爲空格；「蒲」，原作「滑」，今據《春秋左氏傳地名補注》卷四補改。

縣西北二里，傳以原圃例具圃，則具圃之占地亦廣。鳳翔、涇陽相距二百餘里，鳳翔其原，涇陽其委耳。在謂在華陰，❶則非。《方輿紀要》：「弦蒲藪在鳳翔府隴州西四十里。」❷

「吾子取其麋鹿，以間敝邑，若何？」【疏證】杜注：「使秦戍自取麋鹿，以爲行資，以間敝邑，若何？」

杞子奔齊，逢孫、楊孫奔宋。

孟明曰：「鄭有備矣，不可冀也。攻之不克，❸圍之不繼，吾其還也。」滅滑而還。【疏證】《秦本紀》：「秦三將軍相謂曰：『將襲鄭，鄭已覺之，往無及已。』滅滑。滑，晉之邊邑也。」《淮南·氾論訓》述弦高事，❹云「賓秦師而却之，以存鄭國」，此傳□弦高之功也。

齊國莊子來聘，自郊勞至于贈賄，禮成而加之以敏。【疏證】《聘禮》：「賓至于近郊，張旜。君使下大夫請行，❺反，君使卿朝服，用束帛勞。」又云：「賓遂行，❻舍于郊。公使卿贈，如覿幣，受于舍門外，如受勞禮。大夫親贈，如其面幣。士送至于境。」傳蓋舉《聘禮》之始終言之。國子，齊卿，則郊勞、贈賄皆魯卿行也。杜注：

---

❶「在」，疑當作「若」。

❷「弦蒲」，原爲空格，今據《讀史方輿紀要》卷五十五補。

❸「克」，原作「可」，今據《春秋左傳正義》卷十七改。

❹「氾」，原作「記」；「論」，原爲空格，今據《淮南鴻烈解》卷十三改補。

❺「請」，原爲空格，今據《儀禮注疏》卷十九補。

❻「遂」，原爲空格，今據《儀禮注疏》卷十九補。

「迎來曰郊勞，送去曰贈賄。敏，❶審當於事。」

臧文仲言于公曰：「國子爲政，齊猶有禮，君其朝焉。臣聞之，服于有禮，社稷之衛也。」

晉原軫曰：【疏證】洪亮吉云：「僖二十八年傳及此傳皆別云原軫，當係食采于原，故云。杜預《釋例》云『河内沁水縣西北有原城』是矣。至先且居則稱霍伯，當亦以采地名。《郡國志》『河東永安縣有霍大山』，《水經注》『山側有霍城』是也。然韋昭《國語》注又云：『先且居，先軫之子蒲城伯也。後受霍爲霍伯。』則先且居前又食采蒲城。蒲城即重耳所居，在漢河東蒲子縣。大率晉大夫皆以采地爲氏，除趙、魏、韓之外，如呂、郤、荀、欒、胥、毚、狐、輔、虢、范、祁、邢、屏、樓、楊、鄔、賈、杜、陽、臼、隨、苗、温、冀、知、閻、瑕、疇、銅鞮、邯鄲等並是。」❷

「秦違蹇叔，而以貪勤民，天奉我也。【疏證】《淮南·脩務訓》注：❸「奉，助也。」杜訓「奉」爲「與」，非。《晉世家》：「先軫曰：『秦伯不用蹇叔，反其衆心，此可擊。』」

「奉不可失，敵不可縱。縱敵患生，違天不祥，必伐秦師。」【疏證】沈欽韓云：「《説苑·敬慎》篇：『羞小耻以構大怨，貪小利以亡大衆，《春秋》有其戒，晉先軫是也。』蓋指此事。」

欒枝曰：「未報秦施而伐其師，其爲死君乎！」【疏證】杜注：「言以君死，故忘秦施。」顧炎武云：「死君，謂忘其先君，猶范鞅之言『死吾父』也。」王引之云：「此欒祁語，非范鞅語，見襄二十一年。惠棟云：『其爲死

---

❶「敏審」，原脱，今據《春秋左傳正義》卷十七補。

❷「樓」，原作「按」，今據《春秋左傳詁》卷八改。

❸「脩」，原爲空格，今據《淮南鴻烈解》卷十九補。

君乎，猶言不爲死君乎。君在殯，故稱死君。顧以死其君爲解。案：成十三年絶秦書曰：「穆爲不弔，蔑我死君。」則顧之説未盡然也。』」王念孫云：「顧説是，惠説非也。《晉語》：『荀息曰：「死吾君而殺其孤。」』《呂氏春秋・悔過》篇：『先軫曰：「不弔吾喪，不憂吾哀，是死吾君而弱其孤也。」』並與此死字同義。❶ 若成十三年『蔑我死君』，則與此死字異義。不得以彼釋此也。」壽曾曰：顧、王説是也。下文「可謂死君」也，正謂「不死其君」。如惠説，義窒矣。《晉世家》：「未報先君施於秦，擊之，不可。」

先軫曰：❷「秦不哀吾喪而伐吾同姓，秦則無禮，何施之爲？【疏證】顧炎武云：「滑者，晉之同姓。」《晉世家》：「先軫曰：『秦侮吾孤，伐吾同姓，何德之報？』遂擊之。」

「吾聞之，一日縱敵，數世之患也。謀及子孫，可謂死君乎！」【疏證】《晉書・□蔡王歆傳》：❸「張昌作亂於江夏。孫詢謂歆曰：『古人有言：一日縱敵，數世之患。』」《北周書・史甯傳》：「甯以未獲獠甘，密欲圖之。諸將思歸，甯曰：『一日縱敵，數世之患。豈可捨將滅之寇，更煩再舉？』」皆引此傳，無「也」字。

遂發命，遽興姜戎。子墨衰絰，【注】賈逵云：「墨，變凶。」《晉世家》集解。【疏證】子，謂襄公也。《喪

---

❶ 「死」，原爲空格，今據《經義述聞》卷十七補。

❷ 「先軫曰」，原脱，今據《春秋左傳正義》卷十七補。

❸ 「□蔡」，疑當作「新野莊」。

服》「斬衰裳」傳：「衰，三升。」❶《記》曰：「凡衰，外削幅；裳，内削幅。幅三袧。❷負廣出於適寸。❸衰，長六寸，博四寸。衽，二尺有五寸。袂屬幅。衣，二尺有二寸。祛，尺二寸。」傳又曰：「苴絰大搹，去五分一以爲帶。」❹杜云「以凶服從戎，故墨之」，即用賈「墨，變凶」之説。《淮南・説山訓》注：「晉襄公與姜戎，子墨衰，敗秦師于殽，言其變凶服也。」與賈注合。梁履繩云：「戎事上下同服，尚黑，所謂袀服是也。故墨之白則易識，不特爲兵家所忌。」李貽德亦引《説文》「袀，玄服」，❺謂：「玄色黑，戎服所宜也。」《秦本紀》：「當是時，晉文公喪，尚未葬，太子襄公怒曰：『秦侮我孤，因喪破我滑。』遂墨衰絰。」

梁弘御戎，萊駒爲右。

夏，四月，辛巳，敗秦師于殽，獲百里孟明視、西乞術、白乙丙以歸。【疏證】《晉世家》：「四月，敗秦師于殽，虜秦三將孟明視、西乞秫、白乙丙以歸。」「術」作「秫」，乃傳異文。《秦本紀》：「晉發兵，遮秦兵於殽，❻擊之，大破秦軍，虜秦三將以歸。」

---

❶「升」，原爲空格，今據《儀禮注疏》卷二十八補。
❷「幅」，原脱，今據《儀禮注疏》卷三十四補。
❸「負」，原爲空格，今據《儀禮注疏》卷三十四補。
❹「一」，原脱，今據《儀禮注疏》卷二十八補。
❺「玄」，原爲空格，今據《春秋左氏傳賈服註輯述》卷七補。
❻「遮」，原爲空格，今據《史記・秦本紀》補。

遂墨以葬文公。【注】服虔曰：「非禮也。」《晉世家》集解。【疏證】李貽德云：「案：《禮記・檀弓》『弁絰葛而葬，與神交之道也』，注：『接神之道不可以純凶。天子諸侯變服而葬，冠素弁，以葛爲環絰。既虞卒哭，乃服受服也。』《雜記》曰：『凡弁絰，其衰侈袂。』是禮於葬服有定，今墨以葬，是非禮也。」《晉世家》：「遂墨以葬文公。」

晉於是始墨。【疏證】杜注：「後遂常以爲俗，記禮所由變。」顧炎武云：「喪事有進無退，已墨則不復反。後遂以墨爲常，則失禮甚矣。」沈欽韓云：「『晉於是始墨』者，謂自後喪葬遇有兵戎、盟會之事，遂援此以墨衰從事，非謂居常不用衰麻也。『閔子要絰而服事』，故曰『君使之非也，臣行之禮也』。晉雖失禮，尚不至如杜預所云也。顧説失之。」案：沈説是也。昭十年傳：「晉平公卒，叔向曰：『孤斬焉在衰絰之中。』」可證晉未變墨縗。□□襄三十三年傳：❶「公有姻喪，王鮒使宣子墨縗。」❷彼固非三年喪也。梁履繩謂「衰色雖變，衰制未改」，非。

文嬴請三帥，【疏證】杜注：「文嬴，晉文公初適秦，秦繆公所妻夫人，襄公嫡母。」《淮南子・人間訓》「三率相與謀」注：「三率，白乙、孟明、西乞。」此當亦用舊注，帥、率異文。

曰：「彼實構吾二君。寡君若得而食之，不厭，君何辱討焉？使歸就戮于秦，以逞寡君之志，若何？」公許之。【疏證】《秦本紀》：「文公夫人，秦女也，爲三囚將請曰：❸『繆公之怨此三人入於骨髓，願令此三人歸，令我君得自快烹之。』晉君許之，歸秦三將。」《晉世家》：「文公夫人，秦女，謂襄公曰：『秦欲得其三將

---

❶ 上「三」，當作「二」。

❷ 「鮒」，原作「紨」；「宣」，原作「立」，今據《春秋左傳正義》卷三十五改。

❸ 「請」，原爲空格，今據《史記・秦本紀》補。

戮之。』公許，遣之。」

先軫朝，問秦囚。公曰：「夫人請之，吾舍之矣。」

先軫怒曰：「武夫力而拘諸原，婦人暫而免諸國。【疏證】杜注：「暫猶卒也。」馬宗璉云：「『突，犬從穴中暫出也』，是暫有倉卒疾奔之義。言婦人倉卒而令，以其突出以免難也。元凱訓『暫』爲『卒』，義未明晰。」

「墮軍實而長寇讎，亡無日矣！」【疏證】《爾雅》：「墮，毀也。」《北周書・陸騰傳》：❶「拜龍州刺史，❷州民李廣嗣、李武攻刼郡縣，❸騰率麾下，掩襲破之，執廣嗣等于鼓下。❹其黨有任公听者，❺更聚徒衆，圍逼州城。乃語騰曰：『但免廣嗣及武，即散兵請罪。』騰謂將士曰：『吾若不殺廣嗣等，❻可謂隳軍實而長寇讎，事之不可者也。』」騰引傳可證軍實之義。軍實，猶軍政。墮，隳異文。《晉世家》：「先軫聞之，謂襄公曰：『患生矣。』」

不顧而唾。【疏證】唾，杜無注。朱駿聲云：「案：唾，讀爲音。《説文》：『音，相與語唾而不受也。』非涕唾

---

❶「騰」，原作「滕」，今據《周書・陸騰傳》改。
❷「拜」，原爲空格，今據《周書・陸騰傳》補。
❸「武」下，原衍「傳」字，今據《周書・陸騰傳》删。
❹「等」、「鼓」，原爲空格，今據《周書・陸騰傳》補。
❺「昕」，《周書・陸騰傳》作「忻」。
❻「等」，原爲空格，今據《周書・陸騰傳》補。

之唾。」案：朱説是也。《北史·魏毗陵王順傳》：「道武好黄老，❶數召諸王及朝臣親爲説之。在坐莫不祇肅，❷唯順獨坐寐，不顧而唾。帝怒，廢之。」《北史》言毗陵坐寐則唾，乃不應之義。

公使陽處父追之，及諸河，則在舟中矣。【疏證】《晉世家》：「軫乃追秦將，秦將渡河，已在船中。」史公以爲先軫追三帥，與傳異。

釋左驂，以公命贈孟明。

孟明稽首曰：「君之惠，不以纍臣釁鼓，【注】賈云：「殺而以血塗鼓謂之釁鼓。」《斯干》疏。【疏證】《晉世家》：「秦將頓首謝。」《廣雅》：「纍，拘也。」杜用賈説。《襍記》：「凡宗廟之器，其名者成，則釁之以豭豚。」注：「宗廟名器謂尊彝之屬。」鄭稱尊彝之尊，則鼓亦名器，宜釁也。

「使歸就戮于秦。寡君之以爲戮，死且不朽。

「若從君惠而免之，三年將拜君賜。」

秦伯素服郊次，【疏證】杜注不釋「素服」。沈欽韓云：「《司服職》『大札、大荒、大烖素服』，❸《大司馬職》『若師不功，則厭而奉主車』，鄭司農云：『厭謂厭冠，喪服也。軍敗則以喪禮。』即引此傳。案：郊次，出舍于郊

❶「黄」，原爲空格，今據《北史·毗陵王順傳》補。
❷「在」，原作「王」，今據《北史·毗陵王順傳》改。
❸「札」，原爲空格，今據《春秋左氏傳補注》卷四補。

也。」文淇案：《司馬》注玄謂「厭，伏冠也」，疏：「按：《下曲禮》云：『厭冠不入公門。』彼差次當緦小功之冠。以義言之，五服之冠皆厭。❶以其喪冠反吉，吉冠于武上向内縫之，喪冠於武下向上縫之，以伏冠在武後，故得厭伏之名。按《檀弓》注：『厭冠，喪冠。其服亦未聞。』若然，先鄭引素服者，據在國向外哭，此則從外向内，故云『其服未聞』。後鄭不破者，已有《檀弓》注，此從破可知。」據彼疏，則先鄭注此傳「素服」，當謂「厭冠」也。《曲禮》注：「厭，猶伏也。喪冠厭伏。」與《大司馬》注同。然彼疏云：「厭冠者，喪冠也。厭帖無者，❷彊爲五服喪所著也。」未破厭爲伏，乃先鄭義也。《檀弓》注但云「喪冠」，與《大司馬》先鄭説同。疏謂亦從破，非。

鄉師而哭，曰：「孤違蹇叔以辱二三子，孤之罪也。不替孟明，孤之過也。大夫何罪？且吾不以一眚掩大德。」【疏證】替，《文選注》引作「廢」。「不替」，杜無注。沈欽韓云：「不置孟明出師之役，爲己過。按《後漢書・龐參傳》：❸『參于道爲羌所敗，徵下獄。馬融上書謂之曰：「昔荀林父敗績于邲，晉使復其位；❹孟明視喪師于殽，秦伯不替其官。」』如融引傳，則不替謂不去孟明之官。『孤之過也』句，乃見引罪自責意。」沈説非。融書傳曰眚，過也。《秦本紀》：「三將至，繆公素服郊迎，嚮三人哭曰：『孤以不用百里傒、蹇叔言以辱三子，

❶「皆」，原作「有」，今據《周禮注疏》卷二十九改。
❷「帖」，原爲空格；「者」，原作「耆」，今據《禮記正義》卷四補改。
❸「後」，原脱，今據《後漢書・龐參傳》補。
❹「復」，原爲空格，今據《後漢書・龐參傳》補。

三子何罪乎？子其悉心雪恥，無怠。』遂復三人官秩如故。」❶

「狄侵齊」，因晉喪也。

公伐邾，取訾婁，以報升陘之役。❷【疏證】二十三年，❸「公及邾師戰于升陘，❹敗績」。

邾人不設備。秋，襄仲復伐邾。

狄伐晉，及箕。八月，戊子，晉侯敗狄於箕。

郤缺獲白狄子。【疏證】昭十二年《穀梁》注：「鮮虞，姬姓，白狄也。」《漢書·匈奴傳》：「晉文公攘戎狄，居于西河圁水之間，❺號曰赤翟、白狄。」師古：「圁水即今銀州銀水是也。書本作圁。《春秋》所書晉師滅赤狄潞氏，郤缺獲白狄子者。」杜注：「西河郡有白部胡。」即用《漢書》説。沈欽韓云：「此漢末白波賊之遺，波、部聲轉耳。《史記·灌嬰傳》：『斬胡白題將一人。』服虔曰：『胡，名也。』符秦亦謂鮮卑爲白虜。今番苗亦有以白黑名者。」沈但解杜注白部，未言白狄今所在。江永云：「今按北狄西河之西，❻今陝西延安府地也。傳云『余從狄君

---

❶「遂」，原爲空格；「復」，原作「後」，今據《史記·秦本紀》補改。

❷「升」，原爲空格，今據《春秋左傳正義》卷十七補。

❸「三」，當作「二」。

❹「升」，原爲空格，今據《春秋左傳正義》卷十五補。

❺「水」，《漢書·匈奴傳》作「洛」。

❻「北狄」，《皇清經解》卷二百五十三《春秋地理考實》作「白狄在」。

以田渭濱』，則其地南至渭水。又告秦人曰：『白狄及君同州。』❶是與秦同在雍州也。」按江說是也。小顏謂圜水在銀州。銀州，今綏德州米脂縣西北境。❷米脂與延安府相距三百餘里，今之安□、延川、延長、安定、青澗諸縣，❸皆白狄境也。

先軫曰：「匹夫逞志於君，而無討，敢不自討乎？」

免冑入狄師，死焉。狄人歸其元，面如生。

初，臼季使過冀，【疏證】汾水經冀亭南，郤缺耨處。《晉語》注：「臼季，胥臣也。冀，晉邑。」杜用韋說。《水經·汾水》注：「京相璠云：『今河東皮氏縣有冀亭，古之冀國所都也。』」《方輿紀要》：「今蒲州河津縣東十五里有如賓鄉，即其地也。」

見冀缺耨，其妻饁之。【疏證】《晉語》注：「冀缺，郤芮子也。」❹《易》釋文引馬注：「耨，鉏也。」《釋器》：「斪斸謂之定。」《廣雅》：「定謂之耨。」《吕覽》「耨柄尺，其耨六寸」，注：「耨，耘苗也。六寸，所以入苗間也。」《釋詁》：「饁，饋也。」本疏引孫炎云：❺「饁，野之饋也。」《說文》：「饁，餉也。」

---

❶「及」，原爲空格，今據《皇清經解》卷二百五十三《春秋地理考實》補。

❷「脂」，原爲空格，今據《大清一統志》卷二百五十補。下一「脂」字同。

❸「□」，疑當作「塞」。

❹「芮」，《國語正義》卷十一作「成」。

❺「孫」，原爲空格，今據《春秋左傳正義》卷十七補。

敬，相待如賓。【疏證】杜無注。《晉語》注：「夫婦相敬如賓也。」《隋書・潘徽傳》：「隋遣魏澹聘于陳，❶徽接對之。澹將反命，爲啓于陳主曰『敬奉弘慈』，徽以『敬奉』爲輕，却其啟而不奏。澹立議曰：❷『宗廟、上天、君、父，咸同一敬，❸五經未有異文。不知以敬爲輕，意何所據？』徽難之曰：『向所論敬字，本不全以爲輕，但施用處殊，義成通別。《禮》主于敬，此是通言，猶如男子「冠而字」，注云：「敬其名也。」《春秋》有冀缺，夫婦亦云相敬。既于子有敬名之義，在夫亦有敬妻之説，此可復並謂極重乎？』」如徽説，則此傳之敬與它敬字義別。

與之歸，言諸文公曰：「敬，德之聚也。能敬必有德，德以治民，君請用之！「臣聞之，出門如賓，承事如祭，仁之則也。」【疏證】《論語・顔淵》述孔子之言作「出門如見大賓，使民如承大祭」，蓋古有此言，臼季、孔子皆引之。《論語》言「使民」，此傳言「承事」，亦稱述之異。《集解》引孔曰：「爲仁之道，莫尚乎敬。」用此傳義爲説。

公曰：「其父有罪，可乎？」【疏證】《晉語》注：「文公元年，冀芮畏逼，與吕、郤謀弑公，焚公宮，秦伯殺之故也。」

對曰：「舜之罪也殛鯀，其舉也興禹。【疏證】《洪範》：「鯀則殛死，禹乃嗣興。」鄭氏注引此傳。《堯

---

❶「遣」，原爲空格，今據《隋書・潘徽傳》補。

❷「立議」，原作「主儀」，今據《隋書・潘徽傳》改。

❸「同」，原作「用」，今據《隋書・潘徽傳》改。

典》馬融注：「鯀，臣名，禹父。」殛，誅也。襄二十一年傳：「鯀殛而禹興。」

「管敬仲，桓之賊也，實相以濟。」【疏證】敬，管仲謚。《晉語》：「齊桓親舉管敬子，其賊也。」

「《康誥》曰：『父不慈，子不祗，兄不友，弟不共，不相及也。』」【疏證】今《康誥》無此文。疏云：「此雖言《康誥》曰，直引《康誥》之意耳，非《康誥》之全文也。」惠棟云：「棟謂此《康誥》之闕文也。《法言》曰：❶『《酒誥》之篇，俄空焉。』❷伏生引《酒誥》曰：『王曰：「封，惟曰若圭璧。」』今《酒誥》無此文。故《漢·藝文志》云：❸『《酒誥》脱簡一，《梓材》「今王惟曰」以下文義不屬。』蓋《康誥》三篇，❹皆有脱誤。孔以爲引其意而言之，非也。」按：惠説是也。❺《後漢書·孝章紀》：「元和元年，詔曰：『父不慈，子不祇，兄不友，弟不恭，不相及也。』」注引《左傳》此文，謂與《康誥》事同文異。詔徑引《書》，可證傳非約引《書》意。注謂異文，非。昭二十年傳：「在《康誥》曰：『父子兄弟，罪不相及。』」亦是闕文。《晉書·東萊王蕤傳》：❻「弟冏起義兵，趙王倫收蕤。❼祖納曰：

---

❶「法」，原爲空格，今據《皇清經解》卷三百五十四《春秋左傳補註》補。

❷「空」，原爲空格，今據《皇清經解》卷三百五十四《春秋左傳補註》補。

❸「藝」，原作「舊」，今據《皇清經解》卷三百五十四《春秋左傳補註》改。

❹「蓋」，原爲空格，今據《皇清經解》卷三百五十四《春秋左傳補註》補。

❺「惠」，原作「志」，今據上文改。

❻「蕤」，原爲空格，今據《晉書·司馬蕤傳》補。

❼「趙」、「蕤」，原爲空格，今據《晉書·司馬蕤傳》補。

『罪不相及，惡止其身，❶此先哲之弘謨，百王之達制也。❷是故鯀兇殛死，❸禹乃嗣興；二叔誅放，而邢衛無責。』」祖氏之説全據此傳義。

「《詩》曰：『采葑采菲，無以下體。』君取節焉可也。」【疏證】《國風》首章文。杜不釋葑、菲之名。《詩》傳：「葑，須也。菲，芴也。下體，根莖也。」箋：「此二菜者，蔓菁與葍之類。」《釋草》：「須，葑從。菲，芴。」毛傳本《釋草》。《説文》：「葑，須從也。」倒乙《釋草》葑，文非義異。葑，又作蘴。《方言》：「蘴、蕘，蕪菁也。」本疏引《爾雅》孫炎注云：「菲，葍類也。」陸璣《義疏》云：「葑，蔓菁，幽州人或謂之芥也。菲似葍，莖麤，葉厚而長，有毛。三月中烝煮爲茹，滑美，又可以爲羹。幽州人謂之芴。」則毛、鄭義同也。陳奂《詩疏》引此傳，釋云：「取節，猶節取。《繁露·竹林》篇『取其一美，不盡其失』，亦引此詩。❹《坊記》注：『言人之交當取一善。』義並同。」《左傳》、毛意亦然也。

文公以爲下軍大夫。【疏證】《晉語》：「公見之，使爲下軍大夫。」注：「在文公時，而於此言之者，以襄公能繼父志用冀缺也。」

反自箕，襄公以三命命先且居將中軍，【疏證】《晉語》注：「先且居，先軫之子蒲城伯也。」杜用韋説。沈欽韓云：「《王制》：『大國之卿不過三命。』」

---

❶「止」，原作「及」，今據《晉書·司馬蕤傳》改。
❷「制」，原作「利」，今據《晉書·司馬蕤傳》改。
❸「兇」，《晉書·司馬蕤傳》作「既」。
❹「詩」，原作「傳」，今據《詩毛氏傳疏》卷三改。

以再命命先茅之縣賞胥臣，曰：「舉郤缺，子之功也。」【疏證】《晉語》注引傳，曰：「襄公以父命賞胥臣，曰：『舉郤缺，子之功。』」父命乃異文，或是用《左氏》舊説。如父命義，是先茅之賞，襄公以文公之命臨之。杜注：「先茅絶後，❶故取其縣以賞胥臣。」

以一命命郤缺爲卿，復與之冀，【疏證】沈欽韓云：「《王制》『大國下卿再命』，《典命職》：『公之卿三命，其大夫再命。』此云一命爲卿者，蓋以士秩試守也。漢志太守二千石，❷亦有以六百石、八百石任之者。」

亦未有軍行。【疏證】杜注：「雖登卿位，未有軍列。」沈欽韓云：「以五軍帥見有人故。」

冬，公如齊，朝，且弔有狄師也。

反，薨于小寢，即安也。【注】舊注：「小寢，夫人寢也。禮，男子不絶于婦人之手。今僖公薨于小寢，譏其近女室。」《既夕》疏。【疏證】杜注：「小寢，夫人寢也。譏公就所安，❸不終于路寢。」與舊注詞異。下僖公作主，賈注：「生則致哀姜，終則小寢，以慢典常。」則舊注疑即賈君注也。男子不絶于婦人之手，《既夕》文。❹

晉、陳、鄭伐許，討其貳于楚也。

楚令尹子上侵陳、蔡。陳、蔡成。

---

❶「絶後」，原爲空格，今據《春秋左傳正義》卷十七補。

❷「志」，《春秋左氏傳補注》卷四作「制」。

❸「就」，原作「猶」，今據《春秋左傳正義》卷十七改。

❹「既夕」，原爲空格，今據《儀禮注疏》卷四十補。

遂伐鄭，將納公子瑕。【疏證】瑕奔楚，見三十一年傳。

門于桔柣之門，

瑕覆于周氏之汪。【疏證】《通俗文》：「亭水曰汪。」杜注：「車傾覆池水中。」傳不言車覆，杜説非。

外僕髡屯禽之以獻。【疏證】崔憬《易注》：「禽，古擒字。擒猶獲也。」杜注：「殺瑕以獻鄭。」謂傳不言髡屯殺瑕，杜蓋探下文葬鄶城爲説。

文夫人斂而葬之鄶城之下。【注】服云：「鄶城，故鄶國之墟。」《詩·鄭譜》疏。【疏證】杜注：「鄭文公夫人也。」《詩》釋文：「檜，本又作鄶。」是子男之國，後爲鄭武所并焉。《檜譜》疏：「檜國在《禹貢》豫州外方之北，滎波之南，居溱、洧之間。妘姓。僖三十三年《左傳》稱文夫人葬公子瑕於鄶城之下，❶服虔云：『鄶城，故鄶國之墟。』杜預云：『鄶國在滎陽密縣東北，新鄭在滎陽宛陵縣西南，是鄭非鄶都，故別有鄶城也。』」案彼疏蓋以杜注「鄶在密縣」爲是，其謂在新鄭者，或別一説。《元和志》：「鄶城在鄭州新鄭縣東北三十二里。」可知古有新鄭之説也。服注不引□縣，其義遂無以考。《一統志》：「古鄶城在密縣東北五十里，接新鄭界。」密，今屬河南府。

晉陽處父侵蔡，楚子上救之。

❶「僖三十三年」至「別有鄶城也」，見《鄭譜》疏。

與晉師夾泜而軍。【疏證】《地理志》：「南陽郡魯陽堯山，❶滍水所出，東北至定陵入汝。」師古曰：「滍音峙，❷又音雉。」滍、泜同音，即泜水也。《水經注》：「汝水又東南逕定陵縣故城北，水右則滍水左入焉。」與《漢志》同。沈欽韓云：「泜，《漢志》及《水經注》俱作滍，非常山中丘縣之泜水也。彼泜音脂。《一統志》：『滍水源出汝州魯山縣西吴大嶺東，流逕寶豐縣南，❸又東入南陽府葉縣北，又東入許州府襄城縣界，入汝水。』」顧棟高云：「定陵在今南陽府舞陽縣界。」

陽子患之，使謂子上曰：「吾聞之，『文不犯順，武不違敵』。子若欲戰，則吾退舍，子濟而陳，❹遲速唯命。不然，紓我。【疏證】杜注：「欲辟楚，使渡成陳而後戰。」❺《采菽》傳：❻「紓，緩也。」

「老師費財，亦無益也。」

乃駕以待。子上欲涉，

大孫伯曰：「不可！晉人無信，半涉而薄我，悔敗何及？不如紓之。」乃退舍。

---

❶「堯」，《漢書·地理志》作「魯」。

❷「峙」，原作「時」，今據《漢書·地理志》改。

❸「豐」，原爲空格，今據《春秋左氏傳地名補注》卷四補。

❹「子濟而陳」，原脱，今據《春秋左傳正義》卷十七補。

❺「使」，原爲空格，今據《春秋左傳正義》卷十七補。

❻「采菽」，原缺，今據《毛詩正義》卷十五補。

陽子宣言曰：【疏證】《釋言》：❶「宣，偏也。」❷

「楚師遁矣。」遂歸。楚師亦歸。

太子商臣譖子上曰：「受晉賂而辟之，楚之恥也。罪莫大焉！」王殺子上。

葬僖公，緩作主，【疏證】杜注：「僖公實以今年十一月薨，并閏七月乃葬，故傳云『緩』。」劉敞云：「杜讀『緩』以上爲句，非也。僖公以十二月薨，明年四月葬，凡五月，不得云緩。」洪亮吉云：「繹下《釋例》所引賈氏説，❸則『緩』字亦當連下讀爲是。」案：劉、洪説是也。文元年經「四月，葬僖公」，杜據彼經，又謂當次經僖公下，簡編倒錯。本疏乃云：「杜以此年空説葬事，而其上無經文，元年空舉經，而其下無傳，故謂此年之傳當在彼經之下。」杜以傳譏緩葬，故欲繫此傳於文元年。然僖之作主，在文二年二月，明見於經。如杜説，簡編倒錯，則將□□作主云云於文二年矣。顧炎武云：「此傳經書『文二年二月丁丑，作僖公主』之義。」□本云此傳爲文元年四月葬僖公至二年二月始作主□非禮。劉炫云：「以葬僖公後，積十月始作木主，是作主太緩也。」傳多附記之例，如閔公末年言成風事，又言邢衛，皆非其年之事。杜預言此傳當在明年四月下，非也。論當在二年二月下，而彼自有文，知此自是附記，非錯誤。《讀本》之駁杜説，與下賈注「作主陵遲，上係僖公篇」義合。其引炫説，見本疏。如炫説，則「緩」字亦屬下讀。

---

❶「言」，原缺，今據《爾雅》卷上補。

❷「偏」，《爾雅》作「徧」。

❸「繹」，原作「釋」，今據《春秋左傳詁》卷八改。

非禮也。【注】賈氏以爲僖公始不順祀，生則致哀姜，終則小寢，以慢典常，故其子文公緣事生邪志，作主陵遲。于是文公復有夫人歸，嗣子罹咎。傳故上係此文于僖公篇。《釋例》。【疏證】杜注：「文二年乃作主，遂因葬通譏之。」❶僖之葬及作主明是兩事，杜云通譏，則作主何譏之有，未得傳義。杜之句讀，既與賈異，《釋例》引賈說，斥之爲迂，非也。李貽德云：「案：不順祀自文公始，而云『僖始不順祀』者，八年經書『禘于太廟，用致夫人』，傳稱『非禮』，是不順祀即致哀姜之事。是年經『公薨于小寢』，傳謂『即安』，故譏其『終則小寢』也。《易·繫辭》『既有典常』，虞翻曰：『其出入以度，❷故有典常。』慢典常者，慢其常度也。文公緣僖公之事而生邪志，作主緩至二年，❸故曰『陵遲』。《荀子·宥坐》云『陵遲故也』，注：『陵遲，言丘陵之勢慚慢也。』『夫人歸，嗣子罹咎』，謂文公夫人出姜大歸于齊，及子赤、子惡爲東門遂所殺。作主事當繫文，而繫于僖公之終篇，明僖有以啟之也。」

凡君薨，卒哭而祔，祔而作主，【注】古《春秋左氏》說：「既葬反虞，天子九虞，九虞者以柔日。九虞，十六日也。諸侯七虞，十二日也。大夫五虞，八日也。士三虞，四日也。既虞，然後祔死者於先死者。祔而作主，謂桑主也。期年，然後作栗主。」《曲禮》疏引《異義》。【疏證】《鬯人》疏引《異義》《左氏》說作「君薨，祔而作主」，蓋約傳文，其「卒哭」字當有也。杜注：「既葬反虞，則免喪，故曰『卒哭』，哭止也。」沈

---

❶ 「葬」下，《春秋左傳正義》卷十七有「文」字。

❷ 「入」，原脱，今據《春秋左氏傳賈服註輯述》卷七補。

❸ 「二」，原作「三」，今據《春秋左氏傳賈服註輯述》卷七改。

欽韓云：「《士喪禮》下篇『卒哭，明日以其班祔』注：『卒哭，三虞之後祭名。始朝夕之間，哀至則哭，至此祭止也，❶朝夕哭而已。祔，卒哭之明日祭名。』按：所謂卒哭者，止無時之哭，爲朝夕之限。以孝子思慕之心無窮，而一時之序已過，❷若復終日泣血，恐其不勝喪也。杜預既創免喪之論，孔穎達附會之，而云『天子諸侯於此除喪，全不復哭』，則是周公之經，❸全爲士庶人乎？」按：沈説是也。鄭君説卒哭、祔次第與傳合，惟傳不言虞。如鄭説，則虞祭在卒哭後。傳不言者，文省耳。《曲禮》「措之廟，立之主曰帝」，注：「同之天神，❹《春秋傳》曰：『凡君，卒哭而祔，祔而作主。』」疏：「此是《左傳》僖三十三年之言也。天子七月而葬，九月而卒哭；諸侯五月而葬，七月而卒哭；大夫三月而葬，五月而卒哭；士三月而葬，是月而卒哭，卒哭者，是葬竟虞數畢後之祭名也。孝子親始死，哭，晝夜無時。葬後虞竟，乃行神事，故卒其無時之哭，猶朝夕各一哭，❺故謂其祭爲卒哭。卒哭明日而立主，祔于廟，隨其昭穆，從祖父食。」其釋卒哭，亦據《士喪禮》注義也。惟《公羊傳》虞用桑主，因虞立主，與《左氏》説異。彼疏又云：「《檀弓》云：『重，主道也。』鄭注引《公羊傳》『虞主用桑，練主用栗』，則似虞已有主。而《左

---

❶「祭」，原作「際」，今據《左氏杜解集正》卷三改。

❷「過」，原作「遇」，今據《左氏杜解集正》卷三改。

❸「經」，原爲空格，今據《左氏杜解集正》卷三補。

❹「同」，原作「用」，今據《禮記正義》卷四改。

❺「夕」，原作「時」，今據《禮記正義》卷四改。

傳》云『祔而作主』，二傳不同者，案説《公羊》者，朝葬，日中則作虞主。❶ 若鄭君以二傳之文雖異，❷其義則同。皆是虞祭總了，然後作主。以作主去虞實近，故《公羊》上係之于虞，作主謂之虞主。又作主爲祔所須，故知《左》據祔而言，故云『祔而作主』。」下即引《異義》《左氏》説。又云：「許慎謹案：《左氏》説與《禮記》同。鄭君不駁，❸明同許義。」《檀弓》疏亦云：「虞與祔相近，故《公羊》云『虞主用桑』，謂虞祭之末也。《左傳》云『祔而作主』，謂用主之初，俱是喪主，其義不異。」下引《異義》《公羊》説虞而作主，又引《左氏》説，視《曲禮》所引爲略。又云：「許慎謹案：❹《左氏》説與禮同。❺ 鄭氏不駁，則是從《左氏》之義，非是虞祭之日即作主也。」詳二疏之文，蓋以《公羊》與《左氏》義同。沈欽韓云：「孔穎達欲調停兩家之説，然《公羊》義非也。《檀弓》云：『葬日虞，是日也，以虞易奠。卒哭曰成事。是日也，以吉祭易喪祭。』又云：『虞而立尸，有几筵。卒哭而諱，生事畢而鬼事始已。』蓋前此皆以生時養禮，至卒哭後始鬼神祭之，則知卒哭方作主，有主以象之，祭祀方成，❻故曰『成事』。自九虞以至士之三虞，卒哭通不用主，何得云虞而作主乎？」按：沈駁《公羊》虞而作主之説未核。古《左氏》説既虞然後祔死者

❶「主」，原作「至」，今據《禮記正義》卷四改。
❷「雖」，原作「惟」，今據《禮記正義》卷四改。
❸「駁」，原作「致」，今據《禮記正義》卷四改。
❹「謹」，原作「傳」，今據《禮記正義》卷九改。
❺「説」，原作「疏」，今據《禮記正義》卷九改。
❻「祀」，《春秋左氏傳補注》卷四作「事」。

於先死者之義，虞然後祔，非即虞而作主乎？卒哭爲虞後之祭，鄭義自明。《檀弓》以虞易奠爲一事，卒哭曰成事又一事，次卒哭於虞之後，即傳之卒哭而祔也。沈說非。古《左氏》説謂「既葬反虞」，與《檀弓》「葬日虞」合，❶謂「九虞者以柔日」者，孔廣森曰：❷「以《士虞·記》始虞、再虞用柔日，❸三虞用剛日推之，九虞者，當八虞用柔日，第九虞則用剛日。此云九虞者以柔日，蓋有脱誤。」如孔説，則當作「凡虞者用剛日」，其稱九虞，亦字誤。稱天子以下虞數日。陳壽祺《異義疏證》云：「《雜記》『士三虞，大夫五，諸侯七』。『禮，虞祭，天子九，諸侯七，大夫五，士三』，是《公羊》説九虞以下尊卑之差，❹與《左氏》説、《禮記》并合也。」祔用桑主，期年作栗主者，《晉語》「設桑主，布几筵」注：❺「主，獻公之主也，練主用栗，虞主用桑。禮，既葬而虞，虞而作主。」韋注説桑主、栗主義，亦用古《左氏》説。其云「虞而作主」，猶言卒哭而作主矣，詳《左氏》説。「桑主、栗主，❻則非獨《公羊》義如此。沈欽韓謂「桑主、栗主出於《公》、《穀》家，《左氏》之義本無二主」，非。其引《檀弓》「殷練而祔，周卒哭而祔」，謂「祔時不同，主當有異，故沿誤」，❼猶非。卒哭而祔，傳自明，《周禮》安得以殷練言之？又《曲禮》疏云：「大夫、士亦

❶「葬」，原爲空格，今據《禮記正義》卷九補。
❷「森」，原作「林」，今據《公羊義疏》卷三十八改。
❸「記」，原爲空格，今據《公羊義疏》卷三十八改。
❹「尊卑」，原作「子乎」，今據《五經異義疏證》卷上改。
❺「筵」，原爲空格，今據《國語正義》卷一補。
❻「栗」，原爲空格，今據上文補。
❼「沿」，原爲空格，今據《春秋左氏傳補注》卷四補。

卒哭而祔，而《左傳》惟據人君言之，故云凡君。鄭注《祭法》云：『大夫、士之無主也。』此言凡君，明不關士、大夫也。崔靈恩云：『大夫、士無主，以幣、帛祔。祔竟并還殯宮，至小祥而入廟。』」此釋傳「凡君」義最明。《南齊書·禮志》引此傳文，并引先儒云：「特祀于主者，特以喪禮奉新亡者，❶至于寢，不同于吉。」蓋用杜義。亦注謂奉主於寢，與服注後主於寢義別。知特祀於主爲後主於寢者，《曲禮》疏：「卒哭，主暫時祔廟，❷祔畢更還殯宮。至小祥作栗主入廟，乃埋桑主於祖廟門左埋重處，❸故鄭云：『虞而作主，至祔，奉以祔祖廟。既事畢，反之殯宮。』」可□服說。其謂桑主埋於廟門左，於禮無可考實。推《檀弓》疏又云：「案：《異義》：『《戴記》及《公羊》說，虞主埋於壁兩楹之間，一說埋之于廟北牖下。《左氏》說虞主所藏無明文。』鄭駁之云：『案：《士喪禮》重與柩相隨之禮，柩將出，則重倚于道左。柩將入于廟，則重止于門西。虞主與神相隨之禮亦當然。練時作栗主，則入廟之時祝奉虞主于道左，❹練祭訖，乃出就虞主而埋之。如既虞埋重於道左云。』」則埋桑主於廟門左，乃鄭君推《士喪禮》埋重得之。

特祀於主，【注】服虔云：「特祀於主謂在寢。」《士虞禮》疏。【疏證】《鬯人》疏引《左氏》說作「特祀主於寢」，蓋增文以釋傳義，明主在寢也。❺《士虞禮》注：「凡祔已，復於寢，如既祫，主反其廟，練而後遷廟。」疏：

❶「喪」，原作「表」，今據《南齊書·禮志》改。
❷「暫」，原爲空格，今據《禮記正義》卷四補。
❸「重」，原爲空格，今據《禮記正義》卷四補。
❹「祝」，原爲空格，今據《禮記正義》卷九補。
❺「寢」，原爲空格，今據上文補。

「《曾子問》云：『天子諸侯既祫祭，主各返其廟，今祔于廟，祔已，復于寢，❶如祫祭訖，主返廟相似，故引爲證也。』服注云：『特祀于主謂在寢。』若然，惟祔祭與練祭之在廟，祭訖，主返於寢，其大祥與禫祭自然在寢祭之。」玩《禮》疏釋服義，則服□此特祀即祔也。杜注：「以新死者之神祔之於祖，尸柩已遠，孝子思慕，故造木主，立几筵焉。特用喪禮，祭祀於寢，不同之於宗廟。」杜用服義。然詳服注，在寢謂祔廟禮成，□主於寢。杜注謂祭祀於寢，非也。

烝、嘗、禘于廟。【注】服云：「烝、嘗、禘于廟者，三年喪畢，遭烝、嘗，則行祭，皆于廟焉。」《士虞禮》疏。《左氏》説：「畢三時之祭，朞年，然後烝、嘗、禘于廟。」《鬯人》疏。賈、服以爲三年終禘，遭烝、嘗，則行祭禮。《鬯人》疏。**【疏證】**《士虞禮》注：「練而後遷廟。」疏引此年傳文，并引服注，申之云：「遭烝、嘗乃于廟，則自三年以前，未得遷於廟而禘祭，此賈、服之義，不與鄭同。」如疏説，則賈、服義同，《鬯人》疏連稱賈、服可證。《釋例》引舊説，以爲諸侯喪三年之後乃烝、嘗，亦括賈、服義也。沈欽韓云：「按：《王制》云：『喪三年不祭，惟祭天地、社稷，爲越紼而行事。』鄭注《曾子問》：『惟嘗禘宗廟，俟吉也。』❷又《曾子問》：『士之所以異者，緦不祭，❸所祭于死者，無服則祭。』然則三年之喪，天子諸侯不修時享可知矣。《通典・喪廢祭議》：❹『晉武帝咸甯五年十一月，弘訓羊太后崩，宗廟廢一時之祭。賀循《祭議》云：「喪者不祭，祭，吉事故也。其義不但施于生

---

❶「復」，原爲空格，今據《儀禮注疏》卷四十三補。
❷「俟」，原爲空格，今據《左傳杜解集正》卷三補。
❸「緦」，原作「總」，今據《左傳杜解集正》卷三改。下二「緦」字同。
❹「廢」，原爲空格，今據《左傳杜解集正》卷三補。

人，亦祖禰之情，❶同其哀戚，故云於死者無服則祭也。」』欽韓按：服其服，所以稱其情也。孔子曰：『緦不祭，又何助于人？』緦之喪，至輕也，祭其祖禰，至重也，猶不許飾情而從吉。❷三年之喪，雖曰服有變除，然哀毁未復，衰絰未除，何能改莊敬之容，❸被弁冕之服，忘新哀而修舊禋乎？故服未終而不祭，不必爲祖禰措辭也，實生者所不堪爲也。故閔二年，『吉禘于莊公』，傳譏其速，❹《公》、《穀》二傳譏其未畢三年而吉祭。此天下之通義，愚不肖所共知，❺獨杜預于此傳云：『既特祀于寢，則宗廟四時常祀自如舊也。三年禮畢，又大禘，乃皆同於吉。』夫宗廟常祀非吉祭乎？創此反常之説，孔穎達從而和之。❻故其疏《王制》『喪三年不祭』，勉强敷衍，而引杜預《釋例》云：『《禮記》後人所作，❼不正與《春秋》同。』是豈獨《王制》之言乎？將古來大聖大儒所危言苦口扶植世道者一概抹殺，❽而

❶「禰」，原作「祢」，今據《左傳杜解集正》卷三改。
❷「許」，原爲空格，今據《左傳杜解集正》卷三補。
❸「莊敬」，原爲空格，今據《左傳杜解集正》卷三補。
❹「速」，原爲空格，今據《左傳杜解集正》卷三補。
❺「愚」、「肖」，原爲空格，今據《左傳杜解集正》卷三補。
❻「從」、「和」，原爲空格，今據《左傳杜解集正》卷三補。
❼「後」，原爲空格，今據《左傳杜解集正》卷三補。
❽「世」，原作「也」；「抹殺」，原作「末□」，今據《左傳杜解集正》卷三改補。

獨奉杜說爲金科玉律。❶宋儒遂漫然曰杜氏因《左氏》之失，❷遂有國君卒哭除之說。然杜預事事與《左氏》乖違，預乃《左氏》之罪人。學者不察，❸並反唇《左氏》，祇自見其麤悗也。觀服虔之解，則深得《左氏》之意，而《左氏》之書未可厚誣矣。」❹按：沈之申服□是也。《宋書·禮志》：「有司奏：『新安王服宣貴妃齊衰期，❺心喪三年。未詳宣貴妃祔廟，應在何時？』太學博士虞龢議：❻『《春秋傳》云：「祔而作主，烝、嘗、禘于廟。」嘗爲吉祭之名，❼大祥及禫未得入廟，❽應在禫除之後也。』❾左丞徐爰議以：『禮有損益，古今異儀，雖云卒哭而祔，祔而作主，時之諸侯皆禫終入廟，謂禫除之後，❿宜親執奠爵之禮。』參議，⓫龢議大體與爰不異，宜

---

❶「金科玉律」，原爲二空格，今據《左傳杜解集正》卷三補。

❷「遂」，原爲空格；「漫」，原作「謾」，今據《左傳杜解集正》卷三補改。

❸「察」，原爲空格，今據《左傳杜解集正》卷三補。

❹「厚誣」，原爲空格，今據《左傳杜解集正》卷三補。

❺「服」，原爲空格；「齊」，原作「有」，今據《宋書·禮志》補改。

❻「龢」，原脱，今據《宋書·禮志》補。

❼「嘗」，原作「當」，今據《宋書·禮志》改。

❽「及」，原爲空格，今據《宋書·禮志》補。

❾「除」，原作「降」，今據《宋書·禮志》改。

❿「除」，原作「服」，今據《宋書·禮志》改。

⓫「參議龢」，原爲一空格，今據《宋書·禮志》補。

以爰議爲允。」❶蓋用賈、服三年喪畢行祭之説也。《檀弓》疏云：「其遷廟早晚，《左氏》以爲三年喪畢乃遷廟，故僖三十三年《左氏傳》云：『烝、嘗、禘于廟。』杜、服皆以爲三年禫祭，乃遷此廟。鄭則以爲練時則不禘而遷廟主。故鄭注《士虞禮》『以其班祔』之下云『練而遷廟』。」此説賈、服三年行祭義最明。以禫祭言，尤可證《宋書·禮志》所稱也。其言杜、服同説則誤。鄭君「練而遷廟」之説，與賈、服義殊，然亦有所承。《鬯人》「廟用修」注：「玄謂廟用修者，謂始禘時。」疏：「謂練祭及遷廟時，❷以其宗廟之祭，從自始死以來無祭，今爲遷廟，以新死者木主入廟，特爲此祭，故云始禘時也。以三年喪畢，明年春禘爲終禘，❸故云始也。鄭知義遷廟在練時者，案文二年《穀梁傳》云：❹『作主壞廟有時日，于練焉壞廟。壞廟之道，易檐可也，改塗可也。』爾時木主新入廟，禘祭之，是以《左氏》説：凡君薨，祔而作主，特祀主于寢。畢三時之祭，期年然後烝、嘗、禘于廟。許慎云：《左氏》説與《禮》同。鄭無駁，明用此禮同，義與《穀梁傳》合。賈、服以爲三年終禘，遭烝、嘗則行祭禮，與前解違，非鄭義也。」據彼疏引《左氏》説爲《異義》文，則期年烝、嘗、禘亦《左氏》舊説，鄭君用以注《士虞記》也。《士虞記》疏亦引《穀梁》文二年傳，以證練而遷廟。沈欽韓云：「推《左傳》『特祀于主』之義，則祔祭之後，三年喪未畢，蓋在正寢，而鄭注《虞禮》：『練而後遷廟。』崔靈恩以此義入《三禮義宗》，孔、賈並

---

❶「允」，原作「見」，今據《宋書·禮志》改。

❷「及」，《周禮注疏》卷十九作「後」。

❸「終」，原作「修」，今據《周禮注疏》卷十九改。

❹「二」，原作「三」，今據《周禮注疏》卷十九改。

援《穀梁》爲證。❶ 然楊士勛疏：『此雖爲練作主，作主在十三月，❷壞廟在三年喪終，而傳連言之者，此主終入廟，入廟即易檐。以事相繼，故連言之，非謂作主、壞廟同時也。或以爲練而作主之時，則易檐、改塗，故此傳云『于練壞廟』，文雖順，舊説不然，故不從之。』是説《穀梁》者，不謂練而遷廟。」李貽德亦援《穀梁》疏，謂：「此則練時未遽遷主，❸即以《穀梁》文言之，傳曰『壞廟』，不曰『遷廟』，則遷廟在三年喪畢之後。」沈、李之説皆主持賈、服義，不□期年烝、嘗、禘，亦《左氏》舊説，非僅《穀梁》之言也。杜注直謂卒哭立主後，四時常祭如舊。於三年、期年之説皆不取，蓋自爲其説，先儒無之。其《釋例》引襄十五年冬十一月，❹「晉侯周卒，十六年春烝於曲沃」，乃違禮之事，何可據爲典要也？《南齊書》：「泰豫元年，明帝崩，博士周洽議：『權制：諒闇之内，不親奉四時祠。』」尚能報據賈、服義。尚書令王檢採晉中朝《諒闇議》，則云：「朝、聘、烝、嘗之典，卒哭而備行；婚、禘、蒐、樂之事，三載而後舉。」重禘而輕烝、嘗，已非《禮》經所有義。又云：「《曾子問》：『天子崩，國君薨，則取本廟之主，❺而藏諸祖廟，卒哭成事，而後主各反其廟。』《春秋左氏傳》：『烝、嘗、禘于廟。』先儒云：『烝、嘗、禘于廟，卒哭成事，本廟之主，各反其廟，則四時之祭皆即吉也。三年喪畢，躋群主以定新主也。』」儉所引先儒説，即杜説。群主反廟，無關烝、嘗、禘之禮，此杜所未言者，乃引以傳其説，非。

❶「證」，原作「記」，今據《春秋左氏傳補注》卷四改。
❷「主」，原脱，今據《春秋左氏傳補注》卷四補。
❸「遽」，原作「返」，今據《春秋左氏傳賈服註輯述》卷七改。
❹上「十」，原脱；「一」，原作「二」，今據《春秋左傳正義》卷十七補改。
❺「本」，《南齊書・禮志》作「群」。下一「本」字同。